GUIDE
DU JEUNE AVOCAT

GUIDE DU JEUNE AVOCAT 2025/2026

3e ÉDITION

LexisNexis

Avertissement de l'Éditeur

Toute utilisation ou traitement automatisé, par des tiers, de données personnelles pouvant figurer dans cet ouvrage sont formellement interdits.

DANGER LE PHOTOCOPILLAGE TUE LE LIVRE

Le logo qui figure sur la couverture de ce livre mérite une explication. Son objet est d'alerter le lecteur sur la menace que représente pour l'avenir de l'écrit, tout particulièrement dans les domaines du droit, de l'économie et de la gestion, le développement massif du photocopillage.
Le Code de la propriété intellectuelle du 1er juillet 1992 interdit en effet expressément la photocopie à usage collectif sans autorisation des ayants droit. Or, cette pratique s'est généralisée dans les établissements d'enseignement supérieur, provoquant une baisse brutale des achats de livres au point que la possibilité même pour les auteurs de créer des oeuvres nouvelles et de les faire éditer correctement soit aujourd'hui menacée.

Siège social : 141, rue de Javel – 75015 Paris
Pour nous contacter : relation.client@lexisnexis.fr

ISBN 978-2-7110-4172-5

Liste des auteurs

Agathe AUMONT
Avocat au barreau de Paris
Cabinet PRISM Avocats

Antoine BÉAL
Ancien professeur associé à l'Université de Versailles Saint-Quentin-en-Yvelines

Gwladys BEAUCHET
Avocate au barreau de Paris
Cabinet DS Avocats

David-Raphaël BENITAH
Avocat au barreau de Paris
DESS Contentieux des affaires – Université Paris X Nanterre

Lucile BERTIER
Avocat au barreau de Paris
Associée LAB avocats

Julien BÉTEMPS
Avocat au barreau de Chambéry
SCP Bodecher Cordel Bétemps, société Inter-Barreaux Albertville – Chambéry

Philippe BONFILS
Avocat au barreau de Marseille
Professeur à Aix-Marseille Université
Doyen honoraire de la Faculté de droit et de science politique
Directeur de l'Institut des sciences pénales et de criminologie

Éric BONNET
Avocat au barreau de Paris

Vanessa BOUSARDO
Avocat au barreau de Paris
Vice-Bâtonnière du barreau de Paris
Ancien membre du Conseil de l'Ordre
Ancienne Secrétaire de la Conférence
DEA de droit privé général à l'Université Paris II Panthéon-Assas

Luc BRIAND
Magistrat

Clara DELZANNO
Avocat au barreau de Lyon

Jacques DESBOIS
Avocat honoraire – Ancien bâtonnier
Docteur en droit

Fanny DESCLOZEAUX
Avocat au barreau de Paris
Cabinet Carbonnier Lamaze Rasle et Associés

Pierre DESMARAIS
Chargé d'enseignement à l'EFB et au CNAM
Avocat à la Cour
Correspondant Informatique et Libertés

Stéphane DEWAILLY
Docteur en droit
Président de tribunal administratif et de cour administrative d'appel
Vice-président du tribunal administratif de Melun

Marie-Odile DIAS-BIDAULT
Avocat au barreau de Paris

Maïlys DUBOIS
Avocate

Gabriel DUMENIL
Docteur en droit
Avocat au barreau de Paris – YL Avocats

Stéphanie FINGERHUT
Avocat au barreau de Paris
Docteur en droit
Médiateur à l'AME
Chercheur associé au CNRS

Jean-Luc FRAUDIN
Avocat au barreau de Paris

Edmond-Claude FRETY
Avocat au barreau de Paris
Ancien Secrétaire de la Conférence
Ancien membre du Conseil de l'Ordre

Emmanuelle GAROT
Avocat au barreau de Paris

Nicolas GERBAY
Maître de conférences HDR en droit privé à l'Université de Bourgogne
Codirecteur de l'IEJ de Dijon
Diplômé avoué à la Cour
Directeur de l'ARJ Bourgogne Franche-Comté
Membre du CID

Philippe GERBAY
Avoué honoraire près de la Cour d'appel de Dijon
Maître de conférences émérite à l'Université de Bourgogne

Daniel LANDRY
Avocat honoraire
Ancien bâtonnier

Christian LAPORTE
Avocat honoraire

Adélaïde LAURIAT
Avocat au barreau de Paris

Audrey LAZIMI
Avocat au barreau de Paris

Alexia LEVEILLÉ-NIZEROLLE
Avocat au barreau de Paris

Laurence LLAHI
Avocat honoraire
Artiste auteur

Bernard MANDEVILLE
Avocat au barreau de Paris
Spécialiste en droit rural

Aude du PARC
Avocat au barreau de Paris

Nathalie PIGNOUX
Avocat au barreau de Bayonne
Docteur en droit privé

Ludovic TARDIVEL
Avocat au barreau de Versailles
Référent Handicap et référent Harcèlement et discrimination de la Haute école des avocats conseils (HEDAC)

Céline TILLOY
Maître de conférences HDR à l'Université de Reims Champagne-Ardenne
Membre du CEJESCO

Anna UVAROVA
Avocat au barreau de Paris

Caroline VARLET-ANGOVE
Avocat au barreau de Paris
Spécialiste en droit rural

Vincent VIGNEAU
Président de la chambre commerciale, financière et économique de la Cour de cassation
Professeur associé à l'Université de Versailles-Saint Quentin en Yvelines

Xavier VUITTON
Docteur en droit
Avocat aux barreaux de Paris et du Québec
Professeur associé à l'Université Paris XII (UPEC)
Ancien avocat au Conseil d'État et à la Cour de cassation
Of Counsel, Société d'avocats De Gaulle, Fleurance et Associés

Marion WAGNER
Docteur en droit
Chargée de recherches au sein de la sous-direction de l'expertise de la direction de l'administration pénitentiaire
Chercheuse associée du Centre de recherche en droit Antoine Favre, Université Savoie Mont-Blanc

Coline WARIN
Avocat au barreau de Paris
Cabinet Latournerie Wolfrom Avocats

Liste des abréviations

A	Arrêté
Act. proc. coll.	*Actualité des procédures collectives (Lettre d')*
AGS	Association pour la gestion du régime de garantie des créances des salariés
AJ	Aide juridictionnelle
AJCT	*Actualité juridique des collectivités territoriales*
AJDA	*Actualité juridique de droit administratif*
ann.	annexe
AOMP	Audience d'orientation et sur mesures provisoires
APJ	Agent de police judiciaire
ARA	Audience de règlement amiable
ARSE	Assignation à résidence avec surveillance électronique
BAJ	Bureau d'aide juridictionnelle
BAV	Bureau d'aide aux victimes
BCO	Bureau de conciliation et d'orientation
BO	*Bulletin officiel* (des différents ministères)
BOC	Bureau d'ordre civil
BODACC	*Bulletin officiel des annonces civiles et commerciales*
BRA	Bureau des règlements administratifs
Bull. avoués	*Bulletin de la Chambre nationale des avoués près la Cour d'appel de Paris*
Bull. civ.	*Bulletin des arrêts des chambres civiles de la Cour de cassation*
Bull. crim.	*Bulletin des arrêts de la chambre criminelle de la Cour de cassation*
CA	Cour d'appel
CAA	Cour administrative d'appel
CASF	Code de l'action sociale et des familles
CADA	Commission d'accès aux documents administratifs
CAF	Caisse d'allocations familiales
Cah. prud'h.	*Cahier prud'homaux*
CAP	Commission d'application des peines
CARPA	Caisse autonome des règlements pécuniaires des avocats
Cass. 1re, 2e, 3e civ.	Cour de cassation (1re, 2e ou 3e chambre civile)
Cass. ass. plén.	Cour de cassation, assemblée plénière
Cass. ch. mixte	Cour de cassation, chambre mixte
Cass. com.	Cour de cassation, chambre commerciale
Cass. crim.	Cour de cassation, chambre criminelle
Cass. req	Cour de cassation, chambre des requêtes
Cass. soc	Cour de cassation, chambre sociale
C. assur.	Code des assurances
CCAG	Cahier des clauses administratives générales
CCH	Code de la construction et de l'habitation
CCI	Commission de conciliation et d'indemnisation des accidents médicaux

C. civ.	Code civil
C. com.	Code de commerce
C. consom.	Code de la consommation
CDAPH	Commission des droits et de l'autonomie des personnes handicapées
CDD	Contrat à durée déterminée
C. défense	Code de la défense
CDI	Contrat à durée indéterminée
C. douanes	Code des douanes
CE	Conseil d'État
CEDH	Cour européenne des droits de l'homme
C. élect.	Code électoral
C. envir.	Code de l'environnement
CESEDA	Code de l'entrée et du séjour des étrangers et du droit d'asile
C. expr.	Code de l'expropriation pour cause d'utilité publique
CGCT	Code général des collectivités territoriales
CGFP	Code général de la fonction publique
CGI	Code général des impôts
CHAP	Chambre d'application des peines
Circ.	Circulaire
CIVI	Commission d'indemnisation des victimes d'infractions
CJA	Code de justice administrative
CJCE	Cour de justice des Communautés européennes
CJPM	Code de la justice pénale des mineurs
CJUE	Cour de justice de l'Union européenne
CME	Conseiller de la mise en état
C. mon. fin.	Code monétaire et financier
CMRA	Commission médicale de recours amiable
C. mut.	Code de la mutualité
CNAF	Caisse nationale des allocations familiales
CNAM	Caisse nationale de l'assurance maladie
CNAV	Caisse nationale d'assurance vieillesse
CNB	Conseil national des barreaux
CNBF	Caisse nationale des barreaux français
COJ	Code de l'organisation judiciaire
Cons. const.	Conseil constitutionnel
Const.	Constitution
Cons. UE	Conseil de l'Union européenne
Contrats, conc. consom.	*Contrats, concurrence consommation*
Conv. EDH	Convention européenne de sauvegarde des droits de l'homme et des libertés fondamentales
CPAM	Caisse primaire d'assurance maladie
C. patr.	Code du patrimoine
CPC	Code de procédure civile
CPC exéc.	Code des procédures civiles d'exécution
C. pén.	Code pénal
CPI	Code de la propriété intellectuelle
CPP	Code de procédure pénale
CPPV	Comparution par procès-verbal
CRA	Commission de recours amiable
CRPA	Code des relations entre le public et l'administration
CRPC	Comparution sur reconnaissance préalable de culpabilité

C. route .... Code de la route
C. rur. .... Code rural et de la pêche maritime
CSE .... Comité social et économique
CSP .... Code de la santé publique
CSS .... Code de la sécurité sociale
C. trav. .... Code du travail
C. urb. .... Code de l'urbanisme
D. .... *Recueil Dalloz*
D. .... Décret
DDSE .... Détention à domicile sous surveillance électronique
DH .... *Dalloz hebdomadaire* (de 1924 à 1940)
Dir. .... Directive
dir. .... sous la direction de
DP .... *Dalloz périodique* (jusqu'en 1940)
Dr. adm. .... *Droit administratif*
Dr. famille .... *Droit de la famille*
DROM-COM .... Départements et régions d'outremer-Collectivités d'outremer
Dr. pén. .... *Droit pénal*
DUP .... Dossier unique de personnalité
Gaz. Pal. .... *Gazette du Palais*
infra .... ci-dessous
IPC .... Interrogatoire de première comparution
ITT .... Incapacité temporaire de travail
JAF .... Juge aux affaires familiales
JAP .... Juge de l'application des peines
JCl. .... *JurisClasseur Encyclopédie*
JCP .... Juge des contentieux de la protection
JCP A .... *JurisClasseur périodique*, édition Administration et collectivités territoriales
JCP E .... *JurisClasseur périodique*, édition Entreprise et affaires
JCP G .... *JurisClasseur périodique*, édition Générale
JCP S .... *JurisClasseur périodique*, édition Sociale
JEX .... Juge de l'exécution
JLD .... Juge des libertés et de la détention
JO .... *Journal officiel* de la République française
L. .... Loi
Lebon .... *Recueil Lebon des décisions du Conseil d'État*
Lebon T. .... Tables du *Recueil Lebon des décisions du Conseil d'État*
LNE .... Laboratoire national de métrologie et d'essais
L. org. .... Loi organique
LPF .... Livre des procédures fiscales
LRAR .... Lettre recommandée avec demande d'avis de réception
MARD .... Modes alternatifs de règlement des différends
MSA .... Mutualité sociale agricole
OFII .... Office français de l'immigration et de l'intégration
ONIAM .... Office national d'indemnisation des accidents médicaux, des affections iatrogènes et des infections nosocomiales
OPJ .... Officier de police judiciaire
OQTF .... Obligation de quitter le territoire français
Ord. .... Ordonnance
ORTC .... Ordonnance de renvoi devant le tribunal correctionnel
PACS .... Pacte civil de solidarité

PE et Cons. UE	Parlement européen et Conseil de l'Union européenne
PJJ	Protection judiciaire de la jeunesse
préc.	précité
PSA	Procédure sans audience
PSEF	Placement sous surveillance électronique fixe
PV	Procès-verbal
QPC	Question prioritaire de constitutionnalité
RAPO	Recours administratif préalable obligatoire
Rapp.	Rapport
Rappr.	Rapprocher
RCS	Registre du commerce et des sociétés
RD bancaire et fin.	*Revue de droit bancaire et financier*
RDT	*Revue de droit du travail*
Rec. CE	*Recueil des décisions du Conseil d'État*
Rec. CJCE	*Recueil de la Cour de justice et du tribunal de première instance des Communautés européennes*
Règl.	Règlement
Resp. civ. et assur.	*Responsabilité civile et assurance*
Rev. proc. coll.	*Revue des procédures collectives, civiles et commerciales*
RIBP	Règlement intérieur du barreau de Paris
RIN	Règlement intérieur national de la profession d'avocat
RJS	*Revue de jurisprudence sociale*
RPVA	Réseau privé virtuel des avocats
RPVTC	Réseau privé virtuel auprès du tribunal de commerce
RRSE	Recueil de renseignements socio-éducatifs
RTD civ.	*Revue trimestrielle de droit civil*
SAUJ	Service d'accueil unique des justiciables
SPIP	Service pénitentiaire d'insertion et de probation
supra	ci-dessus
TA	Tribunal administratif
TAP	Tribunal d'application des peines
T. confl.	Tribunal des conflits
TFUE	Traité sur le fonctionnement de l'Union européenne
TGI	Tribunal de grande instance
TI	Tribunal d'instance
TJ	Tribunal judiciaire
TPS	*Travail et protection sociale*
UE	Union européenne
URSSAF	Union de recouvrement des cotisations de sécurité sociale et d'allocations familiales
V.	Voir
V°	*Verbo* (au mot)

Avertissement

Le *Guide du jeune avocat* est le premier ouvrage exhaustif à aborder de façon concrète l'ensemble des procédures à suivre devant chaque juridiction.

Imaginé et élaboré, pour sa première édition, par une équipe d'avocats récemment diplômés, se trouvant confrontés aux mêmes difficultés que leurs jeunes confrères, ce guide bénéficie d'un incommensurable atout, celui de pouvoir se mettre à la place d'un jeune avocat.

Après la sélection des thèmes indispensables à développer, l'équipe a adapté les fiches rédigées par des praticiens chevronnés, afin d'exposer avec pédagogie les étapes successives à connaître, les pièges à éviter et ce que les jeunes avocats ne doivent pas oublier.

Cette équipe a également pris soin de rédiger des encadrés « Nota » et « Conseils pratiques » (identifiés par un pictogramme ☞), permettant de répondre à toutes les questions, même à celles qu'un débutant n'ose pas poser.

Les jeunes avocats découvriront ainsi les comportements à adopter, ou encore les formules de politesse à employer, leur permettant de se concentrer sur le fond de leur dossier et de ne pas se laisser envahir par les petites angoisses liées au manque d'expérience.

Un lexique complet permet en outre d'appréhender ce langage dont seuls les avocats rompus ont la maîtrise.

Allié indispensable du début de carrière, le *Guide du jeune avocat* est également essentiel pour passer d'une matière à une autre. Afin d'en faciliter la lecture, l'ouvrage a été construit selon un plan organisé autour des différentes juridictions. Si cette présentation se veut novatrice, elle n'en demeure pas moins sélective, au bénéfice d'une plus grande praticité.

Soucieux de créer un guide avant tout utile pour les jeunes avocats et d'en améliorer la portabilité, quelques juridictions en ont donc été écartées. Tel est le cas des juridictions européennes comme le Tribunal de la fonction publique de l'Union européenne (TFPUE), la Cour de justice de l'Union européenne (CJUE) ou la Cour européenne des droits de l'homme (CEDH), rares étant les jeunes confrères amenés à les saisir dans leurs premières années d'activité professionnelle. Il en va de même pour les juridictions internationales spéciales et la Cour pénale internationale (CPI), exclusivement compétente pour les génocides, crimes de guerre et crimes contre l'humanité, ne connaissant les plaidoiries que des avocats les plus aguerris.

Vous en souhaitant bon usage.

Lucile BERTIER
Avocat au barreau de Paris

Clara DELZANNO
Avocat au barreau de Lyon

Anna UVAROVA
Avocat au barreau de Paris

Sommaire

Chapitre 2 : Le juge de l'urgence

Chapitre 3 : La cour administrative d'appel

Chapitre 4 : Le Conseil d'État

TITRE 6 : JURIDICTIONS ORDINALES

Partie 2

DES INSTRUMENTS COMMUNS À TOUTES LES JURIDICTIONS

TITRE 1 : LA POSTULATION

TITRE 2 : L'INTERVENTION

TITRE 3 : L'EXPERTISE JUDICIAIRE

TITRE 4 : LES DEMANDES EN JUSTICE

TITRE 5 : L'APPEL

TITRE 6 : LES AUTRES RECOURS

TITRE 4 : DROIT PÉNAL

TITRE 5 : DROIT ADMINISTRATIF

Partie 1

Des procédures spécifiques à chaque juridiction

Sommaire

Sommaire (suite)

Sommaire (suite)

Fiche 1

Se concilier devant le tribunal judiciaire

Fanny DESCLOZEAUX

Sommaire

I Aperçu rapide

A Caractéristiques générales

1 La conciliation, qui tend à la recherche d'un accord entre deux parties afin de mettre fin au litige qui les oppose est à la fois :

– un mode conventionnel de résolution des litiges encadré par le droit, peu utilisé en pratique mais qui connaît actuellement un intérêt croissant (CPC, art. 1536 à 1541) ;

– une phase préalable à certains procès ;

– facultative dans certains contentieux (ex. : demande tendant au paiement d'une somme excédant 5 000 €) ;

– obligatoire dans d'autres (ex. : conseil de prud'hommes).

À peine d'irrecevabilité, la saisine du tribunal judiciaire, doit être précédée, aux choix des parties, d'une tentative de conciliation menée par un conciliateur de justice, d'une tentative de médiation ou d'une tentative de procédure participative ;

– lorsqu'elle tend au paiement d'une somme n'excédant pas 5 000 € ;

– ou lorsqu'elle est relative à l'une des actions mentionnées aux articles R. 211-3-4 et R. 211-3-8 du Code de l'organisation judiciaire ;

– ou à un trouble anormal de voisinage.

Les parties sont cependant dispensées de l'obligation de recours à l'amiable dans les cas suivants :

– si l'une des parties au moins sollicite l'homologation d'un accord ;

– lorsque l'exercice d'un recours préalable est imposé auprès de l'auteur de la décision ;
– si l'absence de recours à l'un des modes de résolution amiable est justifiée par un motif légitime tenant soit à l'urgence manifeste, soit aux circonstances de l'espèce rendant impossible une telle tentative ou nécessitant qu'une décision soit rendue non contradictoirement, soit à l'indisponibilité de conciliateurs de justice entraînant l'organisation de la première réunion de conciliation dans un délai supérieur à trois mois à compter de la saisine d'un conciliateur ;
– si le juge ou l'autorité administrative doit, en application d'une disposition particulière, procéder à une tentative préalable de conciliation ;
– si le créancier a vainement engagé une procédure simplifiée de recouvrement des petites créances, conformément à l'article L. 125-1 du Code des procédures civiles d'exécution (CPC, art. 750-1).

Le juge saisi d'un litige portant sur des droits dont les parties ont la libre disposition peut, à la demande de l'une des parties ou d'office après avoir recueilli leur avis, décider qu'elles seront convoquées à une **audience de règlement amiable (ARA)** tenue par un juge qui ne siège pas dans la formation de jugement dans les cas prévus par la loi.

Cette décision est une mesure d'administration judiciaire. Elle ne dessaisit pas le juge (CPC, art. 774-1).

À tout moment, l'ensemble des parties constituées peut demander au juge de la mise en état la clôture partielle de l'instruction. C'est la **césure du procès**.

Elles produisent à l'appui de leur demande un acte contresigné par avocats qui mentionne les prétentions à l'égard desquelles elles sollicitent un jugement partiel.

S'il fait droit à la demande, le juge ordonne la clôture partielle de l'instruction et renvoie l'affaire devant le tribunal pour qu'il statue au fond sur la ou les prétentions déterminées par les parties.

L'acte contresigné par avocats est annexé à l'ordonnance (CPC, art. 807-1).

Il existe des règles générales relatives à la conciliation et des règles propres à la procédure préalable devant le tribunal judiciaire.

L'articulation entre ces deux corps de règles est la suivante :
– les règles relatives au tribunal judiciaire s'appliquent prioritairement puisque devant cette juridiction la conciliation est préalable (CPC, art. 820 à 833) ;
– les règles générales sont applicables à l'issue de la procédure de conciliation préalable et tout au long de l'instance (CPC, art. 127 à 131) ;
– la demande de conciliation peut être (CPC, art. 128) :
• **à l'initiative du juge**.

> REMARQUE **S'il n'est pas justifié, lors de l'introduction de l'instance, des diligences entreprises en vue de parvenir à une résolution amiable du litige, le juge peut proposer aux parties une mesure de conciliation ou de médiation (CPC, art. 127).**

• **à l'initiative des parties**.

Cette possibilité reste ouverte tout au long de l'instance. En cas d'échec de la conciliation, l'instance se poursuit.

Une ARA peut être sollicitée à tout moment de la procédure et même après l'ordonnance de clôture qui peut être révoquée, après recueil de l'avis des parties.

Il en va de même de la demande de césure.

B Conditions d'utilisation

2 La tentative de conciliation devant le tribunal judiciaire, en tant que règlement amiable du litige, est un préalable obligatoire à la saisine de la juridiction en cas de (CPC, art. 750-1) :
– conflits de voisinage c'est-à-dire de conflits relatifs aux fonds dont les parties sont propriétaires ;

> EXEMPLE **• Des actions en bornage.**
> **• Des actions relatives à la distance prescrite par la loi, les règlements particuliers et l'usage des lieux pour les plantations ou l'élagage d'arbres ou de haies.**
> **• Des actions relatives aux constructions et travaux mentionnés à l'article 674 du Code civil (creusement d'un puits ou d'une fosse d'aisance près d'un mur mitoyen ou non ; construction d'une cheminée ou âtre, forge, four ou fourneau ; adossement d'une étable près d'un mur mitoyen ou non ; établissement près d'un mur mitoyen ou non d'un magasin de sel ou amas de matières corrosives).**
> **• Des actions relatives au curage des fossés et canaux servant à l'irrigation des propriétés ou au mouvement des usines et moulins.**
> **• des contestations relatives à l'établissement et à l'exercice des servitudes dites d'aqueduc (C. rur., art. L. 152-14 à L. 152-16).**

• Des contestations relatives à l'établissement et à l'exercice des servitudes d'appui (C. rur., art. L. 152-17 à L. 152-19).
• Des contestations relatives à l'établissement et à l'exercice des servitudes d'écoulement (C. rur., art. L. 152-20 à L. 152-23).
• Des contestations relatives à l'établissement et à l'exercice des servitudes qui dérivent de la situation des lieux (C. civ., art. 640 et 641).
• Des contestations relatives aux servitudes établies au profit des associations syndicales prévues par l'ordonnance n° 2004-632 du 1er juillet 2004 relative aux associations syndicales de propriétaires.

– demande tendant au paiement d'une somme n'excédant pas 5 000 €.
Si cette condition préalable n'est pas remplie, le juge peut prononcer d'office l'irrecevabilité de la demande en justice (CPC, art. 750-1).

REMARQUE **L'obligation de tentative de règlement amiable préalablement à la saisine de la juridiction n'oblige pas les parties à conclure un accord mettant un terme au litige.**
Celles-ci sont dans l'obligation de rencontrer un conciliateur, un médiateur ou un avocat.
Chacune des parties peut à tout moment se retirer, sans motif, de ce processus amiable, sans qu'il n'y ait d'incidence sur la procédure judiciaire à venir.

3 **Création de l'audience de règlement amiable (ARA) :**
– le juge saisi du litige peut décider à la demande de l'une des parties ou d'office après avoir recueilli leur avis, qu'elles seront convoquées à une audience de règlement amiable tenue par un juge qui ne siège pas dans la formation de jugement (CPC, art. 774-1 à 774-4) ;
– le recueil de l'avis de parties suit les règles applicables à la procédure applicable au litige :
• avis écrit en procédure écrite (par ex. par un bulletin de mise en état),
• recueil de l'avis noté au dossier ou contresigné dans un PV (CPC, art. 446-1, al. 1er), sauf application de la procédure sans audience.
Il s'agit d'une mesure d'administration judiciaire qui n'opère aucun dessaisissement de la juridiction saisie mais provoque l'interruption de l'instance.

Sont exclues de l'ARA les instances portant sur des droits dont les parties n'ont pas la libre disposition.
En toute hypothèse :
– il est de la mission du juge de concilier les parties (CPC, art. 21) ;
– les parties peuvent décider de se concilier à tout moment durant l'instance (CPC, art. 128).
En pratique, il est très rare qu'une tentative de conciliation soit demandée en cours d'instance.
Le décret n° 2010-1 165 du 1er octobre 2010, relatif à la conciliation et à la procédure orale en matière civile, commerciale et sociale a encadré l'activité des conciliateurs de justice, notamment en allégeant le formalisme de la délégation de la conciliation par le magistrat saisi.
Un allégement procédural est destiné à rendre plus attractive la tentative préalable de conciliation.

4 La césure du procès. Les parties, dans les instances introduites à compter du 1er novembre 2023 devant le tribunal judiciaire, peuvent solliciter, à tout moment du JME, un jugement tranchant les points nodaux du litige afin de leur permettre ensuite de résoudre les points subséquents *via* un MARD, où sinon un resserrement du débat judiciaire (CPC, art. 807-1 et s.).
La césure du procès relève de l'initiative des parties à tout moment de la procédure, par le biais de conclusions spécialement adressées au JME.

C Avis du professionnel

5 La conciliation préalable devant le tribunal judiciaire (lorsqu'elle n'est pas obligatoire) est rarement sollicitée par le demandeur alors qu'une telle demande pourrait permettre éventuellement de régler rapidement des petits litiges.
L'instance est interrompue par la décision de convocation des parties à une ARA (CPC, art. 369), ce qui entraîne l'interruption du délai de préemption. Un nouveau délai courra à compter de la première audience fixée postérieurement devant le juge chargé de l'affaire (CPC, art. 392, al. 3).
L'article 369 du Code de procédure civile ne prévoit pas d'interruption du délai de péremption pour la césure et le sursis à statuer ne semble pas non plus admis. Il faut donc faire attention de conclure sur toutes les demandes pour éviter une péremption.

REMARQUE **• Vérifier qu'un dialogue est possible avec la partie adverse.**
• Faire le point avec le client pour savoir s'il est judicieux de tenter une conciliation ou si le dossier nécessite une action en justice.

Se concilier devant le tribunal judiciaire

D Textes

- CPC, art. 21.
- CPC, art. 127 à 131.
- CPC, art. 750-1.
- CPC, art. 774-1 à 774-4.
- CPC, art. 807-1 à 807-3.
- CPC, art. 820 à 833.
- CPC, art. 1536 à 1541.

E Schéma procédural

1 Tentative préalable devant le tribunal judiciaire

6 • La demande en justice peut être formée aux fins de tentative préalable de conciliation hors les cas dans lesquels le premier alinéa de l'article 750-1 s'applique (CPC, art. 820, al. 1er).
• Introduction de la demande de conciliation du demandeur par requête faite, remise ou adressée au greffe (CPC, art. 820, al. 2).
• Tentative de conciliation menée par le juge du tribunal judiciaire ou déléguée à un conciliateur de justice (CPC, art. 821 et 825).
• Le demandeur, le défendeur et le conciliateur de justice sont avisés par tous moyens de la décision du juge (CPC, art. 821 et 822).
• Fixation de la durée de la mission du conciliateur par le juge maximum trois mois, renouvelable une fois (CPC, art. 129-2).
• Indication par le juge de la date à laquelle l'affaire sera rappelée.
• En cas d'échec total ou partiel de la tentative préalable de conciliation, le demandeur peut saisir la juridiction aux fins de jugement de tout ou partie de ses prétentions initiales (CPC, art. 826).
• En cas d'accord, son homologation est soumise par la partie la plus diligente au juge (CPC, art. 131).

> REMARQUE **Qu'elle soit obligatoire ou à l'initiative des parties, la procédure de tentative préalable de conciliation reste inchangée.**

La prescription et les délais pour agir sont interrompus par l'enregistrement de la demande aux fins de tentative préalable de conciliation (CPC, art. 820).

2 Conciliation en cours d'instance

7 En cas d'échec de la tentative préalable de conciliation, le juge peut à nouveau tenter de concilier les parties au cours de l'instance (CPC, art. 827, al. 2).
Si les parties se concilient en cours d'instance, le juge constate leur accord.
Création de l'ARA pour les instances introduites à compter du 1er novembre 2023, qui permet de confier à un juge, différent de celui qui va juger le litige, d'amener les parties, dans un cadre confidentiel, à trouver une solution au conflit qui les oppose.
En cas d'accord, dans le cadre de l'ARA, les parties sont libres de formaliser ou non cet accord, qui peut prendre la forme d'un PV signé par le juge chargé de tenir l'ARA, le greffier et les parties et qui vaut titre exécutoire.
En cas d'échec de l'ARA, le juge peut y mettre fin à tout moment et le dossier est renvoyé à une audience devant le juge chargé du litige.
Création de la césure pour les instances introduites à compter du 1er novembre 2023, qui permet aux parties de faire trancher les points nodaux du litige par le juge, afin de leur permettre ensuite de résoudre les autres points *via* un MARD ou alors par le tribunal judiciaire.
Le jugement au fond rendu sur les points nodaux est susceptible d'appel selon la procédure à bref délai, conformément aux dispositions des articles 544, alinéa 1er et 905 du Code de procédure civile.

II Préparation

A Informations préalables

8 Attirer l'attention du client sur l'intérêt de procéder à la conciliation afin de résoudre rapidement le conflit à un stade non contentieux.

Lui rappeler que tant dans le cadre d'une conciliation que dans le cadre de l'audience de règlement amiable, il devra comparaître personnellement.

B Contrôles préalables

9 S'assurer :
- de l'intérêt et de la qualité à agir du client ;
- que le litige relève de la compétence, matérielle et territoriale, du tribunal judiciaire ;
- que le client dispose de toutes les pièces nécessaires ;
- que les délais pour agir ne sont pas expirés.

C Pièces nécessaires

10 Fournir l'intégralité des pièces à l'appui de la procédure.

D Coût de la procédure

11 La procédure de conciliation est gratuite. Il en est de même pour l'ARA et la césure.

Honoraires d'avocat en cas de représentation par un avocat (fixés librement).

> REMARQUE **À titre de comparaison, la médiation est une procédure payante.**

En cas de représentation par un avocat : honoraires d'avocat fixés dans une convention d'honoraires écrite.
Un droit de plaidoirie, collecté auprès du client, est dû par l'avocat pour chaque plaidoirie ou représentation à une audience de jugement.
Le montant du droit de plaidoirie est de 13 €.
Les droits de plaidoirie doivent être payés chaque trimestre à la Caisse nationale des barreaux français (CNBF).

III Procédure : demande aux fins de tentative préalable

A Assistance et représentation

12 Devant le conciliateur de justice, les parties peuvent être assistées par une personne ayant qualité pour le faire devant la juridiction ayant délégué la conciliation (CPC, art. 129-3, al. 2).
Il peut s'agir (CPC, art. 762) :
- d'un avocat ;
- du conjoint ;
- du concubin ou la personne avec laquelle elles ont conclu un pacte civil de solidarité ;
- des parents ou alliés en ligne directe ;
- des parents ou alliés en ligne collatérale jusqu'au troisième degré inclus ;
- des personnes exclusivement attachées à leur service personnel ou à leur entreprise ;
- des fonctionnaires ou agents de l'administration lorsque l'État, les départements, les régions, les communes ou les établissements publics sont parties à l'instance.

B Compétence

13 Greffe du tribunal judiciaire compétent.
S'agissant de la compétence territoriale, l'article 42 du Code de procédure civile retient comme règle générale la compétence du tribunal judiciaire du lieu où demeure le défendeur.

C Rédaction de l'acte de saisine

1 Forme

14 Requête faite, remise ou adressée au greffe du tribunal judiciaire compétent (CPC, art. 820, al. 1er).

2 Contenu

15 • Nom, prénoms, profession et adresse des parties.
• Objet de la prétention.

D Instruction du dossier

1 Instruction par un conciliateur

16 Le juge peut déléguer à un conciliateur de justice la tentative préalable de conciliation (CPC, art. 821).

Le demandeur et le conciliateur de justice sont avisés par tous moyens de la décision du juge. Une copie de la demande est adressée au conciliateur.

Le conciliateur de justice procède à la tentative de conciliation comme il est dit aux articles 129-3 à 129-5, 130 et 131 du Code de procédure civile (CPC, art. 822).

Afin d'assurer sa mission, le conciliateur convoque les parties aux lieux, jour et heure qu'il détermine (CPC, art. 129-3).

Le conciliateur de justice :

- peut se rendre sur les lieux et entendre toute personne dont l'audition lui paraît utile sous réserve que les parties et la personne entendue aient donné leur accord (CPC, art. 129-4) ;
- doit tenir le juge informé des difficultés qu'il rencontre dans l'accomplissement de sa mission (CPC, art. 129-5).

À la demande du conciliateur, sa mission peut être renouvelée, sans qu'il soit nécessaire de recueillir l'accord des parties (CPC, art. 822).

REMARQUE **Depuis le décret n° 2018-931 du 29 octobre 2018 modifiant le décret n° 78-381 du 20 mars 1978 relatif aux conciliateurs de justice, le conciliateur doit justifier d'une formation initiale et continue en droit et gestion des conflits dispensée par l'École nationale de la magistrature (ENM).**

ATTENTION Les constatations du conciliateur et les déclarations qu'il recueille sont confidentielles.

Ainsi ces informations ne pourront pas être utilisées, sauf accord des parties, dans le cadre de l'instance introduite en cas d'échec de la tentative de conciliation préalable (CPC, art. 129-4, al. 2).

NOTA « La conciliation extrajudiciaire » se fait à l'initiative des parties avant la saisine de la juridiction, contrairement à la « conciliation déléguée » qui est à l'initiative du juge. Toutefois, même dans ce dernier cas, le rôle du juge se limite à fixer un délai pour exécuter la conciliation, aucune information ne lui sera communiquée en cas d'échec des discussions. Le conciliateur est tenu à la confidentialité et s'il n'y a pas d'accord les parties reviennent simplement devant le tribunal.

2 Instruction par le juge

17 La conciliation peut être menée par le juge **en tout lieu** (CPC, art. 129-2).

Cela doit s'entendre aussi bien de la salle d'audience que de n'importe quel lieu qu'il jugera utile au succès de la conciliation.

Le juge fixe les modalités de la conciliation (CPC, art. 129).

E Audience

18 Lorsque la conciliation est menée par le juge, le **demandeur** est avisé par le greffe, par tout moyen, des lieux, jour et heure de l'audience de conciliation (CPC, art. 825, al. 1er).

Le **défendeur** est convoqué par lettre simple (CPC, art. 825, al. 2).

La convocation mentionne :

- les noms, prénoms, profession et adresse du demandeur ;
- l'objet de la demande.

Les avis et convocations adressés aux parties précisent le droit à l'assistance dont elles sont titulaires (CPC, art. 832-1, al. 1er).

NOTA Ces réunions peuvent avoir lieu indifféremment au tribunal, en mairie, à un guichet France services, à un point d'accès au droit, *etc.* Parfois même sur les lieux du litige. Lorsque la conciliation a lieu en dehors d'une salle d'audience, vous ne devez bien évidemment pas porter votre robe. À l'inverse, lorsque la conciliation a lieu en salle d'audience devant un juge conciliateur, n'oubliez pas que vous participez à une discussion interactive afin d'aboutir à un accord et que vous ne devez pas encore véritablement plaider.

F Décision

1 En cas d'échec de la conciliation

19 En cas d'échec de la tentative de conciliation, le conciliateur de justice en informe le juge en précisant la date de la réunion à l'issue de laquelle il a constaté cet échec (CPC, art. 822).

À défaut de conciliation constatée à l'audience, le juge peut décider de juger immédiatement l'affaire ou, si elle n'est pas en état de l'être, la renvoyer à une audience ultérieure (CPC, art. 830).

Le greffier avise par tous moyens les parties qui ne l'auraient pas été verbalement de la date de l'audience.

Le juge peut dispenser une partie qui en fait la demande de se présenter à une audience ultérieure (CPC, art. 831).

2 En cas d'accord

20 La demande d'homologation du constat d'accord formée par les parties est transmise au juge par le conciliateur (CPC, art. 824).
Le juge statue sur la requête qui lui est présentée sans débat, à moins qu'il estime non nécessaire d'entendre les parties à l'audience (CPC, art. 131).
L'accord des parties est consigné (CPC, art. 130) :
- dans un procès-verbal de conciliation : lorsque la conciliation est menée par le juge ;
- dans un constat : lorsque la conciliation est menée par un conciliateur de justice.
Le procès-verbal vaut titre exécutoire et permet de poursuivre l'exécution forcée (CPC, art. 131).

ATTENTION Attention aux arnaques : le conciliateur de justice doit avoir prêté serment devant la cour d'appel de rattachement. Si un constat d'accord prévoit le versement d'une somme d'argent, le conciliateur ne peut pas servir d'intermédiaire : les paiements doivent s'effectuer directement entre les parties.

G Fin de la prozcédure

21 À tout moment, le juge peut mettre fin à la conciliation :
- soit à la demande d'une partie, oralement ou par courrier ;
- soit à l'initiative du conciliateur.
Le conciliateur le tenant informé des difficultés qu'il rencontre, le juge peut également mettre fin à la conciliation d'office lorsque son bon déroulement apparaît compromis (CPC, art. 129-5, al. 2).

Dans tous les cas, le greffier en avise le conciliateur et les parties.

H Recours ou contestation

22 Les décisions prises par le juge dans le cadre de la délégation de la mission de conciliation sont des mesures d'administration judiciaire (CPC, art. 129-6).

REMARQUE **Les mesures d'administration judiciaire ne sont sujettes à aucun recours (CPC, art. 537).**

CHECK-LIST **Vérifier :**
- que le dialogue est possible avec la partie adverse ;
- qu'il est judicieux de tenter la conciliation ou l'ARA ;
- que le litige peut faire l'objet d'une conciliation ;
- le pouvoir spécial du mandataire, s'il n'est pas avocat ;
- qu'il peut être judicieux de faire trancher par le juge les points nodaux du litige et d'obtenir un jugement au fond à ce titre.

Création d'une nomenclature des décisions MARD
Afin de permettre de mieux identifier les dossiers contentieux qui trouvent une issue amiable, les codes décisions disponibles dans les applicatifs ont été modifiés. La nouvelle nomenclature est disponible sur WinCi TGI.

POUR ALLER PLUS LOIN...

Fascicules JurisClasseur
• *JCl. Procédure civile*, fasc. 1100-75 et 1100-95.

Fiche 2

Procédure gracieuse devant le tribunal judiciaire

Fanny DESCLOZEAUX

Sommaire

I

Aperçu rapide

A Caractéristiques générales

23 Le juge statue en matière gracieuse lorsqu'**en l'absence de litige**, il est saisi d'une demande dont la loi exige, en raison de la nature de l'affaire ou de la qualité du requérant, qu'elle soit soumise à son contrôle (CPC, art. 25).
La particularité de cette procédure est donc qu'aucun contentieux n'est né au moment où le juge est saisi.

> EXEMPLE **• Action aux fins d'adoption.**
> **• Demande en rectification des actes de l'état civil et des jugements déclaratifs ou supplétifs d'actes de l'état civil.**

C'est une **procédure d'exception** par rapport à la procédure contentieuse.

Le juge peut se prononcer sans débat. Il n'est pas obligé de tenir une audience pour recueillir les observations orales que le requérant peut souhaiter formuler.
Le principe reste la liberté du demandeur d'introduire l'instance. Mais dans certaines hypothèses le résultat escompté par le demandeur ne peut être obtenu que par le biais d'une décision de justice.

> EXEMPLE **Divorce par consentement mutuel, adoption...**

B Conditions d'utilisation

24 Deux conditions doivent être remplies pour introduire une procédure gracieuse :
– l'absence de litige ;

– une obligation légale de recourir au juge. Il doit s'agir d'une demande dont la loi exige qu'elle soit soumise au contrôle du juge statuant en matière gracieuse.

> REMARQUE **Dans cette hypothèse la loi doit s'entendre de l'ensemble des lois et règlements.**

Si une procédure gracieuse est intentée malgré la naissance d'un contentieux préalable à la décision, cette procédure serait irrecevable.

C Avis du professionnel

25 La procédure gracieuse est une procédure d'exception qui permet au juge de statuer en l'absence de litige.

Le principe reste celui de la liberté du demandeur d'introduire l'instance.

D Textes

- CPC, art. 25 à 29.
- CPC, art. 60 et 61.
- CPC, art. 808 à 811.
- CPC, art. 950 à 953.

E Schéma procédural

26 • Demande formée par voie de requête (CPC, art. 60).
• Saisine du juge par la remise de la requête au greffe de la juridiction (CPC, art. 61).
• Instruction du dossier.
• Audience.
• Décision.

II Préparation

A Informations préalables

27 Attirer l'attention du client sur le fait que le juge :
– peut se prononcer sans débats ;
– est tenu de fonder sa décision sur des faits qui sont dans le débat ;
– ne peut retenir des faits que le requérant n'a pas allégués sans provoquer ses explications.

B Contrôles préalables

28 S'assurer que :
– le tribunal judiciaire statuant en matière gracieuse est bien compétent ;
– le client se trouve dans un cas où un contrôle judiciaire est imposé par la loi.

C Pièces nécessaires

29 • Se munir de toutes les pièces utiles permettant d'étayer les faits allégués.
• Soumettre au juge le maximum d'éléments propres à emporter sa conviction.

D Coût de la procédure

30 Si la demande est formée par un avocat, le coût principal de la procédure est constitué des honoraires de l'avocat, dont la fixation est libre. Le timbre BRA n'est pas requis pour cette procédure.

III Procédure

A Assistance et représentation

31 La demande est formée par un avocat (CPC, art. 808).
L'avocat qui présente la demande doit être inscrit au barreau rattaché à la juridiction saisie.

B Matières

32 Gracieuse.

C Compétence

33 Tribunal judiciaire.

D Parties

34 C'est, généralement, une procédure unilatérale : compte tenu du caractère gracieux de la procédure, il peut arriver qu'il n'y ait qu'un demandeur et pas de défendeur.

E Rédaction de l'acte de saisine

1 Forme

35 La saisine se fait par une requête (CPC, art. 60).

2 Contenu

36 Il n'existe pas de disposition particulière relative au contenu de la requête en matière gracieuse. Dès lors comme en matière contentieuse, la requête contient (CPC, art. 54 et 57) :
– l'indication de la juridiction devant laquelle la demande est portée ;
– l'objet de la demande ;
– pour les personnes physiques : l'indication des nom, prénoms, profession, domicile, nationalité, date et lieu de naissance du demandeur ;
– pour les personnes morales : l'indication de leur forme, leur dénomination, leur siège social et de l'organe qui les représente légalement ;
– le cas échéant, les mentions relatives à la désignation des immeubles exigées pour la publication au fichier immobilier ;
– la justification de la dispense d'une tentative de résolution amiable du litige [normalement pas de résolution amiable puisque pas de litige] ;
– l'indication des pièces sur lesquelles la demande est fondée.
La requête doit être datée et signée.
Contrairement à la matière contentieuse, ces mentions ne sont pas exigées à peine de nullité.

F Instruction du dossier

37 Un juge rapporteur est désigné par le président de la chambre saisie ou à laquelle l'affaire est distribuée (CPC, art. 810, al. 1).
Le juge rapporteur a les mêmes pouvoirs que le tribunal pour instruire l'affaire (CPC, art. 810, al. 2).
Dans les hypothèses où il n'y a pas de défendeur, les arguments du demandeur ne seront pas contestés. Le rôle du juge sera donc accru puisque la décision qu'il va rendre est susceptible de léser les droits des tiers.
Il peut ainsi fonder sa décision sur tous les faits relatifs au cas qui lui est soumis y compris ceux qui n'auraient pas été allégués (CPC, art. 26), alors qu'en matière contentieuse il est lié par les faits qui sont dans le débat.
Il peut procéder à toutes les investigations utiles (CPC, art. 27, al. 1er).
Il peut, sans formalités, entendre les tiers (CPC, art. 27, al. 2) :
– soit parce qu'ils peuvent l'éclairer ;
– soit parce que leurs intérêts peuvent être affectés par la décision qu'il va rendre.

> REMARQUE **Le tiers qui justifie d'un intérêt légitime peut être autorisé par le juge à consulter le dossier et s'en faire délivrer une copie (CPC, art. 29).**

En matière gracieuse, les envois, remises et notifications des actes de procédure, des pièces, avis, avertissements ou convocations, des rapports, des procès-verbaux ainsi que des copies et expéditions revêtues de la formule exécutoire des décisions juridictionnelles peuvent être effectués par voie électronique par le biais du « réseau privé virtuel avocat » (RPVA) dans les conditions techniques fixées par l'arrêté du 20 mai 2020 (Cass. 2e civ., 4 avr. 2024, n° 22-10.677).

ATTENTION Le ministère public doit toujours avoir communication des affaires gracieuses (CPC, art. 809).
Le ministère public, s'il y a des débats, est tenu d'y assister ou de faire connaître son avis (CPC, art. 811).

G Audience

38 C'est le greffier qui avise les avocats des jour et heure fixés par le président du tribunal pour l'appel de l'affaire (CPC, art. 773).
En matière gracieuse, la demande est examinée en chambre du conseil (CPC, art. 434).

REMARQUE **Dans la mesure où il n'y a pas nécessairement de défendeur, le tribunal n'a pas l'obligation de tenir une audience.**

Le juge peut se prononcer sans débat (CPC, art. 28). S'il l'estime nécessaire il peut organiser des débats auxquels le ministère public sera tenu d'assister ou de faire connaître son avis (CPC, art. 811).

REMARQUE **Les débats trouvent tout leur intérêt dans les hypothèses où le juge entend retenir des faits qui n'avaient pas été allégués par le requérant. Le principe du contradictoire suppose que ce dernier puisse apporter des explications sur ces faits.**

Le requérant peut aussi apporter ses explications par écrit.

NOTA Le fait que votre affaire soit examinée en « chambre du conseil » ne doit pas vous perturber. Il s'agit simplement d'une salle du tribunal attenante à la salle d'audience, voire du bureau du juge, dans laquelle l'audience se déroulera normalement mais en l'absence de public. En principe, vous devez vous asseoir devant le bureau du juge après que celui-ci vous y a autorisé et vous n'avez pas à vous lever lorsque vous prenez la parole. Après avoir entendu les avocats, le président peut inviter les parties à fournir les explications de droit ou de fait qu'il estime nécessaires ou à préciser ce qui paraît obscur. En cas de présence du ministère public, il est le dernier à prendre la parole.

H Décision

39 Le juge va rendre un jugement qui aura, comme en matière contentieuse, une nature juridictionnelle.
La décision rendue par le juge en matière gracieuse n'aura pas l'autorité de la chose jugée (Cass. 1re civ., 3 janv. 1996, n° 94-04.069 : *JurisData* n° 1996-000080). Elle peut par conséquent être rapportée ou modifiée.
La décision peut être rendue tant sur les faits allégués par le requérant que sur ceux qu'il n'a pas allégués.

I Recours ou contestation

40 Il est possible d'interjeter appel contre la décision rendue en matière gracieuse (CPC, art. 953).
Lorsque la décision est notifiée à un tiers dont la mise en cause est réalisée (CPC, art. 332), il est en droit d'interjeter appel (CPC, art. 546).
Le ministère public à qui l'affaire a été communiquée ne peut pas interjeter appel.
La tierce opposition est recevable lorsqu'elle est introduite par un tiers à qui la décision n'a pas été notifiée et qui justifie d'un intérêt.

CHECK-LIST **Vérifier :**
– que le requérant dispose de toutes les pièces utiles permettant d'étayer les faits allégués ;
– l'absence de litige.

POUR ALLER PLUS LOIN...

Fascicule JurisClasseur
- *JCl. Procédure civile*, fasc. 500-45.

Fiche 3

Procédure contentieuse à jour fixe devant le tribunal judiciaire

Agathe AUMONT

Sommaire

I Aperçu rapide

A Caractéristiques générales

41 La procédure à jour fixe est :
- une procédure d'exception qui permet, en cas d'**urgence**, d'échapper à la phase d'instruction devant le juge de la mise en état ou le président de la chambre ;
- une **procédure rapide** qui, à la différence de la procédure de référé, présente l'avantage d'obtenir une **décision du tribunal sur le fond**.

ATTENTION Pour qu'elle ait la même efficacité immédiate qu'un référé, il est nécessaire d'obtenir l'**exécution provisoire**.

Cette procédure consiste pour le demandeur à solliciter que l'affaire soit fixée à une audience déterminée afin qu'elle puisse être plaidée à cette audience. Elle peut être :
- choisie par le demandeur ou imposée par le législateur (V. *infra*, n°s 42 et s.) ;
- engagée devant la cour d'appel (CPC, art. 917 à 925).

B Conditions d'utilisation

1 Procédure à jour fixe choisie

42 Le demandeur choisit de recourir à une procédure à jour fixe afin que son dossier soit jugé avec célérité.

Dans ce cas, pour initier une procédure à jour fixe, le demandeur doit :
- **justifier d'une urgence** (CPC, art. 840, al. 2) ;

ATTENTION Si aucune condition de forme n'est imposée pour l'énoncé des motifs de l'urgence (CA Lyon, 14 déc. 1978 : *Gaz. Pal.* 1979, p. 267), celle-ci doit être caractérisée (Cass. com., 9 déc. 1980, n° 79-10.877 : *JurisData* n° 1980-745188).

EXEMPLE **L'urgence est caractérisée lorsqu'un retard dans la décision serait de nature à compromettre les intérêts du demandeur (préjudice considérable/ irrémédiable).**

- y être autorisé :
- **soit par le président du tribunal judiciaire** (CPC, art. 840, al. 1er) : cette autorisation est sollicitée par voie de requête et l'autorisation délivrée prend la forme d'une ordonnance.

Une fois cette autorisation accordée, le demandeur peut faire délivrer son assignation au défendeur pour le jour et l'heure donnés.

RETOUR D'EXPÉRIENCE À Paris, l'autorisation d'assigner à jour fixe est donnée en général pour une audience fixée à deux ou trois mois au plus tard.

L'ordonnance sur requête autorisant l'assignation à jour fixe constitue une mesure d'administration judiciaire insusceptible de recours (Cass. 2e civ., 24 juin 2004, n° 02-14.886 : *JurisData* n° 2004-024287),
- **soit par le juge des référés** (CPC, art. 837, système dit de la « passerelle ») : le demandeur doit formuler sa demande dans son assignation en référé ou dans ses conclusions ultérieures.

La procédure à jour fixe est alors sollicitée, à titre subsidiaire, pour le cas où il n'y aurait pas lieu à référé (par ex., parce qu'il y a contestation sérieuse et que le juge doit trancher le litige sur le fond) et si l'urgence, bien entendu, le justifie.

L'ordonnance du juge des référés emporte saisine du tribunal (CPC, art. 837) : le demandeur n'a pas à assigner son adversaire devant le juge du fond (sauf si ce dernier ordonne la réassignation du défendeur non comparant).

ATTENTION Le président saisi en référé fait un acte d'administration judiciaire non susceptible de recours (CA Paris, 12 juill. 1984 : *D.* 1984, p. 603, P. Julien).

2 Procédure à jour fixe imposée

43 La procédure à jour fixe peut, dans certains cas, être imposée par un texte : le demandeur ne peut s'y soustraire, sous peine de voir son action déclarée irrecevable.

EXEMPLE **Tel est le cas :**
- pour la fixation du prix du bail commercial révisé ou renouvelé (C. com., art. R. 145-28) ;
- pour les recouvrements de certaines créances fiscales (LPF, art. L. 267 et R. 267-1) ;
- pour la protection judiciaire des appellations d'origine (C. consom., art. R. 431-2) ;
- pour la dissolution des personnes morales ayant des activités sectaires (L. n° 2001-504, 12 juin 2001, art. 1er) ;
- pour les demandes d'autorisation de passer seul un acte de cogestion auquel le conjoint refuse injustement de consentir (CPC, art. 1287, al. 2. - Par ex. : CA Paris, pôle 3, 3e ch., 18 sept. 2014, n° 13/23787).

Dans ces hypothèses, pour pouvoir agir, le demandeur devra tout de même :
- justifier d'une urgence ;
- obtenir l'autorisation du président du tribunal judiciaire dans les mêmes conditions que la procédure à jour fixe choisie sous réserve toutefois des quelques exceptions ci-dessous exposées.

REMARQUE **Exceptions :**
- l'obligation de recourir à la procédure à jour fixe pour les procédures disciplinaires diligentées à l'encontre des officiers publics ou ministériels inclut par elle-même le critère de l'urgence et dispense d'en caractériser l'existence (Cass. 1re civ., 1er avr. 2003, n° 00-14.293 : *JurisData* n° 2003-018454) ;
- l'urgence n'a pas non plus à être caractérisée et aucune autorisation (et donc aucune requête préalable) n'est nécessaire pour la délivrance de l'assignation à jour fixe dans le cadre de la procédure initiée pour la fixation du prix du bail commercial révisé ou renouvelé. La procédure devant le juge des loyers commerciaux est en effet avant tout une procédure sur mémoire (C. com., art. R. 145-23 et s.).

C Avis du professionnel

44 Sauf exceptions relatives à certaines procédures à jour fixe imposées (V. *supra*, n° 43), s'assurer que **l'urgence est caractérisée**. C'est la condition *sine qua non* pour que le président du tribunal autorise l'assignation à jour fixe (CPC, art. 840).
Le praticien devra également tout mettre en œuvre pour être en état de plaider le dossier au jour fixé par l'assignation.

RETOUR D'EXPÉRIENCE Il arrive fréquemment que l'avocat en défense transmette à son confrère ses conclusions la veille ou le jour même de l'audience.
Dans cette situation, l'avocat en demande dispose de deux options :
1 – il estime ne pas pouvoir plaider son dossier en l'état, comme c'est généralement le cas lorsqu'il est en charge d'un dossier complexe. Il peut alors souhaiter conclure en réponse et solliciter un renvoi.
Il s'expose alors à ce que l'affaire soit :
– renvoyée :
• pour un ultime échange (circuit court),
• ou à la mise en état « classique » (circuit long) et par conséquent ne plus bénéficier de la rapidité de traitement de la procédure à jour fixe ;
– retenue pour être jugée, sans qu'aucun délai complémentaire ne lui soit accordé pour répondre aux conclusions adverses.
Le praticien pourra prendre contact avec le greffe ou avec son avocat postulant pour s'assurer de la pratique du tribunal saisi ;
2 – il estime pouvoir plaider.
Il prend alors le risque de ne pas répondre par écrit aux arguments soulevés par la partie adverse et de s'en tenir à une réponse sous forme de « conclusions verbales » le jour de l'audience (CPC, art. 844).

Le praticien devra veiller à ce que sa demande soit préparée en toutes ses composantes (urgence, moyens de droit et de fait, pièces justificatives) dès la présentation de sa requête ou de son assignation en référé.

ATTENTION Les prétentions ou moyens nouveaux non inclus dans la requête ou dans l'assignation en référé risquent d'être déclarés irrecevables (V. *infra*, n°s 52 et s.).
Il peut en être de même des pièces non jointes à la requête (V. *infra*, n°s 48 et s.).

Concernant plus particulièrement, la procédure à jour fixe sur requête, le praticien devra, pour soutenir sa requête, prendre une date auprès du service des requêtes du tribunal judiciaire concerné.
Les pratiques procédurales étant susceptibles de varier d'un tribunal judiciaire à l'autre, il est recommandé au praticien de prendre attache directement avec ledit service des requêtes.

ATTENTION Dans certaines matières, il est nécessaire de s'adresser directement au greffe de la chambre compétente du tribunal pour prendre une date et soutenir sa requête.
Par exemple, au tribunal judiciaire de Paris :
– 2e chambre en matière de promesses de vente et de successions ;
– 3e chambre en matière de brevet et contrefaçon ;
– 6e et 7e chambres en matière de construction ;
– 17e chambre en matière de droit de la presse.

Une fois l'autorisation obtenue du président, **veiller à respecter le délai** éventuellement fixé dans l'ordonnance autorisant à assigner à jour fixe pour délivrer l'assignation.
À défaut, la demande risque d'être déclarée irrecevable (TGI Lyon, ch. 1, 30 nov. 1994 : *JurisData* n° 1994-603369).

D Textes

- CPC, art. 840 à 844 (procédure à jour fixe).
- CPC, art. 837 (passerelle du référé).
- CPC, art. 778 et 779 (renvoi à l'audience).

E Schéma procédural

45 **Cas général** :
– enregistrement de la requête à fin d'être autorisé à assigner à jour fixe au greffe du service des requêtes du tribunal judiciaire concerné ;
– présentation et soutien de la requête à fin d'assigner à jour fixe devant le président du tribunal judiciaire ;
– ordonnance autorisant à assigner à jour fixe ;
– signification de l'assignation à jour fixe (à laquelle sont jointes la requête et l'ordonnance) avant la date d'audience (attention à respecter le délai éventuellement fixé par le président dans son ordonnance) ;
– saisine du tribunal judiciaire par la remise du second original de l'assignation au greffe avant la date fixée pour l'audience (formalités d'enrôlement).
Passerelle :
– signification par le commissaire de justice d'une assignation en référé ou dépôt de conclusions

dans la(les)quelle(s) il est sollicité (généralement à titre subsidiaire) le renvoi de l'affaire à une audience pour qu'il soit statué au fond (système dit de la « passerelle ») ;
– audience de référé :
• audience en principe publique (exceptionnellement en chambre du conseil),
• procédure orale,
• parties présentes ou représentées, étant précisé que l'avocat est obligatoire lorsque la demande porte sur un montant supérieur à 10 000 € ou a pour objet une demande indéterminée ayant pour origine l'exécution d'une obligation dont le montant est supérieur à 10 000 € (CPC, art. 761) ;
– ordonnance du juge des référés renvoyant l'affaire à une audience dont il fixe la date pour qu'il soit statué au fond (lorsqu'il n'y a pas lieu à référé mais qu'il est néanmoins urgent de statuer) ;
– saisine du tribunal à jour fixe par le prononcé de l'ordonnance du juge des référés.
Puis, dans les deux cas :
– fixation et distribution de l'affaire auprès de la chambre concernée ;
– constitution de l'avocat du défendeur avant la date d'audience (le demandeur devra constituer avocat s'il n'était pas représenté par un avocat devant le juge des référés, V. *infra*, n° 50, Assistance et représentation) par le RPVA (CPC, art. 842) ;
– signification des conclusions par le RPVA ;
– dépôt des dossiers sans plaidoiries lorsque les parties ont donné leur accord pour que la procédure se déroule sans audience (COJ, art. L. 212-5-1 et CPC, art. 843, al. 4) ou audience de plaidoirie :
• audience en principe publique (exceptionnellement en chambre du conseil),
• procédure écrite mais possibilité de prendre des conclusions orales,
• parties représentées ;
– prononcé du jugement ;
– notification du jugement entre avocats par les commissaires de justice audienciers ;
– signification du jugement aux parties par acte d'huissier ;
– appel dans le délai d'un mois à compter de la signification du jugement (sauf jugement rendu en dernier ressort, COJ, art. R. 211-3-24) ;
– cassation (dans les deux mois à compter de la signification du jugement rendu en dernier ressort ou de l'arrêt d'appel).

II Préparation

A Informations préalables

46 En dehors de certaines hypothèses où la procédure à jour fixe est imposée, le praticien prendra soin :
– de rappeler à son client que la procédure à jour fixe, qui permet de diminuer la durée légale des délais de procédure, est réservée aux affaires dans lesquelles il peut être justifié d'une urgence. Il convient donc de pouvoir étayer celle-ci ;
– d'alerter son client sur le fait que l'affaire peut se voir renvoyée devant le juge de la mise en état du fait du comportement du défendeur (signification de conclusions le jour de l'audience qui appelle une réponse par écrit, dépôt d'une demande juridictionnelle, *etc.*).

B Contrôles préalables

47 Avant d'engager la procédure, vérifier que la demande du client est urgente (sauf exceptions, V. *infra*, n° 50) et ne relève pas, pour les procédures à jours fixes choisies, de la compétence du juge des référés (cela pourra être le cas en l'absence de contestation sérieuse de la demande, CPC, art. 834 et 835).
Prendre éventuellement attache avec un avocat postulant lorsque la juridiction compétente est extérieure à son barreau d'attachement.
Dans le cadre de la procédure à jour fixe sur requête, il conviendra de :
– prendre attache avec le service des requêtes pour connaître les modalités de soutien de la requête ;
– veiller à réunir l'ensemble des pièces et à établir une assignation prenant en compte l'ensemble des moyens de droit et de fait pouvant venir au soutien des prétentions de son client de manière à ce que ses écritures soient les plus étayées possible ;
– signifier l'assignation à jour fixe avant l'audience ou au plus tard à la date fixée par le président dans son ordonnance ;
– enrôler l'affaire avant la date d'audience.
Veiller, en tant que défendeur, à constituer avocat avant l'audience.

C Pièces nécessaires

48 Au stade de la requête ou du référé : le praticien devra transmettre au président de la juridiction l'ensemble des pièces justifiant de sa demande et en particulier de l'urgence la caractérisant.

RETOUR D'EXPÉRIENCE Le président doit en effet pouvoir disposer de l'ensemble des éléments lui permettant d'apprécier l'urgence et de faire droit ou non à la demande de procédure à jour fixe.
Concernant la procédure à jour fixe sur requête, les pièces justificatives doivent être jointes à la requête et y être visées.
Le défendeur ne peut reprocher au demandeur de ne pas y avoir visé l'ensemble de ses pièces si l'assignation qui lui a été délivrée précise qu'il peut être pris connaissance au greffe du tribunal des pièces sur lesquelles est fondée la demande (Cass. com., 9 déc. 1980, n° 79-10.877 : *JurisData* n° 1980-745188 ; *JCP* G 1981, IV, p. 79).

REMARQUE **Le demandeur veillera à communiquer ses pièces à l'avocat du défendeur dès que celui-ci s'est constitué, ce qui permettra à ce dernier de conclure dans un délai utile à la tenue de l'audience.**

ATTENTION Dans la procédure à jour fixe sur requête, les pièces nouvelles non jointes à la requête initiale ne sont recevables qu'à la condition qu'elles visent à répondre à des arguments présentés par le défendeur (CA Paris, pôle 6, 2e ch., 14 févr. 2019, n° 18/09470).

D Coût de la procédure

49 Pour engager une procédure à jour fixe, il convient de :
– faire délivrer une assignation par un commissaire de justice (assignation à jour fixe ou assignation en référé dans le cadre du système de la passerelle) : coût environ 60 € ;
– faire enrôler l'affaire : timbre BRA/BSA 16 €, si demandeur représenté par un avocat (taxe perçue par les ordres au profit de la Caisse nationale des barreaux français qui ne concerne que Paris et sa périphérie).

RETOUR D'EXPÉRIENCE Pour le soutien de la requête à jour fixe, aucun frais de greffe n'est demandé.
Dans le cas où les services d'un avocat sont obligatoires, le coût de la procédure sera constitué par les honoraires d'avocat(s) qui sont libres, leur remboursement pouvant être demandé au titre des frais irrépétibles (CPC, art. 700).

III Procédure

A Assistance et représentation

50 Devant le tribunal judiciaire, les parties sont en principe tenues de constituer avocat (CPC, art. 760).
Si l'assistance peut être confiée à tout avocat (dit « avocat plaidant »), la représentation n'est possible que par un avocat inscrit au barreau du tribunal saisi ou d'un tribunal dépendant du même ressort de cour d'appel que le tribunal saisi (dit « avocat postulant », L. n° 71-1130, 31 déc. 1971, art. 5. – V. Fiche 72 : Faire appel à un avocat correspondant).
La requête à fin d'assigner à jour fixe devra ainsi être signée par l'avocat postulant du requérant.

RETOUR D'EXPÉRIENCE Si le ministère d'avocat n'est pas obligatoire en référé pour les demandes inférieures ou égales à 10 000 € (CPC, art. 761), il le deviendra en cas de renvoi à la juridiction au fond dans le cadre du système de la passerelle. Le défendeur (CPC, art. 842) devra alors constituer avocat avant l'audience.
Le demandeur qui était représenté par un avocat devant le président en référé n'aura pas à établir cet acte de constitution.
Seul le demandeur non représenté en référé devra constituer avocat.
En pratique, il sera cependant très rare que la passerelle soit demandée et octroyée si le demandeur n'est pas représenté devant le juge des référés.

B Compétence

51 Le tribunal judiciaire.

C Rédaction de l'acte de saisine

52 La saisine du tribunal judiciaire se fait soit par l'enrôlement de l'assignation à jour fixe, soit par l'ordonnance prononcée par le président saisi en référé dans le cadre de la « passerelle ».

1 Assignation à jour fixe

a) Autorisation préalable

53 L'autorisation d'assigner à jour fixe constitue un préalable nécessaire à toute assignation délivrée à jour fixe.

REMARQUE **Exception : aucune autorisation n'est nécessaire pour la délivrance de l'assignation à jour fixe dans le cadre de la procédure initiée pour la fixation du prix du bail commercial révisé ou renouvelé (V. *supra*, n° 43).**

Cette autorisation est sollicitée auprès du président par voie de requête.
La requête doit (CPC, art. 494 et 840) :
- exposer les motifs de l'urgence ;
- contenir les conclusions du demandeur (les moyens de droit et de fait) ;
- viser les pièces justificatives.

RETOUR D'EXPÉRIENCE En pratique, l'ensemble de ces éléments peuvent être exposés dans le projet d'assignation à jour fixe annexé à la requête.

ATTENTION Les productions, prétentions et moyens nouveaux non contenus dans la requête doivent être déclarés irrecevables (Cass. 3e civ., 23 févr. 2017, n° 15-27.818 : *JurisData* n° 2017-003236), sauf s'ils ont pour objet :
- de répondre aux conclusions des défendeurs (la demande reconventionnelle doit alors se rattacher à la demande originaire par un lien suffisant : CPC, art. 70. – Cass. 2e civ., avis, 6 juill. 2017, n° 16-18.442 : *JurisData* n° 2017-014638) ;
- ou de soulever une fin de non-recevoir (Cass. 2e civ., 26 juin 1996, n° 93-18.183 : *JurisData* n° 1996-002785 ; *Procédures* 1996, comm. 249, R. Perrot).

À la requête est joint un projet d'ordonnance.

RETOUR D'EXPÉRIENCE Il convient de joindre un projet d'ordonnance clair et précis de façon à accélérer la procédureCopies de la requête et des pièces doivent être remises au président pour être versées au dossier du tribunal (CPC, art. 840, al. 3).

b) Assignation

54 L'assignation à jour fixe doit indiquer, à peine de nullité (CPC, art. 841, al. 1er), outre les mentions communes à toutes les assignations (CPC, art. 56 et 648. – V. Fiche 9 : Assigner à jour fixe) :
- les jours et heures fixés par le président auxquels l'affaire sera appelée ;
- la chambre à laquelle elle est distribuée.
L'assignation doit (CPC, art. 841, al. 2) :
- informer le défendeur qu'il peut prendre connaissance au greffe de la copie des pièces visées dans la requête ;
- lui faire sommation de communiquer avant la date d'audience celles dont il entend faire état.

RETOUR D'EXPÉRIENCE Compte tenu de l'urgence qui caractérise la procédure à jour fixe, l'assignation à jour fixe n'a pas à préciser les « diligences entreprises en vue de parvenir à une résolution amiable du litige » (CPC, art. 750-1).

ATTENTION L'assignation doit être signifiée par un commissaire de justice avant la date d'audience et au plus tard à la date éventuellement indiquée dans l'ordonnance autorisant à assigner à jour fixe, sous **peine d'irrecevabilité des demandes présentées** (TGI Lyon, 30 nov. 1994 : *JurisData* n° 1994-603369 ; *JCP* G 1995, II, 22440, H. Croze). Dans la procédure à jour fixe sur requête, copies de la requête et de l'ordonnance sont jointes à l'assignation signifiée.
L'assignation doit être enrôlée avant la date fixée pour l'audience sous peine de caducité constatée d'office par ordonnance du président de la chambre à laquelle l'affaire a été distribuée (CPC, art. 843, al. 2 et 3. – Cass. 2e civ., 19 mai 1999, n° 97-17.577 : *JurisData* n° 1999-001957). En pratique, l'enrôlement se fait par la remise au greffe d'un placet (ou réquisition d'audience) contenant le second original de l'assignation à jour fixe (auquel sont généralement annexées la requête et l'ordonnance) sur lequel doit être apposé un timbre de placement (timbre BRA pour Paris et sa périphérie).

REMARQUE **Le service auprès duquel il est procédé à l'enrôlement peut varier selon le tribunal judiciaire saisi : il est donc recommandé de se renseigner préalablement auprès du tribunal concerné.**
Pour les procédures à jour fixe diligentées auprès du tribunal judiciaire de Paris, l'enrôlement se fait auprès du bureau d'ordre civil (BOC).

2 « Passerelle » depuis la juridiction des référés

55 Le tribunal judiciaire peut être saisi d'une procédure à jour fixe sur renvoi de l'affaire au fond par le président saisi en référé, en cas d'urgence et lorsqu'il n'y a pas lieu à référé (CPC, art. 837).
Ce renvoi ne peut se faire qu'à la demande de l'une des parties.
La demande est généralement présentée à titre subsidiaire devant le juge des référés, soit dans le cadre de l'assignation, soit dans le cadre de conclusions ultérieures.

RETOUR D'EXPÉRIENCE La demande présentée aux seules fins d'obtenir le renvoi de l'affaire à une audience du tribunal pour qu'il soit statué au fond est irrecevable (Cass. 2e civ., 16 mai 2012, n° 11-11.998 : *JurisData* n° 2012-010207).

ATTENTION Le demandeur ne peut soumettre au tribunal des prétentions non soumises au juge des référés (Cass. 2e civ., 7 déc. 2000, n° 98-16.399 : *JurisData* n° 2000-007290) : la solution doit être rapprochée de celle appliquée dans le cas où l'autorisation d'assigner à jour fixe est donnée par voie de requête.
Il est important d'indiquer dans l'assignation toutes les demandes que l'on entend éventuellement soumettre à la juridiction de fond.

Le juge des référés fixe la date d'audience au fond. Le demandeur n'a pas à réassigner son adversaire devant le juge du fond : l'ordonnance du juge des référés emporte directement saisine du tribunal (CPC, art. 837).

ATTENTION L'instance se poursuit sur le fondement de l'assignation délivrée devant le juge des référés : c'est donc la date de délivrance qui interrompt la prescription et non la date de saisine du tribunal (CA Paris, 7e ch., sect. A, 2 déc. 2003, n° 2002/11135 : *JurisData* n° 2003-234835).

D Instruction du dossier

56 L'affaire ne fait pas l'objet d'une instruction (mise en état).
Toutefois, si l'affaire n'est pas en état, le président peut décider :
- soit de renvoyer l'affaire pour un ultime échange de conclusions ou pour une ultime communication (CPC, art. 844, al. 3 ; art. 779) ;
- soit de renvoyer l'affaire devant le juge de la mise en état (CPC, art. 844, al. 3 ; art. 780).

Le président doit :
- s'assurer qu'il s'est écoulé un temps suffisant depuis l'assignation pour que le défendeur ait eu le temps de préparer sa défense (CPC, art. 844, al. 1er) ;
- et renvoyer, le cas échéant, l'affaire à une prochaine audience pour lui permettre de prendre des conclusions.

ATTENTION Le demandeur qui sollicite un renvoi au vu des conclusions adverses risque de se le voir refuser, sauf à ce que l'affaire soit renvoyée devant le juge de la mise en état.

En cas de renvoi devant le juge de la mise en état, la procédure à jour fixe prend fin.

E Audience

57 L'audience se tient aux jour et heure qui ont été fixés et devant la chambre à laquelle l'affaire a été distribuée.

1 Le défendeur a constitué avocat

58 S'il s'est écoulé un temps suffisant depuis l'assignation pour qu'il ait pu préparer sa défense, l'affaire est plaidée sur-le-champ, en l'état où elle se trouve c'est-à-dire au besoin sans conclusions du défendeur ou sur simples conclusions verbales (CPC, art. 844, al. 2).

RETOUR D'EXPÉRIENCE La procédure étant par principe écrite devant le tribunal judiciaire, de simples conclusions verbales peuvent être dangereuses : il convient de les éviter.

2 Le défendeur n'a pas constitué avocat

59 Le président peut :
- ordonner sa réassignation ;
- ou retenir immédiatement l'affaire pour rendre un jugement réputé contradictoire sur les seules explications du demandeur (CPC, art. 844, al. 4 ; art. 778).

RETOUR D'EXPÉRIENCE Lorsque le défendeur a formé une demande d'aide juridictionnelle, l'affaire est généralement renvoyée devant le juge de la mise en état (V. Fiche 91 : Obtenir l'aide juridictionnelle).

Aucune ordonnance de clôture n'est rendue avant l'audience de plaidoirie.

F Décision

60 Si le jugement ne peut être prononcé sur-le-champ, l'affaire est mise en délibéré et le jugement est rendu à une date fixée par le président (CPC, art. 450, al. 1er).

Le jugement est généralement prononcé par sa mise à disposition au greffe de la juridiction à la date indiquée par le président (CPC, art. 450, al. 2). Le jugement mentionne les moyens des parties à peine de nullité (CPC, art. 455 et 458).

G Fin de la procédure

61 La procédure à jour fixe prend fin lorsque :
- le jugement est rendu par le tribunal judiciaire ;
- le président renvoie l'affaire devant le juge de la mise en état considérant qu'elle n'est pas en état d'être jugée (CPC, art. 844, al. 3).

H Recours ou contestation

62 Les voies de recours et de contestation sont les mêmes que celles ouvertes devant le tribunal judiciaire dans le cadre de la procédure contentieuse ordinaire.

I Action en nullité ou en résolution

63 L'assignation à jour fixe contient à peine de nullité pour vice de forme (CPC, art. 112) les mentions prescrites par l'article 56 du Code de procédure civile.

ATTENTION L'article 56 du Code de procédure civile impose, à peine de nullité, de mentionner dans l'assignation les modalités de comparution devant la juridiction.

L'assignation à jour fixe doit également comporter les mentions prescrites par les nouveaux articles 752 et 54 et suivants du même code.

Le défaut d'indication de la date d'audience (CPC, art. 841) entraîne quant à lui la nullité de l'assignation qui peut être relevée d'office par le président.

L'assignation doit être enrôlée avant la date fixée pour l'audience sous peine de caducité constatée d'office par ordonnance du président de la chambre à laquelle l'affaire a été distribuée (CPC, art. 843, al. 2 et 3).

NOTA Le *timbre BRA* est une cotisation des ordres d'avocats du ressort des tribunaux judiciaires d'Île-de-France (pour contribuer aux frais de toque ou de retour de dossiers de plaidoirie). Cette cotisation est due par l'avocat pour les placements et les constitutions en défense. La facturation est désormais électronique et remplace les timbres papiers qui ont cessé d'être mis en vente le 2 janvier 2020. Pour les procédures en attente d'intégration dans le RPVA, aucun timbre n'est exigé pendant cette période transitoire. Le e)Service e) Timbre est accessible depuis l'espace professionnel du barreau de Paris (les avocats parisiens y trouveront tout l'historique de leurs placements au fond ainsi que de leurs constitutions en défense, et pourront payer par carte bancaire en ligne).

CHECK-LIST
- **S'assurer que l'urgence est caractérisée.**
- **Prendre une date auprès du service des requêtes du tribunal judiciaire concerné.**
- **Vérifier que la demande du client ne relève pas de la compétence du juge des référés (demande de provision, mesures provisoires, demande d'expertise, *etc.*).**
- **Réunir l'ensemble des pièces et les joindre à la requête.**
- **Annexer à la requête un projet d'ordonnance.**
- **Établir une assignation prenant en compte l'ensemble des moyens de droit et de fait pouvant venir au soutien des prétentions de son client.**
- **Annexer à l'assignation l'ordonnance et la requête.**
- **Enrôler l'affaire avant la date d'audience.**
- **Communiquer ses pièces à l'avocat du défendeur dès que ce dernier s'est constitué.**

POUR ALLER PLUS LOIN...

Fascicules JurisClasseur

- *JCl. Procédure civile*, fasc. 1100-80 et 1200-05.

Fiches pratiques

- V. Fiche n° 4 : Saisir le tribunal judiciaire par assignation.
- V. Fiche n° 9 : Assigner à jour fixe.

Fiche 4
Saisir le tribunal judiciaire par assignation

Coline WARIN

Sommaire

I
Aperçu rapide

A Caractéristiques générales

64 L'assignation :
– constitue le mode principal de saisine du tribunal judiciaire (CPC, art. 54) ;
– est un acte d'huissier par lequel le demandeur cite son adversaire à comparaître devant le juge (CPC, art. 55) ;
– peut contenir :
• une demande initiale (CPC, art. 53),
• une demande incidente (CPC, art. 63) ;

> EXEMPLE **En intervention volontaire ou en intervention forcée (CPC, art. 66, al. 2).**

– vaut mise en demeure et interrompt le délai de prescription et de forclusion (C. civ., art. 2241).

B Conditions d'utilisation

65 « Saisir le juge du tribunal judiciaire par assignation » concerne uniquement la saisine par voie d'assignation de la procédure écrite « ordinaire » (ancienne procédure TGI) et de la procédure orale « ordinaire » (ancienne procédure TI), à l'exclusion de :
– la procédure gracieuse (CPC, art. 808 à 811) ;
– la procédure à juge unique (CPC, art. 812 à 816) ;
– la procédure de référé devant le président du tribunal judiciaire ou le juge des contentieux de la protection (CPC, art. 834 à 838) ;

– la procédure accélérée au fond (CPC, art. 839) ;
– des « autres procédures » du Code de procédure civile (procédure à jour fixe, ordonnance sur requêtes, procédure sur décision de renvoi de la juridiction pénale, procédure en matière d'action de groupe) (CPC, art. 840 à 849-21).

C Avis du professionnel

66 S'assurer que l'acte contient toutes les **mentions obligatoires** avant de procéder à sa signification (V. *infra*, nos 78 et s.) : le formalisme de l'assignation est important.
S'assure que la demande en justice est précédée, au choix des parties :
– d'une tentative de conciliation menée par un conciliateur de justice ;
– d'une tentative de médiation ;
– ou d'une tentative de procédure participative.
Il en est ainsi :
– lorsqu'elle tend au paiement d'une somme n'excédant pas 5 000 € ;
– ou lorsqu'elle est relative à l'une des actions mentionnées aux articles R. 211-3-4 et R. 211-3-8 du Code de l'organisation judiciaire ;
– ou à un trouble anormal de voisinage (CPC, art. 750-1. – V. *infra*, n° 68).

D Textes

1 Textes codifiés

- CPC, art. 53 à 59.
- CPC, art. 751 à 755.
- CPC, art. 775 à 807.
- CPC, art. 817 à 833.

2 Règlement communautaire

- Cons. UE, règl. (CE) n° 44/2001, 22 déc. 2000, concernant la compétence judiciaire, la reconnaissance et l'exécution des décisions en matière civile et commerciale.

E Schéma procédural

67 • Tentative de résolution amiable.
• Prise de date.
• Signification de l'assignation.
• Placement du second original auprès du greffe.
• Audiences.
• Décision.
• Signification de la décision.
• Recours.

II Préparation

A Information du client

68 Informer son client de l'existence de modes alternatifs de règlement des conflits (V. Fiche 21 : Régler au mieux les litiges à l'amiable).

ATTENTION À peine d'irrecevabilité que le juge peut prononcer d'office, la demande en justice doit être précédée au choix des parties d'une tentative de conciliation menée par un conciliateur de justice, d'une tentative de médiation ou d'une tentative de procédure participative, lorsqu'elle tend au paiement d'une somme inférieure ou égale à 5 000 € ou pour les conflits de voisinage (CPC, art. 750-1 issu du décret n° 2023-357, 11 mai 2023 et applicable aux instances introduites à compter du 1er octobre 2023. – COJ, art. R. 211-3-4 et R. 211-3-8).
Les parties sont **dispensées** de cette obligation :
– si l'une des parties au moins sollicite l'homologation d'un accord ;
– lorsque l'exercice d'un recours préalable est imposé auprès de l'auteur de la décision ;
– si l'absence de recours à l'un des modes de résolution amiable mentionnés au premier alinéa est justifiée par un motif légitime tenant soit à l'urgence manifeste, soit aux circonstances de l'espèce rendant impossible une telle tentative ou nécessitant qu'une décision soit rendue non contradictoirement, soit à l'indisponibilité de conciliateurs de justice entraînant l'organisation de la première réunion de conciliation dans un délai supérieur à trois mois à compter de la saisine d'un conciliateur ; le demandeur justifie par tout moyen de la saisine et de ses suites ;
– si le juge ou l'autorité administrative doit, en application d'une disposition particulière, procéder à une tentative préalable de conciliation ;
– si le créancier a vainement engagé une procédure simplifiée de recouvrement des petites créances, conformément à l'article L. 125-1 du Code des procédures civiles d'exécution.

Lorsqu'elle doit être précédée d'une tentative de conciliation, de médiation ou de procédure participative, l'assignation doit mentionner, à peine de nullité, les diligences entreprises en vue d'une résolution amiable du litige ou la justification de la dispense d'une telle tentative (CPC, art. 54).

B Contrôles préalables

69 • Effectuer une tentative de résolution amiable.
– Vérifier les règles de compétences territoriales et matérielles.
– Vérifier que les demandes ne sont pas prescrites.
– Vérifier auprès du registre du commerce et des sociétés (RCS) que le défendeur personne morale ne fait pas l'objet d'une procédure collective.

C Pièces nécessaires

70 • Disposer des pièces nécessaires pour justifier ses demandes.
• Réunir les pièces d'état civil et toutes informations nécessaires en vue de répondre aux exigences de forme de l'assignation, prescrites par la loi à peine de nullité (CPC, art. 54, 56 et 648).
• Produire un extrait K-bis lorsqu'une des parties est une personne morale enregistrée auprès du RCS.

D Coût de la procédure

71 • Coût de la signification d'une assignation par huissier : variable en fonction du montant de l'obligation pécuniaire et de l'urgence.
• Honoraires libres de l'avocat (L. n° 71-1130, 31 déc. 1971, art. 10).
• Frais de greffe.

ATTENTION Les bénéficiaires de l'aide juridictionnelle (AJ) totale ou partielle ne sont toutefois pas tenus de payer la signification.
Vérifier si cette contribution est ou non applicable.

III Procédure

A Assistance et représentation

1 Principe

72 Sauf disposition contraire, la constitution d'avocat est obligatoire devant le tribunal judiciaire, y compris en référé (CPC, art. 760).
La constitution d'avocat emporte élection de domicile.
Dans les matières relevant de la compétence exclusive du tribunal judiciaire, les parties sont tenues de constituer avocat, quel que soit le montant de leur demande (CPC, art. 761, 3°).
Une liste indicative des matières relevant de la compétence exclusive du tribunal judiciaire figure à l'article R. 211-3-26 du Code de l'organisation judiciaire.
La représentation est par ailleurs obligatoire pour les contentieux relatifs :
– au renouvellement et à la révision des baux commerciaux (C. com., art. R. 145-26) ;
– à la révision des prestations compensatoires (CPC, art. 1139, al. 2) ;
– au retrait total et partiel de l'autorité parentale (CPC, art. 1203) ;
– à la déclaration judiciaire de délaissement parental (CPC, art. 1209-1-1) ;
– à l'expropriation pour cause d'utilité publique (C. expr., art. R. 311-9, al. 2) ;
– aux procédures fiscales devant les juridictions civiles (LPF, art. R. 202, al. 2).
Si le défendeur ne constitue pas avocat, il s'expose à ce qu'un jugement soit rendu à son encontre sur les seuls éléments fournis par le demandeur (CPC, art. 56, 4°).
Le défaut de constitution d'avocat est une irrégularité de fond, qui à ce titre, ne suppose pas la démonstration d'un grief.

2 Exception

73 Les parties sont dispensées de constituer avocat dans les cas suivants (CPC, art. 761) :
– dans les matières relevant de la compétence du juge des contentieux de la protection ;
– dans les matières énumérées par les articles R. 211-3-13 à R. 211-3-16, R. 211-3-18 à R. 211-3-21, R. 211-3-23 du Code de l'organisation judiciaire et dans les matières énumérées au tableau IV-II annexé au même code.

ATTENTION Il s'agit essentiellement des litiges relatifs aux contestations des désignations ou élections de juges des tribunaux de commerce, des délégués consulaires, des représentants des salariés, des délégués et représentants syndicaux, et de membres du conseil d'administration ou de commission d'autorités publiques.

Lorsque la demande porte sur un montant inférieur ou égal à 10 000 € ou a pour objet une demande indéterminée ayant pour origine l'exécution d'une obligation dont le montant n'excède pas 10 000 €, sauf pour les matières relevant de la compétence exclusive du tribunal judiciaire ;

ATTENTION Lorsqu'une demande incidente a pour effet de rendre applicable la procédure écrite ou de rendre obligatoire la représentation par avocat, le juge peut, d'office ou si une partie en fait état, renvoyer l'affaire à une prochaine audience et inviter les parties à constituer avocat.

- devant le JEX, lorsque la demande est relative à l'expulsion ou à la saisie des rémunérations (CPC exéc., art. L. 121-4) ;
- l'État, les départements, les régions, les communes et les établissements publics peuvent se faire représenter ou assister par un fonctionnaire ou un agent de leur administration.

Lorsque les parties sont dispensées de constituer avocat, la procédure est orale (CPC, art. 817), ce qui ne les dispense pas du respect du principe du contradictoire.

Lorsque la **représentation par avocat n'est pas obligatoire**, les parties :
- peuvent se défendre elles-mêmes (CPC, art. 762) ;
- peuvent se faire assister ou représenter par :
  • un avocat,
  • leur conjoint, leur concubin ou la personne avec laquelle elles ont conclu un pacte civil de solidarité,
  • leurs parents ou alliés en ligne directe,
  • leurs parents ou alliés en ligne collatérale jusqu'au troisième degré inclus,
  • les personnes exclusivement attachées à leur service personnel ou à leur entreprise.

Le représentant, s'il n'est avocat, doit justifier d'un pouvoir spécial.

B Compétence

1 Compétence matérielle

74 Par principe, le tribunal judiciaire connaît de toutes les affaires civiles et commerciales pour lesquelles compétence n'est pas attribuée, en raison de la nature de la demande, à une autre juridiction (COJ, art. L. 211-3).

2 Compétence territoriale

a) Tribunal du lieu où demeure le défendeur

75 En principe, le tribunal compétent est celui du lieu où demeure le défendeur (CPC, art. 42, al. 1er, et 43) :
- domicile ;
- siège social.

S'il y a plusieurs défendeurs, le demandeur saisit, à son choix, la juridiction du lieu où demeure l'un d'eux (CPC, art. 42, al. 2).

ATTENTION Si le défendeur n'a ni domicile, ni résidence connus, le demandeur peut saisir la juridiction (CPC, art. 42, al. 3) :
- du lieu où il demeure ;
- de son choix s'il demeure à l'étranger.

b) Tribunal du lieu de la livraison ou du fait dommageable

76 Le demandeur peut également saisir, **à son choix** (CPC, art. 46) :
- **en matière contractuelle**, la juridiction :
  • du lieu de la livraison effective de la chose,
  • du lieu de l'exécution de la prestation de service ;
- **en matière délictuelle**, la juridiction :
  • du lieu du fait dommageable,
  • dans le ressort de laquelle le dommage a été subi.

c) Juridictions spécialisées

77 Certains contentieux ont été confiés par le législateur à des juridictions spécialisées.

C'est notamment le cas pour les actions en matière de **propriété littéraire et artistique**, de dessins et modèles, de marques et d'indications géographiques, qui sont attribuées à des juridictions spécialisées suivantes (COJ, art. L. 211-10 et D. 211-6-1 et art. ann. tabl. VI) :

C'est également le cas en matière de **brevet** : le tribunal judiciaire ayant compétence exclusive pour connaître des actions en matière de brevets d'invention, de certificats d'utilité, de certificats complémentaires de protection et de topographies de produits semi-conducteurs, est celui de Paris (COJ, art. D. 211-5 et art. ann. tabl. V).

ATTENTION La loi n° 2019-222 du 23 mars 2019 a introduit la possibilité de concentrer certains

contentieux devant un seul tribunal judiciaire du département voire à titre exceptionnel de départements différents si la proximité géographique ou la spécificité territoriale le justifient (COJ, art. L. 211-9-2 et L. 211-9-3).
Cela concerne :
- les actions relatives aux baux commerciaux ;
- les actions relatives aux entreprises en difficultés ;
- les litiges relatifs à l'exécution d'un contrat de transport de marchandises ;
- les actions en responsabilité médicale (COJ, art. R. 211-4).

Le décret n° 2021-1103 du 20 août 2021, applicable depuis 1er septembre 2021, a désigné les tribunaux judiciaires à compétence départementale en application de l'article L. 211-9-3 du Code de l'organisation judiciaire (COJ, art. D. 211-4-1 et art. ann. tabl. IV).

REMARQUE **Au moment de saisir une juridiction, il ne faudra donc pas oublier de vérifier la compétence du tribunal.**

C Rédaction de l'acte de saisine

CONSEIL PRATIQUE Pensez à numéroter vos pages. Votre exposé des faits doit être synthétique et documenté par des pièces numérotées dans l'ordre. Vous devez faire un plan. Chaque moyen de droit doit avoir un fondement légal ou jurisprudentiel. Le rappel de la jurisprudence doit se limiter aux décisions utiles à la solution du litige. Étant d'usage de ne pas dépasser vingt pages pour les conclusions récapitulatives à venir, essayez d'être concis dès la rédaction de l'acte de saisine.

NOTA Attention au vocabulaire : **l'objet du litige** est déterminé par les prétentions des parties. **Une prétention**, c'est ce que demande la partie (par ex. : annulation du contrat, allocation de dommages et intérêts). **Les moyens** sont les éléments de droit ou de fait assortis d'une preuve qui concourent au succès de sa prétention. Ce ne sont pas de simples arguments (éléments de discussion dépourvus de raisonnement juridique, qui n'appelleront pas de réponse dans la motivation de la décision), ni des allégations (affirmation sans preuve). Évidemment, les prétentions et les moyens qui viennent à leur soutien doivent être traités les uns après les autres.

1 Mentions obligatoires

a) En cas de représentation obligatoire

78 L'assignation contient les mentions prescrites par les articles 54, 56, 752, 753 et 648 du Code de procédure civile :
– la juridiction devant laquelle la demande est portée et son adresse complète ;
– le cas échéant, la chambre désignée ;
– la date de l'acte ;
– les éléments permettant d'identifier les parties :
• pour le demandeur :
- personne physique : les nom, prénoms, profession, domicile, nationalité, date et lieu de naissance,
- personne morale : la forme sociale, la dénomination sociale, le siège social et le nom du représentant légal,

NOTA Vous pouvez indiquer le numéro de la décision BAJ si votre client bénéficie de l'aide juridictionnelle.

• pour le défendeur :
- personne physique : les nom, prénoms et domicile,
- personne morale : la dénomination et le siège social ;
– la constitution de l'avocat du demandeur (CPC, art. 752) ;
– les conditions dans lesquelles le défendeur peut se faire assister ou représenter, ainsi que, s'il y a lieu, le nom du représentant du demandeur ;
– le délai dans lequel le défendeur est tenu de constituer avocat (CPC, art. 752) : dans les **quinze jours** à compter de la signification de l'assignation (CPC, art. 763) ;

REMARQUE **La constitution de l'avocat peut intervenir en fait jusqu'à la première audience.**
La constitution de l'avocat emporte élection de domicile (CPC, art. 760, al. 2).
Le défaut de constitution d'avocat est une irrégularité de fond, qui à ce titre, ne suppose pas la démonstration d'un grief.

– les nom, prénoms, demeure et signature de l'huissier de justice ;
– les lieu, jour et heure de l'audience à laquelle l'affaire sera appelée ;

– les modalités de comparution devant la juridiction et l'indication que, faute pour le défendeur de comparaître, il s'expose à ce qu'un jugement soit rendu contre lui sur les seuls éléments fournis par son adversaire ;
– les dispositions de l'article 832 du Code de procédure civile, dans le cadre d'une procédure orale (CPC, art. 753) ;

REMARQUE **Cette indication peut être précédée de la mention « Très important » et figurer en gras dans l'assignation.**

– lorsqu'elle doit être précédée d'une tentative de conciliation, de médiation ou de procédure participative, l'assignation doit préciser les diligences entreprises en vue d'une résolution amiable du litige ou la justification de la dispense d'une telle tentative ;
– le cas échéant, l'assignation doit comporter les mentions relatives à la désignation des immeubles exigées par la publication au fichier immobilier ;
– l'objet de la demande avec un exposé des moyens en fait et en droit ;
– exposer précisément ses demandes, ainsi que les textes servant de fondement à son argumentation dans le « Par ces motifs » ;
– possibilité de mentionner à la fin du « Par ces motifs » la mention « Sous toutes réserves ».

NOTA Attention à la rédaction du « Par ces motifs », également appelé le « dispositif ». Évitez d'utiliser les termes « Donner acte » ou « Dire ou juger », même si cela n'est plus sanctionné, ces formulations ne constituent pas des prétentions. Il est préférable d'utiliser les formulations « Juger », « Condamner », « Ordonner », « Déclarer ». Évitez également l'expression « sous toutes réserves », même si elle n'est pas interdite, elle n'a aucun sens juridique.

Toute assignation ne comportant pas les mentions ci-dessus est frappée de **nullité** pour vice de forme (CPC, art. 56 et 649).
La nullité ne sera encourue que si la preuve que l'omission a causé un **grief** est rapportée (CPC, art. 114).

REMARQUE **Le demandeur peut indiquer dans son assignation son accord pour une procédure sans audience.**

L'assignation contient également l'indication des pièces sur lesquelles la demande est fondée, qui doivent être énumérées dans un bordereau annexé à l'assignation.
La communication d'un bordereau de pièces est désormais prescrite à peine de nullité.

b) En cas de procédure sans représentation obligatoire

79 L'assignation contient les mentions prescrites par les articles 54, 56, 648, 752 et 753 du Code de procédure civile :
– la juridiction devant laquelle la demande est portée et son adresse complète ;
– le cas échéant, la chambre désignée ;
– la date de l'acte ;
– les éléments permettant d'identifier les parties :
• pour le demandeur :
- personne physique : les nom, prénoms, profession, domicile, nationalité, date et lieu de naissance,
- personne morale : la forme sociale, la dénomination sociale, le siège social et le nom du représentant légal,
• pour le défendeur :
- personne physique : les nom, prénoms et domicile,
- personne morale : la dénomination et le siège social ;
– les nom, prénoms et adresse de la personne chez qui le demandeur élit domicile en France lorsqu'il réside à l'étranger (CPC, art. 753) ;
– les conditions dans lesquelles le défendeur peut se faire assister ou représenter, ainsi que, s'il y a lieu, le nom du représentant du demandeur ;
– les nom, prénoms, demeure et signature de l'huissier de justice ;
– les lieu, jour et heure de l'audience à laquelle l'affaire sera appelée) ;
– les modalités de comparution devant la juridiction et l'indication que, faute pour le défendeur de comparaître, il s'expose à ce qu'un jugement soit rendu contre lui sur les seuls éléments fournis par son adversaire ;
– les dispositions de l'article 832 du Code de procédure civile (CPC, art. 753) ;

REMARQUE **Cette indication peut être précédée de la mention « Très important » et figurer en gras dans l'assignation.**

– lorsqu'elle doit être précédée d'une tentative de conciliation, de médiation ou de procédure participative, l'assignation doit préciser les diligences entreprises en vue d'une résolution amiable du litige ou la justification de la dispense d'une telle tentative (CPC, art. 54, 5°) ;
– le cas échéant, les mentions relatives à la désignation des immeubles exigées par la publication au fichier immobilier ;

– l'objet de la demande avec un exposé des moyens en fait et en droit.

REMARQUE **Exposer précisément ses demandes, ainsi que les textes servant de fondement à son argumentation dans le « Par ces motifs ».**

Toute assignation ne comportant pas les mentions ci-dessus est frappée de **nullité** pour vice de forme (CPC, art. 56 et 649).
La nullité ne sera encourue que si la preuve que l'omission a causé un **grief** est rapportée (CPC, art. 114).
L'assignation contient également l'indication des pièces sur lesquelles la demande est fondée, qui doivent être énumérées dans un bordereau annexé à l'assignation.
La communication d'un bordereau de pièces est désormais prescrite à peine de nullité.

2 Mentions facultatives

80 Le demandeur peut indiquer dans son assignation son accord pour une procédure sans audience.

D Assignation et placement

81 Le décret n° 2019-1333 du 11 décembre 2019 a consacré le principe de la **prise de date d'audience** pour toutes les demandes devant le tribunal judiciaire, applicables depuis le 1er juillet 2021.
La réservation de la date d'audience auprès du greffe nécessite la **transmission d'un projet d'assignation au greffe**, permettant de choisir parmi les dates proposées par la chambre (CPC, art. 751).
L'arrêté du 9 mars 2020, modifié par arrêté du 9 août 2021, précise les modalités de communication de la date de la première audience devant le tribunal judiciaire :
– principe : la réservation de la date se fait par tous moyens auprès du greffe :
• par téléphone,
• par télécopie,
• par courrier électronique ;
– exception dans les procédures écrites ordinaires à compter du 1er septembre 2021 :
• la réservation de la date se fait par voie électronique, c'est-à-dire par le biais du module disponible sur e-barreau,
• lorsque le demandeur, dispensé de l'obligation de représentation, n'aura pas constitué avocat et lorsque la réservation de la date ne peut intervenir par la voie électronique pour une cause étrangère à celui qui la sollicite, la date peut être sollicitée par tous moyens.

ATTENTION La réservation de date ne s'apparente pas à une demande en justice, conformément aux dispositions des articles 53 et 54 du Code de procédure civile : elle est un préalable à l'assignation pour en assurer la validité mais n'est pas un acte de procédure à proprement parler.

Il apparaît donc que la réservation de la date supposant la transmission du projet d'assignation à la juridiction n'emporte donc pas interruption de la prescription.
Une fois la date d'audience obtenue, le demandeur fait signifier l'assignation au défendeur qui se trouve ainsi convoqué à cette date.
La juridiction est saisie, à la diligence de l'une ou l'autre partie, par la remise au greffe d'une copie de l'assignation.
S'agissant du délai de remise de l'assignation au greffe, une fois la signification effectuée (CPC, art. 754) :
Sous réserve que la date de l'audience soit communiquée plus de quinze jours à l'avance, la remise doit être effectuée au moins quinze jours avant cette date.
La remise doit avoir lieu dans ce délai sous peine de caducité de l'assignation constatée d'office par ordonnance du juge, ou, à défaut, à la requête d'une partie.

ATTENTION La caducité de l'assignation la prive de tout effet interruptif de prescription (par ex., Cass. 2e civ., 1er oct. 2009, n° 08-11.960. – Cass. com., 14 mars 2006, n° 03-10.945 : *JurisData* n° 2006-032753.

RAPPEL Pour toutes les actions personnelles ou mobilières d'un montant inférieur ou égal à 10 000 € qui relèvent de la procédure orale sans représentation obligatoire (pôle civil de proximité du tribunal judiciaire, suite à la suppression du tribunal d'instance), la prise de date n'est pas possible par RPVA. À Paris elle s'effectue par mail : boc-pcp.tj-paris@justice.fr.

CONSEILS PRATIQUES POUR L'ENRÔLEMENT DE VOTRE ASSIGNATION (Il peut y avoir des changements d'un tribunal à l'autre le temps que la réforme se mette en place).

• Préparation du projet d'assignation (en laissant de la place pour rajouter par la suite la date et l'heure de l'audience) ;
• Prise de date : – *Via* RPVA cliquez sur « Mise au rôle » puis « réservation d'une date d'audience » : si la nature de l'affaire figure dans la liste proposée, il est possible de prendre une date par voie électronique. Remplir ensuite les informations concernant les parties (demandeur puis défendeur) sans vous ajouter en tant que représentant (vous serez automatiquement ajouté à la fin). Choisir la date (soyez patient le temps que les dates s'affichent). Ajoutez enfin votre projet d'assignation. Pour que votre date soit définitivement réservée, vous devez attendre la confirmation par mail du greffe (sous vingt-quatre heures). Vous recevrez alors un numéro de rôle provisoire suivi de la lettre A comme « attente » (RG n° 21/AXXX) – À défaut, si la nature de votre affaire ne figure pas dans la liste proposée *via* RPVA, vous devez contacter le greffe pour obtenir votre date, par téléphone, par mail ou en vous déplaçant directement.
• Complétez votre projet d'assignation avec la date et l'heure obtenue.
• Envoyez par courriel à un commissaire de justice, l'assignation à faire délivrer à votre adversaire sans les pièces (pour réduire les coûts). Précisez dans le message que c'est le client qui règlera les frais afin d'éviter de devoir les supporter. L'adresse de votre adversaire déterminera le commissaire de justice compétent.
• Le commissaire de justice vous retournera par voie postale le « second original », appelé aussi « l'expédition » avec un procès-verbal de signification et une facture.
• Placement.

☞ NOTA Pour les assignations en intervention forcée ou les appels en garantie dans les procédures écrites ordinaires, il est inutile de prendre une date par RPVA. Il suffit d'assigner à la date à laquelle l'affaire sera à nouveau appelée devant le juge de la mise en état devant la chambre du dossier principal. En revanche le placement s'effectuera à Paris par l'intermédiaire du Bureau d'ordre civil et non auprès de la chambre saisie de la demande principale. La jonction de la demande principale et de la demande en intervention forcée ou en appel en garantie se fera à l'audience (en cas de problème : boc2.tj-paris@justice.fr).

☞ CONSEILS PRATIQUES POUR LE PLACEMENT DE VOTRE ASSIGNATION (Il peut y avoir des changements d'un tribunal à l'autre le temps que la réforme se mette en place).
• *Via* RPVA rédigez un « nouveau message civil » en utilisant le numéro provisoire communiqué et mettez en pièce jointe la copie scannée de l'assignation délivrée (attention aux délais ! Vous devez placer votre assignation au moins quinze jours avant l'audience). Vous ne devez pas passer par l'onglet « mise au rôle/ (...) ou placement au fond » qui ne sert plus au placement au fond des assignations délivrées après le 1er juillet 2021 mais continue de servir pour les assignations délivrées jusqu'à cette date.
• Le greffe vous enverra alors un message pour confirmer votre placement dans lequel sera communiqué un numéro de rôle général définitif dit « n° RG ».
• Dès connaissance de l'identité de l'avocat adverse, communiquez-lui ce numéro de RG ainsi que vos pièces (attention le numéro RG provisoire ne permet pas au défendeur de se constituer, vous devez donc attendre de recevoir le RG définitif).
• Concernant le « timbre BRA », la facturation est désormais électronique et remplace les timbres papiers qui ont cessé d'être mis en vente le 2 janvier 2020. Vous n'avez plus rien à faire, vous recevrez une facture par mail. Pour les procédures en attente d'intégration dans le RPVA, aucun timbre n'est exigé pendant cette période transitoire. À Paris, pour savoir si vous avez des factures en attente, rendez-vous sur votre espace professionnel / e-timbre.

☞ CONSEILS PRATIQUES POUR CONSTITUER AVOCAT EN DÉFENSE • Écrire un mail à l'avocat de la partie demanderesse en l'informant vous constituer comme avocat pour la défense. Demander alors à ce dernier le numéro de RG ainsi que les pièces. Notez que l'obligation de se constituer dans les quinze jours de la signification de l'assignation n'est pas sanctionnée, l'avocat ne risque donc rien s'il ne respecte pas ce délai tant qu'il est constitué le jour de l'audience d'orientation. En cas de constitution tardive et de clôture par le président de la chambre saisie, il sera toujours possible de faire une demande de rabat de l'ordonnance de clôture.
• Rédaction d'un acte de constitution (Vos coordonnées / déclare à... / qu'il se constitue devant le TJ de... / POUR... / SUR l'assignation qui a été délivrée à..., à la requête de..., par exploit de...). Indiquer le cas échéant que le défendeur est

d'accord pour que la procédure se déroule sans audience en application de l'article L. 212-5-1 du Code de l'organisation judiciaire.
• Enregistrement du placement sur RPVA : « Mise au rôle » / « Constitution en défense » / enregistrement des parties sans vous ajouter en tant que représentant (vous serez automatiquement ajouté à la fin). Joignez votre acte de constitution.

E Audience

NOTA Au tribunal judiciaire de Paris, votre salle d'audience ne vous sera pas communiquée à l'avance, vous devez la chercher sur les écrans du rez-de-chaussée. Le rôle est quant à lui affiché sur les écrans tactiles devant la salle d'audience (à l'exception de certaines matières comme pour le JAF situé au sixième étage où des rôles papiers sont affichés dans les salles d'attente). Le vestiaire des avocats et un service d'accueil se situent au « Socle » (rez-de-chaussée). Pour accéder aux greffes, vous devez vous rendre à l'IGH (l'immeuble de grande hauteur) qui est accessible uniquement par des ascenseurs au nord du Socle et après avoir badgé.

1 Procédure écrite « ordinaire » – Ancienne procédure devant le TGI (CPC, art. 775)

82 L'affaire est appelée devant le président de la chambre saisie ou à laquelle l'affaire a été distribuée pour une audience d'orientation.
L'affaire est instruite devant un juge de la mise en état (CPC, art. 780 à 797).
Les parties seront convoquées par le greffe, grâce à un bulletin d'audience transmis par RPVA.

ATTENTION Devant le tribunal judiciaire, la procédure peut, à l'initiative des parties lorsqu'elles en sont expressément d'accord, se dérouler sans audience. En ce cas, elle est exclusivement écrite.
Toutefois le tribunal peut décider de tenir une audience s'il estime qu'il n'est pas possible de rendre une décision au regard des preuves écrites ou si l'une des parties en fait la demande (CPC, art. L. 212-5-1).
Cette procédure sans audience est possible nonobstant l'obligation ou non de constituer avocat.

CONSEIL Dans le cadre de la procédure écrite ordinaire et de la procédure de référé devant le tribunal judiciaire, le juge du fond (CPC, art. 774-1), le président de l'audience d'orientation (CPC, art. 776), le juge de la mise en état (CPC, art. 785) et le juge des référés (CPC, art. 836-2), saisis d'un litige portant sur des droits dont les parties ont la libre disposition peuvent, à la demande de l'une des parties ou d'office après avoir recueilli leur avis, décider qu'elles seront convoquées à une **audience de règlement amiable** tenue par un juge qui ne siège pas dans la formation de jugement dans les cas prévus par la loi.
Cette décision est une mesure d'administration judiciaire. Elle ne dessaisit pas le juge (CPC, art. 774-1. – D. n° 2023-686, 29 juill. 2023, art. 2).
L'audience de règlement amiable a pour finalité la résolution amiable du différend entre les parties, par la confrontation équilibrée de leurs points de vue, l'évaluation de leurs besoins, positions et intérêts respectifs, ainsi que la compréhension des principes juridiques applicables au litige (CPC, art. 774-1. – D. n° 2023-686, 29 juill. 2023, art. 2).

NOTA Vous devez obligatoirement être présent ou vous faire substituer à l'audience d'orientation (il existe des règles spécifiques pour le JAF notamment). Concrètement, il s'agit de la première audience lors de laquelle le président de la chambre vérifie si vous souhaitez conclure une convention de procédure participative aux fins de mise en état ; si votre affaire est en état d'être jugée, il peut clôturer et fixer les plaidoiries ; il peut fixer la date de dépôt des dossiers lorsque la procédure se déroule sans audience ou encore désigner le juge de la mise en état. En l'absence d'une partie, le magistrat pourra décider de radier votre affaire ou encore de clôturer l'instruction, et donc d'opter pour un circuit « ultra-court », alors même que vous estimez que votre affaire n'est pas en état d'être examinée sur le fond. En principe, vous n'avez pas à préparer de plaidoirie à ce stade de la procédure. Vous vous contenterez de répondre aux questions du président, lui expliquer pourquoi votre dossier n'est pas prêt à être jugé sur le fond (s'il manque une pièce, les conclusions adverses, *etc.*). En général, s'agissant d'une discussion interactive, vous devez vous déplacer jusqu'au bureau du juge (dans certains tribunaux, il peut cependant arriver que vous restiez sur votre pupitre).

2 Procédure orale « ordinaire » – Ancienne procédure devant le TI

83 La date et l'heure de l'audience sont déterminées dès le stade de l'assignation, en appelant le greffe concerné.
Les affaires :
- sont très généralement jugées le jour de l'audience ;
- peuvent être renvoyées à une audience ultérieure : les parties sont avisées de la date de cette audience par le greffe :
• soit verbalement,
• soit par tous moyens.

CONSEILS PRATIQUES EN CAS DE PROCÉDURE ORALE
Habituellement le rôle étant affiché à l'extérieur ou à l'intérieur de la salle d'audience, vous n'avez qu'à attendre que le juge appelle votre affaire dans l'ordre préalablement établi et à vous lever pour répondre « présent en demande/défense » en cas « d'appel des causes ». Toutefois, il se peut que vous ayez à vous présenter auprès d'un huissier audiencier, dès votre arrivée, afin qu'il note votre présence (vous le reconnaîtrez facilement car il est assis à une table à part). À défaut, vous vous adresserez au greffier présent (ce dernier est quant à lui assis à côté du juge avec, en général, un ordinateur devant lui). C'est à ce moment-là que vous pourrez faire valoir vos priorités (barreau extérieur, grossesse, *etc.*).
Lorsque votre affaire est appelée et que vous êtes en demande, vous devez en principe vous positionner sur le pupitre de droite, l'avocat de la défense devant quant à lui se positionner sur le pupitre de gauche. Adressez-vous à « Madame ou Monsieur le Juge, Mesdames/Messieurs les membres du tribunal » et rappelez le nom de votre client. Il arrive parfois que le juge expose lui-même les faits en se basant sur votre assignation, à défaut vous devez les présenter. Du fait de l'oralité de la procédure, en cas de divergence entre vos conclusions écrites et celles reprises oralement à l'audience, seules les secondes seront retenues. Vous avez la possibilité de présenter des arguments nouveaux tout en respectant le principe du contradictoire. Préférez une véritable plaidoirie à de simples observations, tout en restant clair et synthétique. Détachez-vous de vos notes. Remettez un dossier de plaidoirie après que votre affaire a été entendue.

F Décision

84 Les décisions rendues par le tribunal judiciaire sont de droit exécutoires à titre provisoire, à moins que la loi ou la décision rendue n'en dispose autrement (CPC, art. 514).

G Recours ou contestation

1 Appel

85 Possible dans un délai d'**un mois** à compter de la signification du jugement (V. Fiche 80 : Interjeter appel en matière contentieuse).

ATTENTION L'appel du jugement du tribunal judiciaire n'est pas possible si le montant de la demande en principal auquel s'ajoutent les intérêts légaux ou conventionnels ayant couru depuis la mise en demeure jusqu'au jour de l'assignation est inférieur au taux du ressort (5 000 €) (COJ, art. R. 211-3-24).

2 Pourvoi en cassation

86 Possible dans les **deux mois** suivant signification de l'arrêt d'appel (CPC, art. 612).

CHECK-LIST
- **Tentative de résolution amiable du litige.**
- **Extraits K-bis des sociétés parties au litige.**
- **Prise de date d'audience auprès du greffe du tribunal saisi.**
- **Signification de l'assignation.**
- **Paiement des frais de greffe.**
- **Enrôlement de l'assignation auprès du greffe du tribunal saisi.**

POUR ALLER PLUS LOIN...

Fascicules JurisClasseur

- *JCl. Procédure civile*, fasc. 600-5 (demande en justice).
- *JCl. Procédure civile*, fasc. 1100-75 (Tribunal judiciaire – Procédure devant le tribunal judiciaire – Dispositions communes).

Revues

- S. Amrani-Mekki, *Nouvelles réformes de procédure civile. Vous avez dit simplification ? : JCP* G 2020, doctr. 75.
- H. Croze, *Assignation – Assigner devant le tribunal judiciaire : la recherche de l'assignation ultime : Procédures* 2020, prat. 5.
- M. Douchy-Oudot, *Tribunal judiciaire : procédure contentieuse orale, procédure ordinaire : JCl. Procédure civile*, fasc. 1100-95.
- N. Fricero, *Tribunal judiciaire, Tout ce que vous voulez savoir sur la réforme de la procédure civile sans oser le demander... : Procédures* 2020, étude 1.
- B. Gutton-Perrin, *Les actes de saisine des juridictions : Procédures* 2020, étude 3.
- Ch. Simon, *Identifier les nouveaux cas de représentation obligatoire : Procédures* 2021, étude 1.

Fiche 5

Saisir le tribunal judiciaire par requête

Coline WARIN

Sommaire

I Aperçu rapide

A Éléments clés

87 La requête permettant la saisine du tribunal judiciaire peut être :
- conjointe ;
- unilatérale.

La requête unilatérale n'est possible que :
- lorsque le montant de la demande n'excède pas 5 000 € en procédure orale ordinaire ;
- dans certaines matières fixées par la loi ou le règlement (CPC, art. 750).

À peine de nullité, la requête doit respecter le formalisme prévu aux articles 54 et 57 du Code de procédure civile (V. *infra*, n° 97).

Ce n'est qu'une fois la requête déposée que la date d'audience sera donnée.

Il n'y a donc pas de nécessité d'obtenir une date d'audience lorsque le tribunal judiciaire est saisi par requête.

1 Avis du professionnel

88 • Avant d'engager une procédure, il convient de :
- vérifier :
  • la recevabilité de la saisine du tribunal sur requête,
  • les règles de compétences territoriales et matérielles,
  • la prescription ;
- évaluer les chances de succès de sa demande ;
- rassembler les preuves venant à l'appui de la demande.

2 Coût de la procédure

89 Si les parties désirent recourir aux services d'un avocat, le coût de la procédure sera constitué par les honoraires d'avocat, qui sont libres (L. n° 71-1130, 31 déc. 1971, art. 10).

B Textes codifiés

- CPC, art. 53, 54, 57, 58, 59, 759, 757, 758, 759 et 818.

II
Préparation

A Informations préalables

90 • Quelle est la nature du litige ?
• Quel est l'enjeu financier du litige ?
• Quels sont les points de souplesse et les éléments non négociables du litige ? Le client a-t-il envisagé une conciliation ou un règlement amiable du litige ?
• De quelles pièces le client est-il en possession ?

B Inventaire des solutions et éléments de décisions

91 Avant d'engager une procédure, il convient d'établir :
- les faits sommaires ;
- les arguments : droit positif, jurisprudences signifiantes ;
- l'enjeu financier ;
- les points négociables.

III
Mise en œuvre

A Introduction de l'instance par requête

92 La demande initiale peut être formée par requête conjointe ou par requête unilatérale.
Elle vaut mise en demeure et interrompt le délai de prescription et de forclusion (C. civ., art. 2241).

1 Requête conjointe

93 La requête peut être déposée au nom de toutes les parties.
Elles soumettent au juge leurs prétentions respectives, les points sur lesquels elles sont en désaccord ainsi que leurs moyens respectifs.
Les parties peuvent :
- demander au tribunal de juger l'affaire ;
- demander au juge d'intervenir comme « aimable compositeur » c'est-à-dire de statuer en équité en recherchant la solution la plus adéquate (CPC, art. 58) ;
- lier le juge par les qualifications et points de droit auxquels elles entendent limiter le débat (CPC, art. 58), dans la mesure où cette faculté leur est ouverte (CPC, art. 12, al. 3 et 4).
Dès réception de la requête conjointe, le président du tribunal fixe les lieu, jour et heure de l'audience. Les parties sont avisées de la date d'audience par le greffier (CPC, art. 758).
Par dérogation, les parties peuvent demander que l'affaire soit attribuée à un juge unique, ou renoncer à la faculté de demander le renvoi à la formation collégiale (CPC, art. 759).

2 Requête unilatérale

94 La requête peut être à l'initiative d'un seul demandeur dans les deux cas suivants (CPC, art. 818, al. 2) :
- lorsque le montant de la demande n'excède pas 5 000 € ;
- aux fins de tentative préalable de conciliation.

ATTENTION Le juge peut procéder lui-même à la tentative préalable de conciliation (CPC, art. 825) ou la déléguer à un conciliateur de justice (CPC, art. 821 à 824).
En cas d'échec total ou partiel de la tentative préalable de conciliation, le demandeur peut saisir le tribunal judiciaire aux fins de jugement de tout ou partie de ses prétentions initiales.
Cette saisine peut être réalisée par requête unilatérale si le montant de la demande n'excède pas 5 000 € (CPC, art. 818).

Lorsque la juridiction est saisie par requête unilatérale, le président du tribunal fixe les lieu, jour et heure de l'audience.
Le requérant et le défendeur en sont informés par le greffe (CPC, art. 758).

B Assistance et représentation

1 Principe

95 La constitution d'avocat est obligatoire devant le tribunal judiciaire, y compris en référé (CPC, art. 760).
La constitution d'avocat emporte élection de domicile.
Dans les matières relevant de la compétence exclusive du tribunal judiciaire, les parties sont tenues de constituer avocat, **quel que soit le montant de leur demande** (CPC, art. 761, 3°).
La **représentation** est par ailleurs **obligatoire** pour les contentieux relatifs :
– au renouvellement et à la révision des baux commerciaux (C. com., art. R. 145-26) ;
– à la révision des prestations compensatoires (CPC, art. 1139, al. 2) ;
– au retrait total et partiel de l'autorité parentale (CPC, art. 1203) ;
– à la déclaration judiciaire de délaissement parental (CPC, art. 1209-1-1) ;
– à l'expropriation pour cause d'utilité publique (C. expr., art. R. 311-9, al. 2) ;
– aux procédures fiscales devant les juridictions civiles (LPF, art. R. 202, al. 2).

ATTENTION Si le défendeur ne constitue pas avocat, il s'expose à ce qu'un jugement soit rendu à son encontre sur les seuls éléments fournis par le demandeur (CPC, art. 56).
Le défaut de constitution d'avocat est une irrégularité de fond, qui à ce titre, ne suppose pas la démonstration d'un grief (CPC, art. 117).

2 Exception

96 Les **parties sont dispensées** de constituer avocat dans les cas suivants (CPC, art. 761) :
– dans les matières relevant de la compétence du juge des contentieux de la protection ;
– dans les matières énumérées par les articles R. 211-3-13 à R. 211-3-16, R. 211-3-18 à R. 211-3-21, R. 211-3-23 du Code de l'organisation judiciaire et dans les matières énumérées au tableau IV-II annexé audit code ;

ATTENTION Il s'agit essentiellement des litiges relatifs aux contestations des désignations ou élections de juges des tribunaux de commerce, des délégués consulaires, des représentants des salariés, des délégués et représentants syndicaux, et de membres du conseil d'administration ou de commission d'autorités publiques.

– lorsque la demande porte sur un montant inférieur ou égal à 10 000 € ou a pour objet une demande indéterminée ayant pour origine l'exécution d'une obligation dont le montant n'excède pas 10 000 €, sauf pour les matières relevant de la compétence exclusive du tribunal judiciaire (CPC, art. 761, al. 2). Une liste indicative des matières relevant de la compétence exclusive du tribunal judiciaire figure à l'article R. 211-3-26 du Code de l'organisation judiciaire ;

ATTENTION Lorsqu'une demande incidente a pour effet de rendre applicable la procédure écrite ou de rendre obligatoire la représentation par avocat, le juge peut, d'office ou si une partie en fait état, renvoyer l'affaire à une prochaine audience et inviter les parties à constituer avocat.

– devant le JEX lorsque la demande est relative à l'expulsion ou à la saisie des rémunérations (CPC exéc., art. L. 121-4) ;
– l'État, les départements, les régions, les communes et les établissements publics peuvent se faire représenter ou assister par un fonctionnaire ou un agent de leur administration.
Lorsque les parties sont dispensées de constituer avocat, la **procédure est orale** (CPC, art. 817), ce qui ne les dispense pas du respect du principe du contradictoire.
Lorsque la représentation par avocat n'est pas obligatoire, les parties :
– peuvent se défendre elles-mêmes (CPC, art. 762) ;
– peuvent se faire assister ou représenter par :
• un avocat,
• leur conjoint, leur concubin ou la personne avec laquelle elles ont conclu un pacte civil de solidarité,
• leurs parents ou alliés en ligne directe,

Saisir le tribunal judiciaire par requête

• leurs parents ou alliés en ligne collatérale jusqu'au troisième degré inclus,
• les personnes exclusivement attachées à leur service personnel ou à leur entreprise.

Le représentant, s'il n'est avocat, doit justifier d'un pouvoir spécial.

C Contenu de la requête

97 La requête doit contenir les mentions suivantes (CPC, art. 54, 57 et 757) :
- l'indication de la juridiction devant laquelle la demande est portée ;
- l'objet de la demande ;
- pour les personnes physiques, les nom, prénoms, profession, domicile, nationalité, date et lieu de naissance de chacun des demandeurs ;
- pour les personnes morales, leur forme, leur dénomination, leur siège social et l'organe qui les représente légalement ;
- le cas échéant, les mentions relatives à la désignation des immeubles exigées pour la publication au fichier immobilier ;
- lorsqu'elle doit être précédée d'une tentative de conciliation, de médiation ou de procédure participative, les diligences entreprises en vue d'une résolution amiable du litige ou la justification de la dispense d'une telle tentative ;
- l'indication des modalités de comparution devant la juridiction et la précision que, faute pour le défendeur de comparaître, il s'expose à ce qu'un jugement soit rendu contre lui sur les seuls éléments fournis par son adversaire ;
- l'indication des pièces sur lesquelles la demande est fondée ;
- lorsqu'elle est formée par une seule partie (requête unilatérale), l'indication des nom, prénoms et domicile de la personne contre laquelle la demande est formée ou s'il s'agit d'une personne morale, de sa dénomination et de son siège social ;
- un exposé sommaire des motifs de la demande (CPC, art. 757) ;
- les pièces invoquées à l'appui de ses prétentions sont jointes à sa requête en autant de copies que de défendeurs (CPC, art. 757).

La requête doit être datée et signée.
Si les parties sont représentées par des avocats, la requête emporte constitution (CPC, art. 757).
La requête peut préciser si le requérant souhaite bénéficier de la procédure sans audience prévue par l'article L. 212-5-1 du Code de l'organisation judiciaire.

ATTENTION Devant le tribunal judiciaire, la procédure peut, à l'initiative des parties lorsqu'elles en sont expressément d'accord, se dérouler sans audience.
En ce cas, elle est exclusivement écrite. Toutefois, le tribunal peut décider de tenir une audience s'il estime qu'il n'est pas possible de rendre une décision au regard des preuves écrites ou si l'une des parties en fait la demande (COJ, art. L. 212-5-1).

D Requête transmise par voie électronique

98 La requête peut être formée par voie électronique (CPC, art. 756).
Dans ce cas, la requête doit comporter :
- les mentions indiquées précédemment (V. *infra*, n° 97) ;
- les pièces jointes en un seul exemplaire (CPC, art. 757).

CHECK-LIST • **Déterminer si un règlement amiable du litige est envisageable.**
• **Vérifier les délais de prescription.**
• **Vérifier la compétence.**
• **Vérifier si la constitution d'avocat est obligatoire.**
• **Vérifier l'ensemble des mentions obligatoires de la requête.**
• **Vérifier les pièces venant à l'appui de la requête.**
• **Vérifier la juridiction compétente.**

POUR ALLER PLUS LOIN...

Fascicule JurisClasseur
• *JCl. Procédure civile*, fasc. 600-05.

Revues
• B. Gutton-Perrin, *Les actes de saisine des juridictions : Procédures* 2020, étude 3.
• M.-P. Mourre-Schreiber, *Réforme de la procédure civile : simplification des modes de saisine : Dalloz actualité*, 18 déc. 2019.

Fiche 6

Saisir le juge par voie de requête

Daniel LANDRY

Sommaire

I

Aperçu rapide

A Éléments clés

99 Le juge peut être saisi par :
– assignation ;
– requête.
Cette requête peut être unilatérale ou conjointe.

100 **Requête unilatérale.** La requête est tout d'abord un mode normal d'introduction de l'instance en matière gracieuse.
La plupart des présidents de juridictions peuvent être saisis par voie de requête, lorsque les circonstances exigent qu'une mesure ne soit pas prise contradictoirement (CPC, art. 845).
Lorsqu'elle est formée par le demandeur, la requête saisit la juridiction sans que son adversaire en ait été préalablement informé (CPC, art. 57).
L'ordonnance sur requête est une décision provisoire rendue non contradictoirement dans les cas où le requérant est fondé à ne pas appeler la partie adverse (CPC, art. 493).
Le justiciable qui s'adresse au juge doit donc faire la preuve en sa requête, et par la présentation de ses pièces, qu'il y a nécessité de ne pas respecter le contradictoire.
Le requérant ne peut se contenter de viser les articles 57 et 845 du Code de procédure civile (CPC), ou tout autre texte attribuant compétence au

président d'une juridiction pour statuer sur requête, sans prise en compte d'éléments propres au cas d'espèce (Cass. 2e civ., 19 mars 2015, n° 14-14.389 : *JurisData* n° 2015-005848).
L'urgence doit être démontrée, que ce soit devant le tribunal judiciaire, le juge des contentieux de la protection, le tribunal de commerce, le tribunal paritaire des baux ruraux, la cour d'appel ou le juge de l'exécution.

ATTENTION • L'urgence n'est pas une condition requise pour que soient ordonnées sur requête des mesures d'instruction *in futurum* (Cass. 2e civ., 10 nov. 2010, n° 09-71.674 : *JurisData* n° 2010-020904).
• Le juge saisi par requête doit relever, même d'office, les circonstances justifiant que la mesure sollicitée ne soit pas prise contradictoirement (Cass. 3e civ., 21 janv. 2021, n° 19-20.801).
• La requête fondée sur l'article 145 du Code de procédure civile n'interrompt pas le délai de prescription, contrairement à l'assignation en référé pour demander une mesure d'instruction (Cass. 2e civ., 14 janv. 2021, n° 19-20.316).
• Lorsqu'est ordonnée sur requête une mesure d'instruction, si copie de l'ordonnance et de la requête doit être laissée à celui qui supporte l'exécution de la mesure, il n'est pas obligatoire de lui laisser aussi copie des pièces dont il est fait état dans la requête (Cass. 2e civ., 14 janv. 2021, n° 20-15.673).

101 **Requête conjointe.** En toutes matières, les parties peuvent introduire une instance par requête conjointe (CPC, art. 54 et 57).
La requête conjointe est l'acte commun par lequel les parties soumettent au juge leurs prétentions respectives, les points sur lesquels elles sont en désaccord ainsi que leurs moyens respectifs (CPC, art. 57).
Lorsqu'il s'agit de droits dont elles ont la libre disposition, les parties peuvent conférer au juge, dans la requête conjointe, mission de statuer comme amiable compositeur ou le lier par les qualifications et points de droit auxquels ils entendent limiter le débat (CPC, art. 58).
Ce mode de saisine du juge est peu usité dans la pratique, sauf s'agissant du divorce par consentement mutuel, lorsqu'il exige encore l'intervention d'un magistrat (CPC, art. 1089).

ATTENTION Le recours à la procédure des requêtes se manifeste dans des domaines variés, souvent marqués par l'urgence, qu'il s'agisse :
– de la commission d'un commissaire de justice pour faire un constat ; de l'autorisation d'assigner à jour fixe. – (V. Fiche 3 : Procédure contentieuse à jour fixe devant le tribunal judiciaire) ou encore en cas d'urgence manifeste de la procédure « super » accélérée au fond en matière de procédure orale du 5° de l'article 481-1 du Code de procédure civile ;
– de l'exécution forcée (injonction de payer, autorisation de pratiquer une mesure conservatoire) ;
– du droit de la famille (requêtes auprès du juge aux affaires familiales, notamment après divorce ; requêtes auprès du juge des tutelles) ;
– de la copropriété ou de sociétés (requêtes en nomination d'un administrateur *ad hoc*).

Cette fiche sur les requêtes ne prétend pas être exhaustive. Toutes les requêtes ne peuvent être traitées ici. Leur schéma est à peu près toujours le même.

B Textes

1 Requête unilatérale

• CPC, art. 54, 57, 60 et 61, 145, 493 et s., et 845.
• CPC, art. 756 et s. applicables devant le tribunal judiciaire, le tribunal de commerce, et le tribunal paritaire, et traitant de l'introduction de l'instance par requête.
• CPC, art. 845 et s. applicables devant le tribunal judiciaire ou le juge des contentieux de la protection.
• CPC, art. 874 et 875, pour le président du tribunal de commerce.
• CPC, art. 897, pour le président du tribunal paritaire des baux ruraux.
• CPC, art. 958, pour le premier président de la cour d'appel.
• CPC, art. 1109, pour les procédures de divorce autres que le consentement mutuel.
• CPC, art. 1407 et s. pour la requête en injonction de payer.
• CPC, art. 1425-3, pour la requête en injonction de faire.
• CPI, art. L. 615-5 et R. 615-2, pour la contrefaçon.
• CPC exéc., art. R. 121-23, pour le juge de l'exécution.
• CPC exéc., art. R. 222-11 et s., pour la saisie-appréhension.
• CPC exéc., art. R. 222-17 et s., pour la saisie-revendication.
• CPC exéc., art. R. 222-23, pour la mise sous séquestre d'un bien.
• CPC exéc., art. L. 511-1 et R. 511-1 et s., pour les mesures conservatoires en général.

2 Requête conjointe

• CPC, art. 54 et 57, pour la requête conjointe en général.

• CPC, art. 859 et 860, pour la requête conjointe devant le tribunal de commerce.

• CPC, art. 1089, pour le divorce par consentement mutuel judiciaire.

II Préparation

A Informations préalables

102 Il s'agit de bien identifier, en fait et en droit, ce que souhaite le client :
- se constituer une preuve ou faire constater un fait préjudiciable ?
- prendre des garanties pour le recouvrement d'une créance ?
- tenter une procédure simple pour le recouvrement d'une créance ?
- obtenir l'exécution en nature d'une obligation contractuelle ?
- divorcer de manière contentieuse et au préalable faire dresser un constat d'adultère, ou, victime de violences, être autorisé(e) à résider immédiatement séparément ?
- faire apposer des scellés sur des biens communs ?

REMARQUE **Bien écouter le client, et examiner les documents qu'il produit, tout en sachant que souvent, l'intéressé oublie de montrer des pièces essentielles.**

- qui est le client ?
- le client est-il une société ? Dans ce cas, quels sont sa forme, sa dénomination, son siège social et l'organe qui la représente ? Quel est son numéro au registre du commerce ?
- qui est la partie adverse ? Le client détient-il le maximum d'informations sur la partie adverse, dont notamment ses nom, prénom et domicile s'il s'agit d'une personne physique et sa dénomination et son siège social s'il s'agit d'une personne morale ?
- quel est l'état précis des faits ?
- quelles pièces détient-il ?

REMARQUE **Vérifier l'identité du client, profession comprise, et dès lors que l'on est en présence, en demande, comme en défense, d'une société, il est prudent de demander au greffe du tribunal de commerce un extrait K-bis, en pensant que le document est facturé, et qu'il faut donc en tenir compte dans la provision à solliciter du client.**
Bien trier les pièces pour enlever celles sans intérêt, ou même néfastes ou à l'authenticité douteuse.
Se méfier des plaideurs maniaques inondant leur conseil d'un flot de pièces, et de commentaires, quand ils ne voudraient pas préparer eux-mêmes les actes de procédure.
L'avocat doit rester maître de son argumentation.

B Inventaire des solutions et éléments de décisions

103 Les procédures sur requête unilatérale à proposer au client peuvent être, par exemple :
- **une requête de droit commun**.
Elle est très utile pour établir, avant tout procès, la preuve des faits dont pourrait dépendre la solution d'un litige, ou une mesure d'instruction légalement admissible (CPC, art. 145), et plus généralement « toutes mesures urgentes » (CPC, art. 845 et 958) ;

REMARQUE **Savoir :**
- qu'il est d'usage, s'il s'agit de solliciter une mesure urgente et non contradictoire, donc gracieuse à ce stade, de préparer au pied de la requête, un projet d'ordonnance, rarement modifié, surtout si l'on a pris soin de s'aider d'un formulaire adapté ;
- qu'une requête au président du tribunal judiciaire doit être présentée par un avocat pouvant postuler devant la juridiction en cause, sauf si la demande relève de la compétence du juge des

contentieux de la protection (CPC, art. 808 et 845) ;
- qu'une ordonnance rendue sur une telle requête de droit commun peut faire l'objet par la partie adverse, même si le juge du fond est saisi de l'affaire, d'une demande de modification ou de rétractation (CPC, art. 497), laquelle demande devra respecter les règles procédurales du référé, et être présentée au juge ayant signé l'ordonnance dont la rétractation est demandée, avec cette précision qu'il s'agit là d'une identité pas forcément physique mais au moins de fonction (Cass. 2e civ., 11 mars 2010, n° 09-66.338 : *JurisData* n° 2010-001602).
Si, comme souvent, la requête initiale ne visait qu'à obtenir une mesure d'instruction au visa de l'article 145 du Code de procédure civile, le juge saisi d'une demande de rétractation ne devra considérer les mérites de cette requête initiale qu'au regard des seules conditions de ce même article (Cass. 2e civ., 20 mars 2014, n° 12-29.568 : *JurisData* n° 2014-005318) ;
- qu'en cas de recours à l'encontre d'une ordonnance sur requête, le juge de ce recours statue sur les mérites de l'ordonnance, même si elle avait été rendue initialement par une juridiction matériellement incompétente. Ainsi, une cour d'appel peut statuer sur les mérites d'une requête et de l'ordonnance consécutive rendue par le président d'un tribunal judiciaire alors que normalement la compétence eut été celle du président du tribunal de commerce, dans la mesure où elle est juridiction d'appel de l'un comme de l'autre (Cass. 2e civ., 20 mars 2014, n° 12-29.913 : *JurisData* n° 2014-005322).

- **une requête en injonction de payer** (CPC, art. 1405 et s.) ;

REMARQUE Bien préparer sa requête avec un compte précis de la créance, et présenter des pièces justificatives compréhensibles, en utilisant les formulaires administratifs CERFA. Car des requêtes en injonction de payer sont rejetées par décision sans recours, du fait d'une présentation trop sommaire, ou pour une insuffisance des pièces.
Cette procédure est totalement dématérialisée dans les tribunaux de commerce. La demande peut ainsi être formée de façon entièrement dématérialisée, les pièces justificatives numérisées étant jointes au dossier.
En cas d'opposition, l'affaire sera renvoyée vers son juge naturel.

- **une requête en injonction de faire** (CPC, art. 1425-3) ;

REMARQUE Cette procédure est peu utilisée. Car, il peut être ardu pour le requérant, et consécutivement pour le magistrat, d'une part, de caractériser l'obligation contractuelle dont l'exécution en nature peut être sollicitée et, d'autre part, de définir avec précision la forme que doit revêtir cette exécution en nature.
De même, quantifier la valeur de cette obligation exécutable en nature pour connaître la juridiction compétente n'est pas toujours simple.
Par ailleurs, si elle n'est pas immédiatement exécutée, l'ordonnance n'empêchera pas la tenue d'une audience.
Si la requête est rejetée, le demandeur ne peut que saisir la juridiction de droit commun.

- **une requête aux fins de mesure conservatoire**, telle qu'une saisie conservatoire ou une sûreté judiciaire (inscription provisoire d'hypothèque et nantissement) ;

REMARQUE Pour la saisie conservatoire sur un compte bancaire, penser que, si l'adversaire est un salarié, il y a plus de chance que le compte soit approvisionné en début de mois.
Pour l'inscription d'hypothèque provisoire, penser à requérir préalablement du service de la publicité foncière du centre local des Finances publiques (ancien bureau des hypothèques) un état des inscriptions, au risque de faire des frais inutiles. Penser surtout, s'il fait défaut, à requérir par la suite le titre permettant l'inscription définitive.

Idem pour l'inscription de nantissement, sauf qu'il convient de solliciter le relevé du greffe du tribunal de commerce, ce qui sera payant.

– **une requête relative à tous les types de saisie** relevant des voies d'exécution :
• saisie-appréhension (CPC exéc., art. R. 222-1),
• saisie-revendication (CPC exéc., art. R. 222-17),
• saisie-contrefaçon (CPI, art. L. 615-5).

EXEMPLE **Toute personne ayant qualité pour agir en contrefaçon est en droit de faire procéder par un commissaire de justice, assisté d'experts désignés par le demandeur, en vertu d'une ordonnance rendue sur requête par la juridiction civile compétente, à la saisie réelle des produits ou procédés prétendus contrefaisants ainsi que de tout document s'y rapportant (CPI, art. L. 615-5).**
À cet égard, il est bon de réfléchir, avant la saisie, au stockage des produits ou objets saisis, en attendant le procès au fond, avec au préalable une expertise éventuelle, car les cabinets d'avocats, ou les études de commissaires de justice, n'ont pas vocation à servir d'entrepôts d'objets les plus divers.

III Mise en œuvre

A Mentions de la requête

104 La requête contient, à peine de nullité (CPC, art. 54, 57 et 493 et s.) :
– pour les personnes physiques : l'indication des nom, prénoms, profession, domicile, nationalité, date et lieu de naissance du demandeur ;
– pour les personnes morales : l'indication de leur forme, leur dénomination, leur siège social et l'organe qui les représente légalement ;
– l'indication des nom, prénoms et domicile de la personne contre laquelle la demande est formée ou, s'il s'agit d'une personne morale, de sa dénomination et de son siège social ;
– l'objet de la demande ;
– l'indication précise des pièces invoquées.
La requête doit toujours être motivée ; étant rappelé que, la plupart du temps, il faut également motiver l'urgence de la mesure sollicitée.
Elle est datée et signée.

ATTENTION La demande doit, à peine de nullité, mentionner les diligences entreprises en vue d'une résolution amiable du litige ou la justification de la dispense d'une telle tentative lorsqu'elle doit être précédée d'une tentative de conciliation, de médiation ou de procédure participative (CPC, art. 54, 5°, et 750-1).
La plupart des requêtes étant fondées sur l'urgence, elles échapperont de ce fait à cette obligation. Mais il convient de vérifier si elles peuvent en être exemptées. Ce sera manifestement le cas :
– pour une requête unilatérale visant à obtenir une décision non contradictoire, c'est-à-dire sans que « son adversaire en ait été préalablement informé » (CPC, art. 57) ;
– ou « si le requérant est fondé à ne pas appeler la partie adverse » (CPC, art. 493) ;
– ou encore si l'urgence peut être qualifiée de « manifeste » par référence à l'article 750-1 du Code de procédure civile.
De même, mais sous l'empire des anciens textes, a-t-il été jugé qu'aucune justification d'une tentative préalable de résolution amiable du litige ne puisse être exigée dans une matière intéressant l'ordre public (Cass. soc., 19 déc. 2018, n° 18-60.067).
Par hypothèse même, les requêtes conjointes échappent aussi à cette nouvelle obligation.

NOTA Avant la réforme, le requérant devait mentionner les modalités de comparution devant le tribunal judiciaire. Désormais, c'est le greffe qui précise les modalités de comparution et de constitution dans sa lettre de convocation (CPC, art. 758). Le cas échéant, la requête doit, en revanche, mentionner l'accord du requérant pour que la procédure se déroule sans audience.

B Présentation de la requête

105 La requête est présentée en double exemplaire.
Elle doit :
- être motivée ;
- comporter l'indication précise des pièces invoquées ;
- indiquer la juridiction saisie, si elle est présentée à l'occasion d'une instance.
En cas d'urgence, la requête peut être présentée au domicile du juge (CPC, art. 494).
Un jeu des pièces visées accompagne l'original de la requête.
Lorsque la requête est formée par voie électronique, les pièces sont jointes en un seul exemplaire (CPC, art. 757).

106 Pour des raisons pratiques, il est recommandé de mentionner dans la requête les adresse électronique et numéro de téléphone mobile du demandeur lorsqu'il consent à la dématérialisation ou de son avocat. Elle peut comporter l'adresse électronique et le numéro de téléphone du défendeur.

REMARQUE **Bien indiquer l'état civil complet du requérant.**
Si, en cas d'une demande urgente non contradictoire, et non dématérialisée, l'ordonnance ne peut être signée à présentation, se ménager une preuve de la remise de la requête, au besoin en faisant viser et dater par le greffe un autre exemplaire de la requête.
Ne pas oublier de garder un jeu de pièces dans son dossier papier, ou dans son ordinateur.

NOTA Vous avez la possibilité de déposer votre requête au Service d'accueil unique des justiciables au tribunal judiciaire de Paris (le fameux guichet « SAUJ », dont un est réservé aux avocats). Votre requête sera ensuite distribuée au greffe compétent. Comme lors de tous dépôts au greffe, pensez à faire tamponner une copie de votre requête afin de garder la preuve dudit dépôt dans votre dossier. Devant la plupart des tribunaux, prévoyez donc trois exemplaires de votre requête (deux pour le greffe + un que vous gardez au dossier). Vous devez également déposer un exemplaire de vos pièces. Le défendeur sera convoqué directement par le greffe par lettre recommandée avec avis de réception qui lui transmettra alors une copie de la requête. Concrètement, cela vous évitera de passer par un commissaire de justice même si une signification sera nécessaire en cas de difficulté quant à l'adresse du défendeur indiquée dans la requête. Dans une telle hypothèse, les frais de commissaire de justice seront donc comparables à ceux d'une assignation. En revanche, c'est le greffe qui choisira ici une date en fonction du calendrier de la juridiction. Contrairement au tribunal de commerce, le dépôt de la requête devant le tribunal judiciaire est gratuit.

C Requête en injonction de payer

1 Qui peut user de cette procédure ?

107 Peut demander par requête que soit rendue une ordonnance enjoignant à son débiteur de payer, le client titulaire d'une créance :
- contractuelle ou statutaire d'un montant déterminé ;
- résultant d'un effet de commerce ;
- résultant de l'acceptation d'une cession Dailly.

2 Présentation de la requête

108 La requête est portée devant :
- le juge des contentieux de la protection, pour une créance inférieure à 10 001 € ;
- le président du tribunal judiciaire pour les créances supérieures à 10 000 € ;
- le tribunal de commerce, s'il s'agit d'une contestation entre commerçants, ou entre établissements de crédit ou sociétés commerciales, ou d'une contestation entre toutes personnes relative à un acte de commerce (CPC, art. 1407).
Le juge territorialement compétent est celui du lieu où demeure le ou l'un des débiteurs poursuivis.
Les règles de compétence d'attribution et territoriale sont d'ordre public, et il ne peut y être dérogé.

ATTENTION Le dépôt de la requête en injonction de payer n'exige pas la preuve d'un mandat de représentation en justice. Une société de recouvrement peut donc le faire valablement au nom du créancier (Cass. 2e civ., 27 juin 2002, n° 98-17.028 : *JurisData* n° 2002-014972 ; *Procédures* 2002, comm. 183, R. Perrot). Mais cette même société de recouvrement ne pourra ensuite se présenter devant le tribunal saisi de l'opposition à l'injonction (CA Paris, 5e ch. A, 12 mai 2004 : *D.* 2004, IR, p. 1769).

3 Mentions obligatoires

109 La requête contient :
– pour les personnes physiques : l'indication des nom, prénoms, profession, domicile, nationalité, date et lieu de naissance du demandeur ;
– pour les personnes morales : l'indication de leur forme, leur dénomination, leur siège social et de l'organe qui les représente légalement ;
– l'indication des nom, prénoms et domicile de la personne contre laquelle la demande est formée, ou, s'il s'agit d'une personne morale, de sa dénomination et de son siège social ;
– la mise en demeure préalable ;
– l'objet de la demande ;
– l'indication précise du montant de la somme réclamée avec le décompte des différents éléments de la créance ainsi que le fondement de celle-ci.
Elle est accompagnée des documents justificatifs (CPC, art. 1407 et s. et 57).

ATTENTION Le créancier peut, dans la requête en injonction de payer, demander qu'en cas d'opposition, l'affaire soit immédiatement renvoyée devant la juridiction qu'il estime compétente (CPC, art. 1408).

D Requête en injonction de faire

1 Objet de la requête

110 Il s'agit de demander l'exécution en nature d'une obligation née d'un contrat conclu entre des personnes n'ayant pas toutes la qualité de commerçant.

2 Présentation de la requête

111 Si la valeur de la prestation, dont l'exécution est réclamée, est comprise entre 1 et 10 000 €, la requête sera présentée au juge des contentieux de la protection.
Si cette valeur est supérieure à 10 000 €, cette procédure ne pourra pas être utilisée.
La compétence territoriale sera, au choix du demandeur :
– soit la juridiction du lieu où demeure le défendeur ;
– soit celle de l'exécution de l'obligation.

112 La requête est déposée ou adressée au greffe de la juridiction, par le demandeur ou son représentant.
En cas de mauvais choix de la juridiction, et donc consécutivement d'une décision d'incompétence, l'affaire est renvoyée devant la juridiction compétente, selon les règles de l'article 82-1 du Code de procédure civile.

3 Représentation des parties

113 L'injonction de faire, contrairement à l'injonction de payer, est soumise aux prescriptions générales de la représentation devant le juge des contentieux de la protection.
Les parties peuvent être assistées ou représentées par (CPC, art. 762) :
– un avocat ;
– le conjoint ;
– le concubin ;
– le partenaire de pacte civil de solidarité ;
– un parent ou allié en ligne directe ;
– un parent ou allié en ligne collatérale jusqu'au troisième degré inclus ;
– les personnes exclusivement attachées à leur service personnel ou à leur entreprise.
L'État, les départements, les communes et les établissements publics peuvent se faire représenter ou assister par un fonctionnaire ou un agent de leur administration.
Le représentant, s'il n'est avocat, doit justifier d'un pouvoir spécial.

4 Mentions obligatoires

114 La requête doit contenir :
– pour les personnes physiques : l'indication des nom, prénoms, profession, domicile, nationalité, date et lieu de naissance du demandeur ;
– pour les personnes morales : l'indication de leur forme, leur dénomination, leur siège social et de l'organe qui les représente légalement ;
– l'indication des nom, prénoms et domicile de la personne contre laquelle la demande est formée, ou s'il s'agit d'une personne morale, de sa dénomination et de son siège social ;
– l'objet de la demande ;
– l'indication précise de la nature de l'obligation dont l'exécution est poursuivie ainsi que le fondement de celle-ci (CPC, art. 1425-3) ;
– éventuellement, une demande de dommages et intérêts en cas d'inexécution de l'injonction de faire (CPC, art. 1425-3).
La requête doit être datée et signée.

REMARQUE **N'utiliser cette procédure qu'à bon escient, c'est-à-dire quand il est aisé de transcrire, en obligation de faire, l'engagement contractuel dont l'exécution est poursuivie.**

E Requête aux fins de mesures conservatoires et sûretés judiciaires

1 Présentation de la requête

115 Compétence d'attribution réservée au juge de l'exécution (JEX).

ATTENTION L'autorisation de pratiquer la mesure conservatoire peut être accordée par le président du tribunal de commerce lorsque, demandée avant tout procès, elle tend à la conservation d'une créance relevant de la compétence de la juridiction commerciale (CPC exéc., art. L. 511-3).

La requête est remise ou adressée en double exemplaire au greffe du JEX par le requérant ou son mandataire (CPC exéc., art. R. 121-23).

2 Mentions obligatoires

116 La requête contient (CPC, art. 54, 57 et 493) :
– pour les personnes physiques : l'indication des nom, prénoms, profession, domicile, nationalité, date et lieu de naissance du demandeur ;
– pour les personnes morales : l'indication de leur forme, leur dénomination, leur siège social et l'organe qui les représente légalement ;
– l'indication des nom, prénoms et domicile de la personne contre laquelle la demande est formée, ou, s'il s'agit d'une personne morale, de sa dénomination et de son siège social ;
– l'objet de la demande.
Elle doit être motivée, datée et signée.

ATTENTION Il s'agira d'expliciter les circonstances susceptibles de menacer le recouvrement de la créance.

Si une instance est en cours, il faut indiquer la juridiction saisie.
Par ailleurs, faut-il rappeler que, par hypothèse même, le créancier ne dispose pas ici, ou du moins pas encore, de titre exécutoire ; d'où la nécessité, en cas de péril, de solliciter une mesure conservatoire.
Il faut qu'au vu de la requête et des pièces à l'appui apparaissent clairement :
– que la créance paraît fondée en son principe ;
– que des circonstances sont susceptibles d'en menacer le recouvrement.
Cette mesure conservatoire va s'exercer sur les biens du débiteur (biens mobiliers, corporels ou incorporels, somme d'argent) pour les rendre indisponibles.

F Requête en divorce

117 C. civ., art. 251.

1 Présentation de la requête

118 L'époux qui veut former une demande en divorce présente par avocat une requête au juge (CPC, art. 1107).
La requête initiale doit être rédigée par écrit.

2 Mentions de la requête

119 La requête initiale doit répondre aux exigences suivantes :
• **Dispositions prescrites à peine de nullité** (CPC, art. 54 et 57) :
– indication des nom, prénoms, profession, domicile, nationalité, date et lieu de naissance du requérant,
– indication des nom, prénoms et domicile de la personne contre laquelle la demande est formée,
– objet de la demande.
La requête doit être datée et signée.
• **Renseignements complémentaires :**
La requête doit comporter l'identification complète des caisses, services et organismes sociaux au sens de l'article 1075 du Code de procédure civile.
Son absence constitue un vice de forme, la nullité de la requête n'étant encourue que si l'époux qui l'invoque justifie d'un grief (CPC, art. 114, al. 2).
• **Autres mentions non sanctionnées par la nullité :**
– date et lieu du mariage,
– le cas échéant, date et lieu de naissance des enfants mineurs,
– nature du régime matrimonial,
– identification de l'avocat du requérant,
– identification de la juridiction devant laquelle la requête est portée.
• **Absence de motivation :**
La requête n'indique ni le fondement juridique de la demande en divorce, ni les faits à l'origine de celle-ci (CPC, art. 1107. – C. civ., art. 251).
La loi ne prévoit pas de sanction à l'encontre d'une requête qui exposerait les motifs du divorce.
Seuls les faits directement en lien avec les mesures provisoires sollicitées peuvent être invoqués dans la requête.

EXEMPLE **Ainsi, une situation de violences conjugales doit-elle être utilement précisée au soutien d'une demande d'attribution de la jouissance du logement familial.**

• **Demandes de mesures provisoires :**
La requête doit contenir les demandes formées au titre des mesures provisoires et un exposé sommaire de leurs motifs (CPC, art. 1109).
Il ne s'agit pas, à ce stade, d'exposer les moyens complets de fait et de droit, mais de faire connaître au défendeur les mesures provisoires sollicitées et donc de respecter le principe du contradictoire.

• **Justification de l'urgence ou de l'empêchement :**
Qu'il s'agisse de solliciter des mesures urgentes, d'obtenir l'autorisation d'assigner à jour fixe à fin de conciliation ou d'invoquer un empêchement à la comparution personnelle du requérant, il est indispensable de justifier respectivement de l'urgence et de l'empêchement.
Quelques lignes suffisent, accompagnées surtout des pièces justificatives.

• **Bordereau de pièces :**
Il peut être opportun d'annexer à la requête un bordereau récapitulatif de pièces, même si cela n'est obligatoire que dans la phase contentieuse proprement dite.

3 Compétence

120 La requête est présentée au juge aux affaires familiales (JAF) :
- du lieu de résidence de la famille ;
- ou, si les parents vivent séparément, du lieu de résidence du parent avec lequel résident habituellement les enfants mineurs en cas d'exercice en commun de l'autorité parentale, ou du lieu de résidence du parent qui exerce seul cette autorité ;
- dans tous les autres cas, le juge du lieu où réside celui qui n'a pas pris l'initiative de la procédure.

G Requête aux fins de protection des victimes de violences

1 Modalités de la requête

121 C. civ., art. 515-9. La victime de violences peut saisir le juge par une requête remise ou adressée au greffe (CPC, art. 1136-3 et s.).
La requête contient à peine de nullité :
- pour les personnes physiques : l'indication des nom, prénoms, profession, domicile, nationalité, date et lieu de naissance du demandeur ;
- l'indication des nom, prénoms et domicile de la personne contre laquelle la demande est formée ;
- l'objet de la demande ;
- un exposé sommaire des motifs de la demande ;
- en annexe, les pièces sur lesquelles celle-ci est fondée.
Elle est datée et signée.
À moins qu'il ne soit l'auteur de la requête, le ministère public en est aussitôt avisé par le greffier.

ATTENTION Le demandeur qui sollicite l'autorisation de dissimuler son domicile ou sa résidence est dispensé d'en indiquer l'adresse dans son acte introductif d'instance, sous réserve de porter cette information à la connaissance de l'avocat qui l'assiste ou le représente ou du procureur de la République près du tribunal judiciaire, auprès duquel il élit domicile.
L'acte mentionne cette élection de domicile (CPC, art. 1136-5).

2 Convocation des parties

122 Chaque partie est convoquée par le greffier à l'audience (CPC, art. 1136-3).
La convocation des parties, à l'exception du ministère public, est faite par lettre recommandée avec demande d'avis de réception ou par la voie administrative, en cas de danger grave et imminent pour la sécurité d'une personne concernée par une ordonnance de protection ou lorsqu'il n'existe pas d'autre moyen de notification.
Le demandeur peut également être convoqué verbalement contre émargement.
La convocation adressée au défendeur vaut citation. Elle comprend en annexe une copie de la requête et des pièces qui y sont annexées.
Le ministère public est avisé de la date de l'audience par le greffier (CPC, art. 1136-3).

3 Procédure devant le JAF

123 Les parties se défendent elles-mêmes. Elles ont la faculté de se faire assister ou représenter par un avocat.
La procédure est orale.
Le juge s'assure qu'il s'est écoulé un temps suffisant entre la convocation et l'audience pour que le défendeur ait pu préparer sa défense.
Le juge peut, à tout moment de la procédure, par simple mention au dossier, ordonner la comparution personnelle d'une partie, pour l'entendre séparément ou en présence de l'autre partie (CPC, art. 1136-6).

NOTA La possibilité de saisir le JAF par voie de requête n'a pas été modifiée par le décret n° 2019-1419 du 20 décembre 2019.

H Requête conjointe (hors divorce)

124 Il s'agit ici pour les parties de soumettre au juge leurs prétentions respectives, les points sur lesquels elles sont en désaccord ainsi que leurs moyens respectifs.

La requête conjointe n'est pratiquement utilisée que lorsqu'il s'agit de faire entériner par une décision de justice un accord complet déjà intervenu, et qu'il n'y a donc plus rien à trancher.

REMARQUE **Lorsque la matière, ou le taux du litige, exigent la représentation par avocat, il vaut mieux que chaque partie ait son avocat, pour le cas de survenance en cours de procédure d'une opposition d'intérêts débordant le cadre préfixé du désaccord soumis au juge. Car, dans un tel cas, et s'il y a donc un avocat unique, celui-ci devra se déporter totalement, et donc ne pas demeurer le conseil de l'une des parties. Ce n'est là que l'application des principes sur le conflit d'intérêts (D. n° 2005-790, 12 juill. 2005, art. 7. - RIN, art. 4).**

D'ailleurs, si avant de trancher le point en litige, le juge veut entendre les parties, on voit mal un seul avocat porter la parole pour toutes, ou, à tout le moins, les assister toutes en étant à leur côté.

La requête contient, à peine d'irrecevabilité :

- pour les personnes physiques : les nom, prénoms, profession, domicile, nationalité, date et lieu de naissance de chacun des requérants ;
- pour les personnes morales : leur forme, leur dénomination, leur siège social et l'organe qui les représente légalement ;
- l'indication de la juridiction devant laquelle la demande est portée ;
- le cas échéant, les mentions relatives à la désignation des immeubles exigées pour la publication au fichier immobilier.

Elle comprend aussi l'indication des pièces sur lesquelles la demande est fondée.

Elle est datée et signée par les parties.

Elle vaut conclusions.

Les parties peuvent, si elles ne l'ont déjà fait depuis la naissance du litige, conférer au juge dans la requête conjointe mission de statuer comme amiable compositeur ou le lier par les qualifications et points de droit auxquels elles entendent limiter le débat (CPC, art. 58) :

- la requête conjointe peut être utilisée pour saisir le tribunal de commerce (V. Fiche 26 : Procédure ordinaire devant le tribunal de commerce) ;
- la requête conjointe en divorce par consentement mutuel judiciaire est la seule forme de requête conjointe encore vivante dans la pratique.

CHECK-LIST

- **Identifier, en fait et en droit, dans quelle situation est le client, et ce qu'il souhaite.**
- **Examiner les documents produits par le client.**
- **Vérifier l'identité exacte et complète du client.**
- **Trier les pièces.**
- **Veiller à proposer au client une procédure sur requête adaptée à sa situation.**
- **Vérifier les mentions obligatoires de la requête.**
- **Faire attention aux règles de compétence d'attribution et territoriale.**
- **Se ménager une preuve de la remise de la requête.**
- **Garder un jeu de pièces.**

POUR ALLER PLUS LOIN...

Fascicules JurisClasseur

- *JCl. Procédure civile*, fasc. 1300-20 et 1500-40.

Fiche 7

Poser une question prioritaire de constitutionnalité (QPC) en matière civile

Aude du PARC

Sommaire

I

Aperçu rapide

A Caractéristiques générales

125 La question prioritaire de constitutionnalité (QPC) existe depuis le 1er mars 2010 (L. org. n° 2009-1523, 10 déc. 2009 : *JO* 11 déc. 2009, p. 21379).
Le justiciable peut soutenir à l'appui de ses prétentions lors d'une instance en cours, qu'un texte législatif porte atteinte aux **droits et libertés garantis par la Constitution** (Const. 4 oct. 1958, art. 61-1).
Lorsqu'une QPC est posée, elle doit être traitée avant que le juge ait statué sur les moyens au fond de l'instance en cours.
La QPC, qui a vocation à être soumise à l'examen du Conseil constitutionnel, subit au préalable deux

filtres : le juge du fond et la Cour de cassation vont décider de transmettre, ou non, la question posée au juge constitutionnel.
S'il est saisi, le Conseil constitutionnel déterminera si la disposition législative entreprise est ou n'est pas conforme à la Constitution. Le cas échéant, il prononcera son **abrogation**, en reportant éventuellement les effets de sa décision.

B Conditions d'utilisation

1 Quelle disposition peut être contestée par le biais d'une QPC ?

126 Une **disposition** :
– législative (loi organique ou ordinaire ; ordonnance ratifiée par le Parlement ; article ou alinéa) prise isolément de l'ensemble du texte dans lequel elle figure : ce qui exclut les ordonnances non ratifiées, les décrets, les arrêtés ou les décisions individuelles ;

EXEMPLE **La Cour de cassation rejette une question portant sur la constitutionnalité de dispositions réglementaires, ces dispositions ne pouvant faire l'objet d'une QPC (Cass. 2e civ., 17 sept. 2015, n° 15-01.497 : *JurisData* n° 2015-020548, à propos des articles 342 à 353 et 1027 du Code de procédure civile).**
Si certains justiciables tentent de contester indirectement des dispositions réglementaires par la voie de la QPC en mettant en cause la disposition législative qui préside la disposition réglementaire, la Cour de cassation ne manque pas de les relever (Cass. 3e civ., 21 janv. 2013, n° 12-19.870, [QPC] : *JurisData* n° 2013-000783).
Il ne peut être invoqué, à l'encontre d'une disposition législative, le fait qu'un acte réglementaire pris sur la base de cette loi porterait atteinte à un principe constitutionnel (Cons. const., 23 sept. 2016, n° 2016-569 QPC : *JurisData* n° 2016-020573).
Il en est de même si l'inconstitutionnalité invoquée concerne les conditions d'application de la disposition législative contestée (Cons. const., 5 oct. 2016, n° 2016-581 QPC : *JurisData* n° 2016-020713).

REMARQUE **Si tout justiciable a le droit de contester la portée qu'une interprétation jurisprudentielle confère à une disposition législative (Cons. const., 6 oct. 2010, n° 2010-39 QPC : *Dr. pén.* 2010, comm. 127, A. Maron), cette faculté ne lui permet pas de contester l'application d'une construction jurisprudentielle à un domaine déterminé (Cass. 3e civ., 30 mars 2017, n° 16-22.058 : *JurisData* n° 2017-005632).**
L'adoption d'une interprétation jurisprudentielle, intervenant postérieurement à la décision par laquelle le Conseil constitutionnel a déclaré la disposition législative en cause conforme à la Constitution, est susceptible de constituer une circonstance nouvelle de nature à permettre que soit posée une QPC relative à cette disposition (CE, 20 déc. 2018, n° 418637).
Il convient alors de se référer au texte de loi mis en cause à travers la critique de cette interprétation (Cass. 1re civ., 27 févr. 2013, n° 12-40.100, inédit).
Attention à distinguer également ce qui relève d'une interprétation jurisprudentielle constante, susceptible d'être soumise à une QPC, de ce qui peut relever simplement d'une méthode d'évaluation ou d'appréciation de la part des juges du fond (Cass. 3e civ., 14 mars 2013, n° 12-24.995, inédit).
Une disposition législative abrogée, applicable au litige en cours, est également susceptible de donner lieu à un renvoi devant le Conseil constitutionnel.

ATTENTION Pas de position du Conseil constitutionnel quant au contrôle de constitutionnalité de norme européenne et internationale. Mais il peut saisir la Cour de justice de l'Union européenne d'une question préjudicielle avant de se prononcer sur la QPC dont il est saisi (CJUE, 30 mai 2013, aff. C-168/13 PPU : *JurisData* n° 2013-011757).
Une disposition législative mettant en œuvre une convention internationale ne peut être contestée par voie de QPC (Cass. crim., 18 nov. 2014, n° 14-82.481, inédit : *JurisData* n° 2014-027952).

– **qui porte atteinte aux droits et libertés garantis par la Constitution**, figurant dans le bloc de constitutionnalité :
• la Constitution du 4 octobre 1958,

• les textes auxquels renvoie le Préambule de la Constitution de 1958, à savoir :
- la Déclaration des droits de l'homme et du citoyen de 1789 ; certaines dispositions du Préambule de la Constitution de 1946 (par ex. les droits économiques et sociaux énumérés : liberté syndicale, droit de grève...),
- la Charte de l'environnement de 2004,
- les principes fondamentaux reconnus par les lois de la République auxquels renvoie le Préambule de la Constitution de 1946 (par ex., la liberté d'association ou la liberté d'enseignement) ;

REMARQUE Le principe « de faveur », selon lequel la loi ne peut permettre aux accords collectifs de travail de déroger aux lois et règlements ou aux conventions de portée plus large que dans un sens plus favorable aux salariés, ne saurait être regardé comme un principe fondamental reconnu par les lois de la République au sens du Préambule de la Constitution de 1946 (Cass. soc., 29 janv. 2014, n° 13-40.067 : *JurisData* n° 2014-001150 ; *JCP* G 2014, doctr. 548, B. Mathieu).
Le principe de séparation des pouvoirs ne peut être invoqué à l'appui d'une QPC que dans le cas où sa méconnaissance affecte, par elle-même, un droit ou une liberté que la Constitution garantit (Cons. const., 22 juill. 2016, n° 2016-555 QPC : *JurisData* n° 2016-014543).
Les objectifs à valeur constitutionnelle peuvent être invoqués à l'appui d'une QPC, mais ils ne suffisent pas à eux seuls (Cons. const., 22 juill. 2010, n° 2010-4/17 QPC : *JO* 23 juill. 2010, p. 13615).
Le non-respect d'une décision QPC du Conseil constitutionnel viole par ricochet la disposition constitutionnelle relative à un droit, ou à une liberté, que le Conseil avait estimé violée (CE, 25 sept. 2015, n° 391331 : *JurisData* n° 2015-021090. – V. la décision y afférant : Cons. const., 4 déc. 2015, n° 2015-504/505 QPC : *JurisData* n° 2015-027031).

– **applicable au litige ou à la procédure ou qui constitue le fondement de la poursuite** (L. n° 2009-1523, 10 déc. 2009, art. 23-2) ;

REMARQUE Une question qui vise l'ensemble des dispositions d'une loi « sans que celles spécialement applicables au litige soient identifiées et confrontées à des droits et libertés garantis par la Constitution », ne permet pas à la Cour de cassation d'exercer son contrôle sur l'applicabilité au litige des dispositions critiquées et sur le caractère sérieux de la question (Cass. soc., 25 nov. 2014, n° 13-60.261 : *JurisData* n° 2014-029028).

– qui n'a **pas déjà été déclarée conforme à la Constitution** dans les motifs ou le dispositif d'une décision du Conseil constitutionnel, **sauf changement de circonstances**, à savoir :
• intervention de nouvelles dispositions constitutionnelles, postérieures à la disposition entreprise,
• changements de circonstances de droit ou de fait (ex. : évolution du contexte socio-économique) affectant la portée de la disposition entreprise.
– L'intervention d'une nouvelle disposition constitutionnelle a amené le Conseil constitutionnel à juger recevable une question portant sur des dispositions organiques qu'il avait déjà déclarées conformes à la Constitution (Cons. const., 23 janv. 2015, n° 2014-439 QPC : *JO* 25 janv. 2015, p. 1150).
– Constitue un changement de circonstances l'intervention de « décisions récentes » du Conseil constitutionnel (Cass. soc., 13 juill. 2016, n° 16-40.209 QPC : *JurisData* n° 2016-013644).
– Dès lors que la Cour de cassation a déjà statué sur une question, elle ne peut plus être ressaisie pour la même question, même sous couvert d'une décision rectificative (Cass. 3e civ., 9 févr. 2017, n° 16-40.252 : *JurisData* n° 2017-001821).
Le changement de circonstances tenant à une **évolution de la jurisprudence** ne concerne, s'agissant des juridictions judiciaires et administratives, que l'évolution de la jurisprudence de la Cour de cassation et du Conseil d'État et non celle des juges du fond (Cass. com., 20 nov. 2012, n° 12-11.753 : *JurisData* n° 2012-026581).

2 Quelle doit être la nature de la question posée ?

127 La question posée :
– ne doit **pas être dépourvue de caractère sérieux** devant les premiers juges ;
– doit **présenter un caractère sérieux ou être nouvelle** devant la Cour de cassation.
Il appartient au Conseil constitutionnel de délimiter la portée de la question posée (Cons. const., 31 juill. 2015, n° 2015-479 QPC : *JurisData* n° 2015-017961).

REMARQUE **Le juge, devant lequel la QPC est posée, exerce déjà un contrôle de constitutionnalité de la disposition législative critiquée en décidant ou non du renvoi de la QPC.**
L'article 126-5 du Code de procédure civile permet au juge de retarder le transfert d'une QPC dans l'hypothèse où la Cour de cassation en est déjà saisie, puis de rejeter ou d'accueillir la demande de transmission selon la position qu'elle (ou le Conseil constitutionnel s'il en a été saisi) a adoptée.
La même solution s'impose dans l'hypothèse où la question n'est plus pendante devant la Cour de cassation (ou le Conseil constitutionnel) qui y a apporté une réponse.
Dès lors, doit être rejetée la demande de transmission d'une QPC lorsque la Cour de cassation avait précédemment jugé qu'elle était dépourvue de caractère sérieux (CA Paris, pôle 5, 11e ch., 18 nov. 2011, n° 11/08991 : *Gaz. Pal.* 2011, p. 3403, Briand).

3 Qui peut poser une QPC ?

128 Le droit de poser une QPC n'est ouvert **qu'aux parties à l'instance, ce qui exclut les intervenants et les observateurs** (Cons. const., 3 déc. 2009, n° 2009-595 DC : *JO* 11 déc. 2009, p. 21381).
Le Conseil constitutionnel ne peut être saisi directement par un justiciable (Cons. const., 14 oct. 2015, n° 2015-491 QPC : *JurisData* n° 2015-023148).
Depuis le 21 juin 2011, le débat constitutionnel est ouvert à des **tiers** à l'instance justifiant « d'un intérêt spécial » (Cons. const., 21 juin 2011, n° 2011-120 : *JO* 29 juin 2011, p. 10988).
Le juge du fond, comme la Cour de cassation, ne peuvent relever d'office un moyen d'inconstitutionnalité.

4 Devant quelle juridiction peut-on poser une QPC ?

129 La QPC peut être posée devant toutes les juridictions civiles.
Aucune QPC ne peut être posée devant un tribunal arbitral.

5 À quel moment peut-on poser une QPC ?

130 Elle peut être posée en première instance, en appel ou en cassation.
Aucun délai n'a été prévu pour poser une QPC.

ATTENTION S'il existe une clôture dans le cadre de l'instance en cours à l'occasion de laquelle la QPC a été posée, il convient de déposer le mémoire soulevant la QPC avant ladite clôture.

La procédure d'admission à l'aide juridictionnelle n'est pas « une instance en cours à l'occasion de laquelle une QPC peut être posée » (Cons. const., 21 nov. 2014, n° 2014-440 QPC : *JurisData* n° 2014-028607).

C Avis du professionnel

131 Il convient de proposer au client de déposer une QPC si elle est utile à la défense de ses intérêts.
Depuis sa création, la QPC a été beaucoup utilisée en procédure civile, et a permis aux avocats un certain nombre de succès dans le cadre de leur procédure.
Le site du CNB propose des modèles de mémoire (www.cnb.avocat.fr).

ATTENTION Un certain nombre de questions ont déjà été posées, et il est donc important de consulter les décisions qui ont été rendues, afin d'éviter de déposer une QPC qui a déjà été posée : elle ne serait pas recevable.

Les quatre sites suivants sont particulièrement utiles pour consulter la jurisprudence sur la QPC :
- www.courdecassation.fr ;
- www.conseil-constitutionnel.fr (comportant un recueil des décisions déclarées conformes à la Constitution, et un tableau de non-renvoi) ;
- portail de la QPC ou « QPC 360° » (créé par D. n° 2022-1317, 13 oct. 2022, conférant au Conseil constitutionnel la prérogative de publier toutes les décisions rendues par les juridictions saisies de QPC et faisant obligation aux greffes de transmission sans délai des décisions à publier) ;
- guide pratique sur la QPC (cnb.avocat.fr).

D Schéma procédural

132 • Dépôt du mémoire concernant la QPC à la juridiction devant laquelle l'instance est en cours ;
• Décision de la juridiction :
SOIT
– **Transmission de la QPC à la Cour de cassation** dans les huit jours du prononcé de la décision avec les mémoires et les conclusions des parties ;
– sursis à statuer dans l'attente de la décision de la Cour de cassation ;
– décision de la Cour de cassation de transmettre ou non la question au Conseil constitutionnel (insusceptible de recours) ;
– convocation des parties à l'audience de plaidoiries ;
– audience publique ;
– décision motivée du Conseil constitutionnel dans les trois mois de la transmission :
– conformité de la disposition légale à la Constitution : le juge du fond l'applique, sauf si elle est en conflit avec une norme internationale ou européenne ;
– la disposition législative porte atteinte aux droits et libertés que la Constitution garantit, il abroge cette disposition législative (avec ou non report de l'effet de l'abrogation) ;
– notification de la décision aux parties et communication à la Cour de cassation et à la juridiction devant laquelle la QPC a été soulevée.
SOIT
– **Refus de transmission de la QPC** : contestation possible de ce refus uniquement à l'occasion d'un recours réglant tout ou partie du litige.

E Textes

1 Textes codifiés

• CPC, art. 126-1 à 126-13.

2 Textes non codifiés

• Const. 4 oct. 1958, art. 61-1.
• Ord. n° 58-1067, 7 nov. 1958, art. 23-1 à 23-7.
• L. org. n° 2009-1523, 10 déc. 2009, relative à l'application de l'article 61-1 de la Constitution.
• D. n° 2010-149, 16 févr. 2010, relatif à la continuité de l'aide juridictionnelle en cas d'examen de la question prioritaire de constitutionnalité par le Conseil d'État, la Cour de cassation et le Conseil constitutionnel.
• Circ. n° JUSC1006154C, 24 févr. 2010, relative à la présentation de la question prioritaire de constitutionnalité : *BO Justice* 30 avr. 2010, n° 2010-02.
• Circ. n° JUSA1005991C, 1er mars 2010, relative à la présentation du principe de continuité de l'aide juridictionnelle en cas d'examen de la question prioritaire de constitutionnalité par le Conseil d'État, la Cour de cassation et le Conseil constitutionnel : *BO Justice* 30 avr. 2010, n° 2010-02.
• Cons. const., 4 févr. 2010, n° 2010-117 QPC : *JO* 18 févr. 2010, p. 2986, instituant un règlement intérieur (V. *supra*, n° 125).

II Préparation

A Informations préalables

133 • **En tant que conseil du demandeur à la QPC :**
– incidence de la question sur la suite du litige ;
– prolongation du délai de la procédure ;
– possibilité pour le juge puis pour la Cour de cassation de ne pas la transmettre au Conseil constitutionnel ;
– absence de recours contre la décision de la Cour de cassation ou du Conseil constitutionnel.
• En tant que conseil du défendeur à la QPC :
– existence en cours d'une QPC ;
– prolongation du délai de la procédure ;
– incidence de la question posée sur la suite du litige ;
– possibilité pour le juge puis pour la Cour de cassation de ne pas la transmettre au Conseil constitutionnel.

B Contrôles préalables

134 • La disposition que l'on souhaite contester n'a-t-elle pas déjà été déclarée conforme à la Constitution dans les motifs ou le dispositif d'une décision du Conseil constitutionnel, sauf changement de circonstances ?
• La disposition contestée est-elle applicable au litige, à la procédure ou constitue-t-elle le fondement des poursuites ?

• La question n'est-elle pas dépourvue de caractère sérieux ou, si la QPC est devant la Cour de cassation, a-t-elle un caractère sérieux ?
Pour résumer, il faut s'assurer de la pertinence de la question au litige, de sa nouveauté et de son sérieux.

C Pièces nécessaires

135 Motiver sa QPC par le dépôt d'un mémoire distinct et motivé.
Communiquer les pièces venant à l'appui du mémoire.

REMARQUE **Si la disposition contestée a déjà été étudiée par le Conseil constitutionnel, veiller à communiquer l'intégralité des décisions du Conseil sur cette question, de manière à justifier qu'elle n'a pas déjà été déclarée conforme ou qu'il y a eu changement de circonstance.**

D Coût de la procédure

136 Déposer une QPC fait partie d'une procédure déjà en cours, et le seul fait de déposer une QPC n'a aucun coût autre que les honoraires d'avocat, qui sont libres.

• **En cas d'aide juridictionnelle** (D. n° 2020-1717, 28 déc. 2020) :
– principe de continuité : l'aide juridictionnelle initialement accordée demeure acquise à son bénéficiaire devant la Cour de cassation chargée de se prononcer sur le renvoi de la question prioritaire de constitutionnalité au Conseil constitutionnel puis, devant le Conseil constitutionnel saisi le cas échéant de cette question.
De même, lorsque la question prioritaire de constitutionnalité est posée pour la première fois devant le Conseil d'État ou la Cour de cassation, le bénéfice de l'aide juridictionnelle devant ces juridictions est maintenu en cas de renvoi de la question au Conseil constitutionnel ;
– sauf disposition contraire, la rétribution allouée à l'avocat selon les barèmes applicables aux différentes missions d'aide juridictionnelle est majorée d'un coefficient de seize unités de valeur en cas d'intervention devant le Conseil constitutionnel saisi d'une QPC (D. n° 2020-1717, 28 déc. 2020, art. 91) ;
– pour l'avocat aux conseils : 191 € majorés de 382 € en cas d'intervention ultérieure devant le Conseil constitutionnel (D. n° 2020-1717, 28 déc. 2020, art. 91) ;
– en toutes hypothèses, le bénéficiaire n'a le droit à l'assistance que d'un seul avocat (L. n° 91-647, 10 juill. 1991, art. 25 et D. n° 2020-1717, 28 déc. 2020, art. 10).

III Procédure

A Assistance et représentation

137 Pas d'assistance ou de représentation spécifique à la QPC.
Les règles d'assistance et de représentation dépendent de la procédure dans le cadre de laquelle la QPC a été soulevée.
Lors de la plaidoirie devant le Conseil constitutionnel, seuls les « avocats aux conseils, avocats ou agents désignés par les autorités visées à l'article 1 » du Règlement intérieur sur la procédure suivie devant le Conseil constitutionnel pour les QPC, peuvent présenter leurs observations orales (Règl. intérieur préc., art. 10, al. 2).

B Rédaction de l'acte de saisine

138 La QPC est soulevée par voie de **mémoire distinct et motivé à peine d'irrecevabilité** (L. n° 2009-1523, 10 déc. 2009, art. 1. – Ord. n° 58-1067, 7 nov. 1958, art. 23-1 et 23-5), que la procédure soit orale ou écrite.

ATTENTION Le moyen distinct doit être traité en lui-même, le Conseil constitutionnel n'étant pas compétent pour connaître de l'instance à l'occasion de laquelle la QPC a été posée. Seuls l'écrit ou le mémoire « distinct et motivé », ainsi que les mémoires et conclusions propres à cette QPC, doivent lui être transmis (Cons. const., 3 déc. 2009, n° 2009-595 DC, consid. 27, préc., V. *supra*, n° 128).
Le défendeur au pourvoi principal ne peut poser une question prioritaire de constitutionnalité que par un mémoire spécial déposé dans le délai de remise du mémoire en défense (Cass. com., 7 juill. 2015, n° 14-19.771 : *JurisData* n° 2015-017373).

La juridiction saisie de la question doit soulever d'office l'irrecevabilité d'un moyen qui n'est pas présenté dans un écrit distinct et motivé (CPC, art. 126-2).

Dans l'acte de saisine, il convient de vérifier :

- que les trois conditions de transmission de la QPC (nature de la disposition, nouveauté et sérieux de la question posée : V. *infra*, n° 139) sont bien développées ;
- que la demande est précise, notamment que le texte législatif incriminé est parfaitement identifié.

Cet écrit doit être **signé et déposé** au greffe de la juridiction devant laquelle l'instance est en cours.

C Instruction de la QPC

1 Existence de deux filtres et critères de transmission

139 La QPC est soumise à deux filtres avant d'être examinée par le Conseil constitutionnel : le juge de l'instance en cours, puis le Conseil d'État ou la Cour de cassation.

Pour la Cour EDH, la procédure de filtrage de la QPC devant la Cour de cassation ou le Conseil d'État permettant de refuser sa transmission au Conseil constitutionnel n'est pas contraire au droit d'accès au tribunal (CEDH, sect. 5, 25 août 2015, n° 3569/12 : *JurisData* n° 2015-0200602).

Les deux filtres doivent appliquer les trois critères de transmission de la QPC.

2 Devant le juge du fond

140 Le juge doit décider sans délai, au regard des critères précités, de la transmission ou non de la QPC à la Cour de cassation (CPC, art. 126-4).

Par une décision motivée, le juge peut transmettre uniquement une partie de la question qui lui a été posée, mais il ne peut en modifier l'objet ou la portée (Cass. 2e civ., 19 janv. 2017, n° 16-40.244 : *JurisData* n° 2017-000797).

Les parties présentent leurs observations sur la QPC par un écrit distinct.

La juridiction peut statuer sans recueillir les observations des parties s'il apparaît de façon certaine, au vu du mémoire distinct, qu'il n'y a pas lieu de transmettre la QPC.

Elle peut en décider de même en cas d'affaires sérielles.

Le jugement ne statuant pas sur la QPC soulevée est contestable devant la juridiction de cassation (CE, 26 avr. 2018, n° 400477).

3 Devant la Cour de cassation

141 Le Conseil d'État peut, avant de se prononcer sur son incompétence et renvoyer l'affaire à la juridiction compétente, statuer sur une QPC soulevée au soutien de cette requête (CE, 3 juin 2019, n° 424377). La Cour de cassation fait de même.

Les parties ont **un mois** à compter de la décision de transmission de la QPC à la Cour de cassation pour faire connaître leurs éventuelles observations par mémoire distinct (CPC, art. 126-9).

Les observations des parties sont signées par un avocat à la Cour de cassation dans les matières où la représentation est obligatoire devant la Cour de cassation.

Si la QPC est posée à l'occasion d'un pourvoi en cassation, les autres parties ont un mois à compter du dépôt de la question pour faire leurs observations.

La décision de la Cour de cassation est communiquée à la juridiction qui a transmis la QPC et notifiée aux parties dans les huit jours de son prononcé.

4 Examen par le Conseil constitutionnel

142 Le Conseil constitutionnel, saisi d'une QPC, avise immédiatement le président de la République, le Premier ministre et les présidents de l'Assemblée nationale et du Sénat. Ceux-ci peuvent adresser au Conseil constitutionnel leurs observations sur la QPC qui lui est soumise (Ord. n° 58-1067, 7 nov. 1958, art. 23-8).

L'ensemble de la procédure devant le Conseil constitutionnel est dématérialisé : les notifications et les échanges se font par voie électronique.

Les parties doivent déclarer une adresse électronique.

> REMARQUE **Pour plus de célérité, il est conseillé au demandeur à la QPC de faire figurer son adresse électronique directement dans son mémoire portant QPC.**

Les tiers à la procédure qui justifient d'un « intérêt spécial » peuvent intervenir à la procédure. Ils doivent alors adresser leurs observations en intervention dans un délai de **trois semaines** suivant la date de la transmission de la QPC au Conseil constitutionnel, mentionnée sur son site internet. Le Conseil constitutionnel décide s'il convient de leur adresser l'ensemble des pièces de la procédure et de transmettre leurs observations aux parties, en fixant à celles-ci un délai pour y répondre.

D Audience

143 Si la QPC est examinée par le Conseil constitutionnel, celui-ci convoque les parties à une audience de plaidoiries.
Cette audience est publique (Ord. n° 58-1067, 7 nov. 1958, art. 23-10).
Il y a une salle pour le public.
Les audiences sont diffusées sur internet en différé.
Un rapporteur est désigné parmi les membres du Conseil constitutionnel.
Lecture est donnée de la QPC et du rappel des étapes de la procédure.
Les avocats représentants des parties sont invités à présenter leurs observations orales.
La délibération n'est pas publique.

E Décision

1 Forme de la décision

144 La décision du Conseil constitutionnel doit être rendue **dans les trois mois de la transmission.** Elle est :
- motivée ;
- notifiée aux parties ;
- et communiquée à la Cour de cassation, ainsi qu'à la juridiction devant laquelle la QPC a été soulevée.

Le Conseil constitutionnel communique aussi sa décision au président de la République, au Premier ministre, et aux présidents de l'Assemblée nationale et du Sénat (Ord. n° 58-1067, 7 nov. 1958, art. 23-11).
Devant les juridictions relevant de la **Cour de cassation**, lorsque le ministère public n'est pas partie à l'instance, l'affaire lui est communiquée dès que le moyen tiré de ce qu'une disposition législative porte atteinte aux droits et libertés garantis par la Constitution est soulevé afin qu'il puisse faire connaître son avis (Ord. n° 58-1067, 7 nov. 1958, art. 23-1, al. 2).

ATTENTION Des dispositions spécifiques existent lorsqu'une disposition d'une loi de la Nouvelle-Calédonie fait l'objet d'une QPC : le Conseil constitutionnel doit communiquer sa décision au président du gouvernement de la Nouvelle-Calédonie, au président du congrès et au président des assemblées de province.

La décision du Conseil constitutionnel est publiée au *Journal officiel*.

2 Nature de la décision

a) Décision de conformité à la Constitution

145 Le Conseil constitutionnel peut décider que la disposition législative contestée est conforme à la Constitution.
Le juge du fond doit alors l'appliquer, sauf si elle est en contradiction avec une norme internationale ou européenne.

ATTENTION Le Conseil constitutionnel peut déclarer conforme une disposition à la Constitution, tout en émettant des réserves d'interprétation. Les juridictions devront alors en tenir compte dans leurs décisions, en raison de la portée *erga omnes* des décisions du Conseil.
Le Conseil constitutionnel a émis des réserves d'interprétation sur les mots « notifiés à l'un des époux » prévus par l'article L. 54 A du Livre des procédures fiscales (Cons. const., 4 déc. 2015, n° 2015-503 QPC : *JurisData* n° 2015-026956).

b) Décision d'inconstitutionnalité

146 Le Conseil constitutionnel peut décider que la disposition législative contestée est inconstitutionnelle : il l'abrogera.
L'abrogation peut être d'effet immédiat, à compter de la publication de la décision, ou à une date ultérieure, qui sera indiquée dans la décision (par ex., Cons. const., 30 juill. 2010, n° 2010-14/22 QPC : *JurisData* n° 2010-030610, non-conformité à la Constitution des conditions de la garde à vue avec effet de la déclaration d'inconstitutionnalité au 1er juillet 2011. – Cons. const., 28 nov. 2014, n° 2014-432 QPC : *JurisData* n° 2014-029305, décision d'inconstitutionnalité de l'article L. 46 du Code électoral avec report de l'abrogation au 1er janvier 2020).
Le report des effets d'une décision d'inconstitutionnalité peut tenir au fait que l'abrogation à effet immédiat de la disposition incriminée aggraverait l'inconstitutionnalité constatée (Cons. const., 16 oct. 2015, n° 2015-494 QPC : *JurisData* n° 2015-023151).
Il s'agit en effet pour le Conseil constitutionnel de laisser le temps au Parlement de légiférer de nouveau sur la disposition législative constitutionnelle avant que celle-ci ne soit abrogée.
Une voie de recours temporaire visant à faire cesser sans délai l'atteinte portée au droit garanti par la Constitution peut également être créée

par le Conseil constitutionnel (CE, 12 déc. 2018, n° 417244).

Le Conseil constitutionnel peut en outre fixer les modalités de remise en cause de la disposition jugée inconstitutionnelle (CE, 11 janv. 2019, n°s 424819 et 424821).

Si l'inconstitutionnalité est reportée à une date ultérieure, la décision bénéficie cependant aux demandeurs qui ont engagé la QPC, et à toutes les personnes qui avaient une instance en cours à la date de la décision du Conseil constitutionnel.

F Recours

1 Contre la décision des juges du fond

147 Le refus par la juridiction de première instance ou la cour d'appel de transmettre la question prioritaire de constitutionnalité, ne peut être contesté qu'à l'occasion d'un recours (appel ou pourvoi en cassation) visant la décision rendue au fond par la juridiction saisie et réglant tout ou partie du litige.

Le recours ne peut avoir lieu qu'à l'occasion du pourvoi en cassation contre l'arrêt qui statue sur le litige (CE, 27 oct. 2015, n° 392152, inédit).

La contestation doit être présentée devant la juridiction saisie de tout ou partie du litige, sous forme d'un **écrit distinct et motivé** posant de nouveau la question ; le mémoire des moyens de cassation est donc irrecevable en tant qu'il conteste le refus de transmission par la cour d'appel de deux des trois questions prioritaires de constitutionnalité (Cass. 3e civ., 13 juill. 2016, n° 16-40.214 : *JurisData* n° 2016-013753).

2 Contre la décision de la Cour de cassation et du Conseil constitutionnel

148 Le refus, par la Cour de cassation, de saisir le Conseil constitutionnel n'est susceptible d'**aucun recours**.

De même, la décision du Conseil constitutionnel n'est susceptible d'aucun recours. Seule une **rectification d'erreur matérielle est possible dans les vingt jours** de la publication au *Journal officiel*.

G Fin de la procédure

149 La procédure spécifique de QPC se termine soit par la décision rendue par le Conseil constitutionnel, soit par une décision de non-transmission de la QPC :
- par le juge à la Cour de cassation ;
- de la Cour de cassation au Conseil constitutionnel.

CHECK-LIST **• Renseigner le client sur :**
- le déroulement de la procédure ;
- la quasi-absence de recours dans le cadre de la procédure QPC ;
- les conséquences du dépôt d'une QPC : transmission de la QPC, sursis éventuel dans l'attente de la décision du Conseil constitutionnel, délais, conséquences de la décision du Conseil constitutionnel.
• Rédiger un mémoire distinct et motivé, précisant la disposition législative contestée, pour soulever une QPC et y joindre les pièces nécessaires : texte(s) contesté(s) et décision(s) déjà rendue(s) à propos de ce texte par le Conseil constitutionnel.
• Vérifier l'existence des trois conditions suivantes :
- la disposition contestée est applicable au litige, à la procédure ou constitue le fondement des poursuites ;
- elle n'a pas déjà été déclarée conforme à la Constitution dans les motifs ou le dispositif d'une décision du Conseil constitutionnel, sauf changement de circonstances ;
- la question n'est pas dépourvue du caractère sérieux.

Poser une QPC en matière civile

POUR ALLER PLUS LOIN...

Fascicules JurisClasseur
- *JCl. Procédures Formulaire*, V° *Question prioritaire de constitutionnalité*, fasc. 10.
- *JCl. Procédures Formulaire*, V° *Question prioritaire de constitutionnalité*, fasc. 15 (formules).

Fiche pratique
- V. Fiche 52 : Poser une question prioritaire de constitutionnalité en matière pénale.

Fiche 8

Assigner en référé

Daniel LANDRY

Sommaire

I

Aperçu rapide

A Éléments clés

1 Caractéristiques générales

150 Tous les praticiens du contentieux utilisent la procédure de référé devant les diverses juridictions. Cette procédure de référé représente une grande part de l'activité des juridictions, notamment du tribunal judiciaire.

Beaucoup de dossiers venant au fond sur des problèmes de responsabilité, qu'elle soit contractuelle ou quasi délictuelle, ont commencé par une procédure de référé-expertise, avec éventuellement la demande d'une provision, notamment en matière de droit de la construction ou de la responsabilité médicale.

Mais, avant de conseiller un référé-expertise, l'avocat doit prévenir son client du coût et des aléas de la mesure d'instruction. Et, si celle-ci nécessite d'agir hors de son ressort habituel, il sera prudent de se renseigner auprès d'un confrère local sur le montant des provisions sur expertises, et sur les délais habituels de dépôt du futur rapport, délais qui peuvent varier.

Ce succès de la procédure de référé tient à sa rapidité, ainsi qu'au fait que l'instauration de la « passerelle » de l'article 837 du Code de procédure civile devant le tribunal judiciaire, et de ses équivalents devant les autres juridictions (CPC, art. 873-1 pour le tribunal de commerce ; CPC, art. 896 pour le tribunal des baux ruraux et C. trav., art. R. 1555-8 pour le conseil de prud'hommes) permet d'éviter bien des pertes de temps en cas de risques de déclaration d'incompétence au profit de la juridiction de fond.

ATTENTION Ne pas confondre la « passerelle » visée ci-dessus avec le renvoi de l'affaire en état de référé devant la formation collégiale de la juridiction de l'article 487 du Code de procédure civile.

2 Notion d'urgence

151 Tout litige ne peut pas être porté devant le juge des référés, à savoir le président de la juridiction ou le juge des contentieux de la protection (dans les limites de sa compétence). Encore faut-il qu'il y ait urgence ; du moins si l'on se trouve dans le cadre d'application de l'article 834 du Code de procédure civile, lequel fait expressément référence à l'urgence. S'il s'agit d'appliquer l'alinéa 1er de l'article 835 du même code, l'urgence doit aussi exister, encore que cette réelle exigence ne soit qu'implicite, en ce que le texte vise :
- les « mesures conservatoires ou de remise en état qui s'imposent » ;
- la prévention d'un « dommage imminent » ;
- la cessation d'un « trouble manifestement illicite ».

Par contre, dans le cadre de l'alinéa 2 de l'article 835 du Code de procédure civile, il n'est pas exigé la constatation de l'urgence, pour que le juge puisse accorder une provision au créancier.
Il y a urgence procédurale lorsque le temps qui passe, ou qui risque de passer, compromet cumulativement ou alternativement la reconnaissance ou la préservation d'un droit ou sa mise en œuvre effective. C'est pourquoi parfois les textes font référence, non strictement à l'urgence, mais, ainsi que noté ci-dessus aux notions de « trouble manifestement illicite » ou de « dommage imminent » (CPC, art. 835).

3 Juridictions concernées

152
- Tribunal judiciaire.
- Juge des contentieux de la protection.
- Tribunal paritaire des baux ruraux.
- Tribunal de commerce.
- Cour d'appel.
- Juge aux affaires familiales.
- Conseil de prud'hommes.

B Textes

- CPC, art. 484 à 492, pour les généralités applicables à toutes les procédures de référé.
- CPC, art. 834 à 838, pour le référé devant le président du tribunal judiciaire ou le juge des contentieux de la protection, celui-ci dans les limites de sa compétence.
- CPC, art. 872 à 873-1, pour le référé devant le président du tribunal de commerce.
- CPC, art. 893 à 896, pour le référé devant le président du tribunal paritaire des baux ruraux.
- CPC, art. 956 et 957, pour le référé devant le premier président de la cour d'appel.
- CPC, art. 1073, pour le référé devant le juge aux affaires familiales.
- C. trav., art. R. 1455-1 à R. 1455-11, pour le référé prud'homal, et R. 1455-12 (référé en la forme).

II Préparation

A Informations préalables

153 Avant de lancer la procédure, le praticien doit écouter le client et examiner les pièces qu'il produit. Les informations recueillies du client, tant en fait qu'en droit, permettront, d'une part, de déterminer si le litige relève bien de la juridiction des référés et, d'autre part, dans l'affirmative, de rédiger son assignation en la motivant.
Ce faisant, il doit commencer par solliciter du client toutes les informations d'état civil relatives aux protagonistes du dossier de manière à respecter les exigences de forme, à peine de nullité de l'assignation (CPC, art. 648), soit :
- pour le demandeur :
  - personne physique : nom, prénoms, profession, domicile, nationalité, date et lieu de naissance,
  - personne morale : forme, dénomination, siège social, organe qui la représente légalement ;
- pour le défendeur :
  - personne physique : nom et domicile,
  - personne morale : dénomination et siège social.

L'acte doit encore contenir, notamment, à peine de nullité (CPC, art. 54 et 56) :
- l'indication de la juridiction devant laquelle la demande est portée, soit ici le juge des référés de telle ou telle juridiction ;
- l'objet de la demande avec un exposé des moyens en fait et en droit ;
- l'indication des pièces sur lesquelles la demande est fondée.

Tous ces renseignements et pièces sont donc à obtenir du client.

REMARQUE **Ne pas oublier de prévenir le client du coût de la procédure, non seulement quant aux honoraires pour lesquels la signature d'une convention**

est nécessaire, mais également quant aux frais de commissaire de justice à prévoir pour la signification des actes (environ 80 à 120 € par acte avec, malgré le tarif des commissaires de justice, de notables variations, notamment en cas de délivrance de l'acte en urgence), en se rappelant que, si le référé est de la compétence du président du tribunal de commerce, il y aura en plus des frais de greffe.
Attention donc à se faire provisionner, et à prévoir dans la convention d'honoraires que les diligences ne s'arrêteront pas à l'audience d'obtention de l'ordonnance, mais généralement se poursuivront, par exemple durant le cours d'une expertise avec l'assistance aux réunions provoquées par l'expert. Et souvent, le référé n'est que le préambule d'une action au fond.
Informer le client de l'ensemble des engagements financiers prévisibles (par ex. avance des frais d'expertise, éventuels frais irrépétibles et dépens à devoir à la partie adverse).
À cet égard, noter qu'alors que le juge des référés prononçait traditionnellement un sursis à statuer sur les dépens qui étaient ainsi réservés, et qui suivaient par la suite le sort des dépens de l'action au fond, on voit parfois des juges des référés prononcer tout de suite une condamnation aux dépens, sous le motif que l'article 491 du Code de procédure civile dit que le juge des référés « statue sur les dépens ».
C'est la position de la Cour de cassation (Cass. 2e civ., 29 oct. 1990, n° 89-14.925 : *JurisData* n° 1990-703193) ; ce qui cause des problèmes et l'incompréhension des justiciables en laissant à la charge d'un demandeur tous ses frais de référé, dont ceux d'expertise, alors même que par la suite il gagnera le procès au fond.
Noter que l'article 491 du Code de procédure civile précise que le juge des référés qui assortit sa décision d'une astreinte peut s'en réserver la liquidation.
Il est prudent de prévenir le client de trois autres éléments procéduraux :
– d'une part, du fait que l'ordonnance qu'il obtiendra, si elle est exécutoire à titre provisoire (parfois sous condition d'une constitution de garantie), pourra être frappée d'appel par la partie adverse, à moins qu'elle n'émane du premier président de la cour d'appel, ou qu'elle ait été rendue en dernier ressort en raison du montant ou de l'objet de la demande, et que par ailleurs cette ordonnance, si elle n'est pas susceptible de recours en révision, peut être frappée d'opposition ; le délai d'appel et d'opposition étant de quinze jours dès la signification ;
– d'autre part, que cette même ordonnance n'aura pas, au principal, l'autorité de la chose jugée et pourra donc être modifiée ou rapportée en référé en cas de circonstances nouvelles ;
– qu'enfin, une décision au fond pourra éventuellement prendre par la suite le contrepied de l'ordonnance obtenue en référé (V. par ex. Cass. 3e civ., 25 févr. 2016, n° 14-29.760 : *JurisData* n° 2016-003045).

B Inventaire des solutions et éléments de décisions

154 C'est en ayant les renseignements et pièces nécessaires auprès du client que le praticien peut voir si la procédure de référé peut être envisagée et choisir devant quelle juridiction il la portera selon les règles de compétence territoriale (CPC, art. 42 à 48) et d'attribution (CPC, art. 33 à 41).
Vérifier surtout :
– l'existence d'une urgence caractérisée ;
– l'existence d'un trouble manifestement illicite ;
– l'absence de contestation sérieuse.
Tout le travail de l'avocat sera de voir s'il y a véritablement urgence et d'arbitrer alors entre :
– d'une part, le souhait du client d'obtenir le plus vite possible une décision espérée favorable ;
– d'autre part, la nécessité de ne pas sacrifier l'efficacité à la seule exigence de vitesse.

REMARQUE **Le praticien doit, avant toute chose, réfléchir au terrain sur lequel il s'engage.**
S'il ne connaît pas le juge des référés qu'il s'apprête à saisir, qu'il se renseigne auprès de ses confrères. Car les usages varient d'un juge à l'autre, et même à l'intérieur d'une juridiction. Tel président de tribunal judiciaire ordonnera facilement une expertise,

alors que le vice-président de ce même tribunal exigera la production, par le demandeur, d'un constat d'huissier de justice ou d'un rapport d'expertise amiable pour prendre la mesure et ce, alors même que toutes les parties sont d'accord.

III Mise en œuvre

A Assignation en référé : règles communes à toutes les procédures

155 La demande est portée par voie d'assignation à une audience tenue à cet effet aux jour et heure habituels des référés.

Si le cas requiert célérité, une procédure de référé d'heure à heure est possible (V. Fiche 10 : Assigner d'heure à heure).

Généralement, il y a dans chaque tribunal judiciaire une ou plusieurs audiences par semaine réservées aux procédures de référé.

Pour les autres juridictions, la périodicité dépend de leur importance et il est donc parfois prudent, lorsque l'on agit hors de son périmètre habituel, d'interroger le greffe de la date pour laquelle il y a possibilité d'assigner en référé.

REMARQUE **S'agissant plus spécialement du tribunal judiciaire deux questions vont se poser :**

Tout d'abord convient-il d'appliquer les articles 54, 5° et 750-1 du Code de procédure civile sur le recours préalable à une voie amiable, ou l'instance en référé en sera-t-elle dispensée, notamment en cas de l'existence d'un motif légitime, dont le principal est l'urgence manifeste, par exemple dans les cas visés à l'article 835 du même code ?

À ce propos, une procédure de référé n'est pas en soi automatiquement dispensée de la tentative de résolution amiable du litige imposée par l'article 750-1 du Code de procédure civile : elle n'est « pas, par principe, exclue en matière de référé ». Il s'ensuit que l'absence d'essai d'un tel préalable, qui reste cependant possible, devra alors être justifiée par un motif légitime tel que prévu par le texte (Cass. 2e civ., 14 avr. 2022, n° 20-22.886, F-B : *JurisData* n° 2022-005815).

Le référé caractérisant par essence une procédure rapide, le motif légitime de déroger à la contrainte de texte sera fréquemment constitué en présence d'un droit incontestable ou dans la finalité d'ordonner des mesures d'attentes utiles à préserver les droits du demandeur (X. Vuitton : *JCP* G 2022, 508).

En second lieu, l'article 751 du Code de procédure civile s'applique-t-il quant à la prise de date sur présentation du projet d'assignation auprès du greffe de la juridiction ?

Même en référé et bien qu'ils dépendent en cela du greffe, les avocats devront veiller à une prise de date suffisamment lointaine afin de permettre au commissaire de justice d'assigner la partie adverse et un enrôlement de l'acte dans le délai imparti (V. R. Laffly : *Procédures* 2024, comm. 54).

L'assignation, qui est signifiée par commissaire de justice (CPC, art. 55), doit respecter les règles de forme de tout acte de commissaire de justice (CPC, art. 648), et de toute assignation (CPC, art. 54 et 56), soit à peine de nullité :

– la date de l'acte ;

– l'identité complète du requérant, c'est-à-dire :

• pour une personne physique : ses nom, prénoms, profession, domicile, nationalité, date et lieu de naissance,

• pour une personne morale : sa forme, sa dénomination, son siège social et l'organe qui la représente légalement (ici, il est bon d'avoir un extrait K-bis) ;

– les nom, prénoms, demeure et signature du commissaire de justice ;

– les nom et domicile du destinataire, ou, s'il s'agit d'une personne morale, sa dénomination et son siège social.

REMARQUE Le commissaire de justice ajoute au pied de l'acte le coût de ses émoluments de signification, tandis qu'en tête de l'acte il précise les formes de la signification.

Outre ces mentions, l'assignation en référé doit comporter :
- l'indication de la juridiction, avec au besoin la chambre, statuant en référé, siégeant (palais de justice ou cité judiciaire, avec l'adresse) ;
- la constitution de l'avocat du demandeur, selon la formule : « Ayant pour avocat constitué et élisant domicile en son cabinet... » ;
- l'indication que, faute pour le défendeur de comparaître, il s'expose à ce qu'une décision soit rendue contre lui par le président du tribunal sur les seuls éléments qui lui seront fournis par son adversaire ;
- les modalités de représentation, étant rappelé que devant le président du tribunal judiciaire (à bien différencier ici du juge des contentieux de la protection), est désormais obligatoire la représentation par avocat constitué dans les quinze jours, ou en tous cas avant la date d'audience ;
- l'énumération des pièces sur lesquelles la demande est fondée sous la forme d'un bordereau.

L'assignation en référé, ainsi régulièrement délivrée, interrompt la prescription ainsi que le délai de forclusion, et ce, même lorsqu'elle est portée devant une juridiction incompétente ou est annulée par l'effet d'un vice de procédure (C. civ., art. 2241, al. 1er).

RETOUR D'EXPÉRIENCE À l'audience, le juge procède à un appel des causes. C'est là qu'en application de l'article 486 du Code de procédure civile, le juge s'assure qu'il s'est écoulé un temps suffisant entre l'assignation et l'audience pour que la partie assignée ait pu préparer sa défense. Cette appréciation est souveraine.
S'il refuse le renvoi sollicité par le défendeur, il peut motiver son refus dans l'ordonnance, surtout si le demandeur au renvoi avait déposé des conclusions en ce sens.
Ces demandes de renvoi provoquent parfois des incidents entre avocats, qui pourraient être évités :
- en prenant soin de laisser un temps suffisant entre l'assignation et l'audience ;
- en étant confraternel : on ne laisse pas un confrère, qui s'est signalé dans le dossier, venir, parfois de loin, plaider un référé pour lui opposer soudain une demande de renvoi, ou pour lui remettre tout aussi soudainement de longues conclusions en espérant l'obliger à solliciter lui-même, à son corps défendant, un renvoi.
Il est recommandé aux avocats d'être à l'heure et attentifs lors des appels de cause des référés, qui parfois se déroulent rapidement.
Par ailleurs, s'il ne veut ni renvoyer, ni vraiment retenir pour statuer lui-même, le juge peut user de la possibilité offerte par l'article 487 du Code de procédure civile de renvoyer l'affaire en l'état de référé devant la formation collégiale de la juridiction à une audience dont il fixe la date. Mais la mise en œuvre de cette possibilité est rarissime.
Ce, d'autant que s'il estime que ce qui lui est demandé en référé dépasse ses pouvoirs, le magistrat doit se déclarer incompétent au profit du fond, à moins qu'il ne fasse application de la passerelle devant le tribunal judiciaire (CPC, art. 837).
Cette possibilité existe aussi devant le tribunal de commerce (C. com., art. 873-1), le tribunal paritaire (CPC, art. 896), et le conseil de prud'hommes (C. trav., art. R. 1455-8 pour le référé simple et R. 1455-12, dernier al. pour le référé en la forme).

B Règles spécifiques aux diverses juridictions

1 Devant le président du tribunal judiciaire

a) Principe

156 C'est devant le président du tribunal judiciaire que vient le plus grand nombre de référés, car ses pouvoirs en la matière s'étendent à toutes les matières où il n'existe pas de procédure particulière de référé (CPC, art. 836).

CONSEIL Le juge des référés (CPC, art. 836-2), saisi d'un litige portant sur des droits dont les parties ont la libre disposition peut, à la demande de l'une des parties ou d'office après avoir recueilli leur avis, décider qu'elles seront convoquées à une **audience de règlement amiable** tenue par un juge qui ne siège pas dans la formation de jugement dans les cas prévus par la loi.
Cette décision est une mesure d'administration judiciaire. Elle ne dessaisit pas le juge (CPC, art. 774-1. – D. n° 2023-686, 29 juill. 2023, art. 2).
L'audience de règlement amiable a pour finalité la résolution amiable du différend entre les

parties, par la confrontation équilibrée de leurs points de vue, l'évaluation de leurs besoins, positions et intérêts respectifs, ainsi que la compréhension des principes juridiques applicables au litige (CPC, art. 774-1. – D. n° 2023-686, 29 juill. 2023, art. 2).

b) Référé de l'article 834 du Code de procédure civile

157 Après celui de l'article 145 du Code de procédure civile, ce doit être le plus usité, étant noté que les praticiens assignent souvent en invoquant les deux articles couplés quand ils sollicitent une mesure d'instruction.

Dans tous les cas d'urgence, le président du tribunal judiciaire ou le juge des contentieux de la protection dans les limites de sa compétence, peuvent ordonner en référé toutes les mesures qui ne se heurtent à aucune contestation sérieuse ou que justifie l'existence d'un différend.

Savoir que les conflits de frontières de compétence d'attribution peuvent se rencontrer avec :

– le juge de la mise en état ;

– le juge chargé du contrôle de la mesure d'instruction ;

– le juge de l'exécution ;

– le juge aux affaires familiales ;

– le président du tribunal paritaire des baux ruraux ;

– le président du tribunal de commerce, ou le juge-commissaire ;

– la formation de référé du conseil de prud'hommes ;

– le président du tribunal administratif, avec notamment le problème de la voie de fait réservée au juge judiciaire.

Rappel des conditions :

– **nécessité de l'urgence :** elle doit être démontrée et s'apprécie, tant par le juge du premier degré que d'appel, à la date où est rendue l'ordonnance. Elle est caractérisée lorsqu'un retard dans la décision serait préjudiciable aux droits du demandeur, ou encore lorsqu'il y a lieu de prévenir un trouble potentiel ou un préjudice irrémédiable susceptible de se produire à tout instant.

Cette appréciation de l'urgence par le juge est souveraine ;

– **absence de contestation sérieuse :** le juge des référés est celui de l'évidence ou de l'incontestable. Si contestation il y a, celle-ci ne doit pas être sérieuse.

Des contestations sérieuses peuvent porter tant sur les faits que sur le droit, la principale, en pratique, étant que la mesure sollicitée tend à faire juger en référé un point de droit qui ne peut l'être que par la juridiction du fond ;

– **existence d'un différend :** cette condition est alternative à la précédente. C'est la mesure sollicitée qui doit être justifiée par l'existence d'un différend ; et ce, même s'il existe par ailleurs une contestation sérieuse. Par contre, la condition de l'urgence est, là aussi, obligatoire.

c) Référés de l'article 835 du Code de procédure civile

158 Le président du tribunal judiciaire ou le juge des contentieux de la protection dans les limites de sa compétence peuvent toujours, même en présence d'une contestation sérieuse, prescrire en référé les mesures conservatoires ou de remise en état qui s'imposent, soit pour prévenir un dommage imminent, soit pour faire cesser un trouble manifestement illicite.

Dans le cas où l'existence de l'obligation n'est pas sérieusement contestable, ils peuvent accorder une provision au créancier, ou ordonner l'exécution de l'obligation, même s'il s'agit d'une obligation de faire (CPC, art. 835) :

– **prévention d'un dommage imminent :** d'où l'urgence de l'ordonnance pour parer à ce dommage ;

> EXEMPLE **Le dommage imminent n'est pas forcément d'ordre matériel, comme le risque d'effondrement d'un bâtiment, mais peut viser l'exercice d'un droit, par exemple par une autorisation, une interdiction ou une suspension de faire valoir celui-ci.**

– **cessation du trouble manifestement illicite** ;

> EXEMPLE **L'exemple classique est l'occupation d'un immeuble sans droit ni titre, et plus généralement la voie de fait (Cass. 3e civ., 22 oct. 2015, nos 14-11.776 et 14-21.515, P : *JCP* G 2015, 1199, obs. Ch. Laporte).**
> **Dans les deux cas ci-dessus, la mesure peut être ordonnée, même en présence d'une contestation sérieuse (Cass. 3e civ., 29 janv. 2014, n° 13-10.803 : *JurisData* n° 2014-001151 ; *JCP* G 2014, act. 230 ; *Procédures* 2014, comm. 105, R. Perrot).**

– **obtention d'une provision :** on retrouve l'exigence de défaut de contestation sérieuse, portant ici sur l'existence de l'obligation, laquelle peut être d'ordre contractuel ou quasi délictuel.

Pour accorder cette provision, le juge des référés ne doit pas empiéter sur le fond en tranchant une contestation sérieuse, tant sur les faits que sur le droit.
Les demandes de provisions en référé sont relativement fréquentes, souvent couplées à une demande d'expertise, notamment en matière de responsabilité médicale, d'accidents de toutes sortes, ou de droit de la construction.
Le conseil du demandeur doit prévenir son client que, si la juridiction du fond le déboute, il devra restituer la provision. Il y a donc toujours un risque à solliciter une provision en référé ; lequel est du reste de même nature qu'en matière d'exécution provisoire de la décision de première instance, en cas de réformation ;
– **exécution d'une obligation** : la condition d'absence de contestation sérieuse sur l'existence de l'obligation est la même que pour l'attribution d'une provision. Les cas peuvent être très divers (délivrance d'un document, exécution d'une obligation, radiation d'une inscription du privilège du copartageant, *etc.*).

d) Passerelle de l'article 837 du Code de procédure civile

159 À la demande de l'une des parties et si l'urgence le justifie, le président du tribunal judiciaire, ou le juge des contentieux de la protection, saisi en référé peut renvoyer l'affaire à une audience dont il fixe la date pour qu'il soit statué au fond.
Il veille à ce que le défendeur dispose d'un temps suffisant pour préparer sa défense. L'ordonnance emporte saisine du tribunal (CPC, art. 837).
Lorsque la représentation par avocat est obligatoire devant la juridiction à laquelle l'affaire est renvoyée, le défendeur est tenu de constituer avocat avant la date de l'audience (CPC, art. 842).
Si le défendeur a constitué avocat, l'affaire est plaidée sur-le-champ en l'état où elle se trouve, même en l'absence de conclusions du défendeur ou sur simples conclusions verbales.
En cas de nécessité, le président de la chambre peut user des pouvoirs prévus à l'article 779 du Code de procédure civile ou renvoyer l'affaire devant le juge de la mise en état.
Si le défendeur n'a pas constitué avocat, il est procédé selon les règles prévues aux articles 778 et/ou 844 du même code.
Ces deux textes gouvernent la procédure à jour fixe.
La décision qui interviendra par la suite ne sera donc pas une ordonnance n'ayant pas, au principal, l'autorité de la chose jugée, mais un jugement au fond.

2 Devant le président du tribunal paritaire des baux ruraux

160 Les principes sont toujours les mêmes, puisque là, c'est l'article 893 du Code de procédure civile qui est la reprise de l'article 834 du même code, tandis que l'article 894 du Code de procédure civile est celle de l'article 835 dudit code.
Les règles de représentation à rappeler dans l'assignation sont celles de l'article 884 du Code de procédure civile.
Il existe, comme devant le tribunal judiciaire, une possibilité de passerelle prévue à l'article 896 du même code : à la demande de l'une des parties, et si l'urgence le justifie.

3 Devant le président du tribunal de commerce

161 **Renvoi.** V. Fiche 27 : Procédures rapides devant le tribunal de commerce.

4 Devant le premier président de la cour d'appel

162 Deux cas de saisine sont prévus ici, en sachant qu'il ne s'agit pas pour le premier président de statuer comme juridiction d'appel du juge des référés de première instance :
– tout d'abord, celui résultant de l'article 956 du Code de procédure civile, qui correspond en cas d'appel à celui visé par l'article 834 du même code, et donc avec les mêmes conditions de l'urgence et de l'absence de contestation sérieuse ;
– le second cas résultant de l'article 957 du Code de procédure civile est, en cas d'appel, pour le premier président, d'ordonner la suspension de l'exécution provisoire des jugements improprement qualifiés en dernier ressort ou d'exercer les pouvoirs qui lui sont conférés en matière d'exécution provisoire (arrêt de l'exécution provisoire, en cas d'appel, tel que prévu à l'article 514-3).

5 Devant le juge aux affaires familiales (JAF)

163 L'article 1073 du Code de procédure civile, après avoir spécifié que le juge aux affaires familiales (JAF) est, le cas échéant, juge de la mise en état, ajoute qu'il exerce aussi les fonctions de juge des référés.
Les cas de saisine s'inspirent de l'article 834 du Code de procédure civile, et de l'article 835, alinéa 1er du même code, par exemple pour faire respecter une décision prise précédemment par lui.

Assigner en référé

ATTENTION Ce cas de référé ne doit pas être confondu avec la saisine du JAF pour les procédures autres que le divorce, sous toutes ses formes, et la séparation de corps, saisine du JAF pouvant avoir lieu en cas d'urgence dûment justifiée à une audience à bref délai sur autorisation du juge saisi par requête par application de l'article 1137, alinéa 2, du Code de procédure civile.

6 Devant la formation des référés du conseil de prud'hommes

164 Il s'agit ici d'un simple rappel de la possibilité de saisir en cas d'urgence la formation des référés du conseil de prud'hommes, ce qui est assez pratiqué en droit du travail, par exemple pour obtenir une provision sur des salaires indubitablement dus, ou la délivrance immédiate de bulletins de paie.

Il convient de se reporter aux articles R. 1455-1 et suivants du Code du travail quant aux cas d'ouverture, et aux articles R. 1455-9 à 1455-11 du même code quant à la procédure.

☞ CONSEILS PRATIQUES POUR L'ENRÔLEMENT DE VOTRE RÉFÉRÉ (Les pratiques se mettent progressivement en place mais diffèrent beaucoup d'un tribunal à l'autre.)

1. Préparation du projet d'assignation (en laissant de la place pour rajouter par la suite la date et l'heure de l'audience).
2. Prise de date :
– *via* RPVA pour le tribunal judiciaire : cliquer sur « Mise au rôle » puis « Inscription à une audience de référé » : remplir les informations concernant les parties (demandeur puis défendeur) sans vous ajouter en tant que représentant (vous serez automatiquement ajouté à la fin). Choisir la nature de votre référé et enfin votre date (soyez patient le temps que les dates s'affichent). Par exception, la prise de date des référés en cabinet (référés sur rendez-vous, référés sociaux, référés presse, référés en propriété intellectuelle et *exequatur*) ne se fait pas *via* RPVA à Paris. Les demandes de date pour les référés-rétractation sont à adresser au service ayant rendu l'ordonnance initiale par dépôt au SAUJ, voie postale, voire directement auprès du service. Si la prise de date n'est pas possible *via* RPVA, vous devez contacter le greffe pour obtenir votre date, par téléphone, par mail ou en vous déplaçant directement par exemple ;
– *via* les sites des tribunaux de commerce. Attention devant le tribunal de commerce, l'enrôlement s'accompagne du paiement d'une provision.
3. Rajouter sur l'assignation la date et l'heure attribuées.
4. Envoyer par courriel à un commissaire de justice l'assignation à faire délivrer au défendeur avec les pièces. Préciser dans le message que c'est le demandeur qui réglera les frais afin d'éviter de devoir les supporter. L'adresse du défendeur déterminera le commissaire de justice compétent.
5. Le commissaire de justice retournera par voie postale le « second original », appelé aussi « l'expédition » avec un procès-verbal de signification et une facture.
6. Placement : soit par RPVA si le service est ouvert, soit par la remise au greffe de l'original accompagné d'une copie. À Paris, le placement électronique de l'assignation devant le tribunal judiciaire se fait *via* « placement au fond » en saisissant le « BOC » en tant que destinataire. Attention, il faut se renseigner auprès du greffe afin de connaître le délai de placement qui est imparti puisqu'il est variable d'une juridiction à une autre. Le placement se fait même parfois le jour de l'audience. Devant le président du tribunal de commerce de Paris par exemple, il faut placer trois jours avant.
7. Concernant le timbre BRA (cotisation des ordres d'avocats du ressort des tribunaux judiciaires d'Île-de-France), la facturation est désormais électronique. La facture sera envoyé à l'avocat du demandeur par courriel. Le e)Service e)Timbre est accessible depuis l'espace professionnel du barreau de Paris (vous y trouverez tout l'historique de vos placements au fond ainsi que de vos constitutions en défense, et vous pourrez payer par carte bancaire en ligne).

☞ NOTA Attention, n'oubliez pas qu'il ne s'agit pas d'un jugement au fond ! Par conséquent, vous ne pourrez jamais demander de dommages et intérêts, mais uniquement des provisions. De même, il est inutile de demander l'exécution provisoire du jugement à intervenir puisqu'elle est de droit en matière de référé.

☞ NOTA Le délibéré sera parfois rendu immédiatement, « sur le siège » ; à défaut, vous le recevrez par voie postale ou par RPVA lorsque la procédure relève de la compétence du tribunal judiciaire.

CHECK-LIST • Déterminer si l'affaire présente un caractère d'urgence.
• Déterminer la juridiction concernée.
• Voir si l'instance doit ou non être précédée d'une tentative amiable.
• demander au greffe une date d'audience.
• Réunir les pièces.
• Introduire l'assignation.

POUR ALLER PLUS LOIN...

Fascicules JurisClasseur

• *JCl. Procédure civile*, fasc. 1200-90, 1200-95, 1300-5, 1300-10, 1300-15.

Fiche 9
Assigner à jour fixe

Daniel LANDRY

Sommaire

I
Aperçu rapide

A Éléments clés

165 Légitimement tout plaideur cherche à abréger la durée de la procédure. La procédure à jour fixe est un de ces moyens.

166 **En première instance.** Dans les litiges relevant de la procédure écrite ordinaire, le président du tribunal judiciaire peut, en cas d'urgence, autoriser le demandeur, sur sa requête, à assigner le défendeur à jour fixe.
Il désigne, s'il y a lieu, la chambre à laquelle l'affaire est distribuée.
La requête doit exposer les motifs d'urgence, contenir les conclusions du demandeur et viser les pièces justificatives. Copie de la requête et des pièces doit être remise au président.

167 **Devant la cour d'appel.** Devant la cour d'appel la matière de l'assignation à jour fixe sera abordée *infra*, n°s 173 et s.

ATTENTION La procédure étudiée en cette fiche ne doit pas être confondue avec celle de droit commun devant le tribunal judiciaire, laquelle se fait désormais avec une prise de date (CPC, art. 751) ; ce pourquoi le législateur, pour bien différencier les procédures, eût pu appeler celle qui nous concerne ici : « la procédure à jour fixe rapproché ».
La procédure qui nous occupe ici avec l'article 839 du Code de procédure civile est dénommée : « **La procédure accélérée au fond** ».
Par ailleurs cette fiche sur l'assignation à jour fixe ne recouvre pas les hypothèses de procédure à jour fixe sur requête conjointe devant le tribunal judiciaire (par ex. pour les divorces contentieux de l'article 1107 du Code de procédure civile) ; étant noté qu'en pratique les saisines par requête conjointe sont rares.

B Textes

- CPC, art. 840 à 844 pour le tribunal judiciaire, statuant en procédure écrite.
- CPC, art. 272, 380, 917 à 924, 948 et 949, pour la cour d'appel.

II Préparation

168 **Informations à recueillir auprès du client.** Comme pour toute procédure, obtenir du client les renseignements de fait et de droit permettant de rédiger la requête puis l'assignation, soit notamment :
- son état civil complet ;
- le maximum de renseignements sur l'identité de l'adversaire, personne physique ou morale, en pensant pour celle-ci à se procurer un K-bis au greffe du tribunal de commerce ;
- les faits caractérisant l'urgence, avec les pièces à l'appui.

III Mise en œuvre

A Devant le tribunal judiciaire

1 Autorisation d'assigner à jour fixe

169 **En cas d'urgence**, le président du tribunal peut autoriser le demandeur, sur sa requête, à assigner le défendeur à jour fixe. Il désigne, s'il y a lieu, la chambre à laquelle l'affaire sera distribuée.
La requête doit exposer les motifs de l'urgence, contenir les conclusions du demandeur et viser les pièces justificatives.
Copie de la requête et des pièces doit être remise au président pour être versée au dossier du tribunal (CPC, art. 840).
Il faut donc une requête et une ordonnance.
La requête suit les règles édictées aux articles 54 et 57 du Code de procédure civile (V. Fiche 6 : Saisir le juge par voie de requête).
Elle requiert la constatation de l'urgence, au vu des pièces justificatives qui doivent être, non seulement expressément visées, mais effectivement remises en copies, puisqu'elles demeureront au greffe.
La requête doit être explicite sur l'urgence, et aborder le fond en décrivant quelles sont les demandes, puisqu'elle doit contenir les conclusions du demandeur.

> REMARQUE **L'absence de recours à l'un des modes de résolution amiable mentionnés au premier alinéa de l'article 750-1 du Code civil sera justifiée par le motif légitime tenant à la preuve d'une urgence manifeste.**

L'ordonnance sera, elle, conforme aux ordonnances sur requêtes habituelles, sauf qu'elle constitue une mesure d'administration judiciaire, insusceptible de recours et ne pouvant donner lieu à référé à fin de rétractation.
Le défaut d'autorisation d'assigner à jour fixe constitue une fin de non-recevoir : si, par exemple, l'avocat du demandeur a oublié de faire mention dans sa requête d'un des défendeurs, il lui faut présenter une nouvelle requête pour celui qui a été omis.

2 Assignation puis constitution du défendeur

170 L'assignation, qui doit respecter les règles de forme de tout acte de commissaire de justice et de toute assignation (CPC, art. 54 et 56), indique à peine de nullité les jour et heure fixés par le président auxquels l'affaire sera appelée ainsi que la chambre à laquelle elle est distribuée.

Copie de la requête est jointe à l'assignation.
L'assignation informe le défendeur qu'il peut prendre connaissance au greffe de la copie des pièces visées dans la requête, et lui fait sommation de communiquer avant la date de l'audience celles dont il entend faire état.
Bien que le Code de procédure civile n'en fasse pas mention, il va de soi que l'assignation doit préciser au défendeur qu'il est tenu de constituer avocat avant la date de l'audience (CPC, art. 842).

RETOUR D'EXPÉRIENCE Lorsque l'avocat du demandeur sait déjà avec certitude quel sera l'avocat du défendeur il peut ne pas obliger ce dernier à se déplacer au greffe pour y consulter ses pièces, dont il n'obtiendra pas copie, en lui en communiquant un tirage avec bordereau, dès qu'il a connaissance de sa constitution, étant rappelé que l'assignation elle-même doit en tout état de cause comporter sommation au défendeur de communiquer ses propres pièces.
Cette communication se fera par la voie électronique du RPVA (CPC, art. 748-1).
Dès qu'il a obtenu l'ordonnance signée, l'avocat doit penser à faire délivrer rapidement l'assignation.

3 Saisine du tribunal

171 Le tribunal est saisi par la remise d'une copie de l'assignation au greffe.
Cette remise doit être faite avant la date fixée pour l'audience, faute de quoi l'assignation sera caduque.
La caducité est constatée d'office par ordonnance du président de la chambre à laquelle l'affaire a été distribuée (CPC, art. 843).

4 Sort de l'affaire à l'audience

172 Le jour de l'audience, le président s'assure qu'il s'est écoulé un temps suffisant depuis l'assignation pour que la partie assignée ait pu préparer sa défense (CPC, art. 844).
Si le défendeur a constitué avocat, l'affaire est plaidée sur-le-champ en l'état où elle se trouve, même en l'absence de conclusions du défendeur ou sur simples conclusions verbales.
En cas de nécessité, le président de la chambre peut user des pouvoirs prévus à l'article 779 du Code de procédure civile ou renvoyer l'affaire devant le juge de la mise en état.
Si le défenseur n'a pas constitué avocat, il est procédé selon les règles prévues à l'article 778, alinéa 2 du même code.
On voit ici l'intérêt pour l'avocat du demandeur, d'une part, de tout faire pour que l'assignation soit délivrée sans délai dès la signature de la requête et, d'autre part, de faciliter à son confrère adverse la prise de connaissance de ses pièces.
Cette appréciation par le président du respect ou non des droits de la défense sera également fonction de la réaction de la partie assignée ou de son avocat.

EXEMPLE **La première expliquant qu'elle n'a pas eu le temps de saisir un conseil, ou le second protestant qu'il n'a pu se mettre en état.**

À noter la possibilité, dans une procédure, théoriquement écrite, d'admettre de « simples conclusions verbales » que l'avocat du défendeur devra veiller à faire acter par le greffier d'audience.
Dans la pratique, bon nombre d'affaires venues à jour fixe sont si peu en état d'être plaidées qu'elles rejoignent le circuit classique de la mise en état (CPC, art. 780 et s.).
Si le défendeur n'a pas constitué avocat, le magistrat a souvent scrupule à retenir immédiatement et ordonnera la réassignation du défaillant ; étant entendu qu'en ce cas, et si le demandeur persiste en son désir d'assigner à jour fixe, il doit présenter à nouveau une requête pour y être autorisé.
Notons que dans le cadre de cette assignation à jour fixe, les parties peuvent donner expressément leur accord à ce que la procédure se déroule sans audience (CPC, art. 843. – COJ, art. L. 212-5-1). Ce choix peut être dicté par l'espoir d'obtenir plus rapidement un jugement. Mais peut se poser la question du point de savoir si le client ne devrait pas être prévenu de ce que son avocat a renoncé à toute plaidoirie ; encore qu'il y ait des lustres que bien des magistrats ont pris l'habitude d'obtenir des avocats qu'ils déposent leurs dossiers, infligeant ainsi un coup sérieux, du moins au civil, à l'oralité des débats.

B Devant la cour d'appel (CPC, art. 917 à 920)

1 Procédure avec représentation obligatoire

a) Droits d'une partie en péril

173 Si les droits d'une partie sont en péril, le premier président peut, sur requête, fixer le jour auquel l'affaire sera appelée par priorité. Il désigne la chambre à laquelle l'affaire est distribuée.
Ces dispositions peuvent également être mises en œuvre par le premier président de la cour d'appel,

Assigner à jour fixe

ou par le conseiller de la mise en état, à l'occasion de l'exercice des pouvoirs qui leur sont conférés en matière de référé ou d'exécution provisoire (CPC, art. 917).

Selon les circonstances de fait ou même de droit, l'urgence n'implique pas nécessairement le péril et réciproquement, même si les deux notions, fort proches, intègrent toutes les deux la notion de préjudice que peut causer un retard à agir.

Si l'urgence est la nécessité de ne pas différer, le péril caractérise le danger déjà né, ou du moins le risque inéluctable du dommage quasi né.

Pour faire une comparaison avec le droit administratif, un arrêté de péril sera pris quand l'état de l'immeuble concerné fait qu'il peut s'écrouler d'un instant à l'autre. Ici, si l'on prend le texte à la lettre, ce qui doit être en péril paraît abstrait : « les droits d'une partie », mais ces droits peuvent avoir une correspondance factuelle ou matérielle, puisque la notion concerne tant les personnes que les biens.

b) Requête et déclaration d'appel

174 La requête, rédigée selon les mêmes règles générales que toutes les requêtes, sauf à spécifier qu'elle s'adresse au premier président de la cour, doit :

- exposer la nature du péril ;
- contenir les conclusions sur le fond ;
- viser les pièces justificatives.

Il est rappelé ici que, **l'acte d'appel** doit mentionner les chefs du jugement expressément critiqués (CPC, art. 901) auxquels l'appel est limité, sauf si l'appel tend à l'annulation du jugement ou si l'objet du litige est indivisible. S'agissant de cet article 901 du Code de procédure civile, noter qu'il a été modifié par le décret n° 2023-1391 du 29 décembre 2023, applicable au 1er septembre 2024, en ce que d'une part la notion d'indivisibilité du litige a disparu et, d'autre part, en ce que, par sa référence à l'article 915-5 nouveau du même code, il permet de rattraper d'éventuels oublis de la déclaration d'appel lors du dépôt des premières conclusions.

Une expédition de la décision ou une copie certifiée conforme par l'avocat doit y être jointe.

Copie de la requête et des pièces doit être remise au premier président pour être versée au dossier de la cour (CPC, art. 918).

Les exigences du texte ressemblent donc, toutes choses égales, à celles de la requête aux mêmes fins en première instance.

Les **irrégularités de la requête** en autorisation d'assigner à jour fixe n'entraînent pas l'irrégularité de l'appel.

Normalement, la déclaration d'appel, faite conformément aux exigences de l'article 901 du Code de procédure civile, doit viser l'ordonnance, et donc être déposée en second. Mais l'inverse peut se produire à la condition qu'il n'y ait pas plus de **huit jours** entre la déclaration d'appel et la requête ; étant noté que la sanction du non-respect de ce délai est le refus du premier président de signer l'ordonnance.

La déclaration d'appel vise l'ordonnance du premier président.

Les exemplaires destinés aux intimés sont restitués à l'appelant.

La requête :

- peut aussi être présentée au premier président au plus tard dans les huit jours de la déclaration d'appel (CPC, art. 919) ;
- n'a pas à être préalablement notifiée à la partie adverse.

Bien entendu, l'appel est considéré comme non formé, et peu importe alors l'absence de grief, si, celui qui se présente comme appelant, a bien présenté requête puis assigné, mais en oubliant de déposer sa déclaration d'appel.

Si l'intimé, qui a constitué avocat, estime que ses droits sont en péril, il peut déposer requête afin d'assigner à jour fixe dans un délai de **deux mois** à dater de la déclaration d'appel (CPC, art. 924), et ce, même si cet appel est déjà enrôlé.

Signalons qu'ici l'ordonnance du premier président fixant la date d'audience pourrait faire l'objet d'une rétractation.

> **ATTENTION** À peine d'irrecevabilité relevée d'office, les actes de procédure sont remis à la juridiction par voie électronique (CPC, art. 930-1. – V. Fiche 80 : Interjeter appel en matière contentieuse).

c) Assignation et constitution

175 L'appelant assigne la partie adverse pour le jour fixé.

Copie de la requête, de l'ordonnance du premier président, et un exemplaire de la déclaration d'appel visée par le secrétaire ou une copie de la déclaration d'appel dans le cas mentionné à l'article 919, alinéa 3, du Code de procédure civile (requête présentée au premier président au plus tard dans les huit jours de la déclaration d'appel), sont joints à l'assignation.

L'assignation :

- informe la partie qui n'a pas relevé appel, c'est-à-dire l'intimé, que, faute de constituer avocat avant la date de l'audience, il sera réputé s'en tenir à ses moyens de première instance ;
- indique à l'intimé qu'il peut prendre connaissance au greffe de la copie des pièces visées dans

la requête et lui fait sommation de communiquer, avant la date de l'audience, les nouvelles pièces dont il entend faire état (CPC, art. 920).
Tout comme l'assignation à jour fixe devant le tribunal judiciaire, et pour la même raison tenant à la preuve de l'urgence manifeste dès la requête, l'assignation n'aura pas à faire mention des diligences entreprises en vue de parvenir à une résolution amiable du litige. D'ailleurs, en cause d'appel, les espoirs d'un apaisement soudain du différend par voie amiable sont minces.
Cela dit, le praticien prudent s'interrogera néanmoins ici quant à l'éventuelle application de l'article 750-1 du Code de procédure civile et aura tout intérêt à tenter un règlement amiable, sauf à se prévaloir d'une urgence manifeste.
Si l'intimé a régulièrement constitué avocat, il peut s'instaurer un rapide échange entre les parties de leurs conclusions et pièces ; l'appelant, quant à lui, ne pouvant que répondre aux conclusions de l'intimé sans présenter de nouveaux moyens de fond ou formuler de nouvelles prétentions, ou encore produire des pièces complémentaires, à moins que ces dernières ne visent à contrecarrer des éléments nouveaux présentés en appel par l'intimé.

d) Saisine de la cour

176 La cour est saisie par une remise de l'assignation au greffe.
Cette remise doit être faite avant la date fixée pour l'audience, faute de quoi la déclaration est caduque.
La caducité est constatée d'office par ordonnance du président de la chambre à laquelle l'affaire est distribuée (CPC, art. 922).
Si l'on s'en tient au texte, ce sur quoi porte la caducité est « la déclaration », c'est-à-dire la déclaration d'appel.
Pour autant, il apparaît curieux qu'en voulant sanctionner la remise tardive de l'assignation au greffe, le rédacteur du texte n'ait pas pensé avant tout à la caducité de cette même assignation ; elle-même n'étant pas à confondre avec l'éventuelle caducité de l'autorisation d'assigner à jour fixe.
Ceci dit, la caducité de l'appel enlève tout intérêt à l'assignation, devenue, au moins de fait, caduque.
En bref, et pour éviter toute difficulté, le praticien veillera à ce que l'assignation soit rapidement délivrée et retournée pour être placée.
Si, par la suite, l'affaire est renvoyée au circuit normal de la mise en état, le conseiller de la mise en état est seul compétent pour prononcer cette caducité (CPC, art. 914, avec cette précision que dans le cadre du décret n° 2023-1392 du 29 décembre 2023, applicable au 1er septembre 2024, il conviendra de se référer ici à l'article 913-5).

Cette ordonnance de caducité pourra, dans les quinze jours de sa date, faire l'objet d'un appel. Ce, en considérant qu'il s'agit d'une des exceptions prévues à l'article 916 du Code de procédure civile ; lequel, sinon, pose pour principe que de telles ordonnances ne sont susceptibles d'aucun recours indépendamment de l'arrêt de fond.
Mais à dater du 1er septembre 2024, et par application du décret n° 2023-1392 du 29 décembre 2023, il faudra ici se reporter à l'article à l'article 913-8 du Code de procédure civile prévoyant en son 5° la possibilité d'un appel de l'ordonnance de caducité par la voie par requête à la cour dans le même délai de quinzaine.

e) Sort de l'affaire à l'audience

177 Le jour de l'audience, le président s'assure qu'il s'est écoulé un temps suffisant depuis l'assignation pour que la partie assignée ait pu préparer sa défense.
Le cas échéant, il ordonne sa réassignation.
Si l'intimé a constitué avocat, les débats ont lieu sur-le-champ ou à la plus prochaine audience, en l'état où l'affaire se trouve.
Si l'intimé n'a pas constitué avocat, la cour statue par arrêt réputé contradictoire en se fondant, au besoin, sur les moyens de première instance (CPC, art. 923, al. 3).
Le texte ne dit pas si, en cas de réassignation ordonnée par le président de chambre, ce dernier a ou non le pouvoir de fixer une nouvelle date à jour fixe.
A priori la réponse devrait être négative, faute de précision du texte. La réponse devrait être la même, faute de requête, si l'audience a été prise par le premier président lui-même, ce qui est actuellement peu courant.
À noter la possibilité, pour permettre l'échange des pièces et conclusions, d'un renvoi à la plus prochaine audience, sans que l'on puisse y voir une véritable mise en état, une ordonnance de clôture n'ayant, par exemple, pas lieu d'être.
Si l'affaire n'est précisément pas en état, elle peut être renvoyée devant le conseiller de la mise en état et suivre son cours normal.

2 Procédure sans représentation obligatoire

178 La partie dont les droits sont en péril peut, même si une date d'audience a déjà été fixée, demander au premier président de la cour de retenir l'affaire, par priorité, à une prochaine audience. S'il est fait droit à la demande, le requérant est aussitôt avisé de la date fixée par tous moyens (CPC, art. 948).

La partie adverse est convoquée par commissaire de justice à la diligence du requérant (CPC, art. 948, al. 3).
La cour s'assure qu'il s'est écoulé un temps suffisant entre la convocation et l'audience pour que la partie convoquée ait pu préparer sa défense (CPC, art. 948).
Il s'agit d'une transposition de la procédure classique des articles 917 à 920 du Code de procédure civile en matière de représentation obligatoire, avec l'ajout de l'article 949 du même code sur les règles de convocation des organismes qui doivent être tenus informés de la procédure, tels que les organismes sociaux.

CHECK-LIST • **Déterminer si l'affaire présente un caractère d'urgence.**
• **Réunir les pièces nécessaires.**
• **Rédiger la requête à fin d'autorisation d'assigner à jour fixe.**
• **Rédiger l'assignation.**

POUR ALLER PLUS LOIN...

Fascicules JurisClasseur
• *JCl. Procédure civile*, fasc. 1200-05 et 1000-05.

Fiche 10
Assigner d'heure à heure

Daniel LANDRY

Sommaire

I
Aperçu rapide

A Éléments clés

1 Caractères généraux

179 Le référé d'heure à heure se justifie en cas d'urgence manifeste (CPC, art. 481-1) ou lorsque le règlement du litige requiert une célérité (CPC, art. 485).

Ainsi, à titre exceptionnel, en cas d'**urgence manifeste** à raison notamment d'un délai imposé par la loi ou le règlement, le président du tribunal, statuant sur requête, peut autoriser à assigner à une heure qu'il indique, même les jours fériés ou chômés (CPC, art. 481-1, 5°).

On peut penser que cette possibilité d'assigner d'heure à heure, en cas d'urgence manifeste, et ce, au fond, est réservée à tous les contentieux relevant du juge des contentieux de la protection. Cela peut concerner également, d'une part le tribunal de commerce, où la procédure demeure orale, malgré l'obligation de constituer avocat (CPC, art. 860-1) ; et d'autre part, le tribunal paritaire, où la procédure est également orale.

Par contre, en matière de **divorces contentieux**, ne semble pas exister cette possibilité d'assigner au fond d'heure à heure, le Code de procédure civile prévoyant seulement une assignation à bref délai en cas d'urgence à une audience d'orientation et sur mesures provisoires (CPC, art. 1109) ; ce qui est assez voisin.

En référé, il est des **cas qui requièrent célérité** (CPC, art. 485) et pour lesquels l'urgence à agir est telle que le demandeur doit pouvoir assigner son contradicteur pratiquement sans délai de comparution, même les jours fériés ou chômés.

C'est à cette impérieuse nécessité que répond aussi le référé d'heure à heure, ou assignation à comparaître à heure indiquée.

Le juge doit s'assurer qu'il s'est écoulé un temps suffisant entre l'assignation et l'audience, pour que la partie défenderesse ait pu préparer sa défense (CPC, art. 486).

2 Juridictions concernées au fond ou en référé, ou les deux

180 • Tribunal judiciaire.
• Tribunal paritaire des baux ruraux.
• Tribunal de commerce.
• Cour d'appel.
• Juge aux affaires familiales.
• Juge des contentieux de la protection.
• Juge de l'exécution.

3 Schéma procédural

181 • Requête aux fins d'autorisation à assigner d'heure à heure.
• Ordonnance autorisant à assigner d'heure à heure.
• Assignation.
• Audience.

B Textes

• CPC, art. 481-1, 5° et 485, al. 2.
• CPC, art. 905 et 905-1 (procédure devant la cour d'appel, étant noté que ces deux articles ont fait l'objet de modifications applicables, au 1er novembre 2023 pour le premier, et au 1er septembre 2024 pour le second).

II Préparation

A Informations à recueillir auprès du client

182 Obtenir un maximum d'informations et de pièces démontrant l'extrême urgence afin de motiver la requête justifiant la demande d'assigner d'heure à heure.
En pratique, se mêlent pour caractériser cette urgence absolue des notions de voie de fait, de trouble à l'ordre public ou de péril pour le requérant ou des tiers, motivant par leur importance et leur imminence le recours à cette procédure exceptionnelle.

> EXEMPLE **Employeur sollicitant l'évacuation de son usine que des tiers ou des grévistes ont envahie, en arrêtant toute production ou en menaçant de procéder à des dégradations.**

Solliciter du client toutes les informations d'état civil relatives aux protagonistes du dossier, de manière à respecter les exigences de forme requises pour tout d'acte de commissaire de justice, à peine de nullité de l'assignation (CPC, art. 648), soit :
– pour le demandeur :
• personne physique : nom, prénoms, profession, domicile, nationalité, date et lieu de naissance,
• personne morale : forme, dénomination, siège social, organe qui la représente légalement ;
– pour le défendeur :
• personne physique : nom et domicile,
• personne morale : dénomination et siège social.
L'acte doit encore contenir, notamment, à peine de nullité (CPC, art. 54 et 56) :
– l'indication de la juridiction devant laquelle la demande est portée, soit ici le juge du fond ou des référés de telle ou telle juridiction ;
– l'objet de la demande avec un exposé des moyens en fait et en droit ;
– l'indication des pièces sur lesquelles la demande est fondée.
Tous ces renseignements et pièces sont à obtenir du client. Parfois, le plus difficile à obtenir est l'identité, et l'adresse, exactes du, ou des défendeurs, à qui il faudra délivrer l'assignation.
Ne pas oublier de mentionner dans l'acte le **lieu et l'heure de l'audience**.
Étant donné l'urgence, on peut présumer qu'il existe un motif légitime d'absence de diligences entreprises en vue de parvenir à une résolution amiable du litige. ; entrant dans les exceptions visées à l'article 750-1 du Code de procédure civile. Mais, bien entendu, si de telles diligences ont eu lieu, il sera toujours bon d'en faire état dans la requête, puis dans l'assignation.

> EXEMPLE **En cas de mouvement social avec occupation d'usine, le recours préalable à un constat de commissaire de justice sera indispensable.**
> **De même s'agissant par exemple de l'occupation sans droit ni titre d'un terrain privé.**

Et, si de vaines tentatives amiables de négociation ont été lancées, il sera bon de le noter dans les écritures ; si du moins celles-ci ne sont pas demeurées confidentielles entre avocats.

B Inventaire des solutions et éléments de décisions

183 Au vu des informations recueillies et des pièces obtenues du client, il faut avoir la conviction que la procédure d'assignation d'heure à heure s'impose à l'évidence dans le cas considéré.

ATTENTION Cette procédure d'heure à heure nécessite plus de travail, et ce en urgence, du fait de la présentation de la requête, puis de la rapide transmission au commissaire de justice pour signification, elle aussi en urgence.
Il faut y penser au moment de faire signer la convention d'honoraires et de solliciter la provision d'usage.

III Mise en œuvre

A Autorisation sur requête préalable

184 Cette requête, qui s'apparente à celle présentée pour obtenir l'autorisation d'assigner à jour fixe (V. Fiche 9 : Assigner à jour fixe), doit obéir à toutes les règles générales de la procédure sur requête telles que visées aux articles 57, 60, 61, 145, et 493 à 498, puis 756 et suivants et 845 et 846 du Code de procédure civile (V. Fiche 6 : Saisir le juge par voie de requête).
Cette requête, outre l'identité complète du requérant, doit :
- identifier clairement le ou les adversaires à assigner d'heure à heure ;
- être motivée le plus clairement et complètement possible ;
- être présentée au président de la juridiction compétente, en double exemplaire, avec les pièces invoquées en autant de copies que de personnes dont la convocation est demandée, du moins si la requête n'est pas formée par voie électronique, auquel cas les pièces sont jointes en un seul exemplaire.

Le cas échéant, la requête mentionne l'accord du requérant pour que la procédure au fond se déroule sans audience (COJ, art. L. 212-5-1), si la partie défenderesse en est elle-même expressément d'accord.
Devant les juridictions comme le tribunal de commerce, où le recours à cette procédure d'assignation d'heure à heure est également possible au fond du fait de l'oralité de la procédure (CPC, art. 481-1), mais où il faut constituer avocat, la requête doit à peine de nullité contenir la constitution de l'avocat ou des avocats des parties requérantes, et être signée par l'avocat ou les avocats constitués ;

ATTENTION **Sous quelle forme**, papier ou informatique, doit se présenter la requête ?
On sait que d'une manière générale les textes imposent, à peine d'irrecevabilité, l'usage de la communication électronique en matière de procédure civile ordinaire (CPC, art. 748-1 et s. et 930-1 et s.).
Pour la procédure à jour fixe, qui doit être précédée de la présentation d'une requête, on sait encore que, si, par la suite, cette procédure doit bien emprunter la voie informatique, par contre le texte de l'article 840 du Code de procédure civile laisse penser que la requête préalable peut être présentée sous la forme papier, puisqu'elle doit être remise au président de la juridiction concernée pour être versée au dossier du tribunal.
Bien mieux, l'article 756 du Code de procédure civile traitant de manière générale de l'introduction de l'instance par requête prévoit expressément que la requête « peut être remise ou adressée ou effectuée par voie électronique… », ce qui signifie bien qu'elle peut aussi emprunter la forme papier.
Et, en pratique il est certain que si l'avocat veut que le président ait au plus tôt sa requête sous les yeux, mieux vaut pour lui la lui remettre en main propre, ou, à tout le moins à son secrétariat ou à son greffe, pour éviter des retards, des pertes ou de mauvaises orientations dans le circuit informatique.
Ces raisons sont de plus fort valables en matière d'assignation d'heure à heure des articles 481-1, 5° et 485, 2e alinéa du Code de procédure civile.

Si le requérant souhaite utiliser une requête remise ou adressée au greffe pour saisir le juge des contentieux de la protection, et si le montant de sa demande n'excède pas 5 000 €, il doit, sauf urgence, saisir au préalable un conciliateur de justice (CPC, art. 750-1), ou justifier d'une tentative de médiation ou de procédure participative, ou d'être dans un des cinq cas d'exemption de cette obligation, dont celui de l'urgence manifeste.

Les choses peuvent donc aller très vite.

L'avocat, dès sa requête prête, et qui a déjà rédigé son projet d'assignation, se rend au palais de justice pour y faire signer et compléter l'ordonnance qu'il a pris soin de préparer au pied de sa requête ; laquelle ordonnance visera tant l'extrême urgence que selon le cas, l'article 485, alinéa 2 du Code de procédure civile pour un référé, ou l'article 481-1, 5° pour une procédure orale au fond, avec la mention habituelle : « Vu la requête qui précède et les pièces à l'appui ».

Avec l'ordonnance, l'avocat n'a plus qu'à faire diligence pour faire délivrer l'assignation en dénonçant en annexe la requête et l'ordonnance autorisant à assigner d'heure à heure.

Il faut alors trouver un commissaire de justice qui puisse tout de suite, et moyennant un honoraire complémentaire pour diligences spéciales, délivrer l'assignation et en faire retour aussitôt.

Il va de soi que ces difficultés sont encore plus grandes si l'urgence est telle qu'il faille envisager l'audience un jour férié ou chômé ; ce qui est exceptionnel. Mais, il peut demeurer des cas où le délai de comparution doit être réduit au minimum. Pour autant, qu'il s'agisse d'une action au fond ou en référé, le magistrat a l'obligation de s'assurer que la partie assignée a eu le temps de préparer sa défense (CPC, art. 481-1, 3° pour une action au fond en procédure orale, et 486 pour un référé).

Donc, à l'audience, à l'écoute des explications des parties il pourra renvoyer l'affaire au lendemain ou surlendemain, ou même à l'audience habituelle de la juridiction.

B Assignation

185 L'assignation, **mentionnant la date et l'heure de l'audience**, est généralement délivrée, devant le tribunal judiciaire en référé :

- au visa de l'article 834 du Code de procédure civile ;
- ou au visa de l'article 835 du même code, notamment pour faire cesser un trouble manifestement illicite.

Qu'elle vise une procédure au fond ou en référé, l'assignation comprend, à peine de nullité (CPC, art. 648 et 56) :

- pour le demandeur :
  - personne physique : nom, prénoms, profession, domicile, nationalité, date et lieu de naissance,
  - personne morale : forme, dénomination, siège social, organe qui la représente légalement ;
- pour le défendeur :
  - personne physique : nom et domicile,
  - personne morale : dénomination et siège social ;
- l'indication de la juridiction devant laquelle la demande est portée, soit le juge des référés de tel ou tel tribunal, ou le président du tribunal considéré « statuant en référé » (V. Fiche 8 : Assigner en référé) ;
- l'objet de la demande avec un exposé des moyens en fait et en droit ;
- l'indication des pièces sur lesquelles la demande est fondée.

Copies de la requête et de l'ordonnance doivent être jointes, en tête ou au pied, selon la formule choisie, soit expressément, soit par renvoi à l'exposé des moyens en fait et en droit (CPC, art. 56, 2°) contenu dans la requête ;

- l'indication par un bordereau numéroté des pièces sur lesquelles elle est fondée.

L'assignation invite le juge à statuer sur les dépens et sur la demande de frais irrépétibles de l'article 700 du Code de procédure civile.

La décision peut être frappée d'appel ou d'opposition dans les quinze jours (CPC, art. 481, 7° pour la procédure accélérée au fond et 490, al. 3 pour le référé).

> ATTENTION La demande relative à l'exécution d'une décision de justice ordonnant l'expulsion peut être formée au greffe du juge de l'exécution par lettre recommandée avec avis de réception ou par requête ou remise contre récépissé (CPC exéc., art. R. 442-2).
> Cette disposition est prévue à titre dérogatoire de l'assignation normalement exigée en matière d'assignation d'heure à heure.

186 **Devant la cour d'appel (CPC, art. 905 et 905-1).** Le schéma est quasi similaire, sauf à noter que c'est le président de la chambre saisie qui, d'office ou à la demande d'une des parties, va fixer à bref délai les jours et heures auxquels l'affaire sera appelée. Ceci dans quatre cas (CPC, art. 905), soit :

- lorsque l'affaire semble présenter un caractère d'urgence ;
- ou être en état d'être jugée ;
- ou lorsque l'appel est relatif à une ordonnance de référé ;
- ou lorsque l'appel est relatif à un jugement rendu selon la procédure accélérée au fond de l'article 481-1 du Code de procédure civile.

> NOTA L'avocat doit déposer sa requête aux fins d'autorisation d'assigner d'heure à heure en main propre au greffe (en principe, il vous sera demandé de présenter votre requête en double exemplaire).

NOTA Attention, comme pour toutes procédures sur requête, la pratique exige que vous prépariez également un projet d'ordonnance.

NOTA Vous serez généralement informé de l'ordonnance vous autorisant à assigner d'heure à heure par un appel téléphonique du greffe.

NOTA Vous devrez faire délivrer par commissaire de justice votre assignation à l'adversaire, accompagnée de l'ordonnance, ainsi que de la requête.

CHECK-LIST
- **Vérifier que les conditions du référé d'heure à heure sont réunies.**
- **Déterminer la juridiction concernée.**
- **Rédiger la requête aux fins d'autorisation à assigner d'heure à heure.**
- **Présenter la requête au président de la juridiction concernée.**
- **Rédiger l'assignation.**
- **Signifier l'assignation (en dénonçant en annexe la requête et l'ordonnance).**

POUR ALLER PLUS LOIN...

Fascicules JurisClasseur
- *JCl. Procédure civile*, fasc. 1200-90, 1200-95, 1300-05, 1300-10.
- *JCl. Procédures Formulaire*, V° *Référé*, fasc. 20 et 30.

Fiche 11

Faire appel d'une ordonnance de référé civil

Philippe GERBAY
et
Nicolas GERBAY

Sommaire

I Aperçu rapide

A Éléments clés

NOTA Cette fiche est à jour du décret n° 2023-1391 du 29 décembre 2023 et concerne donc les appels interjetés à compter du 1er septembre 2024.

187 L'ordonnance de référé est une décision provisoire qui n'a pas autorité de chose jugée au principal. Il en résulte que le juge du principal ne sera pas lié par les appréciations portées par le juge des référés.
Le jugement au principal peut totalement remettre en cause l'obligation antérieurement constatée par le juge des référés, ce qui empêche par exemple la liquidation de l'astreinte assortissant cette obligation (Cass. 2e civ., 2 déc. 2021, n° 20-12.851).
L'ordonnance de référé est susceptible d'appel sauf :
– si elle émane du premier président de la cour d'appel ;
– si elle a été rendue en dernier ressort en raison du montant ou de l'objet de la demande (CPC, art. 490).

ATTENTION Il ne fallait pas confondre l'ordonnance de référé avec les décisions rendues « en la forme des référés » ou « comme en matière de référé » (CPC, ancien art. 492-1).
Ces « faux » référés étaient parfois institués pour permettre de rendre une décision au fond plus rapide en empruntant une procédure simplifiée.
À la suite du décret n° 2019-1419 du 20 décembre 2019, les confusions ne sont plus

possibles car ont été introduits des jugements en procédure accélérée au fond dans la plupart des anciens « faux référés ».

C'est la formation collégiale de la cour d'appel qui connaîtra du recours à l'encontre de l'ordonnance de référé au fond du droit et non le seul premier président de la cour.

B Textes

- CPC, art. 484 et s.
- CPC, art. 905 et s.

II Préparation

A Informations préalables

188 Une attention particulière doit être portée par le praticien sur l'intérêt à agir du client. Le trouble allégué a-t-il disparu ?
Les informations recueillies du client permettront aussi de déterminer si l'ordonnance est susceptible de faire l'objet d'un appel.
– L'ordonnance de référé a-t-elle été exécutée ?
– S'agit-il d'une décision relative à une mesure d'instruction ?
– L'ordonnance de référé a-t-elle été signifiée ?
– Le montant de la demande dépasse-t-il le taux du ressort du juge des référés ?

B Inventaire des solutions

189 **Intérêt à agir.** L'appelant doit avoir un intérêt à agir pour interjeter appel.
Le caractère souvent très évolutif des situations dans le cadre du référé nécessite qu'une attention particulière soit portée à la condition d'intérêt à agir.
L'intérêt à interjeter appel doit être apprécié au jour où est exercé le recours dont la recevabilité ne peut dépendre de circonstances postérieures (Cass. 3e civ., 21 mars 2000, n° 98-17.254 : *JurisData* n° 2000-001206).

> EXEMPLE **L'ordonnance de référé qui a alloué une provision n'est plus susceptible d'appel si entre-temps le juge du fond a condamné l'appelant à payer (Cass. com., 14 févr. 1984, n° 83-11.248 : *Bull. civ.* IV, n° 61).**

Si le juge des référés a prescrit une mesure sollicitée par le demandeur, l'intérêt né et actuel demeure pour le défendeur malgré l'éventuelle exécution de l'ordonnance frappée d'appel.

Il revient en effet à la cour de déterminer si la demande était bien justifiée quand le juge des référés a statué (Cass. 2e civ., 4 juin 2009, n° 08-17.174 : *JurisData* n° 2009-048491 ; *JCP* S 2009, 1448, obs. A. Bugada ; *Bull. civ.* II, n° 144).
Si un huissier de justice a été désigné pour surveiller des opérations électorales au sein d'une société, l'exécution de l'ordonnance ne fait pas disparaître l'intérêt de l'entreprise à soumettre à la cour la décision dont elle contestait la régularité (Cass. 2e civ., 7 févr. 1979, n° 77.13-696 : *Bull. civ.* II, n° 35).

190 **Taux du ressort.** L'ordonnance de référé est susceptible d'appel si son objet est indéterminé ou si le montant de la demande présentée au juge des référés dépasse le taux du ressort de 5 000 €.

191 **Ordonnances susceptibles d'appel.** L'ordonnance qui se borne à rejeter une exception de procédure sans trancher les autres questions ne peut être immédiatement frappée d'appel (Cass. 2e civ., 23 sept. 2004, n° 02-19.821 : *JurisData* n° 2004-024898 ; *Bull. civ.* II, n° 408).
Si l'ordonnance met fin à l'instance, l'appel immédiat est possible (Cass. 2e civ., 17 déc. 2009, n° 09-11.847 : *JurisData* n° 2009-050773 ; *Procédures* 2010, comm. 33, obs. R. Perrot ; *Bull. civ.* II, n° 292).
S'agissant des ordonnances prescrivant des mesures d'instruction, il convient d'opérer une distinction (Cass. ch. mixte, 7 mai 1982, n° 79-12.006 : *Bull. civ. ch. mixte*, n° 2) :
– si le juge des référés a été saisi à titre principal pour ordonner une mesure d'instruction, l'ordonnance peut faire l'objet d'un appel immédiat car le juge a épuisé sa saisine ;
– si l'ordonnance de référé est intervenue avant dire droit afin d'instruire la demande dont le juge des référés est saisi, elle ne peut être frappée d'un appel immédiat.

ATTENTION L'appel dilatoire ou abusif de l'ordonnance de référé peut conduire à la condamnation de l'appelant au titre d'une amende civile d'un montant maximum de 10 000 € sans préjudice d'éventuels dommages et intérêts (CPC, art. 559. – Cass. com., 2 mai 1989, n° 87-11.149 : *JurisData* n° 1989-702098 ; *Bull. civ.* IV, n° 143).

192 **Compétence du président de chambre.** C'est désormais le président de chambre qui est compétent pour statuer sur la recevabilité de l'appel en procédure à bref délai et non plus la cour d'appel en formation collégiale (CPC, art. 906-3, 1°). Il devra être saisi par des conclusions qui lui sont spécialement adressées (CPC, art. 906-3, dernier al.).

III
Mise en œuvre

A Rédaction de l'acte de saisine

1 Procédure avec représentation obligatoire (V. Fiche 80 : Interjeter appel en matière contentieuse)

193 À peine d'irrecevabilité soulevée d'office, l'acte d'appel est remis à la juridiction par voie électronique (CPC, art. 930-1).
À peine d'irrecevabilité soulevée d'office, la taxe d'appel de 225 € doit être réglée (CPC, art. 963).
La déclaration d'appel contient à peine de nullité (CPC, art. 901) :

> « 1° Pour chacun des appelants :
> *a)* Lorsqu'il s'agit d'une personne physique, ses nom, prénoms, profession, domicile, nationalité, date et lieu de naissance ;
> *b)* Lorsqu'il s'agit d'une personne morale, sa forme, sa dénomination, son siège social et l'organe qui la représente légalement ;
> 2° Pour chacun des intimés, l'indication de ses nom, prénoms et domicile s'il s'agit d'une personne physique ou de sa dénomination et de son siège social s'il s'agit d'une personne morale ;
> 3° La constitution de l'avocat de l'appelant ;
> 4° L'indication de la cour devant laquelle l'appel est porté ;
> 5° L'indication de la décision attaquée ;
> 6° L'objet de l'appel en ce qu'il tend à l'infirmation ou à l'annulation du jugement ;
> 7° Les chefs du dispositif du jugement expressément critiqués auxquels l'appel est, sans préjudice du premier alinéa de l'article 915-2, limité, sauf si l'appel tend à l'annulation du jugement ».

Cette dernière exigence apparaîtra bien souvent purement formelle. Il n'en reste pas moins vrai que l'appelant devra s'y soumettre en indiquant par exemple qu'il conteste l'ordonnance en ce qu'elle l'a débouté de sa demande de provision.

Elle est datée et signée par l'avocat constitué.
Elle est accompagnée d'une copie de la décision.
Elle est remise au greffe et vaut demande d'inscription au rôle.
En cas d'erreur ou d'omission, l'appelant peut former une deuxième déclaration d'appel avant l'expiration du délai d'appel pour régulariser la procédure (Cass. 1re civ., 12 déc. 2018, n° 17-25.813).

2 Procédure sans représentation obligatoire (V. Fiche 80 : Interjeter appel en matière contentieuse)

194 Le ministère d'avocat n'est pas obligatoire en cas d'appel des ordonnances de référé rendues par le tribunal paritaire des baux ruraux (CPC, art. 895 qui renvoie à 892).

ATTENTION En ce qui concerne l'appel des ordonnances de référé rendues par le conseil de prud'hommes, il convient d'appliquer la procédure avec représentation obligatoire même si le recours à l'avocat n'est pas obligatoire (C. trav., art. R. 1455-11, R. 1461-1 et R. 1461-2). Il conviendra également de dépasser le taux du ressort de 5 000 € (C. trav., art. D. 1462-3).

L'appel est formé par une déclaration que la partie ou tout mandataire fait ou adresse, par pli recommandé, au greffe de la cour (CPC, art. 932).
La déclaration comporte les **mentions** suivantes prescrites par l'article 933 du Code de procédure civile :

> « 1° Pour chacun des appelants :
> *a)* Lorsqu'il s'agit d'une personne physique, ses nom, prénoms, profession, domicile, nationalité, date et lieu de naissance ;

b) Lorsqu'il s'agit d'une personne morale, sa forme, sa dénomination, son siège social et l'organe qui la représente légalement ;
2° S'il y a lieu, le nom et l'adresse du représentant de l'appelant devant la cour ;
3° Pour chacun des intimés, l'indication des nom, prénoms et domicile de la personne contre laquelle l'appel est formé ou, s'il s'agit d'une personne morale, de sa dénomination et de son siège social ;
4° L'indication de la décision attaquée ;
5° L'objet de l'appel en ce qu'il tend à l'infirmation ou l'annulation du jugement ;
6° Les chefs du dispositif du jugement expressément critiqués auxquels l'appel est limité. À défaut, la cour est réputée saisie de l'ensemble des chefs du dispositif du jugement ».

Elle est datée et signée et accompagnée de la copie de la décision.

B Délai pour agir

195 Le délai d'appel est de quinze jours (CPC, art. 490, al. 3).
Point de départ : date de la notification de l'ordonnance et non pas la date de son prononcé selon le droit commun de l'article 528 du Code de procédure civile (CA Douai, 1er juill. 1975 : *Gaz. Pal.* 1976, 1, 57).
Si l'ordonnance de référé n'a pas été notifiée dans le délai de deux ans de son prononcé, la partie est irrecevable à en interjeter appel après l'expiration dudit délai (CPC, art. 528-1. – Cass. 2e civ., 6 juin 2013, n° 12-21.683 : *JurisData* n° 2013-011313 ; *Procédures* 2013, comm. 235, obs. R. Perrot).
Le délai peut être augmenté en raison des distances (CPC, art. 643 et 644) ;
Le jour de la notification n'a pas à être pris en compte pour le calcul du délai d'appel qui expire le dernier jour à minuit, sauf s'il s'agit d'un samedi, d'un dimanche, d'un jour férié ou chômé, auquel cas il sera prorogé (CPC, art. 642).

C Instruction de l'affaire

1 Procédure avec représentation obligatoire

a) Délais à respecter

196 L'appel des ordonnances de référé est soumis de droit à la procédure à bref délai (CPC, art. 906).

ATTENTION Désormais, le greffe n'adresse plus de déclaration d'appel aux intimés (D. n° 2023-1391, 29 déc. 2023, art. 1er).

C'est par une signification de la déclaration et de l'avis de fixation que l'appelant devra avertir ses adversaires en leur indiquant l'obligation de constituer avocat (CPC, art. 906-1).
Vérifier (à peine de nullité) que l'acte de signification indique à l'intimé :
– que, faute pour lui de constituer avocat dans un délai de quinze jours à compter de celle-ci, il s'expose à ce qu'un arrêt soit rendu contre lui sur les seuls éléments fournis par son adversaire ;
– et que, faute de conclure dans le délai de deux mois mentionné à l'article 906-2, il s'expose à ce que ses conclusions soient déclarées d'office irrecevables (CPC, art. 906-1, al. 4).

Être attentif aux règles suivantes issues des articles 906 et suivants :
– avis de fixation décidé par le président de chambre et adressé par le greffe (CPC, art. 906-1, al. 1er) ;
– l'appelant signifie la déclaration d'appel dans les **vingt jours** de la réception de l'avis de fixation qui lui est adressé par le greffe à peine de caducité de la déclaration d'appel relevée d'office par le président de la chambre saisie ou le magistrat désigné par le premier président (CPC, art. 906-1, al. 1er) ;
– si l'intimé constitue avocat avant la signification de la déclaration d'appel, il est procédé par voie de notification à son avocat (CPC, art. 906-1, al. 2) ;
– l'appelant a **deux mois** pour conclure, à peine de **caducité**, de la déclaration d'appel (CPC, art. 906-2, al. 1er) ;
– si l'intimé n'a pas constitué avocat, l'appelant doit lui signifier ses conclusions dans le mois suivant le délai de remise au greffe (CPC, art. 906-2, al. 5) ;
– l'intimé, à peine d'**irrecevabilité** de ses conclusions relevée d'office, doit conclure dans le délai de **deux mois** à compter de la notification des conclusions de son adversaire (CPC, art. 906-2, al. 2) ;
– l'intimé dans le même délai, doit former appel incident ou appel provoqué (CPC, art. 906-2, al. 2) ;
– le délai de deux mois s'applique aussi à l'intervenant forcé.

ATTENTION À défaut d'ordonnance de fixation à bref délai, l'appel ne saurait être soumis à la procédure normale avec désignation d'un conseiller de la mise en état, telle que prévue par les articles 907 et suivants du Code de procédure civile car la procédure en circuit court est de droit pour l'appel des ordonnances de référé (Cass. 2e civ., 12 avr. 2018, n° 17-10.105 : *JCP* G 2018, 510,

obs. Ph. Gerbay ; *Procédures* 2018, comm. 174, obs. H. Croze).
Rendue sous l'empire du droit antérieur à la réforme de la procédure d'appel à bref délai du décret du 6 mai 2017, la solution de cet arrêt méritera d'être confirmée.
En l'état et compte tenu des exigences des articles 906-1 et 906-2 du Code de procédure civile, il peut être conseillé par précaution de signifier sa déclaration d'appel et de conclure avant même la réception de l'avis de fixation. Rien dans les textes ne prohibe cette solution.

b) Juridiction du président de chambre

197 Le président de chambre est seul compétent, jusqu'à l'ouverture des débats ou jusqu'à la date fixée pour le dépôt des dossiers des avocats, pour statuer sur (CPC, art. 906-3) :
1° l'irrecevabilité de l'appel ou des interventions en appel ;
2° la caducité de la déclaration d'appel ;
3° l'irrecevabilité des conclusions et des actes de procédure en application de l'article 906-2 et de l'article 930-1 ;
4° les incidents mettant fin à l'instance d'appel.
Le président de la chambre saisie statue par ordonnance revêtue de l'autorité de la chose jugée au principal relativement à la contestation qu'elle tranche. Cette ordonnance peut être déférée par requête à la cour dans les quinze jours de sa date. La requête devra contenir, outre les mentions prescrites par l'article 57 du Code de procédure civile et à peine d'irrecevabilité, l'indication de la décision déférée ainsi qu'un exposé des moyens en fait et en droit.

2 Procédure sans représentation obligatoire

198 L'instruction de l'affaire peut être confiée à l'un des membres de la chambre.
Le juge peut mettre en place après avoir recueilli l'avis des parties un calendrier de procédure et sanctionner les parties qui se montreraient non diligentes (CPC, art. 939 et 446-2).

D Décision

199 Confirmation ou infirmation. Garder à l'esprit que :
– la cour d'appel saisie ne pourra statuer que dans la limite des pouvoirs du juge des référés et ce en vertu de l'effet dévolutif (Cass. 2e civ., 2 juill. 2020, n° 19-16.501 : *JurisData* n° 2020-010160) ;
– la cour d'appel peut, par l'effet dévolutif, liquider une astreinte alors même que le conseil de prud'hommes s'était réservé le droit de le faire (Cass. soc., 20 oct. 2015, n° 14-10.725, FS-P+B : *JurisData* n° 2015-023360) ;
– saisie d'un recours contre une ordonnance de référé : la cour d'appel tranche le litige au jour où elle statue (Cass. com., 11 janv. 2023, n° 21-21.846). Mais la cour ne saurait se contenter de statuer en venant dire que la prétention est devenue sans objet au stade du recours. Le juge d'appel doit alors, pour trancher le litige, se placer au moment où le premier juge s'est prononcé (Cass. soc., 21 janv. 2014, n° 12-20.757, FS-P+B : *JurisData* n° 2014-000607 ; *JCP* G 2014, 166, obs. C. Lefranc-Harmoniaux) ;
– le juge doit statuer. La cour ne saurait énoncer que les dépens de première instance et d'appel suivront le sort de l'instance principale (Cass. 2e civ., 29 oct. 1990, n° 89-14.925 : *JurisData* n° 1990-703193) ;
– l'arrêt rendu n'a pas d'autorité de chose jugée au fond (Cass. 2e civ., 12 déc. 1973, n° 72-12.188 : *Bull. civ.* II, n° 334). Il a un caractère **provisoire**. Il peut donc, à l'instar de l'ordonnance de référé, être modifié ou rapporté en cas de circonstances nouvelles (Cass. com., 21 sept. 2022, n° 20-21.416 : *JurisData* n° 2022-015191).
L'ordonnance, comme désormais en principe toutes décisions de première instance, est exécutoire à titre provisoire (CPC, art. 514).

ATTENTION L'évocation est parfois possible.
L'ordonnance de référé, qui a statué sur une exception d'incompétence et mis fin à l'instance, est susceptible d'une évocation sur les points non jugés (CPC, art. 568. – Cass. 2e civ., 17 déc. 2009, n° 09-11.847 : *JurisData* n° 2009-050773 ; *Procédures* 2010, comm. 33, obs. R. Perrot).

E Recours et contestations

200 Un pourvoi en cassation est possible.
Un recours en révision n'est pas envisageable. En effet, la décision a un caractère provisoire et est donc modifiable en cas de survenance de circonstances nouvelles (Cass. 2e civ., 27 avr. 1988, n° 86-15.623. – Cass. 2e civ., 5 sept. 2019, n° 17-28.712).

CHECK-LIST **• Vérifier que l'ordonnance est bien susceptible d'appel en raison de son contenu.**
• Veillez à ce que le délai d'appel de quinze jours ne soit pas dépassé.

Faire appel d'une ordonnance de référé civil

• **Faire attention à la condition d'intérêt à agir ainsi qu'au risque de condamnation à un recours abusif ou dilatoire.**
• **Faire attention aux nouvelles règles de la procédure d'appel à bref délai issues du décret n° 2023-1391 du 29 décembre 2023 (le greffe n'adresse plus la déclaration d'appel à l'intimé, délai de signification de vingt jours, délais pour conclure de deux mois, nouveaux pouvoirs juridictionnels du président de chambre).**
• **Ne pas oublier que l'arrêt d'appel n'a pas autorité de chose jugée au principal.**

POUR ALLER PLUS LOIN...

Fascicule JurisClasseur

• *JCl. Procédure civile*, fasc. 1300-10.

Ouvrages

• L. Cadiet et E. Jeuland, *Droit judiciaire privé*, LexisNexis, 2023.
• Ph. et N. Gerbay, *Guide du procès-civil en appel*, LexisNexis, 2025/2026.
• R. Laher et Ch. Laporte, *Guide pratique de procédure civile*, LexisNexis, 2021.
• X. et J. Vuitton, *Les référés*, LexisNexis, 2018.

Fiche 12

Procédure devant le juge de la mise en état

Agathe AUMONT

Sommaire

I

Aperçu rapide

A Caractéristiques générales

201 L'instruction devant le juge de la mise en état est propre aux **tribunaux judiciaires** (procédure écrite) et aux **cours d'appel**.
Cette fiche ne traite que de **l'instruction du dossier par le juge de la mise en état** devant le tribunal judiciaire, hors action de groupe et hors procédure participative de mise en état (V. Fiche 84 : Mise en état devant la cour d'appel avec désignation d'un conseiller de la mise en état).
Le juge de la mise en état :
– **prépare le jugement :** il veille au déroulement loyal de la procédure et procède aux mesures d'instruction (attributions processuelles) ;
– **purge les difficultés d'ordre procédural** avant le débat au fond : il statue notamment sur les exceptions de procédure, incidents d'instance et, pour les instances introduites depuis le 1er janvier 2020 (CPC, art. 789, al. 6), sur les fins de non-recevoir (attributions juridictionnelles).
La phase de mise en état s'ouvre avec la saisine du juge de la mise en état et s'achève à l'ouverture des débats.

> **ATTENTION** Une fois saisi, le juge de la mise en état a une **compétence exclusive**, notamment par rapport à la juridiction des référés, pour ordonner toute mesure d'instruction et mesures provisoires (V. *infra*, n° 210).

B Conditions d'utilisation

202 Une fois l'assignation enrôlée, l'affaire est appelée à une première audience, « l'audience d'orientation », au cours de laquelle le président du tribunal judiciaire, après en avoir débattu avec les avocats, renvoie au juge de la mise en état les affaires :

– pour lesquelles les parties et leurs avocats ne souhaitent pas conclure une convention de procédure participative aux fins de mise en état (CPC, art. 776, al. 2) ;

– et qui ne peuvent immédiatement être jugées (CPC, art. 779, al. 5).

Cette désignation par le président se fait par simple mention au dossier. Il s'agit d'une **mesure d'administration judiciaire** : aucun recours n'est possible contre cette décision.

Les avocats sont avisés de la désignation du juge de la mise en état et de la date d'audience de mise en état par réception d'un bulletin de procédure (CPC, art. 779, al. 5).

REMARQUE **Les parties peuvent conclure une convention de procédure participative aux fins de mise en état à tout moment de l'instance (CPC, art. 1546-1, al. 1er).**

Lorsque la phase conventionnelle de mise en état n'a pas permis de mettre l'affaire en état d'être jugée, en tout ou partie, l'affaire est rétablie à la demande de la partie la plus diligente pour être mise en état conformément aux règles applicables devant le juge de la mise en état (CPC, art. 1564-5).

C Avis du professionnel

203 Le rôle du praticien dans le cadre de l'instruction devant le juge de la mise en état est primordial.

Le juge de la mise en état fixe en effet, après avoir provoqué l'avis des avocats, les délais nécessaires à l'instruction du dossier (CPC, art. 781, al. 1er) ; il les entend et leur fait toutes communications utiles (CPC, art. 780, al. 3).

Le praticien veillera donc à se rendre aux audiences de procédure auxquelles il est convoqué.

REMARQUE **Les envois des bulletins de procédure et des réponses à ces bulletins se font par voie électronique (CPC, art. 748-1 à 748-7).**

Les avocats doivent passer par le réseau privé virtuel des avocats, appelé RPVA (V. sur les modalités d'adhésion et le mode opératoire au niveau national : www.ebarreau.fr ; à Paris : www.avocatparis.org).

ATTENTION Il appartient au praticien dûment convoqué à une audience particulière, avec la mention « présence indispensable des avocats », de comparaître en personne.

Faute pour lui de chercher à connaître, par tout moyen, l'objet de cette convocation, le praticien s'expose à ce que le magistrat prononce la radiation de l'affaire (CA Paris, 14 déc. 1984 : *Bull. avoués* 1984, p. 128).

RETOUR D'EXPÉRIENCE Respecter les délais impartis et veiller à déposer ses conclusions à la date indiquée sur les bulletins de procédure.

ATTENTION Les conclusions doivent être revêtues de la **signature de l'avocat postulant** constitué (CPC, art. 766), à peine d'irrégularité de forme (Cass. 2e civ., 9 sept. 2010, n° 09-68.621 : *JurisData* n° 2010-015577).

L'identification réalisée lors de la transmission des conclusions par voie électronique dans le cadre du système du RPVA vaut signature au sens de l'article 766 du Code de procédure civile.

Le tribunal judiciaire ne statue que sur les dernières conclusions déposées et les prétentions qui n'auront pas été reprises dans ces dernières conclusions sont considérées comme abandonnées (CPC, art. 768, al. 3).

Veiller enfin à soulever devant le juge de la mise en état toutes les exceptions de procédure et tous les incidents mettant fin à l'instance, et ce, **à peine d'irrecevabilité devant le juge du fond,** sauf s'ils surviennent ou sont révélés postérieurement à son dessaisissement (CPC, art. 789, 1°).

Cette même règle est également applicable pour toutes les fins de non-recevoir pour les instances introduites à compter du 1er janvier 2020 (CPC, art. 789, 6. – CA Basse-Terre, 2e ch., 28 avr. 2023, n° 22/00750 : *JurisData* n° 2023-007725).

D Textes

1 Textes codifiés

- CPC, art. 776 à 807.
- CPC, art. 748-1 à 748-9.
- CPC, art. 132.

2 Textes non codifiés

- Guide relatif à la prise de date au sein des services civils du tribunal judiciaire de Paris, 21 mai 2021.
- Convention relative à la mise en état électronique des affaires civiles avec représentation obligatoire entre la cour d'appel de Versailles, les TGI de Nanterre, Pontoise et Versailles et les barreaux de Chartres, Nanterre, Pontoise et Versailles, 12 juin 2017.
- Protocole de procédure civile du 11 juillet 2012 signé entre le TGI de Paris et le barreau de Paris.
- Mode opératoire relatif à la communication électronique signé le 23 novembre 2009 entre le TGI de Paris et l'Ordre des avocats de Paris et son avenant signé le 17 décembre 2010.
- Protocole sur la procédure civile du 3 juin 2008 signé entre le TGI de Paris et le barreau de Paris.

E Schéma procédural

204 • Sollicitation d'une date d'audience auprès du greffe du tribunal compétent sur présentation d'un projet d'assignation (CPC, art. 751).
• Signification de l'assignation, avec la mention de la date d'audience communiquée (CPC, art. 56), au(x) défendeur(s) par acte du commissaire de justice.
• Enrôlement du second original de l'assignation auprès du tribunal judiciaire, sous peine de caducité au plus tard quinze jours avant la date d'audience si la date d'audience est communiquée plus de quinze jours à l'avance (CPC, art. 754, al. 2).
• Constitution des avocats du/des défendeur(s) par le RPVA (i) dans le délai de quinze jours à compter de l'assignation ou (ii) jusqu'à l'audience, si l'assignation leur est délivrée dans un délai inférieur ou égal à quinze jours avant la date de l'audience (CPC, art. 763).
• Convocation par voie de bulletin des avocats constitués à l'audience d'orientation du président.
• Désignation du juge de la mise en état.

Dans l'hypothèse où l'une des parties soulève un incident :

– convocation(s) par voie de bulletin aux audiences de mise en état pour l'échange des écritures et/ou des pièces sur l'incident ;
– convocation par voie de bulletin à l'audience du juge de la mise en état pour plaider sur l'incident ;
– ordonnance du juge de la mise en état ;
– appel possible dans les quinze jours de leur signification pour les ordonnances énumérées aux 1° à 4° de l'article 795 du Code de procédure civile (V. *infra*, n°s 219 et s.) ;
– reprise de l'instruction devant le juge de la mise en état ;
– convocation(s) par voie de bulletin aux audiences de mises en état pour l'échange des écritures et/ou pièces ;
– avis pour clôture et fixation des plaidoiries adressé par voie de bulletin par le juge de la mise en état aux avocats constitués ;
– ordonnance de clôture (demande de rabat possible).

Puis :

– dépôt des dossiers sans plaidoiries lorsque les parties ont donné leur accord pour que la procédure se déroule sans audience (COJ, art. L. 212-5-1 et CPC, art. 799, al. 3) ;
– jugement au fond (pouvant revenir sur les décisions du juge de la mise en état sauf celles statuant sur les exceptions de procédure et sur les incidents mettant fin à l'instance).

Ou :

– renvoi de l'affaire en collégiale ou devant un juge unique (juge rapporteur ou juge de la mise en état) ;
– dépôt du dossier de plaidoiries au greffe de la chambre concernée avant l'audience dans un délai fixé par le juge de la mise en état ;
– audience :
• audience publique,
• rapport oral du juge de la mise en état,
• observations ou plaidoiries des avocats ;
– jugement au fond (pouvant revenir sur les décisions du juge de la mise en état sauf celles statuant sur les exceptions de procédure et sur les incidents mettant fin à l'instance).

Et :

– notification du jugement entre avocats par le RPVA entre avocats inscrits ou par la voie des huissiers audienciers ;
– signification du jugement aux parties par acte de commissaire de justice ;
– appel dans le délai d'un mois à compter de la signification du jugement (appel sur le fond et sur les points éventuellement tranchés par le juge de la mise en état) ;
– cassation (dans les deux mois à compter de la signification de l'arrêt d'appel).

II
Préparation

A Informations préalables

205 Rappeler au client que la durée de mise en état devant le tribunal judiciaire est rarement inférieure à une année.

B Contrôles préalables

206 Le praticien non inscrit au barreau du tribunal judiciaire saisi prendra attache avec un avocat inscrit au barreau du tribunal judiciaire en question pour se charger de la postulation.
L'avocat postulant représentera l'avocat plaidant durant toute la phase de la mise en état, et ce jusqu'à l'audience de plaidoirie pour tous les actes de procédures.
Le praticien, défendeur à l'action :
– veillera à se constituer par RPVA dans les délais (CPC, art. 763) ;
– vérifiera, avant de prendre ses premières écritures, si une ou des exceptions de procédure peuvent être soulevées et, dans l'affirmative, les présentera avant toute défense au fond ou fin de non-recevoir, **ce à peine d'irrecevabilité** (CPC, art. 74).

ATTENTION Les exceptions de procédure doivent être soulevées *in limine litis* dans des conclusions spécialement adressées au juge de la mise en état. Sont irrecevables les exceptions de procédures présentées dans des conclusions qui comportent également des moyens et demandes au fond (Cass. 2e civ., 12 mai 2016, n° 14-28.086 : *JurisData* n° 2016-008988. – Cass. 2e civ., 20 oct. 2022, n° 21-20.692 : *JurisData* n° 2022-017391). L'exception de nullité fondée sur l'inobservation des règles de fond relatives aux actes de procédure est une exception de procédure qui peut être présentée en tout état de cause (CPC, art. 118. – Cass. 2e civ., 9 juin 2022, n° 19-20.592).

C Pièces nécessaires

207 Le praticien devra disposer des pièces nécessaires pour justifier de ses demandes (CPC, art. 768, al. 1er).

La communication de pièces passe par la notification entre avocats de bordereaux de communication de pièces dont une copie doit être adressée au tribunal.
Cette communication peut se faire désormais par le système du RPVA.
Toutes les pièces doivent être numérotées (CPC, art. 768, al. 1er), et la même numérotation doit être conservée tout au long de la procédure et dans chacune des communications (confrères, juge de la mise en état).

RETOUR D'EXPÉRIENCE Les protocoles sur la procédure civile des 3 juin 2008 et 11 juillet 2012 signés entre le tribunal de grande instance de Paris et le barreau de Paris rappellent un certain nombre de principes :
– en cas de nouvelle communication en cours de procédure, le bordereau devra préciser qu'il est complémentaire et les pièces seront numérotées à partir du numéro immédiatement consécutif à celui de la dernière pièce listée au bordereau précédent ;
– lorsqu'il est fait mention d'une jurisprudence, d'un article, commentaire ou ouvrage de doctrine, ces derniers doivent être suivis des mentions relatives à leur publication ; la jurisprudence inédite doit être communiquée ;
– les pièces en langue étrangère versées aux débats doivent être accompagnées de leur traduction en français.

REMARQUE **Veiller, dans la mesure du possible, à numéroter ces pièces dans l'ordre de leur présentation au sein des conclusions.**

D Coût de la procédure

208 Dans le cas où les services d'un avocat sont obligatoires, le coût de la procédure sera constitué par les honoraires d'avocat(s) qui sont libres.

III

Procédure

A Assistance et représentation

209 Les parties sont en principe tenues de constituer avocat (CPC, art. 760), sous réserve des dispositions du Code général de la propriété des personnes publiques (art. R. 2331-10), du Livre des procédures fiscales (art. L. 199, al. 2) et du Code de procédure civile (art. 1139).

ATTENTION Si l'assistance peut être confiée à tout avocat (dit « avocat plaidant »), la représentation n'est possible que par un avocat inscrit au barreau du tribunal saisi ou d'un tribunal dépendant du même ressort de cour d'appel que le tribunal saisi (dit « avocat postulant », L. n° 71-1130, 31 déc. 1971, art. 5. - V. Fiche 72 : Faire appel à un avocat correspondant).
Les avocats inscrits au barreau des tribunaux judiciaires de Paris, Bobigny, Créteil et Nanterre peuvent postuler auprès de chacune de ces juridictions (L. n° 71-1130, 31 déc. 1971, art. 5-1).

B Compétence

210 Un ou plusieurs juges de la mise en état peuvent être chargés de la mise en état dans une même chambre (COJ, art. R. 213-7).
Une fois saisi, le juge de la mise en état, est jusqu'à son dessaisissement, seul compétent, à l'exclusion de toute autre formation du tribunal (CPC, art. 789), pour :
- statuer sur les exceptions de procédure, sur les incidents mettant fin à l'instance et pour les instances introduites à compter du 1er janvier 2020, sur les fins de non-recevoir ;

EXEMPLE **Exceptions de procédure : exception d'incompétence (CPC, art. 75), de litispendance et de connexité (CPC, art. 100), exceptions dilatoires (CPC, art. 108) et exceptions de nullité (CPC, art. 112).**
Incidents mettant fin à l'instance : transaction, acquiescement, désistement, péremption et caducité (CPC, art. 384 et 385).
Fins de non-recevoir : défaut de qualité, défaut d'intérêt, prescription (V. **Fiche 77 : Invoquer la prescription**)**, délai préfix et chose jugée (CPC, art. 122).**

- allouer une provision pour le procès ;
- accorder une provision au créancier lorsque l'existence de l'obligation n'est pas sérieusement contestable ;
- ordonner toutes autres mesures provisoires, même conservatoires, à l'exception toutefois des saisies conservatoires, des hypothèques et nantissements provisoires, ainsi que modifier ou compléter, en cas de survenance d'un fait nouveau, les mesures qui auraient déjà été ordonnées ;
- ordonner même d'office, toute mesure d'instruction.

C Rédaction de l'acte de saisine

211 Le praticien saisit le juge de la mise en état différemment selon que sa demande concerne le pouvoir processuel ou juridictionnel de celui-ci.
En matière processuelle, les demandes de renvoi, de prolongation de délai et d'injonction sont faites par réponse sur le bulletin de procédure ou oralement aux audiences de mise en état.
En matière juridictionnelle (CPC, art. 789), les demandes sont faites par voie de conclusions d'incident devant le juge de la mise en état qui devront être signifiées au greffe et aux autres avocats par le RPVA.
Ces conclusions doivent comprendre (CPC, art. 768, al. 1er et 2) :
- un exposé des faits et de la procédure ;
- une discussion des prétentions et des moyens avec indication pour chaque prétention des pièces invoquées et de leur numérotation ;
- un dispositif récapitulant les prétentions.

ATTENTION Le juge de la mise en état n'est saisi des demandes relevant de sa compétence que par les conclusions qui lui sont spécialement adressées (Cass. 2e civ., 12 mai 2016, nos 14-25.054 et 14-28.086 : *JurisData* n° 2016-008987. - CPC, art. 791).

D Instruction du dossier

212 Le juge de la mise en état est chargé de préparer le litige pour qu'il puisse être jugé.
Le juge de la mise en état contrôle le déroulement formel de la procédure :
- après avis des avocats, il fixe, au fur et à mesure, les délais nécessaires à l'instruction de l'affaire en tenant compte de la nature, de l'urgence et de la complexité de celle-ci (CPC, art. 781, al. 1er) ;
- il peut également, après avoir recueilli l'avis des avocats, fixer un calendrier procédural qui comporte le nombre prévisible ainsi que la date des échanges des conclusions, la date de clôture, celle des débats et celle du prononcé de la décision (CPC, art. 781, al. 3 et al. 4).

ATTENTION Les délais fixés dans le calendrier de mise en état ne peuvent être prorogés qu'en cas de faute grave et dûment justifiée (CPC, art. 781, al. 5), étant précisé qu'un renvoi peut toutefois être ordonné en vue de faciliter le règlement du litige (CPC, art. 781, al. 6).

REMARQUE **Ce calendrier ne devra être envisagé, dans les dossiers complexes, que lorsque des échanges suffisants de conclusions seront intervenus.**

En cas de non-respect des délais fixés, le juge de la mise en état peut, à la demande d'un avocat, enjoindre aux avocats adverses de communiquer leurs écritures et/ou leurs pièces (CPC, art. 780 et 788).
S'agissant des pièces, l'injonction de procéder à la communication pourra être faite à peine d'astreinte (CPC, art. 133 et 134).
Le juge de la mise en état peut également enjoindre aux avocats la production forcée de certaines pièces ou ordonner la remise par un tiers de pièces qu'il détient (CPC, art. 138).

NOTA En cas d'inaction commune aux deux parties, le juge n'ordonne pas la clôture de l'instruction, mais la radiation de l'affaire. Celle-ci est ainsi supprimée du rôle de la juridiction et n'est plus appelée à l'audience, mais il n'est pas pour autant mis fin au procès. L'affaire est simplement suspendue, non éteinte, et peut être remise au rôle à la demande des parties, sous réserve que l'action ne soit pas périmée (délai de « péremption » de deux ans dans quel cas votre saisine sera caduque). Vous pouvez donc demander à ce que votre affaire soit replacée au rôle d'une audience dès que vous vous serez « mis en état ». Pour ce faire, vous adresserez une demande de « ré-enrôlement » auprès du greffe du juge de la mise en état, en justifiant que vous avez accompli ce qu'il vous était demandé (il s'agit d'un simple courrier). Cette décision de radiation reste toutefois difficile pour les avocats dans la mesure où leurs clients reçoivent copie de ladite ordonnance, les informant ainsi du manque de diligence de leurs représentants. Par ailleurs, les délais seront plus importants.

RETOUR D'EXPÉRIENCE Concernant les pièces sollicitées, si l'injonction se révèle vaine, l'avocat pourra :
- saisir le juge de la mise en état d'un incident par voie de conclusions (V. *supra*, n° 211) : une audience pour plaider sur cet incident sera alors fixée devant le juge de la mise en état ;
- demander au juge de la mise en état qu'il prononce une clôture partielle à l'égard de la partie défaillante (CPC, art. 800).

Le juge de la mise en état assure la gestion administrative de l'instance :
- il peut ordonner la jonction ou la disjonction de deux instances (CPC, art. 783 et 367) ;
- et constater l'extinction de l'instance (CPC, art. 787), y compris après homologation d'un protocole d'accord (CPC, art. 785, al. 3 ; art. 384, al. 3).
Le juge de la mise en état a également un pouvoir d'information sur le fond de l'affaire :
- il peut, même d'office, entendre les parties (CPC, art. 784, al. 1er) : cette audition doit avoir lieu contradictoirement, sauf si une partie dûment convoquée ne se présente pas (CPC, art. 784, al. 2) ;
- il peut inviter les parties à mettre en cause tous les intéressés dont la présence lui paraît nécessaire à la solution du litige (CPC, art. 786).
Le juge de la mise en état est compétent pour :
- constater la conciliation, même partielle des parties (CPC, art. 785, al. 1er) ;
- désigner un médiateur dans les conditions de l'article 131-1 du Code de procédure civile (CPC, art. 785, al. 2) ;
- allouer une provision ;
- ordonner :
• toute mesure provisoire, même conservatoire (à l'exception toutefois des saisies conservatoires, des hypothèques et nantissements provisoires),
• toute mesure d'instruction (CPC, art. 779, 5°).
Dans ce dernier cas, il contrôle l'exécution de la mesure ordonnée (CPC, art. 796).
L'instruction devant le juge de la mise en état devra enfin permettre de purger l'affaire des exceptions de procédure, des incidents mettant fin à l'instance et pour les instances introduites

à compter du 1er janvier 2020, des fins de non-recevoir (V. *supra*, n° 210).

E Audience

213 Outre les audiences périodiques de mise en état où il est conféré de l'état de l'avancement de l'instruction, les avocats sont convoqués par bulletin à une audience pour plaider et soutenir leurs demandes d'incident (CPC, art. 793, al. 2).

RETOUR D'EXPÉRIENCE Aucune ordonnance de clôture n'est rendue avant cette audience de plaidoiries.

ATTENTION En cas d'urgence, une partie peut, par notification entre avocats, inviter l'autre à se présenter devant le juge de la mise en état aux jour, heure et lieu fixés par celui-ci (CPC, art. 793, al. 3).

Dans ce cas, l'avocat doit prendre contact avec le juge pour exposer l'urgence et obtenir une date d'audience à laquelle il convoquera son ou ses adversaires.

☞ CONSEIL PRATIQUE LORS DES AUDIENCES PÉRIODIQUES Habituellement, le rôle étant affiché à l'extérieur ou à l'intérieur de la salle d'audience, vous n'avez qu'à attendre que le juge appelle votre affaire dans l'ordre préalablement établi. Toutefois, il se peut que vous ayez à vous présenter auprès d'un huissier-audiencier, dès votre arrivée, afin qu'il note votre présence (vous le reconnaîtrez facilement car il est assis à une table à part). À défaut, vous vous adresserez au greffier présent (ce dernier est quant à lui assis à côté du juge avec, en général, un ordinateur devant lui). Lorsque le juge appellera votre affaire, vous devrez en principe vous diriger jusqu'à son bureau. Il vous posera alors quelques questions sur l'avancée du dossier et notamment sur l'état des échanges des conclusions. Vous n'avez pas à préparer de réelle plaidoirie à ce stade de la procédure (sauf si le juge décide de clôturer l'affaire et de vous entendre le jour même, mais vous pouvez facilement l'apprécier au regard de l'état de votre dossier).

☞ CONSEIL PRATIQUE LORS DES PLAIDOIRIES D'INCIDENT Lors de l'audience des plaidoiries, le demandeur à l'incident doit en principe se placer sur le pupitre de droite et commencer par rappeler le nom du client pour qui il intervient. Les plaidoiries sont en général très courtes, de seulement quelques minutes.

F Décision

214 Les décisions du juge de la mise en état sont l'objet par principe d'une simple mention au dossier. Avis en est donné aux avocats, soit verbalement lors des audiences, soit sur les bulletins de procédure (CPC, art. 792, al. 1er. - CPC, art. 774) : il s'agit de mesures d'administration judiciaire.

REMARQUE **Ces mesures sont rendues en matière processuelle : fixation des délais ou de leur prorogation pour l'échange de conclusions et des pièces (CPC, art. 780 et 781), renvoi, jonction ou disjonction d'instance (CPC, art. 783).**

ATTENTION S'agissant de la constatation par le juge de la conciliation des parties et de l'homologation par lui de leur accord, un procès-verbal signé par le juge et les parties constate la conciliation ou l'accord qui est ainsi revêtu de la force exécutoire (CPC, art. 130, 131 et 384, al. 3).

Le juge de la mise en état statue par ordonnance motivée (CPC, art. 792, al. 2) lorsqu'il :
- constate l'extinction de l'instance ;
- exerce les pouvoirs relatifs à la communication des pièces ;
- statue sur les exceptions de procédure et sur les incidents mettant fin à l'instance ;
- alloue une provision pour le procès ;
- alloue une provision au créancier ;
- ordonne des mesures provisoires ;
- ordonne une mesure d'instruction ;
- statue sur les fins de non-recevoir ;
- statue sur les dépens et frais irrépétibles.

Cette ordonnance est rendue sur le siège ou après mise en délibéré.

REMARQUE **Les décisions de première instance sont désormais exécutoires à titre provisoire à moins que la loi ou la décision rendue n'en dispose autrement (CPC, art. 514).**
Le juge peut écarter l'exécution provisoire de droit, en tout ou partie, s'il estime qu'elle est incompatible avec la nature de l'affaire.

Par exception, le juge ne peut écarter l'exécution provisoire de droit lorsqu'il prescrit des mesures provisoires pour le cours de l'instance, qu'il ordonne des mesures conservatoires ainsi que lorsqu'il accorde une provision au créancier en qualité de juge de la mise en état (CPC, art. 514-1, al. 3).

Le greffier conserve la minute de l'ordonnance et peut en délivrer des expéditions.

G Fin de la procédure

215 Le juge de la mise en état demeure saisi jusqu'à l'ouverture des débats ou jusqu'à la date fixée pour le dépôt des dossiers de plaidoiries (CPC, art. 799, al. 5).

La radiation de l'affaire met également fin à la procédure devant le juge de la mise en état (CPC, art. 381).

1 Renvoi à l'audience

a) Clôture de l'instruction

216 L'affaire étant prête à être jugée, le juge de la mise en état déclare l'instruction close (CPC, art. 799, al. 1er).

Il en va de même lorsque les parties donnent leur accord pour que la procédure se déroule sans audience (COJ, art. L. 212-5-1), dès lors que l'état de l'affaire le permet (CPC, art. 799, al. 4).

ATTENTION Si l'un des avocats n'a pas accompli les actes de procédure dans les délais impartis, le juge de la mise en état peut ordonner d'office ou à la demande d'une autre partie la clôture de l'instruction à son égard (CPC, art. 800, al. 1er) : si aucune autre partie ne doit conclure, le juge ordonne la clôture de l'instruction et le renvoi devant le tribunal (CPC, art. 800, al. 3).
Cette ordonnance de clôture partielle sera toutefois rétractée par le juge :
- soit d'office,
- soit s'il est saisi de conclusions à cette fin, pour permettre à la partie défaillante de répondre à des demandes ou à des moyens nouveaux soulevés postérieurement à l'ordonnance (CPC, art. 800, al. 2).

La clôture :
- doit intervenir à une date aussi proche que possible de l'audience de plaidoiries (CPC, art. 799, al. 1er) ;
- ne peut intervenir qu'après l'expiration du délai légal de comparution ;
- est prononcée par une ordonnance non motivée non susceptible de recours (CPC, art. 798).

Une copie de cette ordonnance est délivrée aux avocats (CPC, art. 798).

Postérieurement à la clôture, **tout dépôt de pièces et de conclusions est interdit, à peine d'irrecevabilité soulevée d'office** (CPC, art. 802, al. 1er).

ATTENTION Les conclusions, comme les pièces, doivent être déposées et signifiées avant le jour de la clôture (Cass. 2e civ., 27 avr. 1981, n° 80-12.654 : *Bull. civ.* II, n° 111).
L'irrecevabilité des pièces et conclusions tardives est subordonnée à la condition que les parties aient eu connaissance de l'ordonnance de clôture (Cass. 2e civ., 18 nov. 2010, n° 09-17.159).
La partie, qui soutient ne pas avoir été préalablement avisée de la date du prononcé de la clôture, doit toutefois en solliciter la révocation (Cass. 2e civ., 8 déc. 2022, n° 21-10.744, FS-B : *JurisData* n° 2022-020708).
Sont toutefois recevables, après l'ordonnance de clôture (CPC, art. 802, al. 2 et 3) :
- les demandes en intervention volontaire, les conclusions relatives aux loyers, arrérages, intérêts et autres accessoires échus et aux débours faits jusqu'à l'ouverture des débats, si leur décompte ne peut faire l'objet d'aucune contestation sérieuse ;
- les demandes de révocation de l'ordonnance de clôture (Cass. 2e civ., 13 avr. 2023, n° 21-19.174 : *JurisData* n° 2023-006009 ;
- les conclusions tendant à la reprise de l'instance en l'état où celle-ci se trouvait au moment de son interruption.

Lors de l'audience prévue à cette fin, le juge de la mise en état, constatant la survenance d'un dernier acte de procédure, peut ne pas prononcer la clôture annoncée, mais la reporter à une date ultérieure.

Une fois prononcée, l'ordonnance de clôture ne peut être **révoquée** que s'il **se révèle une cause grave depuis qu'elle a été rendue** (CPC, art. 803) ou après recueil de l'avis des parties, afin de permettre au juge de la mise en état, conformément à l'article 785 du Code de procédure civile, de décider de la convocation des parties à une audience de règlement amiable selon les modalités prévues aux articles 774-1 à 774-4 du même code (CPC, art. 803, al. 4. – D. n° 2023-686, 29 juill. 2023).

ATTENTION Les demandes de révocation de l'ordonnance doivent être formées par conclusions motivées (Cass. 1re civ., 9 mars 2011, n° 10-14.206, inédit).
L'accord des avocats quant à la révocation ne prive pas le juge de la mise en état du pouvoir de

la rejeter (Cass. 3e civ., 28 oct. 1985, n° 84-13.397 : *JurisData* n° 1985-702724).

Cette révocation est prononcée par le juge de la mise en état avant l'ouverture des débats par ordonnance motivée (CPC, art. 803. – Cass. 2e civ., 1er mars 2018, n° 16-27.592 : *JurisData* n° 2018-002711 ; *Procédures* 2018, comm. 135, Y. Strickler. – Cass. com., 24 janv. 2024, n° 22-10.793 : *JurisData* n° 2024-001285).

Une nouvelle ordonnance de clôture devra alors être rendue après achèvement de l'instruction reprise.

Le juge de la mise en état peut révoquer l'ordonnance de clôture et fixer la nouvelle clôture à la date des débats sans les rouvrir, lorsque les conclusions, pour les besoins desquelles la révocation a été demandée, ne comportent pas véritablement d'éléments nouveaux et que l'adversaire ne s'oppose pas à la clôture (Cass. 1re civ., 28 avr. 2011, n° 09-67.729 : *JurisData* n° 2011-007409).

NOTA L'ordonnance de clôture rendue par le juge de la mise en état devant le tribunal judiciaire est délivrée aux avocats par RPVA (à défaut elle sera envoyée par voie postale à votre cabinet).

b) Audience des plaidoiries

217 Sauf si les parties ont donné leur accord pour que la procédure se déroule sans audience (COJ, art. 212-5-1), le juge de la mise en état, ayant déclaré l'instruction close, renvoie l'affaire devant le tribunal à la date qu'il fixe (CPC, art. 799, al. 1er).

Le juge de la mise en état fait en effet un rapport oral de l'affaire avant les plaidoiries (CPC, art. 804).

ATTENTION Lorsque la procédure se déroule sans audience, le juge de la mise en état fixe la date pour le dépôt des dossiers au greffe. Le greffier en avise les parties (CPC, art. 799, al. 3). À l'expiration du délai prévu pour le dépôt du dossier, le président de la chambre informe les parties du nom des juges de la chambre qui seront amenés à délibérer et de la date à laquelle le jugement sera rendu (CPC, art. 806).

EXEMPLE **Devant le tribunal judiciaire de Paris, le dossier de plaidoiries, qui comprend un tirage papier des dernières conclusions notifiées par la voie électronique et les pièces numérotées, classées dans l'ordre du bordereau, doit être déposé au greffe de la chambre au plus tard quinze jours avant l'audience.**

Le cours du **délai de péremption de l'instance est suspendu**, en l'absence de possibilité pour les parties d'accomplir des diligences de nature à accélérer le déroulement de l'instance, à compter de la date de la fixation de l'affaire pour être plaidée (Cass. 2e civ., 30 janv. 2020, n° 18-25.012).

2 Radiation

218 Si tous les avocats s'abstiennent d'accomplir les actes de procédure dans les délais impartis, le juge de la mise en état peut d'office, après avis donné aux avocats, prendre une ordonnance de radiation motivée (CPC, art. 801, al. 1er).

Cette ordonnance n'est pas susceptible de recours. Copie de cette ordonnance est adressée à chacune des parties par lettre simple à leur domicile réel ou à leur résidence (CPC, art. 801, al. 2).

La radiation emporte suppression de l'affaire du répertoire général du tribunal (CPC, art. 381).

À moins que la péremption de l'instance ne soit acquise, l'affaire pourra toutefois être rétablie à la demande de la partie la plus diligente et après accomplissement de l'acte de procédure sollicité (CPC, art. 383, al. 2).

H Recours ou contestation

1 Mesures d'administration judiciaire

219 Les décisions du juge de la mise en état qui font l'objet d'une simple mention au dossier ne sont susceptibles d'aucun recours (CPC, art. 537).

2 Ordonnances

a) Principe : interdiction de tout recours immédiat

220 Les ordonnances du juge de la mise en état et les décisions rendues par la formation de jugement en application du 9e alinéa de l'article 789 ne peuvent être frappées :

– d'opposition (CPC, art. 795, al. 1er) ;

– d'appel ou de pourvoi en cassation indépendamment du jugement sur le fond (CPC, art. 795, al. 2).

ATTENTION Une partie est recevable à former un appel dirigé exclusivement contre une ordonnance rendue par le juge de la mise en état lorsqu'une autre partie a fait appel du jugement prononcé sur le fond dans la même instance (Cass. 2e civ., 15 mars 2012, n° 10-23.694 : *JurisData* n° 2012-004285).

b) Dérogations : appel immédiat dans des cas limitativement prévus

221 Les ordonnances du juge de la mise en état sont susceptibles d'appel immédiat dans les cas et conditions prévus en matière d'expertise et de sursis à statuer, c'est-à-dire sur autorisation du premier président de la cour d'appel s'il est justifié d'un motif grave et légitime (CPC, art. 795, al. 3 ; art. 272 et 380).

L'appel est également ouvert de plein droit dans un délai de quinze jours à compter de la signification de l'ordonnance du juge de la mise en état contre les décisions :

- mettant fin à l'instance ou constatant son extinction (CPC, art. 795, al. 4, 1°) ;
- statuant sur une exception de procédure ou une fin de non-recevoir - Lorsque la fin de non-recevoir a nécessité que soit tranchée au préalable une question de fond, l'appel peut porter sur cette question de fond (CPC, art. 795, al. 4, 2°) ;
- instituant des mesures provisoires en matière de divorce ou de séparation de corps (CPC, art. 795, al. 4, 3°) ;
- accordant une provision au créancier si le montant de la demande est supérieur au taux de compétence en dernier ressort (CPC, art. 795, al. 4, 4°), soit 5 000 €. Dans ces derniers cas, le président de la chambre saisie de l'appel devra fixer à bref délai l'audience à laquelle l'affaire sera appelée (CPC, art. 905).

ATTENTION La signification ne peut résulter que d'un acte d'un commissaire de justice.

I Modifications de la décision

222 Par principe, les ordonnances du juge de la mise en état n'ont pas au principal l'autorité de la chose jugée (CPC, art. 794).

Par conséquent, le tribunal statuant au fond peut revenir sur la décision du juge de la mise en état.

Par exception, les ordonnances du juge de la mise en état statuant sur les exceptions de procédure, sur les fins de non-recevoir, sur les incidents mettant fin à l'instance et sur la question de fond tranchée en application du 6° de l'article 789 du Code de procédure civile pour les instances introduites à compter du 1er janvier 2020 ont au principal l'autorité de la chose jugée (CPC, art. 794).

Les ordonnances du juge de la mise en état statuant sur une exception de procédure, qu'elles mettent ou non fin à l'instance, ont autorité de la chose jugée (Cass. 2e civ., 23 juin 2016, n° 15-13.483 : *JurisData* n° 2016-012145. - Cass. 2e civ., 9 janv. 2020, n° 18-21.997. - Cass. 2e civ., 14 janv. 2021, n° 19-17.758 : *JurisData* n° 2021-000471).

CHECK-LIST **Veiller :**
- au respect des délais impartis ;
- à répondre, par la voie du RPVA, au bulletin de procédure établi par le tribunal ;
- à déposer les conclusions à la date indiquée sur les bulletins de procédure ;
- à soulever devant le juge de la mise en état toutes les exceptions de procédure, tous les incidents mettant fin à l'instance et, pour les instances introduites à compter du 1er janvier 2020, toutes les fins de non-recevoir.

POUR ALLER PLUS LOIN...

Fascicule JurisClasseur
- *JCl. Procédure civile*, fasc. 1100-85.

Revues
- S. Amrani-Mekki, *Décret n° 2020-1452 réformant (encore !) la procédure civile - Des corrections sans grand bouleversement* : *JCP* G 2020, n° 51, 1404 ; *Nouvelles réformes de procédure civile - Vous avez dit simplification ?* : *JCP* G 2020, doctr. 75.
- L. Cadiet, *Le développement de la procédure participative* : *Procédures* 2020, étude 5.
- H. Croze, *Procédure écrite ordinaire devant le tribunal judiciaire* : *Procédures* 2020, étude 6.

Fiche 13
Saisir le juge de l'exécution

Laurence LLAHI

Sommaire

I
Aperçu rapide

A Caractéristiques générales

223 Les **fonctions de juge de l'exécution** sont exercées par le président du tribunal judiciaire.
Le juge de l'exécution constitue une juridiction autonome, indépendante du tribunal lui-même (COJ, art. L. 213-5). Le président du tribunal judiciaire peut déléguer ces fonctions :
– à un ou plusieurs juges du tribunal judiciaire y compris aux magistrats du siège exerçant au sein d'une chambre de proximité (COJ, art. L. 213-5, R. 213-6 et R. 213-10) ;

ATTENTION En matière de saisie des rémunérations, le pôle de proximité ou la chambre de proximité du tribunal judiciaire exerce les pouvoirs de juge de l'exécution (COJ, art. L. 212-8, L. 213-6, D. 212-19-1).
Au 1er juillet 2025 au plus tard, les commissaires de justice seront chargés de la procédure de saisie des rémunérations.

Lorsqu'il délègue les fonctions de juge de l'exécution, le président du tribunal judiciaire :
- fixe la durée et l'étendue territoriale de cette délégation (COJ, art. L. 213-5, al. 2) ;
- tranche les incidents relatifs à la répartition des affaires entre les juges auxquels il a délégué ces fonctions ; sa décision constitue une mesure d'administration judiciaire (COJ, art. R. 213-11), donc insusceptible de recours.

Le juge de l'exécution siège en principe à juge unique ; mais il peut aussi renvoyer à la formation collégiale du tribunal judiciaire – qui comprend obligatoirement le juge ayant ordonné le renvoi –, laquelle formation statue alors comme juge de l'exécution (COJ, art. L. 213-7) ; cette décision constitue une mesure d'administration judiciaire (COJ, art. R. 213-12), donc non susceptible de recours.

La **procédure à suivre devant le juge de l'exécution** diffère selon qu'il statue en matière mobilière ou en matière immobilière.

1 Procédure devant le juge de l'exécution statuant en matière mobilière

224 Le Code des procédures civiles d'exécution fixe les règles de procédure applicables devant le juge de l'exécution mais ces règles ne sont pas uniformes.

Le code prévoit trois types de procédure :
- la procédure ordinaire contentieuse (CPC exéc., art. R. 121-11 à R. 121-22) ;
- la procédure des ordonnances sur requête (CPC exéc., art. R. 121-23 et R. 121-24) ;
- la procédure sur difficultés d'exécution (CPC exéc., art. R. 151-1 à R. 151-4).

2 Procédure devant le juge de l'exécution statuant en matière immobilière

225 Le Code des procédures civiles d'exécution fixe des règles spécifiques de procédure (CPC exéc., art. L. 311-1 à L. 341-1 et R. 311-1 à R. 334-3).

B Conditions d'utilisation

226 Le juge de l'exécution (COJ, art. L. 213-6) :
- connaît de manière exclusive, des difficultés relatives aux titres exécutoires et des contestations qui s'élèvent à l'occasion de l'exécution forcée ;
- autorise les mesures conservatoires et connaît des contestations relatives à leur mise en œuvre ;
- connaît de la procédure de saisie immobilière, des contestations qui s'élèvent à l'occasion de celle-ci et des demandes nées de cette procédure ou s'y rapportant directement, même si elles portent sur le fond du droit ainsi que de la procédure de distribution qui en découle ;
- connaît des demandes en réparation fondées sur l'exécution ou l'inexécution dommageable des mesures d'exécution forcée ou des mesures conservatoires ;
- exerce également les compétences particulières qui lui sont dévolues par le Code des procédures civiles d'exécution.

C Avis du professionnel

227 • S'assurer que la demande apparaît à l'occasion d'une mesure d'exécution forcée (V. Cass. 3e civ., 4 janv. 2023, n° 21-19.705, inédit) ressortit bien à la compétence du juge de l'exécution et n'échappe pas à la compétence des juridictions de l'ordre judiciaire ;
- veiller au respect du principe du contradictoire et des dispositions non contraires du Code de procédure civile ;
- veiller aux règles de représentation (obligatoire ou non selon la procédure concernée).

D Textes

- COJ, art. L. 121-3, L. 211-3 et L. 213-5 à L. 213-7, L. 212-5-1.
- COJ, art. R. 212-17, R. 213-10 à R. 213-12 et R. 212-17.
- CPC, art. 54 à 57, 127 et 493 à 498, 845, 846.
- CPC exéc., art. L. 111-1 à L. 651-1 (toute la partie législative du Code des procédures civiles d'exécution).
- CPC exéc., art. R. 111-1 à R. 651-1 (toute la partie réglementaire du Code des procédures civiles d'exécution).
- C. trav., art. L. 3252-11.
- C. civ., art. 1343-5.

E Schéma procédural

228 • **Procédure ordinaire :**
- solliciter une date d'audience auprès du greffe (penser à envoyer le projet d'assignation) ;
- assignation (dérogation en matière d'expulsion – CPC exéc., art. R. 442-2) ;
- remise de l'assignation au greffe de la juridiction (enrôlement) ;
- échange des pièces et de l'argumentation (éventuellement, des conclusions écrites) ;
- appel du dossier au cours de plusieurs audiences successives jusqu'à ce que le dossier soit prêt à être plaidé (sauf dispense du juge de comparution,

et sauf accord des parties pour une procédure sans audience – PSA) ;
– audience de plaidoiries sauf PSA ;
– jugement ;
– notification (et/ou signification).

• Procédure d'ordonnance sur requête (V. Fiche LexisNexis 360 Intelligence : *Mettre en œuvre une procédure d'ordonnance sur requête devant le juge de l'exécution*).

• Procédure sur difficultés d'exécution (V. Fiche LexisNexis 360 Intelligence : *Mettre en œuvre une procédure sur difficultés d'exécution devant le juge de l'exécution*).

• Procédure de saisie immobilière et distribution du prix de vente de l'immeuble (V. Fiche LexisNexis 360 Intelligence : *Mettre en œuvre une saisie immobilière*).

II Préparation

A Information du client

229 L'information du client doit porter sur les risques inhérents à la procédure à engager et ses chances de succès (coût et délais).

B Contrôles préalables

230 • S'assurer qu'une mesure d'exécution forcée est en cours.

• Vérifier que la demande entre bien dans le champ de compétence (territoriale et matérielle) du juge de l'exécution et n'est pas prescrite.

• Mandater un avocat inscrit dans le ressort du tribunal judiciaire devant lequel la procédure doit être engagée en matière immobilière (L. n° 71-1130, 31 déc. 1971, art. 5, al. 3, et art. 5-1, al. 2).

• Veiller à connaître les nom et adresse des personnes à qui devront être dénoncés les actes afin de respecter le délai dans lequel doivent avoir lieu les dénonciations.

• Veiller particulièrement à la rédaction des actes, notamment les conditions de forme (de nombreuses mentions sont obligatoires à peine de nullité).

• Faire attention aux règles de représentation devant le juge de l'exécution qui ne sont pas les mêmes selon que le juge statue en matière mobilière ou en matière immobilière.

• Lorsque la saisine du juge de l'exécution doit être effectuée dans un délai particulier, vérifier que celui-ci pourra être respecté.

REMARQUE **Les délais varient selon le stade d'avancement de la procédure et la mesure d'exécution :**
– aucun délai pour :
• une demande de mainlevée d'une saisie-revendication (CPC exéc., art. R. 222-18),
• la demande de mainlevée d'une mesure conservatoire si les conditions prévues aux articles R. 511-1 à R. 511-8 du Code des procédures civiles d'exécution ne sont pas réunies (conditions et mise en œuvre de la mesure conservatoire :
- autorisation de la mesure,
- compétence du juge,
- caducité de l'autorisation en cas d'inexécution de la mesure dans les trois mois,
- caducité de la mesure en cas de non-accomplissement, dans le mois suivant l'exécution de celle-ci, des formalités nécessaires à l'obtention d'un titre exécutoire, *etc.*) (CPC exéc., art. R. 512-1) ;
– quinze jours à compter de la dénonciation ou notification au débiteur pour contester la conversion de la saisie conservatoire en saisie-attribution (CPC exéc., art. R. 523-9) ;
– un mois à compter de la dénonciation de la saisie au débiteur pour les contestations relatives :
• à une saisie-attribution (CPC exéc., art. R. 211-11),
• à une saisie-vente (CPC exéc., art. R. 221-20, R. 221-53),
• à une saisie des droits d'associés et valeurs mobilières (CPC exéc., art. R. 232-6) ;
– un mois à compter de la déclaration du tiers d'un droit de rétention sur le bien pour la contestation par le créancier saisissant du droit dont se prévaut le tiers (CPC exéc., art. R. 221-29) ;
– un mois à compter de l'information du commissaire de justice par le détenteur se prévalant d'un droit propre

sur le bien saisi – dans le cadre d'une saisie-revendication initiée par le saisissant – pour la contestation par ce dernier de l'existence du droit propre dont se prévaut le tiers détenteur ; à défaut, l'indisponibilité cesse (CPC exéc., art. R. 222-24) ;
– deux mois à compter du commandement de quitter les lieux – en matière d'expulsion – pour demander des délais (CPC exéc., art. L. 412-1 à L. 412-4 et art. R. 412-4) ;
– avant la vente des biens saisis pour :
• une action en distraction en matière de saisie-vente car, ensuite, seule l'action en revendication est possible (CPC exéc., art. R. 221-52),
• la demande de nullité de la saisie-vente, pour motif autre que l'insaisissabilité (CPC exéc., art. R. 221-54) ;
– jusqu'à la publicité définitive pour solliciter la mainlevée de l'inscription d'hypothèque judiciaire provisoire (CPC exéc., art. R. 532-6).

C Pièces nécessaires

231 Le praticien doit disposer de l'ensemble des pièces justificatives de la demande, de son bien-fondé (titre exécutoire, acte d'exécution, et/ou mesure d'exécution forcée, et/ou mesure conservatoire).

REMARQUE **Lorsque le juge de l'exécution statue en matière mobilière, les pièces peuvent être :**
– dénoncées en même temps que l'assignation ;
– adressées au conseil constitué ou connu du défendeur ;
– adressées directement au défendeur non représenté par lettre recommandée avec demande d'avis de réception.

D Phase pré-judiciaire

232 Une phase gracieuse préalable est parfois imposée, notamment en cas d'opposition à poursuites en matière de procédures fiscales d'exécution (LPF, art. L. 281, R. 281-1 à R. 281-5). À défaut, la demande est irrecevable. Mais cette irrecevabilité n'est opposable au demandeur qu'à la condition qu'il ait été précisément informé, par l'acte de poursuite, des modalités et des délais de recours, ainsi que des dispositions des articles R.* 281-4 et R.* 281-5 du Livre des procédures fiscales (Cass. com., 12 oct. 2022, n° 20-15.605, inédit).

E Coût de la procédure

1 Procédure devant le juge de l'exécution statuant en matière mobilière

233 • Coût des actes de commissaire de justice (C. com., art. R. 444-3, tableaux 3-1, 3-2 et 3-3 de l'annexe 4-7).
• Coût d'affranchissement postal (notifications par lettre recommandée avec demande d'accusé de réception).
• Droit de plaidoirie.
• Tarif de la postulation (C. com., art. R. 444-3, tableau 6 de l'annexe 4-7).
• Honoraires libres des avocats (une convention d'honoraires doit être conclue avec le client : C. com., art. L. 444-1, al. 3).

2 Procédure devant le juge de l'exécution statuant en matière immobilière

234 • Tarif des commissaires de justice (C. com., art. R. 444-3, tableaux 3-1, 3-2 et 3-3).
• Tarif de postulation des avocats (C. com., art. R. 444-3, tableau 6 de l'annexe 4-7. – C. com., art. A. 444-191 à A. 444-193). – A. 23 août 2023.
• Honoraires libres des avocats (une convention d'honoraires doit être conclue avec le client : C. com., art. L. 444-1, al. 3),
• Coût de la publicité foncière,
• Tarif des notaires pour les émoluments (C. com., art. R. 444-3, tableaux 5 et 5-1 de l'annexe 4-7).

EXEMPLE **La demande d'inscription d'hypothèque judiciaire provisoire sur requête du juge de l'exécution donne lieu à établissement d'un état de frais incluant, notamment, un émolument proportionnel sur le montant des sommes garanties par l'inscription (C. com., art. A. 444-197 à A. 444-199).**
La procédure de saisie immobilière puis la procédure de distribution du prix donnent lieu à établissement d'un état de frais incluant des émoluments fixes de formalités et, d'actes, et des émoluments proportionnels.

III

Procédure

A Assistance et représentation

1 Procédure devant le juge de l'exécution statuant en matière mobilière

235 Les parties se défendent elles-mêmes (CPC exéc., art. L. 121-4, R. 121-6 et R. 121-7). Elles peuvent se faire assister ou représenter.

Modalités de représentation des parties en matière mobilière
Les parties ont la faculté de se faire assister ou représenter devant le juge de l'exécution selon les règles applicables devant le tribunal judiciaire dans les matières où le ministère d'avocat n'est pas obligatoire devant celui-ci : 1° lorsque la demande est relative à l'expulsion ; 2° lorsqu'elle a pour origine une créance ou tend au paiement d'une somme qui n'excède pas 10 000 €.

Saisie des rémunérations (C. trav., art. L. 3252-11) [la référence à l'article L. 3252-11 du Code du travail disparaît au plus tard au 1er juillet 2025. – V. *supra*, n° 223]	Autres cas (CPC exéc., art. R. 121-7)
– un avocat ; – un officier ministériel du ressort, lequel est dispensé de produire une procuration ; – un mandataire de leur choix muni d'une procuration. Si ce mandataire représente le créancier saisissant, sa procuration doit être spéciale à l'affaire pour laquelle il représente son mandant.	– un avocat ; – leur conjoint ; – leur concubin ; – la personne avec laquelle elles ont conclu un pacte civil de solidarité ; – leurs parents ou alliés en ligne directe ; – leurs parents ou alliés en ligne collatérale jusqu'au troisième degré inclus ; – les personnes exclusivement attachées à leur service personnel ou à leur entreprise ; – l'État, les régions, les départements, les communes et leurs établissements publics peuvent se faire assister ou représenter par un fonctionnaire ou un agent de leur administration. Le représentant, s'il n'est avocat, doit justifier d'un pouvoir spécial.

Seul l'avocat – titulaire d'un mandat *ad litem* – est dispensé de justifier d'un pouvoir spécial (CPC exéc., art. R. 121-7, al. 9).

ATTENTION La représentation par avocat est obligatoire :
– si la demande a pour origine une créance ou tend au paiement d'une somme qui excède 10 000 € ;
– si la demande n'est pas relative à l'expulsion en matière de saisie immobilière et de distribution du prix (CPC exéc., art. L. 121-4, R. 121-7. – CPC, art. 760).

REMARQUE **Vérifier la qualité de la personne représentant l'adversaire et contrôler, s'il n'est avocat, qu'il est bien titulaire d'un pouvoir spécial régulier.**

ATTENTION Le commissaire de justice n'a, sur le principe, pas la qualité pour représenter une partie devant le juge de l'exécution (CPC, art. 416, 828).

2 Procédure devant le juge de l'exécution statuant en matière immobilière

a) Représentation obligatoire

236 Les parties sont, sauf disposition contraire, tenues de constituer avocat (CPC exéc., art. R. 311-4). La postulation est donc ici obligatoire (avec une exception notoire : le débiteur peut solliciter lui-même la vente amiable du bien saisi, V. *infra*, n° 237).

ATTENTION Seul un avocat inscrit au barreau du tribunal judiciaire dans le ressort duquel il a établi sa résidence professionnelle peut postuler, en cette matière, devant ce tribunal (CPC exéc., art. R. 311-4 et R. 321-3. – Circ. n° CIV/17/06, 14 nov. 2006, § 1.3.2. – L. n° 71-1130, 31 déc. 1971, art. 5, al. 3 et 5-1, al. 2).

b) Dispense d'avocat

237 La demande du débiteur aux fins d'autorisation de la vente amiable de l'immeuble saisi ainsi que les actes consécutifs à cette vente sont dispensés du ministère d'avocat.
Cette demande peut être formée verbalement à l'audience d'orientation (CPC exéc., art. R. 322-17), et même postérieurement sous certaines réserves (CPC exéc., art. L. 322-1, al. 2).
La demande de report de l'adjudication, à l'initiative de la commission de surendettement, est également dispensée du ministère d'avocat (C. consom., art. R. 721-7).

B Matière

238 Matière gracieuse lorsque le juge statue dans le cadre de la procédure des ordonnances sur requête.
Matière contentieuse pour toutes les autres demandes.

C Compétence

1 Compétence matérielle

a) Compétence exclusive

239 • Difficultés relatives aux titres exécutoires lorsqu'il est question de contestation portant sur les mesures d'exécution forcée engagées sur le fondement du titre (Cass. 2e civ., 5 oct. 2023, n° 20-23.523. – Cass. 2e civ., 26 oct. 2023, n° 21-19.844).
• Contestations qui s'élèvent à l'occasion de l'exécution forcée même si elles portent sur le fond du droit (Cass. 2e civ., 3 mars 2022, n° 20-23.140, inédit) ; mais la demande doit constituer une contestation de la mesure d'exécution au sens de l'article L. 213-6 du Code de l'organisation judiciaire (Cass. 2e civ., 2 mars 2023, n° 21-13.545).
• Contestations portant sur les mesures conservatoires et leur mise en œuvre (CPC exéc., art. L. 512-1).
• Demandes en réparation portant sur :
– l'exécution ou l'inexécution dommageable des mesures d'exécution forcée et des mesures conservatoires (Cass. 2e civ., 15 avr. 2021, n° 19-20.281, F-P), sans qu'il y ait lieu de distinguer suivant qu'elles sont ou non encore en cours au jour où il est saisi (Cass. 2e civ., 21 mars 2019, n° 18-11.051, inédit) ;
– le caractère abusif ou inutile d'une mesure (CPC exéc., art. L. 121-2) ;
– les actions des parties (engagement de la responsabilité civile à l'encontre des : commissaire de justice, saisi, tiers saisi, tiers détenteur, tiers acquéreur, tiers, créancier, Cass. 2e civ., 4 févr. 2021, n° 19-12.424. – Cass. 2e civ., 24 mars 2022, n° 20-12.241. – Cass. 2e civ., 14 sept. 2023, n° 21-19.790, inédit. – Mais le juge de l'exécution n'est pas compétent pour statuer sur une action en responsabilité formée par le créancier à l'encontre du commissaire de justice qu'il a mandaté pour l'exécution d'une décision de justice (Cass. 2e civ., 21 févr. 2019, n° 18-10.205, inédit).
La demande fondée sur la **responsabilité des notaires**, recherchée du fait de l'inaccomplissement de formalités dans la rédaction de l'acte de vente, étrangère aux conditions d'exécution de la saisie, n'entre pas dans le champ des attributions du juge de l'exécution et rend l'action irrecevable (Cass. 2e civ., 8 janv. 2015, n° 13-21.044 : *JurisData* n° 2015-000015).
• Autorisation de procéder à l'exécution en dehors des jours et heures légaux en cas de nécessité (CPC exéc., art. L. 141-1).
• Autorisation pour assister aux opérations d'exécution lorsque les circonstances l'exigent (CPC exéc., art. R. 141-3).
• Autorisation pour pratiquer une saisie-vente dans un local servant à l'habitation du débiteur (CPC exéc., art. L. 221-2).
• Autorisation pour pratiquer une saisie conservatoire dans un lieu affecté à l'habitation du débiteur (Cass. 2e civ., 17 sept. 2020, n° 18-23.625, inédit. – Cass. 2e civ., 17 sept. 2020, n° 18-23.626 : *JurisData* n° 2020-013427).

• Difficultés d'exécution entravant le cours des opérations menées par le commissaire de justice (CPC exéc., art. R. 151-1 à R. 151-4).
• Procédure de saisie immobilière et la distribution du prix de vente de l'immeuble (CPC exéc., art. L. 311-1 et R. 311-2).
• Contestations relatives à la procédure de paiement direct (CPC exéc., art. R. 213-6, R. 213-1 à R. 213-13).
• Demandes en matière de contentieux fiscal, s'agissant de la régularité en la forme de l'acte de poursuite (LPF, art. L. 281, L. 283).
• Demandes en matière d'oppositions (V. en matière de sécurité sociale pour les contestations formées par le débiteur : CSS, art. L. 133-4-9).

b) Compétence partagée

240 • Compétence alternative, successive ou optionnelle avec le président du tribunal de commerce pour les mesures conservatoires, mais seulement lorsque la demande est formée avant tout procès (CPC exéc., art. L. 511-3 et R. 511-2. – C. com., art. L. 721-7).
• Radiation de la publicité provisoire d'une sûreté judiciaire : compétence partagée avec le tribunal saisi du fond en cas d'extinction de l'instance introduite par le créancier ou de rejet de sa demande (CPC exéc., art. R. 533-6).
• Mainlevée des sûretés.
• Liquidation de l'astreinte, provisoire ou définitive : compétence partagée avec le juge qui l'a prononcée, plus précisément selon que ce dernier s'est réservé ou non le pouvoir de la liquider (CPC exéc., art. L. 131-3, d).
• Délais de grâce : compétence partagée avec le juge des référés selon qu'un commandement ou un acte de saisie a été délivré ou non, le juge de l'exécution étant seul compétent si un tel acte a été délivré ou si l'audience de conciliation en matière de saisie des rémunérations du travail est fixée (CPC, art. 510. – C. civ., art. 1343-5. – CPC exéc., art. R. 121-1 [l'article R. 121-1 devrait être modifié en suite de la réforme à venir de la saisie des rémunérations]) ; mais le principe de la séparation des pouvoirs interdit aux juridictions de l'ordre judiciaire d'accorder des délais de grâce aux débiteurs en matière de recouvrement de dettes fiscales (Cass. 2e civ., 13 sept. 2022, n° 21-15.211, inédit).
• Délais de relogement : compétence partagée avec le juge qui a prononcé l'expulsion et le juge des référés, mais – à compter de la signification du commandement d'avoir à libérer les locaux – seul le juge de l'exécution du lieu de situation de l'immeuble est compétent pour en connaître (CPC exéc., art. L. 412-1 à L. 412-4 et R. 412-2 à R. 412-4).

2 Compétence territoriale

a) Procédure devant le juge de l'exécution statuant en matière mobilière

1) Principe

241 Le juge de l'exécution territorialement compétent, **au choix du demandeur**, est, sauf s'il en est disposé autrement, celui (CPC exéc., art. R. 121-2, al. 1) :
– du lieu où demeure le débiteur ;
– du lieu d'exécution de la mesure.

ATTENTION Lorsqu'une demande a été portée devant l'un de ces juges, elle ne peut l'être devant un autre (CPC exéc., art. R. 121-2, al. 1er *in fine*).
Le juge compétent est obligatoirement celui du lieu d'exécution de la mesure si (CPC exéc., art. R. 121-2, al. 2) :
– le débiteur demeure à l'étranger ;
– le lieu où il demeure est inconnu.

2) Dérogations

242 **Le juge du lieu où demeure le débiteur est compétent pour :**
– les mesures conservatoires et les sûretés judiciaires :
• autorisation (CPC exéc., art. R. 511-2),
• lorsque le juge qui a autorisé la mesure s'est réservé de réexaminer sa décision ou ses modalités d'exécution au vu d'un débat contradictoire (CPC exéc., art. R. 511-5) ;
– demande de mainlevée de la mesure prise sans autorisation préalable du juge (CPC exéc., art. R. 512-2) ;
– la saisie-attribution : toutes contestations (CPC exéc., art. R. 211-10) ;
– la saisie d'un véhicule terrestre à moteur par déclaration à la préfecture : contestation de la saisie (CPC exéc., art. R. 223-3) ;
– la saisie des droits d'associés et valeurs mobilières : toutes contestations (CPC exéc., art. R. 232-6, al. 5) ;
– la saisie conservatoire :
• mainlevée (CPC exéc., art. R. 522-1, al. 8 et R. 524-2, al. 5),
• nullité de la saisie pratiquée entre les mains d'un tiers (CPC exéc., art. R. 522-5, al. 4),
• contestation de l'acte de conversion en saisie-attribution (CPC exéc., art. R. 523-9, al. 1),
• la saisie conservatoire des biens placés dans un coffre-fort : mainlevée (CPC exéc., art. R. 525-2, al. 6),
• la saisie d'un véhicule terrestre à moteur par immobilisation pour obtenir le paiement d'une

Saisir le juge de l'exécution

somme d'argent : toutes contestations (CPC exéc., art. R. 223-10, al. 5), mais le débiteur peut aussi saisir le juge du lieu d'immobilisation du véhicule.

243 Le juge qui a autorisé la mesure est compétent pour :

– les mesures conservatoires (saisies conservatoires et sûretés judiciaires) : mainlevée de la mesure prise avec autorisation préalable (CPC exéc., art. R. 512-2) ;

– la saisie-revendication : mainlevée (CPC exéc., art. R. 222-18, al. 3) ;

244 Le juge du lieu où sont situés les biens saisis ou immobilisés est compétent pour :

– les mesures conservatoires (saisies conservatoires et sûretés judiciaires) : contestations autres que la mainlevée (CPC exéc., art. R. 512-3, R. 523-3, al. 6 pour la saisie conservatoire des créances, CPC exéc., art. R. 524-2, al. 6 pour la saisie conservatoire des droits d'associé et des valeurs mobilières) ;

– la saisie-vente :

• contestations nées de la saisie des sommes en espèces entre les mains du débiteur (CPC exéc., art. R. 221-20, al. 2),

• contestations en général et incidents (CPC exéc., art. R. 221-40, R. 224-8) ;

– la saisie-revendication : contestations autres que la mainlevée (CPC exéc., art. R. 222-18, al. 3) ;

– la saisie d'un véhicule terrestre à moteur par immobilisation en l'absence du débiteur : contestation de la mesure (CPC exéc., art. R. 223-9, al. 5) ;

– la saisie d'un véhicule terrestre à moteur par immobilisation pour obtenir le paiement d'une somme d'argent : toutes contestations, mais le débiteur peut aussi saisir le juge du lieu où il demeure (CPC exéc., art. R. 223-10, al. 5) ;

– la saisie d'un véhicule terrestre à moteur par immobilisation pour être remis à son propriétaire : toutes contestations, mais la personne tenue de la remise peut aussi saisir le juge du lieu où elle demeure (CPC exéc., art. R. 223-12, al. 4) ;

– la saisie d'un véhicule terrestre à moteur par immobilisation pour être remis à un créancier gagiste : toutes contestations, mais la personne tenue de la remise peut aussi saisir le juge du lieu où elle demeure (CPC exéc., art. R. 223-13, al. 6) ;

– la saisie-vente des biens placés dans un coffre-fort : toutes contestations, incidents (CPC exéc., art. R. 224-3, al. 8) ;

– la saisie-appréhension des biens placés dans un coffre-fort : toutes contestations (CPC exéc., art. R. 224-10, al. 8) ;

– la saisie conservatoire des biens placés dans un coffre-fort : contestations relatives aux opérations de saisie (CPC exéc., art. R. 525-3, al. 3).

245 Le juge du lieu où demeure le destinataire du commandement de délivrer ou de restituer est compétent pour :

– la saisie-appréhension : difficultés portant sur la saisie-appréhension (CPC exéc., art. R. 222-2, al. 5 et R. 222-7, al. 5) ;

– la saisie-revendication pratiquée sans autorisation préalable du juge : mainlevée (CPC exéc., art. R. 222-18, al. 3) ;

– la saisie d'un véhicule terrestre à moteur par immobilisation pour être remis à son propriétaire : toutes contestations (CPC exéc., art. R. 223-12, al. 4) ;

– la saisie d'un véhicule terrestre à moteur par immobilisation pour être remis à un créancier gagiste : toutes contestations (CPC exéc., art. R. 223-13, al. 6).

Dans les deux derniers cas, la personne tenue de la remise peut aussi saisir le juge du lieu d'immobilisation du véhicule (CPC exéc., art. R. 223-12, al. 4 et R. 223-13, al. 6).

246 Le juge du lieu où demeure le tiers est compétent pour :

– la saisie-vente : contestation par le créancier saisissant du droit de rétention dont un tiers se prévaut sur le bien saisi (CPC exéc., art. R. 221-29, al. 2) ;

– la saisie-revendication effectuée sans autorisation préalable : mainlevée (CPC exéc., art. R. 222-18, al. 3) ;

– la saisie-revendication : contestation portant sur la prétention du détenteur à un droit propre sur le bien saisi (CPC exéc., art. R. 222-24, al. 1) ;

– la saisie-appréhension : en l'absence de remise volontaire dans le délai imparti par le tiers entre les mains duquel le bien est appréhendé (CPC exéc., art. R. 222-8, al. 1) ;

– la saisie d'un véhicule terrestre à moteur par immobilisation pour être remis à son propriétaire : toutes contestations (CPC exéc., art. R. 223-12, al. 4) ;

– la saisie d'un véhicule terrestre à moteur par immobilisation pour être remis à un créancier gagiste : toutes contestations (CPC exéc., art. R. 223-13, al. 6).

Dans les deux derniers cas, la personne tenue de la remise peut aussi saisir le juge du lieu d'immobilisation du véhicule (CPC exéc., art. R. 223-12, al. 4, et art. R. 223-13, al. 6).

247 Le juge du lieu de situation de l'immeuble est compétent pour l'expulsion :

– toutes contestations des mesures d'expulsion (CPC exéc., art. R. 442-1) ;

– autorisation de vendre les meubles qui se trouvaient dans les lieux (CPC exéc., art. R. 432-1, al. 3) ;

– après délivrance du commandement de quitter les lieux : demande de délais pour quitter les lieux, demande de délais pour s'acquitter de la dette (CPC exéc., art. L. 412-3 et R. 412-4. – C. civ., art. 1343-5).

248 **Le juge du lieu de la vente est compétent pour la distribution judiciaire des deniers** (CPC exéc., art. R. 251-8).

249 **Le juge du tribunal judiciaire de Paris est compétent pour la demande d'autorisation préalable :**
- prévue à l'article L. 111-1-1 du Code des procédures civiles d'exécution pour les mesures conservatoires et les mesures d'exécution forcée sur des biens appartenant à un État étranger ;
- et les contestations relatives aux mesures conservatoires et d'exécution forcée mobilières qu'il autorise, ainsi que les procédures de saisie immobilière qu'il autorise, à l'exception des procédures d'exécution forcée sur les immeubles situés dans les départements du Bas-Rhin, du Haut-Rhin et de la Moselle (CPC exéc., art. R. 111-1).

b) Procédure devant le juge de l'exécution statuant en matière immobilière

250 La saisie immobilière est poursuivie devant le juge de l'exécution du tribunal judiciaire dans le ressort duquel est situé l'immeuble saisi.
Il existe des règles spécifiques en cas de pluralité de saisies (CPC exéc., art. R. 311-2 et R. 311-3).

D Parties

1 Procédure devant le juge de l'exécution statuant en matière mobilière

251 En matière mobilière, on trouve au moins un demandeur :
- le créancier ;
- le débiteur ou ;
- le commissaire de justice.

Dans le cadre de la procédure ordinaire, on trouve au moins un demandeur et un défendeur, voire plusieurs :
- le débiteur ;
- le créancier saisissant ;
- les autres créanciers (opposants) ;
- le tiers (saisi, détenteur).

2 Procédure devant le juge de l'exécution statuant en matière immobilière

252 En matière immobilière, on trouve :
- le créancier poursuivant ;
- le saisi ;
- les créanciers inscrits ;
- les créanciers privilégiés ;
- le créancier bénéficiaire d'une sûreté publiée portant sur un immeuble par destination objet de la saisie ;
- le notaire chargé de la vente amiable, lequel est un acteur de la procédure en cas de vente amiable autorisée par le juge de l'exécution ;
- le commissaire de justice, auxiliaire de justice intervenant à divers stades de la procédure (délivrance du commandement de payer valant saisie immobilière, établissement du procès-verbal descriptif de l'immeuble saisi, visite des lieux en cas de vente forcée, *etc.*).

E Rédaction de l'acte de saisine

253 **Assignation.** Sauf dispositions contraires, le juge de l'exécution est saisi par assignation à la première audience utile du juge (CPC exéc., art. R. 121-11, al. 1er).

> REMARQUE **En cas d'urgence, le juge de l'exécution peut permettre d'assigner à l'heure qu'il indique, même d'heure à heure et les jours fériés ou chômés, soit au tribunal, soit à son domicile, portes ouvertes (CPC exéc., art. R. 121-12).**

L'ordonnance sur requête qui ferait droit à la demande devra être jointe à l'assignation.
Veiller à ce que l'assignation contienne, outre les mentions prescrites pour tous les actes de commissaire de justice (CPC, art. 648) et celles de toute assignation (CPC, art. 54, 56) :
- l'indication de la juridiction devant laquelle la demande est portée ;
- l'objet de la demande avec un exposé des moyens en fait et en droit ;
- l'indication des modalités de comparution devant la juridiction et que, faute pour le défendeur de comparaître, il s'expose à ce qu'un jugement soit rendu contre lui sur les seuls éléments fournis par son adversaire ;
- le cas échéant, les mentions relatives à la désignation des immeubles exigées pour la publication au fichier immobilier ;
- lorsqu'elle doit être précédée d'une tentative de conciliation, de médiation ou de procédure participative, les diligences entreprises en vue d'une résolution amiable du litige ou la justification de la dispense d'une tentative ;
- l'accord (ou le refus) du demandeur pour que la procédure se déroule sans audience (COJ, art. L. 212-5-1. – CPC, art. 752) ;

– les observations du demandeur sur l'exécution provisoire, exigées par le Code de procédure civile mais dont on peut se demander l'intérêt dans le cadre des procédures devant le juge de l'exécution où la décision est exécutoire et dans la mesure où l'appel n'est pas suspensif. Toutefois, pour être en concordance avec les dispositions du Code de procédure civile qui s'appliquent devant le juge de l'exécution, il est recommandé d'insérer une clause type dans l'acte du style : « conformément aux dispositions de l'article 514 le jugement est de droit exécutoire à titre provisoire. Il n'y a pas lieu d'écarter l'exécution provisoire, que ce soit en tout ou en partie » ;
– l'indication des pièces sur lesquelles la demande est fondée ;
– la reproduction – à peine de nullité – des dispositions des articles R. 121-8 à R. 121-10 du Code des procédures civiles d'exécution dans leur version en vigueur (CPC exéc., art. R. 121-11, al. 2, R. 121-8 à R. 121-10). Elle mentionne, sous la même sanction, les conditions dans lesquelles le défendeur peut ou doit se faire assister ou représenter, ainsi que, s'il y a lieu, le nom du représentant du demandeur.

À défaut de ces indications, l'assignation peut être déclarée nulle. La nullité est, en général, subordonnée à la preuve d'un grief (CPC, art. 114).

REMARQUE **Les dispositions de l'article 54, 5° du Code de procédure civile selon lesquelles l'acte introductif d'instance doit, en principe, mentionner « les diligences entreprises en vue de parvenir à une résolution amiable du litige » doivent-elles recevoir application dans cette assignation ?**

Il est permis d'en douter.

En effet, le but poursuivi par le législateur semblant être d'éviter la prise d'un titre exécutoire par jugement, ces dispositions particulières, s'agissant de la recherche d'une solution amiable, n'ont pas vocation à s'appliquer dans le cadre des procédures liées à l'exécution, lesquelles ne peuvent se concevoir sans existence d'un titre exécutoire.

Dès lors, la matière de l'exécution paraît bien étrangère à toute idée de résolution amiable du litige.

Toutefois, pour répondre aux exigences de l'article 54, 5° du Code de procédure civile, il est conseillé d'insérer dans l'acte de procédure une clause type du style :

La demande est corrélative à une mesure d'exécution forcée.

Il s'agit d'un motif légitime tenant aux circonstances de l'espèce et dispensant le demandeur de recourir à une tentative préalable de règlement amiable.

Il est d'autant plus conseillé de prévoir un paragraphe spécifique que, depuis le mois de février 2022, le juge a désormais le pouvoir d'ordonner une médiation (CPC, art. 131-1).

Et l'article 750-1 du Code de procédure civile, [qui prévoit, à peine d'irrecevabilité de la demande en justice et pour certaines catégories de litiges, une tentative obligatoire de résolution amiable du conflit, ainsi que des cas de dispense de cette obligation] s'applique aux instances introduites à compter du 1er octobre 2023 (D. n° 2023-357, 11 mai 2023, art. 1er).

L'assignation délivrée est ensuite remise, avant l'audience, au greffe aux fins d'enrôlement.

À peine d'irrecevabilité relevée d'office, les actes de procédure sont remis à la juridiction par voie électronique, en matière de procédure écrite ordinaire et de procédure à jour fixe, à l'exception de la requête mentionnée à l'article 840 (CPC, art. 850).

☞ NOTA À Paris, la prise de date au sein du **pôle de l'exécution** (service du JEX) est effectuée en matière mobilière exclusivement *via* la plateforme « Notidoc » accessible auprès des commissaires de justice parisiens. En matière immobilière et de saisie des rémunérations, la prise de date se fait exclusivement par téléphone auprès du greffe du service.

254 **Lettre recommandée ou déclaration faite ou remise au greffe. En matière d'expulsion** – par dérogation à la règle de saisine du juge de l'exécution par assignation –, la demande relative à l'exécution d'une décision de justice ordonnant l'expulsion peut être formée au greffe par :
– lettre recommandée avec demande d'avis de réception ;
– par requête remise ou adressée au greffe de la juridiction (CPC exéc., art. R. 442-2, al. 1).

À peine de nullité, le praticien doit veiller à ce que la demande (CPC, art. 57. – CPC exéc., art. R. 442-3) :
– précise son objet ;
– indique les noms, prénoms, profession et adresse du demandeur ou s'il s'agit d'une personne morale, sa dénomination et son siège social ;
– indique le nom et l'adresse du défendeur ou, s'il s'agit d'une personne morale, sa dénomination et son siège social ;
– contienne un exposé sommaire des motifs.

ATTENTION Sur la question de la mention des « diligences entreprises en vue de parvenir à une résolution amiable du litige » (V. *supra*, n° 253).

Le greffe avise par tous moyens le demandeur des lieu, jour et heure de l'audience (CPC exéc., art. R. 442-4, al. 1er. – Le cas échéant, sur la communication électronique : CPC, art. 748-8 et 748-9). Le défendeur est convoqué par lettre recommandée avec demande d'avis de réception. En cas de retour au greffe de la lettre recommandée, le greffier en informe le demandeur qui doit alors procéder par voie de signification (CPC exéc., art. R. 442-4, al. 3).

REMARQUE **Vérifier que :**
– le défendeur a été convoqué par lettre recommandée avec demande d'avis de réception ou verbalement contre émargement ;
– qu'il a été bien informé que faute de se présenter ou de faire connaître ses moyens, il s'expose à être jugé sur les seuls éléments fournis par le demandeur (CPC exéc., art. R. 442-4).

F Audience

255 La procédure est orale (CPC exéc., art. R. 121-8). Les parties doivent comparaître.

ATTENTION Il est impératif de réitérer oralement à l'audience les conclusions écrites prises antérieurement et notifiées au défendeur.

REMARQUE **Après avoir évoqué oralement ses prétentions à l'audience, l'avocat peut faire noter au dossier ou faire consigner dans un procès-verbal les prétentions formulées par écrit.**

L'affaire peut être évoquée lors de la première audience ou faire l'objet d'un (ou plusieurs) renvoi(s) à une audience ultérieure.
– possibilité de tenir l'audience en utilisant un moyen de télécommunication audiovisuelle (Ord. n° 2020-1400, 18 nov. 2020, art. 5) ;
– possibilité pour une partie de se faire dispenser à comparaître à l'audience ultérieure ; le juge organise les échanges et le déroulement de la procédure et les modalités de communication (CPC exéc., art. R. 121-9 et R. 121-10. – CPC, art. 446-1) ;
– possibilité de recourir à la procédure sans audience – PSA – (COJ, art. L. 212-5-1. – Cass. 2e civ., 24 mars 2022, n° 20-21.289, F-B).

G Décision

256 Le jugement doit être motivé. Il est soumis au régime des nullités (CPC, art. 458 à 460, applicables à tous jugements).
Le juge tranche les contestations. Il peut :
– ordonner la mainlevée de la mesure irrégulière, inutile ou abusive, le créancier ayant toutefois le choix des mesures propres à assurer l'exécution du recouvrement de sa créance ;
– prononcer la nullité d'un acte de saisie ;
– accorder des délais de paiement ;
– statuer sur les dépens et l'article 700 du Code de procédure civile.
Il ne peut **remettre en cause le titre exécutoire, ni modifier le dispositif, ni suspendre l'exécution de la décision qui sert de fondement aux poursuites** (CPC exéc., art. R. 121-1. – Cass. 2e civ., 20 janv. 2022, n° 20-15.649, inédit. – Cass. 2e civ., 2 mai 2024, n° 21-25.078, F-D).
La décision du juge de l'exécution est notifiée aux parties par le greffe du tribunal par lettre recommandée avec demande d'avis de réception (CPC exéc., art. R. 121-15, al. 1er).
Une copie de la décision est envoyée le même jour par lettre simple aux parties et au commissaire de justice (CPC exéc., art. R. 121-15, al. 1er).
En cas de retour au greffe de la lettre de notification qui n'a pas pu être remise à son destinataire, le greffier en informe les parties qui procèdent par voie de signification (CPC exéc., art. R. 121-15, al. 2).

REMARQUE **Se rapprocher du greffe pour vérifier que la lettre de notification a été remise à son destinataire, et même en obtenir copie afin de rédiger utilement la demande de certificat de non-appel. Faire signifier la décision par commissaire de justice s'il y a intérêt à faire produire des effets à la décision plus rapidement. Les parties peuvent, d'ailleurs, toujours faire signifier la décision (CPC exéc., art. R. 121-15, al. 3). Lorsqu'un jugement est notifié à deux reprises, la première notification régulière fait courir les délais de recours (Cass. 2e civ., 13 janv. 2022, n° 20-12.914, F-B).**

Bien que cela soit extrêmement rare, signalons, enfin, que chacune des parties peut faire connaître au greffe qu'elle renonce à ce que la décision lui soit notifiée. Dans ce cas, la décision est réputée notifiée à la date de son prononcé (CPC exéc., art. R. 121-15, al. 4).
Sauf dispositions contraires, le juge de l'exécution statue comme juge du principal (CPC exéc., art. R. 121-14).

Sa décision a alors autorité de chose jugée au principal ; elle est exécutoire immédiatement, le délai d'appel et l'appel lui-même n'ayant pas d'effet suspensif (CPC exéc., art. R. 121-21).
En cas de nécessité, le juge peut déclarer la décision exécutoire au seul vu de la minute (CPC exéc., art. R. 121-17).

> REMARQUE **Particularité : la décision de mainlevée des mesures d'exécution forcée ou des mesures conservatoires emporte, dans la limite de son objet, suspension des poursuites dès son prononcé et suppression de tout effet d'indisponibilité dès sa notification (CPC exéc., art. R. 121-18. – Cass. 2e civ., 12 janv. 2023, n° 20-16.800).**

H Recours ou contestation

257 **Sauf dispositions contraires**, les décisions du juge de l'exécution peuvent être frappées d'appel, sauf s'il s'agit d'une mesure d'administration judiciaire (CPC exéc., art. R. 121-19).

> EXEMPLE **Constituent des mesures d'administration judiciaire :**
> **– la décision du président du tribunal judiciaire sur les incidents relatifs à la répartition des affaires entre les juges délégués aux fonctions de juge de l'exécution (COJ, art. R. 213-11) ;**
> **– le renvoi à la formation collégiale (COJ, art. R. 213-12) ;**
> **– la mesure de radiation du rôle ;**
> **– les décisions de jonction ou de disjonction d'instance.**

Le délai d'appel est de **quinze jours** à compter de notification de la décision (CPC exéc., art. R. 121-20, al. 1er), soit en pratique :
- la date de la réception de la lettre recommandée avec demande d'avis de réception ;
- la date de la signification de la décision par commissaire de justice ;
- la date du prononcé du jugement lorsque chacune des parties a déclaré renoncer à la notification (ce qui est très rare en pratique).

L'appel est formé, instruit et jugé selon les règles applicables à la procédure prévue à l'article 905 du Code de procédure civile (procédure à bref délai à compter du 1er septembre 2024, D. n° 2023-1391, 29 déc. 2023, simplifie et clarifie les dispositions relatives à l'appel et à la procédure d'appel) ou à la procédure à jour fixe (CPC exéc., art. R. 121-20, al. 2).

> ATTENTION Le délai d'appel et l'appel lui-même n'ont pas d'effet suspensif (CPC exéc., art. R. 121-21).

Un sursis à l'exécution des mesures ordonnées par le juge de l'exécution peut être demandé au premier président de la cour d'appel, ce qui ne se conçoit que si un appel a été interjeté (CPC exéc., art. R. 121-22, al. 1er. – Cass. 2e civ., 2 mars 2023, n° 20-21.303).
La décision du premier président n'est pas susceptible de pourvoi, sauf excès de pouvoir (CPC exéc., art. R. 121-22, al. 5).

I Actions en nullité ou en résolution

258 Le jugement d'adjudication peut faire l'objet d'une action en nullité par voie d'action et d'exception (pour vice du consentement, fraude).

> CHECK-LIST **• Informer le client :**
> **– des risques inhérents à la procédure à engager ;**
> **– de ses chances de succès (aléa judiciaire) ;**
> **– des délais ;**
> **– du coût à prévoir pour une telle procédure.**
> **• Vérifier que la demande entre bien dans le champ de compétence (territoriale et matérielle) du juge de l'exécution.**

POUR ALLER PLUS LOIN...

Fascicules JurisClasseur
- *JCl. Procédure civile*, fasc. 1500-10, 1500-20, 1500-25, 1500-30, 1500-40.

Fiche 14

Faire appel d'une décision du juge de l'exécution

Nicolas GERBAY
et
Philippe GERBAY

Sommaire

I

Aperçu rapide

A Éléments clés

NOTA Cette fiche est à jour du décret n° 2023-1391 du 29 décembre 2023 et concerne donc les appels interjetés à compter du 1er septembre 2024.

259 À moins qu'il ne s'agisse d'une mesure d'administration judiciaire, et sauf dispositions contraires, la décision du juge de l'exécution peut toujours être **frappée d'appel**, quels que soient le taux du ressort et le montant du litige (CPC exéc., art. R. 121-19).

C'est ainsi que la décision du juge de l'exécution, statuant sur une demande de délai de paiement, est susceptible d'appel en l'absence de disposition contraire à l'article R. 121-19 du Code des procédures civiles d'exécution (Cass. 2e civ., 23 mai 2024, n° 22-12.331).

En revanche, la décision du juge de l'exécution qui ordonne une expertise ou un sursis à statuer ne peut faire l'objet d'un appel, sauf à obtenir l'autorisation du premier président (CPC, art. 272 et 380. – Cass. 2e civ., 21 nov. 2002, n° 01-00.497, inédit).

Le délai d'appel est de **quinze jours** à compter de la notification de la décision (CPC exéc., art. R. 121-20, al. 1er).

Le délai d'appel et l'appel des décisions du juge de l'exécution sont **dépourvus d'effet suspensif** (CPC exéc., art. R. 121-21). Le jugement de première instance est donc exécutoire dès sa notification.

En cas d'appel, une demande de **sursis à exécution** peut être présentée devant le premier président de la cour d'appel (CPC exéc., art. R. 121-22).

ATTENTION Depuis le 1er janvier 2020, le juge de l'exécution est désormais compétent **en matière de saisie des rémunérations** en lieu et place de l'ancien juge du tribunal d'instance (COJ, art. L. 213-6, al. 5).
Dans l'incertitude des textes, il y a lieu de considérer que :
– le taux du ressort de 5 000 € s'applique en cette matière ;
– le délai d'appel de la décision du juge de l'exécution serait de un mois et non de quinze jours seulement (Ch. Laporte, *Procédure devant le JEX en matière de saisie des rémunérations : Procédures* 2020, prat. 3).

B Textes

- CPC exéc., art. R. 121-19 et s.

II Préparation

A Informations préalables

260 • Les circonstances justifient-elles d'interjeter appel, compte tenu notamment de l'absence d'effet suspensif ?
• S'agit-il d'un jugement susceptible d'appel immédiat ?
• Le jugement a-t-il été notifié ? Si oui, à quelle date ?
• Le jugement de première instance a-t-il déjà été exécuté ?
• S'agit-il d'une mesure d'exécution, d'astreinte ou une mesure conservatoire ?
• Les circonstances justifient-elles de demander un sursis à exécution ?

B Inventaires des solutions et éléments de décision

1 Conditions d'exercice de l'appel

261 **Décisions susceptibles d'appel.** Toute décision de première instance, sauf s'il s'agit d'une mesure d'administration judiciaire.

262 **Délai pour agir.** Quinze jours.

263 **Point de départ du délai.** Date de la notification par le greffe ou de la signification de la décision par les parties (CPC exéc., art. R. 121-20, al. 1er) à moins que les parties n'aient fait connaître au greffe qu'elles renonçaient à la notification de la décision (CPC exéc., art. R. 121-15, dernier al.).
En cas de **notifications successives**, la seconde notification ne fait pas courir un nouveau délai, à double condition :
– que la première ait été délivrée régulièrement (Cass. 2e civ., 5 févr. 2009, n° 07-13.589 : *JurisData* n° 2009-046836. – Cass. 2e civ., 13 janv. 2022, n° 20-12.914) ;
– et qu'elle ne précise qu'elle se substitue à la première notification irrégulière (Cass. 2e civ., 17 sept. 2020, n° 19-17.360, F-P+B+I : *JurisData* n° 2020-014424).

264 **Date du prononcé de la décision.** En cas de renonciation des parties auprès du greffe à la notification de la décision (CPC exéc., art. R. 121-15 *in fine*).

2 Opportunité d'une demande de sursis à exécution

265 Il est impératif de réfléchir à demander un sursis à exécution dans la mesure où l'appel n'a pas d'effet suspensif (CPC exéc., art. R. 121-21).
Ne pas confondre ce sursis avec la demande d'arrêt d'exécution provisoire.
La simple saisine du premier président d'une demande de sursis à exécution emporte un effet suspensif dans l'attente de l'ordonnance à intervenir (CPC exéc., art. R. 121-22, al. 2. – Cass. 2e civ., 7 juill. 2005, n° 03-15.469 : *JurisData* n° 2005-029341).

266 Pour obtenir le sursis à exécution, il convient de mettre en exergue des **moyens sérieux d'annulation ou de réformation de la décision** (CPC exéc., art. R. 121-22, al. 3).
Ce critère étant exclusif, le premier président ne saurait se fonder sur l'existence de conséquences manifestement excessives du jugement de première instance (Cass. 2e civ., 20 juin 1996, n° 93-19.320 : *JurisData* n° 1996-002525) mais uniquement sur le caractère sérieux des moyens soulevés par l'appelant.
Il dispose à cet égard d'un pouvoir souverain qui ne le dispense pas de motiver sa décision (Cass. 2e civ., 6 déc. 2001, n° 00-13.402 : *Bull. civ.* II, n° 185), sans néanmoins être tenu de se référer aux moyens

d'appel (Cass. 2e civ., 20 déc. 2001, n° 00-17.029 : *JurisData* n° 2001-012281 ; *Bull. civ.* II, n° 201).

ATTENTION Ces textes spéciaux issus du Code des procédures civiles d'exécution s'appliquent dans le cadre de la procédure ordinaire. Mais si le juge de l'exécution est saisi dans le cadre d'une ordonnance sur requête, il faut alors se référer au droit commun de l'article 514-3 du Code de procédure civile.
Il s'agit d'appliquer la même procédure à toutes les ordonnances sur requête qu'elles émanent du juge de l'exécution ou d'un autre juge.

REMARQUE **Il n'est pas indispensable de déposer des conclusions au fond, même s'il est évidemment largement préférable de le faire pour convaincre le juge du sérieux de ses moyens.**
L'auteur d'une demande manifestement abusive en sursis d'exécution peut en effet être condamné à une amende civile d'un montant de 10 000 € sans préjudice des dommages et intérêts qui seraient réclamés (CPC exéc., art. R. 121-22, *in fine*).
Un abus manifeste doit toutefois être relevé par le juge (Cass. 2e civ., 18 déc. 2003, n° 01-16.617 : *JurisData* n° 2003-021505).

Un sursis ne remet pas en cause les actes d'exécution accomplis avant la décision du premier président (Cass. 2e civ., 31 janv. 2002, n° 00-11.881 : *JurisData* n° 2002-012770).
Le sursis à exécution est possible, que le juge ait ou non ordonné des mesures d'exécution (Cass. 2e civ., 14 nov. 2013, n° 12-25.526 : *JurisData* n° 2013-025660).
En cas d'appel du jugement ayant ordonné la mainlevée d'une mesure conservatoire autorisée sur requête, la demande de sursis à exécution proroge les effets attachés à la mesure et suspend la condamnation du créancier au paiement de dommages et intérêts pour abus de saisie sans qu'il soit besoin de distinguer selon que la mesure a été pratiquée avec ou sans autorisation préalable du juge (Cass. 2e civ., 2 mars 2023, n° 20-21.303 : *JurisData* n° 2023-002930 ; *JCP* G 2023, 664, obs. N. Cayrol et Ph. Théry).

ATTENTION Le sursis à exécution ne s'applique pas en matière d'astreinte, tant en ce qui concerne son prononcé qu'en ce qui concerne sa liquidation dès lors que c'est le juge de l'exécution qui a statué (Cass. 2e civ., 10 févr. 2000, n° 98-13.354 : *JurisData* n° 2000-000506. – Cass. 2e civ., 10 févr. 2011, n° 10-14.424 : *JurisData* n° 2011-001355).
Les décisions qui statuent sur des délais de grâce ou des demandes dépourvues de tout effet suspensif (à l'exception des décisions de mainlevée) sont insusceptibles de sursis à exécution.
En effet, surseoir à une décision qui rejette un délai de grâce équivaudrait à une décision qui y fait droit, le sursis à exécution est alors interdit (Cass. 2e civ., 19 nov. 2020, n° 19-17.931 : *Procédures* 2021, comm. 7, obs. R. Laher).

III Mise en œuvre

A Introduction et déroulement de l'appel

267 **Renvoi.** V. Fiche 80 : Interjeter appel en matière contentieuse.
L'appel est formé, instruit et jugé selon les règles applicables à la procédure avec représentation obligatoire (CPC exéc., R. 121-20, al. 2) :
- déclaration d'appel déposée au greffe de la cour ;
- constitution d'avocat obligatoire.

Ne pas oublier qu'en matière de saisie immobilière, la jurisprudence considère un lien d'indivisibilité entre tous les créanciers de sorte que l'appel de l'une des parties à l'instance devant le juge de l'exécution doit être formé nécessairement contre toutes les parties même non poursuivantes, à peine d'irrecevabilité de l'appel (Cass. 2e civ., 21 févr. 2019, n° 17-31.350).
Si l'appelant a omis d'appeler certains créanciers, une demande d'autorisation d'assigner à jour fixe n'est pas nécessaire. Une déclaration d'appel est suffisante (Cass. 2e civ., 15 avr. 2021, n° 19-21.803 : *JCP* G 2021, 674, obs. D. Cholet).
L'appel a un effet dévolutif (V. Fiche 83 : Procédure contentieuse ordinaire avec représentation obligatoire devant la cour d'appel).

Ne pas se méprendre sur la portée de l'effet dévolutif.
Si le juge de l'exécution dépasse les limites de ses attributions (par ex. : demande en paiement qui relève du juge du fond), la cour d'appel doit déclarer irrecevable la demande et ne peut aborder le fond (Cass. 2e civ., 3 déc. 2015, n° 13-28.177, P+B : *JurisData* n° 2015-026998).
De même, la cour d'appel, statuant avec les pouvoirs du juge de l'exécution, ne peut annuler un jugement au motif que certaines personnes n'ont pas été valablement citées. Le juge de l'exécution n'ayant pas le pouvoir de prononcer l'annulation d'une décision de justice, la cour d'appel sur recours de ce magistrat n'en a pas non plus le pouvoir (Cass. 2e civ., 28 sept. 2017, n° 15-26.640 : *Gaz. Pal.* 6 févr. 2018, p. 63, obs. L. Lauvergnat).
En vertu de l'effet dévolutif, la cour d'appel doit par contre elle-même déterminer les modalités de poursuite d'une saisie immobilière sans pouvoir renvoyer au juge de l'exécution (Cass. 2e civ., 16 mai 2019, n° 18-10.033).
Depuis le **1er septembre 2017**, la procédure devant la cour d'appel emprunte le circuit à bref délai des articles 906 et suivants du Code de procédure civile ou la procédure à jour fixe (CPC exéc., art. R. 121-20, al. 3).
Jusque-là, en l'absence d'une telle précision, le recours à la procédure des articles 906 et suivants du Code de procédure civile ne s'imposait pas, même si le texte antérieur indiquait que la cour devait statuer « à bref délai » (Cass. 2e civ., 21 janv. 2016, n° 14-28.985 : *Procédures* 2016, comm. 87, obs. L. Raschel). L'appel des décisions du juge de l'exécution pouvait donc emprunter le circuit normal avec désignation d'un conseiller de la mise en état.
Désormais, c'est la procédure d'urgence des articles 906 et suivants du Code de procédure civile qui sera mise en œuvre par principe, sauf si une partie arrive à justifier que ses droits sont en péril auquel cas, il sera procédé selon la procédure à jour fixe des articles 917 et suivants.

ATTENTION Sauf autorisation d'assigner à jour fixe, l'appel de la décision du juge de l'exécution est soumis de plein droit à la procédure d'appel à bref délai, et ce même en l'absence d'ordonnance de fixation (Cass. 2e civ., 1er juill. 2021, n° 20-14.284, F-B : *JurisData* n° 2021-010514).
Avec le décret du 29 décembre 2023, le greffe n'adresse plus à l'intimé, par lettre simple, un exemplaire de la déclaration d'appel. Il revient désormais à l'appelant de **signifier sa déclaration à l'intimé dans les vingt jours de la réception de l'avis de fixation** qui lui est adressé par le greffe, à peine de caducité de l'acte.

Compte tenu des nouvelles exigences des articles 906-1 et 906-2 du Code de procédure civile, il peut être conseillé par précaution de signifier sa déclaration d'appel et de conclure avant même la réception de l'avis de fixation. Rien dans les textes ne prohibe cette solution.
À peine de caducité de la déclaration d'appel, l'appelant doit, au plus tard dans le délai de deux mois à compter de la réception de l'avis de fixation de l'affaire à bref délai, remettre ses conclusions au greffe et les notifier à l'avocat de l'intimé.
Par conséquent, les conclusions d'appelant d'un jugement du juge de l'exécution, qui peuvent être déposées au greffe avant la fixation de l'affaire à bref délai, doivent être notifiées à l'intimé dans le délai maximal de deux mois suivant la réception, par l'appelant, de l'avis de fixation à bref délai (Cass. 2e civ., 13 janv. 2022, n° 20-18.121, F-B : *JurisData* n° 2022-000216).
Si le juge de l'exécution **a seulement rendu une décision sur sa compétence** sans statuer au fond du droit, l'appel doit être formé – à peine de caducité de la déclaration d'appel – dans le cadre de la procédure à jour fixe prévue aux articles 83 et suivants du Code de procédure civile (Cass. 2e civ., 11 juill. 2019, n° 18-23.617, P+B+R+I : *JurisData* n° 2019-012494).
Le praticien doit donc se tourner vers le nouvel appel, issu du décret du 6 mai 2017, qui a supprimé le contredit de compétence.

B Introduction et déroulement du sursis à exécution

268 Le premier président est saisi, parallèlement à la procédure d'appel, par voie d'assignation en référé délivrée à la partie adverse ainsi qu'aux tiers qui seraient en possession de biens saisis.
La demande de sursis peut être formée en tout état de cause, sans condition de délai, mais avant que le jugement de première instance n'ait été exécuté.

C Effets de l'appel

269 La cour doit statuer dans la limite des pouvoirs dont disposait le juge de l'exécution.
Ainsi, elle ne peut :
– faire droit à une demande d'annulation du jugement objet des difficultés d'exécution au motif que les parties n'ont pas été valablement convoquées (Cass. 2e civ., 28 sept. 2017, n° 15-26.640, P : *JurisData* n° 2017-018691) ;
– modifier le dispositif de la décision qui sert de fondement aux poursuites (Cass. 2e civ., 2 mai 2024, n° 21-25.078).

Elle ne peut pas non plus prononcer de condamnations au paiement de la créance fondant les poursuites, mais seulement statuer sur les contestations de la mesure d'exécution soulevées devant elle (Cass. 2e civ., 19 nov. 2020, n° 19-20.700, P+B+I : *JurisData* n° 2020-019077).

CHECK-LIST **• Examiner le jugement pour déterminer si l'appel est immédiat ou différé, au cas où le juge de l'exécution ne ferait qu'ordonner une mesure d'instruction.**
• Vérifier si le juge de l'exécution n'a pas seulement statué sur sa compétence.
• Vérifier :
– si le jugement de première instance a été exécuté ou non ;
– le respect du délai de quinze jours à compter de la notification de la décision pour interjeter appel.
• S'interroger sur l'opportunité de :
– l'appel (notamment au regard de l'absence d'effet suspensif et des chances d'obtenir un sursis à exécution le cas échéant) ;
– d'un sursis à exécution (notamment au regard du caractère sérieux des moyens d'appel).

POUR ALLER PLUS LOIN...

Fascicules JurisClasseur
• *JCl. Procédures Formulaire*, V° *Juge de l'exécution*, fasc. 20.
• *JCl. Procédure civile*, fasc. 1500-30.
Ouvrages
• L. Cadiet et E. Jeuland, *Droit judiciaire privé*, LexisNexis, 12e éd., 2023.
• J.-L. Gallet et E. De Leiris, *La procédure civile devant la cour d'appel*, LexisNexis, 4e éd., 2018.
• Ph. et N. Gerbay, *Guide du procès civil en appel*, LexisNexis, coll. « Guide », 6e éd., 2025/2026.
• R. Lauba, *Le contentieux de l'exécution*, LexisNexis, 13e éd., 2017.

Fiche 15

Procédure à suivre devant le juge aux affaires familiales

Maïlys DUBOIS

Sommaire

I Aperçu rapide

A Caractéristiques générales

270 Le juge aux affaires familiales est un magistrat du siège du tribunal judiciaire (COJ, art. L. 213-4) assurant également les mises en état et les référés en affaires familiales (CPC, art. 1073).

B Conditions d'utilisation

271 Le juge aux affaires familiales connaît (COJ, art. L. 213-3) des procédures orales et écrites. Le demandeur doit avoir un intérêt personnel à agir.

Cela peut concerner :
– un changement de **régime matrimonial** ou toutes demandes relatives au fonctionnement des régimes matrimoniaux ;
– la rupture de **l'indivision** entre personnes liées par un pacte civil de solidarité ou entre concubins ;
– des partages de **succession** ;
– le **divorce** (procédure contentieuse ou de consentement mutuel avec demande d'audition d'enfant(s) mineur(s)) ;
– la **séparation de corps** ;
– des actions liées à **l'obligation alimentaire** ou aux contributions aux charges du mariage ou ménage en cas de pacte civil de solidarité :
• aux mesures afférentes aux enfants mineurs,

• à la révision de la prestation compensatoire ou de ses modalités de paiement,
• au changement de prénom en cas de refus de l'officier d'état civil et du procureur de la République de faire droit à la demande (C. civ., art. 57, al. 3. – CPP, art. 1055-1),
• à la protection à l'encontre du conjoint ou du partenaire ou du concubin violent ou d'un ancien conjoint,
• à la protection de la personne majeure menacée de mariage forcé ;
– des mesures de protection du conjoint ou concubin victimes de violences conjugales dans le cadre de la procédure d'ordonnance de protection relative (L. n° 2019-1480, 28 déc. 2019. – L. n° 2020-936, 30 juill. 2020. – C. civ., art. 515-9. – CPP, art. 1109 à 1137, si assignation à bref délai. – Ou CPP, art. 1073, si référé. – Ou CPP, art. 485, si référé à heure précise).

C Avis du professionnel

272 Il est toujours préférable d'être bien conseillé ou renseigné avant de se lancer dans une procédure devant le juge aux affaires familiales.
La présence des parties est conseillée pour les procédures orales mais pas obligatoire pour les procédures écrites du fait de la représentation obligatoire par avocat.
Il est conseillé d'être très précis et de bien détailler toutes les demandes pour éviter des problèmes en cas de reprise par le juge de termes trop vagues.

D Textes

1 Textes codifiés

a) Code de l'organisation judiciaire

• COJ, art. L. 213-3 et L. 213-4.

b) Code de procédure civile

• CPC, art. 56 et 58.
• CPC, art. 485.
• CPC, art. 538.
• CPC, art. 586.
• CPC, art. 595 et 596.
• CPC, art. 675.
• CPC, art. 1055-1 et 1055-2.
• CPC, art. 1070 à 1074-1.
• CPC, art. 1087.
• CPC, art. 1090 et 1091.
• CPC, art. 1101 à 1104.
• CPC, art. 1106.
• CPC, art. 1109 à 1137.
• CPC, art. 1180.
• CPC, art. 1191.
• CPC, art. 1202 et s.
• CPC, art. 1300-4, al. 1er.

c) Code civil

• C. civ., art. 60.
• C. civ., art. 205.
• C. civ., art. 220-1.
• C. civ., art. 229.
• C. civ., art. 232.
• C. civ., art. 250-2.
• C. civ., art. 251.
• C. civ., art. 254 et 255.
• C. civ., art. 259.
• C. civ., art. 353-2.
• C. civ., art. 371.
• C. civ., art. 371-4.
• C. civ., art. 373-3.
• C. civ., art. 515-9 et s.
• C. civ., art. 815.
• C. civ., art. 1578.

2 Textes non codifiés

• D. n° 2009-1591, 17 déc. 2009, relatif à la procédure devant le juge aux affaires familiales en matière de régimes matrimoniaux et d'indivisions.
• L. n° 2009-526, 12 mai 2009, de simplification et de clarification du droit et de simplification des procédures.
• L. n° 2015-990, 6 août 2015, pour la croissance, l'activité et l'égalité des chances économiques.
• L. n° 2019-222, 23 mars 2019, de programmation 2018-2022 et de réforme pour la justice.
• Circ. 9 mai 2019.
• L. n° 2019-1480, 28 déc. 2019, visant à agir contre les violences au sein de la famille.

E Schéma procédural

273 • Tentative de résolution amiable du conflit (obligatoire ou non selon les juridictions et l'existence d'un précédent judiciaire).
• Si un accord est arrêté entre les parties, les actes contresignés par les avocats (issus de médiation, conciliation ou procédure participative) constituent des titres exécutoires dès que le greffe aura apposé la formule exécutoire à leur demande (L. n° 2021-1729, 22 déc. 2021 pour la confiance dans l'institution judiciaire, art. 44).
• Rédaction de l'acte de saisine du juge : requête et/ou assignation (procédure orale), assignation (procédure écrite).
• Convocation par huissier de justice (si assignation) ou par lettre RAR du greffe (si requête) au moins quinze jours avant la date d'audience.

- Prise de date d'audience auprès du greffe (par RPVA ou mail).
- Absence de procédure de mise en état (procédure orale) ou avec phase de mise en état devant le juge de la mise en état ou par convention de procédure participative de mise en état par les avocats (procédure de divorce nouvelle formule entrée en vigueur en septembre 2020).
- Communication des pièces entre les parties pour le respect du contradictoire.
- Audience en cabinet du juge chargé de l'affaire.
- Prononcé de la décision après mise en délibéré par mise à disposition au greffe et une copie de la minute adressée sur le RPVA.
- Signification de la décision ou régularisation d'actes d'acquiescement par les parties.
- Appel dans le délai de quinze jours d'une ordonnance ou dans un délai d'un mois pour les jugements, délai rallongé en cas de résidence en dehors de la métropole.

NOTA Étapes à suivre pour votre premier divorce par consentement mutuel :

1. Vérifications préalables et constitution des pièces du dossier : attention aux éléments d'extranéité. Il est parfois préférable de passer par la voie judiciaire car certains pays ne reconnaissent pas le divorce notarié. Assurez-vous d'avoir abordé tous les points (comme la remise des effets personnels car après signature, les clients ne pourront plus récupérer un objet ou un autre). En présence d'un immeuble, la liquidation doit passer par notaire. Vérifiez qu'il ne s'agit pas de majeurs protégés et qu'aucun mineur ne souhaite être entendu (formulaire à annexer).
2. Prise de contact par courriel avec l'avocat adverse : indiquez-lui tous les éléments en votre possession et accordez-vous pour désigner le rédacteur. Attention, cela reste un travail commun, une relecture vague du projet ne suffit pas.
3. Rédaction du projet en laissant un espace pour rajouter la date d'envoi des LRAR.
4. Envoi du projet par LRAR à votre client avec les annexes et un courrier explicatif (que vous devrez annexer pour le notaire). Le client doit signer lui-même le recommandé avec sa signature habituelle, au risque de devoir tout recommencer.
5. Fixation du rendez-vous signature avec les deux parties au moins quinze jours après la réception des LRAR. Vérifiez que les actes d'état civil ne sont pas périmés (moins de trois mois) ; à défaut, demandez à votre client de venir au « rendez-vous signature » avec de nouveaux exemplaires. Si vos cabinets respectifs sont éloignés et que vous ne parvenez pas à un accord sur le lieu de rendez-vous, l'avocat ayant prêté serment le plus récemment se déplace.
6. Lors du « rendez-vous signature », relisez l'acte à voix haute avec les clients et assurez-vous qu'ils aient bien tout compris (comme lors d'une vente devant notaire). N'ayez pas peur de vous opposer à certaines pratiques qui consistent à simplement signer la convention. Évidemment, vous ne pouvez pas procéder à la signature par voie postale. La convention est signée par les époux et leurs avocats en quatre exemplaires. Chaque époux conserve un original, le troisième original est pour le notaire, et le quatrième pour le fisc s'il y a lieu. N'oubliez pas de demander un chèque de 49,44 € pour le dépôt chez le notaire.
7. Vous avez sept jours pour déposer la convention chez le notaire.
8. Le notaire vous envoie par courrier l'attestation de dépôt.
9. Envoi de l'attestation de dépôt par LRAR à la mairie de mariage pour la transcription sur les actes d'état civil.
10. Enregistrement auprès des services fiscaux (pas obligatoire si partage verbal).

REMARQUE Attention au délai pour la délivrance de l'assignation avec prise de date par mail ou RPVA.

La prise de date s'applique aux procédures hors et après divorce devant le juge aux affaires familiales (CPC, art. 1137).

Les modalités de la prise de date ont été précisées dans un arrêté du 9 mars 2020 (CPC, art. 751). La demande de date s'effectue au moyen d'un formulaire auquel il devra être joint un projet d'assignation. Ce formulaire pourra être remis en main propre, adressé au greffe par la voie postale ou par courriel.

L'assignation devra être enrôlée quinze jours avant la date d'audience, sous réserve que la date de l'audience soit communiquée plus de quinze jours avant la date de celle-ci OU deux mois à compter de la communication par la juridiction de la date d'audience lorsque la communication s'est faite par la voie électronique.

À défaut, la sanction sera la caducité de l'acte introductif d'instance constatée d'office par le juge ou à la requête d'une partie (CPC, art. 1108, al. 4).

Appel délai d'un mois ou deux mois en cas de résidence à l'étranger.

274 Particularité pour la procédure tendant à rendre une ordonnance de protection :

– requête remise au greffe/assignation devant le tribunal du lieu où réside celui qui n'a pas pris l'initiative de l'instance ou en présence d'enfant mineur, du lieu de résidence du parent avec l'enfant ou les enfants. Le juge rend sans délai une ordonnance fixant la date d'audience ;

– copie de ladite ordonnance est remise au défendeur dans un délai de deux jours à compter de son émission, à l'initiative du demandeur s'il est assisté d'un avocat, ou du greffe en l'absence d'avocat, ou du ministère public s'il est à l'origine de la demande (CPC, art. 1136-3) ;

– remise du retour de signification au plus tard le jour de l'audience (CPC, art. 1136-3) ;

– procédure orale avec avis du ministère public et audition par le juge aux affaires familiales des parties présentes, ensemble ou séparément (CPC, art. 1136-6) ;

– ordonnance rendue dans le délai maximum de six jours à compter de la date de l'ordonnance fixant la date d'audience ;

– exécution provisoire des mesures prises, sauf décision contraire (CPC, art. 1136-7, al. 1er) ;

– ordonnance susceptible d'appel dans le délai de quinze jours suivant sa signification (CPC, art. 1136-11) ;

– le juge fixe la durée des mesures (C. civ., art. 515-11 et 515-13) ou à défaut elles prennent fin à l'issue d'un délai de six mois suivant notification de l'ordonnance (C. civ., art. 373-2-10, al. 2 ; art. 255).

II Préparation

A Informations préalables

275 Informer son client de l'existence de modes alternatifs de règlement des conflits (procédure participative, médiation familiale) (CPC, art. 1071) et notamment du fait que le juge aux affaires familiales chargé d'instruire l'affaire peut proposer une mesure de médiation familiale avant dire droit ou aux termes de la décision prononcée (objectif d'apaisement des conflits).

Contrôles préalables avant d'engager une procédure :

– l'identité de son client ;

– les règles de compétences territoriales ;

– si la prescription n'est pas acquise en matière de filiation et possession d'état.

B Pièces nécessaires

276 • Pièces d'état civil pour justifier de l'identité de votre client et/ou des enfants concernés par la procédure (actes d'état civil de moins de trois mois (naissance, mariage s'il y a) et livret de famille).

• Pièces pour étayer les arguments (attestations, photographies, courriers ou courriels, SMS, justificatifs de ressources et charges, *etc.*).

• La preuve par tout moyen est recevable devant le juge aux affaires familiales, sauf sont irrecevables de plein droit les attestations des enfants communs dans le cadre d'une procédure de divorce des parents (C. civ., art. 205, 259 et 371).

• Les pièces doivent être listées, numérotées, et communiquées au contradicteur pour le respect du contradictoire (CPC, art. 16 et 768).

• Phase pré-judiciaire : une procédure amiable de résolution des litiges peut parfois être mise en place. Le juge aux affaires familiales a pour mission de tenter de concilier les parties (CPC, art. 1071, 127).

> **NOTA Attention aux pièces :**
> Pour les attestations – pièces phares des procédures JAF – il convient de respecter le formalisme de l'article 202 du Code de procédure civile (CERFA disponible gratuitement sur internet) et de ne pas oublier de fournir la pièce d'identité recto-verso. Seule la relation des faits auxquels son auteur a assisté, ou personnellement constatés, peuvent être attestés. Il n'est pas admis de rapporter des faits colportés. Attention aux sanctions pénales en cas de fausse attestation. Attention également aux règles de loyauté de preuve.
> Concernant les actes d'état civil, les copies intégrales doivent dater de moins de trois mois. Vous pouvez les commander auprès des maries de naissance. Pour les personnes étrangères nées à l'étranger, il faut s'adresser à l'autorité qui a dressé l'acte dans le pays de naissance. Pour un Français né à l'étranger il faut s'adresser au service central d'état civil de Nantes.
> Enfin, lorsque qu'un juge pour enfant est saisi en parallèle d'une mesure d'assistance éducative,

vous ne pouvez pas communiquer les pièces du dossier d'assistance éducative dans la procédure JAF (CPC, art. 1187).

C Coût de la procédure

277 Prévoir les honoraires et les droits de plaidoirie de l'avocat et ceux de l'huissier de justice en cas de délivrance d'une assignation, et le coût des entretiens de médiation.
L'aide juridictionnelle, totale ou partielle, peut être accordée à la personne qui en fait la demande pour une procédure devant le juge aux affaires familiales.
L'admission provisoire de l'aide juridictionnelle peut être accordée pour le demandeur ou le défendeur d'une procédure d'ordonnance de protection (C. civ., art. 515-11, al. 7).
Pas de frais de greffe pour l'enrôlement.

NOTA **Attention au droit de partage dans les procédures de divorces :** il a été baissé à 1,10 % à compter du 1er janvier 2022. Pour un patrimoine inférieur ou égal à 5 000 €, le droit de partage est fixé forfaitairement à 125 €. En cas de partage verbal, comme il n'y a pas d'acte, le droit de partage n'est pas dû, d'où le développement d'une pratique chez les avocats qui consiste, en l'absence de liquidation notariée, à ne pas faire figurer le partage dans les conventions de divorce par consentement mutuel (dans ce cas-là, il ne faut rien indiquer dans la convention concernant le partage et faire attention aux phrases toutes faites). Mais cette pratique n'est pas possible en présence d'un régime de communauté dans la mesure où vous avez l'obligation, sous peine de nullité de la convention de divorce, de liquider le régime matrimonial et donc de partager les comptes communs.
Ne conseillez pas à vos clients de vendre leur bien immobilier commun juste avant de divorcer pour éviter ce droit de partage s'ils sont mariés sous le régime de la communauté, puisque de toute façon vous devrez intégrer les comptes bancaires à la convention. La pratique du « partage verbal » pour éviter le paiement du droit de partage n'est donc possible que pour les époux mariés sous le régime de la séparation de biens, tout en faisant attention à la notion d'abus de droit fiscal. À noter qu'il n'y a de droit de partage si une des parties bénéficie de l'aide juridictionnelle.

III Procédure

A Assistance et représentation

278 Les parties :
– se défendent elles-mêmes dans le cadre des procédures orales ;
– se font assister ou représenter par un avocat de leur choix dans les procédures orales et/ou écrites.

B Compétence

1 Compétence matérielle

a) Règles de compétence générale

279 Le juge aux affaires familiales connaît (COJ, art. L. 213-3) :
– de l'homologation judiciaire du changement de régime matrimonial, des demandes relatives au fonctionnement des régimes matrimoniaux et des indivisions entre personnes liées par un pacte civil de solidarité ou entre concubins ;
– du divorce contentieux et de ses conséquences ou du divorce par consentement mutuel uniquement en cas de demande d'audition des enfants du couple ;
– de la séparation de corps et de ses conséquences ;
– de la liquidation et du partage des intérêts patrimoniaux des époux, des personnes liées par un pacte civil de solidarité et des concubins, sauf en cas de décès ou de déclaration d'absence ;
– des actions liées :
• à la fixation de l'obligation alimentaire, de la contribution aux charges du mariage ou du pacte civil de solidarité et de la contribution à l'entretien et à l'éducation des enfants,
• à l'exercice de l'autorité parentale,
• à la révision de la prestation compensatoire ou de ses modalités de paiement,
• à la protection à l'encontre du conjoint, du partenaire lié par un pacte civil de solidarité ou du concubin violent ou d'un ancien conjoint, partenaire lié par un pacte civil de solidarité ou concubin violent,

• à la protection de la personne majeure menacée de mariage forcé ;
- des mesures de protection dans le cadre de violences conjugales pour apprécier la jouissance du logement, l'organisation de vie et les mesures afférentes aux enfants communs.

b) Règles de compétence spéciale

280 Le juge aux affaires familiales est également compétent pour connaître :
- **de la délégation d'autorité parentale** (CPC, art. 1202 et s.).
Procédure écrite avec représentation obligatoire par avocat. Le juge aux affaires familiales compétent est celui du lieu où demeure le mineur.
Il est saisi par voie de requête, adressée directement au juge ou transmise par le biais du procureur de la République.
L'affaire est instruite et jugée en chambre du conseil.
Les débats ont lieu en présence du ministère public.
Le délai d'appel est de quinze jours (CPC, art. 1191) ;
- des demandes d'**attribution** à un concubin ou partenaire ou époux de la jouissance provisoire **du logement de famille** (C. civ., art. 373-2-9-1) ;
- des demandes de **droit de visite pour les grands-parents** (C. civ., art. 371-4. - CPC, art. 1180).
Saisine par assignation.
La représentation par avocat est obligatoire et l'avis du ministère public doit être sollicité avant la prise de décision.
Débats en chambre du conseil.
La médiation familiale, la conciliation ainsi que l'enquête sociale peuvent être utilisées par le juge afin de contribuer à la résolution de conflits souvent particulièrement aigus.
Le jugement doit être signifié.
Appel possible dans le délai de droit commun d'un mois ;
- **de la fixation de la résidence de l'enfant** (C. civ., art. 373-2-8 et 373-3. - CPC, art. 1070, 1074-1 et 1180).
Saisine par l'un des parents, ce dernier pouvant être saisi par un tiers, parent ou non.
Procédure orale.
Jugement qui ne peut être notifié par le greffe doit faire l'objet d'une signification.
Appel dans le délai de droit commun d'un mois ;
- **du changement de prénom** (C. civ., art. 60. - CPC, art. 1055-1).
Saisine par voie de requête.
Procédure communiquée au ministère public qui aura refusé la demande gracieuse présentée préalablement par les demandeurs à l'officier d'état civil.
Débats en chambre du conseil mais jugement rendu publiquement (CPC, art. 1074) ;
Notification du jugement par le greffe par lettre recommandée avec demande d'avis de réception aux parties ainsi qu'au ministère public (CPC, art. 675 et 1055-2).
Délai d'appel de quinze jours à compter de la notification (CPC, art. 538) ;
- **des mesures urgentes** (C. civ., art. 220-1. - CPC, art. 1070 à 1074).
La saisine du juge est dérogatoire puisqu'elle s'effectue en référé.
Il existe des dispositions particulières en présence de violences conjugales (délai dans les six jours pour statuer. - C. civ., art. 515-11).

2 Compétence territoriale

281 Le juge aux affaires familiales connaît des affaires (CPC, art. 1070) :
- du lieu où se trouve la résidence de la famille ;
- si les parents vivent séparément, du lieu de résidence du parent avec lequel résident habituellement les enfants mineurs en cas d'exercice en commun de l'autorité parentale, ou du lieu de résidence du parent qui exerce seul cette autorité ;
- dans les autres cas, du lieu où réside celui qui n'a pas pris l'initiative de la procédure ;
- en cas de demande conjointe, selon le choix des parties, celui du lieu où réside l'une ou l'autre.

NOTA Attention, en cas d'élément d'extranéité, les parties devront conclurent sur la compétence de la juridiction française pour chaque chef de demande, mais également sur la loi applicable pour chacun de ces chefs.

C Parties

282 Devant le juge aux affaires familiales sont concernés : les concubins, les partenaires, les époux. Les grands-parents, les tiers avec un lien affectif particulier pour un ou des enfants, un majeur ou un mineur représenté par le représentant légal ou un administrateur *ad hoc* en cas de conflit d'intérêts avec ses parents.

D Rédaction de l'acte de saisine

NOTA En cas d'urgence, pour les procédures orales hors et après divorce, vous devez à Paris déposer une requête aux fins d'être autorisé à assigner à bref délai en deux exemplaires au SAUJ, accompagnée de votre projet d'assignation et de vos pièces, ainsi que du projet d'ordonnance en deux exemplaires. En cas de divorce, vous devez rédiger une requête aux fins d'être autorisé à assigner en divorce à bref délai et à une audience d'orientation et sur mesures provisoires, accompagnée des pièces justifiant l'urgence et des actes d'état civil à déposer au SAUJ en deux exemplaires, à laquelle est jointe le projet d'assignation et le projet d'ordonnance en deux exemplaires. Dès réception de l'ordonnance autorisant à assigner à bref délai, il convient de la faire signifier avec l'assignation au défendeur. En cas de violences intrafamiliales il convient de solliciter une ordonnance de protection (V. *Guide de défense des victimes de violences intrafamiliales*). En matière patrimoniale, si l'un des époux met en péril l'intérêt de la famille, penser à l'article 220-1 du Code civil ; ici, le JAF est saisi en référé ou par requête (CPC, art. 1290).

NOTA **Nouveautés en matière de divorce contentieux :**
Avant le 1er janvier 2021, il fallait rédiger une requête puis une assignation. Désormais, la saisine s'effectue par simple assignation ou requête conjointe. L'avocat est obligatoire dès le début de la procédure. L'ancienne « audience de conciliation », qui est la première audience devant le JAF lors de laquelle on sollicite les mesures provisoires, s'appelle désormais « l'audience d'orientation et sur mesures provisoires », dite « AOMP ». Le JAF ne reçoit plus les parties l'une après l'autre, ni hors la présence de leur avocat. La présence de l'avocat est obligatoire et celle des parties largement conseillée. Il s'agit d'une procédure écrite avec échange de conclusions, mais une dimension orale persiste avec la possibilité pour les parties de présenter oralement des prétentions et des moyens. Attention au respect du contradictoire.

283 Saisine du juge aux affaires familiales par voie :
- de requête (V. Fiche 5 : Saisir le tribunal judiciaire par requête) ;
- ou d'assignation (V. Fiche 4 : Saisir le tribunal judiciaire par assignation) ;
- avec les mentions obligatoires habituelles (CPC, art. 56, 57 et 855).

NOTA **Attention** : lorsque vous saisissez le JAF pour demander la modification de certaines mesures alors qu'il y a déjà eu un jugement, vous devez justifier d'un élément nouveau. Cet élément nouveau doit être développé dès la saisine.

CONSEILS PRATIQUES POUR L'ENRÔLEMENT DE VOTRE ASSIGNATION EN DIVORCE (PAR EX. À PARIS)

1. Préparation du projet d'assignation (en laissant de la place pour ajouter par la suite la date et l'heure de l'audience).
2. Prise de date :
– *via* RPVA, cliquez sur « Mise au rôle » puis « Réservation d'une date d'audience » / « JAF/divorce (nouvelle procédure) », puis remplir les informations concernant les parties (demandeur puis défendeur) sans vous ajouter en tant que représentant (vous serez automatiquement ajouté à la fin) ;
– choisir sa date (soyez patient le temps que les dates s'affichent). Ajouter le projet d'assignation (il n'y a pas de timbre fiscal à joindre, RPVA n'est pas à jour sur ce point). Pour que la date soit définitivement réservée, il faut attendre la confirmation par mail du greffe (sous vingt-quatre heures) avec l'indication du cabinet concerné. Vous recevrez alors un numéro de rôle provisoire suivi de la lettre A comme « attente » (RG n° 21/AXXX).
3. Compléter le projet d'assignation avec la date et l'heure obtenue.
4. Envoi, par courriel à un commissaire de justice, de l'assignation à faire délivrer à votre adversaire. Préciser que le règlement sera fait par le client afin d'éviter de devoir supporter les frais. L'adresse de l'adversaire déterminera le commissaire de justice compétent.
5. Le commissaire de justice retournera par voie postale le « second original », appelé aussi « l'expédition » avec un procès-verbal de signification et une facture ;
6. Placement électronique par RPVA *via* « nouveau message », événement « JAF Placement assignation divorce », en saisissant le n° RG provisoire. Joindre l'assignation délivrée (non pas le projet) ainsi que les actes d'état civil de moins de trois mois (se présenter à l'audience avec les actes originaux).

À réception du placement électronique, l'affaire sera définitivement inscrite au répertoire général et vous recevrez par bulletin le numéro RG définitif ainsi que confirmation du cabinet.
Attention, pensez à placer votre affaire au moins quinze jours avant l'audience d'AOMP sous peine de caducité.

NOTA À Paris, en matière de procédure orale JAF (hors divorce, après divorce et pour les demandes relatives à l'enlèvement illicite d'enfants), la demande de date pour les assignations est effectuée exclusivement par voie postale ou par dépôt au Service d'accueil unique des

justiciables (le guichet « SAUJ », dont un est réservé aux avocats).
Il faudra alors fournir un projet d'assignation et la réponse sera directement reçue dans sa toque.
En cas de dépôt d'une requête, ce qui est souvent le cas pour la demande de fixation de pension alimentaire et les modalités relatives aux enfants, cette possibilité de saisine n'a pas été modifiée par la réforme. À Paris, les requêtes du contentieux de l'autorité parentale et celles relatives aux obligations naturelles entre ascendants étaient jusqu'à présent auparavant déposées en format papier au SAUJ ou par voie postale. À compter du 1er octobre 2021, le placement de ces requêtes, à l'exception des requêtes qui présentent un caractère d'urgence, se fait par RPVA. Le défendeur sera convoqué directement par le greffe par lettre recommandée avec avis de réception qui lui transmettra alors une copie de la requête.
Concrètement cela évite de passer par un huissier de justice même si une signification sera toujours nécessaire en cas de difficulté quant à l'adresse du défendeur indiquée dans la requête. Dans une telle hypothèse, les frais d'huissier de justice seront donc comparables à ceux d'une assignation.
Attention, il faut fournir au juge des originaux des pièces d'état civil datant de moins de trois mois au plus tard le jour de l'audience (après avoir communiqué des copies par voie dématérialisée).

E Instruction du dossier

284 L'instruction du dossier se fait à l'audience. L'audience peut être précédée d'une phase dite de procédure de mise en état dans le cadre des procédures écrites.
Une mise en état conventionnelle par avocats est possible par la régularisation d'une convention de procédure participative.

NOTA Les audiences de mise en état sont dématérialisées devant le JAF. Vous n'avez donc pas besoin de vous déplacer, ni votre client. Il convient en revanche de respecter le calendrier fixé et d'envoyer vos écritures et pièces au tribunal, ainsi qu'à votre confrère, au plus tard la veille de la date fixée sur le bulletin à 16 heures, ou de solliciter un renvoi. En cas de difficultés, vous pouvez toutefois solliciter un rendez-vous judiciaire avec le magistrat en justifiant le motif, mais il s'agit d'une procédure extrêmement rare.

F Audience

285 Convocation par lettre recommandée du greffe ou du fait de la signification de l'assignation.
Les parties sont présentes ou non à l'audience, assistées ou non d'un avocat.
Obligation de ministère d'avocat pour les procédures écrites.
Le principe du contradictoire doit être respecté durant toute la procédure.
Les parties exposent leurs demandes l'une après l'autre : le demandeur en premier puis le défendeur en second.
Le juge reçoit les dossiers de plaidoiries s'il y a et prononcera sa décision à une date ultérieure après avoir pris connaissance des pièces des dossiers.

NOTA Attention, les dossiers de plaidoiries papiers (c'est-à-dire vos dernières écritures, vos pièces et votre bordereau) doivent être déposés quinze jours avant l'audience au SAUJ.

G Décision

286 Ordonnance ou jugement.

H Fin de la procédure

287 La procédure devant le juge aux affaires familiales se termine lors du prononcé de la décision statuant au fond.

I Recours ou contestation

288 La décision enjoignant aux parties de rencontrer un médiateur familial n'est pas susceptible de recours (C. civ., art. 255 et 373-2-10).
Pour les autres décisions, l'appel est possible.

1 Appel

289 L'appel doit être interjeté dans le **délai de quinze jours** en présence d'une ordonnance ou **d'un mois** pour un jugement.

2 Opposition

290 L'opposition reste limitée au cas de jugement de divorce rendu par défaut.
Le défaillant peut saisir le juge dans les délais légaux afin qu'il soit statué à nouveau sur l'affaire en fait et en droit (CPC, art. 573).
Le jugement frappé d'opposition pourra être anéanti par le second jugement qui le rétractera.

3 Tierce opposition

291 La tierce opposition tend à faire rétracter ou réformer un jugement au profit d'un tiers qui l'attaque.
Elle peut concerner :
– la procédure de délégation d'autorité parentale à la suite d'un délaissement et n'est recevable qu'en cas de dol, de fraude ou d'erreur sur l'identité de l'enfant ;
– la procédure en contestation de changement de régime matrimonial (CPC, art. 1300-4, al. 1er, délai de trois mois après réception du courrier du notaire informant du projet) ;
– la procédure de divorce (CPC, art. 1104) pour être ouverte aux créanciers de chacun des époux afin de faire déclarer que la convention homologuée leur est inopposable en rapportant la preuve de l'intention de fraude des époux (Cass. 1re civ., 13 mai 2015, nos 14-10.501 et 14-10.547 : *JurisData* n° 2015-010926).
Délai : un an à compter de l'inscription en marge des actes d'état civil des époux.
– la procédure d'adoption, de la part des grands-parents par exemple, pendant un délai de trente ans (CPC, art. 583 et 586) et uniquement cas de dol ou de fraude imputable aux adoptants (C. civ., art. 353-2).

4 Recours en révision

292 Il est ouvert aux parties à l'instance, dans les conditions et pour l'une des causes énumérées par l'article 595 du code de procédure civile (CPC, art. 595).
Le recours en révision :
– tend à faire rétracter un jugement passé en force de chose jugée pour qu'il soit à nouveau statué en fait et en droit ;
– est ouvert aux personnes présentes ou représentées pour l'une des causes suivantes :
• s'il se révèle, après la décision, que celle-ci a été surprise par la fraude de la partie au profit de laquelle elle a été rendue,
• si, depuis le jugement, des pièces décisives ont été découvertes, qui avaient été retenues par le fait d'une autre partie,
• s'il a été jugé sur des pièces reconnues ou judiciairement déclarées fausses depuis le jugement.
Le recours en révision est de deux mois à compter du jour où la partie a eu connaissance de la cause de révision qu'elle invoque (CPC, art. 596).

J Actions en nullité ou en résolution

293 L'assignation contient à peine de nullité les mentions prescrites par les articles 56 et 855 du Code de procédure civile (CPC, art. 56 et 855).
La requête conjointe en divorce :
– contient les mentions prescrites par l'article 57 du Code de procédure civile ;
– comprend à peine d'irrecevabilité, en annexe une convention datée et signée par chacun des époux et leur avocat portant règlement complet des effets du divorce et incluant notamment un état liquidatif du régime matrimonial ou la déclaration qu'il n'y a pas lieu à liquidation.
L'état liquidatif doit être passé en la forme authentique devant notaire lorsque la liquidation porte sur des biens soumis à publicité foncière (CPC, art. 1091).

K Modifications de la décision

294 Les parties ont la possibilité d'adresser au juge une requête :
– en interprétation si les termes de la décision ne sont pas clairs ;
– ou en rectification d'erreur matérielle s'il existe des fautes de frappe, pouvant parfois rendre inexécutable la décision.
En fonction de la complexité des demandes, le juge peut être amené à convoquer les parties pour débattre des points obscurs au cours d'une nouvelle audience.

L Débriefing client

295 Réexpliquer au client :
– les obligations et droits découlant de mesures fixées pour sa parfaite compréhension ;
– les différentes procédures (orales ou écrites) ;
– la nouvelle procédure de divorce avec la mise en place de la procédure participative de mise en état ;
– la nécessité de privilégier le dialogue avec l'autre parent et le respect d'un exercice conjoint de l'autorité parentale en présence d'enfant mineur.

CHECK-LIST

- **Tentative de résolution amiable du litige.**
- **Vérification d'identité du client.**
- **Vérification de l'absence de prescription de l'action souhaitée par le client.**
- **Vérification des pièces utiles pour la procédure.**
- **Prise de date auprès du greffe du juge aux affaires familiales concerné pour l'assignation.**
- **Signification de l'assignation (au moins quinze jours avant l'audience).**
- **Enrôlement de l'assignation ou dépôt de la requête au greffe du juge aux affaires familiales concerné.**
- **Communication des pièces au défendeur (principe du contradictoire).**
- **Signification de la décision.**

POUR ALLER PLUS LOIN...

Fascicule JurisClasseur

- *JCl. Procédure civile*, fasc. 1100-55, *Juge aux affaires familiales*.

Ouvrage

- L. Bertier, *Guide de défense des victimes de violences intrafamiliales 2024/2025*, LexisNexis, oct. 2024.

Fiche 16

Exercer un recours devant le juge des contentieux de la protection en matière de surendettement

Vincent VIGNEAU
et
Adélaïde LAURIAT
Actualisé par Marie-Odile DIAS-BIDAULT

Sommaire

NOTA À la suite de la suppression du tribunal d'instance, ses compétences ont été transférées au pôle civil de proximité du tribunal judiciaire. Ainsi, au sein du pôle civil de proximité du tribunal judiciaire, a notamment été créé le juge des contentieux de la protection (JCP) dont la compétence s'étend aux problématiques liées à la vulnérabilité. Les compétences du JCP sont limitativement énumérées dans le Code de l'organisation judiciaire et recouvrent notamment :
– les fonctions de juge des tutelles ;
– les actions concernant l'expulsion des personnes qui occupent aux fins d'habitation des immeubles bâtis sans droit ni titre ;
– les actions concernant le contrat de louage d'immeubles à usage d'habitation ou un contrat portant sur l'occupation d'un logement, les rapports des bailleurs et locataires ou occupants

des locaux d'habitation ou à usage professionnel et instituant des allocations de logement ;
– les actions relatives au crédit à la consommation ;
– les actions relatives à l'inscription et à la radiation sur le fichier national recensant les informations sur les incidents de paiement caractérisés liés aux crédits accordés aux personnes physiques pour des besoins non professionnels ;
– les mesures de traitement des situations de surendettement des particuliers et de la procédure de rétablissement personnel.
N'oubliez pas que devant le JCP la procédure est orale et que l'avocat n'est pas obligatoire.

À Paris, le Bureau d'ordre civil (BOC) vous délivrera des dates d'audience **à fin d'assignation** et pourra vous fournir des renseignements généraux relatifs aux procédures devant le pôle civil de proximité (boc-pcp.tj-paris@justice.fr). Sachez que pour obtenir une date d'audience par mail, vous devrez remplir un formulaire disponible sur le site du tribunal judiciaire de Paris. Enfin, il existe un service spécifique pour l'acquisition de clauses résolutoires en matière d'expulsion, le service des ACR (civil-acr.tj-paris@justice.fr).

I
Aperçu rapide

A Éléments clés

296 Depuis le 1er janvier 2020, le juge des contentieux de la protection connaît des mesures de traitement des situations de surendettement des particuliers et de la procédure de rétablissement personnel (COJ, art. L. 213-4-7, créé L. n° 2019-222, 23 mars 2019).
Les attributions de la commission de surendettement ont, par ailleurs, été étendues par la loi n° 2010-737 du 1er juillet 2010 et la loi n° 2016-1547 du 18 novembre 2016 et son décret d'application n° 2017-896 du 9 mai 2017.
Désormais, le rôle du juge des contentieux de la protection consiste essentiellement à juger les contestations pouvant s'élever contre les décisions de celle-ci et, le cas échéant, diligenter la procédure de rétablissement personnel avec liquidation judiciaire (sur cette dernière procédure, il conserve l'exclusivité). En effet, avec la loi de modernisation de la justice du XXIe siècle l'homologation judiciaire des recommandations de la commission de surendettement a été supprimée. Depuis le 1er janvier 2018, celle-ci peut imposer ses décisions. Le juge des contentieux de la protection peut également dans certains cas être saisi pour obtenir la suspension des procédures d'exécution (par ex., C. consom., art. L. 721-4) ou des mesures d'expulsion (C. consom., art. L. 722-6).
Lorsque la commission saisit le juge aux fins d'ouverture d'une procédure de rétablissement personnel avec liquidation judiciaire, le juge décide de l'ouverture de la procédure et fait procéder, sous son contrôle, à la liquidation du patrimoine du débiteur.

EXEMPLE Selon le type de mesures ayant été recommandées par la commission, le contrôle du juge des contentieux de la protection connaît des degrés différents :
– les mesures dites « ordinaires » (réduction du montant dû au titre du remboursement d'un prêt immobilier et accomplissement par le débiteur d'actes propres à faciliter ou garantir le paiement de sa dette) ne font l'objet que d'un contrôle formel portant sur la régularité de la mesure ;
– les mesures dites « extraordinaires » (effacement partiel des dettes et rétablissement personnel sans liquidation judiciaire) font en revanche l'objet d'un contrôle plus approfondi, portant à la fois sur la régularité et le bien-fondé de la mesure.
Le juge des contentieux de la protection compétent est celui du lieu où demeure le débiteur.

ATTENTION Depuis la loi n° 2022-172 du 14 février 2022, lorsque le débiteur est un entrepreneur individuel, c'est le tribunal de la procédure collective (tribunal de commerce ou tribunal judiciaire) qui connaît de la procédure de surendettement de cet entrepreneur (C. com., art. L. 681-1 nouveau). Lorsque la distinction des patrimoines professionnel et personnel a été strictement respectée, c'est le juge de la procédure collective qui ouvre la procédure de surendettement et saisit, avec l'accord du débiteur, la commission de surendettement aux fins de traitement des dettes dont l'entrepreneur est redevable sur son patrimoine personnel. Dans ce cas, le tribunal exerce les fonctions du juge des contentieux de la protection qu'il peut déléguer en tout ou en partie au juge-commissaire. Le tribunal et la commission s'informent réciproquement de l'évolution de chacune des procédures ouvertes (C. com., art. L. 681-2, IV nouveau).

B Textes

- C. consom., art. L. 711-1 à L. 762-2.
- C. consom., art. R. 711-1 à R. 761-1.
- CPC, art. 827 et 828.

II Préparation

A Informations préalables

297 Les informations à recueillir sont celles figurant dans la demande de traitement de la situation de surendettement pour la constitution du dossier.
Elles concernent l'état du patrimoine, des revenus et des charges de l'intéressé. Il convient d'obtenir le détail des dettes qu'il a contractées (crédits à la consommation, crédit immobilier, *etc.*), l'identification de ses créanciers, ainsi que les mesures d'exécution en cours.
Si le débiteur est un entrepreneur individuel et que les difficultés qu'il rencontre concernent tant son patrimoine personnel que son patrimoine professionnel, il y a lieu de communiquer les informations permettant de répartir son actif et son passif entre les deux patrimoines.

B Inventaire des solutions et éléments de décisions

298 Le débiteur peut demander à la commission de surendettement de saisir le juge et peut, dans certaines hypothèses, saisir lui-même le juge des contentieux de la protection, à différentes fins. Il peut ainsi exercer des recours contre les décisions de la commission rendues lors de la phase d'instruction du dossier, imposées par la commission, ou un rétablissement personnel sans liquidation judiciaire.
Il peut également saisir la commission afin de bénéficier d'une procédure de rétablissement personnel avec ou sans liquidation judiciaire (C. consom., art. L. 724-2).
Les créanciers et le débiteur peuvent à tout moment de la procédure demander au juge des contentieux de la protection de vérifier les créances déclarées, les titres qui les constatent.

III

Réalisation – Mise en œuvre

A Recours au juge des contentieux de la protection durant la phase d'instruction du dossier par la commission

1 Demandes relatives à l'interdiction et à la suspension des procédures d'exécution diligentées à l'encontre des biens du débiteur

299 Dans l'attente de la décision statuant sur la recevabilité de sa demande de traitement, le débiteur peut, par l'intermédiaire de la commission, saisir le juge des contentieux de la protection aux fins de suspension des procédures d'exécution dont il fait l'objet, notamment d'une procédure de saisie immobilière tant que la vente forcée n'a pas été ordonnée (C. consom., art. L. 721-1 et L. 721-7).

En cas de suspension et d'interdiction des procédures d'exécution, prononcées par le juge ou découlant de la décision de recevabilité, il est interdit au débiteur, en contrepartie de cette suspension et de cette interdiction, d'effectuer tout acte qui aggraverait son insolvabilité, de payer, en tout ou partie, une créance autre qu'alimentaire, née antérieurement à la suspension ou à l'interdiction des procédures d'exécution, de faire un acte de disposition étranger à la gestion normale de son patrimoine et de prendre toute garantie ou sûreté.

Le débiteur a cependant la possibilité de saisir le juge des contentieux de la protection afin qu'il l'autorise à accomplir l'un de ces actes.

Dans cette hypothèse, le juge est saisi directement par le débiteur et statue par ordonnance (C. consom., art. L. 722-5, al. 2 et R. 722-8).

Après la décision de recevabilité, la commission peut saisir le juge des contentieux de la protection aux fins de suspension des mesures d'expulsion du logement du débiteur (C. consom., art. L. 722-6).

2 Demandes relatives à l'appréciation de l'état d'endettement du débiteur par la commission

300 Le débiteur dispose d'un recours contre la décision d'irrecevabilité frappant sa demande de traitement de son surendettement (C. consom., art. R. 722-2). La saisine du juge se fait par l'intermédiaire de la commission, à laquelle le débiteur remet ou adresse une requête motivée et signée. Le secrétariat transmet cette déclaration, avec le dossier du débiteur, au greffe du tribunal judiciaire. Le juge des contentieux de la protection statue par jugement en dernier ressort. S'il déclare la demande recevable, il doit renvoyer le dossier à la commission de surendettement. S'il prononce à cette occasion un rétablissement personnel sans liquidation judiciaire, il excède ses pouvoirs (Cass. 2e civ., 8 juin 2023, n° 20-21.625, F-B : *JurisData* n° 2023-009260 ; *Act. proc. coll.* 2023, alerte 187).

Par ailleurs, le débiteur peut contester l'état du passif dressé par la commission (C. consom., art. L. 723-3). Il demande alors à la commission de saisir le juge des contentieux de la protection aux fins de vérification de la validité des créances, des titres qui les constatent et du montant des sommes réclamées. La commission est tenue de faire droit à cette demande, qui doit être motivée. Parallèlement, la commission peut saisir le juge des contentieux de la protection de toutes difficultés relativement à l'état du passif du débiteur (C. consom., art. L. 723-4).

Lorsqu'un recours est formé par un créancier contre la décision de recevabilité, ce recours ne suspend pas les effets de la décision prévus à l'article L. 722-2 du Code de la consommation (C. consom., art. R. 722-3).

Si le débiteur peut contester devant le juge des contentieux de la protection les décisions de la commission concernant la recevabilité de sa demande ou l'état de son passif, il ne peut plus en revanche contester la décision de la commission en matière d'orientation de son dossier, depuis l'entrée en vigueur de la loi n° 2013-672 du 26 juillet 2013.

Il doit rigoureusement observer et faire observer le principe de la contradiction, sous le contrôle de la Cour de cassation. Ainsi, lorsqu'il connaît d'un recours contre la décision de recevabilité rendue par la commission, il doit s'assurer que les parties se sont mutuellement communiqué leurs observations (Cass. 2e civ., 6 déc. 2012, n° 11-20.193 : *JurisData* n° 2012-028457) et s'il entend relever d'office l'irrecevabilité du recours, il doit inviter les parties à présenter leurs observations (Cass. 2e civ., 21 févr. 2013, n° 11-27.051 : *JurisData* n° 2013-002700). Il ne peut écarter une créance de la procédure de surendettement sans respecter le principe du contradictoire (Cass. 2e civ.,

19 oct. 2017, n° 16-23.752, F-P + B : *JurisData* n° 2017-020398 ; « Viole les dispositions des articles L. 331-4 et R. 332-4 du Code de la consommation, alors applicables, ensemble l'article 16 du Code de procédure civile, le juge d'un tribunal d'instance qui, sous couvert d'une carence dans l'administration de la preuve, introduit dans le débat le moyen tiré de la forclusion sans avoir invité les parties à présenter leurs observations »).

B Recours contre les décisions de la commission imposant des mesures de désendettement

301 En cas d'échec de la conciliation menée par la commission en vue de l'élaboration d'un plan conventionnel de redressement approuvé par le débiteur et ses principaux créanciers, le débiteur peut demander à la commission d'imposer un certain nombre de mesures de désendettement.

Les mesures décidées par la commission peuvent faire l'objet de contestation par les parties devant le juge des contentieux de la protection (C. consom., art. L. 733-10), dans les trente jours de la notification qui leur en est faite (C. consom., art. R. 733-6).

La contestation est formée par déclaration remise ou adressée par lettre recommandée avec demande d'avis de réception au secrétariat de la commission ; cette déclaration indique les nom, prénoms et adresse de son auteur, les mesures contestées ainsi que les motifs de la contestation, et est signée par ce dernier (C. consom., art. R. 733-6).

Le juge est saisi par la commission par lettre simple signée par son président (C. consom., art. R. 713-2). Selon la Cour de cassation, le dossier est composé de l'ensemble des éléments en possession de la commission de surendettement au titre de l'affaire considérée (Cass. 2e civ., 27 juin 2019, n° 19-70.006 : *JurisData* n° 2019-011255).

En cas de loyers impayés depuis le 1er mars 2019, lorsqu'une contestation a été formée par l'une des parties à l'encontre des délais et modalités de paiement de la dette locative imposés par la commission, le juge du contrat de location accorde des délais de paiement jusqu'à la décision du juge du surendettement statuant sur la contestation (L. n° 89-462, 6 juill. 1989, art. 24, VI, 3°).

Lorsque le juge rend sa décision, il prend tout ou partie des mesures de surendettement et accorde les délais et modalités de paiement de la dette locative imposée dans ces mesures (L. n° 89-462, 6 juill. 1989, art. 24, VI, 4°). Il peut accorder des délais de trois mois en cas de suspension d'exigibilité de la créance locative.

Il ne peut renvoyer le dossier devant la commission de surendettement (Cass. 2e civ., 1er oct. 2020, n° 19-15.613, F-P + B + I : *JurisData* n° 2020-015330 ; *RD bancaire et fin.* 2020, comm. 136, obs. S. Piedelièvre ; *Act. proc. coll.* 2020, comm. 19, obs. K. Salhi ; *Rev. proc. coll.* 2021, comm. 28, S. Gjidara-Decaix).

Avant de statuer, le juge peut ordonner par provision l'exécution d'une ou plusieurs des mesures prévues par la commission.

Lors de sa saisine, le juge des contentieux de la protection est compétent pour statuer sur la validité des créances, des titres qui les constatent et des montants des sommes réclamées. Il peut également se prononcer sur le caractère effectif de la situation de surendettement du débiteur, telle que définie à l'article L. 711-1 du Code de la consommation.

Les parties ont ainsi la possibilité de soumettre ces questions au juge, à cette étape de la procédure.

Le juge peut prescrire toute mesure d'instruction nécessaire, les frais étant à la charge de l'État (C. consom., art. L. 733-12).

Le juge disposant de la plénitude de son pouvoir juridictionnel, pourra prendre tout ou partie des mesures définies aux articles L. 733-1, L. 733-4 et L. 733-7 du Code de la consommation, il pourra aussi prononcer un rétablissement personnel sans liquidation judiciaire (C. consom., art. L. 733-13).

Le juge pourra également, lorsque la situation du débiteur l'exige, l'inviter à solliciter une mesure d'aide ou d'action sociale, qui peut comprendre un programme d'éducation budgétaire, notamment une mesure d'accompagnement social personnalisé (C. consom., art. L. 733-14).

Le juge se prononce par jugement susceptible d'appel (C. consom., art. R. 733-17).

C Recours au juge des contentieux de la protection dans l'hypothèse d'une procédure de rétablissement personnel

302 Le débiteur peut saisir la commission afin de bénéficier d'une procédure de rétablissement personnel avec ou sans liquidation judiciaire si, en cours d'exécution d'un plan conventionnel ou de mesures imposées par la commission, sa situation devient irrémédiablement compromise (C. consom., art. L. 724-2).

1 Contestation du rétablissement personnel sans liquidation judiciaire imposé par la commission

303 Après avoir constaté la bonne foi du débiteur, la commission peut imposer un rétablissement personnel sans liquidation judiciaire. L'accord du débiteur n'est pas requis dans ce cas, et depuis le 1er janvier 2018 cette mesure est exécutoire de plein droit.

Toute partie peut cependant contester devant le juge des contentieux de la protection le rétablissement personnel sans liquidation judiciaire imposé par la commission (C. consom., art. L. 741-4) dans un délai de trente jours de la notification qui lui en est faite (C. consom., art. R. 741-1).

Le juge des contentieux de la protection est encore compétent pour statuer sur cette contestation.

À cette étape de la procédure le juge peut aussi statuer sur la validité des créances, des titres qui les constatent et des montants des sommes réclamées et se prononcer sur le caractère effectif de la situation de surendettement du débiteur.

Lorsque le juge prononce un rétablissement personnel sans liquidation judiciaire, le greffe procède à des mesures de publicité permettant aux créanciers qui n'auraient pas été avisés de former tierce opposition à l'encontre de ce jugement. À défaut d'opposition dans un délai de deux mois à compter de cette publicité, les créances sont éteintes.

Le juge dispose de trois options (C. consom., art. L. 741-6) :

– il peut prononcer un rétablissement personnel sans liquidation judiciaire s'il constate que le débiteur est en situation irrémédiablement compromise et ne dispose pas d'actif réalisable ; ce rétablissement personnel sans liquidation judiciaire emporte les mêmes effets que s'il était prononcé par la commission ;

– si le débiteur est en situation irrémédiablement compromise mais dispose d'un actif réalisable, il ouvrira, avec l'accord du débiteur un rétablissement personnel avec liquidation judiciaire ;

– enfin, s'il constate que la situation du débiteur n'est pas irrémédiablement compromise, il renvoie le dossier à la commission.

Son jugement est susceptible d'appel (C. consom., art. R. 741-12).

2 Saisine du juge des contentieux de la protection aux fins d'ouverture d'une procédure de rétablissement personnel avec liquidation judiciaire

304 Le débiteur peut demander à la commission de saisir le juge des contentieux de la protection aux fins d'ouverture d'une procédure de rétablissement personnel avec liquidation judiciaire.

Le juge convoque le débiteur et les créanciers connus à l'audience et apprécie le caractère irrémédiablement compromis de la situation du débiteur ainsi que sa bonne foi, avant de prononcer le cas échéant l'ouverture de la procédure.

Le greffe procède à des mesures de publicité permettant aux créanciers qui n'auraient pas été avisés de former tierce opposition à l'encontre de ce jugement. À défaut d'opposition dans un délai de deux mois à compter de cette publicité, les créances sont éteintes.

CHECK-LIST **1. Compétence territoriale**

• Le tribunal des contentieux de la protection territorialement compétent est celui du lieu où demeure le débiteur (C. consom., art. R. 713-1).

• Dans le cas d'un débiteur de nationalité française, domicilié hors de France et ayant contracté des dettes non professionnelles auprès de créanciers établis en France, celui-ci peut saisir la commission de surendettement du lieu d'établissement de l'un de ces créanciers ; dès lors, le tribunal des contentieux de la protection territorialement compétent est celui dans le ressort duquel siège la commission saisie (C. consom., art. L. 711-2 et R. 713-1, al. 2).

2. Modalité de la saisine du juge des contentieux de la protection

• Saisine directe du juge : celle-ci s'effectue le cas échéant par requête remise ou adressée au greffe du tribunal judiciaire, indiquant les nom, prénoms et adresse du déclarant et signée par ce dernier.

• Saisine indirecte du juge, par l'intermédiaire de la commission : la demande est remise ou adressée par lettre recommandée avec demande d'avis de réception au secrétariat de la commission qui la transmet, avec le dossier, au greffe du tribunal judiciaire.

3. Procédure devant le juge des contentieux de la protection

• Le juge des contentieux de la protection statue par jugement ou, en vertu d'une disposition spéciale, par ordonnance ; dans les cas où il statue par jugement, le juge convoque les parties intéressées ou les invite à produire leurs observations, par lettre recommandée avec demande d'avis de réception.

• Les convocations et demandes d'observations sont régulièrement faites à l'adresse préalablement indiquée par le destinataire : dans ce cas, en cas de retour au secrétariat de la juridiction de ces

notifications dont l'avis de réception n'a pas été signé par son destinataire ou par une personne munie d'un pouvoir à cet effet, la date de notification est celle de présentation et la notification est réputée faite à domicile ou à résidence ; le cas échéant, une copie du recours ou de la contestation formé est jointe aux convocations ou demandes d'observations (C. consom., art. R. 713-4).

• Les parties se défendent elles-mêmes ; elles ont la faculté de se faire assister ou représenter par (CPC, art. 827 et 828) :
- un avocat ;
- leur conjoint ;
- leur concubin ou la personne avec laquelle elles ont conclu un pacte civil de solidarité ;
- leurs parents ou alliés en ligne directe ;
- leurs parents ou alliés en ligne collatérale jusqu'au troisième degré inclus ;
- les personnes exclusivement attachées à leur service personnel ou à leur entreprise.

• L'État, les départements, les communes et les établissements publics peuvent se faire représenter ou assister par un fonctionnaire ou un agent de leur administration (CPC, art. 828).
• Le représentant, s'il n'est avocat, doit justifier d'un pouvoir spécial (CPC, art. 828).
• Si les parties sont convoquées, la procédure est orale ; en cours d'instance, toute partie peut aussi exposer ses moyens par lettre adressée au juge à condition de justifier que l'adversaire en a eu connaissance avant l'audience par lettre recommandée avec demande d'avis de réception : la partie qui use de cette faculté peut ne pas se présenter à l'audience.

4. Voies de recours

• V. Fiche 17 : Exercer un recours contre les décisions du juge des contentieux de la protection en matière de surendettement.

POUR ALLER PLUS LOIN...

Fascicules JurisClasseur
• *JCl. Civil Annexes*, V° *Surendettement*, fasc. 10, *Procédures de désendettement – Introduction*, par C. Cardini, V. Vigneau et G.-X. Bourin.
• *JCl. Civil Annexes*, V° *Surendettement*, fasc. 20 : *Procédures de désendettement – Champ d'application*, par C. Cardini, V. Vigneau et G.-X. Bourin.
• *JCl. Commercial ou Procédures collectives*, fasc. 1710 à 1712, *Surendettement des particuliers*, par S. Gjidara-Decaix.
• *JCl. Concurrence – Consommation*, fasc. 1140, *Procédures de désendettement – Introduction*, par C. Cardini, V. Vigneau et G.-X. Bourin.
• *JCl. Concurrence-Consommation*, fasc. 1150, *Procédures de désendettement – Champ d'application*, par C. Cardini, V. Vigneau et G.-X. Bourin.
• *JCl. Procédures Formulaire*, V° *Surendettement des particuliers*, fasc. 10 à 25, par Ph. Florès.

Revues
• C. Bléry, *Transfert du contentieux du surendettement : JCP* G 2011, act. 807.
• J. Julien, *Présentation de la loi n° 2014-344 du 17 mars 2014 relative à la consommation : Contrats, conc. consom.* 2014, dossier 2.
• V. Legrand, *Le volet crédit de la loi « Consommation » : Contrats, conc. consom.* 2014, dossier 7.
• G. Raymond, *Situation irrémédiablement compromise et procédure de rétablissement personnel : Contrats, conc. consom.* 2011, comm. 48 ; *Loi n° 2010-737 du 1er juillet 2010 portant réforme du crédit à la consommation : Contrats, conc. consom.* 2010, étude 11.
• *Modalités du transfert du contentieux du surendettement au juge du tribunal d'instance : Contrats, conc. consom.* 2011, alerte 65.
• *Modifications récentes en matière de surendettement : JCP* E 2014, act. 400.
• *Protection du consommateur : Entrée en vigueur du volet surendettement de la loi du 1er juillet 2010 : Contrats, conc. consom.* 2011, alerte 72.

Ouvrages
• V. Vigneau, G.-X. Bourin et C. Cardini, *Droit du surendettement des particuliers*, Litec, coll. « Pratique professionnelle », 2007.
• V. Vigneau, G.-X. Bourin et C. Cardini, *Droit du surendettement des particuliers*, LexisNexis, coll. « Droits et Professionnels », 2e éd., 2012.

Fiche pratique
• V. Fiche 17 : Exercer un recours contre les décisions du juge des contentieux de la protection en matière de surendettement.

Fiche 17

Exercer un recours contre les décisions du juge des contentieux de la protection en matière de surendettement

Vincent VIGNEAU
Adélaïde LAURIAT
Actualisé par Marie-Odile DIAS-BIDAULT

Sommaire

NOTA À la suite de la suppression du tribunal d'instance, ses compétences ont été transférées au pôle civil de proximité du tribunal judiciaire. Ainsi, au sein du pôle civil de proximité du tribunal judiciaire, a notamment été créé le juge des contentieux de la protection (JCP) dont la compétence s'étend aux problématiques liées à la vulnérabilité. Les compétences du JCP sont

limitativement énumérées dans le Code de l'organisation judiciaire et recouvrent notamment :
– les fonctions de juge des tutelles ;
– les actions concernant l'expulsion des personnes qui occupent aux fins d'habitation des immeubles bâtis sans droit ni titre ;
– les actions concernant le contrat de louage d'immeubles à usage d'habitation ou un contrat portant sur l'occupation d'un logement, les rapports des bailleurs et locataires ou occupants des locaux d'habitation ou à usage professionnel et instituant des allocations de logement ;
– les actions relatives au crédit à la consommation ;
– les actions relatives à l'inscription et à la radiation sur le fichier national recensant les informations sur les incidents de paiement caractérisés liés aux crédits accordés aux personnes physiques pour des besoins non professionnels ;
– les mesures de traitement des situations de surendettement des particuliers et de la procédure de rétablissement personnel.

N'oubliez pas que devant le JCP la procédure est orale et que l'avocat n'est pas obligatoire. À Paris, le Bureau d'ordre civil (BOC) vous délivrera des dates d'audience **à fin d'assignation** et pourra vous fournir des renseignements généraux relatifs aux procédures devant le pôle civil de proximité (boc-pcp.tj-paris@justice.fr). Sachez que pour obtenir une date d'audience par mail, vous devrez remplir un formulaire disponible sur le site du tribunal judiciaire de Paris. Enfin, il existe un service spécifique pour l'acquisition de clauses résolutoires en matière d'expulsion, le service des ACR (civil-acr.tj-paris@justice.fr).

I

Aperçu rapide

A Éléments clés

305 Le juge des contentieux de la protection connaissant depuis le 1er janvier 2020 du traitement du surendettement statue par jugement ou, en vertu d'une disposition spéciale, par ordonnance (C. consom., art. R. 713-3).

La notification des jugements et ordonnances, faite par le greffe du tribunal judiciaire au débiteur et aux créanciers intéressés, mentionne les délais et voies de recours.

Les voies de recours diffèrent suivant que le juge statue par ordonnance ou par jugement.

Les ordonnances du juge des contentieux de la protection sont rendues en dernier ressort (C. consom., art. R. 713-9).

Elles peuvent toutefois être frappées, dans un délai de quinze jours, d'un recours en rétractation par toute personne qui n'aurait pas été en mise en mesure de s'opposer à la demande. Le juge des contentieux de la protection statue sur le recours en rétractation par jugement, sauf disposition contraire. Les ordonnances du juge peuvent être aussi frappées d'un pourvoi en cassation.

Les jugements sont, sauf dispositions contraires, rendus en dernier ressort (C. consom., art. R. 713-5). L'irrecevabilité de l'appel formé contre les jugements rendus en dernier ressort constitue une fin de non-recevoir que la cour d'appel doit relever d'office (Cass. 2e civ., 28 juin 2006, n° 05-15.188 : *JurisData* n° 2006-034253 ; *Contrats, conc. consom.* 2006, comm. 220, G. Raymond). C'est une irrecevabilité manifeste, insusceptible d'être couverte (Cass. 2e civ., 6 juin 2019, n° 18-12.755, FS-P+B+I : *JurisData* n° 2019-009689 ; *Rev. proc. coll.* 2020, comm. 19, obs. S. Gjidara-Decaix).

Lorsque le jugement est susceptible d'appel, le délai d'appel est de quinze jours à compter de la notification du jugement par le greffe du tribunal judiciaire. L'appel est formé, instruit et jugé selon les règles de la procédure sans représentation obligatoire prévue aux articles 931 à 949 du Code de procédure civile (C. consom., art. R. 713-7). La procédure d'appel est orale. Les parties ne peuvent pas être dispensées de comparaître en appel (Cass. 2e civ., 3 mars 2022, n° 20-18.768, F-B : *JurisData* n° 2022-002942 ; *Act. proc. coll.* 2022, alerte 137, note T. Le Bars ; *Rev. proc. coll.* 2022, comm. 57, S. Gjidara-Decaix).

Le jugement étant exécutoire par provision, il peut être exécuté immédiatement nonobstant l'appel en cours (C. consom., art. R. 713-10).

Les parties peuvent cependant demander au premier président de la cour d'appel un sursis à exécution par assignation en référé délivrée à la partie adverse (C. consom., art. R. 713-8).

Jusqu'au jour du prononcé de l'ordonnance par le premier président, la demande suspend les effets de la décision du juge, à l'exception de celle prévoyant la suspension d'une mesure d'expulsion.

Le sursis à exécution n'est accordé que si l'exécution immédiate de la décision risque d'entraîner des conséquences manifestement excessives.
La décision de la cour d'appel est susceptible d'un pourvoi en cassation dans un délai de deux mois à compter de sa notification par le greffe de la cour d'appel.
Le pourvoi doit donc être formé par un avocat au Conseil d'État et à la Cour de cassation qui va représenter les parties devant la Cour de cassation tout au long de la procédure.

ATTENTION Depuis la loi n° 2022-172 du 14 février 2022, lorsque le débiteur est un entrepreneur individuel, c'est le tribunal de la procédure collective (tribunal de commerce ou tribunal judiciaire) qui connaît de la procédure de surendettement concernant le patrimoine personnel de cet entrepreneur (C. com., art. L. 681-1 nouveau). Par ailleurs, lorsque la distinction des patrimoines professionnel et personnel a été strictement respectée, c'est le juge de la procédure collective qui exerce les fonctions du juge des contentieux de la protection qu'il peut déléguer en tout ou en partie au juge-commissaire (C. com., art. L. 681-2, IV nouveau).

B Textes

- C. consom., art. R. 713-5 à R. 713-11.
- CPC, art. 931 à 949.

II Préparation

A Informations préalables

306 Elles portent sur les étapes de la procédure suivie devant la commission de surendettement et, le cas échéant, devant le juge des contentieux de la protection (notification de la décision attaquée, en particulier).

B Inventaire des solutions et éléments de décisions

307 Les ordonnances du juge des contentieux de la protection peuvent faire l'objet d'un recours en rétractation par toute personne n'ayant pas été en mise en mesure de s'opposer à la demande.
Les jugements du juge des contentieux de la protection peuvent, en vertu de dispositions expresses, être frappés d'appel.

III Mise en œuvre

A Recours contre les ordonnances du juge des contentieux de la protection

308 Rendues en dernier ressort, les ordonnances du juge des contentieux de la protection peuvent être frappées d'un recours en rétractation dans un délai de quinze jours.
Ce recours est ouvert à toute personne qui n'a pas été en mise en mesure de s'opposer à la demande.
Il doit être remis ou adressé au greffe du tribunal judiciaire. La copie de l'ordonnance est jointe à la demande de rétractation.
Le juge des contentieux de la protection statue sur le recours en rétractation par jugement, sauf disposition contraire.
Les ordonnances du juge peuvent également être frappées d'un pourvoi en cassation.

1 Ordonnance suspendant les voies d'exécution

309 La commission peut, avant la décision de recevabilité et à la demande du débiteur, saisir le juge des contentieux de la protection aux fins de suspension des procédures d'exécution diligentées contre les biens du débiteur ainsi que des cessions de rémunération consenties par ce dernier et portant sur des dettes autres qu'alimentaires (C. consom., art. L. 721-4).

L'ordonnance du juge des contentieux de la protection qui suspend une ou plusieurs procédures d'exécution ou cessions de rémunération est notifiée par le greffe du tribunal judiciaire par lettre recommandée avec demande d'avis de réception ou remise contre récépissé aux créanciers poursuivants et aux agents chargés de l'exécution ou au greffier en chef du tribunal judiciaire en charge de la procédure de saisie des rémunérations ou de la cession des rémunérations, qui en informe le tiers saisi.

Les créanciers peuvent demander au juge de rétracter son ordonnance suspendant les voies d'exécution. Au vu de cette demande, le juge se prononce par ordonnance, sans être tenu de provoquer un débat contradictoire.

Une copie de cette ordonnance est adressée par le greffe par lettre simple à la commission qui en informe le débiteur (C. consom., art. R. 721-6, al. 2).

Si le juge accueille la demande de rétractation, le greffe notifie son ordonnance au créancier requérant et aux agents chargés de l'exécution de l'ordonnance par lettre simple. S'il la rejette, l'ordonnance est notifiée par lettre recommandée avec demande d'avis de réception.

> EXEMPLE **Cette ordonnance est rendue en dernier ressort, mais la Cour de cassation a admis de façon implicite que cette ordonnance pouvait faire l'objet d'un pourvoi en cassation (Cass. 1re civ., 22 janv. 2002, n° 00-04.203 : *Bull. civ.* I, n° 24. – Cass. 2e civ., 15 déc. 2005, n° 04-04.175 : *JurisData* n° 2005-031286 ; *Bull. civ.* II, n° 335).**

2 Ordonnance autorisant le débiteur à accomplir certains actes en cas de suspension des mesures d'exécution diligentées contre les biens du débiteur

310 La suspension et l'interdiction des procédures d'exécution emportent interdiction pour le débiteur de faire tout acte qui aggraverait son insolvabilité, de payer, en tout ou partie, une créance autre qu'alimentaire, de désintéresser les cautions qui acquitteraient des créances nées antérieurement à la suspension ou à l'interdiction, de faire un acte de disposition étranger à la gestion normale du patrimoine ; elles emportent aussi interdiction de prendre toute garantie ou sûreté (C. consom., art. L. 722-5).

L'interdiction ne s'applique pas aux créances locatives lorsqu'une décision judiciaire a accordé des délais de paiement au débiteur en application des V et VI de l'article 24 de la loi n° 89-462 du 6 juillet 1989. Cependant, le juge des contentieux de la protection est compétent pour autoriser l'accomplissement de ces actes. Il statue par voie d'ordonnance (C. consom., art. R. 722-8).

3 Ordonnance statuant sur la partie qui supportera les frais de l'appel aux créanciers

311 La commission peut faire appel aux créanciers pour dresser l'état du passif du débiteur (C. consom., art. L. 723-1).

À défaut d'accord entre les parties, la commission saisit le juge des contentieux de la protection à l'effet de désigner, par ordonnance, la ou les parties qui supporteront les frais de l'appel aux créanciers (C. consom., art. R. 723-2, al. 2).

Le juge des contentieux de la protection peut aussi faire appel aux créanciers (C. consom., art. L. 733-12, L. 741-8) quand il statue sur une mesure imposée par la commission.

Dans les mêmes conditions, il statue par ordonnance en cas de défaut d'accord entre les parties pour déterminer la ou les parties qui supporteront les frais (C. consom., art. R. 733-15 et R. 741-15).

4 Ordonnance statuant sur le remplacement du mandataire judiciaire en cas de rétablissement personnel avec liquidation judiciaire

312 Si le mandataire refuse la mission ou s'il existe un empêchement légitime, il est pourvu à son remplacement par ordonnance du juge des contentieux de la protection. Le juge peut également, à la demande des parties ou d'office, remplacer, par ordonnance, le mandataire qui manquerait à ses devoirs, après avoir provoqué ses explications (C. consom., art. R. 742-5, dernier al.).

5 Ordonnance autorisant le débiteur à aliéner certains de ses biens en cas de rétablissement personnel avec liquidation judiciaire

313 Le juge saisi par le débiteur d'une demande tendant à l'autoriser à aliéner ses biens en application des dispositions de l'article L. 742-9 statue par ordonnance (C. consom., art. R. 742-10). Cette demande d'aliénation intervient en l'absence de mandataire judiciaire.

6 Ordonnance statuant sur une demande de relevé de forclusion formée par un créancier qui n'aurait pas déclaré sa créance dans les délais de l'article R. 742-11 du Code de la consommation

314 Dans l'hypothèse d'un rétablissement personnel avec liquidation judiciaire, les créanciers disposent d'un délai de deux mois à compter de la publicité du jugement d'ouverture pour déclarer leurs créances au mandataire ou, à défaut, au greffe du tribunal judiciaire.
À défaut de déclaration dans ce délai, les créanciers peuvent saisir le juge d'une demande de relevé de forclusion dans le délai de six mois à compter de la publicité du jugement d'ouverture. Le juge statue sur cette demande par ordonnance (C. consom., art. R. 742-13 *in fine*).
Si l'ordonnance rejette la demande, elle devrait, en l'absence de disposition contraire de la loi, pouvoir être attaquée par la voie du pourvoi en cassation dans la mesure où elle met fin à l'instance à l'égard du créancier évincé.

> REMARQUE **Si elle accueille la demande, elle devrait pouvoir faire l'objet d'une demande de rétractation par les autres créanciers ou le débiteur à qui elle peut causer un grief.**

B Recours contre les jugements du juge des contentieux de la protection

1 Jugements rendus en dernier ressort

315 Les jugements du juge des contentions de la protection en matière de surendettement sont, par principe, rendus en dernier ressort, ce qui évite que la poursuite de la procédure, notamment devant la commission, ne soit excessivement retardée par l'attente de la décision de la juridiction du second degré. Cependant, la Cour de cassation a jugé que ne peut être frappé de pourvoi indépendamment d'un jugement sur le fond, le jugement rendu en dernier ressort par le tribunal d'instance déclarant irrecevable une demande de vérification de certaines créances en application de l'article L. 723-3 du Code de la consommation (Cass. com., 21 mars 2019, n° 18-10.468, F-P + B : *JurisData* n° 2019-004162).
De plus, la restriction du droit d'appel est parfois problématique s'agissant de la décision du juge qui, statuant sur le recours formé contre une décision de la commission, déclare le débiteur irrecevable en sa demande de surendettement. En effet, dans la plupart des cas, la cause de l'irrecevabilité se trouve dans un élément de fait qui relève du pouvoir souverain d'appréciation du juge du fond et échappe au contrôle de la Cour de cassation. Il en est particulièrement ainsi de la bonne foi et de la situation de surendettement. Le débiteur se trouve donc, en réalité, privé de tout recours effectif contre la décision qui l'exclut définitivement du bénéfice de la procédure, sauf à justifier d'un élément nouveau.
La Cour de cassation censure cependant la décision du juge qui, saisi de la contestation des mesures recommandées, n'a pas déterminé et mentionné dans sa décision la part des ressources nécessaires aux dépenses courantes du ménage, conformément au deuxième alinéa de l'ancien article L. 331-2 du Code de la consommation (Cass. 2e civ., 21 mars 2013, n° 11-25.462 : *JurisData* n° 2013-005674 ; *Rev. proc. coll.* 2013, comm. 106, S. Gjidara-Decaix).
Elle est par ailleurs vigilante au respect du principe de la contradiction par le juge chargé du surendettement (V. Fiche 16 : Exercer un recours devant le juge des contentieux de la protection en matière de surendettement).

> EXEMPLE **Lorsqu'un appel est formé contre les jugements rendus en dernier ressort, la cour d'appel doit relever d'office la fin de non-recevoir tirée de l'irrecevabilité dudit appel (Cass. 2e civ., 28 juin 2006, n° 05-15.188 : *JurisData* n° 2006-034253 ; *Bull. civ.* II, n° 179).**

2 Jugements susceptibles d'appel

316 Les jugements qui statuent sur la demande de suspension d'une mesure d'expulsion du logement du débiteur, qui se prononcent sur la

contestation des mesures décidées, ainsi que ceux qui prononcent la liquidation ou clôturent la procédure de rétablissement personnel, sont susceptibles d'appel.

a) Jugement statuant sur une demande de suspension d'une mesure d'expulsion

317 La commission de surendettement peut, si elle déclare le dossier du débiteur recevable, saisir le juge des contentieux de la protection aux fins de suspension des mesures d'expulsion du logement du débiteur (C. consom., art. L. 722-6).

Le juge des contentieux de la protection statue sur la demande de suspension d'une mesure d'expulsion par jugement susceptible d'appel (C. consom., art. R. 722-10).

b) Jugement se prononçant sur la contestation des mesures décidées par la commission

318 Lorsqu'une partie conteste devant le juge des contentieux de la protection les mesures imposées par la commission, le juge peut, avant de statuer et à la demande d'une partie, ordonner par provision l'exercice d'une ou plusieurs des mesures imposées ou recommandées.

Le jugement qui ordonne par provision l'exécution d'une ou plusieurs de ces mesures n'est pas susceptible d'appel indépendamment du jugement statuant sur la contestation (C. consom., art. R. 733-14).

Le jugement statuant sur la contestation est susceptible d'appel (C. consom., art. R. 733-17).

c) Jugement se prononçant sur la contestation de la décision aux fins de rétablissement personnel sans liquidation judiciaire

319 Une partie peut contester devant le juge des contentieux de la protection le rétablissement personnel décidé par la commission dans les trente jours de la notification qui lui en est faite (C. consom., art. R. 741-1, al. 2).

Le jugement par lequel le juge se prononce sur la contestation est susceptible d'appel (C. consom., art. R. 741-12).

d) Jugement prononçant la liquidation des biens du débiteur

320 Dans l'hypothèse d'un rétablissement personnel du débiteur avec liquidation judiciaire de ses biens, le juge des contentieux de la protection arrête les créances qui ont été déclarées et se prononce sur les éventuelles contestations.

Il prononce la liquidation ou la clôture pour insuffisance d'actif par jugement susceptible d'appel (C. consom., art. R. 742-17).

e) Jugement clôturant la procédure de rétablissement personnel avec liquidation judiciaire

321 Le jugement clôturant la procédure de rétablissement personnel avec liquidation judiciaire est susceptible d'appel (C. consom., art. R. 742-55).

f) Jugement arrêtant un plan de redressement par le juge des contentieux de la protection et jugement prononçant la résolution du plan de redressement pour inexécution

322 À titre exceptionnel, le juge des contentieux de la protection peut, s'il estime que la liquidation judiciaire peut être évitée, établir un plan comportant des mesures ordinaires et extraordinaires de désendettement (C. consom., art. L. 742-24).

Le jugement qui arrête le plan le rend opposable à tous (C. consom., art. L. 742-25). Il est susceptible d'appel (C. consom., art. R. 742-56).

Lorsque le juge prononce d'office ou à la demande du débiteur ou des créanciers la résolution du plan de redressement pour inexécution, il statue par jugement susceptible d'appel (C. consom., art. R. 742-57).

g) Jugement prononçant la déchéance du débiteur du bénéfice de la procédure de traitement du surendettement

323 Le juge des contentieux de la protection peut prononcer la déchéance du bénéfice de la procédure de traitement du surendettement à l'encontre du débiteur, à l'occasion des recours exercés devant lui ainsi que dans le cadre de la procédure de rétablissement personnel avec liquidation judiciaire (C. consom., art. L. 712-3).

Le jugement prononçant la déchéance du débiteur du bénéfice de la procédure de désendettement est susceptible d'appel (C. consom., art. R. 713-6).

h) Jugement annulant les actes du débiteur

324 Tout acte ou tout paiement effectué en violation des articles L. 721-2, L. 722-2 à L. 722-4, L. 722-5, L. 722-12, L. 722-13, L. 722-14, L. 722-16, L. 724-4, L. 732-2, L. 733-1 et L. 733-4 du Code de la consommation peut être annulé par le juge des contentieux de la protection, à la demande de la commission, présentée pendant le délai d'un an à

compter de l'acte ou du paiement de la créance (C. consom., art. L. 761-2).
Le jugement prononçant une telle annulation était, en vertu de l'ancien article R. 335-3 du Code de la consommation, susceptible d'appel, mais le décret n° 2016-884 du 29 juin 2016 a omis d'indiquer l'existence d'une telle voie de recours.

C Procédure d'appel

325 Lorsque le jugement est susceptible d'appel, le délai d'appel est de quinze jours à compter de la notification du jugement par le greffe du tribunal judiciaire.
L'appel est formé, instruit et jugé selon les règles de la procédure sans représentation obligatoire prévue aux articles 931 à 949 du Code de procédure civile (C. consom., art. R. 713-7).

EXEMPLE **Le jugement étant exécutoire par provision, il peut être exécuté immédiatement nonobstant l'appel en cours (C. consom., art. R. 713-10).**
Les parties peuvent cependant demander au premier président de la cour d'appel un sursis à exécution par assignation en référé délivrée à la partie adverse (C. consom., art. R. 713-8).
Jusqu'au jour du prononcé de l'ordonnance par le premier président, la demande suspend les effets de la décision du juge, à l'exception de celle prévoyant la suspension d'une mesure d'expulsion.
Le sursis à exécution n'est accordé que si l'exécution immédiate de la décision risque d'entraîner des conséquences manifestement excessives.

D Pourvoi en cassation

326 La décision de la cour d'appel est susceptible d'un pourvoi en cassation dans un délai de deux mois à compter de sa notification par le greffe de la cour d'appel.
Depuis le 1er janvier 2005, date d'entrée en vigueur du décret du 20 août 2004, la procédure devant la Cour de cassation en matière de surendettement est avec représentation obligatoire.
Le pourvoi doit donc être formé par un avocat au Conseil d'État et à la Cour de cassation qui va représenter les parties devant la Cour de cassation tout au long de la procédure.
Un pourvoi formé directement par une partie non représentée par cet officier ministériel serait par conséquent irrecevable, quand bien même elle serait représentée par un avocat inscrit à un barreau de tribunal.

CHECK-LIST **Les ordonnances du juge des contentieux de la protection peuvent faire l'objet d'un recours en rétractation par toute personne n'ayant pas été en mise en mesure de s'opposer à la demande.**
Les jugements du juge des contentieux de la protection peuvent, en vertu de dispositions expresses, être frappés d'appel.

1. Recours contre les ordonnances du juge des contentieux de la protection

Les ordonnances du juge des contentieux de la protection peuvent être frappées d'un recours en rétractation dans un délai de quinze jours, ouvert à toute personne qui n'a pas été en mise en mesure de s'opposer à la demande.
- **Ordonnance suspendant les voies d'exécution (C. consom., art. L. 721-4).**
- **Ordonnance autorisant le débiteur à accomplir certains actes en cas de suspension des mesures d'exécution diligentées contre les biens du débiteur (C. consom., art. L. 722-5).**
- **Ordonnance statuant sur la partie qui supportera les frais de l'appel aux créanciers (C. consom., art. L. 723-1).**
- **Ordonnance statuant sur le remplacement du mandataire judiciaire en cas de rétablissement personnel avec liquidation judiciaire (C. consom., art. R. 742-5, dernier al.).**
- **Ordonnance autorisant le débiteur à aliéner certains de ses biens en cas de rétablissement personnel avec liquidation judiciaire (C. consom., art. R. 742-10).**
- **Ordonnance statuant sur une demande de relevé de forclusion formée par un créancier qui n'aurait pas déclaré sa créance dans les délais de l'article R. 742-11 du Code de la consommation.**

2. Recours contre les jugements du juge des contentieux de la protection

- **Jugements rendus en dernier ressort.**
- **Jugements susceptibles d'appel :**
  - **jugement statuant sur une demande de suspension d'une mesure d'expulsion ;**
  - **jugement se prononçant sur la contestation des mesures décidées par la commission ;**

- jugement se prononçant sur la contestation de la décision aux fins de rétablissement personnel sans liquidation judiciaire ;
- jugement prononçant la liquidation des biens du débiteur ;
- jugement clôturant la procédure de rétablissement personnel avec liquidation judiciaire ;
- jugement arrêtant un plan de redressement par le juge des contentieux de la protection et jugement prononçant la résolution du plan de redressement pour inexécution ;
- jugement prononçant la déchéance du débiteur du bénéfice de la procédure de traitement du surendettement ;
- jugement annulant les actes du débiteur.

POUR ALLER PLUS LOIN...

Fascicules JurisClasseur

• *JCl. Civil Annexes*, V° *Surendettement*, fasc. 10, *Procédures de désendettement – Introduction*, par C. Cardini, V. Vigneau et G.-X. Bourin.

• *JCl. Civil Annexes*, V° *Surendettement*, fasc. 20, *Procédures de désendettement – Champ d'application*, par C. Cardini, V. Vigneau et G.-X. Bourin.

• *JCl. Commercial ou Procédures collectives*, fasc. 1710 à 1712, *Surendettement des particuliers*, par S. Gjidara-Decaix.

• *JCl. Concurrence-Consommation*, fasc. 1140, *Procédures de désendettement – Introduction*, par C. Cardini, V. Vigneau et G.-X. Bourin.

• *JCl. Concurrence-Consommation*, fasc. 1150, *Procédures de désendettement – Champ d'application*, par C. Cardini, V. Vigneau et G.-X. Bourin.

• *JCl. Procédures Formulaires*, V° *Surendettement des particuliers*, fasc. 10 à 25, par Ph. Florès.

Revues

• S. Gjidara-Decaix, *Procédure devant le juge de l'exécution : Rev. proc. coll.* 2010, comm. 201.

• J. Julien, *Présentation de la loi n° 2014-344 du 17 mars 2014 relative à la consommation : Contrats, conc. consom.* 2014, dossier 2.

• T. Le Bars, *L'appel est ouvert contre les ordonnances conférant force exécutoire aux mesures recommandées par la commission de surendettement et non contestées par une partie, lorsque les parties ont été en mesure de s'opposer à ces recommandations : JCP E* 2009, 1473.

• V. Legrand, *Le volet crédit de la loi « Consommation » : Contrats, conc. consom.* 2014, dossier 7.

• G. Raymond, *Motifs de déchéance de la procédure de surendettement : Contrats, conc. consom.* 2014, comm. 181 ; *Surendettement : circulaire du 19 décembre 2011 sur les aspects procéduraux : Contrats, conc. consom.* 2012, alerte 9.

• K. Salhi, *Juge de la procédure collective ou juge du surendettement ? : Rev. proc. coll.* 2023, dossier 32.

Ouvrage

• V. Vigneau, G.-X. Bourin et C. Cardini, *Droit du surendettement des particuliers*, LexisNexis, 2e éd., 2012.

Fiche pratique

• V. Fiche 16 : Exercer un recours devant le juge des contentieux de la protection en matière de surendettement.

Fiche 18

Procédure devant le juge des contentieux de la protection exerçant les fonctions de juge des tutelles

Maïlys DUBOIS

Sommaire

I

Aperçu rapide

A Caractéristiques générales

327 Le juge des contentieux de la protection près le tribunal judiciaire :
– assure les fonctions de juge des tutelles depuis la réforme de la justice (L. n° 2019-222, 23 mars 2019, art. 95 et COJ, art. L. 213-4-2 et s.) ;
– intervient pour la surveillance générale des mesures de protection des personnes résidant dans son ressort. (C. civ., art. 416) sur les difficultés complexes pour laisser plus d'autonomie à la personne protégée dans la réalisation d'actes (D. n° 2019-756, 22 juill. 2019).
La réforme dote le directeur des services de greffe judiciaires (nouvelle désignation de l'ancien greffier en chef du tribunal d'instance) de prérogatives supplémentaires pour la reconnaissance transfrontière des mesures de protection juridique des majeurs (D. n° 2019-756, 22 juill. 2019, art. 4 modifiant l'article 509-1 du Code de procédure civile).

NOTA Le nouveau « juge des contentieux de la protection » est un juge spécialisé du tribunal judiciaire du pôle civil de proximité. Il est compétent pour trancher les litiges civils portant sur les baux d'habitation et les crédits à la consommation, il peut également être saisi en matière de surendettement ou d'expulsion. Dans cette fiche, seul son rôle en matière de protection des majeurs sera abordé. Quand le juge a cette fonction de juge des tutelles, il s'agit d'une procédure gracieuse même si elle est attribuée à un juge dit des contentieux.

B Conditions d'utilisation

328 Les régimes de protection prononcés varient en fonction des facultés de la personne (mineure émancipée ou majeure) à s'occuper de son existence quotidienne.
Le juge saisi par un justiciable ou le procureur, peut entendre la personne, la visiter ou la faire visiter, sauf si l'audition est de nature à porter atteinte à sa santé ou si la personne est hors d'état de manifester sa volonté.

C Avis du professionnel

329 Il est important d'expliquer la procédure aux clients car elle est souvent mal comprise et entraîne un sentiment de dépossession et frustration.
Prendre attache auprès d'un avocat exerçant le droit de la famille pour être avisé de toutes les nouvelles réformes procédurales et de la dernière jurisprudence, possible aide par les assistantes sociales ou les associations.
La réforme retire au juge un pouvoir de contrôle sur la jouissance ou l'exercice des droits extra-patrimoniaux et dispense de solliciter auprès de celui-ci un certain nombre d'autorisations notamment en matière bancaire ou successorale (C. civ., art. 427 et 507-1), pour promouvoir l'autonomie du majeur protégé, le respect de ses droits fondamentaux.

D Textes

1 Textes codifiés

a) Code civil

- C. civ., art. 390 à 413.
- C. civ., art. 415 à 432.
- C. civ., art. 433 à 476.
- C. civ., art. 477.
- C. civ., art. 488.
- C. civ., art. 491.
- C. civ., art. 499.
- C. civ., art. 503.
- C. civ., art. 390 à 413.
- C. civ., art. 415 à 432.
- C. civ., art. 433 à 476.
- C. civ., art. 477.
- C. civ., art. 488.
- C. civ., art. 491.
- C. civ., art. 499.
- C. civ., art. 503.

b) Code de l'organisation judiciaire

- COJ, art. L. 213-4-2.

c) Code de procédure civile

- CPC, art. 1211 à 1245.
- CPC, art. 1262.

2 Textes non codifiés

- L. n° 2019-222, 23 mars 2019 de programmation 2018-2022 et de réforme pour la justice.

• L. n° 2016-41, 26 janv. 2016 portant modernisation du système de santé : *JO* 27 janv. 2016.
• D. n° 2015-1669, 14 déc. 2015, relatif aux conditions dans lesquelles le bénéficiaire d'un contrat d'assurance sur la vie peut opter irrévocablement pour la remise de titres, parts ou actions : *JO* 16 déc. 2015.
• D. n° 2009-1628, 23 déc. 2009, relatif à l'appel contre les décisions du juge des tutelles et les délibérations du conseil de famille et modifiant diverses dispositions concernant la protection juridique des mineurs et des majeurs : *JO* 26 déc. 2009.
• L. n° 2009-526, 12 mai 2009 de simplification et de clarification du droit et d'allègement des procédures : *JO* 13 mai 2009.

E Schéma procédural

1 Sauvegarde de justice judiciaire

330 La sauvegarde de justice est une mesure de protection temporaire de courte durée (un an renouvelable une fois – C. civ., art. 442, al. 4 et 439, al. 1er) qui permet à une personne majeure d'être représentée pour accomplir certains actes.
Elle permet d'éviter une tutelle ou une curatelle. La personne conserve l'exercice de ses droits, sauf exception.
Il existe deux types de mesures de sauvegarde de justice : judiciaire (sur saisine) ou médicale (par déclaration par le médecin au procureur). La personne sous sauvegarde de justice :
– conserve le droit d'accomplir tous les actes de la vie civile, sauf ceux confiés au mandataire spécial par le juge, s'il a été nommé (C. civ., art. 435, al. 1er) ;
– ne peut pas divorcer par consentement mutuel ou accepté.
La sauvegarde permet au mandataire spécial de contester (les annulant ou corrigeant) certains actes contraires aux intérêts du majeur, qu'il aurait passés pendant la sauvegarde de justice.

REMARQUE Une copie de la décision peut être adressée aux autorités judiciaires, aux personnes habilitées à demander l'ouverture d'une mesure de protection (C. civ., art. 430) et les notaires, avocats et huissiers de justice, sur demande motivée, en justifiant de l'utilité d'une telle communication pour un acte relevant de l'exercice de leurs fonctions (CPC, art. 1251-1).
La mesure est renseignée par le procureur sur un répertoire spécialement tenu à cet effet (CPC, art. 1251, al. 1er) ; Elle ne peut être contestée par l'appel que si elle désigne un mandataire spécial.

2 Tutelle et curatelle

331 La décision de placer sous tutelle la personne (C. civ., art. 425, 428, 430, 431 et 440. – COJ, art. L. 221-9. – CPC, art. 1211, 1217, 1218, 1218-1 et 1227) fait suite à une saisine du juge par requête (CPC, art. 1217) ou par le procureur de la République.
Cette mesure est subsidiaire, elle trouve application si aucune autre mesure n'est possible.

3 Demande de mise en place d'une des mesures de protection pour majeurs

332 • Saisine du juge par requête comprenant notamment : le certificat médical circonstancié, l'identité de la personne à protéger, et l'énoncé des faits qui indiquent la nécessité de mettre en œuvre la mesure.
• Convocation de la personne à protéger par le juge (le droit de bénéficier d'un avocat est mentionné dans la convocation ; elle peut également demander au tribunal que le bâtonnier lui désigne un avocat d'office qui intervient dans les huit jours de sa demande ; elle peut aussi être assistée d'une personne de son choix).
• Audition (non publique mais obligatoire sauf avis médical contraire) de la personne à protéger, en présence d'un médecin ou de toute autre personne dont le juge estime la présence nécessaire (C. civ., art. 1229-1).
• Audition de la personne à l'origine de la saisine, si différente de la personne à protéger.
• Jugement.
Possibilité dans l'attente du jugement de placer provisoirement la personne en sauvegarde de justice si nécessaire et si une mesure plus contraignante était sollicitée.
• Mise en place de la mesure.
• Appel possible par la personne à protéger (si mise en place d'une mesure) ou ayant saisi le juge (si décision de refus).
Ministère d'avocat non obligatoire.
Appel :
– dans les quinze jours suivant le jugement ou la date de notification ;
– par lettre recommandée avec avis de réception au greffe du tribunal judiciaire dont dépend le juge ayant rendu la décision.

Procédure devant le juge des tutelles

La procédure se passera par la suite devant la cour d'appel dans le ressort de laquelle se trouve la juridiction de première instance.

4 Demande de renouvellement ou de modification d'une mesure de protection

333 Le juge peut statuer d'office (C. civ., art. 442). Il est possible de saisir le juge d'une demande de modification ou de renouvellement d'un régime de protection (tutelle ou curatelle) (C. civ., art. 430, 431, et 442. – COJ, art. L. 221-9. – CPC, art. 1211, 1217, 1218, 1218-1 et 1228) :
- à l'échéance de la durée initiale prévue par le juge ;
- par l'une des personnes ayant qualité pour saisir le juge (C. civ., art. 430) ;
- avec un certificat médical.

Si la demande tend à renouveler la mesure de protection pour une durée plus longue que celle de la durée initiale, un certificat médical d'avis conforme est exigé.

Absence d'audition par décision spécialement motivée après avis d'un médecin inscrit sur la liste mentionnée à l'article 431, si celle-ci est de nature à porter atteinte à sa santé ou s'il est hors d'état d'exprimer sa volonté (C. civ., art. 432).

5 Demande de mainlevée d'une mesure de protection

334 Possibilité de saisir le juge d'une demande de mainlevée d'un régime de protection (tutelle ou curatelle) (C. civ., art. 430 et 442, al. 3. – COJ, art. L. 221-9. – CPC, art. 1211, 1217, 1228), lorsque les causes qui l'ont déterminée ont cessé.

La procédure respecte la règle du parallélisme des formes avec la procédure d'ouverture pré-exposée (CPC, art. 1228, al. 1er renvoyant à CPC, art. 1220 à 1221, 1225 et 1226).

II Préparation

A Informations préalables

335 Le majeur à protéger ou protégé peut :
- faire le choix d'un avocat ou demander à la juridiction saisie que le bâtonnier lui en désigne un d'office ;
- se faire assister par la personne de son choix.

La désignation doit intervenir dans les huit jours de la demande (CPC, art. 1214).

B Contrôles préalables

336 Vérifier :
- l'identité de son client ;
- les règles de compétences territoriales.

Constater qu'une protection est ou non nécessaire et qu'une mesure judiciaire est ou n'est plus la seule solution permettant de protéger la personne :
- par la preuve médicale ;
- par des éléments minimums sur les faits de la vie de la personne ;
- par des éléments, dans la mesure du possible, sur la situation familiale, sociale, financière et patrimoniale de la personne vulnérable.

C Pièces nécessaires

337 Le certificat circonstancié rédigé par le médecin inscrit sur une liste établie par le procureur de la République (C. civ., art. 431).

Éventuellement, les autres pièces sur l'état civil de la personne vulnérable, sa situation familiale, personnelle, financière.

> NOTA Le coût d'un certificat médical est de l'ordre de 160 € (192 € lorsque le médecin est assujetti à la TVA). Vous pouvez obtenir la liste des médecins inscrits dans le département auprès du greffe. Le médecin inscrit pourra alors consulter le médecin traitant. Le certificat décrira avec précision l'altération des facultés de la personne à protéger, son évolution prévisible, ses conséquences sur la nécessité d'une mesure et la possibilité ou non d'audition. Ce certificat est remis par le médecin au requérant sous pli cacheté à l'attention exclusive du procureur de la République ou du juge des tutelles.

D Phase pré-judiciaire

338 Concernant les **majeurs**, la mesure de protection ne peut être ordonnée par le juge que dans certaines conditions (C. civ., art. 428) :
- en cas de nécessité (constatation médicale du besoin de protection) ;
- lorsqu'il ne peut être suffisamment pourvu aux intérêts de la personne par l'application des règles du droit commun de la représentation, par une autre mesure de protection judiciaire moins contraignante ou par le mandat de protection future conclu par l'intéressé.

Le **mineur** peut être placé sous le régime de la tutelle par le juge aux affaires familiales près le tribunal judiciaire :
- si ses deux parents sont décédés ;
- en cas de décès de ses deux parents ;
- ou s'ils font l'objet tous les deux d'un retrait de l'autorité parentale ;
- ou si l'enfant n'a ni père, ni mère.

E Coût de la procédure

339 Honoraires d'avocat (sauf avec aide juridictionnelle totale ou sans avocat) et coût du certificat médical initial.

NOTA Gardez à l'esprit que les différentes mesures sont soumises à de strictes conditions de nécessité, de subsidiarité et de proportionnalité : la protection judiciaire n'intervient que si l'altération des facultés est justifiée, médicalement établie, et que si d'autres institutions moins contraignantes ne parviennent pas à assurer une protection suffisante.

III Procédure

A Assistance et représentation

340 Possibilité pour les parties de se présenter librement ou avec l'assistance d'un avocat.

B Compétence

1 Compétence matérielle

341 Le juge connaît (COJ, art. L. 213-4-2) :
- de la sauvegarde de justice, de la curatelle, de la tutelle des majeurs et de la mesure d'accompagnement judiciaire ;
- des actions relatives à l'exercice du mandat de protection future ;
- des demandes formées par un époux, lorsque son conjoint est hors d'état de manifester sa volonté, aux fins d'être autorisé à passer seul un acte pour lequel le concours ou le consentement de ce dernier serait nécessaire, ou aux fins d'être habilité à le représenter ;
- de la constatation de la présomption d'absence ;
- de l'habilitation familiale prévue par la section 6 du chapitre II du titre XI du livre Ier du Code civil ;
- des différends avec les tiers (C. civ., art. 469, pour la curatelle et art. 459-2, pour la tutelle).

2 Compétence territoriale

342 Le juge territorialement compétent est :
- celui de la résidence habituelle de la personne à protéger ou protégée ;
- ou celui du domicile du tuteur (CPC, art. 1211).

NOTA En cas de résidence en maison de retraite, le domicile principal est habituellement privilégié pour déterminer la compétence.

C Parties

343 Ont qualité pour saisir le juge :
- la personne à protéger ;
- son conjoint, son partenaire avec qui elle a conclu un pacte civil de solidarité ou son concubin, à moins que la vie commune n'ait cessé entre eux ; un parent ou un allié ;
- une personne entretenant avec le majeur des liens étroits et stables ;
- la personne qui exerce à son égard une mesure de protection juridique ;
- le procureur de la République (C. civ., art. 430).

NOTA Le juge ne peut plus se saisir d'office. La saisine du juge par le procureur de la

République se fait soit d'office, soit à la demande d'un tiers. Cette demande d'un tiers peut prendre la forme d'un signalement par un notaire, un banquier, un avocat, un proche, un service hospitalier ou social. Ce signalement auprès du service civil du procureur de la République est le mode de saisine usuel des travailleurs sociaux.

D Rédaction de l'acte de saisine

344 Saisine du juge par requête :

• contenant les **mentions obligatoires** (C. civ., art. 431 et CPC, art. 1218) :

– le certificat médical circonstancié,
– l'identité de la personne à protéger,
– les motifs de saisine plus précisément les faits justifiant l'altération des facultés personnelles de la personne concernée, son besoin d'être représentée ou assistée de manière continue, l'absence de dispositifs suffisamment protecteurs, éventuellement l'urgence nécessitant une mise sous sauvegarde de justice et/ou la désignation d'un mandataire spécial,
– si connu du requérant :
- l'énumération des personnes appartenant à son entourage,
- le nom du médecin traitant,
- les éléments concernant sa situation familiale, financière et patrimoniale ;

• introduite par l'une des **personnes ayant qualité à agir** (C. civ., art. 430), à savoir :

– la personne à protéger,
– son conjoint, son partenaire avec qui elle a conclu un pacte civil de solidarité ou son concubin, à moins que la vie commune n'ait cessé entre eux,
– un parent ou un allié,
– une personne entretenant avec le majeur des liens étroits et stables,
– la personne qui exerce à son égard une mesure de protection juridique,
– le procureur de la République, soit d'office, soit à la demande d'un tiers.

E Instruction du dossier

1 Consultation du dossier au greffe et délivrance de copie

345 Le dossier peut être consulté au greffe :

– par le requérant jusqu'au prononcé de la décision d'ouverture ou, lorsqu'une modification de la mesure de protection est sollicitée, jusqu'à ce qu'il soit statué sur celle-ci (CPC, art. 1222) ;
– par la personne concernée ainsi que par la ou les personnes chargées de la protection (CPC, art. 1222-1) ;

NOTA Attention, n'oubliez pas vous n'avez pas le droit de communiquer les copies obtenues à votre client ou à un tiers !

REMARQUE **Lorsque la demande de consultation du dossier émane du majeur, le juge peut, par ordonnance motivée notifiée à l'intéressé exclure tout ou partie des pièces de la consultation si celle-ci est susceptible de lui causer un préjudice psychique grave.**

ATTENTION Le mineur capable de discernement ne peut consulter le dossier le concernant qu'en présence de son tuteur ou de son avocat (C. civ., art. 1222-2).
En cas de refus du tuteur et si l'intéressé n'a pas d'avocat, le juge saisit le bâtonnier d'une demande de désignation d'un avocat pour assister le mineur.
Par décision motivée, le juge peut, en l'absence d'avocat, exclure tout ou partie des pièces de la consultation par le requérant ou le mineur lorsque cette consultation serait de nature à causer à ce dernier un préjudice grave.
Dans tous les cas, la consultation ne peut se faire qu'aux jours et heures fixés par le juge.

La personne à protéger :

– peut se faire délivrer copie de tout ou partie des pièces du dossier ;
– ne peut communiquer les copies ainsi obtenues ou leur reproduction au majeur à protéger ou protégé, au mineur ou à un tiers (CPC, art. 1223).

2 Audition de la personne concernée

346 L'audition n'est pas publique et précède l'ouverture ou la révision de la mesure.
Le juge a la faculté de se déplacer dans toute l'étendue du ressort de la cour d'appel ainsi que dans les départements limitrophes de celui où il exerce ses fonctions (CPC, art. 1220).

3 Mesures d'instruction et communication avec le juge des enfants

347 Le juge peut :
- soit d'office, soit à la requête des parties ou du ministère public, ordonner toute mesure d'instruction ;
- faire procéder à une enquête sociale ou à des constatations par toute personne de son choix (CPC, art. 1221) ;
- vérifier auprès du juge des enfants si une procédure d'assistance éducative est ouverte et demander à ce dernier de lui transmettre copie de pièces du dossier en cours, selon les modalités définies à l'article 1187-1 (CPC, art. 1221-1).

La communication du dossier au ministère public pour avis est facultative.

4 Convocation et débat contradictoire

348 Convocation à l'audience par lettre recommandée avec avis de réception du greffe.
En cas d'adresse inconnue, par voie de signification (CPC, art. 1225, al. 2) par un commissaire de justice (coût à la charge du demandeur).
L'acte de convocation l'informe de son droit de se faire assister ou représenter par un avocat (CPC, art. 1214).
Il a la possibilité de saisir le bâtonnier pour se voir désigner un avocat s'il n'en a pas choisi un.
Il peut également se faire assister par toute personne de son choix.

5 Spécificité de la mesure pour mineurs

349 La procédure diffère légèrement en ce que le juge provoque un conseil de famille à réception de la saisine déposée ou envoyée au greffe des affaires familiales du tribunal judiciaire dont dépend le lieu de résidence de l'enfant à protéger.
Le conseil de famille est chargé de régler les conditions générales de l'entretien et de l'éducation du mineur en ayant égard à la volonté que les père et mère ont pu exprimer.
Il délibère par vote à la majorité.
Il est composé d'au moins quatre membres, choisis en fonction de l'intérêt de l'enfant, en veillant si possible à ce que les deux branches (paternelle et maternelle) soient représentées.
Le tuteur peut avoir été désigné par le dernier parent vivant, par testament ou déclaration devant notaire. Hormis ce cas, le conseil de famille désigne parmi ses membres un ou plusieurs tuteurs.

F Audience

350 La **procédure** est **orale**.
En cas de prétentions formulées par écrit, elles sont notées au dossier et consignées dans un procès-verbal.
Hors les cas où il ordonne un débat contradictoire (CPC, art. 1213), le juge statue sur les requêtes dans les trois mois de leur réception à moins qu'elles ne nécessitent le recueil d'éléments d'information, la production de pièces complémentaires, le recours à une mesure d'instruction ou toute autre investigation (CPC, art. 1229).
Le juge entend :
- le requérant à l'ouverture de la mesure de protection ;
- le majeur à protéger, sauf application (C. civ., art. 432, al. 2) et, le cas échéant, le ministère public (CPC, art. 1226) et si l'audition est de nature à porter atteinte à la santé de l'intéressé ou si celui-ci est hors d'état d'exprimer sa volonté (CPC, art. 1220-3) après avis du médecin ayant réalisé le certificat médical joint à la requête ;
- s'il l'estime nécessaire, les personnes énumérées à l'article 430 du Code civil, sauf si l'audition est sollicitée par la personne, elle devient de droit (CPC, art. 1220-4).

Les avocats des parties, lorsqu'elles en ont constitué un, sont entendus en leurs observations.
L'affaire est instruite et jugée en chambre du conseil.

G Décision

351 Décision rendue sous forme d'ordonnance et notifiée au majeur protégé, à la personne désignée pour la mesure de protection et à tous ceux dont elle modifie les droits.
Un délai d'un an est requis pour que la décision concernant l'ouverture de la mesure de protection soit rendue, sous peine de caducité de la requête (CPC, art. 1227).
À l'expiration du délai de recours, un extrait de toute décision portant ouverture, modification de régime ou de durée ou mainlevée d'une mesure de curatelle ou de tutelle concernant un majeur est transmis par tout moyen au greffe du tribunal judiciaire dans le ressort duquel est née la personne protégée, à fin de **conservation au répertoire civil** et de **publicité** par mention en marge de l'acte de naissance (CPC, art. 1233).

NOTA Attention, l'exécution provisoire n'est pas de droit et doit être ordonnée.

H Fin de la procédure

352 La procédure prend fin par l'ordonnance de mainlevée de mesure rendue définitive par l'expiration des délais de recours.
Lorsqu'une mesure de protection a pris fin par l'expiration du délai fixé, avis en est donné par tout moyen et aux mêmes fins par le greffe du tribunal judiciaire, saisi par tout intéressé, au greffe du tribunal judiciaire dans le ressort duquel est née la personne protégée (CPC, art. 1233).

I Recours ou contestation (parties ou tiers)

1 Pas d'appel

NOTA S'agissant d'une procédure gracieuse, les recours sont formés contre une décision et non contre les parties.

353 Contre la décision du juge des tutelles de placer sous sauvegarde de justice un majeur vulnérable :
- aucun recours ;
- décision immédiatement exécutoire ;
- et ce même en l'absence de notification de l'ordonnance (CPC, art. 1249).

2 Appel possible

354 Appel ouvert dans le délai de quinze jours à compter de la notification pour les personnes auxquelles l'ordonnance devait être notifiée et à compter de l'ordonnance, pour les autres (CPC, art. 1241-1 et 1230).
Appel possible par déclaration au greffe ou lettre recommandée avec demande d'avis de réception au greffe du juge du tribunal judiciaire (CPC, art. 1242) :
- au majeur protégé mais aussi à son conjoint, son partenaire de PACS, son concubin, chacun de ses parents ou alliés, et toute personne ayant avec lui « des liens étroits et stables » (C. civ., art. 430 et CPC, art. 1239) ;
- au curateur ou tuteur désigné par le juge des tutelles et au requérant en cas de décision de non-lieu à placement sous protection ;
- au procureur de la République qui peut toujours faire appel d'une décision.

3 Tierce opposition

355 La tierce opposition à l'encontre des décisions du juge des tutelles est admise.

J Caducité

356 La requête aux fins d'ouverture d'une mesure de protection d'un majeur est caduque si le juge des tutelles ne s'est pas prononcé sur celle-ci dans l'année où il en a été saisi (CPC, art. 1227).

K Débriefing client

357 Réexpliquer au client :
- les obligations et droits découlant de mesures fixées pour sa parfaite compréhension, notamment les différences essentielles entre les mesures de protection ;
- les obligations du tuteur ;
- les actes que le tuteur ou le curateur peut réaliser :
  - ouvrir un compte bancaire dans la banque du majeur, clôturer un compte ouvert en cours de mesure, procéder à des placements de fonds sur un compte, inscrire dans le budget la rémunération des administrateurs particuliers, conclure un contrat pour la gestion de valeurs mobilières, recourir à un partage amiable (hors hypothèses d'opposition d'intérêts),
  - accepter purement et simplement une succession ou souscrire une convention-obsèques,
  - même sans autorisation préalable du juge : ouverture des opérations de partage amiable en matière de succession et d'indivision ;
- les actes que le majeur pourra réaliser seul sans autorisation (PACS ; mariage ; droit d'opposition à un changement de régime matrimonial ; doit de vote) ;
- les actes que le tuteur ou le curateur ne pourra plus réaliser.

CHECK-LIST
- **Entretien au cabinet avec le requérant.**
- **Vérification d'identité du client.**
- **Vérification de la réunion des conditions exigées pour obtenir une mesure de protection.**
- **Se voir remettre une copie certificat médical.**
- **Rédaction de la requête.**
- **Dépôt de la requête signée au greffe du juge des tutelles compétent.**
- **Audition ou non.**
- **Décision rendue par le juge des tutelles.**
- **Recours ou non.**

POUR ALLER PLUS LOIN...

Fascicules JurisClasseur
- *JCl. Procédure civile*, fasc. 1100-65.
- *JCl. Procédures Formulaire*, V° *Majeurs protégés*, fasc. 10 et 20.

Fiche 19

Saisir le tribunal paritaire des baux ruraux

Bernard MANDEVILLE
et
Caroline VARLET-ANGOVE

Sommaire

I

Aperçu rapide

A Caractéristiques générales

358 L'ordonnance du 4 décembre 1944 avait créé, au chef-lieu de chaque canton, une commission paritaire présidée par le juge de paix exclusivement compétente pour connaître, en première instance, du contentieux des baux ruraux. Depuis 1946, ces juridictions sont dénommées tribunaux paritaires des baux ruraux.

Si l'article 882 du Code de procédure civile renvoie pour la procédure applicable à celle suivie devant le tribunal judiciaire, cette procédure comporte des particularités propres au tribunal paritaire des baux ruraux, notamment en ce qui concerne les règles de saisine au fond.

La procédure est orale, sans représentation obligatoire.

B Conditions d'utilisation

359 En cas de contentieux opposant un bailleur et un preneur au sujet du bail rural qui les lie, plusieurs procédures sont possibles :
- saisine du tribunal paritaire des baux ruraux au fond pour statuer sur un litige ayant trait à la conclusion, l'exécution, et encore la résiliation d'un bail rural ;
- saisine du président du tribunal paritaire statuant en référé (CPC, art. 893) : en cas d'urgence et en l'absence de contestation sérieuse ;
- requête non contradictoire auprès du président du tribunal paritaire (CPC, art. 897) : en cas d'urgence et si les circonstances exigent qu'une mesure ne soit pas prise contradictoirement.

C Avis du professionnel

360 La compétence du tribunal paritaire des baux ruraux est exclusive pour toutes les contestations opposant un bailleur et un preneur, relatives au bail rural qui les lie.
La compétence du tribunal paritaire des baux ruraux n'est en revanche pas exclusive lorsque le litige porte sur la nature du contrat qui lie les parties. Dans ce cas le tribunal judiciaire et le tribunal paritaire des baux ruraux ont une compétence concurrente.
Dans ce cas, le choix du tribunal à saisir est fonction des intérêts défendus :
- si l'on soutient que le contrat est un bail rural, il est plus cohérent de saisir le tribunal paritaire des baux ruraux ;
- si l'on soutient que le contrat n'est pas un bail rural, il est plus cohérent de saisir le tribunal judiciaire.

ATTENTION La procédure devant le tribunal judiciaire est plus coûteuse (frais de postulation) et souvent plus longue que la procédure devant le tribunal paritaire des baux ruraux.

D Textes

- C. rur., art. L. 491-1.
- C. rur., art. R. 491-1.
- CPC, art. 880 et s.

E Schéma procédural

1 Au fond

361 Requête remise ou adressée au greffe du tribunal par le demandeur ou par acte d'huissier également adressé au greffe.

2 En référé

362 Assignation devant le président du tribunal paritaire des baux ruraux pour une date déterminée.

3 Sur requête

363 Requête non contradictoire au président du tribunal paritaire des baux ruraux, selon les formes indiquées par le secrétariat-greffe de la juridiction.

II Préparation

364 La saisine du tribunal paritaire doit être précédée d'une information du client sur les conséquences généralement attachées à la saisine d'une juridiction (coût du procès, délais, éventualités de demandes reconventionnelles, indemnités de procédure et dépens, possibilités d'un appel).
S'agissant du tribunal paritaire il faut plus précisément insister :
- sur la composition paritaire de la juridiction, soit deux assesseurs preneurs élus, deux assesseurs bailleurs élus, enfin le président du tribunal, magistrat professionnel ;
- sur les caractéristiques de la procédure en deux temps, soit une audience de conciliation, suivie d'une audience de jugement.

A Informations préalables

365 Le client doit être informé que la saisine au fond du tribunal paritaire des baux ruraux sera suivie de la réception par lui d'une convocation à l'audience de conciliation, à laquelle il devra être présent, sauf motif légitime d'absence.

B Contrôles préalables

366 S'assurer qu'il existe bien un bail rural, condition de compétence du tribunal paritaire des baux ruraux.
Vérifier l'identité du ou des parties au bail rural :
- une ou plusieurs personnes ?
- personne(s) physique(s) ou personne(s) morale(s) ?
- la propriété des biens a-t-elle été démembrée ?
Vérifier l'existence éventuelle d'une procédure collective à l'encontre de l'une ou l'autre des parties (en vue de la mise en cause de l'administrateur).

C Pièces nécessaires

367 Solliciter du client qu'il communique la copie du bail écrit, s'il existe, ainsi que de tous documents contractuels ultérieurs et autres échanges entre les parties.

Si la saisine du tribunal paritaire des baux ruraux fait suite à la délivrance d'un congé, se procurer une copie de ce congé (délivré par acte d'huissier), dès lors que le destinataire dispose d'un délai de quatre mois pour saisir le tribunal paritaire des baux ruraux en contestation du congé, à peine de forclusion.
Se procurer l'état civil complet du demandeur (nom, prénoms, nationalité, date et lieu de naissance, profession, domicile) ainsi que les nom, prénom et domicile du défendeur.

D Coût de la procédure

368 Pas de frais de greffe ni de tarifs de postulation. Le seul coût est celui des honoraires libres des avocats, augmentés le cas échéant des frais d'acte d'huissier (exposés par une partie par exemple à l'occasion d'une mesure préalable de constat).

III Procédure

A Assistance et représentation

369 La procédure devant le tribunal paritaire des baux ruraux est sans représentation obligatoire.
Chacune des parties peut se défendre seule, ou faire le choix d'être assistée ou représentée par l'une des personnes visées à l'article 884 du Code de procédure civile :
- un avocat ;
- un huissier de justice ;
- un membre de sa famille (parents et alliés d'une partie sans limitation de degré) ;
- son concubin ou la personne avec laquelle elle a conclu un pacte civil de solidarité ;
- un membre ou un salarié d'une organisation professionnelle agricole. La jurisprudence précise qu'un tel membre doit en outre avoir la qualité d'agriculteur.

B Compétence

1 Compétence matérielle

a) Compétence de principe

370 Le tribunal paritaire des baux ruraux est compétent « pour connaître des contestations entre bailleurs et preneurs de baux ruraux relatives à l'application des titres Ier à VI et VIII du livre IV du Code rural » (C. rur., art. L. 491-1).
En conséquence, pour que le tribunal paritaire des baux ruraux soit compétent, il faut que **deux conditions soient réunies** :
- l'existence d'un bail rural ;
- un litige opposant le bailleur et le preneur au sujet de ce bail rural.

• Première condition : existence d'un bail rural :

Par bail rural, il faut entendre :
- les baux à ferme (baux de neuf ans, baux à long terme, baux de carrière) ;
- les baux à métayage ;
- les baux cessibles hors du cadre familial ;
- les baux à cheptel ;
- les baux à domaine congéable ;
- les baux à complant ;
- les baux emphytéotiques ;
- les contrats d'exploitation de terres à vocation pastorale.

ATTENTION Le litige peut relever de la compétence du tribunal paritaire même si le bail a pris fin.
• Demande de dommages-intérêts ou de maintien dans les lieux (C. rur., art. L. 411-66).
• Demande d'indemnités de sortie de ferme (C. rur., art. L. 411-69).

• **Seconde condition : contestation entre bailleur et preneur au sujet du bail rural :**
Le tribunal paritaire n'est pas compétent pour connaître des contestations entre des personnes n'ayant pas respectivement ces qualités de bailleur et preneur.

EXEMPLE **Le tribunal paritaire n'est pas compétent pour statuer sur les contestations entre preneur sortant et preneur entrant.**

Toutefois, le tribunal paritaire est compétent :
– lorsqu'un tiers exerce les droits du bailleur ou du preneur, notamment par l'effet d'une subrogation ;
– pour statuer sur l'action en nullité de la vente effectuée en fraude du droit de préemption du preneur, dirigée à l'encontre du tiers acquéreur.

b) Extensions de compétence du tribunal paritaire

371 Compétence en matière de mise en valeur des terres incultes ou manifestement sous-exploitées (C. rur., art. L. 125-4, L. 125-6 et L. 125-12).
Compétence pour attribuer à toute personne le droit d'exploiter des terres mises en valeur dans des conditions non conformes à la réglementation des structures (C. rur., art. L. 331-10).

2 Compétence territoriale

372 Le tribunal territorialement compétent est celui du lieu de situation des terres litigieuses.
En ce qui concerne la procédure de référé, il existe une option de compétence entre le président du tribunal du lieu d'exécution des mesures requises et le président du tribunal du lieu de situation des terres.

ATTENTION Dans le cas où les terres litigieuses sont situées dans le ressort de deux tribunaux, il est admis que chacun des tribunaux est compétent pour trancher le litige, mais il est préférable, par précaution, de saisir chacun des deux tribunaux concernés, et de solliciter ensuite du tribunal paritaire saisi en second lieu de se dessaisir de l'affaire au profit du tribunal paritaire saisi en premier lieu, conformément à l'article 100 du Code de procédure civile.

3 Compétence en dernier ressort ou à charge d'appel

373 Le tribunal paritaire des baux ruraux connaît, en dernier ressort jusqu'à la valeur de 5 000 €, et à charge d'appel lorsque la demande excède cette somme ou est indéterminée, ce qui est le cas le plus courant.

C Parties

374 Sauf cas particulier, l'une des parties est le preneur à bail rural, l'autre partie est le bailleur (C. rur., art. L. 491-1).
Il convient d'être particulièrement attentif à l'identité de chacune des parties, le plus sage étant de se référer au bail écrit, s'il existe.

ATTENTION Des précautions particulières s'imposent dans les cas suivants :
– dans le cas où le demandeur à la procédure est une indivision ou un usufruitier et un nu-propriétaire, s'assurer que chacun des membres de l'indivision ou l'usufruitier et le nu-propriétaire est (sont) d'accord pour engager la procédure paritaire, ou à défaut que celui qui souhaite engager la procédure seul a qualité pour le faire ;
– dans le cas où le défendeur à la procédure est une indivision ou un usufruitier et un nu-propriétaire, prendre le soin de désigner chacun dans l'acte de saisine du tribunal paritaire des baux ruraux ;
– dans le cas où l'une ou l'autre des parties ayant conclu le bail est décédée pendant le cours du bail, vérifier comment et à qui le bail a pu se transmettre. Être particulièrement vigilant lorsque c'est le preneur qui est décédé en cours de bail, puisque l'article L. 411-34 du Code rural et de la pêche maritime prévoit une règle particulière dans ce cas ;
– dans le cas où l'une ou l'autre des parties fait l'objet d'une procédure collective (redressement ou liquidation judiciaire) inclure dans la procédure paritaire l'administrateur ou le liquidateur judiciaire désigné dans le cadre de cette procédure.

D Délai pour agir

375 Pas de délai particulier pour agir, sauf dans des cas particuliers :
– en cas de congé délivré au preneur : dans ce cas le preneur dispose d'un délai de **quatre mois** pour saisir le tribunal paritaire des baux ruraux, à peine de forclusion ;

– congé pour reprise (C. rur., art. L. 411-58) ;
– congé pour atteinte de l'âge de la retraite (C. rur., art. L. 411-64) ;
– en cas de contestation de la vente qui serait intervenue en fraude du droit de préemption du preneur : **six mois** à compter de la connaissance de la date de la vente (C. rur., art. L. 412-12) ;
– en cas d'action en répétition de l'indu de sommes versées en infraction des dispositions de l'article L. 411-74 du Code rural et de la pêche maritime : pendant toute la durée du bail, ou en cas de congé pour reprise, jusqu'à dix-huit mois à compter de la date d'effet du congé.

E Rédaction de l'acte de saisine

1 Instance au fond

a) Forme de l'acte de saisine

376 • Requête remise ou adressée au greffe du tribunal par lettre recommandée avec avis de réception ;
– ou acte d'huissier adressé au greffe du tribunal.

ATTENTION Le décret du 1er octobre 2010, applicable à compter du 1er décembre 2010, prévoit désormais que la saisine est formée par déclaration faite, remise ou adressée au greffe, ou par acte d'huissier.

Si la lettre de saisine a été adressée par lettre simple et qu'il est établi qu'elle a été reçue par le greffe, le tribunal est valablement saisi (Cass. 2e civ., 15 mars 1989 : *Bull. civ.* II, n° 72).

ATTENTION Est irrecevable l'action introduite par voie d'assignation à partie, sans qu'il soit besoin de faire la preuve d'un grief (Cass. 3e civ., 21 déc. 1993, n° 89-20.479 : *JurisData* n° 1993-002665. – Cass. 3e civ., 2 oct. 1996, n° 94-18.535 : *JurisData* n° 1996-003602. – Cass. 3e civ., 24 nov. 1999, n° 98-19.243 : *JurisData* n° 1999-004061. – Cass. 3e civ., 24 janv. 2001 : *Bull. civ.* III, n° 6).
Le placement auprès du tribunal du second original de l'assignation ne suffit pas à régulariser la saisine (Cass. 3e civ., 29 mars 2000, n° 98-14.937 : *JurisData* n° 2000-001248).

REMARQUE **De manière générale, et sauf dans les cas précisés ci-après, la pratique de la saisine par lettre recommandée est communément admise et ne pose pas de difficulté. Elle est en outre moins onéreuse qu'un acte d'huissier. Toutefois il est recommandé de saisir le tribunal par acte d'huissier dans le cas où un délai de forclusion est sur le point d'expirer ou encore en cas de difficultés d'acheminement postal, la date de la saisine étant celle de la réception de la lettre recommandée par le tribunal et non celle de son expédition.**

ATTENTION La demande doit obligatoirement être faite par acte d'huissier dans le cas où elle est soumise à publication au fichier immobilier (CPC, art. 885, al. 2), c'est-à-dire en cas de demande tendant à la résolution, la révocation, l'annulation ou la rescision d'une convention soumise à publicité (D. n° 55-22, 4 janv. 1955).

EXEMPLE **Est soumise à publication et doit donc être effectuée par acte d'huissier la saisine du tribunal paritaire tendant à obtenir l'annulation d'une vente effectuée en violation du droit de préemption du preneur.**

b) Mentions obligatoires

377 • Comme toute demande en justice, l'acte de saisine doit comporter les indications suivantes relatives aux parties :
– pour les demandeurs personnes physiques : nom, prénoms, profession, domicile, nationalité, date et lieu de naissance ;
– pour les demandeurs personnes morales : forme sociale, dénomination sociale, siège social et représentant légal au moment de l'acte ;
– pour les défendeurs personnes physiques : nom, prénom et domicile ;
– pour les défendeurs personnes morales : dénomination et siège social ;
– lorsqu'elle doit être précédée d'une tentative de conciliation, de médiation ou de procédure participative, les diligences entreprises en vue d'une résolution amiable du litige ou la justification de la dispense d'une telle tentative ;
– l'indication des modalités de comparution devant la juridiction et la précision que, faute pour le défendeur de comparaître, il s'expose à ce qu'un jugement soit rendu contre lui sur les seuls éléments fournis par son adversaire.
L'omission de l'une de ces mentions n'emporte la nullité de la saisine que si un grief est établi ;
– l'acte d'huissier soumis à publicité doit en outre comporter les mentions indispensables à la publication au fichier immobilier, telles que la désignation

précise des parcelles concernées, la référence de publication des actes dont l'annulation est demandée… ;
- l'acte de saisine doit être adressé au greffe du tribunal, afin de solliciter la convocation des parties à une audience de conciliation. Toutefois le fait que l'acte de saisine ne mentionne pas la demande de convocation des parties n'affecte pas sa validité (Cass. 3e civ., 30 nov. 2005, n° 04-18.055 : *JurisData* n° 2005-031007) ;
- l'acte de saisine doit comporter, même de façon sommaire, l'exposé des motifs de fait et de droit qui fondent la demande : indiquer même brièvement les prétentions et arguments du demandeur ;
- l'acte de saisine doit indiquer les pièces sur lesquelles la demande est fondée ;
- l'acte de saisine doit enfin être signé et daté.

> **ATTENTION** Dans le cas où le demandeur est représenté par un avocat ou un huissier, il est impératif que ce soit effectivement cet avocat ou huissier qui signe la lettre recommandée valant acte de saisine, et les signatures « pour ordre » ou encore illisibles sont à proscrire, même si la jurisprudence a précisé qu'un avocat associé d'une société civile professionnelle d'avocat peut signer l'acte à la place de l'un de ses associés (CA Bordeaux, 22 mars 2007, n° 2007-331359, : *JurisData* n° 2007-331359).

2 Procédure de référé devant le président du tribunal paritaire des baux ruraux

378 La saisine du président du tribunal paritaire des baux ruraux statuant en référé ne comporte pas de particularité par rapport à la procédure de référé devant le président du tribunal judiciaire : la demande est faite par voie d'assignation pour une date d'audience expressément précisée, comportant les mentions obligatoires habituelles. Cette assignation doit faire l'objet d'un placement, conformément aux indications pratiques données par le secrétariat-greffe de la juridiction.

3 Procédure sur requête devant le président du tribunal paritaire des baux ruraux

379 La procédure sur requête devant le président du tribunal paritaire des baux ruraux ne comporte pas de particularité par rapport à la procédure sur requête devant le président du tribunal judiciaire : adresser par lettre recommandée avec avis de réception ou déposer au greffe deux exemplaires de la requête, des pièces, accompagnés d'un projet d'ordonnance.
Il est indispensable de faire précéder le dépôt de la requête d'un appel au secrétariat-greffe de la juridiction, pour s'assurer des formalités pratiques requises par le secrétaire-greffier, qui varient d'une juridiction à l'autre (nombre d'exemplaires, obligation ou non de soutenir en personne la requête devant le président…).

F Convocation des parties

1 Procédure au fond

380 Les parties sont convoquées à l'audience de conciliation par le greffe du tribunal, à la fois par lettre simple et lettre recommandée avec avis de réception, quinze jours au moins avant la date de l'audience.
Dans la suite de la procédure les parties ne sont convoquées par le tribunal que si elles n'étaient ni présentes ni représentées aux audiences antérieures et qu'elles n'ont pu être informées verbalement de la prochaine date d'audience.

2 Procédure en référé

381 Pas de convocation des parties qui doivent être présentes ou représentées lors de l'audience indiquée sur l'assignation.

G Instruction du dossier

1 Procédure au fond

382 Procédure en deux temps :
- audience de conciliation obligatoire, à l'issue de laquelle un procès-verbal de conciliation, ou de non-conciliation, est signé. En l'absence de la partie défenderesse, l'affaire est en principe renvoyée en audience de jugement ;
- audience de jugement en cas d'échec de la tentative de conciliation.

2 Procédure en référé

383 Pas de particularité par rapport à un référé de droit commun devant le président du tribunal judiciaire.

H Audience

384 Audience de conciliation : comparution obligatoire des parties, sauf motif légitime d'absence. Le représentant, s'il n'est avocat ou huissier, doit justifier d'un pouvoir. Le tribunal peut exiger de se

prononcer sur la légitimité du motif d'absence, et s'il considère que l'absence est injustifiée, ordonner un report afin de comparution des parties à une nouvelle audience de conciliation.
Audience de jugement : procédure orale, mais l'échange avant l'audience des pièces et conclusions entre les parties est nécessaire pour le respect du principe du contradictoire. Pas de particularité par rapport à une autre procédure orale.

I Décision

1 Généralités

385 Pas de particularité par rapport au droit commun, sauf la nécessité que le jugement soit pris par une formation délibérant en nombre impair et comportant autant d'assesseurs bailleurs que d'assesseurs preneurs.
Si tel n'est pas le cas, le jugement doit indiquer, à peine de nullité, que seul le président du tribunal a délibéré, après avoir recueilli l'avis des assesseurs présents.

2 Caractères de la décision

a) Jugement au fond

386 Le jugement est notifié aux parties dans les trois jours par le greffe du tribunal. Cependant, l'absence de notification dans un tel délai n'est assortie d'aucune sanction.

ATTENTION Le décret du 1er octobre 2010, applicable à compter du 1er décembre 2010, y compris aux procédures en cours, a supprimé le délai de trois jours jusqu'alors accordé au greffe pour notifier le jugement.

b) Ordonnance de référé

387 L'ordonnance n'est pas notifiée par le greffe aux parties et doit faire l'objet d'une signification par acte d'huissier, cette notification marquant le point de départ du délai d'appel.

J Recours ou contestation

388 Le délai d'appel d'un mois court, pour les jugements au fond, à compter de la date de réception de la notification du jugement aux parties par le greffe.
L'opposition n'était jusqu'alors pas possible à l'encontre des jugements des tribunaux paritaires des baux ruraux.
Le décret n° 2010-1165 du 1er octobre 2010, applicable à compter du 1er décembre 2010, y compris aux procédures en cours, a supprimé la prohibition des oppositions à l'encontre des jugements des tribunaux paritaires des baux ruraux, qui pourront donc, à compter du 1er décembre 2010, faire l'objet d'une opposition.
Le délai d'appel des ordonnances de référé rendues par le président du tribunal paritaire est de quinze jours à compter de la date de signification.

CHECK-LIST
- **S'assurer de l'existence d'un bail rural, écrit ou verbal.**
- **S'assurer de l'identité précise de chacune des parties au bail.**
- **S'assurer que la demande relève de la compétence du tribunal paritaire.**
- **Vérifier l'existence d'un éventuel délai pour saisir le tribunal paritaire.**
- **Vérifier si la demande doit ou non être publiée au fichier immobilier.**

POUR ALLER PLUS LOIN...

Fascicules JurisClasseur
- *JCl. Baux ruraux*, fasc. 450.
- *JCl. Rural*, V° *Baux ruraux*, fasc. 182.
- *JCl. Procédure civile*, fasc. 460.

Fiche 20

Saisir la commission d'indemnisation des victimes d'infractions

Ludovic TARDIVEL

Sommaire

I

Aperçu rapide

A Caractéristiques générales

389 Créées en 1990, les commissions d'indemnisation des victimes d'infractions permettent aux personnes physiques victimes d'une infraction pénale d'être effectivement indemnisées sous certaines conditions par le fonds de garantie.
La commission d'indemnisation des victimes d'infractions (CIVI) est une juridiction autonome qui siège dans chaque tribunal judiciaire de France.
Elle est composée d'un président (magistrat professionnel) et de deux assesseurs (un magistrat et une personne s'étant signalée par l'intérêt qu'elle porte au problème des victimes).

Tout le dispositif est codifié aux articles 706-3 et suivants du Code de procédure pénale (CPP, art. 706-3 et s.), à l'exception des règles d'organisation et de compétence qui sont insérées dans le Code de l'organisation judiciaire (COJ, art. R. 214-1 à R. 214-2).
Le processus d'indemnisation suit deux phases :
1 – **une première étape amiable** au cours de laquelle le fonds de garantie est tenu de présenter une offre à la victime dans le délai de deux mois suivant l'enregistrement de sa requête.
En 2010, 80 % des dossiers ont ainsi été réglés amiablement ;
2 – **une seconde étape juridictionnelle** devant la CIVI en cas de refus ou de silence de la victime

dans un délai de deux mois suivant l'offre du fonds de garantie.
La procédure dans cette phase contentieuse est inquisitoire. L'instruction du dossier quant à l'administration de la preuve et la conduite de la procédure sont confiées à la CIVI (CPP, art. R. 50-13).
L'indemnité allouée par la CIVI est évaluée selon les règles du droit commun de la responsabilité civile (Cass. 2e civ., 7 févr. 1996, n° 93-20.769).

B Conditions d'utilisation

1 Conditions relatives à la personne

390 • Toute personne physique (victime directe ou indirecte).
• De nationalité française, quel que soit le lieu de l'infraction (en France ou à l'étranger).
• De nationalité étrangère, à condition que l'infraction ait eu lieu en France.

CONSEIL Il est donc indispensable dès le dépôt de la requête de justifier de l'état civil du client.
Lorsque l'infraction a eu lieu hors du territoire national, seule la victime française pourra solliciter une indemnisation.

2 Conditions relatives au fait dommageable

391 Il est exigé **une infraction pénale volontaire ou involontaire**.
Sont exclus du régime de l'indemnisation :
- les actes de terrorisme ;
- les accidents de la circulation survenus sur le territoire français ;
- les actes de chasse ;
- les accidents du travail lorsque le fait dommageable n'est pas dû à la faute intentionnelle de l'employeur ;
- les victimes de l'amiante.

Ces infractions relèvent de procédures spécifiques d'indemnisation.

3 Conditions relatives au dommage

392 Deux séries de dommages peuvent donner lieu à réparation :
- les atteintes graves à la personne (CPP, art. 706-3) ;
- les atteintes aux biens ou aux personnes (CPP, art. 706-14).

a) Atteinte grave à la personne (CPP, art. 706-3)

393 ***a)* Fait dommageable.** Aux termes de l'article 706-3 du Code de procédure pénale, peuvent être indemnisées les victimes :
- d'un fait ayant entraîné :
  • la mort,
  • une incapacité permanente d'au moins 1 %,
  • une incapacité totale de travail personnel égale ou supérieure à un mois ;
- d'une atteinte ou d'une agression sexuelle sans condition d'incapacité ;
- de la traite des êtres humains ;
- de violences intrafamiliales graves, à savoir des violences volontaires ou habituelles, qu'elles soient commises sur un mineur ou par l'actuel ou un ancien conjoint, concubin de la victime ou encore l'actuel ou l'ancien partenaire lié à la victime par un PACS.

ATTENTION La notion d'incapacité totale de travail comprend les notions d'« ITT » et de « Déficit Fonctionnel Temporaire total et partiel » (Cass. 2e civ., 19 nov. 2015, n° 14-25.519 : *JurisData* n° 2015-026167).

394 ***b)* Conditions.** Par principe, aucune condition de ressources n'est imposée.
Par exception au premier alinéa de l'article 706-3 du Code de procédure pénale, le montant maximal de la réparation des dommages subis la suite des faits prévus à l'alinéa 3, lorsqu'ils ont entraîné une ITT inférieure à un mois, est défini par voie réglementaire.
Le rôle du fonds de garantie n'est pas subsidiaire de sorte qu'une victime peut parfaitement saisir la CIVI alors qu'elle aurait pourtant vocation à être indemnisée par l'auteur solvable.

395 ***c)* L'indemnisation sera :**
- **intégrale :**

L'indemnisation est intégrale, sous déduction des prestations versées par les tiers payeurs ou par tout organisme dont les CIVI doivent tenir compte, et des sommes versées par l'auteur de l'infraction.
Le montant de la créance des caisses de sécurité sociale doit être justifié dès le dépôt de la requête.
Sont toutefois exclus les préjudices matériels qui n'entrent pas dans le champ d'application de l'article 706-3 du Code de procédure pénale ;
- **exclue ou limitée en cas de faute de la victime :**

C'est souvent le cas en matière d'altercation, de rixe.
Il appartient au fonds de garantie de prouver que la victime a concouru au moins partiellement à la réalisation de son dommage.

b) Atteinte aux biens et à la personne (CPP, art. 706-14)

396 ***a)* Infractions limitativement énumérées.** Aux termes de l'article 706-14 du Code de procédure pénale, peuvent être indemnisées les victimes de :
– dommage corporel ayant entraîné une incapacité totale de travail inférieure à un mois ;
– escroquerie ;
– abus de confiance ;
– extorsion de fonds ;
– destruction, dégradation ou détérioration d'un bien appartenant au requérant ;
– destruction par incendie des véhicules terrestres à moteur (CPP, art. 706-14-1) ;
– chantage ;
– abus de faiblesse ;
– atteinte aux systèmes de traitement automatisé de données.
Dans tous ces cas, la qualification retenue par le juge répressif s'impose à la CIVI.

397 ***b)* Conditions cumulatives.** Trois conditions cumulatives doivent être réunies :
– le rôle du fonds de garantie est ici subsidiaire contrairement au régime de l'article 706-3 du Code de procédure pénale ;
– la victime doit prouver que l'infraction la place dans une situation matérielle et psychologique grave ;
– la victime doit établir que ses ressources sont inférieures au plafond de la loi relative à l'aide juridictionnelle :

398 ***c)* Indemnisation.** L'indemnisation n'est pas intégrale et ne peut excéder le triple du montant mensuel du plafond de ressources prévu dans la loi sur l'aide juridictionnelle, soit 4 602 €.
S'agissant de la destruction des véhicules terrestres à moteur par incendie survenue à compter du 1er octobre 2008 (CPP, art. 706-14-1), il faut que le propriétaire justifie d'un certificat d'immatriculation, d'un contrôle technique à jour, et d'une assurance responsabilité civile, mais il n'a pas à établir qu'il se trouve dans une situation morale ou psychologique grave. Les ressources de la victime ne doivent pas dépasser une fois et demie le plafond prévu dans la loi sur l'aide juridictionnelle.

C Avis du professionnel

399 Le dispositif de l'article 706-3 du Code de procédure pénale apporte une plus-value incontestable à tous les dossiers, notamment des victimes d'accidents de véhicule survenus à l'étranger auxquels l'article 706-3 est applicable puisqu'ils ne font pas partie des exclusions de ce dispositif.
Il est également possible d'obtenir une indemnité au titre de l'article 700 du Code de procédure civile qui rend la procédure par conséquent moins onéreuse.
En revanche le dispositif de l'article 706-14 du Code de procédure pénale est tellement contraignant de par les conditions de recevabilité qu'il est rare de pouvoir le mettre en œuvre.

D Textes

- CPP, art. 706-3 à 706-15.
- CPP, art. R. 50 à R. 50-13.
- COJ, art. R. 214-1 à R. 214-6.
- C. assur., art. L. 422-1.

E Schéma procédural

400 • Saisine de la CIVI par voie de simple requête dans un délai de trois ans à compter de la date de l'infraction (prorogation d'un an après la décision de la juridiction qui a statué définitivement sur l'action publique ou sur l'action civile).
• Demande d'expertise éventuelle avant réclamations indemnitaires définitives et versement d'une provision si le fonds ne conteste pas le droit à indemnisation et attente du dépôt du rapport d'expertise.
• Transmission sans délai du dossier au fonds de garantie et au procureur de la République.
• Offre du fonds de garantie à la victime dans les deux mois.

SOIT

• Acceptation de l'offre par la victime dans les deux mois
• Information transmise au fonds de garantie.
• Requête devant le JAF, si la victime est mineure.
• Envoi par le fonds de garantie d'un procès-verbal d'acceptation en trois exemplaires originaux.
• Retour des procès-verbaux datés et signés par la victime au fonds de garantie (il est conseillé d'en adresser une copie à la CIVI).
• Homologation du président de la CIVI sans audience préalable.
• Notification sans délai par LRAR à la victime et « par lettre simple » au fonds (D. n° 2020-1452, 27 nov. 2020, art. 8).
• En cas d'homologation, règlement des indemnités par le fonds de garantie dans le mois suivant la notification (CPP, art. 50-24) – si la victime est assistée, règlement entre les mains de l'avocat en un chèque libellé à l'ordre de la CARPA.

SOIT

• Refus de l'offre ou silence de la victime dans les deux mois
• Instruction du président ou du magistrat assesseur.

- Demande de provision éventuelle / ordonnance du président dans le mois suivant notifiée par LRAR.
- Audiencement de l'affaire devant la CIVI.
- Convocation de la victime par LRAR et du fonds par lettre simple (deux mois au moins avant l'audience).
- Information du parquet de la date d'audience.
- Dépôt d'un mémoire pour contester l'offre, accompagné de toutes les pièces justificatives.
- Mémoire en réponse du fonds de garantie.
- Mémoires des parties devant être adressés au greffe de la CIVI au moins quinze jours avant l'audience sous peine de renvoi de l'affaire.
- En cas de renvoi, la commission fixe immédiatement la date de nouvelle audience, étant précisé que lorsque les parties ne sont ni présentes ni représentées, celles-ci sont informées de ce renvoi par LRAR, et le fonds par lettre simple (D. n° 2020-1452, 27 nov. 2020, art. 8).
- Audience en chambre du conseil durant laquelle le président ou l'un des membres de la CIVI fait un rapport et recueille les observations éventuelles des conseils.
- Décision de la CIVI notifiée à la victime et au fonds de garantie.
- En cas de décision d'indemnisation, règlement des indemnités par le fonds de garantie dans le mois suivant la notification (CPP, art. 50-24) – si la victime est assistée, règlement entre les mains de l'avocat en un chèque libellé à l'ordre de la CARPA.
- Appel possible dans le délai d'un mois suivant la notification.

II Préparation

A Informations préalables

1 Délais pour agir

401 À peine de forclusion la requête doit être déposée dans un délai de **trois ans** à compter de la date de l'infraction.

Lorsque des poursuites pénales sont exercées, le délai est prorogé d'**un an** après la décision de la juridiction qui a statué définitivement sur l'action publique ou sur l'action civile (CPP, art. 706-5 et 706-15. – Cass. 2e civ., 28 mars 2013, n° 12-15.377 : *JurisData* n° 2013-005527 ; *Resp. civ. et assur.* 2013, comm. 186).

Ce délai d'un an **court à compter du jour où la partie civile est avisée de la possibilité de cette saisine** en application de l'article 706-15 (Cass. 2e civ., 28 mars 2013, n° 12-15.377 : *JurisData* n° 2013-005527 ; *Resp. civ. et assur.* 2013, comm. 186).

Report du point de départ du délai de forclusion à la majorité de la victime mineure au moment des faits : le délai de trois ans à compter de la date de l'infraction ou d'un an à compter de la décision juridictionnelle ayant statué définitivement sur l'action publique ou civile engagée devant la juridiction répressive commence à courir à la majorité de la victime (CPP, art. 706-5, al. 1er).

ATTENTION Si les délais de forclusion sont dépassés vous pouvez, dans certains cas, solliciter le relevé de forclusion (CPP, art. 706-5) lorsque le client n'a pas été en mesure de faire valoir ses droits dans les délais impartis ou lorsqu'il a subi une aggravation de son préjudice ou pour tout autre motif légitime.

Par un arrêt en date du 15 février 2024, la Cour de cassation rappelle qu'il résulte de l'article 706-5 du Code de procédure pénale que la CIVI relève le requérant de la forclusion, lorsqu'il n'a pas été en mesure de faire valoir ses droits dans les délais requis ou pour tout autre motif légitime. Il en est ainsi lorsque la représentante légale d'une victime mineure n'a pas déposé plainte et n'a pas agi devant la commission à la suite de son accident, cette dernière ayant été empêchée d'agir avant d'être majeure.

En revanche, par un arrêt du 30 novembre 2023, la Cour de cassation a jugé que le délai de forclusion de trois ans imparti par ce texte pour saisir la CIVI ne peut être prorogé que s'il n'a pas déjà expiré au jour où des poursuites pénales sont exercées (Cass. 2e civ., 30 nov. 2023, n° 22-13.656 : *JurisData* n° 2023-021346).

L'article 706-5 du Code de procédure pénale prévoit également un troisième cas : lorsque l'auteur de l'infraction est condamné à verser des dommages et intérêts, le délai d'un an court à compter de l'avis donné par la juridiction en application de l'article 706-15.

Cela signifie que dans le premier cas il faut attendre que le jugement soit définitif, et dans le second cas compiler le délai d'un an à partir du moment de la notification à la victime de l'article 706-15.

2 Juridiction autonome

402 La CIVI est une juridiction autonome. La victime n'est pas tenue d'attendre une décision pénale pour la saisir.
La requête peut être déposée avant tout procès ou ultérieurement dès lors que la victime est en mesure de justifier d'une infraction pénale et des conditions exigées. et même dans certains cas lorsque l'auteur poursuivi aura été relaxé.
Par exemple, une personne qui justifie d'avoir été victime d'une agression sexuelle imputée à tort au prévenu, peut, en cas d'acquittement ou de relaxe, être indemnisée par la CIVI.
Par ailleurs, il est possible de ressaisir la CIVI s'il apparaît qu'une juridiction a alloué des sommes supérieures :

> « (...) il résulte de l'article 706-8 du Code de procédure pénale que lorsque la juridiction qui a statué sur les intérêts civils a alloué des dommages et intérêts d'un montant supérieur à l'indemnité accordée par la Commission, la victime peut demander un complément d'indemnité si cette décision est postérieure à celle de la commission, que cette dernière soit irrévocable ou non ;
> (...) l'article 706-8 du Code de procédure pénale ne subordonne pas l'allocation d'une indemnité complémentaire à la preuve d'éléments nouveaux, autres qu'une décision d'une juridiction civile ou répressive allouant des dommages et intérêts supérieurs à ceux accordés précédemment par la commission » (Cass. 2e civ., 2 juill. 2015, n° 14-18.351 : *JurisData* n° 2015-016091).

B Contrôles préalables

403 Vérifier scrupuleusement les conditions de recevabilité (nationalité – nature de l'infraction).
Ne jamais perdre de vue le délai de forclusion de l'article 706-5 du Code de procédure pénale à doubles composantes :
– **trois ans** à compter de l'infraction **et un an** si des poursuites pénales sont exercées (V. *supra*, n° 401).

ATTENTION L'avis de classement sans suite du parquet n'est pas considéré comme un acte juridictionnel et ne peut en aucun cas marquer le point de départ de ce délai de forclusion.

C Pièces nécessaires

404 S'assurer avant le dépôt de la requête d'être en possession de toutes les pièces nécessaires :
– carte nationale d'identité – passeport ou titre de séjour ;
– procès-verbaux de police ou de gendarmerie pour justifier de la réalité de l'infraction (en cas d'accident de la circulation survenu à l'étranger, faire traduire les procès-verbaux). La preuve de l'infraction incombe à la victime ;
– éventuellement, copie du jugement ou de l'arrêt ayant condamné l'auteur et statué sur les intérêts civils ;
– créance de l'organisme social ;
– justificatifs des ressources (CPP, art. 706-14) ;
– justificatifs des préjudices (certificats médicaux – rapport d'expertise, *etc.*).

CONSEIL Il arrive de ne pas obtenir du greffe la délivrance des procès-verbaux ou la copie des jugements ou la communication par les caisses de sécurité sociale de l'état de leurs créances (ne bénéficiant pas d'un recours subrogatoire devant la CIVI).
En raison du délai de forclusion, il est fortement conseillé de déposer néanmoins la requête accompagnée des courriers adressés au greffe et aux caisses et solliciter l'application des dispositions de l'article 706-6 du Code de procédure pénale, le fonds de garantie pourrait vous opposer utilement l'article 706-6 et s'opposer au relevé de forclusion vous reprochant en votre qualité de professionnel d'avoir méconnu ces dispositions.
La CIVI ou son président ont le pouvoir de procéder à toutes investigations utiles sans que puisse leur être opposé le secret professionnel. Ils peuvent notamment se faire communiquer les procès-verbaux et requérir de toute personne, la communication de renseignements qui leur font défaut.
Il est possible d'avoir des clients victimes qui ne se sont pas constitués partie civile dans le cadre de l'instruction et qui par conséquent n'ont pas accès au dossier pénal. Seuls la CIVI ou son président pourront solliciter auprès du juge d'instruction la communication des procès-verbaux sans que le principe du secret de l'instruction ne soit opposable.

D Coût de la procédure

405 La procédure est en principe totalement gratuite car l'assistance et la représentation de l'avocat ne sont pas obligatoires.
La victime peut bénéficier de l'aide juridictionnelle mais aussi de la garantie protection juridique de sa compagnie d'assurance.
Dans tous les autres cas, les honoraires des avocats sont libres.
La CIVI peut allouer à la victime une indemnité au titre de l'article 700 du Code de procédure civile.

ATTENTION Dans la phase amiable, le fonds de garantie n'offre jamais d'indemnité au titre de l'article 700 du Code de procédure civile.

CONSEIL Il est possible de prévoir de faire signer préalablement au client une autorisation de prélèvement des honoraires sur les fonds détenus en CARPA. Cela permettra de prélever directement le montant des honoraires sur les sommes qui vous seront transmises par le fonds de garantie.

III Procédure

A Assistance et représentation

406 L'assistance et la représentation par un avocat ne sont pas obligatoires. Le devoir de conseil de l'avocat doit le conduire à en informer le client. Toutefois, il est indéniable que l'expertise de l'avocat assure au justiciable des garanties non seulement au regard du respect de la procédure (conditions – délais, *etc.*) mais aussi quant au fond lorsque des offres lui seront adressées.

B Compétence

407 Chaque tribunal judiciaire dispose d'une CIVI, juridiction autonome, qui n'est pas tenue par les décisions rendues par les juridictions répressives.
La victime peut saisir à son choix la CIVI du lieu de l'infraction ou la CIVI du lieu de son domicile.

C Rédaction de l'acte de saisine

1 Formalisme

408 Aucun formalisme particulier n'est prévu par les textes.
La saisine de la CIVI se fait par voie de requête soit directement déposée au greffe de la CIVI compétente qui en délivre récépissé, soit adressée par lettre recommandée avec accusé de réception.
À noter qu'en cas de pluralité de victimes (directes ou indirectes) de nombreuses CIVI exigent le dépôt d'une requête par personne physique.

ATTENTION Il faut se renseigner sur le nombre d'exemplaires à déposer. Certaines CIVI exigent que la requête et les pièces soient déposées en double exemplaire dont un à destination du fonds de garantie car c'est en effet le greffe qui est chargé de la transmission de la requête, des mémoires et des pièces aux parties.

2 Contenu

a) Mentions obligatoires

409 La requête sur le fondement de l'article 706-3 du Code de procédure pénale doit contenir (CPP, art. R. 50-9) :
– l'état civil complet du demandeur ;
– la date le lieu et les circonstances de l'infraction génératrice du dommage ;
– les justificatifs de l'atteinte à la personne ou des dommages causés à ses biens ;
– la juridiction pénale éventuellement saisie de l'infraction ;
– les liens de parenté ou de relation de droit ou de fait existant entre le demandeur et celui qui a personnellement souffert du dommage ;
– l'indication des organismes publics ou privés dont relève le demandeur ou auprès desquels il est assuré et qui sont susceptibles de l'indemniser de tout ou partie du préjudice subi (numéro d'affiliation et identification des caisses de sécurité sociale) ;
– des demandes de réparation ou d'indemnité déjà présentées et, en particulier, des actions en dommages-intérêts qui ont été engagées ainsi que des sommes qui ont déjà été versées au demandeur en réparation du préjudice ;
– l'indication du montant de l'indemnité réclamée ;
– l'adresse à laquelle les notifications doivent être faites au demandeur.
Elle est datée et signée.
La requête est accompagnée de toutes pièces justificatives (certificat médical initial, toutes pièces attestant la consolidation, tout document permettant d'apprécier la perte ou la diminution des revenus, la difficulté ou l'inaptitude à exercer une activité professionnelle, *etc.*).

La requête sur le fondement de l'article 706-14 du Code de procédure pénale doit contenir en outre (CPP, art. R. 50-10) :
- l'indication du montant des ressources du demandeur avec les justifications utiles (copie de la déclaration de ses revenus de l'année précédant l'infraction et de l'année précédant celle où la commission est saisie ou, s'il n'est pas imposable, un certificat de non-imposition et, le cas échéant, la liste de ses biens immobiliers) ;
- les éléments desquels résulte l'impossibilité d'obtenir auprès des organismes publics ou privés dont relève le demandeur ou de toute autre personne morale ou physique la réparation effective et suffisante de son préjudice ;
- la description de la situation matérielle grave dans laquelle il se trouve de ce fait.

ATTENTION Le fonds de garantie disposant d'un recours subrogatoire à l'encontre de l'auteur, lorsque des poursuites pénales sont engagées à l'encontre de l'auteur de l'infraction ou que la victime engage une action contre les personnes responsables, il doit être indiqué en tout état de la procédure si la CIVI a été saisie et si des indemnités ont été accordées à votre client.
À défaut de cette indication, la nullité du jugement en ce qui concerne ses dispositions civiles pourra être demandée par toute personne intéressée pendant un délai de deux ans à compter de la date à partir de laquelle le jugement est devenu définitif (CPP, art. 706-12).

b) Nature de l'indemnité

410 1 - **Sur le fondement de l'article 706-3 du Code de procédure pénale**, il est possible de réclamer l'intégralité du dommage corporel.
Tous les postes de préjudice figurant à la nomenclature Dintilhac sont susceptibles d'être indemnisés : préjudices patrimoniaux et extra patrimoniaux poste de préjudice par poste de préjudice.
Le préjudice matériel est examiné quant à lui uniquement dans le cadre de l'article 706-14.
Les sommes allouées par les juridictions au titre des articles 475-1 et 375-1 du Code de procédure pénale sont exclues.
Le fonds de garantie s'oppose systématiquement au remboursement des frais que la victime a exposés pour se faire assister aux opérations d'expertise, poste pourtant prévu dans la nomenclature au titre des frais divers.
2 - **Sur le fondement de l'article 706-14**, il est possible de réclamer le préjudice matériel de la victime et son préjudice corporel si l'incapacité totale de travail personnel est inférieure à un mois ou si l'incapacité permanente est inférieure à 1 %.

L'indemnité est au maximum égale au triple du montant mensuel du plafond prévu à l'article 4 de la loi relative à l'aide juridique.
Une demande au titre des frais irrépétibles exposés devant la CIVI est possible sur le fondement de l'article 700 du Code de procédure civile.

D L'offre du fonds de garantie

411 L'offre interviendra dans un délai de deux mois à compter de l'enregistrement de la requête.
L'offre d'indemnisation indique l'évaluation retenue par le fonds pour chaque chef de préjudice.
Dans des dossiers délicats et face au refus du fonds de garantie d'indemniser tout ou partie du préjudice, il faut parfois inciter la victime à refuser l'offre et se préparer à développer une argumentation écrite qui sera soumise à la CIVI.

E L'acceptation ou refus de l'offre par la victime

1 Acceptation de l'offre

412 L'acceptation de la victime provoque la rédaction par le fonds de garantie d'un protocole d'accord en trois exemplaires originaux que le client devra dater et signer et qui seront retournés au fonds de garantie.

ATTENTION Lorsqu'il s'agit de mineurs, la Cour de cassation a émis un avis n° 15007 en date du 25 mars 2013 précisant que l'homologation de l'accord de la victime était soumise au préalable à l'accord du juge aux affaires familiales.
Il est donc indispensable de déposer une requête devant le JAF dès que le client a donné son accord sur les offres du fonds de garantie.

Le fonds de garantie sollicitera l'homologation auprès du président de la CIVI. En cas d'homologation il est conféré force exécutoire au constat d'accord.
La décision est notifiée sans délai par lettre recommandée avec avis de réception au demandeur et au fonds (CPP, art. R. 50-12-2).
Le fonds de garantie règle alors le montant des indemnités dans un délai bref.

ATTENTION En pratique, les délais de deux mois accordés tant au fonds de garantie qu'à la victime ne sont pas des délais de rigueur, et ce à raison de l'engorgement des greffes.
Rien ne vous empêche donc, au-delà de ces délais, de tenter de négocier plus avant avec le fonds si les offres ne vous paraissent pas conformes à l'intérêt de votre client.

2 Refus de l'offre

413 Passé un délai de deux mois suivant l'offre du fonds de garantie, en cas de silence de la victime ou de refus de sa part, l'affaire est instruite par le président de la CIVI ou par le magistrat assesseur. Il peut procéder ou faire procéder à toutes auditions et investigations utiles.
Le demandeur et le fonds de garantie sont convoqués **deux mois au moins avant l'audience**.
Les observations des parties doivent être adressées à la CIVI **au plus tard quinze jours avant la date de l'audience** sous forme de mémoire.
Le magistrat qui a procédé à l'instruction du dossier fait son rapport.
Le demandeur et le fonds de garantie, s'ils sont présents ou représentés, sont ensuite entendus en leurs observations.
Après en avoir délibéré, la CIVI rend un jugement susceptible d'appel, quel que soit le montant de la demande, dans un délai d'**un mois suivant notification faite par le greffe**.

3 En cas de préjudice non consolidé

414 Quand la victime n'est pas en état de solliciter une indemnisation définitive de son préjudice (notamment lorsque son état de santé n'est pas consolidé au moment du dépôt de la requête) : l'article 706-6 du Code de procédure pénale permet à la CIVI ou à son président de procéder à toutes investigations utiles.
Dès lors, il est possible de déposer une requête sur ce fondement et solliciter la mise en place d'une expertise judiciaire qui aura le double mérite d'être opposable au fonds de garantie et gratuite pour le client (les frais étant laissés à la charge du Trésor).
En cas d'examen médical à la demande du fonds, la victime est informée au moins quinze jours avant la date de l'examen, de l'identité et des titres du médecin chargé d'y procéder, de l'objet, de la date et du lieu de l'examen, et qu'elle peut se faire assister par le médecin de son choix.
Un pré-rapport est adressé dans les trente jours de l'examen, à la victime, son avocat et son médecin-conseil ainsi qu'au fonds, lesquels disposent d'un délai de trente jours pour formuler leurs observations écrites.
Le rapport définitif qui doit être adressé dans un délai de vingt jours doit faire mention des suites données aux observations des parties (C. assur., art. R. 422-7).
La décision impartira généralement **un délai de un à trois mois** suivant le dépôt du rapport pour présenter les réclamations indemnitaires définitives. Le président ou la CIVI statue dans le délai **d'un mois** à compter de la demande par une ordonnance. Celle-ci est susceptible d'appel.

Pendant le cours de cette mesure d'instruction, il est possible de la même manière et sur le fondement de l'article 706-6, dernier alinéa, de saisir le président de la CIVI d'une demande de provision.
Une fois la requête déposée et si le fonds ne conteste pas le droit à indemnisation, il peut verser spontanément (sans homologation préalable) une provision à la victime.
Dans ce cas, il doit simplement en aviser le président de la CIVI (CPP, art. 706-5-1, al. 5).

CONSEIL Ne pas hésiter à présenter au fonds de garantie une demande de provision par simple lettre. Il est également possible, au terme de la requête ou en cours d'expertise, de solliciter l'allocation d'une provision selon le même formalisme.

F Instruction

415 En cas de refus de l'offre, l'instruction de l'affaire est réalisée par le président de la CIVI ou le magistrat assesseur.
La victime et le fonds peuvent prendre connaissance du dossier au greffe de la CIVI et adresser toutes observations qu'ils estiment utiles à l'instruction de la demande d'indemnité (CPP, art. R. 50-14).
Des copies des pièces du dossier peuvent leur être délivrées à leurs frais par le greffe.

G Audience

416 Lorsque l'affaire est audiencée devant la CIVI, le greffe convoque la victime par LRAR et le fonds par lettre simple (CPP, art. R. 50-1).
La procédure étant écrite, les objections et argumentations pour contester les offres qui ont été faites, doivent être présentées sous forme de mémoire en y joignant toutes les pièces justificatives adressées au greffe de la CIVI au moins quinze jours avant l'audience sous peine de voir l'affaire renvoyée.
Lorsque l'affaire est renvoyée, la date de renvoi est fixée immédiatement par la commission (CPP, art. R. 50-20).
Le procureur de la République est informé de la date de l'audience et dépose ses conclusions quinze jours au moins avant cette date (CPP, art. R. 50-18).
L'audience se tient en chambre du conseil, le président ou l'un des membres de la commission fait un rapport et recueille les observations éventuelles des conseils.
Le procureur de la République présente ses observations.

ATTENTION Prendre soin d'avertir le client qu'il ne s'agit pas d'une audience de plaidoirie. La procédure étant écrite, l'avocat n'intervient oralement que pour expliquer tel ou tel point pouvant poser difficulté ou répondre aux questions des membres de la CIVI.
Bien penser à solliciter l'exécution provisoire qui n'est pas de droit.
L'affaire est mise en délibéré, un jugement est rendu, susceptible d'appel dans un délai d'un mois à compter de la notification par le greffe au client.

H Décision

417 La CIVI rend un jugement.
Il est impératif d'avertir le client qu'il recevra directement la notification du jugement faisant ainsi courir le délai d'appel.
En cas de décision d'indemnisation, les sommes allouées à la victime sont versées par le fonds de garantie dans le délai d'**un mois** à compter de la notification (CPP, art. R. 50-24).

I Recours ou contestation

418 Il est possible d'interjeter appel de la décision de la CIVI auprès de la cour d'appel dans un délai d'**un mois** à compter de la notification du jugement.
Le droit d'appel n'est pas ouvert au ministère public.
La procédure devant la CIVI n'est pas opposable au condamné. Le fonds de garantie dispose en revanche d'un recours subrogatoire à son encontre dès lors qu'il a indemnisé la victime pour toutes les sommes qu'il lui a accordées ou auxquelles il a été condamné.

CHECK-LIST • **Vérifier** les conditions de recevabilité de l'article 706-3 du Code de procédure pénale :
- fait dommageable : infraction pénale volontaire ou non – Faire attention aux exclusions ;
- nationalité de la victime ;
- incapacité temporaire d'un mois ou définitive d'au moins 1 %.
• **Vérifier** le cas échéant les conditions de recevabilité de l'article 706-14 du Code de procédure pénale :
- nature de l'infraction ;
- situation de la victime ;
- revenus.
• **Vérifier** le délai de forclusion de trois ans ou d'un an.
• **Déposer** une requête en double exemplaire dont l'un à destination du fonds de garantie comprenant l'état civil complet du demandeur – un exposé en fait et en droit – la liste des pièces ainsi que toutes les pièces justificatives.
• **Conseiller** le client dans les deux mois suivant l'offre du fonds :
- accepter – refuser ou se taire ;
- mais aussi possibilité de poursuivre les négociations avec le fonds.
• **Rédiger** un mémoire argumenté pour justifier de sa position, la procédure étant exclusivement écrite, en cas de refus ou de silence.

POUR ALLER PLUS LOIN...

Fascicules JurisClasseur
• *JCl. Procédure pénale*, Art. 706-3 à 706-15, fasc. 20, par H. Groutel.
• *JCl. Responsabilité civile et assurances*, fasc. 260, par H. Groutel.

Fiche 21

Régler au mieux les litiges à l'amiable

Stéphanie FINGERHUT
Actualisé par Jacques DESBOIS

Sommaire

I

Caractéristiques générales

419 Régler au mieux les litiges à l'amiable renvoie aux **modes alternatifs de règlement des conflits** (V. *JCl. Procédure civile*, fasc. 1000 à 1075) :
- l'arbitrage ;
- la médiation ;
- la conciliation ;
- la transaction ;
- la convention de procédure participative.

420 **Arbitrage (CPC, art. 1442 à 1527).** Système conventionnel de règlement des litiges consistant, en matière contentieuse, à faire appel à un tiers en dehors du système judiciaire pour trancher un différend. L'arbitrage peut être de deux types :
- l'arbitrage *ad hoc* : les parties s'accordent sur l'ensemble de la procédure applicable (soit elles-mêmes, soit par référence à un règlement d'arbitrage) ;
- l'arbitrage « institutionnel » : un centre d'arbitrage administre le différend, sous l'égide de son propre règlement d'arbitrage.

EXEMPLE **Le règlement d'arbitrage de la Cour internationale d'arbitrage de la Chambre de commerce internationale.**

421 **Médiation et conciliation (CPC, art. 1530 à 1541).** Consistent à rapprocher les parties par la recherche de propositions et de solutions négociées :
- la **médiation** implique l'intervention d'un tiers, le médiateur ;

– la **conciliation**, qui ne nécessite pas la présence d'un tiers, peut être menée par le juge ou bien déléguée à un conciliateur de justice.
La médiation et la conciliation peuvent être de trois types :
– **conventionnelle :** lorsque les parties sont liées par un contrat comportant une clause renvoyant préalablement à la conciliation ou à la médiation pour régler toute difficulté d'interprétation ou d'exécution du contrat, ou lorsqu'elles décident d'elles-mêmes d'un commun accord, en dehors de toute procédure judiciaire, de se soumettre à un processus structuré pour tenter de parvenir à une résolution amiable de leur conflit (CPC, art. 1530 à 1541) ;
– **institutionnelle :** son déclenchement est à l'initiative des parties tandis que son déroulement est réglementé par l'institution à laquelle est rattaché le conciliateur ou médiateur (médiateur de France 2, de La Poste, de la Fédération française des sociétés d'assurance, *etc.*) ;
– **judiciaire** : suppose l'existence d'une instance en cours et l'intervention du juge.

422 **Transaction.** Contrat par lequel les parties terminent une contestation née ou préviennent une contestation à naître (C. civ., art. 2044). Elle implique des concessions réciproques.

423 **Convention de procédure participative (CPC, art. 1542 à 1564-7).** Convention par laquelle les parties à un différend s'engagent à œuvrer conjointement et de bonne foi à la résolution amiable de leur différend (C. civ., art. 2062). La particularité de cette procédure réside dans l'assistance obligatoire des parties par un avocat (CPC, art. 1544).
La définition de la convention, la conduite de la négociation et des échanges d'information, la conclusion éventuelle de l'accord, s'effectuent sous le contrôle et avec l'assistance des avocats choisis par les parties.
À côté de l'utilisation, laissée largement à l'initiative des parties de ces modes alternatifs de règlement des litiges, il existe des hypothèses dans lesquelles **la loi impose leur intervention**, comme par exemple l'article 750-1 du Code de procédure civile, pour certaines actions.
Devant le tribunal judiciaire, la demande initiale, requête ou assignation, lorsqu'une telle tentative préalable est imposée, doit, à peine de nullité, mentionner les diligences accomplies en ce sens ou les circonstances de la dispense si elles n'ont pas été menées (CPC, art. 54).
À défaut, le juge pourra proposer le recours à une mesure de conciliation ou de médiation (CPC, art. 127), ou, faute de leur accord, leur enjoindre de rencontrer un médiateur, chargé de leur expliquer son objet et son déroulement (CPC, art. 127-1).
À noter encore, la possibilité de demander au juge de statuer en qualité d'**amiable compositeur**, en limitant les points auxquels les parties, en vertu d'un accord exprès et pour les droits dont elles ont la libre disposition, entendent limiter le débat (CPC, art. 12).

II
Conditions d'utilisation

A Arbitrage

424 **En matière interne :**
– un arbitrage peut être mis en place par toute personne sur les droits dont elle a la libre disposition (C. civ., art. 2059) ;
– il ne peut concerner (C. civ., art. 2060) :
• ni les questions d'état et de capacité des personnes,
• ni celles relatives au divorce et à la séparation de corps,
• ni les contestations intéressant les collectivités publiques et les établissements publics et plus généralement toutes les matières qui intéressent l'ordre public ;
– l'arbitrage reste également interdit dans les litiges relatifs à l'exécution d'un contrat de travail (en raison de la compétence exclusive et d'ordre public du conseil de prud'hommes en la matière : C. trav., art. L. 1411-4) ;
– pour être valide, la convention d'arbitrage, qui peut prendre la forme d'une clause compromissoire (avant tout litige) ou d'un compromis (une fois le litige né), doit être stipulée par écrit (CPC, art. 1443). Elle peut résulter d'un échange d'écrits ou d'un document auquel il est fait référence dans le contrat auquel elle se rapporte (dans des conditions générales, par exemple). Elle peut tout à fait être prévue dans le cadre d'un groupe de contrats ;

– la clause compromissoire ne peut être opposée à la partie qui n'a pas contracté dans le cadre de son activité professionnelle (C. civ., art. 2061).

425 En matière internationale :
– est considéré comme international l'arbitrage qui met en cause des intérêts du commerce international (CPC, art. 1504) ;
– la convention d'arbitrage n'est soumise à aucune condition de forme (CPC, art. 1507). Elle ne doit pas nécessairement être écrite mais l'intention des parties de recourir à l'arbitrage doit néanmoins pouvoir être établie ;
– la sentence rendue en France en matière d'arbitrage international ne peut faire l'objet que d'un recours en annulation (CPC, art. 1518). Ce recours n'est ouvert que pour les motifs énoncés par l'article 1520 du Code de procédure civile. Le juge de l'annulation ne peut se prononcer sur le fond de l'affaire (Cass. 1re civ., 30 janv. 2019, n° 14-23.822).

B Médiation et conciliation

426 Médiation et conciliation se différencient. La médiation est une démarche totalement volontaire, le médiateur jouant le rôle de facilitateur dans l'effort des parties à trouver une solution à leur litige. Dans la conciliation, l'intervention du juge ou du conciliateur, délégué du juge, peut être imposée aux parties, le conciliateur cherchant à faire adopter par celles-ci la solution qui lui paraîtra la meilleure.
Médiation et conciliation peuvent intervenir :
– **préalablement à toute action** (V. Fiche 24 : Tenter une conciliation préalablement à une procédure contentieuse) :
• **dans le cadre des entreprises en difficultés :** le chef d'entreprise saisit le président du tribunal de commerce ou du tribunal judiciaire s'il s'agit d'une société civile ou d'une personne physique exerçant une activité professionnelle, y compris une profession libérale soumise à un statut législatif ou réglementaire ou dont le titre est protégé (C. com., art. L. 611-4 et L. 611-5), lorsque son entreprise rencontre des difficultés économiques, sans être en cessation de paiement depuis plus de quarante-cinq jours. Le président de la juridiction saisie procède à la désignation d'un conciliateur chargé de trouver un accord avec les créanciers (C. com., art. L. 611-4 à L. 611-16),
• **dans les conflits individuels et collectifs du travail :** le recours à la conciliation ou la médiation est possible pour tous les conflits collectifs du travail (C. trav., art. L. 2522-1 et L. 2523-1 à L. 2523-3). En matière de conflit individuel, outre les dispositions particulières propres au harcèlement moral (C. trav., art. L. 1152-6), l'article R. 1471-1 du Code du travail permet aux parties de faire appel aux procédures de conciliation et de médiation et de demander ensuite l'homologation de leur accord au bureau de conciliation et d'orientation du conseil de prud'hommes (V. Fiche 28 : Se concilier devant le conseil de prud'hommes),
• en revanche, le contentieux lié aux élections professionnelles, considéré comme intéressant l'ordre public, au sens de l'article 58 du Code de procédure civile, ne peut donner lieu à un accord des parties (Cass. soc., 19 déc. 2018, n° 18-60.067),
• **en matière de baux d'habitation :** par la saisine préalable de la commission départementale de conciliation pour tout différend relatif, notamment, au montant du loyer (L. n° 89-462, 6 juill. 1989, art. 20),
• **en matière de baux commerciaux :** par l'intervention de la commission départementale de conciliation, compétente pour les désaccords portant sur la révision du loyer, les charges, les travaux, ainsi que sur la fixation du loyer lors du renouvellement du bail (C. com., art. L. 145-35). La commission essaie de concilier les parties et émet un avis,
• **en matière de surendettement :** par la saisine de la commission départementale d'examen des situations de surendettement chargée de proposer ou d'imposer des mesures de traitement de ce surendettement, d'imposer un rétablissement personnel sans liquidation judiciaire, ou de saisir, avec l'accord du débiteur, le juge des contentieux de la protection aux fins d'ouverture d'une procédure de rétablissement personnel avec liquidation judiciaire (C. consom., art. L. 712-1 à L. 712-9),
• **en matière de litige de la consommation :** par le recours au médiateur de la consommation en cas de litige national ou transfrontalier entre un consommateur et un professionnel (C. consom., art. L. 611-2 et L. 612-1) ;
– **en première étape de la procédure contentieuse** devant les juridictions suivantes (V. Fiche 25 : Tenter une conciliation dans le cadre d'une procédure contentieuse) :
• **tribunal judiciaire** : dans la procédure orale, sans constitution d'avocat, il est possible de saisir le tribunal d'une demande de tentative préalable de conciliation, par requête remise ou adressée au greffe (CPC, art. 820),
• dans le cadre d'une **saisie des rémunérations**, il est nécessaire de saisir le juge d'une requête aux fins de conciliation (C. trav., art. R. 3252-12), en attendant la mise en œuvre de la réforme de la saisie des rémunérations par la loi n° 2023-1059 du 20 novembre 2023, qui doit entrer en vigueur au plus tard le 1er juillet 2025,
• **conseils de prud'hommes :** devant le bureau de conciliation et d'orientation (le passage préalable devant le bureau de conciliation et d'orientation étant obligatoire : C. trav., art. L. 1411-1). – Pour

la procédure devant le bureau de conciliation d'orientation, C. trav., art. R. 1454-7 et s.),
• **tribunaux paritaires des baux ruraux** (CPC, art. 882 et 887) ;
– **à tout moment au cours de l'instance contentieuse**, c'est-à-dire au début de la procédure, lors de la mise en état ou lors des plaidoiries : il s'agit de la médiation et de la conciliation judiciaires.
Deux aménagements procéduraux récents sont destinés à favoriser la survenance de ces accords devant le tribunal judiciaire :
– l'**audience de règlement amiable** (CPC, art. 774-1 à 774-4). À leur demande ou d'office, les parties, assistées de leurs avocats, peuvent être renvoyées à cette audience, au cours de laquelle, le juge peut les entendre ensemble ou séparément, procéder à des constatations, décider d'un transport sur les lieux, rechercher les termes d'un éventuel consensus, total ou partiel ;
– la **césure du procès** (CPC, art. 807-1 à 807-3) : demandée par l'ensemble des parties par acte contresigné des avocats, précisant les points sur lesquels est sollicitée la clôture partielle de l'instruction, elle conduit à un jugement partiel sur le fond, les autres points pouvant ensuite faire l'objet d'un éventuel accord.

C Transaction

427 Elle suppose :
– un litige né ou à naître ;
– des concessions réciproques : les parties doivent accepter de renoncer à une partie de leurs droits et avantages ;
– le respect des règles de droit commun régissant les contrats (C. civ., art. 1130 et 1132) : relatifs à l'erreur sur la personne ou sur l'objet de la contestation, au dol et à la violence).

D Convention de procédure participative

428 Toute personne assistée de son avocat peut conclure une convention de procédure participative (C. civ., art. 2064).
Le champ d'application de la convention de procédure participative, très vaste, s'étend :
– à tous les droits disponibles, y compris dans les litiges prud'homaux, la tentative de conciliation étant dans ce cas toutefois maintenue après échec de cette procédure et saisine postérieure du conseil de prud'hommes (CPC, art. 1529) ;
– au divorce et à la séparation de corps (C. civ., art. 2067).
La conclusion d'une convention de procédure participative a pour effet de suspendre les délais de prescription (C. civ., art. 2238). Devant toute juridiction de l'ordre judiciaire, elle se déroule avec ou sans mise en état (CPC, art. 1542 à 1555-1).
Lorsqu'elle aboutit à un accord, celui-ci fait l'objet de l'établissement d'un acte sous seing privé, contresigné par avocats (CPC, art. 1555-1. – C. civ., art. 1374).
À l'issue de la procédure conventionnelle, le juge peut être saisi pour homologuer l'accord des parties, mettant fin en totalité au litige, pour homologuer un accord partiel et statuer sur la partie du litige persistant, ou pour statuer sur l'entier litige (CPC, art. 1556).

III Avis du professionnel

A Arbitrage

429 Moyen particulièrement efficace et discret de régler un différend.
Accorder une attention toute particulière à la rédaction de la convention d'arbitrage afin d'éviter des conflits de nature procédurale, une fois la procédure engagée.
Ne pas oublier que :
– la convention d'arbitrage n'est pas affectée par l'inefficacité du contrat auquel elle se rapporte (CPC, art. 1447). Si le contrat principal est caduc, résolu ou résilié, la convention d'arbitrage conserve sa pleine efficacité et reste opposable aux parties.
Elle ne l'est en principe pas davantage par la survenance d'une procédure collective atteignant l'une des parties (Cass. com., 23 nov. 2022, n° 21-10.614 : *Procédures* 2023, comm. 45) ;
– la compétence arbitrale pour statuer sur l'existence, la validité et l'étendue de la convention d'arbitrage elle-même ne peut être écartée qu'en cas de nullité manifeste ou d'inapplicabilité de la clause compromissoire, même en présence d'un protocole transactionnel (Cass. 1re civ., 24 juin 2015, n° 14-17.547, inédit).
L'état d'impécuniosité de l'une des parties n'est pas de nature à caractériser l'inapplicabilité de la clause compromissoire (Cass. 1re civ., 28 sept. 2022, n° 21-21.738) ;

- la discussion de la compétence devant les arbitres ne prive pas de la possibilité d'invoquer à nouveau ce moyen ensuite devant le juge de l'annulation (Cass. 1re civ., 2 déc. 2020, n° 19-15.396 : *JurisData* n° 2020-019703) ;
- l'exception tirée de l'existence d'une clause compromissoire est régie par les règles relatives aux exceptions de procédure et doit être soulevée *in limine litis* (Cass. 1re civ., 13 mai 2020, n° 18-25.966 : *JurisData* n° 2020-006891) ;
- la recevabilité du recours en annulation de la sentence arbitrale est conditionnée par sa remise à la juridiction par la voie électronique (Cass. 2e civ., 26 sept. 2019, n° 18-14.708 : *JurisData* n° 2019-016496).

B Médiation et conciliation

430 La médiation et la conciliation reposent sur l'adhésion des parties.
Le praticien doit :
- assurer un rôle réel de pédagogie vis-à-vis de son client afin de l'informer de l'opportunité et des limites du processus qui demeure encore méconnu dans ses subtilités, des justiciables ;
- accorder une importance particulière à la démarche supposée de la partie adverse qui peut user du processus pour gagner du temps ou obtenir des informations de nature à étayer un dossier.

C Transaction

431 Outre son rôle de formalisation finale d'une négociation ou d'une médiation, la transaction :
- présente l'intérêt évident d'éviter une procédure judiciaire souvent longue et coûteuse ;
- est souvent le moyen de trouver une juste entente entre parties et l'occasion de s'assurer d'un accord gagnant/gagnant entre partenaires.

Son efficacité est essentiellement due à ce qu'elle fait obstacle à l'introduction ou la poursuite entre les parties d'une action en justice ayant le même objet (C. civ., art. 2052).
Elle peut être homologuée par le juge et rendue exécutoire (CPC, art. 1565).
Le juge peut refuser cette homologation s'il constate que la transaction n'est pas pleinement réalisée (Cass. 1re civ., 21 nov. 2018, n° 17-26.869 : *JurisData* n° 2018-020898).

D Convention de procédure participative

432 Un écrit doit, à peine de nullité, préciser (C. civ., art. 2063) :
- le terme de la convention (C. civ., art. 2062, al. 2) ;
- l'objet du différend ;
- les pièces et informations nécessaires à sa résolution et les modalités de leur échange ;
- le cas échéant, les actes contresignés par les avocats que les parties s'accordent à établir, dans des conditions prévues par décret en Conseil d'État (CPC, art. 1546-3. – D. n° 2019-1333, 11 déc. 2019).

Le praticien doit veiller à la qualité de la rédaction de la convention. Ceci signifie de ne pas craindre d'entrer dans les détails, dussent-ils paraître évidents.
La précision et la clarté de la convention garantissent l'efficacité de son exécution et sont de nature à prévenir tout risque de dérapage d'une partie, ce qui entraînerait alors l'anéantissement de la procédure.

IV Textes

A Arbitrage

- CPC, art. 1442 à 1527.
- C. civ., art. 2059 à 2061.
- CPC, art. 1530 à 1541.

B Médiation et conciliation

- CPC, art. 127 à 131.
- CPC, art. 131-1 à 131-15.
- CPC, art. 750-1.
- CPC, art. 774-1 à 774-4.
- CPC, art. 807-1 à 807-3.
- CPC, art. 820 à 827.

C Transaction

- C. civ., art. 2044 à 2052.

D Convention de procédure participative

- C. civ., art. 2062 à 2068.
- CPC, art. 1542 à 1564-7.

V

Schéma procédural

A Arbitrage

433 En fonction du choix des parties et du règlement d'arbitrage auquel il est fait référence, le cas échéant :
– envoi d'une requête d'arbitrage au centre d'arbitrage choisi par les parties (arbitrage institutionnel), ou à la partie adverse (arbitrage *ad hoc*) ;
– réponse à la requête d'arbitrage ;
– constitution du tribunal arbitral ;
– à défaut de choix dans la convention d'arbitrage, la procédure est généralement déterminée par le tribunal arbitral après consultation des parties ;
– le cas échéant, un acte de mission (ou accord d'arbitrage) établi entre les parties et l'arbitre, délimite l'objet de l'arbitrage ;
– soumission des mémoires ;
– audience(s), le cas échéant ;
– sentence.

B Médiation et conciliation judiciaires

434 • Proposition par le juge de recourir à la médiation ou à la conciliation judiciaires (CPC, art. 127) :
– lorsque le juge confie une mission de conciliation à un conciliateur de justice, il fixe la date à laquelle l'affaire sera rappelée (CPC, art. 129-2) ;
– si une médiation est ordonnée, sa durée initiale ne peut excéder trois mois ; elle est renouvelable une fois pour une même durée (CPC, art. 131-3).
• Recueil de l'accord des parties.
• Décision du tribunal ordonnant le recours à la médiation ou à la conciliation, désignant le médiateur ou conciliateur, fixant le montant à consigner et ses modalités.
• Déroulement du processus.
• Rapport établi par le médiateur/conciliateur et adressé au juge saisi de l'affaire afin de l'informer de l'issue du processus.
• Convocation devant le juge :
– en l'absence d'un accord, la procédure reprend son cours ;
– en présence d'un accord, les parties :
- sollicitent éventuellement l'homologation de leur accord,
- peuvent procéder à l'établissement d'un acte contresigné par les avocats, qui pourra, à la demande de l'une des parties, être revêtu de la formule exécutoire (CPC, art. 1568 à 1570),
- mettent fin à l'instance en cours :
- soit par un désistement d'instance et/ou d'action,
- soit par une demande de radiation.

C Transaction

435 • Naissance du litige, ou litige éventuel.
• Saisine éventuelle d'une juridiction.
• Engagement des pourparlers soit directement, soit par avocats interposés.
• Détermination de contreparties réciproques.
• Rédaction d'un écrit, à valeur simplement probatoire (Cass. 3e civ., 30 nov. 2023, n° 22-19.494).
• Désistement éventuel d'instance et d'action devant la juridiction saisie.

D Convention de procédure participative

436 • En cas de succès, l'accord peut être homologué sur simple requête.
• En cas d'échec, le traitement judiciaire du litige sera accéléré grâce aux échanges intervenus au cours des négociations (dispense de tour préliminaire de conciliation ou de médiation : C. civ., art. 2066, al. 2).
• Un procès-verbal est prévu pour constater l'accord partiel ainsi que les points sur lesquels le litige persiste. L'accord issu de la procédure participative de négociation aura la nature juridique d'une transaction (CPC, art. 1542 à 1564).

POUR ALLER PLUS LOIN...

Fascicules JurisClasseur
A. Arbitrage
• *JCl. Procédure civile*, fasc. 1800-70, 1800-71 et 1800-72.
• *JCl. Procédures Formulaire*, fasc. 10, 20, 25, 30 et 35.
B. Conciliation et médiation
• *JCl. Procédure civile*, fasc. 1700-75 : *Modes alternatifs de résolution des litiges*.

- *JCl. Procédure civile*, fasc. 1700-85 : *Conciliation*.
- *JCl. Procédure civile*, fasc. 1700-90 : *Médiation*.

C. Transaction

- *JCl. Civil Code*, Art. 2044 à 2052.
- *JCl. Procédures Formulaire*, V° *Transaction*.

D. Convention de procédure participative

- *JCl. Procédure civile*, fasc. 1700-80.
- *JCl. Procédures Formulaire*, V° *Procédure participative*, fasc. 10 et 15.

Revues

- M. Bruggeman, *Premiers pas vers un droit collaboratif ? : Dr. famille* 2011, alerte 15.
- T. Clay, *L'arbitrage, les modes alternatifs de règlement des différends et la transaction dans la loi « Justice du xxie siècle » : JCP* G 2016, 1295.
- H. Croze, *Huissiers de justice – Ils voient des médiations partout : Procédures* 2016, repère 1.
- L. Degos et A. Remy, *Médiation : le contentieux autrement. – Les techniques de médiation appliquées au contexte des affaires : JCP* G 2017, 751.
- Dossier « Les modes amiables en droit de la famille » : *Dr. famille* nov. 2018, p. 10.
- N. Fricero, *Nouveaux circuits procéduraux devant le tribunal judiciaire : audience de règlement amiable et césure du procès : Procédures* 2023, étude 7.
- R. Le Breton de Vannoise, *Vademecum de la procédure participative de mise en état : Procédures* 2019, étude 1.
- L. Meyer et J. Lafitte, *La recherche des intérêts dans le processus collaboratif : Procédures* 2019, p. 39.
- H. Poivey Leclercq, *La convention de procédure participative : JCP* G 2011, 70.
- M. Reverchon-Billot, *Titre exécutoire, l'acte contresigné par avocat : un nouveau titre exécutoire de la justice participative : Procédures* 2022, étude 6 ; *L'avocat dans la résolution amiable : Procédures* 2024, étude 5.

Fiches pratiques

- V. Fiche 1 : Se concilier devant le tribunal judiciaire.
- V. Fiche 22 : Recourir à la médiation en matière civile.
- V. Fiche 23 : Transiger en matière civile.
- V. Fiche 24 : Tenter une conciliation préalablement à une procédure contentieuse.
- V. Fiche 25 : Tenter une conciliation dans le cadre d'une procédure contentieuse.
- V. Fiche 28 : Se concilier devant le conseil de prud'hommes.

Fiche 22

Recourir à la médiation en matière civile

David-Raphaël BENITAH
Actualisé par Jacques DESBOIS

Sommaire

I

Aperçu rapide

A Éléments clés

437 La médiation fait partie, au même titre que la conciliation ou l'arbitrage, des modes alternatifs de règlement des litiges ou des conflits.

Elle ne peut être que librement consentie par les parties.

Elle est définie comme l'intervention d'un tiers chargé d'entendre les parties et de confronter leurs points de vue pour leur permettre de trouver une solution au conflit qui les oppose (CPC, art. 131-1, 1530).

La médiation émane soit :

– de la décision judiciaire ayant désigné le médiateur (CPC, art. 131-1, 774-1. – D. n° 2023-686, 29 juill. 2023) ;

– du contrat ayant initialement assujetti tout conflit à ce mode alternatif de résolution des litiges ;

– de l'entente des parties pour rechercher un accord avec l'aide d'un tiers choisi par elles (CPC, art. 1530) ;

– de la volonté d'une partie ou d'un consommateur de recourir gratuitement à un médiateur de la consommation (C. consom., art. L. 612-1).

À l'égard des litiges de consommation, le professionnel est tenu de garantir au consommateur le recours effectif à un dispositif de médiation (C. consom., art. L. 612-1, al. 1er).

Il peut mettre en place son propre dispositif ou proposer au consommateur le recours à tout autre médiateur de la consommation (C. consom., art. L. 612-1, al. 2).

– Sous contrôle ultérieur du juge, le professionnel pourra aussi refuser la mise en place du dispositif de médiation en cas, par exemple, de demande abusive du consommateur.

B Textes

1 Textes codifiés

- CPC, art. 21.
- CPC, art. 131-1 à 131-15.
- CPC, art. 750-1.
- C. consom., art. L. 612-1 à L. 616-3, R. 612-1 à R. 616-1.
- CSS, art. L. 217-7-1.

2 Textes non codifiés

- L. n° 1995-125, 8 févr. 1995, art. 21 à 22-3.
- Code de conduite européen pour les médiateurs (European Code of Conduct for Mediators, 2 juill. 2004 : http://ec.europa.eu/civiljustice/adr/adr_ec_code_conduct_fr.pdf).
- PE et Cons. UE, dir. 2013/11/UE, 21 mai 2013, relatif au règlement extrajudiciaire des litiges de consommation.
- L. n° 2016-1547, 18 nov. 2016, art. 4 à 11.

II Préparation

A Informations préalables

438 Existe-t-il une clause de médiation au contrat ?
La médiation est-elle issue d'une instance en cours ?
Quelles perspectives la partie entend donner à ses rapports avec son partenaire ?
Quelles sont les doléances des deux parties ?

B Inventaire des solutions et éléments de décisions

1 Pourquoi choisir la médiation ?

439 Plusieurs **intérêts** :
– **prise en considération de l'ensemble du rapport humain et/ou économique** (et non une difficulté ponctuelle) entre les parties : elle facilite la poursuite d'une relation juridique et/ou commerciale s'inscrivant dans la durée, au-delà du conflit ;
– suspension du **délai de prescription** à compter du moment où les parties conviennent d'y recourir ou, à défaut d'accord écrit, à compter de la première réunion de médiation (C. civ., art. 2238 ; Cass. 2e civ., 19 nov. 2019, n° 19-22.867) ; et jusqu'à expiration de la mission du médiateur (Cass. 2e civ., 12 janv. 2023, n° 20-20.941).
À noter qu'une simple convocation à une réunion d'information sur la médiation n'est pas interruptive (Cass. 2e civ., 20 mai 2021, n° 20-13.912 : *JurisData* n° 2021-007570).
Le délai recommence à courir, pour une durée qui ne peut être inférieure à six mois, à compter de la date à laquelle soit l'une des parties ou les deux, soit le médiateur déclarent que la médiation est terminée (C. civ., art. 2238).
Elle entraîne aussi l'arrêt des poursuites (Cass. 2e civ., 4 avr. 2018, n° 17-13.748 : *JurisData* n° 2018-012005).
– **rapidité** : la mission du médiateur est souvent circonscrite dans le temps à de brefs délais ;

EXEMPLE La durée initiale de la médiation judiciaire ne peut excéder trois mois ; celle-ci étant renouvelable une fois pour la même durée, à la demande du médiateur (CPC, art. 131-3).
En matière de litige de la consommation l'issue de la médiation doit intervenir dans un délai de quatre-vingt-dix jours à compter de la date de la notification aux parties de la saisine du médiateur de la consommation (C. consom., art. R. 612-5). Ce délai peut être prolongé à l'initiative du médiateur.
Lorsqu'un litige ne peut être examiné par le médiateur de la consommation, le consommateur est informé par le médiateur, dans un délai de quatre-vingt-dix jours à compter de la réception de son dossier, du rejet de sa demande de médiation (C. consom., art. L. 612-2).

– **coût limité :** le coût de la procédure est constitué essentiellement des honoraires du médiateur. En cas de médiation conventionnelle comme judiciaire, les parties déterminent librement la répartition entre elles de la charge des frais de la médiation.

À défaut d'un tel accord, le juge tranchera en équité la répartition des coûts, généralement à parts égales entre chaque partie, ou en considération de leur situation économique (L. 95-125, 8 févr. 1995, art. 22-2).

Le ministère d'avocat n'est pas obligatoire, même s'il est souhaitable.

L'aide juridictionnelle peut être obtenue dans le cadre d'une médiation ordonnée par le juge (L. 91-647, 10 juill. 1991, art. 11-1) ;

– **gratuité :** en matière de litige de consommation le recours au médiateur de la consommation est gratuit (C. consom., art. L. 612-1) ;

– **confidentialité** préservée, sauf accord contraire des parties (L. n° 95-125, 8 févr. 1995, art. 21-3. – C. consom., art. L. 612-3) ;

– le médiateur est tenu au **secret professionnel** en ce qui concerne toutes les informations découlant de la médiation ou relatives à celle-ci, y compris le fait que la médiation doit avoir lieu ou a eu lieu.

2 Dans quels domaines recourir à la médiation ?

440 L'article 750-1 du Code de procédure civile impose à peine d'irrecevabilité susceptible d'être prononcée même d'office par le juge, la justification par les parties d'une tentative, préalablement à la demande en justice, soit d'une conciliation menée par un conciliateur de justice, soit d'une médiation, soit d'une procédure participative, lorsque la demande en justice devant le tribunal judiciaire tendait au paiement d'une somme n'excédant pas 5 000 € ou était relative à diverses actions (D. n° 2023-357, 11 mai 2023).

En particulier, il fixe à trois mois le délai au-delà duquel l'indisponibilité de conciliateurs de justice pourra être regardée comme établie pour dispenser les parties de l'obligation préalable de tentative de résolution amiable du litige, et précise les modalités selon lesquelles la preuve peut en être établie.

Ces dispositions sont applicables aux instances introduites à compter du 1er octobre 2023.

CONSEIL Dans le cadre de la procédure écrite ordinaire et de la procédure de référé devant le tribunal judiciaire, le juge du fond (CPC, art. 774-1), le président de l'audience d'orientation (CPC, art. 776), le juge de la mise en état (CPC, art. 785) et le juge des référés (CPC, art. 836-2), saisis d'un litige portant sur des droits dont les parties ont la libre disposition peuvent, à la demande de l'une des parties ou d'office après avoir recueilli leur avis, décider qu'elles seront convoquées à une **audience de règlement amiable tenue par un juge** qui ne siège pas dans la formation de jugement dans les cas prévus par la loi.

Cette décision est une mesure d'administration judiciaire. Elle ne dessaisit pas le juge (CPC, art. 774-1. – D. n° 2023-686, 29 juill. 2023, art. 2).

L'audience de règlement amiable a pour finalité la résolution amiable du différend entre les parties, par la confrontation équilibrée de leurs points de vue, l'évaluation de leurs besoins, positions et intérêts respectifs, ainsi que la compréhension des principes juridiques applicables au litige (CPC, art. 774-1. – D. n° 2023-686, 29 juill. 2023, art. 2).

En **tout état de la procédure**, y compris en **référé**, lorsqu'il estime qu'une résolution amiable du litige est possible, le juge peut, s'il n'a pas recueilli l'accord des parties, leur enjoindre de rencontrer un médiateur qu'il désigne (L. n° 95-125, 8 févr. 1995, art. 22-1).

La médiation peut intervenir **en toutes matières.** Par exemple :

– **en matière commerciale :** la médiation est fréquemment utilisée afin de résoudre des litiges de nature commerciale.

– **en matière d'état des personnes :**

• **divorce :** la médiation s'est beaucoup développée ces derniers temps en droit de la famille et notamment dans le cadre du divorce,

• **autorité parentale :** en cas de désaccord, le juge s'efforce de concilier les parties. À l'effet de faciliter la recherche par les parents d'un exercice consensuel de l'autorité parentale, le juge peut :

- leur proposer une mesure de médiation et, après avoir recueilli leur accord (sauf si des violences sont alléguées par un des parents sur l'autre ou sur l'enfant) désigner un médiateur familial pour y procéder, y compris dans la décision statuant définitivement sur les modalités d'exercice de l'autorité parentale (C. civ., art. 373-2-10, al. 2),

- leur enjoindre (sauf si des violences sont alléguées par l'un des parents sur l'autre parent ou sur l'enfant, ou sauf emprise manifeste de l'un des parents sur l'autre) de rencontrer un médiateur familial qui les informera sur l'objet et le déroulement de cette mesure (C. civ., art. 373-2-10., al. 3 – complété par CPC, art. 1071) ;

– **en matière sociale :**

• dans le cadre de relations collectives du travail : en cas de conflit collectif du travail, il existe une procédure particulière de médiation (C. trav., art. L. 2523-1),

• dans le cadre de relations individuelles du travail : par exemple, une procédure de médiation peut être mise en œuvre par toute personne d'une entreprise s'estimant victime de harcèlement moral ou par la personne mise en cause (C. trav., art. L. 1152-6),

• en vue de résoudre les différends opposant un organisme de sécurité sociale relevant du régime général à l'un des usagers (CSS, art. L. 217-7-1. – L. n° 2018-727, 10 août 2018, art. 34) ;

– **litiges de la consommation** : tout consommateur peut recourir gratuitement à un médiateur de la consommation en vue de la résolution amiable du litige qui l'oppose à un professionnel (C. consom., art. L. 612-1).

La médiation de la consommation s'applique à un litige national ou transfrontalier entre un consommateur et un professionnel (C. consom., art. L. 611-2. – Sur la définition d'un litige national ou transfrontalier, V. C. consom., art. L. 611-1).

Un **litige ne peut être examiné par le médiateur de la consommation** lorsque (C. consom., art. L. 612-2) :

– le consommateur ne justifie pas avoir tenté, au préalable, de résoudre son litige directement auprès du professionnel par une réclamation écrite selon les modalités prévues, le cas échéant, dans le contrat ;

– la demande est manifestement infondée ou abusive ;

– le litige a été précédemment examiné ou est en cours d'examen par un autre médiateur ou par un tribunal ;

– le consommateur a introduit sa demande auprès du médiateur dans un délai supérieur à un an à compter de sa réclamation écrite auprès du professionnel ; le litige n'entre pas dans son champ de compétence.

III
Mise en œuvre

441 Vérifier les qualités du médiateur.

> REMARQUE **Si le médiateur ne remplit pas les qualités requises, il est conseillé de se retirer du processus de médiation, ou de demander au juge de mettre fin à la médiation.**
> **Ce retrait peut intervenir à tout moment (C. consom., art. R. 612-2. – CPC, art. 131-10).**

A Faire attention à la clause de médiation

1 Clause de médiation licite

442 Dans le cadre d'une médiation conventionnelle, les parties à un litige peuvent, avant toute saisine du juge, convenir de faire appel à un médiateur par voie contractuelle (soit à la survenance du litige, soit en amont par l'insertion d'une clause de médiation dans le contrat source de la relation juridique entre les parties).

La liberté contractuelle est de rigueur en la matière.

> REMARQUE **• Rédiger la clause de médiation avec suffisamment de précision pour éviter qu'elle ne soit considérée comme un appel symbolique à une résolution amiable (rappr., Cass. 1re civ., 6 mai 2003, n° 01-01.291).**
> **• Préciser surtout les conditions particulières de sa mise en œuvre (V. en matière de conciliation, Cass. com., 29 avr. 2014, n° 12-27.004, F-P+B).**
> **• Décrire au mieux la procédure de médiation.**

L'existence de cette clause oblige les parties à tenter de se concilier et par conséquent leur ferme l'opportunité de saisir directement le juge avant toute négociation préalable (Cass. 3e civ., 28 avr. 2011, n° 10-30.721). Elle pose une question de recevabilité et non de compétence (Cass. 1re civ., 1er févr. 2023, n° 21-25.024).

2 Clause de médiation interdite

443 Dans les contrats conclus entre professionnels et consommateurs sont abusives les clauses qui ont pour objet ou pour effet de créer au détriment du consommateur un déséquilibre significatif entre les droits et les obligations des parties au contrat (C. consom., art. L. 212-1).

Sont présumées abusives, sauf au professionnel à rapporter la preuve contraire, les clauses ayant pour objet ou pour effet de supprimer ou d'entraver l'exercice d'actions en justice ou des voies de recours, notamment en obligeant le consommateur

à saisir exclusivement une juridiction d'arbitrage non couverte par des dispositions légales ou à passer exclusivement par un mode alternatif de règlement des litiges (C. consom., art. R. 212-2, 10e).
Est aussi interdite toute clause ou convention obligeant le consommateur, en cas de litige, à recourir obligatoirement à une médiation préalablement à la saisine du juge (C. consom., art. L. 612-4).

B Comment se déroule le processus de médiation ?

1 Médiation judiciaire

444 Elle peut être engagée à l'initiative des parties ou à celle du juge (CPC, art. 131-1).
La décision mentionne l'accord des parties, désigne le médiateur et fixe les modalités et la durée de sa mission, ainsi que la provision à valoir sur sa rémunération.

ATTENTION La médiation ne dessaisit pas le juge qui peut ordonner à tout moment les mesures qu'il estime nécessaires (CPC, art. 131-2).
Le médiateur ne peut procéder à des mesures d'instructions ; néanmoins il lui est possible d'entendre des tiers, avec l'accord des parties (CPC, art. 131-8).

En cas de difficultés, il en informe le juge (CPC, art. 131-9).
La décision ordonnant ou renouvelant la médiation ou y mettant fin n'est pas susceptible d'appel (CPC, art. 131-15).

CONSEIL Dans le cadre d'une **audience de règlement amiable**, le juge :
- peut prendre connaissance des conclusions et des pièces échangées par les parties ;
- peut procéder aux constatations, évaluations, appréciations ou reconstitutions qu'il estime nécessaires, en se transportant si besoin sur les lieux ;
- détermine les conditions dans lesquelles l'audience se tient. Il peut décider d'entendre les parties séparément (CPC, art. 774-2. – D. n° 2023-686, 29 juill. 2023, art. 2).

2 Médiation des litiges de consommation

a) Quel médiateur choisir ?

445 Il peut s'agir soit du :
- médiateur public : médiateur désigné par une autorité publique ;
- médiateur employé ou rémunéré exclusivement par le professionnel (C. consom., art. L. 612-1 et L. 613-2).

EXEMPLE **Le CNB a voté lors de son assemblée générale des 11 et 12 décembre 2015, l'installation d'un médiateur national de la consommation de la profession d'avocat.**
Il s'agit depuis le 1er janvier 2020, de :
Me Carole PASCAREL
180 Bd Haussmann, 75008 – Paris
Mail : mediateur@mediateur-consommation-avocat.fr
Site : https//mediateur-consommation-avocat.fr
Les parties (avocat et client) peuvent le saisir, gratuitement, en cas de litige de nature contractuelle, essentiellement en matière d'honoraires.

C'est au professionnel qu'il appartient de communiquer les coordonnées du ou des médiateurs compétents dont il relève (C. consom., art. L. 616-1). Ces informations sont inscrites de manière visible et lisible sur son site internet, sur ses conditions générales de vente ou de service, sur ses bons de commande ou sur tout autre support adapté. Il y mentionne également l'adresse du site internet du ou de ces médiateurs (C. consom., art. R. 616-1).

b) Modes de saisine du médiateur

446 Le médiateur des litiges de consommation peut être saisi :
- par voie électronique. Il suffira de déposer en ligne (sur le site internet du médiateur) une demande de médiation ;
Ne pas oublier d'accompagner la demande en ligne des documents justificatifs (C. consom., art. L. 614-1) ;
- par voie postale. Une lettre simple suffit (C. consom., art. L. 614-3).

c) Notification de la saisine du médiateur (C. consom., art. R. 612-2)

447 Dès réception des documents sur lesquels est fondée la demande du consommateur, le médiateur de la consommation notifie aux parties sa saisine.
Cette notification :
- est faite par voie électronique ou par courrier simple ;
- rappelle aux parties qu'elles peuvent à tout moment se retirer du processus.

d) Instruction de la demande. Décision du médiateur

448 Le médiateur (C. consom., art. R. 612-3) :
- propose une solution pour régler le litige, à défaut d'accord amiable entre les parties ;
- informe les parties de la survenance de toute circonstance susceptible d'affecter son indépendance, son impartialité ou de nature à créer un conflit d'intérêts (C. consom., art. R. 613-1) ;
- informe les parties de leur droit de s'opposer à la poursuite de sa mission (C. consom., art. R. 613-1).

En faisant connaître aux parties la solution qu'il propose, le médiateur leur rappelle, par courrier simple ou par voie électronique (C. consom., art. R. 612-4) :
- qu'elles sont libres d'accepter ou de refuser sa proposition de solution ;
- que la participation à la médiation n'exclut pas la possibilité d'un recours devant une juridiction ;
- que la solution peut être différente de la décision qui serait rendue par un juge.

Le médiateur précise également quels sont les effets juridiques de l'acceptation de la proposition de solution et fixe un délai d'acceptation ou de refus de celle-ci.

e) Durée de la médiation

449 L'issue de la médiation intervient, au plus tard, dans un délai de quatre-vingt-dix jours à compter de la date de la notification de la saisine du médiateur.

Le médiateur peut prolonger ce délai, à tout moment, en cas de litige complexe. Il en avise immédiatement les parties (C. consom., art. R. 612-5).

C Médiation en droit de la sécurité sociale

1 Décisions susceptibles de médiation

450 Possibilité d'engager la médiation contre toute décision adoptée par un organisme de sécurité sociale (CSS, art. L. 217-7-1).

> EXEMPLE **La décision contestée peut avoir été adoptée par :**
> **- l'URSSAF ;**
> **- toute caisse locale de sécurité sociale (CPAM, CAF) ;**
> **- toute caisse nationale (CNAM, CNAF, CNAV).**

2 Préalable à la médiation

451 Toute réclamation ne peut être traitée par le médiateur que si :
- elle a été précédée d'une démarche du demandeur auprès des services concernés de l'organisme (CSS, art. L. 217-7-1) ;
- aucun recours contentieux n'a été formé ; l'engagement d'un recours contentieux met fin à la médiation (CSS, art. L. 217-7-1).

3 Saisine du médiateur

> REMARQUE **Le médiateur est un tiers aux parties désigné par le directeur de l'organisme concerné (CSS, art. L. 217-7-1).**

452 Tout usager peut saisir le médiateur (CSS, art. L. 217-7-1, I).

Le médiateur :
- doit exercer ses fonctions en toute impartialité et dans le respect de la confidentialité des informations dont il a à connaître ;
- peut formuler auprès du directeur ou des services de l'organisme des **recommandations** pour le traitement de ces réclamations, dans le respect des dispositions législatives et réglementaires en vigueur (CSS, art. L. 217-7-1).

> ATTENTION Une recommandation n'est pas une décision.
> La recommandation du médiateur :
> - ne lie pas les parties ;
> - n'ouvre pas de voie de recours.
> Les parties peuvent décider de donner plein effet à la recommandation.
> Si l'une des parties refuse de mettre en œuvre la recommandation, elle devient caduque.

L'effet suspensif de la procédure de médiation court, à compter de la notification portant sur la recevabilité de la réclamation soumise au médiateur et jusqu'à ce que celui-ci ait communiqué ses recommandations aux deux parties (CSS, art. L. 217-7-1, II).

D Fin de la procédure de médiation

1 Fin anticipée de la procédure de médiation

453 **Médiation conventionnelle.** Les parties peuvent à tout moment se retirer de la médiation sans motiver leur décision.

454 **Médiation judiciaire.** Le juge peut mettre fin, à tout moment à la médiation :
- sur demande d'une des parties ;
- à l'initiative du médiateur ;
- d'office lorsque le bon déroulement de la médiation paraît compromis.

À l'expiration de sa mission, le médiateur informe par écrit le juge de ce que les parties sont ou non parvenues à trouver une solution au conflit qui les oppose.

Le jour fixé, l'affaire revient devant le juge (CPC, art. 131-11).

2 Accord des parties

a) Forme de l'accord

455 Il est conseillé de rédiger un écrit (V. Fiche 23 : Transiger en matière civile).

Veillez à ce que :
- la rédaction de l'accord soit faite avec soin : l'accord fixe la volonté des parties, et peut avoir certaines conséquences économiques, commerciales et fiscales ;
- les grandes lignes de cet accord soient rédigées dès son acceptation par les parties afin d'éviter toute renégociation.

Cette convention sera donc soumise au droit commun des contrats, et en particulier aux articles 1103, 1104 et 1193 du Code civil.

Afin d'avoir la qualité d'une transaction, cette convention doit être écrite (C. civ., art. 2044) et contenir des concessions réciproques.

> ATTENTION Le juge n'est pas tenu d'homologuer l'accord qui lui est soumis par les parties. Il doit vérifier que celui-ci préserve les droits de chacune d'entre elles (Cass. soc., 18 juill. 2001, n° 99-45.534).

b) Effets de l'accord transactionnel

456 L'accord transactionnel :
- a un effet extinctif du litige ;
- fait obstacle à l'introduction ou à la poursuite entre les parties d'une action en justice ayant le même objet (C. civ., art. 2052).

Il paraît opportun de donner force exécutoire à l'acte constatant l'accord des parties, en sollicitant l'homologation de celui-ci par le juge (CPC, art. 131-12 et 1534).

L'accord doit être unanime (Cass. 3ᵉ civ., 24 sept. 2020, n° 19-15.561). L'homologation peut être sollicitée par une seule des parties, mais la décision doit alors être signifiée à l'autre (Cass. 2ᵉ civ., 26 oct. 2023, n° 21-19.844).

Les parties peuvent aussi envisager l'établissement d'un acte contresigné par les avocats qui, à la demande de l'une d'entre elles, pourra être revêtu de la formule exécutoire (CPC, art. 1568 à 1570. – CPC exéc., art. L. 111-3, 7ᵉ).

3 Défaut d'entente entre les parties

457 En cas d'échec de la médiation, les parties retrouvent la possibilité soit :
- de saisir le juge ;
- d'avoir recours à un autre mode de résolution du litige (négociation directe, arbitrage...).

E Recours et contestations

1 Voies de recours possibles

458 La décision enjoignant aux parties de rencontrer un médiateur familial n'est pas susceptible de recours (CPC, art. 1071).

Sont susceptibles d'appel les questions touchant :
- à la rémunération du médiateur dans le délai d'un mois (CPC, art. 714) ;
- à l'homologation de l'accord transactionnel, l'appel étant alors formé en matière gracieuse et devant répondre aux dispositions des articles 543 et suivants du Code de procédure civile.

2 Contestation relative à la validité de l'accord

459 Seule la théorie générale des obligations encadre un accord transactionnel, son non-respect pouvant être sanctionné.

> CHECK-LIST **Déterminer avec le client les intérêts des parties qui s'opposent.**
> **Informer les parties :**
> **– que dans le cadre d'une médiation conventionnelle, elles peuvent à tout moment se retirer de la médiation sans motiver leur décision ;**
> **– qu'en cas de médiation judiciaire, le juge peut mettre fin, à tout moment à la médiation :**
> **• sur demande d'une des parties,**
> **• à l'initiative du médiateur,**
> **• d'office lorsque le bon déroulement de la médiation paraît compromis ;**
> **– que le juge n'est pas tenu d'homologuer l'accord qui lui est soumis.**

POUR ALLER PLUS LOIN...

Fascicules JurisClasseur

• *JCl. Procédure civile*, fasc. 1700-75 et 1700-90.

• *JCl. Procédures formulaire*, V° *Médiation*, fasc. 10 et 15.

Revues

• V. Lasserre, *Les effets des clauses de conciliation ou de médiation : JCP* G 2021, doctr. 271.

• D. Richard, *Le principe de confidentialité appliqué à la médiation : Procédures* 2023, étude 6.

• D. Ronet-Yague, *L'articulation du recours amiable et de la médiation au sein du régime général : JCP* S 2021, 1128.

Fiche 23

Transiger en matière civile

David-Raphaël BENITAH
Actualisé par Jacques DESBOIS

Sommaire

I

Aperçu rapide

460 La transaction relève des modes alternatifs de résolution des conflits.
Elle est fortement plébiscitée de par sa nature d'accord privé induisant une certaine discrétion.
Elle répond à des exigences de rapidité et confidentialité dont il faut faire preuve dans de nombreux domaines d'activités.
On peut en particulier penser à des relations commerciales, ou encore à la préservation de l'image d'un employeur.

A Éléments clés

461 Une transaction est caractérisée par la réunion de trois éléments (C. civ., art. 2044) :
- une contestation née ou à naître ;
- des concessions réciproques ;
- la volonté de mettre un terme au litige.

Auxquels il faut ajouter :
- le respect des règles de droit commun en matière contractuelle ;
- une forme écrite (C. civ., art. 2044).

Une fois conclue, la transaction fait obstacle à l'introduction ou à la poursuite entre les parties d'une action en justice ayant le même objet (C. civ., art. 2052).

ATTENTION L'autorité de la chose jugée, attachée à une transaction réglant définitivement le préjudice de la victime d'un accident, est indissociable et opposable aux parties en cause, dans toutes ses dispositions, éventuellement même à un cessionnaire (Cass. com., 3 mai 2018, n° 16-23.674).

Même si la transaction peut être très largement utilisée, son champ d'application se voit opposer quelques restrictions selon les domaines d'application, notamment en matière de :
- état des personnes ;
- poursuites pénales.

B Textes

- C. civ., art. 2044 à 2052.
- C. civ., art. 1101 et s.
- C. civ., art. 1130 à 1144.

II Préparation

A Informations préalables

1 Quelles informations prendre en compte dans le choix ou non de transiger ?

462 Est-ce qu'un dialogue est possible avec la partie adverse ?
Est-il nécessaire de faire appel à un médiateur ?
La partie adverse est-elle de bonne foi ?
A-t-on fixé les concessions minimales que la partie est prête à faire ?
Préciser aux parties que leur volonté de renoncer à l'action en indemnisation du préjudice subi les engagera de façon irrémédiable, eu égard à l'effet même de la transaction, cette dernière ayant autorité de la chose jugée en dernier ressort.

REMARQUE **Une alternative à la transaction étant la judiciarisation des rapports, il convient de constituer le dossier en prévision de cette éventualité.**
La charge de la preuve incombant au demandeur, recueillir tous les éléments permettant de procéder à cette démonstration avant même le dépôt de l'assignation (écrits, témoignages...), quand bien même une démarche transactionnelle serait en cours.
Il est donc conseillé de remettre au client des modèles d'attestation en justice afin d'obtenir des témoignages utiles à cette démonstration, conformes aux prescriptions légales de l'article 202 du Code de procédure civile (CERFA 11527*03).
Le traitement « en parallèle » d'un même dossier sous son aspect transactionnel et sous son aspect contentieux a l'avantage de pouvoir en apprécier les risques en amont, de la façon la plus éclairée qui soit.

2 Quelles pièces peut-on demander ?

463 Solliciter les pièces qui permettent de corroborer les éléments recueillis auprès du client.

B Inventaire des solutions et éléments de décisions

1 Quels intérêts présente la transaction ?

a) Possibilité de faire appel à un avocat pour sauvegarder ses droits

464 Le ministère d'avocat est facultatif.
Il est prudent de faire appel à un avocat pour sauvegarder au mieux ses intérêts.
Dans ce cas, le coût de la procédure sera constitué par les honoraires de l'avocat, qui sont libres, outre les dépens et sauf attribution de **l'aide juridictionnelle**.
Celle-ci peut être accordée en vue de parvenir à une transaction avant l'introduction de l'instance (L. n° 91-647, 10 juill.1991, art. 10).
Si cette transaction est conclue, la rétribution versée à l'avocat est égale à celle due lorsque l'instance se termine par un jugement (L. n° 91-647, 10 juill. 1991, art. 39).

Dans la négative, elle est fixée par le président du bureau d'aide juridictionnelle, en fonction des justificatifs qui lui sont donnés (L. n° 91-647, 10 juill. 1991, art. 39. – D. n° 2020-1717, 28 déc. 2020, art. 106 à 108).

b) Éviter une procédure judiciaire souvent longue et coûteuse

465 La transaction est souvent le moyen de trouver une juste entente entre parties et l'occasion de s'assurer d'un accord gagnant-gagnant entre partenaires.
Elle est une forme alternative efficace de résolution des litiges, permettant de résoudre rapidement une situation où chacun des partenaires trouve son intérêt.
Cette efficacité est essentiellement due à ce que la loi lui confère l'effet processuel le plus fort : celui de l'autorité de la chose jugée, au même titre qu'un jugement ou qu'une sentence arbitrale.

2 Dans quels domaines transiger ?

466 La liberté de transaction est en principe totale, avec toutefois quelques restrictions en certains domaines :
– en matière d'état **des personnes** (divorce, filiation, séparation de corps…) : les transactions sont prohibées en raison du principe de l'indisponibilité de celui-ci (Cass. 1re civ. 6 nov. 2013, n° 12-22.410, inédit). Est cependant autorisée la transaction ne portant que sur les seuls intérêts pécuniaires. La convention tendant à organiser la séparation de fait des époux est donc possible dès lors que la procédure judiciaire de séparation a été prononcée ;
– dans le cas d'un **mineur sous tutelle :** le législateur a aménagé la capacité à transiger de celui-ci. Une transaction ne peut être conclue en lieu et place d'un mineur sous tutelle sans l'autorisation du juge des tutelles (C. civ., art. 2045) ;
– dans le cadre de **l'indemnisation des victimes** de l'amiante et de leurs ayants droit, l'offre du fonds d'indemnisation ne peut être acceptée par les administrateurs légaux du mineur qu'avec l'autorisation du juge des tutelles, de sorte que le délai de deux mois pour saisir la cour d'appel de la contestation de cette offre est suspendu entre la saisine de ce juge et sa décision (Cass. 2e civ., 5 juill. 2018, n° 17-22.709).
L'absence d'autorisation par le juge des tutelles vaut nullité relative de l'accord transactionnel et ne peut donc être invoquée que par le mineur ou son représentant (Cass. 1re civ., 16 mars 2022, n° 21-11.958) ;
– **dans les affaires pénales** : il est possible de transiger sur l'intérêt civil, mais pas sur les poursuites engagées par le ministère public qui demeure libre de poursuivre (C. civ., art. 2046) ;
– **dans les procédures collectives** : certaines règles d'ordre public interdisent de transiger (exemple : il ne peut être renoncé à l'extinction de la créance par voie de transaction) ;
– **en matière de successions :** la transaction ne peut aboutir à tourner les règles impératives du droit des successions, telle la réserve héréditaire, la prohibition des pactes sur succession future ;
– **en responsabilité civile** : Il est possible de renoncer dans le cadre d'une transaction, à une action en responsabilité (Cass. 1re civ., 14 déc. 2022, n° 21-21.222) ;

> **ATTENTION** En matière d'accident de la circulation, il faut tenir compte des règles spécifiques introduites par la « loi Badinter », notamment des droits de la victime :
> – de dénoncer la transaction dans les quinze jours de la signature, cette possibilité devant figurer en caractères très apparents dans l'offre de transaction et dans la transaction, à peine de nullité de celle-ci (C. assur., art. L. 211-16) ;
> – de demander un complément d'indemnité au cas d'aggravation du préjudice pendant dix ans (C. assur., art. L. 211-19).

– **pour la propriété littéraire et artistique :** la transaction est possible sur les bénéfices que l'œuvre permet de réaliser, mais non sur le droit moral de l'auteur sur son œuvre (Cass. 1re civ., 4 avr. 1991, n° 89-15.637), sauf à ses héritiers à en disposer (Cass. com., 5 avr. 2018, n° 16-15.813) ;
– **en droit fiscal :** l'administration peut transiger :
• lorsqu'il y a commission d'une infraction pénale,
• pour le traitement des sanctions fiscales et les intérêts de retard applicables aux contribuables ;
– dans le cadre d'une négociation suite à **licenciement** :
• une fois intervenue, cette transaction couvre toutes les obligations réciproques des parties, y compris, par exemple, celles résultant d'une clause de non-concurrence (Cass. soc., 17 févr. 2021, n° 19-20.635),
• il est, en revanche, impossible de transiger sur l'imputabilité de la rupture (Cass. soc., 13 févr. 2002, n° 99-46.138).

Transiger en matière civile

III
Mise en œuvre

A Quelles sont les modalités de la transaction ?

1 Dans quels cas ? Comment transiger ?

467 • La transaction suppose au préalable la caractérisation d'**un litige**.

• Elle implique **des concessions réciproques** : les deux parties doivent accepter de renoncer à une partie de leurs droits et avantages ou accorder une certaine somme visant à indemnisation. Ces concessions doivent donc être réciproques.

ATTENTION Il appartient au juge d'apprécier la réalité des concessions réciproques (Cass. com., 10 avr. 2019, n° 17-19.408. - Cass. 1re civ., 14 juin 2023, n° 22-11.501).
Une concession dérisoire est assimilée à une concession inexistante (Cass. soc., 4 nov. 2021, n° 20-16.059).

La loi « Badinter » (C. assur., art. L. 211-8 et s.) institue un régime d'indemnisation en faveur des victimes d'accident de la circulation, d'ordre public, dérogatoire au droit commun. Est qualifiée de transaction la convention qui se forme lors de l'acceptation par la victime de l'offre de l'assureur. Cette transaction ne peut être remise en cause à raison de l'absence de concessions réciproques (Cass. 2e civ., 16 nov. 2006, n° 05-18.631).

• **Respect des règles de droit commun régissant les contrats** (C. civ., art. 1101 et s.).

• **Respect des conditions relatives au consentement** (C. civ., art. 1130 à 1144).

EXEMPLE **Est qualifié d'erreur sur la substance, l'accord conclu par une victime d'un accident avant son examen par un médecin-expert alors qu'elle ne connaissait rien de la nature et de la gravité de ses blessures, et s'est ainsi méprise sur l'étendue de ses droits (Cass. 1re civ., 10 juin 1986, n° 85-10.345 : *Bull. civ.* I, n° 164).**

• Le contrat doit aussi être causé ; si une transaction ne comporte aucune concession ou des concessions dérisoires de la part d'une des parties, l'aléa fait défaut et les concessions consenties par l'autre partie sont dépourvues de cause (CA Caen, 1re ch. soc., 17 mai 2013, n° 11/01212).

• Il doit avoir une cause licite.

• L'objet même de la transaction doit être licite et certain.

Les parties doivent justifier de leur capacité ou pouvoir de transiger et de disposer des objets compris dans la transaction.

• **avoir la capacité :**

– mineur sous tutelle : une transaction ne peut être conclue en lieu et place d'un mineur sans autorisation du juge des tutelles (C. civ., art. 2045. – Cass. 2e civ., 14 déc. 2017, n° 16-27.461. – Cass. 2e civ., 2 juill. 2015, n° 14-21.562) ;

– personne morale de droit privé : bien vérifier que la transaction est :

– contractée par la personne ou l'organe habilité (par le gérant, C. civ., art. 1849, pour les sociétés civiles. – C. com., art. L. 221-5, pour les sociétés en nom collectif. – C. com., art. L. 222-2, pour les sociétés en commandite simple. – C. com., art. L. 223-18, société à responsabilité limitée. – C. com., art. L. 226-7, société en commandite par actions. – S'agissant d'une société anonyme selon les cas : par le président du conseil d'administration – C. com., art. L. 225-51-1. – Le directeur général ou un directeur général délégué – C. com., art. L. 225-56. – Le président du directoire – C. com., art. L. 225-66. – Le président d'une SAS – C. com., art. L. 227-6),

– conforme à l'objet social, lorsque la transaction est conclue avec une société ;

ATTENTION En vertu de la **théorie du mandat apparent**, la société peut prouver que le tiers savait que l'acte dépassait cet objet ou qu'il ne pouvait l'ignorer compte tenu des circonstances, étant exclu que la seule publication des statuts suffise à constituer cette preuve.
Si, au contraire, le tiers peut légitimement croire aux pouvoirs du prétendu mandataire, la société se trouvera engagée (Cass. soc., 23 sept. 2009, n° 07-42.707, inédit).

– personne morale de droit public : les établissements publics de l'État ne peuvent transiger qu'avec l'autorisation expresse du Premier ministre (C. civ., art. 2045). Cette obligation ne s'applique pas à la Caisse des dépôts et consignations (Cass. com., 23 juin 2021, n° 19-10.697).

– Le maire, par délégation de son conseil municipal, peut transiger avec les tiers dans la limite de 1 000 € pour les communes de moins de 50 000 habitants et de 5 000 € pour les communes de 50 000 habitants et plus (CGCT, art. L. 2122-22, 16e).

• **Avoir le pouvoir de transiger :**

– en matière de procédure collective : selon qu'il s'agisse d'une procédure de sauvegarde, de redressement ou de liquidation judiciaire, il est nécessaire pour le débiteur (C. com., art. L. 622-7), l'administrateur (C. com., art. L. 622-7 et L. 631-14) ou le liquidateur (C. com., art. L. 642-24) d'avoir l'autorisation du juge-commissaire pour transiger (Cass. com., 20 janv. 2021, n° 19-20.076).

• **Dans quel délai transiger ?**

– la transaction n'est soumise à aucun délai pour agir, si ce n'est qu'il faut, pour des raisons évidentes, tenir compte du calendrier procédural :

– délais de prescription pour les litiges à naître,

– calendrier aux fins de plaidoirie pour les litiges déjà nés et ayant fait l'objet d'une saisine du juge compétent.

Si un accord transactionnel clôt un processus de médiation, les délais impartis correspondent au calendrier procédural fixé par la médiation.

2 Faut-il rédiger un acte écrit ?

468 Le dispositif légal vise expressément un impératif de forme : la rédaction d'**un écrit** (C. civ., art. 2044).

Cet écrit n'est pas une condition de validité de la transaction ; il est prévu seulement à des fins probatoires (Cass. 3e civ., 30 nov. 2023, n° 22-19.494). Il s'en déduit que cette validité n'est pas remise en cause si l'écrit n'est pas signé des deux parties (Cass. 2e civ., 21 janv.2021, n° 10-20.724).

Si les autres moyens de preuve des articles 1359 et suivants du Code civil sont recevables (aveu, témoignage, commencement de preuve par écrit. – V. Cass. 1re civ., 10 oct. 1995, n° 93-15.626. – Cass. com., 7 juill. 2015, n° 14-15.713, inédit), l'écrit reste le plus efficace et le moins discutable. C'est ce souci d'efficacité qui a justifié la rédaction du législateur.

B Quel est le processus de négociation en vue de l'accord transactionnel ?

1 Relations entre les parties : les différentes approches de négociation

469 Transiger revient, à déterminer des concessions réciproques pour mettre fin au différend.

Chacune des parties doit renoncer à une partie de ses droits ou à un éventuel avantage, de façon non proportionnée mais sans être dérisoire.

S'interroger sur les parties à la transaction revient à analyser le comportement des partenaires pendant la phase de négociation.

De façon courante, les négociateurs créent une situation de « gagnant-perdant ».

C'est celle dans laquelle le négociateur « veut obtenir ce pour quoi il est venu » : son but est alors de « gagner » la négociation, et s'il y a un gagnant celui-ci veut sentir que son cocontractant va « perdre ».

Ce comportement peut conduire à une impasse. Pour éviter celle-ci, mieux vaut accepter l'idée de céder quelque chose et de savoir déterminer en amont ce qui est négociable et ce qui ne l'est pas au regard des objectifs à atteindre.

2 Détermination des objectifs

470 Il paraît essentiel dans une négociation en vue d'une transaction de pouvoir définir ses objectifs, de clarifier le projet à réaliser.

– En particulier, il convient de déterminer l'objectif maximum, sachant que l'on ne l'atteindra probablement pas, l'objectif minimum acceptable en dessous duquel on se sentirait « perdant », et l'objectif réaliste eu égard aux forces en présence.

REMARQUE **Il est utile d'inclure dans la solution retenue un programme de mise en œuvre de cette solution : cela permettra d'éviter tout problème pratique postérieurement à l'accord.**

C Issues des négociations

1 Accord des parties

a) Forme de la transaction

471 La rédaction de l'acte doit comporter certaines informations qui permettent de le rendre le plus efficace possible :

– détermination des noms, prénoms, adresse et qualité de chacune des parties ;

– rappel préalable des faits (historique des relations) ; rappel de l'état des contestations ;

– description des concessions réciproques : renoncement/indemnisation/*etc.* ;

– mode de mise en œuvre des concessions ;

– éventuellement mode de répartition des charges d'intervenants extérieurs au litige (par ex. rémunération d'un médiateur) ;

– accord sur la confidentialité de la transaction ;
– homologation judiciaire envisagée ou non de la transaction ;
– fait en autant d'exemplaires qu'il y a de parties, chaque page devant être paraphée et le document devant être daté et signé.

ATTENTION En cas de transaction dans le cadre d'une médiation, l'accord transactionnel peut être homologué par le juge dans une médiation conventionnelle, afin que celle-ci acquière force exécutoire. Une demande sous forme de requête des parties ou de l'une d'entre elles avec l'accord exprès des autres doit être sollicitée auprès du président du tribunal judiciaire sur le fondement de l'article 1534 du Code de procédure civile.
Il peut également être formalisé dans un acte contresigné par avocats, qui pourra lui-même être revêtu de la formule exécutoire (CPC, art. 1568 à 1570. – CPC exéc., art. L. 111-3, 7e. – V. Fiche 22 : Recourir à la médiation en matière civile).

b) Effets de la transaction

472 La transaction fait obstacle à l'introduction ou à la poursuite entre les parties d'une action en justice ayant le même objet (C. civ., art. 2052. – Cass. 2e civ., 4 mars 2021, n° 19-16.859).

EXEMPLE **Le juge ne peut, sans heurter l'autorité de la chose jugée attachée à la transaction, trancher le litige que cette dernière avait pour objet de clore, en se livrant à un examen des éléments de fait et de preuve (Cass. soc., 6 janv. 2021, n° 18-26.109, F-D).**

Une transaction réglant définitivement le préjudice de la victime d'un accident, est indissociable et opposable aux parties en cause, dans toutes ses dispositions (Cass. 2e civ., 14 févr. 1974, n° 712.806 : *JCP* G 1974, II, 17757, note R. Savatier).
L'ouverture d'une procédure collective ne fait pas perdre à la transaction l'autorité de la chose jugée que lui attribue la loi (Cass. com., 13 avr. 2022, n° 20-23.328).
Le défaut d'exécution de la transaction par la société débitrice et mise en redressement judiciaire ne peut être invoqué par le créancier pour faire échec à l'autorité de la chose jugée qui s'y attache.
La transaction **n'a d'effet que sur son objet**. Elle ne règle que les éléments qui sont compris dans l'accord transactionnel.
Une transaction intervenue lors de la vente d'un immeuble et portant sur la garantie des vices cachés, rend irrecevable une action sur ce fondement, même pour des vices cachés révélés postérieurement (Cass. 3e civ., 17 janv. 2019, n° 17-28.147, FS-D).

EXEMPLE **La victime d'un accident dont l'état s'est aggravé peut en demander l'indemnisation par voie judiciaire, mais sans qu'il puisse y avoir révision du montant du préjudice originaire définitivement évalué par voie transactionnelle (Cass. 2e civ., 22 avr. 1971 : *Bull. civ.* II, n° 152. – Cass. 2e civ., 10 mars 2022, n° 20-16.331).**

De même, une transaction intervenue **en cours de procédure**, n'interdit pas d'engager ultérieurement une nouvelle procédure portant sur des prétentions dont le fondement est né ou s'est révélé postérieurement (Cass. soc., 20 févr. 2019, n° 17-21.626).
La transaction ne lie que la personne qui la conclut et pas les autres intéressés au conflit. L'effet relatif aux parties signataires de l'accord transactionnel est **opposable** à tout intéressé.
La transaction intervenue entre la victime et le responsable d'un accident n'est pas opposable à son assureur si ce dernier n'a pas participé à sa conclusion (Cass. 1re civ., 16 mars 2022, n° 20-13.552), ni à la caisse de sécurité sociale (Cass. 2e civ., 26 nov. 2020, n° 19-19.950).
La transaction, qui ne met fin au litige que sous réserve de son exécution, ne peut être opposée par l'une des parties que si celle-ci en a respecté les conditions (Cass. 1re civ., 12 juill. 2012, n° 09-11.582).

ATTENTION Le principe d'inopposabilité aux tiers à la transaction vaut même en cas d'**obligation *in solidum***, par exemple en ce qui concerne des associés ou des codébiteurs, ou encore des coïndivisaires (Cass. 3e civ., 31 oct. 2001, n° 00-13.763) ; mais la femme commune en biens ne peut être poursuivie sur les biens communs, si au titre de la transaction seul son mari reste tenu de la dette du prêt contracté par les époux (Cass. 2e civ., 6 déc. 2018, n° 17-13.630).
La transaction conclue entre la victime et l'assureur d'un civilement responsable, n'est pas opposable à un **co-responsable**, tiers à cette transaction (Cass. 2e civ., 8 févr. 2018, n° 16-20.951).

2 Défaut d'entente entre les parties

473 En **cas d'échec** dans la recherche d'un accord transactionnel, la partie adverse ne peut se servir d'informations dévoilées lors des négociations dans le cadre d'un procès.

ATTENTION Si la transaction conclue par une **personne morale de droit public** est, en principe, un contrat de nature civile ; elle ne l'est plus dès lors qu'elle :
- met en œuvre des prérogatives de puissance publique ;
- sous-entend la participation du cocontractant à une mission de service public.

Sous cette réserve, l'homologation de la transaction et les litiges nés de son exécution relèvent de la compétence du juge judiciaire, hormis le cas où il est manifeste que les différends qui s'y trouvent compris ressortissent principalement à la compétence du juge administratif (T. confl., 18 juin 2007, n° 3600).

D Recours et contestations

1 Contestation relative à la défaillance d'une des parties

474 Le non-respect de la transaction peut être sujet à contestation.
Possibilité de demander au juge, outre l'octroi de dommages-intérêts, soit la résolution de la transaction (donc un retour au *statu quo ante*), soit son exécution forcée.
Afin de se prémunir d'une telle possibilité, ou tout du moins dissuader chacune des parties de ne pas s'exécuter, il est possible d'inclure dans la rédaction de ladite convention transactionnelle une clause pénale fixant des dommages-intérêts que devra verser la partie qui ne s'exécutera pas.
La somme fixée pourra toutefois être modérée ou augmentée par le juge, même d'office, si elle apparaît manifestement excessive ou dérisoire (C. civ., art. 1231-5).

2 Contestation relative à la validité de la transaction

475 La transaction est un contrat dont la validité peut être contestée par l'une des parties sur le fondement d'une action en nullité. C'est le droit des contrats qui s'applique (Cass. 1re civ., 12 déc. 2018, n° 17-12.758).
La juridiction compétente est fonction de la situation antérieure des parties (exemple : si c'est une relation entre employeur et salarié, le conseil de prud'hommes sera compétent).
Cette validité de la transaction, même homologuée, peut encore être contestée devant le juge de l'exécution (Cass. 2e civ., 28 sept. 2017, n° 16-19.184).

CHECK-LIST **• Vérifier l'existence de :**
- concessions réciproques ;
- la volonté de mettre un terme au litige.
• Informer les parties sur :
- l'autorité de chose jugée qui s'attache à la transaction ;
- les voies de recours possibles.
• Ne pas oublier de constituer le dossier en prévision d'une judiciarisation des rapports entre les parties.
• Déterminer en amont de la négociation ce qui est négociable et ce qui ne l'est pas au vu des objectifs à atteindre.

POUR ALLER PLUS LOIN...

Fascicules JurisClasseur
- *JCl. Procédures Formulaires*, V° *Transaction*, fasc. 10.
- *JCl. Civil Code*, Art. 2044 à 2052, V° *Transaction*, fasc. 10, 20, 30 et 40.

Synthèse JurisClasseur
• *JCl. Civil Code*, Synthèse.

Revues
• L. De Fournoux, *D'une avancée inquiétante de la transaction en matière administrative : JCP* A 2019, 2243.
• N. Fricero, *Transaction procès équitable et droit de la preuve : Procédures* 2020, comm. 11.

Fiche 24

Tenter une conciliation préalablement à une procédure contentieuse

Stéphanie FINGERHUT
Actualisé par Jacques DESBOIS

Sommaire

I Aperçu rapide

A Éléments clés

1 Caractéristiques générales

476 Mode alternatif de règlement des litiges, la conciliation tend à la recherche d'un accord entre deux parties en vue de mettre fin au litige qui les oppose.
La conciliation est tout à la fois :
– un mode conventionnel de résolution des litiges encadré par le droit ;
– un mode judiciaire de résolution des conflits qui intervient en phase préalable de certaines procédures (obligatoirement devant certaines juridictions comme le conseil de prud'hommes, C. trav., art. L. 1411-1, facultativement devant d'autres : CPC, art. 830, pour le tribunal judiciaire) ou bien à tout moment de celle-ci.
Le décret n° 2010-1165 du 1er octobre 2010, relatif à la conciliation et à la procédure orale en matière civile, commerciale et sociale, est venu encadrer la conciliation devant certaines juridictions, ainsi que le statut des conciliateurs.
L'apparition de la procédure participative (L. n° 2010-1609, 22 déc. 2010, relative à l'exécution des décisions de justice, aux conditions

d'exercice de certaines professions réglementées et aux experts judiciaires) doit encore être interprétée comme un encouragement du législateur dans la recherche préalable d'un consensus avec pour ambition de réduire une masse contentieuse qui ne cesse de croître.

Le décret n° 2015-282 du 11 mars 2015, relatif à la simplification de la procédure civile, à la communication électronique et à la résolution amiable des différends, le décret n° 2016-514 du 26 avril 2016, relatif à l'organisation judiciaire, aux modes alternatifs de résolution des litiges et à la déontologie des juges consulaires, puis le décret n° 2017-892 du 6 mai 2017 portant diverses mesures de modernisation et de simplification de la procédure civile, s'inscrivent dans ce même courant.

Il existe trois types de conciliation (V. Fiche 21 : Régler au mieux les litiges à l'amiable) :
- la conciliation conventionnelle ;
- la conciliation institutionnelle ;
- la conciliation judiciaire.

Dans ces différents types de conciliation, interviennent en qualité de conciliateurs :
- des organismes ou commissions professionnelles ;
- des juges qui ont pour mission de concilier les parties (CPC, art. 21). Cette mission vise l'ensemble des juges de l'ordre judiciaire et, plus spécifiquement, les juges des tribunaux judiciaires, les conseillers prud'homaux, les juges des tribunaux paritaires des baux ruraux, les juges aux affaires familiales ;
- des conciliateurs de justice qui interviennent :
  • soit hors procédure dans le cadre des fonctions qui leur ont été attribuées par le décret n° 78-381 du 20 mars 1978 relatif aux conciliateurs de justice,
  • soit lorsqu'ils sont désignés par le juge.

La conciliation peut intervenir :
- préalablement à toute action ;
- en première étape de la procédure contentieuse (V. Fiche 25 : Tenter une conciliation dans le cadre d'une instance contentieuse) ;
- à tout moment, au cours de l'instance contentieuse (V. Fiche 25 : Tenter une conciliation dans le cadre d'une instance contentieuse) au début de la procédure, lors de la mise en état ou au stade des plaidoiries. Il s'agit de la conciliation judiciaire.

2 Conditions juridiques d'utilisation

477 Préalablement à toute action, la conciliation **peut intervenir** :

- **en matière d'entreprises en difficultés** : le chef d'entreprise saisit le président du tribunal de commerce ou du tribunal judiciaire s'il s'agit d'une société civile ou d'une personne physique exerçant une profession indépendante, lorsque son entreprise rencontre des difficultés économiques sans se trouver en état de cessation des paiements depuis plus de quarante-cinq jours. Il s'agit de traiter ces difficultés en amont, en dehors de toute procédure collective. Le président de la juridiction saisie procède à la désignation d'un conciliateur chargé de trouver un accord avec les créanciers (C. com., art. L. 611-4 et L. 611-5) ;
- une procédure équivalente existe concernant les exploitations agricoles (C. rur., art. L. 351-1 à L. 351-7-1) ;
- **en matière de conflits collectifs du travail :** les conflits collectifs qui n'ont pas été soumis à une procédure conventionnelle de conciliation, peuvent être portés devant une commission nationale ou régionale de conciliation (C. trav., art. L. 2522-1) ;
- **en matière de baux commerciaux**, la recherche d'une conciliation préalable passe par l'intervention de la commission départementale de conciliation compétente pour les désaccords relatifs à la révision du loyer, aux charges et aux travaux ainsi qu'à la fixation du loyer lors du renouvellement du bail (C. com., art. L. 145-35). La commission essaye de concilier les parties et émet un avis ;
- **en matière de baux d'habitation :** par la saisine de la commission départementale de conciliation pour (L. n° 89-462, 6 juill. 1989, art. 20) :

1° Les litiges résultant de l'application des articles 17, 17-1, 17-2 et 18 de la présente loi et des articles 30 et 31 de la loi n° 86-1290 du 23 décembre 1986 tendant à favoriser l'investissement locatif, l'accession à la propriété de logements sociaux et le développement de l'offre foncière ;

2° Les litiges relatifs aux caractéristiques du logement mentionnées aux deux premiers alinéas de l'article 6 de la présente loi ;

3° Les litiges relatifs à l'état des lieux, au dépôt de garantie, aux charges locatives et aux réparations ;

4° Les litiges relatifs aux congés délivrés en application de l'article 15 ;

5° Les difficultés résultant de l'application des accords collectifs nationaux ou locaux prévus aux articles 41 ter et 42 de la loi n° 86-1290 du 23 décembre 1986 précitée ou de l'application du plan de concertation locative prévu à l'article 44 bis de la même loi et les difficultés résultant des modalités de fonctionnement de l'immeuble ou du groupe d'immeubles ;

- **en matière de surendettement des particuliers :** par la saisine de la commission départementale d'examen des situations de surendettement qui peut, soit proposer ou imposer des mesures de traitement, soit imposer un rétablissement personnel sans liquidation judiciaire, ou saisir avec l'accord du débiteur, le juge des contentieux de la protection aux fins d'ouverture d'une procédure de rétablissement personnel avec **liquidation judiciaire** (C. consom., art. L. 712-2) ;

- le défaut de mise en œuvre d'une clause de conciliation instituant une procédure obligatoire et préalable à la saisine du juge, est sanctionné par une fin de non-recevoir et ne pourra être régularisé par la mise en œuvre de la clause en cours d'instance (Cass. 3e civ., 16 nov. 2017, n° 16-24.642 : *Procédures* 2018, comm. 7, Y. Strickler. - Cass. soc., 21 sept. 2022, n° 21-14.171. - Cass. 2e civ., 2 mars 2023, n° 21-16.650) ;
- l'effet de la clause de conciliation ne joue qu'entre les parties au contrat : insérée dans un contrat de vente immobilière, elle s'impose dans un litige entre vendeur et acquéreur, mais pas en cas d'action directe engagée par l'acquéreur contre le notaire, l'agent immobilier ou l'assureur de celui-ci (Cass. 1re civ., 14 mars 2018, n° 17-14.440 : *JurisData* n° 2018-020898) ;
- l'application de la clause de conciliation peut être écartée ; par exemple, dans un contrat de maîtrise d'œuvre, la disposition prévoyant, en cas de litige entre le maître d'ouvrage et l'architecte, la saisine préalable du conseil de l'ordre dont dépend ce dernier avant l'introduction d'une procédure contentieuse, elle n'est pas justifiée lorsque l'action est fondée, même à titre subsidiaire, sur l'article 1792 du Code civil (Cass. 3e civ., 26 nov. 2020, n° 18-26.402) ;
- la clause qui contraint le consommateur, en cas de litige avec un professionnel, à recourir obligatoirement à un mode alternatif de règlement du litige avant la saisine du juge, est présumée abusive, sauf au professionnel à rapporter la preuve contraire (C. consom., art. R. 212-2, 10e. - Cass. 3e civ., 19 janv. 2022, n° 21-11.095 : *JurisData* n° 2022-000651) ;
- la formulation de la clause de conciliation doit être suffisamment précise et ne pas s'apparenter à une clause de style (Cass. 3e civ., 4 avr. 2019, n° 18-11.339 : *JurisData* n° 2019-005234. - Cass. 3e civ., 11 juill. 2019, n° 18-13.460 : *JurisData* n° 2019-014366) ;
- la clause de conciliation ne peut, en l'absence de stipulation expresse en ce sens, faire obstacle à l'accomplissement d'une mesure d'exécution forcée ; nonobstant une telle clause, un commandement de payer valant saisie immobilière peut être délivré et le débiteur assigné à comparaître à une audience d'orientation de juge de l'exécution (Cass. 2e civ., 21 mars 2019, n° 18-14.773. - Cass. 2e civ., 2 juill. 2020, n° 19-16.326 : *JurisData* n° 2020-010853) ;
- si l'article 21 de la loi n° 71-1130 du 31 décembre 1971 prévoit une conciliation préalable à l'arbitrage du bâtonnier, il n'instaure pas une procédure obligatoire en ce sens (Cass. 2e civ., 14 juin 2023, n° 22-13.542).

3 Avis du professionnel

478 Pour apprécier l'opportunité d'un processus de conciliation, il convient au préalable d'évaluer avec son client les chances de succès de son dossier et l'importance de l'enjeu aussi complet que devant une instance judiciaire.
Ces éléments sont à soupeser suivant la jurisprudence connue de la juridiction saisie et les délais de traitement des contentieux qui lui sont soumis : niveau d'engorgement de la juridiction, délai moyen pour une fixation en audience de plaidoirie et de rendu des décisions.

B Textes

1 Textes codifiés

- C. com., art. L. 611-4 et L. 611-5 ; L. 145-5, D. 145-12 à D. 145-18.
- C. rur., art. L. 351-1 à L. 351-7-1.
- C. trav., art. L. 2522-1 et R. 2522-1 à R. 2522-23.
- C. consom., art. L. 712-1 à L. 712-9, L. 724-1 et L. 732-1.

2 Textes non codifiés

- D. n° 78-381, 20 mars 1978, relatif aux conciliateurs de justice.
- D. n° 2001-653, 19 juill. 2001, pris pour l'application de l'article 20 de la loi n° 89-462 du 6 juillet 1989 modifiée et relatif aux commissions départementales de conciliation.
- D. n° 2010-1165, 1er oct. 2010, relatif à la conciliation et à la procédure orale en matière civile, commerciale et sociale.
- D. n° 2015-282, 11 mars 2015, relatif à la simplification de la procédure civile, à la communication électronique et à la résolution amiable des différends.
- D. n° 2019-1333, 11 déc. 2019, réformant la procédure civile.

Tenter une conciliation préalable

II
Préparation

A Informations préalables

479 **• Quels sont les points de souplesse et les éléments non négociables de son litige ?**
Il convient ainsi de déterminer la marge de manœuvre dont on dispose dans la recherche d'une solution amiable.
• En matière de réparations locatives : le locataire consent-il à effectuer ces réparations ? À hauteur de quel montant ? Dans quels délais ?
• En matière de surendettement des particuliers : quelle est la situation financière du débiteur ? Celle-ci est-elle irrémédiablement compromise ?
• De quelles pièces est-il en possession ?
De la même manière qu'en contentieux, il est indispensable de disposer de l'ensemble des pièces soutenant la position de son client.
Ces pièces peuvent être classées suivant :
– qu'elles sont connues de la partie adverse et que l'on peut donc les communiquer librement ;
– que l'on souhaite les réserver à la phase contentieuse en cas d'échec de la conciliation ;
– que l'on souhaite tout simplement les écarter du dossier.

B Inventaire des solutions et éléments de décisions

480 Les informations recueillies auprès du client doivent permettre d'établir une fiche récapitulative reprenant :
– les faits sommaires ;
– les arguments/points forts et la jurisprudence signifiante : ces éléments qui sont susceptibles en contentieux de favoriser les chances de succès, permettent en conciliation de convaincre la partie adverse de l'intérêt d'une issue amiable et donc de la nécessité pour chacun de consentir à des concessions ;
– les points négociables/points fermes et intangibles pour le client.

III
Mise en œuvre

A En matière d'entreprises en difficulté (C. com., art. L. 611-4 à L. 611-16)

481 Saisine du président du tribunal de commerce ou du tribunal judiciaire par requête du débiteur exposant :
– sa situation économique, sociale et financière ;
– ses besoins de financement ;
– les moyens d'y faire face ;
– le cas échéant, la date de la cessation des paiements ;
– l'ordre professionnel ou l'autorité dont relève le débiteur ;
– le cas échéant, le nom d'un conciliateur proposé par le débiteur.
Examen du dossier par le président du tribunal ou un juge délégué.
Convocation du débiteur par le greffe à un entretien pour y recueillir ses explications (C. com., art. R. 611-23).
Désignation par ordonnance du président d'un conciliateur pour une durée de quatre mois, prorogeable un mois.
En concertation avec le débiteur, le conciliateur élabore un protocole d'accord à négocier avec les créanciers qu'il contacte afin d'obtenir un rééchelonnement des dettes et/ou la mise en place de financements adaptés.
Si aucune solution amiable n'est trouvée : le conciliateur en rend compte au président.
Si un accord est trouvé :
– le président peut, sur requête conjointe des parties, constater cet accord et lui donner force exécutoire (C. com., art. R. 611-39) ;
– le tribunal peut aussi, sur demande du débiteur, homologuer l'accord obtenu.

Le constat et l'homologation mettent fin à la conciliation. Seule l'homologation fait l'objet d'une publicité dans un journal d'annonces légales et au *BODACC*.
En cas d'inexécution, le tribunal peut, sur saisine d'une partie à l'accord, en prononcer la résolution.
Lorsque l'ouverture de la procédure de conciliation est demandée par un **entrepreneur individuel à responsabilité limitée**, ces dispositions ne s'appliquent qu'au patrimoine faisant l'objet de la demande (C. com., art. R. 611-46-1).

ATTENTION Concernant les **exploitations agricoles en difficultés**, leurs dirigeants ou créanciers peuvent saisir le président du tribunal judiciaire dans le ressort duquel se trouve le siège de l'exploitation d'une demande tendant à la désignation d'un conciliateur.
Ce conciliateur a pour mission d'obtenir un accord amiable permettant à l'exploitation agricole de surmonter ses difficultés (C. rur., art. L. 351-1 à L. 351-7-1).

B En matière de conflits collectifs de travail (C. trav., art. L. 2522-1 à L. 2522-6, et R. 2522-1 à R. 2522-23)

482 Les conflits collectifs de travail peuvent être soumis à une conciliation auprès de la Commission nationale de conciliation, d'une commission régionale ou d'une section départementale selon leur importance et leur localisation.
La partie la plus diligente adresse au président de la commission une requête exposant les points sur lesquels porte le désaccord (C. trav., art. R. 2522-17).
Lorsqu'un accord est intervenu devant une commission de conciliation, le président établit et notifie aux parties le procès-verbal (C. trav., art. R. 2522-21).
Lorsque les parties ne parviennent pas à un accord, un procès-verbal de non-conciliation est établi et leur est aussitôt notifié par lettre recommandée avec accusé de réception. Ce procès-verbal précise les points sur lesquels elles sont parvenues à un accord et ceux sur lesquels le désaccord persiste.

C En matière de baux d'habitation (D. n° 2001-653, 19 juill. 2001)

483 La commission départementale de conciliation du lieu de situation de l'immeuble peut être saisie par le bailleur ou le locataire par lettre recommandée avec avis de réception mentionnant (D. n° 2001-653, 19 juill. 2001, art. 7) :
- les nom, prénoms, qualité et adresse du locataire ;
- les nom, prénoms, qualité et adresse du bailleur ;
- l'objet du litige ou de la difficulté.

Le secrétariat de la commission convoque les parties à la séance au cours de laquelle l'affaire sera examinée par lettre adressée au minimum quinze jours avant la date retenue.
Les parties doivent se présenter devant la commission avec tous les documents justifiant leur réclamation.
La commission entend les parties, s'efforce de les concilier et émet un avis qui doit être rendu dans un délai de deux mois maximum à compter de sa saisine (D. n° 2001-653, 19 juill. 2001, art. 8).
En cas de conciliation totale ou partielle, elle constate la conciliation dont les termes font l'objet d'un document de conciliation. Ce document fait également apparaître les points de désaccord qui subsistent lorsque la conciliation est partielle.
À défaut de conciliation, l'avis comporte l'exposé du différend et la position des parties ainsi que, le cas échéant, celle de la commission.

D En matière de baux commerciaux

484 La commission départementale de conciliation est :
- composée, d'une part, de bailleurs et de locataires, d'autre part, de personnes qualifiées (C. com., art. D. 145-12) ;
- saisie par lettre recommandée avec avis de réception adressée à son secrétariat qui convoque les parties par lettre recommandée avec demande d'avis de réception au moins quinze jours avant la date prévue (C. com., art. D. 145-17).

En cas de conciliation, il est dressé un acte signé des parties.
À défaut de conciliation, la commission émet un avis faisant apparaître les points essentiels de désaccord des parties et sa proposition motivée (C. com., art. D. 145-18).

E En matière de surendettement des particuliers

485 La commission départementale de surendettement, **saisie par le débiteur** :
- examine sa situation ;
- se prononce sur la recevabilité du dossier (C. consom., art. L. 722-1) ;
- dresse l'état du passif (C. consom., art. L. 723-1) et décide de l'orientation du dossier ;

Tenter une conciliation préalable

– si la situation du débiteur apparaît remédiable et si les ressources ou l'actif réalisable le permettent, elle prescrit des mesures de traitement adaptées : rééchelonnement du paiement des dettes, imputation des paiements d'abord sur le capital (C. consom., art. L. 724-1) ;
– si celui-ci est propriétaire d'un bien immobilier, la commission s'efforce de concilier le débiteur et ses principaux créanciers dans le cadre d'un plan conventionnel de redressement (C. consom., art. L. 732-1) En cas d'échec et à la demande du débiteur, la commission peut imposer ou recommander des mesures ;
– si le débiteur est dans une situation irrémédiablement compromise, la commission peut (C. consom., art. L. 724-1) :
• soit imposer un rétablissement personnel sans liquidation judiciaire si le débiteur ne possède que des biens meublants ou des biens indispensables à l'exercice de son activité professionnelle, ou des biens dépourvus de valeur marchande ou dont les frais de vente seraient manifestement disproportionnés au regard de leur valeur vénale (C. consom., art. L. 724-1),
• soit, avec l'accord du débiteur, saisir le juge des contentieux de la protection aux fins d'ouverture d'une procédure de rétablissement personnel avec liquidation judiciaire.

La commission est saisie par **dépôt ou envoi d'un dossier de surendettement** à la Banque de France du département de résidence du débiteur (C. consom., art. L. 721-1 et R. 712-13). Ce dossier doit contenir :
– un formulaire CERFA n° 13594*01 (www.formulaires.modernisation.gouv.fr/gf/cerfa_13594.do) ;
– les pièces justificatives prévues par le formulaire ;
– une lettre signée par le débiteur demandant à bénéficier de la procédure de traitement des situations de surendettement et expliquant les raisons de son surendettement et sa situation actuelle ;
– la liste des procédures d'exécution en cours sur les biens du débiteur et les saisies sur rémunération consenties aux créanciers ;
– éventuellement la procédure d'expulsion dont fait l'objet le débiteur.

F En matière de contentieux général (CPC, art. 750-1)

486 L'article 750-1 du Code de procédure civile impose à peine d'irrecevabilité susceptible d'être prononcée même d'office par le juge, la justification par les parties d'une tentative, préalablement à la demande en justice, soit d'une conciliation menée par un conciliateur de justice, soit d'une médiation, soit d'une procédure participative, lorsque la demande en justice devant le tribunal judiciaire tendait au paiement d'une somme n'excédant pas 5 000 € ou était relative à diverses actions (D. n° 2023-357, 11 mai 2023). En particulier, il fixe à trois mois le délai au-delà duquel l'indisponibilité de conciliateurs de justice pourra être regardée comme établie pour dispenser les parties de l'obligation préalable de tentative de résolution amiable du litige, et précise les modalités selon lesquelles la preuve peut en être établie.
Ces dispositions sont applicables aux instances introduites à compter du 1er octobre 2023.

CONSEIL Dans le cadre de la procédure écrite ordinaire et de la procédure de référé devant le tribunal judiciaire, le juge du fond (CPC, art. 774-1), le président de l'audience d'orientation (CPC, art. 776), le juge de la mise en état (CPC, art. 785) et le juge des référés (CPC, art. 836-2), saisis d'un litige portant sur des droits dont les parties ont la libre disposition peuvent, à la demande de l'une des parties ou d'office après avoir recueilli leur avis, décider qu'elles seront convoquées à une **audience de règlement amiable tenue par un juge** qui ne siège pas dans la formation de jugement dans les cas prévus par la loi.
Cette décision est une mesure d'administration judiciaire. Elle ne dessaisit pas le juge (CPC, art. 774-1. – D. n° 2023-686, 29 juill. 2023, art. 2).
L'audience de règlement amiable a pour finalité la résolution amiable du différend entre les parties, par la confrontation équilibrée de leurs points de vue, l'évaluation de leurs besoins, positions et intérêts respectifs, ainsi que la compréhension des principes juridiques applicables au litige (CPC, art. 774-1. – D. n° 2023-686, 29 juill. 2023, art. 2).

G Prescription de l'action

487 Le délai de prescription est suspendu à compter du jour où, après la survenance d'un litige, les parties conviennent de recourir à une conciliation (ou une médiation ou une procédure participative), ou, à défaut d'écrit, à compter du jour de la première réunion (C. civ., art. 2238).
L'accord écrit doit être clair et précis (Cass. 2e civ., 19 nov. 2020, n° 19-22.867).

CHECK-LIST **• Vérifier l'opportunité de recourir à une conciliation.**
• Déterminer avec son client les points de souplesse / les points non négociables.
• Saisir la commission de conciliation compétente.

POUR ALLER PLUS LOIN...

Fascicules JurisClasseur

- *JCl. Procédure civile*, fasc. 1700-85.
- *JCl. Procédures Formulaire*, V° *Conciliation*, fasc. 15.

Revues

- V. Lasserre, *Les effets des clauses de conciliation ou de médiation : JCP* G 2021, doctr. 271, n° 10.
- M. Reverchon-Billot, *Conciliation et médiation : des modes amiables concrètement différents : Procédures* 2021, études 11.
- K. Salhi, *Le malheureux article 4 de la loi du 18 novembre 2016 : Procédures* 2021, étude 3, n° 2.

Fiche 25

Tenter une conciliation dans le cadre d'une procédure contentieuse

Stéphanie FINGERHUT
Actualisé par Jacques DESBOIS

Sommaire

I Aperçu rapide

A Éléments clés

1 Caractéristiques générales

488 Mode alternatif de règlement des litiges, la conciliation tend à la recherche d'un accord entre deux parties en vue de mettre fin au litige qui les oppose.

La conciliation est selon les cas :
– un mode conventionnel de résolution des litiges encadré par le droit ;
– un mode judiciaire de résolution des conflits qui intervient en phase préalable de certaines procédures (obligatoire devant certaines juridictions comme le conseil de prud'hommes : C. trav., art. L. 1411-1, facultative devant d'autres : CPC,

art. 827, pour le tribunal judiciaire) ou bien à tout moment de celle-ci.
Le décret n° 2010-1165 du 1er octobre 2010 est venu encadrer la conciliation devant certaines juridictions, ainsi que le statut des conciliateurs.
L'apparition de la procédure participative (L. n° 2010-1609, 22 déc. 2010, relative à l'exécution des décisions de justice, aux conditions d'exercice de certaines professions réglementées et aux experts judiciaires) doit être interprétée comme un encouragement du législateur dans la recherche préalable d'un consensus avec pour ambition de réduire une masse contentieuse qui ne cesse de croître.
Il existe trois types de conciliation (V. Fiche 21 : Régler au mieux les litiges à l'amiable) :
- la conciliation conventionnelle ;
- la conciliation institutionnelle ;
- la conciliation judiciaire.
Dans ces différents types de conciliation, interviennent en qualité de conciliateurs :
- des organismes ou commissions professionnelles ;
- des juges qui ont pour mission de concilier les parties (CPC, art. 21).
Cette mission vise l'ensemble des juges de l'ordre judiciaire, et plus spécifiquement les juges du tribunal judiciaire, les conseillers prud'homaux, les juges des tribunaux paritaires des baux ruraux, les juges aux affaires familiales, *etc.* ;
- des conciliateurs de justice qui interviennent :
• soit hors procédure dans le cadre des fonctions qui leur ont été attribuées par le décret n° 78-381 du 20 mars 1978 relatif aux conciliateurs de justice,
• soit lorsqu'ils substituent le juge,
• à noter que la fonction de conciliateur de justice est incompatible avec celle de médiateur (Cass. 2e civ., 15 déc. 2022, n° 22-60.140).
La conciliation peut intervenir préalablement à toute action (V. Fiche 24 : Tenter une conciliation préalablement à une procédure contentieuse) ou dans le cadre d'une procédure contentieuse.

2 Conditions juridiques d'utilisation

489 La tentative de conciliation **doit** intervenir en préalable ou en **première étape de la procédure contentieuse**, devant les juridictions suivantes :
- conseil de prud'hommes (C. trav., art. L. 1411-1 et R. 1454-7 à R. 1454-18) devant le bureau de conciliation et d'orientation (V. Fiche 28 : Se concilier devant le conseil de prud'hommes) ;
- tribunal paritaire des baux ruraux (CPC, art. 887) : possibilité pour le tribunal de déléguer avec l'accord des parties, la mission de conciliation à un conciliateur de justice ;
- tribunal judiciaire en certaines matières (CPC, art. 750-1).
La conciliation **peut** intervenir **à tout moment, en cours d'instance contentieuse**, devant l'ensemble des juridictions, c'est-à-dire au début de la procédure, lors de la mise en état ou à l'audience de plaidoiries :
- mission de conciliation : il entre dans la mission du juge de concilier les parties (CPC, art. 21 et 127 à 131) ;
- étendue des dispositions : ces dispositions s'appliquent à l'ensemble des juridictions de l'ordre judiciaire statuant en matière civile, commerciale, sociale, rurale ou prud'homale sous réserve de dispositions particulières (CPC, art. 749) ;
- juridictions : la conciliation peut être pratiquée devant :
• les juridictions devant lesquelles la tentative de conciliation est intervenue en première étape de la procédure contentieuse ;
• l'ensemble des juridictions civiles et commerciales :
- tribunal judiciaire (CPC, art. 785),
- tribunal de commerce (CPC, art. 860-2 et 863) : possibilité pour la formation de jugement et pour le juge rapporteur de désigner un conciliateur de justice,
- cour d'appel (CPC, art. 941).

ATTENTION Le défaut de mise en œuvre d'une clause de conciliation instituant une procédure obligatoire et préalable à la saisine du juge, est sanctionné par une fin de non-recevoir et ne pourra être régularisé par la mise en œuvre de la clause en cours d'instance (Cass. 3e civ., 16 nov. 2017, n° 16-24.642 : *Procédures* 2018, comm. 7, Y. Strickler. - Cass. 2e civ., 2 mars 2023, n° 21-16.650).
Par exemple, une telle clause peut figurer dans une convention collective (Cass. soc., 4 nov. 2020, n° 19-13.922).

3 Avis du professionnel

490 Pour apprécier l'opportunité d'un processus de conciliation, il convient au préalable d'évaluer avec son client les chances de succès de son dossier et l'importance de l'enjeu.
Pour cela, l'expérience démontre qu'il est utile, voire nécessaire, de constituer en conciliation, un dossier aussi complet que devant une instance judiciaire. Ces éléments sont à soupeser suivant la jurisprudence connue de la juridiction saisie et les délais de traitement des contentieux qui lui sont soumis : niveau d'engorgement de la juridiction, délai moyen pour une fixation en audience de plaidoirie et de rendu des décisions.
Il est important que la conciliation ne soit pas proposée trop tôt en début de procédure ou trop

tard lors des plaidoiries, pour favoriser la réussite du processus.
La conciliation dispose de chances sérieuses de succès lorsqu'elle intervient au moment où les parties ont pu exposer leurs positions respectives ainsi que les points forts et points faibles de leur argumentation par la communication de leurs pièces.

4 Information du client

491 La conciliation doit être perçue comme une réelle opportunité stratégique dans la gestion d'un dossier et doit être envisagée dans le cadre d'une analyse coûts/avantages comparativement à la procédure judiciaire.
Préciser au client qu'à la différence d'une décision de justice qui peut faire l'objet de voies de recours, il sera très difficile de remettre en cause un accord pris dans le cadre d'une conciliation (V. *infra*, n° 502 et n°s 503 et s.
Informer le client que la conciliation implique des concessions de la part de chacune des parties.

B Textes

1 Textes codifiés

- CPC, art. 21, 127 à 131, 749, 750-1, 774-1 à 774-4, 785, 807-1 à 807-3, 860-2, 863, 887 et 941.
- C. trav., art. L. 1411-1, R. 1454-7 à 1454-18.

2 Textes non codifiés

- L. n° 95-125, 8 févr. 1995, relative à l'organisation des juridictions et à la procédure civile, pénale et administrative.
- D. n° 78-381, 20 mars 1978, relatif aux conciliateurs de justice.

II Préparation

A Informations préalables

492 • Quels sont les points de souplesse et les éléments non négociables du litige ?
Il convient ainsi de déterminer la marge de manœuvre dont on dispose dans la recherche d'une solution amiable.
• Quels sont les délais pour agir ?
Étant entendu que ceux-ci s'apprécient suivant la nature du litige dont il est question.
• Est-on opposé ou non à la désignation d'un conciliateur de justice ?
Cette désignation est possible aussi devant le tribunal de commerce (CPC, art. 860-2 et 863) et le tribunal paritaire des baux ruraux (CPC, art. 887).

> ATTENTION Les parties n'ont plus la possibilité de s'opposer à la décision du juge de déléguer la mesure de conciliation à un conciliateur de justice, considérée comme une mesure d'administration judiciaire (CPC, art. 129-6).

• De quelles pièces est-on en possession ?
Il est en effet indispensable de disposer de l'ensemble des pièces soutenant la position de son client. Ces pièces pourront être classées suivant :
– qu'elles sont connues de la partie adverse et que l'on peut donc les communiquer librement ;
– que l'on souhaite les réserver à la phase contentieuse en cas d'échec de la conciliation ;
– que l'on souhaite tout simplement les écarter du dossier.
On recommandera également de classer les pièces par argument et/ou grief.
Les pièces nécessaires sont variables selon la nature du litige.
• Devant le conseil de prud'hommes :
– contrat de travail ou lettre d'embauche ;
– bulletins de salaire ;
– certificat de travail ;
– attestation France Travail ;
– correspondances entre le salarié et l'employeur : lettre de convocation à un entretien préalable, lettre de licenciement, *etc.*
• Devant le juge aux affaires familiales :
– acte de naissance des époux et des enfants de moins de trois mois ;
– acte de mariage de moins de trois mois ;
– copie du livret de famille ;
– copie du contrat de mariage s'il en a été passé un ;
– copie des cartes de sécurité sociale des époux avec numéro d'immatriculation et adresse du centre payeur ;
– nom et adresse des caisses de retraite des époux.

> ATTENTION Certains tribunaux sollicitent pour les couples sans enfant, la copie de la page

vierge du livret de famille relative au premier enfant. Cette copie constitue la preuve que le couple est sans enfant.

B Inventaire des solutions et éléments de décisions

493 Les informations recueillies auprès du client doivent permettre d'établir une fiche récapitulative reprenant :
- les faits sommaires ;
- les arguments/points forts et la jurisprudence signifiante : ces éléments qui sont susceptibles en contentieux de favoriser les chances de succès, permettent en conciliation de convaincre la partie adverse de l'intérêt d'une issue amiable et donc de la nécessité pour chacun de consentir à des concessions ;
- les points négociables/points fermes et intangibles pour le client ;
- la possibilité de recourir à un conciliateur de justice.

III Mise en œuvre

A Conciliation en première étape de procédure

1 Saisine du tribunal judiciaire

494 Si une demande en justice, assignation ou requête, est présentée, elle doit, à peine de nullité, mentionner « les diligences entreprises en vue d'une résolution amiable du litige, ou la justification de la dispense d'une telle tentative » (CPC, art. 54 et 56).

En toute matière, une tentative de conciliation peut intervenir, à l'initiative des parties ou du juge (CPC, art. 21, 127 et 128).

Si cette tentative est déléguée à un conciliateur de justice, s'appliquent les dispositions des articles 129-2 à 129-5 du Code de procédure civile.

ATTENTION En matière de saisie des rémunérations, jusqu'à l'entrée en vigueur de la loi n° 2023-1059 du 20 novembre 2023, au plus tard le 1er juillet 2025, le créancier disposant d'un titre exécutoire est tenu de saisir le juge d'une requête aux fins de conciliation (C. trav., art. R. 3252-12 et R. 3252-13).

Cette tentative de conciliation doit être réalisée préalablement à la saisie à peine de nullité.

Par ailleurs, le procès-verbal de non-conciliation, qui n'est pas un jugement, ne tranche aucune contestation et n'a pas autorité de chose jugée (Cass. 2e civ., 26 janv. 2017, n° 15-29.095).

2 Divorce judiciaire

495 Dans le divorce judiciaire, autre que par consentement mutuel, en vertu de la loi n° 2019-222 du 23 mars 2019 (art. 22) et de son décret d'application (D. n° 2019-1380, 17 déc. 2019), la phase préalable de conciliation disparaît.

La demande introductive doit comporter le rappel des dispositions relatives à l'homologation des accords partiels ou complets des parties sur les modalités d'exercice de l'autorité parentale et les conséquences du divorce.

Elle contient à peine d'irrecevabilité, une proposition de règlement des intérêts pécuniaires et patrimoniaux des époux (C. civ., art. 252).

3 Conseil de prud'hommes (V. Fiche 28 : Se concilier devant le conseil de prud'hommes)

496 • Formulation de la demande par requête e devant le bureau de conciliation et d'orientation remise ou adressée, au greffe du conseil de prud'hommes (C. trav., art. R. 1452-1 et R. 1452-2).
• Audience devant le bureau de conciliation et d'orientation.
• Rédaction du procès-verbal de conciliation ou de non-conciliation.
• Le cas échéant, renvoi devant le bureau de jugement avec fixation des délais et conditions de communication des prétentions, moyens et pièces (C. trav., art. R. 1454-1).

4 Tribunal paritaire des baux ruraux (CPC, art. 887)

497 • Saisine du tribunal paritaire des baux ruraux par requête, remise ou adressée au greffe du tribunal ou par acte du commissaire de justice adressé à ce greffe (V. Fiche 19 : Saisir le tribunal paritaire des baux ruraux) ; audience de tentative de conciliation réalisée par le tribunal ou un conciliateur.

• La partie régulièrement convoquée et ayant fait savoir qu'elle ne se présenterait pas lors de l'audience de conciliation, ne peut ensuite arguer de l'absence de tentative de conciliation pour soulever la nullité du jugement (Cass. 3e civ., 12 mars 2020, n° 19-11.649).

ATTENTION Une demande reconventionnelle non soumise à cette tentative de conciliation pourra être déclarée irrecevable si elle ne présente pas un lien de connexité suffisant avec la demande principale (Cass. 3e civ., 14 avr. 2015, n° 13-17.213, inédit).
Il est donc souhaitable d'envisager dès l'audience de conciliation, le cas échéant, une telle demande reconventionnelle.
Un procès-verbal de conciliation signé par le juge ne préjuge pas de la validité de son contenu, par exemple en cas d'illicéité de son objet (Cass. 3e civ., 6 juin 2019, n° 17-19.486).

• Rédaction du procès-verbal de conciliation ou de non-conciliation.
• Le cas échéant, renvoi à une audience de jugement.

B Conciliation à tout moment de la procédure

498 Les parties peuvent toujours demander au juge de constater leur conciliation (CPC, art. 129-1).
Qu'elle soit de l'initiative des parties ou du juge, la conciliation peut avoir lieu tout au long de l'instance.
C'est au juge qu'il échoit d'en fixer :
- le lieu ;
- le moment ;
- les modalités.

EXEMPLE **Devant le tribunal judiciaire le juge de la mise en état peut constater la conciliation, même partielle, des parties. Il homologue, à la demande des parties, l'accord qu'elles lui soumettent (CPC, art. 785).**

Peuvent également être mises en œuvre devant cette juridiction :
- l'**audience de règlement amiable (CPC, art. 774-1 à 774-4)** : à leur demande ou d'office, les parties, assistées de leurs avocats, sont renvoyées à cette audience au cours de laquelle le juge peut les entendre ensemble ou séparément, procéder à des constatations, décider d'un transport sur les lieux, rechercher les termes d'un éventuel consensus, total ou partiel ;
- la **césure du procès (CPC, art. 807-1 à 807-3)** : demandée par l'ensemble des parties par acte contresigné des avocats, précisant les points sur lesquels est sollicitée la clôture partielle de l'instruction. Elle conduit à un jugement sur les sujets de désaccord les plus importants, laissant ensuite la porte ouverte à la recherche d'un accord sur le reste du litige ;
- sur la question : V. N. Fricero, *Nouveaux circuits procéduraux devant le tribunal judiciaire : audience de règlement amiable et césure du procès : Procédures* 2023, étude 7.

C Dispositions communes

1 Incidence sur l'instance en cours

499 En cas d'échec de la conciliation le demandeur peut saisir la juridiction aux fins de jugement de tout ou partie de ses prétentions initiales (CPC, art. 826).
En cas de conciliation totale ou partielle, les points d'accord et les engagements pris sont transcrits dans un **procès-verbal** signé par le juge et les parties ou bien dans un **constat** d'accord signé par le conciliateur et les parties (CPC, art. 130).

2 Force exécutoire

500 **Conciliation par le juge.** La teneur de l'accord est consignée dans un procès-verbal signé par les parties et le juge (CPC, art. 130).
Des extraits de ce procès-verbal peuvent être délivrés. Ils valent titre exécutoire (CPC, art. 131) et permettent donc, par exemple, de procéder à une saisie.
Ce titre ne bénéficie toutefois pas de tous les attributs d'un jugement et ne prive pas son détenteur du droit d'engager par ailleurs une action en paiement (Cass. com., 2 oct. 2019, n° 17-31.224).

501 **Conciliation par un conciliateur.** La teneur de l'accord est consignée dans un constat signé par les parties et le conciliateur (CPC, art. 130).
À tout moment, les parties ou la plus diligente d'entre elles peuvent soumettre à l'homologation ce constat. Le juge statue sur requête, sans débat,

sauf s'il estime nécessaire d'entendre les parties à l'audience (CPC, art. 131).

D Recours ou contestation

502 Les décisions par lesquelles le juge ordonne la mise en place d'une conciliation, en renouvelle la durée et ordonne d'y mettre fin, sont insusceptibles d'appel (CPC, art. 129-6 et 537).
L'appel est également irrecevable pour contester les procès-verbaux de conciliation et jugement de donner acte.
Est de même irrecevable l'appel d'un jugement ayant refusé l'homologation d'un constat d'accord, ce jugement n'ayant pas mis fin à l'instance (Cass. 2e civ., 28 sept. 2017, n° 16-17.311).

E Action en nullité ou en résolution

1 Accord des parties

503 L'accord passé entre les parties constitue un contrat.
Sa contestation ne peut donc se faire que par la voie de l'action en nullité (C. civ., art. 1178 à 1185).

2 Accord constaté par le juge

504 Le jugement d'homologation ou le jugement de donner acte constituant un « contrat judiciaire », l'accord ne pourra être contesté que par la voie de la nullité et non par les voies de recours juridictionnelles.

CHECK-LIST **• Déterminer avec son client les points de souplesse et les points non négociables.**
• Déterminer avec son client s'il est, ou non, opposé à la désignation d'un conciliateur de justice.

POUR ALLER PLUS LOIN...

Fascicules JurisClasseur
• *JCl. Procédure civile*, fasc. 1700-85.
• *JCl. Procédures Formulaire*, V° *Conciliation*, fasc. 15.
Revues
• V. Lasserre, *Les effets des clauses de conciliation ou de médiation : JCP* G 2021, doctr. 271, n° 10.
• M. Reverchon-Billot, *Conciliation et médiation : des modes amiables concrètement différents : Procédures* 2021, étude 11 ; *L'avocat dans la résolution amiable : Procédures* 2024, étude 5.
• K. Salhi, *Le malheureux article 4 de la loi du 18 novembre 2016 : Procédures* 2021, n° 2, étude 3.
• Y. Strickler, *Les modes alternatifs de règlement des différends dans la loi n° 2016-1547 du 18 novembre 2016 de modernisation de la justice du xxie siècle : Procédures* 2017, étude 7, n° 2.

Fiche 26

Procédure ordinaire devant le tribunal de commerce

Coline WARIN

Sommaire

I Aperçu rapide

A Caractéristiques générales

505 Les tribunaux de commerce sont des juridictions de premier degré composées de juges consulaires élus et d'un greffier (C. com., art. L. 721-1).

La procédure est orale, sous réserve de certains aménagements (CPC, art. 446-1 et 860-1).

Les parties sont tenues de constituer avocat, sauf (CPC, art. 853) :

– lorsque la demande porte sur un montant inférieur ou égal à 10 000 € ;

– dans le cadre des procédures relatives aux difficultés des entreprises ;

– pour les litiges relatifs à la tenue du registre du commerce et des sociétés ;

– depuis le 1er novembre 2021, l'État, les régions, les départements, les communes et leurs établissements publics peuvent se faire assister ou représenter par un fonctionnaire ou un agent de leur administration.

Le tribunal de commerce connaît en dernier ressort des demandes jusqu'à **5 000 €** (C. com., art. R. 721-6).

B Conditions d'utilisation

506 Le tribunal de commerce connaît des contestations relatives :
- aux engagements entre commerçants, entre établissements de crédit, entre sociétés de financement ou entre eux, dans l'exercice de leur profession (C. com., art. L. 721-3) ;
- aux sociétés commerciales (C. com., art. L. 721-3) ;
- aux actes de commerce entre commerçants et non-commerçants (C. com., art. L. 721-3) ;
- à un contrat que les parties ont contractuellement convenu qu'il serait soumis à la compétence du tribunal de commerce (C. com., art. L. 721-3).
Le demandeur doit avoir un intérêt personnel à agir.

C Avis du professionnel

507 • Prendre attache avec un avocat exerçant dans le ressort du tribunal saisi, afin de se faire assister, les pratiques procédurales variant d'un tribunal de commerce à l'autre.

REMARQUE **Les parties doivent être présentes et représentées à toutes les audiences de procédure :**
- sauf demande expresse d'une partie et acceptation du juge ;
- ou lorsque le défendeur fait une demande de délais de paiement par déclaration au greffe.
Il leur est d'autant plus recommandé de se faire assister par un mandataire.

• Décrire précisément ses demandes, afin d'éviter toute difficulté d'exécution.

D Textes

1 Textes codifiés

• C. com., art. L. 721-1 à L. 732-8.
• C. com., art. R. 721-1 à R. 732-8.
• CPC, art. 386, 446-1 à 446-4, 538, 571, 582, 593, 612 et 853 à 878-1.
• COJ, art. L. 111-1 à L. 141-3 (livre Ier).

2 Règlement communautaire

• Cons. UE, règl. (CE) n° 44/2001, 22 déc. 2000, concernant la compétence judiciaire, la reconnaissance et l'exécution des décisions en matière civile et commerciale.

E Schéma procédural

508 • Tentative de résolution amiable.
• Signification de l'assignation (au plus tard quinze jours avant l'audience).
• Communication des pièces au contradicteur (simultanément à l'assignation, à défaut le tribunal renverra à une audience pour communication des pièces).
• Saisine du tribunal de commerce :
- par dépôt du second original de l'assignation au greffe (au plus tard huit jours avant l'audience) ;
- par dépôt de la requête conjointe au greffe ;
- sur renvoi de l'affaire par le président du tribunal de commerce saisi en référé (passerelle).
• Inscription de l'affaire dans le répertoire général par le greffier et attribution d'un numéro.
• Audience de procédure si l'affaire n'est pas en état d'être jugée ;
• Audience de plaidoirie :
- audience collégiale ;
- ou en cabinet du juge chargé d'instruire l'affaire.
• Prononcé du jugement :
- en audience publique ;
- ou mise à disposition au greffe.
• Signification du jugement.
• Appel **dans le mois** de la signification de la décision lorsque le montant de la demande est supérieur à 5 000 €.
• Pourvoi **dans les deux mois** de la signification de la décision lorsque le montant de la demande est inférieur à 5 000 €.

II Préparation

A Information du client

509 Informer son client de l'existence de modes alternatifs de règlement des conflits (V. Fiche 22 : Recourir à la médiation en matière civile) et notamment du fait que la formation de jugement ou le juge chargé d'instruire l'affaire peuvent, à tout moment de la procédure, déléguer leur pouvoir de conciliation à un conciliateur de justice (CPC, art. 21, 860-2 et 863, al. 2).

> REMARQUE **Il n'est plus nécessaire de recueillir l'accord des parties pour la désignation d'un conciliateur (CPC, art. 860-2).**

B Contrôles préalables

510 Avant d'engager une procédure :
- vérifier les règles de compétences territoriales et matérielles ;
- vérifier que ses demandes ne sont pas prescrites (C. com., art. L. 110-4) ;
- tenter de résoudre amiablement le litige (CPC, art. 54 et 58).

C Pièces nécessaires

511 • Disposer des pièces nécessaires pour justifier ses demandes.

> REMARQUE **Pour rappel, la preuve d'un acte de commerce peut être rapportée par tous moyens (C. com., art. L. 110-3).**

• Annexer à l'assignation les **extraits K-bis** des sociétés demanderesse(s) et/ou défenderesse(s).

D Coût de la procédure

512 Le coût de la signification d'une assignation par huissier est variable en fonction du montant de l'obligation pécuniaire (en moyenne 60 €). Si les parties doivent recourir aux services d'un avocat, le coût de la procédure sera constitué par les honoraires d'avocat, qui sont libres (L. n° 71-1130, 31 déc. 1971, art. 10).
Les frais de greffe sont variables en fonction du tribunal saisi.

> EXEMPLE **À Paris, les frais de greffe pour enrôler une assignation au fond opposant deux parties sont de 70,86 €.**

III Procédure

A Assistance et représentation

513 Les parties sont tenues de constituer avocat devant le tribunal de commerce, sauf (CPC, art. 853) :
- lorsque la demande porte sur un montant inférieur ou égal à 10 000 € ;
- dans le cadre des procédures relatives aux difficultés des entreprises (Livre VI du Code de commerce) ;
- pour les litiges relatifs à la tenue du registre du commerce et des sociétés. Le représentant, s'il n'est avocat, doit justifier d'un pouvoir spécial ;
- depuis le 1er novembre 2021, l'État, les régions, les départements, les communes et leurs établissements publics peuvent se faire assister ou représenter par un fonctionnaire ou un agent de leur administration.

**REMARQUE La territorialité de la postulation ne s'applique pas au tribunal de commerce.
Un avocat peut donc représenter une partie devant un tribunal hors du ressort de la cour d'appel dans laquelle il a établi sa résidence professionnelle.**

B Compétence

1 Compétence matérielle

514 Le tribunal de commerce connaît des contestations relatives :
- aux engagements entre commerçants, entre artisans, entre établissements de crédit, entre sociétés de financement ou entre eux, dans l'exercice de leur profession (C. com., art. L. 721-3, al. 1, 1°) ;

REMARQUE Un commerçant est une personne qui exerce des actes de commerce à titre de profession habituelle d'une manière personnelle et indépendante (C. com., art. L. 121-1).

- aux sociétés commerciales (C. com., art. L. 721-3, al. 1, 2°) ;

EXEMPLE Litiges relatifs :
– à la gestion de la société ;
– à la vie sociale ;
– à une cession de titres.

- aux actes de commerce entre commerçants et non-commerçants (C. com., art. L. 721-3, al. 1, 3°) ;

REMARQUE Les actes de commerce sont définis par les articles L. 110-1 et L. 110-2 du Code de commerce.

- à un contrat assorti d'une clause attributive de compétence (C. com., art. L. 721-3) ;
- la prévention et le traitement de la défaillance des débiteurs exerçant une activité commerciale ou artisanale (C. com., art. L. 621-2) ;
- dans les limites de sa compétence d'attribution, des demandes formées en application du règlement (CE) n° 861/2007 du Parlement européen et du Conseil du 11 juillet 2007 instituant une procédure européenne de règlement des petits litiges (C. com., art. L. 721-3-1).

2 Compétence territoriale

a) Tribunal du lieu où demeure le défendeur

515 En principe, le tribunal compétent est celui du lieu où demeure le défendeur (CPC, art. 42, al. 1er, et art. 43) :
- son domicile ;
- son siège social.

S'il y a plusieurs défendeurs, le demandeur saisit, à son choix, la juridiction du lieu où demeure l'un d'eux (CPC, art. 42, al. 2).

ATTENTION Si le défendeur n'a ni domicile, ni résidence connus, le demandeur peut saisir (CPC, art. 42, al. 3) :
- la juridiction du lieu où lui-même demeure ;
- celle de son choix si lui-même demeure à l'étranger.

b) Tribunal du lieu de la livraison ou du fait dommageable

516 Le demandeur peut également saisir, outre la juridiction du lieu où demeure le défendeur, **à son choix** (CPC, art. 46) :
- **en matière contractuelle**, la juridiction :
  • du lieu de la livraison effective de la chose,
  • du lieu de l'exécution de la prestation de service ;
- **en matière délictuelle**, la juridiction :
  • du lieu du fait dommageable,
  • dans le ressort de laquelle le dommage a été subi.

c) Clause attributive de compétence

517 Les parties peuvent **déroger** aux règles de compétence territoriale :
- si elles ont contracté en qualité de commerçant ;
- **et** si une clause attributive de compétence est spécifiée de façon apparente dans l'engagement de la partie à qui elle est opposée (CPC, art. 48).

REMARQUE Celui dans l'intérêt duquel la clause de compétence a été stipulée a la faculté d'y renoncer et d'assigner l'adversaire devant le tribunal du domicile de ce dernier.

Connaissent des matières attribuées au tribunal de commerce :
- le tribunal judiciaire : dans les circonscriptions où il n'est pas établi de tribunal de commerce (C. com., art. L. 721-2) ;
- les chambres commerciales du tribunal judiciaire : dans les départements du Bas-Rhin, Haut-Rhin et de la Moselle (C. com., art. L. 731-1) ;

- les tribunaux mixtes de commerce : dans les départements et régions d'outre-mer (C. com., art. L. 732-1).

d) Juridictions spécialisées

518 Les litiges nés des **pratiques restrictives de concurrence entre personnes commerçants ou artisans** sont attribués aux juridictions spécialisées suivantes :
- Marseille ;
- Bordeaux ;
- Tourcoing ;
- Fort-de-France ;
- Lyon ;
- Nancy ;
- Paris ;
- Rennes (C. com., art. L. 442-4, III et D. 442-3 et art. ann. 4-2-1).

C Rédaction de l'acte de saisine

1 Assignation

519 La demande en justice est généralement formée par assignation.
L'assignation contient, à peine de nullité, et outre les mentions prescrites pour les actes d'huissier de justice, les mentions des articles 54, 56 et 855 du Code de procédure civile (CPC, art. 54, 56, 648 et 855) :
- l'indication de la juridiction devant laquelle la demande est portée (adresse complète) ;
- l'indication du demandeur ;
- éventuellement, le nom du représentant du demandeur ;
- si le demandeur réside à l'étranger : les nom, prénoms et adresse de la personne chez laquelle il élit domicile en France ;

ATTENTION Cette dernière mention doit être expresse et non équivoque. La constitution d'avocat emporte élection de domicile (CPC, art. 853, al. 2).

- le lieu, le jour, l'heure de l'audience à laquelle l'affaire sera appelée ;

RETOUR D'EXPÉRIENCE Se rapprocher du greffe du tribunal de commerce pour obtenir une date d'audience : certains greffes disposent d'un site internet sur lequel est publié le calendrier des audiences.

- l'indication du défendeur ;
- les conditions dans lesquelles le défendeur peut se faire assister ou représenter, et l'indication que faute pour le défendeur de comparaître, un jugement sera rendu contre lui sur les seuls éléments fournis par son adversaire ;
- s'il s'agit d'une demande en paiement, l'assignation doit reproduire les dispositions de l'article 861-2 du Code de procédure civile (délais de paiement) ;
- l'objet de la demande avec un exposé des moyens en fait et en droit ;
- l'exposé précis de la demande dans le « Par ces motifs » ;

ATTENTION Si l'exécution provisoire est désormais de droit à titre provisoire (CPC, art. 514), le défendeur peut demander au juge de l'écarter s'il l'estime incompatible avec la nature de l'affaire.

- l'indication des pièces sur lesquelles la demande est fondée dans un bordereau en annexe.

REMARQUE **Il est possible de signifier les pièces en même temps que l'assignation. Cela se pratique souvent en référé. Au fond, en revanche, les pièces sont généralement communiquées après. Concrètement, le défendeur est invité à comparaître à une première audience au cours de laquelle le tribunal fixe le calendrier de procédure et donne une date au demandeur pour communication des pièces.**

ATTENTION Ne pas oublier de préciser les diligences entreprises en vue de parvenir à une résolution amiable du litige, ou la justification de la dispense d'une telle tentative (CPC, art. 54).

L'assignation doit être (CPC, art. 856 et 857) :
- signifiée au défendeur par un commissaire de justice **quinze jours au moins** avant la date de l'audience : l'absence de respect de ce délai constitue un vice de fond ;
- enrôlée au plus tard **huit jours avant** l'audience sous peine de caducité.

☞ CONSEILS PRATIQUES POUR L'ENRÔLEMENT DE VOTRE AFFAIRE 1. Prise de date *via* les sites des tribunaux de commerce. Choisissez vous-même une date dans le calendrier proposé (prévoir un délai minimum d'un mois avant l'audience). À ce stade, votre affaire n'est pas encore enregistrée mais la date doit être reportée dans l'assignation.

2. Envoyez par courriel, à un commissaire de justice, l'assignation à faire délivrer à l'adversaire sans les pièces (pour réduire les coûts). Préciser dans le message que le règlement sera effectué par le client afin d'éviter de devoir le supporter. L'adresse du défendeur déterminera l'huissier compétent.

3. Placement : à Paris, les nouvelles affaires doivent être placées exclusivement devant la 18e chambre compétente pour les audiences de mise en état (sauf les affaires venant pour jonction qui peuvent être placées devant la chambre de l'affaire). Vous devez déposer au greffe du tribunal de commerce le second original de l'assignation, **au plus tard huit jours avant la date de l'audience, impérativement accompagné de la provision correspondante**. Désormais, vous pouvez également procéder au placement *via* RPVA.

4. Le greffier procède ensuite à la mise au rôle de l'affaire, en l'inscrivant au répertoire général des affaires de la juridiction.

2 Requête conjointe

520 Le tribunal de commerce peut être saisi par la remise d'une requête conjointe (CPC, art. 54, 859 et 860).

RETOUR D'EXPÉRIENCE Les parties déposent ensemble au greffe du tribunal de commerce un document appelé « requête », qui est daté et signé par chaque partie, et dans lequel sont exposés les différends et prétentions.

La requête conjointe :

– contient, à peine de nullité, les mentions prescrites par les articles 54 et 57 du Code de procédure civile (CPC, art. 54 et art. 57) :

• pour les personnes physiques : les nom, prénoms, profession, domicile, nationalité, date et lieu de naissance de chacun des requérants,

• pour les personnes morales : leur forme, leur dénomination, leur siège social et l'organe qui les représente légalement,

• l'indication de la juridiction devant laquelle la demande est portée,

• l'indication des prétentions respectives des parties déterminant l'objet du litige ainsi que les moyens de fait et de droit,

• rappel des démarches en vue d'un règlement amiable et de leur échec,

• les modalités de comparution des parties et l'avertissement des conséquences d'un défaut de comparution,

• l'indication des pièces sur lesquelles la demande est fondée ;

– est datée et signée par les parties ;

– est remise au greffe, qui procédera à son enrôlement.

Le président du tribunal de commerce fixe le jour et l'heure auxquels l'affaire sera appelée.

ATTENTION Le décret n° 2019-1333 du 11 décembre 2019 a supprimé la possibilité de saisir le tribunal de commerce par présentation volontaire des parties (CPC, ancien art. 860).

3 La passerelle

521 Le tribunal de commerce peut être saisi au fond sur renvoi de l'affaire par le président du tribunal de commerce statuant dans le cadre d'une procédure en référé, lorsqu'il estime qu'il n'y a pas lieu à référé (CPC, art. 873-1).

Le président du tribunal de commerce fixe la date d'audience.

L'ordonnance de référé emporte saisine du tribunal de commerce sur le fond (CPC, art. 873-1).

RETOUR D'EXPÉRIENCE En pratique, l'affaire est rarement plaidée lors de la première date d'audience fixée par le président du tribunal de commerce et une phase de mise en état est nécessaire.

D Instruction du dossier

NOTA Vous pouvez faire appel à des avocats mandataires qui sont des postulants spécialisés. Cela vous évitera d'attendre des heures aux audiences de mise en état ! Les avocats mandataires ont en charge plusieurs dizaines de dossiers chacun et ont l'habitude des mises en état.

522 Le demandeur doit communiquer ses pièces à son contradicteur.

REMARQUE **Il est possible de faire signifier l'assignation et les pièces concomitamment.**

L'affaire peut être tranchée dès la première audience (CPC, art. 861, al. 2).

Si **l'affaire n'est pas en état d'être jugée**, la formation de jugement (surtout au tribunal de commerce de Paris) :

– la renvoie à une prochaine audience ;

– confie à l'un de ses membres le soin de l'instruire en qualité de juge chargé d'instruire l'affaire (CPC, art. 869).

Le greffier :

– informe les parties des dates d'audience par tous moyens (CPC, art. 861, al. 2) ;

– vise les conclusions nouvelles à l'audience.

Le tribunal peut fixer, avec l'accord des parties, un calendrier procédural (CPC, art. 446-2, al. 1, 861-1 et 861-3) : si les parties ne le respectent pas, le tribunal peut :

– décider de juger l'affaire en l'état ;

– décider de la radier ;

– écarter des débats les prétentions, moyens et pièces communiqués tardivement, dans la mesure où la tardiveté :

• porte atteinte au respect du contradictoire et aux droits de la défense,

• n'est pas justifiée par des motifs légitimes.

La procédure peut être écrite dans **deux cas** spécifiques :

– à la **demande expresse d'une partie** et sur acceptation du tribunal à l'issue d'une audience à laquelle la partie a comparu : les parties échangeront les conclusions et pièces par lettre recommandée avec avis de réception ou notification par avocat, avec copie au tribunal de commerce (CPC, art. 446-2, 861-1 et 861-3) ;

ATTENTION Les parties peuvent se prévaloir du mécanisme des conclusions récapitulatives, en vertu duquel les prétentions et moyens non repris dans les dernières écritures seront réputés abandonnés (CPC, art. 446-2, al. 2).
Le juge peut toujours ordonner que les parties se présentent devant lui afin de les entendre (CPC, art. 446-1).

– dans le cadre des **procédures de recouvrement de créance** : le défendeur peut solliciter un délai de grâce par demande incidente accompagnée des pièces justificatives par déclaration faite, remise ou adressée au greffe où elle est enregistrée. Le débiteur :

• doit pouvoir justifier que son adversaire a eu connaissance de sa demande de délai par lettre recommandée avec avis de réception (CPC, art. 861-2),

• n'a pas à se déplacer aux audiences.

Lorsque les prétentions et moyens sont présentés par écrit, leur date est celle de leur communication entre les parties et non de l'audience (CPC, art. 446-4).

ATTENTION Présenter les exceptions de procédure *in limine litis* dans les premières écritures (CPC, art. 74).

EXEMPLE **Les pratiques procédurales sont variables d'un tribunal de commerce à l'autre.**

– Devant le tribunal de commerce de Paris :

Un protocole a été conclu entre le barreau de Paris et le tribunal de commerce de Paris le 18 décembre 2009, modifié par deux avenants du 17 janvier 2013 et du 19 octobre 2016.

L'enrôlement doit se faire devant la chambre de placement (1re chambre B), sauf s'il s'agit de mises en cause ou d'interventions volontaires.

Les avocats inscrits à e-barreau peuvent saisir le tribunal de commerce de Paris par la transmission d'une copie de l'assignation par voie électronique.

À partir du formulaire figurant dans le RPVTC (Réseau privé virtuel auprès du tribunal de commerce), un avocat peut saisir le tribunal par un message électronique qui récapitule les données de toute l'affaire, les représentants et avocats du ou des demandeurs, les dates et le mode de délivrance de l'acte de saisie, la nature de la demande, la date de l'audience et le numéro de la chambre. Une copie de l'assignation doit être jointe.

La mise en état du dossier se déroule devant le tribunal en formation collégiale, qui supervise la communication des pièces et des conclusions.

Les parties utilisant le service e-barreau peuvent échanger leurs conclusions par voie électronique.

Audience n° 1 :

– défendeur non comparant :

• affaires simples :

- dépôt de dossier (à l'audience même ou dans un délai maximum de dix jours),

- jugement rendu à quatre semaines ;

• affaires complexes : désignation d'un juge chargé d'instruire l'affaire.

– **défendeur comparant** :

• renvoi ordonné devant une chambre dite « spécialisée »,

• le demandeur disposera de **quatre semaines** pour communiquer ses pièces et le défendeur de **six semaines** pour conclure.

Audience n° 2 :

– **calendrier respecté :**

L'affaire est renvoyée en audience du juge chargé d'instruire l'affaire pour plaidoirie, sauf si le demandeur entend répliquer.

Dans ce cas, le tribunal ordonnera un renvoi à **huit semaines**, assorti d'un nouveau calendrier imposant au demandeur de conclure dans un délai de **quatre semaines** et au défendeur de conclure en duplique dans un délai de **quatre semaines** également.

– **calendrier non respecté :**

• les pièces du demandeur n'ont pas été communiquées : radiation (CPC, art. 381),

• le défendeur n'a pas conclu :

- si les pièces lui ont été communiquées tardivement : renvoi à une date éloignée pour les conclusions du défendeur,

- si les pièces lui ont été communiquées dans les temps : renvoi à **quatre semaines** avec injonction au défendeur de conclure.

Audience n° 3 :

– **calendrier respecté :**

L'affaire est renvoyée pour plaidoirie devant un juge chargé d'instruire l'affaire.

– **calendrier non respecté :**

• le demandeur n'a pas conclu en réplique ou a conclu tardivement : renvoi à une date éloignée pour un dernier échange de conclusions et désignation d'un juge chargé d'instruire l'affaire,

• le défendeur n'a pas conclu malgré l'injonction : renvoi en l'état devant un juge chargé d'instruire l'affaire pour plaidoirie.

Audience n° 4 :

L'affaire est renvoyée en audience du juge chargé d'instruire l'affaire pour plaidoirie.

Ce schéma ne tient pas compte des incidents (mises en cause, incidents de communication de pièces, exceptions, *etc.*), qui entraîneront un accroissement du nombre des audiences, ni des affaires complexes.

Les jugements sont rendus, sauf circonstances exceptionnelles, dans un délai de **sept semaines** à compter de la clôture des débats.

Les parties doivent déposer ou adresser leur dossier de plaidoirie **dix jours** au moins avant l'audience. L'avocat est informé par le greffe de l'adresse à laquelle il doit adresser le dossier de plaidoirie.

– **Devant le tribunal de commerce de Nantes :**

Les affaires nouvelles sont délivrées à une audience spécifique.

Lors de cette première évocation, l'affaire peut soit :

– être retenue à la condition qu'elle soit en état et que les parties aient exprimé leur accord ;

– être retenue si le défendeur est défaillant ;

– être renvoyée au rôle de la mise en état si elle n'est pas en état, ou si une partie en fait la demande.

Quand une affaire est fixée pour plaidoirie et qu'elle ne peut être retenue, elle peut :

– soit faire l'objet d'un retrait du rôle (CPC, art. 382) ;

– soit être radiée (CPC, art. 381).

Pour que l'affaire soit de nouveau enrôlée, les parties devront démontrer que l'affaire est en état d'être plaidée et justifier de leurs diligences (sommation de conclure, conclusions, *etc.*).

Lors de l'audience de ré-enrôlement, l'affaire sera soit :

– fixée pour dépôt ou pour plaidoirie ;

– renvoyée au rôle de la mise en état.

RETOUR D'EXPÉRIENCE Le dossier de plaidoirie doit être envoyé par courrier simple ou par porteur et non par lettre recommandée avec demande d'avis de réception.

Le juge chargé d'instruire l'affaire peut faire injonction aux parties de fournir des explications ou produire des pièces (CPC, art. 446-3).

En cas de non-respect de ses injonctions, le juge chargé d'instruire l'affaire peut statuer en tirant toute conséquence de l'abstention ou du refus de satisfaire à l'injonction.

Lorsque le juge chargé d'instruire l'affaire estime que l'affaire n'est pas en état, il peut renvoyer l'affaire à une audience collégiale, qui procédera à la mise en état et renverra devant le même juge chargé d'instruire l'affaire pour plaidoirie.
Le juge chargé d'instruire l'affaire la renvoie devant le tribunal dès que l'état de l'instruction le permet (CPC, art. 869).

E Audience

523 Lorsque l'affaire est en état d'être plaidée, le greffe convoque les parties par tous moyens pour se présenter à l'audience à une date et une heure précises.
Le juge chargé d'instruire l'affaire peut, à la demande du président de la formation de jugement, faire un rapport oral de l'affaire lors de l'audience, avant les plaidoiries (CPC, art. 870, al. 1).
Ce rapport (CPC, art. 870, al. 2) :
- expose l'objet de la demande et les moyens des parties ;
- précise les questions de fait et de droit soulevées par le litige ;
- fait mention des éléments propres à éclairer le débat, sans faire connaître l'avis du juge qui en est l'auteur.
Les parties :
- seront entendues :
• soit en audience publique,
• soit en cabinet du juge chargé d'instruire l'affaire (CPC, art. 871) ;
- sont présentes ou représentées.
En principe, une partie intervenant volontairement n'est pas tenue de dénoncer son intervention aux autres parties par des conclusions écrites (Cass. 1re civ., 2 févr. 1994, nos 91-22.054 et 92-10.215 : *JurisData* n° 1994-000216).

ATTENTION Il convient de respecter le principe du contradictoire.

RETOUR D'EXPÉRIENCE Afin de s'assurer que le tribunal retiendra les développements lors de l'audience de plaidoirie, le praticien peut demander expressément au greffier d'en prendre note.

Le tribunal ou le juge chargé d'instruire l'affaire déclarera les débats clos et annoncera la date à laquelle le jugement sera prononcé ou mis à disposition au greffe.

F Décision

524 Les jugements rendus par le tribunal de commerce sont, sauf dispositions contraires, rendus par des juges statuant en formation collégiale (C. com., art. L. 722-1).
Le jugement mentionne les moyens des parties à peine de nullité (CPC, art. 455 et 458).
Au jour de l'audience ou de la remise annoncée par le tribunal ou le juge chargé d'instruire l'affaire :
- la décision est prononcée ;
- et/ou le texte du jugement est mis à disposition au greffe.

G Fin de la procédure

525 La procédure prend généralement fin lorsque le jugement est rendu.
La prescription d'instance peut toutefois intervenir lorsqu'aucune des parties n'accomplit de diligence dans un délai de **deux ans** (CPC, art. 386).
Le désistement d'instance unilatéral est possible si le défendeur n'a présenté aucune défense, ni demande reconventionnelle au moment où le demandeur se désiste (CPC, art. 395).

H Recours ou contestation

1 Appel

526 L'appel doit être interjeté dans le délai d'**un mois** à compter de la notification de la décision en matière contentieuse (CPC, art. 538. – V. Fiche 80 : Interjeter appel en matière contentieuse).
Les décisions de première instance sont de droit exécutoires à titre provisoire (CPC, art. 514). Le juge peut néanmoins écarter l'exécution provisoire de droit, en tout ou partie, s'il estime qu'elle est incompatible avec la nature de l'affaire.
Il est possible de demander au premier président de la cour d'appel de suspendre l'exécution provisoire (CPC, art. 524).

REMARQUE **La demande de suspension n'est soumise à aucun délai. Le demandeur à la suspension doit pouvoir démontrer les conséquences manifestement excessives de l'exécution provisoire (CPC, art. 524).**

ATTENTION L'appel du jugement du tribunal de commerce n'est pas possible si le montant de la demande en principal auquel s'ajoutent les intérêts légaux ou conventionnels ayant couru depuis la mise en demeure jusqu'au jour de l'assignation est inférieur au taux du ressort (5 000 €, C. com., art. R. 721-6).

2 Cassation

527 Lorsque le montant de la demande est inférieur au taux de ressort (5 000 €), le recours ne pourra s'exercer que devant la Cour de cassation. Le délai du pourvoi en cassation est de **deux mois** (CPC, art. 612).
Le pourvoi en cassation n'est pas suspensif.

3 Opposition

528 Lorsque le jugement a été rendu par défaut, le défaillant peut saisir le tribunal de commerce afin qu'il soit statué de nouveau sur l'affaire en fait et en droit (CPC, art. 571).
Le jugement frappé d'opposition pourra être anéanti par le second jugement qui le rétractera.

4 Tierce opposition

529 La tierce opposition :
- tend à faire rétracter ou reformer un jugement au profit d'un tiers qui l'attaque (CPC, art. 582) ;
- est ouverte :
  • en principe pendant un délai de **trente ans** à compter du jugement (CPC, art. 586),
  • à toute personne qui y a intérêt à la condition qu'elle n'ait été ni partie, ni représentée au jugement qu'elle attaque (CPC, art. 583) ;

REMARQUE **Un dirigeant social démissionnaire est considéré comme un tiers à la société et peut à ce titre former une tierce opposition, dès le jour où elle intervient, quand bien même sa cessation de fonction n'aurait pas encore été publiée (Cass. com., 12 mai 2015, n° 14-12.483 : *JurisData* n° 2015-011154).**

- peut être formée sans limitation de temps contre un jugement produit au cours d'une autre instance par celui auquel on l'oppose (CPC, art. 586) ;
- n'est recevable, de la part du tiers auquel le jugement a été notifié, que dans les **deux mois** de la notification (CPC, art. 586).

5 Recours en révision

530 Le recours en révision :
- tend à faire rétracter un jugement passé en force de chose jugée pour qu'il soit à nouveau statué en fait et en droit (CPC, art. 593) ;
- est ouvert aux personnes présentes ou représentées pour l'une des causes suivantes (CPC, art. 595) :
  • s'il se révèle, après le jugement, que la décision a été surprise par la fraude de la partie au profit de laquelle elle a été rendue,
  • si, depuis le jugement, des pièces décisives ont été découvertes, qui avaient été retenues par le fait d'une autre partie,
  • s'il a été jugé sur des pièces reconnues ou judiciairement déclarées fausses depuis le jugement,
  • s'il a été jugé sur des attestations, témoignages ou serments judiciairement déclarés faux depuis le jugement.

Le délai du recours en révision est de **deux mois**, à compter du jour où la partie a eu connaissance de la cause de révision qu'elle invoque (CPC, art. 596).

I Actions en nullité ou en résolution

531 L'assignation :
- contient à peine de nullité les mentions prescrites par les articles 56 et 855 du Code de procédure civile (CPC, art. 56 et 855. – V. *supra*, n° 519) ;
- doit être signifiée au défendeur dans les **quinze jours** au moins avant la date de l'audience, à peine de nullité pour vice de fond (CPC, art. 856. – Cass. 2e civ., 12 juin 2003, n° 01-11.441 : *JurisData* n° 2003-019459).

L'omission à la requête conjointe d'une des mentions prescrites par l'article 57 du Code de procédure civile peut entraîner son irrecevabilité (V. Fiche 6 : Saisir le juge par voie de requête).

CHECK-LIST **• Tentative de résolution amiable du litige.**
• Extrait K-bis des sociétés parties au litige.
• Prise de date d'audience auprès du greffe du tribunal de commerce.
• Signification de l'assignation (au plus tard quinze jours avant l'audience).
• Paiement des frais de greffe.
• Enrôlement de l'assignation (au plus tard huit jours avant l'audience).
• Communication des pièces au défendeur.

POUR ALLER PLUS LOIN...

Fascicules JurisClasseur

- *JCl. Procédure civile*, fasc. 1200-25, 1200-30, 1200-35.
- *JCl. Procédures Formulaire*, V° *Tribunal de commerce*, fasc. 20.
- *JCl. Procédures Formulaire*, V° *Tribunal de commerce*, fasc. 25.

Revue

- B. Rolland, *Les modifications de la procédure commerciale : Procédures* 2020, étude 9.

Fiche pratique

- V. Fiche 27 : Procédures rapides devant le tribunal de commerce.

Fiche 27

Procédures rapides devant le tribunal de commerce

Aude du PARC

Sommaire

I

Aperçu rapide

A Caractéristiques générales

532 Les tribunaux de commerce sont des juridictions de premier degré composées de juges élus et d'un greffier (C. com., art. L. 721-1).

La procédure est orale et les parties n'ont pas d'obligation de déposer des conclusions, sauf si les parties décident de recourir à une procédure sans audience (CPC, art. 860-1. – COJ, art. L. 212-5-1).

Dans l'hypothèse où les parties ont décidé de recourir à une procédure sans audience, elles devront prendre des conclusions récapitulatives ; toute prétention non reprise dans les conclusions récapitulatives est réputée abandonnée.
Sauf disposition contraire, les parties sont représentées par un avocat lorsque le montant du litige est supérieur ou égal à 10 000 € ou lorsqu'il porte sur la révision des baux commerciaux.

REMARQUE **Il s'agit d'une représentation obligatoire, et non d'une postulation obligatoire, ce qui permet à tout avocat rattaché à un barreau français de représenter son client, y compris dans un ressort autre que celui de son barreau.**

Lorsque la demande est inférieure à 10 000 €, elles ont la faculté de se faire assister ou représenter par toute personne de leur choix laquelle doit justifier d'un pouvoir spécial (CPC, art. 853 nouveau).
La représentation obligatoire à partir de 10 000 € s'applique aux actions introduites à compter du 1er janvier 2020.
Les juges consulaires ne sont pas des juges professionnels, mais des juges élus par leurs pairs.
Le greffier du tribunal de commerce est un officier public et ministériel (C. com., art. L. 741-1).
Le tribunal de commerce connaît en dernier ressort des demandes jusqu'à 5 000 €.
Plusieurs types de procédures rapides existent :
- les référés : le référé-mesure, le référé-sauvegarde, le référé-provision (CPC, art. 872 et 873) ;
- les requêtes (CPC, art. 874 à 876) ;
- le référé probatoire ou la requête probatoire (qui ne seront pas traités dans cette fiche) (CPC, art. 145) ;
- la procédure à bref délai pour obtenir une décision au fond (CPC, art. 485) ;
- la procédure d'heure à heure pour obtenir une décision de référé ;
- l'injonction de payer ;
- la requête aux fins de saisie conservatoire ;
- la « passerelle » pour passer directement d'une procédure de référé à une procédure à bref délai (CPC, art. 873-1).

B Conditions d'utilisation

1 Conditions générales au tribunal de commerce

533 Le tribunal de commerce connaît des contestations relatives (C. com., art. L. 721-3) :
- aux engagements entre commerçants, entre établissements de crédit, ou entre eux, dans l'exercice de leur profession ;
- aux sociétés commerciales ;
- aux actes de commerce entre commerçants et non-commerçants ;
- aux règlements et aux liquidations judiciaires ;
- dans les conventions à caractère civil pour une partie et commerciale pour l'autre, lorsque la partie non commerçante s'est engagée, pour les litiges où elle serait demanderesse, à n'assigner que devant la juridiction (Cass. 3e civ., 20 juill. 1965 : *JurisData* n° 1965-700469).
Le demandeur doit avoir un intérêt personnel à agir.

2 Conditions spécifiques à chaque procédure rapide

a) Conditions relatives au référé-mesure

534 Dans tous les cas d'urgence, le président du tribunal de commerce peut, dans les limites de la compétence du tribunal, ordonner en référé toutes les mesures (CPC, art. 872) :
- qui ne se heurtent à aucune contestation sérieuse ;
- ou que justifie l'existence d'un différend.

EXEMPLE **Demande de mise sous séquestre d'actions d'une société en cas de différend entre ses associés.**

b) Conditions relatives au référé-sauvegarde

535 Le président peut, dans les mêmes limites, et même en présence d'une contestation sérieuse, prescrire en référé les mesures conservatoires ou de remise en état qui s'imposent (CPC, art. 873, al. 1er) :
- soit pour prévenir un dommage imminent ;
- soit pour faire cesser un trouble manifestement illicite.

EXEMPLE **Publicité mensongère (Cass. com., 19 oct. 1999, n° 97-18.490 : *JurisData* n° 1999-003606).**

REMARQUE **Ce n'est que sur le fondement de l'article 873 du Code de procédure civile qu'il peut être demandé en référé la désignation d'un administrateur provisoire chargé de la gestion de la société à la place du dirigeant social en cas de circonstances rendant impossible le fonctionnement d'une société et la menaçant d'un péril imminent**

(CA Nancy, ch. com. 5, 17 janv. 2018, n° 16/02403 : *JurisData* n° 2018-000867).

c) Conditions relatives au référé-provision

536 Si l'obligation n'est pas sérieusement contestable (CPC, art. 873, al. 2).

EXEMPLE Facture impayée, alors qu'il est justifié d'une commande et de la livraison de la chose par un bon de livraison. La Cour de cassation a rappelé le pouvoir que le juge d'appel tenait de l'article 873 du Code de procédure civile (CPC) en allouant une provision correspondant au montant de la créance telle que fixée au passif de la procédure (Cass. com., 8 avr. 2015, n° 13-28.061 : *JurisData* n° 2015-007520).
L'existence d'une clause compromissoire ne fait pas échec à un référé-provision (CA Toulouse, ch. 3, 30 avr. 2018, n° 17/3754 : *JurisData* n° 2018-007373).

d) Conditions relatives à la procédure à bref délai

537 En cas d'urgence (CPC, art. 858).

e) Conditions relatives au référé d'heure à heure

538 En cas d'urgence (CPC, art. 485, al. 2).

f) Conditions relatives aux requêtes

539 En cas d'urgence et si les circonstances exigent une absence de contradiction (CPC, art. 875).
Il s'agit des cas où le défendeur n'est pas identifié (squats, par exemple) ou des cas où la mesure ne serait plus efficace si le défendeur était prévenu (constat d'huissier, par exemple).

C Avis du professionnel

540 Les usages de procédure varient d'un tribunal de commerce à l'autre.
Il est donc recommandé au praticien de prendre attache directement avec le tribunal de commerce et, éventuellement, avec un avocat exerçant dans le ressort du tribunal de commerce saisi, afin de se faire assister.

De plus, depuis début 2012, la procédure devant le tribunal de commerce *via* le RPVA a été dématérialisée concernant les échanges entre les acteurs, comme par exemple : enrôlement, consultation et suivi d'une affaire, demande de renvoi, ou encore dépôt des conclusions.

REMARQUE Une plateforme d'échanges et de suivi sécurisée est mise à la disposition des greffiers des tribunaux de commerce. Cette plateforme, dénommée « i-greffes », est interconnectée avec le RPVA. Le système de communication par voie électronique concerne la communication des actes de procédure, des pièces, avis, avertissements ou convocations, des rapports, des procès-verbaux ainsi que des copies et expéditions revêtues de la formule exécutoire des décisions juridictionnelles.
Les communications autres que celles effectuées entre avocats et entre les avocats et la juridiction consulaire sont réalisées au moyen d'un système dénommé « securigreffe » opéré sous la responsabilité du Conseil national des greffiers des tribunaux de commerce (A. n° JUST1603716A, 9 févr. 2016, portant application des dispositions du titre XXI du livre Ier du Code de procédure civile aux greffiers des tribunaux de commerce, art. 2 : *JO* 24 févr. 2016, texte n° 28).

En raison de l'oralité des débats :
– seules les demandes faites à l'oral seront retenues par le tribunal de commerce, à l'exclusion des conclusions qui auront éventuellement été déposées auparavant ;
– il est possible de produire des pièces et des conclusions jusqu'au jour de l'audience.
Toutefois, le praticien veillera à respecter le principe du contradictoire.
Si les parties ont opté pour une procédure sans audience, les prétentions et les moyens des parties sont formulés par écrit (COJ, art. L. 212-5-1 et CPC, art. 828).

REMARQUE L'existence d'une convention d'arbitrage ne fait pas obstacle, tant que le tribunal arbitral n'est pas constitué, à ce que le tribunal de commerce soit saisi, en cas d'urgence, aux fins

d'obtenir une mesure d'instruction ou une mesure provisoire ou conservatoire (CPC, art. 1449).

REMARQUE **Le praticien devra s'attacher à décrire précisément ses demandes afin d'éviter toute difficulté d'exécution.**

1 Procédure à bref délai

541 La procédure à bref délai est tentante en ce qu'elle permet en principe d'obtenir rapidement une décision sur le fond.
Se renseigner auprès du tribunal de commerce du délai habituel de traitement.

RETOUR D'EXPÉRIENCE Devant certains tribunaux de commerce, la procédure à bref délai peut avoir une durée similaire à la procédure au fond classique. Or, la procédure à bref délai suppose des démarches supplémentaires et a, en conséquence, un coût supplémentaire pour le client. La procédure à bref délai est alors déconseillée.

ATTENTION La date d'audience qui est indiquée sur l'assignation à bref délai peut être une date d'audience de procédure.
Il convient cependant de vérifier ce point auprès du tribunal de commerce, les usages pouvant être extrêmement différents d'un tribunal de commerce à l'autre.

En règle générale, si aucun calendrier de procédure n'a été fixé dans l'ordonnance autorisant le bref délai, un calendrier de procédure pourra être fixé lors de la première audience de procédure. Les usages diffèrent selon les tribunaux de commerce. Même si un calendrier de procédure est fixé, des pièces et conclusions peuvent être communiquées jusqu'à l'audience de plaidoirie en raison de l'oralité de la procédure.

ATTENTION Le défendeur peut communiquer ses conclusions tardivement, obligeant ainsi le demandeur à prendre des risques en plaidant un dossier qui aurait mérité de nouvelles conclusions.

2 Référés

542 Il convient de se présenter à l'audience fixée, qui est une audience de plaidoirie.

Le défendeur conclut en général tardivement, mais est en droit de le faire du fait de l'oralité des débats, sous réserve que le principe du contradictoire soit respecté.
Le président du tribunal de commerce a des pouvoirs très étendus, les textes étant volontairement peu précis. Ainsi, le demandeur ne doit pas hésiter à formuler toute demande qu'il souhaite, notamment concernant les mesures conservatoires ou de remise en état.
Exemples de mesures pouvant être ordonnées :
- interdiction de la commercialisation d'un produit ;
- dépôt d'un panneau publicitaire masquant celui d'un autre installé antérieurement ;
- désignation d'un séquestre ou d'un administrateur judiciaire ;
- rétablissement du découvert bancaire accordé à une entreprise en péril ;
- injonction de la poursuite d'un contrat jusqu'à ce qu'il soit statué sur le fond.

REMARQUE **Penser à la passerelle (CPC, art. 873-1) : les parties peuvent, dans les conclusions ou lors de l'audience de plaidoirie, demander à bénéficier de la « passerelle » qui, en matière de référé, permet au président, si l'urgence le justifie, de renvoyer l'affaire à une audience dont il fixe la date pour qu'il soit statué au fond.**

RETOUR D'EXPÉRIENCE En pratique, et notamment à Paris, où le président statue sur le siège, le demandeur demande à bénéficier de la passerelle à la fin des plaidoiries si le défendeur a soulevé des contestations de fond, et/ou s'il estime qu'il risque d'être débouté à cause de questions que seul le juge du fond peut trancher.
Le praticien devra s'attacher à décrire précisément ses demandes afin d'éviter toute difficulté d'exécution.

3 Procédure de référé d'heure à heure

543 Les parties sont en général convoquées à l'audience de plaidoirie à quelques jours, mais peuvent être convoquées le jour même en cas d'extrême urgence et à condition que le défendeur ait le temps de préparer sa défense.
Il est extrêmement rare que la convocation soit à une audience du jour même.
Le demandeur assigne le défendeur avec les pièces venant à l'appui de l'assignation.

Il convient de se présenter à l'audience fixée, qui est une audience de plaidoirie.
Le défendeur conclut en général tardivement, mais est en droit de le faire du fait de l'oralité des débats, sous réserve que le principe du contradictoire soit respecté.

REMARQUE **Il est conseillé, lorsqu'on est défendeur, d'appeler le conseil adverse pour lui exposer les arguments qui seront développés dans les conclusions et qui risquent de n'être communiquées qu'à l'audience, compte tenu des délais courts pour préparer sa défense.**
Cette démarche confraternelle permet de respecter le principe du contradictoire.

4 Requêtes

544 Les requêtes sont soit :
– déposées au greffe du tribunal de commerce pour être traitées par le président du tribunal de commerce ;
– soutenues devant lui.

D Textes

- CPC, art. 485.
- CPC, art. 487.
- CPC, art. 853.
- CPC, art. 858.
- CPC, art. 872 à 876.

E Schéma procédural

1 Procédure rapide au fond : le bref délai

545 • Soutenance devant le président du tribunal de commerce ou dépôt d'une requête en abrégement des délais, autrement appelée requête aux fins d'autorisation d'assigner à bref délai.
• Ordonnance rendue par le président du tribunal de commerce à l'issue de la soutenance ou après traitement de la requête.
• Assignation pour la date fixée dans l'ordonnance.
• Appel, s'il n'est pas fait droit à la requête, dans le délai de quinze jours.

2 Procédures rapides de référé : référé-mesure, référé-sauvegarde et référé-provision

546 • Assignation à une audience tenue à cet effet aux jour et heure habituels des audiences de référés (CPC, art. 485).
• Délai raisonnable entre l'assignation et l'audience (CPC, art. 486).
• Appel dans le délai de quinze jours.

RETOUR D'EXPÉRIENCE À Paris, on ne s'inscrit pas à une date d'audience sur la base d'un calendrier communiqué par le greffe.
C'est le tribunal de commerce qui, sur demande, donne une date.
Il est possible de prendre date par internet, *via* le site du tribunal de commerce de Paris (www.greffe-tc-paris.fr).

3 Référé d'heure à heure

547 • Soutenance devant le président du tribunal de commerce d'une requête en abrégement des délais, appelée requête aux fins d'autorisation d'assigner d'heure à heure.
• Ordonnance rendue par le président du tribunal de commerce à l'issue de la soutenance.
• Assignation pour la date fixée dans l'ordonnance.
• Appel ouvert au requérant, s'il n'est pas fait droit à la requête, dans le délai de quinze jours.

4 Requêtes

548 • Soutenance devant le président du tribunal de commerce ou dépôt d'une requête.
• Ordonnance rendue par le président du tribunal de commerce à l'issue de la soutenance ou après traitement de la requête.
• Appel ouvert au requérant, s'il n'est pas fait droit à la requête, dans le délai de quinze jours.
• Référé-rétractation par tout intéressé, s'il est fait droit à la requête.

II
Préparation

A Information du client

549 Informer son client de l'existence de modes alternatifs de règlement des conflits (V. Fiche 22 : Recourir à la médiation en matière civile).

B Contrôles préalables

550 Avant d'engager une procédure, vérifier :
- les règles de compétence territoriale et matérielle ;
- que l'obligation dont il demande l'exécution n'est pas prescrite (C. com., art. L. 110-4) ;
- que les conditions requises pour la procédure choisie sont remplies (V. *supra*, n°s 532 et s.).

C Pièces nécessaires

551 Outre les pièces nécessaires pour justifier ses demandes, le praticien annexera à son assignation ou à sa requête les extraits K-bis des sociétés demanderesse(s) et défenderesse(s).

La preuve d'un acte de commerce peut être rapportée par tous moyens (C. com., art. L. 110-3).

D Coût de la procédure

552 Le coût de la signification d'une assignation ou d'une ordonnance par commissaire de justice est variable en fonction du montant de l'obligation pécuniaire (en moyenne 60 €) ;
En cas de recours aux services d'un avocat, le coût de la procédure sera constitué par les honoraires d'avocat, qui sont libres.
Les frais de greffe pour enrôler une assignation ou déposer ou soutenir une requête sont variables en fonction du tribunal de commerce saisi.

EXEMPLE **À Paris, les frais de greffe pour enrôler une assignation en référé opposant deux parties sont de 41,93 € pour un référé-provision et de 70,02 € pour un référé-expertise auxquels il convient d'ajouter 16,99 € par partie supplémentaire.**

III
Procédure

A Assistance et représentation

553 Les parties sont, sauf disposition contraire, tenues de constituer avocat devant le tribunal de commerce.
La constitution de l'avocat emporte élection de domicile.
Elles sont dispensées de l'obligation de constituer avocat dans les cas prévus par la loi ou le règlement, lorsque la demande porte sur un montant inférieur ou égal à 10 000 €, ou pour les litiges relatifs à la tenue du registre du commerce et des sociétés (CPC, art. 853).
Dans ces cas, elles ont la faculté de se faire assister ou représenter par toute personne de leur choix (CPC, art. 853).
La territorialité de la représentation ne s'applique pas.

À l'exception de l'avocat, une personne qui entend représenter ou assister une partie doit justifier d'un mandat spécial (CPC, art. 416 et 853).

ATTENTION Le pouvoir doit être donné pour une affaire déterminée (CPC, art. 117. – Cass. com., 14 mars 2000, n° 96-20.223 : *JurisData* n° 2000-001165).

B Compétence matérielle

554 Le tribunal de commerce connaît des contestations relatives aux engagements entre commerçants, entre établissements de crédit, ou entre eux, dans l'exercice de leur profession (C. com., art. L. 721-3).

Un commerçant est une personne qui exerce des actes de commerce à titre de profession habituelle d'une manière personnelle et indépendante (C. com., art. L. 121-1) :
- aux sociétés commerciales ;
- aux actes de commerce entre commerçants et non-commerçants. Les actes de commerce sont définis par les articles L. 110-1 et L. 110-2 du Code de commerce ;
- aux règlements et aux liquidations judiciaires.

REMARQUE **Dans les conventions à caractère civil pour une partie et commercial pour l'autre, la partie non commerçante peut valablement s'engager, pour les litiges où elle serait demanderesse, à n'assigner que devant la juridiction commerciale et devant un tribunal de commerce déterminé.**
Une clause attributive de compétence au tribunal de commerce est inopposable à un défendeur non commerçant.

C Compétence territoriale

1 Tribunal de commerce du lieu où demeure le défendeur

555 Principe : compétence du tribunal de commerce du lieu où demeure le défendeur (domicile ou siège social, CPC, art. 42, al. 1er, art. 43).
S'il y a plusieurs défendeurs, le demandeur saisit, à son choix, la juridiction du lieu où demeure l'un d'eux (CPC, art. 42, al. 2).
Si le défendeur n'a ni domicile ni résidence connus, le demandeur peut saisir la juridiction du lieu où il demeure ou celle de son choix s'il demeure à l'étranger (CPC, art. 42, al. 3).

2 Tribunal de commerce du lieu de la livraison ou du fait dommageable

556 Le demandeur peut également saisir, à son choix (CPC, art. 46) :
- en matière contractuelle, la juridiction du lieu de la livraison effective de la chose ou le lieu de l'exécution de la prestation de service ;
- en matière délictuelle, la juridiction du lieu du fait dommageable ou celle dans le ressort de laquelle le dommage a été subi.

3 Clause attributive de compétence

557 Les parties peuvent déroger aux règles de compétence territoriale :
- si elles ont contracté en qualité de commerçant ;
- si la clause de compétence est spécifiée de façon très apparente dans l'engagement de la partie à qui elle est opposée (CPC, art. 48. – CA Paris, ch. 3, 19 févr. 2013, n° 12/13857 : *JurisData* n° 2013-006357).
Celui, dans l'intérêt duquel la clause de compétence a été stipulée, a la faculté d'y renoncer et d'assigner l'adversaire devant le tribunal de commerce du domicile de ce dernier.

ATTENTION Dans les circonscriptions où il n'est pas établi de tribunal de commerce, le tribunal judiciaire connaît des matières attribuées aux tribunaux de commerce (C. com., art. L. 721-2).
Dans les départements du Bas-Rhin, du Haut-Rhin et de Moselle, des chambres commerciales du tribunal judiciaire connaissent des matières attribuées aux tribunaux de commerce (C. com., art. L. 731-1).
Dans les départements et régions d'outre-mer, des tribunaux mixtes de commerce connaissent des matières attribuées aux tribunaux de commerce (C. com., art. L. 732-1).

D Rédaction de l'acte de saisine

1 Requête à fin d'abrégement des délais : autorisation d'assigner à bref délai ou d'heure à heure

558 La demande d'autorisation d'assigner avec des délais réduits en cas d'urgence est formée auprès du président du tribunal de commerce (CPC, art. 858).
Aucune forme n'est requise, mais, en pratique, la demande est faite sous forme de requête.
Il convient pour le requérant d'établir l'urgence propre à son affaire pour obtenir un abrégement des délais.

EXEMPLE **Préjudice qui augmente avec le temps et met en péril le demandeur : demande de rupture de contrat de franchise.**
Préjudice irréversible : demande de retrait d'une publicité.

2 Référé

559 Le président du tribunal de commerce est en général saisi d'un litige en référé par voie d'assignation, mais peut être également saisi par requête conjointe (CPC, art. 859 et 860).
La forme de ces actes de saisine est la même que pour les procédures ordinaires devant le tribunal de commerce au fond (V. Fiche 26 : Procédure ordinaire devant le tribunal de commerce).

> REMARQUE **En raison de l'urgence, aucun délai d'ajournement n'est à respecter, il suffit qu'un temps suffisant se soit écoulé entre l'assignation et l'audience pour que la partie ait pu préparer sa défense (CPC, art. 486).**

3 Requêtes

560 Le président du tribunal de commerce est saisi par voie de requête lorsque des mesures urgentes sont sollicitées et que les circonstances exigent qu'elles ne soient pas prises contradictoirement (CPC, art. 875).
L'existence d'une clause compromissoire n'empêche pas le président du tribunal de commerce d'ordonner sur requête toutes les mesures urgentes dont les circonstances exigent qu'elles ne soient pas prises contradictoirement (Cass. com., 10 mars 1998, n° 95-21.581 : *JurisData* n° 1998-001069).
Il n'y a pas d'exigence de forme particulière.
Motiver la requête ;
Indiquer précisément les pièces invoquées ;
Indiquer la juridiction saisie, lorsque la requête est présentée à l'occasion d'un litige (CPC, art. 494).
Démontrer l'urgence de sa demande et exposer les raisons pour lesquelles les circonstances de l'affaire exigent que la mesure ne soit pas prise contradictoirement (CPC, art. 875).
Certains cas prévus spécifiquement par la loi permettent au juge de statuer sur requête (CPC, art. 812 et 874. – V. Fiche 6 : Saisir le juge par voie de requête).
L'ordonnance rendue sur requête est une décision provisoire (CPC, art. 493).

E Instruction du dossier

1 Requête à fin d'abrégement des délais

561 Il s'agit pour le requérant de se présenter avec une requête et une ordonnance d'ores et déjà rédigée, outre les pièces sur lesquelles il fonde sa demande.

2 Référé

562 Le demandeur doit communiquer ses pièces à son contradicteur.

> REMARQUE **Veiller à faire signifier l'assignation et les pièces concomitamment. Cette démarche évite des demandes de renvoi de la part de la partie adverse en prenant prétexte de l'absence de communication ou de prise de connaissance tardive des pièces venant à l'appui de l'assignation.**

L'affaire peut être entendue dès la première audience, puisque la date de convocation est une date d'audience de plaidoirie.
Le greffier vise les conclusions nouvelles à l'audience. Ainsi, d'un point de vue procédural, il n'est pas nécessaire de les communiquer au président avant l'audience.

> REMARQUE **Communiquer les conclusions au président avant l'audience, afin qu'il puisse en prendre connaissance avant les plaidoiries.**

Le désistement d'instance unilatéral est possible si le défendeur n'a présenté aucune défense au fond aux fins de non-recevoir au moment où le demandeur se désiste (CPC, art. 395).
La pratique est variable d'un tribunal de commerce à l'autre.

> RETOUR D'EXPÉRIENCE Devant le tribunal de commerce de Paris, il est d'usage d'entendre l'affaire au plus vite, à la première audience ou, si le renvoi est nécessaire, à la deuxième audience.
> Un deuxième renvoi n'est quasiment jamais accordé, même si les deux parties sont d'accord.

3 Requêtes

563 Il s'agit pour le requérant de se présenter avec une requête et une ordonnance d'ores et déjà rédigée, outre les pièces sur lesquelles il fonde sa demande.

F Audience

1 Requêtes à fin d'abrégement des délais

564 En fonction des usages du tribunal de commerce, la partie demanderesse soutient ou dépose sa requête devant le président.

2 Référé

565 Les parties seront entendues en leurs plaidoiries à l'audience fixée dans l'assignation ou à l'audience de renvoi.
Il n'y a pas de mise en état.
Les parties sont présentes ou représentées.

ATTENTION Si le demandeur ne comparaît pas ou n'est pas représenté à l'audience, les prétentions écrites ne sont pas recevables (CA Reims, 1re civ., 12 nov. 2007, n° 06/01274 : *JurisData* n° 2007-364934).

En principe, une partie intervenante n'est pas tenue de dénoncer son intervention aux autres parties par des conclusions écrites (Cass. 1re civ., 2 févr. 1994, nos 91-22.054 et 92-10.215, inédit).
Il convient cependant de respecter le principe du contradictoire.

RETOUR D'EXPÉRIENCE Afin de s'assurer que le tribunal de commerce retiendra les développements lors de l'audience de plaidoirie, le praticien pourra demander expressément au greffier de prendre note des déclarations des parties.

Le président du tribunal de commerce déclarera les débats clos et annoncera la date à laquelle l'ordonnance sera prononcée ou mise à disposition au greffe.

RETOUR D'EXPÉRIENCE Selon le tribunal de commerce, le délibéré peut être plus ou moins long. À Paris, par exemple, le président du tribunal de commerce statue en général sur le siège.

G Décision

1 Requête à fin d'abrégement des délais

566 Les ordonnances sur requête sont rendues par le président du tribunal de commerce.

2 Référé

567 Les ordonnances de référé sont rendues par le président du tribunal de commerce (CPC, art. 484, 872 et 873).
Le président du tribunal de commerce peut renvoyer l'affaire en état de référé devant la formation collégiale de la juridiction à une audience dont il fixe la date (CPC, art. 487).

REMARQUE Les renvois devant la formation collégiale sont rares, les affaires étant urgentes, et sont souvent justifiés par leur technicité.
Lorsqu'un tribunal de commerce ne peut se constituer ou statuer, la cour d'appel, saisie sur requête du procureur général, désigne, s'il n'a pas été fait application des dispositions des articles L. 722-13 et L. 722-15 du Code de commerce, le tribunal judiciaire situé dans le ressort de la cour d'appel appelé à connaître des affaires inscrites au rôle du tribunal de commerce et de celles dont il aurait été saisi ultérieurement.
Si le renvoi résulte de l'impossibilité de respecter les prescriptions de l'article L. 722-2, le tribunal judiciaire n'est saisi que des affaires de sauvegarde, redressement et de liquidation judiciaires.
Le greffier du tribunal de commerce n'est pas dessaisi de ses attributions et continue d'exercer ses fonctions auprès du tribunal de renvoi (C. com., art. L. 722-4).
Cet article est applicable en cas de grève des juges consulaires (Cass. 2e civ., 23 juin 2016, n° 15-50.092 : *JurisData* n° 2016-012228).

3 Requêtes

568 Les ordonnances sur requête sont rendues par le président du tribunal de commerce (CPC, art. 875).

H Fin de la procédure

1 Procédure au fond à bref délai

569 La procédure prend fin lorsque le jugement est rendu par le tribunal de commerce.

2 Référé, référé d'heure à heure et requête

570 La procédure prend fin lorsque l'ordonnance est rendue par le président du tribunal de commerce.

I Recours ou contestation

1 Procédure au fond à bref délai

571 Les règles de droit commun d'une procédure au fond s'appliquent aux recours et contestations d'une procédure au fond (V. Fiche 26 : Procédure ordinaire devant le tribunal de commerce).

2 Référé et référé d'heure à heure

a) Référé

572 Une ordonnance de référé peut être modifiée, ou rapportée en référé, en cas de circonstances nouvelles, l'ordonnance de référé n'ayant pas l'autorité de la chose juge (CPC, art. 488).

b) Appel

573 L'appel doit être interjeté dans le délai de quinze jours à compter de la notification de la décision en matière contentieuse (CPC, art. 490. – V. Fiche 80 : Interjeter appel en matière contentieuse).
L'ordonnance est assortie de droit de l'exécution provisoire, mais il est possible de demander au premier président de la cour d'appel de la suspendre par voie d'assignation (CPC, art. 524).

ATTENTION L'appel d'une ordonnance du président du tribunal de commerce n'est pas possible si le montant de la demande (montant en principal auquel s'ajoutent les intérêts légaux ou conventionnels ayant couru depuis la mise en demeure jusqu'au jour de l'assignation) est inférieur au taux du ressort du tribunal de commerce, soit 5 000 € (CPC, art. 490).

c) Pourvoi en cassation

574 Lorsque le montant de la demande est inférieur au taux de ressort du tribunal de commerce (5 000 €), le recours ne peut s'exercer que devant la Cour de cassation.
Le délai du pourvoi en cassation est de deux mois (CPC, art. 612).
Le pourvoi en cassation n'est pas suspensif.

d) Opposition et la tierce opposition

575 L'opposition et la tierce opposition sont ouvertes aux mêmes conditions que pour un jugement sur le fond (V. Fiche 26 : Procédure ordinaire devant le tribunal de commerce).

e) Requêtes

576 S'il n'est pas fait droit à la requête, le requérant a la possibilité d'interjeter appel. Le délai d'appel est de quinze jours. L'appel est formé, instruit et jugé comme en matière gracieuse (CPC, art. 496, al. 1).
S'il est fait droit à la requête, tout intéressé peut en référer au juge qui a rendu l'ordonnance (CPC, art. 496, al. 2). Ce recours est appelé « référé-rétractation » et est soumis aux règles de la procédure du référé.

J Actions en nullité ou en résolution

577 La mention de l'audience et la mention de l'élection de domicile sur l'assignation sont des règles prescrites à peine de nullité.
Pour les requêtes, il n'y a pas de règles de forme. Il convient en revanche de bien remplir les conditions relatives à la requête présentée (V. *supra*, nos 532 et s.).

CHECK-LIST **1. Requête en abrégement des délais**
– Extrait K-bis des sociétés parties au litige.
– Éventuellement : prendre attache avec un mandataire.
– Prendre rendez-vous auprès du greffe du tribunal de commerce ou, le cas échéant, prendre connaissance des heures de permanence.
– Paiement des frais de greffe.
– La requête et le projet d'ordonnance doivent être présentés, et le projet d'assignation est en pratique demandé.
– Vérifier le nombre d'exemplaires nécessaires.
– Signification de l'assignation à bref délai ou d'heure à heure, avec en pièce jointe la requête et l'ordonnance autorisant à assigner avec un abrégement des délais, outre les pièces.
2. Référé
– Extrait K-bis des sociétés parties au litige.

- Éventuellement : prendre attache avec un mandataire.
- Prendre une date auprès du greffe du tribunal de commerce.
- Signification de l'assignation.
- Dépôt au greffe de l'assignation.
- Paiement des frais de greffe.
- Communication des pièces au défendeur.

3. Requêtes

- Extrait K-bis des sociétés parties au litige.
- Éventuellement : prendre attache avec un mandataire.
- Prendre rendez-vous auprès du greffe du tribunal de commerce ou, le cas échéant, prendre connaissance des heures de permanence.
- Paiement des frais de greffe.
- La requête et le projet d'ordonnance doivent être présentés.
- Il convient de vérifier auprès du greffe quel est le nombre d'exemplaires exigé par le tribunal de commerce.

POUR ALLER PLUS LOIN...

Fascicules JurisClasseur

- *JCl. Procédure civile*, fasc. 1200-25 (introduction de l'instance).
- *JCl. Procédure civile*, fasc. 1200-30 (déroulement de la procédure).
- *JCl. Procédures Formulaire*, V° *Tribunal de commerce*, fasc. 20 (procédure).
- *JCl. Procédures Formulaire*, V° *Tribunal de commerce*, fasc. 25 (formules).

Fiche 28

Se concilier devant le conseil de prud'hommes

Céline TILLOY

Sommaire

I

Aperçu rapide

A Caractéristiques générales

578 Tous les litiges individuels, nés d'un contrat de travail de droit privé opposant un employeur à un salarié doivent, en principe, faire l'objet d'une **tentative préalable de conciliation** devant l'une des formations du conseil de prud'hommes : le bureau de conciliation et d'orientation (**BCO**).

Le BCO :

– se compose d'un conseiller prud'homme employeur et d'un conseiller prud'homme salarié (C. trav., art. L. 1423-13 et R. 1454-7) ;

– participe à la recherche d'un accord susceptible d'éteindre le contentieux (C. trav., art. L. 1454-1. – Rappr. C. trav., art. R. 1471-2) ;

– oriente, faute de conciliation totale, les difficultés subsistantes vers la formation appropriée du bureau de jugement (C. trav., art. R. 1454-18, al. 1er).

Les séances du BCO ont lieu, en principe, au moins **une fois par semaine** (C. trav., art. R. 1454-8).

Les séances du BCO sont **publiques** seulement quand il ordonne (C. trav., art. R. 1454-15, al. 3) :

– la délivrance de certaines pièces (certificats de travail, bulletins de paie, par exemple) ;

– le versement de certaines provisions et indemnités (C. trav., art. R. 1454-14)...

B Conditions d'utilisation

579 Le préalable de conciliation mené devant le BCO est, en principe, **obligatoire** (Cass. soc., 28 mars 2000, n° 97-42.419 : *JurisData* n° 2000-001264).

ATTENTION La conciliation reste obligatoire même si les parties ont, au préalable, eu vainement recours à une procédure participative (C. civ., art. 2066, al. 3).

L'omission du préalable de conciliation :
– est une irrégularité de fond sanctionnée par la **nullité de la procédure** ;
– peut être régularisée en cours d'instance devant le bureau de jugement (Cass. soc., 18 nov. 1998 : *Bull. civ.* V, n° 507) ou en appel (Cass. soc., 26 avr. 2007 : *RDT* 2007, p. 402, E. Serverin).
Cette régularisation n'a pas à être recherchée quand le préalable de la conciliation est écarté en cas, par exemple, de demande de requalification d'un CDD en CDI (CA Bourges, 5 juill. 2019, n° 17/01648 : *JurisData* n° 2019-011801) ou de prise d'acte de la rupture du contrat de travail (Cass. soc., 21 janv. 2024, n° 22-21.540 : *JurisData* n° 2024-000958) ;

RETOUR D'EXPÉRIENCE Le bureau de jugement peut :
– immédiatement se transformer en BCO et, à défaut de conciliation des parties, reprendre le cours de l'affaire en formation de jugement ;
– se transformer en BCO mais décider d'un renvoi en bureau de jugement ;
– décider d'un renvoi devant le BCO et renvoyer l'affaire dans l'attente de sa tenue.

– ne peut être relevée d'office si les parties n'ont pas soulevé l'exception avant toute défense au fond (Cass. soc., 20 nov. 1968 : *Bull. civ.* V, n° 515).

ATTENTION La phase de conciliation est écartée, et le bureau de jugement peut être directement saisi d'un différend par exemple :
– lorsqu'une procédure de référé a été introduite devant le conseil de prud'hommes et que l'affaire, bien que présentant une urgence particulière, excède les pouvoirs de la formation de référé (C. trav., art. R. 1455-8) ;
– lorsque le conseil de prud'hommes est saisi d'une demande de requalification d'un CDD en CDI (C. trav., art. L. 1245-2) ;
– en cas de prise d'acte ou de demande de requalification d'une démission donnée initialement sans réserves (C. trav., art. L. 1451-1) ;
– en cas de démission déduite d'un abandon volontaire de son poste par le salarié (C. trav., L. 1237-1-1) ;
– en cas de contestation du relevé des créances salariales ou du refus de prise en charge par l'AGS (C. com., art. L. 625-5) ;
– lorsque l'instance se poursuit, en l'état, devant un autre conseil de prud'hommes situé dans un ressort limitrophe (CPC, art. 47).

RETOUR D'EXPÉRIENCE L'instance reprend son cours après la tentative de conciliation, à moins que la formation du conseil ne décide de renvoyer l'affaire à une audience ultérieure.

C Avis du professionnel

580 Veiller notamment :
– à l'**oralité** de la procédure (C. trav., art. R. 1453-3, R. 1453-4) ;
– à la possibilité proposée aux parties de se défendre elles-mêmes à l'audience, d'y être assistées ou représentées (C. trav., art. R. 1453-1), ou d'être dispensées de se présenter à une audience ultérieure du BCO (C. trav., art. R. 1454-1, al. 1er) ;
– au respect des modalités de communication des prétentions, des moyens et des pièces fixées par le BCO (C. trav., art. R. 1454-1 et R. 1454-2).

D Textes

- C. trav., art. L. 1454-1, L. 1454-1-1 à L. 1454-1-3.
- C. trav., art. R. 1452-1 à 1454-29.

E Schéma procédural

581 • Saisine du conseil de prud'hommes.
• Audience devant le BCO du conseil de prud'hommes.
• Rédaction du procès-verbal de conciliation ou de non-conciliation.
• En l'absence de conciliation totale ou partielle, mise en état de l'affaire.
• Renvoi devant la formation appropriée du bureau de jugement du conseil de prud'hommes.

II Préparation

A Informations préalables

582 Informer le client des **caractéristiques de la procédure** propre au BCO, et plus précisément :
– du caractère, en principe, obligatoire de la phase de conciliation ;
– des effets qu'une conciliation totale ou partielle ou une absence de conciliation produit sur l'instance (C. trav., art. R. 1454-10) ;
– des modalités de comparution à l'audience de conciliation ;
– des conséquences d'une absence injustifiée **et** d'un défaut de représentation à l'audience de conciliation (C. trav., art. L. 1454-1-3, R. 1454-12, al. 1er et R. 1454-13) ;
– de la nécessité de respecter les modalités de communication des pièces et de production des documents fixées par le BCO (C. trav., art. R. 1454-2) ;
– de l'obligation faite à l'employeur, en cas de litige relatif à un licenciement collectif pour motif économique, de **remettre au greffe** du conseil de prud'hommes les éléments qu'il a fournis aux représentants du personnel **puis** de les **communiquer au demandeur** par lettre recommandée avec accusé de réception (C. trav., art. R. 1456-1).

B Contrôles préalables

583 • S'assurer de l'**intérêt et de la qualité** à agir du client.
• Vérifier :
– la **compétence** :
- matérielle et territoriale de la juridiction saisie (V. Fiche 29 : Procédure ordinaire devant le conseil de prud'hommes),
- de la section du conseil chargée de l'affaire (C. trav., art. L. 1423-1-1) ;
– le respect des **délais** impartis pour agir (V. C. trav., art. L. 1471-1, L. 3245-1 et L. 7423-1. – V. Fiche 29 : Procédure ordinaire devant le conseil de prud'hommes).
• S'assurer que :
– le respect de l'oralité de la procédure ne mette pas en échec le principe du contradictoire. Les parties doivent réunir, avant l'audience de conciliation, toutes les pièces nécessaires au soutien de leurs prétentions pour les communiquer selon les modalités fixées par le BCO (C. trav., art. R. 1454-2).

C Pièces nécessaires

584 Réclamer à son client toutes les pièces et tous les justificatifs utiles (C. trav., art. R. 1452-3, pour le demandeur. – C. trav., art. R. 1452-4, pour le défendeur).

D Coût de la procédure

585 Même si en matière prud'homale, les actes de justice sont, en principe, gratuits, le justiciable peut devoir supporter certains frais tels que :
– les honoraires dus à son avocat, sauf à bénéficier de l'aide juridictionnelle ;
– les frais de procédure (C. trav., art. R. 1451-1. – CPC, art. 695).

III Procédure

A Assistance et représentation

586 Une **partie** peut être assistée ou représentée devant le bureau de conciliation et d'orientation (BCO) par :
– les salariés ou les employeurs appartenant à la même branche d'activité ;
– un défenseur syndical ;
– son conjoint ;
– son partenaire lié par un pacte civil de solidarité ;
– son concubin ;
– un avocat (C. trav., art. R. 1453-1).
L'employeur peut aussi être assisté, ou représenté, par un membre de l'entreprise ou de l'établissement

fondé de pouvoir, ou habilité à cet effet (C. trav., art. R. 1453-2).

REMARQUE **Vérifier, lorsque la personne qui représente l'adversaire n'est pas un avocat, qu'elle dispose d'un mandat spécial (C. trav., art. R. 1453-2, al. 3. – CPC, art. 416. – Cass. 2e civ., 8 févr. 2024, n° 21-23.752 : *JurisData* n° 2024-001154, nécessité pour le défenseur syndical de justifier d'un mandat de représentation en première et deuxième instances prud'homales).**

ATTENTION Les parties ne peuvent pas être assistées ou représentées par :
– un conseiller prud'homal appartenant au conseil de prud'hommes saisi (C. trav., art. L. 1453-2) ;
– le président et le vice-président du conseil de prud'hommes devant les formations de ce conseil (C. trav., art. L. 1453-3).

B Compétence

587 La conciliation se déroule devant le BCO du conseil territorialement compétent (V. Fiche 29 : Procédure ordinaire devant le conseil de prud'hommes).

C Rédaction de l'acte de saisine

1 Forme(s)

588 La saisine du conseil de prud'hommes se réalise par une **requête** faite, remise ou adressée à son greffe (C. trav., art. R. 1452-1).

2 Contenu de la requête

589 La requête énonce toutes les mentions que l'article 57 du Code de procédure civile prescrit à peine de nullité (C. trav., art. R. 1452-2, al. 2), à savoir :
– l'indication du conseil de prud'hommes devant laquelle la demande est portée ;
– l'objet de la demande (CPC, art. 54, 2°) ;
– pour les personnes physiques : l'indication des nom, prénoms, profession, domicile, nationalité, date et lieu de naissance du demandeur ;
– pour les personnes morales : l'indication de leur forme, leur dénomination, leur siège social et de l'organe qui les représente légalement (CPC, art. 54, 3°) ;
– l'indication des nom, prénoms et domicile de la personne contre laquelle la demande est formée, ou, s'il s'agit d'une personne morale, de sa dénomination et de son siège social (CPC, art. 57) ;
– l'indication des pièces sur lesquelles la demande est fondée (CPC, art. 57) ;
– l'indication des modalités de comparution devant la juridiction
et
– la précision que le défendeur, qui ne comparaît pas, s'expose à ce qu'un jugement soit rendu contre lui sur les seuls éléments fournis par son adversaire (CPC, art. 54, 6°).
Elle contient **également :**
– les différents chefs de demande ;
– un exposé sommaire des motifs de la demande (C. trav., art. R. 1452-2).
La requête est :
– datée et signée (CPC, art. 57) ;
– accompagnée des pièces que le demandeur souhaite invoquer à l'appui de ses prétentions (C. trav., art. R. 1452-2, al. 2. – V. *infra*, n° 590).

3 Bordereau annexé à la requête

590 Les pièces – dont le demandeur dispose déjà et qu'il entend invoquer à l'appui de ses prétentions – sont énumérées dans un **bordereau annexé à la requête.**
La **requête et le bordereau** sont établis en **autant d'exemplaires** qu'il existe de défendeurs. S'y ajoute l'exemplaire destiné à la juridiction (C. trav., art. R. 1452-2).
La **requête** est **adressée ou remise** au secrétariat **greffe** du conseil de prud'hommes. Ce dernier en communique un exemplaire – complété d'un exemplaire du bordereau énumérant les pièces – à chacun des défendeurs (C. trav., art. R. 1452-2 et R. 1452-4).

REMARQUE **Le demandeur dépose au greffe un exemplaire des pièces et le bordereau.**
Le greffe ne transmet pas ces pièces au défendeur mais il revient au demandeur de les communiquer au défendeur dans les délais impartis par le BCO (C. trav., art. R. 1452-3, R. 1454-1 et R. 1454-2).

D Mise en état

1 Mesures de mise en état prises par le bureau de conciliation et d'orientation (BCO)

591 En l'absence de **conciliation**, le BCO assure la mise en état de l'affaire (C. trav., art. L. 1454-1-2, al. 1er).

Après avoir sollicité l'**avis** des **parties**, le BCO **fixe les délais** et les conditions de communication des prétentions, des moyens et des pièces (C. trav., art. R. 1454-1, al. 2).

ATTENTION Lorsque le litige porte sur un **licenciement pour motif économique**, les mesures de mise en état doivent être exécutées dans un délai n'excédant pas, en principe, **trois mois** (C. trav., art. R. 1456-3).

Le BCO peut :
- **entendre** les parties en personne ;
- **les inviter** à fournir les explications nécessaires à la solution du litige ;
- **mettre** les parties en **demeure** de produire dans le délai qu'il détermine tous documents ou justifications propres à éclairer le conseil (C. trav., art. R. 1454-1, al. 4).

ATTENTION Si les parties ne respectent pas les modalités de communication fixées le BCO, ce dernier peut **radier** l'affaire **ou** la **renvoyer** à la première date utile devant le bureau de jugement (C. trav., art. R. 1454-2, al. 1er).
Si les documents et justifications demandés ne sont pas produits, le BCO peut renvoyer l'affaire à la première date utile devant le bureau de jugement. Ce dernier tirera alors toutes les conséquences de l'abstention de la partie ou de son refus (C. trav., art. R. 1454-2, al. 2).
Mais ni le Code du travail ni le Code de procédure civile n'autorisent le BCO à ordonner, **sous astreinte**, à l'une des parties de produire aux débats, dans un délai déterminé, les pièces qu'il détermine (CA Chambéry, 27 août 2019, n° 19/00358 : *JurisData* n° 2019-018285).

Le BCO ou les conseillers rapporteurs qu'il a désignés (V. *infra*, n° 592) peuvent fixer la clôture de l'instruction par une ordonnance dont la copie est remise aux parties ou à leur conseil (C. trav., art. L. 1454-1-2).

2 Désignation de conseillers rapporteurs

592 Le BCO peut désigner un ou deux conseillers rapporteurs, par une décision non susceptible de recours (C. trav., art. R. 1454-3).
Le(s) conseiller(s) rapporteur(s) réuni(ssen)t dans le délai fixé dans la décision qui le(s) désigne, tous les éléments d'information nécessaires pour statuer (C. trav., art. L. 1454-1-2, al. 3).
Le conseiller rapporteur dispose, à cette fin, des pouvoirs de mise en état dévolus au BCO (C. trav., art. R. 1454-4).

E Audience

1 Convocation des parties

a) Information du demandeur

593 **Forme.** Les informations relatives à l'audience de conciliation sont délivrées au demandeur par **tout moyen**. Le greffe :
- invite le demandeur à adresser ses pièces au défendeur avant la séance de conciliation (C. trav., art. R. 1452-3) ;
- lui indique **qu'en cas de non-comparution sans motif légitime,** il pourra être statué au vu des pièces et moyens contradictoirement communiqués par l'adversaire (C. trav., art. R. 1452-3).

594 **Contenu.** Le greffe du conseil de prud'hommes informe le demandeur (C. trav., art. R. 1452-3, al. 1) :
- du lieu ;
- du jour ;
- de l'heure de la séance du BCO à laquelle l'affaire sera appelée.

b) Convocation du défendeur

595 **Forme.** Le greffe du conseil de prud'hommes convoque le défendeur devant le BCO :
- **dès réception** par le greffe des exemplaires de la requête et du bordereau qui lui est annexé ;
- par lettre recommandée avec avis de réception (C. trav., art. R. 1452-4, al. 1).

ATTENTION La convocation du défendeur devant le BCO vaut **citation en justice** (C. trav., art. R. 1452-5).
La convocation de l'employeur devant le BCO vaut, pour les chefs de demande qui y sont

énoncés, dénonciation du reçu pour solde de tout compte si l'employeur l'a reçue dans les six mois de la signature du reçu (Cass. soc., 27 mars 2019, n° 18-12.461 : *JurisData* n° 2019-004594).

596 **Contenu.** La convocation indique au défendeur (C. trav., art. R. 1452-4) :

- les nom, profession et domicile du demandeur ;
- les lieu, jour et heure de la séance de conciliation ;
- le fait que des décisions exécutoires à titre provisoire pourront, même en son absence, être prises contre lui ;
- qu'en **cas de non-comparution sans motif légitime,** il pourra être statué en l'état des pièces et des moyens contradictoirement communiqués par l'autre partie ;
- éventuellement, si le litige est relatif à un licenciement pour motif économique, l'obligation faite à l'employeur de transmettre, dans les huit jours, **au greffe et au demandeur** les éléments visés à l'article L. 1235-9 du Code du travail (C. trav., art. R. 1456-1. – V. *infra*, n° 597).

La convocation invite le défendeur à déposer ou à adresser au greffe les pièces qu'il entend produire et à les communiquer au demandeur.

Cette convocation reproduit les dispositions des articles R. 1453-1 et R. 1453-2 et les dispositions des articles R. 1454-10 et R. 1454-12 à R. 1454-18 du Code du travail.

Un **exemplaire de la requête** et du **bordereau** énumérant les pièces adressées par le demandeur est joint à la convocation (C. trav., art. R. 1452-4).

c) Hypothèse d'une contestation relative à un licenciement pour motif économique

597 L'employeur doit, dans les **huit jours** suivant la réception de la convocation devant le BCO, déposer – ou adresser **par lettre recommandée avec avis de réception** – au **greffe** du conseil, les éléments qu'il a fournis aux représentants du personnel, et notamment :

- les raisons économiques, financières ou techniques du projet de licenciement ;
- le nombre de licenciements envisagé ;
- les critères proposés pour l'ordre des licenciements ;
- le calendrier prévisionnel des licenciements (C. trav., art. L. 1233-10, L. 1235-9 et R. 1456-1, al. 1er).

Ces éléments sont versés au dossier (C. trav., art. R. 1456-1, al. 1er).

ATTENTION L'employeur doit **également** adresser au **demandeur**, les éléments communiqués aux représentants du personnel et visés à l'article L. 1235-9, par lettre recommandée dans les **huit jours** suivant la date de réception de la convocation devant le BCO (C. trav., art. R. 1456-1).

Aucune sanction spécifique n'est prévue sur le plan procédural pour le cas où les éléments fournis aux représentants du personnel ne seraient pas déposés au greffe dans le délai imparti (C. trav., art. R. 1456-1 et s.).

En cas de non-production des documents et justifications demandés, [le BCO] peut renvoyer l'affaire à la première date utile devant le [bureau de jugement]. Ce bureau tire toute conséquence de l'abstention de la partie ou de son refus (C. trav., art. R. 1454-2).

2 Comparution

a) Principe

598 Les parties peuvent se défendre elles-mêmes. Dans ce cas, elles doivent comparaître en personne à l'audience (C. trav., art. R. 1453-1, al. 1er).

Les parties peuvent être représentées à l'audience par l'une des personnes de leur choix visées à l'article R. 1453-2 du Code du travail (V. *infra*, n° 586).

b) Absence du demandeur à l'audience de conciliation

599 Le BCO peut **juger l'affaire**, au vu des pièces et moyens que la partie comparante a contradictoirement communiqués, et statuer **en tant** que **bureau de jugement** dans sa composition **restreinte**, lorsque le demandeur :

- ne comparaît pas, en **personne ou représenté**, au jour fixé pour la tentative de conciliation **et**
- n'a pas justifié, en temps utile, d'un motif légitime (C. trav., art. L. 1454-1-3 et R. 1454-12, al. 1er).

Le BCO conserve toutefois la **faculté** :

- de renvoyer l'affaire à une audience ultérieure du bureau de jugement ;
- de déclarer la requête et la citation caduques, si le défendeur ne sollicite pas un jugement sur le fond (C. trav., art. R. 1454-12, al. 1er).

La déclaration de caducité peut être rapportée si le demandeur fait connaître au greffe dans les **quinze jours** le motif légitime qu'il n'a pas été en mesure d'invoquer en temps utile (CPC, art. 468, al. 2).

Le demandeur est avisé par **tous moyens** de la date de la séance du BCO.

Le défendeur est convoqué par **lettre recommandée** avec demande d'accusé de réception (C. trav., art. R. 1454-12, al. 2).

c) Absence du défendeur à l'audience de conciliation

600 Lorsque le défendeur **ne comparaît pas**, en personne ou représenté, à l'audience de conciliation et ne justifie d'aucun motif légitime, le BCO :

– **peut juger l'affaire**, en l'état des pièces et moyens que la partie comparante a contradictoirement communiqués, et statuer **en tant que bureau de jugement** dans sa composition **restreinte** (C. trav., art. L. 1454-1-3, art. R. 1454-13) ;

– **peut renvoyer** l'affaire à une audience ultérieure du bureau de jugement dans sa composition restreinte (C. trav., art. R. 1454-17) **lorsqu'il** souhaite s'assurer de la communication des pièces et moyens au défendeur (C. trav., art. R. 1454-13) ;

– **peut ordonner** (C. trav., art. R. 1454-14) :

• la délivrance, le cas échéant, sous peine d'astreinte, de certificats de travail, de bulletins de paie et de toute pièce que l'employeur est tenu légalement de délivrer,

• le versement, si l'existence de l'obligation n'est pas sérieusement contestable :

- de provisions sur les salaires et accessoires du salaire ainsi que les commissions,
- de provisions sur les indemnités de congés payés, de préavis et de licenciement,
- de l'indemnité compensatrice et de l'indemnité spéciale de licenciement,
- de l'indemnité de fin de contrat ou de fin de mission ;

• toutes mesures d'instruction, même d'office (Cass. soc., 14 déc. 2022, n° 20-22.425 : *JurisData* n° 2022-021193),

• toutes mesures nécessaires à la conservation des preuves ou des objets litigieux ;

– **peut prendre**, au vu des pièces fournies par le salarié, une **mesure provisoire** palliant l'absence de délivrance, par l'employeur, de l'attestation d'assurance chômage (C. trav., art. R. 1454-14).

d) Dispense de comparution

601 La partie, qui en fait la demande, peut être dispensée de se présenter à une **audience ultérieure** du BCO.

La communication entre les parties s'accomplit alors par lettre recommandée avec demande d'avis de réception ou par notification entre avocats. Il en est justifié auprès du BCO dans les délais impartis (C. trav., art. R. 1454-1, al. 1er).

3 Déroulement

a) Absence de publicité

602 L'audience de conciliation n'est pas publique (C. trav., art. R. 1454-8).

b) Rôle des juges dans la recherche d'une résolution amiable du différend

603 Les juges prud'homaux :

– entendent les parties, éventuellement de façon séparée mais alors de façon confidentielle (C. trav., art. L. 1454-1, al. 2) ;

– s'efforcent de concilier les parties (C. trav., art. R. 1454-10) et participent activement à la recherche d'un accord qui préserve les droits de chacune d'elles ;

– veillent au respect du contradictoire.

Le BCO vérifie que les parties ont été informées de leurs droits (CA Bordeaux, 27 oct. 2011, n° 10/06311 : *JurisData* n° 2011-024167. – Rappr. CA Douai, 28 mai 2021, n° 17/03566 : *JurisData* n° 2021-010193), même si un délégué syndical assistait le salarié à l'audience de conciliation (Cass. soc., 5 déc. 2007, n° 06-40.634).

ATTENTION Le BCO **peut**, à tous les stades de la procédure :

– **désigner** un **médiateur** qui entendra les parties et confrontera leurs points de vue pour trouver une solution au litige qui les oppose. L'accord des parties à la désignation du médiateur est requis ;

– **enjoindre** aux parties de rencontrer un médiateur qui les informe sur l'objet et le déroulement de la mesure.

Le BCO **homologue** l'accord obtenu à la suite de la médiation (C. trav., art. R. 1471-2).

REMARQUE **En cas de litige relatif à la régularité ou au bien-fondé d'un licenciement, le BCO peut proposer à l'employeur et au salarié d'y mettre fin par un accord prévoyant le paiement, par l'employeur au salarié, d'une indemnité forfaitaire dont le montant est fixé, par décret, en fonction de l'ancienneté du salarié (C. trav., art. L. 1235-1, al. 1er. – Cass. soc., 24 avr. 2024, n° 22-20.472 : *JurisData* n° 2024-005711 : le BCO ayant compétence pour régler tous les différends nés du contrat de travail, les parties qui comparaissent volontairement devant lui peuvent se concilier sur des questions qui ne sont pas relatives aux indemnités de rupture).**

NOTA En général, il n'y a pas de phase d'échange préalable des écritures et pièces entre les parties à ce stade de la procédure.

Toutefois, avec les nouveaux pouvoirs du bureau de conciliation et d'orientation (BCO), le demandeur peut avoir intérêt à le faire afin que son dossier soit jugé en cas de défaillance du défendeur. Attention, le bureau de conciliation et d'orientation ayant les mêmes pouvoirs qu'un juge des référés, vous devez impérativement respecter le principe du contradictoire avec un échange d'arguments et de pièces, même sommaire, en cas de demande provisionnelle.

CONSEILS PRATIQUES LORS DE LA CONCILIATION

Le déroulement de la conciliation est très variable selon la personnalité des conseillers prud'homaux présents.

En général, ces derniers commenceront par vous poser des « questions d'usage » (Quelle est la date d'entrée dans l'entreprise du salarié ? Est-ce un CDD ou un CDI ? Le contrat de travail est-il écrit ou oral ? Quelle est la convention collective applicable ? Quel est le code NAF ? Quel est le dernier jour travaillé ? Quelle est la date de la convocation du salarié à l'entretien préalable ? Quelle est la date du licenciement ? Quels sont les motifs de ce licenciement ? *etc.*). Certains vous demanderont directement si la conciliation vous semble possible et, à défaut, renverront l'affaire devant le bureau de jugement ; d'autres vous demanderont d'exposer succinctement l'objet du litige avant de décider des suites à donner. D'autres encore joueront un rôle actif en essayant de convaincre les parties de se concilier. Si celles-ci envisagent de se concilier, les conseillers pourront suspendre l'affaire pendant quelques minutes afin de vous laisser le temps de discuter dans le couloir ou d'appeler un tiers par exemple.

En tout état de cause, vous ne devez pas plaider. Vous devez rester assis et exposer aussi simplement et objectivement que possible l'objet du litige ainsi que le positionnement des parties. Vous devez vous adresser à « Madame ou Monsieur le Président/ Mesdames, Messieurs les Conseillers ». Tout se déroule assez rapidement sachant que les parties pourront toujours transiger postérieurement, voire demander une conciliation devant le bureau de jugement.

Physiquement, les avocats se placent le plus souvent entre les parties afin de les séparer, le demandeur à droite et le défendeur à gauche (en cas de manque de locaux, il peut arriver que la conciliation ne se déroule pas dans un bureau autour d'une table mais dans une salle d'audience. Dans ce cas, vous devrez vous mettre debout devant l'estrade).

F Décision

1 Rédaction d'un procès-verbal

a) Conciliation totale ou partielle

604 En cas de conciliation **totale ou partielle**, le procès-verbal (C. trav., art. R. 1454-10, al. 2) :
- mentionne la teneur de l'accord intervenu ;
- précise si l'accord a fait l'objet en tout ou partie d'une exécution immédiate devant le BCO ;
- vaut titre exécutoire.

Un extrait du procès-verbal peut être délivré (C. trav., art. R. 1454-11) :

ATTENTION Le procès-verbal qui constate l'accord du salarié et de l'employeur sur le versement de l'indemnité forfaitaire vaut renonciation des parties à toutes réclamations et indemnités relatives à l'irrégularité ou au caractère mal-fondé du licenciement (C. trav., art. L. 1235-1, al. 2).

b) Absence de conciliation totale

605 Faute de conciliation totale, le greffier note au dossier ou au procès-verbal, sous le **contrôle** du président du BCO :
- les prétentions encore contestées ;
- les déclarations faites par les parties sur ces prétentions (C. trav., art. R. 1454-10, al. 3).

2 Orientation vers la formation appropriée du bureau de jugement

606 En cas d'échec de la conciliation, la formation du bureau de jugement vers laquelle l'affaire a été orientée connaît de toutes les demandes des parties, y compris les demandes additionnelles ou reconventionnelles (C. trav., art. L. 1454-1-1).

a) Modalités

607 Le président du BCO informe verbalement les parties présentes à l'audience de conciliation de la date de l'audience (C. trav., art. R. 1454-18, al. 1er). Le greffier du conseil de prud'hommes avise de la date d'audience les parties, qui ne l'auraient pas été verbalement, par **tous moyens** (C. trav., art. R. 1454-18, al. 2).

ATTENTION Lorsque l'affaire est en état d'être immédiatement jugée et si l'organisation des audiences le permet, l'audience du bureau de jugement peut avoir lieu sur-le-champ (C. trav., art. R. 1454-18, al. 3).

b) Renvoi devant le bureau de jugement en formation restreinte

608 **En l'absence de conciliation**, le BCO **peut**, par une **mesure d'administration judiciaire**, renvoyer les parties devant le bureau de jugement statuant en formation restreinte.
Ce renvoi suppose que :
– le litige porte sur un licenciement ou une demande de résiliation judiciaire du contrat de travail ; **et**
– le consentement des parties (CA Rouen, 27 sept. 2018, n° 18/01493 : *JurisData* n° 2018-018729 : si, faute d'accord, l'ordonnance du BCO est entachée d'excès de pouvoir, elle ne peut toutefois pas faire l'objet d'un recours, cette décision étant une mesure d'administration judiciaire).
Le bureau de jugement doit statuer dans les **trois mois** (C. trav., art. L. 1454-1-1, 1°).

c) Renvoi devant le bureau de jugement présidé par le juge départiteur

609 **En l'absence de conciliation**, le BCO **peut** renvoyer, par une mesure d'administration judiciaire, les parties devant le bureau de jugement statuant alors au **complet** et **présidé** par le **juge départiteur.**
Ce renvoi suppose que :
– les parties le demandent ;
ou
– que la nature du litige le justifie (C. trav., art. L. 1454-1-1, 2°).
En cas de partage des voix devant le BCO, ce dernier **renvoie** l'affaire au bureau de jugement. Celui-ci se compose alors de la formation de conciliation qui s'est mise en partage de voix, complétée d'un conseiller prud'homme employeur et d'un conseiller prud'homme salarié et présidée par le juge du tribunal judiciaire (C. trav., art. L. 1454-2, al. 2 et R. 1423-35, 4°, *b*).

d) Renvoi ordinaire devant le bureau de jugement

610 En l'absence de conciliation ou en cas de conciliation partielle, le BCO peut aussi renvoyer l'affaire devant le bureau de jugement dans sa formation « plénière » (C. trav., art. L. 1454-1-1 et R. 1454-18, al. 1er).

3 Cas de licenciement pour motif économique

611 Le BCO **fixe** la date d'audience du bureau de jugement (C. trav., art. R. 1456-4).

> **REMARQUE** **Dans la mesure où les textes ne prévoient pas une saisine directe du bureau de jugement en cas de licenciement pour motif économique, la phase de conciliation devant le BCO reste obligatoire.**
> **Cette séance « de conciliation et d'orientation » a « lieu dans le mois de la saisine du conseil de prud'hommes » (C. trav., art. R. 1456-2).**

Le bureau de jugement statue dans un délai ne pouvant excéder (C. trav., art. R. 1456-4) :
– **six mois** à compter de la date à laquelle l'affaire lui a été renvoyée ;
– ou **trois mois** lorsque la formation restreinte est saisie.

G Fin de la procédure

1 Conciliation

612 La conciliation totale met fin au litige.

2 C.aducité de la citation

613 Le BCO peut déclarer la requête et la citation caduques si :
– le demandeur ne comparaît pas, en personne ou représenté, à l'audience de conciliation sans avoir justifié, en temps utile, d'un **motif légitime** ;
et
– si le défendeur n'a pas requis un jugement sur le fond (C. trav., art. R. 1454-12).

H Recours ou contestation

614 Lorsque le BCO n'a pas participé activement à la recherche d'un accord préservant les droits de chacune des parties, le procès-verbal de conciliation peut être contesté :
– par une **action en nullité** portée devant le conseil de prud'hommes (Cass. soc., 28 mars 2000, n° 97-42.419 : *JurisData* n° 2000-001264) ;
– par un **appel-nullité** (Cass. soc., 11 avr. 2018, n° 16-14.853 : *JurisData* n° 2018-005753).

> **CHECK-LIST** **• Vérifier :**
> **– le respect du préalable de conciliation ;**
> **– la qualité de la personne représentant l'adversaire et, lorsque ce dernier n'est pas un avocat, qu'il dispose d'un mandat spécial ;**
> **– la régularité de l'acte de saisine du conseil de prud'hommes.**
> **• Veiller au respect du principe du contradictoire.**

POUR ALLER PLUS LOIN...

Fascicule JurisClasseur

• *JCl. Procédures Formulaire*, V° *Prud'hommes* (Conseil de), fasc. 20.

Fiche 29

Procédure ordinaire devant le conseil de prud'hommes

Céline TILLOY

Sommaire

I

Aperçu rapide

A Caractéristiques générales

615 Le conseil de prud'hommes :

– est une juridiction d'**exception** composée, à parité, de conseillers prud'hommes désignés en fonction de l'audience des organisations syndicales de salariés et des organisations professionnelles d'employeurs (C. trav., art. L. 1421-1 et L. 1441-1) :

– comprend plusieurs **formations** :

• le bureau de conciliation et d'orientation (BCO),

• le bureau de jugement,

• la formation des référés ;

– comprend **cinq sections** autonomes, chacune composée d'au moins 3 conseillers prud'hommes employeurs, et de trois conseillers prud'hommes salariés (C. trav., art. R. 1423-1) :

• la section de l'encadrement,

• la section de l'industrie,

• la section du commerce et des services commerciaux,

• la section de l'agriculture,

• la section des activités diverses (C. trav., art. L. 1423-1, al. 1er) ;

– comporte, en plus, une formation **commune** de **référé** (C. trav., art. L. 1423-1, al. 2, et art. R. 1455-1) ;
– connaît des différends individuels opposant un employeur – ou son représentant – à l'un de ses salariés, en lien avec le contrat de travail régi par le Code du travail qui les unit (C. trav., art. L. 1411-1).
La procédure prud'homale :
– est orale (C. trav., art. R. 1453-3) et sans représentation obligatoire **en première instance** (C. trav., art. R. 1453-1) ;
– avec représentation obligatoire en appel, pour les instances et les **appels** introduits depuis le 1er août 2016 (C. trav., art. R. 1461-1, al. 2) ;
– comprend, en principe, **deux « phases »** distinctes :
• une audience préalable de conciliation se déroulant devant le BCO du conseil de prud'hommes compétent,
• puis, une audience tenue devant la formation appropriée du bureau de jugement institué auprès du même conseil pour les points restant en conflit.
Les décisions prud'homales sont rendues en **premier et dernier ressort** lorsque la valeur totale des prétentions d'aucune des parties ne dépasse 5 000 € (C. trav., art. R. 1462-1 et D. 1462-3).

B Conditions d'utilisation

616 Le conseil de prud'hommes est saisi de tous les litiges individuels :
– opposant un salarié à son employeur ;
– et nés du contrat de travail de droit privé qui les unit.
Le **bureau de jugement** peut parfois être **directement saisi** d'un différend.
Il en va ainsi notamment :
– pour une demande de requalification d'un CDD en CDI (C. trav., art. L. 1245-2) ;
– en cas de demande de qualification de la rupture du contrat de travail à l'initiative du salarié pour des faits qu'il reproche à son employeur (C. trav., art. L. 1451-1. – Cass. soc., 18 sept. 2019, n° 18-15.765 : *JurisData* n° 2019-016019, saisine directe du bureau de jugement pour une demande de requalification d'une démission émise sans réserve) ;
– en cas de contestation d'une démission déduite d'un abandon volontaire de son poste par le salarié (C. trav., art. L. 1237-1-1) ;

ATTENTION Dans ces cas, le bureau de jugement doit statuer au fond, dans le délai d'**un mois** suivant sa saisine (C. trav., art. L. 1245-2, al. 1er, art. L. 1451-1, *in fine*).

– en cas de contestation du relevé des créances salariales ou du refus de prise en charge par l'AGS (C. com., art. L. 625-5) ;
– en cas de refus d'un employeur d'accorder un congé de formation économique, sociale et syndicale (C. trav., art. L. 2145-11 et R. 2145-5 et L. 3142-13 et R. 3142-4. – Cass. soc., 31 janv. 2024, n° 22-19.822 : *JurisData* n° 2024-000952) ;

C Avis du professionnel

617 Veiller notamment :
– à l'oralité de la procédure en **première instance** (C. trav., art. R. 1453-3. – V. cep. C. trav., art. R. 1453-4 et C. trav., art. R. 1453-5) ;
– à l'exigence d'une comparution des parties aux audiences prud'homales, sauf à y être représentées (C. trav., art. R. 1453-1) ;
– au respect des modalités de communication des prétentions, des moyens et des pièces fixées par le BCO (C. trav., art. R. 1454-1 et R. 1454-2) ou le bureau de jugement (C. trav., art. R. 1454-19) ;
– au contenu de la requête qui doit énumérer les différents chefs de la demande (C. trav., art. R. 1452-2, al. 2).

ATTENTION Les premières demandes peuvent être complétées par des demandes additionnelles (C. trav., art. R. 1451-1), si elles se rattachent aux prétentions originaires par un lien suffisant (CPC, art. 70. – Cass. soc., 19 oct. 2022, n° 21-13.060 : *JurisData* n° 2022-017040 ; *Procédures* 2022, comm. 278, A. Bugada).
Les autres demandes devront faire l'objet d'une nouvelle instance, sauf à demander une jonction des affaires, si la première saisine n'est pas encore jugée devant la formation de jugement du conseil de prud'hommes.

ATTENTION **Faire attention** aux conclusions :
Lorsque **toutes** les parties comparantes formulent leurs prétentions par **écrit et** sont **toutes** assistées ou représentées par un **avocat**, elles doivent :
– formuler expressément les prétentions dans leurs conclusions ;
– indiquer les moyens en fait et en droit sur lesquels chacune des prétentions est fondée ;
– préciser, pour chaque prétention, les pièces invoquées.
Ne pas oublier :
– d'annexer aux conclusions les pièces justifiant les prétentions ;
– de récapituler les prétentions sous forme de dispositif ;

– de « reprendre dans leurs dernières conclusions les prétentions et moyens présentés ou invoqués dans leurs conclusions antérieures. À défaut, elles sont réputées les avoir abandonnés et il n'est statué que sur les dernières conclusions communiquées » (C. trav., art. R. 1453-5).

D Textes

- C. trav., art. L. 1453-1, L. 1454-1.
- C. trav., art. R. 1451-1.
- C. trav., art. R. 1453-1.
- C. trav., art. R. 1454-1.
- C. trav., art. R. 1454-19.
- C. trav., art. R. 1454-29.

E Schéma procédural

618 • Saisine du conseil de prud'hommes.
• Audience de conciliation.
• En l'absence de conciliation totale ou partielle, mise en état de l'affaire.
• Audience devant le bureau de jugement.
• Éventuellement audience de départage.
• Jugement.

II Préparation

A Informations préalables

619 Informer le client :
– du caractère, en principe, obligatoire de la phase de conciliation ;
– de la possibilité dont il dispose de se défendre lui-même devant le BCO et le bureau de jugement, ou d'y être assisté ou représenté par l'une des personnes limitativement visées à l'article R. 1453-2 du Code du travail ;
– de l'**obligation** d'être représenté, **en appel**, par un avocat ou un défenseur syndical (C. trav., art. R. 1461-1, al. 2) ;
– de la nécessité de respecter les modalités de communication des prétentions, des moyens et des pièces fixées par le BCO (C. trav., art. R. 1454-1 et R. 1454-2) ou par le bureau de jugement (C. trav., art. R. 1454-19) et des sanctions éventuelles ;
– des conséquences d'une absence injustifiée et d'un défaut de représentation à l'audience de conciliation (C. trav., art. L. 1454-1-3, R. 1454-12, al. 1er, et art. R. 1454-13) et/ou de jugement (C. trav., art. R. 1454-20 et R. 1454-21).

B Contrôles préalables

620 • S'assurer de l'**intérêt et de la qualité à agir** du client ;
• Vérifier :
– la **compétence** :
- matérielle et territoriale de la juridiction saisie,
- de la section du conseil de prud'hommes chargée de l'affaire (C. trav., art. L. 1423-1 et R. 1423-4 et s.) ;
– le respect des **délais** impartis pour agir (C. trav., art. L. 1471-1. – C. trav., art. L. 3245-1. – C. trav., art. L. 1234-20, al. 2).
• S'assurer du respect :
– de l'oralité de la procédure ;
– du principe du contradictoire ;
– du préalable de conciliation, obligatoire sauf dispositions contraires (V. Fiche 28 : Se concilier devant le conseil de prud'hommes). À défaut, la procédure sera annulée (Cass. soc., 12 déc. 2000, n° 98-46.100 : *JurisData* n° 2000-007327).

ATTENTION L'omission du préliminaire de conciliation peut être **régularisée** en cours d'instance, notamment devant :
– le bureau de jugement (Cass. soc., 18 nov. 1998 : *Bull. civ.* V, n° 507) ;
– les juges d'appel (Cass. soc., 26 avr. 2007, n° 05-45.096 : *JurisData* n° 2007-038612). Cette **régularisation n'a pas à être recherchée** lorsque le préalable de la conciliation est écarté, par exemple pour une demande de requalification d'un CDD en CDI (C. trav., art. L. 1245-2).

C Pièces nécessaires

621 Réclamer au client toutes les pièces et tous les justificatifs (contrat de travail, bulletins de paie, certificat de travail...) justifiant la saisine du conseil de prud'hommes et le bien-fondé de ses prétentions.

REMARQUE Les parties doivent se communiquer toutes les pièces sur lesquelles elles appuient leurs prétentions dans les délais impartis par le BCO ou le bureau de jugement (C. trav., art. R. 1454-2 et R. 1454-19, al. 3. - CPC, art. 132). Sinon, ces pièces seront écartées des débats (C. trav., art. R. 1454-19, al. 3, art. R. 1451-1. - CPC, art. 135).

D Coût de la procédure

622 En matière prud'homale, les actes de justice sont en principe gratuits.

Le client peut devoir supporter certains frais tels que :
- les honoraires dus à son avocat, sauf à bénéficier de l'aide juridictionnelle ;
- les frais de procédure (C. trav., art. R. 1451-1. - CPC, art. 695) ;
- les droits de plaidoirie devant la cour d'appel pour les avocats qui le « répercutent » sur leur client.

ATTENTION L'appel interjeté en matière prud'homale est exonéré du **paiement du timbre fiscal** de 225 € (CGI, art. 1635 bis P).

III Procédure

A Assistance et représentation

623 Une partie peut être assistée et représentée devant le **conseil de prud'hommes** par :
- les salariés ou les employeurs appartenant à la même branche d'activité ;
- son conjoint ;
- son partenaire lié par un PACS ;
- son concubin ;
- un défenseur syndical ;
- un avocat (C. trav., art. R. 1453-1, L. 1453-1-A).

ATTENTION L'employeur peut aussi être assisté ou représenté par un membre de l'entreprise ou de l'établissement fondé de pouvoir, ou habilité à cet effet (C. trav., art. R. 1453-2).
La seule qualité de tuteur suffit pour conférer à l'intéressé le pouvoir de représenter à l'audience la personne sous tutelle (Cass. soc., 18 nov. 2020, n° 18-19.209 : *JurisData* n° 2020-018957. - C. civ., art. 475).

Le **mineur**, qui ne peut pas être assisté de ses parents ou de son tuteur, doit être autorisé par le conseil de prud'hommes à agir devant lui (C. trav., art. L. 1453-1).

REMARQUE Vérifier, lorsque la personne qui représente l'adversaire n'est pas un avocat, qu'elle dispose d'un mandat spécial (C. trav., art. R. 1453-2, al. 3. - CPC, art. 416. - Cass. 2e civ., 8 févr. 2024, n° 21-23.752 : *JurisData* n° 2024-001154, obligation faite au défenseur syndical de justifier d'un mandat de représentation en première et deuxième instances prud'homales).

ATTENTION Les parties ne peuvent pas être assistées, ou représentées par :
- un conseiller prud'homal du conseil de prud'hommes saisi (C. trav., art. L. 1453-2) ;
- le président et le vice-président du conseil de prud'hommes devant les formations de ce conseil (C. trav., art. L. 1453-3).
À défaut, la procédure sera **nulle** (Cass. soc., 16 sept. 2008, n° 06-45.334 : *JurisData* n° 2008-045019).

B Compétence

1 Compétence matérielle

624 Le conseil de prud'hommes dispose d'une compétence exclusive.
Toute convention dérogeant à cette compétence est réputée non écrite (C. trav., art. L. 1411-4, al. 1er).
Le conseil de prud'hommes connaît, en principe (C. trav., art. L. 1411-1, et L. 1411-2) des **litiges individuels** :
- opposant un **salarié** à son **employeur**,

– nés du **contrat de travail** (Cass. soc., 15 mars 2023, n° 21-17.316 : *JurisData* n° 2023-003736),
– de **droit privé** (Cass. soc., 21 sept. 2017, n° 16-21.139 : *JurisData* n° 2017-018166) ;
et qui sont liés :
– à la conclusion (V. Cass. soc., 20 déc. 2006, n° 06-40.864 : *JurisData* n° 2006-036672, s'agissant d'une procédure de recrutement discriminatoire) ;
– à l'exécution (Cass. soc., 15 juin 2017, n° 16-10.547 : *JurisData* n° 2017-011669) ;
– et/ou à la rupture de cette convention (Cass. soc., 12 janv. 2022, n° 20-17.541 : *JurisData* n° 2022-000295).

Le conseil de prud'hommes statue également sur :
– un litige né entre salariés à l'occasion du travail (C. trav., art. L. 1411-3) ;
– un litige impliquant le personnel des services publics lorsqu'il est employé dans les conditions de droit privé (C. trav., art. L. 1411-2) ;
– les différends nés d'un contrat de travail entre les concierges ou employés d'immeubles à usage d'habitation et leurs employeurs, ou des contrats qui en sont l'accessoire (C. trav., art. L. 7215-1) ;
– le litige né du contrat de production, opposant un artiste à son producteur (C. trav., art. L. 7121-3).

ATTENTION Le conseil de prud'hommes est **incompétent** lorsque le litige concerne notamment (C. trav., art. L. 1411-1 et L. 1411-4, al. 2) :
– un salarié et un **tiers au contrat de travail**, lorsqu'aucune situation de co-emploi n'est avancée (Cass. soc., 13 juin 2018, n° 16-25.873 : *JurisData* n° 2018-010187) ;
– la **légalité** de dispositions à caractère réglementaire et administratif (Cass. soc., 26 oct. 2016, n° 14-28.055 : *JurisData* n° 2016-022362) ;
– l'application de la législation de la sécurité sociale (CSS, art. L. 142-1. – Cass. soc., 15 nov. 2023, n° 22-18.848 : *JurisData* n° 2023-020189) ;
– un comportement pénalement sanctionné ;
– les élections professionnelles (V. C. trav., art. L. 2314-32 et R. 2314-23)... ;
– l'interprétation, discutée entre un employeur et un syndicat de salariés, d'un accord collectif (Cass. soc., 21 nov. 2012, n° 11-15.057 : *JurisData* n° 2012-026464).

2 Compétence territoriale

625 Toute **clause** du contrat de travail attributive de compétence territoriale est réputée non écrite (C. trav., art. R. 1412-4).

a) Principes

626 **Travail effectué dans un établissement** : compétence du conseil de prud'hommes dans le ressort duquel cet établissement est situé (C. trav., art. R. 1412-1, 1).

627 **Travail accompli en dehors de tout établissement**, ou travail à **domicile** : compétence du conseil de prud'hommes dans le ressort duquel le domicile du salarié se situe (C. trav., art. R. 1412-1, 2°).

b) Option offerte au salarié

628 Le **salarié – et lui seul** – peut, dans tous les cas, saisir le conseil de prud'hommes (C. trav., art. R. 1412-1) :
– dans le ressort duquel l'engagement a été contracté ;
– dans le ressort duquel l'employeur est établi.

c) Saisine d'un conseil de prud'hommes situé dans un ressort limitrophe

629 Le demandeur peut saisir le conseil de prud'hommes de son choix, situé dans un ressort limitrophe (CA Metz, 31 janv. 2018, n° 17/013119 : *JurisData* n° 2018-001336), lorsqu'un conseiller prud'homme est partie à un litige qui relève de la compétence de la juridiction dans le ressort de laquelle il exerce ses fonctions (CPC, art. 47, al. 1er. – CA Rouen, 7 avr. 2022, n° 19/03025 : *JurisData* n° 2022-005639).

C Parties

630 Sont parties à l'instance introduite devant le conseil de prud'hommes, selon le cas :
– le salarié et son employeur, unis par un contrat de travail de droit privé ;
– un salarié et l'un de ses **collègues**, lorsque le différend qui les oppose est lié à leur contrat de travail (C. trav., art. L. 1411-3) ;
– le syndicat professionnel représentatif qui agit aux lieu et place d'un salarié, sans avoir à justifier d'un mandat de l'intéressé (V. C. trav., art. L. 1134-2, art. L. 1144-2, L. 1235-8, L. 1247-1, L. 1265-1 et L. 8223-4. – CA Nancy, 29 janv. 2024, n° 22/02591 : *JurisData* n° 2024-000899) ;
– le syndicat professionnel qui intervient à l'instance quand celle-ci :
• soulève une question de principe (Cass. soc., 3 févr. 1998 : *TPS* 1998, n° 173),
• concerne l'intérêt collectif de la profession qu'il représente (C. trav., art. L. 2132-3).

ATTENTION À défaut d'intervention à l'instance des caisses d'assurance chômage concernées, le juge peut ordonner d'**office** le remboursement

– à leur profit – de tout ou partie des indemnités chômage versées à un salarié « irrégulièrement » licencié, disposant d'une ancienneté de deux ans au moins, et ayant travaillé dans une entreprise de onze salariés au moins (C. trav., art. L. 1235-4 et L. 1235-5).
Cet organisme est alors réputé « partie au litige par l'effet de la loi » dans le contentieux opposant ce salarié à son employeur (Cass. soc., 23 mai 2000, n° 98-40.635 : *JurisData* n° 2000-002138).

D Rédaction de l'acte de saisine

631 Le conseil de prud'hommes est saisi par :
– une **requête**, faite, remise ou adressée à son greffe, conforme aux dispositions de l'article 57 du Code de procédure civile, accompagnée des pièces, dont le demandeur dispose déjà et qu'il entend invoquer à l'appui de ses prétentions (C. trav., art. R. 1452-1 et R. 1452-2. – CPC, art. 57) ;
– un **acte du commissaire de justice** en cas de demande en référé (C. trav., art. R. 1455-9, al. 1er).
Copie de l'assignation est remise au greffe, au plus tard la veille de l'audience (C. trav., art. R. 1455-9, al. 2).
L'assignation n'a pas à indiquer « les lieu, jour et heure de l'audience à laquelle l'affaire sera appelée » (C. trav., art. R. 1455-9, al. 2).

ATTENTION Le demandeur doit communiquer ses pièces au défendeur rapidement – en tous les cas, dans les délais impartis par le BCO (C. trav., art. R. 1454-1, al. 2, R. 1452-3, al. 2 et R. 1454-2.

Pour cela, l'envoi des pièces au défendeur par acte du commissaire de justice ou, à tout le moins, par pli recommandé est préconisé.

E Mise en état

632 La mise en état des affaires est assurée par :
– le BCO
ou
– par le bureau de jugement lorsque l'affaire n'est pas en état d'être immédiatement jugée (C. trav., art. L. 1454-1-2).
Le BCO fixe le **délai de communication** des pièces ou des notes que les parties souhaitent produire à l'appui de leurs prétentions (C. trav., art. R. 1454-1, al. 2. – Rappr. C. trav., art. R. 1454-19, pour la mise en état assurée par le bureau de jugement).

ATTENTION Ni le Code du travail, ni le Code de procédure civile n'autorisent le BCO à ordonner, **sous astreinte**, à l'une des parties de produire aux débats, dans le délai imparti, les pièces qu'il détermine (CA Chambéry, 27 août 2019, n° 19/00358 : *JurisData* n° 2019-018285).

Le BCO et le bureau de jugement peuvent désigner un ou deux **conseillers rapporteurs** (C. trav., art. L. 1454-1-2, al. 3, R. 1454-3 et R. 1454-19-1).
Le(s) conseiller(s) rapporteur(s) dispose(nt) d'un délai, déterminé dans la décision qui le(s) désigne, pour réunir tous les éléments d'information nécessaires au conseil de prud'hommes pour statuer (C. trav., art. R. 1454-3, al. 2).

ATTENTION La décision désignant le(s) conseiller(s) rapporteur(s) n'est pas susceptible de recours.
Les décisions du conseiller rapporteur :
– sont provisoires ;
– n'ont pas autorité de chose jugée au principal ;
– sont exécutoires ;
– ne peuvent, en principe, faire l'objet d'un recours qu'avec le jugement sur le fond (C. trav., art. R. 1454-6).

Le BCO, les conseillers rapporteurs qu'il a désignés, ou le bureau de jugement peuvent fixer par ordonnance la **clôture de l'instruction**.
Copie de cette ordonnance est remise aux parties ou à leur conseil (C. trav., art. L. 1454-1-2, R. 1454-19-3 et R. 1454-19-4).

F Audience

1 Convocation

a) Avis délivré par tous moyens

633 Les parties peuvent être avisées par tous moyens des lieu, jour et heure de l'audience.

EXEMPLE **Le greffe avise par tous moyens :**
– le demandeur, qui saisit le conseil de prud'hommes, de la séance du BCO au cours de laquelle la tentative de conciliation aura lieu (C. trav., art. R. 1452-3) ;
– les parties, non présentes à l'audience de conciliation, de la date l'audience du bureau de jugement lorsque la phase de conciliation n'a pas abouti (C. trav., art. R. 1454-18, al. 2).

b) Convocation écrite

634 **Dès qu'il reçoit** les exemplaires de la requête et du bordereau, le greffe convoque le défendeur devant le BCO par lettre recommandée avec avis de réception (C. trav., art. R. 1452-4, al. 1er).

2 Comparution

a) Principe

635 Les parties peuvent se défendre elles-mêmes.
Dans ce cas, elles doivent comparaître en personne à l'audience.
Les parties peuvent être représentées à l'audience par l'une des personnes de leur choix visées à l'article R. 1453-2 du Code du travail (C. trav., art. R. 1453-1. – V. *supra*, n° 623).

b) Dispense de comparution

636 La partie, qui en fait la demande peut être dispensée de se présenter à une audience ultérieure du BCO ou du bureau de jugement.
La communication entre les parties s'accomplit alors par lettre recommandée avec demande d'avis de réception, ou par notification entre avocats.
Il en est justifié auprès de la formation du conseil de prud'hommes concernée dans les délais impartis (C. trav., art. R. 1454-1, al. 1er, art. R. 1454-19-2 et CPC, art. 446-1, al. 2).

c) Absence injustifiée d'une partie à l'audience

637 L'affaire :
- **peut être jugée sur le fond** par le BCO, qui statue en tant que bureau de jugement dans sa composition restreinte, si une partie ne comparaît pas à l'audience de conciliation sans y être représentée et sans invoquer de motif légitime (C. trav., art. L. 1454-1-3) ;
- **est jugée sur le fond** par le bureau de jugement en cas d'absence injustifiée du défendeur à l'audience de jugement (C. trav., art. R. 1454-20).

ATTENTION La **citation** peut être déclarée **caduque** – parfois même d'office (CPC, art. 468. – C. trav., art. R. 1454-21) – si le demandeur est **absent** et non représenté à l'audience de conciliation (C. trav., art. R. 1454-12, al. 1er) ou de jugement (CPC, art. 468, al. 2. – C. trav., art. R. 1454-21) et n'invoque aucun motif légitime.

3 Déroulement

a) Oralité de la procédure

638 En raison de l'oralité de la procédure prud'homale (C. trav., art. R. 1453-3), seules les prétentions formulées – ou réitérées – oralement à l'audience par les parties, ou par leur représentant, saisissent en principe le juge.

ATTENTION Les parties peuvent se référer aux prétentions et aux moyens qu'elles auraient formulés par écrit.
Les observations des parties et leurs prétentions, lorsqu'elles ne sont pas tenues de les formuler par écrit, sont notées au dossier ou consignées au procès-verbal (C. trav., art. R. 1453-4).

Lorsque toutes les parties comparantes formulent leurs prétentions **par écrit** et qu'elles sont **toutes** (Cass. soc., 17 mai 2023, n° 21-24.383 : *JurisData* n° 2023-008148) assistées ou représentées par un **avocat**, elles sont tenues, dans leurs conclusions, de formuler expressément :
- les prétentions ;
- les moyens en fait et en droit sur lesquels chacune de ces prétentions est fondée avec indication pour chaque prétention des pièces invoquées.
Un bordereau énumérant les pièces justifiant ces prétentions est annexé aux conclusions.
Les prétentions sont récapitulées sous forme de dispositif. Le bureau de jugement ou la formation de référé ne statue que sur les prétentions énoncées au dispositif.
Les parties doivent reprendre dans leurs dernières conclusions les prétentions et moyens présentés ou invoqués dans leurs conclusions antérieures.
À défaut, elles sont réputées les avoir abandonnés et il n'est statué que sur les dernières conclusions communiquées (C. trav., art. R. 1453-5.).

ATTENTION Les prétentions, moyens et pièces, qui ont été communiqués sans motif légitime **après** la date fixée pour les échanges **et** dont la tardiveté porte atteinte aux droits de la défense sont, en principe, écartés des débats (C. trav., art. R. 1454-19).

b) Tentative de conciliation

639 Les parties peuvent se concilier à tous moments de la procédure prud'homale (C. trav., art. L. 1411-1 et R. 1454-22) et, dans un premier temps, devant le BCO.

G Décision

1 Principe

640 Les décisions du BCO, du bureau de jugement ou de la formation de référé sont prises à la **majorité** des voix (CPC, art. 449).

2 Départage(s)

641 L'affaire est renvoyée devant la formation de départage, si aucune majorité ne s'est dégagée au sein du **bureau de jugement** ou de la **formation de référé** (C. trav., art. L. 1454-2, al. 1er et R. 1454-29).

En cas de **partage** devant le **BCO**, celui-ci **renvoie** l'affaire devant le bureau de jugement. Celui-ci se compose alors de la formation du BCO qui est en partage de voix, d'un conseiller prud'homme employeur et d'un conseiller prud'homme salarié. Il est présidé par le juge du tribunal judiciaire dans le ressort duquel le siège du conseil de prud'hommes est situé (C. trav., art. L. 1454-2, al. 2 et R. 1423-35, 4°, *b*).

a) Départage ordinaire

642 L'audience de départage :

– réunit, en principe, tous les membres de la formation du **bureau de jugement** ou de la formation de **référé** au sein de laquelle aucune majorité ne s'est dégagée (C. trav., art. L. 1454-2, al. 1er. – Comp. C. trav., art. R. 1454-31) ;

– est présidée par un juge du tribunal judiciaire dans le ressort duquel est situé le siège du conseil de prud'hommes (C. trav., art. L. 1454-2. – V. C. trav., art. R. 1454-31) ;

– se tient, en principe, dans **le mois** du renvoi (C. trav., art. L. 1454-2 et R. 1454-29).

ATTENTION En cas de partage des voix au sein de la formation de référé, l'audience de départage se tient sans délai et, au plus tard, dans les **quinze jours** du renvoi (C. trav., art. R. 1454-29, al. 2).

Lorsque l'audience de départage n'est pas réunie au complet, le juge départiteur recueille l'avis des conseillers présents **puis** statue **seul** à l'issue des débats (C. trav., art. L. 1454-4 et R. 1454-31. – CA Toulouse, 21 mars 2013, n° 11/01484 : *JurisData* n° 2013-006546, nullité de la décision si les deux conseillers salariés, seuls présents, ont participé à la délibération).

b) Départage immédiat

643 Si la **conciliation** menée devant lui n'a pas abouti, le **BCO peut** renvoyer les parties devant le bureau de jugement présidé par le juge départiteur (C. trav., art. L. 1454-1-1, 2°).

Ce renvoi est possible (C. trav., art. L. 1454-1-1, 2°) :

– si les parties le demandent **ou**

– si la nature du litige le justifie.

ATTENTION Le juge départiteur ne peut pas statuer seul ; la **formation** de **départage** doit être au **complet** (C. trav., art. L. 1454-1-1, 2).

3 Contenu

644 Le BCO peut, même en l'absence du défendeur à l'audience de conciliation (C. trav., art. R. 1454-14) :

– **ordonner :**

• la délivrance, le cas échéant, sous peine d'astreinte, de certificats de travail, de bulletins de paie et de toute pièce que l'employeur est tenu légalement de délivrer ;

• lorsque l'existence de l'obligation n'est pas sérieusement contestable (CA Chambéry, 26 févr. 2019, n° 18/01346 : *JurisData* n° 2019-002688 ; le BCO peut apprécier si l'obligation est sérieusement contestable) :

- le versement de provisions sur les salaires et accessoires du salaire ainsi que les commissions,

- le versement de provisions sur les indemnités de congés payés, de préavis et de licenciement,

• toutes mesures d'instruction, même d'office (Cass. soc., 14 déc. 2022, n° 20-22.425 : *JurisData* n° 2022-021193 ; *Procédures* 2023, comm. 48, A. Bugada),

• toutes mesures nécessaires à la conservation des preuves ou des objets litigieux ;

ATTENTION Le montant de ces provisions, chiffré par le bureau de conciliation et d'orientation (BCO), ne peut excéder six mois de salaire calculés sur la moyenne des trois derniers mois de salaire (C. trav., art. R. 1454-15, al. 1er).

– **prendre**, au vu des pièces fournies par le salarié, une mesure provisoire palliant l'absence de délivrance, par l'employeur, de l'attestation d'assurance chômage (C. trav., art. R. 1454-14, al. 3. – *Adde*, C. trav., art. R. 1454-26, al. 3).

4 Caractères de la décision

645 **Certaines décisions** prud'homales sont **exécutoires par provision** (V. C. trav., art. R. 1454-16). Tel est le cas des mesures ordonnées par le BCO (C. trav., art. R. 1454-14 et R. 1454-15) tendant notamment à :
- la délivrance, le cas échéant, sous peine d'astreinte, de certificats de travail, de bulletins de paie et de toute pièce que l'employeur est légalement tenu de délivrer ;
- au versement, lorsque l'existence de l'obligation n'est pas sérieusement contestable, de provisions sur les salaires, les accessoires du salaire.

5 Suite

646 Le greffe du conseil de prud'hommes notifie les décisions prud'homales **aux parties** par lettre recommandée avec demande d'avis de réception adressée au lieu de leur domicile effectif (C. trav., art. R. 1454-26, al. 1er).

> REMARQUE **Vérifier que l'acte de notification indique, de façon très apparente, le délai et les modalités du recours (CPC, art. 680).**
> **Sinon, le délai de recours ne court pas (Cass. soc., 29 mai 2013, n° 12-13.357 : *JurisData* n° 2013-010748).**

Les parties :
- sont informées par tous moyens des mesures d'administration judiciaire ;
- peuvent également faire signifier la décision par acte de commissaire de justice (C. trav., art. R. 1454-26).

H Fin de la procédure

1 Conciliation

647 La conciliation totale met fin au litige (Cass. soc., 16 nov. 1976 : *Bull. civ.* V, n° 685).

2 Péremption

648 Les instances prud'homales sont soumises aux règles de la péremption de l'instance fixées à l'article **386** du Code de procédure civile (C. trav., art. R. 1451-1).

L'instance est périmée si aucune des parties n'a accompli de diligences pendant deux ans (*adde*, CPC, art. 387 et s.).

I Recours ou contestation

1 Opposition

649 Les décisions prises par le BCO en application des articles R. 1454-14 et R. 1454-15 du Code du travail ne sont pas susceptibles d'opposition (C. trav., art. R. 1454-16).
Opposition peut être formée à l'encontre d'un jugement prononcé par le bureau de jugement **dans le mois** de la notification de cette décision (CPC, art. 538 et 575. – V. Fiche 30 : Gérer la procédure de jugement devant le conseil de prud'hommes).

2 Appel

650 **Renvois.** V. Fiche 80 : Interjeter appel en matière contentieuse. – V. Fiche 31 : Faire appel d'une décision prud'homale.

3 Pourvoi en cassation

651 **Renvois.** Pour plus de détails, V. Fiche 87 : Procédure avec représentation obligatoire devant la Cour de cassation.

J Débriefing client

652 • Discuter avec le client des suites de la procédure, une fois la décision prud'homale rendue, et évaluer avec lui la nécessité de mettre en œuvre les voies de recours.
• Le mettre en garde et l'informer des risques (s'il y en a) liés à un recours abusif ou dilatoire.
• Le renseigner sur les modalités d'exécution de la décision de justice.

> CHECK-LIST **Vérifier :**
> **- la compétence, matérielle et territoriale, de la juridiction saisie ainsi que la compétence de la section du conseil chargée de l'affaire (C. trav., art. R. 1423-4 et s.) ;**
> **- le respect des délais impartis pour agir ;**
> **- la qualité pour agir de la partie ;**
> **- l'existence d'une tentative de conciliation.**

POUR ALLER PLUS LOIN...

Fascicule JurisClasseur

- *JCl. Procédure civile*, fasc. 1200-60.

Revues

- C. Blanquart, *Le droit à un procès prud'homal équitable : JCP* S 2023, 1187.
- A. Duprey, *La procédure accélérée au fond en matière sociale : JCP* S 2020, 3059.
- D. Ronet-Yague et L. Fin-Langer, *Juge de la procédure collective et contentieux social : Rev. proc. coll.* 2023, dossier 32.
- J. Vidal, *De la péremption d'instance : JCP* S 2023, 1044.

Fiche 30

Gérer la procédure de jugement devant le conseil de prud'hommes

Céline TILLOY

Sommaire

I

Aperçu rapide

A Caractéristiques générales

653 Le bureau de jugement est une formation du conseil de prud'hommes composée, **en principe**, de deux conseillers salariés et de deux conseillers employeurs (C. trav., art. L. 1423-12 et R. 1423-35). Les instances prud'homales peuvent aussi être soumises à la **formation restreinte** du bureau de jugement, alors composée d'un conseiller prud'homme employeur et d'un conseiller prud'homme salarié (C. trav., art. L. 1423-13 et R. 1423-35, 2°).

La procédure est orale et sans représentation obligatoire.

Ses décisions sont rendues en premier et dernier ressort lorsque la valeur totale des prétentions d'aucune des parties ne dépasse **5 000 €** (C. trav., art. R. 1462-1 et D. 1462-3).

B Conditions d'utilisation

1 Saisine après une phase de conciliation préalable

a) Saisine du bureau de jugement

654 En principe, le bureau de jugement est saisi de tout litige entrant dans le champ de compétence du conseil de prud'hommes, lorsque :
- les parties, présentes ou représentées à l'audience de conciliation, ne s'y sont pas accordées ou se sont partiellement conciliées (C. trav., art. R. 1454-1, al. 1er, et R. 1454-18, al. 1er) ;
- le demandeur n'a pas comparu, en personne ou représenté, à l'audience de conciliation sans justifier d'un motif légitime et que le bureau de conciliation et d'orientation (BCO) n'a pas jugé l'affaire mais l'a renvoyée devant le bureau de jugement (C. trav., art. L. 1454-1-3 et R. 1454-12) ;
- les parties n'ont pas respecté les modalités de communication fixées par le BCO ou n'ont pas produit les documents et justifications demandés, et que le BCO a décidé de renvoyer l'affaire devant le bureau de jugement à la première date utile (C. trav., art. R. 1454-2).

> REMARQUE **Les parties n'ont aucune formalité à accomplir entre la phase de conciliation et la saisine du bureau de jugement.**
> **Le président du BCO indique aux parties présentes la date de l'audience de jugement.**
> **Les parties absentes à l'audience de conciliation sont averties par le greffe du conseil de prud'hommes, par tous moyens, de la date de l'audience de jugement (C. trav., art. R. 1454-18, al. 1er).**

b) Saisine du bureau de jugement en formation restreinte

655 En cas d'échec de la conciliation, le BCO peut renvoyer devant la formation restreinte du bureau de jugement les instances relatives :
- à un **licenciement** ;
- ou à une demande de **résiliation judiciaire** du contrat de travail.

Le **consentement des parties** au renvoi est exigé. Le bureau de jugement ainsi saisi doit statuer dans les **trois mois** (C. trav., art. L. 1454-1-1, 1°).

c) Saisine du bureau de jugement en formation de départage

656 **En cas d'échec de la conciliation**, le bureau de conciliation et d'orientation **peut** immédiatement orienter l'affaire devant le bureau de jugement présidé par un juge du tribunal judiciaire :
- si la nature du litige le justifie ;
- **ou** si les parties le demandent (C. trav., art. L. 1454-1-1, 2).

En cas de partage des voix devant le BCO, ce dernier **renvoie** l'affaire devant le bureau de jugement.

Le bureau de jugement se compose alors de la formation de conciliation qui est en partage de voix, complétée d'un conseiller prud'homme employeur et d'un conseiller prud'homme salarié et présidée par le juge du tribunal judiciaire (C. trav., art. L. 1454-2, al. 2 et art. R. 1423-35, 4°, *b*).

2 Saisine directe du bureau de jugement

657 Le bureau de jugement peut être **directement** saisi :
- lorsque la formation de référé estime que la demande dont elle est saisie excède ses pouvoirs et présente une particulière urgence (C. trav., art. R. 1455-8). Dans ce cas, la saisine du bureau de jugement suppose :
  • l'accord de toutes les parties,
  • et une tentative de conciliation des parties, menée en audience non publique par la formation de référé (C. trav., art. R. 1454-10) ;
- lorsque la procédure se poursuit, en l'état, devant un autre conseil de prud'hommes situé dans un ressort limitrophe (CPC, art. 47) ;
- d'une demande de requalification d'un CDD en un CDI (C. trav., art. L. 1245-2) ;
- en cas de demande de qualification de la rupture du contrat de travail faite à l'initiative du salarié pour des faits qu'il reproche à son employeur (C. trav., art. L. 1451-1) ;
- en cas de contestation d'une démission déduite d'un abandon volontaire de son poste par le salarié (C. trav., art. L. 1237-1-1) ;
- d'une demande de requalification en contrat de travail d'une convention de stage mentionnée à l'article L. 124-1 du Code de l'éducation (C. trav., art. L. 1454-5) ;

> ATTENTION Dans ces dernières hypothèses, le bureau de jugement doit statuer au fond dans le mois suivant sa saisine (C. trav., art. L. 1245-2, al. 1er, art. L. 1451-1, *in fine* et L. 1454-5, *in fine*).

• D'une contestation relative au relevé des créances salariales ou au refus de prise en charge par l'AGS (C. com., art. L. 625-5).
• Du refus de l'employeur d'accorder un congé de formation économique, sociale et syndicale (C. trav., art. L. 2145-11 et R. 2145-5), *etc.*

ATTENTION Le bureau de jugement, qui est directement saisi et qui statue selon la « procédure accélérée au fond », doit respecter l'article R. 1455-12 du Code du travail (C. trav., art. R. 1455-12).

C Avis du professionnel

658 Veiller :
– à l'oralité de la procédure (C. trav., art. R. 1453-3. – V. cep. C. trav., art. R. 1453-4 et R. 1453-5) ;
– à l'exigence d'une comparution des parties à l'audience du bureau de jugement (C. trav., art. R. 1454-20, R. 1454-21. – V. cep. C. trav., art. R. 1454-19-2 prévoyant une dispense de comparution devant le bureau de jugement au bénéfice de la partie qui l'a demandée) ;
– au respect du préalable obligatoire de conciliation ;
– au respect des modalités de communication des pièces fixées par le bureau de jugement pour mettre l'affaire en état d'être jugée (C. trav., art. R. 1454-19) ;

D Textes

• C. trav., art. L. 1453-1, L. 1454-1, L. 1454-1-1.
• C. trav., art. R. 1451-1, R. 1452-6, et R. 1453-1.
• C. trav., art. R. 1454-1, R. 1454-19 à R. 1454-29.

E Schéma procédural

659 • Saisine du bureau de jugement.
• Audience devant le bureau de jugement.
• Éventuellement, audience de départage.
• Jugement.

II Préparation

A Informations préalables

660 Informer le client des caractéristiques de la procédure suivie devant le bureau de jugement, et notamment :
– de la possibilité de défendre lui-même à l'audience de jugement (C. trav., art. R. 1453-1) ;
– de la possibilité d'y être assisté ou représenté (C. trav., art. R. 1453-1 et R. 1453-2. – V. *infra*, n° 664) ;
– de la possibilité de solliciter une dispense l'autorisant à ne pas se présenter à une audience ultérieure du bureau de jugement (C. trav., art. R. 1454-19-2 et CPC, art. 446-1, al. 2) ;
– des conséquences d'une absence injustifiée et d'un défaut de représentation à l'audience du bureau de jugement (C. trav., art. R. 1454-20 et R. 1454-21. – CPC, art. 468).

B Contrôles préalables

661 • S'assurer de l'intérêt et de la qualité à agir du client.
• Vérifier :
– la compétence, matérielle et territoriale, de la juridiction saisie (V. Fiche 28 : Se concilier devant le conseil de prud'hommes) ;
– la compétence de la section du conseil chargée de l'affaire (C. trav., art. L. 1423-1 et R. 1423-1, R. 1423-4, R. 1423-5 et R. 1441-9, al. 1er) ;
– le respect des délais impartis pour agir (C. trav., art. L. 1471-1, L. 3245-1 et L. 7423-1).

ATTENTION La saisine du conseil de prud'hommes, même s'il est incompétent, interrompt la prescription (C. trav., art. R. 1452-1).

• S'assurer que :
– le préalable de conciliation, en principe obligatoire (V. *supra*, n° 657, à propos des cas de saisine directe du bureau de jugement), a été respecté ;

ATTENTION Quand le préalable de conciliation est exigé, son omission :
– est une irrégularité de fond sanctionnée, en principe, par la nullité de la procédure (Cass. soc., 12 déc. 2000, n° 98-46.100 : *JurisData* n° 2000-007327, *a contrario*) ;
– peut être régularisée en cours d'instance, notamment devant le bureau de jugement (Cass. soc., 18 nov. 1998, n° 96-41.005 : *JurisData* n° 1998-004378) ;

– du respect de l'oralité de la procédure et du principe du contradictoire (C. trav., art. R. 1454-19).

REMARQUE **Veiller à ce que la communication des pièces se fasse en temps utile (C. trav., art. R. 1454-19, al. 3. – CPC, art. 132).**
À défaut, les pièces pourront être écartées des débats (C. trav., art. R. 1454-19, al. 3, art. R. 1451-1. – CPC, art. 135. – *Adde*, C. trav., art. R. 1454-19-3, al. 1er).

C Pièces nécessaires

662 Réclamer au client toutes les pièces et tous les justificatifs (contrat de travail, bulletins de paie...) justifiant la saisine du conseil de prud'hommes et le bien-fondé de ses prétentions.

D Coût de la procédure

663 En matière prud'homale, les actes de justice sont en principe gratuits.
Le client peut devoir supporter certains frais tels que :
– les honoraires dus à son avocat, sauf à bénéficier de l'aide juridictionnelle ;
– les frais de procédure (C. trav., art. R. 1451-1.– CPC, art. 695).

III Procédure

A Assistance et représentation

664 Une partie peut être assistée et représentée devant le bureau de jugement par :
– les salariés ou les employeurs appartenant à la même branche d'activité ;
– un défenseur syndical ;
– son conjoint ;
– son partenaire lié par un PACS ;
– son concubin ;
– un avocat (C. trav., art. R. 1453-1, L. 1453-1-A).
L'employeur peut aussi être assisté ou représenté par un membre de l'entreprise ou de l'établissement fondé de pouvoir, ou habilité à cet effet (C. trav., art. R. 1453-2).
Le mineur, qui ne peut pas être assisté de ses parents ou de son tuteur, doit être autorisé par le conseil de prud'hommes à agir devant lui (C. trav., art. L. 1453-1).

ATTENTION La seule qualité de tuteur suffit pour conférer à l'intéressé le pouvoir de représenter à l'audience la personne sous tutelle (Cass. soc., 18 nov. 2020, n° 18-19.209 : *JurisData* n° 2020-018957. – C. civ., art. 475).

REMARQUE **Vérifier, lorsque la personne qui représente l'adversaire n'est pas un avocat, qu'elle dispose d'un mandat spécial (C. trav., art. R. 1453-2, al. 3. – CPC, art. 416. – Cass. 2e civ., 8 févr. 2024, n° 21-23.752, F-B : *JurisData* n° 2024-001154, le défenseur syndical doit justifier d'un mandat de représentation).**

ATTENTION Les parties ne peuvent pas être assistées ou représentées par :
– un conseiller prud'homal du conseil de prud'hommes saisi (C. trav., art. L. 1453-2) ;
– le président et le vice-président du conseil de prud'hommes devant les formations de ce conseil (C. trav., art. L. 1453-3).
À défaut, la procédure sera **nulle** (Cass. soc., 16 sept. 2008, n° 06-45.334 : *JurisData* n° 2008-045019).

B Compétence

665 L'audience se déroule devant le bureau de jugement du conseil de prud'hommes territorialement compétent (V. Fiche 29 : Procédure ordinaire devant le conseil de prud'hommes).

C Rédaction de l'acte de saisine

1 Forme

666 **La saisine** se réalise par une **requête** (C. trav., art. R. 1452-1 et V. *infra*, n° 667, pour le contenu de la requête), faite, remise ou adressée au greffe du conseil de prud'hommes (C. trav., art. R. 1452-2).
Le greffe de la juridiction ne délivre pas de récépissé.

2 Contenu

667 La requête énonce, **tout d'abord** :
– toutes les mentions que l'**article 57 du Code de procédure civile prescrit à peine de nullité** (C. trav., art. R. 1452-2, al. 2),
à savoir :
• l'indication du conseil de prud'hommes devant laquelle la demande est portée,
• l'objet de la demande (CPC, art. 54, 2°),
• pour les personnes physiques : l'indication des nom, prénoms, profession, domicile, nationalité, date et lieu de naissance du demandeur,
• pour les personnes morales : l'indication de leur forme, leur dénomination, leur siège social et de l'organe qui les représente légalement (CPC, art. 54, 3°),
• l'indication des nom, prénoms et domicile de la personne contre laquelle la demande est formée, ou, s'il s'agit d'une personne morale, de sa dénomination et de son siège social (CPC, art. 57),
• l'indication des pièces sur lesquelles la demande est fondée (CPC, art. 57),
• l'indication des modalités de comparution devant la juridiction,
et
• la précision que, le défendeur qui ne comparaît pas, s'expose à ce qu'un jugement soit rendu contre lui sur les seuls éléments fournis par son adversaire (CPC, art. 54, 6°).
Elle contient **également** :
– les différents chefs de demande ;
– un exposé sommaire des motifs de la demande (C. trav., art. R. 1452-2).
La requête est :
– datée et signée (CPC, art. 57) ;
– accompagnée des pièces que le demandeur souhaite invoquer à l'appui de ses prétentions (C. trav., art. R. 1452-2, al. 2).
Ces pièces sont énumérées dans un **bordereau** qui est **annexé à la requête** (V. *infra*, n° 668).

3 Bordereau

668 La requête que le demandeur dépose ou adresse au greffe, est **accompagnée** des différentes **pièces** qu'il entend invoquer à l'appui de ses prétentions (C. trav., art. R. 1452-2, al. 1er).
Ces pièces sont énumérées dans un **bordereau annexé à la requête**.
La **requête et le bordereau** sont établis en **autant d'exemplaires** qu'il existe de défendeurs. S'y ajoute l'exemplaire destiné à la juridiction (C. trav., art. R. 1452-2).
La requête est **adressée ou remise** au secrétariat **greffe** du conseil de prud'hommes qui en communique un exemplaire – complété d'un exemplaire du bordereau énumérant les pièces – à chacun des défendeurs (C. trav., art. R. 1452-2 et R. 1452-4).

D Mise en état

669 En cas de saisine directe – ou lorsque l'affaire n'est pas en état d'être immédiatement jugée –, le bureau de jugement peut assurer sa mise en état (C. trav., art. L. 1454-1-2, al. 2 et R. 1454-19). Il peut, **par exemple**, désigner, par une décision non susceptible de recours, un ou deux conseillers rapporteurs (C. trav., art. L. 1454-1-2, al. 3 et R. 1454-1).

RETOUR D'EXPÉRIENCE Les conseillers rapporteurs peuvent entendre les parties.
En dehors de ces réunions, les parties n'entrent pas en contact direct avec le(s) conseiller(s) rapporteur(s). Elles doivent adresser leurs pièces complémentaires à la fois au contradicteur et au greffe du conseil de prud'hommes pour respecter le principe du contradictoire.

Les conseillers rapporteurs sont investis de larges pouvoirs (C. trav., art. R. 1454-4, al. 3).
Ils peuvent, par exemple, auditionner toute personne et se faire communiquer tout document (C. trav., art. R. 1454-4, al. 3).

RETOUR D'EXPÉRIENCE Les parties sont informées de l'audition des tiers et de la communication des documents car ces actes sont, le plus souvent, réalisés en présence des parties dûment convoquées.

REMARQUE **L'utilisation du RPVA n'est pas possible actuellement devant le conseil de prud'hommes.**

Gérer la procédure de jugement devant le CPH

Le bureau de jugement peut fixer la fin de l'instruction par une ordonnance, dont une copie est remise aux parties ou à leurs conseils (C. trav., art. L. 1454-1-2, al. 5).
Par principe, et à peine d'irrecevabilité prononcée d'office, aucune conclusion ne peut plus être déposée et aucune pièce ne peut plus être produite aux débats après l'ordonnance de clôture (C. trav., art. R. 1454-19-3 et R. 1454-19-4).

E Audience

1 Convocation

a) Convocation devant le bureau de jugement directement saisi

670 **Information du demandeur.** Le greffe avise par tous moyens le demandeur :
- du lieu ;
- du jour ;
- et de l'heure de l'audience du bureau de jugement.

Cet avis :
- invite le demandeur à adresser ses pièces au défendeur avant l'audience ;
- lui indique qu'en cas de non-comparution sans motif légitime, il pourra être statué en l'état des pièces et moyens contradictoirement communiqués par l'autre partie (C. trav., art. R. 1452-3).

671 **Convocation du défendeur.** Le greffe convoque le défendeur :
- par **lettre recommandée** avec demande d'avis de réception ;
- **dès réception** par le greffe **des exemplaires de la requête** et du **bordereau** (C. trav., art. R. 1452-4, al. 1er).

Cette convocation indique :
- les nom, profession et domicile du demandeur ;
- les lieu, jour et heure de l'audience à laquelle l'affaire sera appelée ;
- le fait que des décisions exécutoires à titre provisoire pourront, même en son absence, être prises contre lui ;
- qu'en cas de non-comparution sans motif légitime il pourra être statué en l'état des pièces et moyens contradictoirement communiqués par l'autre partie.

Cette convocation :
- invite le défendeur à déposer ou adresser au greffe les pièces qu'il entend produire et à les communiquer au demandeur ;
- reproduit les dispositions des articles R. 1453-1 et R. 1453-2 du Code du travail.

Un exemplaire de la requête et du bordereau énumérant les pièces adressées par le demandeur est joint à la convocation (C. trav., art. R. 1452-4).

> ATTENTION La convocation du défendeur devant le bureau de jugement, lorsqu'il est directement, saisi vaut, en principe, citation en justice (C. trav., art. R. 1452-5).

b) Convocation devant le bureau de jugement après l'audience de conciliation

672 Le président du BCO indique aux parties la date de l'audience de renvoi devant le bureau de jugement, lorsque :
- un différend subsiste à l'issue de l'audience de conciliation à laquelle les parties étaient **présentes** (C. trav., art. R. 1454-18, al. 1er) ;

> ATTENTION Lorsque l'affaire est en état d'être immédiatement jugée, et si l'organisation des audiences le permet, l'audience du bureau de jugement peut avoir lieu sur-le-champ (C. trav., art. R. 1454-18, al. 3).

- le BCO renvoie l'affaire devant le bureau de jugement dans sa formation restreinte parce que le défendeur, absent et non représenté à l'audience de conciliation, n'a pas justifié son absence en avançant, en temps utile, de motif légitime (C. trav., art. R. 1454-13).

À défaut de convocation verbale à l'audience de jugement, le greffe du conseil de prud'hommes **avise** les parties concernées de la date de l'audience **par tous moyens** (C. trav., art. R. 1454-18, al. 3).

c) Nouvelle convocation devant le bureau de jugement

673 **Non-comparution justifiée du défendeur à l'audience de jugement.** Le défendeur qui n'a pas comparu le jour de l'audience du bureau de jugement mais qui a justifié en temps utile d'un motif légitime, est avisé par **tous moyens** de la prochaine audience du bureau de jugement (C. trav., art. R. 1454-20).

674 **Non-comparution injustifiée du demandeur à l'audience de jugement.** Lorsque le demandeur n'a pas comparu devant le bureau de jugement et n'a pas justifié d'un motif légitime, **mais** que la déclaration de caducité a été rapportée en application de l'article 468 du Code de procédure civile :
- le **demandeur** est avisé par **tous moyens** de la date de la nouvelle audience devant le bureau de jugement ;
- le **défendeur** est convoqué par **lettre recommandée** avec demande d'accusé de réception à la nouvelle audience du bureau de jugement (C. trav., art. R. 1454-21).

2 Comparution des parties

a) Principe

675 Les parties peuvent se défendre elles-mêmes (C. trav., art. R. 1453-1, al. 1er).
Les parties, qui utilisent cette faculté, doivent par conséquent comparaître en personne à l'audience.
Les parties peuvent aussi être représentées à l'audience par l'une des personnes de leur choix visées à l'article R. 1453-2 du Code du travail (C. trav., art. R. 1453-1. - V. *supra*, n° 664).

b) Défaut de comparution du demandeur

676 Si le demandeur ne comparaît pas et :
– justifie d'un motif légitime : l'affaire est renvoyée à une date ultérieure ;
– ne justifie d'aucun motif légitime : le **défendeur** peut demander qu'il soit statué sur le fond par un jugement contradictoire (C. trav., art. R. 1454-21. - CPC, art. 468, al. 1er).

ATTENTION Le **juge peut**, lorsque le **demandeur** ne comparaît pas à l'audience de jugement **sans** avoir **justifié** son **absence** :
– renvoyer l'affaire à une audience ultérieure (C. trav., art. R. 1454-21. - CPC, art. 468, al. 1er) ;
– déclarer, éventuellement d'office, la citation caduque (C. trav., art. R. 1454-21. - CPC, art. 468, al. 2).
La déclaration de caducité peut être rapportée **si** le demandeur fait connaître au greffe du conseil de prud'hommes, dans les quinze jours, le motif légitime qu'il n'a pas invoqué en temps utile (CPC, art. 468, al. 2).
Le bureau de jugement tient alors une nouvelle audience (pour les modalités de convocation, V. *supra*, nos 673 et s.).

c) Défaut de comparution du défendeur

677 En l'absence du défendeur à l'audience de jugement, le bureau de jugement statue, en principe, sur le fond (C. trav., art. R. 1454-20, al. 1er. - CPC, art. 472).
Le défendeur, qui justifie son absence en temps utile, est avisé par **tous moyens** de la date de l'audience ultérieure du bureau de jugement (C. trav., art. R. 1454-20).

d) Dispense de comparution

678 La partie, qui le demande, peut être dispensée de se présenter à une **audience ultérieure** du bureau de jugement.
Le bureau de jugement organise les échanges entre les parties.
La communication entre les parties s'accomplit alors par lettre recommandée avec demande d'avis de réception, ou par notification entre avocats.
Il en est justifié auprès du bureau de jugement dans les délais impartis.
Lors de la dernière audience, le greffe informe les parties de la date à laquelle le jugement sera rendu (C. trav., art. R. 1454-19-2, et CPC, art. 446-1, al. 2).

3 Déroulement de l'audience

a) Principe de publicité de l'audience

679 Les audiences du bureau de jugement sont, en principe, publiques (CPC, art. 433).

b) Oralité de la procédure

680 En raison de l'oralité de la procédure prud'homale (C. trav., art. R. 1453-3), seules les prétentions formulées – ou réitérées – oralement à l'audience par les parties, ou par leur représentant, saisissent, **en principe**, le juge (Cass. soc., 14 mars 2007, n° 05-45.414 : *JurisData* n° 2007-037942. - Comp. Cass. soc., 18 janv. 2023, n° 21-23.546 : *JurisData* n° 2023-000433, jugé qu'en matière de procédure orale, les juges restent saisis des demandes soutenues devant eux par une partie représentée lors de l'audience [tenue, en l'espèce, par la formation des référés] même si cette partie ne comparaît pas et n'est pas représentée lors de l'audience ultérieure de départage à laquelle elle a été convoquée).

ATTENTION Les parties peuvent se référer aux prétentions et aux moyens qu'elles auraient formulés par écrit.
Les observations des parties et leurs prétentions, lorsqu'elles ne sont pas tenues de les formuler par écrit, sont notées au dossier ou consignées au procès-verbal (C. trav., art. R. 1453-4).

Le juge doit statuer sur toutes les demandes qui lui ont été présentées à l'audience (rappr. Cass. soc., 2 juill. 2014, n° 13-11.394 : *JurisData* n° 2014-015004), dans le respect du principe du contradictoire (Cass. soc., 15 mars 2017, n° 15-22.911 : *JCP* S 2017, act. 93).

ATTENTION **Lorsque toutes les parties comparantes** formulent leurs prétentions par **écrit et** qu'elles sont **toutes** (Cass. soc., 17 mai 2023, n° 21-24.383 : *JurisData* n° 2023-008148) assistées ou représentées par un **avocat**, elles **doivent alors** formuler expressément,

dans leurs conclusions, leurs prétentions, les moyens de fait et de droit qui les fondent et indiquer les pièces qui fondent chacune de leurs prétentions (C. trav., art. R. 1453-5.).
Les prétentions sont récapitulées sous la forme de dispositif.
Un bordereau recensant les pièces invoquées est annexé à ces conclusions.
Le bureau de jugement **ne statue** que sur les prétentions **contenues au dispositif** (C. trav., art. R. 1453-5).
Les prétentions, moyens et pièces, qui ont été communiqués sans motif légitime après la date fixée pour les échanges **et** dont la **tardiveté porte atteinte aux droits de la défense** sont écartés des débats (C. trav., art. R. 1454-19, al. 3. – *Adde*, C. trav., art. R. 1454-19-3, al. 1er).

Les parties peuvent se concilier devant le bureau de jugement.
Le bureau de jugement rédige alors un procès-verbal, qui constate l'accord et précise, le cas échéant, si cet accord a fait l'objet devant lui, en tout ou partie, d'une exécution immédiate (C. trav., art. R. 1454-22).

CONSEILS PRATIQUES LORS DE L'AUDIENCE

Lorsqu'il est procédé à l'appel du rôle, vous devez répondre « présent et assisté » ou « représenté », selon la situation. C'est à ce moment-là que vous pourrez faire valoir vos priorités (barreau extérieur, grossesse, client malade, *etc.*). À défaut de priorité, les affaires seront examinées dans l'ordre du rôle des affaires complètes. Selon les conseillers prud'homaux, les retardataires passeront en dernier ou réintégreront leur rang d'origine. Si jamais vous manquez audit appel, allez vous signaler auprès du greffier présent entre deux affaires. Le second appel n'est en effet pas une pratique systématique.
Pour votre plaidoirie, vous devez en principe vous placer sur le pupitre de droite lorsque vous êtes en demande. Votre client reste quant à lui au premier ou deuxième rang du public et ne se lève que lorsqu'il est interrogé. Vous devez vous adresser à « Madame ou Monsieur le Président/ Mesdames, Messieurs les Conseillers ».
Il est d'usage de commencer par récapituler oralement vos demandes, sachant que toutes demandes non rappelées pourraient être considérées comme abandonnées. En général, les conseillers prud'homaux n'ont aucune connaissance de votre dossier, nonobstant la communication préalable de vos conclusions. Vous devez donc reprendre intégralement les faits lorsque vous êtes en demande. Lorsque vous êtes en défense, contentez-vous de présenter ce qui n'a pas été soulevé par la partie adverse et d'apporter d'éventuelles rectifications. Les rôles étant souvent surchargés, vous vous verrez souvent imposer une limite de temps, appréciée de façon plus ou moins stricte selon les présidents. Sachez qu'une plaidoirie « standard » est d'environ une vingtaine de minutes.

F Décision

1 Prononcé du jugement

681 La décision peut être rendue immédiatement, à l'issue des débats.
À défaut, le président indique aux parties la date à laquelle le jugement sera prononcé, le cas échéant par sa mise à disposition au greffe de la juridiction (C. trav., art. R. 1454-25, al. 1er).
S'il décide de renvoyer le prononcé du jugement à une date ultérieure, le président en avise les parties par tous moyens. Cet avis comporte les motifs de la prorogation ainsi que la nouvelle date à laquelle la décision sera rendue (C. trav., art. R. 1454-25, al. 2).

a) Délai du prononcé du jugement

682 En cas de **litige relatif à un licenciement pour motif économique**, le bureau de jugement doit statuer dans les **six mois** qui suivent la date à laquelle l'affaire lui a été renvoyée.
Le délai imparti pour statuer est de **trois mois** lorsque la **formation restreinte** du bureau de jugement a été saisie (C. trav., art. R. 1456-4).
Lorsque la demande porte sur un licenciement ou sur la résiliation judiciaire du contrat de travail, le bureau de jugement, s'il a été saisi de l'affaire en sa **formation restreinte**, doit statuer dans un délai de **trois mois** (C. trav., art. L. 1454-1-1, 1°).
Le bureau de jugement doit statuer au fond, dans le délai d'**un mois** suivant sa saisine :
- en présence d'une demande de requalification d'un CDD en CDI (C. trav., art. L. 1245-2) ;
- lorsque la demande concerne la qualification de la rupture du contrat de travail à l'initiative du salarié pour des faits qu'il reproche à son employeur (C. trav., art. L. 1451-1) ;
- en cas de contestation d'une démission déduite de l'abandon volontaire de son poste par le salarié (C. trav., art. L. 1237-1-1 nouveau, issu de la loi n° 2022-1598 du 21 décembre 2022, art. 4) ;

– lorsque la demande concerne la requalification en contrat de travail d'une convention de stage mentionnée à l'article L. 124-1 du Code de l'éducation (C. trav., art. L. 1454-5, *in fine*).

b) Forme du jugement

683 Le jugement doit être motivé (CPC, art. 455). La décision du bureau de jugement doit justifier du montant des indemnités accordées en cas de contestation de la régularité ou du bien-fondé d'un licenciement (C. trav., art. L. 1235-1, al. 4).

2 Départage(s)

a) Départage ordinaire

684 Les décisions du bureau de jugement sont prises à la **majorité absolue** des voix (C. trav., art. R. 1454-23).
En l'absence de majorité, l'affaire est renvoyée à une audience ultérieure, tenue devant la formation de **départage** (C. trav., art. L. 1454-2 et R. 1454-29. – V. Fiche 29 : Procédure ordinaire devant le conseil de prud'hommes).
L'audience de départage doit se tenir dans le **mois** du renvoi (C. trav., art. R. 1454-29, al. 1er).
Lors de l'audience de départage, lorsque la formation n'est pas réunie au complet (comp. CA Rouen, 11 mai 2016, n° 16/00148 : *JurisData* n° 2016-010923), le juge départiteur statue seul à l'issue des débats, après avoir préalablement recueilli l'avis des conseillers présents (C. trav., art. R. 1454-31, al. 1er).

b) Départage sur renvoi prononcé par le bureau de conciliation et d'orientation

685 Le bureau de jugement présidé par le juge départiteur peut connaître d'une affaire que le **bureau de conciliation et d'orientation (BCO)** lui a renvoyée :
– **lorsque la conciliation menée devant le BCO n'a pas abouti**
Dans ce cas, le BCO **peut** renvoyer **immédiatement** les parties devant le bureau de jugement, présidé par le juge du tribunal judiciaire dans le ressort duquel se situe le siège du conseil de prud'hommes (C. trav., art. L. 1454-1-1, 2°).
Ce renvoi est possible (C. trav., art. L. 1454-1-1, 2°) :
– si les parties le demandent ;
ou
– si la nature du litige le justifie.
Le juge départiteur ne peut pas statuer seul, la formation de départage devant être au complet (C. trav., art. L. 1454-1-1, 2°).
– **lorsqu'il y a un partage des voix devant le BCO**
Le BCO **renvoie** l'affaire devant le bureau de jugement alors composé de la formation de conciliation qui est en partage de voix, complétée d'un conseiller prud'homme employeur et d'un conseiller prud'homme salarié, et présidée par le juge du tribunal judiciaire (C. trav., art. L. 1454-2, al. 2 et art. R. 1423-35, 4°, *b*).

3 Caractères de la décision

a) Principe

686 Les décisions du conseil de prud'hommes ne sont pas, en principe, de plein droit, exécutoires à titre provisoire.
Le conseil de prud'hommes peut néanmoins ordonner l'exécution provisoire de ses décisions (C. trav., art. R. 1454-28).

b) Exceptions

687 Est **de droit exécutoire à titre provisoire**, le jugement qui (C. trav., art. R. 1454-28) :
– n'est susceptible d'appel que par suite d'une demande reconventionnelle ;
– ordonne la remise d'un certificat de travail, de bulletins de paie... ;
– ordonne le paiement de sommes au titre des rémunérations et indemnités visées à l'article R. 1454-14, 2° du Code du travail (C. trav., art. R. 1454-14, 2. – CA Paris, 16 juin 2021, n° 20/08459 : *JurisData* n° 2021-009440).

4 Suite

a) Notification des jugements

688 Le greffe du conseil de prud'hommes notifie le jugement aux parties :
– par lettre recommandée avec avis de réception (Cass. soc., 12 juin 2019, n° 17-22.445 : *JurisData* n° 2019-009994, dérogeant au principe selon lequel les jugements sont notifiés par voie de signification, l'article R. 1454-26 ne s'applique pas à la notification des arrêts des cours d'appel statuant en matière prud'homale. – CPC, art. 675) ;
– adressée au lieu de domicile effectif des parties (C. trav., art. R. 1454-26, al. 1er).

REMARQUE **Lorsque le BCO a pris une décision provisoire palliant l'absence de délivrance par l'employeur de l'attestation permettant au salarié d'exercer ses droits aux prestations, la décision rendue au fond par le bureau de jugement est notifiée à l'agence de France Travail dans le ressort de laquelle ce salarié est domicilié (C. trav., art. R. 1454-26, al. 3).**

L'acte de notification du jugement doit indiquer, de **manière très apparente** :
- le délai ;

et
- les modalités d'exercice du recours, au rang desquelles figurent la juridiction territorialement compétente et les modalités relatives au choix du défenseur syndical (Cass. soc., 29 sept. 2021, n° 20-16.518 : *JurisData* n° 2021-014929).

À défaut, le délai imparti pour interjeter appel ne court pas (Cass. soc., 29 mai 2013, n° 12-13.357 : *JurisData* n° 2013-010748. - CPC, art. 680. - C. trav., art. R. 1451-1).

ATTENTION Le praticien qui veut agir vite et en toute sécurité juridique a intérêt à faire signifier le jugement par acte de commissaire de justice (C. trav., art. R. 1454-26, al. 1er, *in fine*).
L'acte du commissaire de justice fait courir le délai d'appel sans que la notification du jugement, à laquelle le greffe du conseil de prud'hommes procéderait ultérieurement, fasse courir de nouveau le délai (Cass. soc., 17 avr. 1991, n° 88-45.294 : *JurisData* n° 1991-704652).

b) Envoi d'une copie certifiée conforme du jugement

689 Lorsque l'employeur a été condamné d'office à rembourser les allocations de chômage versées à un salarié irrégulièrement licencié, le greffe du conseil de prud'hommes adresse par lettre simple une **copie certifiée conforme** du jugement à la direction générale de l'institution concernée (C. trav., art. L. 1235-4 et R. 1235-2).
Ce courrier est adressé à l'expiration du délai d'appel. Le greffier y précise si ce jugement a fait, ou non, l'objet d'un appel (C. trav., art. R. 1235-1, I).

G Fin de la procédure

1 Conciliation

690 La conciliation totale met fin au litige.

2 Caducité

691 Le bureau de jugement **peut** déclarer d'office la citation caduque lorsque le **demandeur** ne comparaît pas à l'audience et n'invoque aucun motif légitime (C. trav., art. R. 1454-21. - CPC, art. 468, al. 2).
La déclaration de caducité peut être rapportée si le demandeur fait connaître au greffe, dans un délai de **quinze jours**, le motif légitime qu'il n'a pas été en mesure d'invoquer en temps utile (Cass. soc., 23 janv. 2014, n° 12-28.450 : *JurisData* n° 2014-000664. - V. *supra*, nos 673 et s., les modalités de convocation des parties à la nouvelle audience).

H Recours ou contestation

1 Opposition

692 Le délai imparti pour faire opposition est d'**un mois** à compter de la notification du jugement (CPC, art. 538 et 575).
L'opposition :
- doit contenir les moyens de la partie défaillante (CPC, art. 574) ;
- est directement portée devant le bureau de jugement qui sera saisi selon les modalités prévues par l'article R. 1452-1 du Code du travail (C. trav., art. R. 1463-1, al. 1 et 2. - V. *supra*, nos 666 et s., Rédaction de l'acte de saisine).

Les parties sont convoquées selon les modalités prévues aux articles R. 1452-3 et R. 1452-4 (C. trav., art. R. 1463-1, al. 2. - V. *supra*, nos 670 et s.).

ATTENTION L'opposition (C. trav., art. R. 1463-1) :
- est caduque si l'opposant ne comparaît pas ;
- ne peut pas être réitérée.

L'affaire est instruite et jugée selon les règles applicables au contentieux prud'homal (rappr. CPC, art. 576).

2 Appel

693 **Renvoi.** V. Fiche 31 : Faire appel d'une décision prud'homale.

3 Pourvoi en cassation

694 **Renvoi.** V. Fiche 87 : Procédure avec représentation obligatoire devant la Cour de cassation.

I Débriefing client

695 Une fois le jugement rendu :
- - évaluer avec le client la nécessité de mettre en œuvre les voies de recours ;
- renseigner le client sur les modalités d'exécution de la décision de justice.

CHECK-LIST – S'assurer de la compétence (matérielle et territoriale) de la juridiction.
– Réunir l'ensemble des pièces nécessaires au soutien de ces demandes.
– Observer et faire observer :
• l'oralité de la procédure ;
• le préalable obligatoire de conciliation ;
• les principes du contradictoire.
– Avertir le client sur :
• le coût de la procédure ;
• l'éventualité d'un départage ;
• la possibilité de recours ;
• le respect des délais d'action.

POUR ALLER PLUS LOIN...

Fascicules JurisClasseur
• *JCl. Procédure civile*, fasc. 1200-60.
• *JCl. Procédures Formulaire*, V° *Prud'hommes*, fasc. 20.

Fiche 31

Faire appel d'une décision prud'homale

Nicolas GERBAY

Sommaire

I

Aperçu rapide

A Caractéristiques générales

696 **Depuis le 1er août 2016**, l'appel est instruit et jugé selon la procédure avec représentation obligatoire (CPC, art. 900 et s. – Cass. soc., 6 avr. 2022, n° 21-10.923 : *JurisData* n° 2022-005204 ; *JCP* S 2022, 1355, obs. J. Vidal : pour une procédure d'appel sur renvoi de cassation).

Les parties sont tenues devant la juridiction du second degré de recourir à un avocat ou à un défenseur syndical (C. trav., art. R. 1461-1, al. 2).

Le **défenseur syndical**, faute d'accès au RPVA, n'est pas soumis à l'exigence de la communication électronique (CPC, art. 930-2).

Les actes de procédure effectués par celui-ci peuvent être établis sur support papier et remis au greffe ou lui être adressés par lettre recommandée avec accusé de réception. L'éventuelle remise au greffe est d'ailleurs valablement effectuée par toute personne que le défenseur a mandatée à cette fin (Cass. soc., 2 févr. 2022, n° 19-21.810 : *JCP* S 2022, 1069, obs. S. Brissy). Il ne saurait invoquer une atteinte au principe d'égalité des armes pour devoir communiquer ses actes sur support papier alors que l'avocat doit le faire par voie électronique (Cass. 2e civ., 8 déc. 2022, n° 21-16.487 : *JCP* G 2023, 252, obs. V. Orif ; *Procédures* 2023, comm. 34, obs. S. Amrani-Mekki).

Les notifications entre l'avocat et le défenseur syndical doivent être réalisées par lettre recommandée avec avis de réception ou par voie de signification (CPC, art. 930-3).

À défaut d'utiliser l'une de ces modalités, la notification est sanctionnée par **une nullité pour vice de forme** et non par une irrecevabilité (Cass. 2e civ., 23 nov. 2023, n° 21-22.913).
Si le conseil de prud'hommes n'a statué que sur une question de compétence, l'appel selon le droit commun, doit être formé selon la procédure à jour fixe des articles 83 et s. du Code de procédure civile (Cass. 2e civ., 16 déc. 2021, n° 20-12.000).

B Conditions d'utilisation

697 **Vérifier** que la décision est susceptible d'appel.
L'appel n'est pas recevable contre les jugements rendus en premier et dernier ressort (C. trav., art. R. 1462-1).
L'appel est, par contre, recevable si le jugement a statué sur une demande indéterminée telle que le caractère abusif du licenciement (Cass. soc., 8 juill. 2020, n° 18-25.370).

ATTENTION Le taux de compétence en dernier ressort du conseil de prud'hommes est de 5 000 € (C. trav., art. D. 1462-3).

Vérifier si le jugement attaqué est définitif ou mixte. Dans ces hypothèses, il est susceptible d'appel immédiat.
S'agissant des décisions prises par le bureau de conciliation (C. trav., art. R. 1454-14 et R. 1454-15) :
– pas d'appel immédiat à l'exception de celles qui ordonnent une expertise susceptibles d'un appel autorisé par le premier président de la cour d'appel (C. trav., art. R. 1454-16) ;
– possibilité d'un appel-nullité immédiat en cas de preuve d'un excès de pouvoir (Cass. soc., 11 avr. 2018, n° 16-14.853) qui n'est pas constitué si le bureau ordonne seulement à l'employeur de communiquer au salarié des documents qu'il juge utiles à la résolution du litige (Cass. soc., 14 déc. 2022, n° 20-22.425 : *Procédures* 2023, comm. 48, obs. A. Bugada).
Ne pas oublier la possibilité d'utiliser la procédure à fixation prioritaire au sein de la procédure avec représentation obligatoire dès lors qu'une partie justifie que ses droits sont en péril (CPC, art. 917 et s.).
Vérifier si le client :
– a bien intérêt et qualité à agir ;
– peut demander à bénéficier de l'aide juridictionnelle (L. n° 91-647, 10 juill. 1991, art. 10).
Si une demande d'aide a été formulée, la juridiction ne peut statuer sous prétexte de l'absence de la partie requérante (Cass. 2e civ., 28 juin 2012, n° 11-20.680 : *JurisData* n° 2012-014364).

Une personne admise à l'aide juridictionnelle en conserve de plein droit le bénéfice pour se défendre en cas de recours (L. n° 91-647, 10 juill. 1991, art. 8).

ATTENTION La demande d'aide juridictionnelle interrompt le délai d'appel (D. n° 2020-1717, 28 déc. 2020, art. 43).

C Avis du professionnel

698 Seules les conclusions écrites saisissent la cour.

CONSEIL Faire preuve de vigilance accrue tant sur le contenu que sur la forme des écritures qui doivent respecter les conditions de l'article 954 du Code de procédure civile.

ATTENTION Ne pas oublier que les conclusions doivent être qualificatives et récapitulatives.
La cour d'appel ne statuera que sur les prétentions présentes dans le dispositif des conclusions et ne statuera que sur les moyens invoqués dans la discussion (CPC, art. 954, al. 3).
Faire attention à ce que les conclusions d'appel contiennent distinctement (CPC, art. 954) :
– en en-tête, les indications prévues aux deuxième et quatrième alinéas de l'article 960 du Code de procédure civile ;
– un exposé des faits et de la procédure ;
– une discussion sur les prétentions, les moyens de fait et de droit ;
un dispositif dans lequel l'appelant indique s'il demande l'annulation ou l'infirmation du jugement et énonce, s'il conclut à l'infirmation, les chefs du dispositif du jugement critiqués, et dans lequel l'ensemble des parties récapitule leurs prétentions.

D Textes

1 Textes codifiés

- CPC, art. 900 et s.
- CPC, art. 930-1 et s.

2 Textes non codifiés

- L. n° 91-647, 10 juill. 1991, art. 8, 10, 18 et 26.
- D. n° 2020-1717, art. 43.

E Schéma procédural

699 • Déclaration d'appel transmise par voie électronique sous peine d'irrecevabilité.
• Enregistrement de la déclaration d'appel par le greffe.
• Le greffier adresse aussitôt à chacun des intimés, par lettre simple, un exemplaire de la déclaration avec indication de l'obligation de constituer avocat ou de se faire représenter par un défenseur syndical.
• Instruction de l'affaire après désignation d'un conseiller de la mise en état ou emprunt du circuit court de l'article 906 du Code de procédure civile.
• Audience des plaidoiries.
• Clôture des débats oraux.
• Délibéré.
• Prononcé de l'arrêt.

II Préparation

A Contrôles préalables

700 Rappeler au client que l'exercice d'une voie de recours n'est jamais sans risque.
Non seulement il n'est pas sûr d'obtenir un meilleur résultat que celui obtenu devant les premiers juges mais son adversaire aura la possibilité de former un appel incident qui pourrait convaincre la cour.
Envisager avec le client les réelles chances de succès de l'appel en n'hésitant pas à le mettre en garde contre l'exercice d'un appel hasardeux.
Rappeler au client que la procédure d'appel suppose un coût qui peut s'avérer non négligeable (honoraires d'avocat, frais d'expertise...), même si le droit d'appel de 225 € n'est pas exigé en la matière.
Indiquer à l'appelant qu'il est susceptible d'être condamné à une amende civile d'un montant maximum de 10 000 € sans préjudice des dommages et intérêts à l'adversaire en cas d'appel dilatoire ou abusif (CPC, art. 559).

701 Évoquer avec le client sa situation financière. Peut-être n'était-il pas éligible en première instance au bénéfice de l'aide juridictionnelle mais que sa situation financière s'est dégradée et qu'il l'est aujourd'hui.
Envisager avec le client la stratégie à adopter au stade de l'appel. La décision de première instance constituera alors **un instrument de travail essentiel.**
Ne pas oublier que la recevabilité des **demandes nouvelles** en appel en matière prud'homale suit désormais le droit commun de la procédure civile des articles 564 et suivants du Code de procédure civile.
Ainsi, par exemple, si la prétention soumise en première instance ne porte que sur l'indemnisation de la rupture du contrat de travail, la demande en paiement d'heures supplémentaires formée en appel est irrecevable car elle ne peut être considérée comme l'accessoire, la conséquence ou le complément nécessaire de la demande initiale (Cass. soc., 25 mai 2022, n° 21-11.478 : *Procédures* 2022, comm. 226, obs. A. Bugada. – Cass. soc., 10 juill. 2024, n° 22-16.805).
Par contre, la demande de dommages et intérêts pour licenciement sans cause réelle et sérieuse tend aux mêmes fins que la demande visant à obtenir le paiement de l'indemnité spéciale de licenciement pour inaptitude d'origine professionnelle (Cass. soc., 13 mars 2024, n° 21-25.827 : *JCP* S 2024, 1167, obs. S. Brissy).

> ATTENTION Pour que la demande nouvelle soit recevable, il faut également respecter **le principe de concentration temporelle** tiré de l'ancien article 910-4, devenu 915-2 du Code de procédure civile. Il convient donc de la présenter dans le délai initial pour conclure (Cass. soc., 28 févr. 2024, n° 23-10.295 : *JCP* S 2024, 1132, obs. S. Brissy).

De **nouvelles pièces** sont-elles envisageables ?
L'argumentation juridique doit-elle être précisée ou améliorée ?
Vérifier que le délai d'appel n'est pas dépassé. Il est d'un **mois** en matière prud'homale (C. trav., art. R. 1461-1) sauf s'il s'agit de faire appel d'une ordonnance de référé auquel cas, le délai est de quinze jours (C. trav., art. R. 1455-11).
Pour faire courir le délai d'appel, l'acte de notification du jugement doit indiquer que le défenseur syndical que peut constituer l'appelant est soit celui qui l'a assisté en première instance, soit un défenseur syndical territorialement compétent (Cass. soc., 29 sept. 2021, n° 20-16.518).

B Pièces nécessaires

702 La déclaration d'appel doit être accompagnée d'une copie de la décision (CPC, art. 901, *in fine*).
Cette exigence n'est pas prescrite à peine d'irrecevabilité de l'appel prononcée d'office (Cass. soc., 19 juin 2007, n° 06-40.854 : *JurisData* n° 2007-039649).

C Coût de la procédure

703 Honoraires d'avocat, en cas de recours à l'auxiliaire de justice.

III Procédure

A Assistance et représentation

704 Les parties doivent être obligatoirement représentées par :
- un avocat sachant que les règles de la postulation ne s'appliquent pas devant les cours d'appel en matière prud'homale (Cass., avis, 5 mai 2017, n°s 17006 et 17007 : *JurisData* n° 2017-008249. - Cass. 2e civ., 17 sept. 2020, n° 19-15.814 : sur les conséquences à en tirer quant à la notification de conclusions à une SEL hors ressort) ;
- ou un défenseur syndical (C. trav., art. 1461-1).

Le salarié, défenseur syndical, partie à une instance prud'homale, ne peut assurer sa propre représentation en justice. Sa déclaration d'appel serait nulle (Cass. soc., 17 mars 2021, n° 19-21.349 : *JCP* G 2021, 1246, n° 10, obs. C. Caseau-Roche).
Le défenseur syndical choisi en première instance peut continuer à défendre devant la cour d'appel compétente (Cons. const., 12 mars 2020, n° 2019-831 QPC) à condition de pouvoir justifier d'un pouvoir spécial de représentation (Cass. 2e civ., 8 févr. 2024, n° 21-23.752 : *Procédures* 2024, comm. 78, obs. S. Amrani-Mekki).
L'irrégularité de fond tirée du défaut de pouvoir du représentant d'une partie en justice peut être couverte jusqu'au moment où le juge statue.
La régularisation en appel du défaut de pouvoir du défenseur syndical est donc possible (Cass. soc., 26 janv. 2016, n°s 14-11.992 et 14-11.995 : *JurisData* n° 2016-001006).

B Compétence

705 Chambre sociale de la cour d'appel (C. trav., art. R. 1461-2).

C Rédaction de l'acte de saisine

1 Où interjeter appel ?

706 Déclaration d'appel à faire **au greffe même de la cour d'appel et non à celui du conseil de prud'hommes**.
L'appel formé au greffe du conseil, sera irrecevable quand bien même la juridiction aurait transmis l'acte à la cour dans le délai du recours (Cass. 2e civ., 17 déc. 2009, n° 07-44.302 : *JurisData* n° 2009-050775).

2 Comment interjeter appel ?

707 Par une déclaration unilatérale ou par une requête conjointe (CPC, art. 900).
Ces formes sont exclusives (Cass. 2e civ., 11 juill. 1977 : *Bull. civ.* II, n° 182).
L'avocat devra, sauf cause étrangère, formaliser l'acte par une communication par voie électronique (CPC, art. 930-1).

> REMARQUE **En cas de dysfonctionnement du RPVA, l'avocat peut recourir à la formule traditionnelle du papier sans attendre la fin du délai d'appel (Cass. 2e civ., 6 sept. 2018, n° 16-14.056). Mais il conviendra de démontrer l'existence d'une cause étrangère empêchant la communication électronique.**
> **Constitue une telle cause étrangère une panne informatique de trois jours due à la défectuosité d'une *livebox* rendant impossible l'accès à internet. Peu importe que l'avocat ait pu procéder à la transmission dans un autre cabinet**

ou à l'ordre : Cass. 2e civ., 10 juin 2021, n° 20-10.522, F-P : *JurisData* n° 2021-009036).

Depuis le 24 février 2021, une nouvelle fonctionnalité sur e-Barreau a été mise en place et permet une communication électronique pour l'accomplissement des actes de procédure devant l'ensemble des chambres sociales des cours d'appel.

3 Quel contenu à la déclaration d'appel ?

708 À compter du **1er septembre 2024**, la déclaration d'appel, qui peut comporter une annexe, est faite par un acte contenant, à peine de nullité :

1° Pour chacun des appelants

a) Lorsqu'il s'agit d'une personne physique, ses nom, prénoms, profession, domicile, nationalité, date et lieu de naissance ;

b) Lorsqu'il s'agit d'une personne morale, sa forme, sa dénomination, son siège social et l'organe qui la représente légalement ;

2° Pour chacun des intimés, l'indication de ses nom, prénoms et domicile s'il s'agit d'une personne physique ou de sa dénomination et de son siège social s'il s'agit d'une personne morale ;

3° La constitution de l'avocat de l'appelant ;

4° L'indication de la cour devant laquelle l'appel est porté ;

5° L'indication de la décision attaquée ;

6° L'objet de l'appel en ce qu'il tend à l'infirmation ou à l'annulation du jugement ;

7° Les chefs du dispositif du jugement expressément critiqués auxquels l'appel est, sans préjudice du premier alinéa de l'article 915-2, limité, sauf si l'appel tend à l'annulation du jugement.

Elle est datée et signée par l'avocat constitué. Elle est accompagnée d'une copie de la décision et sa remise au greffe vaut demande d'inscription au rôle.

ATTENTION Il convient d'identifier le jugement querellé. La déclaration d'appel pourrait être, à défaut, déclarée nulle (Cass. 2e civ., 24 mars 1993, n° 91-18.610).

En cas d'erreur ou d'omission, rien n'empêche de former un second acte d'appel avant l'expiration du délai d'appel pour régulariser la procédure (Cass. 1re civ., 12 déc. 2018, n° 17-25.813).

Avant l'entrée en vigueur de la réforme de la procédure d'appel issue du décret du 29 décembre 2023, une déclaration d'appel incomplète, nulle ou erronée pouvait être également régularisée dans le délai de trois mois pour conclure en procédure ordinaire avec désignation d'un conseiller de la mise en état.

Ainsi, la seconde déclaration d'appel pouvait étendre la critique des chefs de jugement de la première déclaration lorsque des chefs auraient été oubliés (Cass. 2e civ., 19 nov. 2020, n° 19-13.642 : *Procédures* 2021, comm. 1, obs. R. Laffly. – Cass. 30 juin 2022, n° 21-12.720).

Un simple message électronique ne pouvait quel que soit son libellé et même adressé au greffe dans le délai requis valoir régularisation de la déclaration d'appel (Cass. 2e civ., 29 sept. 2022, n° 21-10.334).

À compter du 1er septembre 2024, le nouvel article 915-2 du Code de procédure civile indique que l'appelant principal peut :

- compléter ;
- retrancher ;
- ou rectifier ;

dans le dispositif de ses premières conclusions remises dans les délais prévus au premier alinéa de l'article 906-2 et à l'article 908, les chefs du dispositif du jugement critiqués mentionnés dans la déclaration d'appel.

La cour est saisie des chefs du dispositif du jugement ainsi déterminés et de ceux qui en dépendent.

Il en résulte un sérieux doute sur le maintien de la possibilité de modifier l'étendue de la dévolution par une déclaration d'appel corrective au-delà du délai d'appel.

D Instruction du dossier

709 Deux modalités de mise en état sont envisageables devant la cour :

- la mise en état avec désignation d'un conseiller de la mise en état ;
- la mise en état empruntant le circuit court (appelée aussi mise en état à bref délai).

1 Mise en état avec désignation d'un conseiller de la mise en état (V. Fiche 84 : Mise en état devant la cour d'appel avec désignation d'un conseiller de la mise en état)

710 Cette modalité de mise en état constitue la règle devant la cour d'appel alors que la mise en état à bref délai apparaît comme l'exception. Cette mise en état s'avère très formelle en ce qu'elle suppose le respect des exigences des délais Magendie aux sanctions draconiennes.

a) Conclusions de l'appelant

711 **Délais pour conclure.** Délai de trois mois, à peine de caducité de la déclaration d'appel relevée d'office par le conseiller de la mise en état (CPC, art. 908).

712 **Point de départ du délai.** Date de la déclaration d'appel, laquelle peut être différente de la date de son enregistrement (Cass. 2e civ., 5 juin 2014, n° 13-21.023).
C'est la date de la remise de la déclaration d'appel au greffe qui compte et non celle de l'édition du fichier récapitulatif reprenant les données du message de l'appelant (Cass. 2e civ., 6 déc. 2018, n° 17-27.206 : *Procédures* 2019, comm. 43, obs. H. Croze).
Lorsque l'appel a été interjeté par lettre recommandée, le point de départ du délai de trois mois pour déposer les conclusions est le jour de l'expédition du courrier et non celui de la réception par le greffe de la déclaration d'appel (Cass. 2e civ., 9 janv. 2020, n° 18-24.107).
La date butoir pour vérifier que le délai est respecté est celle de la remise au greffe des conclusions (CPC, art. 915).

> REMARQUE **Les conclusions nécessaires pour répondre aux exigences de l'article 908 sont celles « qui déterminent l'objet du litige » (CPC, art. 915).**
> **L'appelant doit solliciter dans ses conclusions au stade de son dispositif l'infirmation du jugement, énoncer les chefs du dispositif du jugement critiqués et formuler ses prétentions, en somme, ce qu'il entend obtenir.**
> **Lorsque l'appelant ne demande dans le dispositif de ses conclusions ni l'infirmation ni l'annulation du jugement, la cour d'appel ne peut que confirmer le jugement (Cass. 2e civ., 17 sept. 2020, n° 18-23.626, FS-P+B+I : *JurisData* n° 2020-013427).**

713 **Délai de notification des conclusions.** Les conclusions doivent être notifiées aux défenseurs des parties dans le délai de leur remis au greffe (CPC, art. 911).
À défaut de respecter cette exigence, la caducité de l'appel est encourue. Le défenseur syndical n'ayant pas accès au RPVA, il convient donc de penser à lui notifier les conclusions par voie de lettre recommandée avec accusé de réception ou par voie de signification selon l'article 910-3.

Si **l'adversaire ne constitue pas avocat**, les conclusions lui sont signifiées par acte d'huissier dans le mois suivant l'expiration du délai de remise au greffe (CPC, art. 911).
L'appelant dispose donc de quatre mois à compter de la déclaration d'appel pour signifier ses conclusions à un intimé défaillant.

> ATTENTION Le délai d'un mois supplémentaire permet uniquement de faire signifier ses conclusions à l'intimé. Le délai de trois mois pour conclure et adresser au greffe ses conclusions par voie électronique est intangible et doit être respecté sous peine de caducité (Cass. 2e civ., 19 mars 2015, n° 14-10.952).
> Le délai d'un mois supplémentaire joue dès lors que le défendeur s'est constitué après le dépôt au greffe des conclusions de l'appelant (Cass. 2e civ., 10 avr. 2014, n° 12-29.333).
> Ces règles s'appliquent également quand l'adversaire est représenté par un défenseur syndical et non un avocat. Si cette constitution a été portée à la connaissance de l'avocat de l'appelant avant qu'il ait remis ses conclusions au greffe, l'appelant doit alors notifier ses conclusions au défenseur syndical sans profiter du délai supplémentaire de un mois (Cass. soc., 8 déc. 2021, n° 19-22.810 : *JCP* S 2022, 1008, obs. Y. Pagnerre).

Si **l'intimé constitue avocat** après avoir reçu la signification des conclusions, le délai de l'article 908 court à compter de la signification. L'appelant n'est pas tenu de notifier à l'avocat constitué ou au défenseur syndical postérieurement à cette signification (Cass. 2e civ., 4 sept. 2014, n° 13-22.586).

b) Conclusions de l'intimé

714 Délai de trois mois sous peine d'irrecevabilité des écritures prononcée d'office pour conclure et former le cas échéant un appel incident (CPC, art. 909).
Si, après avoir conclu une première fois, l'appelant décide de reconclure, ces nouvelles écritures n'ont pas pour effet de reporter le délai de l'intimé (CA Aix-en-Provence, 4 avr. 2013, n° 12/03617).
Les conclusions de l'intimé doivent respecter le formalisme de l'article 954 du Code de procédure civile.
Les conclusions de l'intimé doivent déterminer l'objet du litige (CPC, art. 915).
Selon l'article 911 du Code de procédure civile, dans ce même délai, l'intimé doit notifier ses conclusions aux avocats des parties. L'intimé doit

également communiquer toutes ses pièces, y compris celles de première instance.
Si un co-intimé n'a pas constitué, l'article 911 prévoit que les conclusions doivent lui être signifiées dans le mois de leur remise au greffe sous peine d'irrecevabilité. Ainsi, l'intimé a quatre mois pour adresser ses conclusions à l'intimé défaillant, peu importe la date où il a conclu.

ATTENTION L'intimé sur un appel incident ou un appel provoqué dispose d'un délai de trois mois pour conclure à compter de la notification qui lui est faite (CPC, art. 910, al. 1er).
L'intervenant forcé à l'instance d'appel dispose d'un délai de trois mois pour conclure à compter de la date à laquelle la demande d'intervention formée contre lui, lui a été notifiée (CPC, art. 910, al. 2).

c) Communiquer les pièces dans les délais

715 Veillez à une **communication simultanée des pièces** avec les conclusions (CPC, art. 915-1). Mais le texte n'envisage aucune sanction en cas de défaut de simultanéité.
Les pièces sont écartées des débats si la communication tardive porte atteinte aux droits de la défense et empêche l'adversaire d'émettre une réplique utile (Cass. ass. plén., 5 déc. 2014, n° 13-19.674, P+B+R+I : *JurisData* n° 2014-029571).
La cour d'appel apprécie souverainement le temps utile de la communication des pièces.
Il appartient à celui qui saisit le juge d'une demande de rejet des débats de prouver que la tardiveté de la communication a entravé concrètement ses droits de la défense.
La cour d'appel est tenue d'écarter des débats les **pièces communiquées et déposées à l'appui de conclusions irrecevables** (CPC, art. 915-1, al. 3).
La partie qui entend communiquer de nouvelles pièces à tout intérêt à le faire en même temps que la notification de conclusions recevables (Cass. ass. plén., 5 déc. 2014, n° 13-27.501, P+B+R+I : *JurisData* n° 2014-029486).

d) Diminution des délais par le conseiller de la mise en état (V. Fiche 84 : Mise en état devant la cour d'appel avec désignation d'un conseiller de la mise en état)

716 Le conseiller de la mise en état peut réduire d'office les délais pour conclure et ce en raison de la nature de l'affaire (CPC, art. 911, al. 2).

e) Comment bénéficier d'une augmentation des délais

717 Dans certaines hypothèses, les délais pour conclure peuvent être allongés :
- en présence d'un éloignement géographique. Selon les circonstances, les délais sont augmentés d'un ou de deux mois (CPC, art. 915-4) ;
- en présence d'une défaillance électronique (CPC, art. 748-7) ;
- en présence d'une interruption de l'instance, les délais pour conclure le sont aussi. Le délai pour conclure repartira à zéro sans que l'on prenne en compte la durée qui a pu courir avant l'interruption (Cass. 2e civ., 4 juin 2015, n° 13-27.218). Ce sera le cas par exemple avec la désignation d'un médiateur selon l'article 915-3 du Code de procédure civile ;
- le CME peut aussi en cas de force majeure écarter les sanctions encourues pour le dépôt tardif des conclusions (CPC, art. 911, dernier al.).

Pour les appels formés à partir du 1er septembre 2024, il sera également possible de demander au CME une augmentation de son délai pour conclure que le magistrat appréciera et dont la décision constituera une mesure d'administration judiciaire (CPC, art. 911, al. 2).

f) Aboutissement du processus de mise en état

718 Une fois les délais respectés, le conseiller de la mise en état va reprendre la main.
Examen de l'affaire dans le mois suivant l'expiration des délais pour conclure ; le conseiller de la mise en état peut décider si le dossier mérite de nouveaux échanges.
Si l'affaire n'est pas en état, il va fixer un calendrier aux fins de parfaire l'instruction après avoir recueilli l'avis des représentants des parties (CPC, art. 912, al. 2).
À compter des **appels interjetés au 1er septembre 2024**, les délais du calendrier ne pourront être prorogés qu'en cas de cause grave et dûment justifiée (CPC, art. 912, al. 3).
Les règles de droit commun de la procédure civile s'appliqueront et notamment l'éventuelle sanction de la péremption d'instance, en l'absence de diligences des parties à faire progresser l'affaire (Cass. soc., 13 janv. 2021, n° 19-21.422).
Si l'affaire est en état, il fixera immédiatement la date de clôture et celle des plaidoiries (CPC, art. 912, al. 2).
Sur le plan pratique, **les parties peuvent-elles reconclure après l'expiration des délais légaux et apporter de nouvelles argumentations à leurs positions initiales ?**

Les parties peuvent jusqu'à la clôture de l'instruction invoquer des moyens nouveaux (Cass., avis, 21 janv. 2013, n° 12-00.018).

Si le conseiller de la mise en état interroge les parties pour savoir si elles entendent reconclure, le défaut de réponse des parties ne les empêche pas de le faire tant que la clôture de l'instruction n'est pas intervenue (Cass. 2e civ., 4 juin 2015, n° 14-10.548).

La clôture reste donc un pivot essentiel pour admettre la recevabilité des argumentations.

2 Mise en état à bref délai

719 Cette modalité de mise en état est prévue (CPC, art. 906) lorsque :

- l'affaire semble présenter un caractère d'urgence ou être en état d'être jugée ;
- l'appel est relatif à une ordonnance de référé.

Le président de la chambre saisie, d'office ou à la demande d'une partie, fixe à bref délai l'audience à laquelle elle sera appelée.

> ATTENTION Pour les **appels interjetés au 1er septembre 2024**, le greffe n'adresse plus à l'intimé un exemplaire de la déclaration d'appel en procédure à bref délai.
>
> Il revient donc à l'appelant de signifier l'acte de saisine à son adversaire (CPC, art. 902 nouveau).
>
> L'appelant, à peine de caducité de la déclaration d'appel, dispose d'un délai de deux mois pour conclure à compter de la réception de l'avis de fixation de l'affaire à bref délai.
>
> L'intimé, à peine d'irrecevabilité de ses conclusions, dispose du même délai de deux mois pour conclure et former le cas échéant un appel incident, et ce à compter de la notification des conclusions de l'appelant (CPC, art. 906-2).

E Audience

1 Audience tenue par un seul juge

720 Le conseiller de la mise en état peut, si les parties ne s'y opposent pas, tenir seul l'audience pour entendre les plaidoiries (CPC, art. 914-5, dernier al.).

> REMARQUE **Il est indiqué que la tenue de l'audience par un seul juge n'est possible qu'avec l'assentiment des parties. C'est mettre l'avocat dans une situation bien difficile.**
>
> **Quel avocat osera s'opposer à la tenue de l'audience par un seul juge qu'il sera amené à retrouver plus tard dans le cadre de son activité professionnelle ? Il y a fort à craindre que le magistrat perçoive comme une défiance à son égard le refus de l'auxiliaire à ce qu'il tienne seul l'audience.**
>
> **Il est vrai que le juge en rendra compte à la cour dans son délibéré mais l'on peut craindre légitimement que l'influence du magistrat qui a instruit l'affaire et a entendu seul les plaidoiries ne soit décisive.**

2 Débats oraux

721 La procédure devant la cour d'appel est écrite (C. trav., art. R. 1461-2).

À l'audience, il est interdit :

- de soulever une nouvelle prétention ;
- de verser aux débats une nouvelle pièce ;
- de faire état d'un nouveau moyen.

Les plaidoiries ne sont là que pour éclairer ou convaincre, elles ne saisissent plus le juge.

Le débat oral ne peut aller à l'encontre des conclusions écrites ; ce qui n'empêche pas la cour de pouvoir se référer à des prises de parole à l'audience pour interpréter les prétentions des parties (Cass. 1re civ., 29 oct. 2014, n° 13-15.850).

Le conseiller de la mise en état doit en principe faire un **rapport oral de l'affaire à l'audience avant les plaidoiries** (CPC, art. 914-5, al. 4).

Le président de la formation de jugement compétente est l'ordonnateur du débat oral. C'est à lui que revient le droit de mettre fin aux plaidoiries quand la juridiction s'estime éclairée (CPC, art. 440, al. 3).

Le droit au débat oral des parties est donc sous la dépendance du président qui, s'il ne peut le refuser, peut néanmoins le réduire à sa guise (Cass. soc., 17 mars 1977 : *Bull. civ.* V, n° 206).

F Décision

722 Mise en délibéré après la clôture des débats oraux.

Aucune pièce versée après la clôture ne saurait être prise en considération (Cass. soc., 19 juill. 1994, n° 90-45.908 : *JurisData* n° 1994-001627).

La **durée du délibéré** est variable d'une cour à l'autre mais la juridiction doit respecter l'exigence du délai raisonnable formulé à l'article 6, paragraphe 1 de la Convention européenne des droits de l'homme (Cass. 1re civ., 4 juin 2009, n° 08-16.480 : *JurisData* n° 2009-048463).

Le juge :
– ne saurait fonder sa décision sur des faits non compris dans le débat (Cass. soc., 5 déc. 2012, n° 11-21.113 : *JurisData* n° 2012-028160) ;
– se doit de respecter lui-même le principe du contradictoire. Si le conseiller de la mise en état a entendu seul les plaidoiries, il en rend compte à la cour dans son délibéré (CPC, art. 914-5, dernier al.) ;
– n'a pas à statuer sur la demande de restitution de la provision versée par l'employeur à son salarié car l'annulation de l'ordonnance du bureau de conciliation opère de plein droit obligation de restitution (Cass. soc., 15 févr. 2023, n° 21-20.572).
Dès lors que l'arrêt mentionne qu'il était présent aux débats et au délibéré, cette constatation entraîne présomption que ce magistrat a rendu compte des débats aux autres magistrats composant la cour (Cass. 2e civ., 9 janv. 1991, n° 89-15.187 : *JurisData* n° 1991-700045 ; *Bull. civ.* II, n° 11).

G Recours ou contestations

723 L'arrêt d'appel peut faire l'objet des **requêtes** :
– en interprétation (CPC, art. 461) ;
– en rectification d'erreur matérielle (CPC, art. 462) ;
– en omission de statuer (CPC, art. 463).
L'arrêt d'appel pourra faire l'objet d'un **pourvoi en cassation** (CPC, art. 605 et s.).
Le délai du pourvoi est en principe de deux mois (CPC, art. 612).
Le point de départ du délai est la date de la signification de l'arrêt d'appel effectuée à la diligence des parties elles-mêmes.
Nonobstant une éventuelle notification par le greffe de la cour d'appel, le délai du pourvoi n'a pas couru à défaut de signification (Cass. soc., 20 mars 2019, n° 18-12.582 : *Procédures* 2019, comm. 159, obs. A. Bugada).
L'arrêt est susceptible d'**opposition** s'il a été rendu par défaut, ce qui suppose que l'intimé n'a pas comparu et que la citation ne lui a pas été délivrée en personne (Cass. 2e civ., 6 juin 2019, n° 18-16.291).
Si l'opposition est recevable, elle n'introduit pas un nouvel appel de sorte que les dispositions de l'article 908 du Code de procédure civile ne trouveront pas à s'appliquer (Cass. 2e civ., 27 févr. 2020, n° 19-10.233).
Une **tierce opposition** peut être dirigée contre un arrêt d'appel.
La recevabilité de cette voie de recours est subordonnée à trois conditions :
– ne pas avoir été partie à l'instance ;
– ne pas avoir été représenté ;
– et disposer d'un intérêt à agir (V. Fiche 86 : Former une tierce opposition).
L'intérêt pratique à former tierce opposition peut néanmoins se trouver faible car cette voie de recours dispose d'un effet dévolutif limité, ce qui n'autorise pas à instaurer un nouveau litige devant la juridiction d'appel (Cass. 3e civ., 4 mars 2021, n° 20-14.195).
L'arrêt d'appel peut être attaqué par la voie du **recours en révision**.
À l'initiative d'une partie, le recours tend à vouloir faire corriger une erreur de fait commise par le juge en raison d'une fraude (CPC, art. 595. – V. Fiche 88 : Exercer un recours en révision).

CHECK-LIST • **Rappeler au client que l'exercice d'une voie de recours n'est jamais sans risque.**
• Vérifier :
– que la décision attaquée est susceptible d'appel ;
– que le délai d'appel n'est pas expiré ;
– la qualité pour agir du client ;
– les mentions de la déclaration d'appel.
• Faire attention au basculement de la procédure orale à une procédure écrite plus exigeante en terme de forme et de délais.
• Faire attention à la procédure d'appel applicable qui peut être avec désignation d'un CME, à bref délai ou à jour fixe.

POUR ALLER PLUS LOIN...

Fascicule JurisClasseur
• *JCl. Procédure civile*, fasc. 1000-10.
Ouvrages
• L. Cadiet et E. Jeuland, *Droit judiciaire privé*, LexisNexis, 2023.
• Ph. et N. Gerbay, *Guide du procès civil en appel*, LexisNexis, 2025/2026.
• R. Layer et Ch. Laporte, *Guide pratique de procédure civile*, LexisNexis, 2021.

Fiche 32

Appréhender la procédure devant la formation de référé du conseil de prud'hommes

Céline TILLOY

Sommaire

I Aperçu rapide

A Caractéristiques générales

724 Si le conseil de prud'hommes règle tous les litiges individuels nés de la conclusion, de l'exécution et/ou de la rupture d'un contrat de travail de droit privé opposant un employeur à un salarié, l'une de ses sections connaît en particulier des difficultés qui présentent notamment un **caractère urgent** : la formation des référés.

La formation des référés est (C. trav., art. R. 1455-1) :
– commune à l'ensemble des sections du conseil ;
– composée d'un conseiller prud'homme salarié et d'un conseiller prud'homme employeur.
Le règlement intérieur du conseil de prud'hommes fixe les jours et heures habituels des audiences de référé ; en principe, au moins une audience de référé par semaine (C. trav., art. R. 1455-4).
La procédure de référé répond, pour une large part, aux principes qui gouvernent la procédure prud'homale ordinaire, sauf pour le préalable de conciliation (C. trav., art. R. 1455-9).
Les décisions prononcées en référé n'ont pas, au principal, l'autorité de la chose jugée.

B Conditions d'utilisation

725 La formation de référé du conseil de prud'hommes :
– connaît des litiges qui relèvent de la **compétence d'attribution** de cette juridiction (C. trav., art. L. 1411-1 et L. 1411-2. – V. Fiche 30 : Gérer la procédure de jugement devant le conseil de prud'hommes) et de son **propre domaine de compétence** (V. not. CA Paris, 7 nov. 2019, n° 19/04233 : *JurisData* n° 2019-020253) ;
– – statue en cas :
– d'**urgence** (C. trav., art. R. 1455-5), appréciée souverainement par le juge au moment où il statue (Cass. soc., 25 oct. 1962 : *Bull. civ.* V, n° 753) ;
– de **dommage imminent** (Cass. soc., 8 mars 2017, n° 15-18.560 : *JurisData* n° 2017-004011) ;
– de **trouble manifestement illicite** (C. trav., art. R. 1455-6. – Cass. soc., 1er juin 2022, n° 20-16.836 : *JurisData* n° 2022-008561, *JCP* S 2022, 1193 J.-Y. Kerbourc'h) ;
– d'une **obligation non sérieusement contestable** (C. trav., art. R. 1455-7. – Cass. soc., 17 mai 2023, n° 21-24.383 : *JurisData* n° 2023-008148).
Lorsque l'existence de l'obligation n'est pas sérieusement contestable (Cass. soc., 9 mai 2018, n° 16-26.910 : *JurisData* n° 2018-007608), la formation de référé peut (rappr. CPC, art. 835, al. 2) :
– accorder au créancier une provision (Cass. soc., 6 déc. 2023, n° 21-25.225 : *JurisData* n° 2023-022490, impossibilité d'allouer en référé un rappel de salaire sur le fondement de l'article R. 1455-7) ;
– ordonner l'exécution de l'obligation, même s'il s'agit d'une obligation de faire.

REMARQUE **L'urgence de la situation n'a pas à être démontrée (Cass. soc., 19 nov. 2008, n° 07-44.075 : *Cah. prud'h.* 2009, p. 52).**

– de demande de **mesures d'instruction** prononcées à des fins conservatoires lorsque cette demande est présentée **avant tout procès** (CPC, art. 145).
Cette action est recevable si :
– le juge du principal n'est pas déjà saisi de l'affaire pour laquelle la mesure d'instruction est demandée (Cass. soc., 1er févr. 2017, n° 15-27.043 : *JurisData* n° 2017-001533) ;
– le demandeur justifie d'un **motif légitime** de conserver ou d'établir la preuve d'un élément de fait (Cass. soc., 28 sept. 2022, n° 21-17.299 : *JurisData* n° 2022-015828) ;
– de **contestation des avis et mesures émis par le médecin du travail** (C. trav., art. L. 4624-7, R. 4624-45 et R. 1455-12 *in fine*).

ATTENTION Les juges statuent alors selon la **procédure accélérée au fond** (C. trav., art. L. 4624-7, I, R. 4624-45 et R. 1455-12).

Le délai imparti pour contester ces avis, propositions est de **quinze jours** suivant leur notification (V. C. trav., art. R. 4624-45).
Le médecin du travail n'est pas partie au litige mais l'employeur l'informe de la contestation (C. trav., art. L. 4624-7, I).
La décision des juges se substitue aux avis, propositions, conclusions écrites ou indications contestés (C. trav., art. L. 4624-4, III).

C Avis du professionnel

726 Veiller :
– à caractériser, à partir des éléments de fait connus, les circonstances précises justifiant la saisine de la formation des référés (C. trav., art. R. 1455-5) ;
– au respect des règles propres au référé prud'homal qui dérogent parfois aux règles applicables devant les autres sections du conseil de prud'hommes (Cass. soc., 27 nov. 2013, n° 12-21.275 : *JurisData* n° 2013-027234).

D Textes

- C. trav., art. L. 1423-1 et R. 1455-1 à R. 1455-11.
- CPC, art. 484, 486 et 488 à 492, 514.

E Schéma procédural

727 • Saisine de la formation de référé du conseil de prud'hommes.
• Audience devant la formation de référé.
• Éventuellement audience de départage.
• Ordonnance.

II Préparation

A Information du client

728 Informer le client des caractéristiques de la procédure de référé prud'homal et plus précisément :
– de l'obligation qui lui incombe de comparaître en personne à l'audience de référé, s'il souhaite ne pas y être représenté (C. trav., art. R. 1453-1) ;
– de la possibilité d'être assisté ou représenté à l'audience de référé (V. *infra*, n° 732, Assistance et représentation) ;
– de l'oralité qui gouverne la procédure prud'homale en première instance (C. trav., art. R. 1453-3) ;
– de l'obligation de respecter le principe du contradictoire ;
– du caractère provisoire des mesures ordonnées par la formation des référés (C. trav., art. R. 1455-10. – CPC, art. 488).

B Contrôles préalables

729 • Vérifier que les circonstances de fait et de droit justifient la saisine de la formation des référés et correspondent aux mesures sollicitées (C. trav., art. R. 1455-5).
• S'assurer :
– de l'intérêt et de la qualité à agir du client ;
– de la compétence, matérielle et territoriale, de la juridiction saisie (V. Fiche 29 : Procédure ordinaire devant le conseil de prud'hommes).

C Pièces nécessaires

730 Réclamer à son client toutes les pièces (contrat de travail, bulletins de paie, certificat de travail...) de nature à justifier :
– la compétence de la formation des référés ;
– le bien-fondé des prétentions formulées.

D Coût de la procédure

731 En matière prud'homale, les actes de justice sont en principe gratuits (C. trav., art. L. 1442-8). Le client peut toutefois devoir supporter certains frais tels que :
– honoraires dus à son avocat, sauf à bénéficier de l'aide juridictionnelle ;
– frais de procédure (C. trav., art. R. 1451-1. – CPC, art. 695) ;
– et éventuellement, honoraires et frais d'expertise en cas de contestation d'un avis... du médecin du travail (C. trav., art. L. 4624-7, IV et R. 4624-45-1).

III Procédure

A Assistance et représentation

732 Une partie peut être assistée devant la formation des référés du conseil de prud'hommes et y être représentée par :
– les salariés ou les employeurs appartenant à la même branche d'activité ;
– les défenseurs syndicaux ;
– son conjoint ;
– son partenaire lié par un PACS ;
– son concubin ;
– les avocats (C. trav., art. R. 1453-1. – *Adde*, C. trav., art. L. 1453-1-A).

ATTENTION L'employeur peut également être assisté, ou représenté, par un membre de

l'entreprise ou de l'établissement « fondé de pouvoir ou habilité à cet effet » (C. trav., art. R. 1453-2, al. 2).
La liste des personnes habilitées à assister et à représenter les parties devant le conseil de prud'hommes est **limitative** (CA Paris, 7 mars 2019, n° 18/09943 : *JurisData* n° 2019-003461).

REMARQUE **Vérifier, si la personne qui représente l'adversaire n'est pas un avocat, qu'elle dispose d'un mandat spécial (C. trav., art. R. 1453-2, al. 3 et CPC, art. 416. – Cass. 2e civ., 8 févr. 2024, n° 21-23.752 : *JurisData* n° 2024-001154, le défenseur syndical doit justifier d'un mandat de représentation devant le conseil de prud'hommes et la cour d'appel saisie pour appel).**

ATTENTION Les parties ne peuvent pas être assistées ou représentées par :
- un conseiller prud'homal appartenant au conseil de prud'hommes saisi (C. trav., art. L. 1453-2) ;
- le président et le vice-président du conseil de prud'hommes devant les formations de ce conseil (C. trav., art. L. 1453-3).
À défaut, la procédure sera **nulle** (Cass. soc., 16 sept. 2008, n° 06-45.334 : *JCP* S 2009, 1024, obs. B. Boubli).

B Compétence

733 Le référé se déroule devant la formation des référés du conseil de prud'hommes territorialement compétent (V. Fiche 29 : Procédure ordinaire devant le conseil de prud'hommes).

C Rédaction de l'acte de saisine

1 Formes des demandes

734 La saisine de la formation des référés se réalise par :
- **requête** faite, remise ou adressée au greffe du conseil de prud'hommes (C. trav., art. R. 1455-9, al. 1er et R. 1452-2. à R. 1452-4) ou
- **acte du commissaire de justice** (C. trav., art. R. 1455-9, al. 1er).
Une copie de l'assignation est alors remise au greffe, au plus tard la veille de l'audience (C. trav., art. R. 1455-9, al. 2).

2 Mentions

a) Mention de l'assignation

735 L'assignation contient :
- un **exposé des moyens en fait** et **en droit** (CPC, art. 56, 2°) ;
- pour les **personnes physiques :** l'indication des nom, prénoms, profession, domicile, nationalité, date et lieu de naissance du demandeur ;
- pour les **personnes morales :** l'indication de leur forme, leur dénomination, leur siège social et de l'organe qui les représente légalement (CPC, art. 54, 3°) ;
- l'indication des nom, prénoms et domicile **de la personne contre laquelle** la demande est formée, ou, s'il s'agit d'une personne morale, de sa dénomination et de son siège social ;
- l'indication des **modalités de comparution** devant le conseil de prud'hommes ;
- la précision que, faute pour le défendeur de comparaître, il s'expose à ce qu'un jugement soit rendu contre lui sur les seuls éléments fournis par son adversaire (CPC, art. 54, 6°) ;
- la **liste des pièces** sur lesquelles la demande est fondée dans un **bordereau** qui lui est **annexé** (CPC, art. 56, 3°. – V. *infra*, n° 737).

NOTA L'assignation doit être signée par l'avocat. Il convient d'y annexer un bordereau de communication de pièces.

NOTA Après la signification par voie d'huissier, le double original qui vous sera retourné par voie postale doit être déposé au greffe afin de « placer » votre assignation. En parallèle, selon le droit commun de la confraternité, vous devez adresser un courriel à votre confrère, si vous le connaissez, pour l'en informer.

b) Mentions de la requête

736 La requête énonce, tout d'abord :
- Toutes les mentions que l'**article 57 du Code de procédure civile prescrit à peine de nullité** (C. trav., art. R. 1452-2, al. 2) :
à savoir :
- l'indication du conseil de prud'hommes devant lequel la demande est portée ;
- l'**objet** de la demande (CPC, art. 54, 2°) ;
- pour les **personnes physiques** : l'indication des nom, prénoms, profession, domicile, nationalité, date et lieu de naissance du demandeur ;

– pour les **personnes morales** : l'indication de leur forme, leur dénomination, leur siège social et de l'organe qui les représente légalement (CPC, art. 54, 3°) ;
– l'indication des nom, prénoms et domicile de la **personne contre laquelle** la demande est formée, ou, s'il s'agit d'une personne morale, de sa dénomination et de son siège social (CPC, art. 57) ;
– l'indication des **pièces** sur lesquelles la demande est fondée (CPC, art. 57) ;
– l'indication des **modalités de comparution** devant la juridiction **et**
– la précision que, faute pour le défendeur de comparaître, il s'expose à ce qu'un jugement soit rendu contre lui sur les seuls éléments fournis par son adversaire (CPC, art. 54, 6°).
Elle contient également :
– les différents c**hefs de demande** ;
– un **exposé sommaire des motifs** de la demande (C. trav., art. R. 1452-2).
La requête est :
– datée et signée (CPC, art. 57) ;
– accompagnée des pièces que le demandeur souhaite invoquer à l'appui de ses prétentions (C. trav., art. R. 1452-2, al. 2. – V. *infra*, n° 737).

3 Bordereau

737 Les pièces que le demandeur avance à l'appui de ses prétentions sont énumérées dans un **bordereau**.
Ce bordereau est **annexé à la requête ou à l'assignation**.
La requête et le bordereau sont établis en autant d'exemplaires qu'il existe de défendeurs. S'y ajoute l'exemplaire destiné à la juridiction (C. trav., art. R. 1452-2).
La requête est adressée ou remise au secrétariat greffe du conseil de prud'hommes qui en communique un exemplaire – complété d'un exemplaire du bordereau énumérant les pièces – à chacun des défendeurs (C. trav., art. R. 1452-2 et R. 1452-4).

D Instruction du dossier

738 Depuis l'entrée en vigueur du décret du 20 mai 2016, la possibilité de désigner un ou deux conseillers rapporteurs est expressément envisagée dans le seul cadre des procédures menées devant le BCO et le bureau de jugement (C. trav., art. R. 1454-3, R. 1454-4 et R. 1454-19-1).
Les dispositions de l'article R. 1451-1 du Code du travail et des articles 143 et suivants du Code de procédure civile autorisent néanmoins la formation de référé du conseil de prud'hommes à ordonner toutes les « mesures d'instruction légalement admissibles » (CPC, art. 143).

E Audience

1 Convocation et information des parties

a) Information du demandeur par le greffe

739 Lorsque la formation de référé n'est pas saisie par un acte du commissaire de justice, le greffe du conseil de prud'hommes avise le demandeur (C. trav., art. R. 1452-3) :
– du lieu ;
– du jour ;
– de l'heure de l'audience de référé à laquelle l'affaire est appelée.
Ces informations sont délivrées par **tous moyens** (C. trav., art. R. 1452-3).
Cet avis :
– invite le demandeur à adresser ses pièces au défendeur avant l'audience ;
– indique que s'il ne comparaît pas, sans motif légitime, il pourra être statué en l'état des pièces et moyens contradictoirement communiqués par l'autre partie (C. trav., art. R. 1452-3).

NOTA Dans l'hypothèse de la saisine du juge des référés par voie d'assignation, il est préférable de téléphoner au greffe afin de « prendre une date ». Vous pouvez parfois le prévenir *a posteriori* si vous connaissez le jour où les affaires en référé sont examinées, mais cela est moins correct. Rappelez-vous que cette pratique est tellement exceptionnelle qu'il n'y a pas réellement de procédure habituelle comme cela existe pour un référé devant les autres tribunaux de droit commun. Le référé-instruction, notamment, est extrêmement rare dans la mesure où le bureau de conciliation dispose des mêmes pouvoirs. L'essentiel des référés ne concerne finalement que le paiement des salaires.

b) Convocation du défendeur par le greffe

740 Lorsque la formation de référé n'est pas saisie par un acte du commissaire de justice, le greffe du conseil de prud'hommes convoque le défendeur à l'audience de référé :
– par une lettre recommandée avec avis de réception (CPC, art. 670-1 et Cass. soc., 6 sept. 2023, n° 21-25.400 : *JurisData* n° 2023-010558, en l'absence de retour au greffe du conseil de prud'hommes de l'accusé de réception de la lettre recommandée convoquant le défendeur, la formation des référés doit inviter le demandeur à procéder par voie de signification) ;

– **dès la réception** des exemplaires de la requête et du bordereau (C. trav., art. R. 1452-4, al. 1er).

Cette convocation indique :

– les nom, profession et domicile du demandeur ;

– les lieu, jour et heure de l'audience à laquelle l'affaire sera appelée ;

– le fait que des décisions exécutoires à titre provisoire pourront, même en son absence, être prises contre lui ;

– et qu'en cas de non-comparution sans motif légitime, il pourra être statué en l'état des pièces et moyens contradictoirement communiqués par l'autre partie (C. trav., art. R. 1452-4, 3).

Cette convocation :

– invite le défendeur à déposer ou adresser au greffe les pièces qu'il entend produire et à les communiquer au demandeur (C. trav., art. R. 1452-4) ;

– reproduit les dispositions des articles R. 1453-1 et R. 1453-2 du Code du travail (C. trav., art. R. 1452-4).

Un exemplaire de la requête et du bordereau énumérant les pièces adressées par le demandeur est joint à la convocation (C. trav., art. R. 1452-4).

ATTENTION Aucun texte n'impose de délai séparant la convocation de l'audience de jugement. Le juge doit néanmoins s'assurer que le défendeur a bénéficié d'un délai raisonnable pour préparer sa défense (CPC, art. 486).

2 Comparution des parties

741 Les parties comparaissent à l'audience de référé, en personne ou représentées.

Leur représentant est choisi parmi les personnes mentionnées à l'article R. 1453-2 du Code du travail (V. *supra*, n° 732, Assistance et représentation).

ATTENTION L'absence d'une partie régulièrement convoquée à l'audience de référé ne peut être palliée :

– ni par le dépôt de conclusions devant le conseil de prud'hommes (Cass. soc., 8 nov. 1994, n° 91-41.134 : *Bull. civ.* V, n° 297) ;

– ni par leur envoi à l'adversaire (Cass. soc., 14 mars 2007, n° 05-45.414 : *JurisData* n° 2007-037942).

Les règles relatives à la comparution, en personne ou par représentant, des parties à l'audience du bureau de jugement s'appliquent devant la formation des référés du conseil de prud'hommes (V. C. trav., art. R. 1452-3, al. 2 et R. 1452-4, 3).

3 Déroulement de la procédure

a) Absence de conciliation préalable obligatoire

742 La formation de référé statue sans conciliation préalable.

b) Oralité de la procédure

743 La procédure prud'homale est orale (C. trav., art. R. 1453-3).

Seules les prétentions présentées oralement à l'audience de référé par les parties, ou par leur représentant, saisissent le juge (comp. C. trav., art. R. 1453-5 et Cass. soc., 17 mai 2023, n° 21-24.383 : *JurisData* n° 2023-008148 : l'obligation faite aux parties comparantes de formuler expressément dans leurs conclusions, leurs prétentions, les moyens de fait, les moyens de droit qui les fondent et d'indiquer les pièces qui fondent chacune de leurs prétentions s'impose lorsqu'elles exposent **toutes** leurs prétentions par **écrit et** qu'elles sont **toutes** assistées ou représentées par un **avocat**).

La formation de référé doit observer, et faire observer, le **principe du contradictoire** (Cass. soc., 25 oct. 1989, n° 88-41.673 : *JurisData* n° 1989-703474, lorsque l'employeur n'a pas comparu à l'audience, la formation des référés ne peut pas tenir compte de la modification de la demande formulée par le salarié – et y faire droit –, s'il ne résulte pas de la procédure que l'employeur a été régulièrement informé de cette nouvelle demande).

ATTENTION Les règles applicables devant le bureau de jugement, organisant la mise en état de l'affaire, sont applicables devant la formation des référés (V. C. trav., art. R. 1454-19. – V. Fiche 29 : Procédure ordinaire devant le conseil de prud'hommes).

NOTA Une phase d'échange des écritures et pièces entre les parties précède l'audience. Cette dernière se déroule comme devant le bureau de jugement, à la différence près qu'il n'y a que deux conseillers prud'homaux au lieu de quatre.

F Décision

1 Forme de la décision

744 La formation de référé du conseil de prud'hommes se prononce par voie d'ordonnance (CPC, art. 484).
La décision doit être **motivée** (CPC, art. 455).

2 Prononcé de la décision

745 Après avoir entendu les parties, la formation de référé délibère et peut rendre son ordonnance sur-le-champ.
À défaut, le président indique la date à laquelle cette décision sera prononcée (C. trav., art. R. 1454-25).

3 Départage

746 Les décisions de la formation de référé sont prises à la majorité des voix (CPC, art. 449).
En l'absence de majorité au sein de la formation de référé, l'affaire est renvoyée devant la formation de départage (C. trav., art. L. 1454-2 et R. 1454-29, al. 2. – V. Fiche 30 : Gérer la procédure de jugement devant le conseil de prud'hommes).
L'audience de départage doit se tenir sans délai et, au plus tard, dans les **quinze jours** du renvoi (C. trav., art. R. 1454-29, al. 2).

4 Contenu de la décision

a) Mesures ordonnées par la formation de référé

747 Selon les circonstances qui ont justifié sa saisine, la formation de référé **peut** :
- **ordonner**, en cas d'urgence, toutes les mesures qui ne se heurtent à aucune contestation sérieuse (Cass. soc., 17 mai 2017, n° 15-27.929 : *JurisData* n° 2017-009436) ou que justifie l'existence d'un différend (C. trav., art. R. 1455-5) ;
- **prescrire** les mesures conservatoires (Cass. soc., 3 mars 2015, n° 13-22.411 : *JurisData* n° 2015-004031) ou de remise en état qui s'imposent pour prévenir un dommage imminent (Cass. soc., 8 mars 2017, n° 15-18.560 : *JurisData* n° 2017-004011) ou pour faire cesser un trouble manifestement illicite (Cass. soc., 1er févr. 2023, n° 21-24.271 : *JurisData* n° 2023-000914. – C. trav., art. R. 1455-6) ;
- **accorder** au créancier une provision ou ordonner l'exécution de l'obligation même s'il s'agit d'une obligation de faire, lorsque l'existence de l'obligation n'est pas sérieusement contestable (C. trav., art. R. 1455-7) ;
- **ordonner** des **mesures d'instruction** légalement admissibles, indispensables à la protection du droit à la preuve du demandeur et proportionnées au but poursuivi (Cass. soc., 16 déc. 2020, n° 19-17.637 : *JurisData* n° 2020-020499) si un motif légitime existe de conserver ou d'établir, avant tout procès (CA Paris, 21 mai 2015, n° 14/12493 : *JurisData* n° 2015-012631), la preuve de faits dont pourrait dépendre la solution d'un litige (CPC, art. 145) ;
- **prononcer** des condamnations à des astreintes et s'en réserver la liquidation (CPC, art. 491, al. 1er).

REMARQUE **Le juge des référés peut, même en l'absence de disposition l'y autorisant, ordonner la poursuite de relations contractuelles au bénéfice de salariés licenciés en violation de l'une de leurs libertés fondamentales (Cass. soc., 30 sept. 2020, n° 19-11.741 : *JurisData* n° 2020-015411).**

ATTENTION La formation des référés **ne peut pas** :
- **ordonner**, à la demande **d'un tiers**, la résiliation d'un contrat de travail, ni prendre de mesure en entraînant la rupture (Cass. soc., 18 nov. 2009, n° 08-19.419 : *JurisData* n° 2009-050372) ;
- **se prononcer** sur le bien-fondé d'un licenciement (CA Orléans, 13 nov. 2019, n° 19/00988 : *JurisData* n° 2019-019984), ni **fixer** la **date** de la **rupture** du contrat de travail (CA Aix-en-Provence, 17 déc. 2021, n° 21/08935 : *JurisData* n° 2021-020681) ;
- **ordonner** la réintégration dans son emploi d'un salarié protégé qui a pris acte de la rupture de son contrat de travail, la prise d'acte provoquant la rupture immédiate et irrévocable de la relation de travail (Cass. soc., 29 mai 2013, n° 12-15.974 : *JurisData* n° 2013-010781.

b) Renvoi devant le bureau de jugement

748 La formation des référés peut renvoyer l'affaire, dont elle est saisie, devant le bureau de jugement du conseil de prud'hommes (C. trav., art. R. 1455-8).
Il faut que :
- la demande, dont la formation de référé est initialement saisie, excède ses pouvoirs et présente une urgence particulière ;
- les parties aient accepté ce renvoi (Cass. soc., 21 févr. 1990, n° 87-40.008 : *JurisData* n° 1990-700404) ;
- la formation de référé ait tenté de les concilier en audience non publique (C. trav., art. R. 1454-10).

REMARQUE La notification aux parties de l'ordonnance de référé mentionnant la date de l'audience du bureau de jugement vaut citation en justice (C. trav., art. R. 1455-8, al. 2).

5 Caractères de la décision

749 La décision rendue par la formation de référé :
- est provisoire (CPC, art. 484) ;
- est exécutoire de plein droit à titre provisoire (CPC, art. 514, et 514-1) ;
- n'a pas, au principal, l'autorité de la chose jugée (CPC, art. 488. - C. trav., art. R. 1455-10).

Une partie peut donc soumettre au juge du fond une demande qu'elle a déjà présentée devant la formation de référé, sans que l'autorité de la chose jugée lui soit opposée (Cass. soc., 19 mai 1988, n° 85-43.243 : *JurisData* n° 1988-000723. - V. *supra*, n° 729, Contrôles préalables).

6 Suite de la décision

750 Le greffe du conseil de prud'hommes notifie aux parties l'ordonnance de référé, par lettre recommandée avec avis de réception (C. trav., art. R. 1454-26, al. 1er).

Les parties peuvent également faire signifier l'ordonnance de référé par acte du commissaire de justice.

G Fin de la procédure

1 Conciliation

751 La conciliation totale des parties obtenue devant le juge des référés met fin à l'instance.

L'accord des parties est constaté et consigné dans un procès-verbal de conciliation.

2 Désistement

752 Le désistement d'une instance introduite devant la formation de référé, qui ne s'accompagne d'aucun désistement d'action clair et non équivoque, laisse intact le droit d'agir devant la formation de jugement du conseil de prud'hommes (Cass. soc., 17 mars 1999, n° 96-43.328 : *JurisData* n° 1999-001081, le désistement devant le juge du fond est sans influence sur le pouvoir du juge des référés de statuer).

Le juge des référés peut rendre une décision constatant l'extinction de l'instance par le désistement d'instance et d'action des deux parties sur les points conciliés (rappr. CPC, art. 384).

H Recours ou contestation

1 Appel (V. Fiche 11 : Faire appel d'une ordonnance de référé civil. - V. Fiche 31 : Faire appel d'une décision prud'homale)

753 L'appel doit être interjeté dans les **quinze jours** qui suivent la notification de l'ordonnance de référé (C. trav., art. R. 1455-11).

Certaines décisions ne peuvent faire l'objet d'un appel. Tel est le cas (C. trav., art. R. 1455-11, R. 1462-1 et R. 1462-3) :
- lorsque la valeur totale des prétentions d'aucune des parties ne dépasse le taux de compétence, soit **5 000 €** (C. trav., art. D. 1462-3) ;
- lorsque la demande tend à la remise, même sous astreinte, de certificat de travail, de bulletins de paie ou de toute pièce que l'employeur est tenu de délivrer, à moins que le jugement ne soit en premier ressort en raison du montant des autres demandes (C. trav., art. R. 1462-1).

2 Pourvoi en cassation

754 Un pourvoi en cassation peut être dirigé contre les décisions de la formation des référés rendues en premier et en dernier ressort (comp. Cass. soc., 22 oct. 2014, n° 13-21.188 : *RJS* 2015, n° 54).

Ce pourvoi est formé :
- dans les **deux mois** suivant la notification de la décision contestée (CPC, art. 612 et 974) ;
- par déclaration au greffe de la Cour de cassation (CPC, art. 974) ;
- par ministère d'un avocat aux conseils.

I Modifications de la décision

755 L'ordonnance de référé peut être modifiée ou rapportée en référé, en cas de circonstances nouvelles (C. trav., art. R. 1455-10. - CPC, art. 488, al. 2).

J Débriefing client

756 Lorsque la formation de référé aura rendu son ordonnance :
- évaluer avec le client la nécessité de mettre en œuvre les voies de recours ;

– le mettre en garde et de l'informer des risques (s'il y en a) liés à un recours abusif ou dilatoire ;
– le renseigner sur les modalités d'exécution de l'ordonnance de référé.

CHECK-LIST • **Rechercher :**
– la nécessité d'une intervention urgente du conseil de prud'hommes ;
– la présence d'un trouble manifestement illicite ;
– la survenance éventuelle d'un dommage imminent ;
– l'existence d'une obligation non sérieusement contestable.
• S'assurer de :
– l'intérêt et la qualité à agir du client ;
– la compétence matérielle et territoriale de la juridiction ;
– la comparution personnelle ou par représentant du client à l'audience ;
– l'existence de pièces utiles au soutien des prétentions.
• Veiller au respect :
– du principe du contradictoire.
• Renseigner le client sur :
– le coût de la procédure ;
– la possibilité de se faire assister ou représenter ;
– l'éventualité d'un recours contre l'ordonnance de la formation de référé.
• Vérifier le mandat spécial du représentant de l'adversaire s'il n'est pas avocat.

POUR ALLER PLUS LOIN...

Fascicule JurisClasseur
• *JCl. Procédures Formulaire*, V° *Prud'hommes* (Conseil de), fasc. 30.

Fiche 33

Présenter un recours préalable dans le cadre du contentieux de la sécurité sociale et de l'admission à l'aide sociale

Céline TILLOY

Sommaire

I

Aperçu rapide

A Caractéristiques générales

757 Tous les différends – ou presque – opposant un organisme de sécurité sociale ou de MSA à un assuré ou à un cotisant sont soumis à un **recours préalable obligatoire** devant une **commission de recours amiable** (CRA) ou devant une **commission médicale de recours amiable** (CMRA).

Ce recours permet de réexaminer la décision contestée et de limiter les actions présentées à l'un des tribunaux judiciaires spécialisés dans le contentieux de la sécurité sociale et de l'admission à l'aide sociale (CSS, art. L. 142-4 et R. 142-1 et s. – COJ, art. L. 211-16).

Selon les cas, cette commission peut être :

– une **émanation** du conseil d'administration de l'organisme social qui a prononcé la décision contestée (rappr. CA Aix-en-Provence, 30 juin 2015, n° 13/00617 : *JurisData* n° 2015-018799) ;

ou

– être composée de **médecins** (CSS, art. R. 142-8-1).

ATTENTION L'absence de saisine de la commission de recours amiable (CRA) est une fin de non-recevoir que :

– l'avocat peut soulever en toute étape de la procédure (CPC, art. 123) ;

– le juge peut relever d'office (CPC, art. 125. – Cass. soc., 17 mars 1994, n° 91-13.919 : *Bull. civ.* V, n° 102, le juge doit vérifier que parties ont pu présenter leurs observations).

Les décisions de la CRA, **instance administrative**, n'ont pas :

– de caractère juridictionnel (Cass. 2e civ., 19 janv. 2006, n° 04-30.508 : *JurisData* n° 2006-031793) ;

– autorité de chose jugée ;

– mais sont, en principe, dotées de l'**autorité** de la **chose décidée** (rappr. Cass. 2e civ., 26 mai 2016, n° 15-16.193 : *JurisData* n° 2016-009936).

En raison de son caractère non juridictionnel, la CRA :

– n'est astreinte à aucune règle de procédure particulière ;

– n'a pas l'obligation de procéder à des débats contradictoires.

B Conditions d'utilisation

758 Seules **les décisions** des organismes de sécurité sociale (Cass. 2e civ., 9 décembre 2021, n° 20-12.212 : *JurisData* n° 2021-020501), et certaines décisions de la commission des droits et de l'autonomie des personnes handicapées (CDAPH) ou du président du conseil départemental sont susceptibles d'un recours préalable (CSS, art. L. 142-4).

EXEMPLE **La mise en demeure, que l'URSSAF notifie au débiteur à l'issue des opérations de contrôle et de redressement, est une décision susceptible de recours devant la CRA (Cass. 2e civ., 14 févr. 2019, n° 17-27.759 : *JurisData* n° 2019-001969).**

Échappent au recours préalable :

– les **oppositions à contrainte** (CSS, art. L. 244-9 et R. 133-3, art. R. 142-7) ;

– les **contestations relatives** à la prise en charge :

• par les entreprises de travail temporaire, du coût des accidents du travail et des maladies professionnelles dont les salariés intérimaires sont victimes (CSS, art. L. 241-5-1, al. 1er et al. 2 et R. 142-7),

• du coût de l'accident et de la maladie professionnelle affectant un salarié agricole intérimaire (CSS, art. R. 142-7. – C. rur., art. L. 751-14, al. 1er) ;

– les **litiges** :

• liés aux remises de majoration (CSS, art. L. 133-4 et R. 142-7),

• nés du contrôle et de la lutte contre la fraude, des sanctions financières et de la mise hors convention prononcées à l'encontre des professionnels de santé (CSS, art. L. 142-4, al. 3 et L. 114-17, L. 114-17-1, L. 162-12-16, L. 162-34 et R. 142-7) ;

– les **actions en dommages-intérêts** engagées **contre** les organismes de sécurité sociale (Cass. 2e civ., 22 sept. 2022, n° 20-10.584 : *JurisData* n° 2022-015509) ;

– les **litiges** portant sur l'existence d'une faute inexcusable et opposant un salarié à son employeur, lorsque la CPAM a **refusé** de mettre en œuvre la procédure de **conciliation** prévue à l'article L. 452-4, alinéa 1er du Code de la sécurité sociale (Cass. 2e civ., 14 mars 2019, n° 18-12.620 : *JurisData* n° 2019-003686).

C Avis du professionnel

759 Veiller à :
– **bien motiver**, en fait et en droit, la demande présentée à la CRA (V. Cass. 2e civ., 16 mars 2023, n° 21-11.470 : *JurisData* n° 2023-003588, le requérant peut invoquer à l'occasion de son recours juridictionnel d'autres moyens que ceux qu'il a soulevés devant la commission de recours amiable). Cette demande doit préciser **tous** les chefs de demande (Cass. 2e civ., 1er juin 2023, n° 21-21.329 : *JurisData* n° 2023-008692) ;
– **joindre** à la demande toutes les pièces nécessaires pour éclairer la CRA.

ATTENTION En principe, aucune nouvelle demande, non préalablement présentée à la CRA ne peut être ensuite accueillie par la juridiction spécialisée (rappr. Cass. 2e civ., 30 mars 2017, n° 16-14.437 : *JurisData* n° 2017-005783).

D Textes

- CSS, art. L. 142-1.
- CSS, art. R. 142-1 à R. 142-7.

E Schéma procédural

760 • Saisine de la CRA ou de la CMRA.
• Examen du dossier par la CRA ou la CMRA.
• Décision expresse ou implicite de la CRA ou de la CMRA.
• Éventuelle notification de la décision expresse de la CRA ou de la CMRA.

II Préparation

A Information du client

761 Informer le client :
– de l'obligation qui lui est faite, **en principe**, de présenter, dans un premier temps, sa réclamation à la CRA (V. toutefois, CSS, art. R. 142-7) ;
– des **conséquences** qui découlent de cette obligation. Il est, en principe, impossible :
• de saisir directement le tribunal judiciaire compétent d'une demande (rappr. Cass. 2e civ., 12 juill. 2018, n° 17-20.198 : *JurisData* n° 2018-012344),
• de lui présenter des demandes nouvelles, **distinctes** de celles dont la CRA a été saisie (rappr. Cass. 2e civ., 20 juin 2019, n° 17-18.061 : *JurisData* n° 2019-010524. – Comp. Cass. 2e civ., 17 févr. 2022, n° 20-15.251 : *JurisData* n° 2022-001984) ;
– de la **brièveté** du délai imparti pour saisir la CRA : en principe, **deux mois** (CSS, art. R. 142-1, A, III et R. 142-1, al. 2) ;
– de l'**absence d'effet interruptif** (CRPA, art. L. 412-4. – Cass. 2e civ., 19 oct. 2023, n° 21-22.379, F-B : *JurisData* n° 2023-017652) ou **suspensif** de la saisine de la CRA sur le cours de la prescription (Cass. 2e civ., 3 avr. 2014, n° 13-15.136 : *JurisData* n° 2014-006501. – CASF, art. R. 241-37).

B Contrôles préalables

762 S'assurer :
– de l'**objet** de la saisine : seule(s) justifie(nt) la saisine de la CRA :
• une décision émanant d'un organisme ou d'une caisse de sécurité sociale,
• ou certaines décisions de la CDAPH ou du président du conseil départemental,
• une décision relevant de la compétence du tribunal judiciaire compétent en matière de contentieux de la sécurité sociale et de l'admission à l'aide sociale ;
– de l'existence ou non d'une **dispense** à l'obligation de former un recours préalable ;
– du respect du **délai** imparti pour saisir la CRA : en principe, **deux mois** suivant la notification de la décision contestée (CSS, art. R. 142-1, A, III ; art. R. 142-1, al. 2. – Cass. 2e civ., 21 mars 2024, n° 22-13.906 : *JurisData* n° 2024-003575, la caisse qui a qualifié, par erreur un courrier de « recours amiable », ne peut pas reprocher au requérant l'absence de saisine de la CRA dans le délai imparti) ;
Le délai pour saisir la CRA est un **délai préfix** : son inobservation est une fin de non-recevoir qui peut être relevée en tout état de cause (rappr. Cass. 2e civ., 6 nov. 2014, n° 13-24.010 : *JurisData* n° 2014-026522).

Le requérant bénéficie d'un délai **supplémentaire** (CPC, art. 643) :
- d'**un mois** lorsqu'il demeure dans les DROM-COM ;
- de **deux mois** lorsqu'il demeure à l'étranger.

Si la réclamation est introduite hors délais, le praticien peut tenter de sauver le recours tardif en :
- invoquant l'existence d'un cas de **force majeure** (CA Metz, 27 mai 2021, n° 19/03286 : *JurisData* n° 2021-008686) ;
- ou en démontrant l'**impossibilité** d'agir en temps utile (rappr. CA Paris, 4 oct. 2019, n° 16/10437 : *JurisData* n° 2019-017389).

S'assurer aussi :
- de la date et
- de la régularité de la **notification** de la décision contestée de l'organisme social (CSS, art. R. 142-1-A, III. – CRPA, art. L. 412-3).

Cette notification doit mentionner, sans erreur (Cass. soc., 11 mars 1987 : *Bull. civ.* V, n° 133) et de façon très apparente, le **délai** imparti pour former le recours préalable (CA Aix-en-Provence, 26 avr. 2016, n° 14/17349 : *JurisData* n° 2016-009455).

La **forclusion** peut être opposée aux intéressés seulement si cette notification mentionne ce délai (CSS, art. R. 142-1-A, III. – Cass. 2e civ., 18 sept. 2014, n° 13-22.909 : *JurisData* n° 2014-021084, l'indication dans la notification que ce délai court à peine de forclusion n'est pas exigée).

C Pièces nécessaires

763 • Réclamer à son client toutes les **pièces** et tous les **justificatifs** qui paraissent opportuns.
• Obtenir de son client la **décision** de l'organisme de sécurité sociale, objet du recours gracieux.

D Coût de la procédure

764 Le requérant peut devoir supporter **certains frais** :
- honoraires dus à son avocat ;
- coût de l'envoi par lettre recommandée avec demande d'accusé de réception de la demande à la CRA.

III Procédure

A Assistance et représentation

765 Le client peut saisir la CRA :
- en personne ;
- par mandataire.

> **ATTENTION** Le mandataire n'a pas à produire de mandat écrit.
> Il est préférable de donner un pouvoir spécial au mandataire (comp. Cass. soc., 27 févr. 1992 : *Bull. civ.* V, n° 144).

B Compétence

1 Commission de recours amiable

a) Principe

766 Compétence de la CRA instituée auprès de l'organisme de sécurité sociale dont **émane** la décision contestée (CSS, art. R. 142-1).

b) Atténuations

767 Lorsqu'un accident est survenu dans la circonscription d'un organisme de sécurité sociale ou de MSA, autre que l'organisme dont relève l'assuré, ce dernier organisme peut charger la CRA instituée auprès de l'organisme du lieu de l'accident d'examiner les réclamations formées contre ses décisions (CSS, art. R. 142-3, al. 1er).

Lorsque les bénéficiaires résident dans la circonscription d'un organisme autre que l'organisme dont relève l'assuré, les mêmes pouvoirs peuvent être confiés à la CRA instituée au sein du conseil d'administration de l'organisme du lieu de résidence (CSS, art. R. 142-3, al. 2).

2 Commission médicale de recours amiable (CMRA)

768 Le litige, qui concerne l'état ou le degré d'**invalidité** ou l'état d'**incapacité** permanente de travail d'un assuré, doit être préalablement soumis

à une **commission médicale de recours amiable** (CSS, art. R. 142-8, al. 1er).

Le ressort géographique de la CMRA est, en principe, celui de l'échelon régional du contrôle médical du régime intéressé (CSS, art. R. 142-8, al. 2).

Composée en principe de **deux médecins** (CSS, art. R. 142-8-1), cette commission examine les recours dirigés contre les décisions des organismes dont le siège se situe dans son ressort (CSS, art. R. 142-8, al. 2, al. 3).

ATTENTION La CMRA connaît des recours formés par un employeur en lien avec la législation et la réglementation de sécurité sociale et de MSA qui concerne une contestation d'ordre médical (CSS, art. L. 142-1, 1° et R. 142-8, al. 1er).

Une contestation peut être **mixte** et impliquer une difficulté d'ordre général et une difficulté d'ordre médical. Dans ce cas, la CRA sursoit à statuer en attendant l'avis prononcé par la CMRA (CSS, art. R. 142-9-1, al. 2).

3 Recours préalables obligatoires pour certains des litiges relevant du Code de l'action sociale et des familles

769 Le recours préalable dirigé contre une décision de la CDAPH prise en application de l'article L. 241-9, alinéa 1er du Code de l'action sociale et des familles est adressé la **maison départementale des personnes handicapées** (CSS, art. R. 142-9, al. 1er et CASF, art. R. 241-36, al. 1er).

Le recours préalable obligatoire formé contre une décision relative aux mentions « invalidité » et « priorité » portées sur la carte « mobilité inclusion » est présenté au **président du conseil départemental** (CSS, art. R. 142-9, al. 2 et CASF, art. R. 241-17-1).

C Parties

770 Peut saisir la CRA de l'organisme considéré :

- toute personne :
  - physique ou morale,
  - assuré ou cotisant (*adde*, CSS, art. L. 142-4, al. 2) ;
- concernée par une décision d'un organisme de sécurité sociale et de MSA de salariés ou de non-salariés, de la CDAPH ou du président du conseil départemental (CSS, art. R. 142-9).

D Rédaction de l'acte de saisine

1 Modalités

a) Principe

771 Aucun **formalisme particulier** n'est imposé pour saisir :

- la CRA (Cass. 2e civ., 1er déc. 2011, n° 10-25.942 : *JurisData* n° 2011-026691) ;
- la CMRA (CSS, art. R. 142-8, al. 4).

Même s'il faut préciser tous les **chefs de demande**, il n'est pas nécessaire de motiver la réclamation (Cass. 2e civ., 12 mars 2020, n° 19-13.422 : *JurisData* n° 2020-003047).

ATTENTION L'emploi d'**un procédé** conférant au recours préalable une **date certaine**, telle une **lettre recommandée** avec demande d'accusé de réception, est **exigé** (CSS, art. R. 142-8, al. 4 et CASF, art. R. 241-17-1, al. 1er et R. 241-36, al. 2).

CONSEILS PRATIQUES LORS DE LA RÉDACTION DE VOTRE ACTE DE SAISINE N'oubliez pas qu'il s'agit d'une procédure orale, dépourvue de formalisme, sans représentation obligatoire, et par conséquent, abordable même pour des profanes. En l'absence de règles strictes, les développements suivants ne sont donc que des conseils.

Adressez par LRAR un courrier de contestation à la commission de recours amiable de l'organisme de sécurité sociale dont la décision est contestée (par ex., une caisse d'assurance maladie ou une caisse d'allocations familiales) en y joignant la copie de la décision que vous contestez. Votre client peut effectuer seul cette démarche, mais vous pouvez également le faire à sa place et signer le courrier en votre nom.

Précisez dans l'objet de votre lettre que vous souhaitez saisir la commission de recours amiable. Commencez par résumer les faits, puis démontrez que vous remplissez les conditions de saisine, et enfin, énumérez vos demandes. N'oubliez pas de produire et lister les pièces visées.

Pour contester la décision de la commission de recours amiable, vous devrez saisir le tribunal judicaire avec un pôle des affaires sociales dans un délai de deux mois à partir de la date de notification de ladite décision. À défaut de réponse de la commission de recours amiable, vous disposerez d'un délai de deux mois à partir de l'expiration du délai d'un mois dont elle disposait pour vous répondre (décision implicite de rejet).

b) Exigences propres au contentieux relevant du Code de l'action sociale et des familles

772 Le recours préalable obligatoire en cas de contestation d'une décision de la CDAPH visée à l'article L. 241-9, alinéa 1er du Code de l'action sociale et des familles, ou d'une décision du président du conseil départemental prise sur le fondement de l'article L. 241-3 du même code comprend :
– une lettre de saisine ;
Cette lettre **peut** exposer les motifs de la contestation.
– une copie de la décision contestée ;
– **ou**, lorsque la décision contestée est implicite, une copie de l'accusé réception de la demande ayant fait naître cette décision (CSS, art. L. 142-1, 8° et 9° et CASF, art. R. 241-17-1, al. 2 et R. 241-36, al. 2).

2 Suites

773 Le secrétariat de la commission chargée du recours préalable accuse réception de la réclamation.
Il doit :
– indiquer sans erreur la **date** à compter de laquelle le requérant pourra considérer sa demande comme étant rejetée ;
– préciser les **délais** et les **voies de recours** (CSS, art. R. 142-1-A, III).
À défaut, la forclusion est inopposable au demandeur (CSS, art. R. 142-1-A, III. – Cass. 2e civ., 25 avr. 2024, n° 22-15.393 : *JurisData* n° 2024-005819).

E Communication de documents médicaux en cas de saisine de la commission médicale de recours amiable

1 Communication au service du contrôle médical

a) Modalités

774 Dès **réception** du recours préalable, le secrétariat de la CMRA en adresse une copie au service du contrôle médical institué auprès de l'organisme dont la décision est contestée (CSS, art. R. 142-8-2).

b) Suites

775 Le praticien-conseil intéressé **doit** transmettre à la CMRA, **sous pli confidentiel**, par tout moyen conférant date certaine :
– l'intégralité du **rapport médical** ;
Ce rapport reprend les constats résultant de l'examen clinique de l'assuré et ceux qu'il a consultés, et qui justifient sa décision (CSS, art. L. 142-6) ;
– et l'**avis** transmis à l'organisme de sécurité sociale ou de mutualité sociale agricole sur l'état et le degré d'invalidité, ou sur le taux d'incapacité permanente de l'assuré.
Cette transmission a lieu dans les **dix jours** suivant la date de la réception de la copie du recours préalable (CSS, art. R. 142-8-2, al. 2. – Cass. 2e civ., 11 janv. 2024, n° 22-15.939 : *JurisData* n° 2024-000009, le délai de dix jours est un délai indicatif).

2 Communication au médecin mandaté par l'employeur, auteur du recours

a) Modalités

776 L'**employeur**, qui conteste le taux d'incapacité reconnu à l'un de ses salariés victime d'une maladie professionnelle ou d'un accident du travail, doit **mandater** un **médecin** chargé de recevoir le rapport médical et l'avis transmis à l'organisme de sécurité sociale sur le taux d'incapacité du salarié concerné.
Dans les **dix jours** de l'introduction du recours, le secrétariat de la CMRA transmet ces documents au médecin désigné par l'employeur par tout moyen conférant date certaine.
Le secrétariat informe l'assuré ou le bénéficiaire de cette notification (CSS, art. R. 142-8-3, al. 1er).

b) Suites

777 Le secrétariat de la CMRA informe, par tout moyen conférant date certaine, le **médecin mandaté** par l'employeur qu'il dispose de **vingt jours** à compter, en principe, de la réception des documents mentionnés à l'article R. 142-8-2 pour faire valoir **ses observations** (CSS, art. R. 142-8-3, al. 3).

3 Communication à l'assuré

778 En cas de recours préalable introduit par **l'assuré**, le secrétariat de la CMRA lui notifie sans délai, par tout moyen conférant date certaine, les documents mentionnés à l'article R. 142-8-2 (CSS, art. R. 142-8-3, al. 2).
Le secrétariat de la CMRA informe, par tout moyen conférant date certaine, l'**assuré** qu'il dispose de **vingt jours** à compter, en principe, de la réception des documents mentionnés à l'article R. 142-8-2 pour faire valoir **ses observations** (CSS, art. R. 142-8-3, al. 3).

ATTENTION Lorsque le recours préalable porte sur une décision de la CDAPH, les membres de l'équipe pluridisciplinaire communiquent à la maison départementale des personnes handicapées tous les éléments ou informations à caractère secret ayant fondé la décision contestée. Cette transmission est **limitée** aux documents et informations nécessaires à la prise de décision (CSS, art. L. 142-7 et CASF, art. R. 241-36, al. 1er).

F Audience

1 Mise à l'écart du principe du contradictoire

779 Il n'y a pas d'audience particulière devant la CRA.
Instance administrative, non soumise au respect du principe du contradictoire (V. CA Paris, 16 juin 2010, n° 06/00464 : *JurisData* n° 2010-011872), la CRA n'a pas à :
- entendre le requérant lors de l'examen de sa réclamation (comp. Cass. 2e civ., 12 févr. 2015, n° 14-11.398 : *JurisData* n° 2015-002271) ;
- communiquer au requérant l'intégralité des documents concernant son contrôle (Cass. 2e civ., 17 déc. 2009, n° 08-20.797 : *JurisData* n° 2009-050913).

2 Possibilité d'organiser un examen médical devant la commission médicale de recours amiable

780 Lorsqu'un **assuré forme un recours** préalable pour contester son taux d'invalidité ou d'incapacité, la CMRA peut décider d'**office** ou à la **demande** de l'assuré de procéder – ou de faire procéder par un médecin spécialiste ou compétent (V. CSS, art. R. 142-4-1, mission confiée au praticien désigné) – à son examen médical.
Le secrétariat de la CMRA notifie à l'assuré, au moins **quinze jours** avant,
- les lieu ;
- date ;
- et heure de l'examen.
L'assuré peut être accompagné par le **médecin de son choix** (CSS, art. R. 142-8-4).

3 Processus décisionnel

a) En cas de saisine de la commission de recours amiable

781 Dans un premier temps, la CRA donne son **avis** au conseil d'administration de l'organisme de sécurité sociale sur les points de réclamation dont elle est saisie.
Ce conseil d'administration statue ensuite, puis notifie aux intéressés sa décision dûment motivée.
En réalité, le conseil d'administration **délègue** très fréquemment tout ou partie de ses pouvoirs à la commission dans les conditions qu'il détermine (CSS, art. R. 142-4).

b) En cas de saisine de la commission médicale de recours amiable

782 Après avoir éventuellement procédé – ou fait procéder – à l'examen médical du requérant, la CMRA rédige un rapport qui contient son analyse du dossier, ses constatations et ses conclusions motivées.
La CMRA statue seulement si tous ses membres sont présents.
Le médecin, spécialiste ou compétent, membre de la CMRA a une voix prépondérante (CSS, art. R. 142-8-1).
La CMRA rend un **avis** qui **s'impose** à **l'organisme de prise en charge** (CSS, art. R. 142-8-5).

c) En cas de recours préalable formé dans les contentieux relevant du Code de l'action sociale et des familles

783 Le recours préalable est examiné selon les mêmes modalités que la demande initiale lorsqu'il est dirigé :
- contre une décision du président du conseil départemental relative aux mentions « invalidité » et « priorité » portées sur la carte « mobilité inclusion » (CASF, art. R. 241-39) ;
- contre une décision de la CDAPH prise en application de l'article L. 241-9 du Code de l'action sociale et des familles (CASF, art. R. 241-17-1, al. 3).
Dans ce dernier cas, la situation du requérant fait l'objet, en tant que de besoin, d'une nouvelle évaluation par l'équipe pluridisciplinaire rattachée à la maison départementale des personnes handicapées (CASF, art. R. 241-40).

G Décision

1 Forme de la décision

a) Décision expresse

784 • Lorsque la CRA a reçu du conseil d'administration le pouvoir de prendre la décision, celle-ci doit être **motivée** (CSS, art. R. 142-4. – Comp. Cass. 2e civ., 26 janv. 2023, n° 21-20.317 : *JurisData* n° 2023-000843).

ATTENTION Aucune forme particulière ne s'impose à la décision de la CRA (rappr. Cass. soc., 15 juin 1995, n° 92-17.709 : *JurisData* n° 1995-001609).
La décision de la CRA indique les délais et les voies de recours (CSS, art. R. 142-4, al. 2).

La décision de la CRA, qui se prononce sur la contestation d'un **redressement URSSAF**, précise, par motif de redressement, les montants qui, le cas échéant, sont annulés et ceux dont le cotisant reste redevable (CSS, art. R. 142-4, al. 2).
• La **CMRA** rédige un rapport (V. *supra*, n° 782) et prononce un avis (CSS, art. R. 142-8-5, al. 1er).

b) Décision implicite

785 Le requérant peut considérer sa requête comme étant **implicitement rejetée** au terme d'un délai variant selon qu'il a saisi une CRA ou une CMRA :
– **Délai de deux mois**
Lorsque aucune décision de la **CRA** n'a été portée à la connaissance du requérant dans les deux mois de sa saisine, sa demande est présumée rejetée (V. *infra*, n° 788 pour le point de départ du délai de deux mois).
Le requérant peut alors contester cette décision implicite de rejet devant le tribunal judiciaire compétent (CSS, art. R. 142-1-A, III et R. 142-6, al. 1er nouveau).
– **Délai de quatre mois**
Le requérant peut considérer sa demande comme rejetée lorsque, faute pour la CMRA d'avoir statué dans les quatre mois suivant l'introduction du recours préalable, l'organisme de prise en charge n'a pas pris de décision dans ce même délai (CSS, art. R. 142-8-5, al. 4).
– **Délai de six mois**
Le requérant peut considérer sa demande comme rejetée lorsqu'en cas de **contestation mixte**, la **CRA** n'a pas statué dans les six mois suivant l'introduction du recours préalable (CSS, art. R. 142-9-1, al. 7).

2 Caractères – effets

a) Décision de la commission de recours amiable

786 La décision de la commission de recours amiable est :
– de **nature administrative** (V. Cass. 2e civ., 4 mai 2017, n° 16-15.948 : *JurisData* n° 2017-008260) ;
– dotée de l'**autorité de la chose décidée** lorsqu'elle n'a pas été contestée dans les délais impartis (CSS, art. R. 142-6. – Cass. 2e civ., 26 mai 2016, n° 15-16.193 : *JurisData* n° 2016-009936, une décision équivoque d'une commission de recours amiable n'a pas autorité de la chose décidée).
Les décisions prises après examen de la réclamation par la CRA **se substituent** aux décisions initiales de l'organisme social (CRPA, art. L. 412-7).

b) Avis de la commission médicale de recours amiable

787 L'avis émis après examen de la réclamation par la CMRA s'**impose** à l'organisme de prise en charge (CSS, art. L. 142-7-1 et R. 142-8-5, al. 1er. – *Adde*, CSS, art. R. 142-9-1, pour les contestations mixtes).

3 Suites de la décision

a) Délai de notification de la décision de la commission de recours amiable

788 La CRA dispose, en principe, d'un délai de **deux mois** suivant sa saisine pour :
– **notifier** sa décision au requérant (rappr. CA Rennes, 7 juin 2017, n° 15/07814 : *JurisData* n° 2017-016458, ne fait courir aucun délai de recours, la notification de la décision de la CRA faite, non pas au requérant, mais à son conseil) ;
– **informer** le requérant des délais et des modalités d'exercice des voies de recours.
Ce **délai** de deux mois **court** :
– **soit**, à compter de la réception de la réclamation par l'organisme de sécurité sociale ou par l'autorité administrative concernée (CSS, art. R. 142-6, al. 2) ;

ATTENTION L'organisme de sécurité sociale doit prouver la réception et la date de réception, par le requérant, du courrier l'avisant de la réception – par la CRA – de son recours et le renseignant sur les délais et modalités de saisine du tribunal judiciaire spécialisé dans le contentieux de la sécurité sociale (rappr. CA Paris, 8 févr. 2019, n° 16/04529 : *JurisData* n° 2019-001629).
L'organisme de sécurité sociale doit mettre le requérant en mesure de saisir le tribunal compétent, en le renseignant exactement et effectivement sur les délais et les modalités d'exercice des voies de recours dirigées contre ses décisions (Cass. 2e civ., 7 sept. 2023, n° 22-13.096 : *JurisData* n° 2023-015217, inopposabilité du délai de recours contentieux au requérant qui n'a pas été exactement informé de la localisation de la juridiction compétente).

- **soit**, si le réclamant a produit des documents après le dépôt de la réclamation, à compter de la réception de ces documents (CSS, art. R. 142-6, al. 2) ;
- **soit**, si le comité des abus de droit a été saisi d'une demande relative au même litige que celui qui a donné lieu à la réclamation, à dater de la réception de l'avis du comité par l'organisme de recouvrement (CSS, art. R. 142-6, al. 2, *in fine*).

ATTENTION La notification a lieu, en principe, lorsque la décision de la CRA a été soumise à l'autorité de contrôle (CSS, art. L. 151-1 et R. 151-1).

b) Forme de la notification de la décision de la commission de recours amiable

789 La notification est réalisée par **tout moyen** lui conférant une **date certaine** (CSS, art. R. 142-1-A, I).
Cette notification indique précisément :
- les délais ;
- les modalités d'exercice des voies de recours (CSS, art. R. 142-1-A, III).

Les décisions de la CRA doivent être notifiées aux seules personnes qui l'ont saisie (Cass. 2e civ., 7 mai 2014, n° 13-17.384 : *JurisData* n° 2014-009683).

c) Délai de la notification de l'avis de la commission médicale de recours amiable

790 La **CMRA** dispose, en principe, d'un délai de **quatre mois** au plus, à compter de l'introduction du recours, pour notifier son avis à l'organisme de prise en charge (CSS, art. R. 142-8-5, al. 4).

d) Forme de la notification de l'avis de la commission médicale de recours amiable

791 Une fois l'avis prononcé, le secrétariat de la **CMRA** le transmet sans délai à l'organisme de prise en charge.
Le secrétariat de la CMRA transmet :
- une **copie** du **rapport médical** au service médical compétent ;
- une **copie** du rapport à l'assuré, s'il en a fait la demande ;
- une **copie** du rapport au médecin mandaté à cet effet, si l'employeur l'a demandé (CSS, art. R. 142-8-5, al. 2).

ATTENTION L'organisme de prise en charge notifie sa décision à l'intéressé, sans délai (CSS, art. R. 142-8-5, al. 3).

H Recours ou contestation

792 Le client ou son représentant dispose de **deux mois** pour saisir le **tribunal judiciaire** spécialisé (CSS, art. R. 142-1-A, III).
Ce délai court :
- soit à partir de la date de la **notification** de la décision expresse de la CRA (Cass. 2e civ., 26 janv. 2023, n° 21-11.414 : *JurisData* n° 2023-001276) ;
- soit à partir de l'expiration du délai de **deux mois** suivant l'introduction du recours préalable ;
- soit à partir de l'expiration du délai de **quatre mois** suivant la saisine de la CMRA (CSS, art. R. 142-8-5).

ATTENTION Aucune forclusion tirée de l'expiration du délai de recours ne peut être opposée au demandeur contestant une décision implicite de rejet, qui serait tirée de l'absence de saisine du tribunal aux fins de critiquer la décision explicite de rejet intervenue en cours d'instance (CSS, art. R. 142-10-1, al. 2).
Le délai de deux mois ne court pas lorsque la lettre recommandée de notification n'a pas été réclamée (Cass. 2e civ., 8 oct. 2015, n° 14-20.252 : *JurisData* n° 2015-022116).

793 • Envisager avec le client les suites de la procédure.
• Évaluer avec le client la nécessité de saisir le tribunal judiciaire spécialisé compétent.
• Renseigner le client sur les spécificités de la procédure suivie devant cette juridiction.

CHECK-LIST **• Veiller à :**
- bien motiver, en fait et en droit, la demande présentée à la commission de recours amiable ;
- à préciser tous les chefs de demande ;
- joindre à la demande toutes les pièces nécessaires pour éclairer la CRA ou la CMRA.
• S'assurer :
- de l'objet de la saisine ;
- de l'existence ou non d'une dispense à l'obligation de saisir préalablement la CRA ;
- du respect des délais impartis pour saisir la CRA ou la CMRA.

POUR ALLER PLUS LOIN...

Fascicules JurisClasseur

• *JCl. Procédures Formulaire*, V° *Sécurité sociale, Tribunaux judiciaires et cours d'appel spécialisé*, fasc. 30.

• *JCl. Protection sociale Traité*, fasc. 782.

Revues

• Babin et Ph. Coursier, *Justice du 21e siècle : quelles simplifications pour les aspects médicaux du contentieux de la sécurité sociale ? : JCP* S 2020, 1050.

• W. Ivernel, *La CMRA en question : JCP* S 2019, 1018.

• C.-F. Pradel, V. Pradel et P. Pradel-Boureux, *Contentieux technique de la sécurité sociale : saisir la CMRA : JCP* S 2019, 1020.

Fiche 34

S'opposer à une procédure de contrainte

Céline TILLOY

Sommaire

I Aperçu rapide

A Caractéristiques générales

794 L'opposition à contrainte (CSS, art. R. 133-3, al. 3) est un moyen de défense accordé à un débiteur contre la procédure de contrainte dont disposent les organismes de sécurité sociale pour le recouvrement des cotisations et contributions sociales encore dues (Cass. 2e civ., 26 nov. 2020, n° 19-21.731 : *JurisData* n° 2020-019025).

Le directeur de l'organisme social créancier peut décerner une **contrainte** au redevable qui ne s'est pas acquitté de sa dette dans le **mois** suivant sa mise en demeure (Cass. 2e civ., 1er déc. 2022, n° 21-17.379 : *JurisData* n° 2022-020404 : la possibilité de décerner une contrainte subsiste même si le cotisant a contesté la mise en demeure devant la commission de recours amiable. – C. rur., art. L. 725-3).

Le redevable peut former opposition dans le délai de **quinze jours** à compter de la notification ou de la signification de la contrainte (CSS, art. R. 133-3, al. 3. – *Adde*, C. rur., art. R. 725-9).

À défaut d'opposition régulièrement formée devant le tribunal judiciaire compétent, la contrainte devient définitive et produit les effets d'un jugement (CSS, art. L. 244-9. – Cass. 2e civ., 9 mars 2017, n° 16-11.167 : *JurisData* n° 2017-003906).

ATTENTION Le redevable n'est pas tenu de saisir la commission de recours amiable (CRA) avant de former opposition devant le tribunal judiciaire compétent (CSS, art. L. 244-9 et R. 142-7).

B Conditions d'utilisation

795 L'opposition formée par le redevable permet de suspendre l'exécution de la contrainte en attendant que la juridiction ait statué.

ATTENTION La décision du premier président rendant exécutoire le rôle établi par la Caisse nationale des barreaux français (CNBF), n'est susceptible d'opposition que devant le tribunal judiciaire du lieu où la CNBF a son siège (Cass. 1re civ., 4 janv. 2005, n° 03-10.677 : *JurisData* n° 2005-026802).

C Avis du professionnel

796 Veiller :
– au respect du très bref délai imparti pour former opposition ;
– aux effets de l'oralité et de l'absence de représentation obligatoire qui caractérisent, par principe, la procédure suivie devant le tribunal judiciaire chargé du contentieux de la sécurité sociale (CSS, art. R. 142-10-4) ;
– à la rédaction de l'opposition à contrainte : elle doit être motivée, à peine d'irrecevabilité (CSS, art. R. 133-3).

D Textes

- CSS, art. L. 244-9.
- CSS, art. R. 133-3, R. 133-5 et R. 133-6.

E Schéma procédural

797 • Saisine facultative de la commission de recours amiable (CRA) ;
• Notification éventuelle de la décision de la CRA.
• Inscription de l'opposition au greffe du tribunal judiciaire compétent.
• Audience.
• Jugement.

II Préparation

A Informations préalables

798 Attirer l'attention du client sur :
– le délai, très bref, imparti pour former opposition : **quinze jours** à compter de la notification ou de la signification de la contrainte (CSS, art. R. 133-3, al. 3. – CPC, art. 653. – Cass. 2e civ., 1er juin 2023, n° 21-12.630 : *JurisData* n° 2023-008710) ;

ATTENTION L'opposition formée avant toute signification est recevable, aucun texte ne subordonnant la recevabilité de l'opposition à la contrainte décernée par un organisme de sécurité sociale à sa signification ou à sa notification préalable au débiteur (Cass. 2e civ., 21 sept. 2017, n° 16-22.221 : *JurisData* n° 2017-018274).

– l'obligation de comparaître en personne devant le tribunal judiciaire spécialisé compétent, sauf :
• à y être représenté ou assisté,
• à en être « dispensé » ;
– la qualité de **défendeur** qui lui est reconnue devant la juridiction (Cass. 2e civ., 10 oct. 2013, n° 12-26.123 : *JurisData* n° 2013-021998) ;
– les risques financiers que l'opposition à contrainte peut emporter ;

EXEMPLE **Si l'opposition à contrainte est jugée mal fondée, l'opposant assumera (CSS, art. R. 133-6) :**
– les frais de signification de la contrainte ;
– les frais occasionnés par tous les actes de procédure nécessaires à son exécution.

– le caractère exécutoire de droit, à titre provisoire de la décision du tribunal statuant sur l'opposition (CSS, art. R. 133-3, al. 4) ;
– ses chances de succès.

B Contrôles préalables

799 Vérifier :
– l'intérêt et la qualité à agir du requérant ;
– que la dette contestée par le débiteur n'est pas devenue définitive ;

REMARQUE **Le cotisant ne peut plus discuter**, dans le cadre d'une opposition à contrainte, ni la régularité ni le bien-fondé des chefs de redressement, objets de la contrainte **s'il a, dans un premier temps**, contesté **la mise en demeure devant la CRA** sans avoir, dans un **second temps**, contesté la décision de cette dernière devant la juridiction chargée du contentieux de la sécurité sociale alors qu'il avait été dûment informé des délais et des modalités des voies de recours (Cass. 2e civ., 22 sept. 2022, n° 21-11.862 : *JurisData* n° 2022-015166).
En revanche, **le cotisant** qui **n'a pas discuté la mise en demeure** devant la CRA **peut contester**, par la voie de l'opposition à contrainte, la régularité de la procédure et le bien-fondé des causes de la contrainte (Cass. 2e civ., 30 nov. 2023, n° 21-20.778 : *JurisData* n° 2023-021684).

– que le délai imparti pour former opposition est encore en cours : le débiteur doit former opposition, en principe, dans les **quinze jours** de la notification (Cass. 2e civ., 12 mai 2022, n° 20-19.134 : *JCP S* 2023, 1029, X. Pignaud) ou de la signification (CSS, art. R. 133-3, al. 3), **sauf** à invoquer un cas de force majeure et l'impossibilité d'agir dans le délai imparti (CA Orléans, 25 avr. 2017, n° 15/02059 : *JurisData* n° 2017-020345) ;
– le contenu des actes de signification de la contrainte : l'acte d'huissier de justice, ou la lettre recommandée portant signification de la contrainte, doit mentionner à peine de nullité (CSS, art. R. 133-3, al. 1er) :
• la référence de la contrainte,
• le montant de la contrainte,
• le délai dans lequel l'opposition doit être formée,
• l'adresse du tribunal compétent,
• les formes requises pour saisir cette juridiction (comp. Cass. 2e civ., 6 juin 2022, n° 20-22.475 : *JurisData* n° 2022-009469, l'absence de mention – ou le caractère insuffisant ou erroné – sur l'acte de notification de la mise en demeure, de l'indication des voie et modalité du recours a pour seul effet de ne pas faire courir le délai de recours).

C Pièces nécessaires

800 Demander au client, notamment :
– une copie de la contrainte qui doit être jointe à l'opposition (CSS, art. R. 133-3, al. 3) ;
– tout document ou élément de nature à justifier ou à dénier l'existence ou l'étendue de la dette ;
– tout document susceptible d'établir ou de contester la régularité de la contrainte.

D Phase pré-judiciaire

801 Lorsque le débiteur entend contester la contrainte qui lui a été signifiée, il peut s'y opposer en saisissant directement le tribunal judiciaire compétent, sans avoir à introduire un recours amiable préalable (CSS, art. L. 244-9).

E Coût de la procédure

802 La procédure devant les juridictions chargées du contentieux de la sécurité sociale **n'est plus ni gratuite ni sans frais** (CSS, art. R. 144-10, al. 1, abr. par D. n° 2018-928, 29 oct. 2018. – Rappr. Cass. 2e civ., 12 mai 2021, n° 19-24.411 : *JurisData* n° 2021-007161).
En plus des dépens (CPC, art. 696 et 700), le justiciable peut devoir supporter certains frais :
– honoraires dus à son avocat ;
– frais de signification de la contrainte (rappr. CSS, art. R. 133-3) ;
– frais liés aux actes de procédure nécessaires à l'exécution de la contrainte (CSS, art. R. 133-6).

ATTENTION Si l'opposition a été jugée fondée, le débiteur ne supportera ni les frais de signification, ni les frais liés aux actes de procédure (CSS, art. R. 133-6).

III
Procédure

A Assistance et représentation

803 Devant les tribunaux judiciaires chargés du contentieux de la sécurité sociale, toute personne peut être assistée et représentée par :
- son conjoint ;
- un ascendant ou descendant en ligne directe ;
- son concubin ;
- la personne avec laquelle elle a conclu un pacte civil de solidarité ;
- un délégué des associations de mutilés et invalides du travail les plus représentatives ;
- un avocat ; un travailleur salarié ou un employeur ou un travailleur indépendant exerçant la même profession ou un représentant qualifié des organisations syndicales de salariés ou d'employeurs (CSS, art. L. 142-9) ;

ATTENTION Tout organisme de sécurité sociale peut être représenté à l'instance par :
- l'un de ses administrateurs ou employés (rappr. Cass. 2e civ., 12 nov. 2020, n° 19-21.525 : *JurisData* n° 2020-018043) ;
- un employé d'un autre organisme de sécurité sociale (CSS, art. L. 124-5).

REMARQUE **Vérifier la qualité de la personne représentant l'adversaire. Contrôler, si cette personne n'est pas avocat, qu'elle dispose d'un mandat spécial (CPC, art. 416. - CSS, art. L. 142-9 *in fine*).**

B Compétence

1 Compétence matérielle

804 Compétence de l'un des tribunaux judiciaires, spécialement désignés pour trancher les différends liés au contentieux de la sécurité sociale (COJ, art. L. 211-16 et CSS, art. L. 142-1. - Rappr. CA Paris, 19 déc. 2013, n° 12/03879 : *JurisData* n° 2013-030506).

2 Compétence territoriale

805 Compétence du tribunal dans le ressort duquel le **débiteur** est **domicilié** (CSS, art. R. 133-3, al. 3 et COJ, art. D. 211-10-3).

C Parties

806 Tout débiteur qui entend contester la contrainte décernée par le directeur d'un organisme de sécurité sociale, peut former opposition devant le tribunal judiciaire spécialisé dans le contentieux de la sécurité sociale (CSS, art. L. 244-9).
Le **débiteur** qui saisit le tribunal judiciaire spécialisé dans le contentieux de la sécurité sociale d'une opposition à contrainte a la qualité de **défendeur** (Cass. 2e civ., 10 oct. 2013, n° 12-26.123 : *JurisData* n° 2013-021998).

D Rédaction de l'acte de saisine

1 Formes

807 Le débiteur peut former opposition (CSS, art. R. 133-3, al. 3) :
- soit par inscription au secrétariat du tribunal compétent dans le ressort duquel il est domicilié ;
- soit par lettre recommandée avec demande d'avis de réception adressée au secrétariat de ce tribunal (rappr. CA Aix-en-Provence, 26 oct. 2016, n° 14/11806 : *JurisData* n° 2016-026730).

2 Contenu de l'opposition à contrainte et pièce jointe

808 Le débiteur doit :
- **motiver** l'opposition à contrainte dans l'acte de saisine de la juridiction (CSS, art. R. 142-10-1 et R. 133-3. - Cass. 2e civ., 24 juin 2021, n° 20-10.928 : *JurisData* n° 2021-010051) ;
- motive son opposition le débiteur qui sollicite du RSI, dans son courrier d'opposition, un décompte précis des cotisations demandées (Cass. 2e civ., 12 juill. 2018, n° 17-19.937 : *JurisData* n° 2018-012480).

- **joindre**, à l'opposition, une copie de la contrainte qu'il conteste (CSS, art. R. 142-10-1, 2° et R. 133-3, al. 3) ;
- **joindre** les pièces qu'il entend invoquer à l'appui de ses prétentions. Ces pièces sont énumérées dans un bordereau annexé à l'acte de saisine (CSS, art. R. 142-10-1, 1°).

ATTENTION **Est irrecevable l'opposition** :
– qui n'est pas motivée (Cass. 2e civ., 7 mai 2015, n° 14-16.680 : *JurisData* n° 2015-010127) ;
– ou dont la motivation est insuffisante (Cass. 2e civ., 16 mars 2004, n° 02-30.844 : *RJS* 2004, n° 610).
Lorsque l'opposition à contrainte est déclarée irrecevable, le tribunal ne peut pas statuer sur le recouvrement des cotisations et des contributions litigieuses (Cass. 2e civ., 10 oct. 2019, n° 18-19.984 : *JurisData* n° 2019-017305. – CPC, art. 122).
Le **président de la formation de jugement** peut, **rejeter** les requêtes qui sont **manifestement** irrecevables. Il se prononce alors par une ordonnance motivée (CSS, art. R. 142-10-2).

3 Information de l'organisme créancier

809 Le secrétariat du tribunal informe l'organisme créancier dans les **huit jours** de la réception de l'opposition (CSS, art. R. 133-3, al. 3, *in fine*).
Dès qu'il a connaissance de l'opposition, l'organisme créancier adresse au secrétaire du tribunal compétent (CSS, art. R. 133-5) :
– une **copie** de la **contrainte** ;
– une **copie** de la **mise en demeure** détaillant les sommes qui ont servi de base à l'établissement de la contrainte (Cass. 2e civ., 20 sept. 2018, n° 17-19.705 : inédit : le juge ne peut pas valider les contraintes concernées si l'URSSAF ne produit pas les copies des mises en demeure, dont la validité est contestée par une opposition à contrainte. Il n'est pas, en effet, établi que le cotisant a été correctement informé sur la cause, la nature, le montant des sommes réclamées ainsi que la période à laquelle celles-ci se rapportent) ;
– l'**avis de réception**, par le débiteur, de la mise en demeure.

E Instruction du dossier

810 Le président de la formation de jugement dispose des pouvoirs et exerce les missions que les articles 780 à 801 du Code de procédure civile confient au juge de la mise en état (CSS, art. R. 142-10-5, I. – *Adde*, CPC, art. 780 et s.).
À ce titre, il fixe les délais nécessaires à l'instruction de l'affaire (CPC, art. 781) et exerce les pouvoirs nécessaires à la communication, à l'obtention et à la production des pièces (CPC, art. 788).

F Audience

1 Convocation des parties

a) Convocation du défendeur par le greffe du tribunal

811 Le débiteur qui est par ailleurs défendeur, est convoqué par le greffe du tribunal judiciaire :
– **quinze jours** au moins avant la date de l'audience ;
– par **lettre simple** (CSS, art. R. 142-10-3, I).
La requête/ l'opposition est jointe à la convocation (CSS, art. R. 142-10-3, I, al. 3).
Le greffe convoque à nouveau le défendeur **qui n'a pas comparu à l'audience** par lettre recommandée avec demande d'avis de réception (CSS, art. R. 142-10-3, I. – Rappr. Cass. 2e civ., 14 mars 2019, n° 18-12.821 : *JurisData* n° 2019-003785, la juridiction, qui statue en l'absence de l'opposant, doit vérifier les conditions de sa convocation à l'audience).

b) Convocation des organismes de sécurité sociale

812 Les organismes de sécurité sociale peuvent, en toutes circonstances, être convoqués par tous moyens (CSS, art. R. 142-10-3, I, al. 2).
La requête est jointe à la convocation (CSS, art. R. 142-10-3, I, al. 3).
La convocation adressée par le greffe du tribunal indique :
– le lieu ;
– la date et l'heure de l'audience (CSS, art. R. 142-10-3, I).

2 Comparution

a) Principe

813 Les parties peuvent (CSS, art. L. 142-9) :
– comparaître personnellement à l'audience ;
– s'y faire représenter.

b) Faculté pour une partie de ne pas se présenter à l'audience

814 La partie qui expose, en cours d'instance, ses moyens et prétentions par une lettre adressée

S'opposer à une procédure de contrainte

au juge, a la faculté de ne pas se présenter à l'audience.
L'intéressé doit alors justifier avoir porté ses moyens à la connaissance de son adversaire, par lettre recommandée avec demande d'avis de réception, **avant l'audience** (rappr. Cass. 2e civ., 13 mars 2014, n° 13-13.451 : *JurisData* n° 2014-004567).
Le jugement est contradictoire.
Le juge conserve toutefois la faculté d'ordonner que les parties se présentent devant lui (CSS, art. R. 142-10-4, al. 2 et CPC, art. 446-1, al. 2).

3 Déroulement de l'audience

815 La procédure est orale (CSS, art. R. 142-10-4, al. 1er. – Rappr. Cass. 2e civ., 2 juin 2022, n° 20-21.933 : *JurisData* n° 2022-009557, respect présumé, dans le cadre de la procédure orale, du principe du contradictoire s'agissant des moyens soulevés d'office).
Les parties doivent, en principe, développer leurs prétentions et leurs moyens à l'audience (CPC, art. 446-1).
Sinon ces dernières ne seront pas retenues par le juge (rappr. Cass. 2e civ., 21 mars 2019, n° 17-27.805 : *JurisData* n° 2019-004100 ; *JCP* S 2019, 1146, A. Bouilloux ; *Procédures* 2019, comm. 158, A. Bugada, non prise en compte de demandes formulées à l'écrit et non reprises à l'audience pour évaluer le taux du ressort).

G Décision

1 Contenu de la décision

816 La décision du tribunal judiciaire doit contenir les mentions obligatoires suivantes (CSS, art. R. 142-1-A, II. – CPC, art. 454) :
– l'exposé des prétentions et des moyens ;
– la juridiction ayant prononcé le jugement ;
– le nom du président et des assesseurs ;
– le nom du secrétaire ;
– les noms, prénoms ou dénomination des parties ainsi que leur domicile ou siège social ;
– les noms des avocats ou de toute personne ayant assisté ou représenté les parties ;
– la date de la décision.
Le jugement doit être motivé, à peine de nullité (CPC, art. 455 et 458).

2 Effets de la décision

817 La décision du tribunal judiciaire statuant sur une opposition à contrainte est exécutoire de droit à titre provisoire (CSS, art. R. 133-3, al. 4).

3 Notification de la décision

818 Le greffe notifie la décision à chacune des parties (CSS, art. R. 142-10-7, al. 1er. – CPC, art. 680).

H Fin de la procédure

819 L'instance est périmée si les parties n'accomplissent pas, pendant deux ans, les diligences que la juridiction aura expressément mises à leur charge (CSS, art. R. 142-10-10 et CPC, art. 386).

I Recours

1 Appel

a) Conditions

820 L'appel est recevable, dans **le mois** qui suit la notification du jugement (CPC, art. 538).
L'appel est, en principe, recevable si le montant du litige est :
– supérieur au taux du ressort du tribunal judiciaire – soit **5 000 €** (COJ, art. R. 211-3-24. – V. cep., CSS, art. L. 136-5 et R. 244-2) ;
– indéterminé (CPC, art. 40).

b) Forme et contenu de la déclaration d'appel

821 L'appel est formé par une déclaration que la partie – ou son mandataire – fait, ou adresse par pli recommandé, au greffe de la cour (CPC, art. 932. – *Adde*, CSS, art. R. 142-14, al. 2).
Cette déclaration d'appel :
– contient, à peine de nullité (CPC, art. 933 et 57) :
• pour les personnes physiques : l'indication des nom, prénoms, profession, domicile, nationalité, date et lieu de naissance du demandeur,
• pour les personnes morales : l'indication de leur forme, leur dénomination, leur siège social et de l'organe qui les représente légalement,
• l'indication des nom, prénoms et domicile de la personne contre laquelle la demande est formée, ou, s'il s'agit d'une personne morale, de sa dénomination et de son siège social (rappr. Cass. 2e civ., 15 sept. 2016, n° 15-21.515 : *JurisData* n° 2016-018641) ;
– désigne le jugement dont il est fait appel et mentionne les chefs de ce dernier auxquels se limite l'appel (comp. Cass. 2e civ., 12 janv. 2023, n° 21-17.680 : *JurisData* n° 2023-000206) ;

– comporte le nom et l'adresse du représentant de l'appelant devant la cour ;
– est accompagnée d'une copie de la décision (CPC, art. 933).
Elle est datée et signée (CPC, art. 57).

c) Cours d'appel compétentes

822 L'appel dirigé contre un jugement d'un tribunal judiciaire spécialisé dans le contentieux de la sécurité sociale est porté devant l'une des cours d'appel spécialement désignées (COJ, art. L. 311-15 et D. 311-12-1).

d) Procédure devant la cour d'appel

823 La procédure d'appel est sans représentation obligatoire (CSS, art. R. 142-11 et CPC, art. 931 et s. – Rappr. CA Paris, 8 juin 2018, n° 15/01418 : *JurisData* n° 2018-009820).

2 Pourvoi en cassation

824 Les décisions rendues en dernier ressort par les tribunaux judiciaires spécialisés ainsi que les arrêts des cours d'appel peuvent faire l'objet d'un pourvoi devant la Cour de cassation (CSS, art. R. 142-15).
Le pourvoi en cassation est ouvert, pendant les **deux mois** qui suivent la notification de la décision contestée (CSS, art. R. 142-15, al. 2).
Le pourvoi est, en principe, formé par ministère d'un avocat au Conseil d'État et à la Cour de cassation (CSS, art. R. 144-7, al. 1).
Il est déposé au greffe de la Cour de cassation (CSS, art. R. 142-15, al. 2).

3 Débriefing client

825 Une fois le jugement rendu :
– discuter avec le client des suites de la procédure et évaluer avec lui la nécessité de mettre en œuvre les voies de recours ;
– rappeler au client que le jugement du tribunal judiciaire statuant sur l'opposition à contrainte est exécutoire de droit à titre provisoire (CSS, art. R. 133-3, al. 4).

CHECK-LIST **• Veiller :**
– au respect des délais très brefs impartis pour former opposition ;
– aux effets de l'oralité et de l'absence de représentation obligatoire qui caractérisent la procédure suivie devant le tribunal judiciaire spécialisé dans le contentieux de la sécurité sociale ;
– à la rédaction de l'opposition à contrainte.
• Attirer l'attention du client sur :
– le délai, très bref, imparti pour former opposition : quinze jours à compter de la signification de la contrainte ;
– l'obligation de comparaître en personne devant le tribunal spécialisé dans le contentieux de la sécurité sociale.
• Vérifier :
– la régularité de l'acte de signification de la contrainte ;
– que le client a présenté dès l'instance initiale tous les moyens qu'il estime de nature à fonder ses prétentions.

POUR ALLER PLUS LOIN...

Fascicule JurisClasseur
• *JCl. Protection sociale Traité*, fasc. 642.

Fiche 35

Assister la personne entendue au cours d'une audition libre

Alexia LEVEILLÉ-NIZEROLLE

Sommaire

I Aperçu rapide

A Éléments clés

826 Le Code de procédure pénale (CPP) vise la possibilité d'auditionner des personnes dans le cadre d'une enquête, qu'elle soit préliminaire ou de flagrance, afin de recueillir des renseignements sur des faits, sur des personnes ou encore sur des objets saisis.
Il faut distinguer l'audition libre du suspect, qui est notamment prévue par le nouvel article 61-1 du Code de procédure pénale, et l'audition (libre) du témoin visée par l'article 62 du même code.

1 Audition libre de la personne soupçonnée

827 L'article 61-1 du Code de procédure pénale prévoit les conditions dans lesquelles doit être entendue librement, sans placement en garde à vue, une personne à l'égard de laquelle il existe des raisons plausibles de soupçonner qu'elle a commis ou tenté de commettre une infraction.
Cette personne **bénéficiera de droits, dont elle devra être informée**. Et notamment, si l'infraction pour laquelle elle est entendue est un crime ou un délit puni d'une peine d'emprisonnement, **du droit d'être assistée par un avocat** au cours de son audition ou de sa confrontation.

2 Audition libre du témoin

828 C'est l'audition d'une personne à l'encontre de laquelle il n'existe aucun soupçon (au moment où débute l'audition).
La loi ne prévoit pas de conditions particulières, excepté l'exigence de la rédaction d'un procès-verbal ainsi que le respect de certaines règles

particulières, notamment lorsque le témoin est mineur ou en cas de nécessité de recourir à un interprète.
Toutefois, si les nécessités de l'enquête le justifient, ces personnes pourront être retenues sous contrainte le temps strictement nécessaire à leur audition sans que cette durée puisse excéder quatre heures (CPP, art. 62, al. 2). Si lors de cette audition il apparaît qu'il existe des raisons plausibles de soupçonner que la personne auditionnée a commis ou tenté de commettre un crime ou un délit puni d'une peine d'emprisonnement, elle ne peut être maintenue sous contrainte que sous le régime de la garde à vue.

B Textes

1 Textes codifiés

- L. n° 2014-535, 27 mai 2014, portant transposition de la directive 2012/13/UE du Parlement européen et du Conseil, du 22 mai 2012, relative au droit à l'information dans le cadre des procédures pénales (1).
- CPP, art. 61-1, 62, 77 et 154.

2 Textes non codifiés

- Circ. n° JUSD1412016C, 23 mai 2014.
- Circ. n° JUSD1430472C, 19 déc. 2014.

II Préparation

A Informations préalables

829 Toute personne à l'égard de laquelle il existe des raisons plausibles de soupçonner qu'elle a commis ou tenté de commettre une infraction peut être entendue librement, sans être placée en garde à vue.
Les conditions d'une telle audition libre sont fixées par l'article 61-1 du Code de procédure pénale.
Ces dispositions s'appliquent en matière d'enquête de flagrance, mais aussi en matière d'enquête préliminaire et au cours de l'exécution d'une commission rogatoire (CPP, art. 77, 154).
Elles s'appliquent également à l'enquête douanière (C. douanes, art. 67 F) ainsi qu'aux auditions des personnes entendues librement après soumission aux épreuves de dépistage en vue d'établir la conduite sous l'emprise de l'alcool ou de produits stupéfiants, ou encore à l'issue d'un placement en rétention pour ivresse publique et manifeste (Circ. n° JUSD1430472C, 19 déc. 2014).
Elles sont applicables aux auditions des mineurs.

1 Convocation d'une personne soupçonnée pour une audition libre

830 L'avant-dernier alinéa de l'article 61-1 du Code de procédure pénale retient que si le déroulement de l'enquête le permet, lorsqu'une convocation écrite est adressée à la personne en vue de son audition, cette convocation doit indiquer l'infraction dont elle est suspectée, son droit d'être assisté par un avocat ainsi que les conditions d'accès à l'aide juridictionnelle, les modes de désignation d'un avocat d'office et les lieux où elle peut obtenir des conseils juridiques avant cette audition.
Toutefois, lorsque les nécessités de l'enquête ne le permettent pas, en particulier si les enquêteurs estiment que l'envoi d'une convocation à une personne l'informant du fait dont elle est suspectée risquerait de l'inciter à prendre la fuite, à faire pression sur les témoins ou les victimes ou à détruire des preuves, ils peuvent la convoquer sans lui donner aucune indication sur les raisons de cette convocation (Circ. n° JUSD1412016C, 23 mai 2014).

2 Obligation d'informer le suspect auditionné librement

831 L'article 61-1 du Code de procédure pénale dispose qu'avant d'être entendue librement sur les faits dont elle est soupçonnée, la personne doit être informée :
– de la qualification, de la date et du lieu présumé de l'infraction qu'elle est soupçonnée d'avoir commise ou tenté de commettre ;
– du droit de quitter à tout moment les locaux où elle est entendue (Cass. crim., 1er mars 2016, n° 14-87.368) : le suspect, entendu sous la forme d'une audition libre, n'a pas à être informé de son droit de quitter les lieux à tout moment s'il n'est pas entendu dans les locaux de police ou de gendarmerie mais sur la voie publique lors d'un contrôle routier) ;

– le cas échéant, du droit d'être assistée par un interprète ;
– du droit de faire des déclarations, de répondre aux questions qui lui sont posées ou de se taire (droit au silence) ;
– de la possibilité de bénéficier, le cas échéant gratuitement, de conseils juridiques dans une structure d'accès au droit ;
– si l'infraction pour laquelle elle est entendue est un crime ou un délit puni d'une peine d'emprisonnement, du droit d'être assisté par un avocat au cours de son audition ou de sa confrontation (avec une autre personne mise en cause, une victime ou un témoin). Il pourra s'agir d'un avocat choisi ou encore commis d'office par le bâtonnier.

La personne entendue librement pouvant décider à tout moment de mettre fin à l'audition, il n'est pas prévu de durée maximale de celle-ci.

> REMARQUE **L'article 62, alinéa 3 du Code de procédure pénale retient que les dispositions prévues par l'article 61-1 (règles de l'audition libre) doivent s'appliquer si, à l'occasion de l'audition d'une personne entendue (librement) comme témoin, il apparaît qu'il existe des raisons plausibles de la soupçonner de la commission ou de la tentative de commission d'une infraction.**

3 Intervention de l'avocat

832 Les modalités de l'intervention de l'avocat sont celles prévues par l'article 63-4-3 du Code de procédure pénale en matière de garde à vue.

L'audition ou la confrontation est menée sous la direction de l'OPJ ou de l'APJ qui peut à tout moment, en cas de difficulté, y mettre un terme et en aviser immédiatement le procureur de la République qui informe, s'il y a lieu, le bâtonnier aux fins de désignation d'un autre avocat.

À l'issue de chaque audition ou confrontation à laquelle il assiste, l'avocat peut poser des **questions**. L'OPJ ou l'APJ ne peut s'opposer aux questions que si celles-ci sont de nature à nuire au bon déroulement de l'enquête. Mention de ce refus est portée au procès-verbal.

L'avocat pourra également présenter des **observations écrites**, notamment pour demander que soient consignées les questions qui auraient été refusées. Celles-ci sont jointes à la procédure. L'avocat peut adresser ses observations, ou copie de celles-ci, au procureur de la République pendant la durée de l'audition (lors d'une pause) ou à l'issue de l'audition.

Les textes (contrairement aux dispositions du Code de procédure pénale, art. 63-4-2, concernant la garde à vue) ne retiennent pas de délai de carence avant l'issue duquel l'audition d'une personne ne peut débuter sans la présence de son avocat (choisi ou désigné d'office).

> REMARQUE **L'article 61-1 du Code de procédure pénale ne prévoit pas expressément que la personne soupçonnée puisse s'entretenir avec son avocat dans les conditions prévues par l'article 63-4 du même code en matière de garde à vue.**
> **Il semble toutefois qu'il s'agisse d'un oubli (ou d'une mauvaise rédaction de l'article 61-1 du Code de procédure pénale, lequel renvoie à l'article 63-4-4 du même code visant notamment les entretiens avec l'avocat en matière de garde à vue). Sur ce point, la circulaire n° JUSD1430472C du 19 décembre 2014 considère que « lorsque la personne souhaite s'entretenir avec son avocat, il conviendra de lui accorder, avant toute audition, un temps suffisant afin que cet entretien ait lieu dans des conditions qui garantissent la confidentialité ».**

4 Procès-verbal d'audition

833 Tout procès-verbal d'interrogatoire ou d'audition doit comporter les questions auxquelles il est répondu (CPP, art. 429, al. 2).

La personne soupçonnée auditionnée librement (et son avocat) pourra prendre connaissance des procès-verbaux de ses auditions antérieures ainsi que du procès-verbal de notification des droits, selon les conditions prévues en matière de garde à vue par l'article 63-4-1 du Code de procédure pénale.

L'article 61-1 du même code précise que la notification de ces informations doit être mentionnée au procès-verbal. Il peut s'agir d'un procès-verbal spécifique ou du procès-verbal d'audition. Dans ce dernier cas, les droits doivent être expressément notifiés à la personne concernée après qu'elle a décliné son identité, dès le début de l'audition libre : mention de cette notification est faite au début du procès-verbal d'audition, émargé par la personne (Circ. n° JUSD1412016C, 23 mai 2014).

La notification de ses droits à un suspect entendu librement ne doit intervenir que si celui-ci fait l'objet d'une audition formelle, donnant lieu à un procès-verbal d'audition signé par la personne. Les dispositions de l'article 61-1 ne seront par exemple pas applicables en cas de simple recueil des déclarations d'une personne lors de la constatation d'une contravention par un APJ adjoint en application du dernier alinéa de l'article 21 du Code de procédure pénale.

5 Impossibilité de procéder à une audition libre après une mesure de contrainte

834 **Les dispositions de l'article 61-1 du Code de procédure pénale ne sont pas applicables si la personne suspectée a été conduite sous contrainte** par la force publique devant l'OPJ.
Une personne doit notamment être considérée comme ayant subi une mesure de contrainte par les agents de la force publique si ceux-ci l'ont contrainte à monter dans leur véhicule ou si elle a été menottée durant le trajet. La question qui pourra alors se poser concernera l'existence, ou non, de l'accord exprimé par la personne véhiculée par les forces de l'ordre en vue de son audition.

ATTENTION L'article 73 du Code de procédure pénale exige, dans un tel cas de contrainte, une audition sous le régime de la garde à vue.

6 Rétention (sous contrainte) d'une personne non soupçonnée

835 Une personne non soupçonnée d'avoir commis une infraction et qui est auditionnée (comme témoin) peut être retenue sous contrainte le temps strictement nécessaire à son audition sans que la durée de cette contrainte puisse excéder quatre heures (CPP, art. 62, al. 2). Les droits de celui qui est ainsi auditionné sous contrainte ne seront que ceux du témoin (et notamment, ne prévoient pas la présence d'un avocat).
Toutefois, si au cours de cette audition (sous rétention d'une durée maximale de quatre heures), il apparaît qu'il existe des raisons plausibles de soupçonner que la personne entendue a commis ou tenté de commettre :
– un crime ou un délit puni d'une peine d'emprisonnement, elle ne peut être maintenue sous la contrainte que sous le régime de la garde à vue. La durée de la rétention s'imputera alors sur celle de la garde à vue ;
– une infraction (quelle qu'elle soit), elle doit être entendue dans le cadre des dispositions de l'article 61-1 du Code de procédure pénale (audition libre du suspect) ou bien, autre option possible, être placée en garde à vue et entendue dans un tel cadre.

B Inventaire des solutions et éléments de décisions

836 Les moyens de défense susceptibles d'être opposés lors d'une audition libre sont très proches de ceux auxquels il est possible d'avoir recours lors d'une garde à vue.
Il est, en toute hypothèse, essentiel de conseiller aux personnes convoquées en vue d'une audition libre de faire appel à un avocat, la notion même d'audition « libre » pouvant les conduire à considérer que cela n'est pas nécessaire.
En cas de non-respect des textes ou de la jurisprudence, **des observations orales et écrites** pourront être utilement jointes à la procédure, notamment :
– en cas de refus d'un entretien avec le client au début de l'audition libre ;
– en cas de refus de poser certaines questions ;
– en cas d'absence de notification des droits.

REMARQUE **L'article 55-1 du Code de procédure pénale prévoyant la possibilité pour l'OPJ de procéder à des relevés signalétiques (empreintes, photographies, *etc.*) qui ne s'appliquait auparavant qu'en cas de garde à vue, s'applique désormais à la procédure d'audition libre.**

III Mise en œuvre

837 En cas de violation des dispositions prévues par l'article 61-1 du Code de procédure pénale, outre la possibilité de prévenir le procureur de la République par téléphone ou par fax et de

faire acter **une note d'observations** qui devra rejoindre la procédure, des **exceptions de nullité** pourront être soulevées :
- devant le tribunal correctionnel en l'absence d'instruction ;
- devant la chambre de l'instruction de la cour d'appel en cas d'ouverture d'information.

De telles irrégularités porteraient en effet nécessairement atteinte aux intérêts de la personne concernée et pourraient entraîner la nullité de toute la procédure subséquente, dès lors que celle-ci trouve son support nécessaire dans les actes accomplis lors de l'audition libre (en matière de garde à vue : Cass. crim., 27 mai 2014, n° 13-87.095 : *JurisData* n° 2014-011387).

CHECK-LIST • **Rencontrer le client avant la date de l'audition libre et l'informer du déroulement de la procédure.**
• **Le prévenir du fait que l'audition libre pourrait se transformer en garde à vue.**
• **Porter à sa connaissance les questions susceptibles de lui être posées.**
• **Si la personne est étrangère, s'assurer auprès de l'OPJ de la présence d'un interprète.**
• **Solliciter un entretien avec le client au début de l'audition, dès la notification des droits (comme en matière de garde à vue).**
• **Solliciter oralement avant le début de l'audition l'accès à l'intégralité de la procédure, au visa de l'article 6 de la Convention européenne des droits de l'homme (Conv. EDH), de la jurisprudence européenne, de la directive 2013/48/UE du 22 octobre 2013 et des dispositions de l'article 803-6, 5° du Code de procédure pénale. En cas de refus, présenter des observations orales en fin d'audition et produire une note écrite à annexer à la procédure.**

POUR ALLER PLUS LOIN...

Fascicules JurisClasseur
• *JCl. Procédure pénale*, Art. 53 à 73, fasc. 40, par J. Leroy.

Synthèse JurisClasseur
• *JCl. Procédure pénale*, Synthèse n° 20, par J. Buisson.

Fiche pratique
• V. Fiche 36 : Garde à vue.

Fiche 36

Garde à vue

Alexia LEVEILLÉ-NIZEROLLE

Sommaire

I Aperçu rapide

A Caractéristiques générales

838 La garde à vue (GAV) est une **mesure privative de liberté**, décidée par la police judiciaire ou la gendarmerie, permettant de garder à sa disposition une personne dont la retenue est nécessaire au déroulement de l'enquête (CPP, art. 63). Il s'agit d'une mesure très encadrée dont l'irrespect des règles est sanctionné par la nullité.

La loi n° 2023-22 du 24 janvier 2023 a créé « les assistants d'enquête » pour seconder les OPJ et APJ dans leur mission, afin d'effectuer à leur demande et sous leur contrôle un certain nombre d'actes et d'en établir les procès-verbaux (art. 21-3) comme procéder aux convocations, à la notification des droits aux victimes, informer de la garde à vue les personnes mentionnées à l'article 63-2 du Code de procédure pénale, *etc.*

B Conditions d'utilisation

1 Conditions du recours à une mesure de garde à vue

839 La garde à vue est prévue dans **trois cas** :
- enquête de flagrance (CPP, art. 63) ;
- enquête préliminaire (CPP, art. 77) ;
- sur commission rogatoire (CR) dans le cadre d'une instruction préparatoire (CPP, art. 154).

Elle concerne toute personne à l'encontre de laquelle il existe une ou plusieurs raisons de soupçonner

qu'elle a commis ou tenté de commettre un crime ou un délit puni d'une peine d'emprisonnement.
La mesure de garde à vue doit constituer l'unique moyen de parvenir à l'un au moins des objectifs suivants :
- permettre l'exécution des investigations impliquant la présence ou la participation de la personne ;
- garantir la présentation de la personne devant le procureur de la République afin que ce magistrat puisse apprécier la suite à donner à l'enquête ;
- empêcher que la personne ne modifie les preuves ou indices matériels ;
- empêcher que la personne ne fasse pression sur les témoins ou les victimes ainsi que sur leur famille ou leurs proches ;
- empêcher que la personne ne se concerte avec d'autres personnes susceptibles d'être ses coauteurs ou complices ;
- garantir la mise en œuvre des mesures destinées à faire cesser le crime ou le délit (CPP, art. 62-2).

2 Alternative à la mesure de garde à vue

840 La loi n° 2014-535 du 27 mai 2014 portant transposition de la directive 2012/13/UE du Parlement européen et du Conseil, du 22 mai 2012, relative au droit à l'information dans le cadre des procédures pénales (*JO* 28 mai 2014) permet désormais d'entendre les suspects sous le régime de l'audition libre (V. Fiche 35 : Assister la personne entendue au cours d'une audition libre).
Cette alternative à la garde à vue a été codifiée à l'article 61-1 du Code de procédure pénale qui prévoit que la personne à l'égard de laquelle il existe des raisons plausibles de soupçonner qu'elle a commis ou tenté de commettre une infraction ne peut être entendue librement sur ces faits.
Cette disposition n'est pas applicable en cas de conduite sous la contrainte devant un officier de police judiciaire.

3 Le statut des témoins

841 La loi n° 2014-535 du 27 mai 2014 a également précisé les contours de l'audition des témoins en modifiant l'article 62 du Code de procédure pénale qui prévoit désormais que les personnes à l'encontre desquels il n'existe aucune raison plausible de soupçonner qu'elles ont commis ou tenté de commettre une infraction sont entendues par les enquêteurs sans faire l'objet d'une mesure de contrainte (V. Fiche 35 : Assister la personne entendue au cours d'une audition libre).
Par exception à ce principe, l'alinéa 2 de ce même article prévoit que « si les nécessités de l'enquête le justifient, ces personnes peuvent être retenues sous la contrainte le temps strictement nécessaire à leur audition, sans que cette durée puisse excéder quatre heures ».
Il est à préciser que l'article 61 prévoit que l'OPJ peut défendre aux personnes présentes sur les lieux d'une infraction de s'éloigner jusqu'à la clôture des opérations, et peut les entendre, les personnes convoquées étant tenues de comparaître. Il dispose d'un pouvoir de contrainte pour faire comparaître les personnes présentes sur les lieux d'une infraction, les personnes qui n'ont pas comparu malgré une convocation (ce avec l'autorisation du parquet), ainsi que les personnes dont on peut craindre qu'elles ne répondent pas à une convocation.
La loi n° 2016-731 du 3 juin 2016 a ajouté à l'article 61 la possibilité pour le procureur de la République d'autoriser la comparution par la contrainte des personnes, sans convocation préalable, en cas de risque de modification des preuves ou indices matériels, de pression sur les témoins ou les victimes ainsi que sur leur famille ou leurs proches, ou de concertation entre les coauteurs ou complices.

4 Passage d'une mesure à une autre en cours d'enquête

842 L'article 62 du Code de procédure pénale prévoit ensuite deux choses essentielles :
- que s'il apparaît au cours de l'audition libre d'un témoin (CPP, art. 62, al. 1) des raisons plausibles de soupçonner qu'elle a commis ou tenté de commettre une infraction, elle doit être entendue sous le régime de l'audition libre du suspect avec les droits qui en découlent prévus à l'article 61-1 du Code de procédure pénale ;
- que s'il apparaît au cours de l'audition libre d'un suspect (CPP, art. 61-1) des raisons plausibles de soupçonner qu'elle a commis ou tenté de commettre un crime ou un délit puni d'une peine d'emprisonnement, il doit alors être placé sous le régime de la garde à vue dans les termes de l'article 63-1 du Code de procédure pénale ; s'agissant du point de départ de la durée d'une garde à vue précédée d'une mesure de contrainte ou d'une audition libre, il est fixé au début de cette audition (CPP, art. 63, III).

ATTENTION La garde à vue peut être décidée pour garantir la présentation de la personne devant le procureur de la République, même si aucune investigation n'est nécessaire (Cass. crim., 18 nov. 2014, n° 14-81.332 : *JurisData* n° 2014-028047 ; *Procédures* 2015, comm. 21, A.-S. Chavent-Leclère. – Cass. crim., 18 nov. 2014, n° 14-81.333 : *JurisData* n° 2014-027946).

Pour les **mineurs de moins de treize ans**, la **GAV est impossible** (Ord. n° 45-174, 2 févr. 1945, art. 4), mais la rétention est possible en cas de crime ou délit puni d'au moins cinq ans d'emprisonnement. La durée initiale de rétention peut aller jusqu'à douze heures, après présentation devant un magistrat, et peut être renouvelée pour une durée maximum de douze heures avec l'accord du parquet.

C Textes

1 Textes codifiés

• CPP, art. 62 à 65, 77 à 78-4, 153 et 154, 803-5, D. 593.

2 Textes non codifiés

• L. n° 2014-535, 27 mai 2014.
• L. n° 2011-392, 14 avr. 2011, relative à la garde à vue.
• D. n° 2011-810, 6 juill. 2011, relatif à l'aide à l'intervention de l'avocat au cours de la garde à vue et de la retenue douanière.
• D. n° 2007-699, 3 mai 2007 modifiant le Code de procédure pénale (troisième partie : Décrets) relatif au renforcement de l'équilibre de la procédure pénale et à la prévention de la délinquance.
• D. n° 60-898, 24 août 1960 modifiant le Code de procédure pénale (troisième partie : Décrets).
• Ord. n° 45-174, 2 févr. 1945, relative à l'enfance délinquante.
• D. n° 2013-958, 25 oct. 2013 : *JO* 27 oct. 2013, p. 17550.

D Schéma procédural

1 Notifications

a) Délai

843 La personne placée en garde à vue doit être **immédiatement informée dans une langue qu'elle comprend** par un OPJ, ou un APJ sous le contrôle d'un OPJ :
– de son placement en garde à vue et de sa cause ;
– de la nature des faits qui lui sont reprochés (qualification, date et lieu des faits) ;
– des dispositions relatives à la durée de la garde à vue ;
– de ses droits.
Sur ce dernier point, un formulaire doit lui être remis.
À titre exceptionnel, l'information de la personne gardée à vue peut être **différée**.
Si la personne ne comprend pas le français, et si aucun formulaire ne peut lui être remis dans une langue qu'elle comprend, ses droits doivent lui être notifiés par un interprète, le cas échéant après qu'un formulaire lui a été remis pour son information immédiate (CPP, art. 63-1).
Mention de l'information donnée est portée au procès-verbal de déroulement de la garde à vue.

> EXEMPLE **État d'ivresse de la personne, nécessitant au préalable un placement en cellule de dégrisement.**
> **La chambre criminelle sanctionne, par la nullité, des notifications faites à des personnes qui ne sont manifestement pas en état de les comprendre (Cass. crim., 11 janv. 2001, n° 00-82.024 : *JurisData* n° 2001-008733 ; *Bull. crim.* n° 7 ; *Dr. pén.* 2001, comm. 107, note A. Maron. – Cass. crim., 25 avr. 2001, n° 00-86.924 : *JurisData* n° 2001-009990). Quant à la notification tardive, le délai de trente-cinq minutes écoulé entre le début de la mesure de garde à vue et la notification des droits correspond au temps nécessaire à la patrouille de police, accompagnée de l'intéressé, pour se rendre au commissariat (Cass. crim., 6 janv. 2015, n° 13-87.652 : *JurisData* n° 2015-000055).**

b) Droits de la personne gardée à vue

844 • Faire prévenir par téléphone de la mesure dont elle fait l'objet (CPP, art. 63-2) :
• une personne avec qui elle vit habituellement,
• un de ses parents en ligne directe,
• un de ses frères et sœurs,
• son curateur ou tuteur,
• son employeur,
• pour les étrangers, les autorités consulaires de son pays.
La possibilité pour l'OPJ, ou pour l'assistant d'enquête sous son contrôle, estimant ne pas devoir faire droit à cette demande en raison des nécessités de l'enquête, d'en référer sans délai au procureur de la République afin qu'il prenne la décision d'y faire droit ou non, a été abrogée par la loi n° 2016-731 du 3 juin 2016.
En revanche, cette même loi a ajouté un alinéa à l'article 63-2 du Code de procédure pénale qui prévoit que le procureur de la République peut, à la demande de l'OPJ, différer ou de ne pas délivrer l'avis si cette décision est, au regard des circonstances, indispensable afin de permettre le recueil

Garde à vue

ou la conservation des preuves ou de prévenir une atteinte grave à la vie, à la liberté ou à l'intégrité physique d'une personne. Autrement dit, les contours de la possibilité de différer ou refuser ce droit de faire prévenir un tiers ont été précisés.

• Demander l'intervention d'un **avocat** conformément aux articles 63-3-1 à 63-4-3 : le gardé à vue a le droit de rencontrer un avocat en entretien individuel et confidentiel d'une durée de trente minutes maximum, et le droit de se faire assister d'un avocat lors de ses auditions et confrontations.

• Le droit absolu de se taire : la loi n° 2011-392 du 14 avril 2011 restaure l'obligation faite aux OPJ d'informer le gardé à vue de ce droit au silence (cette obligation avait été supprimée par la loi sécurité intérieure n° 2003-239 du 18 mars 2003).

• Être examinée par un **médecin** s'agissant de la compatibilité de son état avec le maintien en garde à vue (CPP, art. 63-3), étant précisé qu'en matière d'infraction à la législation sur les stupéfiants, l'examen médical est obligatoire, même sans demande du gardé à vue. La loi n° 2023-1059 du 20 novembre 2023 précise désormais que l'examen médical pourra avoir lieu en téléconsultation dans le cadre du renouvellement de la garde à vue (CPP, art. 63-3).

• La loi n° 2016-731 du 3 juin 2016 a ajouté un paragraphe II à l'article 63-2 du Code de procédure pénale qui confère désormais au gardé-à-vue la possibilité de communiquer par écrit, par téléphone ou lors d'un entretien avec une des personnes visées au I du même article, si cette communication n'est pas incompatible avec l'un des objectifs de la garde à vue (V. CPP, art. 62-2) et qu'elle ne risque pas de permettre une infraction. Ce droit de communiquer avec un tiers au cours de la garde à vue est encadré de manière stricte par l'OPJ qui décide du lieu, du moment et de la durée de cette communication, sans qu'elle puisse excéder trente minutes, et en la présence de l'OPJ ou d'une personne désignée par lui.

Si la demande concerne la communication d'un gardé-à-vue avec les autorités consulaires, l'OPJ ne peut s'y opposer au-delà de la quarante-huitième heure de garde à vue.

Les diligences incombant aux enquêteurs afin de faire droit à une demande du gardé-à-vue en ce sens ne doivent pas excéder trois heures, sauf circonstances insurmontables.

c) Information du procureur de la République

845 • Le procureur de la République doit également, **dès le début de la GAV**, être informé de cette mesure (Cass. crim., 25 juin 2013, n° 13-81.977 : *JurisData* n° 2013-014619).

• En raison de circonstances insurmontables, cette information peut également être retardée.

• Toutefois, le motif de ce retard doit être justifié par une réelle impossibilité, l'information tardive étant à défaut sanctionnée par la nullité de l'ensemble de la GAV et de ses actes subséquents. La mention au procès-verbal selon laquelle le procureur a été avisé suffit à rapporter la preuve que la diligence a été effectuée.

d) Étendue du rôle de l'avocat

846 L'avocat de la personne gardé-à-vue est informé dès le début de la garde à vue de la demande de son client d'être assisté par ses soins (CPP, art. 63-3-1).

Il peut l'assister :

– au cours de ses auditions et confrontations (CPP, art. 63-3-1) ;

– au cours des reconstitutions (CPP, art. 61-3 issu de L. n° 2016-731, 3 juin 2016) ;

– au cours des séances d'identification de suspect lorsqu'elle y participe en tant que suspect (CPP, art. 61-3 issu de L. n° 2016-731, 3 juin 2016).

La loi n° 2016-731 du 3 juin 2016 a également introduit un article 63-4-3-1 aux termes duquel l'avocat de la personne gardé-à-vue doit être informé sans délai chaque fois que son client est transporté sur un autre lieu.

2 Durée de la garde à vue

a) Pour les majeurs

847 **1re période : vingt-quatre heures** quel que soit le type d'enquête.

Si la personne a déjà été placée en GAV pour les mêmes faits, la durée des précédentes périodes de GAV s'impute sur la durée de la mesure (CPP, art. 63).

Possibilités de prolongation :

– droit commun : 1 × 24 heures, soit total 48 heures maximum (en cas de crime ou délit puni d'au moins 1 an d'emprisonnement et si elle est justifiée par un objectif visé par la loi) ;

– prolongation sur autorisation écrite et motivée du procureur après présentation de la personne ou exceptionnellement sans présentation préalable si l'infraction en cause est punie d'une peine supérieure ou égale à un an d'emprisonnement :

– et que la prolongation est l'unique moyen de satisfaire aux exigences de l'article 62-2, 1° à 6° ;

– ou si la prolongation doit permettre, dans les cas où il n'existe pas dans le tribunal de locaux relevant de l'article 803-3, la présentation de la personne devant l'autorité judiciaire (L. n° 2019-222, 23 mars 2019).

– régimes dérogatoires :

– trafic de produits stupéfiants :

• 1re prolongation : vingt-quatre heures,

• **2e prolongation (sur autorisation du JLD avec présentation de la personne, sauf circonstances exceptionnelles) : quarante-huit heures ;** soit total quatre-vingt-seize heures maximum ;
– infractions visées à l'article 706-73 du Code de procédure pénale (ex. : terrorisme, bande organisée et récemment depuis la loi n° 2017-1510 du 30 octobre 2017, les crimes portant atteinte aux intérêts fondamentaux de la nation) : idem que précédemment + deux autres prolongations supplémentaires de 24 heures chacune par décision écrite et motivée (CPP, art. 706-88) ; soit total 144 heures maximum. Cependant, ces dérogations ne sont pas applicables aux délits prévus au 8° *bis* et à ceux prévus aux 14° à 16° de l'article 706-73 du Code de procédure pénale (escroquerie en bande organisée, travail dissimulé, blanchiment d'argent, *etc.*) sauf à titre exceptionnel et « si les faits ont été commis dans des conditions portant atteinte à la sécurité, à la dignité ou à la vie des personnes, ou aux intérêts fondamentaux de la Nation ».

ATTENTION Par une décision du 9 octobre 2014, le Conseil constitutionnel a déclaré que les dispositions de l'article 706-88 du Code de procédure pénale en ce qu'elles étaient susceptibles de s'appliquer au délit d'escroquerie en bande organisée (CPP, art. 706-73, 8 bis) étaient contraires à la Constitution. Le Conseil a précisé que cette décision prendrait effet au 1er septembre 2015 (Cons. const., 9 oct. 2014, n° 2014-420/421 QPC : *JurisData* n° 2014-022895 ; *Dr. pén.* 2014, comm. 142, obs. A. Maron et M. Haas).

Le **point de départ de la GAV** est fixé au moment du placement de la personne sous ce régime. Si, avant d'être placée en garde à vue, la personne a été appréhendée ou a fait l'objet de toute autre mesure de contrainte pour ces mêmes faits, l'heure du début de la GAV est fixée à l'heure à partir de laquelle la personne a été privée de liberté. Si la personne n'a pas fait l'objet d'une mesure de contrainte préalable, mais que son placement en garde à vue est effectué dans le prolongement immédiat d'une audition, cette heure est fixée à celle du début de l'audition (CPP, art. 63, II).

b) Pour les mineurs

848 **Mineur de treize à seize ans :**
- GAV possible pour une durée initiale de vingt-quatre heures ;
- prolongation de vingt-quatre heures maximum en cas de crime ou délit puni d'au moins cinq ans d'emprisonnement.

849 Mineur de seize à dix-huit ans :
- GAV possible pour une durée initiale de vingt-quatre heures ;
- prolongation pour une durée maximum de vingt-quatre heures.

ATTENTION L'heure du début de la mesure est fixée, le cas échéant, à l'heure à laquelle la personne a été appréhendée.

3 Déroulement de la garde à vue

850 **L'enregistrement audiovisuel** des interrogatoires est prévu, à peine de nullité :
- **en matière criminelle** (CPP, art. 64-1 et D. 15-6) ;

ATTENTION L'exception à l'enregistrement prévue pour les crimes mentionnés à l'article 706-73 a été déclarée non conforme à la Constitution (Cons. const., 6 avr. 2012, n° 2012-228/229 QPC : *JurisData* n° 2012-006312).

- **pour les mineurs** (Ord. n° 45-174, 2 févr. 1945, art. 4, VI).
L'original est placé sous scellé et une copie versée au dossier.
En cas d'impossibilité technique de procéder à l'enregistrement, le procureur de la République doit immédiatement en être informé.

II

Préparation

A Informations préalables

851 L'avocat n'a toujours pas accès à l'essentiel du dossier pénal (plainte, PV de synthèse, PV d'interpellation...). Toutefois, il peut, s'il le demande, consulter le procès-verbal constatant la notification du placement en garde à vue et des droits y étant attachés, le certificat médical, ainsi que **les procès-verbaux d'audition et de confrontation de son client**. Ce dernier peut également

avoir directement accès à ces documents (CPP, art. 63-4-1).
La prise de note est possible mais pas la délivrance de copie (CPP, art. 63-4-1).
Les informations qui doivent être communiquées à l'avocat par l'OPJ sont la nature et la date présumée de l'infraction sur laquelle porte l'enquête (CPP, art. 63-3-1).
L'avocat a donc relativement peu d'informations à transmettre au client, hormis celles **concernant le déroulement de la GAV.**
Il peut ainsi rappeler à son client :
– son droit absolu de se taire ;
– qu'il a la possibilité de se faire assister lors de ses auditions et confrontations, ainsi qu'au cours des perquisitions et des tapissages.
Et lui conseiller :
– de ne pas reconnaître tout et n'importe quoi en espérant sortir plus vite ;
– de bien relire les procès-verbaux avant de les signer, et de refuser de les signer s'ils ne sont pas conformes à ses déclarations.
L'attention du client doit être attirée sur le fait que les PV de ses auditions constitueront des pièces importantes du dossier pénal, aux conséquences pouvant être lourdes pour la suite de la procédure.
À ce titre, il convient de s'assurer que le client qui ne comprend pas la langue française a bénéficié « d'une **traduction** orale ou un résumé oral des **pièces essentielles** » (CPP, art. 803-5 nouveau créé par L. n° 2013-711, 5 août 2013).
Sur le fond du dossier, il convient d'être prudent d'autant plus que le client peut taire des éléments importants à son conseil. L'information doit porter sur les suites théoriques possibles, sous réserve de l'évolution de l'enquête.

RETOUR D'EXPÉRIENCE Si la moindre difficulté apparaît, soit sur les modalités d'entretien avec le gardé à vue, soit sur les conditions de sa garde à vue, il appartient à l'avocat de rédiger des observations écrites qui seront jointes au registre de la garde à vue et donc annexées à la procédure.

B Contrôles préalables

1 Au moment de l'appel de l'OPJ

852 L'avocat doit se renseigner sur :
– les faits reprochés ;
– le moment du début de la garde à vue ;
– les suites possibles (V. *infra*, n° 858, Fin de la procédure) ;
– si le gardé à vue ne parle pas français : demander un interprète.

2 À l'arrivée en garde à vue

853 • Si un interrogatoire du gardé en vue est en cours, il doit être immédiatement interrompu.
• L'entretien dure trente minutes et ne doit pas être interrompu. Il doit se dérouler dans des conditions permettant la confidentialité.
• Vérifier que les droits du gardé à vue lui ont été notifiés, notamment le droit absolu de se taire.
• S'assurer du déroulement de la garde à vue dans des conditions assurant le respect de la dignité de la personne : possibilité de dormir, de s'alimenter, respect d'un traitement médical, absence de pression ou menace, possibilité de conserver certains objets intimes.

3 Délais pour agir

854 Délai de **deux heures**, sauf nécessités de l'enquête :
– si l'avocat n'est pas arrivé dans un délai de deux heures après avoir été informé que son assistance était requise, les auditions peuvent débuter sans lui. Passé ce délai, l'avocat pourra néanmoins assister à la suite des auditions, et si le gardé à vue le demande, l'audition pourra être interrompue pour permettre l'entretien individuel ;
– lorsque les nécessités de l'enquête l'exigent, et sur autorisation écrite et motivée du procureur de la République, l'audition de la personne gardée à vue peut avoir lieu immédiatement, et en tout cas avant l'expiration du délai de deux heures, nonobstant l'absence de l'avocat.
Report de la présence de l'avocat :
– pour une durée maximum de **douze heures**, à titre exceptionnel, sur décision écrite et motivée du procureur de la République ou du JLD, si cette mesure apparaît indispensable pour des raisons impérieuses tenant aux circonstances particulières de l'enquête, soit pour permettre le bon déroulement d'investigations urgentes tendant au recueil ou à la conservation de preuves, soit pour prévenir une atteinte imminente aux personnes ;
– au-delà de la 12e heure et jusqu'à la **24e heure** sur requête du procureur de la République, et par décision du JLD, lorsque la personne est gardée à vue pour un crime ou un délit puni d'une peine d'emprisonnement supérieure ou égale à cinq ans ;
– la consultation, par l'avocat, des procès-verbaux d'audition de la personne gardée à vue, peut également être différée dans les mêmes conditions ;
– régime dérogatoire :
• en matière de bande organisée, le report de l'intervention de l'avocat à la fin de la 24e heure est décidé par le procureur de la République, d'office ou à la demande de l'OPJ, et au-delà

de la 24e heure jusqu'à une durée maximale de **quarante-huit heures**, par le JLD (ou le juge d'instruction si GAV dans le cadre d'une commission rogatoire),
• en matière de trafic de stupéfiants et de terrorisme, l'intervention de l'avocat peut être reportée jusqu'à l'issue de la **72e heure**.

Ces reports sont possibles « en considération de raisons impérieuses tenant aux circonstances particulières de l'enquête ou de l'instruction, soit pour permettre le recueil ou la conservation des preuves, soit pour prévenir une atteinte aux personnes » (CPP, art. 706-88).

III Procédure

A Assistance et représentation

1 Gardé à vue

855 S'il en fait la demande, il peut s'entretenir avec un avocat, dès le début de sa garde à vue.
Si le gardé à vue est mineur, et même s'il est majeur et s'il ne le fait pas, l'un de ses représentants légaux peut formuler à sa place cette demande d'intervention d'un avocat.
Sauf report de son intervention (V. *supra*, n° 854, Délais pour agir) l'avocat intervient dès le début de la mesure de garde à vue, et au début de chaque période de prolongation.
Outre l'entretien individuel avec le gardé à vue, l'avocat a la possibilité d'assister son client lors des auditions et confrontations (CPP, art. 63-4-2), ainsi qu'au cours des perquisitions et au cours des séances d'identification des suspects (CPP, art. 61-3).
À l'issue de chacune de ses interventions, l'avocat peut :
– poser des questions (uniquement après les auditions et confrontation) : l'OPJ ou APJ ne peut s'y opposer que si les questions sont de nature à nuire au bon déroulement de l'enquête. Ce refus doit être mentionné au procès-verbal ;
– présenter des observations écrites, qui seront jointes à la procédure, et dans lesquelles il peut consigner les questions refusées.
Durant la garde à vue, l'avocat peut également adresser ses observations directement au procureur de la République (CPP, art. 64-4-3).

ATTENTION L'avocat ne doit en aucun cas accepter de se faire commissionnaire du gardé à vue, et ne peut informer quiconque de l'existence même de cette garde à vue.
L'article 63-4-4 du Code de procédure pénale créé par la loi n° 2011-392 du 14 avril 2011 le précise en ces termes : « sans préjudice des droits de la défense, l'avocat ne peut faire état auprès de quiconque pendant la durée de la garde à vue ni des entretiens avec la personne qu'il assiste, ni des informations qu'il a recueillies en consultant les procès-verbaux et en assistant aux auditions et aux confrontations ».

2 Victime

856 La victime, qui doit avoir été informée de ce droit, peut également demander à être assistée par un avocat si elle est confrontée avec une personne gardée à vue.
Lorsqu'elle participe à une perquisition ou à une séance d'identification de suspect, elle peut également solliciter l'assistance d'un avocat (CPP, art. 61-3).
À sa demande, l'avocat peut consulter les procès-verbaux d'audition de la personne qu'il assiste (CPP, art. 63-4-5).

B Compétence

857 L'OPJ décide de la GAV, mais possibilité de délégation à l'APJ sous contrôle de l'OPJ.
La garde à vue est placée sous le contrôle du procureur de la République (CPP, art. 12 et 41). C'est la raison pour laquelle il doit en être informé, dès le début.
Le procureur de la République sous la direction duquel l'enquête est menée est compétent pour être avisé des placements en garde à vue, en contrôler le déroulement, en ordonner la prolongation et décider de l'issue de la mesure.
Mais le procureur de la République du lieu où est exécutée la GAV est également compétent pour la contrôler et en ordonner la prolongation.
L'audition ou la confrontation est menée sous la direction de l'OPJ ou de l'APJ qui peut à tout moment, en cas de difficulté, y mettre un terme

et en aviser immédiatement le procureur de la République qui informe s'il y a lieu le bâtonnier aux fins de désignation d'un autre avocat (CPP, art. 63-4-3).

C Fin de la procédure

858 À l'issue de la garde à vue le parquet peut décider d'un classement sans suite ou des mesures alternatives aux poursuites. La personne est alors remise en liberté.

S'il décide d'engager des poursuites, la personne est soit :

– remise en liberté mais sera convoquée ultérieurement ;

– convoquée par OPJ à une audience devant un tribunal. Il lui remet en main propre une convocation (COPJ : convocation par officier de police judiciaire), le gardé à vue ayant donc immédiatement connaissance de la date à laquelle il sera jugé ;

– déférée au parquet puis jugée en comparution immédiate ou en audience correctionnelle classique (CPPV) ;

– présentée devant le juge d'instruction pour une mise en examen et éventuellement placée sous contrôle judiciaire ou en détention provisoire.

D Recours ou contestation

859 Si elle s'estime victime de violences volontaires et injustifiées de la part des autorités d'enquête, la personne gardée à vue devra déposer plainte entre les mains du procureur de la République contre récépissé ou par courrier recommandé AR (CPP, art. 85).

Cette plainte ne sera pas dirigée contre l'État, mais contre X ou contre personne dénommée si le gardé à vue connaît son identité.

Par une décision du 2 octobre 2014, la France a été condamnée par la Cour européenne des droits de l'homme, qui a jugé en particulier que les conditions dans lesquelles cinq personnes ont été détenues, notamment le manque d'espace, de lumière et d'aération, leur ont causé des souffrances aussi bien physiques que mentales ainsi qu'un sentiment de profonde atteinte à leur dignité humaine, et qu'elles s'analysent en un traitement inhumain et dégradant (CEDH, 2 oct. 2014, n° 2871/11, *Fakailo [Safoca] et a. c/ France : JurisData* n° 2014-025502).

Dans un arrêt récent, la formation plénière de la Cour de cassation a jugé que la sonorisation des cellules contiguës de personnes gardées à vue dans une même affaire de manière à susciter les échanges « constitue un procédé déloyal d'enquête mettant en échec le droit de se taire et celui de ne pas s'incriminer soi-même et porte atteinte au droit à un procès équitable » (Cass. ass. plén., 6 mars 2015, n° 14-84.339 : *JurisData* n° 2015-004033).

> CHECK-LIST **• Au moment de l'appel de l'OPJ : se renseigner sur les faits reprochés, l'heure de début de la garde à vue, les suites possibles.**
> **• Le cas échéant, solliciter l'intervention d'un interprète.**
> **• Se munir de sa carte professionnelle et des imprimés CERFA nécessaires.**
> **• À l'arrivée en garde à vue : demander à consulter les PV d'auditions précédents du gardé à vue, le PV de notification des droits.**
> **• Renseigner l'imprimé CERFA en vue d'être rétribué par la CARPA.**

POUR ALLER PLUS LOIN...

Fascicules JurisClasseur

• *JCl. Procédure pénale*, App. Art. 53 à 73, fasc. 20, par J. Leroy.

• *JCl. Procédure pénale*, Art. 706-73 à 706-106, fasc. 20, par T. Meindl.

Synthèse JurisClasseur

• *JCl. Procédure pénale*, Synthèse 20, par J. Buisson.

Revues

• O. Décima, *À la recherche du temps perdu en garde à vue : Dr. pén.* 2015, étude 5.

• F. Desprez, *Non-respect par l'officier de police judiciaire du délai de mise en œuvre du droit à un examen médical, une nullité supposant la démonstration d'un grief : JCP* G 2012, 1309.

• F. Fourment, *Droit effectif et concret à un procès équitable et « assistance effective » du gardé à vue : JCP* G 2012, 1242.

• *Garde à vue : les nouvelles dispositions issues de la loi n° 2011-392 du 14 avril 2011 (L. n° 2011-392, 14 avr. 2011) : Dr. pén.* 2011, dossier 2.

• C. Laronde-Clérac, *La pratique jurisprudentielle des nullités en procédure pénale : Dr. pén.* 2013, étude 9.

• A. Maron et M. Haas, *Un stratagème couvert d'une feuille de vigne légale : Dr. pén.* 2014,

comm. 32 ; *On ne peut laver de sales draps avec le droit propre d'un tiers* : *Dr. pén.* 2012, comm. 61.
• J. Monin de Flaugergues, *La garde à vue : une mesure privative de liberté sans contrôle juridictionnel effectif* : *Dr. pén.* 2015, étude 8.
• J. Pradel, *Un regard perplexe sur la nouvelle garde à vue* : *JCP* G 2011, 665.
• *Un an de droit de la garde à vue (juin 2015-juin 2016)* : *Dr. pén.* 2016, chron. 8.

Fiche 37

CRPC : assister la personne poursuivie

Marion WAGNER

Sommaire

I

Aperçu rapide

A Caractéristiques générales

860 La comparution sur reconnaissance préalable de culpabilité répond à un objectif de rapidité : éviter un examen devant les juridictions correctionnelles (L. n° 2004-204, 9 mars 2004. – L. n° 2021-1729, 22 déc. 2021).

Pour tous les délits, sauf des délits particulièrement graves limitativement énumérés (CPP, art. 495-7 et 495-16), le procureur de la République ou le procureur général propose à une personne majeure reconnaissant sa culpabilité une sanction, acceptée par l'auteur des faits et homologuée par le président du tribunal judiciaire, en première instance ou en cause d'appel (CPP, art. 495-15).

La CRPC est possible en première instance tant que le tribunal correctionnel n'a pas examiné l'affaire sur le fond (CPP, art. 495-15, al. 3) et en cause d'appel lors de la déclaration d'appel ou ultérieurement si l'appel a été formé sur les peines prononcées (CPP, art. 495-15, al. 5).

La possible convocation simultanée du prévenu devant un tribunal correctionnel ou un juge d'instruction peut être un moyen de pression du procureur contre le prévenu, déjà souvent gardé à vue.

Le but de la présente fiche est de fournir les outils nécessaires pour assister une personne poursuivie dans le cadre d'une CRPC et lui permettre d'accepter ou de refuser la peine proposée par le procureur en toute connaissance de cause, sans confondre procédure rapide et procédure hâtive.

B Conditions d'utilisation

1 Personnes concernées

861 Cette procédure est applicable aux personnes majeures (CPP, art. 495-16) :

- soit qui comparaissent devant le procureur (CPP, art. 495-7) ;
- soit qui ont fait l'objet d'une citation directe, d'une convocation ou d'une ordonnance de renvoi devant le tribunal correctionnel (CPP, art. 495-15, al. 1) ;
- soit qui sont renvoyées devant le procureur par un juge d'instruction (CPP, art. 180-1) ;
- soit qui sont prévenues condamnées ayant formé appel (CPP, art. 495-15, al. 5).

La CRPC est également applicable au représentant d'une personne morale mise en cause pour l'un des délits visés à l'article 41-1-2 du Code de procédure pénale. Une des trois mesures suivantes est proposée : versement d'une amende, exécution d'un programme de mise en conformité, réparation du préjudice (V. CPP, art. 41-1-2).

2 Délits concernés

862 Par **principe**, la CRPC est applicable à **tous** les délits (CPP, art. 495-7), sauf si elle concerne le représentant d'une personne morale (liste de délits visés par CPP, art. 41-1-2).

Sont **exclus** les :

- délits de presse, homicides involontaires, délits politiques ou délits dont la procédure est prévue par un texte particulier (CPP, art. 495-7 et 495-16) ;
- délits d'atteintes volontaires et involontaires à l'intégrité des personnes et d'agressions sexuelles prévus aux articles 222-9 à 222-31-2 du Code pénal lorsqu'ils sont punis d'une peine d'emprisonnement d'une durée supérieure à cinq ans (CPP, art. 495-7).

> EXEMPLE **Peuvent faire l'objet d'une CRPC :**
> **- violences volontaires ayant entraîné une ITT inférieure ou égale à huit jours, ou n'ayant entraîné aucune ITT, commises sur un conjoint ou un concubin (C. pén., art. 222-13) ;**
> **- conduite en état d'ivresse (C. route, art. L. 234-1) ;**
> **- vol simple (C. pén., art. 311-3) ;**
> **- fait de travail dissimulé (C. trav., art. L. 8221-1) ;**
> **- abus de marché (C. mon. fin., art. L. 465-3-6, X).**

3 Initiative de la CRPC

863 La CRPC est initiée par le procureur de la République ou par le procureur général :

- soit d'office (CPP, art. 495-7 et 495-15, al. 2) ;
- soit sur demande de la personne poursuivie (CPP, art. 495-7 et 495-15) ;
- soit sur renvoi du juge d'instruction (CPP, art. 180-1). Les parties disposent d'un délai de dix jours à compter de la notification de la proposition pour indiquer, par télécopie, déclaration au greffe ou lettre recommandée, si elles acceptent le renvoi de l'affaire aux fins de mise en œuvre d'une CRPC.

> ATTENTION Le juge d'instruction peut renvoyer l'affaire au procureur de la République aux fins de mise en œuvre d'une CRPC, en respectant les conditions suivantes (CPP, art. 180-1) :
> - accord du procureur ; du mis en examen (suite à une reconnaissance des faits, et une acceptation de la qualification pénale des faits) et de la partie civile en cas de plainte avec constitution de partie civile ;
> - la partie civile doit être mise en mesure de faire valoir ses observations lorsqu'une partie civile est constituée ;
> - prévision dans l'ordonnance qu'en cas d'échec, ou d'absence d'homologation dans un délai de trois mois (ramené à un mois si la détention provisoire est maintenue), le prévenu sera renvoyé devant le tribunal correctionnel. L'ordonnance de renvoi n'a pas à être motivée (V. CPP, art. 180-1).
> La CRPC ne peut être mise en œuvre qu'avec **l'accord de la partie civile** si le tribunal correctionnel a été saisi par une citation directe de la partie civile ou si le juge d'instruction a été saisi par une constitution de partie civile (CPP, art. 495-15, al. 4).

4 Peines proposées

864 Le procureur peut proposer **une ou plusieurs** des peines principales et complémentaires dans les règles du droit commun (CPP, art. 495-8, al. 1. - C. pén., art. 130-1, 132-1 et 111-3).
La peine d'**amende** doit être inférieure ou égale à l'amende encourue pour la qualification retenue (CPP, art. 495-8, al. 3). Elle peut être assortie d'un **sursis** (CPP, art. 495-8, al. 3).
La peine d'**emprisonnement** :
- est soumise à une **double limite** (CPP, art. 495-8, al. 2) :
• inférieure ou égale à la moitié de la peine légalement prévue,
• inférieure ou égale à trois ans ;
- peut être assortie :
• d'un sursis en tout ou partie (CPP, art. 495-8, al. 2),
• d'un aménagement (placement à l'extérieur, semi-liberté, fractionnement et suspension, placement sous surveillance électronique, libération conditionnelle (CPP, art. 712-6).

ATTENTION Le procureur peut proposer :
- le **relèvement** d'une interdiction, déchéance ou incapacité résultant de plein droit de la condamnation, ou l'exclusion de la mention de la condamnation du bulletin nos 2 ou 3 du casier judiciaire (V. CPP, art. 495-8, al. 4) ;
- la **révocation des sursis** précédemment accordés par l'emprisonnement proposé (CPP, art. 495-8, al. 4).

Si l'**emprisonnement** est **ferme**, le procureur doit en préciser les modalités d'application (CPP, art. 495-8, al. 2) :
- soit une mise à exécution immédiate ;
- soit une convocation future devant le JAP, qui détermine les conditions d'exécution.

C Avis du professionnel

865 La CRPC comporte des **risques** :
- possibilité d'une **convocation simultanée** devant le tribunal correctionnel ou le juge d'instruction (CPP, art. 495-15-1) par une citation ou une convocation à comparaître (V. CA Douai, 13 nov. 2014, n° 14/00430 : *JurisData* n° 2014-031567), sans délai minimum à respecter : ce peut être dans la journée de la comparution, chose courante malgré la décision du Conseil constitutionnel qui incite à fixer une « date suffisamment lointaine » pour qu'au jour de la convocation, la CRPC soit achevée (Cons. const., 10 déc. 2010, n° 2010-77 QPC) ;

ATTENTION La convocation simultanée est celle prévue par l'article 390-1 du Code de procédure pénale (instructions du procureur, greffier, OPJ ou APJ, ou chef de l'établissement pénitentiaire), à l'exclusion de toute autre forme (V. CPP, art. 388. - Cass. crim., 24 nov. 2009, n° 09-85.151 : *JurisData* n° 2009-050969).

- Conséquences d'une reconnaissance de **culpabilité** : même si la peine peut être peu élevée, d'autres sanctions peuvent suivre.

EXEMPLE **En matière de travail dissimulé, même si l'amende est peu élevée, des sanctions administratives sont possibles : contributions spéciales et forfaitaires réclamées par l'OFII (V. par ex. D. n° 2012-812, 16 juin 2012).**

Face à cela, sont garantis :
- un entretien seul avec son avocat pour réfléchir à sa décision (CPP, art. 495-8, al. 5) ;
- un délai de réflexion de dix jours pour donner sa réponse (CPP, art. 495-8, al. 5).
La CRPC n'évite pas la constitution de partie civile (CPP, art. 420-1 et 495-13) ou la citation devant le tribunal correctionnel pour qu'il statue sur les intérêts civils (CPP, art. 464).

ATTENTION La CRPC est le plus souvent proposée au client en **garde à vue**. Veiller aux éventuelles causes de nullité de la procédure de garde à vue précédant la CRPC (V. Fiche 36 : Garde à vue).

La CRPC entraîne l'interruption du délai de prescription de l'action publique : l'envoi aux services d'enquête d'un soit-transmis ou d'instructions en vue de rechercher l'adresse du prévenu et de lui remettre une convocation en justice par le procureur de la République sont des actes interruptifs de la prescription (Cass. crim., 24 juin 2015, n° 13-87.972 : *JurisData* n° 2015-015398).

ATTENTION La nouveauté de la loi n° 2021-1729 du 22 décembre 2021 : permettre la CRPC en cause d'appel (CPP, art. 495-15, al. 5).

D Textes

1 Textes codifiés

- CPP, art. 495-7 à 495-16.
- CPP, art. D. 45-2-11, D. 45-2-12, D. 45-28 et D. 45-29.
- CPP, art. 520-1.

2 Textes non codifiés

- L. n° 2005-847, 26 juill. 2005, précisant le déroulement de l'audience d'homologation de la comparution

CRPC : assister la personne poursuivie

sur reconnaissance préalable de culpabilité : *JO* 27 juill. 2005.

• Circ. n° JUSDO430177C, 2 sept. 2004, présentation des dispositions de la loi n° 2004-204 du 9 mars 2004, portant adaptation de la justice aux évolutions de la criminalité relatives à la procédure de comparution sur reconnaissance préalable de culpabilité : *BO Justice* 30 sept. 2004.

• Circ. n° JUSDO530114C, 29 juill. 2005, relative à la loi n° 2005-847 du 26 juillet 2005 précisant le déroulement de l'audience d'homologation de la comparution sur reconnaissance préalable de culpabilité : *BO Justice* 30 sept. 2005.

• Circ. n° JUSD1208381C, 20 mars 2012, présentant les dispositions de la loi du 13 décembre 2011, relative à la répartition des contentieux et à l'allègement de certaines procédures juridictionnelles étendant les procédures d'ordonnance pénale et de comparution sur reconnaissance préalable de culpabilité : *BO Justice* 30 mars 2012.

• Circ. n° JUSD1908794C, 25 mars 2019, de première présentation des dispositions de procédure pénale de la loi n° 2019-222 du 23 mars 2019 de programmation 2018-2022 et de réforme pour la justice : *BO Justice* 29 mars 2019.

• Circ. n° JUSD2230750C, 26 oct. 2022, relative aux dispositions de la loi n° 2021-1729 du 22 décembre 2021 pour la confiance dans l'institution judiciaire et du décret n° 2022-546 du 13 avril 2022 concernant la procédure de comparution sur reconnaissance préalable de culpabilité : *BO Justice* 31 oct. 2022.

E Schéma procédural

866 • Convocation ou déferement devant le procureur de la République.
• Comparution devant le procureur de la République.
• Reconnaissance des faits devant le procureur de la République.
• Exposé des éléments de personnalité du prévenu.
• Proposition de peine formulée par le procureur.
• Entretien confidentiel entre le prévenu et l'avocat.
• Choix du prévenu : accord, refus ou délai de réflexion de dix jours.
• En cas de refus immédiat ou différé : échec de la CRPC, continuation de la procédure devant le tribunal correctionnel, le juge d'instruction ou la chambre des appels correctionnels, ou classement sans suite.
• En cas d'acceptation de la proposition : procédure d'homologation de la peine devant le président du tribunal judiciaire ou le président de la chambre des appels correctionnels.
• En cas de refus de l'homologation : échec de la CRPC, continuation de la procédure devant le tribunal correctionnel, le juge d'instruction, ou la chambre des appels correctionnels, ou classement sans suite.
• En cas d'ordonnance d'homologation : recours possible dans le délai de droit commun.

II Préparation

A Information du client

867 Le client doit être informé des éléments suivants :
– la CRPC est fondée sur la reconnaissance initiale de sa **responsabilité** (CPP, art. 495-7 et 495-16). Le seul objet de négociation est la peine. Si elle peut être peu élevée, **d'autres sanctions** peuvent suivre ;
– il a **trois occasions** pour faire son **choix** au cours de la procédure ;
– il a droit à un **entretien seul** avec son avocat (CPP, art. 495-8, al. 5) ;

> ATTENTION Le procureur peut informer le client ou son avocat des propositions qu'il compte formuler (V. CPP, art. 495-8, al. 7).

– il a droit à un **délai de réflexion de dix jours** avant de formuler sa réponse (CPP, art. 495-8, al. 5) ;
– il peut **revenir sur son choix** lors de l'audience d'homologation (personnalité, faits nouveaux. – Sur le pouvoir du juge de refuser ou d'accepter, V. Cons. const., 2 mars 2004, n° 2004-492 DC).

B Contrôle préalable

1 À la comparution devant le procureur de la République

868 L'attention doit être portée sur deux points :
– l'enquête sociale : vérifier la **situation personnelle du client** pour anticiper l'**enquête** à laquelle peut procéder le procureur (CPP, art. 41) : impératifs professionnels, impératifs familiaux, problèmes médicaux... ;

> ATTENTION L'enjeu est de pouvoir proposer : un *quantum* de peine moins élevé (pour des raisons

personnelles : charges financières importantes) ; une autre peine ; une dispense d'inscription au bulletin n° 2 du casier judiciaire (par ex. justifications professionnelles : risque de perte d'emploi).

– la qualification des faits et la culpabilité du prévenu : bien évaluer les chances d'obtenir une décision plus favorable devant une juridiction.

2 À l'audience d'homologation

869 L'attention doit être portée sur les points suivants :
– vérifier si une **relaxe** peut être obtenue, notamment en soulevant des **nullités** :
• nullités de la procédure antérieure à la CRPC : nullités de la garde à vue, de l'interpellation...,
• nullité du **procès-verbal** obligatoirement établi au terme de la comparution (CPP, art. 495-14, al. 1) ;

ATTENTION Les nullités peuvent être invoquées avant tout débat au fond lors de l'audience d'homologation (CPP, art. 385. – Cass. crim., 22 févr. 2012, n° 11-82.786 : *JurisData* n° 2012-002578).

– s'assurer que la peine proposée :
• respecte les **seuils légaux** (CPP, art. 495-8, al. 1, 2 et 3. – V. *supra*, nos 861 et s., Conditions d'utilisation – quant aux peines proposées),
• est **la plus favorable** possible, au regard de la situation du prévenu et de la qualification des faits.

ATTENTION **Rappel** : une acceptation de la proposition devant le procureur n'empêche pas de contester l'homologation à l'audience.

C Pièces nécessaires

870 La loi ne prévoit aucune pièce obligatoire à la comparution devant le procureur.

Mais il faut anticiper la peine, pour pouvoir la négocier et/ou l'accepter ou la refuser : demander au client toute pièce utile sur sa situation :
– financière (bulletins de salaire, pensions éventuelles, reconnaissance de dette...) ;
– familiale (jugement de divorce, livret de famille...) ;
– professionnelle (contrat de travail, justificatif d'inscription au chômage...).
Ces pièces sont utiles à tout stade de la procédure :
– au stade de la comparution, ou devant le président du tribunal judiciaire, pour fournir un argumentaire pour abaisser le quantum de la peine, ou obtenir une autre peine ;
– en cas d'échec de la CRPC (refus du client, ou refus d'homologation), pour servir devant le juge saisi.

D Coût de la procédure

871 Le coût de la procédure est constitué par :
– **les honoraires de l'avocat**, qui sont libres, outre les frais de procédure (notamment le droit de plaidoirie) ;
– **le droit fixe de procédure** : le condamné est redevable d'un droit fixe de procédure pour les ordonnances pénales fixé à un montant de 31 € (CGI, art. 1018 A).
Les frais sont à la charge du prévenu (majeur protégé ou non), sauf s'il peut bénéficier de l'aide juridictionnelle totale ou partielle (CPP, art. 495-8, al. 4) s'il remplit les conditions de nationalité (être français, ressortissant de l'UE, ou avoir sa résidence régulière en France) et de ressources et de patrimoine (V. L. n° 91-647, 10 juill. 1991, art. 3. – L. n° 2019-1479, 28 déc. 2019 : *JO* 29 déc. 2019. – D. n° 2020-1717, 28 déc. 2020 : *JO* 29 déc. 2020. – Circ. n° JUST2401297C, 17 janv. 2024, relative au montant des plafonds de ressources et de patrimoine pour l'admission à l'aide juridictionnelle à compter du 18 janv. 2024 : *BO Justice* 17 janv. 2024).

III Procédure

A Assistance et représentation

1 Assistance obligatoire d'un avocat pour le prévenu

872 Présence de l'avocat obligatoire lors de la comparution à l'homologation, sans renonciation possible (CPP, art. 495-8) : en cas de refus, cela fait échec à la CRPC.
L'avocat est :
– soit celui choisi par le prévenu ;
– soit celui désigné par le bâtonnier.
L'avocat peut prendre connaissance du dossier dès la comparution (CPP, art. 495-8, al. 4).

L'avocat est présent aux moments suivants :
- recueil des déclarations du client ;
- proposition de peine par le procureur ;
- entretien seul avec le client s'il le sollicite ;
- décision du client (immédiate ou après un délai de réflexion de dix jours) ;
- audience d'homologation, en cas d'acceptation.

2 Assistance obligatoire d'un avocat pour le majeur protégé

873 Le majeur protégé poursuivi doit être assisté d'un avocat (CPP, art. 706-116, al. 1).
L'avocat est (CPP, art. 706-116, al. 2) :
- soit celui choisi par le prévenu majeur protégé ;
- soit celui choisi par le curateur ou le tuteur ;
- soit celui commis d'office, à défaut de choix par le prévenu, le curateur ou le tuteur (désigné par le bâtonnier, à la demande du procureur ou du juge d'instruction).
- L'expertise du majeur protégé est obligatoire (CPP, art. D. 47-22. – D. n° 2023-89, 13 févr. 2023).

B Compétence (matérielle et/ou territoriale)

874 La comparution a lieu devant le procureur territorialement compétent (CPP, art. 43) :
- soit celui du lieu de l'infraction ;
- soit celui de la résidence du prévenu ;
- soit celui du lieu d'arrestation du prévenu ;
- soit celui du lieu de détention du prévenu.

Si la proposition est acceptée, le président du tribunal judiciaire (TJ) ou de la chambre des appels correctionnels saisi est celui du tribunal ou de la chambre près desquels le procureur se trouve.
Si la CRPC échoue (refus du prévenu ou du président du tribunal judiciaire ou de la chambre) :
- la juridiction saisie est la juridiction territorialement compétente ;
- le juge d'instruction saisi est le juge territorialement compétent (CPP, art. 52).

C Rédaction de l'acte de saisine (forme et contenu)

875 Pas d'acte de saisine du procureur : ce n'est pas un juge. La CRPC est initiée :
- soit par une **convocation directe** par le procureur (CPP, art. 495-7) ;
- soit par un **déferrement** devant le procureur (CPP, art. 495-7 et art. 393) ;
- soit par une **convocation suite à la demande** du client ou de son avocat, si le client est déjà cité ou convoqué en justice (CPP, art. 495-15, al. 1).

ATTENTION Deux points de vigilance :
- la demande par laquelle le client sollicite une CRPC ne lie pas le procureur :
• il prend sa décision de procéder à une CRPC librement (CPP, art. 495-15, al. 1 et 2),
• il n'est tenu de **l'informer** de son refus de mettre en œuvre la CRPC que si la demande est formée **plus de trois mois** avant la date prévue de l'audience (T. corr. ou CA) par LRAR, par un moyen de télécommunication sécurisé ou par déclaration au secrétariat du procureur (CPP, art. D. 45-2-12 en première instance. – CPP, art. D. 45-29 en cause d'appel),
• le défaut d'information dans l'hypothèse susvisée n'est pas une cause de nullité (CPP, art. D. 45-2-12 en première instance. – CPP, art. D. 45-29 en cause d'appel) ;
- si le procureur opte pour la CRPC, d'office ou sur demande, l'acte de saisine du tribunal correctionnel ou de la chambre des appels correctionnels est caduc (CPP, art. 495-15, al. 1 et 5).

D Convocation

876 Elle n'est pas soumise à une forme particulière (CPP, art. 495-7) :
- soit un déferement du client en cas de garde à vue ;
- soit un courrier simple du procureur avec une date de convocation à comparaître ;
- soit un procès-verbal.

ATTENTION Le courrier de convocation peut être envoyé :
- soit à la seule initiative du procureur (CPP, art. 495-7 et 495-15) ;
- soit à l'initiative du procureur après demande du prévenu ou de son avocat (CPP, art. 495-15).

E Délais

877 Le procureur de la République ou le procureur général doit **informer le président** du tribunal correctionnel ou de la chambre des appels correctionnels devant lequel ou laquelle l'affaire a été audiencée (CPP, art. D. 45-2-11 en première instance. – CPP, art. D. 45-28 en cause d'appel).
La décision du procureur de la République ou du procureur général doit intervenir **plus d'un mois avant la date prévue pour l'audience** (CPP, art. D. 45-2-11, en première instance. – CPP, art. D. 45-28, en cause d'appel).
- Exception est faite au respect de ce délai sur accord du président du tribunal correctionnel ou de la chambre des appels correctionnels (CPP, art. D. 45-2-11 en première instance. – CPP, art. D. 45-28 en cause d'appel).

F Comparution devant le procureur de la République

1 Reconnaissance de culpabilité devant le procureur

878 Le prévenu comparaît avec son avocat devant le procureur.

ATTENTION Si le client est en détention, la procédure peut être adaptée en pratique : le procureur peut procéder à la comparution dans le centre de détention, et l'audience d'homologation se déroule en visioconférence.

Le procureur constate l'identité du prévenu, expose les faits reprochés.
Puis le prévenu **reconnaît** par une **déclaration** l'ensemble des faits.

ATTENTION La déclaration de reconnaissance de culpabilité doit être recueillie par le procureur même si le prévenu a déjà reconnu les faits en garde à vue.
La reconnaissance ne peut être partielle : cela fait obstacle à la CRPC.

2 Exposé de la situation personnelle du client

879 Après la reconnaissance de la culpabilité, le client et l'avocat doivent pouvoir faire part de leurs déclarations sur la **situation personnelle** du prévenu (influence sur le quantum et la nature de la peine proposée).

ATTENTION Le procureur a l'obligation de respecter le principe de personnalisation des peines (CPP, art. 495-8. – C. pén., art. 132-24). Mais il n'a l'obligation de requérir une enquête sur la situation matérielle, familiale et sociale du prévenu qu'avant un placement en détention provisoire (CPP, art. 41, al. 7).

La comparution se termine par la **proposition de peine** du procureur et la notification au prévenu qu'il peut bénéficier d'un délai de dix jours pour donner sa réponse.

REMARQUE **Après la proposition de peine, le client peut prendre le temps de la réflexion :**
– droit à un entretien confidentiel avec son avocat immédiatement après la proposition avant de donner sa réponse (CPP, art. 495-8, al. 5) ;
– droit à demander un délai de réflexion de dix jours (CPP, art. 495-8, al. 5).

G *Scenarii* d'achèvement de la comparution

880 Plusieurs situations possibles :
- soit le client accepte d'emblée ;
- soit il refuse d'emblée ;
- soit il accepte le jour même après s'être entretenu avec son avocat ;
- soit il refuse le jour même après s'être entretenu avec son avocat ;
- soit il demande d'emblée à bénéficier du délai de réflexion de dix jours ;
- soit il demande à bénéficier du délai de dix jours après s'être entretenu avec son avocat.

H Procès-verbal établi par le procureur

881 Le **greffier** consigne **toutes les formalités** exigées par la loi (CPP, art. 495-8 à 495-13) dans un **procès-verbal** (CPP, art. 495-14).

ATTENTION Le PV doit retracer toutes les formalités à peine de nullité. C'est une nullité sans grief (CPP, art. 495-14).

Les mentions obligatoires dans le procès-verbal sont les suivantes :
- déclarations du mis en cause ;
- reconnaissance de la culpabilité ;
- proposition de peine (peines principale et complémentaire) ;
- aménagements éventuels de la peine ;
- indication qu'il entend que la peine fasse l'objet d'une exécution immédiate ;
- proposition d'assortir la peine d'un sursis total ou partiel ;
- mention de la notification de l'existence du délai possible de réflexion de dix jours ;
- tenue de l'entretien confidentiel entre l'avocat et le prévenu, le cas échéant ;
- réponse du prévenu (acceptation, refus, ou délai de dix jours).

I Procédure en cas de délai de réflexion

882 Si le client demande à bénéficier du délai de réflexion de dix jours (CPP, art. 495-8), **le juge des libertés et de la détention** peut être saisi par le procureur (CPP, art. 495-10).

Le juge des libertés et de la détention décide (CPP, art. 495-10) :
- soit d'un placement sous contrôle judiciaire ;
- soit d'une assignation à résidence avec surveillance électronique ;
- soit d'un placement en détention provisoire.

ATTENTION Le placement en détention provisoire n'est possible qu'à titre exceptionnel, en cas d'emprisonnement :
- ferme ;
- d'une durée supérieure ou égale à deux mois ;
- dont le procureur a demandé une mise à exécution immédiate (CPP, art. 495-10).

Dans un délai de dix à vingt jours à compter de la décision du juge des libertés et de la détention, le client comparaît à nouveau devant le procureur (CPP, art. 495-10).
À défaut de comparution dans ce délai, la mesure de placement ordonnée prend fin (CPP, art. 495-10).

J Effets de la réponse du prévenu à la proposition de peine

1 Acceptation

883 Elle mène à la seconde phase : celle de l'homologation.
Deux situations à distinguer :
- prévenu **libre** :
• soit il est **présenté immédiatement** devant le **président du tribunal judiciaire** (ou un juge délégué), saisi par le procureur d'une requête en homologation (CPP, art. 495-9. - Ord. n° 2019-964, 18 sept. 2019),
• soit il est **convoqué devant le président du tribunal judiciaire** (ou un juge délégué) dans un délai inférieur ou égal à un mois (CPP, art. 495-9. - Ord. n° 2019-964, 18 sept. 2019) ;
- prévenu **détenu** : il est présenté immédiatement devant le président du tribunal judiciaire ou un juge délégué (CPP, art. 495-9. - Ord. n° 2019-964, 18 sept. 2019).

2 Refus

884 Il met **fin** à la CRPC : l'action publique continue devant un tribunal correctionnel ou un juge d'instruction (CPP, art. 495-12).
Deux situations à distinguer :
- **refus d'emblée** (après un éventuel entretien avec son avocat seulement) :
• soit il est présenté devant le tribunal correctionnel par l'un des différents modes légaux (CPP, art. 495-12, al. 1, art. 388),
• soit il fait l'objet d'une information judiciaire devant un juge d'instruction (CPP, art. 495-12, al. 1),
• soit le procureur décide de classer sans suite (opportunité des poursuites, CPP, art. 40) ;

ATTENTION Si le procureur fait le choix d'une **comparution immédiate** (CPP, art. 393), il peut **retenir** le prévenu, mais deux conditions à respecter :
- convocation dans les conditions de l'article 393 du Code de procédure pénale ;
- comparution le jour même (CPP, art. 495-12, al. 2).

- **refus après le délai de dix jours** :
• soit il avait été placé sous contrôle judiciaire ou assigné à résidence, il est présenté devant le tribunal correctionnel ou est mis en examen (CPP, art. 495-12, al. 1),
• soit il avait été placé en détention provisoire, la comparution devant le tribunal correctionnel ou le juge d'instruction doit avoir lieu le jour même et le procureur peut le retenir jusqu'à cette comparution (CPP, art. 495-12, al. 2, art. 395),
• soit le procureur décide de classer sans suite (opportunité des poursuites, CPP, art. 40).

ATTENTION Attention au devenir du **PV de comparution** : en cas d'échec de la CRPC, il doit être **exclu de la procédure** qui continue, et aucune déclaration ou document remis ne peut être utilisé, ni par le ministère public, ni par les parties (CPP, art. 495-14, al. 2. - Cass. crim., 17 sept. 2008, n° 08-80.858 : *JurisData* n° 2008-045276). De même, en cas d'échec de la CRPC, la demande ou l'accord de la personne mise en examen aux fins de renvoi de l'affaire au procureur de la République en vue d'une CRPC, et les pièces ou mentions de pièces s'y référant, doivent être retirées du dossier de l'information judiciaire, ce, par cancellation (Cass. crim., 29 nov. 2023, n° 23-81.825).

K Audience (convocation, comparution, déroulement)

885 Elle intervient **après acceptation** de la proposition par le prévenu (CPP, art. 495-9).
Sa date doit être fixée **plus de dix jours avant la date de l'audience** prévue devant le tribunal correctionnel ou la chambre des appels correctionnels (CPP, art. D. 45-2-11 en première instance. - CPP, art. D. 45-28 en cause d'appel).
Elle est **publique** (CPP, art. 495-9, al. 2), sans présence obligatoire du procureur (CPP, art. 495-9, al. 2).

ATTENTION L'audience se déroule devant le président du tribunal ou de la chambre des appels correctionnels (ou un juge délégué) et son greffier ; le procureur a la faculté de se joindre aux débats. L'irrégularité de la composition du tribunal si le ministère Public n'est pas représenté ne peut être invoquée (Cons. const., 22 juill. 2005, n° 2005-520 DC).

Déroulement de l'audience :
– le président du tribunal ou le juge délégué entend le prévenu et son avocat ;
– il s'assure de la qualification juridique donnée aux faits ;
– il vérifie les causes de nullité de la procédure (V. *supra*, n° 869, Contrôles préalables à l'audience d'homologation) ;
– la victime ou son avocat, s'ils sont présents, peuvent faire leur demande de dommages et intérêts ;
– l'avocat du prévenu plaide :
• sur la peine proposée (en faveur de la peine, ou pour une peine plus favorable, ou pour une autre peine),
• sur les dommages et intérêts demandés par la victime le cas échéant ;
– le président ou son délégué **décide** de l'homologation :
• il peut librement accepter ou refuser l'homologation (CPP, art. 495-9, al. 2. – V. Cons. const., 8 déc. 2011, n° 2011-641 DC),
• s'il **accepte l'homologation** : il doit le faire par une ordonnance motivée (CPP, art. 495-9, al. 2).

ATTENTION C'est une seconde chance de discuter de la peine pour le prévenu, mais elle est limitée : le président ne peut pas modifier la peine proposée (Cons. const., 2 mars 2004, n° 2004-492 DC). La motivation est double (CPP, art. 495-11, al. 1. – V. CA Angers, 9 mars 2006, n° 05/00704 : *JurisData* n° 2006-301955. – CA Aix-en-Provence, 6 févr. 2006, n° 201/D/2006 : *JurisData* n° 2006-312764) :
– reconnaissance des faits et acceptation de la peine ;
– peines justifiées au regard des circonstances de l'infraction et de la personnalité du prévenu.

L Décision (forme, contenu, caractères, effets, suite)

1 Effets de l'homologation

886 L'ordonnance d'homologation, immédiatement **imprimée**, est **immédiatement exécutoire** : elle a les mêmes effets qu'un jugement de condamnation (CPP, art. 495-11, al. 2).

Si la peine homologuée est un **emprisonnement ferme** (CPP, art. 495-11, al. 2) :
– soit le juge prend un mandat de dépôt, avec **incarcération** immédiate en maison d'arrêt ;
– soit l'ordonnance est transmise sans délai au juge de l'application des peines avec **convocation** du client devant lui.

ATTENTION **L'entière proposition** est homologuée telle quelle : la ou les peines, et les modalités d'exécution proposées sans modification possible (V. Cons. const., 2 mars 2004, n° 2004-492 DC).

En cas de convocation simultanée en justice (CPP, art. 495-15-1), la saisine du tribunal est caduque.

2 Effets du refus

887 Les effets sont les mêmes qu'en cas de refus par le client. La procédure continue (CPP, art. 495-12) :
– soit le prévenu est présenté devant le tribunal correctionnel par les différents modes légaux (CPP, art. 495-12, al. 1, art. 388) ;
– soit il fait l'objet d'une information judiciaire devant un juge d'instruction (CPP, art. 495-12, al. 1) ;
– soit le procureur décide de classer sans suite (opportunité des poursuites, CPP, art. 40).
Mais le refus d'homologation **empêche le recours à une autre CRPC** (Cass. crim., 17 mai 2022, n° 21-86.131 : *JurisData* n° 2022-007792).

ATTENTION Des hypothèses de refus sont listées par la loi : nature des faits, personnalité de l'intéressé, situation de la victime, intérêts de la société ou déclarations de la victime apportant un éclairage nouveau sur les conditions dans lesquelles l'infraction a été commise ou sur la personnalité de son auteur (CPP, art. 495-11-1, créé par L. n° 2019-222, 23 mars 2019, art. 59). Mais le président du tribunal judiciaire n'est pas obligé par ces motifs, le refus reste une simple faculté (CPP, art. 495-11-1).

Si le procureur fait le choix d'une **comparution immédiate** (CPP, art. 395), il peut **retenir** le prévenu, mais deux conditions à respecter :
– le prévenu doit avoir été convoqué dans les conditions de l'article 393 du Code de procédure pénale ;
– la comparution doit avoir lieu le jour même (CPP, art. 495-12, al. 2).

REMARQUE **Se renseigner sur les pratiques du parquet concerné : le procureur en charge de la CRPC n'a aucun**

délai légal maximum obligatoire pour saisir le tribunal correctionnel après un refus d'homologuer (ce peut être de la comparution immédiate avec retenue, à la saisine du tribunal correctionnel deux ans après l'audience d'homologation, V. CA Aix-en-Provence, 10 janv. 2012, n° 2012/13 : *JurisData* n° 2012-019805).

M Recours (parties et/ou tiers)

888 À la date de la mise à jour de cette fiche, la loi ne prévoit pas expressément de recours spécifique contre l'ordonnance d'homologation ou de refus d'homologation du président de la chambre des appels correctionnels.

1 Contre l'ordonnance d'homologation du président du tribunal correctionnel

889 Peuvent interjeter appel :
- le **prévenu**, dans les **dix jours** à compter de l'ordonnance d'homologation (CPP, art. 495-11, al. 3, art. 498, 500, 502 et 505) ;
- la **partie civile**, dans les **dix jours** à compter de l'ordonnance d'homologation (CPP, art. 495-13, al. 1. – CPP, art. 498 à 500) ;
- le **procureur**, mais seulement **à titre incident**, dans un délai de **cinq jours** (CPP, art. 495-11, al. 3, art. 498, 500, 502 et 505. – Cass. crim., 10 nov. 2010, n° 10-82.097 : *JurisData* n° 2010-022630. – Cass. crim., 29 mars 2011, n° 10-88.236 : *JurisData* n° 2011-007724).

REMARQUE Se méfier de l'appel incident du procureur : la peine peut être plus élevée que la peine homologuée (CPP, art. 520-1).

Malgré l'appel, les peines homologuées s'appliquent immédiatement (CPP, art. 495-11, al. 2) : l'incarcération n'est pas retardée.

2 Contre l'ordonnance de refus d'homologation du président du tribunal correctionnel

890 Aucun recours n'est possible, sauf un pourvoi en cassation en cas de risque d'excès de pouvoir (Cass. crim., 1er sept. 2020, n° 19-83.658, l'absence de motivation du refus n'est pas un excès de pouvoir. – Cass. crim., 30 mars 2021, n° 20-86.358 : *JurisData* n° 2021-004512).

ATTENTION L'absence de voie de recours permettant de remettre en cause la décision de refus d'homologation ne méconnaît pas le droit à un recours juridictionnel effectif (Cons. const., 18 juin 2021, n° 2021-918 QPC : *JurisData* n° 2021-009686).

Le procès-verbal de comparution ne peut être utilisé dans une procédure ultérieure (CPP, art. 495-14, al. 2).

ATTENTION Le PV peut être utilisé si le prévenu fait appel de l'ordonnance d'homologation de la proposition de peine (Cass. crim., 16 avr. 2019, n° 18-83.059 : *JurisData* n° 2019-006083).

CHECK-LIST • Vérifier que la CRPC est possible pour la qualification pénale retenue (CPP, art. 495-7 et 495-16).
• Avertir le client des conséquences de la CRPC autres que la seule peine (sanctions administratives...).
• S'assurer que le client a bien remis toutes les pièces nécessaires permettant de connaître sa situation personnelle et de négocier le quantum de la peine.
• Vérifier que la peine proposée par le procureur respecte les seuils légaux (CPP, art. 495-8, al. 2 et 3).
• S'assurer que le client bénéficie des garanties minimales de la réflexion avant de donner sa réponse (entretien confidentiel, délai de réflexion de dix jours).

POUR ALLER PLUS LOIN...

Fascicule JurisClasseur
• *JCl. Procédure pénale*, Art. 495-7 à 495-16, fasc. 20, par É. Verny.

Revue
• F. Defferrard, *La dénaturation du « plaider coupable » : Dr. pén.* 2009, étude 13.

Fiche 38
Composition pénale

Gabriel DUMENIL

Sommaire

I
Aperçu rapide

A Caractéristiques générales

891 Le procureur de la République reçoit les plaintes et dénonciations. Une fois l'enquête achevée, il apprécie la suite à lui donner (CPP, art. 40). Préalablement à sa décision sur l'action publique, il peut en matière délictuelle ordonner l'une des mesures alternatives prévues par les articles 41-1 à 41-3 du Code de procédure pénale.
La composition pénale, inscrite à l'article 41-2, a été introduite par la loi n° 99-515 du 23 juin 1999 renforçant l'efficacité de la procédure pénale pour répondre de manière plus rapide et plus efficace aux **délits** les moins graves. Elle a **ensuite** été **étendue à la matière contraventionnelle** par la loi n° 2004-204 du 9 mars 2004 et aux personnes morales par la loi n° 2019-222 du 23 mars 2019.

> ATTENTION **En matière criminelle**, le procureur de la République ne peut que classer sans suite la procédure ou ouvrir une information judiciaire, les mesures alternatives étant exclues.

B Conditions d'utilisation

1 En matière délictuelle

892 **En matière délictuelle**, la composition pénale peut être envisagée lorsque :
– l'auteur de l'infraction est une personne physique ;
– l'auteur de l'infraction reconnaît avoir commis un ou plusieurs délits ; les délits sont punis à titre de peine principale d'une amende ou d'une peine d'emprisonnement d'une durée inférieure ou égale à cinq ans (CPP, art. 41-2, al. 1) ;
– la procédure de composition pénale est envisageable à l'égard d'une personne morale lorsqu'elle prévoit une amende de composition et l'indemnisation de la victime, à condition que le représentant légal ou toute personne bénéficiant, conformément à la loi ou à ses statuts, d'une délégation de pouvoir à cet effet reconnaisse sa responsabilité pénale pour les faits qui lui sont reprochés. Le montant maximal de l'amende de composition pouvant être proposée est alors égal au quintuple de l'amende encourue par les personnes physiques (CPP, art. 41-3-1 A).

ATTENTION La composition pénale n'est pas applicable en matière de délits de presse, de délits d'homicides involontaires ou de délits politiques (CPP, art. 41-2, al. 31).

Les mesures pouvant être proposées par le procureur de la République au titre de la composition pénale (CPP, art. 41-2) sont notamment les suivantes :
– verser une **amende de composition** au Trésor public dont le montant, fixé en fonction de la gravité des faits et des ressources et charges de la personne, ne peut excéder le montant maximum de l'amende encourue (CPP, art. 41-2, 1°). Le versement de cette amende peut être échelonné selon un calendrier de paiement fixé par le procureur de la République sur une période ne pouvant excéder un an ;
– **se dessaisir au profit de l'État de la chose qui a servi** ou qui était destinée à **commettre l'infraction** ou qui en est le **produit** (CPP, art. 41-2, 2°), ou remettre son véhicule, aux fins d'immobilisation, pour une période maximale de six mois (CPP, art. 41-2, 3°) ;
– déposer au greffe du tribunal son permis de conduire (CPP, art. 41-2, 4°) ou son permis de chasser (CPP, art. 41-2, 5°) pour une période maximale de six mois (CPP, art. R. 15-33-41) ;
– suivre un programme de réhabilitation et de sensibilisation comprenant pour l'intéressé l'installation à ses frais d'un éthylotest anti-démarreur sur son véhicule pour une période comprise entre six mois et trois ans (CPP, art. 41-2, 4° bis et R. 15-33-41-1) ;
– accomplir **au profit de la collectivité un travail non rémunéré** pour une durée maximale de soixante heures, dans un délai qui ne peut être supérieur à six mois (CPP, art. 41-2, 6° et R. 15-33-42) ;
– **suivre un stage ou une formation** dans un service ou un organisme sanitaire, social ou professionnel pour une durée qui ne peut excéder trois mois, dans un délai qui ne peut être supérieur à dix-huit mois (CPP, art. 41-2, 7°) ;
– **ne pas émettre de chèques** autres que de retrait ou certifiés ni faire usage d'une carte de paiement, pour une durée de six mois au plus (CPP, art. 41-2, 8°) ;
– rembourser le prêt versé à la victime en application de l'article L. 214-9 du Code de l'action sociale et des familles, sans que ce remboursement puisse excéder 5 000 € (CPP, art. 41-2, 20°).

2 En matière contraventionnelle

893 La loi n° 2004-204 du 9 mars 2004 a étendu la procédure de composition pénale à toutes les **contraventions** (CPP, art. 41-3), sous réserve des adaptations suivantes concernant la nature et le *quantum* des mesures qui peuvent alors être proposées par le procureur de la République (CPP, art. 41-3, al. 2) :
– certaines mesures ne sont pas applicables : il en est ainsi de celles prévues aux 9° à 12° de l'article 41-2 (interdiction de paraître en certains lieux ou de rencontrer, recevoir ou entrer en relation avec certaines personnes) ;
– certaines mesures ne sont pas applicables aux contraventions des quatre premières classes :
• celles prévues au 6° de l'article 41-2 (accomplissement d'un travail au profit de la collectivité),
• celles prévues par les 2° à 5° et 8° de l'article 41-2 (confiscation, immobilisation du véhicule, interdiction de conduire, de chasser ou d'émettre des chèques, remise de la chose, du véhicule, du permis de conduire ou de chasser ou interdiction d'émettre des chèques), sauf si la contravention est punie des peines complémentaires visées aux 1° à 5° de l'article 131-16 du Code pénal ;
– la privation du permis de conduire ou de chasser et l'interdiction d'émettre des chèques ne peuvent excéder une durée de trois mois ;
– l'exécution d'un travail non rémunéré au profit d'une collectivité ne peut dépasser une durée de trente heures à effectuer dans un délai maximum de trois mois ;
– S'agissant de l'amende de composition, à défaut de précision contraire, il semble qu'il faille considérer qu'elle n'est pas autrement limitée que par le montant maximal de l'amende encourue pour la classe de contravention considérée.

3 Pour les mineurs délinquants

894 Elle est applicable aux mineurs âgés d'au moins treize ans lorsqu'elle apparaît adaptée à la

personnalité du mineur (CPP, art. 41-2, al. 34. – CJPM, art. L. 422-3).
La durée d'exécution des mesures proposées aux mineurs ne peut excéder un an.

C Avis du professionnel

895 Outre les mesures prévues par l'article 41-2, certaines mesures spécifiques peuvent également être proposées au mineur au titre de la composition pénale (CJPM, art. L. 422-1) telles que l'accomplissement d'un stage de formation civique, le suivi régulier d'une scolarité ou d'une formation professionnelle ou une consultation d'un psychiatre ou d'un psychologue. Avis du professionnel.
Elle permettra à l'auteur de l'infraction de bénéficier d'une peine plus clémente, mieux adaptée à sa personnalité et à ses garanties de réinsertion.

D Textes

1 Textes codifiés

- CPP, art. 6, 41-2, 41-3, 768, R. 15-33-38 à R. 15-33-60 et R. 66.
- CJPM, art. L. 422-1 et s.

2 Textes non codifiés

- L. n° 91-647, 10 juill. 1991, art. 64-2, relative à l'aide juridique.
- Circ. n° JUSD9930202C, 31 déc. 1999, présentation générale de la loi n° 99-515 du 23 juin 1999 renforçant l'efficacité de la procédure pénale.

E Schéma procédural

896 • Décision du procureur de la République d'orienter le dossier vers une composition pénale.
• Procès-verbal de proposition de composition pénale.
• Acceptation de la proposition de composition pénale par l'auteur de l'infraction.
• Saisine du président du tribunal judiciaire par le procureur de la République, sauf dérogation (CPP, art. 41-2, al. 29).
• Éventuelle comparution des parties pour auditions.
• Ordonnance de validation ou de refus de composition pénale.
• Inscription au casier judiciaire une fois la composition pénale exécutée.

Composition pénale

II Préparation

A Informations préalables

897 Il faut attirer l'attention du client sur :
– le fait que la circonstance aggravante de récidive ne pourra pas être retenue contre lui en cas de commission des mêmes faits, la mesure de composition pénale n'étant **pas** une condamnation pénale définitive et ne pouvant donc servir de **premier terme à la récidive** (V. Cass. crim., 30 nov. 2010, n° 10-80.460 : *JurisData* n° 2010-024659) ;
– le fait que la composition pénale est une mesure alternative aux poursuites qui sera toutefois **mentionnée au casier judiciaire** une fois qu'elle sera accomplie (au bulletin n° 1 du casier. – CPP, art. 41-2, al. 33) ;
– le fait que la victime peut faire échec à la composition pénale envisagée en prenant l'initiative d'engager des poursuites par voie de citation directe ou en se constituant partie civile devant le juge d'instruction ;
– le fait que même s'il exécute sa composition pénale, la victime pourra demander au procureur de la République de citer l'auteur des faits à une audience devant le tribunal pour lui permettre de se constituer partie civile, la composition pénale n'ayant pas autorité de la chose jugée au pénal sur le civil (Cass. crim., 24 juin 2008, n° 07-87.511 : *JurisData* n° 2008-044900) ;
– le fait que le tribunal peut refuser de valider la composition pénale (pour ex. : CA Angers, 22 mai 2012, n° 11/00762 : *JurisData* n° 2012-023066) ;
– le fait que s'il refuse la proposition ou qu'il n'exécute pas les termes de la composition, le procureur de la République met en mouvement l'action publique (CPP, art. 41-2, al. 30).

B Contrôle préalable

898 Vérifications portant sur l'auteur de l'infraction :
– une personne physique (un majeur ou un mineur de plus de treize ans) ;
– qui reconnaît avoir commis un ou plusieurs délits punis à titre de peine principale ;
– qui a commis des délits punis d'une peine d'amende ou d'une peine d'emprisonnement d'une durée inférieure ou égale à cinq ans ;

– une personne morale à condition que le représentant légal de la personne morale reconnaisse la responsabilité pénale de cette dernière.
Vérification portant sur l'auteur de la proposition de composition pénale :
– soit le ministère public lui-même ;
– soit une personne habilitée (délégué du procureur ou médiateur : CPP, art. R. 15-33-38).

C Pièces nécessaires

899 Il convient de réunir tous les éléments de personnalité de l'auteur de l'infraction pour que la mesure soit adaptée à sa personnalité, à ses conditions de vie et ses contraintes professionnelles, soit :
– éléments d'ordre familial : livret de famille, jugement du juge aux affaires familiales, *etc.* ;
– éléments d'ordre professionnel : contrat de travail, justificatif RSA ou France Travail, bulletins de salaire, diplômes, recherches d'emploi, *etc.* ;
– éléments d'ordre personnel : attestations de l'entourage, justificatifs de suivis médicaux, psychologiques, psychiatriques, *etc.*

D Coût de la procédure

900 Le coût de la procédure sera constitué par les honoraires de l'avocat, qui sont libres, outre les frais de procédure (not. le droit de plaidoirie, soit 13 € : CSS, art. R. 723-26-3).
L'avocat de l'auteur de l'infraction ou de la victime qui remplissent les conditions pour bénéficier de l'aide juridictionnelle a droit à une rétribution au titre de l'aide juridictionnelle fixé par décret en Conseil d'État (L. n° 91-647, 10 juill. 1991, art. 11-2).

III Procédure

A Assistance et représentation

901 L'auteur de l'infraction, comme la victime, peut se défendre seul ou se faire assister par un avocat.
La présence de l'avocat est souhaitable dans la mesure où il pourra :
– préparer utilement le dossier et l'audience en consultant le dossier pénal ;
– informer l'auteur de l'infraction sur les avantages et les inconvénients de cette procédure ;
– soulever une éventuelle irrégularité de procédure qui aura pour conséquence d'empêcher les poursuites et donc de faire échec à la composition pénale ;
– collecter tous renseignements et documents permettant d'intervenir utilement sur la mesure proposée compatible avec la personnalité de son client ;
– apporter toute contradiction nécessaire aux demandes de réparation des éventuelles victimes.

B Compétence matérielle et/ou territoriale

1 Compétence territoriale

902 Le procureur de la République compétent peut être celui (CPP, art. 43) :
– du lieu de l'infraction ;
– de la résidence de l'une des personnes soupçonnées d'avoir participé à l'infraction ;
– du lieu d'arrestation de l'une de ces personnes, même lorsque cette arrestation a été opérée pour une autre cause ;
– du lieu de détention d'une de ces personnes, même lorsque cette détention est effectuée pour autre cause.

2 Compétence matérielle

903 La proposition de composition pénale doit être validée :
– en matière correctionnelle, par le président du tribunal judiciaire ou son délégué (CPP, art. 41-2, al. 29) ; en matière contraventionnelle, par le juge du tribunal de police (CPP, art. 41-3, al. 3) ou tout juge du tribunal ainsi que tout magistrat exerçant à titre temporaire exerçant dans le ressort du tribunal (CPP, art. 41-2) ;
– pour les mineurs délinquants : le juge des enfants ou pour les contraventions des quatre premières classes, par le juge compétent du tribunal de police (CJPM, art. L. 422-4).

C Rédaction de l'acte de saisine (forme et contenu)

1 La proposition de composition pénale

904 La proposition de composition pénale est adressée à l'auteur des faits, soit directement,

soit par l'intermédiaire d'une personne habilitée ou d'un OPJ.

Elle consiste en une décision écrite sous forme de **PV annexé à la procédure** contenant (CPP, art. R. 15-33-40) :

– **la nature des faits reprochés et leur qualification juridique** ;

– **la nature et le quantum des mesures proposées** (à savoir une ou plusieurs des mesures limitativement énumérées à l'article 41-2, 1° à 20°. – V. *supra*, n° 892, conditions d'utilisation) ;

– éventuellement, **le montant et la nature des mesures de réparations proposées**. En effet, « lorsque la victime est identifiée, et sauf si l'auteur des faits justifie de la réparation du préjudice commis », le procureur de la République a l'obligation de proposer à son auteur de réparer les dommages causés par l'infraction, dans un délai qui ne peut être supérieur à **six mois**. Il informe la victime de cette proposition par tous moyens (CPP, art. 41-2, al. 25). Cette réparation peut consister, uniquement avec l'accord de la victime, en la remise en état d'un bien endommagé par la commission des faits ;

– la mention selon laquelle la personne a été informée que la proposition de composition pénale sera adressée pour validation au président du tribunal judiciaire ;

– la mention selon laquelle la personne sera avisée de la décision du président judiciaire et qu'en cas de validation les délais d'exécution des mesures commenceront à courir à la date de notification de la décision ;

– la mention informant la personne de la perte de points du permis de conduire lorsque la composition intervient à la suite d'un délit donnant lieu à un tel retrait (CPP, art. R. 15-33-43) ;

– l'indication de son **droit de se faire assister** par un avocat avant de donner son accord (CPP, art. 41-2, al. 28) ;

– l'indication de la **possibilité de bénéficier d'un délai de dix jours** pour prendre sa décision ; s'il souhaite bénéficier de ce délai, il lui est indiqué la date et l'heure auxquelles il est invité à recomparaître pour faire connaître sa réponse et il est informé de ce que s'il ne se représente pas il sera réputé avoir refusé la proposition de composition pénale (CPP, art. R. 15-33-39) ;

– l'indication de la personne à qui l'exécution de cette proposition est confiée (CPP, art. R. 15-33-49) ;

– la signature du procureur de la République, de son délégué ou son médiateur.

La proposition de composition pénale nécessite l'acceptation préalable de l'auteur des faits, qui est recueillie par procès-verbal (CPP, art. 41-2, al. 28), éventuellement en contresignant le procès-verbal contenant la proposition du procureur de la République.

Pour le mineur délinquant, la proposition du procureur de la République doit être également faite aux représentants légaux du mineur et obtenir l'accord de ces derniers.

L'accord du mineur et de ses représentants légaux doit être recueilli en présence d'un avocat (CJPM, art. L. 422-4).

2 La validation judiciaire de la composition

905 Si l'auteur donne son accord aux mesures proposées, le procureur de la République saisit par requête le président du tribunal (CPP, art. 41-2, al. 29) ou le juge du tribunal de police ou de proximité (CPP, art. 41-3, al. 3) aux fins de validation de la composition.

Le président du tribunal valide la composition pénale lorsque les conditions sont remplies et qu'il estime « les mesures proposées justifiées au regard des circonstances de l'infraction et de la personnalité de son auteur ».

Il peut refuser de valider la composition pénale « s'il estime que la gravité des faits, au regard des circonstances de l'espèce, ou que la personnalité de l'intéressé, la situation de la victime ou les intérêts de la société justifient le recours à une autre procédure, ou lorsque les déclarations de la victime entendue en application du présent alinéa apportent un éclairage nouveau sur les conditions dans lesquelles l'infraction a été commise ou sur la personnalité de son auteur ».

Par ailleurs, et par dérogation, « la proposition de composition n'est pas soumise à la validation du président du tribunal lorsque, pour un délit puni d'une peine d'emprisonnement d'une durée inférieure ou égale à trois ans, elle porte sur une amende de composition n'excédant pas le montant prévu au premier alinéa de l'article 131-13 du Code pénal ou sur la mesure prévue au 2° du présent article, à la condition que la valeur de la chose remise n'excède pas ce montant » (CPP, art. 41-2, al. 29).

D Instruction du dossier

906 Le procureur de la République informe l'auteur des faits et la victime de la saisine du président du tribunal.

E Audience (convocation, comparution, déroulement)

907 En principe, absence de débat contradictoire. Possible audition de l'auteur des faits et de la victime, seuls ou assistés de leur avocat, à l'initiative

Composition pénale

du président du tribunal (CPP, art. 41-2, al. 29, art. R. 15-33-47).
Pour le mineur délinquant, avant de valider la composition pénale, le juge des enfants peut, soit d'office, soit à leur demande, procéder à l'audition du mineur ou de ses représentants légaux. Dans ce cas, l'audition est de droit. La décision du juge des enfants est notifiée à l'auteur des faits et à ses représentants légaux et le cas échéant, à la victime (CJPM, art. L. 422-4).

F Décision (forme, contenu, caractères, effets, suite)

1 Forme et contenu

908 Le magistrat saisi rend une **ordonnance** notifiée (par le procureur de la République) à l'auteur de l'infraction et à la partie civile (CPP, art. 41-2, al. 28. – Et CJPM, art. L. 422-4) qui peut être soit :
– une ordonnance de validation de la proposition de composition pénale. Elle comporte (CPP, art. R. 15-33-50) :
• mention des mesures à accomplir et des conditions dans lesquelles ces mesures doivent être effectuées,
• mention selon laquelle si la personne n'exécute pas ces mesures, le procureur de la République décidera, sauf élément nouveau, d'engager des poursuites à son encontre ;
– une ordonnance refusant la proposition de composition pénale ;
– une ordonnance constatant le refus de l'auteur de l'infraction qui avait initialement accepté la proposition de composition pénale.

2 Effets

909 Lorsque le magistrat **valide** la proposition de composition pénale : les mesures décidées sont mises à exécution, éventuellement sous le contrôle d'un délégué, d'un médiateur désigné par le procureur de la République ou par le service pénitentiaire d'insertion et de probation (CPP, art. R. 15-33-49).
Lorsque le magistrat **refuse** la proposition de composition pénale : la proposition devient caduque.
Lorsque le magistrat **constate le refus de l'auteur** de l'infraction : l'action publique est mise en mouvement par le procureur de la République.
La victime est alors informée par le procureur de la République de ses droits ainsi que de la date d'audience lorsqu'il cite l'auteur des faits devant le tribunal correctionnel.

ATTENTION Les actes tendant à la mise en œuvre ou à l'exécution de la composition pénale sont interruptifs de la prescription de l'action publique (CPP, art. 41-2, al. 31).
La composition pénale ne suspend pas le délai de saisine de la commission d'indemnisation des victimes d'infraction ; en effet, elle n'est pas une poursuite pénale au sens de l'article 706-5 du Code de procédure pénale (CA Aix-en-Provence, 14 sept. 2011, n° 2011/336 : *JurisData* n° 2011-020026).
Faute d'avoir pu bénéficier d'une citation directe devant une juridiction correctionnelle, la victime qui intervient dans une composition pénale n'acquiert pas le statut de partie civile ; en conséquence, elle ne peut bénéficier de l'article L. 622-27 du Code de commerce en cas d'ouverture d'une procédure collective à l'encontre de l'auteur du délit (CA Angers, 15 nov. 2011, n° 10/00925 : *JurisData* n° 2011-032047).

3 Suites

910 Si l'auteur de l'infraction après avoir donné son accord refuse, par la suite, d'exécuter la composition pénale ou ne l'exécute que partiellement, le procureur de la République est tenu de mettre en mouvement l'action publique sauf élément nouveau (CPP, art. 41-2, al. 30).
La victime a également la possibilité de faire procéder au recouvrement des sommes impayées par le biais d'une action en injonction de payer, au vu de l'ordonnance de validation (CPP, art. 41-2, al. 31).
En cas de poursuites et/ou de condamnation, le tribunal devra tenir compte, dans le cadre de sa décision, du travail accompli ou des sommes déjà versées (CPP, art. 41-2, al. 30).

G Fin de la procédure

911 L'exécution de la composition pénale éteint l'action publique (CPP, art. 6, 41-2, al. 31).
Pour les délits et contraventions de la 5e classe, les compositions exécutées sont inscrites au bulletin n° 1 du casier judiciaire (CPP, art. 41-2, al. 33, art. 768). L'inscription est effectuée à la diligence du procureur de la République dans les quinze jours suivant la constatation de l'exécution de la mesure (CPP, art. R. 66).

ATTENTION Cette exécution ne fait pas obstacle à ce que la partie civile décide de délivrer une citation directe devant le tribunal correctionnel.

Le tribunal correctionnel sera alors constitué d'un seul magistrat exerçant les pouvoirs conférés au président de la juridiction et statuera uniquement sur les intérêts civils.

H Recours ou contestation (parties et/ou tiers)

912 La décision n'est pas susceptible de recours.

CHECK-LIST • Prendre connaissance du dossier pénal et s'assurer que l'auteur des faits les reconnaît dans leur globalité.
• L'avertir que la mesure de composition pénale sera mentionnée au casier judiciaire une fois exécutée, que la victime peut y faire échec ou encore qu'elle peut saisir en parallèle le tribunal correctionnel sur la question des intérêts civils.
• S'assurer d'avoir collecté au mieux toutes les pièces susceptibles d'obtenir une mesure la mieux adaptée à la personnalité de l'auteur.
• Contrôler la présence des nombreuses mentions obligatoires du procès-verbal de proposition de composition pénale annexé à la procédure ainsi que l'acceptation préalable de l'auteur pour soulever les éventuelles irrégularités de procédure et ainsi annuler la procédure.

POUR ALLER PLUS LOIN...

Fascicules JurisClasseur

• *JCl. Procédure pénale*, Art. 30 à 44, fasc. 30, par P. Lemoine.
• *JCl. Procédures Formulaire*, V° *Chose jugée en matière pénale*, fasc. 10 et 20. – Formule I. – *Conditions de l'autorité de chose jugée, au civil, d'une décision pénale* et Formule 4. – *Après validation d'une composition pénale, recevabilité de la citation directe de la partie civile, devant le tribunal correctionnel, aux fins d'indemnisation.*
• *JCl. Procédures Formulaire*, V° *Injonction de payer*, fasc. 20. – Formule 15. – *Requête et ordonnance d'injonction de payer suite à une composition pénale.*

Fiche 39

Procédure devant le tribunal de police

Alexia LEVEILLÉ-NIZEROLLE

Sommaire

I Aperçu rapide

A Caractéristiques générales

913 Le tribunal de police connaît des contraventions (CPP, art. 521).

Le tribunal de police siège à juge unique.

Depuis l'entrée en vigueur de la loi n° 2011-1862 du 13 décembre 2011, entrée en vigueur le 1er juillet 2017, les juridictions de proximité n'existent plus et leur champ de compétence (contraventions des classes 1 à 4) a été transféré au tribunal de police.

Le tribunal de police territorialement compétent est celui du lieu de commission ou de constatation de la contravention, ou de résidence du prévenu (CPP, art. 522). Il existe des règles de compétence spécifiques dans des cas particuliers (CPP, art. 522, al. 2 et 3).

B Conditions d'utilisation

914 L'action publique devant le tribunal de police peut être mise en œuvre :

- soit par le procureur de la République près le tribunal judiciaire.
- soit par le renvoi qui lui en est fait par la juridiction d'instruction ;
- soit par la comparution volontaire des parties ;
- soit par la citation délivrée directement au prévenu et à la personne civilement responsable de l'infraction (CPP, art. 531) ;
- une partie très importante du contentieux pénal contraventionnel sera traitée par la voie de la procédure simplifiée de l'ordonnance pénale ;
- en l'absence de jugement ou d'ordonnance pénale, l'action publique pourra être éteinte par

le paiement d'une amende forfaitaire dans un délai de quarante-cinq jours ;
– les amendes et indemnités forfaitaires sont fréquemment utilisées, notamment pour sanctionner certaines infractions contraventionnelles au Code de la route.

C Avis du professionnel

915 Dans l'hypothèse où le client est partie civile (au nom duquel la citation directe a été délivrée), il lui sera conseillé d'être présent pour la première audience de consignation, muni de justificatifs de ressources afin de permettre à la juridiction de fixer le montant de la consignation eu égard aux ressources de cette partie civile.
À défaut d'avoir consigné la somme fixée par le tribunal dans le délai imparti, la citation directe sera déclarée irrecevable.
Pour la défense du prévenu, il faut commander une copie de l'intégralité de la procédure auprès du greffe (ou consulter le dossier sur place) et rassembler les éléments de personnalité (attestations, photographies, rapports d'expertise, pièces médicales, devis et factures, *etc.*) et de ressources.
Il devra être présent à l'audience, ou son avocat muni d'un pouvoir de représentation.
En cas d'irrégularité de la procédure, il convient de régulariser des conclusions écrites *in limine litis*.

D Textes

- L. n° 2005-47, 26 janv. 2005, relative aux compétences du tribunal d'instance, de la juridiction de proximité et du tribunal de grande instance.
- L. n° 2011-1862, 13 déc. 2011.
- L. n° 2014-1654, 29 déc. 2014, art. 99 reportant l'entrée en vigueur des dispositions de la loi du 13 décembre 2011 relatives à la suppression des juridictions de proximité.
- CPP, art. 521 à 523.
- C. pén., art. 131-12 à 131-18.

E Schéma procédural

916 • Saisine par la **citation directe** de la victime.
• Rédaction du projet de citation (CPP, art. 550 à 566).
• Obtention d'une date d'audience auprès du greffe.
• Signification dans les **dix jours** (ou les autres délais spéciaux prévus par le Code de procédure pénale) entre le jour où la citation est délivrée et le jour fixé pour la première comparution devant le tribunal de police (CPP, art. 552). Le non-respect de ce délai sera sanctionné (demande *in limine litis*, CPP, art. 385) :
– lorsque la partie citée ne se présente pas, la citation doit être déclarée nulle par le tribunal (CPP, art. 553, 1) ;
– dans le cas où la partie citée se présente, la citation n'est pas nulle mais le tribunal de police devra, si la partie citée en fait la demande, ordonner le renvoi à une audience ultérieure (CPP, art. 553, 2°).
• Placement de la citation.
• Consignation fixée par le président du tribunal (montant fixé en fonction de ses ressources).
• Paiement de la consignation par la victime auprès du régisseur d'avances et de recettes du tribunal.
• Saisine par la **convocation notifiée par un APJ ou un OPJ, sur instruction du procureur de la République** (sous la forme d'un procès-verbal daté et signé).
• Saisine par la notification au prévenu d'une **ordonnance de renvoi devant le tribunal de police rendue par un juge d'instruction** :
– notification par oral contre émargement au procès-verbal, ou encore par lettre recommandée à l'adresse indiquée par le mis en examen (CPP, art. 183) ;
– éventuelle demande d'expertise médicale (ex. : contestation sur la durée d'une ITT en matière de violences volontaires) ;
– seule une décision de nullité de l'acte de saisine, d'incompétence matérielle ou territoriale ou de condamnation ou de relaxe pourra dessaisir le tribunal.
• Comparution du prévenu à l'audience.
• Notification de son droit, au cours des débats, de faire des déclarations, de répondre aux questions qui lui sont posées ou de se taire.
• Éventuelles conclusions écrites du prévenu ou de la partie civile pour une exception de procédure (*in limine litis*).
• Instruction à l'audience.
• Discussion entre parties.
• Parole à la partie civile.
• Réquisitions du ministère public.
• Parole au prévenu ou à son avocat.
• Éventuelles conclusions écrites du prévenu ou de la partie civile (notamment pour le détail de ses demandes indemnitaires).
• Décision.
• Opposition dans les dix jours pour le condamné par défaut.
• Appel dans les dix jours (conditions spécifiques, V. *infra*, nos 928 et s., Recours ou contestation).
• Pourvoi en cassation dans les cinq jours des décisions rendues en premier et dernier ressort.

II Préparation

A Informations préalables

917 Les conseils à apporter au justiciable cité à comparaître devant le tribunal de police sont les mêmes qu'en cas d'audience correctionnelle.

Le rôle du défenseur sera dans un premier temps d'expliquer les différentes phases du déroulement de l'audience afin que le prévenu dispose de toutes les informations pour s'exprimer de façon efficace et au bon moment.

Il sera également essentiel de réunir toutes les pièces utiles à la défense, en insistant auprès de la personne défendue sur le fait qu'une fois l'audience terminée, il sera trop tard pour produire tel ou tel document manquant.

Enfin, il conviendra d'expliquer la signification du principe du contradictoire, qui imposera la communication des pièces produites en justice (attestations, pièces médicales, factures, *etc.*) aux autres parties avant le jour de l'audience.

B Contrôles préalables

918 Comme en matière correctionnelle, il conviendra, avant l'audience, de procéder à plusieurs vérifications :

- la juridiction a-t-elle été régulièrement saisie ? (à défaut, soulever la nullité de la citation) ;
- les règles concernant la compétence territoriale et matérielle de la juridiction de police (ou de proximité) sont-elles respectées ?
- les règles prévues en matière de prescription (CPP, art. 9 : en matière de contravention, la prescription de l'action publique est d'un an) peuvent-elles trouver application ?

C Pièces nécessaires

919 Pour la défense du prévenu, il sera bien sûr indispensable d'obtenir une copie de l'intégralité de la procédure, laquelle devra également inclure un extrait du casier judiciaire du prévenu.

En l'absence d'avocat, le prévenu pourra en faire également directement la demande.

En cas de demande de report d'audience, des pièces justificatives devront être réunies (documents médicaux, professionnels, *etc.*).

Des éléments de personnalité pourront être indispensables pour la défense des intérêts du prévenu, comme de la partie civile : attestations, photographies, rapports d'expertise, pièces médicales, devis et factures, *etc.*

Le prévenu devra également, pour l'audience, se munir de justificatifs de ressources (avis d'imposition ou de non-imposition, bulletins de salaire, *etc.*).

La partie civile à l'origine d'une citation directe devra également se munir de justificatifs de ressources, qui pourront lui être réclamés pour la fixation du montant de la somme à consigner (pour garantir une éventuelle amende civile). Elle en sera dispensée si elle a obtenu l'aide juridictionnelle (les dispositions de l'article 392-1 du Code de procédure pénale concernant l'action de la partie civile devant le tribunal correctionnel seront ici transposées).

> REMARQUE **Les dispositions de l'article 472 du Code de procédure pénale, visant la possibilité pour le tribunal correctionnel de condamner une partie civile à des dommages et intérêts pour abus de constitution de partie civile en cas de relaxe du prévenu, ne sont pas applicables devant le tribunal de police.**

S'il s'agit d'une personne morale, son représentant se munira des derniers bilans et comptes de résultats de celle-ci.

D Coût de la procédure

920 • Les honoraires de l'avocat sont libres, outre les frais de procédure :

- en cas de citation directe à l'initiative de la partie civile : frais d'huissier correspondant à la signification à partie de l'acte de citation, puis versement d'une consignation (lorsque la partie civile ne bénéficie pas de l'aide juridictionnelle) ;
- pour le prévenu, droit fixe de justice à régler en cas de condamnation, outre les éventuelles amendes et condamnations civiles qui pourraient être mises à sa charge (CGI, art. 1018 A).

III
Procédure

A Procédure ordinaire

1 Assistance et représentation

921 Aux termes de l'article 544 du Code de procédure pénale, sont applicables devant le tribunal de police et devant la juridiction de proximité les dispositions prévues par les articles 410 à 415 du même code relatives à la comparution et à la représentation du prévenu et de la personne civilement responsable.

Toutefois, lorsque la contravention poursuivie n'est passible que d'une peine d'amende, le prévenu peut se faire représenter par un avocat ou par un fondé de procuration spéciale (CPP, art. 544, al. 2).

Le Code de procédure pénale n'édictant que des peines d'amendes en répression des contraventions, un avocat pourra ainsi représenter un prévenu en l'absence de pouvoir spécial.

S'il décide de se faire représenter, le prévenu n'a pas à envoyer une lettre demandant à être jugé en son absence, la représentation étant de droit. Le juge de police ne peut ainsi s'y opposer, notamment en ordonnant sa comparution en personne.

Toutefois, la représentation suppose que le défenseur se présente de façon effective devant le tribunal de police, et ne pourrait ainsi se contenter d'adresser au tribunal une lettre, un mémoire, ou des conclusions.

2 Compétence (matérielle et/ou territoriale)

a) Compétence matérielle

1) Tribunal de police et juridiction de proximité

922 Le tribunal de police connaît des contraventions.

Il est également compétent pour connaître des diffamations et injures non publiques prévues aux articles R. 621-1, R. 621-2, R. 624-3 et R. 624-4 du Code pénal (CPP, art. R. 41-3).

2) Incompétence pour certaines contraventions

923 Les juridictions de police sont incompétentes pour certaines contraventions :

– contraventions de 5e classe commises par un mineur.

Aux termes de l'article 1, alinéa 2, et de l'article 20-1 de l'ordonnance du 2 février 1945, seule la contravention de 5e classe commise par un mineur est de la compétence de la juridiction pour enfants.

Seules les contraventions des quatre premières classes commises par un mineur pourront donc être jugées par le tribunal de police ;

– connexité d'une contravention avec un délit ou un crime.

La contravention qui forme un ensemble indivisible ou connexe à un délit sera de la compétence du tribunal correctionnel (CPP, art. 382, al. 4).

Enfin, la cour d'assises est apte à juger toutes les infractions dont elle est régulièrement saisie et toutes les personnes renvoyées devant elle (CPP, art. 231).

Ainsi, en application du principe de plénitude de juridiction, elle sera tenue de statuer sur toutes les infractions, fussent-elles de nature délictuelle ou contraventionnelle qui lui sont déférées.

Enfin, saisie d'un crime et de délits connexes, la cour d'assises pourrait être amenée à statuer sur une contravention en répondant à une question subsidiaire qui serait posée en ce sens à la cour et au jury (CPP, art. 351).

Le tribunal correctionnel sera quant à lui compétent pour statuer sur un fait dont il est saisi, soit parce qu'il a été visé à tort une qualification délictuelle alors qu'il convenait de retenir une qualification contraventionnelle, soit par le biais d'une requalification à l'audience (situation qui se présente assez souvent en matière de droit pénal routier ou encore de violences volontaires lorsque la durée de l'incapacité de travail a été incorrectement fixée à plus de huit jours (C. pén., art. 222-13).

Toutefois, le tribunal de police est matériellement incompétent pour juger un délit. La compétence est d'ordre public et celle-ci devrait être soulevée d'office par le tribunal.

À défaut, une exception d'incompétence pourra être soulevée par l'une ou l'autre des parties au procès ;

– lorsqu'une personne est citée devant le tribunal correctionnel pour une contravention dont il semble évident que le jugement lui a été confié par erreur (par ex., excès de vitesse de 30 km/heure au-delà de la vitesse maximale autorisée), le tribunal correctionnel devrait se déclarer matériellement incompétent au profit du tribunal de police.

REMARQUE Certaines contraventions peuvent recevoir une qualification délictuelle lorsqu'elles sont commises en récidive. Ainsi et en ce sens : en cas de récidive dans un délai de trois ans d'une contravention de grande vitesse (C. route, art. R. 413-14-1), le conducteur encourt les peines prévues à l'article L. 413-1 du Code de la route.

b) Compétence territoriale

924 Les tribunaux de police sont territorialement compétents :
- d'une part, en raison du lieu de commission ou de constatation de l'infraction ;
- d'autre part, en fonction du lieu de résidence du prévenu.

REMARQUE En application des dispositions de l'article 662 du Code de procédure pénale, la chambre criminelle de la Cour de cassation pourra dessaisir le tribunal de police naturellement compétent et renvoyer l'affaire à une autre juridiction du même ordre, pour cause de suspicion légitime, ou encore dans l'intérêt d'une bonne administration de la justice (CPP, art. 665).

REMARQUE En matière de contravention aux règles relatives au chargement ou à l'équipement des véhicules, la juridiction compétente territorialement pourra être celle du lieu du siège de l'entreprise propriétaire ou détentrice du véhicule (ce critère sera plus particulièrement utilisé pour la poursuite d'infractions à l'encontre d'entreprises possédant une flotte de véhicules de transport de personnes ou de marchandises).

3 Rédaction de l'acte de saisine (forme et contenu)

925 Comme précédemment indiqué, les règles applicables à la rédaction de l'acte de saisine du tribunal de police sont identiques à celles prévues en matière correctionnelle.
Cet acte de saisine prendra souvent la forme d'un exploit d'huissier délivré à la requête du ministère public, de la partie civile ou encore de différentes administrations qui détiennent le pouvoir d'engager une action publique relative à certaines infractions.
La citation devra respecter le délai minimum de **dix jours** (entre la délivrance de l'acte et la date de l'audience) prévu par l'article 552, alinéa 1er, du Code de procédure pénale.
En cas d'inobservation de ce délai :
- dans le cas où la partie citée ne se présente pas, la citation doit être déclarée nulle par le tribunal ;
- dans le cas où la partie citée se présente, la citation n'est pas nulle mais le tribunal doit, sur la demande de la partie citée, ordonner le renvoi à une audience ultérieure.
Cette demande doit être présentée avant toute défense au fond (CPP, art. 553 et 385).
Les autres modes de saisine (convocation par OPJ ou APJ, ou décision de renvoi rendue par un juge d'instruction ou une chambre de l'instruction), devront satisfaire aux conditions prévues par les textes applicables en la matière.

REMARQUE Une fois la citation directe rédigée dans l'intérêt de la partie civile, il conviendra d'obtenir une date d'audience qui sera proposée par le greffe pénal de la juridiction concernée.
Il faudra veiller au respect des délais de délivrance de l'acte (CPP, art. 552).
Une fois l'acte délivré, l'avocat de la partie civile placera le second original entre les mains du greffier de la juridiction.
Il sera opportun, lors du placement, de remettre à la juridiction une copie des pièces éventuellement visées en annexe, ainsi que de toutes autres pièces sur la base desquelles le plaignant fonde la poursuite.

4 Audience

926 Le tribunal de police examinera l'affaire à la date indiquée sur l'acte de saisine (citation directe, convocation par OPJ ou par APJ, convocation sur opposition à ordonnance pénale, *etc.*).
Il ne pourra ainsi juger des faits qui auront été commis ultérieurement, sauf la possibilité pour le prévenu d'accepter d'être jugé pour de tels faits (comparution volontaire).
De même, le tribunal de police ne pourra juger que la ou les personnes citées ou comparaissant volontairement, et ne pourra en aucun cas juger d'autres parties, et notamment se prononcer sur la culpabilité de celle ou de celui qui s'est constitué

partie civile à l'audience ou encore qui aurait été cité comme témoin.
Comme en matière correctionnelle, la procédure à l'audience du tribunal de police sera publique, orale et contradictoire (huis clos après avoir constaté que la publicité serait dangereuse pour l'ordre public, la sérénité des débats, la dignité de la personne ou les intérêts d'un tiers (CPP, art. 400, al. 2). Les témoins devront ainsi déposer oralement, sauf la possibilité pour le président de les autoriser exceptionnellement à s'aider de documents (CPP, art. 452).
Le président informera le prévenu de son droit, au cours des débats, de faire des déclarations, de répondre aux questions qui lui sont posées ou de se taire (CPP, art. 406).
Une fois l'instruction à l'audience faite par le président, la parole sera donnée à la partie civile (ou à son avocat), puis au représentant du ministère public et enfin au prévenu ou à son avocat (qui aura toujours la parole en dernier lieu).
Le ministère public pourra régulariser des réquisitions écrites (mais cela est exceptionnel devant le tribunal de police).
La partie civile, comme le prévenu, pourront également prendre des conclusions écrites.
La publicité sera constatée dans le jugement qui sera rendu.

REMARQUE **En application de l'article 460 du Code de procédure pénale, applicable devant le tribunal de police (CPP, art. 536), le prévenu ou son conseil doivent toujours avoir la parole les derniers.**
Ce principe est également applicable devant la juridiction de proximité.
Si le tribunal l'estime nécessaire, il peut ordonner la comparution de la partie civile. En ce cas, les débats sur l'ensemble de l'affaire, ou encore uniquement sur les intérêts civils, sont renvoyés à une prochaine audience dont la date est immédiatement fixée (CPP, art. 460-1, al. 2).

ATTENTION Les exceptions tirées de la nullité de la citation ou de la procédure antérieure, ainsi que les exceptions préjudicielles doivent être présentées avant toute défense au fond (CPP, art. 385 et 386).
Elles devront ainsi être soulevées avant le début de l'instruction à l'audience, *in limine litis*.
Saisi d'une exception de procédure, le tribunal de police statuera par un seul jugement, l'incident étant joint au fond.
Toutefois, une disposition d'ordre public peut l'amener à statuer immédiatement sur l'incident. Ce sera notamment le cas en matière d'exception d'incompétence ou d'exception d'autorité de choses jugées.

5 Décision

927 Le tribunal de police rendra sa décision soit immédiatement sur le siège, soit à une audience ultérieure, suite à un délibéré prolongé.
Dans ce dernier cas, les parties seront informées de la date à laquelle la décision sera rendue.
En cas de décision de condamnation, les dispositions applicables sont très proches de celles prévues en matière correctionnelle (avec toutefois des peines très différentes).
Aux termes de l'article 131-12 du Code pénal, les peines contraventionnelles encourues par les personnes physiques sont l'amende, les peines privatives ou restrictives de droit prévues à l'article 131-14 du Code pénal et la peine de sanction-réparation prévue par l'article 131-15-1 du même code.
L'article 131-14 du Code pénal vise notamment :
- la suspension, pour une durée d'un an ou plus du permis de conduire ;
- l'immobilisation pour une durée de six mois ou plus d'un véhicule ;
- la confiscation des armes dont le condamné est propriétaire ou dont il a la disposition ;
- le retrait du permis de chasser ;
- l'interdiction pour une durée maximale d'un an d'émettre des chèques ;
- la confiscation de la chose qui a servi ou permis de commettre l'infraction.

Ces peines ne sont pas exclusives d'une ou de plusieurs peines complémentaires prévues à l'article 131-16 du Code pénal.
Pourra être prévue une peine complémentaire de travail d'intérêt général pour une durée comprise entre vingt et cent vingt heures (C. pén., art. 131-17, al. 2).

6 Recours ou contestation

a) Décision par défaut

928 Si le prévenu est jugé en son absence alors qu'il n'avait pas été cité ou convoqué régulièrement, la décision sera rendue par défaut.
Le condamné par défaut aura la possibilité de faire opposition au jugement, et ce dans le délai de **dix jours** qui suivra sa connaissance de la décision (Cass. crim., 28 janv. 2014, n° 13-81.729 : *JurisData* n° 2014-001084).

b) Appel

929 Chaque partie peut interjeter appel par déclaration au greffe du tribunal.
La faculté de faire appel appartient au prévenu, à la personne civilement responsable (sur les seuls intérêts civils), au procureur de la République, au procureur général et à l'officier du ministère public près le tribunal de police :
- lorsque l'amende encourue est celle prévue pour les contraventions de la cinquième classe (1 500 €) ;
- lorsqu'a été prononcée la peine prévue par le 1° de l'article 131-16 du Code pénal (suspension du permis de conduire) ;
- ou lorsque la peine d'amende prononcée est supérieure au maximum de l'amende encourue pour les contraventions de la deuxième classe (150 € - V. Cass. crim., 25 mars 2014, n° 13-82.578 : *JurisData* n° 2014-005988).

Lorsque des dommages et intérêts ont été alloués, la faculté d'appeler appartient également au prévenu et à la personne civilement responsable.
Cette faculté appartient dans tous les cas à la partie civile quant à ses intérêts civils seulement.
Dans les affaires poursuivies à la requête du directeur régional de l'administration chargée des forêts, l'appel est toujours possible de la part de toutes les parties, quelles que soient la nature et l'importance des condamnations.
L'appel sera possible dans un délai de **dix jours** :
- à partir du jugement, si la partie était présente ou représentée ;
- à partir de la signification, si la partie n'était ni présente ni représentée.

c) Pourvoi en cassation

930 Un pourvoi en cassation sera possible à l'encontre des décisions rendues en premier et dernier ressort. Le délai pour former le pourvoi sera de **cinq jours**.

B Procédure simplifiée (les ordonnances pénales)

931 La procédure simplifiée est facultative, écrite et non contradictoire.
Sa mise en œuvre relève de l'initiative du ministère public près le tribunal de police.
L'ordonnance pénale peut concerner toutes les contraventions, y compris de la 5e classe.

REMARQUE **S'agissant des contraventions de 5e classe, et lorsque les faits revêtent un certain degré de gravité, il est fréquent que le parquet procède par citation à comparaître devant le tribunal de police. Il en est de même en présence de victimes, notamment lorsque celles-ci peuvent justifier d'un préjudice qui n'a pas été indemnisé.**

La procédure d'ordonnance pénale n'est pas applicable pour certaines contraventions.
Elle est ainsi exclue pour les contraventions prévues aux termes des dispositions pénales du Code du travail (CPP, art. 524, al. 2, 1°).
L'ordonnance pénale ne peut également s'appliquer à un mineur qui a commis une contravention de 5e classe (CPP, art. 524, al. 2, 2°).
Les peines prononcées dans le cadre de la procédure simplifiée d'ordonnance pénale seront des peines d'amende.
Le tribunal de police, saisi des réquisitions du ministère public, peut décider de statuer soit par ordonnance pénale, soit de renvoyer le parquet à se pourvoir selon la procédure ordinaire (CPP, art. 525, dernier al.).
Une fois qu'elle a été rendue, l'ordonnance pénale ne peut être exécutée que si aucune opposition n'a été régularisée par le ministère public ou encore le prévenu.
Le ministère public peut former opposition dans les **dix jours** de la signature de l'ordonnance pénale, et ce par déclaration au greffe du tribunal de police (CPP, art. 527, al. 1).
Le prévenu pourra former opposition par déclaration au greffe dans un délai de **trente jours** à compter de la date d'envoi de l'ordonnance par lettre recommandée avec avis de réception.

C Amendes et indemnités forfaitaires

932 L'article 529 du Code de procédure pénale prévoit que l'action publique concernant les contraventions des quatre premières classes dont la liste est fixée par décret en Conseil d'État, peut être éteinte par le paiement d'une amende forfaitaire, qui est exclusive de l'application des règles de la récidive.

ATTENTION Cette procédure de l'amende forfaitaire n'est pas applicable si plusieurs infractions, dont l'une au moins ne peut donner lieu à amende forfaitaire, ont été constatées simultanément, ou lorsque la loi prévoit que la récidive de la contravention constitue un délit (CPP, art. 529, al. 2).

Procédure devant le tribunal de police

Les amendes forfaitaires visent très essentiellement les contraventions des quatre premières classes prévues par le Code de la route.

Si le contrevenant règle spontanément le montant de l'amende, son paiement éteindra l'action publique.

Pour engager les automobilistes à s'acquitter rapidement de leurs amendes, la loi a même prévu une réduction d'environ un tiers au bénéfice de ceux qui règleront rapidement leur amende (on parle alors d'amende forfaitaire minorée, CPP, art. 529-7 à 529-9).

Une requête contre l'avis de contravention pourra être régularisée dans le délai imparti pour le paiement de l'amende forfaitaire simple, **soit quarante-cinq jours**.

Saisi d'une telle requête, l'officier du ministère public aura plusieurs possibilités :

– classer la procédure sans suite ;

– constater l'irrecevabilité de la requête et régulariser un état exécutoire (qui donnera lieu à la procédure de l'amende forfaitaire majorée) ;

– considérer que la requête est recevable mais mal fondée ; il pourra alors exercer l'action publique et devra le faire en saisissant la juridiction de proximité compétente selon la procédure de l'ordonnance pénale ou encore de la citation directe (en renonçant à l'amende forfaitaire).

CHECK-LIST **• Prendre connaissance du dossier pénal.**

• Vérifier la régularité de la procédure ainsi que le respect des règles de compétence.

• Éclairer le prévenu ou la partie civile sur la procédure d'audience ainsi que sur le déroulement des débats.

• Rappeler au client les déclarations qu'il a pu faire lors de l'enquête.

• Porter à sa connaissance les questions susceptibles de lui être posées.

• Réunir toutes les pièces utiles à la défense (pièces médicales, factures, attestations, documents professionnels, *etc.*).

• S'interroger sur l'opportunité d'interjeter appel de la décision rendue (délai de dix jours à compter du prononcé de la décision ou encore de sa signification en cas de décision contradictoire à signifier) ou d'une autre voie de recours selon le cas.

POUR ALLER PLUS LOIN...

Fascicules JurisClasseur

• *JCl. Procédure pénale*, Art. 521 et 523-1, fasc. 10.
• *JCl. Procédure pénale*, Art. 521 à 522, fasc. 20.
• *JCl. Procédure pénale*, Art. 523 et 523-1, fasc. 30.
• *JCl. Procédure pénale*, Art. 524 à 530-4, fasc. 5, 10 et 20.
• *JCl. Procédure pénale*, Art. 531 à 543, fasc. 10.
• *JCl. Procédure pénale*, Art. 544 à 549.

Synthèse JurisClasseur

• *JCl. Procédure pénale*, Synthèse 70.

Fiches pratiques

• V. Fiche 57 : Interjeter appel d'une décision du tribunal de police.

Fiche 40

Assister une personne poursuivie pour conduite sous l'empire d'un état alcoolique

Julien BÉTEMPS
Actualisé par Marion WAGNER

Sommaire

I Aperçu rapide

A Éléments clés

933 Est punissable tout conducteur qui, même en l'absence de tout signe d'ivresse manifeste, conduit son véhicule avec une certaine concentration d'alcool (C. route, art. L. 234-1) dont le taux détermine : soit le **seuil contraventionnel** (concentration égale ou supérieure à 0,25 mg/L d'air expiré ou 0,50 g/L dans le sang, C. route, art. R. 234-1. – C. pén., art. 131-13) ; soit le **seuil délictuel** (concentration égale ou supérieure à 0,40 mg/L d'air expiré ou 0,80 g/L dans le sang, C. route, art. L. 234-1).
En fonction du seuil, est compétent : soit le tribunal de police (sauf paiement de l'amende forfaitaire, qui vaut alors reconnaissance de l'infraction) ; soit le tribunal correctionnel (audience correctionnelle, CRPC, composition pénale ou ordonnance pénale).
Le but de la présente fiche est de vérifier les conditions de légalité du contrôle opéré et d'avertir le client sur les conséquences et les enjeux de cette infraction, notamment en termes d'impact sur le capital points de son permis de conduire.

B Textes

1 Textes codifiés

- C. pén., art. 131-21 (confiscation du véhicule).
- CPP, art. 427 à 457 (administration de la preuve).
- C. route, art. L. 234-1 et suivants (délit).
- C. route, art. R. 234-1 (contravention).

• C. route, art. R. 234-2 à R. 234-4 (vérifications du taux d'alcool).
• C. route, art. R. 325-4 (immobilisation du véhicule).
• C. route, art. L. 234-12 (peines complémentaires).
• C. route, art. L. 234-13 (récidive).
• CSP, art. L. 3354-1 à L. 3355-8 et R. 3354-1 à R. 3354-22 (vérifications médicales, cliniques et biologiques).

2 Textes non codifiés

Sur la vérification des instruments de mesure :
– D. n° 2001-387, 3 mai 2001, relatif au contrôle des instruments de mesure : *JO* 6 mai 2001.
– A. 31 déc. 2001 fixant les modalités d'application de certaines dispositions du décret n° 2001-387 du 3 mai 2001 : *JO* 26 janv. 2002.
– A. n° INDI0301735A, 8 juill. 2003, relatif au contrôle des éthylomètres : *JO* 20 juill. 2003.
– Déc. min. Économie, Industrie et Emploi, 1er août 2008, désignant un organisme de vérification des éthylomètres : *JO* 12 sept. 2008.

II
Préparation

A Information du client

1 Recueillir les informations auprès du client

934 • Quel type de véhicule conduisait-il au moment du contrôle ?
• Son permis de conduire lui a-t-il été retiré sur-le-champ ?
• Combien de points a-t-il sur son permis ?
• A-t-il été contrôlé par éthylomètre ? Si oui, a-t-il été avisé de ce qu'il pouvait souffler une deuxième fois ?
• A-t-il été contrôlé par analyse sanguine ?
• A-t-il coopéré au contrôle ?
• Quel est l'état de son patrimoine ?
• A-t-il la nécessité de conserver son permis de conduire dans le cadre de son contrat de travail ?
• Peut-il fournir les documents suivants :
– justificatif de ses ressources ;
– copie de son permis de conduire s'il est encore en sa possession ;
– copie du relevé d'information intégral (R2i, à retirer en préfecture ou sous-préfecture) ;
– justificatif de l'identité du propriétaire du véhicule à bord duquel le conducteur a été contrôlé ;
– analyse sanguine récente (gamma GT, CDT et autres marqueurs de l'alcool) ;
– en cas de suspension provisoire administrative, copie du document justifiant cette mesure.

2 Aviser le client des risques encourus

a) Pour la contravention de quatrième classe (C. route, art. R. 234-1)

935 **Peine principale :**
– amende forfaitaire de 90 € (majorée : 135 €) ;
– en cas de poursuites devant le tribunal, l'amende peut aller jusqu'à 750 €.

936 **Peines complémentaires :**
– suspension du permis de conduire pouvant aller jusqu'à trois ans ;
– interdiction, pendant une durée de trois ans au plus, de conduire un véhicule non équipé d'un dispositif homologué d'anti-démarrage par éthylotest électronique (C. route, art. R. 234-1, III, 2°. – D. n° 2018-795, 17 sept. 2018).

ATTENTION Le paiement de l'amende forfaitaire ou l'émission du titre exécutoire de l'amende forfaitaire majorée entraîne automatiquement la perte de six points sur le permis, ce qui peut conduire à son invalidation en cas d'insuffisance de points (C. route, art. L. 223-1, R. 234-1).
La suspension du permis de conduire peut être limitée à la conduite en dehors de l'activité professionnelle (« permis blanc », C. route, art. R. 234-1).
Ces dispositions sont également applicables à l'accompagnateur d'un élève conducteur.

b) Pour le délit

937 **Peines principales.** Jusqu'à deux ans d'emprisonnement et 4 500 € d'amende (C. route, art. L. 234-1).

ATTENTION Mettre en avant les éléments de la personnalité du conducteur : a pu être rejetée la mise à l'épreuve d'un client qui avait consommé de l'alcool par désespoir à cause de sa situation sentimentale (V. CA Chambéry, 10 sept. 2015, n° 15/495).

938 **Peines complémentaires (C. route, art. L. 234-2) :**
- suspension du permis pour une durée de trois ans au plus (sans possibilité d'aménagement, V. C. route, art. L. 234-2, I, 1°. – Et sans possibilité de solliciter que cette suspension soit assortie du sursis, même partiellement, V. C. route, art. L. 234-2, II) ;

ATTENTION Aucun aménagement de la suspension n'est possible, même pour des motifs professionnels.
Aucun sursis non plus, même partiel.

- annulation du permis de conduire avec interdiction de solliciter la délivrance d'un nouveau permis pendant trois ans au plus ;
- travail d'intérêt général, avec l'accord du prévenu (C. pén., art. 131-8) ;
- jours-amende (C. pén., art. 131-5) ;
- interdiction de conduire certains véhicules terrestres à moteur (y compris ceux pour lesquels un permis de conduire n'est pas exigé) pour une durée de cinq ans au plus ;
- obligation d'effectuer à ses frais un stage de sensibilisation à la sécurité routière (C. pén., art. 131-5-1) ;
- interdiction pour cinq ans au plus de conduire un véhicule non équipé d'un dispositif anti-démarrage par éthylotest électronique. Si elle est prononcée en plus de l'annulation ou la suspension du permis de conduire, elle s'applique à l'issue de l'exécution de cette dernière ;
- immobilisation du véhicule (C. route, art. L. 325-1 et s.).

Le refus de se soumettre au contrôle d'alcoolémie entraîne les mêmes sanctions que si le résultat avait montré un taux d'alcool dans le sang délictuel (C. route, art. L. 234-8. – Seul le refus des vérifications par des analyses et examens médicaux est un délit, pas le refus des premières épreuves de dépistage, V. CA Riom, 11 sept. 2019, n° 19/00077 : *JurisData* n° 2019-015329).

ATTENTION En cas de cumul avec l'infraction de conduite après usage de substances ou plantes classées comme stupéfiants : les peines sont portées à trois ans d'emprisonnement et 9 000 € d'amende (C. route, art. L. 235-1).

En cas de récidive :
- quatre ans d'emprisonnement et 9 000 € d'amende (C. route, art. L. 234-1. – C. pén., art. 131-10) ;
- peines complémentaires de l'article L. 234-1 du Code de la route ;
- annulation de plein droit du permis de conduire avec interdiction de conduire un véhicule qui ne soit pas équipé par un professionnel agréé ou par construction d'un dispositif homologué d'anti-démarrage par éthylotest électronique pendant une durée de trois ans au plus, applicable à compter de la date d'obtention d'un nouveau permis de conduire, cette interdiction ne s'appliquant pas si ce nouveau permis a été obtenu plus de trois ans après l'annulation du précédent (C. route, art. L. 234-13. – V. Cons. const., 29 sept. 2010, n° 2010-40 QPC, conformité à la Constitution. – Cass. crim., 6 nov. 2013, n° 12-85.157 : *JurisData* n° 2013-024819, conformité à l'article 6 de la Convention EDH. – V. Cass. crim., 12 oct. 2021, n° 21-80.370 : *JurisData* n° 2021-015953, l'article L. 234-13 tel qu'issu de la loi du 24 décembre 2019 est une disposition pénale plus douce).

ATTENTION Veiller à déterminer le premier terme de la récidive si le client a déjà fait l'objet d'une composition pénale ou d'une ordonnance pénale :
- une amende de composition pénale exécutée n'est pas le premier terme d'une récidive (Cass., avis, 18 janv. 2010, n° 0090005P) ;
- l'ordonnance pénale prévue par les articles 525 et suivants du Code de procédure pénale constitue le premier terme de la récidive.

c) Retrait des points du permis de conduire

939 La sanction pénale est assortie **de plein droit** de la **réduction de six points** sur le permis de conduire, pour le délit (C. route, art. L. 234-1) ou la contravention (C. route, art. R. 234-1).
En cas de récidive, le permis est annulé de plein droit (C. route, art. L. 234-13).

ATTENTION La réalité de l'infraction est établie par le paiement d'une amende forfaitaire, l'exécution d'une composition pénale ou une condamnation définitive (C. route, art. L. 223-1).

Si le client est poursuivi pour d'autres infractions pouvant entraîner un retrait de plusieurs points sur son permis de conduire (non-port de la ceinture de sécurité, excès de vitesse, non-respect d'un feu rouge...), les retraits de points **se cumulent** dans la limite de huit points (C. route, art. R. 223-2).

ATTENTION Veiller à connaître, avant la comparution du conducteur, le nombre de points restant sur son permis de conduire.
Penser à lui conseiller de réaliser un stage de récupération de points (possible tous les ans, V. C. route, art. L. 223-6).

d) Rétention puis suspension administratives du permis de conduire

940 Le permis de conduire peut être confisqué par les forces de l'ordre au moment du contrôle pour une durée de **soixante-douze heures** (C. route, art. L. 224-1), contre un avis de rétention qui mentionne les coordonnées du service auquel il doit s'adresser pour le récupérer.
Dans le délai de soixante-douze heures, le préfet doit prendre un **arrêté de suspension provisoire** de **six mois au plus**, dans l'attente du traitement judiciaire de l'infraction (C. route, art. L. 224-2). Sa décision est notifiée au conducteur.
À défaut de décision dans les soixante-douze heures, le conducteur peut récupérer son permis :
- soit en se déplaçant au service concerné ;
- soit en attendant de le recevoir par LRAR.

ATTENTION Le délai de soixante-douze heures concerne seulement la prise de décision par l'autorité administrative, et non la notification de l'arrêté de suspension au conducteur.

Le fait de conduire malgré la rétention du permis de conduire est passible de deux ans d'emprisonnement et de 4 500 € d'amende, outre des peines complémentaires (C. route, art. L. 224-16).
Contestation possible contre la décision de suspension par un recours gracieux ou pour excès de pouvoir devant le tribunal administratif. Mais compte tenu des délais, risque d'un jugement préalable par le tribunal de police ou le tribunal correctionnel.

ATTENTION Le juge des référés du tribunal administratif peut aussi être saisi d'une demande de suspension de l'exécution de la décision (CJA, art. L. 521-1). Mais minces chances de succès : il faut justifier d'un cas d'urgence qui s'apprécie « objectivement et globalement », et il faut que l'exécution « porte atteinte, de manière suffisamment grave et immédiate, à un intérêt public, à la situation du requérant ou aux intérêts qu'il entend défendre » (CE, 25 oct. 2002, n° 248550).

e) Inscription sur le casier judiciaire

941 Les peines prononcées font l'objet d'une inscription sur le casier judiciaire. Il est possible de demander que la mention de condamnation à venir soit retirée du B2, soit à l'audience, soit ensuite par voie de requête en exclusion de B2 (CPP, art. 775-1).

f) Risque de requalification des faits en état d'ivresse manifeste

942 Le ministère public peut solliciter cette requalification, sans avoir besoin de chiffrer avec certitude la concentration d'alcool dans l'air expiré ou dans le sang du conducteur (C. route, art. L. 234-1, délit puni des mêmes peines).
La charge de la preuve repose sur le ministère public, au regard des mentions figurant sur les procès-verbaux. En pratique, il sollicite cela dès le début de l'audience (respect du contradictoire).

ATTENTION Vérifier que les faits mis à la charge du prévenu ont bien été visés à la prévention.
À défaut, lui conseiller de refuser d'être jugé sur cette nouvelle qualification afin d'être en mesure de se défendre (V. CPP, art. 388. – Cass. crim., 19 déc. 2007, n° 07-80.038).
Veiller à ce que la requalification ne soit pas un moyen de contourner la nullité de la procédure suite à une irrégularité des épreuves de dépistage (V. Cass. crim., 22 oct. 2013, n° 12-86.825 : *JurisData* n° 2013-023278 ; *Dr. pén.* 2013, comm. 173).

Les indices de l'ivresse sont soumis à l'appréciation *in concreto* du juge.

EXEMPLE **Mentions fréquentes sur les PV : « X a les yeux rouges et globuleux, les yeux brillants, son haleine sent fortement l'alcool, il titube et tient des propos incohérents ». Mais les seules constatations relatives à l'haleine sentant l'alcool et à la brillance des yeux ont été jugées insuffisantes pour caractériser l'état d'ivresse manifeste (CA Montpellier, 5 sept. 2018, n° 17/01525 : *JurisData* n° 2018-023441).**

B Inventaire des solutions et éléments de décisions

1 Vérifier la qualité des personnes concernées

a) Vérifier la qualité de l'autorité ayant procédé au contrôle

943 La qualité de l'agent pour procéder au contrôle du conducteur dépend de la nature du contrôle :

- **contrôle suite à une infraction au Code de la route (C. route, art. L. 234-3, L. n° 2021-646, 25 mai 2021)** : les officiers de police judiciaire (OPJ) ou agents de police judiciaire (APJ, V. CPP, art. 20 et 20-1), ainsi que sur l'ordre et sous la responsabilité des OPJ, les agents de police judiciaire adjoints (APJ 21, V. CPP, art. 21) ont qualité pour soumettre à des épreuves de **dépistage de l'imprégnation alcoolique par l'air expiré** :

• l'auteur d'une infraction punie par le Code de la route de la peine complémentaire de suspension du permis de conduire,

• le conducteur ou l'accompagnateur de l'élève conducteur impliqué dans un accident de la circulation ayant occasionné un dommage corporel,

• le conducteur ou l'accompagnateur de l'élève conducteur impliqué dans un accident quelconque de la circulation routière,

• le conducteur ou l'accompagnateur de l'élève conducteur auteur présumé de l'une des infractions aux prescriptions du Code de la route sur la vitesse des véhicules, le port de la ceinture de sécurité, le port du casque ;

ATTENTION Les OPJ et APJ peuvent requérir un tiers pour effectuer les vérifications destinées à établir la preuve de l'état alcoolique : un médecin, un interne en médecine, un étudiant en médecine autorisé à exercer la médecine à titre de remplaçant ou un infirmier pour effectuer une prise de sang (C. route, art. L. 234-4, L. n° 2021-646, 25 mai 2021).

- **contrôle dit « préventif »**, en l'absence d'infraction préalable ou d'accident (C. route, art. L. 234-9, L. n° 2021-646, 25 mai 2021) :

• les OPJ ou les APJ peuvent procéder à de tels contrôles systématiques, soit à leur initiative, soit sur instruction du procureur de la République,

• les APJ 21 ne peuvent procéder à de tels contrôles que sur l'ordre et sous la responsabilité d'un OPJ.

ATTENTION Penser à vérifier les mentions du PV dressé par un APJ 21 lors d'un contrôle préventif pratiqué sur l'ordre et sous la responsabilité d'un OPJ ; il doit contenir : **identité** de l'OPJ, **nature de l'ordre reçu, heures et lieux de contrôle** (V. CA Chambéry, 21 févr. 2013, n° 12/01046 : *JurisData* n° 2013-005977 ; *Dr. pén.* 2013, chron. 7, contrôle régulier. - CA Montpellier, 24 mars 2014, n°s 14/410 et 13/00512 : *JurisData* n° 2014-011092, contrôle nul, faute d'identification de l'OPJ et de mention de l'ordre exprès et précis sur le périmètre de la délégation) ; un écrit matérialisant cet ordre n'est pas nécessaire (Cass. crim., 10 mars 1998, n° 97-81.908 : *JurisData* n° 1998-001689), mais l'ordre doit bien être donné (Cass. crim., 22 mars 2016, n° 15-86.093, P+B : *JurisData* n° 2016-005296. - V. aussi, Cass. crim., 8 sept. 2015, n° 14-85.562 : *JurisData* n° 2015-019945, un maire, bien qu'OPJ, n'est pas habilité à donner aux policiers municipaux des instructions générales en vue du dépistage de l'imprégnation alcoolique des conducteurs).

b) Vérifier la qualité de conducteur du client

944 Il faut s'assurer que le client était bien le conducteur du véhicule au moment du contrôle. La charge de la preuve repose sur le ministère public.

EXEMPLE **N'a pas la qualité de conducteur :**
- celui dont le véhicule s'est mis en mouvement sans son intervention au moment du contrôle (clés confisquées par un tiers, V. CA Poitiers, 11 nov. 1990 : *JurisData* n° 1990-046019) ;
- celui qui lors du contrôle était assoupi au volant de son véhicule sur un parking, et ayant déclaré sans être démenti, avoir cessé de conduire depuis au moins deux heures et demie (CA Chambéry, 12 janv. 2011, n° 10/00537 : *JurisData* n° 2011-003441) ;
- celui qui a été découvert assoupi ou en état d'inconscience sous un abri de bus avec un taux d'alcoolémie de 1,14 mg d'alcool pur par litre d'air expiré, son véhicule étant seulement à proximité des lieux, sans qu'aucune constatation ne permette d'établir l'utilisation du véhicule dans les instants précédant la découverte de son propriétaire (CA Bordeaux, 12 déc. 1996 : *JurisData* n° 1996-048630).
À la qualité de conducteur l'automobiliste qui vient de descendre de son véhicule (CA Douai, 18 oct. 1990 : *JurisData* n° 1990-047026).

2 Vérifier les instruments de mesure

a) Vérifier la réalisation d'une épreuve de dépistage préalable

945 L'**alcootest** ou l'**éthylotest** permettent la détection de l'imprégnation alcoolique par l'air expiré, ce qui permet d'établir une **présomption d'état alcoolique**.

ATTENTION L'absence de mention dans le PV des caractéristiques propres à l'éthylotest utilisé est indifférente et n'est pas une cause de nullité du dépistage (Cass. crim., 28 janv. 2014, n° 13-81.330 : *JurisData* n° 2014-001178. – l'absence de mentions relatives à l'éthylotest ne fait pas grief, V. CA Chambéry, 27 janv. 2021, n° 19/00511 : *JurisData* n° 2021-001539).

Cet état doit ensuite être **vérifié** par éthylomètre ou analyse sanguine.

Par **principe**, le dépistage doit précéder toute vérification par éthylomètre ou analyse sanguine (C. route, art. L. 234-4).

Mais peuvent être soumis **directement aux vérifications** sans dépistage :

– l'auteur présumé de conduite en état d'ivresse manifeste (C. route, art. L. 234-6. – Cass. crim., 28 févr. 2017, n° 16-80.744 : *JurisData* n° 2017-003481) ;

– le conducteur qui refuse l'épreuve de dépistage.

REMARQUE **L'obligation de possession d'un éthylotest non usagé a disparu depuis le 22 mai 2020 (C. route, art. R. 234-7, mod. D. n° 2020-605, 18 mai 2020).**

b) Vérifier le contrôle par éthylomètre

946 L'OPJ, ou APJ, qui procède aux vérifications par éthylomètre ou par examen sanguin dispose du droit de **retenir** le conducteur concerné pendant la **durée strictement nécessaire** à cette opération. Le placement en garde à vue n'a pas à intervenir avant les vérifications de l'état alcoolique du conducteur.

ATTENTION Pas de nullité de procédure pour absence de placement en garde à vue le temps des vérifications de l'imprégnation alcoolique (jurisprudence constante, V. pour ex. Cass. crim., 21 juin 2006, n° 06-80.392 : *JurisData* n° 2006-034523).

L'OPJ ou l'APJ, après avoir procédé à la mesure du taux d'alcool, a l'obligation d'en notifier immédiatement le résultat au conducteur contrôlé (C. route, art. R. 234-4).

ATTENTION Il n'est pas nécessaire que la mesure de l'alcoolémie soit attestée par un ticket délivré automatiquement par l'éthylomètre, aucune disposition n'imposant que les imprimés délivrés, le cas échéant, par l'éthylomètre soient joints à la procédure (Cass. crim., 7 déc. 2021, n° 21-81.370 : *JurisData* n° 2021-020394).

947 **Droit à un « second souffle ».** L'OPJ ou APJ a obligation d'aviser le conducteur qu'il peut demander un second contrôle, qui doit alors être effectué immédiatement, après vérification du bon fonctionnement de l'appareil, sous peine de nullité (V. CA Orléans, 2 déc. 2008, n° 08/00423. – CA Douai, 1er mars 2006, n° 05/02874 : *JurisData* n° 2006-307238), et à condition que le conducteur le demande (le second contrôle n'a pas à être effectué d'office, Cass. crim., 6 déc. 2016, n° 15-86.619 : *JurisData* n° 2016-026296) ; le résultat doit être immédiatement porté à la connaissance de l'intéressé (C. route, art. L. 234-5 et R. 234-4).

Le juge retiendra le taux le plus favorable au conducteur, en tenant compte de la marge d'erreur maximale prévue par l'arrêté du 8 juillet 2003 relatif aux éthylomètres (Cass. crim., 26 mars 2019, n° 18-84.900 : *JurisData* n° 2019-004507 ; *Bull. crim.* n° 61 ; *JCP* G 2019, 571, note L. Desessard ; *Dr. pén.* 2019, comm. 108 et *Dr. pén.* 2019, chron. 7, n° 4 par F. Gauvin. – Cass. crim., 14 déc. 2021, n° 20-86.969 : *JurisData* n° 2021-020311).

ATTENTION Si le conducteur refuse ce second contrôle alors qu'il a été avisé de son droit de le demander, il ne peut ensuite s'en prévaloir pour demander la nullité du procès-verbal de contrôle (Cass. crim., 10 janv. 2007, n° 06-84.263).

948 **Homologation initiale de l'éthylomètre.** Les vérifications de l'imprégnation alcoolique par l'air expiré doivent être effectuées au moyen d'un **appareil conforme à un type homologué** (C. route, art. R. 234-2).

L'organisme de vérification est le Laboratoire national de métrologie et d'essais (LNE – 1 rue Gaston Boissier, 75274 Paris Cedex 15, V. déc. min. 1er août 2008 : *JO* 12 sept. 2008).

ATTENTION En cas de perte du carnet de métrologie, un supplément d'information peut être demandé (Cass. crim., 6 mars 2018, n° 17-82.734), et le défaut de production du carnet métrologique peut être une cause de nullité en ce qu'il permet de vérifier si l'éthylomètre a fait l'objet d'une nouvelle vérification primitive (Cass. crim., 23 mars 2023, n° 22-84.077).

Ne sont pas des arguments de nullité suffisants :
- absence de précision du numéro d'homologation (absence de grief, le numéro de série présupposant la délivrance du certificat, V. Cass. crim., 19 nov. 2013, n° 12-87.779 : *JurisData* n° 2013-026178) ;
- perte de l'homologation (compensée par la conformité aux normes réglementaires, attestée par la vérification périodique, V. Cass. crim., 19 nov. 2013, n° 12-87.779 : *JurisData* n° 2013-026178).

Peut être un argument de fond et non un moyen de nullité le défaut de certitude de l'homologation de l'éthylomètre (Cass. crim., 24 mars 2020, n° 19-85.032).

949 **Vérification périodique de l'éthylomètre.** Elle doit être faite annuellement.

Par exception, durant les cinq ans suivant la mise en service d'un instrument neuf, deux vérifications ne sont pas obligatoires, si l'instrument est vérifié la première année (D. n° 2001-387, 3 mai 2001, art. 30. – A. 8 juill. 2003, art. 13. – Cass. crim., 7 févr. 2017, n° 16-80.514 : *JurisData* n° 2017-001891).

La **date de vérification** de l'éthylomètre doit impérativement figurer au procès-verbal de contrôle de l'imprégnation alcoolique. À défaut, la relaxe doit être prononcée (CA Poitiers, 21 mars 2013, n° 12/01694 : *JurisData* n° 2013-013022).

ATTENTION La date est celle d'une vérification effectuée, et non à venir (Cass. crim., 7 mars 2007, n° 05-87.292 : *JurisData* n° 2007-038243. – CA Douai, 29 mai 2008, n° 08/01432).

Le **nom de l'organisme** ayant procédé à la vérification doit être précisé dans le PV, les juges doivent s'en assurer (Cass. crim., 26 mars 2019, n° 18-84.900 : *JurisData* n° 2019-004507).

950 **Marge d'erreur de l'éthylomètre** :
- en cas de taux d'alcoolémie proche du seuil contraventionnel, l'enjeu est la relaxe ;
- en cas de taux d'alcoolémie proche du seuil délictuel, l'enjeu est la disqualification de l'infraction.

ATTENTION Le juge a l'obligation de vérifier qu'il a été tenu compte des marges d'erreur maximales pour interpréter la mesure du taux d'alcool par éthylomètre dans le PV qui fonde les poursuites (Cass. crim., 26 mars 2019, n° 18-84.900 : *JurisData* n° 2019-004507).

Les erreurs maximales tolérées sont (A. 8 juill. 2003, art. 15) :
- 0,032 mg/L pour les concentrations en alcool dans l'air inférieures à 0,40 mg/L ;
- 8 % de la valeur mesurée pour les concentrations égales ou supérieures à 0,40 mg/L et inférieures ou égales à 2 mg/L ;
- 30 % de la valeur mesurée pour les concentrations supérieures à 2 mg/L.

951 **Temps d'attente.** Il doit être mentionné sur les éthylomètres, lisible en même temps que le dispositif indicateur : « ne pas souffler moins de XX min. après avoir absorbé un produit » (A. 8 juill. 2003, ann. A.1.2).

Il est égal à **trente minutes** en principe (pour les éthylomètres les plus utilisés, SERES 679 E et DRAGER 7110FP, conformément à leurs certificats d'examen n° LNE 17020, 24 sept. 2009. – Et n° LNE 15145, 24 juill. 2009), et peut être réduit jusqu'à dix minutes.

ATTENTION Vérifier que le client n'a ni bu, ni fumé, ni ingéré de produit quelconque, durant une période de trente minutes séparant l'interpellation du contrôle par éthylomètre.

Le seul non-respect du délai de trente minutes n'est pas un motif de nullité suffisant : la preuve d'un grief doit être rapportée (Cass. crim., 13 oct. 2009, n° 09-82.015 : *JurisData* n° 2009-049993).

952 **Ticket horodateur.** Certains éthylomètres sont couplés à une imprimante délivrant des tickets avec la date, l'heure de la vérification, et le taux d'alcoolémie.

ATTENTION L'absence de ces tickets dans la procédure ou la présence de mentions erronées ne sont pas cause de nullité.

c) Vérifier le contrôle par examen sanguin

953 Lors de la constatation d'un crime, d'un délit ou d'un accident de la circulation, les OPJ ou APJ doivent faire procéder aux vérifications destinées à établir la preuve de la présence d'alcool dans l'organisme de l'auteur soupçonné (CSP, art. L. 3354-1).

ATTENTION Nul besoin de l'autorisation du procureur de la République (CPP, art. 77-1 non applicable. – V. Cass. crim., 15 déc. 2009, n° 09-83.878 : *JurisData* n° 2009-051069 ; *Dr. pén.* 2010, comm. 35. – Dans le même sens, à propos de contrôle sanguin pour la recherche de stupéfiants, Cass. crim., 21 juin 2016, n° 15-86.449 : *JurisData* n° 2016-012106).

Ces vérifications médicales, cliniques et biologiques doivent être effectuées conformément aux dispositions du Code de la santé publique (CSP, art. L. 3354-1 à L. 3355-8).

Conduite sous l'empire d'un état alcoolique

954 **Établissement d'une fiche d'examen.**

ATTENTION L'OPJ doit procéder sans délai sur le conducteur à un examen de comportement, dont le résultat doit être consigné sur une fiche d'examen dite « fiche A » (CSP, art. R. 3354-4).
L'absence de « fiche A » n'est pas un argument suffisant de nullité du contrôle sanguin (Cass. crim., 23 mars 1994, n° 93-80.024 : *JurisData* n° 1994-000779. – Cass. crim., 20 mars 2018, n° 17-81.238 : *JurisData* n° 2018-004054).

955 **Personne ayant réalisé l'examen.** Seul un médecin, ou à défaut un interne, ou un étudiant en médecine sous certaines conditions, peut effectuer la prise de sang (CSP, art. R. 3354-5).

956 **Délai dans lequel l'examen doit être réalisé.** L'examen clinique médical et la prise de sang doivent être effectués au maximum six heures après la commission de l'infraction supposée (CSP, art. R. 3354-6).

L'OPJ, ou l'APJ, doit obligatoirement assister au prélèvement sanguin. Cette mention doit figurer sur le procès-verbal.
Deux échantillons doivent impérativement être prélevés, afin de permettre au conducteur de solliciter éventuellement une analyse contradictoire.
Le conducteur dispose, dans un délai de **cinq jours** à compter de la notification de son taux d'alcoolémie, de la possibilité de solliciter une analyse de contrôle (CSP, art. R. 3354-14).
Le laboratoire désigné pour effectuer les analyses doit être régulièrement réquisitionné, et la personne qualifiée doit avoir prêté serment.

ATTENTION Le fait que l'expertise et la contre-expertise soient confiées à deux médecins du même laboratoire n'est pas une cause de nullité (Cass. crim., 20 mars 2018, n° 17-81.238 : *JurisData* n° 2018-004054).

Les résultats de l'examen clinique médical sont consignés sur une fiche d'examen clinique médical dite « fiche B », remise à l'OPJ ou l'APJ.

III
Procédure

A Demander la nullité du contrôle

957 Le non-respect des dispositions des articles L. 234-3 et L. 234-9 du Code de la route entraîne l'annulation du contrôle ainsi que tous les actes subséquents de la procédure.
L'enjeu est la relaxe du client : il est donc important de s'assurer de la régularité du contrôle ayant conduit aux poursuites.

ATTENTION Est inopérant l'argument tenant à l'absence de signature du PV de notification de l'état d'alcoolémie par le conducteur, si ce dernier a refusé de signer (Cass. crim., 2 sept. 2020, n° 19-84.665 : *JurisData* n° 2020-012471).

Toute demande en nullité doit être présentée *in limine litis*, avant toute défense au fond, sous peine d'irrecevabilité.

REMARQUE **Rédiger des conclusions écrites à transmettre au tribunal (ou à la chambre des appels correctionnels) et à faire viser par le greffe avant l'audience.**

B Cas de la rétention administrative

958 Si le permis de conduire fait l'objet d'une rétention administrative en cours d'exécution, il faut penser à demander à la juridiction qui risque de prononcer une suspension judiciaire du permis, que cette suspension soit assortie de l'exécution provisoire, afin de permettre d'imputer le délai en cours d'exécution sur la période à réaliser.

CHECK-LIST **• Vérifier les termes de la prévention.**
• À la lecture du PV relatant le contrôle de l'imprégnation alcoolique, vérifier :
– le cadre du contrôle (sur le fondement de l'article L. 234-3 ou de l'article L. 234-9 du Code de la route) ;
– la qualité de la personne ayant procédé au contrôle (OPJ, APJ ou APJ 21) ;
– la qualité de conducteur du client ;
– les instruments de contrôle.
• Demander au client s'il a fait l'objet d'une suspension administrative de son

permis de conduire ; demander le cas échéant à l'audience l'exécution provisoire de la décision à intervenir.
• Aviser le client des risques encourus.
• Rédiger les éventuelles conclusions de nullité et soulever les nullités devant le tribunal, et le cas échéant devant la chambre des appels correctionnels ensuite, mais toujours *in limine litis*.

POUR ALLER PLUS LOIN...

Fascicules JurisClasseur
• *JCl. Lois pénales spéciales*, V° *Circulation routière*, fasc. 80, par F. Gauvin et E. Baron.
Synthèse JurisClasseur
• *JCl. Lois pénales spéciales*, Synthèse n° 70.

Revue
• F. Gauvin, *Un an de droit pénal de la circulation routière (juin 2019-mai 2020) : Dr. pén.* 2020, chron. 8.
Fiches pratiques
• V. Fiche 37 : CRPC : assister la personne poursuivie.
• V. Fiche 38 : Composition pénale.

Fiche 41

Assister le mis en cause lors de son déférement devant le juge d'instruction

Alexia LEVEILLÉ-NIZEROLLE

Sommaire

I Aperçu rapide

A Éléments clés

959 La première comparution devant un juge d'instruction d'une personne mise en cause peut intervenir à plusieurs stades de la procédure et selon des modalités différentes :

– lorsque le juge d'instruction est saisi par réquisitoire introductif du procureur de la République à l'issue d'une enquête de flagrance ou d'une enquête préliminaire, et si la clôture de l'enquête s'accompagne du déférement de la ou des personnes mises en cause devant le magistrat instructeur de permanence à l'issue de leur garde à vue ;

– lorsque l'instruction préparatoire est déjà en cours, les personnes que le juge d'instruction envisage de mettre en examen (d'initiative ou à la demande du parquet, par réquisitoire supplétif) peuvent être convoquées soit directement par le juge par lettre RAR (CPP, art. 80-2, al. 1), soit par remise d'une convocation par OPJ (CPP, art. 80-2, al. 2), ou encore faire l'objet d'une garde à vue dans le cadre d'une commission rogatoire, ou l'objet d'un mandat de comparution, d'amener ou d'arrêt (CPP, art. 122) et être alors déférées pour une première comparution devant le magistrat.

Cette fiche traite du rôle de l'avocat dans l'hypothèse d'un déferement de la personne mise en cause devant le juge d'instruction.

Au cours de la première comparution devant le magistrat instructeur, toute personne poursuivie a le droit à l'assistance d'un avocat, et le juge ne peut pas décider d'une mise en examen sans avoir au préalable entendu les observations de la personne concernée et de son avocat le cas échéant (CPP, art. 80-1 et 116, al. 5).

Dans le cadre de ce déferement, le rôle de l'avocat est important puisqu'il aura pu prendre connaissance du fond du dossier et vérifier les éléments susceptibles de caractériser la présence (ou l'absence) d'indices graves ou concordants susceptibles de justifier ou non d'une mise en examen (V. Fiche 43 : Mise en examen) et donc informer son client des éléments de preuve éventuels du dossier pour le conseiller au mieux.

NOTA L'avocat est en contact avec le juge d'instruction à plusieurs reprises jusqu'à la clôture de l'instruction : lors de l'interrogatoire de première comparution (IPC), lors des éventuelles auditions ou confrontations, pour une demande d'actes ou de copies de pièces, pour une demande de mise en liberté, pour une demande de permis de communiquer (pour l'avocat) ou de permis de visite (pour les proches), ou encore pour formuler des observations relatives à la fin d'instruction. Vous pouvez solliciter la clôture de l'instruction dans un délai d'un an en matière correctionnelle, de dix-huit mois en matière criminelle, voire avant si vous estimez que tous les actes nécessaires à l'instruction ont été accomplis. Vous pouvez aussi demander à ce qu'un acte d'instruction soit accompli si aucun ne l'a été pendant un délai de quatre mois. Pour ce faire, déposez une déclaration en ce sens auprès du SAUJ ou adressez-la par LRAR si vous n'êtes pas domicilié dans le ressort de la juridiction. Le juge d'instruction rendra alors une ordonnance de refus, de non-lieu, de renvoi devant la juridiction de jugement, ou d'irresponsabilité pour cause de trouble mental.

NOTA Si ce n'est pas encore le cas à ce stade de la procédure, le mis en cause peut demander la désignation d'un avocat commis d'office ou choisir son propre avocat tout au long de l'instruction. Pour ce faire, il doit en informer le juge d'instruction soit à l'oral le jour de son interrogatoire de première comparution (le greffe du juge d'instruction appellera alors directement l'avocat pour qu'il se présente à l'IPC), soit postérieurement par courrier adressé au cabinet du juge d'instruction. Si le mis en cause est en détention provisoire, il doit également le signaler au greffe de sa maison d'arrêt.

B Textes

- CPP, art. 80-1, 80-2 et 116.

II Préparation

960 Le rôle de l'avocat qui assiste une personne dans le cadre de son déférement devant un magistrat instructeur se décline en trois étapes :
– la consultation du dossier de la procédure (CPP, art. 116, al. 5) avant même d'avoir rencontré le client ;
– l'entretien avec le client (CPP, art. 116, al. 5) ;
– l'interrogatoire de première comparution communément appelé « IPC » (CPP, art. 116).

III Mise en œuvre

A L'accès au dossier et la consultation de la procédure

961 Dès son arrivée au greffe du juge d'instruction auquel la personne poursuivie va être présentée, l'avocat aura accès au dossier de la procédure. Ce droit est formalisé à l'article 116, alinéa 5 du Code de procédure pénale qui dispose que dans les hypothèses de comparution autres que celles prévues à l'article 80-2 du Code de procédure pénale, soit notamment en cas de déférement, « l'avocat peut consulter sur-le-champ le dossier et communiquer librement avec la personne ».
L'avocat doit demander au greffier de prendre connaissance du réquisitoire du procureur de la République afin de connaître :
– la qualification retenue par le parquet des faits poursuivis (qui peut être différente de la qualification donnée par les enquêteurs aux faits poursuivis) ;

– les demandes éventuelles de placement sous contrôle judiciaire ou en détention provisoire.
Il demande également à prendre connaissance du casier judiciaire de son client.
Ensuite, il appartient à l'avocat de prendre le temps nécessaire à une consultation suffisante – qu'il est le seul à pouvoir apprécier, et qui doit primer sur les exigences d'organisation du cabinet d'instruction saisi dès lors que le délai de vingt heures est respecté (V. Fiche 43 : Mise en examen) – pour aborder la défense de son client dans des conditions optimales compte tenu des circonstances d'urgence dans lesquelles se font les déférements.
En effet, l'avocat ne doit pas se contenter de prendre connaissance des seuls procès-verbaux de synthèse des enquêteurs, mais doit lire intégralement le dossier quand le volume le permet, sinon au moins l'ensemble des éléments qui concernent son client (outre la procédure de garde à vue dans son entier, il se doit de connaître parfaitement les éléments préalables ayant conduit à sa mise en cause : surveillances, écoutes, mise en cause par des témoins ou personnes poursuivies, téléphonie, *etc.*).
L'objectif de la consultation du dossier est non seulement :
– d'identifier les indices graves et concordants reprochés au client et d'apprécier alors s'il existe des arguments susceptibles de convaincre le juge de la possibilité de placer la personne poursuivie sous le statut de témoin assisté plutôt que de le mettre en examen (V. Fiche 43 : Mise en examen) ;
– d'identifier les questions susceptibles d'être posées par le juge le cas échéant pour y préparer l'intéressé ;
– d'apprécier si la qualification retenue par le parquet dans le réquisitoire est susceptible d'être requalifiée par le juge d'instruction le cas échéant dans un sens favorable à la défense du mis en cause, notamment au regard des principes de non-cumul, concours idéal d'infractions, *etc.* ;
– de déterminer, en cas de pluralité de mis en cause dont la défense lui aurait été confiée (ce qui arrive fréquemment dans le cadre de permanence) s'il existe un conflit d'intérêts à tous les défendre, et le cas échéant, demander à l'Ordre des avocats qu'un ou plusieurs confrères de renfort viennent pour assister le ou les autres mis en cause.

CONSEIL Il est fortement recommandé de prendre des notes précises du dossier car l'avocat n'aura en principe pas de copie de la procédure entre les mains au moment de l'entretien client, ni au cours de l'IPC.
Une fois le dossier consulté, il ne faut pas hésiter à s'entretenir avec le magistrat « hors acte » de sa vision de la procédure, et notamment de sa volonté de suivre les réquisitions du parquet (en particulier s'agissant des éventuelles mesures de contrainte).

NOTA Le dossier vous sera généralement remis sur place sous forme papier ou sur CD-Rom. Rassurez-vous, des ordinateurs sont à votre disposition dans les couloirs ou dans une salle de consultation prévue à cet effet. Par la suite, le dossier vous sera adressé sur demande, par voie numérique *via* PLEX (Plateforme d'Échange Externe), qui est une plateforme d'échanges sécurisés de fichiers volumineux. Vous recevrez un lien de téléchargement dans un message RPVA du greffe du juge d'instruction. Attention au délai de disponibilité (variable selon les envois). Lors de votre première réception de message PLEX, vous recevrez également un message dans votre messagerie RPVA pour vous inscrire sur la plateforme.

B La libre communication avec le client

962 Connaissance prise des réquisitions du parquet, du casier judiciaire de l'intéressé, du dossier et de la position du magistrat instructeur, l'avocat devra demander à voir son client.
L'entretien client-avocat doit se faire dans le strict respect du secret, c'est-à-dire dans des conditions matérielles qui garantissent que personne ne soit en mesure d'entendre la conversation (pas sur un banc devant le cabinet du juge, ni en présence des escortes). Des parloirs sont prévus à cet effet dans tous les palais de justice.
Au cours de l'entretien, l'avocat doit demander à ce que son client soit désentravé si les escortes ne l'ont pas fait d'initiative.

1 Les vérifications à opérer auprès du client au cours de l'entretien

963 Au cours de l'entretien, l'avocat doit vérifier :
– que le client comprend parfaitement le français : si tel n'est pas le cas, il faut immédiatement prévenir le juge afin qu'un interprète soit appelé pour l'assister au cours de l'entretien avocat puis de l'IPC, et vérifier si un interprète était présent pendant le temps de la garde à vue (ce qui pourra constituer une irrégularité de procédure si ce droit n'a pas été respecté) ;
– que le client est sain d'esprit : s'il lui paraît affecté d'un trouble mental, il convient d'en avertir

le juge d'instruction afin qu'une expertise soit ordonnée ;
– les conditions de déroulement de la garde à vue et son état général pour apprécier dans quelle mesure il convient de lui conseiller d'être entendu ou de se taire ;
– que la version des faits que le client expose correspond effectivement aux déclarations retranscrites dans les procès-verbaux des enquêteurs au cours de la garde à vue ;
– la possibilité de se voir apporter en urgence les documents propres à démontrer les garanties de représentation de l'intéressé :
• preuve de la situation professionnelle : contrat de travail, bulletins de salaire, situation France Travail, formation professionnelle, allocation AH, *etc.*,
• preuve de la situation personnelle : livret de famille (conjoint/célibataire/divorcé/veuf, enfants à charge), domicile (acte de propriété, bail, quittance EDF, attestation d'hébergement, *etc.*), suivi médical éventuel ou toute autre information utile à garantir la représentation du client ;
– la possibilité de se voir apporter en urgence les documents propres à démontrer l'absence d'infraction ou l'absence d'imputabilité des faits reprochés au client.

2 Les informations à livrer au client au cours de l'entretien

964 Au cours de cet entretien, l'avocat se doit d'informer son client de ses droits, qui lui seront ensuite également notifiés par le juge d'instruction :
– de son droit d'être assisté d'un avocat de son choix ou d'un avocat commis d'office (CPP, art. 116, al. 5) ;
– de son droit d'être assisté d'un interprète (CPP, art. 116, al. 2) et de se faire traduire des pièces du dossier si besoin (CPP, art. 116, al. 3) ;
– de son droit de choisir de se taire, de faire des déclarations spontanées ou de répondre aux questions du juge (CPP, art. 116, al. 4). L'avocat doit guider son client dans ce choix en fonction du risque de placement en détention provisoire, des indices graves et concordants présents au dossier, et de l'état du client à l'issue de sa garde à vue. Il n'y a aucune règle en la matière et le choix doit être fait en fonction des circonstances particulières de chaque affaire.
Il doit également l'informer :
– du contenu des réquisitions du parquet sur la qualification retenue, la peine encourue, et les demandes de placement en détention provisoire ou sous contrôle judiciaire, ainsi que des décisions susceptibles d'être prises par le juge d'instruction. En matière criminelle et pour les délits encourant une peine de dix ans d'emprisonnement, il convient également d'informer le client que même si le juge n'envisage pas de saisir le JLD aux fins de placement en détention provisoire, le procureur dispose de la possibilité de saisir directement le JLD (CPP, art. 137-4), la décision de placement en détention provisoire n'appartenant qu'au seul JLD ;
– des modalités de déroulement de l'IPC ;
– des questions susceptibles de lui être posées sur le fond du dossier et l'y préparer ;
– des suites de la procédure (un aperçu succinct suffit à ce stade, des explications plus circonstanciées pouvant être livrées une fois l'IPC terminée), et en particulier :
• de son droit d'être assisté d'un avocat ou de ne pas l'être pour la suite de l'instruction : étant précisé qu'il convient d'expliquer au client qu'il pourra se faire délivrer copie de la procédure par le greffe du juge d'instruction s'il n'est pas assisté d'un avocat puisque l'article 114, alinéa 4 prévoit désormais que « si elles n'ont pas d'avocat, les parties peuvent se faire délivrer copie de tout ou partie des pièces et actes du dossier », la délivrance de cette copie devant, comme pour les avocats, intervenir dans le mois qui suit la demande,
• de son droit de participer à l'instruction (CPP, art. 120. – V. Fiche 43 : Mise en examen),
• des différents délais (durée moyenne d'une information, délai d'appel des ordonnances, *etc.*).

C Le déroulement de l'IPC

965 Une fois l'entretien terminé, l'avocat prévient le greffe que son client et lui sont prêts pour l'IPC.
En matière criminelle, l'IPC doit faire l'objet d'un enregistrement audiovisuel (CPP, art. 116-1). En cas de difficulté technique, il ne faut pas hésiter à insister pour qu'un appareil en bon état de fonctionnement soit apporté, ou que l'IPC ait lieu dans un cabinet doté d'un appareil en bon état.
Après avoir vérifié l'identité de la personne mise en cause, le juge d'instruction doit, préalablement à l'interrogatoire, informer la personne qui comparaît devant lui :
– de son droit d'être assisté d'un interprète s'il y a lieu (CPP, art. 116, al. 2) ;
– de son droit à la traduction des pièces essentielles du dossier, s'il y a lieu (CPP, art. 116, al. 3) ;
– de chacun des faits dont il est saisi et pour lesquels il envisage la mise en examen, de la qualification juridique des faits, mentionnés avec leur qualification sur le procès-verbal (CPP, art. 116, al. 2) ;
– de son droit de se taire, de faire des déclarations ou de répondre aux questions qui lui sont posées (CPP, art. 116, al. 4). Ensuite, en fonction du choix fait par l'intéressé, le juge procède à son

interrogatoire, fait retranscrire ses déclarations spontanées par son greffier, ou fait mentionner sur le PV qu'il a fait le choix de se taire (CPP, art. 116, al. 6). Il existe plusieurs méthodes de retranscription des déclarations en fonction des juges ;
– lorsque le greffier retranscrit directement les propos de la personne entendue, l'avocat devra vérifier qu'ils ont été parfaitement retranscrits au moment de la lecture du PV en fin d'acte ;
– lorsque le juge écoute d'abord l'intéressé, puis dicte ensuite à son greffier les déclarations, l'avocat peut soit prendre en note les déclarations retranscrites de telle manière qu'elles déforment le sens du propos du client pour ensuite les faire modifier en fin d'acte, soit intervenir au fur et à mesure de la retranscription si le juge n'y voit pas d'inconvénient.
Il donne ensuite la parole à l'avocat pour ses observations (CPP, art. 116, al. 5). Son rôle consiste alors :
– d'une part, à faire si besoin des observations de forme sur la qualification retenue, les éventuelles difficultés de compétence territoriale, de prescription, *etc.* ;
– d'autre part, à faire des observations de fond sur l'éventuelle mise en examen afin que soit privilégié le bénéfice du statut de témoin assisté le cas échéant : il s'agit d'observations sur les indices graves et concordants ;
– également, à faire des observations sur les mesures coercitives envisagées, ceci au regard de l'article 144 du Code de procédure pénale : tenter d'éviter une saisine du JLD le cas échéant, discuter les obligations du contrôle judiciaire, *etc.* Pour ce faire, il conviendra d'avoir réuni des pièces susceptibles de garantir la représentation du client.
Les observations de l'avocat n'ont pas nécessairement à être retranscrites dans le PV, mais lorsque cela est utile ou nécessaire, il faut demander à ce que le greffier le fasse, et que ces observations soient retranscrites avec exactitude.
Après avoir entendu les observations de l'avocat, le juge notifie sa décision :
– soit il place l'intéressé sous le statut de témoin assisté ;
– soit il met l'intéressé en examen, et doit alors :
• l'informer de sa décision de le mettre en examen, en lui notifiant les faits reprochés et leur qualification juridique, s'ils sont différents de ceux dont il avait déjà connaissance,
• l'informer de ses droits inhérents à son statut de mis en examen :
– droit de formuler des demandes d'actes ou demandes d'expertise (CPP, art. 82-1, 82-2 et 156),
– droit de déposer des requêtes en nullité (CPP, art. 173),
• l'informer sur le délai prévisible d'achèvement de l'information et sur son droit de solliciter la clôture de la procédure d'instruction au terme dudit délai (CPP, art. 116, al. 8 et 175-1) :
– soit à défaut de pouvoir déterminer un délai précis, à l'expiration du délai légal d'un an en matière correctionnelle et de dix-huit mois en matière criminelle,
– soit au terme du délai qu'il lui précise s'il peut le déterminer et si celui-ci est inférieur aux délais légaux précités,
• recueillir par procès-verbal l'adresse personnelle de la personne (celle-ci pouvant toutefois lui substituer l'adresse d'un tiers recevant les actes qui lui sont destinés, si elle produit l'accord de ce dernier), et lui signaler :
– que jusqu'au règlement de l'information, elle doit l'avertir par nouvelle déclaration ou par LRAR, de tout changement de l'adresse déclarée,
– que toute notification ou signification faite à la dernière adresse déclarée sera réputée faite à sa personne : mention de cet avis, ainsi que de cette adresse, est portée au procès-verbal (CPP, art. 116, al. 9 et 116, al. 10).
Enfin, en cas de mise en examen, le juge statue également sur les éventuelles mesures coercitives :
– il a le pouvoir de placer le mis en examen sous contrôle judiciaire et lui notifie alors les obligations auxquelles il est astreint (CPP, art. 137 et s.) ;
– il peut également décider de l'assigner à résidence avec surveillance électronique (ARSE) si la peine encourue est supérieure à deux ans d'emprisonnement ou plus (CPP, art. 142-5 et s.) ;
– il peut enfin décider de saisir le JLD afin qu'il statue :
• sur le placement en détention provisoire du mis en examen s'il encourt une peine criminelle ou une peine correctionnelle d'une durée supérieure à trois ans (CPP, art. 143-1),
• sur le placement sous ARSE conditionnel si la peine encourue est supérieure à trois ans d'emprisonnement et que des vérifications n'ont pas encore été faites pour s'assurer de la possibilité d'avoir recours à une ARSE ou ces vérifications sont inachevées (CPP, art. 142-6-1).
Le procès-verbal de première comparution doit être signé par le juge d'instruction, le greffier et le mis en examen. À défaut, il est non avenu et doit être retiré du dossier. Il en résulte la nullité des actes ultérieurs relatifs aux faits objet de la mise en examen (Cass. crim., 6 juin 1974, n° 73-93.362 : *Bull. crim.* n° 206).
À l'issue de l'IPC, si la personne placée sous le statut de témoin assisté ou mise en examen désigne l'avocat qui vient de l'assister pour assurer sa défense pour la suite de la procédure, il appartient à l'avocat :
– de commander une copie de la procédure auprès du greffe (CPP, art. 114, al. 4) ;

– de vérifier si la procédure de garde à vue est régulière et si elle ne l'est pas, de présenter une requête en nullité auprès de la chambre de l'instruction dans un délai de six mois (CPP, art. 173 et s.) ;
– de vérifier que la mise en examen repose véritablement sur des indices graves ou concordants, parce qu'à défaut, elle serait entachée de nullité (CPP, art. 80-1) et il lui appartiendrait de saisir la chambre de l'instruction d'une requête en nullité dans les six mois de la mise en examen (CPP, art. 173 et s.).

☞ CONSEILS PRATIQUES LORS DE L'INTERROGATOIRE DE PREMIÈRE COMPARUTION L'interrogatoire de première comparution se déroule dans le cabinet du juge d'instruction. Lorsque vous entrez dans son bureau, adressez-vous à « Madame/Monsieur le Juge, Madame/Monsieur le Greffier ». Les gendarmes resteront au fond de la salle en cas de problème. Le juge vous indiquera où vous asseoir, sachant qu'il est de bon ton d'attendre qu'il vous dise de le faire. Vous n'avez pas de plaidoirie à préparer à ce stade de la procédure. Après que votre client a été entendu, le juge vous demandera seulement si vous voulez faire des observations sur sa mise en cause. N'oubliez pas de relire le procès-verbal avec votre client, avant qu'il le signe, afin de vérifier la fidélité de la retranscription et de demander une modification à défaut.

CHECK-LIST **• Consultation du dossier :**
– prendre connaissance des réquisitions du parquet ;
– prendre connaissance du casier judiciaire de la personne poursuivie ;
– prendre connaissance des éléments de fond de la procédure pour analyser les indices graves ou concordants et déterminer le degré d'implication du mis en cause dans les faits poursuivis ;
– s'entretenir le cas échéant avec le juge d'instruction du dossier et de la décision qu'il envisage de prendre.
• Entretien client :
– informer le client de ses droits (interprète, avocat) ;
– informer le client des modalités de déroulement de l'IPC et des issues possibles (témoin assisté/mis en examen, contrôle judiciaire/assignation à résidence avec bracelet électronique/saisine JLD pour placement en détention provisoire) ;
– demander au client s'il a la possibilité de se faire porter en urgence au palais de justice des pièces visant à démontrer ses garanties de représentation et le cas échéant, des pièces de fond pour démontrer l'absence d'infraction ou d'imputabilité de l'infraction ;
– informer le client de l'hypothèse de la saisine directe du JLD par le parquet si les critères sont réunis ;
– conseiller le client sur le choix entre droit de se taire, de faire des déclarations spontanées ou d'être interrogé.
• Déroulement de l'IPC :
– intervention de l'avocat en fin d'acte pour faire des observations sur le principe de la mise en examen ou de l'octroi du statut de témoin assisté, ainsi que sur les mesures coercitives envisagées ;
– relecture du PV ;
– commande de la copie du dossier en cas de désignation pour la suite de la procédure.

POUR ALLER PLUS LOIN...

Fascicules JurisClasseur
• *JCl. Procédure pénale*, Art. 79 à 84, fasc. 20.
• *JCl. Procédure pénale*, Art. 114 à 121, fasc. 20.

Fiche pratique
• V. Fiche 43 : Mise en examen.

Fiche 42

Assister la partie civile pendant l'instruction

Nathalie PIGNOUX

Sommaire

I Aperçu rapide

A Éléments clés

1 Caractéristiques générales

966 Schématiquement, la partie civile dispose de deux séries de prérogatives lors de l'instruction préparatoire :

– orienter les investigations en participant activement à leur déroulement, ce qui implique de pouvoir solliciter des actes d'instruction et de pouvoir apporter ses propres éléments de preuve ;

– contrôler le cours des investigations, ce qui se traduit par la possibilité d'exercer des voies de recours et de soulever des nullités.

Depuis le 1er octobre 2014, la victime peut également, lors de la phase d'instruction et à condition que les faits soient reconnus par l'auteur de l'infraction, se voir proposer une mesure de justice restaurative (CPP, art. 10-1, issu de L. n° 2014-896, 15 août 2014. V. aussi : Circ. n° JUST1708302C, 15 mars 2017). La victime fait l'objet d'une évaluation personnalisée, afin de déterminer si elle a besoin de mesures spécifiques de protection au cours de la procédure (CPP, art. 10-5, issu de L. n° 2015-993, 17 août 2015).

Afin que ses droits soient effectifs, un droit à l'information a été consacré au profit de la victime et/ou de la partie civile (CPP, art. 80-3, al. 1, 89-1 et 90-1).

• Dès le début de l'information, elle est ainsi informée :

– de l'ouverture d'une instruction ;
– de son droit de se constituer partie civile et des modalités d'exercice de ce droit ;
– de son droit d'être assistée d'un avocat ;
– des modalités de désignation de l'avocat.

• Lors de sa première audition ou par LRAR, elle est informée :

– des droits dont elle pourra user au cours de l'instruction ;
– du délai prévisible d'achèvement de l'information.

• À à la fin de l'instruction, l'ordonnance de non-lieu définitive est portée à la connaissance de la victime qui a déposé plainte sans toutefois se constituer partie civile, si celle-ci en fait la demande (CPP, art. 183-1).

L'autorité qui procède à l'audition de la partie civile ou devant laquelle cette personne comparaît doit s'assurer que la personne parle et comprend la langue française (CPP, art. 10-3, issu de la L. n° 2015-993, 17 août 2015).

Parce que la partie civile jouit d'un droit à la sécurité, elle est également informée chaque fois que le contrôle judiciaire auquel est astreint le mis en examen est assorti de l'interdiction de la recevoir, de la rencontrer ou d'entrer en relation avec elle (CPP, art. 138-1).

De manière générale, les droits de la partie civile au cours de l'information judiciaire ont été alignés sur ceux du mis en examen.

C'est dans le cadre de cet alignement que le droit à l'avocat a été consacré au profit de la partie civile. La partie civile peut, à tout moment de l'information, faire connaître au juge d'instruction le nom de l'avocat qu'elle choisit. Sauf lorsqu'il s'agit de la première désignation d'un avocat ou lorsque la désignation intervient au cours de son audition, le choix de l'avocat s'effectue par déclaration au greffe du juge d'instruction. Si la partie civile ne réside pas dans le ressort de la juridiction concernée, la déclaration au greffe peut être faite par LRAR (CPP, art. 115).

À compter du 30 septembre 2024, la déclaration au greffe pourra être faite par LRAR, y compris lorsque la victime réside dans le ressort de la juridiction.

À l'instar des mineurs victimes (CPP, art. 706-50), toute victime d'infraction qui souhaite se constituer partie civile bénéficie du droit à la désignation d'office d'un avocat (CPP, art. 80-3).

S'agissant de l'aide juridictionnelle, aucune condition de ressources n'est exigée s'agissant des victimes directes ou de leurs ayants droit en matière d'homicide volontaire, de tortures et d'actes de barbarie, de violences, de viol et d'actes de terrorisme (L. n° 91-647, 10 juill. 1991, art. 9-2).

De même, tout mineur victime d'une infraction visée à l'article 706-47 du Code de procédure pénale est obligatoirement assisté d'un avocat lors de ses auditions, au besoin commis d'office à la demande du juge d'instruction (CPP, art. 706-51-1).

Le rôle de l'avocat consistera à :

– assister à certains actes de l'instruction ;
– solliciter certains actes d'instruction ;
– exercer des voies de recours ;
– formuler des observations en fin d'information.

> REMARQUE **Si la partie civile ne comprend pas la langue française, elle a droit, à sa demande, à l'assistance d'un interprète et à la traduction, dans une langue qu'elle comprend, des informations qui sont indispensables à l'exercice de ses droits et qui lui sont, à ce titre, remises ou notifiées (CPP, art. 10-3, issu de L. n° 2015-993, 17 août 2015).**

2 Actes d'instruction auxquels peut assister l'avocat de la partie civile

967 • L'audition de son client partie civile.

• L'audition d'une autre partie civile (CPP, art. 82-2).

• L'interrogatoire du mis en examen :

– si cet interrogatoire a été sollicité par la partie civile (CPP, art. 82-2) ;
– si cet interrogatoire en présence de l'avocat de la partie civile a lieu à l'initiative du seul juge d'instruction, à condition que ni le mis en examen, ni son avocat ne s'y opposent ou n'émettent de réserve (Cass. crim., 6 nov. 2012, n° 12-83.766 : *JurisData* n° 2012-024925 ; *Dr. pén.* 2012, comm. 168) ;

• La confrontation avec le mis en examen.

• La confrontation avec un témoin.

• La reconstitution.

3 Actes pouvant être sollicités par la partie civile (CPP, art. 82-1)

968 • Sa propre audition (CPP, art. 82-1).
• L'audition d'un témoin (CPP, art. 82-1).
• Une confrontation (CPP, art. 82-1).
• Un transport sur les lieux (CPP, art. 82-1).
• La production par une partie d'une pièce utile à l'information (CPP, art. 82-1).
• Tout acte lui paraissant nécessaire à la manifestation de la vérité (CPP, art. 82-1).
• Tout acte permettant d'apprécier la nature et l'importance des préjudices (CPP, art. 81-1).
• Tout acte permettant de recueillir des renseignements sur la personnalité de la victime (CPP, art. 81-1).
• Un examen médical (CPP, art. 81, al. 8 et 9).
• Un examen psychologique (CPP, art. 81, al. 8 et 9).
• Une expertise (CPP. art. 156, al. 1).
• Un complément d'expertise (CPP, art. 167, al. 4).
• Une contre-expertise (CPP, art. 167, al. 4).
• La restitution d'objets saisis (CPP, art. 99).
• Toute mesure utile (CPP, art. 81, al. 8 et 9).
• La clôture de l'instruction (CPP, art. 89-1 et 175-1) :
– à l'issue du délai prévisible d'achèvement de l'instruction initialement indiqué par le juge, débutant le jour de sa première audition ou ;
– à l'issue du délai légal d'achèvement (un an en matière correctionnelle, dix-huit mois en matière criminelle), débutant le jour de sa première audition ou ;
– lorsqu'aucun acte d'instruction n'a été accompli depuis quatre mois ;
• Le renvoi de l'affaire au procureur de la République en vue de la mise en œuvre d'une comparution sur reconnaissance préalable de culpabilité (CPP, art. 180-1) :
– si la demande n'est pas formulée par la partie civile : son accord est obligatoire si l'instruction a été ouverte sur plainte avec constitution de partie civile elle doit simplement être mise en mesure de faire valoir ses observations si elle s'est constituée par voie d'intervention ;
– si la demande émane du procureur de la République, les parties ont dix jours à compter de la notification de cette proposition pour indiquer, par télécopie, déclaration au greffe ou LRAR, si elles acceptent le renvoi de l'affaire en CRPC.

ATTENTION Le placement du mis en examen sous contrôle judiciaire ou le placement du mis en examen en détention provisoire sont des actes qui ne peuvent être sollicités par la partie civile. Une mise en examen ne peut être sollicitée par la partie civile (Cass. crim., 15 févr. 2011, n° 10-87.468 : *JurisData* n° 2011-001697. – Cass. crim., 22 janv. 2014, n° 10-84.138, n°s 10-84.139 et 13-80.728 : *JurisData* n° 2014-000617).

4 Voies de recours pouvant être exercées par la partie civile

a) Appel

969 **Ordonnances susceptibles d'appel (CPP, art. 186, al. 2 et 3, 186-1, 186-3) :**
– ordonnances de non-informer ;
– ordonnances de non-lieu ;
– ordonnances faisant grief à ses intérêts civils, dont :
• ordonnances relatives à la consignation,
• ordonnance déclarant la constitution de partie civile irrecevable ;
– ordonnances par lesquelles le juge d'instruction statue sur sa compétence ;
– ordonnances de renvoi devant le tribunal correctionnel si la partie civile estime que les faits constituent un crime. À défaut d'appel, la correctionnalisation est irréversible et ne peut plus être contestée devant le tribunal correctionnel dès lors que la victime était constituée et assistée d'un avocat au moment du renvoi (CPP, art. 469, al. 4) ;
– ordonnances de renvoi dites complexes, c'est-à-dire contenant des dispositions étrangères au règlement et statuant, expressément ou implicitement, sur d'autres points (ex. : ordonnance de renvoi n'ayant pas statué sur l'irrecevabilité de la constitution de partie civile, ordonnance de renvoi omettant de statuer sur certains chefs de poursuite) ;
– ordonnance refusant une demande d'examen médical, d'examen psychologique ou refusant d'ordonner toute mesure utile (CPP, art. 81, al. 9 et 186-1) ;
– ordonnance de l'article 82-1, alinéa 2, du Code de procédure pénale, ayant statué sur une demande d'acte formulée en application de l'article 82-1, alinéa 1 (CPP, art. 82-1 et 186-1) ;
– ordonnance ayant refusé de faire droit à une demande d'expertise (CPP, art. 156, al. 2 et 186-1) ;
– ordonnances de l'article 167 (ordonnances refusant une demande de complément d'expertise, de contre-expertise ou de nouvelle expertise) ;
– ordonnances de refus de restitution (CPP, art. 99, al. 5).

970 • Ordonnances non susceptibles d'appel :
– ordonnances relatives à la détention provisoire ;
– ordonnances relatives au contrôle judiciaire ;
– ordonnances de renvoi devant le tribunal correctionnel (sauf les exceptions visées ci-dessus) ;
– ordonnances de mise en accusation devant la cour d'assises ;
– ordonnance prescrivant un complément d'expertise.

b) Pourvoi en cassation (CPP, art. 567)

971 • Suite à l'abrogation de l'article 575 du Code de procédure pénale par la décision du Conseil

constitutionnel en date du 23 juillet 2010 (Cons. const., 23 juill. 2010, n° 2010-15/23 QPC : *JurisData* n° 2010-030625), il n'existe plus de liste limitative d'arrêts pouvant donner lieu à pourvoi de la part de la partie civile indépendamment du pourvoi du ministère public.
Corrélativement, le pourvoi de la partie civile contre les arrêts de la chambre de l'instruction n'est plus subordonné à celui du ministère public.
• Nouveau et unique critère de recevabilité du pourvoi en cassation de la partie civile : l'existence d'un grief (CPP, art. 567).

5 Actes dont la nullité peut être soulevée (CPP, art. 170, 171 et 173, al. 4)

972 • **Quelles décisions ?** Les décisions du juge d'instruction dont la partie civile ne peut interjeter appel.
• **Conditions de fond :**
– atteinte aux intérêts de la partie civile et ;
– méconnaissance d'une formalité substantielle ou ;
– méconnaissance d'une règle de procédure dont le respect est prescrit à peine de nullité par la loi ou ;
– méconnaissance d'une règle de procédure dont le respect fait encourir la nullité en vertu de la jurisprudence.
• **Opportunité de soulever des nullités :**
– contrairement au mis en examen, la partie civile a généralement peu d'intérêt à faire annuler des actes de procédure ;
– stratégiquement, seuls devront donner lieu à une requête en nullité les actes qui desservent, sur le fond, les intérêts de la partie civile.

> EXEMPLE **Une expertise dont les conclusions sont défavorables à la partie civile ou à la thèse qu'elle soutient.**
> **Les requêtes en nullité doivent être utilisées avec parcimonie et prudence, en ayant toujours à l'esprit que l'annulation d'un acte peut entraîner l'annulation des actes subséquents dont il est le support nécessaire.**
> **La portée de la nullité sollicitée doit donc être envisagée avec la plus grande attention avant de déposer une requête, afin de ne pas faire annuler *de facto* des actes qui ont un intérêt pour la défense des intérêts de la partie civile.**

6 Observations pouvant être formulées en fin d'information (CPP, art. 175)

973 **Objectif.** Faire en sorte que la fin d'information soit contradictoire et influer sur la décision du magistrat instructeur avant que celui-ci prenne l'ordonnance de règlement (ordonnance de renvoi, de mise en accusation ou de non-lieu).

974 **Opportunité.** Elle s'apprécie au cas par cas, en fonction de son intérêt stratégique.
Parfois, il sera préférable de ne rien dévoiler de son argumentation avant l'audience devant la juridiction de jugement.
À l'inverse, il sera opportun de formuler des observations pour tenter de convaincre le juge de ne pas prononcer un non-lieu ou de modifier la qualification retenue.

975 **Conséquences.** Le magistrat instructeur est tenu de motiver son ordonnance de règlement au regard des réquisitions du ministère public et des observations des parties (CPP, art. 184).
À défaut, le dossier est renvoyé au ministère public pour lui permettre de saisir à nouveau le juge d'instruction aux fins de régularisation (CPP, art. 385. – Cass. crim., 29 mars 2011, n° 10-88.271 : *JurisData* n° 2011-007741).

> RETOUR D'EXPÉRIENCE Cas particulier de l'irresponsabilité pénale du mis en examen pour trouble mental.
> Nécessairement avisé par le juge d'instruction que celui-ci envisage de prendre une ordonnance d'irresponsabilité pénale pour cause de trouble mental fondée sur l'article 122-1 du Code pénal, l'avocat de la partie civile doit penser, le cas échéant, à formuler des observations afin de solliciter la saisine de la chambre de l'instruction aux fins d'application de la procédure spécifique des articles 706-122 et suivants du Code de procédure pénale (V. *infra*, n° 981, Rôle de l'avocat de la partie civile devant la chambre de l'instruction).

B Textes

• CPP, art. 10-1, 10-3 à 10-5, 80-3, 81, 81-1, 82-1, 84-1, 89-1, 90-1, 99, 114, 114-1, 115, 138-1, 156, 161-1, 161-2, 167, 167-2, 170, 171, 172, 173, 173-1, 174, 175, 175-1, 178, 179, 180-1, al. 1, 5 et 6, 181, 183, 183-1, 184, 186, 186-1, 186-3, 385, 469, al. 4, 567, 575, 706-50, 706-51-1, 706-119 à 706-128, D. 591 et D. 593-2.

II Préparation

A Informations à recueillir auprès du client

976 • Une plainte simple a-t-elle été déposée auprès du procureur de la République ou des services de police (V. Fiche 51 : Se constituer partie civile).
• Souhaite-t-il élire domicile au cabinet de son avocat ?
• Dispose-t-il d'éléments de preuve à produire en vue de leur cotation dans la cote D ?
• Dispose-t-il d'éléments d'évaluation de son préjudice à produire en vue d'alimenter la cote « victime » du dossier d'instruction (certificats médicaux, factures, *etc.*) ?
• Quel est son point de vue sur les déclarations du mis en examen et des témoins ?
• Plus généralement, quel est son avis sur les autres actes d'investigation (expertises, *etc.*) ?
• Lui paraît-il utile de solliciter une mesure d'instruction complémentaire ?
• Se sent-il capable d'être confronté au mis en examen ?

B Inventaire des solutions et éléments de décisions

977 En fonction des réponses obtenues de son client, l'avocat pourra évaluer son rôle à jouer lors des actes d'instruction et devant la chambre de l'instruction, et établir une stratégie dans la formulation des demandes d'actes ou des observations de fin d'information.
Enfin, il devra évaluer l'opportunité de recourir aux deux voies de recours qui s'offrent à lui : la nullité ou l'appel.

III Réalisation – Mise en œuvre

A Assister aux actes d'instruction

1 Modalités de la convocation de l'avocat (CPP, art. 114)

978 • Au moins **cinq jours ouvrables** avant l'acte auquel il assistera, par LRAR, par télécopie avec récépissé ou verbalement avec émargement au dossier.
• Délai prescrit à peine de nullité, sauf renonciation expresse à se prévaloir de la nullité résultant du non-respect du délai, donné en présence de l'avocat ou ce dernier dûment appelé (CPP, art. 172).

2 Rôle de l'avocat de la partie civile lors des actes d'instruction

a) Préparation : l'accès au dossier et sa communication au client (CPP, art. 114)

979 L'intervention de l'avocat n'est utile que s'il a préalablement pris connaissance du contenu du dossier d'instruction et s'il a pu en faire part à son client selon les modalités suivantes :
– **accès au dossier**
• procédure mise à disposition de l'avocat **quatre jours ouvrables** au plus tard avant la première audition de son client partie civile puis à tout moment après cette première audition,
• jusqu'au 29 septembre 2024 :
- possibilité d'obtenir une copie du dossier seulement après la première audition de la partie civile.
À compter du 30 septembre 2024 :
- possibilité d'obtenir une copie du dossier dès la constitution de partie civile. Le juge d'instruction peut s'opposer à la demande de copie par une ordonnance motivée, dont la partie civile peut interjeter appel devant le président de la chambre de l'instruction,
- possibilité de demander la copie dès réception de la convocation pour audition. Dans ce cas, la loi ne prévoit pas la possibilité pour le juge d'instruction de s'opposer,
• la demande peut être formulée par lettre simple ou par voie électronique *via* e-barreau (CPP, art. D. 591, 10°),

• si le dossier est numérisé, l'avocat ne peut refuser d'en recevoir une copie sous forme numérisée, le cas échéant selon les modalités prévues par l'article 803-1, sauf, dans le cas prévu par les articles 114 et R. 165, décision contraire du juge d'instruction ; en cas de numérisation partielle du dossier, la copie de la partie du dossier non numérisée est remise sur support papier (CPP, art. D. 593-2),
• la partie civile qui n'a pas d'avocat peut désormais se faire délivrer copie de tout ou partie des pièces et actes du dossier, à condition d'attester par écrit avoir pris connaissance des dispositions du 6e alinéa de l'article 114 et de l'article 114-1 du Code de procédure pénale (CPP, art. 114, al. 4 et 5 issus de L. n° 2014-535, 27 mai 2014),
• la délivrance de la première copie à l'avocat ou à la partie civile elle-même est gratuite (CPP, art. 114, al. 4 issu de L. n° 2014-535, 27 mai 2014),
• dès lors qu'il peut demander la délivrance d'une copie du dossier ou qu'il peut consulter le dossier en application des articles 80-2 et 114, l'avocat, son associé ou son collaborateur ou un avocat disposant d'un mandat écrit à cette fin peut, à l'occasion de cette consultation, réaliser lui-même une reproduction de tout ou partie des éléments du dossier par tout moyen, et notamment par l'utilisation d'un scanner portatif ou la prise de photographies, sans préjudice de son droit d'obtenir la copie par la juridiction. Au stade de l'instruction, il ne peut remettre cette copie au client (CPP, art. D. 593-2) ;
– **communication du dossier à la partie civile.** Le client peut librement consulter le dossier au cabinet de son avocat.
Une copie du dossier peut être remise à la partie civile en respectant un certain formalisme :
– informer le juge d'instruction, par déclaration au greffe, par LRAR ayant ce seul objet ou par voie électronique *via* e-barreau (CPP, art. D. 591, 11°) de la liste des pièces ou actes dont l'avocat souhaite remettre une reproduction au client ;
– joindre un courrier par lequel le client atteste avoir pris connaissance des dispositions de l'article 114, alinéa 6, et 114-1 du Code de procédure pénale ;
– attendre cinq jours ouvrables, délai imparti au juge d'instruction pour s'opposer à la transmission de copies au client par une ordonnance motivée ;
– possibilité pour l'avocat de déférer l'ordonnance du juge d'instruction au président de la chambre de l'instruction dans le délai de deux jours de sa notification ;
– le président de la chambre de l'instruction statue dans le délai de cinq jours ouvrables par une décision motivée non susceptible de recours ;
– à défaut de réponse du juge d'instruction dans le délai de cinq jours, communication possible au client ;
– si la constitution de partie civile est contestée, la communication du dossier au client victime obéit à un régime plus strict : nécessité d'une autorisation préalable du juge d'instruction, non une simple information. Cela suppose nécessairement un écrit du juge d'instruction, non une simple approbation tacite (CPP, art. 114, al. 11) ;
– à l'exception des rapports d'expertise, les pièces du dossier d'instruction ne peuvent être communiquées à des tiers, ni par l'avocat, ni par le client qui violeraient ainsi le secret de l'instruction ;
– le fait de diffuser à un tiers des pièces ou actes de la procédure d'instruction est désormais puni de trois ans d'emprisonnement et 45 000 € (CPP, art. 114-1) ;
– le secret de l'instruction et le secret professionnel interdisent à l'avocat de livrer la teneur du dossier à des personnes autres que son client. Il devra donc être particulièrement vigilant lorsque son client se présente à son cabinet en compagnie d'un tiers (conjoint, parent, ami). L'avocat devra se contenter de livrer à ces tiers des informations générales d'ordre procédural (déroulement et durée d'une procédure d'instruction, principales étapes, recours éventuels, *etc.*).

b) Interventions possibles de l'avocat au cours de l'acte

980 L'avocat n'intervient pas au cours de l'audition, c'est-à-dire lorsque le juge pose des questions au client.
Il pourra et devra toutefois le faire s'il estime que les questions sont trop orientées, que son client est malmené ou que ses intérêts sont en péril, par exemple lors d'une confrontation.
Le juge proposera en revanche à l'avocat d'intervenir à la fin de l'audition de son client ou à la fin de la confrontation, pour formuler des observations ou faire poser des questions à son client, au mis en examen ou au témoin.
Si le juge refuse de faire poser la question sollicitée ou de faire acter une observation sur le procès-verbal d'audition ou de confrontation, il appartient à l'avocat de demander au greffier d'acter le refus du juge d'instruction.
• Poser une question présente le risque de voir la question se retourner contre son client, étant précisé que la question et la réponse sont actées de manière indélébile sur le procès-verbal d'audition ou de confrontation. Par conséquent, l'avocat ne posera une question que s'il est sûr de la réponse, soit parce qu'il s'est préalablement assuré de la réponse auprès de son client auquel il la pose, soit parce qu'il a vérifié l'information dans le dossier.
• Relire le procès-verbal d'audition ou de confrontation afin de s'assurer de la fidélité de la retranscription. Le

cas échéant, ne pas hésiter à solliciter une modification, un ajout, un retrait ou une reformulation.

3 Rôle de l'avocat de la partie civile devant la chambre de l'instruction

981 • L'avocat de la partie civile est convoqué au moins **cinq jours ouvrables** avant l'audience de la chambre de l'instruction.
• Il est systématiquement convoqué à toutes les audiences (ex. : cas de l'appel par le mis en examen : de son placement en détention provisoire, du rejet de sa demande de mise en liberté, d'une ordonnance relative à son contrôle judiciaire, de toute ordonnance du juge d'instruction ou cas de la requête en nullité déposée par le mis en examen).
• Possibilité pour l'avocat de la partie civile d'obtenir une copie des réquisitions de l'avocat général.
• Possibilité pour l'avocat de la partie civile de déposer un mémoire, en double exemplaire, au plus tard la veille de l'audience, auprès du greffe de la chambre de l'instruction.
• Penser à communiquer ce mémoire aux autres parties, en sollicitant communication du leur.
• Possibilité de soutenir ce mémoire oralement lors de l'audience.
• Possibilité pour la partie civile d'être présente à l'audience mais, en principe, elle ne prend pas la parole.
• Cas particulier de l'audience pour irresponsabilité pénale pour cause de trouble mental (CPP, art. 706-119 et s.) :
– possibilité pour l'avocat de la partie civile de demander la comparution personnelle du mis en examen (CPP, art. 706-122) ;
– possibilité pour l'avocat de la partie civile de poser des questions au mis en examen, à son client, aux témoins et aux experts (CPP, art. 706-122) ;
– possibilité pour l'avocat de la partie civile de répliquer aux observations du mis en examen et de son avocat (CPP, art. 706-122) ;
– possibilité pour l'avocat de la partie civile, en cas d'arrêt d'irresponsabilité pénale pour trouble mental, de demander à la chambre de l'instruction de statuer sur la responsabilité civile et d'octroyer des dommages et intérêts (CPP, art. 706-125, modifié par L. n° 2016-731, 3 juin 2016).

B Formuler une demande d'acte

1 Forme (CPP, art. 81, al. 10, 82-1, D. 591, 5°)

982 • Déclaration au greffe du juge d'instruction, LRAR ou par voie électronique *via* e-barreau pour les seuls actes énumérés par l'article D. 591.
• Signée par le demandeur ou son avocat ; en double exemplaire. Par précaution, un troisième exemplaire sera soumis au greffier qui apposera un tampon avec la date puis conservé par l'avocat afin d'avoir une preuve du dépôt.
• Ou si le demandeur est détenu : déclaration signée auprès du chef de l'établissement pénitentiaire.

ATTENTION Ce formalisme est prescrit à peine de nullité.

2 Contenu (CPP, art. 82-1)

983 • La demande doit être écrite et motivée.
• Elle doit porter sur des actes déterminés.
• Elle doit indiquer l'identité de la personne dont l'audition est sollicitée.

3 Délai des demandes d'actes

984 • À tout moment au cours de l'instruction dès lors que la victime est constituée.
• Au plus tard :
– dans le délai **d'un mois** à compter de la notification de l'avis de fin d'information (avis de l'article 175) si le mis en examen est détenu ;
– dans le délai de **trois mois** à compter de la notification de l'avis de fin d'information si le mis en examen est libre (CPP, art. 175, al. 4).

ATTENTION Modification de l'article 175 du Code de procédure pénale le 1er juin 2019 et le 30 septembre 2024 (V. *infra*, n° 990).

• Le magistrat instructeur doit répondre à la demande d'acte dans le délai **d'un mois** (CPP, art. 81, al. 9, 82-1, al. 2 et 156, al. 2).
S'il ne statue pas dans ce délai : possibilité pour la partie civile de saisir directement le président de la chambre de l'instruction qui, dans les **huit jours** de la réception du dossier, décidera par une ordonnance non susceptible de recours s'il y a lieu ou non de saisir la chambre de l'instruction (CPP, art. 81, al. 9 et 11 et 186-1, al. 3, 4 et 5).

4 Règles spécifiques aux expertises

985 • La décision ordonnant une expertise est notifiée aux parties (CPP, art. 161-1, al. 1. – Cons. const., 23 nov. 2012, n° 2012-284 QPC : *JurisData* n° 2012-027291).

ATTENTION L'article 161-1, alinéa 1 ne vise plus les avocats mais une circulaire préconise d'adresser une copie de l'ordonnance aux avocats des parties ou, si elles ne sont pas représentées

Assister la partie civile pendant l'instruction

par un avocat, aux parties elles-mêmes (Circ. n° 10-780-D2, 23 nov. 2012).

• Les parties ont **dix jours** à compter de la notification pour demander au juge d'instruction :
– de modifier ou de compléter la mission ;
– d'adjoindre à l'expert désigné un expert de son choix figurant sur la liste de la Cour de cassation ou de la cour d'appel (CPP, art. 161-1, al. 1).
• Ces droits ne s'appliquent pas :
– en cas d'urgence ;
– lorsque la notification de la décision ordonnant l'expertise risque d'entraver l'accomplissement des investigations ;
– aux expertises dont les conclusions n'ont pas d'incidence sur la détermination de la culpabilité du mis en examen.
• Lorsque la demande d'expertise est formulée par l'avocat de la partie civile : possibilité de préciser dans la demande les questions à poser à l'expert (CPP, art. 156, al. 2) ?
• Possibilité de demander le dépôt d'un rapport provisoire, sans que le juge d'instruction puisse s'y opposer (CPP, art. 167-2, al. 2).
• Possibilité d'adresser à l'expert et au juge d'instruction des observations relatives au rapport d'étape ou au rapport provisoire, dans le délai fixé par le juge (CPP, art. 161-2 et 167-2).
• Les conclusions d'expertise sont notifiées à l'avocat de la partie civile et à la partie civile (CPP, art. 167, al. 1).
• L'avocat de la partie civile (ou la partie civile elle-même si elle n'est pas assistée par un avocat) obtient copie de l'intégralité des rapports d'expertises psychiatriques sans en faire la demande et peut obtenir copie de l'intégralité des autres rapports en en faisant la demande, le cas échéant par e-mail dans les conditions posées par l'article 803-1, I du Code de procédure pénale (CPP, art. 167, al. 2 et 3).
• La notification se fait :
– dans le cabinet du juge ;
– ou par LRAR ;
– ou par voie électronique ;
– si l'expertise conclut à l'irresponsabilité pénale du mis en examen pour trouble mental, la notification des conclusions se fait obligatoirement dans le cabinet du juge, le cas échéant en présence des experts. En matière criminelle, l'avocat de la partie civile peut solliciter la présence des experts sans que le juge puisse s'y opposer (CPP, art. 167-1).
• Dans le délai fixé par le juge, qui ne peut être inférieur à quinze jours ou à un mois s'il s'agit d'une expertise comptable ou financière, l'avocat de la partie civile peut formuler des observations ou une demande d'expertise ou de contre-expertise (CPP, art. 167, al. 4).
• Si le juge rejette la demande d'expertise ou de contre-expertise, il doit rendre une décision motivée dans le mois de la réception de la demande.
• S'il ne statue pas dans ce délai, la partie civile peut saisir directement la chambre de l'instruction.
• Certaines demandes relatives aux expertises peuvent désormais être formulées par voie électronique, *via* e-barreau (CPP, art. D. 591, 14° à 18°).

C Interjeter appel

1 Forme (CPP, art. 186, 502 et 503)

986 • Par déclaration auprès du greffier de la juridiction qui a rendu la décision attaquée (greffe correctionnel).
• Déclaration signée par le greffier et l'appelant ou son avocat.
• L'appel des ordonnances du juge d'instruction relève de la compétence de la chambre de l'instruction.

2 Délai (CPP, art. 186, al. 4)

987 • **Dix jours** à compter de la notification de la décision dans les conditions de l'article 183 du Code de procédure pénale.
• Les décisions contre lesquelles la partie civile peut exercer un recours lui sont notifiées, ainsi qu'à son avocat (CPP, art. 183, al. 1 et 2).

D Former un pourvoi en cassation

1 Forme (CPP, art. 576 et s.)

988 • Déclaration de pourvoi auprès du greffe de la chambre de l'instruction (CPP, art. 576).
• Se munir d'un pouvoir spécial du client.
• Notifier le pourvoi au ministère public et aux autres parties par LRAR dans le délai de trois jours (CPP, art. 578).
• Si l'arrêt attaqué met fin à la procédure : pourvoi immédiatement recevable (CPP, art. 570).
• Si l'arrêt attaqué ne met pas fin à la procédure :
– pourvoi jugé en même temps que le pourvoi formé contre l'arrêt sur le fond ;
– mais possibilité de déposer au greffe de la chambre de l'instruction, dans le délai du pourvoi, une requête aux fins d'admission immédiate du pourvoi (CPP, art. 570, al. 4), signée par la partie civile en personne.
• Si la partie civile recourt à un avocat aux conseils : lui adresser les pièces en vue de la rédaction du mémoire (arrêt de la chambre de l'instruction ; mémoire pris devant la chambre de l'instruction ; acte

de saisine de la chambre de l'instruction ; toutes autres pièces utiles).

• Si la partie civile se dispense du recours à un avocat aux conseils :

– possibilité de déposer d'un mémoire auprès du greffe de la chambre de l'instruction dans les dix jours de la déclaration de pourvoi ;

– le mémoire doit être signé personnellement par la partie civile, sous peine d'irrecevabilité ;

– le mémoire doit être notifié aux autres parties.

2 Délai (CPP, art. 568)

989 • Principe : **cinq jours francs à compter du prononcé de la décision.**

• Exception : **cinq jours francs à compter de la signification** de l'arrêt pour la partie qui, après débat contradictoire, n'était pas présente ou représentée à l'audience où l'arrêt a été prononcée, à condition qu'elle n'ait pas été informée de la date du prononcé de la décision selon les modalités de l'article 462, alinéa 2 du Code de procédure pénale.

E Formuler des observations de fin d'information

1 Condition préalable (CPP, art. 175, III, en vigueur depuis le 1er juin 2019)

990 Pour pouvoir exercer l'un ou plusieurs des droits prévus aux IV et VI de l'article 175 du Code de procédure pénale, les parties doivent le faire savoir au juge d'instruction dans un délai de quinze jours à compter soit de chaque interrogatoire ou audition, soit de l'envoi de l'avis de fin d'information.

Cette déclaration d'intention doit respecter les formes prescrites par l'article 81 dernier alinéa du Code de procédure pénale (déclaration au greffe ou LRAR).

ATTENTION À compter du 30 septembre 2024, la déclaration d'intention ne sera plus requise.

2 Forme (CPP, art. 81, al. 10, 175 et D. 591, 19°)

991 • Déclaration au greffe du juge d'instruction saisi, LRAR ou par la voie électronique *via* e-barreau.

• Déclaration datée et signée par le demandeur ou son avocat.

• Il sera joint aux observations qui peuvent se présenter sous forme de correspondance adressée au juge d'instruction, sur le papier à entête du cabinet.

• Demande déposée en double exemplaire.

• Une copie des observations consécutives à l'avis de l'article 175 doit être adressée en même temps au procureur de la République.

3 Délai (CPP, art. 175)

992 • Observations consécutives à l'avis de fin d'information :

– si le mis en examen est détenu : **un mois** à compter de la notification de l'avis 175 ;

– si le mis en examen est libre : **trois mois** à compter de la notification de l'avis 175.

• Observations consécutives au réquisitoire définitif :

– si le mis en examen est détenu : **dix jours** à compter de la date à laquelle les réquisitions du procureur ont été communiquées ;

– si le mis en examen est libre : **un mois** à compter de la date à laquelle les réquisitions du procureur ont été communiquées.

ATTENTION Le futur article 175, applicable à compter du 30 septembre 2024, reprend la formulation antérieure à celle retenue par la loi du 23 mars 2019, ne stipulant pas expressément que le délai de dix jours ou un mois commence à courir à compter de la communication des réquisitions :
« À l'issue du délai d'un mois ou de trois mois, le procureur de la République et les parties disposent d'un délai de dix jours si une personne mise en examen est détenue ou d'un mois dans les autres cas pour adresser au juge d'instruction des réquisitions ou des observations complémentaires au vu des observations ou des réquisitions qui leur ont été communiquées ». La Cour de cassation avait toutefois considéré que le délai commence à courir à compter la date de la communication des réquisitions et est calculé à compter du lendemain (Cass. crim., 17 sept. 2008, n° 08-84.928).

4 Renonciation (CPP, art. 84-1, créé par L. n° 2016-731, 3 juin 2016)

993 • La loi n° 2016-731 du 3 juin 2016 avait créé un article 84-1, alinéa 3 permettant à la partie civile de renoncer au bénéfice de l'article 175. La loi n° 2019-222 du 23 mars 2019 (art. 56) a abrogé ce texte, eu égard à la création de l'obligation de faire une déclaration d'intention pour pouvoir

faire des observations de fin d'information (CPP, art. 175, III, V. *supra*, n° 990).

• La loi n° 2023-1059 du 20 novembre 2023 ayant supprimé la déclaration d'intention à compter du 30 septembre 2024, la faculté de renoncer à l'exercice des droits sera de nouveau possible à compter du 30 septembre 2024. La renonciation ne sera valable que si elle est faite par l'ensemble des parties (CPP, futur art. 175, al. 7).

ATTENTION Le réquisitoire définitif doit être communiqué aux parties et non plus seulement à leurs avocats (CPP, art. 175. – Cons. const., 9 sept. 2011, n° 2011-160 QPC : *JurisData* n° 2011-017973) mais il résulte de cette décision du Conseil constitutionnel que la communication du réquisitoire définitif aux parties n'est prévue que dans le cas où elles ne sont pas assistées ou représentées par un avocat (Cass. crim., 25 juin 2013, n° 13-82.765, 3160 : *JurisData* n° 2013-013166).

F Soulever des nullités

1 En cours d'instruction

a) Forme (CPP, art. 173, al. 3)

994 • Requête déposée en double exemplaire auprès du greffe de la chambre de l'instruction ou envoyée au même greffe par LRAR lorsqu'elle est déposée dans une juridiction autre que celle du domicile de l'avocat.

• Pièces également déposées en double exemplaire en même temps que la requête.

• En pratique, un troisième exemplaire de la requête sera préparé et soumis au greffier qui y apposera la date de réception. Il sera conservé dans le dossier de l'avocat.

• À peine d'irrecevabilité, la requête doit être datée et signée par le demandeur ou son avocat.

• Copie de la requête est adressée au juge d'instruction pour information.

• La requête doit être motivée.

b) Délai (CPP, art. 174, al. 1, et 175, al. 4)

995 • Dans les six mois de la première audition de partie civile pour toutes les nullités commises avant cette audition.

• Dans les six mois des auditions ultérieures pour tous les actes commis avant chacune de celles-ci.

• Dans les six mois de la notification pour les actes qui lui sont notifiés (CPP, art. 173-1, al. 1 et 3).

• Au plus tard, dans le mois de la notification de l'avis d'information si le mis en examen est détenu ou dans les trois mois si le mis en examen est libre, à condition d'avoir au préalable fait la déclaration d'intention prévue l'article 175, III du Code de procédure pénale jusqu'au 29 septembre 2024 et sans qu'il soit nécessaire de faire une déclaration d'intention à compter du 30 septembre 2024.

ATTENTION Il faut être vigilant quant au système de purge des nullités :

– l'ordonnance de renvoi ou de mise en accusation purge les nullités (CPP, art. 178, al. 2, 179, al. 6 et 181, al. 4) ;

– lorsque la partie civile saisit la chambre de l'instruction d'une requête en nullité, elle doit soulever toutes les nullités susceptibles d'avoir été commises depuis le début de la procédure. À défaut, elle sera irrecevable à les soulever ultérieurement, sauf si elle n'avait pas la possibilité de les connaître.

2 Devant le tribunal correctionnel

996 • Hypothèses concernées :

– nullité de l'ordonnance de renvoi ;

– irrégularités antérieures à l'ordonnance de renvoi mais dont les parties n'auraient pas pu avoir connaissance avant (Cons. const., 28 sept. 2023, n° 2023-1062 QPC, déclarant contraire à la Constitution les mots « sauf lorsqu'il est saisi par le renvoi ordonné par le juge d'instruction ou la chambre de l'instruction » figurant au 1er alinéa de l'article 385 du Code de procédure pénale).

• Forme : par voie de conclusion, datée, signée et visée par le greffier en début d'audience.

• Délai : avant toute défense au fond.

CHECK-LIST **• Se constituer partie civile.**

• Procéder à une déclaration d'adresse ou à une élection de domicile au cabinet de l'avocat.

• Désigner nommément l'avocat.

• Vérifier les délais de convocation de l'avocat aux actes de procédure ou aux audiences devant la chambre de l'instruction.

• Évaluer le préjudice.

• Abonder ou demander à faire abonder la cote victime (demande d'expertise médicale, psychologique, *etc.*).

• Consulter et faire actualiser le dossier de manière périodique.

• Respecter le secret de l'instruction.

• Ne pas communiquer copie du dossier au client sans l'aval tacite ou exprès du juge d'instruction.

• Dater et signer les requêtes et mémoires devant la chambre de l'instruction.
• Remplir les formulaires de demandes d'acte et les joindre à la demande.
• Établir tous les actes, demandes, requêtes, mémoires, observations, *etc.* en triple exemplaires (deux pour le tribunal et un pour le dossier personnel).

• Penser à faire apposer la date de réception sur l'exemplaire personnel lors du dépôt au greffe.
• Se procurer les réquisitions de l'avocat général avant toute audience devant la chambre de l'instruction.
• Demander aux confrères la communication de leurs mémoires.

POUR ALLER PLUS LOIN...

Fascicules JurisClasseur

• *JCl. Procédure pénale*, Art. 79 à 84-1, fasc. 20 : *Juge d'instruction – Juridiction d'instruction du premier degré – Dispositions générales*, par J.-P. Valat.
• *JCl. Procédure pénale*, Art. 114 à 121, fasc. 20 : *Interrogatoires et confrontations*, par J.-P. Valat.
• *JCl. Procédure pénale*, Art. 156 à 169-1, fasc. 20 : *Expertise*, par J.-P. Valat.
• *JCl. Procédure pénale*, Art. 175 à 184, fasc. 20 : *Ordonnances de règlement*, par J. Dumont (†), actualisé par V. Georget et A. Bonnet.
• *JCl. Procédure pénale*, Art. 185 à 187-3, fasc. 20 : *Appel des ordonnances du juge d'instruction ou du juge des libertés et de la détention*, par J. Dumont (†), actualisé par V. Georget et A. Bonnet.
• *JCl. Procédure pénale*, Art. 706-119 à 706-140, fasc. 20 : *Procédure et décisions d'irresponsabilité pénale pour cause de trouble mental*, par H. Matsopoulou.

Synthèse JurisClasseur

• *JCl. Procédure pénale*, Synthèse 30, *Instruction*.

Fiche 43
Mise en examen

Alexia LEVEILLÉ-NIZEROLLE

Sommaire

I
Aperçu rapide

A Caractéristiques générales

997 Depuis la loi n° 93-2 du 4 janvier 1993, la partie poursuivie en matière d'instruction préparatoire est qualifiée de « mise en examen ». Cette notion est venue se substituer au terme d'« inculpé », mal perçu par l'opinion publique, estimant que la personne était déjà reconnue en faute alors qu'à ce stade, il n'est censé exister contre elle que des indices pouvant laisser penser qu'elle a commis une faute.
La pratique révèle cependant que cette modification terminologique n'a eu que peu d'incidence sur l'opinion générale, qui continue de voir dans le statut de mis en examen l'existence d'une faute. Il faut dire que la création, par la loi n° 2000-516 du 15 juin 2000, du statut de « témoin assisté », reconnu à une personne à l'encontre de laquelle les indices paraissent trop fragiles pour la mettre en examen mais suffisants pour la mettre en cause, a encore contribué à la péjoration du statut du mis en examen.
Désormais, aux côtés du juge d'instruction, peuvent donc cohabiter quatre personnages : le ministère public, la partie civile, le mis en examen et le témoin assisté.

La mise en examen constitue une étape procédurale clé en matière d'instruction. En raison de ce qu'elle implique pour la personne concernée, la mise en examen est censée n'être que subsidiaire – le statut de témoin assisté devant prévaloir – **et** reposer sur des indices caractérisés.

B Conditions d'utilisation

998 **Règle « plancher » à la mise en examen :** la réunion d'indices graves **OU** concordants. En présence de tels indices, le juge a la **possibilité de mettre en examen** la personne, qui peut cependant n'être entendue qu'en simple qualité de témoin.

Un seul indice, pourvu qu'il soit suffisamment porteur de charges, peut légitimer une mise en examen ; de même que plusieurs indices de moindre valeur chacun, mais abondant dans le même sens, donc concordants (V. Circ. CRIM, n° 2000-16 F1/20, 20 déc. 2000, prise en application de la loi n° 2000-516 du 15 juin 2000).

Les indices doivent rendre vraisemblable la participation de la personne mise en cause, comme auteur ou complice, à la commission des infractions dont le juge d'instruction est saisi (Cass. crim., 1er oct. 2003, n° 03-82.909 : *JurisData* n° 2003-020541 ; *Bull. crim.* n° 177).

Primauté du statut de témoin assisté :

– le juge d'instruction ne peut mettre en examen que s'il estime ne pas pouvoir recourir à la procédure de témoin assisté (CPP, art. 80-1, al. 3) ;

– une personne nommément visée à un réquisitoire introductif ou supplétif, ne peut être entendue que comme témoin assisté, dès lors que le juge n'estime pas devoir la mettre en examen (CPP, art. 113-1).

La volonté de la personne peut faire échec à la nécessité d'indices graves ou concordants, puisqu'un témoin assisté peut, à tout moment de la procédure, demander au juge d'instruction de le mettre en examen, afin d'avoir la possibilité de solliciter des actes d'investigation. Cette demande s'impose au juge (CPP, art. 113-6).

999 **Règle « plafond » à la mise en examen :** la réunion d'indices graves **ET** concordants.

En présence de tels indices, **le juge doit mettre en examen**, ou *a minima* conférer le statut de témoin assisté à la personne s'il n'envisage pas de mesure coercitive.

Il s'agit de permettre à la personne de se défendre. Le juge ne peut donc entendre ou faire entendre trop longtemps une personne comme témoin, pour choisir de ne la mettre en examen qu'à un moment où il ne lui serait plus possible d'organiser sa défense, tant elle serait liée par ses précédentes déclarations.

Les personnes à l'encontre desquelles il existe des indices graves **ET** concordants d'avoir participé aux faits dont le juge d'instruction est saisi, ne peuvent être entendues comme simple témoin (CPP, art. 105).

Le juge d'instruction étant saisi *in rem* (uniquement par rapport à des faits et non des personnes prédéterminées), il n'est pas tenu de solliciter de réquisitoire supplétif du parquet s'il estime devoir mettre en examen des personnes non visées par le réquisitoire introductif.

> ATTENTION Les officiers de police judiciaire (OPJ) qui ont recueilli les déclarations initiales d'un témoin peuvent poursuivre son audition en qualité de témoin pour les vérifier, le but n'étant pas de faire échec aux droits de la défense (Cass. crim., 24 févr. 1987, n° 86-96.293 : *JurisData* n° 1987-000536 ; *Bull. crim.* n° 93).
>
> Constitue une mise en examen tardive, en violation de l'article 105 du Code de procédure pénale, le fait d'entendre plusieurs personnes en qualité de témoins, alors que figure au dossier une lettre du magistrat instructeur dont il résulte que ces personnes sont impliquées comme auteurs ou receleurs, « en toute certitude » (Cass. crim., 20 juin 2001, n° 01-82.607 : *JurisData* n° 2001-011154 ; *Bull. crim.* n° 156).

C Avis du professionnel

1000 La mise en examen peut intervenir dès la saisine du juge d'instruction mais celui-ci peut aussi attendre de réunir suffisamment d'indices caractérisés pour décider d'y recourir.

La règle consiste à éviter les mises en examen hâtives, afin de ne pas préjudicier la réputation d'une personne sans véritable fondement ; mais à éviter également les mises en examen tardives, pour que les droits de la défense puissent s'exercer de manière effective.

La pratique révèle que les requêtes en nullité devant la chambre de l'instruction pour absence d'indices graves **ou** concordants, sont assez rares.

La chambre criminelle se montre également peu encline à admettre des nullités de procédure en ce qui concerne les auditions, en qualité de témoin, d'une personne contre laquelle il existe des indices graves **et** concordants (CPP, art. 105).

D Textes

1 Textes codifiés

- CPP, art. 80-1, 80-2, 105, 113-1, 113-6, 113-8, 116, 154-2, 173-1, 174-1.
- CPP, art. 138-2 (créé L. n° 2012-409, 27 mars 2012, relative à l'exécution des peines).

2 Textes non codifiés

- L. n° 2011-525, 17 mai 2011 de simplification et d'amélioration de la qualité du droit.
- Circ. CRIM, n° 2000-16 F1/20, 20 déc. 2000, Présentation des dispositions de la loi du 15 juin 2000 renforçant la protection de la présomption d'innocence et les droits des victimes concernant l'instruction, la détention provisoire, le juge des libertés et de la détention et le jugement correctionnel.
- Circ. CRIM., n° 01-07/F1, 14 mai 2001, Présentation des dispositions de la loi du 15 juin 2000 renforçant la protection de la présomption d'innocence et les droits des victimes.
- Circ. CRIM., n° 04-16 E8, 21 sept. 2004, Présentation des dispositions générales de procédure pénale de la loi n° 2004-204 du 9 mars 2004 portant adaptation de la justice aux évolutions de la criminalité applicables à compter du 1er octobre 2004.

E Schéma procédural

1001 • Présentation devant le magistrat instructeur après une mesure de garde à vue ou sur convocation notifiée par un officier de police judiciaire (OPJ) ou par LRAR ou sur demande du témoin assisté.
• Interrogatoire par le juge d'instruction.
• Décision du juge d'instruction de mettre en examen ou non.
• Signature du PV de première comparution par le juge d'instruction, son greffier et la personne mise en examen.
• Requête en nullité possible devant la chambre de l'instruction.
• Pourvoi en cassation.

II Préparation

A Informations préalables

1002 **Lorsque la personne est convoquée devant le juge d'instruction** (CPP, art. 80-2) : l'information du client doit porter sur la procédure, mais aussi sur les éléments du dossier et sur la ligne de défense à adopter.

S'agissant de l'information du client sur la procédure, il est fondamental de lui préciser qu'au cours de cet « interrogatoire de première comparution » (IPC), le juge lui demandera en début d'audience s'il souhaite se taire, faire des déclarations spontanées ou s'il accepte de répondre à ses questions. Le rôle de l'avocat est alors de l'aider à choisir en fonction du risque de placement en détention provisoire, des indices graves et concordants existant au dossier, et de l'état du client (notamment si cet IPC fait suite à une garde à vue).

B Contrôles préalables

1003 Délais :
- requête en nullité : **six mois** à compter de la notification de la mise en examen ;
- pourvoi en cassation : **cinq jours** francs après celui de la décision ou de sa notification.

Le client a-t-il ou non le statut de témoin assisté ? Existe-t-il des indices graves et/ou concordants contre l'intéressé ?

L'intérêt du client est-il de devenir partie à la procédure (afin de demander éventuellement des actes) ?

C Pièces nécessaires

1004 Dans l'hypothèse d'une **saisine du juge des libertés et de la détention** (JLD) en vue du placement en détention provisoire de la personne mise en examen, il est possible de demander un débat différé (CPP, art. 145, al. 7) ou un placement sous assignation à résidence sous surveillance électronique conditionnelle (ARSE) (CPP, art. 142-6-1).

En cas de débat différé : même si cette demande engendrera presque toujours une ordonnance d'incarcération provisoire insusceptible de recours, cette incarcération ne peut excéder **quatre jours** ouvrables. Dans ce délai, le JLD fera de nouveau comparaître la personne en vue d'un débat contradictoire (CPP, art. 145, al. 8).

Ce délai peut être mis à profit pour réunir des **pièces relatives à la situation (professionnelle, personnelle, familiale) de la personne**, qui seront peut-être susceptibles d'influer sur la décision du juge quant au placement en détention provisoire, ou non.

Si le JLD n'ordonne pas le placement en détention provisoire, la personne est mise en liberté d'office ;

il est donc essentiel de recueillir les éléments nécessaires permettant de faire échec à la détention provisoire.

En cas de demande de placement sous ARSE : La loi n° 2023-1059 du 20 novembre 2023 d'orientation et de programmation du ministère de la Justice permet désormais au juge des libertés et de la détention (JLD), saisi par le juge d'instruction, d'avoir recours à cette procédure si deux conditions sont réunies :

– l'infraction poursuivie est punie d'une peine égale ou supérieure à trois ans d'emprisonnement ;

– des vérifications n'ont pas encore été faites pour s'assurer de la possibilité d'avoir recours à une ARSE ou ces vérifications sont inachevées.

Le JLD pourra alors ordonner l'incarcération provisoire, pour une durée de quinze jours maximum, de la personne mise en examen. Le Conseil constitutionnel a précisé que l'incarcération provisoire ne pouvait intervenir que si cette mesure constitue l'unique moyen de parvenir à l'un des objectifs énumérés à l'article 144 du Code de procédure pénale (Cons. const., 16 nov. 2023, n° 2023-855 DC). L'ordonnance d'incarcération provisoire est susceptible d'appel.

Le délai d'incarcération de quinze jours doit permettre la constitution par le service pénitentiaire d'insertion et de probation (SPIP) d'un rapport de faisabilité de placement sous ARSE puis la tenue d'un débat contradictoire sur le placement en détention provisoire dans l'hypothèse où ce rapport ne serait pas favorable.

Le rapport de faisabilité doit être transmis dans un délai de dix jours au JLD.

À défaut de ce rapport ou de rapport favorable, le JLD convoque le mis en cause à un débat contradictoire dans un délai qui ne saurait excéder cinq jours. Un débat contradictoire sur le placement en détention provisoire est alors tenu dans les conditions de l'article 145 du Code de procédure pénale. Le recours à la visioconférence est possible. À l'issue de ce débat, le juge peut rendre une ordonnance de placement en détention provisoire contre laquelle il peut être fait appel. Si le débat contradictoire n'est pas tenu, le mis en cause est libéré.

Si le rapport est au contraire favorable, il est procédé au placement sous ARSE.

D Coût de la procédure

1005 Le coût de la procédure varie selon que l'avocat intervient uniquement au stade de la mise en examen ou continue ensuite d'assister le mis en examen dans le cadre de l'instruction.

La possibilité de solliciter la désignation d'un avocat d'office ne signifie pas pour autant que la personne bénéficiera de l'aide juridictionnelle, laquelle ne sera accordée que si la personne remplit les conditions de ressources fixées par la loi.

III Procédure

A Assistance et représentation

1006 **L'assistance est possible** mais non obligatoire. La personne mise en examen pourra solliciter de s'entretenir avec son conseil, ou celui désigné par le bâtonnier en cas de demande de désignation d'office, **en toutes circonstances**.

La représentation est impossible en cette matière, puisque la comparution de la personne est indispensable. Étant précisé que si la personne mise en cause est une personne morale, son représentant légal a la possibilité de se faire représenter par un tiers, ce qui peut être judicieux notamment lorsque le représentant légal de la personne morale serait dans l'incapacité de répondre aux questions précises du juge (par ex. en matière d'accident du travail, si le représentant légal de la personne morale n'était pas présent sur les lieux de l'accident et qu'il ne maîtrise pas les tenants et aboutissants du problème à l'origine de l'accident).

L'article 114, alinéa 4 du Code de procédure pénale prévoit que « si elles n'ont pas d'avocat, les parties peuvent se faire délivrer copie de tout ou partie des pièces et actes du dossier », la délivrance de cette copie devant, comme pour les avocats, intervenir dans le mois qui suit la demande.

Concrètement, il appartient à la partie non assistée par un avocat d'adresser une demande au juge accompagnée d'une attestation indiquant qu'elle a pris connaissance des dispositions de l'article 114, alinéa 6 et de l'article 114-1 du Code de procédure pénale.

B Compétence

1007 **Juge d'instruction** pour la décision de mise en examen (sur la compétence territoriale : CPP, art. 52).
Chambre de l'instruction pour l'examen de la requête en nullité.
Cour de cassation pour l'examen du pourvoi contre l'arrêt de la chambre de l'instruction.

C Rédaction de l'acte de saisine

1 La personne bénéficiant déjà du statut de témoin assisté

1008 La personne pourra demander sa mise en examen au juge d'instruction à l'occasion d'une audition ou par LRAR. La mise en examen est alors opérée *ipso facto* et l'intéressé bénéficie sans délai de tous les droits du mis en examen (CPP, art. 113-6).
Outre la demande de mise en examen que peut solliciter le témoin assisté lui-même, le juge d'instruction peut estimer que sont apparus au cours de la procédure des indices graves **OU** concordants justifiant la mise en examen. Elle est alors **facultative**.
La Cour de cassation a d'ailleurs récemment rappelé que la loi n'imposait aucune autre exigence que celle de l'existence d'indices graves ou concordants de la participation à la commission d'une infraction à l'encontre de l'intéressé, et ne formule donc aucune exigence de délai entre l'apparition des indices et le moment de la mise en examen de ce témoin assisté (Cass. crim., 18 mars 2015, n° 14-86.680 : *JurisData* n° 2015-005792).
Le juge d'instruction y procède :
– **par l'envoi d'une LRAR précisant** (CPP, art. 113-8) :
• les faits reprochés,
• leur qualification juridique,
• le droit de formuler des demandes d'actes ou des requêtes en annulation,
• le délai prévisible d'achèvement de la procédure,
• l'obligation pour le juge d'instruction de procéder à l'interrogatoire de l'intéressé, s'il demande à être de nouveau entendu.
Cette lettre peut être adressée en même temps que l'avis de fin d'information : elle informe la personne de son droit de formuler des demandes d'actes ou des requêtes en annulation dans un délai d'un mois si la personne est détenue et de **trois mois** dans les autres cas (CPP, art. 113-8, *in fine*).
En cas de notification de la mise en examen par lettre RAR, le juge doit informer l'intéressé que s'il demande à être de nouveau entendu par le juge, ce dernier est tenu d'y *procéder* (CPP, art. 113-8, al. 4). La Cour de cassation estime que l'absence de cette mention fait grief à l'intéressé, et entraîne donc la nullité de la mise en examen (Cass. crim., 28 mai 2015, n° 15-80.929 : *JurisData* n° 2015-012554) ;
– **au cours d'un interrogatoire** (CPP, art. 113-8).

2 La personne ne bénéficiant pas au préalable du statut de témoin assisté

1009 Le juge d'instruction doit alors procéder à un interrogatoire de première comparution, préalable nécessaire à la mise en examen éventuelle (CPP, art. 116 et/ou CPP, art. 80-2).
La personne n'est pas libre : à l'issue de sa garde à vue, la personne est conduite devant le procureur de la République, qui décide de saisir un juge d'instruction et lui présente le mis en cause.
Particularité du « petit dépôt » : toute personne ayant fait l'objet d'un défèrement à l'issue de sa garde à vue à la demande du procureur de la République comparaît le jour même, en cas d'ouverture d'une information, devant le juge d'instruction saisi de la procédure. *Idem* si la personne est déférée devant le juge d'instruction à l'issue d'une garde à vue au cours d'une commission rogatoire (CPP, art. 803-2). Toutefois, en cas de nécessité, la personne peut comparaître le jour suivant et **peut être retenue à cette fin dans des locaux de la juridiction** spécialement aménagés, à la condition que cette comparution intervienne au plus tard dans un délai de **vingt heures** à compter de l'heure à laquelle la garde à vue a été levée, à défaut de quoi l'intéressé est immédiatement remis en liberté (CPP, art. 803-3). Ces dispositions ne sont pas applicables lorsque la garde à vue a duré plus de **soixante-douze heures** (CPP, art. 803-3, al. 4).
Ce dispositif est conforme à la Constitution sous **deux réserves** :
– le magistrat devant lequel la personne est appelée à comparaître doit être informé sans délai de l'arrivée de la personne déférée dans les locaux de la juridiction, afin qu'il puisse porter une appréciation immédiate sur l'opportunité de cette rétention ;
– si la garde à vue a été renouvelée par le procureur de la République, la personne retenue doit être impérativement présentée à un **magistrat du siège** avant expiration du délai de vingt heures. La seule présentation à un parquetier dans ce délai ne serait pas conforme à la Constitution (Cons. const., 17 déc. 2010, n° 2010-80 QPC : *JurisData* n° 2010-030701). Il convient de préciser qu'en pratique, le magistrat du siège interrompt le délai

Mise en examen

de vingt heures en faisant comparaître devant lui l'intéressé pour un simple interrogatoire d'identité, hors la présence d'un avocat, afin de permettre aux différents intervenants de prendre connaissance de la procédure sans être restreints par ce délai.

La personne est libre. Elle reçoit une convocation du magistrat instructeur, qui peut revêtir deux formes :

– une convocation par LRAR aux fins de première comparution, dans un délai compris entre dix jours et deux mois (CPP, art. 80-2, al. 1) : la lettre indique :

• la date et l'heure de la convocation,

• la connaissance de chacun des faits dont le juge est saisi et pour lesquels la mise en examen est envisagée, en précisant leur qualification juridique,

• le droit de choisir un avocat ou de demander à ce qu'il lui en soit désigné un d'office, ce choix ou cette demande devant être adressé au greffe du juge d'instruction,

• que la mise en examen ne pourra intervenir qu'à la suite de cette première comparution devant le magistrat instructeur ;

– une notification de cette convocation par un OPJ. La notification doit comporter les mêmes mentions que celle de la lettre recommandée. Pour attester de la réalité de la notification, elle est constatée par procès-verbal signé par la personne qui en reçoit copie (CPP, art. 80-2, al. 2).

ATTENTION Ni la lettre recommandée, ni la notification par OPJ ne valent mise en examen.

D Audience

1010 L'interrogatoire de première comparution (IPC) d'une personne dont on envisage la mise en examen pour crime fait l'objet d'un enregistrement audiovisuel (CPP, art. 116-1, al. 1).

La loi n° 2023-1059 du 20 novembre 2023 d'orientation et de programmation du ministère de la Justice prévoit désormais à l'article 114 du Code de procédure pénale le droit d'accès au dossier dès réception de la convocation en vue d'une audition.

ATTENTION L'exception à l'enregistrement prévue pour les crimes mentionnés à l'article 706-73 (criminalité et délinquance organisées) a été déclarée contraire à la Constitution (Cons. const., 6 avr. 2012, n° 2012-228/229 QPC : *JurisData* n° 2012-006312 ; *JO* 7 avr. 2012, p. 6414).

L'article 803-5 du Code de procédure pénale prévoit qu'à titre exceptionnel « une **traduction** orale ou un résumé oral des **pièces essentielles** » peuvent être effectués et doivent être remis ou notifiés à la personne qui comparaît si elle ne comprend pas la langue française.

Le juge doit, préalablement à l'interrogatoire, informer la personne qui comparaît devant lui dans le cadre d'un IPC :

– de son droit d'être assisté d'un interprète s'il y a lieu (CPP, art. 116, al. 2) ;

– de son droit à la traduction des pièces essentielles du dossier, s'il y a lieu (CPP, art. 116, al. 3) ;

– de son droit de se taire, de faire des déclarations ou de répondre aux questions qui lui sont posées (CPP, art. 116, al. 4) ;

Si la personne est assistée : le juge d'instruction, qui procède à l'interrogatoire au fond, doit :

– constater l'identité de la personne ;

– lui faire connaître chacun des faits dont il est saisi et pour lesquels il envisage la mise en examen ;

– préciser la qualification juridique des faits ;

– mentionner ce ou ces faits et leur qualification sur le procès-verbal ;

– interroger la personne et recueillir les éventuelles observations de son conseil.

Si la personne n'est pas assistée par un avocat, par négligence ou parce qu'elle comparaît sur mandat : le juge d'instruction doit procéder aux **mêmes formalités avec en plus** l'obligation d'aviser la personne de son droit :

– **de choisir un avocat** ou de demander la désignation d'un avocat d'office ;

– **d'informer cet avocat**, choisi ou désigné, par tout moyen et sans délai ;

– **de bénéficier d'un avocat d'office** pour l'assister au cours de la première comparution si l'avocat choisi ne peut être contacté ou se trouve empêché ;

– **d'avoir un avocat qui puisse consulter le dossier et s'entretenir librement avec elle** ;

– **de se taire ou de faire des déclarations spontanées ou d'être interrogée** en mentionnant cet avertissement au procès-verbal de première comparution. L'accord pour être interrogé ne peut être donné qu'en présence d'un avocat :

• mention de cet avis au procès-verbal,

• mention également de la réponse de la personne qui ne peut donner son accord pour un interrogatoire qu'en présence d'un avocat,

• mention enfin des observations de l'avocat sur ce point,

• à défaut d'un accord de la personne pour être interrogée : recueil par procès-verbal de ses déclarations avec obligation d'entendre les observations de son conseil sauf si celui-ci a décidé de garder le silence.

ATTENTION À noter **la possibilité offerte au juge d'instruction** de méconnaître les dispositions de l'article 116 du Code de procédure pénale et de **procéder à un interrogatoire immédiat et à des confrontations**, si l'**urgence** résulte soit de l'état d'un témoin en danger de mort, soit de l'existence d'indices sur le point de disparaître, ou encore dans le cas où le juge d'instruction et le procureur se sont transportés sur les lieux d'une infraction flagrante ayant donné lieu à l'ouverture d'une information immédiatement (CPP, art. 72). Le procès-verbal doit faire mention des causes d'urgence. L'utilisation de cette possibilité (CPP, art. 117) est rarissime.

E Décision

1 Décision de mise en examen

1011 La mise en examen ne peut intervenir **qu'après l'interrogatoire** ou ces déclarations. Peu importe, à ce stade, que la personne ait choisi de se taire, le magistrat instructeur pourra la mettre en examen puisqu'elle a été mise en mesure de s'expliquer.

Le juge a le **choix de mettre en examen ou non** :

– **s'il ne le fait pas**, la personne aura alors *ipso facto* la qualité de témoin assisté et le juge doit l'en informer (CPP, art. 116, al. 6) ;

– **si le juge décide de la mettre en examen, il doit** :

• informer la personne de sa décision de la mettre en examen, en lui notifiant les faits reprochés et leur qualification juridique, s'ils sont différents de ceux dont elle avait déjà connaissance,

• informer la personne de ses droits inhérents à son statut de mis en examen :

- droit de formuler des demandes d'actes ou d'une expertise, éventuellement en présence de son conseil (CPP, art. 82-1, 82-2 et 156),

- droit de déposer des requêtes en nullité (CPP, art. 173) durant le cours de l'information, avant l'expiration du délai d'**un mois** ou de **trois mois** selon qu'elle est détenue ou non (CPP, art. 175, al. 3), en mentionnant la réserve de l'article 173-1 du Code de procédure pénale relative à la purge des nullités des actes accomplis avant l'interrogatoire de première comparution (IPC) ou de l'IPC lui-même dans un délai de **six mois** après la notification de sa mise en examen,

• informer la personne sur le délai prévisible d'achèvement de l'information et sur son droit de solliciter la clôture de la procédure d'instruction au terme dudit délai (CPP, art. 116, al. 8, 175-1) :

– soit à défaut de pouvoir déterminer un délai précis, à l'expiration du délai légal d'un an en matière correctionnelle et de dix-huit mois en matière criminelle,

– soit au terme du délai qu'il lui précise s'il peut le déterminer et si celui-ci est inférieur aux délais légaux précités,

• recueillir par procès-verbal l'adresse personnelle de la personne (celle-ci pouvant toutefois lui substituer l'adresse d'un tiers recevant les actes qui lui sont destinés, si elle produit l'accord de ce dernier), et lui signaler :

– que jusqu'au règlement de l'information, elle doit l'avertir par nouvelle déclaration ou par LRAR, tout changement de l'adresse déclarée,

– que toute notification ou signification faite à la dernière adresse déclarée sera réputée faite à sa personne : mention de cet avis, ainsi que de cette adresse, est portée au procès-verbal (CPP, art. 116, al. 9, 116, al. 10).

Le **PV de première comparution** doit être **signé** par le juge d'instruction, le greffier et le mis en examen. À défaut, il est non avenu et doit être retiré du dossier. Il en résulte la nullité des actes ultérieurs relatifs aux faits objet de la mise en examen (Cass. crim., 6 juin 1974, n° 73-93.362 : *Bull. crim.* n° 206).

2 Effets de la décision

a) Droits de la personne mise en examen

1012 **Droit à l'assistance d'un avocat** :

– l'avocat doit être convoqué par le juge d'instruction (CPP, art. 114, al. 2) :

• assistance de l'avocat durant l'interrogatoire sauf renonciation expresse de l'intéressé,

• convocation de l'avocat au plus tard cinq jours ouvrables avant interrogatoire de son client par LRAR, télécopie avec récépissé ou verbalement avec émargement au dossier de la procédure. Seule la convocation est obligatoire, pas la présence effective du conseil et la nullité tirée du non-respect du délai de cinq jours n'est pas d'ordre public : il est donc possible d'y renoncer ;

– il doit obtenir du juge un permis de communiquer avec son client, si ce dernier est détenu. L'interdiction d'un mis en examen de communiquer avec quiconque ne saurait s'appliquer aux relations entre le mis en examen et son avocat (CPP, art. 145-4) ; la Loi n° 2023-1059 du 20 novembre 2023 d'orientation et de programmation du ministère de la Justice prévoit désormais que le permis de communiquer est valable pour tous les membres du cabinet d'avocat (CPP, art. 115) ;

– la procédure doit être mise à sa disposition :

• soit au cabinet du juge, dès la réception de la convocation avant chaque interrogatoire de la personne mise en examen (CPP, art. 114, issu de la loi n° 2023-1059 du 20 novembre 2023 d'orientation et de programmation du ministère de la Justice). Après la première comparution, la procédure est également mise à la disposition de l'avocat durant les jours ouvrables. Il est toutefois possible au magistrat instructeur de refuser à l'avocat l'accès au dossier dans des cas particuliers, comme l'accomplissement d'un acte urgent,

• soit, après la première comparution, par la délivrance d'une copie des pièces du dossier (la délivrance d'une seconde copie est payante). Cette délivrance doit intervenir dans le mois qui suit la demande. Depuis la loi n° 2014-535 du 27 mai 2014, les parties non assistées d'un avocat peuvent se faire délivrer une copie de la procédure en adressant une attestation au juge indiquant avoir pris connaissance des dispositions des articles 114, alinéa 6 et 114-1 du Code de procédure pénale. L'avocat peut également transmettre une reproduction de ces copies à son client, lequel aura préalablement attesté, par écrit, avoir pris connaissance des dispositions de l'article 114-1 du Code de procédure pénale. L'avocat, et seulement lui, devra également, au préalable, informer le juge, par déclaration au greffe, de la liste des pièces dont il souhaite remettre une reproduction à son client ;

– il doit être informé des ordonnances juridictionnelles : cet avis est fait par LRAR ou verbalement avec émargement au dossier de la procédure. Une copie de l'acte doit être remise à l'avocat, comme à la partie elle-même. L'omission de notification n'entraîne toutefois pas la nullité de l'acte lui-même, mais empêche le délai d'appel de courir.

1013 Droit de participer à l'instruction (CPP, art. 120) :

– faire valoir des observations, par écrit ou oralement lors d'un interrogatoire, mais ce uniquement par l'intermédiaire de son conseil. Parfois d'ailleurs, le mis en examen est invité à faire valoir ses observations, notamment quand il reçoit notification de certains actes, comme des conclusions de rapports d'expertise ;

– solliciter certains actes : examen médical, examen psychologique ou toutes mesures utiles... son interrogatoire, l'audition d'un témoin, une confrontation, un transport sur les lieux, une reconstitution ou tous actes qui lui paraissent nécessaires à la manifestation de la vérité (en respectant le formalisme de l'article 81 du Code de procédure pénale) ;

– exiger d'être entendu dans les trente jours de la réception de sa demande, s'il n'a pas comparu devant le magistrat instructeur depuis plus de quatre mois. Cette demande s'impose alors au juge ;

– saisir la chambre de l'instruction si un délai de quatre mois s'est écoulé depuis le dernier acte d'instruction (deux mois s'il est détenu).

Le président de la chambre de l'instruction peut refuser de saisir sa juridiction, par ordonnance motivée insusceptible de recours. Mais s'il saisit sa juridiction, la chambre pourra soit évoquer, soit renvoyer le dossier au juge ou à un autre.

Si la chambre redonne le dossier au même juge et que ce dernier demeure inactif pendant deux mois, le mis en examen peut saisir à nouveau la chambre, ce délai étant ramené à un mois s'il est détenu.

La chambre devra alors évoquer ou désigner un autre magistrat instructeur.

b) Les mesures de contrainte liées à la mise en examen

1014 Si le juge d'instruction peut mettre en examen sans assortir cette mesure d'une contrainte supplémentaire, il peut également décider de s'assurer de la représentation en justice du mis en examen en ayant recours à des mesures coercitives (contrôle judiciaire ou détention provisoire. – V. Fiche 47 : Demander la mise en liberté et V. Fiche 44 : Solliciter la mainlevée ou la modification du contrôle judiciaire).

Le contrôle judiciaire comme la détention provisoire doivent faire l'objet de réquisitions du ministère public et obéissent à des conditions de forme et de fond strictement réglementées, surtout en ce qui concerne la détention provisoire.

Le juge d'instruction a la possibilité d'ordonner des mesures d'investigations aux fins de vérifier la situation matérielle, familiale et sociale de la personne mise en examen, ainsi que des mesures propres à favoriser sa réinsertion.

Cette possibilité devient une obligation lorsque ces mesures n'ont pas déjà été prescrites par le ministère public et que le juge d'instruction envisage de placer en détention provisoire un majeur âgé de moins de vingt et un ans au moment des faits, et quand la peine encourue est inférieure ou égale à cinq ans d'emprisonnement (CPP, art. 81, al. 7).

Avant tout IPC, il appartient à l'avocat de demander au juge s'il entend prendre une mesure coercitive pour en informer le mis en cause avant qu'il n'entre dans le cabinet du juge. En matière criminelle et pour les délits encourant une peine de dix ans d'emprisonnement, il convient également d'informer le client que même si le juge n'envisage pas de saisir le JLD aux fins de placement en détention provisoire, le procureur dispose de la possibilité de saisir directement le JLD (CPP, art. 137-4), la décision de placement en détention provision n'appartenant qu'au seul JLD.

F Recours ou contestation

1 Demande du mis en examen de revenir au statut de témoin assisté

1015 Une personne mise en examen peut demander au juge d'instruction, par voie de déclaration au greffe du juge d'instruction ou de l'établissement pénitentiaire pour une personne détenue, de revoir sa position et lui octroyer le statut de témoin assisté, si elle **estime** que **l'évolution du dossier ne justifie plus sa mise en examen**. Depuis la loi n° 2023-1059 du 20 novembre 2023 d'orientation et de programmation du ministère de la Justice cette demande peut être faite lors de la mise en examen ou dans un délai de dix jours à compter de celle-ci. Elle peut également être faite à l'expiration d'un délai de six mois à compter de la mise en examen, puis tous les six mois. Elle est faite par déclaration lors de la comparution au cours de laquelle la mise en examen est notifiée ou selon les modalités prévues à l'avant-dernier alinéa de l'article 81.
Si le juge d'instruction fait droit à cette demande : le mis en examen devient témoin assisté et est remis en liberté s'il était détenu.
Si le juge n'entend pas faire droit à cette demande : il doit rendre une ordonnance motivée, susceptible d'appel devant la chambre de l'instruction, sans filtre présidentiel (CPP, art. 80-1-1).

2 Requête en nullité

1016 À peine d'irrecevabilité, la personne mise en examen doit faire état des moyens pris de la nullité des actes accomplis avant son interrogatoire de première comparution, **dans un délai de six mois** à compter de la notification de sa mise en examen, sauf dans les cas où elle n'aurait pu les connaître (CPP, art. 173-1), puis à compter de chaque interrogatoire ultérieur, ou « à compter de chaque acte notifié en application du présent code » (L. n° 2016-731, 3 juin 2016).

a) Audience devant la chambre de l'instruction

1017 L'audience se tient devant la chambre de l'instruction (CPP, art. 194).
En cette matière, la chambre de l'instruction doit statuer dans les **deux mois** à compter de la transmission du dossier au procureur général par le président de la chambre de l'instruction (CPP, art. 194, al. 2).
Les dispositions de l'article 194, alinéa 2, ne sont toutefois pas prescrites à peine de nullité et l'inobservation des formalités n'entraîne la nullité que s'il y a eu violation des droits de la défense.
Jusqu'au jour de l'audience, les parties et leurs avocats sont admis à déposer des mémoires qu'ils communiquent aux autres parties et au ministère public (CPP, art. 198).
En la matière, les débats se déroulent et l'arrêt est rendu en chambre du conseil. Mais si la personne majeure mise en examen ou son avocat le demande dès l'ouverture des débats, ceux-ci se déroulent et l'arrêt est rendu en séance publique, sauf si la publicité est de nature à entraver les investigations spécifiques nécessitées par l'instruction ou à nuire à la dignité de la personne ou aux intérêts d'un tiers.
La chambre de l'instruction statue sur cette demande, après avoir recueilli les observations du procureur général et, le cas échéant, des avocats des autres parties, par un arrêt rendu en chambre du conseil qui n'est susceptible de pourvoi en cassation qu'en même temps que l'arrêt portant sur la demande principale (CPP, art. 199, al. 1).
Après le rapport du conseiller, le procureur général et les avocats des parties sont entendus (CPP, art. 199, al. 3).
La chambre de l'instruction peut ordonner la comparution personnelle des parties ainsi que l'apport des pièces à conviction.

b) Effets de la décision de la chambre de l'instruction

1018 La chambre de l'instruction rend un **arrêt**.
Lorsque la chambre de l'instruction ne prononce pas l'annulation, le juge d'instruction reste nécessairement saisi de la procédure de la procédure et le dossier doit lui être retourné (CPP, art. 174).
Lorsqu'elle prononce l'annulation, elle peut soit évoquer l'affaire (CPP, art. 201) soit renvoyer le dossier au même juge d'instruction ou à un autre afin de poursuivre l'information (CPP, art. 207).
La chambre de l'instruction décide si l'annulation doit s'étendre à tout ou partie des actes ou pièces de la procédure, ou à tout ou partie de la procédure elle-même.
Or, dans le cas de l'annulation de la mise en examen par la chambre de l'instruction, la nullité ne porte pas sur le contenu de l'interrogatoire mais uniquement sur le statut de la personne qui est alors considérée comme témoin assisté à compter de son interrogatoire de première comparution et pour l'ensemble de ses interrogatoires ultérieurs jusqu'à l'issue de l'information (sous réserve de la demande express dudit témoin assisté de conserver le statut de mis en examen : CPP, art. 113-6, 113-8 et 174-1).
La nullité n'a donc de véritable intérêt que lorsqu'une mesure coercitive – contrôle judiciaire

ou placement en détention provisoire – a été décidée lors de cet interrogatoire.

3 Pourvoi en cassation

1019 L'arrêt de la chambre de l'instruction peut faire l'objet d'un pourvoi en cassation, dans un délai de **cinq jours francs** après celui où la décision a été prononcée, ou à compter de sa signification (CPP, art. 570 et 571).

4 Requête afin de constat de la prescription de l'action publique

1020 Alors que l'article 82-3 prévoyait que la requête présentée au juge aux fins de constater la prescription de l'action publique n'était soumise à aucun un délai, la loi n° 2016-731 du 3 juin 2016 est venue ajouter l'exigence de respecter un délai de six mois pour présenter la requête à compter de la mise en examen de l'intéressé si cette prescription était acquise au moment de l'acte, ceci à peine d'irrecevabilité.

CHECK-LIST • **Vérifier si le client est placé sous le statut de témoin assisté ou pas.**

• **Dire au client de vous désigner auprès du greffe du juge d'instruction pour avoir accès au dossier dès la convocation (ou dans la journée s'il s'agit d'un déferement ou d'un mandat). Dans le cas d'un déferement précédé d'une garde à vue à laquelle vous n'avez pas assisté, il est impératif que le mis en cause vous désigne aussi pour avoir accès au dossier. Toutefois, comme vous ne pouvez pas communiquer avec lui, sachez que dans le temps de la garde à vue (et seulement dans le temps de la garde à vue) la famille peut désigner un avocat pour le mis en cause (dans cette hypothèse, les enquêteurs en informent le juge).**

• **Une fois que vous avez accès au dossier, il faut, si vous intervenez dans le cadre d'un déferement, vérifier si le délai de vingt heures n'est pas dépassé (s'il l'est, le client doit immédiatement être remis en liberté).**

• **Il faut ensuite contrôler s'il existe des indices graves ou concordants.**

• **Collationner les pièces de fond pour sa défense, et de garantie de représentation en cas de risque de placement en détention provisoire, de placement sous ARSE ou sous contrôle judiciaire.**

• **Informer le client de son droit de se taire, de faire des déclarations spontanées ou de répondre aux questions du juge. Déterminer en fonction des éléments du dossier, des risques de détention, et de son état, quelle option choisir.**

• **Prendre connaissance du réquisitoire du parquet qui fonde l'éventuelle mise en examen du client (fondement, qualifications envisagées et demande de placement sous contrôle judiciaire ou en détention provisoire).**

• **Informer le client de la position du juge d'instruction s'il accepte de vous en faire part. S'il n'entend pas saisir le JLD pour demander le placement en détention, il convient de prévenir le client qu'en matière criminelle et pour les délits encourant une peine de dix ans d'emprisonnement, le parquet a néanmoins un pouvoir de saisine directe du JLD.**

• **Une fois l'IPC et le débat JLD terminés, commander immédiatement la copie du dossier et éventuellement un permis de communiquer auprès du greffe du juge d'instruction.**

• **Dans les jours qui suivent, vérifier les éventuelles nullités de procédure et prescription de l'action publique puisqu'il convient de présenter les requêtes en ce sens dans les six mois de la mise en examen.**

POUR ALLER PLUS LOIN...

Fascicule JurisClasseur

• *JCl. Procédure pénale*, Art. 6, fasc. 20, par D. Caron.

Fiche 44

Solliciter la mainlevée ou la modification du contrôle judiciaire

Alexia LEVEILLÉ-NIZEROLLE

Sommaire

I

Aperçu rapide

A Caractéristiques générales

1021 Le contrôle judiciaire est une mesure de **liberté sous surveillance** du mis en examen, décidée par le juge d'instruction, pour les nécessités de l'instruction ou à titre de mesure de sûreté (CPP, art. 137).

Il constitue l'alternative offerte à la détention provisoire et consiste concrètement en une privation totale ou partielle de certaines libertés.

EXEMPLE • **Interdiction de fréquenter certains lieux ou de fréquenter certaines victimes.**
• **Interdiction d'exercer certaines activités.**
• **Obligation de pointer au commissariat.**
• **Obligation de se soumettre à des traitements ou à des soins.**
• **Obligation de fournir un cautionnement.**

Le contrôle judiciaire est une mesure souple qui peut être ajustée tout au long de l'instruction en fonction de son évolution, de la situation personnelle du mis en examen ou de son comportement.
À la demande de l'intéressé, le juge d'instruction peut donc décider, à tout moment de la procédure, de :
– supprimer tout ou une partie des obligations comprises dans le contrôle (mainlevée totale ou partielle) ;
– modifier une ou plusieurs de ces obligations.
En principe, cette mesure prend fin au moment de la clôture de l'information (CPP, art. 179, al. 2). Cependant, dans certains cas, le contrôle judiciaire va pouvoir se poursuivre au-delà de la clôture de l'information pendant ce que l'on a coutume d'appeler « le délai d'audiencement de l'affaire », moment où l'affaire sera effectivement audiencée par le tribunal correctionnel ou par la cour d'assises.
Cette fiche abordera la demande de mainlevée et de modification du contrôle judiciaire pendant l'information judiciaire et après l'ordonnance de règlement.

B Conditions d'utilisation

1 Mainlevée ou modification du contrôle judiciaire ?

1022 La **mainlevée du contrôle judiciaire** (CPP, art. 140) consiste à solliciter la suppression de la mesure de contrôle judiciaire.
Cette mainlevée peut être :
– **totale :** lorsque la demande de mainlevée vise toutes les obligations du contrôle judiciaire ;
– **partielle :** lorsque la demande de mainlevée ne vise que certaines obligations du contrôle judiciaire.
La **modification du contrôle judiciaire** (CPP, art. 139) consiste à solliciter la modification d'une des obligations du contrôle judiciaire.
Elle réside :
– soit dans le remplacement d'une obligation par une autre obligation ;
– soit dans la demande de dispense occasionnelle ou temporaire d'une obligation.

2 À quel moment peut-on présenter sa demande ?

a) Pendant l'instruction

1023 La demande peut être présentée à tout moment de l'instruction.
En pratique, une telle demande sera surtout présentée :
– après un acte d'instruction particulier (audition, confrontation...) ayant fait apparaître un élément à décharge pour le client et qui vient justifier une modification ou une mainlevée. Il est donc nécessaire de se renseigner auprès du juge d'instruction sur les actes qu'il envisage d'effectuer et quand ceux-ci auront lieu ;
– après l'écoulement d'un certain délai depuis la décision de placement et/ou en cas d'inaction du juge.

b) Lorsque l'affaire est renvoyée devant la juridiction de jugement

1024 Lorsque l'information judiciaire est terminée, le juge d'instruction, par une décision spéciale distincte de l'ORTC et spécialement motivée, peut ordonner le maintien sous contrôle judiciaire de la personne jusqu'à l'audiencement de l'affaire (CPP, art. 179, al. 3).
En matière correctionnelle, lorsque le tribunal est saisi, la mainlevée ou la modification du contrôle judiciaire relève de la **compétence du JLD** (CPP, art. 141-1. – Issu, L. n° 2023-1059, 20 nov. 2023).
La décision du JLD est susceptible d'appel devant la chambre de l'instruction qui est alors composée de son seul président.
En revanche, la demande est portée devant le tribunal à l'occasion des audiences.
En revanche, en matière criminelle, l'ordonnance de mise en accusation opère automatiquement une prolongation du contrôle judiciaire jusqu'à l'audiencement (CPP, art. 181, al. 5).
Il convient toutefois de noter que la cour d'assises et la cour criminelle départementale n'étant pas des juridictions permanentes, elles ne sont compétentes pour connaître de ce contentieux que lorsque la demande est formée durant la session au cours de laquelle elles doivent juger l'accusé. Dans toutes les autres hypothèses, la demande doit être examinée par le président de la chambre de l'instruction ou l'un de ses conseillers désigné par lui (CPP, art. 141-1. – Issu, L. n° 2023-1059, 20 nov. 2023).

3 Qui peut solliciter une modification ou une mainlevée ?

1025 • La personne mise en examen.
• Le ministère public (CPP, art. 140).

La partie civile ne peut pas présenter une telle demande (Cass. crim., 14 mars 2012, n° 12-80.294 : *JurisData* n° 2012-004904).

REMARQUE Il convient ici de noter que bien que l'article 140 du Code de procédure pénale n'évoque que « la mainlevée », il ne fait guère de doute que cette disposition s'applique également à la modification du contrôle judiciaire comme le soulignent certains auteurs. En effet, à cet égard, les auteurs s'accordent à dire qu'il s'agit en réalité d'un oubli du législateur ou encore de ce que l'on peut appeler une maladresse rédactionnelle.

C Avis du professionnel

1026 Selon l'appréciation du magistrat et en fonction de la réponse qu'il y apporte, la demande de mainlevée peut être requalifiée en une demande de modification et inversement.

EXEMPLE Une demande de limitation de la part du cautionnement affecté au paiement des dommages-intérêts peut être qualifiée par la Cour de cassation de demande de mainlevée partielle du contrôle judiciaire, alors que la chambre de l'instruction précédemment saisie l'avait considérée comme une demande de modification du contrôle judiciaire (Cass. crim., 7 déc. 2004, n° 04-85.598). Cette requalification peut avoir un impact sur le régime applicable (possibilité de saisir la chambre de l'instruction si le juge d'instruction ne statue pas dans le délai de cinq jours pour une demande de mainlevée, possibilité qui n'existe pas pour une demande de modification).
Il est donc conseillé de se référer exclusivement à l'ordonnance du juge d'instruction pour connaître le régime applicable.

D Textes

- CPP, art. 82, 137 à 140, 141-1, 148-2, 148-6, 148-8, 179, al. 2, 183, 185, 186, 207.

E Schéma procédural

1 Demande de mainlevée devant le juge d'instruction

1027 • Déclaration au greffe du juge d'instruction :
- datée et signée par le greffier ;
- signée par le demandeur ou son avocat.

• Demande d'avis du parquet par le juge d'instruction.
• Ordonnance motivée du juge d'instruction accordant ou refusant la mainlevée dans les cinq jours (CPP, art. 140).
• En cas d'inaction du juge d'instruction dans les cinq jours de la réception de la demande, possibilité de saisine de la chambre de l'instruction.
• En cas d'ordonnance de refus par le juge d'instruction, possibilité de saisir la chambre de l'instruction.
• Décision de la chambre de l'instruction dans les vingt jours de sa saisine, à défaut, la mainlevée est acquise de plein droit.

2 Demande de modification devant le juge d'instruction

1028 • Déclaration au greffe du juge d'instruction :
- datée et signée par le greffier ;
- signée par le demandeur ou son avocat.

• Ordonnance du juge d'instruction non motivée accordant ou refusant la modification (CPP, art. 139).
• Appel éventuel devant la chambre de l'instruction.

3 Demande de mainlevée ou de modification devant le JLD en cas de saisine du tribunal correctionnel par ordonnance de renvoi à l'issue de l'instruction

1029 Si l'affaire est audiencée :
- saisine du JLD sur réquisitions du parquet ou demande du prévenu ;
- audience en cabinet ;
- appel devant le président de la chambre de l'instruction.

Au cours d'une audience devant le tribunal :
- déclaration verbale constatée par le greffier d'audience ou demande par voie de conclusions visées par le président et par le greffier ;
- audience correctionnelle ;
- jugement ;
- appel éventuel.

II
Préparation

A Informations préalables

1030 L'information du client doit porter sur :
- les chances de succès au regard des éléments apportés au juge d'instruction et de l'évolution de l'information judiciaire ;
- le risque d'alourdissement des mesures du contrôle, comme le juge d'instruction ou la chambre de l'instruction en ont la possibilité ;
- la nécessité, en cas de demande de modification, de proposer le remplacement d'une obligation par une autre. Est-il prêt à assumer les nouvelles obligations proposées ?
- la partie civile ne dispose pas du droit d'appel contre les ordonnances du juge d'instruction. En revanche, en cas d'appel de la personne mise en examen ou du ministère public, elle peut présenter des observations et déposer un mémoire lors des débats devant la chambre de l'instruction.

EXEMPLE **Une personne mise en examen est soumise aux obligations de contrôle judiciaire suivantes :**
- ne pas sortir de sa ville de résidence ;
- ne pas conduire avec remise de permis de conduire au greffe.
Cette personne sans emploi au moment de sa mise en examen bénéficie d'une promesse d'embauche à 25 km de son domicile.
La demande de modification pourrait proposer par exemple de remplacer ces obligations par :
- ne s'absenter de son domicile qu'aux heures de travail ;
- constituer une épargne grâce à son salaire en vue d'une éventuelle indemnisation des parties civiles s'il fait l'objet d'un renvoi devant une juridiction de jugement ;
- se présenter périodiquement à un contrôleur judiciaire, qui s'assure du respect de ses obligations, peut l'aider en effectuant des démarches, effectuer des enquêtes de personnalité, et rend compte de ses activités au juge.

B Contrôles préalables

1031 • Pas de délai **particulier** à respecter avant de déposer une demande de modification ou de mainlevée du contrôle judiciaire.
• Vérifier que la demande est réaliste en fonction des éléments à charge et à décharge pour le client (V. *infra*, n° 1038, Contenu de la demande).
• En cas de demande de modification, anticiper le remplacement par d'autres mesures, en déterminant une proposition envisageable (V. *infra*, n° 1038, Contenu de la demande).
• Vérifier qu'aucun acte important, pouvant être à décharge pour le client, n'est prévu à court terme pouvant légitimer davantage la demande. Pour ce faire, s'informer auprès du juge d'instruction.

C Pièces nécessaires

1032 Il faut apporter la preuve matérielle que la modification ou la mainlevée du contrôle judiciaire est nécessaire (relevés bancaires s'agissant d'une caution, attestation d'hébergement...).

D Coût de la procédure

1033 Honoraires libres de l'avocat.

III Procédure

A Assistance et représentation

1034 Pas de représentation obligatoire, mais nécessité d'avoir recours à un conseil compte tenu de l'accès au dossier d'instruction offert aux seuls avocats (CPP, art. 197, al. 4. – Cass. crim., 17 janv. 2012, n° 11-90.111, [QPC] : *JurisData* n° 2012-000356 : pas lieu de renvoyer la QPC relative à l'article 197 au Conseil constitutionnel).

B Compétence

1 Principe

1035 Le juge d'instruction est seul compétent pour statuer sur une demande de modification / mainlevée du contrôle judiciaire.
Même si l'obligation visée a été ordonnée par le JLD ou la chambre de l'instruction.

2 Exception

1036 L'ordonnance de règlement met fin en principe au contrôle judiciaire.
Si le juge d'instruction décide de maintenir le contrôle judiciaire, il doit le faire par une ordonnance distincte et motivée. À compter de cette décision, le JLD ou le président de la chambre de l'instruction seront seuls compétents pour statuer sur une demande de modification/mainlevée (V. *supra*, n°s 1023 et s., À quel moment peut-on présenter sa demande ?).

C Rédaction de l'acte

1 Pendant l'instruction

a) Forme de la demande

1037 **Lorsque la demande de mainlevée ou de modification du contrôle judiciaire émane de la personne mise en examen,** cette demande devra être présentée dans les formes prévues par l'article 148-6 du Code de procédure pénale.
Aux termes de cet article « toute demande de mainlevée ou de modification du contrôle judiciaire doit faire l'objet d'une **déclaration au greffier** de la juridiction d'instruction saisie du dossier » (CPP, art. 148-6, al. 1).
Cette demande doit ensuite être constatée, datée et signée par le greffier ainsi que par le demandeur ou son avocat. Toutefois, si le demandeur ne peut signer, il en est fait mention par le greffier (CPP, art. 148-6, al. 2).
Il convient ici encore de noter que « lorsque la personne ou son avocat ne réside pas dans le ressort de la juridiction compétente, la déclaration au greffier peut être faite au moyen d'une lettre recommandée avec demande d'avis de réception » (CPP, art. 148-6, al. 3). Cette lettre doit être adressée au greffier de la juridiction et non au magistrat.
Un avocat du barreau de Paris peut utiliser une LRAR si le juge d'instruction saisi est du ressort de la juridiction de Nanterre, Bobigny ou Créteil.

b) Contenu de la demande

1038 La demande est adressée au juge d'instruction.
Elle est nécessairement écrite, datée et signée.
Elle doit être précise dans son objet (modification, mainlevée partielle ou mainlevée totale).
Le bien-fondé de la demande doit être argumenté et le cas échéant étayé au soutien de pièces.
Pour cette argumentation, il est essentiel d'avoir une vue d'ensemble du dossier. En ce sens, il est conseillé d'établir une liste des éléments à charge et à décharge révélés par l'instruction concernant le client.
Le numéro de cote doit être indiqué lorsqu'une pièce du dossier de l'instruction est citée dans la demande (ex. : l'interrogatoire de première comparution de M. X (D. 452).
En cas de demande de modification, il faut proposer la substitution de la ou des obligations fixée(s) par une ou plusieurs des dix-sept obligations de l'article 138 du Code de procédure pénale, notamment :
– ne pas sortir des limites territoriales déterminées par le juge d'instruction ou le juge des libertés et de la détention ;
– ne s'absenter de son domicile ou de la résidence fixée par le juge d'instruction ou le juge des libertés et de la détention qu'aux conditions et pour les motifs déterminés par ce magistrat ;
– remettre soit au greffe, soit à un service de police ou à une brigade de gendarmerie tous documents justificatifs de l'identité, et notamment le passeport, en échange d'un récépissé valant justification de l'identité ;

– s'abstenir de conduire tous les véhicules ou certains véhicules et, le cas échéant, remettre au greffe son permis de conduire contre récépissé ;
– s'abstenir de recevoir ou de rencontrer certaines personnes spécialement désignées par le juge d'instruction ou le juge des libertés et de la détention, ainsi que d'entrer en relation avec elles, de quelque façon que ce soit ;
– constituer, dans un délai, pour une période et un montant déterminés par le juge d'instruction ou le juge des libertés et de la détention, des sûretés personnelles ou réelles (CPP, art. 138).

La demande n'a pas à être notifiée à la partie civile ou au parquet.

2 La mainlevée et la modification du contrôle judiciaire après l'ordonnance de règlement

1039 Quand le contrôle judiciaire est maintenu après l'ordonnance de règlement, la demande de modification ou de mainlevée peut être présentée au JLD (en matière correctionnelle) ou au président de la chambre de l'instruction (en matière criminelle) :
– soit par réquisitions du parquet ;
– soit par requête du prévenu ou de l'accusé.

La demande doit être précise dans son objet et démontrer que la mesure de sûreté n'est plus nécessaire à ce stade de la procédure (au soutien de toute pièce utile).

D Audience

1 Devant le juge d'instruction

1040 Il n'y a pas d'audience consécutive à la demande de modification ou de mainlevée.

2 Devant le JLD ou le président de chambre de l'instruction

1041 Le prévenu non détenu et son avocat sont convoqués, par LRAR, quarante-huit heures au moins avant la date de l'audience (CPP, art. 148-2).

Le JLD ou le président de la chambre de l'instruction se prononcent après avoir entendu le ministère public, le prévenu ou son avocat, en précisant au prévenu son droit de se taire sur les faits qui lui sont reprochés (CPP, art. 148-2).

Lorsque la personne n'a pas encore été jugée en premier ressort, la juridiction saisie doit statuer dans les **dix jours ou les vingt jours** de la réception de la demande, selon qu'elle est du premier ou du second degré.

En revanche, lorsque la personne a déjà été jugée en premier ressort et qu'elle est en instance appel, la juridiction saisie doit alors statuer dans les **deux mois** de la demande.

Faute de décision à l'expiration de ces délais, le contrôle judiciaire prend fin de plein droit.

E Décision

1 Du juge d'instruction

1042 Une demande de mainlevée du contrôle judiciaire peut être requalifiée en une demande de modification du contrôle judiciaire et inversement.

2 Décision sur une demande de modification

1043 **Aucun délai** ne s'impose au **juge d'instruction** pour statuer sur une demande de modification du contrôle judiciaire (contrairement à la demande de mainlevée).

L'ordonnance du juge d'instruction n'a pas à être motivée.

3 Décision sur une demande de mainlevée

a) Cas où le juge d'instruction statue dans les cinq jours

1044 En cas de demande du mis en examen, le juge d'instruction doit statuer dans un **délai de cinq jours** par ordonnance motivée.

En revanche, lorsque le juge d'instruction accorde la mainlevée d'office ou sur les réquisitions du ministère public, il n'a pas à motiver sa décision.

Il ne peut statuer, **sur une demande de mainlevée**, qu'après avis du ministère public (CPP, art. 140, al. 1er).

b) Cas où le juge d'instruction ne statue pas dans les cinq jours

1045 Dans ce cas, le mis en examen peut saisir directement la chambre de l'instruction.

Le point de départ du délai est fixé à la date de réception de la demande.

> EXEMPLE **Demande régularisée le mercredi 1er mars au cabinet du greffe du juge d'instruction (si c'est une LRAR, c'est la date de réception qui importe). À compter du mardi 7 mars au matin, la chambre de l'instruction peut être saisie directement si le juge d'instruction n'a pas répondu.**

c) Forme de la saisie

1046 La saisie de la chambre de l'instruction se fait par **déclaration au greffe de la chambre de l'instruction**. Elle est constatée et datée par le greffier qui la signe ainsi que le demandeur ou son avocat.
Si le demandeur ou son avocat ne réside pas dans le ressort de la chambre de l'instruction, la déclaration peut être faite par LRAR (CPP, art. 148-6).

d) Filtre du président de la chambre de l'instruction

1047 Il existe un filtre du président de la chambre d'instruction (CPP, art. 148-8, al. 2) : ce dernier a le pouvoir de décider, par une ordonnance motivée non susceptible de recours, qu'il n'y a pas lieu de statuer sur la demande en raison de son irrecevabilité manifeste.

ATTENTION La décision du président de la chambre de l'instruction est « non susceptible de voie de recours », hors cas d'excès de pouvoir (Cass. crim., 21 nov. 2000, n° 00-86.141).

e) Délai pour se prononcer

1048 Une fois saisie, si la chambre de l'instruction ne se prononce pas dans **un délai de vingt jours**, la mainlevée est acquise de plein droit, sauf si des vérifications concernant la demande de la personne ont été ordonnées.

REMARQUE **Si l'on saisit la chambre de l'instruction le 17 août, le délai de vingt jours court à compter du lendemain, soit le 18 août, de sorte que, faute de décision de la part de la chambre de l'instruction et du juge d'instruction avant le 6 septembre au soir, la mainlevée sollicitée est acquise de plein droit.**

La saisine de la chambre de l'instruction :
- n'est plus possible après l'expiration du délai de **cinq jours**, si le juge a statué, même tardivement ;
- devient sans objet si le juge d'instruction répond au-delà des cinq jours prévus et avant qu'elle ne se soit prononcée (Cass. crim., 7 déc. 2004, n° 04-85.598).

Dans les deux cas, il faudra interjeter appel à l'encontre de cette décision du juge d'instruction pour que le dossier revienne à la chambre de l'instruction (Cass. crim., 27 mars 2008, n° 08-80.183 : *JurisData* n° 2008-043618 ; *Dr. pén.* 2008, comm. 117 – V. *infra*, n°s 1051 et s., Recours).

4 Du JLD ou du président de la chambre de l'instruction

1049 Les délais sont identiques qu'il s'agisse d'une demande de modification ou de mainlevée (CPP, art. 148-2, applicable malgré une rédaction défectueuse ne mentionnant que la mainlevée).
Lorsque la personne n'a pas encore été jugée en premier ressort, **la juridiction correctionnelle** saisie statue dans les **dix jours ou vingt jours** de la réception de la demande, selon qu'elle est du premier ou du second degré.
Lorsque la personne a déjà été jugée en premier ressort et qu'elle est en instance d'appel, la juridiction saisie statue dans les **deux mois de la demande**.
Lorsque la personne a déjà été jugée en second ressort et qu'elle a formé un pourvoi en cassation, la juridiction saisie statue dans les **quatre mois de la demande**.

5 Notification de la décision

1050 L'ordonnance est notifiée à la personne concernée et à son avocat soit verbalement avec émargement au dossier, soit par lettre recommandée avec remise de la copie de l'ordonnance (CPP, art. 183, al. 2).

F Recours

1 Appel de l'ordonnance du juge d'instruction

a) Compétence

1051 Les ordonnances de placement sous contrôle judiciaire (CPP, art. 139), de prolongations du contrôle judiciaire au-delà de l'ordonnance de règlement (CPP, art. 179, al. 3) ou de refus d'une demande de mainlevée du contrôle judiciaire (CPP, art. 140) peuvent faire l'objet d'un **appel devant la chambre de l'instruction**.

REMARQUE **Il n'est pas possible d'invoquer la nullité d'une décision rendue en matière de contrôle judiciaire. En effet, seuls les actes d'investigation effectués lors de l'enquête ou de l'instruction peuvent être annulés. Aucune requête en nullité ne peut être déposée à l'encontre d'un acte susceptible d'appel, ce qui est le cas des décisions rendues en matière de contrôle judiciaire (CPP, art. 173, al. 4).**

b) Faculté d'appel

1052 La faculté d'interjeter appel appartient à la **personne mise en examen** (CPP, art. 186) ou au **ministère public** (CPP, art. 185).

ATTENTION Il convient ici de noter que **la partie civile** n'a pas la qualité pour exercer ce recours. Cependant, en cas d'appel de la personne mise en examen ou du ministère public, elle pourra présenter des observations et déposer un mémoire lors des débats devant la chambre de l'instruction.

c) Délai d'appel

1053 Pour les ordonnances prises par le juge d'instruction, le délai d'appel est de **dix jours** et court à compter de la notification de l'ordonnance (émargement ou LRAR, cachet de la poste faisant foi).

ATTENTION L'appel des ordonnances relatives au contrôle judiciaire n'est pas suspensif.

Les ordonnances du JLD prises dans le cadre de l'article 141-1 du Code de procédure pénale sont susceptibles d'appel dans les vingt-quatre heures.

d) Cadre procédural

1054 L'appel des ordonnances du juge d'instruction est formé au greffe de la chambre de l'instruction.
La **chambre de l'instruction doit statuer dans un délai de deux mois**, faute de quoi la mainlevée ou la modification du contrôle judiciaire sera de plein droit.
Elle peut donc :
- confirmer la modification ;
- infirmer la modification ;
- procéder à une autre modification de quelque nature que ce soit, même plus rigoureuse.

Lorsque la chambre de l'instruction infirme l'ordonnance du juge d'instruction, elle peut elle-même ordonner un autre contrôle judiciaire (en modifiant les modalités prévues initialement par le juge d'instruction ou le JLD).
Le juge d'instruction demeurera toutefois compétent pour connaître de la suite du contrôle judiciaire (ce qui peut paraître contestable…).
En effet, le Conseil constitutionnel, dans une décision QPC du 17 décembre 2010, a abrogé l'article 207, alinéa 1, du Code de procédure pénale qui offrait à la chambre de l'instruction la faculté de décider de se réserver le contentieux du contrôle judiciaire et d'être ainsi seule compétente pendant l'information pour prendre toute décision relative au contrôle judiciaire (Cons. const., 17 déc. 2010, n° 2010-81 QPC : *JurisData* n° 2010-030702).

e) Principe de l'unique objet de l'appel

1055 La personne mise en examen ne peut, à l'occasion de son appel de l'ordonnance de modification, contester la régularité de l'ordonnance de placement sous contrôle judiciaire devenue définitive.
Elle ne peut pas non plus faire juger des questions étrangères à l'unique objet de cet appel, comme les irrégularités de l'instruction.

2 Pourvoi contre les décisions rendues par la chambre de l'instruction

1056 La personne concernée peut former un pourvoi en cassation contre les décisions rendues par la chambre de l'instruction, dans le **délai de cinq jours** francs. Ce délai commence à courir le lendemain du jour où la décision a été prononcée (CPP, art. 568).

3 Appel des décisions rendues par le tribunal correctionnel

1057 S'agissant des **décisions rendues par le tribunal correctionnel**, le requérant débouté doit faire appel dans un **délai de vingt-quatre heures** suivant le prononcé du jugement (Cass. crim., 23 avr. 2013, n° 13-80.910). Cet appel, même s'il émane du ministère public, n'a pas d'effet suspensif.

CHECK-LIST **• Vérifier que la demande est réaliste et que l'évolution de la situation personnelle ou du comportement de la personne mise en examen soumise au contrôle judiciaire justifie la mainlevée ou la modification dudit contrôle.**
• Rédiger une demande claire et précise dans laquelle sont jointes toutes les pièces justificatives de la demande. Pour ce faire :
- rassembler les éléments de preuve démontrant la nécessité de modifier ou d'ordonner la mainlevée du contrôle judiciaire ;
- établir une liste des éléments à décharge révélés par l'instruction afin de rédiger utilement la demande ;
- préciser les obligations du contrôle judiciaire concernées par la demande.
• Dépôt de la demande par déclaration au greffe du juge d'instruction ou par déclaration verbale ou conclusions devant le tribunal correctionnel.

POUR ALLER PLUS LOIN...

Fascicules JurisClasseur

- *JCl. Procédure pénale*, Art. 137 à 150, fasc. 20, par D. Caron, actualisé par K. Gachi.
- *JCl. Procédure pénale*, Art. 191 à 230, fasc. 40, par H. Angevin.
- *JCl. Procédure pénale*, Art. 185 à 187-3, fasc. 20, par J. Dumont, actualisé par V. Georget et A. Bonnet.

Fascicule de synthèse

- *JCl. Procédure pénale*, Synthèse 45, *Contrôle judiciaire et assignation à résidence avec surveillance électronique*, par B. Lapérou.

Revue

- A. Maron et M. Haas, *Un double appel peu ordinaire : Dr. pén.* 2008, comm. 117.

Fiches pratiques

- V. Fiche 43 : Mise en examen.
- V. Fiche 45 : Agir devant la chambre de l'instruction.

Fiche 45

Agir devant la chambre de l'instruction

Alexia LEVEILLÉ-NIZEROLLE

Sommaire

I

Aperçu rapide

A Caractéristiques générales

1058 La chambre de l'instruction est la juridiction d'instruction du second degré.
Elle constitue une chambre de la cour d'appel (chaque cour d'appel en comprend au moins une), composée d'un président exclusivement attaché à ce service et de deux conseillers.
La compétence territoriale de la chambre de l'instruction s'étend au ressort de la cour d'appel dont elle fait partie.

Outre ses attributions relevant de sa **mission de juridiction d'instruction du second degré** – qui feront seules l'objet de la présente fiche – la chambre de l'instruction est investie d'attributions diverses. Elle est notamment l'organe de contrôle de l'activité des officiers et agents de police judiciaire (CPP, art. 224 et s.).

B Conditions d'utilisation

1059 Toutes les parties à la procédure peuvent saisir la chambre d'instruction, directement ou par le ministère de leur avocat s'agissant du mis en examen, du témoin assisté, et de la partie civile, mais également le parquet, le juge d'instruction et le JLD.

1 Cas de saisine du mis en examen et du témoin assisté

1060 **Ordonnances du juge d'instruction (CPP, art. 186) :**

- ordonnance sur le refus d'attribuer le statut de témoin assisté (CPP, art. 80-1-1) ;
- ordonnance sur la recevabilité d'une constitution de partie civile (CPP, art. 87, sauf contestation après l'envoi de l'avis de fin d'information prévu à l'article 175 du Code de procédure pénale) ;
- ordonnance de placement sous contrôle judiciaire (CPP, art. 139) ;
- ordonnance de refus de mainlevée ou de modification du contrôle judiciaire (CPP, art. 140) ;
- ordonnance rendue en matière de restitutions des objets placés sous main de justice (CPP, art. 99) ;
- ordonnance de refus d'informer (CPP, art. 81 et 82-1) ;
- ordonnance de maintien en détention provisoire ou sous contrôle judiciaire lors du règlement (CPP, art. 179) ;
- ordonnance rendue par le juge d'instruction sur réquisitions du procureur de la République tendant à son dessaisissement au profit d'une juridiction interrégionale spécialisée, en matière de délinquance ou criminalité organisée (CPP, art. 706-78), en matière économique ou financière (CPP, art. 705-2), ou en matière sanitaire (CPP, art. 706-2) ;
- ordonnance de mise en accusation (CPP, art. 180) ;
- ordonnance contestant le bien-fondé d'une demande portant sur la prescription de l'action publique (CPP, art. 82-3).

Depuis la loi n° 2023-1059 du 20 novembre 2023 d'orientation et de programmation du ministère de la justice, l'article 186-1 du Code de procédure pénale ouvre désormais au témoin assisté le droit de faire appel des ordonnances du juge d'instruction suivantes :

- refus de constater la prescription de l'action publique ;
- refus d'ordonner une expertise sollicitée par une partie (puis, à compter du 30 sept. 2024, sollicité par le témoin assisté) ;
- refus d'une demande de complément d'expertise ou de contre-expertise (puis à compter du 30 sept. 2024, le refus de désigner plusieurs experts sollicités par le témoin assisté ou les parties).

> ATTENTION Le mis en examen et le témoin assisté ne peuvent pas faire appel d'une ordonnance de renvoi devant le tribunal correctionnel (Cass. crim., 7 juin 2011, n° 11-90.043, [QPC] : *JurisData* n° 2011-011617, refus de transmission au Conseil constitutionnel), ni d'une ordonnance de non-lieu rendue en faveur de l'un de leurs co-inculpés.
> Il existe néanmoins deux dérogations à ce principe :
> - lorsque le mis en examen entend contester la nature correctionnelle des faits, estimant que les faits renvoyés devant le tribunal correctionnel constituent un crime, et auraient dû faire l'objet d'une ordonnance de mise en accusation devant la cour d'assises (CPP, art. 186-3, al. 1) ;
> - lorsque deux juges d'instruction ont été saisis d'une même information, le mis en examen et la partie civile peuvent faire appel des ordonnances de renvoi devant le tribunal correctionnel en l'absence de co-signature par les juges d'instruction saisis (CPP, art. 186-3, al. 2).
>
> Hormis ces cas, une ordonnance de non-admission de l'appel est rendue par le président de la chambre de l'instruction. « Il en est de même s'il est allégué que l'ordonnance de règlement statue également sur une demande formée avant l'avis prévu à l'article 175 mais à laquelle il n'a pas été répondu, ou sur une demande formée en application du quatrième alinéa du même article 175, alors que cette demande était irrecevable ou que le président considère qu'il n'y a pas lieu d'en saisir la chambre de l'instruction conformément à l'article 186-1 » (CPP, art. 186-3, al. 3).

1061 **Ordonnances du JLD :**

- ordonnance de placement en détention provisoire ou de sa prolongation (CPP, art. 137-3) ;
- ordonnance de rejet d'une demande de mise en liberté (CPP, art. 145-1 et 145-2) ;
- ordonnance d'assignation à résidence avec surveillance électronique (CPP, art. 142-6 et s.) ;
- décisions sur les demandes de reconnaissance des décisions de placement sous contrôle judiciaire ordonnées par les autorités compétentes des autres États membres (CPP, art. 696-70, créé par L. n° 2015-993, 17 août 2015).

> ATTENTION L'article 186 du Code de procédure pénale est conforme à la Constitution sous la réserve de ne pas être interprété comme excluant le droit de la personne mise en examen de former appel d'une ordonnance du juge d'instruction ou du JLD faisant grief à ses droits

et dont il ne pourrait utilement remettre en cause les dispositions ni dans les formes prévues par les articles 186 à 186-3 du Code de procédure pénale, ni dans la suite de la procédure, notamment devant la juridiction de jugement (Cons. const., 13 juill. 2011, n° 2011-153 QPC : *JurisData* n° 2011-017942).

1062 **Requête aux fins d'annulation** d'actes ou de pièces de la procédure qu'il estime entachés de nullité (CPP, art. 173, al. 3) :
- actes d'investigation accomplis en vue de la recherche de la vérité par le juge d'instruction, tels que : interrogatoire, audition de témoins, perquisitions et saisies, transports sur les lieux, désignations d'expert, commissions rogatoires, opérations d'expertise ;
- réquisitoire introductif qui saisit le juge d'instruction ;
- actes de l'enquête préliminaire que la Cour de cassation considère comme faisant partie de la procédure d'instruction (Cass. crim., 30 juin 1987, n° 87-82.068 : *JurisData* n° 1987-001485 ; *Bull. crim.* n° 276).

1063 **Saisine directe en cas d'omission de statuer ou d'instruire** :
- si le juge d'instruction n'a pas statué dans le délai d'**un mois** sur une demande d'informer, sur une demande d'acte (demande d'examen médical, d'examen médico-psychologique, d'expertise, de contre-expertise ou de nouvelle expertise, d'audition ou d'interrogatoire des parties ou d'un témoin, de confrontation, de transport sur les lieux, de production par une partie d'une pièce utile à l'information ou demande à ce qu'il soit procédé à tous autres actes paraissant nécessaires à la manifestation de la vérité) ou sur une demande de règlement, le mis en examen ou le témoin assisté peuvent saisir directement le président de la chambre d'instruction (CPP, art. 81, 82-1 et 175-1) ;
- lorsque le JLD n'a pas statué dans un délai de **trois jours** sur une demande de mise en liberté (CPP, art. 148, al. 5) ;
- lorsque le juge d'instruction n'a pas statué dans le délai de **cinq jours** sur une demande de mainlevée du contrôle judiciaire (CPP, art. 140, al. 3) ;
- lorsqu'un délai de quatre mois s'est écoulé depuis le dernier acte d'instruction, ou de deux mois lorsque le mis en examen est en détention provisoire (CPP, art. 221-2).

1064 **Saisine directe en cas de demande de mise en liberté par le mis en examen placé en détention provisoire** dont la dernière comparution devant le juge d'instruction remonte à plus de **quatre mois** et alors même que l'ordonnance de règlement n'a pas été rendue (CPP, art. 148-4).

1065 **Requête aux fins de contrôle de la procédure** (ouvert au mis en examen détenu) : à l'issue d'un délai de **trois mois** après son placement en détention provisoire, si l'avis de fin d'information n'a pas été délivré, le mis en examen détenu peut demander au président de la chambre de l'instruction de transmettre l'examen de l'intégralité de la procédure d'instruction à la chambre de l'instruction (CPP, art. 221-3).

2 Cas de saisine ouverts à la partie civile

1066 **Appel des ordonnances du juge d'instruction suivantes (CPP, art. 186, al. 2) :**
- ordonnances de non-informer ;
- ordonnance de non-lieu ;
- ordonnances faisant grief à ses intérêts civils ;
- ordonnance de renvoi devant le tribunal correctionnel, dans l'hypothèse d'une « correctionnalisation » et dans le cas où elle estime que les faits renvoyés devant le tribunal correctionnel constituent un crime qui aurait dû faire l'objet d'une ordonnance de mise en accusation devant la cour d'assises (CPP, art. 186-3).

La partie civile ne peut en aucun cas faire appel des ordonnances relatives à la détention provisoire ou au contrôle judiciaire (CPP, art. 186, al. 2).

1067 Omission de statuer ou d'instruire :
- si le juge d'instruction n'a pas statué dans le délai d'un mois sur une demande d'informer, sur une demande d'acte ou sur une demande de règlement, la partie civile peut saisir directement le président de la chambre d'instruction (CPP, art. 81, 82-1 et 175-1) ;
- lorsqu'un délai de quatre mois s'est écoulé depuis le dernier acte d'instruction, ou de deux mois lorsque le mis en examen est en détention provisoire (CPP, art. 221-2).

1068 Requête aux fins d'annulation d'actes ou de pièces de la procédure qu'elle estime entachés de nullité (CPP, art. 173, al. 3).

C Textes

1 Textes codifiés

- CPP, art. 80-1-1, 81, 82-1, 87, 99, 139, 140, 175, 179, 180, 183-6 et 186 (appel des ordonnances du juge d'instruction).
- CPP, art. 137-3, 145-1, 145-2, 696-70 (appel des ordonnances du JLD).
- CPP, art. 148 et s. (détention provisoire).
- CPP, art. 173 (nullité des actes de procédure).
- CPP, art. 195, 197, 198, 199 (procédure devant la chambre de l'instruction).

Agir devant la chambre de l'instruction

• CPP, art. 200 et s. (décisions rendues par la chambre de l'instruction).
• CPP, art. 221-1, 223 (pouvoirs propres du président).
• CPP, art. 221-3 (contrôle de la procédure d'instruction).
• COJ, art. L. 311-8, L. 312-4 et L. 312-6.

2 Textes non codifiés

• D. n° 2007-699, 3 mai 2007 : *JO* 5 mai 2007, p. 7963.

D Schéma procédural

1069 • Déclaration au greffe ou dépôt d'une requête en nullité dans les délais impartis.
• Filtrage par le président de la chambre de l'instruction dans les huit jours sauf en matière de détention provisoire.
• Transmission du dossier au procureur général pour mise en état et avis des parties quant à la date d'audience.
• Possibilité pour les parties de consulter le dossier, et notamment de prendre connaissance des réquisitions du procureur général.
• Possibilité pour les parties de déposer un mémoire, jusqu'à la veille de l'audience.
• Tenue de l'audience (comparution des parties non obligatoire).
• Décision rendue sous deux mois en toutes matières, et sous un délai allant de cinq à vingt jours en matière de détention provisoire et de mainlevée du contrôle judiciaire.

II Préparation

A Délais pour agir

1 Pour interjeter appel d'une ordonnance

1070 Le délai est de **dix jours** à compter de la notification ou la signification de l'ordonnance pour faire appel (CPP, art. 186, al. 4).
Le délai commence à courir le lendemain de la date d'envoi de ladite lettre (Cass. crim., 27 mars 1995, n° 94-82.758 : *JurisData* n° 1995-004360). Certaines décisions retiennent toutefois la date de l'expédition de la lettre comme point de départ du délai (Cass. crim., 28 oct. 2008, n° 08-82.524 : *JurisData* n° 2008-045772).
Ce délai ne peut être prolongé que si la partie démontre qu'elle a été absolument empêchée par un cas de force majeure (Cass. crim., 24 nov. 2009, n° 09-85.353 : *JurisData* n° 2009-050809).

2 Pour présenter une requête en annulation

1071 Le délai dont dispose le mis en examen est de **six mois** à compter de la notification de la mise en examen pour présenter une requête en annulation des actes accomplis avant un interrogatoire de première comparution. Il dispose du même délai de six mois à compter de chacun de ses interrogatoires pour contester la validité des actes réalisés avant lesdits interrogatoires ou des actes qui lui ont été notifiés (CPP, art. 173-1).
Il en est de même pour le témoin assisté et pour la partie civile à compter de leur première audition puis de leurs auditions ultérieures.
Après l'avis donné par le juge d'instruction aux parties, les informant que l'information lui paraît terminée, les parties disposent d'un dernier délai d'**un mois** (mis en examen détenu) ou de **trois mois** (mis en examen non détenu), partant de l'envoi de cet avis, pour présenter une requête en annulation des actes de la procédure antérieurs à l'avis de fin d'information (CPP, art. 175, al. 1 et 4).

3 Pour présenter une requête en cas d'omission de statuer

1072 • En matière de demande d'acte : le demandeur peut saisir la chambre passé un délai d'**un mois dans que le juge ait rendu son ordonnance**.
• La saisine est possible si le juge n'a procédé à aucun acte d'instruction durant **quatre mois**, ou **deux mois** si le mis en examen est détenu.
• En matière de détention provisoire : la saisine est ouverte si le JLD n'a pas statué dans le délai de **trois jours** sur une demande de mise en liberté.
• En matière de contrôle judiciaire : la saisine est ouverte si le juge d'instruction n'a pas statué dans le délai de **cinq jours** sur une demande de mainlevée.

4 Pour présenter une requête aux fins de contrôle de la procédure

1073 Le mis en examen détenu peut saisir la chambre après l'écoulement d'un délai de **trois mois** après son placement en détention provisoire, et tant que l'avis de fin d'information n'a pas été rendu.

B Pièces nécessaires

1074 En matière de **détention provisoire et de contrôle judiciaire**, il convient de produire toute pièce utile justifiant le changement de situation du mis en examen (attestation d'hébergement, contrat de bail, contrat de travail ou promesse d'embauche, certificats médicaux, *etc.*).

Enfin, **en cas de changement d'adresse du mis en examen au cours de la procédure**, il est nécessaire d'en aviser le greffe : les notifications et convocations lui seront en effet envoyées à sa dernière adresse connue, et seront réputées faites à sa personne. En cas d'adresse erronée, le mis en examen ne recevra donc aucune convocation ni notification.

III Procédure

A Assistance et représentation

1075 L'assistance d'un avocat n'est pas obligatoire devant la chambre de l'instruction, les parties peuvent se défendre elles-mêmes.

B Compétence

1076 La chambre de l'instruction compétente est celle du ressort de la cour d'appel dont dépend l'instruction en cours.

C Rédaction de l'acte de saisine

1 En cas d'appel des ordonnances du juge d'instruction ou du JLD

a) Forme de l'acte

1077 L'appel est formé par **déclaration au greffe** de la juridiction ou par déclaration auprès du chef de l'établissement pénitentiaire. La déclaration d'appel doit être signée par le greffier et par l'appelant lui-même ou son avocat (CPP, art. 502 et 503).

b) Effets de la procédure d'appel

1078 • **Effet suspensif** : les ordonnances du juge d'instruction frappées d'appel ne peuvent recevoir exécution jusqu'à ce qu'il soit statué sur l'appel, excepté les décisions relatives aux mesures coercitives.

• **Effet dévolutif** : la saisine de la chambre de l'instruction est limitée par les termes de l'acte d'appel et la qualité de l'appelant. Les points de fait ou de droit à l'égard desquels le juge d'instruction s'est prononcé dans son ordonnance sont soumis pour nouvel examen à la chambre de l'instruction. Lorsque la poursuite comprend plusieurs personnes, la chambre de l'instruction ne peut examiner que la situation de ceux que l'appel concerne.

1079 **Continuation de l'information.** Lorsqu'il est interjeté appel d'une de ses ordonnances, le juge poursuit son information, sauf décision contraire expresse (insusceptible de recours) du président de la chambre de l'instruction (CPP, art. 187).

2 En cas de demande de nullité d'acte(s) de l'instruction

a) Forme de l'acte

1080 La saisine de la chambre de l'instruction se fait par requête motivée – déposée au greffe de la chambre de l'instruction/ou par envoi en LRAR lorsque le demandeur ou son avocat réside hors du ressort du tribunal judiciaire concerné/ou par déclaration auprès du chef de l'établissement pénitentiaire – dont le demandeur adresse une copie au juge d'instruction (CPP, art. 173).

b) Contenu de la requête

1081 La requête doit être **motivée**. Elle doit contenir les moyens susceptibles de fonder l'annulation des actes déférés à la chambre de l'instruction. La motivation de la requête est prescrite **à peine d'irrecevabilité** et le dépôt ultérieur d'un mémoire ne peut y suppléer.

3 En cas d'omission de statuer

1082 En matière de demande d'acte comme en matière de détention provisoire et de contrôle judiciaire, la partie saisit directement la chambre de l'instruction par **déclaration au greffe**.
La déclaration au greffe doit rappeler la demande sur laquelle il n'a pas été statué.

4 En cas de contrôle de la procédure d'instruction

1083 La demande doit être adressée au président de la chambre de l'instruction par requête motivée, qui doit faire l'objet d'une **déclaration au greffe** du juge d'instruction (CPP, art. D. 43-4).
La déclaration au greffe répond aux mêmes exigences que celle déposée en matière de requête en nullité.
La requête doit être motivée et préciser si l'intéressé demande ou non à comparaître. Elle peut également contenir des demandes d'actes ou une demande de mise en liberté.

D Instruction du dossier

1 Contrôle préalable du président de la chambre de l'instruction

a) Pouvoir de filtrage du président

1084 Le président de la chambre de l'instruction a un **pouvoir de filtrage** sauf en matière de détention provisoire :
– **en matière d'appel des ordonnances, d'omission de statuer sur une demande d'acte et de demande de contrôle de la procédure**, le président doit, dans les **huit jours** de la réception du dossier, décider par une ordonnance insusceptible de recours, s'il y a lieu ou non de saisir la chambre de l'instruction ;
– **en matière de procédure d'annulation** : dans les **huit jours** de la réception du dossier, le président de la chambre de l'instruction peut déclarer la requête irrecevable par ordonnance non susceptible de recours, dans cinq cas (CPP, art. 173, al. 5) :
• lorsqu'elle n'est pas faite dans les formes prévues par l'article 173, alinéa 3,
• lorsqu'elle concerne des actes susceptibles d'appel (CPP, art. 173, al. 4),
• lorsqu'elle est présentée après les délais d'expiration prévus par les articles 173-1 et 175, alinéa 4,
• lorsqu'elle n'est pas motivée,
• lorsque la chambre de l'instruction avait été saisie d'une précédente demande en nullité, et que le demandeur à la nullité invoque un moyen de nullité qu'elle aurait pu présenter lors de la première demande (CPP, art. 174, al. 1).
Dans tous les cas, lorsqu'il constate que l'appel ou la requête est irrecevable, le président de la chambre de l'instruction ordonne par décision motivée le retour du dossier au juge d'instruction. Dans le cas contraire, il transmet ce dossier au procureur général, qui met l'affaire en état.

b) Obligations des parties

1085 Lorsque la chambre de l'instruction est saisie d'une requête en nullité, tous moyens pris de la nullité de la procédure qui lui est transmise doivent être proposés (CPP, art. 174, al. 1).
Il découle de cette obligation que les parties ne sont plus recevables à soumettre ultérieurement à la chambre de l'instruction d'autres moyens de nullité concernant des actes dont elles connaissaient l'irrégularité au moment de cette saisine.
Les parties ont la possibilité de déposer par mémoire de nouveaux moyens de nullité jusqu'à la veille de l'audience devant la chambre de l'instruction.

2 Mise en état du dossier

a) Mise en état par le procureur général

1086 Une fois la chambre de l'instruction saisie, il revient au procureur général de mettre l'affaire en état. Dans les **dix jours** de la réception des pièces, il doit prendre des réquisitions écrites et s'assurer de la régularité des débats en avisant les avocats et les parties de la date à laquelle l'affaire sera appelée à l'audience (CPP, art. 194 et 197).
Ce délai est porté à **quarante-huit heures** en matière de détention provisoire.
La notification de la date d'audience est faite par LRAR adressée au mis en examen, à la partie civile. Lorsque le mis en examen est détenu, la notification lui est faite par les soins du chef de l'établissement pénitentiaire. La notification à l'avocat peut également être faite par télécopie ou par voie électronique (CPP, art. 803-1).
Le délai minimal qui doit être observé entre la date d'envoi de la notification et l'audience est de **quarante-huit heures** en matière de détention provisoire, et de **cinq jours** dans les autres matières (CPP, art. 197, al. 2. – Cass. crim., 8 août 2012, n° 12-90.039, [QPC] : *JurisData* n° 2012-018785 : refus de transmission au Conseil constitutionnel, caractère non sérieux de la question).

Durant ce délai, le dossier est déposé au greffe de la chambre de l'instruction et tenu à disposition des avocats et des parties (sur l'absence de pièces dans le dossier mis à disposition de l'avocat : Cass. crim., 23 juin 2015, n° 15-82.250 : *JurisData* n° 2015-015458).

REMARQUE **Le caractère incomplet du dossier de la chambre de l'instruction n'est pas une cause de nullité dans la mesure où les parties ont accès à l'entier dossier au greffe du juge d'instruction (CPP, art. 197).**

Elles peuvent notamment consulter les réquisitions du procureur de la République, ou en demander une copie (CPP, art. 197. – Cass. crim., 13 mai 2015, n° 15-90.003, [QPC] : *JurisData* n° 2015-011009 ; *JurisData* n° 2012-000356 : pas lieu de renvoyer la QPC relative à l'absence d'obligation du ministère public de communiquer directement à l'avocat de la personne mise en examen ses réquisitions devant la chambre de l'instruction).

b) Dépôt de mémoires par les parties

1087 Les parties peuvent produire des mémoires « **jusqu'au jour de l'audience** ». La jurisprudence a indiqué que le mémoire devait en réalité être adressé au plus tard la veille de l'audience (Cass. crim., 12 oct. 1993, n° 93-83.490 : *JurisData* n° 1993-002092).

En matière de demande de contrôle de la procédure, les mémoires doivent être déposés au plus tard **deux jours** avant l'audience.

Il est à préciser que les exigences de forme posée aux articles 148-1 et suivants du Code de procédure pénale doivent être strictement respectées et que la Cour de cassation a d'ailleurs récemment rappelé que le non-respect de l'exigence de la *déclaration au greffe* d'une demande de mise en liberté prévue à l'article 148-6 du Code de procédure pénale était une formalité substantielle en considérant que « si le document déposé porte la mention : déclaration au greffe, si ce mémoire a été signé par le conseil de l'intéressé, et s'il porte le cachet horodateur du greffe assorti de la date et de l'heure de dépôt, ainsi que la signature du greffier, la demande de mise en liberté qu'il contient a été présentée sans que n'ait été formalisée une déclaration au greffe » (Cass. crim., 4 janv. 2022, n° 21-85.822).

Le mémoire doit être signé par l'avocat ou son client, déposé au greffe et visé par le greffier, avec l'indication du jour et de l'heure du dépôt (CPP, art. 198).

Le mémoire doit également être communiqué au ministère public et aux parties avant le jour de l'audience. Cette obligation n'est toutefois assortie d'aucune sanction.

Le dépôt d'un mémoire impose à la chambre de l'instruction de le mentionner dans son arrêt. L'absence de visa du mémoire ouvre la possibilité de cassation.

E Audience

1088 • **Avis de la date d'audience** : les parties ne sont pas convoquées, elles ne sont qu'avisées de l'audience. Les parties ne peuvent être entendues que si elles en font la demande (cette demande n'est de droit qu'en matière de détention provisoire, CPP, art. 199, al. 6) ou si leur comparution est ordonnée par la chambre (CPP, art. 199, al. 4).

• **Déroulement de l'audience** : l'audience se déroule de la même manière que devant les juridictions de jugement correctionnel.

• **Publicité des débats** : les parties peuvent demander, dès l'ouverture des débats, à ce que ceux-ci se déroulent en audience publique. La chambre de l'instruction statue alors sur cette demande, après avoir recueilli les observations du procureur général et, le cas échéant, des avocats des autres parties. Le principe est inversé en matière de détention provisoire : si le prévenu est majeur, les débats se déroulent et l'arrêt est rendu en audience publique. Le ministère public et les parties peuvent s'y opposer avant l'ouverture des débats, auquel cas la chambre de l'instruction statue sur cette opposition (CPP, art. 199, al. 6). En matière de contrôle de la procédure, l'audience est par principe publique.

F Décisions

1 Délais des décisions

1089 En matière de détention provisoire, la chambre de l'instruction doit se prononcer dans les plus brefs délais, et au plus tard, dans les **dix jours** de l'appel, lorsqu'il s'agit d'une ordonnance de placement en détention et dans les **quinze jours** dans les autres cas (CPP, art. 194, al. 4).

REMARQUE **Saisi d'une QPC portant sur l'article 194, alinéa 4, du Code de procédure pénale et relative à l'absence de délai légal donné à la chambre de l'instruction, saisie sur renvoi après cassation, pour qu'elle statue**

Agir devant la chambre de l'instruction

en matière de détention provisoire, le Conseil constitutionnel, dans une décision du 29 janvier 2015 (Cons. const., 29 janv. 2015, n° 2014-446 QPC : *JO* 31 janv. 2015, p. 1502 ; *Procédures* 2015, comm. 96, J. Buisson) n'a pas censuré le texte mais a formulé une réserve d'interprétation. Il énonce qu'en matière de privation de liberté, le droit à un recours juridictionnel effectif impose que le juge judiciaire soit tenu de statuer dans les plus brefs délais et qu'il appartient aux autorités judiciaires, sous le contrôle de la Cour de cassation, de veiller au respect de cette exigence y compris lorsque la chambre de l'instruction statue sur renvoi de la Cour de cassation. Sous cette réserve, l'absence de disposition législative fixant un délai maximum dans lequel la chambre de l'instruction doit statuer lorsqu'elle est saisie en matière de détention provisoire sur renvoi de la Cour de cassation ne porte pas atteinte aux principes constitutionnels.

Ces délais sont prolongés de cinq jours si la personne détenue demande à comparaître personnellement à l'audience.

En matière de demande de mise en liberté et de demande de mainlevée du contrôle judiciaire, le délai est de **vingt jours** (CPP, art. 140 et 148).

Si la chambre n'a pas statué dans ces délais, le mis en examen est d'office remis en liberté ou la mainlevée du contrôle judiciaire est acquise de plein droit.

En matière de contrôle de la procédure, la chambre doit rendre sa décision dans le délai de **trois mois** à compter de la saisine de son président (CPP, art. 221-3, II, al. 9).

Dans les autres matières, la chambre de l'instruction doit statuer dans les **deux mois** suivant la transmission du dossier au procureur général par le président de cette chambre. Ce délai n'est pas impératif et sa méconnaissance ne comporte pas de sanction (CPP, art. 194, al. 2. – Cass. crim., 14 janv. 2003, n° 02-86.965).

2 Forme et contenu des décisions

1090 Dans les cas où le président exerce un pouvoir de filtrage, il peut rendre une **ordonnance** par laquelle il constate l'irrecevabilité de la demande. Cette décision est insusceptible de recours.

Lorsque la chambre a été saisie, elle peut rendre des **arrêts** de diverses natures, correspondant aux divers modes de saisine : arrêts de mise en accusation devant la cour d'assises, de non-lieu, de renvoi devant le tribunal correctionnel ou de police, de confirmation ou d'infirmation d'ordonnances du juge d'instruction, de mise en liberté ou de rejet d'une demande de mise en liberté dans les cas où la chambre en a été saisie directement, d'annulation d'actes et de rejet de requêtes à cette fin, de restitution d'objets placés sous main de justice ou de rejet de demandes en restitution, de sursis à statuer, de supplément d'information, de jonction ou de disjonction, d'incompétence, d'irrecevabilité, *etc.*

Les arrêts de la chambre de l'instruction doivent, à peine de nullité, être rendus dans les formes prescrites par les articles 591 et 216 du Code de procédure pénale.

Les arrêts doivent par ailleurs être **motivés**, et statuer sur l'intégralité des demandes formulées par les parties. Il doit notamment être répondu aux mémoires déposés par les parties.

En matière de détention provisoire, la chambre de l'instruction doit motiver expressément sur les motifs qui conduisent à la détention, et non pas seulement viser les articles 144 et 145 du Code de procédure pénale (Cass. crim., 20 sept. 2014, n° 14-84.834).

Les arrêts doivent être **signifiés aux parties dans le délai de trois jours**. Ce délai n'est toutefois pas prescrit à peine de nullité, son inobservation n'a pour effet que de retarder le point de départ du délai du pourvoi en cassation, lorsque cette voie de recours est ouverte.

3 Effet des décisions

1091 **En matière d'appel des ordonnances** (CPP, art. 207 et 201 à 205) : si elle estime que l'appel n'est pas fondé, la chambre de l'instruction rend un arrêt confirmant l'ordonnance dont il est fait appel, à moins qu'il ne s'agisse d'une ordonnance de règlement, et le dossier est retourné au juge d'instruction.

Si elle juge l'appel dont elle est saisie recevable et fondé, elle rend un arrêt infirmatif :

– s'il s'agit d'une ordonnance de règlement : elle est saisie de l'entier dossier de la procédure et rend un arrêt d'infirmation par lequel elle substitue sa propre décision sur la décision entreprise ;

– s'agissant des autres ordonnances, l'arrêt de la chambre de l'instruction ne met pas fin à l'information et la chambre peut soit renvoyer le dossier au juge d'instruction qui a rendu l'ordonnance infirmée, soit le renvoyer à un autre juge d'instruction, soit encore évoquer.

1092 **En matière de détention provisoire,** la chambre ne peut, après avoir statué, que transmettre le dossier au procureur général, lequel, après avoir assuré l'exécution de l'arrêt, en fait retour au juge d'instruction pour la poursuite de l'information.

1093 **En matière de nullité** (CPP, art. 206) : la chambre de l'instruction peut, soit refuser l'annulation demandée, soit y faire droit. Lorsqu'elle ne prononce pas d'annulation, le juge d'instruction reste saisi de la procédure et le dossier doit lui être retourné, et la décision définitive et contradictoire valide les actes de la procédure.
Lorsqu'elle annule un ou plusieurs actes, la chambre de l'instruction doit préciser les actes qu'elle annule, et en préciser l'étendue (annulation de tout ou partie de la procédure ultérieure). Lorsque l'annulation est partielle, les actes entachés de nullité doivent être cancellés.
Après annulation, la chambre de l'instruction peut soit évoquer, soit renvoyer la procédure au même juge d'instruction ou à un autre afin de poursuivre l'information.

1094 **En matière de contrôle de la procédure** : la chambre statue sur les demandes du mis en examen, mais elle peut également statuer au-delà de ses demandes. Elle peut ordonner une mise en liberté, prononcer la nullité d'actes, procéder à une évocation du dossier, renvoyer le dossier au juge d'instruction pour poursuite de l'information ou désigner d'autres juges d'instruction, ordonner le règlement, *etc.*

G Voies de recours

1095 Les arrêts de la chambre de l'instruction (à l'exception des décisions du président de la chambre) sont susceptibles de pourvoi en cassation dans le délai de **cinq jours**, à condition que le demandeur au pourvoi ait la qualité et l'intérêt pour le faire.

CHECK-LIST **• S'assurer que le demandeur a qualité et intérêt à agir, selon le type de demande envisagée.**
• Surveiller les délais d'action, parfois très courts.
• Respecter les formes de saisine de la chambre, et notamment ne pas faire de saisine par LRAR en cas d'exercice dans le ressort de la chambre compétente.
• Vérifier le statut de la demande après l'écoulement du délai de huit jours pendant lequel le président exerce son pouvoir de filtrage.
• Consulter le dossier à l'issue de la mise en état par le procureur général, et notamment prendre connaissance de ses réquisitions.
• Si le client souhaite être entendu par la chambre de l'instruction, en faire la demande expresse, et lui préciser que la comparution n'est de droit que pour les personnes détenues.
• Présenter, le cas échéant, ses demandes dans un mémoire à déposer ou faxer au greffe de la chambre de l'instruction avant sa fermeture la veille de l'audience à peine d'irrecevabilité.
• Se présenter à l'audience si la demande en a été faite ou si la comparution du client est souhaitée.
• Dès notification de la décision, en aviser le client et l'informer des voies de recours.

POUR ALLER PLUS LOIN...

Fascicules JurisClasseur
• *JCl. Procédure pénale*, Art. 191 à 230, fasc. 10, 15, 20, 30 et 40, par H. Angevin.
• *JCl. Procédure pénale*, Art. 170 à 174, fasc. 20, par J. Dumont, actualisé par V. Georget et A. Bonnet.
• *JCl. Procédure pénale*, Art. 185 à 187-3, fasc. 20, par J. Dumont, actualisé par V. Georget et A. Bonnet.

Codes et ouvrages
• Code de procédure pénale.
• Ch. Guéry et P. Chambon, *Droit et pratique de l'instruction préparatoire*, Dalloz Action, 9e éd., 2016.
• S. Guinchard et J. Buisson, *Procédure pénale*, LexisNexis, coll. « Manuel », 10e éd., 2015.

Fiche 46

Assister le mis en examen devant le JLD à l'issue de son IPC

Alexia LEVEILLÉ-NIZEROLLE

Sommaire

I Aperçu rapide

A Éléments clés

1096 Le juge des libertés et de la détention – « JLD » – a été créé par la loi n° 2000-516 du 15 juin 2000 et dispose de prérogatives en matière libertés individuelles.

Il dispose en effet d'une compétence exclusive pour statuer sur les demandes de placement et de renouvellement de la détention provisoire (qui était anciennement confiée au juge d'instruction), et sur les demandes de mise en liberté lorsque le juge d'instruction refuse la libération d'un mis en examen.

Dans le cadre de ses pouvoirs en matière de détention, il peut aussi décider d'un placement sous bracelet électronique avec assignation à résidence ou sous contrôle judiciaire.

Outre ces pouvoirs en matière de détention, d'autres attributions lui sont confiées en matière de libertés individuelles :

– s'agissant des perquisitions, saisies ou visites domiciliaires : il autorise les perquisitions de nuit en cas d'enquête flagrante (CPP, art. 706-89) ou préliminaire (CPP, art. 706-90), s'agissant des infractions de criminalité ou délinquance organisées énumérées à l'article 706-73. Il statue sur les contestations soulevées à l'occasion de perquisitions dans un cabinet d'avocat (CPP, art. 56-1). Il autorise les visites domiciliaires en matière fiscale (LPF, art. L. 16 B, II, al. 1), en matière douanière (C. douanes, art. 64), en matière de législation sur les prix et la concurrence (C. com., art. L. 450-4) ;

– dans le cadre de gardes à vue : il est compétent pour autoriser les prolongations exceptionnelles concernant les infractions énumérées à l'article 706-73, à la demande du procureur de la République, le juge d'instruction demeurant compétent lorsqu'une information est ouverte (CPP, art. 706-88).

La présente fiche traite du rôle de l'avocat commis d'office lorsqu'à la suite du déférement de son client devant un juge d'instruction et de sa mise en examen à l'issue de son IPC, le JLD est saisi d'une demande de placement en détention provisoire.

Dans cette hypothèse, le rôle de l'avocat sera fondamental non seulement pour vérifier que les conditions du placement en détention provisoire sont présentes (CPP, art. 143-1), mais aussi pour réunir en amont des éléments susceptibles de renseigner sur la personnalité de l'intéressé, et notamment sur ses garanties de représentation.
Il est régulièrement utile de solliciter un débat différé pour permettre la réunion de ces éléments.
Au cours du débat contradictoire, son rôle consistera :
– non seulement à faire la synthèse des éléments de personnalité du mis en examen et de remettre les pièces correspondantes ;
– mais aussi et surtout à débattre des motifs invoqués à l'appui de la demande de placement en détention provisoire ;
– et enfin à signaler au JLD les éventuelles demandes particulières en cas de placement en détention (demander à être placé dans une maison d'arrêt proche de la famille, *etc.*).

B Textes

• CPP, art. 137-1 et s., 143-1, 144, 145, 142-6, 142-6-1, 186 et 187-1.

II Préparation

1097 Une fois le client mis en examen à l'issue de son IPC devant le juge d'instruction, il comparaîtra devant le juge des libertés et de la détention dans la même journée afin de tenir un débat contradictoire en présence du procureur de la République sur son placement en détention provisoire.
Toutefois, au cours de cette audience, le mis en examen pourra demander que le débat soit différé à une date ultérieure – qui devra se tenir dans un délai de quatre jours ouvrables – pour préparer sa défense.
Le JLD pourra également décider d'un placement sous ARSE conditionnel.

A La saisine du JLD à l'issue de l'IPC

1098 À l'issue de l'IPC, le JLD peut être saisi de deux manières :
– soit par ordonnance du juge d'instruction, sur réquisitions écrites et motivées du parquet au regard de l'article 144 du Code de procédure pénale (CPP, art. 82, al. 3) : le magistrat instructeur doit transmettre le dossier accompagné des réquisitions du parquet au JLD (CPP, art. 137-1) ;
– soit par saisine directe du ministère public en matière criminelle et pour les délits punis de dix années d'emprisonnement (CPP, art. 137-4).
L'avocat aura informé son client de ces possibilités avant qu'il ne comparaisse devant le juge d'instruction (V. Fiche 41 : Assister le mis en cause lors de son déferement devant le juge d'instruction).

B L'entretien client : choix entre débat contradictoire immédiat ou différé et préparation

1099 À l'issue de l'IPC, lorsque le JLD est saisi, le mis en examen est immédiatement conduit au dépôt dans l'attente du débat contradictoire devant ce magistrat.
L'avocat doit alors immédiatement demander à voir son client pour le préparer à ce débat.

1 Choix entre le débat contradictoire immédiat ou différé

1100 Dans l'hypothèse où le mis en examen dispose de garanties de représentation susceptibles d'être démontrées par la production de pièces, il est impératif de les produire devant le JLD.
L'avocat doit alors prendre contact avec un proche susceptible de réunir le maximum de documents et de les apporter au palais de justice sans délai.
Le choix du débat contradictoire immédiat ou différé dépendra de la possibilité de réunir ces éléments avant de comparaître devant le JLD.
Toutefois, l'avocat doit informer le client que s'il fait le choix d'un débat différé, il sera incarcéré provisoirement de manière automatique jusqu'à la tenue du débat qui devra se tenir dans un délai de quatre jours ouvrables.

2 Préparation du débat contradictoire

1101 Afin de préparer le débat contradictoire, l'avocat doit :

– prendre connaissance, pour la contrer, de la motivation de l'ordonnance de saisine du juge et/ou des réquisitions écrites du parquet qui doivent être motivées « au regard des éléments précis et circonstanciés résultant de la procédure » et justifier que la détention constitue « l'unique moyen de parvenir à l'un ou plusieurs des objectifs » énumérés à l'article 144 du Code de procédure pénale :

« 1° Conserver les preuves ou les indices matériels qui sont nécessaires à la manifestation de la vérité ;
2° Empêcher une pression sur les témoins ou les victimes ainsi que sur leur famille ;
3° Empêcher une concertation frauduleuse entre la personne mise en examen et ses coauteurs ou complices ;
4° Protéger la personne mise en examen ;
5° Garantir le maintien de la personne à disposition de la justice ;
6° Mettre fin à l'infraction ou prévenir son renouvellement ;
7° Mettre fin au trouble exceptionnel et persistant à l'ordre public provoqué par la gravité de l'infraction, les circonstances de sa commission ou l'importance du préjudice qu'elle a causé. Ce trouble ne peut résulter du seul retentissement médiatique de l'affaire. Toutefois le présent alinéa n'est pas applicable en matière correctionnelle » ;

– préparer son argumentaire et un dossier de pièces relatif aux garanties de représentation. Pour le respect du contradictoire, il conviendra de le porter à la connaissance du procureur de la République avant le débat (concrètement, si le débat est immédiat, il faudra lui montrer les pièces juste avant le débat) ;

– interroger le client sur un certain nombre de points en cas de placement en détention :
• sur les éventuels risques particuliers qu'il pourrait encourir dans certaines maisons d'arrêt,
• sur la localisation d'une maison d'arrêt plus à même de lui permettre de recevoir des visites de sa famille, *etc.*

III Mise en œuvre

A Les préalables au débat contradictoire

1102 Avant la tenue du débat contradictoire, le JLD doit faire comparaître le mis en examen devant lui, assisté de son avocat le cas échéant, et après avoir recueilli les observations de l'intéressé, l'informer (CPP, art. 145, al. 1 et 2) :

– soit qu'il n'envisage pas de le placer en détention provisoire : il peut alors rendre une ordonnance de placement sous contrôle judiciaire ou sous bracelet électronique avec assignation à résidence (CPP, art. 145, al. 3) ;

– soit qu'il envisage son placement en détention provisoire : il l'informe alors de la tenue d'un débat contradictoire qui peut être différé pour lui permettre de préparer sa défense (CPP, art. 145, al. 4) ;

– soit qu'il le place en détention provisoire pendant quinze jours.

Le juge statue après avoir fait vérifier la faisabilité technique d'une ARSE (CPP, art. 142-6).

Si le mis en examen décide de demander un délai pour préparer sa défense, le JLD peut prescrire par ordonnance motivée non susceptible d'appel l'incarcération de l'intéressé pendant un délai qu'il fixe et qui ne peut pas excéder quatre jours ouvrables (CPP, art. 145, al. 7 et 8).

Le JLD peut également d'office ordonner de différer le débat afin de permettre au juge d'instruction de procéder à des vérifications sur la situation personnelle de l'intéressé, auquel cas il rend une ordonnance d'incarcération non susceptible d'appel et devra faire comparaître l'intéressé pour tenir le débat contradictoire dans un délai de quatre jours ouvrables (CPP, art. 145, al. 1).

À défaut d'avoir statué dans le délai de quatre jours, le mis en examen est mis en liberté d'office (CPP, art. 145, al. 10).

Si la procédure de placement sous ARSE conditionnelle avec incarcération provisoire est décidée, le JLD ordonne l'incarcération provisoire, pour une durée de quinze jours maximum, de la personne mise en examen. Le Conseil constitutionnel a précisé que l'incarcération provisoire ne pouvait intervenir que si cette mesure constitue l'unique moyen de parvenir à l'un des objectifs énumérés à l'article 144 du Code de procédure pénale (Cons. const., 16 nov. 2023, n° 2023-855 DC). L'ordonnance d'incarcération provisoire est susceptible d'appel.

Le délai d'incarcération de quinze jours doit permettre la constitution par le service pénitentiaire d'insertion et de probation (SPIP) d'un rapport de faisabilité de placement sous ARSE puis la tenue d'un débat contradictoire sur le placement en détention provisoire dans l'hypothèse où ce rapport ne serait pas favorable.

Le rapport de faisabilité doit être transmis dans un délai de dix jours au JLD.

À défaut de ce rapport ou de rapport favorable, le JLD convoque le mis en cause à un débat contradictoire dans un délai qui ne saurait excéder cinq jours. Un débat contradictoire sur le placement en détention provisoire est alors tenu dans les conditions de l'article 145 du Code de procédure pénale. Le recours à la visioconférence est possible. À l'issue de ce débat, le juge peut rendre une ordonnance de placement en détention provisoire contre laquelle il peut être fait appel. Si le débat contradictoire n'est pas tenu, le mis en cause est libéré.

Si le rapport est au contraire favorable, il est procédé au placement sous ARSE.

B Le débat contradictoire

1103 Le débat contradictoire doit se tenir en présence d'un avocat pour assister l'intéressé (CPP, art. 145, al. 5) d'un greffier et du ministère public.

L'audience est publique, sauf si le parquet, le mis en examen ou son avocat s'y oppose pour l'une des raisons énumérées à l'article 145, alinéa 6 du Code de procédure pénale.

Le JLD doit notifier à la personne mise en examen son droit de se taire sur les faits qui lui sont reprochés (CPP, art. 145).

Le JLD entend alors les réquisitions orales du parquet (qui peuvent être différentes des réquisitions écrites), les observations du mis en examen et celles de son avocat (CPP, art. 145, al. 6).

L'avocat doit alors s'attacher à faire des observations circonstanciées sur les motifs visés par le parquet dans ses réquisitions, et par le juge d'instruction dans son ordonnance, à l'appui de leur demande de placement en détention, puis à exposer la personnalité du client pour garantir son maintien à la disposition de la justice.

À l'issue de ce débat, le JLD délibère, puis rend son ordonnance immédiatement après.

Que le JLD décide du placement sous contrôle judiciaire, sous surveillance électronique avec assignation à résidence ou du placement en détention provisoire, il doit motiver son ordonnance.

Depuis la loi n° 2021-1729 du 22 décembre 2021, en matière correctionnelle, les décisions prolongeant la détention provisoire au-delà de huit mois ou rejetant une demande de mise en liberté concernant une détention de plus de huit mois doivent également comporter l'énoncé des considérations de fait sur le caractère insuffisant des obligations de l'assignation à résidence avec surveillance électronique mobile (CPP, art. 137-3).

En cas de placement en détention provisoire, il devra compléter la notice prévue à l'article D. 32-1 du Code de procédure pénale qui lui aura été remise par le juge d'instruction ou le procureur selon le mode de saisine, laquelle contient les renseignements :

- sur les faits ayant motivé les poursuites ;
- les antécédents judiciaires ;
- la personnalité (notamment sur les addictions, maladies et autres).

Cette fiche une fois complétée et visée par le JLD, est transmise au chef de l'établissement pénitentiaire saisi.

L'avocat ne doit pas hésiter à signaler au magistrat toute difficulté particulière que le mis en examen pourrait rencontrer dans telle maison d'arrêt, ou la nécessité de le voir placer dans telle autre pour des raisons de santé, un rapprochement familial lui permettant de recevoir des visites, ou pour tout autre motif.

☞ CONSEILS PRATIQUES LORS D'UNE AUDIENCE DEVANT LE JUGE DES LIBERTÉS ET DE LA DÉTENTION

En fonction du tribunal, l'audience se tient soit dans le bureau du JLD, soit dans une salle d'audience prévue à cet effet (ce qui est désormais le cas à Paris), en présence du juge, d'un greffier et du procureur de la République.

Dans le bureau du JLD, ce dernier vous indiquera où vous asseoir, sachant qu'il est de bon ton d'attendre qu'il vous y invite avant de le faire.

En salle d'audience, placez-vous du côté des boxes des détenus. Lorsque le magistrat vous donnera la parole, postérieurement aux réquisitions du procureur de la République, vous pourrez commencer votre plaidoirie. Celle-ci ne dure habituellement que quelques minutes mais sa longueur varie en fonction de l'enjeu de la liberté. Votre client aura le dernier mot. Enfin, vous devrez patienter à l'extérieur pendant les délibérations.

☞ CONSEILS PRATIQUES POUR LA RÉDACTION D'UNE DEMANDE DE MISE EN LIBERTÉ (DML)

Les demandes de mise en liberté peuvent être déposées pendant toute la durée de la détention provisoire de son client. Déposez votre demande de mise en liberté soit en main propre, à Paris auprès du Service d'accueil unique des justiciables (SAUJ), dont un guichet est réservé aux avocats et notamment un spécial pour les instructions) ou auprès du greffe de la juridiction d'instruction, ou envoyez-là par LRAR si vous n'êtes pas domicilié dans le même ressort. Il n'y aura pas de débat oral. Le juge d'instruction transmettra votre demande au JLD si lui-même la refuse. Ce dernier rendra alors une ordonnance dans les trois jours ouvrables après réception dudit dossier.

C Voie de recours contre l'ordonnance du JLD

1104 L'ordonnance du JLD est susceptible d'appel (CPP, art. 186) :

- par le mis en examen ou son conseil dans les dix jours ;
- par le procureur de la République dans les cinq jours ;
- par le procureur général dans les dix jours.

Concrètement, il est recommandé à l'avocat commis d'office d'expliquer au mis en examen placé en détention provisoire qu'il peut interjeter appel de l'ordonnance au greffe de la maison d'arrêt.

Si le mis en examen désigne l'avocat commis d'office pour la suite de la procédure, il lui appartient de se faire immédiatement délivrer un permis de communiquer auprès du greffe du juge d'instruction pour aller le voir en détention dans les meilleurs délais afin d'envisager cet appel.

Dans le cas contraire, et si le mis en examen entend interjeter appel de la décision : soit il faut lui expliquer comment faire en maison d'arrêt pour interjeter appel auprès du greffe, soit se faire établir un pouvoir de sa part pour interjeter appel pour lui (l'appel pourrait être déclaré irrecevable si l'avocat commis d'office a simplement assuré le débat contradictoire sans être l'avocat désigné dans la procédure, et il pourrait voir sa responsabilité engagée).

Il est aussi possible d'introduire un référé-liberté (CPP, art. 187-1).

CONSEILS PRATIQUES POUR FAIRE APPEL DE L'ORDONNANCE DU JLD Présentez l'ordonnance du juge des libertés et de la détention au « greffe des appels correctionnels » du tribunal judiciaire dans le ressort duquel la décision de placement en détention a été rendue, en indiquant que vous souhaitez faire appel (attention, pour ce faire, il vous sera demandé de présenter votre carte d'avocat). Le greffier remplira pour vous une déclaration d'appel que vous n'aurez qu'à signer après relecture. Vous recevrez ainsi une convocation fixant la date d'appel devant la chambre de l'instruction. Vous aurez alors jusqu'à 17 heures la veille, voire 16 heures selon les juridictions, pour déposer un mémoire, dans lequel vous expliquerez le fondement de votre appel (V. Fiche 45 : Agir devant la chambre de l'instruction).

CHECK-LIST **• Avoir pris connaissance du dossier de la procédure avant le débat.**
• Avoir pris connaissance de l'acte de saisine du JLD (ordonnance du juge d'instruction et/ou réquisitions du parquet).
• Contacter un proche dans la mesure du possible pour réunir les pièces de personnalité.
• Préparer ses observations et un dossier de pièces de personnalité.
• En cas de détention provisoire, demander immédiatement un permis de communiquer le cas échéant.
• Informer le client de son droit d'appel et des modalités.

POUR ALLER PLUS LOIN...

Fascicule JurisClasseur

- *JCl. Procédure pénale*, Art. 137 à 150, fasc. 30, *Contrôle judiciaire et détention provisoire – Détention provisoire*, par D. Caron, actualisé par K. Gachi.

Fiche 47

Demander la mise en liberté

Alexia LEVEILLÉ-NIZEROLLE

Sommaire

I

Aperçu rapide

A Caractéristiques générales

1105 La détention provisoire permet d'incarcérer un individu mis en examen ou jugé mais de manière non encore définitive avant le prononcé d'une décision définitive.

En raison de l'atteinte aux libertés individuelles et de sa difficile conciliation avec la présomption d'innocence, son prononcé est en théorie très encadré. Les conditions de placement d'un individu en détention provisoire sont énoncées aux articles 143-1 et 144 du Code de procédure pénale.

La détention provisoire doit être exceptionnelle. Si aucun recours contre l'ordonnance de placement en détention provisoire n'a été exercé ou n'a abouti, et qu'en raison d'un changement de circonstances de fait, les conditions posées par les articles 143-1 et 144 du Code de procédure pénale ne sont plus réunies, le mis en examen ou son avocat peut, à toute période de la procédure, déposer une demande de mise en liberté.

La mise en liberté d'un détenu provisoire peut également être justifiée par son état de santé, à condition qu'il n'existe pas de risque grave de renouvellement de l'infraction.

Cette faculté de demander la mise en liberté est également ouverte au ministère public. La partie civile n'est pas avisée de cette demande.

Il est fondamental de signaler que la loi n° 2021-403 du 8 avril 2021 tendant à garantir le droit au respect de la dignité en détention – faisant suite à une condamnation de la France par la Cour européenne des droits de l'homme (CEDH, 30 janv. 2020) en raison de ses conditions de détention indignes et de l'absence de voie de recours efficaces, ainsi qu'à une QPC du 2 octobre 2020 – a introduit un recours devant le juge contre les conditions indignes de détention aux articles 803-8 et 144-1 du Code de procédure pénale.

B Conditions d'utilisation

1 Lorsque la situation du détenu a changé au regard de l'article 144 du Code de procédure pénale

1106 La personne placée en détention provisoire peut :

– en toute matière demander sa mise en liberté (CPP, art. 148, mod. L. n° 2016-731 du 3 juin 2016) ;

– le faire **à tout moment** et autant de fois qu'elle le souhaite sous réserve du respect de l'article 148, alinéa 1 du Code de procédure pénale tel que modifié par la loi n° 2016-731 du 3 juin 2016.

Il est à préciser que les exigences de forme posée aux articles 148-1 et suivants du Code de procédure pénale doivent être strictement respectées et que la Cour de cassation a d'ailleurs récemment rappelé que le non-respect de l'exigence de la *déclaration au greffe* d'une demande de mise en liberté prévue à l'article 148-6 du Code de procédure pénale était une formalité substantielle en considérant que « si le document déposé porte la mention déclaration au greffe, si ce mémoire a été signé par le conseil de l'intéressé, et s'il porte le cachet horodateur du greffe assorti de la date et de l'heure de dépôt, ainsi que la signature du greffier, la demande de mise en liberté qu'il contient a été présentée sans que n'ait été formalisée une déclaration au greffe » (Cass. crim., 4 janv. 2022, n° 21-85.822) ;

– sa **demande est recevable sous conditions** qu'elle :

• **s'engage à se représenter** à tous les actes de la procédure aussitôt qu'elle en sera requise, et à tenir informé le juge d'instruction de tous ses déplacements (CPP, art. 147),

• justifie d'un **changement de situation** ayant une incidence sur les conditions ayant fondé son placement en détention provisoire au regard de l'article 144 du Code de procédure pénale.

Un tel changement sera caractérisé **si la détention provisoire n'est plus « l'unique moyen de »** (CPP, art. 144) :

> « 1° Conserver les preuves ou les indices matériels qui sont nécessaires à la manifestation de la vérité ;
> 2° Empêcher une pression sur les témoins ou les victimes ainsi que sur leur famille ;
> 3° Empêcher une concertation frauduleuse entre la personne mise en examen et ses coauteurs ou complices ;
> 4° Protéger la personne mise en examen ;
> 5° Garantir le maintien de la personne mise en examen à la disposition de la justice ;
> 6° Mettre fin à l'infraction ou prévenir son renouvellement ;
> 7° Mettre fin au trouble exceptionnel et persistant à l'ordre public provoqué par la gravité de l'infraction, les circonstances de sa commission ou l'importance du préjudice qu'elle a causé. Ce trouble ne peut résulter du seul retentissement médiatique de l'affaire. Toutefois, le présent alinéa n'est pas applicable en matière correctionnelle ».

2 Lorsque l'état de santé du détenu justifie sa mise en liberté

1107 La personne placée en détention provisoire peut également (CPP, art. 147-1) :

– en toute matière demander sa mise en liberté ;

– à tous les stades de la procédure ;

– lorsqu'une expertise médicale établit que :

• cette personne est atteinte d'une pathologie engageant le pronostic vital, ou

• que son état de santé physique ou mentale est incompatible avec le maintien en détention,

• à condition qu'il n'existe pas de risque grave de renouvellement de l'infraction.

C Textes

1 Textes codifiés

• CPP, art. 137-1 à 137-4, 143-1 à 148-8 et 191 à 207, *803-7*(créé par L. n° 2016-731, 3 juin 2016).

2 Texte non codifié

• Circ. n° 00-14 F1, 11 déc. 2000, présentant les dispositions de la loi du 15 juin 2000 renforçant la protection de la présomption d'innocence et les droits des victimes concernant l'instruction, la détention provisoire, le juge des libertés et de la détention et le jugement correctionnel.

II Préparation

A Information du client

1 Lorsque la situation du détenu a changé au regard de l'article 144 du Code de procédure pénale

1108 Lorsqu'une demande de mise en liberté est refusée, cela n'empêche pas de déposer d'autres demandes. Il convient tout de même d'user de cette faculté avec mesure et de ne déposer une nouvelle demande que si un changement de situation le justifie.

Une mise en liberté pouvant être justifiée par la possibilité d'atteindre les mêmes objectifs que la détention provisoire par un contrôle judiciaire, il est important de sensibiliser son client pour que, lui ou son entourage, apporte des garanties qui viendront renforcer son dossier.

2 Lorsque l'état de santé du détenu justifie sa mise en liberté

1109 Une mise en liberté peut également être prononcée si le client est atteint d'une pathologie engageant son pronostic vital ou si son état de santé physique ou mentale est incompatible avec le maintien en détention.

B Pièces nécessaires

1 Lorsque la situation du détenu a changé au regard de l'article 144 du Code de procédure pénale

1110 Tout élément de preuve permettant d'appuyer la demande de mise en liberté et notamment toute pièce de personnalité justifiant la possibilité d'un placement sous contrôle judiciaire (CPP, art. 138, tel que modifié par L. n° 2016-1547, 18 nov. 2016) : attestation d'un employeur éventuel, d'un hébergeant...

2 Lorsque l'état de santé du détenu justifie sa mise en liberté

1111 Un rapport d'expertise médicale établissant que :

– le client est atteint d'une pathologie engageant son pronostic vital ou ;

– que son état de santé physique ou mentale est incompatible avec son maintien en détention (CPP, art. 147-1).

Toute pièce justifiant la possibilité d'un placement sous contrôle judiciaire.

En cas d'urgence, un certificat médical établi par le médecin responsable de la structure sanitaire dans laquelle le client est pris en charge ou par le remplaçant de ce médecin suffira (CPP, art. 147-1, al. 2).

III
Procédure

A Compétence

1 Compétence matérielle

a) Pour les demandes formulées au cours de l'instruction

1112 Compétence du **juge d'instruction** pour statuer sur la demande de mise en liberté du détenu pendant l'instruction et jusqu'à l'ordonnance de règlement.

Compétence du **JLD** pour statuer sur la demande de mise en liberté du détenu provisoire, après un refus du juge d'instruction d'accéder à cette demande.

Compétence de la chambre de l'instruction :

– en cas de non-respect du délai de **cinq jours** pour statuer imposé au juge d'instruction (Cass. crim., 9 janv. 2007, n° 06-87.705 : *JurisData* n° 2007-037143) ;

– en cas de non-respect du délai de **trois jours** pour statuer, imposé au JLD (CPP, art. 148) ; le détenu provisoire est forclos pour saisir directement la chambre de l'instruction s'il n'a pas usé de cette faculté avant que le juge d'instruction ou le juge des libertés n'ait statué (Cass. crim., 12 avr. 2005, n° 05-80.686 : *JurisData* n° 2005-028279 ; *Bull. crim.* n° 124) ;

– en cas d'expiration du délai de **quatre mois** depuis la dernière comparution devant le juge d'instruction (CPP, art. 148-4).

b) Pour les demandes formulées après la clôture de l'instruction (CPP, art. 148-1)

1113 Quand la demande de mise en liberté est formulée alors qu'une juridiction de jugement est saisie :

– demande faite avant toute audience : compétence de la **chambre de l'instruction** ;

– demande faite au cours de l'audience de jugement : compétence de la **juridiction de jugement saisie** (y compris la cour d'assises si la demande de mise en liberté est formée pendant la session au cours de laquelle le détenu est jugé).

Quand la demande de mise en liberté est formulée alors qu'un pourvoi en cassation est formé :

– si le pourvoi est formé contre un arrêt de cour d'assises : compétence de la **chambre de l'instruction** ;

– si le pourvoi est formé contre une décision autre que celle d'une cour d'assises : compétence de la **dernière juridiction qui a statué au fond**.

2 Compétence territoriale

1114 Compétence de la juridiction du même ressort que celle qui a prononcé la mise en détention provisoire.

B Rédaction de l'acte de saisine

1 Forme

a) Dans le cas d'une demande formulée durant l'instruction

1115 **Dépôt de la demande au juge d'instruction par** déclaration au greffe (CPP, art. 148-6, al. 1 et 2) ou LRAR envoyée au greffier lorsque la personne ou son avocat ne réside pas dans le ressort de la juridiction compétente (CPP, art. 148-6, al. 3) ou déclaration du détenu provisoire auprès du chef d'établissement pénitentiaire lorsque le prévenu ou l'accusé est détenu (CPP, art. 148-7).

Saisine du JLD :

– en cas de refus du juge d'instruction, la saisine du JLD est d'office ;

– le juge d'instruction lui transmet le dossier de la procédure.

Saisine directe de la chambre de l'instruction :

– en cas de non-respect des délais imposés au juge d'instruction et au JLD pour statuer (non-respect des délais de **trois** et **cinq jours**), ou en cas d'expiration du délai de **quatre mois** depuis la dernière comparution devant le juge d'instruction, sans que l'ordonnance de règlement n'ait été rendue : saisine directe possible de la chambre de l'instruction ;

– la demande est alors faite dans les formes des articles 148-6 et 148-7 au greffe de cette juridiction (CPP, art. 148-8, al. 1).

b) Dans le cas d'une demande formulée après la clôture de l'instruction

1116 Demande formalisée auprès de la juridiction saisie par :

– déclaration au greffe (CPP, art. 148-6, al. 1 et 2) **ou** LRAR envoyée au greffier lorsque la personne ou son avocat ne réside pas dans le ressort de la juridiction compétente (CPP, art. 148-6, al. 3) **ou** déclaration du détenu provisoire auprès du chef d'établissement pénitentiaire lorsque le prévenu ou l'accusé est détenu (CPP, art. 148-7).

OU

- au cours de l'audience, la demande est formalisée par déclaration verbale constatée par le greffier ou par voie de conclusions, qu'il faut faire viser par le greffier au début de l'audience.

2 Contenu

1117 La demande de mise en liberté doit être justifiée et expliquer :

- en quoi un changement de circonstances de fait a rendu la détention provisoire non justifiée au regard des conditions de l'article 144 du Code de procédure pénale (reprendre chaque objectif visé à l'article 144 et démontrer qu'il n'est plus l'unique moyen d'y parvenir) ou ;
- que le client est atteint d'une pathologie engageant son pronostic vital ou que son état de santé est incompatible avec son maintien en détention et qu'il n'existe pas de risque grave de renouvellement de l'infraction (CPP, art. 147-1).

C Instruction du dossier

1 Examen de la demande par le juge d'instruction

1118 Le juge d'instruction doit statuer dans les **cinq jours** au plus après avoir communiqué le dossier au procureur, les réquisitions de ce dernier figurant au dossier et étant alors en principe transmises à l'avocat du détenu.

2 Examen de la demande par la chambre de l'instruction

1119 La demande de mise en liberté passe par le **filtre du président de la chambre de l'instruction** :

- en cas de demande de mise en liberté manifestement irrecevable : le président de la chambre de l'instruction peut refuser, par ordonnance motivée non susceptible de recours, qu'il soit statué sur cette demande (CPP, art. 148-8, al. 2) ;
- si le président de la chambre de l'instruction estime que la demande n'est pas manifestement irrecevable : délai de **vingt jours** à compter du lendemain du dépôt au greffe de la demande pour que la chambre de l'instruction statue, sur réquisitions écrites et motivées du procureur général ;

Si ce délai de **vingt jours** n'est pas respecté, le détenu sera **libéré d'office**, sauf si des vérifications relatives à sa demande ont été ordonnées (CPP, art. 148, al. 5).

D Audience

1 Lorsque la demande est formulée avant la clôture de l'instruction

a) Devant le juge d'instruction et devant le juge des libertés et de la détention

1120 Il n'y a pas d'audience organisée devant ces magistrats :

- lors du dépôt de la demande de mise en liberté, l'avocat peut s'adresser directement au cabinet d'instruction pour demander si le juge d'instruction accepte de le recevoir, afin de soutenir la demande de mise en liberté de son client. Selon ses disponibilités et ses pratiques, le juge d'instruction peut accéder à une telle demande ;
- le JLD ne reçoit généralement pas les avocats. Cette absence de débat contradictoire préalable à sa décision n'est pas contraire à la Convention européenne des droits de l'homme (Cass. crim., 26 févr. 2003, n° 02-88.131 : *JurisData* n° 2003-018244).

b) Devant la chambre de l'instruction

1121 **Avant l'audience devant la cour, il convient :**

- de se faire communiquer les réquisitions du parquet ;
- d'établir un mémoire et de le communiquer la veille au plus tard à l'heure de fermeture du greffe. L'article 198 du Code de procédure pénale modifié par la loi n° 2020-1729 du 22 décembre 2021 prévoit désormais que l'envoi du mémoire peut être effectué soit par dépôt au greffe avec indication du jour et de l'heure, soit par télécopie ou courrier recommandé AR au greffe, au parquet et aux parties, lesquels doivent tous l'avoir reçu au plus tard la veille de l'audience.

La comparution personnelle du détenu est de droit s'il en fait la demande, directement ou par l'intermédiaire de son avocat. Cette demande doit être présentée en même temps que la demande de mise en liberté adressée à la chambre de l'instruction.

La loi n° 2020-1729 du 22 décembre 2021 précise désormais à l'article 199 du Code de procédure pénale que lorsque le mis en examen comparaît devant la chambre de l'instruction, elle ne peut être entendue qu'après avoir été informée de son droit de se taire sur les faits qui lui sont reprochés.

Demander la mise en liberté

Le débat se déroule en audience publique, sauf opposition prévue à l'article 199, alinéa 2 du Code de procédure pénale.
Le débat est contradictoire : l'avocat du détenu provisoire a le droit de présenter des observations après le rapport du conseiller et les réquisitions du procureur général (CPP, art. 199, al. 3). Le détenu provisoire, présent pendant les débats, ainsi que son avocat qui a demandé à présenter des observations sommaires doivent avoir la parole en dernier (Cass. crim., 28 mai 2002, n°s 01-85.684 et 96-84.639 : *JurisData* n° 2002-014955 ; *Bull. crim.* n° 119).

2 Devant une juridiction statuant après clôture de l'instruction

1122 La juridiction de jugement saisie de la demande de mise en liberté, examine cette demande au cours de débats contradictoires, en auditionnant le détenu provisoire et/ou son avocat, et le ministère public (CPP, art. 148-2, al. 1).
Si le prévenu a déjà comparu devant la juridiction moins de **quatre mois** auparavant, l'audition du détenu peut être refusée (CPP, art. 148-2, al. 1).

E Décision

1 Décision en réponse à une demande formulée en cours d'instruction

a) Délai et forme de la décision

1123 **Décision du juge d'instruction ou du JLD.** Le juge d'instruction rend **dans les cinq jours** au plus après avoir communiqué le dossier au procureur :
- soit une **ordonnance motivée de libération** du détenu : notification de la décision puis libération du détenu ;
- soit il **transmet par ordonnance motivée au JLD**, la demande de mise en liberté (CPP, art. 148, al. 3).

Le délai de **cinq jours** court à compter du lendemain du jour où le dossier a été communiqué au procureur (Cass. crim., 19 mars 1985, n° 85-90.391 : *JurisData* n° 1985-700683 ; *Bull. crim.* n° 114).
Le JLD rend son ordonnance motivée dans les trois jours ouvrables après réception du dossier (CPP, art. 148, al. 3) : notification de l'ordonnance du JLD à la personne concernée, qui en reçoit copie intégrale contre émargement au dossier de la procédure (CPP, art. 137-3, al. 2).
Si une demande de mise en liberté ou l'appel d'une ordonnance de refus de mise en liberté est en cours, les délais de **cinq** et de **trois jours** ne commencent à courir qu'à compter de la décision rendue.

> ATTENTION Le JLD ne peut rejeter une demande de mise en liberté, sans que le demandeur ou son avocat ait pu avoir communication de l'avis du juge d'instruction et des réquisitions du ministère public (Cons. const., 17 déc. 2010, n° 2010-62 QPC : *JO* 19 déc. 2010, p. 22372, réserve d'interprétation relative à l'article 148 du Code de procédure pénale).

1124 **Décision de la chambre de l'instruction.** La chambre de l'instruction, qui a été **saisie directement**, car les délais impartis au juge d'instruction ou au JLD n'ont pas été respectés ou que le délai de **quatre mois** depuis la dernière comparution devant le juge d'instruction a expiré sans que l'ordonnance de règlement n'ait été rendue, **doit statuer dans les vingt jours de sa saisine**, faute de quoi le détenu provisoire est mis d'office en liberté sauf si des vérifications concernant sa demande ont été ordonnées (CPP, art. 148, al. 5). Elle rend un arrêt qui doit être motivé et qui doit respecter les formes prescrites par l'article 216 du Code de procédure pénale. Il doit être porté à la connaissance des avocats des parties dans les **trois jours** par LRAR (CPP, art. 217). Le non-respect de ce délai a pour effet de retarder le point de départ du délai de pourvoi en cassation.

b) Contenu de la décision

1125 Dans le cas où plusieurs demandes de mise en liberté seraient formulées par un même détenu provisoire, une décision commune peut répondre à ces différentes demandes.

1126 **En cas de refus de la demande de mise en liberté :**
- l'ordonnance du juge d'instruction ou du JLD, ou l'arrêt de la chambre de l'instruction, doit justifier précisément que les conditions des articles 143-1 et 144 du Code de procédure pénale sont remplies ou que la mise en liberté ne peut être ordonnée au regard de l'article 147-1 du même code ;
- si la détention est de plus d'un an en matière criminelle, et de plus de huit mois en matière correctionnelle, l'ordonnance du juge d'instruction ou du JLD, ou l'arrêt de la chambre de l'instruction, devra en outre préciser que la poursuite de l'information est justifiée et la durée prévisible d'achèvement de la procédure (CPP, art. 145-3). L'arrêt qui ne comporte pas d'indication particulière justifiant la poursuite de l'information doit donc être censuré

(Cass. crim., 22 févr. 2011, n° 10-88.186 : *JurisData* n° 2011-003148).

1127 **En cas d'acceptation de la demande de mise en liberté**, l'ordonnance du juge d'instruction ou du JLD, ou l'arrêt de la chambre de l'instruction, n'a pas à être spécialement motivé.
La décision de mise en liberté peut être assortie d'un placement sous contrôle judiciaire ou d'une assignation à résidence avec surveillance électronique (CPP, art. 147-1, al. 3 et 148, al. 4).
Le détenu est quant à lui remis en liberté après un délai de **quatre heures**, sauf si le procureur de la République utilise la **procédure de référé-détention** (CPP, art. 148-1-1. – V. *infra*, n°s 1132 et s., Recours ou contestation).

2 Décision de la juridiction en réponse à une demande formulée après la clôture de l'instruction

a) Délai et forme de la décision

1128 La personne n'a pas encore été jugée en premier ressort : le délai pour statuer est de **dix jours** ou **vingt jours** à compter de la réception de la demande (CPP, art. 148-2, al. 2), selon que la juridiction saisie est du premier ou du second degré.
La personne a été jugée en premier ressort et est en instance d'appel : le délai pour statuer est de **deux mois** à compter de la demande.
La personne a été jugée en second ressort et a formé un pourvoi en cassation : le délai pour statuer est de **quatre mois** à compter de la demande.
Si une précédente demande de mise en liberté est en cours, le point de départ du délai n'est pas la demande, mais le jour de la décision rendue sur la précédente demande (CPP, art. 148-2, al. 3).
Les décisions statuant sur les demandes de mise en liberté formulées seront des jugements s'ils sont rendus par le tribunal correctionnel ou des arrêts s'ils sont rendus par la chambre d'instruction ou la cour d'assises.

b) Contenu de la décision

1129 La décision doit être motivée au regard de l'article 144 du Code de procédure pénale ou de l'article 147-1 du même code.
La décision de mise en liberté peut être assortie d'un placement sous contrôle judiciaire ou d'une assignation à résidence avec surveillance électronique (CPP, art. 147-1, al. 3 et 148, al. 4).
La décision qui ordonne la mise en liberté immédiate d'une personne dont la détention provisoire est irrégulière en raison du non-respect des délais ou formalités prévus par le CPP, peut placer la personne sous contrôle judiciaire si cette mesure est indispensable pour assurer l'un des objectifs énumérés à l'article 144 (CPP, art. 803-7, créé par L. n° 2016-731, 3 juin 2016).

> EXEMPLE **La cour d'assises peut motiver un refus de mise en liberté, si une telle mesure risque de nuire au bon déroulement du procès, notamment si le détenu risque de faire pression sur des témoins (Cass. crim., 9 févr. 2000, n° 99-83.310 : *Bull. crim.* n° 63).**

F Fin de la procédure

1 Lorsque la situation du détenu a changé au regard de l'article 144 du Code de procédure pénale

1130 Seule la **condamnation définitive du détenu** met fin à sa possibilité de déposer des demandes de mise en liberté (Cass. crim., 24 avr. 2003, n° 03-80.582 : *JurisData* n° 2003-019022 ; *Bull. crim.* n° 88 ; *JCP* G 2003, IV, 2124).

2 Lorsque l'état de santé du détenu justifie sa mise en liberté

1131 **Après une mise en liberté justifiée par une raison médicale,** l'évolution de l'état de santé du client peut constituer un élément nouveau permettant qu'il fasse l'objet d'une nouvelle décision de placement en détention provisoire, dès lors que les conditions de l'article 144 sont réunies (CPP, art. 147-1, al. 4).

G Recours ou contestation

1 Recours du détenu

a) Appel du détenu

1132 **Appel des ordonnances de refus de mise en liberté rendues en cours d'instruction. Le détenu provisoire ou son avocat** peuvent interjeter appel des ordonnances du juge d'instruction ou du JLD rejetant une demande de mise en liberté ou assortissant la mise en liberté d'un placement sous contrôle judiciaire (CPP, art. 186, al. 1. – Cons. const., 13 juill. 2011, n° 2011-153 QPC : *JO* 14 juill. 2011, p. 12251).

Demander la mise en liberté

Le délai d'appel est de **dix jours** à compter de la notification ou de la signification de la décision (CPP, art. 186, al. 4).

Le retard du JLD pour notifier l'ordonnance de refus de mise en liberté diffère le point de départ du délai d'appel et ne permet pas une saisine directe de la chambre de l'instruction (Cass. crim., 12 avr. 2005, n° 05-80.686 : *JurisData* n° 2005-028279. – Cass. crim., 25 sept. 2013, n° 13-85.072).

La déclaration d'appel doit être faite au greffier de la juridiction qui a rendu la décision attaquée : elle doit être signée par le greffier et par l'appelant lui-même, ou par un avoué près la juridiction qui a statué, ou par un avocat ou par un fondé de pouvoir spécial (CPP, art. 502, mod. par L. n° 2016-731, 3 juin 2016).

Le détenu provisoire a également la possibilité de transmettre sa déclaration d'appel au chef de l'établissement pénitentiaire : cette déclaration est constatée, datée et signée par ce dernier et par l'appelant, s'il ne peut signer, il en sera fait également mention par le greffier. Cette déclaration est adressée sans délai, en original ou en copie, au greffe de la juridiction qui a rendu la décision attaquée (CPP, art. 503).

La chambre de l'instruction doit statuer **dans les plus brefs délais** et **au plus tard dans les quinze jours** de l'appel, à défaut, le détenu sera remis en liberté d'office, sauf si des vérifications étaient nécessaires ou en cas de circonstances imprévisibles et insurmontables faisant obstacle au jugement de l'affaire dans le délai prévu (CPP, art. 194, al. 4).

Les vérifications nécessaires permettent à la chambre d'apprécier le bien-fondé de la demande du détenu provisoire. Tel est le cas d'une requête déposée par l'avocat du détenu dans l'intérêt de son client (Cass. crim., 12 avr. 2005, n°s 05-80.431 et 05-80.432 : *JurisData* n° 2005-028280 ; *Bull. crim.* n° 123).

Les circonstances imprévisibles et insurmontables sont des événements extérieurs au service de la justice.

Lorsqu'elle statue sur un appel, la chambre de l'instruction peut, lors de l'audience et avant la clôture des débats, se saisir de toute demande de mise en liberté sur laquelle le juge d'instruction ou le JLD n'a pas encore statué. La chambre de l'instruction se prononcera sur l'appel et la demande dans une seule décision (CPP, art. 207, *in fine*).

La chambre de l'instruction doit motiver sa décision au regard de l'article 144 du Code de procédure pénale ou de l'article 147-1 du même code.

1133 **Appel des décisions de refus de mise en liberté rendues après la clôture de l'instruction.** Les décisions de refus de mise en liberté après la clôture de l'instruction rendues par les juridictions du premier ressort sont susceptibles d'appel.

Les arrêts de la cour d'assises statuant sur la détention provisoire de l'accusé ne sont pas susceptibles d'appel (Circ. CRIM 00-14 F1, 11 déc. 2000, art. V.1.1).

Le délai d'appel est de **vingt-quatre heures** et la cour doit statuer dans les **vingt jours** (Cass. crim., 8 juin 1999 : *Bull. crim.* n° 122).

Il en est de même que pour l'appel des décisions de refus de mise en liberté rendues avant la clôture de l'instruction (CPP, art. 502).

La procédure d'appel des décisions des juridictions correctionnelles statuant sur les demandes de mise en liberté n'est pas soumise à la procédure prévue par les articles 507 et 508 du Code de procédure pénale. Elle est régie par les articles 148-1, 148-2 et 501 du même code.

La cour d'appel sera compétente pour statuer sur les appels des jugements rendus par le tribunal correctionnel.

b) Pourvoi en cassation du détenu

1134 Le pourvoi en cassation est une voie de recours ouverte contre les seules décisions juridictionnelles rendues en dernier ressort. Il est la seule voie de recours contre les arrêts de la chambre de l'instruction.

Le délai de pourvoi est de **cinq jours francs** et commence à courir à compter du prononcé de la décision ou de sa signification (CPP, art. 568).

Tant que le juge d'instruction n'a pas clôturé son information, le délai de pourvoi court à compter du jour de la notification de l'arrêt de la chambre de l'instruction (Cass. crim., 4 mars 1997, n° 96-83.636 : *JurisData* n° 1997-005672 ; *Bull. crim.* n° 82).

Le mémoire exposant les moyens de cassation doit, à peine de déchéance du pourvoi, et sauf décision du président de la chambre criminelle, être déposé dans un délai de **un mois** à compter de la réception du dossier (CPP, art. 567-2, al. 2).

La chambre criminelle doit statuer dans les **trois mois** qui suivent la réception du dossier à la Cour de cassation, faute de quoi l'inculpé est mis d'office en liberté (CPP, art. 567-2, al. 1).

La déclaration de pourvoi doit être faite auprès du greffier de la juridiction qui a rendu la décision attaquée et selon les formes prévues à l'article 576 du Code de procédure pénale.

La décision d'accéder ou de refuser une demande de mise en liberté est une question de fait qui échappe au contrôle de la Cour de cassation, dès lors qu'elle est fondée sur un motif légitime (Cass. crim., 10 févr. 1966 : *Bull. crim.* n° 40).

Le contrôle de la Cour de cassation porte uniquement sur la motivation.
Un pourvoi ne sera donc utilement formé qu'en cas de défaut de motivation d'une décision, indépendamment de son bien-fondé.

2 Recours du ministère public et des parties civiles

a) Appel du ministère public

1135 Suite à la notification d'une **ordonnance de mise en liberté** du JLD ou du juge d'instruction, **contraire à ses réquisitions, le procureur de la République :**
– peut estimer, malgré ses réquisitions de maintien en détention, ne pas avoir à s'opposer à la mise en liberté immédiate de la personne, et, sans préjudice de son droit de former ultérieurement appel dans le délai prévu par l'article 185 du Code de procédure pénale (cinq jours suivant la notification de la décision), retourner l'ordonnance au magistrat qui l'a rendue en mentionnant sur celle-ci qu'il ne s'oppose pas à sa mise à exécution. La personne est alors mise en liberté, si elle n'est pas détenue pour autre cause (CPP, art. 148-1-1) ;
– peut interjeter appel de l'ordonnance devant le greffier du JLD ou du juge d'instruction (CPP, art. 185). La personne mise en examen est avisée de la date d'audience. Sa comparution personnelle à l'audience est de droit (CPP, art. 199, tel que modifié par L. n° 2016-731, 3 juin 2016) ;
– peut, s'il interjette appel dans un délai de quatre heures à compter de cette notification, à peine d'irrecevabilité, saisir dans le même temps le premier président de la cour d'appel (ou en cas d'empêchement, le magistrat qui le remplace) d'un référé-détention (CPP, art. 148-1-1 et 187-3) afin de déclarer l'appel suspensif :
• le premier président de la cour d'appel statue, au vu des éléments du dossier, par une ordonnance motivée insusceptible de recours, au plus tard le deuxième jour ouvrable suivant la demande : s'il ne statue pas dans ce délai, la personne est remise en liberté d'office, sauf si elle est détenue pour autre cause :
- s'il estime que le maintien en détention de la personne est manifestement nécessaire au vu d'au moins deux critères prévus par l'article 144 du Code de procédure pénale, jusqu'à ce que la chambre de l'instruction statue sur l'appel du ministère public, il ordonne la suspension des effets de l'ordonnance de mise en liberté jusqu'à cette date et la personne reste détenue jusqu'à l'audience de la chambre devant laquelle sa comparution personnelle est de droit,
- la chambre de l'instruction doit alors se prononcer dans les plus brefs délais et au plus tard dans les dix jours de l'appel, faute de quoi la personne est remise d'office en liberté si elle n'est pas détenue pour autre cause,
- dans le cas contraire, il ordonne sa mise en liberté dans les mêmes limites.

b) Absence de recours des parties civiles

1136 Les parties civiles ne peuvent pas contester les ordonnances statuant sur une demande de mise en liberté ou sur un contrôle judiciaire (CPP, art. 186).

CHECK-LIST **1. Lorsque la situation du détenu a changé au regard de l'article 144 du Code de procédure pénale**
• Vérifier qu'un changement de situation justifie la demande en application de l'article 144 du Code de procédure pénale.
• Rassembler toutes pièces visant à justifier le changement de situation.
• Informer le client des limites relatives au nombre de demandes de mise en liberté qui peuvent être effectuées et que cette faculté doit être utilisée avec mesure.
• Déterminer la juridiction compétente en fonction notamment du moment de la procédure où la demande est formée.
2. Lorsque l'état de santé du détenu justifie sa mise en liberté
• Vérifier que l'état de santé du client justifie l'application de l'article 147-1 du Code de procédure pénale.
• Obtenir un rapport d'expertise médicale (ou en cas d'urgence un certificat médical) justifiant la libération du client en application de l'article 147-1 du Code de procédure pénale.
• Informer le client des limites relatives au nombre de demandes de mise en liberté qui peuvent être effectuées et que cette faculté doit être utilisée avec mesure.
• Déterminer la juridiction compétente en fonction notamment du moment de la procédure où la demande est formée.

POUR ALLER PLUS LOIN...

Fascicules JurisClasseur

- *JCl. Procédure pénale*, Art. 49 à 52-1, fasc. 20, par J.-P. Valat.
- *JCl. Procédure pénale*, Art. 137 à 150, fasc. 20, par D. Caron.
- *JCl. Procédure pénale*, Art. 191 à 230, fasc. 40, par H. Angevin.

Fascicule de synthèse

- *JCl. Procédure pénale*, Synthèse 40.

Fiche 48

Agir en citation directe

Edmond-Claude FRETY

Sommaire

I Aperçu rapide

A Caractéristiques générales

1137 La citation directe est un mode de saisine du tribunal correctionnel ou du tribunal de police. Elle consiste en la délivrance d'un acte de commissaire de justice qui indique au prévenu les faits qui lui sont reprochés, le texte de loi les réprimant et la date et le lieu de l'audience où il devra en répondre. La citation directe a la particularité de n'être pas réservée au seul ministère public : **la partie civile peut donc agir en citation directe**. Ce faisant, elle déclenche l'action publique avec un double objectif : obtenir la condamnation du prévenu et obtenir l'indemnisation du préjudice découlant de l'infraction. Comme son nom l'indique, le tribunal est alors saisi directement : l'affaire doit donc être en état d'être jugée. L'infraction doit donc être suffisamment caractérisée et son auteur identifié car l'objectif est en principe de se dispenser d'actes d'enquête ou d'instruction préalables.

En pratique, agir en citation directe suppose de :
– rédiger la citation et la faire délivrer par exploit de commissaire de justice ;
– se rendre à une première audience de fixation ;
– verser dans les délais impartis la somme fixée lors de cette audience à titre de consignation ;
– se rendre à l'audience du jugement où le prévenu sera jugé par le tribunal correctionnel ou le tribunal de police.

L'action en citation directe est un outil particulièrement utile à la partie civile : elle permet d'obtenir rapidement une condamnation sans dépendre du ministère public. Il doit cependant être manié avec précaution : en cas de relaxe, la partie civile s'expose à être condamnée au paiement de dommages et intérêts et/ou d'une amende civile si son action est jugée abusive ou dilatoire.

Il faut également être conscient que la partie civile, agissant par voie de citation directe, bénéficiera rarement de l'appui du ministère public à l'audience (il est en effet fréquent que le parquet, faute d'être à l'initiative des poursuites, y soit assez taisant voire qu'il s'en rapporte et ne prononce pas de réquisitions particulières). Cela oblige d'autant plus une victime à n'utiliser ce mode de saisine que lorsque les chances de voir la personne citée être reconnue coupable de l'infraction reprochée sont, au vu des éléments produits au soutien de la citation, suffisamment sérieuses.

B Conditions d'utilisation

1 Conditions liées aux faits poursuivis

1138 • Les faits poursuivis doivent être constitutifs d'un délit ou d'une contravention.

> REMARQUE **La loi n° 2011-525 du 17 mai 2011 interdit à la partie civile de recourir à la citation directe en matière de propriété littéraire et artistique (CPI, art. L. 331-1).**

> REMARQUE **En matière contraventionnelle, la citation directe est le seul moyen dont dispose la partie civile pour mettre en mouvement l'action publique. Le recours à la citation directe est en revanche impossible en matière criminelle où l'instruction est obligatoire (CPP, art. 79).**

• Une décision définitive concernant les mêmes faits, entre les mêmes parties et sous la même qualification ne doit pas avoir déjà été rendue (Cass. crim., 2 déc. 2008, n° 08-80.066 : *JurisData* n° 2008-046430).

• L'auteur des faits poursuivis doit être connu et l'infraction caractérisée.

• L'auteur des faits poursuivis ne peut être mineur (CJPM, art. L. 423-5).

2 Conditions liées à la partie civile

1139 La partie civile doit être recevable à agir pour mettre en mouvement l'action publique (Cass. crim., 13 juin 1991, n° 89-87.107 : *JurisData* n° 1991-002104).

Elle doit donc avoir :
– la capacité pour agir ;

> CONSEIL Lorsque l'action est exercée au nom d'une personne morale, il convient de vérifier que la personne la représentant tire bien de la loi, des statuts ou d'une délibération de l'organe compétent, la capacité d'ester en justice au nom de ladite personne morale.

– un intérêt pour agir, c'est-à-dire pouvoir justifier d'un préjudice direct et personnel résultant de l'infraction poursuivie (CPP, art. 2 et 3).

C Avis du professionnel

1140 La partie civile a recours à la citation directe quand elle souhaite voir l'auteur des faits poursuivis condamné pénalement. Cette procédure lui permet de déclencher l'action publique et de saisir un tribunal sans dépendre ni du ministère public, ni d'un juge d'instruction.

La citation directe offre à la partie civile une certaine maîtrise de la procédure :
– en rédigeant la citation, elle détermine l'étendue de la saisine du tribunal ;
– elle peut « renoncer » facilement à son action en n'acquittant pas la consignation dans le délai fixé.

L'action en citation directe est particulièrement utile, notamment :
– lorsque les faits sont simples et l'infraction facilement caractérisable (par ex. : violences volontaires ou abandon de famille). La citation directe entraîne en effet un audiencement immédiat de l'affaire, en évitant la phase d'enquête. Elle peut donc permettre d'obtenir rapidement une condamnation de l'auteur des faits et l'indemnisation de la victime dans des délais relativement courts ;

– lorsque la partie civile souhaite passer outre une décision de classement sans suite du ministère public et continuer ainsi la poursuite sans opter pour la plainte avec constitution de partie civile et l'ouverture d'une instruction. Cette solution doit être envisagée avec prudence : il convient de comprendre préalablement les motifs du classement et de s'assurer que ceux-ci ne font pas obstacle à une condamnation.
En tout état de cause, il ne devra être recouru à la citation directe que si la partie civile dispose de suffisamment d'éléments de preuves pour obtenir la condamnation de la personne poursuivie. À défaut, elle devra lui préférer une plainte simple voire une plainte avec constitution de partie civile (pour mettre en mouvement l'action publique) pour bénéficier du fruit des investigations effectuées pendant l'enquête ou l'information judiciaire.

D Textes codifiés

- CPP, art. 390 à 392-1.
- CPP, art. 550 à 566.

E Schéma procédural

1141 • Rédaction d'un projet de citation directe.
• Obtention d'une date d'audience auprès du service de l'audiencement pénal (parquet).
• Délivrance de la citation directe par un commissaire de justice territorialement compétent.
• Placement de la citation.
• Audience de fixation.
• Versement de la consignation dans le délai fixé à l'audience de consignation.
• Audience au fond.

II Préparation

A Informations préalables

1 Information du client

1142 • Informer le client sur les demandes pouvant être formulées : indemnisation, mais pas de demandes de peines.
• Informer le client sur les risques en cas de relaxe et la possibilité de se voir condamner à une amende civile.

2 Information sur les faits

1143 • Réunir l'ensemble des éléments disponibles sur les faits poursuivis pour être en mesure de caractériser le mieux possible une éventuelle infraction.

CONSEIL Si une enquête a été ouverte et classée sans suite, il convient de demander communication des pièces de la procédure au procureur de la République, conformément aux articles R. 155 et suivants du Code de procédure pénale.

• Déterminer la qualification de l'infraction.

B Contrôles préalables

1 Délais pour agir

1144 Délai de prescription qui est interrompu au jour de la délivrance de la citation :
– **un an** pour les contraventions ;
– **six ans** pour les délits.

ATTENTION Attention à la prescription courte en matière de presse : **trois mois** !
La poursuite des infractions de presse est, de plus, soumise à une procédure spécifique dont l'étude n'entre pas dans le cadre de la présente fiche.

ATTENTION Délais *minima* entre la délivrance de la citation et la date de la première audience (CPP, art. 552) :
– **dix jours** si la partie citée réside en France métropolitaine ou si la partie citée résidant dans un DOM est citée devant une juridiction de ce même DOM ;
– **un mois et dix jours** si la partie citée devant le tribunal d'un département d'outre-mer réside dans un autre département d'outre-mer, dans un territoire d'outre-mer, à Saint-Pierre-et-Miquelon ou Mayotte ou en France métropolitaine, ou si, citée devant un tribunal d'un département de

la France métropolitaine, elle réside dans un département ou territoire d'outre-mer, à Saint-Pierre-et-Miquelon ou Mayotte ;
– **un mois et dix jours** pour la partie résidant dans un pays de l'UE ;
– **deux mois** pour la partie résidant à l'étranger hors UE.

ATTENTION Le non-respect des délais entraîne la nullité de la citation si la partie citée ne se présente pas (CPP, art. 553). Pour un rappel des exigences de ce texte : Cass. crim., 5 janv. 2010, n° 09-85.531 : *JurisData* n° 2010-051195 ; *Procédures* 2010, comm. 86.

2 Contrôles préalables

1145 • Vérifier que l'action de la partie civile est recevable et notamment qu'il existe un préjudice direct et certain résultant de l'infraction.
• Vérifier que l'auteur de l'infraction est connu et qu'il peut être poursuivi.
• Vérifier que l'infraction est suffisamment caractérisée.

C Pièces nécessaires

1 Pièces nécessaires à la caractérisation de l'infraction et du préjudice

1146 La partie civile doit produire à l'appui de la citation l'ensemble des pièces caractérisant l'infraction et démontrant l'étendue de son préjudice, listées dans un bordereau.

2 Pièces nécessaires à la recevabilité de la partie civile, personne morale à but lucratif

1147 Lorsque la partie civile est une personne morale à but lucratif, elle doit, sous peine de non-recevabilité de la citation directe, produire au tribunal son bilan et son compte de résultat afin de permettre la détermination du montant de la consignation (CPP, art. 392-1).

D Coût de la procédure

1148 La procédure suppose des coûts plus importants qu'une plainte simple pour la partie civile.
Elle doit notamment :
– supporter le coût des honoraires de son avocat (sauf si elle bénéficie de l'aide juridictionnelle), étant précisé que celui-ci peut avoir un travail important de rédaction dans la mesure où il lui revient de caractériser précisément l'infraction, et non simplement de démontrer le préjudice de la partie civile ;
– supporter les frais de commissaire de justice nécessaires à la délivrance de la citation et éventuellement de son placement ;
– avancer le montant de la consignation qui lui sera en principe restituée, sauf condamnation à une amende civile.
Cependant, en cas d'issue favorable, la partie civile peut se voir rembourser une partie de ses frais au titre de l'article 475-1 du Code de procédure pénale.

III Procédure

A Assistance et représentation

1149 Le recours à un avocat n'est pas obligatoire pour agir en citation directe.
Il paraît cependant indispensable compte tenu de la technicité de la procédure et notamment pour limiter le risque d'irrecevabilité ou de nullité de l'acte.

B Compétence

1 Compétence matérielle

1150 • Le tribunal de police connaît des contraventions (CPP, art. 521).
• Le tribunal correctionnel connaît des délits (CPP, art. 381).

ATTENTION La compétence du tribunal correctionnel s'étend aux délits et contraventions qui forment avec l'infraction déférée au tribunal un ensemble indivisible ; elle peut aussi s'étendre aux délits et contraventions connexes (CPP, art. 382).

2 Compétence territoriale

1151 Le tribunal de police compétent est celui du lieu de commission ou de constatation de la contravention ou celui de la résidence du prévenu ou encore du siège de l'entreprise détentrice du véhicule en cas de contravention, soit aux règles relatives au chargement ou à l'équipement de ce véhicule, soit aux réglementations relatives aux transports terrestres (CPP, art. 522).
Le tribunal correctionnel compétent est celui du lieu de commission de l'infraction, celui de la résidence du prévenu ou celui du lieu d'arrestation ou de détention de ce dernier ainsi que celui du lieu du domicile de la personne qui doit recevoir les subsides dans le cadre du délit d'abandon de famille (CPP, art. 382).

C Parties

1152 La partie civile cite les personnes qu'elle souhaite voir condamner.
Elle doit également mettre en cause le cas échéant :
- la personne civilement responsable ;
- l'organisme de sécurité sociale dont elle dépend.

D Rédaction de la citation

1 Mentions obligatoires

1153 L'exploit de citation doit comporter (CPP, art. 550) :
- la désignation du requérant ;
- la date ;
- les noms, prénoms et adresse du commissaire de justice ;
- les noms, prénoms et adresse du destinataire ou si le destinataire est une personne morale, sa dénomination et son siège.

La citation doit :
- énoncer le fait poursuivi et viser le texte de la loi qui le réprime (CPP, art. 551) ;
- indiquer le tribunal saisi, le lieu, l'heure et la date de l'audience (CPP, art. 551) ;
- préciser la qualité de prévenu de la personne citée (ou le cas échéant de témoin ou de civilement responsable) ;
- indiquer l'identité de la partie civile, c'est-à-dire pour une personne physique, ses noms, prénoms, profession et domicile réel ou élu, et pour une personne morale, sa forme, sa dénomination, son siège social et l'organe qui la représente légalement ;
- contenir l'élection de domicile de la partie civile dans le ressort du tribunal saisi à moins qu'elle n'y soit domiciliée (CPP, art. 392) ;

REMARQUE **La partie civile peut élire domicile chez son conseil ou si nécessaire chez un autre avocat domicilié dans le ressort du tribunal saisi.**

- informer le prévenu qu'il peut se faire assister d'un avocat de son choix ou, s'il en fait la demande d'un avocat commis d'office, dont les frais seront à sa charge sauf s'il remplit les conditions d'accès à l'aide juridictionnelle, et qu'il a également la possibilité de bénéficier, le cas échéant gratuitement, de conseils juridiques dans une structure d'accès au droit (CPP, art. 390) ;
- informer le prévenu qu'il doit comparaître à l'audience en possession des justificatifs de ses revenus ainsi que de ses avis d'imposition ou de non-imposition ou les communiquer à l'avocat qui le représente (CPP, art. 390) ;
- informer le prévenu des cas de majoration du droit fixe de procédure (CPP, art. 390).

La citation devra également démontrer le préjudice subi par la partie civile ; l'existence d'un préjudice direct et personnel de cette dernière étant une condition de recevabilité de l'action.

2 Sur le risque de nullité de la citation directe

1154 L'omission des mentions obligatoires ou toute autre irrégularité de la citation directe n'est susceptible d'entraîner sa nullité que si « elle a eu pour effet de porter atteinte aux intérêts de la personne qu'elle concerne » (CPP, art. 565), sous réserve des règles spéciales en cas de non-respect des délais (CPP, art. 553).
La chambre criminelle s'assure essentiellement du fait que le prévenu a une connaissance suffisante de la poursuite pour qu'il n'y ait pas d'atteinte aux droits de la défense et se livre à une analyse *in concreto*. Il est donc préférable de rédiger une prévention aussi claire et précise que possible tant en fait qu'en droit.
N'ont pas été considérés comme causes de nullité de la citation :
- le visa erroné d'un texte d'incrimination dès lors qu'aucune incertitude n'en résulte pour le prévenu

(Cass. crim., 21 oct. 2008, n° 07-88.440 : *JurisData* n° 2008-045860) ;

– une erreur sur l'heure de l'audience dans la mesure où le conseil du prévenu avait pu avoir connaissance de celle-ci (Cass. crim., 26 mai 1994, n° 92-82.222) même si la chambre criminelle a depuis jugé que la citation qui comporte une erreur sur la date de l'audience doit être déclarée nulle pour violation de l'article 551 du Code de procédure pénale lorsque le prévenu n'a été ni présent ni représenté à l'audience, cette nullité ayant eu pour effet de porter atteinte à ses intérêts (Cass. crim., 3 sept. 2008, n° 08-82.434 : *JurisData* n° 2008-045860 ; *Procédures* 2009, comm. 61) ;

– l'imprécision de la citation si le prévenu a une connaissance intégrale des faits pour lesquels il est poursuivi (Cass. crim., 19 juin 1997, n° 96-80.555 : *JurisData* n° 1997-005633).

La nullité de la citation ne peut être soulevée d'office par le tribunal (Cass. crim., 19 mars 1997 : *JurisData* n° 1997-002706).

3 Conseils de rédaction

1155 La citation est l'acte qui saisit le tribunal et qui, avec les pièces communiquées selon bordereau, constituera l'essentiel du dossier de procédure. Il convient donc d'être exhaustif sur les faits en vue d'établir dès la citation que les infractions sont du point de vue de la partie civile constituées et éviter tout grief sur l'imprécision des faits reprochés.

Il n'appartient pas à la partie civile de demander une peine, elle se contentera donc de demander l'application de la loi pénale sur réquisitions éventuelles du ministère public.

Quant au préjudice, il convient non seulement de démontrer son existence, mais encore de le chiffrer précisément.

E Audience de consignation

1 Obtention d'une date d'audience

1156 Avant de pouvoir délivrer la citation, la partie civile ou son conseil doivent obtenir auprès du service de l'audiencement du parquet une date d'audience. En pratique, cela implique de communiquer à ce dernier une copie du projet de citation rédigé. La date et le lieu de l'audience sont ensuite reportés sur la citation avant de la transmettre au commissaire de justice pour signification.

2 Délivrance de la citation

1157 La citation directe est un exploit de commissaire de justice. La partie civile ou son conseil devra donc trouver un commissaire de justice territorialement compétent pour faire délivrer la citation.

La partie civile doit s'assurer du respect du délai de citation indiqué supra.

Il convient ensuite de placer l'original vous revenant auprès du greffe de la juridiction saisie.

ATTENTION Cette formalité est indispensable pour que la juridiction en ait connaissance et l'enrôle, raison pour laquelle il est souvent préférable de solliciter les services d'un commissaire de justice audiencier qui s'en occupera à votre place dans la foulée de la délivrance.

3 Audience de fixation

1158 En principe, la première audience est une audience de procédure. Elle a pour objet de :

– fixer le montant de la consignation et la date avant laquelle elle doit être versée ;

– fixer la date de l'audience lors de laquelle sera examiné le fond de l'affaire.

La partie civile doit être présente ou représentée à l'audience : à défaut elle sera considérée comme se désistant de son action (CPP, art. 425). Et la partie civile, qui est présumée s'être désistée de l'action qu'elle avait engagée devant la juridiction pénale en ne comparaissant pas à l'audience, ne peut exercer la même action devant cette juridiction sans avoir contesté, par la voie de l'appel ou de l'opposition, la décision ayant constaté le désistement (Cass. crim., 28 nov. 2018, n° 18-80.465 : *JurisData* n° 2018-021282).

4 Consignation

1159 La consignation a pour objet de garantir le paiement d'une éventuelle amende civile en cas de citation directe abusive ou dilatoire. Sauf dans ce dernier cas, elle est restituée à la partie civile à la fin de la procédure. La partie civile bénéficiant de l'aide juridictionnelle n'a pas à verser de consignation.

Si la partie civile est une personne physique, la consignation est fixée en fonction de ses ressources par le tribunal. Il faut donc qu'elle transmette ses justificatifs au greffe avant l'audience ou au plus tard le jour de l'audience. Néanmoins, contrairement à celle délivrée à la requête d'une personne morale à but lucratif (V. *supra*, n° 1147), la citation délivrée à la requête d'une personne physique ne peut être déclarée irrecevable au seul motif que cette dernière n'a pas produit de justificatifs permettant de déterminer le montant de la consignation. Dans ce cas, il appartient au tribunal correctionnel de fixer ce montant au regard des éléments de procédure et des éventuelles pièces produites (Cass. crim., 19 mars 2024, n° 23-81.792). Dans le cas où la citation directe est délivrée par la partie civile à la suite d'une ordonnance du juge d'instruction de refus d'informer, la consignation qui a pu être versée à l'occasion du dépôt de plainte avec constitution de partie civile (CPP, art. 88) est considérée comme constituant la consignation prévue pour la citation directe initiée ensuite par la partie civile (CPP, art. 392).

L'absence de versement de la consignation dans les délais fixés entraîne l'irrecevabilité de la citation directe (CPP, art. 392-1). Cependant, l'absence de consignation ne pourra être considérée comme une cause d'irrecevabilité de la citation directe lorsque le tribunal a omis d'en fixer le montant et le délai de versement (Cass. crim., 29 avr. 2003, n° 02-85.315 : *JurisData* n° 2003-019165).

La consignation doit être versée auprès de la régie d'avances et de recettes du tribunal. En pratique il est préférable de se présenter à la régie avec une copie de la décision de consignation afin de permettre à ce service d'établir un récépissé portant les références exactes de l'affaire.

REMARQUE **Le versement de la consignation fixe définitivement la saisine du tribunal : en cas de mentions erronées ou insuffisantes, il n'est plus possible de délivrer une nouvelle citation aux fins de régularisation (Cass. crim., 21 mai 2014, n° 12-86.668).**

F Audience au fond

1 Préparation de l'audience au fond

1160 En préparation de l'audience de fond et si cela est nécessaire pour la caractérisation de l'infraction, la partie civile doit faire citer les témoins dans les conditions prévues aux articles 550 et suivants du Code de procédure pénale.

De plus, les avocats peuvent, avant toute défense au fond ou à tout moment au cours des débats, demander, par conclusions écrites, qu'il soit procédé à tout acte qu'ils estiment nécessaire à la manifestation de la vérité (CPP, art. 388-5).

CONSEIL Le recours à cet article paraît contradictoire avec une action en citation directe qui suppose la caractérisation préalable de l'infraction. Il pourra être toutefois utilisé en cas d'éléments nouveaux apportés par la défense.

2 Déroulement de l'audience au fond

1161 L'audience au fond est une audience correctionnelle classique. La seule particularité est qu'il est rare que le ministère public soutienne l'accusation : il revient donc à la partie civile de le faire également à l'audience.

Le débat porte sur les faits dont est saisi le tribunal par la citation directe et sur les demandes de la partie civile.

Le débat peut également porter sur la nature éventuellement dilatoire ou abusive de la citation directe :

– le ministère public peut en effet requérir la condamnation à une amende civile après les plaidoiries de la défense, la partie civile ou son avocat devant être mis en mesure de répliquer (CPP, art. 392-1, al. 4) ;

– le prévenu peut également former une demande de dommages-intérêts contre la partie civile pour abus de constitution de partie civile (CPP, art. 472).

G Décision (forme, contenu, caractères, effets, suite)

1162 Le tribunal statue sur l'action publique et prononce la peine s'il estime l'infraction constituée. Il statue également sur l'action civile, sauf s'il estime nécessaire de prononcer un renvoi sur les intérêts civils.

En cas de relaxe, le tribunal se prononce éventuellement sur les réquisitions d'amende civile.

H Recours ou contestation (parties ou tiers)

1163 Il peut être fait appel du jugement contradictoire dans un délai de **dix jours** à compter du prononcé du jugement (CPP, art. 498). Le jugement par défaut, rendu à la suite d'une citation directe, peut faire l'objet d'une opposition dans un délai de dix jours à compter de la signification du jugement par exploit de commissaire de justice au prévenu, ou d'un mois s'il réside hors France métropolitaine (CPP, art. 491).

La partie civile peut seulement faire appel sur les intérêts civils (CPP, art. 497) : en cas de relaxe, il ne sera donc plus possible d'obtenir une condamnation pénale du prévenu sans le soutien d'un appel du parquet. Il serait néanmoins possible pour la partie civile de faire constater par les juges d'appel une éventuelle faute civile dans les limites de la prévention, nonobstant relaxe.

CHECK-LIST • Réunir l'ensemble des informations sur les faits poursuivis.
• Vérifier que l'infraction est suffisamment caractérisée au vu des éléments de preuve dont on dispose.
• Vérifier que l'auteur des faits est connu, majeur et qu'il peut faire l'objet de poursuites.
• Déterminer la qualification de l'infraction et vérifier qu'elle peut faire l'objet d'une poursuite par citation directe.
• Vérifier que la partie civile a souffert un préjudice direct et personnel en lien avec l'infraction.
• Vérifier que la partie civile a la capacité pour agir en justice.
• Vérifier l'absence de prescription de l'infraction.
• Déterminer le tribunal compétent.
• Informer le client sur les risques de la citation directe (amende civile et éventuels dommages-intérêts).
• Recueillir les pièces nécessaires auprès du client.
• Rédiger la citation.
• Vérifier l'ensemble des mentions obligatoires.
• Domicilier la partie civile dans le ressort du tribunal si elle n'y a pas sa résidence.
• Obtenir une date d'audience auprès du parquet (faire attention aux délais de prescription lors d'une éventuelle date).
• Faire délivrer la citation dans les délais par un commissaire de justice compétent, de préférence par le truchement d'un groupement de commissaires de justice audienciers.
• Placer la citation auprès du greffe du tribunal.
• Se rendre à l'audience de consignation, éventuellement muni des pièces comptables nécessaires (personne morale à but lucratif).
• Consigner dans les délais fixés par le tribunal.
• Faire citer les témoins si nécessaire.
• Plaider le dossier au fond.

POUR ALLER PLUS LOIN...

Fascicules JurisClasseur

• *JCl. Procédure pénale*, Art. 381 à 392-1, fasc. 15, A. Maron.

• *JCl. Procédure pénale*, Art. 550 à 566, fasc. 20, P. Lemoine.

Ouvrage

• S. Guinchard et J. Buisson, avec la participation de M. Bouchet et L. Ascensi, *Procédure pénale*, LexisNexis, coll. « Manuels », 17e éd., 2024.

Fiches pratiques

• V. Fiche 51 : Se constituer partie civile.

• V. Fiche 57 : Interjeter appel d'une décision du tribunal de police.

Fiche 49

Agir en comparution immédiate

Vanessa BOUSARDO

Sommaire

I Aperçu rapide

A Éléments clés

1164 La procédure de comparution immédiate est une procédure rapide dite de « traitement en temps réel » qui s'applique aux délits commis par des majeurs punis d'une peine d'emprisonnement au moins égale à six mois en flagrant délit et à deux ans en préliminaire et au plus à dix ans, récidive exclue (CPP, art. 395).
Le prévenu ne peut être jugé immédiatement que s'il y consent. À défaut, l'audience de jugement est renvoyée à une nouvelle date qui doit être fixée dans un délai impératif compris entre quatre et dix semaines (CPP, art. 397-1 dans sa version issue de la loi n° 2023-1059 du 20 novembre 2023 entrant en vigueur le 30 septembre. 2024).

ATTENTION S'agissant de la comparution devant la juridiction de jugement par visioconférence, l'avis sollicitant l'accord préalable du prévenu pour cette modalité de comparution doit impérativement, lorsque le prévenu ne comprend pas le français, être traduit dans sa langue, dans la mesure où cet avis « constitue une pièce essentielle à la garantie du caractère équitable du procès » (Cass. crim., 9 mars 2022, n° 21-82.580).

Si l'affaire n'apparaît pas en l'état d'être jugée, le tribunal peut ordonner un supplément d'information, qu'il exécute ou fait exécuter par l'un de ses membres, ou par un juge d'instruction. Il peut aussi renvoyer le dossier au procureur de la République lequel peut également saisir un juge d'instruction. Toutefois, le tribunal ne peut faire usage de cette possibilité procédurale de renvoi au procureur de la République qu'à une seule reprise (CPP, art. 397-2, al. 4 dans sa version issue de la loi n° 2023-1059 du 20 novembre 2023 entrant en vigueur le 30 septembre 2024).

Lorsque le tribunal correctionnel ne peut se réunir le jour même, le prévenu comparaît devant le juge des libertés et de la détention qui statue, après débat contradictoire, sur le placement en détention. L'avocat qui intervient dans le cadre procédural de la comparution immédiate dispose d'un délai limité pour organiser la défense des intérêts de son client. Toutefois, il peut agir à chacune des étapes qui jalonnent cette procédure.

B Textes

- CPP, art. 132-59, 138, 144, 388-2, 393, 393-1, 395 à 397-6, 444, al. 3, 464 et 469-1.
- C. pén., art. 132-59, 132-60.
- L. n° 2016-731, 3 juin 2016.
- L. n° 2019-2022, 22 mars 2019.
- L. n° 2021-1109, 24 août 2021.
- L. n° 2023-1059, 20 nov. 2023.

II Préparation

A Informations préalables

1165 • La garde à vue à laquelle a été soumis le prévenu est-elle régulière (causes de nullité) ?
• Le procès-verbal de comparution immédiate est-il régulier ?
• La (ou les) infractions reproché(es) au prévenu fait-elle (font-elles) partie des exclusions légales pour lesquelles la procédure de comparution immédiate est inapplicable ?
• Le prévenu est-il majeur ? Y a-t-il un doute sur sa majorité ?
• Le délai légal de vingt heures séparant la notification de la fin de garde à vue de la présentation du mis en cause au procureur de la République, au tribunal correctionnel ou au juge des libertés et de la détention a-t-il été respecté ?
• Le dossier est-il en état d'être jugé ou justifie-t-il un supplément d'information ?
• Le comportement du prévenu nécessite-t-il de solliciter une expertise psychiatrique ?
• Le prévenu souhaite-t-il un délai pour préparer sa défense ?

B Inventaire des solutions et éléments de décisions

1 Vérifications préalables effectuées par l'avocat

a) Libre consultation du dossier de la procédure par l'avocat

1166 L'avocat, ou la personne déférée lorsqu'elle n'est pas assistée par un avocat, peut consulter sur-le-champ le dossier (CPP, art. 393).
Même si le temps est compté, l'avocat prend le temps nécessaire à la consultation complète du dossier.

ATTENTION Dans l'hypothèse d'un dossier numérisé, « la libre consultation du dossier de la procédure implique la mise à disposition, de la personne déférée et de son avocat, du matériel nécessaire à sa lecture effective ». À défaut, la procédure est entachée de nullité (Cass. crim., 9 mars 2022, n° 21-82.580).

Il n'est pas rare qu'il ne se voie remettre une copie de l'enquête sociale rapide (V. *infra*, n° 1170) qu'en début d'audience. Il est important qu'il en prenne connaissance car les enquêteurs sociaux ont parfois pu obtenir confirmation des éléments de personnalité évoqués par le prévenu.

ATTENTION La lecture du B1 du casier judiciaire est essentielle, notamment pour vérifier si, le cas échéant, une peine de sursis pourra être sollicitée ou, au contraire, est exclue.
Il en est de même du rapport dactyloscopique, lequel donne des informations importantes sur les antécédents du mis en cause.

b) Vérification de la régularité de la procédure de garde à vue

1167 L'avocat examine les procès-verbaux de garde à vue et en particulier la régularité :
– de l'interpellation (ex. : les conditions de la flagrance étaient-elles réunies ?) ;
– des perquisitions (ex. : en cas d'enquête préliminaire, les autorisations de perquisitions figurent-elles au dossier ?).
Une attention particulière est également portée aux procès-verbaux de notification de placement en garde à vue, de fin de garde à vue, ainsi qu'à l'avis à parquet (a-t-il été fait immédiatement ? – CPP, art. 63, à défaut, existait-il une cause insurmontable ?),

à l'avis à avocat (a-t-il été fait sans délai ? – CPP, art. 63-3-1), à l'avis à famille et aux réquisitions à médecin (ont-ils été faits dans les trois heures ? – CPP, art. 63-2, 63-3), *etc.*
En cas d'irrégularité constatée, il convient de rédiger (souvent de façon manuscrite eu égard à l'urgence) des conclusions de nullité (CPP, art. 385).

c) Vérification de l'applicabilité de la procédure de comparution immédiate aux faits reprochés

1168 Une telle procédure n'est applicable ni aux mineurs, ni en matière de délits de presse, de délits politiques ou d'infractions dont la procédure de poursuite est prévue par une loi spéciale (CPP, art. 397-6).
L'avocat vérifie donc que les faits reprochés ne relèvent pas de ces exclusions légales.

> ATTENTION Il convient de noter que les délits de provocation aux actes de terrorisme et d'apologie de ces actes ont été sortis de la loi du 29 juillet 1881 sur la liberté de la presse pour être introduits dans le Code pénal dans un nouvel article 421-2-5 (L. n° 2014-1353, 13 nov. 2014 renforçant les dispositions relatives à la lutte contre le terrorisme).
> L'insertion des délits de provocation et d'apologie au terrorisme dans le Code pénal permet ainsi de leur appliquer certaines règles de procédure exclues en matière de presse, parmi lesquelles le recours à la procédure de comparution immédiate (Circ. 5 déc. 2014 de présentation de la loi n° 2014-1353 (...) : *BO Justice* n° 2014-12, 31 déc. 2014).
> De même, la loi n° 2021-1109 du 24 août 2021 a modifié l'article 397-6 du Code de procédure pénale, de sorte que peuvent désormais relever de la procédure de comparution immédiate, les infractions prévues aux articles 24 et 24 bis, ainsi qu'au troisième et quatrième alinéas de l'article 33 de la loi du 29 juillet 1881, sauf si ces délits résultent du contenu d'un message placé sous le contrôle d'un directeur de la publication en application de l'article 6 de la même loi ou de l'article 93-2 de la loi n° 82-652 du 29 juillet 1982 sur la communication audiovisuelle.

d) Vérification du respect du « délai de vingt heures »

1169 À l'issue de sa garde à vue, le mis en cause, qui doit comparaître le jour suivant, peut être retenu à cette fin dans des locaux de la juridiction spécialement aménagés, à la condition que cette comparution intervienne au plus tard dans un délai de vingt heures à compter de l'heure à laquelle la garde à vue ou la retenue a été levée, à défaut de quoi l'intéressé est immédiatement remis en liberté.
Lorsque la garde à vue a été prolongée mais que cette prolongation n'a pas été ordonnée par le juge des libertés et de la détention ou par un juge d'instruction, la personne retenue doit être effectivement présentée à la juridiction saisie ou, à défaut, au juge des libertés et de la détention, avant l'expiration du délai de vingt heures (CPP, art. 803-3).
Lorsque la garde à vue n'a pas été prolongée, la personne retenue doit être présentée dans le même délai au procureur de la République, faute de quoi elle est également remise en liberté.
La chambre criminelle de la Cour de cassation a d'ailleurs estimé que le non-respect du délai de vingt heures avait une incidence directe sur la validité de la saisine de la juridiction de jugement :

> « En prononçant ainsi (annulation du procès-verbal de comparution immédiate et mise en liberté du prévenu) et dès lors que le procès-verbal valant saisine du tribunal avait, pour support nécessaire, la rétention du prévenu entachée d'illégalité, la cour d'appel a justifié sa décision » (Cass. crim., 6. déc. 2005, n° 05-82.450 : *JurisData* n° 2005-031597).

L'avocat vérifie donc systématiquement que le délai de vingt heures entre la notification de la fin de garde à vue et la présentation du mis en cause à l'autorité compétente a bien été respecté.
Toutefois, l'impossibilité, compte tenu de l'heure tardive, de faire comparaître le prévenu à l'audience le jour même de la levée de sa garde à vue, caractérise l'état de nécessité exigé par l'article 803-3 du Code de procédure pénale (Cass. crim., 9 mai 2018, n° 17-86.431).

> ATTENTION La comparution « le jour même » en application de l'article 395 du Code de procédure pénale est interprétée par la jurisprudence comme le fait de comparaître au cours de l'audience même après minuit.
> L'exigence d'une comparution « le jour même » de la présentation de l'intéressé au parquet ne saurait être interprétée comme la nécessité de le juger impérativement avant minuit, mais comme celle de le faire comparaître au cours de l'audience considérée, quand bien même celle-ci se terminerait après minuit en raison de contraintes diverses (Cass. crim., 12 janv. 2021, n° 20-80.259).

2 Libre communication de l'avocat avec le mis en cause

1170 Le mis en cause dispose du droit de s'entretenir librement, et donc confidentiellement, avec son avocat (CPP, art. 393).

Ce dernier lui fait part des éléments du dossier et l'interroge sur les faits afin de déterminer une stratégie de défense. Il s'agit donc de lui rappeler ses déclarations, ainsi que celles de la victime et des témoins éventuels.
L'avocat le questionne également sur les éléments de sa personnalité (travail ? domicile ? famille ?).
À ce propos, il prend connaissance de l'enquête sociale rapide de personnalité.
À Paris, Bobigny, Nanterre et Créteil, cette enquête est réalisée par l'Association de politique criminelle appliquée et de réinsertion sociale dite « APCARS ».
L'avocat prévient son client qu'il ne pourra être jugé le jour même qu'avec son accord exprès (CPP, art. 397), le renvoi étant de droit s'il en fait la demande.
Il l'informe toutefois que, dans cette hypothèse, le tribunal devra statuer sur son placement, ou non, en détention.

ATTENTION Selon l'article 397 du Code de procédure pénale, le président doit recueillir le consentement du prévenu à être jugé immédiatement, en présence de son avocat ; cet article précise en outre que mention doit en être faite dans les notes d'audience.
Toutefois, la Cour de cassation rappelle que même en l'absence d'une telle mention dans les notes d'audience, les mentions du jugement constatant que cette formalité a été accomplie valent jusqu'à inscription de faux (Cass. crim., 12 avr. 2016, n° 16-81.015 : *JurisData* n° 2016-006968).

ATTENTION Afin d'être en mesure de solliciter, le cas échéant, un placement sous contrôle judiciaire ou une assignation à résidence, l'avocat peut être amené à prendre contact avec les proches du mis en cause aux fins d'obtenir des justificatifs qui lui permettront de démontrer l'existence de garanties de représentation présentées par ce dernier (attestation d'hébergement, justificatifs de domicile, dernières fiches de paye, certificat de formation professionnelle, carte d'étudiant, document de France Travail, *etc.*).
Si le prévenu ne se rappelle plus du numéro de téléphone d'un proche qui figure dans le répertoire de son téléphone portable lequel se trouve à la fouille, l'avocat se rapproche des services du parquet pour y avoir accès.
En effet, à ce stade, l'enquête étant close, la procédure n'est plus protégée par le secret de l'enquête.
L'avocat demeure toutefois lié par le secret professionnel.

III
Mise en œuvre

A Action de l'avocat devant le procureur de la République et le juge des libertés et de la détention

1 Avocat devant le procureur de la République

1171 Lorsque la personne mise en cause est déférée devant le procureur de la République, ce dernier lui fait connaître les faits qui lui sont reprochés ainsi que leur qualification juridique (CPP, art. 393).
Le procureur de la République l'informe qu'elle a le droit à l'assistance d'un avocat de son choix ou commis d'office.
Il l'avertit également de son droit de faire des déclarations, de répondre aux questions qui lui sont posées ou de se taire.

ATTENTION La Cour de cassation considère que l'absence de l'avocat régulièrement avisé lors du recueil d'observations par la personne déférée n'entraîne pas la nullité du procès-verbal de comparution, dès lors que l'intéressé a été avisé de son droit de garder le silence et de son droit d'être assisté d'un avocat. Elle a toutefois précisé que ces mêmes déclarations ne pourront constituer le seul fondement de la condamnation de la personne poursuivie (Cass. crim., 18 oct. 2022, n° 22-81.934 : *JurisData* n° 2022-017085 et Cass. crim., 7 déc. 2022, n° 22-85.667 : *JurisData* n° 2022-021524).

Après avoir recueilli les observations de la personne ou procédé à son interrogatoire, le procureur de la République entend, s'il y a lieu, les observations de l'avocat.
Ces observations portent notamment sur :
- la régularité de la procédure ;
- la qualification retenue ;
- le caractère éventuellement insuffisant de l'enquête ;
- la nécessité de procéder à de nouveaux actes.

ATTENTION Ces observations peuvent également porter sur les modalités d'engagement éventuel des poursuites ou le recours éventuel à la procédure de comparution sur reconnaissance préalable de culpabilité (CPP, art. 393, al. 4. – L. n° 2016-731, 3 juin 2016, art. 56).

Cette intervention est importante car, à ce stade, le procureur de la République peut encore décider de changer de voie procédurale (traduire le mis en cause immédiatement devant le tribunal, requérir l'ouverture d'une information, ordonner la poursuite de l'enquête ou prendre toute autre décision sur l'action publique ; CPP, art. 40-1).
S'il ordonne la poursuite de l'enquête et que la personne est à nouveau entendue, elle a le droit d'être assistée, lors de son audition, par son avocat (CPP, art. 63-4-3).
La mention de ces formalités est faite au procès-verbal à peine de nullité de la procédure (nullité textuelle).
Il est donc important de vérifier le procès-verbal de saisine du tribunal.

ATTENTION La nullité de ce procès-verbal (assujettie à la démonstration d'un grief) ne remet pas en cause la régularité de la procédure antérieure. En revanche, elle impose au ministère public de citer de nouveau le prévenu, le tribunal n'ayant pas été valablement saisi initialement.

2 Avocat devant le juge des libertés et de la détention

1172 Si la réunion du tribunal est impossible le jour même (dimanche et jours fériés) et si les éléments de l'espèce lui paraissent exiger une mesure de détention provisoire, le procureur de la République peut traduire le prévenu devant le juge des libertés et de la détention qui statue en chambre du conseil avec l'assistance d'un greffier, sur les réquisitions du ministère public, après avoir recueilli les observations éventuelles du prévenu et de son avocat (CPP, art. 396).

À ce stade, le rôle de l'avocat est circonscrit à la seule question de la détention. Il met en exergue les garanties de représentation de son client afin de solliciter son placement sous contrôle judiciaire ou son assignation à résidence. Il peut être intéressant de suggérer au juge des libertés et de la détention les obligations d'un contrôle judiciaire qui seraient opportunes et adaptées à la situation de l'espèce (CPP, art. 138 et 144).

ATTENTION L'article 396 du Code de procédure pénale a été jugé inconstitutionnel – comme portant atteinte à la présomption d'innocence – en ce qu'il ne prévoit pas que le prévenu traduit devant le juge des libertés et de la détention doit être informé de son droit de se taire :
« (...) lorsqu'il est invité par le juge des libertés et de la détention à présenter ses observations, le prévenu peut être amené à reconnaître les faits qui lui sont reprochés. En outre, le fait même que le juge des libertés et de la détention invite le prévenu à présenter ses observations peut être de nature à lui laisser croire qu'il ne dispose pas du droit de se taire. Or, si la décision du juge des libertés et de la détention est sans incidence sur l'étendue de la saisine du tribunal correctionnel, en particulier quant à la qualification des faits retenus, les observations du prévenu sont susceptibles d'être portées à la connaissance de ce tribunal lorsqu'elles sont consignées dans l'ordonnance du juge des libertés et de la détention ou le procès-verbal de comparution.
Dès lors, en ne prévoyant pas que le prévenu traduit devant le juge des libertés et de la détention doit être informé de son droit de se taire, les dispositions contestées portent atteinte à ce droit. Par conséquent, et sans qu'il soit besoin d'examiner les autres griefs, elles doivent être déclarées contraires à la Constitution » (Cons. const., 4 mars 2021, n° 2020-886 QPC).

ATTENTION L'ordonnance rendue n'est pas susceptible d'appel.
La chambre criminelle de la Cour de cassation a récemment refusé de renvoyer au Conseil constitutionnel une question prioritaire de constitutionnalité portant sur la compatibilité de l'article 396, alinéa 3, du Code de procédure pénale « avec les principes de valeur constitutionnelle : 1°) de séparation des fonctions de justice, 2°) de la présomption d'innocence, 3°) du droit à un procès pénal équitable, 4°) de compétence de l'autorité judiciaire pour sauvegarder la liberté individuelle et 5°) du double degré de juridiction inclus dans les droits de la défense ».

À cette occasion, elle a rappelé « que le juge des libertés et de la détention, qui n'est pas autorité de poursuite, ne peut modifier cette saisine et se borne à fixer la date à laquelle le prévenu doit comparaître devant le tribunal correctionnel, dans la limite du troisième jour ouvrable suivant, à peine de caducité du mandat de dépôt ».
Elle a, au surplus, précisé que « si l'ordonnance de placement en détention n'est pas susceptible d'appel, le prévenu, lors de sa comparution à bref délai devant le tribunal correctionnel, voit nécessairement sa privation de liberté examinée de nouveau ; qu'il dispose, en outre, du droit de présenter tous moyens de nullité visant à contester les modalités de la saisine du juge des libertés et de la détention et les dispositions incluses dans son ordonnance ; que l'article 396, alinéa 3 précité assure aux justiciables placés dans une telle situation des garanties égales ; qu'ainsi, l'absence de double degré de juridiction ne fait pas obstacle au droit reconnu à l'intéressé de disposer d'autres moyens de contestation dans des délais appropriés » (Cass. crim., 22 juill. 2015, n° 15-90.010 : *JurisData* n° 2015-018193).
De la même manière, l'ordonnance du juge des libertés et de la détention refusant le placement en détention provisoire du prévenu est tout autant insusceptible d'appel (Cass. crim., 6 janv. 2016, n° 15-86.186 : *JurisData* n° 2016-000238).

Si le juge des libertés et de la détention prononce une ordonnance de placement en détention provisoire, le prévenu doit comparaître devant le tribunal au plus tard le troisième jour ouvrable suivant. À défaut, il est mis d'office en liberté.
Si le juge des libertés et de la détention prononce une ordonnance de placement sous contrôle judiciaire ou sous assignation à résidence, le procureur de la République ou son greffier notifie alors à l'intéressé la date et l'heure de l'audience selon les modalités prévues au premier alinéa de l'article 394.

ATTENTION La date et l'heure de l'audience peuvent également être notifiées à l'intéressé par le juge des libertés et de la détention ou par son greffier, si ces informations leur ont été préalablement données par le procureur de la République.
Toutefois, si les poursuites concernent plusieurs personnes dont certaines sont placées en détention, la personne reste convoquée à l'audience où comparaissent les autres prévenus détenus.

L'article 397-4 ne lui est pas applicable (CPP, art. 396, al. 4. – L. n° 2016-731, 3 juin 2016, art. 76).

B Action de l'avocat devant le tribunal correctionnel

1173 À Paris, les audiences de comparution immédiate se tiennent généralement devant la 23e chambre correctionnelle.

1 En cas de renvoi à une audience ultérieure

1174 Qu'il s'agisse d'un renvoi à la demande du prévenu (délai pour préparer sa défense, ou demande de supplément d'information nécessaire à la manifestation de la vérité relatif aux faits reprochés ou à la personnalité de l'intéressé) ou d'un renvoi d'office par le tribunal (affaire pas en état d'être jugée, absence de la victime, nécessité d'une expertise psychiatrique, d'une expertise osseuse...), le tribunal devra statuer sur la situation du prévenu dans l'attente de l'audience de renvoi.
Tout comme devant le juge des libertés et de la détention, le rôle de l'avocat est circonscrit à la seule question de la détention.
Après avoir recueilli les observations des parties et de leur avocat, le tribunal renvoie à une audience qui doit avoir lieu dans un délai qui ne peut être inférieur à quatre semaines, sauf renonciation expresse du prévenu, ni supérieur à dix semaines (CPP, art. 397-1, al. 1 dans sa version issue de la loi n° 2023-1059 du 20 novembre 2023 entrant en vigueur le 30 septembre 2024).
Lorsque le prévenu est en détention provisoire, le jugement au fond doit être rendu dans un délai, non plus de deux, mais de trois mois qui suivent le jour de sa première comparution devant le tribunal, à défaut de quoi il est mis fin à la détention du prévenu (CPP, art. 397-3, al. 3 dans sa version issue de la loi n° 2023-1059 du 20 novembre 2023 entrant en vigueur le 30 septembre 2024).

ATTENTION L'absence d'information du prévenu quant à la possibilité de demander un renvoi dans un délai de deux à quatre mois n'entraîne la nullité que si ce dernier prouve que cette carence lui a causé grief (Cass. crim., 28 nov. 2012, n° 12-81.939 : *JurisData* n° 2012-029947).
En cas de renvoi de l'affaire au-delà du délai légal, la détention est invalidée et le prévenu

doit être mis en liberté. Toutefois, le dépassement de délai n'a pas pour effet d'entacher la validité de la procédure et de mettre fin aux poursuites engagées (Cass. crim., 13 janv. 1992, n° 91-86.058 : *JurisData* n° 1992-000998).

ATTENTION Depuis le 25 mars 2019, lorsque le procureur de la République envisage de poursuivre une personne en la faisant comparaître immédiatement (ou en la convoquant par procès-verbal afin qu'elle comparaisse ultérieurement devant le tribunal correctionnel), il peut désormais décider de fixer à la même audience de précédentes poursuites pour lesquelles la personne a été renvoyée devant ce même tribunal, afin que lesdites poursuites puissent être jointes à la procédure ou examinées ensemble (CPP, art. 393, avant dernier al.).
Dans l'hypothèse d'un tel regroupement de procédures, le prévenu peut dès lors être amené à solliciter le renvoi – et à prendre donc le risque d'être placé en détention provisoire – non pas pour préparer sa défense concernant les faits objets de la procédure de comparution immédiate, mais pour disposer de davantage de temps pour préparer sa défense s'agissant des affaires pour lesquelles il avait été initialement renvoyé devant le tribunal correctionnel dans des délais plus longs.
Toutefois, si le Conseil constitutionnel a déclaré conforme à la Constitution cette possibilité de regroupement de procédures, c'est sous la réserve que ces nouvelles dispositions ne privent pas le tribunal correctionnel de la possibilité de renvoyer les seules affaires pour lesquelles le prévenu ne consent pas à être jugé séance tenante ou qui n'apparaissent pas au tribunal en l'état d'être jugées (Cons. const., 21 mars 2019, n° 2019-778 DC, § 284).

2 Lors de l'audience de jugement

a) Intervention de l'avocat du prévenu in limine litis

1175 **La nullité de la procédure.** Lorsque l'avocat du prévenu a identifié des causes de nullité de la procédure (garde à vue, procès-verbal de saisine du tribunal) et qu'il a ainsi rédigé des conclusions de nullité (pas obligatoire mais préférable), il doit les faire viser par le greffier d'audience, et dans le respect du principe du contradictoire, en remettre un exemplaire au représentant du ministère public. Il développe ensuite oralement lesdites conclusions de nullité, *in limine litis*, c'est-à-dire avant toute défense au fond.

1176 **L'inapplicabilité de la procédure de comparution immédiate aux faits poursuivis.** La procédure de comparution immédiate est inapplicable aux mineurs ainsi qu'en matière de délits de presse, de délits politiques et d'infractions dont la procédure de poursuite est prévue par une loi spéciale (CPP, art. 397-6. – V. *supra*, n° 1168).
Ainsi, l'avocat qui constate que le tribunal a été saisi par le parquet d'une infraction qui est exclue du champ procédural de la comparution immédiate doit le soulever *in limine litis*.
Par exemple, en cas de doute sur la majorité du prévenu, le tribunal doit surseoir à statuer et ordonner les suppléments d'information nécessaires (ex. : expertise osseuse).
En cas d'incompétence constatée, il appartient au tribunal de se déclarer incompétent et de renvoyer le ministère public à mieux se pourvoir.
De même, la procédure de comparution immédiate n'est possible que pour les délits faisant encourir une peine d'emprisonnement au moins égale à deux ans dans le cadre d'une enquête préliminaire, et au moins égale à six mois dans le cadre d'une enquête de flagrance (CPP, art. 395) (illustration : comparution immédiate d'une prostituée poursuivie pour racolage public sur le fondement de l'article 225-10-1 du Code pénal alors que le maximum de la peine encourue est de deux mois – Cass. crim., 26 sept. 2007, n° 07-82.713 : *JurisData* n° 2007-040848 ; *Bull. crim.* n° 223).
Dans une telle situation, l'avocat soulève, *in limine litis*, l'inapplicabilité de la procédure aux faits reprochés.

ATTENTION La récidive ne doit pas être prise en compte pour le calcul de la peine maximale encourue. Seule doit être considérée la peine édictée par les dispositions réprimant le délit objet de la poursuite, sans tenir compte de l'éventuel état de récidive du prévenu.

b) Intervention de l'avocat du prévenu au fond

1177 **La citation de témoins.** Par dérogation aux dispositions des articles 550 et suivants, l'avocat peut faire citer des témoins sans délai et par tout moyen (CPP, art. 397-5).
Le tribunal a la faculté d'autoriser, sur la proposition des parties, l'audition de témoins présents à l'audience (CPP, art. 444, al. 3) (Cass. crim., 18 avr. 1988, n° 87-84.819 : *JurisData* n° 1988-000890 ; *Bull. crim.* n° 161).

1178 **La nécessité d'un supplément d'information.** Même en cours d'audience, l'avocat peut solliciter un supplément d'information (CPP, art. 397-2, al. 1), voire le renvoi devant un juge d'instruction (CPP, art. 397-2, al. 2).

ATTENTION Lorsque le tribunal correctionnel décide de renvoyer le dossier au procureur de la République afin qu'un juge d'instruction soit saisi, il n'est pas tenu de procéder à un nouveau débat sur le maintien en détention provisoire du prévenu, puisque c'est par l'effet de la loi que celui-ci doit comparaître le jour même devant le juge d'instruction, faute de quoi, il est remis en liberté d'office.
La chambre criminelle de la Cour de cassation a, en effet, rappelé que « le maintien en détention ordonné à l'issue d'une procédure de comparution immédiate en application de l'article 397-2 du Code de procédure pénale, qui a pour effet de maintenir la personne poursuivie sous main de justice jusqu'à sa comparution, le jour même, devant un juge d'instruction, échappe aux prescriptions de l'article 144 du même code » (Cass. crim., 5 févr. 2019, n° 18-86.405).
Il convient de préciser que si les faits relèvent de la compétence d'un pôle de l'instruction et qu'il n'existe pas de pôle au sein du tribunal judiciaire, la comparution du prévenu doit désormais intervenir devant le juge d'instruction du pôle territorialement compétent dans un délai de cinq jours ouvrables (et non plus de trois) à défaut de quoi, le prévenu est remis en liberté d'office (CPP, art. 397-2 ; L. n° 2019-222, 23 mars 2019, art. 60).

1179 **La peine.** Même lorsque l'avocat du prévenu demande la relaxe de son client, il est parfois opportun de plaider, en subsidiaire, la peine.
Il peut ainsi s'agir de soutenir l'intérêt d'un sursis avec mise à l'épreuve, d'une dispense (CPP, art. 132-59) ou d'un ajournement de peine (CPP, art. 469-1. – C. pén., art. 132-60).
Dans ce dernier cas, la juridiction peut, en effet, ajourner le prononcé de la peine lorsqu'il apparaît que le reclassement du coupable est en voie d'être acquis, que le dommage causé est en voie d'être réparé et que le trouble résultant de l'infraction va cesser. Dans ce cas, elle fixe dans sa décision la date à laquelle il sera statué sur la peine.
Enfin, il peut également être opportun de solliciter une contrainte pénale, alternative aux courtes peines (C. pén., art. 131-4-1).

1180 **Les demandes annexes.** L'avocat doit penser à formuler une demande de non-inscription de la condamnation au B2 du casier judiciaire dans les cas où une telle inscription serait préjudiciable pour son client (ex. : concours de la fonction publique, travail dans le domaine de la sécurité).
De même, il doit penser à demander la restitution des scellés, laquelle est de droit sauf si la chose est illicite, dangereuse ou qu'elle a servi à commettre l'infraction ou en est le produit.

ATTENTION À l'issue de l'audience, l'avocat informe son client qu'il dispose d'un délai de dix jours pour interjeter appel des dispositions pénales et/ou civiles du jugement rendu sur le fond.
La cour statue dans les quatre mois de l'appel du jugement rendu sur le fond interjeté par le prévenu détenu, faute de quoi celui-ci, s'il n'est pas détenu pour une autre cause, est mis d'office en liberté (CPP, art. 397-4).
Le dépassement de ce délai n'entraîne pas la nullité de la procédure et ne met pas fin aux poursuites :
« Attendu qu'en cet état, et dès lors que l'article précité (art. 397-4) n'a prévu, en cas de dépassement du délai qu'il fixe, d'autre conséquence que la mise en liberté, le demandeur ne saurait soutenir que la méconnaissance de ce texte aurait pour effet d'entacher de nullité la procédure et de mettre fin aux poursuites engagées » (Cass. crim., 13 janv. 1992, n° 91-86.058 : *JurisData* n° 1992-000998 ; *Bull. crim.* n° 8).

c) Intervention de l'avocat de la partie civile au fond

1181 Tout comme l'avocat du prévenu, l'avocat de la partie civile peut faire citer des témoins sans délai et par tout moyen (CPP, art. 397-5).
Il peut également solliciter un supplément d'information (CPP, art. 397-2, al. 1), voire le renvoi devant un juge d'instruction (CPP, art. 397-2, al. 2).
Lorsqu'un bien appartenant à son client a été placé sous scellé au cours de la procédure, il en demande également la restitution.
Il sollicite la réparation du préjudice de son client *via* l'octroi de dommages et intérêts.
Si le préjudice ne peut être immédiatement liquidé, il peut solliciter la condamnation du prévenu au paiement d'une provision (CPP, art. 464, al. 2) et la désignation d'un expert médical.
L'avocat de la partie civile peut également demander le renvoi pur et simple de l'examen des intérêts civils à une date ultérieure (ex. : pour permettre à la partie civile d'apporter les justificatifs de ses demandes).

ATTENTION Le renvoi est de droit lorsqu'il est demandé par les parties civiles ou si la victime n'a pas été avisée de la date d'audience (CPP, art. 464, al. 3).
L'avocat de la partie civile vérifie que la CPAM a bien été mise dans la cause par le greffe.

À défaut, il demande le renvoi de l'examen des intérêts civils à une date ultérieure afin de mettre en cause la caisse de sécurité sociale (CPP, art. 388-2).
Dans le cas contraire, le jugement ne serait pas opposable à ladite caisse.
À l'issue de l'audience, l'avocat informe son client qu'il dispose d'un délai de dix jours pour interjeter appel des dispositions civiles du jugement rendu sur le fond.

CHECK-LIST • Consulter le dossier.
• Les copies du B1 du casier judiciaire, du rapport dactyloscopique et de l'enquête sociale rapide de personnalité sont-elles au dossier ?
• S'entretenir avec le client.
• Le client est-il d'accord pour être jugé le jour même ou souhaite-t-il un délai pour préparer sa défense ?
• La garde à vue à laquelle a été soumis le prévenu est-elle régulière (causes de nullité) ?
• Le procès-verbal de comparution immédiate est-il régulier ?
• La (ou les) infractions reproché(es) au prévenu fait-elle (font-elles) partie des exclusions légales pour lesquelles la procédure de comparution immédiate est inapplicable ?
• Le prévenu est-il majeur ? Y a-t-il un doute sur sa majorité ?
• Le délai légal de vingt heures séparant la notification de la fin de garde à vue de la présentation du mis en cause au procureur de la République, au tribunal correctionnel ou au juge des libertés et de la détention a-t-il été respecté ?
• Le dossier est-il en état d'être jugé ou justifie-t-il un supplément d'information ?
• Le comportement du prévenu nécessite-t-il de solliciter une expertise psychiatrique ?
• Le prévenu souhaite-t-il un délai pour préparer sa défense ?
• Le cas échéant, le prévenu dispose-t-il de garanties de représentation ?
• Les exceptions de nullité ont-elles été soulevées *in limine litis* ?
• Est-il opportun de faire citer des témoins ?
• Le dossier est-il en état ? Un supplément d'information est-il nécessaire ?
• Le prévenu peut-il bénéficier d'un sursis simple ? D'un sursis avec mise à l'épreuve ?
• Est-il opportun de solliciter une dispense ou un ajournement de peine ?
• La situation professionnelle du prévenu justifie-t-elle que soit formulée une demande de non-inscription de la condamnation au B2 du casier judiciaire ?
• Les objets placés sous scellés peuvent-ils être restitués ?
• Le préjudice de la partie civile peut-il être immédiatement liquidé ?
• Une demande de provision par l'avocat de la partie civile est-elle opportune ?
• La désignation d'un expert médical est-elle nécessaire ?
• La CPAM a-t-elle été mise en cause ?
• Le renvoi de l'examen des intérêts civils s'impose-t-il ?

POUR ALLER PLUS LOIN...

Fascicule JurisClasseur
• *JCl. Procédure Pénale*, Art. 393 à 397-6, fasc. 20, par V. Lesclous.

Fiche 50

Demander l'audition des témoins et experts

Vanessa BOUSARDO

Sommaire

I Aperçu rapide

A Éléments clés

1182 La preuve testimoniale irrigue toute la matière pénale, que ce soit aux prémices de l'enquête policière ou au cours de l'information judiciaire, jusque devant les prétoires où elle est au cœur du procès.

Centrale dans le procès d'assises, elle est également largement utilisée devant le tribunal correctionnel, et s'avère essentielle en matière contraventionnelle où la valeur probante des procès-verbaux des officiers et agents de police judiciaire – lesquels font foi jusqu'à preuve contraire – peut être légalement contredite par le témoignage (CPP, art. 537).

Selon une acception stricte de la notion de témoin, seule la personne qui dépose en justice, sous la foi du serment, de faits dont elle a eu connaissance, peut être qualifiée de témoin.

Autrement dit, le témoin est la personne en présence de qui un fait s'est accompli ou qui a eu connaissance dudit fait, et qui est appelée à l'attester devant la juridiction répressive éventuellement après avoir été entendue au cours de l'enquête préliminaire (CPP, art. 62) ou au cours de l'information par le juge d'instruction (CPP, art. 101 à 113-8).

En réalité, selon une acception plus large du terme, doit également être considérée comme témoin, la personne qui est entendue, non pas sur les faits reprochés au mis en cause mais sur

la personnalité de celui-ci. Il s'agit du témoin dit de « moralité » (CPP, art. 325, 331, 444).
En tout état de cause, tous les témoins, sans distinction, prêtent serment avant de déposer.
Ils jurent de dire « toute la vérité, rien que la vérité » devant le juge d'instruction (CPP, art. 103) et devant le tribunal correctionnel (CPP, art. 446) et « de parler sans haine et sans crainte, de dire toute la vérité, rien que la vérité » devant la cour d'assises (CPP, art. 331, al. 3).
Par ailleurs, lorsqu'il y a lieu de procéder à des constatations ou à des examens techniques ou scientifiques, les enquêteurs (au stade de l'enquête) peuvent avoir recours à toutes personnes qualifiées (CPP, art. 60).
De même, lorsque se pose une question d'ordre technique, toute juridiction d'instruction ou de jugement peut, soit à la demande du ministère public, soit d'office, ou à la demande des parties, ordonner une expertise, ce qui implique donc la désignation d'un expert (CPP, art. 156).
Il n'est alors pas rare que les experts soient ultérieurement appelés à comparaître devant les juridictions de jugement afin d'exposer le résultat de leurs opérations techniques.
Ils prêtent alors serment « d'apporter leur concours à la justice en leur honneur et en leur conscience » (CPP, art. 168).
Au total, l'ensemble des parties à la procédure peuvent faire entendre des témoins et experts.
Qu'il s'agisse de témoins *stricto sensu*, témoins de moralité ou experts judiciaires, ils se voient appliquer les mêmes règles procédurales s'agissant des modalités de leurs convocations à comparaître devant les juridictions.

B Textes

- CPP, art. 60, 62, 81, 82-1, 101 à 113-8, 131-26, 4°, 156, 157, 168, 281, 309, 310, 312, 325, 326, 330, 331, 335 à 337, 342, 397-5, 422, 427, 434-13, 435, 437 à 439, 442-1, 444, 446 à 449, 451, 513, 536, 537, 550 à 552, 653 à 655, 656-1, 706-71 ; R. 123 à R. 125.
- C. pén., art. 226-13, 226-14, 434-13, 434-14.
- L. n° 2019-222, 23 mars 2019.

II Préparation

A Informations préalables

1183 • Les personnes à citer en qualité de témoins peuvent-elles déposer sous la foi du serment ou relèvent-elles des exceptions légales ou jurisprudentielles dites « témoins reprochables » ou « témoins incapables » ?
• S'agit-il de faire citer des témoins et experts au stade de l'information judiciaire ou devant les juridictions de jugement ?
• Au stade de l'information judiciaire, existe-t-il des indices graves et concordants à l'encontre des personnes à faire citer comme témoins ? Sont-elles nommément visées par les réquisitoires introductifs et supplétifs du procureur ?
• La citation à comparaître devant la juridiction de jugement est-elle conforme aux exigences des articles 550 et suivants du Code de procédure pénale ?
• La liste des témoins et experts a-t-elle été adressée au greffe de la cour d'assises un mois et dix jours au moins avant l'ouverture des débats ?
• La liste des témoins et experts cités à comparaître devant la cour d'assises a-t-elle été signifiée au ministère public et aux autres parties au plus tard un mois au moins avant l'ouverture des débats ?

B Inventaire des solutions et éléments de décisions

1 La détermination des personnes susceptibles d'être entendues comme témoins

1184 En vertu du principe de la liberté de la preuve en matière répressive (CPP, art. 427), toute personne qui a vu un fait délictueux ou en a eu connaissance est censée pouvoir en témoigner.
Toutefois, il existe des exceptions légales.
Le législateur énumère en effet, de manière limitative, un certain nombre de personnes, dites « témoins reprochables », dont les dépositions ne peuvent être reçues sous la foi du serment (CPP, art. 108, 335, 422, 447, 448).
Il s'agit :
– du père, de la mère ou de tout autre ascendant de l'accusé, ou de l'un des accusés présents et soumis au même débat ;
– du fils, de la fille, ou de tout autre descendant ;
– des frères et sœurs ;
– des alliés aux mêmes degrés ;

- du mari ou de la femme, du partenaire lié à l'accusé par un PACS ou de son concubin, au sens de l'article 515-8 du Code civil, lorsque cet état a été allégué par le témoin, l'accusé ou une partie et qu'il n'est pas contesté ou qu'il est établi par les éléments de la procédure ; cette prohibition subsiste même après le divorce, la dissolution du PACS ou la cessation du concubinage (L. n° 2020-1672, 24 déc. 2020, art. 27) ; de la partie civile ;
- des enfants au-dessous de l'âge de seize ans ;
- de toute personne qui a été accusée, prévenue ou condamnée soit pour le crime dont est saisie la cour d'assises en qualité de coauteur ou de complice, soit pour un crime ou un délit connexe ou formant un ensemble indivisible avec le crime dont est saisie la cour d'assises.

ATTENTION L'audition sous serment de ces personnes n'entraîne pas la nullité lorsque ni le ministère public ni aucune des parties ne s'est opposé à la prestation de serment (CPP, art. 336 et 449).
En revanche, en cas d'opposition du ministère public ou d'une ou plusieurs des parties, le témoin ne peut être entendu qu'à titre de renseignements, en vertu du pouvoir discrétionnaire du président (CPP, art. 336), étant précisé que le président n'est jamais obligé de procéder à l'audition du témoin reprochable.
Les dérogations prévues par l'article 335 du Code de procédure pénale sont d'interprétation stricte.
De même, le frère de l'épouse divorcée de l'accusé doit être entendu serment préalablement prêté.
À défaut, la cassation est encourue (Cass. crim., 23 juin 2010, n° 09-82.197). Il convient de préciser que le témoin anonyme n'est pas tenu de répondre à la question de l'avocat de l'accusé visant à savoir s'il existe un lien éventuel de parenté ou d'alliance entre ledit témoin et les parties – susceptible de faire de lui un témoin reprochable (Cass. crim., 8 mars 2018, n° 17-82.116).
S'agissant en particulier du témoin anonyme, la chambre criminelle a rappelé qu'« en application de l'article 310 du Code de procédure pénale, **il appartient au président de la cour d'assises, en vertu de son pouvoir discrétionnaire, de prendre toutes mesures propres à faire établir, si une contestation apparaît à l'audience sur ce point, qu'un témoin déposant à l'audience de la cour d'assises, sans que son identité soit révélée, par visioconférence, son visage étant dissimulé et sa voix pouvant être déformée, a bien reçu l'autorisation prévue par l'article 706-58 du Code de procédure pénale**. Il peut aussi, sans révéler l'identité du témoin, prendre les mesures permettant de vérifier qu'elle correspond à celle versée au dossier distinct prévu par ce texte, le cas échéant, en le faisant établir par le procureur de la République, le juge d'instruction ou un officier de police judiciaire » (Cass. crim., 26 févr. 2020, n° 19-84.253).
Il convient de préciser que le lien de subordination existant entre un témoin et le mis en cause, ne fait pas du témoin subordonné un témoin reprochable.
L'existence d'un lien de subordination ne dispense donc pas de la prestation de serment (Cass. crim., 8 janv. 2019, n° 18-81.914).

La jurisprudence assimile à ces témoins reprochables, **« les témoins incapables »**.
Il s'agit des personnes condamnées définitivement à une interdiction des droits civiques, civils et de famille (C. pén., art. 131-26, 4°), lesquelles ne peuvent donc être entendues qu'à titre de simple renseignement, sans prestation de serment.
En ce qui concerne les dénonciateurs, c'est-à-dire les personnes ayant porté les faits poursuivis à la connaissance de la justice, ils peuvent être entendus en témoignage, mais le président doit en avertir le tribunal correctionnel ou, le cas échéant, la cour d'assises. En revanche, le ministère public et les parties peuvent s'opposer à l'audition du dénonciateur ayant été récompensé pécuniairement par la loi (CPP, art. 337 et 451).
Les personnes soumises au secret professionnel (C. pén., art. 226-13 et s.). Elles peuvent refuser de révéler les informations dont elles ont eu connaissance à raison de leurs fonctions.
La dispense de déposer n'est donc pas générale et inconditionnelle mais se trouve limitée aux seuls faits qui leurs ont été révélés sous le sceau du secret, dans l'exercice de leur profession. C'est la juridiction qui apprécie si les faits sur lesquels le témoin est appelé à déposer présentent un caractère secret.

ATTENTION En tout état de cause, citées comme témoins, les personnes soumises au secret professionnel sont tenues de comparaître et de prêter serment, même si elles refusent *in fine* de déposer.

2 Illustrations des personnes susceptibles d'être entendues comme témoins

1185 **Les personnes évoquant des faits prescrits.** Aucune disposition légale ne fait obstacle à la déposition d'un témoin sur des faits prescrits.

Un tel témoin doit donc être entendu sous serment sous réserve des exceptions prévues à l'article 335 du Code de procédure pénale (Cass. crim., 3 nov. 2016, n° 15-87.038 : *JurisData* n° 2016-022715).

1186 **Les magistrats et enquêteurs.** Il n'existe aucune incompatibilité entre la fonction de magistrat et la qualité de témoin dès lors que le magistrat concerné ne siège pas à la juridiction devant laquelle le prévenu ou l'accusé comparaît.
Peuvent donc être entendus comme témoins, le procureur de la République qui a engagé la poursuite (Cass. crim., 16 déc. 1975 : *Bull. crim.* n° 282), le juge d'instruction qui a été chargé de l'information judiciaire (Cass. crim., 6 févr. 1957, *Bull. crim.* n° 121). Il en va de même d'un officier de police judiciaire ayant procédé à l'enquête (Cass. crim., 2 déc. 1987, n° 87-82.603 : *JurisData* n° 1987-002201, *Bull. crim.* n° 443).

1187 **Les membres du gouvernement.** Ils ne peuvent comparaître qu'après y avoir été autorisés par décret pris en conseil des ministres. Si l'autorisation a été accordée, la déposition est reçue dans les formes ordinaires (CPP, art. 653).
En revanche, lorsque la comparution n'a pas été demandée ou que l'autorisation a été refusée, la déposition est reçue par écrit, dans la demeure du témoin, par le premier président de la cour d'appel ou, si le témoin réside hors du chef-lieu de la cour, par le premier président du tribunal judiciaire de sa résidence. Il sera, à cet effet, adressé par la juridiction saisie de l'affaire, au magistrat ci-dessus désigné, un exposé des faits ainsi qu'une liste des demandes et questions sur lesquels le témoignage est requis (CPP, art. 654).
La déposition ainsi reçue est immédiatement remise au greffe ou envoyée, close et cachetée, à celui de la juridiction requérante et communiquée, sans délai, au ministère public ainsi qu'aux parties intéressées. À la cour d'assises, elle est lue publiquement et soumise aux débats. Cette lecture est prescrite à peine de nullité.

1188 **Les représentants d'une puissance étrangère.** Leur déposition est demandée par l'entremise du ministre des Affaires étrangères. Si la demande est agréée, cette déposition est toujours reçue par écrit à sa demeure par le premier président de la cour d'appel ou par le magistrat qu'il aura délégué. Il est alors procédé dans les formes prévues aux articles 654, alinéa 2, et 655 du Code de procédure pénale.

1189 **Les agents des services spécialisés de renseignement mentionnés à l'article 6 nonies de l'ordonnance n° 58-1100 du 17 novembre 1958, relative au fonctionnement des assemblées parlementaires.** Lorsque le témoignage de ces agents est requis au cours d'une procédure judiciaire sur des faits dont ils auraient eu connaissance lors d'une mission intéressant la défense et la sécurité nationale, leur identité réelle ne doit jamais apparaître au cours de la procédure judiciaire.
Le cas échéant, leur appartenance à l'un de ces services et la réalité de leur mission sont attestées par leur autorité hiérarchique.
Les questions posées ne doivent avoir ni pour objet ni pour effet de révéler, directement ou indirectement, la véritable identité des agents. Les auditions sont reçues dans des conditions permettant la garantie de leur anonymat.
S'il est indiqué par l'autorité hiérarchique que l'audition requise comporte des risques pour les agents, leurs proches ou leur service, cette audition est faite dans un lieu assurant l'anonymat et la confidentialité. Ce lieu est choisi par le chef du service et peut être le lieu de service d'affectation des agents.
Aucune condamnation ne peut être prononcée sur le seul fondement des déclarations des agents (CPP, art. 656-1).

1190 **Les témoins déjà entendus en première instance.** Devant la cour d'appel, le ministère public peut s'opposer à l'audition des témoins cités par le prévenu s'ils ont déjà été entendus par le tribunal. Dans cette hypothèse, il appartient à la cour de trancher ce point avant tout débat au fond (CPP, art. 513).

ATTENTION La Cour de cassation est venue préciser que les témoins régulièrement cités devant la cour d'appel et n'ayant pas été entendus par le tribunal, doivent être auditionnés par la juridiction du second degré, l'abstention de la défense de les faire citer en première instance étant insuffisante à justifier d'un refus (Cass. crim., 29 juin 2022, n° 21-85.470 : *JurisData* n° 2022-010464).
Cette jurisprudence s'inscrit dans la droite ligne de celle développée par la Cour européenne des droits de l'homme laquelle a récemment rappelé que le refus d'une juridiction interne d'auditionner des témoins à décharge peut porter atteinte au droit à un procès équitable prévu à l'article 6 de la Convention (CEDH, 15 déc. 2022, n°s 28081/19 et 29664/19, *Vasarab et Paulus c/ Slovaquie*).

3 La détermination des personnes susceptibles d'être entendues comme experts

1191 Si le ministère public, comme les avocats des parties au procès pénal, peuvent solliciter, devant toutes les juridictions de jugement, dans le cas où se pose une question d'ordre technique, la désignation d'experts (CPP, art. 156) – lesquels sont choisis sauf exception (CPP, art. 157), parmi les personnes physiques ou morales qui figurent sur la liste nationale dressée par la Cour de cassation ou sur une des listes dressées par les cours d'appel – ces derniers rendront des rapports d'expertises mais ne seront pas *stricto sensu* entendus.

En revanche, le ministère public et les avocats des parties peuvent faire citer devant les juridictions de jugement les experts intervenus pendant l'information judiciaire, afin qu'ils exposent oralement le résultat de leurs opérations techniques.

Ils peuvent ainsi leur poser directement des questions (CPP, art. 312, 442-1), étant précisé que les experts doivent, avant d'y répondre, « avoir prêté serment d'apporter leur concours à la justice en leur honneur et en leur conscience » (CPP, art. 168).

Il ne s'agit donc pas du même serment que celui prêté par le témoin.

Cet impératif de serment préalable de l'expert, avant de rendre compte à l'audience de l'accomplissement de sa mission, s'applique alors même que, figurant sur une liste officielle d'experts, il serait assermenté (Cass. crim., 9 mai 2018, n° 17-84.591).

ATTENTION « En l'absence de donné-acte qu'il appartenait à la défense de solliciter ou de conclusions d'incident qu'elle avait la faculté de déposer au cours des débats devant la cour d'assises, le moyen, pris du défaut de prestation d'un serment d'un expert devant la cour d'assises, en méconnaissance de l'article 168 du Code de procédure pénale, présenté pour la première fois devant la Cour de cassation, n'est pas recevable » (Cass. crim., 2 déc. 2020, n° 19-87.124).

L'audition d'un médecin qui aurait délivré un certificat contenant des renseignements médicaux à la demande d'un juge d'instruction sans avoir été commis par celui-ci au sens de l'article 156 du Code de procédure pénale et qui n'a pas non plus été appelé à procéder à des constatations conformément à l'article 60 du même code, n'a pas la qualité d'expert.

Il ne prête donc pas le serment des experts, mais celui des témoins (Cass. crim., 3 oct. 1979 : *Bull. crim.* n° 269).

III

Mise en œuvre

A Demander l'audition des témoins et experts avant le procès pénal

1192 Dans le cadre d'une information judiciaire, les avocats de la partie civile et du mis en examen ont la possibilité de solliciter, auprès du magistrat instructeur, l'audition des témoins qui leur semble utile à la défense des intérêts de leurs clients. Ils peuvent également demander l'organisation de confrontations.

Pour ce faire, ils agissent par le biais de demandes d'actes, lesquelles doivent faire l'objet d'une déclaration au greffe du juge d'instruction saisi du dossier ou, lorsque le demandeur ou son avocat ne réside pas dans le ressort de la juridiction compétente, la déclaration au greffe peut être faite au moyen d'une lettre recommandée avec demande d'avis de réception (CPP, art. 81, 82-1).

ATTENTION Une personne ne peut pas être entendue comme simple témoin si :
- il existe contre elle des indices graves et concordants sur sa participation aux faits (CPP, art. 105) ;
- elle est nommément visée par le réquisitoire du procureur ayant ouvert l'instruction (réquisitoire introductif) ou élargissant son champ si l'instruction est déjà en cours (réquisitoire supplétif).

Ces personnes ne peuvent être interrogées que sous le statut de :
- mis en examen ;
- ou de témoin assisté.

Faisant droit aux demandes des parties ou agissant d'initiative, le juge d'instruction va alors faire citer devant lui, par un huissier ou par un agent de la force publique, toutes les personnes dont la déposition lui paraît utile.

Lorsqu'ils sont cités ou convoqués, les témoins sont avisés que, s'ils ne comparaissent pas ou s'ils refusent de comparaître, ils pourront y être contraints par la force publique en application des dispositions de l'article 109.

Généralement, les témoins sont convoqués par lettre simple ou par lettre recommandée ou plus rarement par la voie administrative ; ils peuvent en outre comparaître volontairement (CPP, art. 101).

En ce qui concerne les experts, les avocats peuvent solliciter leur désignation si cela n'a pas été spontanément fait par le juge d'instruction afin qu'ils réalisent les examens techniques nécessaires, ou demander à ce que soit effectués une contre-expertise et/ou un complément d'expertise, lorsque le rapport d'expertise versé à la procédure leur paraît contestable ou incomplet.
En revanche, leur audition *stricto sensu* n'interviendra généralement que devant la juridiction de jugement.

B Demander l'audition des témoins et experts devant les juridictions de jugement

1 La citation à comparaître des témoins et experts

1193 Devant les juridictions répressives, la convocation à comparaître en justice se fait par voie de citation délivrée par exploit d'huissier (CPP, art. 550, 551), que ce soit devant le tribunal correctionnel (CPP, art. 435), le tribunal de police (CPP, art. 536), la cour d'appel (CPP, art. 513) ou la cour d'assises.
L'exploit de citation contient la désignation du requérant, la date, les nom, prénoms et adresse de l'huissier, ainsi que les nom, prénoms et adresse du destinataire ou, si le destinataire est une personne morale, sa dénomination et son siège.
La citation énonce le fait poursuivi et vise le texte de la loi qui le réprime.
Elle indique la juridiction saisie, le lieu, l'heure et la date de l'audience, et précise expressément la qualité de témoin de la personne citée.
Si elle est délivrée à la requête de la partie civile, elle mentionne, s'il s'agit d'une personne physique, ses nom, prénoms, profession et domicile réel ou élu et, s'il s'agit d'une personne morale, sa forme, sa dénomination, son siège social et l'organe qui la représente légalement (CPP, art. 550, 551).

ATTENTION La citation à témoin doit, en outre, mentionner que la non-comparution, le refus de témoigner et le faux témoignage sont punis par la loi.
À ce titre, il est important de faire expressément état des sanctions attachées au défaut de comparution en visant les articles 326 (pour une citation à comparaître devant la cour d'assises), 437, 438 et 439 du Code de procédure pénale (pour une citation à comparaître devant le tribunal correctionnel).

Le délai entre le jour où la citation est délivrée et le jour fixé pour la comparution devant le tribunal correctionnel ou de police est d'au moins dix jours, si la partie citée réside dans un département de la France métropolitaine ou si, résidant dans un département d'outre-mer, elle est citée devant un tribunal de ce département.
Ce délai est augmenté d'un mois si la partie citée devant le tribunal d'un département d'outre-mer réside dans un autre département d'outre-mer, dans un territoire d'outre-mer, à Saint-Pierre-et-Miquelon ou Mayotte ou en France métropolitaine, ou si, cité devant un tribunal d'un département de la France métropolitaine, elle réside dans un département ou territoire d'outre-mer, à Saint-Pierre-et-Miquelon ou Mayotte.
Si la partie citée réside à l'étranger, ce délai est augmenté d'un mois si elle demeure dans un État membre de l'Union européenne et de deux mois dans les autres cas (CPP, art. 552).
Contrairement à la cour d'assises, devant le tribunal correctionnel, les parties et le ministère public ne sont pas tenus de signifier la liste des témoins qu'ils souhaitent faire entendre devant le tribunal.

Les irrégularités affectant les citations à témoins sont sans incidence sur la validité des poursuites contre le prévenu (ou l'accusé). En effet, ces citations ne sont pas prescrites à peine de nullité et ne sont pas considérées comme des formalités substantielles.
Le prévenu ou l'accusé ne peut donc s'opposer à l'audition d'un témoin au motif que celui-ci n'aurait pas été régulièrement cité.
Toutefois, la régularité des citations a une incidence en termes de sanctions, car seuls peuvent être pénalisés les témoins régulièrement cités.

ATTENTION Si les témoins et experts sont cités à comparaître devant les juridictions de jugement, leurs auditions peuvent néanmoins se faire, dans certaines circonstances, par le biais de la visioconférence (CPP, art. 706-71, al. 2).
Doivent, dès lors, figurer au dossier de la procédure les procès-verbaux de constatation des opérations techniques réalisées.
Toutefois, l'absence de ces procès-verbaux ne fait pas nécessairement encourir la cassation, les règles procédurales applicables devant la cour d'assises permettant aux parties de faire constater les éventuelles irrégularités par le biais du donné-acte (Cass. crim., 18 nov. 2015, n° 14-86.475 : *JurisData* n° 2015-025742).

La chambre criminelle l'a récemment rappelé, estimant qu'en l'absence de procès-verbal des opérations techniques de visioconférence des témoins » la cassation n'est (...) pas encourue, dès lors que l'absence de demande de donné-acte fait présumer qu'aucun incident technique, de nature à porter atteinte aux droits de la défense, ne s'est produit au cours de ces liaisons » (Cass. crim., 20 juin 2018, n° 17-85.096).
Il a d'ailleurs été récemment précisé que l'audience par visioconférence d'un témoin, remplacée par une communication téléphonique avec le tribunal à cause d'un incident technique, ne viole pas les dispositions de l'article 706-71 dès lors que « le président de la cour d'assises, à qui il appartenait de prendre toutes les mesures utiles à la poursuite des débats, s'est conformé aux dispositions de l'article R. 53-33, alinéa 1, du Code de procédure pénale et **n'a pas méconnu les dispositions de l'article 706-71 dudit code, dès lors que l'identité du témoin a été attestée par sa présentation au tribunal de Cayenne et qu'aucune partie ne s'étant opposée préalablement à ce que l'audition soit réalisée au moyen d'une télécommunication sonore**, aucun incident n'a été soulevé par les parties à l'issue de ladite audition » (Cass. crim., 28 oct. 2020, n° 19-80.361).

2 La comparution volontaire des témoins à l'audience

1194 Le tribunal a la faculté d'autoriser, sur la proposition des parties, l'audition des personnes présentes à l'ouverture des débats n'ayant pas été régulièrement citées (CPP, art. 444, al. 3) (Cass. crim., 18 avr. 1998, n° 87-84.819 : *JurisData* n° 1988-000890 ; *Bull. crim.* n° 161).
En revanche, après l'ouverture des débats, de nouveaux témoins ne peuvent plus être admis.

3 Les spécificités de la procédure de comparution immédiate ou de convocation par procès-verbal

1195 Par dérogation aux dispositions des articles 550 et suivants, l'avocat peut faire citer des témoins sans délai et par tout moyen (CPP, art. 397-5).
Lorsqu'ils sont requis verbalement par un officier de police judiciaire ou un agent de la force publique, ils sont tenus de comparaître.

4 Les spécificités devant la cour d'assises

a) Cinq citations à la requête du ministère public

1196 Les parties aux procès d'assises ont la possibilité, comme devant les autres juridictions répressives, de faire citer autant de témoins et/ou experts qu'ils jugent nécessaire, en procédant également par voie d'huissier (CPP, art. 550 et 551).
Toutefois, la défense et la partie civile ont la possibilité de faire citer chacune cinq témoins et/ou experts à la requête du ministère public.
Pour ce faire, il appartient aux parties d'en faire la demande au greffe de la cour d'assises au plus tard un mois et dix jours au moins avant l'ouverture des débats (CPP, art. 281 dans sa version issue de la loi n° 2019-222 du 23 mars 2019 entrant en vigueur le 1er juin 2019).
Si les parties ont plus de cinq témoins à faire citer, les citations excédentaires seront effectuées par leurs soins et à leurs frais, sauf en cas de commission d'office.

ATTENTION S'ils en font la demande, les témoins cités à la requête, soit des accusés, soit des parties civiles, reçoivent des indemnités de comparution, de séjour et de frais de voyages, lesquelles sont payées, non par le Trésor, mais par ceux qui les ont appelés en témoignage (CPP, art. R. 123 à R. 125).

b) La signification de la liste des témoins et experts aux autres parties

1197 Chacune des parties doit signifier aux autres parties au procès, la liste des personnes qu'elle désire faire entendre en qualité de témoins. Cette signification doit intervenir dès que possible et un mois au moins avant l'ouverture des débats (CPP, art. 281 dans sa version issue de la loi n° 2019-222 du 23 mars 2019 entrant en vigueur le 1er juin 2019).
L'exploit de signification doit mentionner les nom, prénoms, profession et résidence de ces témoins (CPP, art. 281).
Il en va de même pour les experts appelés à rendre compte des travaux dont ils ont été chargés au cours de l'information, dont les noms doivent être signifiés dans les mêmes conditions (CPP, art. 281).
Le président ordonne à l'huissier de faire l'appel des témoins cités par le ministère public, par l'accusé et la partie civile dont les noms ont été signifiés conformément aux prescriptions de l'article 281. Les témoins appelés par le ministère public ou les parties sont entendus dans le débat, même s'ils n'ont

pas déposé à l'instruction, ou s'ils n'ont pas été assignés, à condition que leurs noms aient été signifiés conformément aux prescriptions de l'article 281. La cour est donc tenue d'entendre tous les témoins dont les noms figurent sur la liste lue par l'huissier (CPP, art. 324). Il s'agit des témoins « acquis aux débats ».

Si l'article 324 du Code de procédure pénale prévoit qu'il appartient à l'huissier de donner lecture de la liste des témoins cités, la Cour de cassation estime qu'une lecture de cette liste faite par le greffier – en méconnaissance de l'article précité – doit néanmoins être considérée comme régulière dès lors que les parties n'ont formulé aucune observation à cette occasion (Cass. crim., 22 juin 2016, n° 15-82.685 : *JurisData* n° 2016-012105).

Selon la jurisprudence, même en l'absence de signification, les témoins sont considérés comme « acquis aux débats » dès lors qu'ils ont été cités avant l'ouverture des débats. Toutefois, dans cette hypothèse, le ministère public et les parties peuvent s'opposer à leur audition (CPP, art. 330).

En revanche, « l'absence de signification de la liste des témoins ne peut conduire à l'annulation de la décision de la cour d'assises sur la culpabilité et sur la peine » (Cass. crim., 9 mars 2022, n° 21-82.136).

La cour statue alors sur cette opposition et, si elle est reconnue fondée, ces témoins peuvent être entendus, à titre de renseignements, en vertu du pouvoir discrétionnaire du président.

Si au regard de l'article 331, dernier alinéa du Code de procédure pénale, les témoins déposent uniquement sur les faits reprochés à l'accusé, sur sa personnalité ou sur sa moralité, il ne peut être fait droit à une opposition à témoignage formulée par une partie ou par le ministère public, dès lors, d'une part, que le témoin avait été inscrit à la demande de l'accusé sur la liste complémentaire des témoins, qu'il avait été régulièrement cité et que son nom avait été signifié à l'ensemble des parties, et que, d'autre part, l'audition de ce témoin, en l'espèce un praticien, avait pour objet de fournir à la cour un avis sur l'origine des blessures de la victime, l'avis technique sollicité étant soumis à la discussion contradictoire.

La cour qui, pour faire droit à cette opposition, retient que le témoin, mandaté par l'accusé pour fournir un avis technique critique sur les expertises judiciaires, n'est pas en mesure de déposer ni sur les faits reprochés à l'accusé, dont il n'a nullement été témoin, ni sur sa personnalité ou sa moralité, et que son avis, nécessairement partial puisque il était mandaté par l'accusé, porte atteinte aux intérêts de la partie civile et plus généralement aux règles du procès équitable, encourt dès lors la cassation (Cass. crim., 14 déc. 2016, n° 16-81.656 : *JurisData* n° 2016-027000).

ATTENTION Il convient de préciser que les témoins ne sont pas tenus de faire part de leur intime conviction concernant la culpabilité de l'accusé (CPP, art. 331 dans sa version issue de la loi n° 2019-222 du 23 mars 2019 entrant en vigueur le 1er juin 2019).

ATTENTION L'effet de la dénonciation des témoins et experts est donc de rendre le témoignage opposable à la partie à laquelle la signification a été faite.
L'omission ou l'irrégularité de la signification de la liste des témoins et experts n'est pas une cause de nullité de la procédure. Elle ouvre seulement à la partie à qui la signification était due le droit de s'opposer à l'audition du témoin.

Si les témoins n'ont pas été cités avant l'ouverture des débats et si leurs noms n'ont pas été signifiés, ils ne peuvent pas être entendus en qualité de témoins, mais seulement à titre de renseignements, en vertu du pouvoir discrétionnaire du président (Cass. crim., 28 mai 1968, n° 67-93.326 : *Bull. crim.* n° 175).

c) Le pouvoir discrétionnaire du président

1198 Le président est investi d'un pouvoir discrétionnaire en vertu duquel il peut, en son honneur et en sa conscience, prendre toutes mesures qu'il croit utiles pour découvrir la vérité.

Il peut ainsi, au cours des débats appeler, au besoin par mandat d'amener, et entendre toutes personnes qui lui paraissent, d'après les développements donnés à l'audience, utiles à la manifestation de la vérité (CPP, art. 310).

ATTENTION Les témoins ainsi appelés ne prêtent pas serment et leurs déclarations ne sont considérées que comme renseignements, étant rappelé que le président n'est jamais tenu de faire usage de son pouvoir discrétionnaire.
L'article 310 n'étant applicable qu'aux seuls témoins, il résulte de l'article 168 que les experts, qui en tout état de cause doivent prêter serment, ne sont jamais entendus à titre de simples renseignements, et ce même s'ils sont appelés à l'audience en vertu du pouvoir discrétionnaire du président (Cass. crim., 25 sept. 2002, n° 01-87.647 : *JurisData* n° 2002-016189).

ATTENTION Le pouvoir discrétionnaire dont dispose le président en vertu de l'article 310 du Code de procédure pénale lui permet de saisir la cour d'une demande d'auditions de témoins et de rendre, à ce titre, un arrêt incident (Cass. crim., 2 févr. 2022, n° 21-82.009).

d) Le pouvoir de direction des débats du président

1199 En l'absence de tout texte de loi prescrivant un ordre entre l'audition des témoins ou experts et l'interrogatoire de l'accusé, le président est en droit, en vertu de son pouvoir de direction des débats (CPP, art. 309), de recueillir d'abord la déposition d'un témoin avant de procéder à l'interrogatoire de l'accusé (Cass. crim., 20 nov. 2013, n° 12-87.783 : *JurisData* n° 2013-026197).

ATTENTION À compter du 1er juin 2019, le président pourra interrompre les témoins pour leur poser directement des questions et ce, sans attendre la fin de leur déposition (CPP, art. 332 dans sa version issue de la loi n° 2019-222 du 23 mars 2019 entrant en vigueur le 1er juin 2019).

e) Les spécificités devant la cour d'assises d'appel

1200 À compter du 1er juin 2019, l'appel formé par l'accusé ou le ministère public pourra indiquer qu'il ne conteste pas les réponses données par la cour d'assises sur la culpabilité et qu'il est limité à la décision sur la peine.
Dans ce cas, seuls sont entendus devant la cour d'assises statuant en appel les témoins et experts dont la déposition est nécessaire afin d'éclairer les assesseurs et les jurés sur les faits commis et la personnalité de l'accusé, sans que soient entendues les personnes dont la déposition ne serait utile que pour établir sa culpabilité (CPP, art. 380-2-1 A dans sa version issue de la loi n° 2019-222 du 23 mars 2019 entrant en vigueur le 1er juin 2019).

C Les sanctions attachées à la non-comparution des témoins et au témoignage mensonger

1 Les sanctions attachées à la non-comparution des témoins

a) Le recours à la force publique

1201 Face à un témoin qui n'a pas fait valoir un motif d'excuse reconnu valable et légitime, la juridiction de jugement concernée peut, sur réquisitions du ministère public ou même d'office, ordonner que ce témoin soit immédiatement amené devant la juridiction concernée par la force publique pour y être entendu, ou renvoyer l'affaire à une prochaine audience ou cession (CPP, art. 326 et 439).
Il en va de même en cas de non-comparution devant le juge d'instruction (CPP, art. 109 et 110).

b) La condamnation à une amende

1202 Toute personne citée pour être entendue comme témoin est tenue de comparaître, de prêter serment et de déposer sous réserve des dispositions des articles 226-13 et 226-14 du Code pénal.
Tout journaliste entendu comme témoin sur des informations recueillies dans l'exercice de son activité est libre de ne pas en révéler l'origine (CPP, art. 437).
Le témoin qui ne comparaît pas ou qui refuse, soit de prêter serment, soit de faire sa déposition, peut être, sur réquisitions du ministère public, condamné par le tribunal ou, le cas échéant, par la cour d'assises à une amende de 3 750 € (CPP, art. 326 et 438).

2 Les sanctions attachées au témoignage mensonger

1203 Le témoignage mensonger fait sous serment devant toute juridiction ou devant un officier de police judiciaire agissant en exécution d'une commission rogatoire est puni de cinq ans d'emprisonnement et de 75 000 € d'amende.
Toutefois, le témoin est exempté de peine s'il a rétracté spontanément son témoignage avant la décision mettant fin à la procédure rendue par la juridiction d'instruction ou par la juridiction de jugement (CPP, art. 434-13).
Le témoignage mensonger est puni de sept ans d'emprisonnement et de 100 000 € d'amende :
1° Lorsqu'il est provoqué par la remise d'un don ou d'une récompense quelconque ;
2° Lorsque celui contre lequel ou en faveur duquel le témoignage mensonger a été commis est passible d'une peine criminelle (CPP, art. 434-14).
Devant la cour d'assises, si, d'après les débats, la déposition d'un témoin paraît fausse, le président, soit d'office, soit à la requête du ministère public ou d'une des parties peut ordonner spécialement à ce témoin d'être présent aux débats jusqu'à leur clôture et en outre de demeurer dans la salle d'audience jusqu'au prononcé de l'arrêt de la cour d'assises. En cas d'infraction à cet ordre, le président fait mettre le témoin en état d'arrestation provisoire.
Après lecture de l'arrêt de la cour d'assises, ou, dans le cas de renvoi à une autre session, le

président ordonne que le témoin soit, par la force publique, conduit sans délai devant le procureur de la République qui requiert l'ouverture d'une information (CPP, art. 342).

CHECK-LIST **• Les personnes à citer en qualité de témoins peuvent-elles déposer sous la foi du serment ou relèvent-elles des exceptions légales ou jurisprudentielles dites « témoins reprochables » ou « témoins incapables » ?**

• S'agit-il de faire citer des témoins et experts au stade de l'information judiciaire ou devant les juridictions de jugement ?

• Au stade de l'information judiciaire, existe-t-il des indices graves et concordants à l'encontre des personnes à faire citer comme témoins ? Sont-elles nommément visées par les réquisitoires introductifs et supplétif(s) du procureur ?

• Les demandes d'actes ont-elles bien été faites par déclaration au greffe du juge d'instruction saisi du dossier ou, lorsque le demandeur ou son avocat ne réside pas dans le ressort de la juridiction compétente, par lettre recommandée avec demande d'avis de réception ?

• Devant la juridiction de jugement, la citation délivrée est-elle conforme aux exigences des articles 550 et suivants du Code de procédure pénale ?

• Contient-elle la désignation du requérant, la date, les nom, prénoms et adresse de l'huissier, ainsi que les nom, prénoms et adresse du destinataire ou, si le destinataire est une personne morale, sa dénomination et son siège ?

• La citation énonce-t-elle le fait poursuivi, vise-t-elle le texte de la loi qui le réprime, indique-t-elle la juridiction saisie, le lieu, l'heure et la date de l'audience, et précise-t-elle expressément la qualité de témoin de la personne citée ?

La citation mentionne-t-elle que la non-comparution, le refus de témoigner et le faux témoignage sont punis par la loi ? Fait-elle expressément état des sanctions attachées au défaut de comparution en visant les articles 326 (pour une citation à comparaître devant la cour d'assises), 437, 438 et 439 du Code de procédure pénale (pour une citation à comparaître devant le tribunal correctionnel) ?

• Le délai légal entre la délivrance de la citation et le jour fixé pour la comparution devant la juridiction a-t-il été respecté ?

• Devant la cour d'assises, la liste des témoins et experts a-t-elle été adressée au greffe de la cour d'assises un mois et dix jours au moins avant l'ouverture des débats ?

• La liste des témoins et experts cités à comparaître devant la cour d'assises a-t-elle été signifiée au ministère public et aux autres parties au plus tard un mois au moins avant l'ouverture des débats ?

POUR ALLER PLUS LOIN...

Fascicules JurisClasseur

- *JCl. Procédure Pénale*, Art. 427 à 457, fasc. 30, *Tribunal correctionnel – administration de la preuve – preuve testimoniale*, par H. Pelletier.
- *JCl. Procédure Pénale*, Art. 323 à 346, fasc. 30, *Cour d'assises – débats – production et discussion des preuves – audition des témoins*, par H. Angevin.

Fiche 51

Se constituer partie civile

Nathalie PIGNOUX

Sommaire

I

Aperçu rapide

A Éléments clés

1204 La constitution de partie civile est l'acte par lequel une victime d'infraction pénale devient partie à la procédure devant une juridiction pénale d'instruction ou de jugement.

Toutes les juridictions de jugement sont concernées : tribunal de police, tribunal correctionnel, y compris en cas de comparution sur reconnaissance préalable de culpabilité (CRPC), et cour d'assises. La constitution de partie civile est également possible devant les juridictions pénales pour mineur.

La constitution de partie civile permet à la victime d'exercer l'action civile dont l'objet est la réparation de son préjudice sous forme de dommages et intérêts. Mais elle lui permet également de bénéficier d'un certain nombre de droits tout au long de la procédure devant les juridictions d'instruction, de jugement et même, depuis peu, d'application des peines.

La victime qui se constitue partie civile n'est d'ailleurs pas dans l'obligation de demander des dommages et intérêts. Elle peut en effet se contenter de participer à la procédure de manière active pour conforter l'accusation (CPP, art. 418, al. 3).

La victime qui déclenche les poursuites en se constituant partie civile procède par **voie d'action**, tandis que la victime qui joint son action civile aux poursuites préalablement engagées procède par **voie d'intervention**.

Pour pouvoir se constituer partie civile, la victime doit répondre aux conditions de fond fixées par l'article 2 du Code de procédure pénale. Elle doit avoir subi personnellement un dommage directement causé par l'infraction.

Néanmoins, l'exigence d'un dommage personnel ne fait pas obstacle à la recevabilité de la constitution de partie civile des victimes indirectes que sont les proches d'une victime décédée ou blessée.
Constitue en revanche un obstacle à la recevabilité de la constitution de partie civile l'exercice préalable d'une action en réparation devant les juridictions civiles, du moins si cette action a le même objet, la même cause et vise les mêmes parties que l'action intentée devant la juridiction répressive (CPP, art. 5), sauf l'exception prévue devant la juridiction d'instruction dès lors que la victime s'est préalablement désistée de son instance civile (CPP, art. 85, al. 3).
La **qualification de l'infraction** dont le client dit avoir été victime, permettra de s'assurer que le litige ne relève pas des seules juridictions civiles et d'identifier la juridiction devant laquelle la constitution de partie civile devra être réalisée :
- cour d'assises pour les crimes ;
- tribunal correctionnel pour les délits ;
- tribunal de police pour les contraventions.

Le lieu de l'infraction, de la résidence, du lieu d'arrestation ou de détention du prévenu permettra, quant à lui, d'identifier la **juridiction territorialement compétente** pour connaître de l'action publique et donc de l'action civile (CPP, art. 52, 382 et 522).
La prescription de l'action publique ne doit pas être acquise (six, dix ou vingt ans pour les délits ; vingt ou trente ans pour les crimes et un an pour les contraventions. – V. CPP, art. 7 à 9, mod. par L. n° 2017-242, 27 févr. 2017 ; L. n° 2018-703, 3 août 2018 ; L. n° 2021-478, 21 avr. 2021).
Car si l'action publique est prescrite, l'action civile pourra seulement être exercée devant les juridictions civiles dans le délai de prescription applicable en matière de responsabilité civile (V. CPP, art. 7, 8, 9-1 et 9-2, pour les dispositions spécifiques relatives au mineur victime. – V. L. 29 juill. 1881, art. 65, pour les règles de prescription applicables en matière de diffamation).
Il importe également de **savoir si une plainte simple a d'ores et déjà été déposée** auprès du procureur de la République ou des services de police ou de gendarmerie, pour cela il est possible de se renseigner auprès du greffe correctionnel sur l'état d'avancement de l'enquête.

Le plaignant est quant à lui avisé par le parquet des suites données à sa plainte :
- si la plainte a donné lieu à un classement sans suite, il reçoit un avis motivé de classement (CPP, art. 40-2) ;
- si des poursuites sont engagées, le plaignant est avisé de la date d'audience (CPP, art. 391 et 393-1), ce qui permettra de se constituer partie civile à l'audience. Lorsque l'avis d'audience a été adressé à la victime mais qu'il n'est pas établi qu'il a été reçu par celle-ci, le tribunal qui statue sur l'action publique parce qu'il estime que la présence de la victime n'est pas indispensable aux débats peut renvoyer le jugement de l'affaire sur l'action civile à une audience ultérieure, composée conformément au troisième alinéa de l'article 464. Le tribunal doit alors fixer la date de cette audience et la victime doit en être avisée (CPP, art. 391 et 393-1).

Enfin, en **cas de dommage corporel pris en charge par les organismes sociaux** (frais médicaux, hospitalisation, indemnités journalières...), il faudra impérativement les appeler en la cause avant l'audience ; afin que celle-ci communique l'état de ses débours.
En pratique, il convient de mettre en cause la caisse de sécurité sociale, dix jours au moins avant l'audience, par voie d'assignation, sachant toutefois que certaines juridictions se contentent d'une simple LRAR, indiquant *a minima*, le numéro de sécurité sociale du client, la date et l'heure de l'audience, la chambre devant laquelle l'affaire sera appelée et le nom de l'auteur de l'infraction.
À défaut, l'affaire sera renvoyée sur les intérêts civils, ce qui retardera l'indemnisation du client.

B Textes

1 Textes codifiés

- CPP, art. 2, 3, 5, 9-2, 85 à 88-1, 88-2, 91, 177-2, 177-3, 186, 212-2, 392-1, 418 à 420-1, 421, 425, 472, 495-11-1, 495-13, 533, 536, 800-1, D. 31-3, D. 31-4, D. 591 et R. 15-41.

2 Textes non codifiés

- L. 29 juill. 1881, art. 46, 48, 50, 53 et 65.

II Préparation

A Informations à recueillir auprès du client

1205 • Quelle est la **qualification de l'infraction** dont le client dit avoir été victime ?
• Quel est le lieu de l'infraction, de la résidence, de l'arrestation ou de détention du prévenu pour déterminer la **juridiction territorialement compétente ?**
• Quelle est la date de commission des faits ? **La prescription est-elle acquise** ?
• Une **plainte simple** a-t-elle d'ores et déjà été déposée auprès du procureur de la République ou des services de police ou de gendarmerie ? Si oui, à quelle date ?
• Sait-il **si l'auteur de l'infraction est toujours en vie** ? Dans le cas contraire, l'action publique est éteinte et aucune constitution de partie n'est plus possible devant les juridictions pénales ;
• **Si une infraction violente vient d'être commise à son encontre**, a-t-il bien fait constater ses blessures par un médecin le plus rapidement possible (l'idéal étant de le renvoyer vers le service de médecine légale dédié aux victimes d'infractions pénales lorsqu'un tel service existe à proximité) ?
• Si l'infraction lui a occasionné des blessures physiques et/ou un traumatisme psychologique, a-t-il bien **communiqué tous les éléments médicaux** dont il dispose pour apprécier l'ampleur des préjudices (certificats médicaux, consultations chez un psychologue ou psychiatre, *etc.*) ?

B Inventaire des solutions et éléments de décisions

1 Différentes manières de se constituer partie civile

1206 Le choix n'est pas toujours libre, il dépend de l'existence ou non de poursuites d'ores et déjà engagées par le parquet, de la nature de l'infraction et doit par ailleurs être guidé par des considérations stratégiques liées aux risques encourus dans chaque hypothèse.
• **voie d'intervention** :
– **l'infraction est un crime et une information judiciaire a été ouverte à l'initiative du procureur de la République** : la victime pourra se constituer partie civile à tout moment au cours de cette instruction (CPP, art. 87) ;
– **l'infraction est un délit et la juridiction de jugement est d'ores et déjà saisie** : la victime devra se constituer partie civile auprès de cette juridiction, avant l'audience ou pendant l'audience, avant les réquisitions du ministère public (CPP, art. 419 et 420) ;
– **en cas de CRPC**, la victime peut se constituer partie civile devant le juge lors de l'audience d'homologation ou à distance selon les modalités prévues par l'article 420-1 du Code de procédure pénale (CPP, art. 495-13). Le président peut refuser l'homologation de la CRPC s'il estime que la nature des faits, la personnalité de l'intéressé, la situation de la victime ou les intérêts de la société justifient une audience correctionnelle ordinaire ou lorsque les déclarations de la victime entendue en application de l'article 495-13 apportent un éclairage nouveau sur les conditions dans lesquelles l'infraction a été commise ou sur la personnalité de son auteur (CPP, art. 495-11-1) ;
– **l'infraction est une contravention et le tribunal de police est déjà saisi** : la victime devra se constituer partie civile à l'audience (CPP, art. 536) ;
• **voie d'action** :
– **l'infraction est un crime et aucune instruction n'a encore été ouverte** : la victime pourra déposer une plainte avec constitution de partie civile auprès du doyen des juges d'instruction (CPP, art. 85). En effet, la citation directe de l'auteur de l'infraction devant la juridiction de jugement est alors impossible dans la mesure où une instruction est obligatoire en matière criminelle ;
– **l'infraction est un délit et les poursuites ne sont pas encore engagées :** la victime peut citer directement l'auteur de l'infraction devant le tribunal correctionnel, ce qui a pour effet de déclencher les poursuites (CPP, art. 388). Si l'auteur de l'infraction est inconnu, en fuite ou mineur, la citation directe est exclue, seule la plainte avec constitution de partie civile devant un juge d'instruction est alors envisageable ;
– **l'infraction est une contravention et le tribunal de police n'est pas saisi** : la victime doit procéder par voie de citation directe, en effet, les contraventions ne pouvant donner lieu à une information judiciaire, la plainte avec constitution de partie civile n'est pas permise.

2 Risques attachés aux différentes modalités de constitution de partie civile

a) Amende civile sanctionnant les abus de constitution de partie civile

1207 Contrairement à la constitution de partie civile par voie d'intervention qui consiste pour la victime à se greffer sur des poursuites préalablement engagées par le parquet, la constitution de partie civile par voie d'action (plainte avec constitution de partie civile devant la juridiction d'instruction ; citation directe devant la juridiction de jugement) a pour effet de déclencher les poursuites. Elle a donc une dimension pénale non négligeable et nuit injustement à la personne mise en examen ou poursuivie à tort lorsqu'elle est faite de manière téméraire. Elle contribue par ailleurs à encombrer sans raison les juridictions pénales. Pour ces raisons, la loi permet de sanctionner les abus de constitution de partie civile par voie d'action par une amende civile pouvant s'élever à 15 000 € :

– **si la victime a usé de la citation directe et si la personne citée a été relaxée** : l'amende civile peut être prononcée par le tribunal correctionnel ou le tribunal de police immédiatement après avoir prononcé ladite relaxe (CPP, art. 392-1) ;

– **si la victime a usé d'une plainte avec constitution de partie civile**, le juge d'instruction (CPP, art. 177-2) ou la chambre de l'instruction (CPP, rt. 212-2) peuvent prononcer à son encontre une amende civile si les conditions suivantes sont réunies :

• l'information judiciaire se solde par un refus d'informer (CPP, art. 86, al. 5) ou par un non-lieu pour absence ou insuffisance de charges,

• *a contrario*, l'amende civile ne peut être prononcée si le non-lieu procède d'une amnistie ou de la prescription,

• la plainte avec constitution de partie civile était dirigée contre une personne dénommée ou visait sans équivoque une personne aisément identifiable ;

– dans les deux cas (abus de citation directe et abus de plainte avec constitution de partie civile), il faut en outre :

• des réquisitions du ministère public sollicitant le prononcé d'une amende civile,

• démontrer le caractère abusif de la plainte avec constitution de partie civile ou de la citation directe : caractère dilatoire, témérité, mauvaise foi.

ATTENTION Même si toutes les conditions sont réunies, le juge n'est jamais tenu de prononcer l'amende civile.

b) Dommages et intérêts sanctionnant les abus de constitution de partie civile

1208 En plus de l'amende civile, la partie civile indélicate qui a abusé de la voie d'action (plainte avec constitution de partie civile et citation directe) peut être condamnée à verser des dommages et intérêts :

– **personnes concernées** :

• le prévenu relaxé par le tribunal correctionnel (CPP, art. 472) ou de police (CPP, art. 425),

• la personne visée dans la plainte avec constitution de partie civile, mise en examen ou non, en cas de non-lieu (CPP, art. 91) ;

– **conditions de fond** :

• une faute, volontaire ou d'imprudence : mauvaise foi, témérité,

• un préjudice causé à la personne visée par la plainte avec constitution de partie civile ou par la citation directe : préjudice moral (atteinte à l'honneur) et/ou financier (frais de procédure).

La Cour de cassation pose une présomption de préjudice en jugeant que toute plainte avec constitution de partie civile ou citation directe portée de mauvaise foi ou de manière hâtive ou téméraire cause nécessairement un préjudice à la personne visée (Cass. crim., 21 janv. 1997, n° 95-83.766 : *JurisData* n° 1997-001010) ;

– **conditions de forme** :

La condamnation au paiement de dommages et intérêts peut être prononcée :

• par la juridiction de jugement qui prononce la relaxe,

• par le tribunal correctionnel du lieu où l'affaire a été instruite.

La personne injustement mise en cause peut aussi agir devant la juridiction civile.

c) Les poursuites pour dénonciation calomnieuse

1209 La personne qui se constitue partie civile de manière injustifiée s'expose également à des poursuites pénales pour dénonciation calomnieuse. Les poursuites pour dénonciation calomnieuse ne sont pas l'apanage de la voie d'action. Elles peuvent également faire suite à une simple plainte déposée auprès du procureur ou des services de police ou de gendarmerie (C. pén., art. 226-10).

RETOUR D'EXPÉRIENCE Si le client dénonce une infraction à caractère sexuel, l'existence d'une procédure de divorce ou d'une procédure relative aux modalités d'exercice de l'autorité parentale en cours doit alerter le praticien et susciter sa vigilance quant à un éventuel risque d'instrumentalisation de la procédure pénale et l'amener à mettre le client en garde en lui expliquant qu'il s'expose ensuite à une plainte pour dénonciation calomnieuse, voire à des sanctions en cas d'abus de constitution de partie civile.

REMARQUE **Si le praticien estime que le risque d'aboutir à un non-lieu ou une relaxe est non négligeable, il devra privilégier une plainte simple déposée auprès du parquet ou des services de police ou de gendarmerie par exemple en cas d'infraction à caractère sexuel ancienne pour laquelle il faudra se contenter, sur le plan probatoire, de la parole de la victime contre la parole de la personne mise en cause, à l'exclusion de toute preuve matérielle.**
En effet, si les poursuites sont engagées par le parquet, il sera toujours temps de se constituer partie civile par voie d'intervention, devant la juridiction d'instruction ou de jugement.
Cette option n'évite pas d'éventuelles poursuites pour dénonciation calomnieuse mais permet d'écarter le risque d'amende civile ou de condamnation à des dommages et intérêts propres à la voie d'action.

III Mise en œuvre

A La constitution de partie civile devant la juridiction d'instruction

1 La voie d'action : la plainte avec constitution de partie civile (CPP, art. 85)

a) Formalisme

1210 • **Il est nécessaire que la plainte avec constitution de partie civile :**
– soit adressée au doyen des juges d'instruction ;
– sous la forme d'une lettre simple ou faite oralement auprès du juge d'instruction qui en dresse procès-verbal ou par voie électronique *via* e-barreau (CPP, art. D. 591 et Conv. 5 févr. 2021, concernant la communication électronique en matière pénale entre les juridictions ordinaires du premier et du second degré et les avocats) ;
– atteste de manière non équivoque la volonté de se constituer partie civile ;
– expose les faits ;
– soit rédigée et signée par le plaignant lui-même, soit par son avocat.
• Il n'est pas obligatoire que la plainte :
– vise nommément la personne à l'encontre de laquelle elle est portée ;
– contienne une demande de dommages et intérêts ;
– qualifie les faits pénalement et si c'est le cas, le juge n'est pas lié par la qualification choisie.

La partie civile doit procéder à une déclaration d'adresse (CPP, art. 89). Un formulaire est prévu à cet effet au cabinet du juge d'instruction saisi.

ATTENTION La plainte avec constitution de partie civile est soumise à des conditions spécifiques de formalisme en matière de diffamation (L. 29 juill. 1881, art. 50).

b) Conditions préalables (CPP, art. 85, al. 2)

1211 La recevabilité de la plainte avec constitution de partie civile est doublement conditionnée :
– une plainte simple doit préalablement avoir été déposée auprès du procureur de la République ou des services de police ou de gendarmerie et ;
– le parquet doit avoir **classé sans suite ou un délai de trois mois doit s'être écoulé** depuis le dépôt de plainte sans qu'aucune décision n'ait été prise par le parquet.
Doivent être jointes à la plainte (CPP, art. D. 31-3) :
– soit la copie de la plainte simple déposée auprès du procureur ou des services de police et l'avis de classement sans suite ;
– soit la copie de la plainte avec une copie du récépissé de remise de cette plainte ou d'un envoi en LRAR à ce magistrat, datant de plus de trois mois ;
– le bilan et le compte de résultat si la plainte avec constitution de partie civile émane d'une personne morale à but lucratif (CPP, art. 85, al. 4).
Le juge d'instruction transmet la plainte au procureur de la République afin qu'il prenne ses réquisitions.

Le procureur de la République peut désormais demander au juge d'instruction un délai supplémentaire de trois mois pour permettre la poursuite des investigations avant de faire connaître ses réquisitions. La décision du juge d'instruction constitue une mesure d'administration judiciaire insusceptible de recours (CPP, art. 86, al. 1).
Compétence territoriale (CPP, art. D. 31-4) :
Principe : Lorsqu'elle porte sur un crime, la plainte avec constitution de partie civile ne peut être déposée que devant un juge d'instruction du tribunal judiciaire au sein duquel existe un pôle de l'instruction.
Exception : lorsqu'elle est déposée devant le juge d'instruction du tribunal judiciaire au sein duquel il n'existe pas de pôle de l'instruction et qu'elle porte sur un crime puni de quinze ans ou de vingt ans de réclusion qui n'est pas commis en état de récidive légale, le procureur de la République peut, dans ses réquisitions prises en application de l'article 86 et conformément au cinquième alinéa de l'article 52-1, requérir la saisine de ce juge d'instruction lorsqu'il considère qu'il résulte des circonstances de l'espèce et de son absence de complexité que le recours à la cosaisine, même en cours d'instruction, paraît peu probable.
– ces conditions de recevabilité ne sont pas applicables aux crimes, aux délits prévus par la loi du 29 juillet 1881 sur la presse et à certaines infractions prévues par le Code électoral ;
– si le juge d'instruction prend une ordonnance d'irrecevabilité, celle-ci est susceptible d'appel ;
– la victime peut également régulariser sa plainte ou déposer ultérieurement une nouvelle plainte (CPP, art. D. 31-3, al. 8) ;
– lorsque les investigations réalisées au cours de l'enquête effectuée à la suite de la plainte déposée conformément au 2e alinéa de l'article 85 ont permis d'établir qu'une personne majeure mise en cause pour des faits de nature délictuelle reprochés par la victime pourrait faire l'objet de poursuites mais que l'action publique n'a pas été mise en mouvement par le procureur de la République, celui-ci peut également requérir du juge d'instruction de rendre une ordonnance de refus d'informer, tout en invitant la partie civile à engager des poursuites par voie de citation directe (CPP, art. 86, al. 4).

c) Condition pécuniaire : la consignation (CPP, art. 88)

1212 La plainte avec constitution de partie civile a un coût pécuniaire puisque sa recevabilité peut être conditionnée par le versement d'une consignation.
En pratique, le montant de la consignation est déterminé par le magistrat instructeur en fonction des ressources du plaignant mais aussi de la nature de l'infraction et du sérieux apparent de la plainte.
Le magistrat instructeur impartit également au plaignant le délai dans lequel il doit verser la consignation.
La consignation est versée auprès du régisseur des avances et recettes, au sein du tribunal judiciaire.
Sont obligatoirement dispensés de consignation les plaignants bénéficiant de l'aide juridictionnelle totale ou partielle.
Les autres peuvent être dispensés de consignation à la discrétion du magistrat instructeur.
La consignation servira, le cas échéant, à payer l'amende civile (V. *supra*, n° 1207, Amende civile sanctionnant les abus de constitution de partie civile).
Dans le cas contraire, elle sera restituée à la partie civile (CPP, art. 88-1 et R. 15-41).

ATTENTION À défaut de consignation dans le délai imparti, la plainte avec constitution de partie civile sera déclarée irrecevable.
La plainte avec constitution de partie civile a pour effet d'interrompre la prescription de l'action publique dès lors que la consignation est versée (CPP, art. 9-2).
La Cour de cassation a refusé de transmettre la QPC portant sur la conformité à la Constitution des articles 88, 88-1, 88-2, 91, alinéa 6, 177-2, 177-3, 212-2, 392-1 et 800-1, alinéa 2 du Code de procédure pénale, en considérant que l'obligation de verser une consignation et la possibilité de prononcer des amendes civiles en cas de plaintes abusives ou dilatoires sont la contrepartie du droit accordé à la victime d'exercer l'action publique en lieu et place du ministère public et tendent à limiter les abus de l'exercice de ce droit (Cass. crim., 16 avr. 2013, nos 13-81.560, 13-81.561, 13-81.562 et 13-81.563 : *JurisData* n° 2013-007911).

2 La voie d'intervention : la constitution de partie civile (CPP, art. 87)

1213 Lorsqu'une information judiciaire a été ouverte par un réquisitoire introductif sur la seule initiative du procureur de la République, la victime peut se constituer partie civile à tout moment au cours de l'instruction.
Dès le début de l'information, le juge d'instruction est tenu d'informer toute victime identifiée de la possibilité de se constituer partie civile et des modalités de ce droit. En pratique, il lui adresse

un « avis à victime de se constituer partie civile ». L'information peut également être donnée lors de la première audition de la victime (CPP, art. 80-3).
La constitution peut être faite de deux manières :
- par envoi d'une **lettre simple** adressée au greffe du magistrat instructeur ou par voie électronique *via* e-barreau (CPP, art. D. 591, al. 2 et Conv. 5 févr. 2021, concernant la communication électronique en matière pénale entre les juridictions ordinaires du premier et du second degré et les avocats) : la lettre doit indiquer les références de l'affaire (numéros de parquet et d'instruction), les nom, prénom, date et lieu de naissance de la victime, une déclaration d'adresse personnelle ou chez un tiers, auquel cas il faut fournir l'accord de ce tiers (CPP, art. 89). La lettre doit être dépourvue d'équivoque sur l'intention de se constituer partie civile ;
- en remplissant une **déclaration au greffe** du cabinet du magistrat instructeur (formulaire à remplir).
La constitution de partie civile peut également être portée devant la chambre de l'instruction tant que l'instruction n'est pas clôturée.
L'ordonnance d'irrecevabilité de la constitution de partie civile est susceptible d'appel (CPP, art. 87, al. 3 et 186).

B La constitution de partie civile devant la juridiction de jugement

1 La voie d'action : la citation directe (CPP, art. 388)

a) Formalisme

1214 La citation directe se fait par exploit d'huissier et doit respecter les conditions posées par les articles 550 à 566 du Code de procédure pénale :
Il est nécessaire que la citation directe :
- énonce le fait poursuivi ;
- vise le texte de loi qui l'incrimine et le réprime ;
- indique le tribunal saisi, la date, l'heure et le lieu de l'audience (renseignements préalablement obtenus auprès du parquet) ;
- indique les nom, prénoms, profession et domicile réel ou élu de la partie civile ;
- si la victime n'est pas domiciliée dans le ressort de la juridiction saisie, elle doit y élire domicile ;
- la citation obéit à des règles spécifiques en matière de diffamation (L. 29 juill. 1881, art. 46, 48 et 53) ;
- si la victime est une personne morale à but lucratif, elle doit produire au tribunal son bilan et son compte de résultat, sous peine de non-recevabilité de la citation directe (CPP, art. 392-1, al. 3).

b) Condition pécuniaire : la consignation (CPP, art. 392-1 et 533)

1215 Lors d'une première audience, le tribunal correctionnel ou de police ordonnera le versement d'une consignation.
Il en fixe le montant au regard des revenus du plaignant et, le cas échéant, de la nature des faits et du sérieux apparent de la plainte.
Il détermine également le délai imparti pour procéder au versement.
Sont obligatoirement dispensés de consignation les plaignants bénéficiant de l'aide juridictionnelle totale ou partielle.
Contrairement au juge d'instruction, la juridiction de jugement n'a pas la possibilité légale de dispenser de consignation les plaignants ne bénéficiant pas de l'aide juridictionnelle.
Dans le cas où la citation directe est délivrée par la partie civile à la suite d'une ordonnance du juge d'instruction de refus d'informer prise conformément à la troisième phrase de l'avant-dernier alinéa de l'article 86, la consignation qui a pu être versée en application de l'article 88 est considérée comme constituant la consignation exigée par la juridiction de jugement (CPP, art. 392-1).
La consignation servira, le cas échéant, à payer l'amende civile (V. *supra*, n° 1207, Amende civile sanctionnant les abus de constitution de partie civile).
Dans le cas contraire, elle sera restituée à la partie civile à l'issue de la procédure.

ATTENTION À défaut de consignation dans le délai imparti, la juridiction ne sera pas saisie par la citation directe.

2 La voie d'intervention : la constitution de partie civile (CPP, art. 419 et 420)

1216 **Déclaration de sa constitution de partie civile :**
- soit au greffe avant l'audience :
• la déclaration peut être orale ou écrite,
• elle doit préciser l'infraction poursuivie,
• elle doit indiquer le nom de la personne poursuivie,
• elle doit contenir élection de domicile dans le ressort du tribunal saisi, à moins que la victime n'y soit domiciliée ;
- soit lors de l'audience :
• par déclaration orale ou écrite consignée par le greffier ou par dépôt de conclusions,
• elle doit intervenir avant les réquisitions du ministère public sur le fond ou, si le tribunal a ajourné

Se constituer partie civile

le prononcé de la peine, avant les réquisitions du ministère public sur la peine.

1217 Représentation. La partie civile peut être représentée par son conseil sans que celui-ci ne soit détenteur d'un mandat de représentation écrit.

3 L'audience

a) Déroulement de l'audience

1218 **Déroulement chronologique de l'audience :**
- lecture de la prévention ;
- interrogatoire du prévenu ;
- audition de la partie civile ;
- plaidoirie de l'avocat de la partie civile ;
- réquisitions du ministère public ;
- plaidoirie de l'avocat de la défense.

1219 Rôle de l'avocat lors de l'audience :
- demander à la juridiction de déclarer la constitution de partie civile recevable et exposer les demandes de son client ;
- revenir sur les faits pénalement qualifiés et solliciter la condamnation du prévenu ;
- penser, lorsque l'affaire s'y prête, à suggérer au tribunal qu'un sursis avec mise à l'épreuve (SME) soit assorti de l'obligation d'indemniser la victime ou de l'interdiction d'entrer en contact avec elle-même s'il n'appartient pas par principe à l'avocat de la partie civile de requérir l'application de telle ou telle peine ;
- penser à solliciter une indemnité au titre de l'article 475-1 du Code de procédure pénale (tribunal correctionnel ou de police) ou de l'article 375 du même code (cour d'assises), destinée à couvrir, totalement ou partiellement, ses honoraires ;
- solliciter le bénéfice de l'aide juridictionnelle provisoire si les clients relèvent de l'aide juridictionnelle mais que la demande n'a pas encore été déposée ;
- il arrive fréquemment que la victime ne puisse pas chiffrer définitivement son préjudice le jour de l'audience sur l'action publique (en cas de comparution immédiate ou lorsque la victime gravement blessée par l'infraction n'est pas encore consolidée médicalement).

Dans ce cas, le conseil de la partie civile demandera au tribunal de déclarer la constitution de partie civile recevable, d'ordonner un renvoi sur intérêts civils à une audience ultérieure et dans l'attente, d'allouer à la victime une provision à valoir sur l'indemnisation définitive de son préjudice (CPP, art. 464, al. 3).

Le cas échéant, l'avocat sollicitera une expertise médicale ou psychologique, en pensant à demander une dispense de consignation si ses clients ont de faibles revenus.

1220 *Quid* du dépôt de conclusions ? En pratique et en dépit de l'oralité de la procédure, il est courant de rédiger des conclusions qui doivent être datées et signées par l'avocat et visées par le greffier en début d'audience. Un second exemplaire doit être remis au magistrat du parquet en début d'audience. Il convient également d'en remettre un exemplaire à chaque avocat de la défense.

La rédaction de conclusions est particulièrement opportune en cas de préjudice corporel.

Elle évite ainsi d'égrener fastidieusement les chefs de préjudice dans la plaidoirie et permet corrélativement de focaliser ses observations orales sur les points les plus importants.

Des conclusions écrites sont obligatoires pour solliciter des actes utiles à la manifestation de la vérité (CPP, art. 388-5).

Elles doivent être adressées avant le début de l'audience par LRAR ou par remise au greffe contre récépissé (CPP, art. 388-5).

REMARQUE **Lorsque les demandes sont conséquentes et/ou complexes, il est judicieux de remettre un exemplaire des conclusions au président d'audience et au magistrat du parquet quelques jours avant l'audience afin qu'ils puissent les analyser en même temps que le dossier pénal.**

ATTENTION **Particularité de la cour d'assises :** en matière criminelle, la victime est généralement constituée partie civile dès la phase d'instruction, à laquelle elle a tout intérêt à être associée en qualité de partie à la procédure.

Lors de l'audience, l'avocat de la partie civile plaide classiquement avant les réquisitions de l'avocat général et la défense. Lors de cette intervention et en dépit de la constitution lors de l'instruction préparatoire, il appartient à l'avocat de la partie civile de demander à la cour d'assises de déclarer recevable la constitution de partie civile de son client.

L'audience sur intérêts civils ayant lieu après le prononcé du délibéré, hors la présence des jurés, c'est seulement lors de cette audience que la partie civile expose ses demandes chiffrées.

NOTA L'avocat de la partie civile peut également poser des questions à son client ou au prévenu. Pour ce faire, vous devez attendre que le président vous donne la parole.

NOTA Vous devez remettre préalablement des conclusions écrites à l'ensemble des parties (procureur et avocats de la défense), au plus tard le jour de l'audience, dans lesquelles vous justifiez le montant de votre demande indemnitaire, en y annexant les pièces justificatives. À la fin de votre plaidoirie, remettez-en un jeu au président du tribunal.

NOTA Votre demande de renvoi sur intérêts civils doit être justifiée. Tel est le cas notamment lorsque le préjudice moral de votre client n'est pas encore consolidé le jour de l'audience au fond, ou encore lorsqu'il existe une incertitude quant au montant de son préjudice matériel.

b) La constitution de partie civile à distance (CPP, art. 420-1, al. 1)

1221 La constitution de partie civile peut se faire par LRAR, par télécopie ou par un moyen de communication électronique parvenue au tribunal vingt-quatre heures au moins avant la date de l'audience. Lorsque le délai de vingt-quatre heures n'a pas été respecté mais que le tribunal a eu connaissance, avant les réquisitions du ministère public sur le fond, de la constitution de partie civile, son irrecevabilité ne peut être soulevée.
Depuis la loi n° 2000-516 du 15 juin 2000, cette possibilité est ouverte à la victime quel que soit le montant des dommages et intérêts demandés. La victime qui use de cette voie est dispensée de comparaître et de se faire représenter à l'audience.

c) La constitution de partie civile dès l'enquête (CPP, art. 420-1, al. 2)

1222 Si, lors de l'enquête, la victime a formulé une demande de restitution ou de dommages et intérêts, cette demande vaudra constitution de partie civile à trois conditions :
- l'action publique doit être mise en mouvement ;
- le tribunal correctionnel ou de police doit être directement saisi, c'est-à-dire sans qu'une information judiciaire soit ouverte ;
- le procureur de la République doit donner son accord.

CHECK-LIST • **Vérifier la compétence d'attribution.**
• **Vérifier la compétence territoriale.**
• **Vérifier la prescription.**
• **Vérifier les conditions de l'article 2 du Code de procédure pénale.**
• **Recueillir les éléments relatifs au préjudice (factures, certificats médicaux, *etc.*).**
• **Apprécier le sérieux de la plainte et des risques encourus (abus de constitution de partie civile).**
• **Vérifier l'écoulement du délai de trois mois depuis la plainte simple ou s'assurer du classement sans suite en cas de plainte avec constitution de partie civile.**
• **Mettre en cause la CPAM avant l'audience en cas de préjudice corporel.**
• **Demander un article 375 ou 475-1 du Code de procédure pénale à l'audience.**

POUR ALLER PLUS LOIN...

Fascicules JurisClasseur
• *JCl. Procédure pénale*, Art. 2 à 3, fasc. 20, *Action publique et action civile. Action civile exercée devant les tribunaux répressifs. – Généralités*, par B. Lapérou-Scheneider.
• *JCl. Procédure pénale*, Art. 2 à 3, fasc. 30, *Action publique et action civile. Action civile exercée devant les tribunaux répressifs. – Recevabilité*, par L. Boré.
• *JCl. Procédure pénale*, Art. 4 à 5-1, fasc. 20, *Action publique et action civile, Action civile exercée devant la juridiction civile. – Le criminel tient le civil en l'état. – Distinction de la faute pénale d'imprudence et de la faute civile, Règle* Electa una *via. – Compétence du juge des référés*, par L. Boré et G. Mégret.
• *JCl. Procédure pénale*, Art. 85 à 91-1, fasc. 20, *Constitution de partie civile*, par J. Dumont, actualisé par D. Guérin.

Fiche 52

Poser une question prioritaire de constitutionnalité (QPC) en matière pénale

Aude du PARC

Sommaire

I

Aperçu rapide

A Caractéristiques générales

1223 La question prioritaire de constitutionnalité (QPC) existe depuis le 1er mars 2010 (L. org. n° 2009-1523, 10 déc. 2009).

Le justiciable peut soutenir à l'appui de ses prétentions lors d'une instance en cours, qu'un texte législatif porte atteinte aux droits et libertés garantis par la Constitution (Const. 4 oct. 1958, art. 61-1).

Lorsqu'une QPC est posée, elle doit être traitée avant que le juge ait statué sur les moyens au fond de l'instance en cours.

La QPC, qui a vocation à être soumise à l'examen du Conseil constitutionnel subit au préalable deux filtres : le juge du fond et la Cour de cassation vont décider ou non de transmettre la question posée au juge constitutionnel.

S'il est saisi, le Conseil constitutionnel décidera si la disposition législative entreprise est ou non conforme à la Constitution. Le cas échéant, il prononcera son abrogation, en reportant éventuellement les effets de sa décision.

La loi organique du 10 décembre 2009 instituant cette procédure spécifique a été complétée par des modalités réglementaires : en matière pénale, le décret n° 2010-148 du 16 février 2010 a introduit notamment les articles R.* 49-21 à R.* 49-34 au Code de procédure pénale.

Par ailleurs, le Conseil constitutionnel a pris, le 4 février 2010, une décision n° 2010-117 portant règlement intérieur sur la procédure suivie devant lui (Cons. const., 4 févr. 2010, n° 2010-117 : *JO* 18 févr. 2010, p. 2986) à laquelle il a apporté des modifications par une décision n° 2010-118 du 24 juin 2010 (Cons. const., 24 juin 2010, n° 2010-118 ORGA : *JO* 23 juill. 2010, p. 13615), une décision n° 2011-120 du 21 juin 2011 (Cons. const., 21 juin 2011, n° 2011-120 ORGA : *JO* 29 juin 2011, p. 10988) et n° 2013-128 du 22 novembre 2013 (Cons. const., 22 nov. 2013, n° 2013-128 ORGA : *JO* 24 nov. 2013, p. 19106).

B Conditions d'utilisation

1 Quelle disposition peut être contestée par le biais d'une QPC ?

1224 Une **disposition** :

- **législative** (loi organique ou ordinaire ; ordonnance ratifiée par le Parlement ; article ou alinéa) prise isolément de l'ensemble du texte dans lequel elle figure : ce qui exclut les ordonnances non ratifiées, les décrets, les arrêtés ou les décisions individuelles. Une disposition abrogée en cours de litige pourra tout de même faire l'objet d'une QPC.

REMARQUE **La Cour de cassation rejette une question portant sur la constitutionnalité de dispositions réglementaires, ces dispositions ne pouvaient faire l'objet d'une QPC (Cass. 2e civ., 17 sept. 2015, n° 15-01.497 : *JurisData* n° 2015-020550, à propos des articles 342 à 353 et 1027 du Code de procédure civile).**

Si certains justiciables tentent de contester indirectement des dispositions réglementaires par la voie de la QPC en mettant en cause la disposition législative qui préside la disposition réglementaire, la Cour de cassation ne manque pas de les relever (Cass. 3e civ., 21 janv. 2013, n° 12-19.870 QPC : *JurisData* n° 2013-000783).

Il ne peut être invoqué, à l'encontre d'une disposition législative, le fait qu'un acte réglementaire pris sur la base de cette loi porterait atteinte à un principe constitutionnel (Cons. const., 23 sept. 2016, n° 2016-569 QPC : *JurisData* n° 2016-020573).

Il en est de même si l'inconstitutionnalité invoquée concerne les conditions d'application de la disposition législative contestée (Cons. const., 5 oct. 2016, n° 2016-581 QPC : *JurisData* n° 2016-020713).

REMARQUE **Si tout justiciable a le droit de contester la portée qu'une interprétation jurisprudentielle confère à une disposition législative (Cons. const., 6 oct. 2010, n° 2010-39 QPC : *Dr. pén.* 2010, comm. 127, A. Maron), cette faculté ne lui permet pas de contester l'application d'une construction jurisprudentielle à un domaine déterminé (Cass. 3e civ., 30 mars 2017, n° 16-22.058 : *JurisData* n° 2017-005632).**

L'adoption d'une interprétation jurisprudentielle, intervenant postérieurement à la décision par laquelle le Conseil constitutionnel a déclaré la disposition législative en cause conforme à la Constitution, est susceptible de constituer une circonstance nouvelle de nature à permettre que soit posée une QPC relative à cette disposition (CE, 20 déc. 2018, n° 418637).

Il convient alors de se référer au texte de loi mis en cause à travers la critique de cette interprétation (Cass. 1re civ., 27 févr. 2013, n° 12-40.100, inédit).

Attention à distinguer également ce qui relève d'une interprétation jurisprudentielle constante, susceptible d'être soumise à une QPC, de ce qui peut relever simplement d'une méthode d'évaluation ou d'appréciation de la part des juges du fond (Cass. 3e civ., 14 mars 2013, n° 12-24.995, inédit).

Une **disposition législative abrogée**, applicable au litige en cours, est également susceptible de donner lieu à un renvoi devant le Conseil constitutionnel.

ATTENTION Pas de position du Conseil constitutionnel quant au contrôle de constitutionnalité de **normes européennes et internationales**. Mais il peut saisir la Cour de justice de l'Union européenne d'une question préjudicielle avant de se prononcer sur la QPC dont il est saisi (CJUE, 30 mai 2013, aff. C-168/13, PPU : *JurisData* n° 2013-011757).

Une disposition législative mettant en œuvre une convention internationale ne peut être contestée par voie de QPC (Cass. crim., 18 nov. 2014, n° 14-82.481, inédit : *JurisData* n° 2014-027952) ;

– **qui porte atteinte aux droits et libertés garantis par la Constitution**, figurant dans le bloc de constitutionnalité :

• la Constitution du 4 octobre 1958,

• les textes auxquels renvoie le Préambule de la Constitution de 1958 :

- la Déclaration des droits de l'homme et du citoyen de 1789, certaines dispositions du Préambule de la Constitution de 1946 (par ex. les droits économiques et sociaux : liberté syndicale, droit de grève…),

- la Charte de l'environnement de 2004,

- les principes fondamentaux reconnus par les lois de la République auxquels renvoie le Préambule de la Constitution de 1946 (par ex., la liberté d'association ou la liberté d'enseignement).

REMARQUE Le principe de séparation des pouvoirs ne peut être invoqué à l'appui d'une QPC que dans le cas où sa méconnaissance affecte, par elle-même, un droit ou une liberté que la Constitution garantit (Cons. const., 22 juill. 2016, n° 2016-555 QPC : *JurisData* n° 2016-014543).

Les objectifs à valeur constitutionnelle peuvent être invoqués à l'appui d'une QPC, mais ils ne suffisent pas à eux seuls (Cons. const., 22 juill. 2010, n° 2010-417 QPC : *JO* 23 juill. 2010, p. 13615).

Le non-respect d'une décision QPC du Conseil constitutionnel viole par ricochet la disposition constitutionnelle relative à un droit, ou à une liberté, que le Conseil avait estimé violée (CE, 25 sept. 2015, n° 391331 : *JurisData* n° 2015-021090. – V. la décision y afférent, Cons. const., 4 déc. 2015, n° 2015-504/505 QPC : *JurisData* n° 2015-027031) ;

– **applicable au litige ou à la procédure ou qui constitue le fondement de la poursuite** (Ord. n° 58-1067, 7 nov. 1958, art. 23-2) ;

– la Cour de cassation a jugé qu'une question qui vise l'ensemble des dispositions d'une loi « sans que celles spécialement applicables au litige soient identifiées et confrontées à des droits et libertés garantis par la Constitution », ne lui permettait pas d'exercer son contrôle sur l'applicabilité au litige des dispositions critiquées et sur le caractère sérieux de la question (Cass. soc., 25 nov. 2014, n° 13-60.261 : *JurisData* n° 2014-029028) ;

– lorsque des dispositions sont au moins partiellement applicables au litige, elles peuvent faire l'objet d'une QPC (Cass. com., 8 juill. 2020, n° 19-24.270 : *JurisData* n° 2020-010896) ;

– qui n'a **pas déjà été déclarée conforme à la Constitution** dans les motifs ou le dispositif d'une décision du Conseil constitutionnel, **sauf changement de circonstances**, à savoir :

• intervention de nouvelles dispositions constitutionnelles, postérieures à la disposition entreprise,

• changements de circonstance de droit ou de fait (par ex. : évolution du contexte socio-économique) affectant la portée de la disposition entreprise ;

REMARQUE L'intervention d'une nouvelle disposition constitutionnelle a amené le Conseil constitutionnel à juger recevable une question portant sur des dispositions organiques qu'il avait déjà déclarées conformes à la Constitution (Cons. const., 23 janv. 2015, n° 2014-4909 QPC). Constitue un changement de circonstances l'intervention de « décisions récentes » du Conseil constitutionnel (Cass. soc., 13 juill. 2016, n° 16-40.209 QPC : *JurisData* n° 2016-013644).

Dès lors que la Cour de cassation a déjà statué sur une question, elle ne peut plus être ressaisie pour la même question, même sous couvert d'une décision rectificative (Cass. 3e civ., 9 févr. 2017, n° 16-40.252 : *JurisData* n° 2017-001821).

2 Quelle doit être la nature de la question posée ?

1225 La question posée en vue d'examiner la constitutionnalité de la disposition entreprise ne doit **pas être dépourvue de caractère sérieux** devant les premiers juges et **présenter un caractère sérieux ou être nouvelle** devant la Cour de cassation.

Il appartient au Conseil constitutionnel de délimiter la portée de la question posée (Cons. const., 31 juill. 2015, n° 2015-479 QPC : *JurisData* n° 2015-017961).

> EXEMPLE **Perquisition dans un cabinet d'avocat (CPP, art. 56) : la QPC relative à l'absence de recours contre les ordonnances du JLD sur la saisissabilité des pièces ne présente pas de caractère sérieux au motif que l'avocat, en sa qualité de partie, peut demander la nullité de la saisie ou la restitution des pièces auprès du magistrat instructeur et que cela constituait une garantie suffisante pour pallier l'absence de recours (Cass. crim., 3 avr. 2013, n° 12-88.021, [QPC]).**

3 Qui peut poser une QPC ?

1226 Le droit de poser une QPC n'est ouvert **qu'aux parties à l'instance** (Cons. const., 3 déc. 2009, n° 2009-595 DC : *JO* 11 déc. 2009, p. 21381. – V. pour ex. : Cass. crim., 21 juin 2011, n° 10-86.242 : *JurisData* n° 2011-012811), sauf si l'objet de la QPC porte sur la reconnaissance par le requérant de la qualité de partie à l'instance (CE, 7 déc. 2016, n° 403514 : *JurisData* n° 2016-025986).
Le Conseil constitutionnel ne peut être saisi directement par un justiciable (Cons. const., 14 oct. 2015, n° 2015-491 QPC : *JurisData* n° 2015-023148).
Depuis le 21 juin 2011, le débat constitutionnel est ouvert à des **tiers** à l'instance justifiant « d'un intérêt spécial » (Cons. const., 21 juin 2011, n° 2011-120 : *JO* 29 juin 2011, p. 10988).
Les règles d'intervention volontaire développées par le Conseil constitutionnel depuis l'entrée en vigueur de la QPC ont été insérées dans le règlement du 4 février 2010 (Cons. const., 21 juin 2011, modification règlement intérieur QPC : *JO* 29 juin 2011, p. 10988).
Le juge du fond comme la Cour de cassation ne peuvent relever d'office un moyen d'inconstitutionnalité.

4 Devant quelle juridiction peut-on poser une QPC ?

1227 La QPC peut être posée devant toutes les juridictions de l'ordre judiciaire, à l'exception de la cour d'assises en premier ressort. Il est en revanche possible de soulever une QPC devant la cour d'assises de renvoi. Poser une QPC devant un tribunal arbitral est impossible.

5 À quel moment peut-on poser une QPC ?

1228 Il faut qu'une instance soit en cours : première instance, appel ou cassation.
Aucun délai n'a été prévu pour poser une QPC.
En matière criminelle, il n'est pas possible de poser une QPC devant la cour d'assises (Ord. n° 58-1067, 7 nov. 1958, art. 23-1) mais, il est possible de la poser devant le juge d'instruction ou à l'occasion d'un appel ou d'un pourvoi en cassation.

C Avis du professionnel

1229 Le site du CNB propose des modèles de mémoire (www.cnb.avocat.fr).

> ATTENTION Attention à l'obligation de conseil de l'avocat de proposer à son client de déposer une QPC si elle est utile à la défense de ses intérêts. Il doit également indiquer à son client que la QPC peut ne pas aboutir, mais pourrait s'inscrire dans le cadre d'une stratégie procédurale bien déterminée.

> ATTENTION Attention, il est important de consulter les décisions qui ont été rendues, afin d'éviter de déposer une QPC déjà posée qui serait irrecevable (pour cela, V. *JCl. Procédure pénale*, Art. LO 630, fasc. 30. – *JCl. Procédure pénale*, Art. LO 630, fasc. 40).

Les quatre sites suivants sont utiles pour consulter la jurisprudence sur la QPC :
- www.courdecassation.fr ;
- www.conseil-constitutionnel.fr (comportant un recueil des décisions déclarées conformes à la Constitution, et un tableau de non-renvoi) ;
- Portail de la QPC ou « QPC 360° » (créé par D. n° 2022-1317, 13 oct. 2022 conférant au Conseil constitutionnel la prérogative de publier toutes les décisions rendues par les juridictions saisies de QPC et faisant obligation aux greffes de transmission sans délai des décisions à publier) ;
- Guide pratique sur la QPC (cnb.avocat.fr).

D Textes

1 Textes codifiés

- CPP, art. R.* 49-21 à R.* 49-34.

2 Textes non codifiés

• Const. 4 oct. 1958, art. 61-1.
• Ord. n° 58-1067, 7 nov. 1958, art. 23-1 à 23-7.
• L. n° 2009-1523, 10 déc. 2009.
• Circ. min. Justice, 24 févr. 2010, relative à la présentation de la question prioritaire de constitutionnalité : *BO Justice* 30 avr. 2010.
• D. n° 2010-149, 16 févr. 2010, relatif à la continuité de l'aide juridictionnelle en cas d'examen de la question prioritaire de constitutionnalité par le Conseil d'État, la Cour de cassation et le Conseil constitutionnel.
• Circ. min. Justice, 1er mars 2010, relative à la présentation du principe de continuité de l'aide juridictionnelle en cas d'examen de la question prioritaire de constitutionnalité par le Conseil d'État, la Cour de cassation et le Conseil constitutionnel : *BO Justice* 30 avr. 2010 (NOR JUSA1005991C).
• Cons. const., 4 févr. 2010, n° 2010-117 portant règlement intérieur sur la procédure suivie devant le Conseil constitutionnel pour les questions prioritaires de constitutionnalité : *JO* 18 févr. 2010, p. 2986.
• Cons. const., 21 juin 2011, n° 2011-120 et 22 nov. 2013, n° 2013-128 modifiant le règlement intérieur sur la procédure suivie devant le Conseil constitutionnel pour les questions prioritaires de constitutionnalité : *JO* 29 juin 2011 et *JO* 24 nov. 2013.

E Schéma procédural

1230 • Dépôt du mémoire concernant la QPC à la juridiction devant laquelle l'instance est en cours.

• Décision de la juridiction.
SOIT
– **transmission de la QPC à la Cour de cassation** dans les huit jours de son prononcé avec les mémoires et les conclusions des parties ;
– sursis à statuer dans l'attente de la décision de la Cour de cassation, sauf lorsqu'une personne est privée de liberté à raison de l'instance, ou lorsque l'instance a pour objet de mettre fin à une mesure privative de liberté ;
– décision de la Cour de cassation de transmettre ou non la question au Conseil constitutionnel (insusceptible de recours) ;
– convocation des parties à l'audience de plaidoiries ;
– audience publique ;
– décision motivée du Conseil constitutionnel dans les trois mois de la transmission :
- conformité de la disposition légale à la Constitution : le juge du fond l'applique, sauf si elle est en conflit avec une norme internationale ou européenne,
- la disposition législative porte atteinte aux droits et libertés que la Constitution garantit, il abroge cette disposition législative (avec ou non report de l'effet de l'abrogation) ;
– notification de la décision aux parties et communication à la Cour de cassation et à la juridiction devant laquelle la QPC a été soulevée ;
SOIT
– **refus de transmission de la QPC** : contestation possible de ce refus qu'à l'occasion d'un recours réglant tout ou partie du litige.

II Préparation

A Informations préalables

1231 **En tant que conseil du demandeur à la QPC :**
– incidence de la question sur la suite du litige ;
– allongement de la procédure ;
– possibilité pour le juge puis pour la Cour de cassation de ne pas la transmettre au Conseil constitutionnel ;
– absence de recours contre la décision de la Cour de cassation ou du Conseil constitutionnel.

1232 **En tant que conseil du défendeur à la QPC :**
– existence en cours d'une QPC ;
– allongement de la procédure ;
– incidence de la question posée sur la suite du litige ;
– possibilité pour le juge puis pour la Cour de cassation de ne pas la transmettre au Conseil constitutionnel.

B Contrôles préalables

1233 • La disposition que l'on souhaite contester n'a-t-elle pas déjà été déclarée conforme à la Constitution dans les motifs ou le dispositif d'une décision du Conseil constitutionnel, sauf changement de circonstance ?
• La disposition contestée est-elle applicable au litige ou à la procédure, ou constitue-t-elle le fondement des poursuites ?

Poser une QPC en matière pénale

• La question n'est-elle pas dépourvue de caractère sérieux ?

C Pièces nécessaires

1234 Le praticien devra motiver sa QPC par le dépôt d'un mémoire distinct et motivé.
Il devra communiquer les pièces venant à l'appui du mémoire :
– les textes incriminés ;
– la copie de la ou des décisions du Conseil constitutionnel ayant d'ores et déjà statué sur la disposition contestée.

D Coût de la procédure

1235 Déposer une QPC fait partie d'une procédure déjà en cours, et le seul fait de déposer une QPC n'a aucun coût autre que les honoraires d'avocat, qui sont libres :
– **en cas d'aide juridictionnelle** (V. D. n° 2020-1717, 28 déc. 2020) ;
– **principe de continuité** : l'aide juridictionnelle initialement accordée demeure acquise à son bénéficiaire devant la Cour de cassation chargée de se prononcer sur le renvoi de la QPC au Conseil constitutionnel puis, devant le Conseil constitutionnel saisi le cas échéant de cette question :
• sauf disposition contraire, la rétribution allouée à l'avocat selon les barèmes applicables aux différentes missions d'aide juridictionnelle est majorée d'un coefficient de seize unités de valeur en cas d'intervention devant le Conseil constitutionnel saisi d'une QPC (D. n° 2020-1717, 28 déc. 2020, art. 91),
• pour l'avocat aux conseils : 191 € majorés de 382 € en cas d'intervention ultérieure devant le Conseil constitutionnel (D. n° 2020-1717, 28 déc. 2020, art. 91).

III Procédure

A Assistance et représentation

1236 Il n'y a pas d'assistance ou de représentation spécifique à la QPC.
Les règles d'assistance et de représentation dépendent de la procédure dans le cadre de laquelle la QPC a été soulevée.
Pour poser une QPC devant la chambre criminelle de la Cour de cassation, il n'est pas nécessaire d'avoir recours à un avocat aux conseils (sauf si le litige est en cours devant la Cour de cassation).
Lors de la plaidoirie devant le Conseil constitutionnel, seuls les « avocats aux conseils, avocats ou agents désignés par les autorités visées à l'article 1 » du Règlement intérieur sur la procédure suivie devant le Conseil constitutionnel pour les QPC, peuvent présenter leurs observations orales (Règl. int. préc., art. 10, al. 2).

B Rédaction de l'acte de saisine

1 Mémoire distinct et motivé

1237 La QPC est soulevée par voie de **mémoire distinct des autres pièces de la procédure et motivée à peine d'irrecevabilité** (Ord. n° 58-1067, 7 nov. 1958, art. 23-1 et 23-5), bien que la procédure soit orale.
La juridiction saisie de la question doit d'ailleurs soulever d'office l'irrecevabilité d'un moyen qui n'est pas présenté dans un écrit distinct et motivé (CPP, art. R.* 49-21).

ATTENTION Le moyen distinct doit être traité en lui-même, le Conseil constitutionnel n'étant pas compétent pour connaître de l'instance à l'occasion de laquelle la QPC a été posée. Seuls l'écrit ou le mémoire « distinct et motivé », ainsi que les mémoires et conclusions propres à cette QPC, doivent lui être transmis (Cons. const., 3 déc. 2009, n° 2009-595 DC, consid. 27 : *JO* 11 déc. 2009, p. 21381).
Le mémoire déposé postérieurement au dépôt du rapport du conseiller commis étant irrecevable, la question prioritaire de constitutionnalité est elle-même irrecevable (Cass. crim., 3 mars 2015, n° 14-84.501 : *JurisData* n° 2015-004063).
La nullité du pourvoi formé par le demandeur, constatée par la Cour de cassation, entraîne conséquemment l'irrecevabilité de la question prioritaire de constitutionnalité, aucune instance n'étant plus en cours devant la Cour de cassation (Cass. crim., 14 mars 2017, n° 17-80.375 : *JurisData* n° 2017-004515).

Dans l'acte de saisine, il convient de vérifier :
- que les trois conditions de transmission de la QPC (nature de la disposition, nouveauté et sérieux de la question posée : V. *infra*, n° 1240, Existence de deux filtres) sont bien développées ;
- que la demande est précise, notamment que le texte législatif incriminé est parfaitement identifié.
Cet écrit doit être **signé et déposé** au greffe de la juridiction devant laquelle l'instance est en cours.

2 Cas du pourvoi en cassation

1238 Le demandeur en cassation doit se conformer aux exigences des articles 584 et suivants du Code de procédure pénale (Cass. crim., 14 mars 2012, n° 11-84.788 : *JurisData* n° 2012-004944. – Cass. crim., 3 avr. 2013, n° 12-85.721 : *JurisData* n° 2013-006106. – Cass. crim., 21 mai 2014, n° 14-81.664 QPC : *JurisData* n° 2014-010561).
Le mémoire présentant la QPC soulevée dans le cadre d'un pourvoi doit être déposé dans le délai prévu pour instruire ce pourvoi, sous peine d'irrecevabilité de la QPC (Cass. crim., 7 mars 2018, n° 17-87.169 : *JurisData* n° 2018-004062).
Ne sont pas des juridictions au sens des dispositions de l'ordonnance organique n° 58-1067 du 7 novembre 1958, relative au Conseil constitutionnel, le Bureau d'aide juridictionnelle et le premier président de la Cour de cassation statuant sur recours. Ils ne peuvent pas statuer sur une QPC (Cass. crim., 15 sept. 2020, n° 19-86.763 : *JurisData* n° 2020-015254).
La QPC ne peut être posée devant la Cour de cassation qu'à l'occasion d'un pourvoi et non à l'occasion d'une requête fondée sur l'article 665, alinéas 2 et 4 du Code de procédure pénale (Cass. crim., 16 déc. 2014, n° 14-88.038 : *JurisData* n° 2014-034402).
Les délais dans lesquels le juge de renvoi doit se prononcer et le caractère prioritaire de la question impliquent que le Conseil d'État n'est pas tenu de statuer au préalable sur la recevabilité de la requête (CE, 22 juill. 2016, n° 394922 : *JurisData* n° 2016-016091) :
- il doit déposer son écrit distinct et motivé concernant la QPC au greffe de la juridiction qui a rendu la décision attaquée, en faisant sa déclaration de pourvoi ou dans les **dix jours** suivants (CPP, art. 584) ;
- son mémoire doit porter la mention « question prioritaire de constitutionnalité » (CPP, art. R.* 49-31) ;
- le demandeur en cassation condamné pénalement qui souhaite poser une QPC, peut la transmettre directement au greffe de la Cour de cassation **un mois** au plus tard après la date du pourvoi (CPP, art. 585).

3 Cas de l'information judiciaire

1239 Le demandeur doit présenter son moyen (CPP, art. R.* 49-22) :
- par déclaration au greffe du juge d'instruction ou du juge des libertés et de la détention (JLD) qui le transmettra au greffe de la chambre de l'instruction ;
- par déclaration au greffe de la chambre de l'instruction.

C Instruction de la QPC

1 Existence de deux filtres et critères de transmission

1240 La QPC est soumise à **deux filtres** avant d'être examinée par le Conseil constitutionnel : le juge de l'instance en cours, la Cour de cassation. Les deux filtres doivent appliquer les trois critères de transmission de la QPC.
Est irrecevable la QPC portant sur une décision législative qui n'est pas applicable à la procédure (Cass. crim., 13 mai 2015, n° 15-81.763 : *JurisData* n° 2015-010971).
La Cour européenne des droits de l'homme a estimé que la procédure de filtrage de la QPC devant la Cour de cassation ou le Conseil d'État permettant de refuser sa transmission au Conseil constitutionnel n'était pas contraire au droit d'accès au tribunal (CEDH, 25 août 2015, n° 3569/12, *Renard c/ France* : *JurisData* n° 2015-020602 ; *JCP* G 2015, 1257, note F. Sudre ; *JCP* G 2015, act. 1036, F. Sudre).

ATTENTION **En matière criminelle**, la QPC ne peut être posée devant la cour d'assises, mais peut l'être en cas d'appel de l'arrêt de cour d'assises. La question doit alors être posée dans un écrit accompagnant la déclaration d'appel, lequel est immédiatement transmis à la Cour de cassation. La QPC posée à l'occasion de son appel contre un arrêt de cour d'assises n'est plus recevable dès lors qu'elle s'est désistée de ce recours (Cass. crim., 26 juin 2013, n° 13-82.559 : *JurisData* n° 2013-013797).

2 Devant le juge du fond

1241 Le juge devant lequel l'instance en cours est portée décide, au regard de ces critères, de transmettre ou non, la QPC à la Cour de cassation. Le ministère public et les parties présentent leurs observations sur la QPC par écrits distincts.

Poser une QPC en matière pénale

La juridiction peut statuer sans recueillir les observations du ministère public et des parties s'il apparaît de façon certaine, au vu du mémoire distinct, qu'il n'y a pas lieu de transmettre la QPC (CPP, art. R.* 49-25, al. 2).
Elle peut en décider de même en cas d'affaires sérielles (CPP, art. R.* 49-26).
Est irrecevable la QPC qui a été prise au seul visa du président du tribunal correctionnel sans mention des membres composant cette juridiction, de l'indication des parties et du ministère public (Cass. crim., 10 août 2016, n° 16-90.015 : *JurisData* n° 2016-015870 ; *Dr. pén.* 2016, comm. 148, A. Maron et M. Haas).

3 Devant la Cour de cassation

1242 La Cour de cassation décide, au regard de ces critères, de transmettre ou non la QPC à la Cour de cassation.
Les parties ont **un mois** à compter de la décision de transmission de la QPC à la Cour de cassation pour faire connaître leurs éventuelles observations par mémoire distinct (CPP, art. R.* 49-30).
Si la QPC est posée à l'occasion d'un pourvoi en cassation, les autres parties ont un mois à compter du dépôt de la question pour faire leurs observations (CPP, art. R.* 49-31).
Le mémoire qui présente une QPC à l'occasion d'un pourvoi doit être déposé dans le délai d'instruction de ce pourvoi. Les parties ne peuvent déposer un mémoire additionnel après que le conseiller commis a déposé son rapport.
La méconnaissance de cette règle est sanctionnée par l'irrecevabilité du mémoire, et conséquemment celle de la QPC (Cass. crim., 11 juill. 2017, n° 16-85.217 : *JurisData* n° 2017-016039).
La décision de la Cour de cassation est communiquée à la juridiction qui a transmis la QPC et notifiée aux parties dans les **huit jours** de son prononcé.

4 Particularité d'une QPC soulevée durant l'information judiciaire

1243 Le moyen d'inconstitutionnalité est soumis au contrôle de la chambre de l'instruction, et du président de la chambre de l'instruction dans le cas de la procédure de référé-liberté (CPP, art. R.* 49-23).
L'information se poursuit malgré la question posée. Cependant, le juge d'instruction ne pourra rendre d'ordonnance de règlement tant que la QPC n'aura pas été tranchée (Ord. n° 58-1067, 7 nov. 1958, art. 23-3, al. 1).
La QPC soulevée devant le JLD lors d'une instruction doit être transmise à la juridiction d'instruction par le JLD, sous peine d'irrecevabilité de la QPC (Cass. crim., 7 mai 2019, n° 19-90.011 : *JurisData* n° 2019-007331).

5 Examen par le Conseil constitutionnel

1244 Le Conseil constitutionnel saisi d'une QPC avise immédiatement le président de la République, le Premier ministre et les présidents de l'Assemblée nationale et du Sénat. Ceux-ci peuvent adresser au Conseil constitutionnel leurs observations sur la QPC.
La procédure devant le Conseil constitutionnel est dématérialisée : les notifications et les échanges se font par voie électronique.
Les parties doivent déclarer une adresse électronique. Si la partie à l'origine de la QPC ne formule aucune observation devant le Conseil constitutionnel, celui-ci s'appuie sur les observations présentées devant la Cour de cassation ou le Conseil d'État. Dans l'hypothèse où la requérante aurait produit de nouvelles observations devant le Conseil constitutionnel, celles-ci ne sauraient contenir de nouveaux griefs (Cons. const., 18 sept. 2020, n° 2020-856 QPC : *JurisData* n° 2020-014570).

> REMARQUE **Pour plus de célérité, il est conseillé au demandeur à la QPC de faire figurer son adresse électronique directement dans son mémoire portant QPC.**

D Audience

1245 Si la QPC est examinée par le Conseil constitutionnel, celui-ci convoque les parties à une audience de plaidoirie.
Cette audience est publique. Il y a une salle pour le public, séparée de la salle dans laquelle se tiennent avocats et parties. Par ailleurs, les audiences sont diffusées sur internet en différé.
Un rapporteur est désigné parmi les membres du Conseil constitutionnel.
Lecture est donnée de la QPC et du rappel des étapes de la procédure.
Les représentants des parties sont ensuite invités à présenter leurs observations orales.
La délibération n'est pas publique.

E Décision

1 Forme de la décision

1246 La décision du Conseil constitutionnel doit être rendue **dans les trois mois de la transmission**.
Elle est **motivée**.

Elle est notifiée aux parties et communiquée à la Cour de cassation, ainsi qu'à la juridiction devant laquelle la QPC a été soulevée.
Le Conseil constitutionnel communique également sa décision au président de la République, au Premier ministre, et au président de l'Assemblée nationale et du Sénat (L. n° 2009-1523, 10 déc. 2009, art. 23-11).
Des dispositions spécifiques existent lorsqu'une disposition d'une loi de Nouvelle-Calédonie fait l'objet d'une QPC : le Conseil constitutionnel doit également communiquer sa décision au président du Gouvernement de la Nouvelle-Calédonie, au président du Congrès et au président des assemblées de province.
La décision du Conseil constitutionnel est publiée au *Journal officiel*.

2 Nature de la décision

a) Décision de conformité à la Constitution

1247 Le Conseil constitutionnel peut décider que la disposition législative contestée est conforme à la Constitution.
Dans ce cas, le juge du fond doit l'appliquer, sauf si elle est en contradiction avec une norme internationale ou européenne.

ATTENTION Le Conseil constitutionnel peut déclarer conforme une disposition à la Constitution, tout en émettant des réserves. Les juridictions devront alors en tenir compte dans leurs décisions, en raison de la portée *erga omnes* des décisions du conseil.

b) Décision d'inconstitutionnalité

1248 Le Conseil constitutionnel peut décider que la disposition législative contestée est inconstitutionnelle ; il l'abrogera.
L'abrogation peut être d'effet immédiat, à compter de la publication de la décision, ou à une date ultérieure, qui sera indiquée dans la décision (ex. : Cons. const., 30 juill. 2010, n° 2010-14/22 QPC : non-conformité à la Constitution des conditions de la garde à vue avec effet de la déclaration d'inconstitutionnalité au 1er juillet 2011. – Cons. const., 28 nov. 2014, n° 2014-432 QPC : décision d'inconstitutionnalité de l'article L. 46 du Code électoral avec report de l'abrogation au 1er janvier 2020).
Le report des effets d'une décision d'inconstitutionnalité peut tenir au fait que l'abrogation à effet immédiat de la disposition incriminée aggraverait l'inconstitutionnalité constatée (Cons. const., 16 oct. 2015, n° 2015-494 QPC : *JurisData* n° 2015-023151).
Il s'agit en effet pour le Conseil constitutionnel de laisser le temps au Parlement de légiférer de nouveau sur la disposition législative constitutionnelle avant que celle-ci ne soit abrogée.
Si l'inconstitutionnalité est reportée à une date ultérieure, la décision bénéficie aux demandeurs qui ont engagé la QPC, et à toutes les personnes qui avaient une instance en cours à la date de la décision du Conseil constitutionnel.

F Recours

1 Contre la décision des juges du fond

1249 Le refus par la juridiction de première instance ou la cour d'appel de transmettre la QPC, ne peut être contesté qu'à l'occasion d'un recours (appel ou pourvoi en cassation) visant la décision rendue au fond par la juridiction saisie et réglant tout ou partie du litige.

2 Contre la décision de la Cour de cassation et du Conseil constitutionnel

1250 Le refus, par la Cour de cassation, de saisir le Conseil constitutionnel n'est susceptible d'**aucun recours.**
De même, la décision du Conseil constitutionnel n'est susceptible d'aucun recours. Seule une **rectification d'erreur matérielle** est possible **dans les vingt jours** de la publication au *Journal officiel*.

G Fin de la procédure

1251 La procédure spécifique de QPC se termine soit :
– par une décision de non-transmission de la QPC par le juge à la Cour de cassation ;
– par une décision de non-transmission de la QPC de la Cour de cassation au Conseil constitutionnel ;
– par la décision rendue par le Conseil constitutionnel.

CHECK-LIST • **Vérifier l'existence des trois conditions suivantes :**
– la disposition contestée est applicable au litige ou à la procédure, ou constitue le fondement des poursuites ;
– elle n'a pas déjà été déclarée conforme à la Constitution dans les motifs ou le

Poser une QPC en matière pénale

dispositif d'une décision du Conseil constitutionnel, sauf changement de circonstances ;
– la question n'est pas dépourvue du caractère sérieux.
• Rédiger un mémoire distinct et motivé pour soulever une QPC, précisant la disposition législative contestée, et y joindre l'ensemble des pièces nécessaires : texte(s) contesté(s) et décision(s) déjà rendue(s) à propos de ce texte par le Conseil constitutionnel.

• Renseigner le client sur :
– le déroulement de la procédure ;
– la quasi-absence de recours dans le cadre de la procédure QPC ;
– les conséquences du dépôt d'une QPC : transmission de la QPC, sursis éventuel dans l'attente de la décision du Conseil constitutionnel, délais, conséquences de la décision du Conseil constitutionnel.

POUR ALLER PLUS LOIN...

Fascicules JurisClasseur

• *JCl. Procédure pénale*, Art. LO 630, fasc. 20, par D. Guérin et A. Borzeix.

• *JCl. Procédure pénale*, Art. LO 630, fasc. 40 (tableau des QPC – renvoi).

Revues

• M. Bouchet et J.-B. Perrier, *Réflexions communes sur la QPC en matière pénale : Dr. pén.* 2020, étude 31.

• Ph. Conte, *Question prioritaire de constitutionnalité contestant l'interprétation jurisprudentielle qui étend l'article 324-1 à « l'autoblanchiment » : Dr. pén.* 2015, n° 11, comm. 136.

• Maron et Haas, *Erreur de transmission : Dr. pén.* 2016, n° 10, comm. 148.

• B. Mathieu, *Jurisprudence relative à la question prioritaire de constitutionnalité. – 8 juillet-16 décembre 2016 : JCP* G 2017, doctr. 65.

• F. Safi et M. Brenaut, *Un an de QPC en matière pénale : Dr. pén.* 2022, chron. 10.

Fiche 53

Assurer les droits de la défense devant la cour d'assises ou la cour criminelle départementale

Alexia LEVEILLÉ-NIZEROLLE

Sommaire

I Aperçu rapide

A Éléments clés

1252 Le mis en examen devient accusé dès lors que l'ordonnance de mise en accusation rendue à son encontre par le juge d'instruction devient définitive.
Contrairement à l'ordonnance de renvoi devant le tribunal correctionnel, l'ordonnance de mise en accusation est susceptible d'appel.

À la différence également de la procédure correctionnelle, le procès devant la cour d'assises ou devant la cour criminelle départementale se présente en deux parties :
– la première (la plus longue) au cours de laquelle est examinée la responsabilité pénale l'accusé, et à l'issue de laquelle la cour d'assises rend un verdict sur le principe de la culpabilité et éventuellement la peine ;

– la seconde, dite audience civile, connaît des demandes indemnitaires des parties civiles.

B Textes

1 Textes codifiés

• CPP, art. 231 à 380-15 (cours d'assises) et 380-16 à 380-22 (cour criminelle départementale).

• CPP, art. A. 36-12 et A. 36-13 (sur la composition de la cour d'assises).

2 Textes non codifiés

• Circ. crim. 2000-14 F1/11-12-2000, Présentation des dispositions de la loi du 15 juin 2000 renforçant la protection de la présomption d'innocence et les droits des victimes concernant la procédure criminelle, NOR : JUSD0030215C.

• Circ. 15 déc. 2011, relative à la présentation des dispositions de la loi n° 2011-939 du 10 août 2011 sur la participation des citoyens au fonctionnement de la justice pénale et le jugement des mineurs relatives à la cour d'assises applicables au 1er janvier 2012, NOR : JUSD1134281C : *BO Justice* n° 2011-12, 30 déc. 2011.

II Préparation

A Informations préalables

1253 • L'accusé reconnaît-il les faits qui lui sont reprochés ?

• Se souvient-il des déclarations qu'il a faites et qui sont consignées au dossier de la procédure ?

• Quelles sont les personnes susceptibles de témoigner en sa faveur (témoins des faits ou de personnalité) ?

B Inventaire des solutions et éléments de décisions

1 Informer l'accusé sur ses droits

1254 • **Droit d'être assisté par un avocat :**

– facultatif lors de l'interrogatoire préalable du président : la présence de l'avocat, même si elle n'est pas prévue par un texte spécifique, est à la fois possible et souhaitable ;

– obligatoire lors des débats devant la cour d'assises et devant la cour criminelle départementale (CPP, art. 317).

• Même si l'accusé refuse un conseil, il lui en est commis un d'office (CPP, art. 274). Le président est seul compétent pour apprécier les motifs d'excuse présentés par un avocat qu'il a commis d'office (Cass. crim., 24 juin 2015, n° 14-84.221).

• Exceptionnellement, l'accusé peut prendre un parent ou ami comme conseil (CPP, art. 275). La liberté de parole de ce défenseur particulier est plus étroite que celle d'un avocat, car « il ne peut rien dire contre sa conscience ou le respect dû aux lois et (...) doit s'exprimer avec décence et modération » (CPP, art. 323).

• L'absence de l'accusé et de son avocat pendant tout ou partie des débats n'entraîne la nullité de la procédure qu'autant qu'elle est le fait de la cour, du ministère public ou du président (Cass. crim., 26 nov. 2014, n° 13-84.914 : *JurisData* n° 2014-028844. – Cass. crim., 24 juin 2015, n° 14-84.221 : *JurisData* n° 2015-015410).

• Droit de communiquer librement avec son avocat (CPP, art. 278).

• Droit d'accéder au dossier de la procédure (CPP, art. 279 et 280).

• Droit de faire citer des témoins et experts (CPP, art. 281).

• Droit de demander un supplément d'information (CPP, art. 283).

• Droit de récusation de quatre jurés lorsque la cour d'assises statue en premier ressort et de cinq jurés lorsqu'elle statue en appel (CPP, art. 297 et 298).

• Droit de faire des déclarations, de répondre au questions posées ou encore de se taire (CPP, art. 328, L. 27 mai 2014 ; mais il n'y avait pas à appliquer cette disposition avant l'entrée en vigueur du texte : Cass. crim., 2 déc. 2015, n° 14-84.751).

• Droit de soulever une exception de nullité *in limine litis* (CPP, art. 305-1).

• Droit de solliciter sa mise en liberté (CPP, art. 272-1, al. 3).

• Droit de faire poser des questions aux témoins et experts et de faire consigner leurs déclarations (CPP, art. 332 et 333). Les avocats de l'accusé et de la partie civile pourront poser directement des questions (lors de leur tour de parole, ou encore en demandant la parole au président : CPP, art. 312). L'accusé et la partie civile ne pourront poser (personnellement) des questions que par l'intermédiaire du président.

• Droit de demander le versement d'une pièce aux débats. Le président, dans le cadre de son pouvoir de direction des débats, peut accepter, ou refuser de verser une pièce produite par la défense. Un tel refus pourra s'appuyer sur les dispositions de l'article 309 du Code de procédure pénale qui permet au président de rejeter tout ce qui tendrait à prolonger inutilement les débats. Si la défense estime que le président a excédé ses pouvoirs, il lui appartient alors de saisir la cour d'un incident contentieux : Cass. crim., 15 mai 2015, n° 14.83-363.

• Droit de s'exprimer.

• Droit d'avoir la parole en dernier (CPP, art. 346).

• Droit d'interjeter appel (CPP, art. 380-2).

• Pour l'accusé jugé par défaut : droit d'acquiescer à l'arrêt rendu par défaut ou de solliciter un nouvel examen de l'affaire rendant non avenue la décision rendue par défaut (CPP, art. 379-4).

• Le donné acte permet notamment à la cour de cassation de contrôler la matérialité d'un fait survenu au cours des débats devant la cour d'assises, et susceptible d'affecter la validité de la procédure. Toutefois, la demande de donné acte ne doit pas aboutir à contourner la prohibition retenue par l'article 379 du Code de procédure pénale qui interdit de faire mention au procès-verbal des débats du contenu des déclarations des témoins, sauf ordre du président, et sous réserve des dispositions de l'article 333 du Code de procédure pénale concernant les modifications dans les déclarations des témoins. De surcroît, la demande de donné acte ne peut concerner que des faits précis survenus à l'audience et de nature à porter atteinte aux droits de la défense. Tel n'est pas le cas du contenu d'échanges épistolaires entre le président et un avocat commis d'office (Cass. crim., 24 juin 2015, n° 14-84.221 : *JurisData* n° 2015-015410).

• Les débats sont publics. L'article 306 du Code de procédure pénale prévoit :

– les débats sont publics, à moins que la publicité ne soit dangereuse pour l'ordre ou les mœurs. Dans ce cas, la cour le déclare par un arrêt rendu en audience publique ;

– toutefois, le président peut interdire l'accès de la salle d'audience aux mineurs ou à certains d'entre eux ;

– lorsque les poursuites sont exercées du chef de viol ou de tortures et actes de barbarie accompagnés d'agressions sexuelles, de traite des êtres humains ou de proxénétisme aggravé, réprimé par les articles 225-7 à 225-9 du Code pénal, le huis clos est de droit si la victime partie civile ou l'une des victimes parties civiles le demande ; dans les autres cas, le huis clos ne peut être ordonné que si la victime partie civile ou l'une des victimes parties civiles ne s'y oppose pas ;

– lorsque le huis clos a été ordonné, celui-ci s'applique au prononcé des arrêts qui peuvent intervenir sur les incidents contentieux visés à l'article 316 ;

– l'arrêt sur le fond doit toujours être prononcé en audience publique.

L'enregistrement sonore des débats devant la cour d'assises de premier ressort n'est ainsi plus obligatoire depuis le 1er septembre 2016.

Les parties qui pourront justifier d'un intérêt quant à l'utilisation d'un tel enregistrement dans les jours qui suivront (au cours de la même audience) pourront en faire la demande. On pourra également en demander l'utilisation devant la cour d'assises d'appel, par exemple en cas de décès ou d'absence d'une victime ou d'un témoin (présent devant la cour d'assises de premier ressort) lors de l'audience d'appel.

2 Informer l'accusé sur le déroulement de la procédure

1255 • Veiller à ce qu'il ait bien en sa possession une copie de la décision de renvoi devant la cour d'assises.

• Évoquer avec lui la liste des témoins et experts cités par le parquet ou la partie civile.

• L'éclairer sur la composition de la cour d'assises ou de la cour criminelle départementale ainsi que sur la désignation des jurés si le procès se déroule devant la cour d'assises (possibilité de récusation).

• Déroulement des débats. Le pouvoir discrétionnaire conféré au président lui donne une certaine liberté dans l'organisation de l'audience. Il devra toutefois respecter certains impératifs procéduraux. Le plus souvent, les débats se dérouleront ainsi :

– **ouverture des débats.** Ils commencent dès que le président a déclaré le jury constitué (CPP, art. 305) et immédiatement devant la cour criminelle départementale puisqu'il n'y a pas de jurés ;

– **présentation du rapport introductif par le président.** C'est l'une des innovations introduites par la loi du 10 août 2011. Le contenu de ce rapport est prévu par l'article 327 du Code de procédure pénale. Le président doit présenter de façon concise les faits reprochés à l'accusé, ainsi que les éléments à charge et à décharge, **tels qu'ils résultent de la décision de renvoi**. Le président **ne doit pas alors manifester son opinion sur la culpabilité**. Mais la défense ne peut exiger que les notes personnelles utilisées par le président pour présenter son rapport introductif soient versées aux débats (Cass. crim., 26 nov. 2014, n° 13.88-438) ;

– **examen de la personnalité de l'accusé** (auditions des experts, des enquêteurs de personnalité et de toute personne susceptible d'apporter un éclairage sur la personnalité de l'accusé) ;

– **examen des faits** : l'ordre d'intervention résulte du pouvoir discrétionnaire du président :

- auditions des enquêteurs,
- auditions des témoins des faits,
- auditions des experts intervenus sur les éléments matériels des infractions (autopsie, ADN, balistique, *etc.*),
- interrogatoire de l'accusé,
- audition de la partie civile,
- auditions des témoins de personnalité,
- auditions des experts psychiatre et psychologue ayant expertisé l'accusé et les parties civiles ;

– **lectures des pièces du dossier** qui n'auraient pas été débattues à la demande des parties ;

– **plaidoirie de la partie civile** ;

– Réquisitoire de l'avocat général ;

– Plaidoirie de la défense ;

– **clôture des débats :**

- lecture des questions posées au jury par le président,
- délibéré. Les magistrats professionnels et les jurés répondront d'abord aux questions sur la culpabilité, puis s'il y a lieu, sur la peine,
- rédaction de la feuille de motivation. L'article 365-1 du Code de procédure pénale (issu de la loi du 10 août 2011) prévoit que le président (ou l'un des magistrats assesseurs désigné par lui) rédige la feuille de motivation. **En cas de condamnation, la motivation consiste dans l'énoncé des principaux éléments à charge qui ont convaincu la cour d'assises. La décision d'acquittement devra également être motivée. Ce n'est cependant pas le cas de la décision sur la peine** ;

REMARQUE Dans un arrêt du 20 novembre 2013, la chambre criminelle, **contrôlant pour la première fois la motivation d'un arrêt de cour d'assises (cour d'assises de la Haute-Garonne), a cassé la décision déférée au motif que la motivation « n'énonçait pas les principaux éléments à charge exposés au cours des délibérations, qui pour chacun des faits reprochés à l'accusé, l'ont convaincue » (Cass. crim., 20 nov. 2013, n° 12-86.630).**

– prononcé du délibéré (verdict) par le président ;

– audience civile (présence des seuls magistrats professionnels) ;

– déclaration d'appel éventuelle.

☞ **CONSEILS PRATIQUES LORS D'UNE AUDIENCE DEVANT LA COUR D'ASSISES** Le premier jour d'audience, veillez à arriver une quinzaine de minutes avant l'heure indiquée sur votre convocation. Vous serez en effet présenté, avec l'avocat général et l'avocat de la partie civile, au président de la cour d'assises ainsi qu'à ses assesseurs, dans son cabinet.

De retour en salle d'audience, installez-vous sur les bancs du côté du box de l'accusé si vous êtes avocat de la défense, et du côté de l'avocat général si vous êtes avocat de la partie civile.

Ne prenez la parole que lorsque le président vous y aura autorisé. Vous le serez après que ce dernier a fini d'interroger chaque personne (témoins, policiers, experts, victime, accusé). Le président demandera alors aux membres de la cour s'ils ont des questions à poser, puis il le demandera à l'avocat de la partie civile, à l'avocat général, et enfin à l'avocat de la défense. Ce n'est, en principe, qu'à cette occasion que vous pourrez vous exprimer. Exceptionnellement, si vous souhaitez apporter une précision au cours de l'audience, vous pourrez vous lever et interpeller le président de la façon suivante : « Si vous voulez bien me permettre, Madame/Monsieur le Président, d'apporter une précision ? ». Ce dernier décidera ou non de vous laisser la parole.

Le jour de votre plaidoirie, attendez que le président vous donne la parole et introduisez votre propos par « Madame/Monsieur le Président, Madame/Monsieur de la Cour, Mesdames, Messieurs les jurés ». Contrairement aux pratiques de certaines juridictions civiles, aucune durée ne vous sera imposée, votre plaidoirie pouvant durer une demi-heure comme deux heures. En défense, veillez à plaider tant l'aspect factuel que la personnalité de l'accusé. Enfin, détachez-vous au maximum de vos notes !

III Mise en œuvre

A Préparer l'audience devant la cour d'assises

1 Faut-il assister à l'interrogatoire préalable de l'accusé par le président ?

1256 L'interrogatoire de personnalité est une **formalité substantielle** : son omission entraîne la nullité de toute la procédure subséquente.
L'accusé n'a d'autre choix que de s'y soumettre. S'il ne se présente pas, le président décerne contre lui mandat d'arrêt (CPP, art. 272-1) et l'accusé appréhendé dans ces conditions est déféré devant le JLD qui est seul compétent pour le placer en détention provisoire. La présence de l'avocat n'est en revanche pas obligatoire : au cours de cet interrogatoire, le président de la cour d'assises ou cour criminelle départementale (CPP, art. 273 et 274) :
– interroge l'accusé sur son identité ;
– s'assure qu'il a reçu notification de la décision de renvoi et de mise en accusation ;
– l'invite à choisir un conseil ou lui en désigne un d'office.
Le président ne peut **pas interroger l'accusé sur le fond de l'affaire** : il ne peut donc pas lui demander s'il persiste dans ses déclarations. Si le président entend procéder à un interrogatoire sur le fond, il ne peut le faire qu'ultérieurement dans le cadre d'un supplément d'information, en présence de l'avocat de l'accusé.
Un nouvel article a été inséré par la loi n° 2021-1729 du 22 décembre 2021 (CPP, art. 276-1) qui prévoit qu'après avoir procédé à cet interrogatoire, le président de la cour d'assises organise en chambre du conseil une « réunion préparatoire criminelle » à laquelle il convoque l'ensemble des parties et avocats afin de rechercher un accord sur la liste des témoins et des experts qui seront cités à l'audience.

ATTENTION Un délai d'au moins **cinq jours**, à peine de nullité, doit être respecté entre la date de cet interrogatoire et celle de l'ouverture des débats (CPP, art. 277).
Toute renonciation à ce délai doit être expresse. La renonciation au délai n'est valable que s'il ressort de la procédure qu'à la fois l'accusé et son conseil y ont consenti.

L'établissement d'un **PV de cet interrogatoire** (daté et signé par le greffier et le président à peine de nullité) est également une **formalité substantielle** : son omission est une cause de nullité.

2 Obtenir la copie du dossier d'instruction

1257 • **Consultation du dossier accordée au seul avocat** auprès du greffe de la cour d'assises ou cour criminelle départementale (CPP, art. 278).
• La consultation porte sur l'intégralité des pièces du dossier (même si certains faits de l'information ont fait l'objet d'un non-lieu), seules étant écartées les pièces correspondant à des actes annulés ou cancellés. L'avocat pourra notamment consulter tout le contenu de la cote détention ainsi que le casier judiciaire de l'accusé.

3 Demander la récusation d'un juré

ATTENTION Cette partie ne concerne que la cour d'assises à l'exclusion de la cour criminelle départementale qui n'est composée que de magistrats *professionnels* (le président et quatre assesseurs).

1258 Outre les trois magistrats professionnels, la cour sera composée d'un jury de jugement (CPP, art. 296, mod. par L. n° 2016-731, 3 juin 2016).
Le jury de jugement est composé de six jurés lorsque la cour statue en premier ressort et de neuf jurés lorsqu'elle statue en appel. La cour doit, par arrêt, ordonner, avant le tirage de la liste des jurés, qu'indépendamment des jurés de jugement, il soit tiré au sort un ou plusieurs jurés supplémentaires qui assistent aux débats **et qui assistent, sans pouvoir manifester leur opinion, au délibéré.**
Le greffier fait l'appel des jurés non excusés, et le président dépose dans une urne les cartes sur lesquelles les noms des jurés ont été inscrits (CPP, art. 295).
L'accusé peut récuser, sans avoir à motiver sa déclaration, à mesure que leurs noms sortent des urnes :
– quatre jurés en première instance ;
– contre cinq en cause d'appel (CPP, art. 298).

Ce droit est toujours supérieur à celui du ministère public qui dispose de la même faculté à concurrence de trois récusations en première instance et de quatre en appel.
Une récusation ne peut être rétractée.
Le droit pourra être exercé jusqu'au tirage au sort du juré suivant.

NOTA Au début du premier jour d'audience, le greffier procède à l'appel de l'ensemble des jurés convoqués, lesquels répondent présents tout en restant assis dans la salle. Une fois cet appel terminé, le président procède alors au tirage au sort. La personne dont le nom est ainsi retenu se lève et se dirige vers l'estrade pour s'asseoir à la place que lui indique l'huissier audiencier. Pendant ce laps de temps, tant que cette personne n'a pas touché la chaise de la main, vous pouvez la récuser. Pour ce faire, vous n'avez qu'à vous lever et dire « récusé, Madame/Monsieur le Président ». Ayant droit à quatre récusations, vous n'avez pas à vous justifier.

4 Faire citer les témoins et experts

1259 • Possibilité pour l'accusé (son avocat) de demander au ministère public de **faire citer aux frais de l'État, cinq témoins** qui n'auraient pas déjà été cités par l'accusation (CPP, art. 281, al. 4), en communiquant au parquet une liste qu'il lui communique **au moins un mois et dix jours avant l'ouverture des débats**.
Si l'accusé souhaite faire citer d'autres témoins, il doit le faire à ses frais, en recourant au ministère d'un huissier de justice compétent (fonction du domicile du témoin), qui devra respecter les formes prévues par les dispositions des articles 551 à 566 du Code de procédure pénale, notamment un délai de un mois et dix jours précédant le début de l'audience.
• L'accusé doit **dénoncer** au ministère public et aux parties civiles **la liste des témoins cités** « dès que possible » et au moins **vingt-quatre heures** avant l'ouverture des débats. Il en va de même pour les experts (CPP, art. 281).
À défaut d'avoir reçu signification de tel ou tel témoin ou expert, les parties peuvent s'opposer à leur déposition, et il appartient à la cour de statuer sur cette opposition (CPP, art. 330).
Si la cour estime fondée cette opposition, **elle peut tout de même entendre les témoins, à titre de simple renseignement, en vertu du pouvoir discrétionnaire du président** ; ils ne prêteront alors pas le serment des témoins prévu par l'article 331, alinéa 3 du Code de procédure pénale.

De même, en application de l'article 706-71, alinéa 2 du Code de procédure pénale, les témoins et experts peuvent être entendus à distance par visioconférence. S'il ne résulte pas des pièces de procédure que des procès-verbaux de constatation des opérations techniques aient été établis, la cassation n'est pas encourue dès lors que l'absence de donné acte fait présumer qu'aucun incident technique de nature à porter atteinte aux droits de la défense ne s'est produit au cours de chacune des liaisons (Cass. crim., 24 juin 2015, n° 14-85.454).

5 Demander éventuellement un supplément d'information

1260 Possibilité pour l'accusé de solliciter un supplément d'information.
Le président a la faculté de l'accorder « si l'instruction lui paraît incomplète » ou « si des éléments nouveaux ont été révélés depuis » (CPP, art. 283). Dans ce cas, l'affaire peut être renvoyée à une session ultérieure de la cour d'assises (CPP, art. 287).
Les PV et autres pièces ou documents réunis au cours du supplément d'information sont déposés au greffe, qui en avise les parties.
La cour, saisie de conclusions incidentes (CPP, art. 316) demandant une nouvelle mesure d'instruction, ne peut rejeter la demande avant que l'instruction à l'audience n'ait commencé (Cass. crim., 30 oct. 1985, n° 85-92.109 : *JurisData* n° 1985-002815).
Comme pour toutes conclusions incidentes : pas de forme particulière ; elles peuvent être présentées oralement. L'écrit est cependant conseillé, notamment en cause d'appel, dans la perspective d'un éventuel pourvoi.
Les conclusions n'ont pas nécessairement à être écrites. Lorsqu'elles sont présentées oralement, elles doivent être actées au procès-verbal.
Lorsque la cour est saisie d'une demande d'expertise, le président ne peut se substituer à elle pour prendre la décision en vertu de son pouvoir discrétionnaire (Cass. crim., 28 mai 2015, n° 14-82.559 : *JurisData* n° 2015-012532).

B Au cours de l'audience

1 Soulever une nullité de procédure

1261 Les **nullités susceptibles d'être soulevées devant la cour d'assises** ou cour criminelle départementale **sont très rares**, la décision de renvoi purgeant la procédure antérieure des vices et irrégularités qu'elle pourrait contenir.
Néanmoins, l'accusé conserve la faculté de soulever devant la cour d'assises une exception tirée d'une nullité de procédure (CPP, art. 305-1).

L'incident doit être soulevé *in limine litis*, c'est-à-dire dès que le jury de jugement est définitivement constitué (CPP, art. 599 : irrecevabilité, comme moyen de cassation, des nullités non soulevées *in limine litis*). Les conclusions seront régularisées à l'attention de la cour pour les trois magistrats professionnels).

ATTENTION À tout moment, il est possible de déposer des conclusions d'incident sur lesquelles la cour sera tenue de statuer par arrêt ne préjugeant pas le fond.

2 Solliciter sa mise en liberté

1262 Possibilité pour l'accusé placé en détention provisoire de demander sa mise en liberté durant son procès (CPP, art. 272-1, al. 3. – V. Fiche 47 : Demander la mise en liberté).

Durant les débats, il s'agira d'une compétence exclusive de la cour d'assises (sans l'assistance du jury) ou cour criminelle départementale ; tant antérieurement que postérieurement (en cas d'appel), c'est la chambre de l'instruction qui sera compétente.

La demande de mise en liberté sera formulée soit par déclaration verbale constatée par le greffier d'audience, soit par voie de conclusions déposées à cette fin (Cass. crim., 16 juin 1998, n° 97-85.622 : *JurisData* n° 1998-003122).

L'arrêt de la cour d'assises ou cour criminelle départementale sur cette demande doit être motivé et rendu après l'audition de toutes les parties (l'accusé ou son avocat ayant la parole en dernier).

ATTENTION La motivation ne repose pas (uniquement) sur les critères de l'article 144 du Code de procédure pénale ; la cour devra vérifier en fonction des éléments de l'espèce, si la mise en liberté n'est pas de nature à nuire au bon déroulement du procès, à la manifestation de la vérité ou à la mise à exécution, en cas de condamnation, de la sanction prononcée (Cass. crim., 24 sept. 1998, n° 97-84.017 : *JurisData* n° 1998-004077).

3 Poser des questions aux témoins et experts

1263 Le président est le seul membre de la cour d'assises ou cour criminelle départementale à connaître le dossier avant l'ouverture des débats. Les autres magistrats professionnels comme les jurés le découvriront lors de l'audience et se feront une opinion à partir de ce qu'ils entendront, notamment suite à l'interrogatoire de l'accusé, à l'audition des parties civiles et aux dépositions des témoins et experts.

Le droit de poser toutes questions à ces témoins est donc fondamental pour l'accusé et son conseil. Tout témoin ou expert dépose spontanément (CPP, art. 331).

Ils peuvent être entendus par visioconférence (CPP, art. 706-71, al. 2).

Le principe de l'oralité des débats ne permettra pas d'évoquer une déposition d'un témoin qui n'a pas encore été entendu.

Un témoin n'a pas à renouveler le serment qu'il a prêté lorsqu'il est entendu à plusieurs reprises au cours du même procès (Cass. crim., 24 juin 2015, n° 14-85.321).

Les questions sont successivement posées par l'avocat de la partie civile, puis par le ministère public, et enfin par l'avocat de l'accusé (CPP, art. 332 et 312). Si, après l'avocat de l'accusé, l'avocat de la partie civile repose une question, il est demandé au ministère public puis à l'avocat de l'accusé s'ils souhaitent poser à nouveau des questions.

REMARQUE **Au cours de son audition, l'expert peut faire référence aux notes qu'il a prises lors de l'exécution de sa mission sans qu'il soit nécessaire que lesdites notes soient préalablement communiquées aux parties, ces dernières pouvant poser toutes questions à l'expert.**

ATTENTION Cette faculté est utilement complétée par celle de pouvoir demander au président (qui peut le faire d'office) de consigner sur procès-verbal certaines déclarations des témoins ou experts, particulièrement pour ceux dont les déclarations différeraient sensiblement de leurs déclarations faites au cours de l'instruction (CPP, art. 333).

Ce droit est important, notamment dans la perspective de la suite de la procédure, notamment d'un appel ou d'une procédure de révision, car il n'existe pas de « notes d'audience ».

L'enregistrement sonore des débats est désormais un outil supplémentaire pour la défense, notamment en cause d'appel, pour ouvrir des contestations à l'encontre à l'égard des dépositions des témoins.

4 S'exprimer et avoir la parole en dernier

1264 • **Droit de se taire** (L. 27 mai 2014) : Après avoir informé l'accusé de son droit de faire des déclarations, de répondre aux questions qui lui sont posées ou de se taire, le président interroge l'accusé et reçoit ses déclarations (CPP, art. 328).

• **Droit de s'exprimer** :

– dans le cadre du plan d'audience fixé par le président, plusieurs périodes seront strictement consacrées à l'interrogatoire de l'accusé, s'agissant des faits et de la personnalité. Il lui sera par exemple donné l'occasion de s'exprimer en début de procès, après lecture de l'acte d'accusation, pour qu'il exprime sa position sur les faits, que la cour d'assises siège en première instance ou comme juridiction d'appel,

– il aura également la possibilité de s'exprimer après chaque déposition de témoin ou d'expert (CPP, art. 341) ;

– s'il ne parle pas suffisamment la langue française, il peut demander à être assisté d'un interprète (CPP, art. 344) ;

– s'il est atteint de surdité, le président nomme d'office un interprète en langue des signes (CPP, art. 345) ;

– comme pour les témoins et experts, l'accusé doit déposer, avant lecture éventuelle de ses déclarations à l'instruction (principe de l'oralité des débats).

• **Droit d'avoir la parole en dernier** : après les plaidoiries de l'avocat de la défense, le président donne la parole à l'accusé et lui demande s'il a quelque chose à ajouter pour sa défense (CPP, art. 346).

> REMARQUE **Lorsqu'il envisage de poser des questions subsidiaires, le président doit en avertir les parties avant le réquisitoire et les plaidoiries. Il ne peut se contenter d'une simple lecture de ces questions avant que la cour et le jury se retirent pour délibérer (Cass. crim., 28 mai 2015, n° 14-82.559).**

C À l'issue des débats

1 Soulever un incident contentieux quant aux questions posées

1265 Une fois que les débats sont déclarés terminés, le président donne lecture des questions auxquelles la cour et le jury auront à répondre.

L'accusé ou son défenseur peuvent renoncer à cette lecture (CPP, art. 348).

La défense a toutefois tout intérêt à avoir connaissance des questions posées par le président afin de présenter à leur sujet, le cas échéant, toute observation utile, et ce d'autant plus que toutes les questions ne résultent pas de la décision de mise en accusation.

Deux sortes de questions :

– **questions résultant de la décision de mise en accusation** (CPP, art. 231). Une question est posée sur chaque fait spécifié dans le dispositif de la décision de mise en accusation. Chaque circonstance aggravante fait l'objet d'une question distincte. Il en est de même de chaque cause légale d'exemption ou de diminution de la peine (CPP, art. 349) ;

– **questions résultant des débats** : les débats ont révélé une ou plusieurs circonstances aggravantes non retenues dans la décision de mise en accusation (questions spéciales : V. CPP, art. 350) ou une qualification du fait principal différente de celle retenue par la décision de mise en accusation (questions subsidiaires : V. CPP, art. 351). Si ces questions sont de nature à aggraver la situation de l'accusé, le président, lorsqu'il envisage d'en poser, doit en informer l'accusé et son avocat avant le réquisitoire et les plaidoiries. La loi n° 2018-703 du 3 août 2018 a même inséré un nouvel article 351-1 dans le Code de procédure pénale aux termes duquel le président ne peut poser une ou plusieurs questions prévues aux articles 350 et 351 que s'il en a préalablement informé les parties au cours des débats et au plus tard avant le réquisitoire, afin de permettre à la défense de faire valoir ses observations.

• Un second alinéa a été inséré également à l'article 351 pour que le président « pose » automatiquement la question de la qualification de l'atteinte sexuelle sur la personne d'un mineur de quinze ans si l'existence de violences ou d'une contrainte, menace ou surprise a été contestée au cours des débats.

• L'accusé a la possibilité de déposer des conclusions incidentes à l'issue de l'instruction à l'audience, afin de demander que soit posée une question subsidiaire.

Si le président refuse de poser cette question, un incident contentieux s'élève qui doit être tranché par la cour ; la cour statue par arrêt incident (CPP, art. 352) après audition de toutes les parties, l'accusé ou son conseil ayant la parole en dernier. Il en est de même si l'accusé conteste la formulation des questions ou leur ordre.

2 Rester à la disposition de la cour

1266 L'accusé qui n'est pas placé en détention provisoire avant le procès comparaît libre devant la cour d'assises ou cour criminelle départementale. Il rentre ainsi chez lui le soir et peut sortir de l'enceinte du tribunal lors des suspensions d'audience.

Si son absence est constatée pendant les débats, il sera jugé par défaut ou l'affaire sera renvoyée à une session ultérieure, après mandat d'arrêt décerné à son encontre (CPP, art. 379-2).
Avant le commencement du délibéré, le président fait retirer l'accusé de la salle d'audience. Si l'accusé est libre, il lui enjoint de ne pas quitter le palais de justice pendant la durée du délibéré, en indiquant, le cas échéant, le ou les locaux dans lesquels il doit demeurer, et invite le chef du service d'ordre à veiller au respect de cette injonction. Si la longueur prévisible du délibéré le justifie, le président peut désigner tout lieu hors du palais de justice comme local dans lequel l'accusé devra demeurer (CPP, art. 354).
Le président donne instruction au chef du service d'ordre de veiller à faire respecter cette injonction.

3 Accueillir le verdict

1267 La délibération est secrète. À son issue, la cour et le jury ou cour criminelle départementale entrent dans la salle d'audience.
En audience publique, le président fait comparaître l'accusé, donne lecture des réponses faites aux questions et prononce l'arrêt portant condamnation ou acquittement (CPP, art. 366).
En cas d'arrêt de **condamnation**, la personne condamnée pourra avoir accès à la **motivation de la décision**. La feuille de motivation reprendra les principaux éléments à charge (ou à décharge en cas d'acquittement) qui, pour chacun des faits reprochés à l'accusé, ont convaincu la cour d'assises (Cass. crim., 16 déc. 2015, n° 15-81.160 : *JurisData* n° 2015-028166).
La feuille de motivation doit en principe être rédigée immédiatement. Toutefois, lorsque l'affaire est particulièrement complexe, celle-ci pourra être rédigée ultérieurement. Elle devra néanmoins dans ce cas être rédigée et versée au dossier au plus tard dans un délai de trois jours à compter du prononcé de la décision (V. CPP, art. 365-1).
L'absence de motivation des décisions de cours d'assises ou cour criminelle départementale sur la peine n'est pas contraire aux exigences de la Convention européenne des droits de l'homme (Cass. crim., 26 nov. 2014, n° 14-80.838).
L'accusé est immédiatement mis en liberté (s'il n'est retenu pour autre cause), en cas :
- d'exemption de peine ;
- d'acquittement ;
- de condamnation à une peine autre qu'une peine ferme privative de liberté ;
- de condamnation à une peine ferme privative de liberté couverte par la détention provisoire.
Dans les autres cas, l'arrêt de la cour d'assises ou cour criminelle départementale vaut titre de détention tant qu'il n'est pas définitif, et le cas échéant pendant l'instance d'appel (V. CPP, art. 367).
En cas d'appel, l'accusé déclaré coupable et condamné pourra déposer une demande de mise en liberté laquelle sera examinée par la chambre de l'instruction.
En cas d'**acquittement**, la personne ne peut plus être reprise ou accusée à raison des mêmes faits, même sous une qualification différente (CPP, art. 368).

4 Solliciter des dommages et intérêts à l'audience sur intérêts civils

1268 Une fois que la cour et le jury ou la cour criminelle départementale ont statué sur l'action publique, la cour seule statue en audience publique (sans l'assistance du jury) sur les éventuelles demandes de dommages-intérêts.
En pratique, l'audience civile n'est organisée par la cour qu'en cas de condamnation de l'un des accusés. Toutefois, l'article 371 du Code de procédure pénale prévoit tout d'abord que **l'accusé acquitté peut demander alors de dommages-intérêts contre la partie civile** (il devra alors démontrer la mauvaise foi de la partie civile ainsi que le caractère abusif et téméraire de son action).
L'article 372 du Code de procédure pénale prévoit quant à lui la **possibilité pour la partie civile de demander des dommages-intérêts contre l'accusé acquitté** ; il faudra alors démontrer la faute civile (distincte du crime initialement poursuivi) d'où résulte le dommage, et ce conformément aux principes des articles 1382 et suivants du Code civil.

5 Interjeter appel de la décision

1269 V. Fiche 59 : Interjeter appel d'un arrêt de cour d'assises ou de cour criminelle.

CHECK-LIST **• Prendre connaissance du dossier d'instruction.**
• Éclairer l'accusé sur la procédure d'audience ainsi que sur le déroulement des débats.
• Lui rappeler les déclarations qu'il a pu faire lors de l'enquête et de l'instruction.
• Porter à sa connaissance les questions susceptibles de lui être posées.
• Lister les témoins utiles et plus largement, s'interroger sur les personnes pouvant témoigner sur les faits ou sur sa personnalité.

Assurer les droits de la défense devant la cour d'assises

• **Adresser la liste retenue des témoins à faire citer au ministère public et la dénoncer à la partie civile.**
• **Vérifier s'il est ou non nécessaire de demander un supplément d'information.**
• **Demander éventuellement la mise en liberté de l'accusé s'il est en détention provisoire.**
• **S'interroger sur l'opportunité d'interjeter appel du verdict rendu.**

POUR ALLER PLUS LOIN...

Fascicules JurisClasseur

• *JCl. Procédure pénale*, Art. 268 à 287, fasc. 10 : *Cour d'assises – Procédure préparatoire aux sessions d'assises – Actes obligatoires*, par H. Angevin.
• *JCl. Procédure pénale*, Art. 268 à 287, fasc. 20 : *Cour d'assises – Procédure préparatoire aux sessions d'assises – Actes facultatifs ou exceptionnels*, par H. Angevin.
• *JCl. Procédure pénale*, Art. 288 à 305-1, fasc. 20 : *Cour d'assises – Ouverture des sessions – Révision de la liste du jury – Formation du jury de jugement*, par H. Angevin.
• *JCl. Procédure pénale*, Art. 306 à 316, fasc. 20 : *Cour d'assises – Débats – Dispositions générales – principes fondamentaux : publicité, continuité, oralité*, par H. Angevin.
• *JCl. Procédure pénale*, Art. 306 à 316, fasc. 30 : *Cour d'assises – Débats – Dispositions générales – Pouvoirs du président – Compétence de la cour*, par H. Angevin.
• *JCl. Procédure pénale*, Art. 306 à 316, fasc. 40 : *Cour d'assises – Débats – Dispositions générales – Incidents contentieux*, par H. Angevin.
• *JCl. Procédure pénale*, Art. 317 à 322, fasc. 20 : *Cour d'assises – Débats – Comparution et détention de l'accusé – L'accusé et son défenseur – Droits de la défense*, par H. Angevin.
• *JCl. Procédure pénale*, Art. 380-1 à 380-15, fasc. 20 : *Cour d'assises – Appel des décisions des cours d'assises*, par H. Angevin.
• *JCl. Procédure pénale*, Synthèse 50 : *Cour d'assises*, par H. Angevin, actualisée par J.-Y. Maréchal.

Ouvrage

• H.-C. Le Gall, *La pratique de la cour d'assises et de la cour criminelle*, LexisNexis, coll. « Droit et professionnels », 2023.

Fiche 54

Assister le mineur délinquant durant l'enquête et l'instruction

Philippe BONFILS

Sommaire

I Aperçu rapide

A Éléments clés

1 Généralités sur le droit pénal des mineurs

1270 Le droit pénal des mineurs a été profondément réformé par l'abrogation de l'ordonnance n° 45-174 du 2 février 1945 et l'adoption du Code de la justice pénale des mineurs (CJPM), issu de l'ordonnance n° 2019-950 du 11 septembre 2019 ratifiée par la loi n° 2021-218 du 26 février 2021. Le Code de la justice pénale des mineurs est entré en vigueur le 30 septembre 2021. Pour l'application dans le temps de ce code, il faut distinguer selon les dispositions (Ord. n° 2019-950, 11 sept. 2019, art. 10) :

– **concernant la procédure**, il faut donc distinguer selon que les poursuites ont été engagées ou non avant le 30 septembre 2021 : si l'action publique a été exercée avant cette date, la procédure se poursuit sous l'empire de l'ordonnance de 1945 ; si non, on applique le Code de la justice pénale des mineurs ;

– **concernant les mesures éducatives**, le texte prévoit une application immédiate, indépendamment de la date des poursuites ;

– **concernant les mesures de sûreté** (contrôle judiciaire, assignation à résidence avec surveillance électronique, détention provisoire), le texte prévoit une application immédiate *in mitius*, c'est-à-dire une application immédiate si les nouvelles mesures sont plus douces ;

– **pour le reste**, l'application dans le temps est réalisée en fonction du droit commun (C. pén., art. 112-1 et s.), en distinguant selon que la loi nouvelle de fond est plus sévère (non-rétroactivité) ou plus douce (rétroactivité *in mitius*). La fixation de l'âge de la responsabilité pénale à treize ans (CJPM, art. L. 11-1) est incontestablement plus douce que le droit antérieur (le discernement était envisagé à l'âge de 7/8 ans), de sorte qu'elle a vocation à s'appliquer aux faits antérieurs à l'entrée en vigueur du Code de la justice pénale des mineurs.

2 Précisions sur l'âge des mineurs en matière pénale

1271 • Le Code de la justice pénale des mineurs s'applique aux mineurs, c'est-à-dire aux auteurs d'infraction âgés de moins de dix-huit ans au moment des faits.
• L'âge est calculé d'heure à heure, par référence à l'acte de naissance.
• En cas d'incertitude sur l'âge (absence d'état civil, dissimulation de l'âge réel voire de l'identité de l'intéressé…) on aura recours à une expertise médicale (radiographie du poignet gauche), et on retiendra l'âge le plus favorable au mineur (donc le plus bas).
• En principe, c'est l'âge au moment des faits qui est pris en compte (CJPM, art. L. 13-2) ; mais en matière d'enquête (notamment pour la garde à vue) c'est l'âge au moment de la mesure qui est retenu (Cass. crim., 25 oct. 2000, n° 00-83.253 : *JurisData* n° 2000-007081. – CJPM, art. L. 411-1).

B Textes

1 Textes codifiés

• C. pén., art. 112-1.
• CPP, art. 41-1, 41-2, 41-3, 61-1, 61-3, 62-2, 63-3-1 à 63-4-3, 82-1, 137-2, 137-4, 144, 145-1, 145-2, 149, 186, 706-88.
• CJPM, art. L. 11-1, L. 13-2, L. 121-6, L. 122-2, L. 311-1, L. 311-2, L. 311-5, L. 323-1, L. 323-3, L. 331-2, L. 333-1, L. 333-2, L. 334-1, L. 411-1, L. 412-1, L. 412-2, L. 413-1, L. 413-5, L. 413-6, L. 413-7, L. 413-9, L. 413-10, L. 413-11, L. 413-12, L. 422-1, L. 422-2, L. 422-3, L. 422-4, L. 431-1, L. 432-1, L. 433-2.
• CJPM, art. R. 412-1, R. 413-1, R. 422-7.

2 Textes non codifiés

• Ord. n° 45-174, 2 févr. 1945, relative à l'enfance délinquante.
• L. n° 2019-222, 23 mars 2019 de programmation 2018-2022 et de réforme pour la Justice Ord. n° 2019-950, 11 sept. 2019 portant création de la partie législative du Code de la justice pénale des mineurs.
• L. n° 218-2021, 26 févr. 2021 de ratification de la partie législative du Code de la justice pénale des mineurs.

II Préparation

A Informations à recueillir auprès du client (ou de ses parents ou autres personnes en ayant la charge)

1272 • Le mineur a-t-il été immédiatement informé de l'intégralité de ses droits ?
• S'agissant d'une mesure de garde à vue relative à un mineur de moins de seize ans, l'examen médical obligatoire a-t-il bien été effectif ?
• L'enregistrement audiovisuel obligatoire des interrogatoires du mineur a-t-il bien eu lieu et si non, pour quel obstacle insurmontable ?
• S'il s'agit d'une convocation pour une audition libre, quels sont les faits reprochés précisés sur la convocation ?
• S'il s'agit d'une audition libre, le mineur a-t-il été assisté par un avocat ? Quelle a été la durée de l'audition libre ?

B Informations à vérifier dans le dossier

1273 • À quel stade de la procédure le mineur se situe-t-il ? A-t-il déjà subi une mesure de contrainte (garde à vue ou retenue) ? Une information a-t-elle été ouverte à son encontre, si non pour quels motifs ? Le procureur recourt-il à une mesure alternative aux poursuites ?
• Les conditions légales requises pour placer le mineur en retenue ou en garde à vue étaient-elles réunies ? Les règles relatives à la durée maximale de la mesure et à son renouvellement ont-elles été respectées ?

• L'OPJ a-t-il immédiatement informé le procureur de la République, ou le juge chargé de l'information, de la mesure de contrainte exercée à l'encontre du mineur ?
• Dès cet avis effectué, les représentants légaux du mineur ont-ils bien été informés de cette mesure de garde à vue et de leur droit de solliciter l'intervention d'un avocat si le mineur ne l'avait pas fait ?
• Le mineur a-t-il été avisé de son droit à être assisté d'un avocat ? Si le mineur ou les représentants légaux n'ont pas désigné d'avocat, le bâtonnier a-t-il été informé dès le début de la garde à vue aux fins de désignation d'un avocat commis d'office ?
• L'avis aux représentants légaux de leur droit de demander un examen médical, lorsqu'ils ont été informés de la garde à vue, a-t-il bien été donné si le mineur a plus de seize ans ?
• L'heure du début de la mesure de contrainte a-t-elle bien été fixée à l'heure à laquelle le mineur a été appréhendé ?
• Est-il nécessaire de la demander et de veiller dans ce cas à solliciter fréquemment la copie des pièces de la procédure, y compris celles de la cote B « personnalité » car il n'y a pas de communication automatique par le greffe ?
• Que dit le recueil de renseignements socio-éducatifs et le droit au silence a-t-il bien été notifié au mineur à cette occasion ?
• En cas d'information judiciaire, la déclaration d'intention a-t-elle été faite ? (CPP, art. 175, III).
• En cas d'information judiciaire, les nullités sont-elles à soulever ? (attention au délai de six mois et à la purge des nullités à la fin de l'instruction).

III
Mise en œuvre

A Enquête

1 Audition du mineur suspect pendant l'enquête

> REMARQUE **Pour l'audition du mineur suspect, c'est l'âge au moment de la mesure qui est retenu et non l'âge au moment des faits. Cette solution jurisprudentielle (Cass. crim., 25 oct. 2000, n° 00-83.253), se trouve reprise à l'article L. 411-1 du Code de la justice pénale des mineurs : « pour l'application des dispositions du présent titre, l'âge pris en compte est l'âge au jour de la mesure dont il fait l'objet ».**

a) Audition libre (CJPM, art. L. 412-1 et s.)

1274 L'audition libre est applicable aux mineurs. L'article L. 412-1 dispose que « lorsqu'un mineur est entendu librement en application de l'article 61-1 du code de procédure pénale et lorsqu'il est procédé aux opérations prévues à l'article 61-3 du même code, l'officier ou l'agent de police judiciaire en informe par tout moyen ses représentants légaux, la personne ou le service auquel le mineur est confié ».

Les conditions de l'audition libre pour un mineur sont celles du droit commun (CPP, art. 61-1) avec quelques spécificités (CJPM, art. L. 412-1 et R. 412-1) :
– existence de raisons plausibles de soupçonner que la personne auditionnée a commis ou tenté de commettre une infraction ;
– information préalable (droit commun) :
• de la qualification, de la date et du lieu présumés de l'infraction qu'elle est soupçonnée d'avoir commise ou tenté de commettre,
• du droit de quitter à tout moment les locaux où elle est entendue,
• le cas échéant, du droit d'être assistée par un interprète,
• du droit de faire des déclarations, de répondre aux questions qui lui sont posées ou de se taire,
• de la possibilité de bénéficier, le cas échéant gratuitement, de conseils juridiques dans une structure d'accès au droit ;
– information préalable (droit spécifique) :
• des représentants légaux ou de la personne ou du service auquel a été confié le mineur de l'audition libre,
• droit à ce que les représentants légaux ou l'adulte approprié mentionné à l'article L. 311-2 soient informés et le droit d'être accompagné par ceux-ci lors de ses auditions dans les conditions prévues par l'article L. 311-1,
• droit à la protection de sa vie privée garanti par l'interdiction de diffuser les enregistrements

de ses auditions, par la tenue des audiences en publicité restreinte et par l'interdiction de publier le compte rendu des débats d'audience ou de tout élément permettant son identification,
• si l'infraction pour laquelle elle est entendue est un crime ou un délit puni d'une peine d'emprisonnement, de l'obligation d'être assisté au cours de son audition ou de sa confrontation par un avocat ;
– durée de l'audition libre : maximum quatre heures (et le suspect a le droit de quitter les locaux à tout moment) ;
– assistance par un avocat : obligatoire (CJPM, art. L. 412-2).

ATTENTION Sous l'ordonnance de 1945, l'assistance par un avocat n'était qu'un simple droit (art. 3-1), le texte permettant au parquet d'écarter la présence de l'avocat. Il est probable que cette limitation était contraire à la Constitution (Cons. const., 8 févr. 2019, n° 2018-762 QPC) ; une QPC sur ce point est donc envisageable, même si cette réserve n'est plus dans l'actuel article L. 412-1 du Code de la justice pénale des mineurs.

b) Retenue (CJPM, art. L. 413-1 et s.)

1275 La retenue est une mesure de contrainte, permettant d'auditionner un mineur suspect, applicable aux mineurs de dix à treize ans, pour lesquels la garde à vue est impossible (CJPM, art. L. 413-1 à L. 413-5).
Selon l'article L. 413-1 du Code de la justice pénale des mineurs, la retenue est une mesure de contrainte qui s'applique :
– aux mineurs âgés d'au moins dix ans (au moment de la mesure) ;
– à titre exceptionnel, s'il « existe une ou plusieurs raisons plausibles de soupçonner » que le mineur a « commis ou tenté de commettre un crime ou un délit puni d'au moins cinq ans d'emprisonnement », et « si cette mesure est l'unique moyen de parvenir à l'un au moins des objectifs » de la garde à vue (V. CPP, art. 62-2) :
• permettre l'exécution des investigations impliquant la présence ou la participation de la personne,
• garantir la présentation de la personne devant le procureur de la République afin que ce magistrat puisse apprécier la suite à donner à l'enquête,
• empêcher que la personne ne modifie les preuves ou indices matériels,
• empêcher que la personne ne fasse pression sur les témoins ou les victimes ainsi que sur leur famille ou leurs proches,
• empêcher que la personne ne se concerte avec d'autres personnes susceptibles d'être ses coauteurs ou complices,
• garantir la mise en œuvre des mesures destinées à faire cesser le crime ou le délit.
Les modalités de la retenue sont encadrées sur le modèle de la garde à vue. Concrètement, la retenue est limitée au temps nécessaire à la déposition du mineur et à sa présentation devant le magistrat compétent ou à sa remise à ses représentants légaux ou à la personne ou au service auquel il est confié. Cette durée ne peut dépasser douze heures, prolongeable une fois après présentation au magistrat.
Le mineur placé en retenue se voit notifier (par écrit sauf obstacle) dans des termes simples et accessibles et dans une langue qu'il comprend, un certain nombre de droits :
– d'être informé de la qualification, de la date et du lieu de l'infraction qui lui est reprochée ;
– lors des auditions ou interrogatoires, de faire des déclarations, de répondre aux questions qui lui sont posées ou de se taire ;
– à l'interprétation et à la traduction ;
– d'accès aux pièces du dossier ;
– qu'au moins un tiers ainsi que, le cas échéant, les autorités consulaires du pays dont il est ressortissant soient informés de la mesure privative de liberté dont il fait l'objet ;
– d'être examiné par un médecin ;
– de connaître les modalités de contestation de la légalité de l'arrestation, d'obtenir un réexamen de sa privation de liberté ou de demander sa mise en liberté.
On doit également notifier au mineur les droits suivants (CJPM, art. R. 413-1) :
– à ce que les représentants légaux ou l'adulte approprié mentionné à l'article L. 311-2 soient informés et le droit d'être accompagné par ceux-ci lors de ses auditions ou interrogatoires dans les conditions prévues par l'article L. 311-1, sauf circonstances particulières énoncées au deuxième alinéa de l'article L. 413-3 et au deuxième alinéa de l'article L. 413-7 ;
– à la protection de sa vie privée garanti par l'interdiction de diffuser les enregistrements de ses auditions, par la tenue des audiences en publicité restreinte et par l'interdiction de publier le compte rendu des débats d'audience ou de tout élément permettant son identification ;
– d'être détenu séparément des personnes majeures détenues ;
– à la préservation de sa santé, ainsi que le respect du droit à la liberté de religion ou de conviction.
Si l'infraction pour laquelle le mineur est entendu est un crime ou un délit puni d'une peine d'emprisonnement, obligation d'être assistée au cours de son audition ou de sa confrontation par un avocat.
L'OPJ doit enfin informer par tout moyen les représentants légaux du mineur ainsi que la personne

ou le service auquel il est confié de la mesure de retenue dont il fait l'objet (sauf sur décision du magistrat, pour des raisons impérieuses et de façon motivée). Ces derniers sont informés que le mineur doit être assisté par un avocat et qu'ils peuvent désigner un avocat ou demander qu'un avocat soit commis d'office.

Dès le début de la retenue, le procureur de la République ou le juge d'instruction désigne un médecin qui examine le mineur.

Le mineur doit enfin obligatoirement être assisté par un avocat (comme en matière garde à vue) et lorsque le mineur ou ses représentants légaux n'ont pas désigné d'avocat, le procureur de la République, le juge d'instruction ou l'officier de police judiciaire demande au bâtonnier par tout moyen, dès le début de la retenue, qu'il lui en soit commis un d'office.

Le déroulement de la retenue des mineurs est globalement le même que pour la garde à vue (V. *infra*, n° 1276).

c) Garde à vue (CJPM, art. L. 413-6 et s.)

1276 La garde à vue est une mesure de contrainte applicable aux mineurs âgés d'au moins treize ans (au moment de la mesure) suspectés d'avoir commis ou tentés de commettre un crime ou un délit puni d'emprisonnement.

Les conditions du placement en garde à vue sont celles du droit commun (CPP, art. 62 à 66) auxquelles le Code de la justice pénale des mineurs apporte quelques spécificités.

Concrètement, la garde à vue est applicable :
- aux mineurs âgés d'au moins treize ans (au moment de la mesure) ;
- à l'encontre desquels il existe une ou plusieurs raisons plausibles de soupçonner qu'elle a commis ou tenté de commettre un crime ou un délit puni d'emprisonnement » (CPP, art. 62-2) ;
- si elle « constitue l'unique moyen de parvenir à l'un au moins des objectifs suivants :
  • permettre l'exécution des investigations impliquant la présence ou la participation de la personne,
  • garantir la présentation de la personne devant le procureur de la République afin que ce magistrat puisse apprécier la suite à donner à l'enquête,
  • empêcher que la personne ne modifie les preuves ou indices matériels ; empêcher que la personne ne fasse pression sur les témoins ou les victimes ainsi que sur leur famille ou leurs proches,
  • empêcher que la personne ne se concerte avec d'autres personnes susceptibles d'être ses coauteurs ou complices,
  • garantir la mise en œuvre des mesures destinées à faire cesser le crime ou le délit.

Les modalités de la garde à vue sont également partagées entre le droit commun et le Code de la justice pénale des mineurs.

Dès le début de la garde à vue, l'OPJ doit informer le mineur :
- de son placement en garde à vue, et des dispositions relatives à la durée de la garde à vue, renouvellement compris ;
- de la nature et la date présumée de l'infraction dont il est suspecté ;
- de son droit à connaître la qualification juridique des faits ainsi que leur éventuelle requalification ;
- de son droit de se faire examiner par un médecin ; mais l'examen médical est obligatoire pour les mineurs âgés de treize à seize ans ;
- de son droit de se taire ;
- de l'assistance obligatoire par un avocat ;
- de son droit de faire prévenir les représentants légaux ou l'adulte approprié de la mesure et du droit d'être accompagné par eux ;
- de son droit à la protection de sa vie privée garanti par l'interdiction de diffuser les enregistrements de ses auditions, par la tenue des audiences en publicité restreinte et par l'interdiction de publier le compte rendu des débats d'audience ou de tout élément permettant son identification ;
- de son droit à être séparé des majeurs (sauf intérêt supérieur contraire, ou véritable impossibilité) ;
- de son droit à la préservation de sa santé, et de son droit à la liberté de religion ou de conviction.

L'OPJ doit également informer :
- le procureur de la République ou le juge d'instruction de la mesure ;
- les représentants légaux du mineur ou la personne ou le service auquel le mineur est confié de la mesure, et les informer que l'assistance par un avocat est obligatoire ;
- un médecin qui examinera le mineur si celui-ci a moins de seize ans, ou si le mineur âgé de plus de seize ans (ou son avocat) le demande ;
- l'avocat du mineur de la garde à vue dès le début, ou, s'il n'est pas désigné, le faire désigner par le mineur, ses représentants légaux, ou le bâtonnier pour qu'il en commette un d'office.

La durée de la garde à vue est de vingt-quatre heures en principe, renouvelable pour la même durée une fois.

L'assistance par un avocat est obligatoire (CJPM, art. L. 413-9). Dès le début de la garde à vue, le mineur doit être assisté par un avocat, dans les conditions prévues aux articles 63-3-1 à 63-4-3 du Code de procédure pénale. Lorsque le mineur n'a pas sollicité l'assistance d'un avocat, cette demande peut être faite par ses représentants légaux qui sont alors avisés de ce droit lorsqu'ils sont informés de la garde à vue en application de l'article L. 413-7. Lorsque le mineur ou ses représentants légaux n'ont pas désigné d'avocat, le procureur de la République, le juge d'instruction ou l'OPJ doit, dès le début de la garde à vue, informer par tout moyen et sans délai le bâtonnier afin qu'il en commette un d'office.

ATTENTION Jusqu'à il y a peu, l'article 63-4-2 du Code de procédure pénale prévoyait un délai de carence de deux heures, interdisant aux enquêteurs d'entendre le gardé à vue tant que l'avocat n'était pas arrivé ; les policiers devaient attendre la fin de ce délai avant de pouvoir interroger le suspect, et passé ce délai, l'audition pouvait commencer, même si l'avocat n'était pas arrivé.
À partir du 1er juillet 2024, ce délai de carence est supprimé dans l'article 63-4-2 du Code de procédure pénale issu de la loi du 22 avril 2024. L'audition sur les faits ne peut débuter sans la présence de l'avocat, sauf deux dérogations :
- l'une consistant à permettre l'audition immédiate de l'intéressé en cas d'urgence même si l'avocat n'est pas encore arrivé (CPP, art. 63-4-2-1) ;
- l'autre consistant à reporter l'assistance par un avocat à l'expiration d'un délai de douze heures, voire vingt-quatre heures (CPP, art. 63-4-2 ; cette solution existait déjà avec la loi du 14 avril 2011).

L'assistance par un avocat recouvre le droit à un entretien privé et confidentiel avec un avocat de trente minutes et le droit à l'assistance effective avec un avocat durant toutes les auditions et confrontations (report de ce droit possible à titre exceptionnel ; CPP, art. 63-4-2).

REMARQUE **L'avocat peut consulter le PV de placement et de notification des droits, le certificat médical de compatibilité avec la mesure, le PV de saisine/interpellation et, le cas échéant, les PV d'auditions antérieures à l'arrivée de l'avocat et concernant son seul client ; selon les cas, la consultation de ces éléments est recommandée.**
L'avocat peut demander un examen médical pour les mineurs âgés de plus de seize ans (pour les mineurs âgés de moins de seize ans c'est obligatoire).
L'avocat peut poser des questions à l'issue des auditions et/ou présenter des observations écrites, qui seront jointes à la procédure.

La prolongation de la garde à vue (CJPM, art. L. 413-10) est possible pour une durée identique à la durée initiale. Elle suppose la présentation du mineur au procureur de la République ou au juge d'instruction, mais cette présentation peut être effectuée par un moyen de télécommunication audiovisuelle. Pour un mineur de moins de seize ans, la prolongation n'est possible que si l'infraction qu'il est soupçonné d'avoir commise ou tentée est un crime ou un délit puni d'au moins cinq ans d'emprisonnement.
Le déroulement de la garde à vue des mineurs est globalement le même que pour les majeurs. Néanmoins, les interrogatoires des mineurs placés en garde à vue ou en retenue font l'objet d'un enregistrement audiovisuel (CJPM, art. L. 413-12) sauf impossibilité technique (le PV d'interrogatoire précise la nature de cette impossibilité, et le magistrat en est immédiatement avisé). En l'absence d'enregistrement, aucune condamnation ne peut être prononcée sur le seul fondement des déclarations du mineur si celles-ci sont contestées. Il est jugé (Cass. crim., 3 avr. 2007, n° 06-87.264. – Cass. crim., 12 juin 2007, n° 07-80.194) que « le défaut d'enregistrement audiovisuel des interrogatoires d'un mineur placé en garde à vue, non justifié par un obstacle insurmontable, porte nécessairement atteinte aux intérêts de la personne concernée ».

ATTENTION Doivent être annulés les interrogatoires de mineurs qui n'avaient pas été enregistrés, dès lors que l'impossibilité technique invoquée n'avait pas été mentionnée dans le procès-verbal d'interrogatoire et que cette impossibilité n'avait pas été portée immédiatement à la connaissance du procureur de la République (Cass. crim., 26 mars 2008, n° 07-88.554).

Les modalités particulières de la garde à vue en matière de criminalité organisée sont partiellement applicables aux mineurs âgés d'au moins seize ans (CJPM, art. L. 413-11 ; CPP, art. 706-88). Deux prolongations supplémentaires de vingt-quatre heures ou une prolongation de quarante-huit heures sont possibles, sur autorisation écrite et motivée du JLD ou du juge d'instruction, après un examen médical obligatoire.

ATTENTION La garde à vue est une mesure privative de liberté dont les irrégularités sont en principe sanctionnées par la nullité, sans qu'il soit nécessaire de démontrer un grief. La nullité d'un procès-verbal s'étend aux actes subséquents (V. Fiche 36 : Garde à vue).

REMARQUE L'enregistrement étant une pièce de la procédure, ne pas hésiter à demander à le visionner dans les suites de la procédure, si le contenu du procès-verbal d'interrogatoire est contesté. Si cette demande est faite pendant l'instruction, elle devra être présentée dans les conditions prévues à l'article 82-1 du Code de procédure pénale.

2 Recueil de renseignements socio-éducatifs

1277 Le recueil de renseignements socio-éducatifs (RRSE) est une évaluation synthétique des éléments relatifs à la personnalité et à la situation du mineur. Il donne lieu à un rapport contenant tous renseignements utiles sur sa situation ainsi qu'une proposition éducative ou une proposition de mesures propres à favoriser son insertion sociale (CJPM, art. L. 322-3). Il est ordonné par le procureur de la République, le juge d'instruction et les juridictions de jugement spécialisées.
En pratique, il est généralement ordonné par le parquet, en début de procédure pour l'aider à évaluer et à orienter le dossier. Il est ainsi quasiment systématique, et même obligatoire avant toute réquisition ou décision de placement en détention provisoire ou de prolongation de la détention provisoire d'un mineur mis en examen ou convoqué devant une juridiction de jugement (CJPM, art. L. 322-5).
Sa réalisation est confiée à la PJJ.
Le RRSE est un élément essentiel de la procédure, auquel il convient d'apporter une attention particulière.

ATTENTION À l'occasion du RRSE, les éducateurs peuvent interroger le mineur sur les faits et ce dernier peut être amené à reconnaître les faits. Saisi d'une QPC, le Conseil constitutionnel avait invalidé partiellement l'ancien article 12 de l'ordonnance de 1945 qui prévoyait déjà le RRSE (Cons. const., 9 avr. 2021, n° 2021-894 QPC), et exigé la notification du droit au silence, mais pas la présence de l'avocat. C'est cette solution que reprend l'article L. 322-3 du Code de la justice pénale des mineurs, tel que modifié par la loi n° 2021-1729 du 22 décembre 2021 : « le mineur entendu par le service de la protection judiciaire de la jeunesse est informé, préalablement à l'entretien, de son droit de se taire sur les faits qui lui sont reprochés ».
La notification du droit au silence par les éducateurs en charge de la réalisation du RRSE est donc obligatoire, et il a été jugé au visa de l'article 6, § 1 et 3 de la Convention EDH que l'absence d'une telle notification est une cause de nullité (Cass. crim., 10 nov. 2021, n° 20-84.861).

3 Mesures alternatives

1278 Le parquet peut recourir à des mesures alternatives aux poursuites, en application de l'article 41-1 du Code de procédure pénale, « s'il lui apparaît qu'une telle mesure est susceptible d'assurer la réparation du dommage causé à la victime, de mettre fin au trouble résultant de l'infraction ou de contribuer au reclassement de l'auteur des faits, préalablement à sa décision sur l'action publique, directement ou par l'intermédiaire d'un officier de police judiciaire, d'un délégué ou d'un médiateur du procureur de la République ». Le Code de la justice pénale des mineurs développe les mesures alternatives (CJPM, art. L. 422-1 et s.). Elles représentent plus de la moitié des réponses pénales apportées aux affaires poursuivables impliquant au moins un mineur (sur 100 affaires poursuivables relatives aux mineurs : 10 sont classées ; 2 font l'objet de compositions pénales ; 50 donnent lieu à des procédures alternatives aux poursuites ; et 36 sont poursuivies ; *Chiffres clés de la justice*, 2023, p. 28).

a) Mesures alternatives de l'article 41-1 du Code de procédure pénale

1279 **Mesures alternatives de droit commun :**
– rappel auprès de l'auteur des faits des obligations résultant de la loi ;
– orientation de l'auteur des faits vers une structure sanitaire, sociale ou professionnelle, notamment pour y accomplir un stage ;
– régularisation de la situation de l'auteur des faits ;
– réparation du dommage causé ;
– obligation de consulter un psychiatre ou un psychologue.

1280 Mesures alternatives spécifiques :
– demander au mineur et à ses représentants légaux de justifier de son assiduité à un enseignement ou une formation professionnelle ;
– proposer au mineur une mesure de réparation à l'égard de la victime ou dans l'intérêt de la collectivité (le procureur de la République ou son représentant doit recueillir l'accord du mineur et de ses représentants légaux, et que cette mesure ne peut être mise en œuvre à l'égard de la victime qu'avec l'accord de celle-ci).

ATTENTION Les mesures alternatives aux poursuites ont pour effet de suspendre la prescription de l'action publique. Si la mesure proposée est exécutée, le procureur de la République prendra alors une décision de classement sans suite ; si la mesure n'est pas exécutée, il dispose de la faculté de poursuivre.

1281 **Mise en œuvre.** La mise en œuvre des mesures alternatives aux poursuites pour des mineurs présente certaines particularités (CJPM, art. L. 422-2). Le parquet doit convoquer les représentants légaux du mineur, et s'ils ne répondent pas à cette convocation, ils s'exposent aux sanctions prévues à l'article L. 311-5 du Code de la justice pénale des mineurs (amende de 3 750 € maximum ou stage de responsabilité parentale).
Les représentants légaux doivent donner leur accord pour les mesures prévues aux 2° à 5° de l'article 41-1 du Code de procédure pénale, à savoir l'orientation vers une structure sanitaire, sociale ou professionnelle, la régularisation de la situation à l'égard de la loi ou des règlements, la réparation du dommage causé par l'infraction, la médiation. Dans le cas particulier de la mesure de stage, le code précise que « le procureur de la République fixe, le cas échéant, le montant des frais de stage pouvant être mis à la charge des représentants légaux du mineur ».
La mise en œuvre pratique des mesures alternatives aux poursuites peut être confiée à un service de la PJJ ou à une personne habilitée.

b) Composition pénale

1282 La composition pénale est une alternative à la poursuite, figurant à l'article 41-2 du Code de procédure pénale, qui permet au procureur de la République ou à son représentant de proposer à l'auteur d'une infraction de faible ou moyenne gravité (contravention ou délit puni de cinq ans d'emprisonnement maximum, hors délits de presse, homicide involontaire ou délit politique) une amende ou une mesure de composition, en échange d'un classement sans suite. Cette mesure est applicable aux mineurs, dès lors qu'ils sont âgés d'au moins treize ans, et qu'elle paraît adaptée à la personnalité de l'intéressé (CJPM, art. L. 422-3 et L. 422-4).

1283 **Domaine d'application.** La composition pénale s'applique :
– aux mineurs âgés d'au moins treize ans (au moment des faits) et si la mesure paraît adaptée ;
– suspectés d'avoir commis des contraventions et délits de faible ou moyenne gravité, punis au maximum de cinq ans d'emprisonnement.

1284 **Mesures encourues.** La composition pénale permet l'application de mesures de droit commun, comme l'amende (il ne peut être prononcé à l'encontre d'un mineur une peine d'amende supérieure à la moitié de la peine encourue ni une peine d'amende excédant 7 500 € ; CJPM, art. L. 121-6) ou le travail non rémunéré (qui suppose que le mineur soit âgé d'au moins seize ans ; V. CJPM, art. R. 422-7 et s. sur ses modalités ; il est notamment indiqué que ce travail doit avoir un caractère formateur, doit être adapté aux mineurs et tenir compte des contraintes liées à leur scolarité ou leur formation...).
Des mesures spécifiques sont aussi possibles :
– l'accomplissement d'un stage de formation civique ;
– le suivi de façon régulière d'une scolarité ou d'une formation professionnelle ;
– le respect d'une décision, antérieurement prononcée par le juge, de placement dans une institution ou un établissement public ou privé d'éducation ou de formation professionnelle habilité ;
– la consultation d'un psychiatre ou d'un psychologue ;
– l'accomplissement, lorsque le mineur est âgé d'au moins seize ans, d'un contrat de service en établissement public d'insertion de la défense mentionné aux articles L. 130-1 à L. 130-5 du Code du service national.

1285 **Mise en œuvre.** La proposition faite par le procureur de la République à l'auteur de l'infraction doit être précédée d'une consultation du service de la PJJ en vue d'établir un recueil de renseignements socio-éducatifs, joint à la procédure. Le procureur de la République (ou son représentant) doit s'assurer de l'accord de l'intéressé et de celui de ses représentants légaux, ces consentements étant recueillis en présence d'un avocat.
Le texte prévoit aussi que, « pour l'exécution des mesures de stage prévues à l'article 41-2 du Code de procédure pénale, le procureur de la République fixe, le cas échéant, le montant des frais de stage pouvant être mis à la charge des représentants légaux du mineur ». Il s'agit des stages de citoyenneté, de sensibilisation aux dangers de l'usage de produits stupéfiants, de sensibilisation à la lutte contre les achats d'actes sexuels, de responsabilisation pour la prévention et la lutte contre les violences au sein du couple et sexistes, de lutte contre le sexisme et de sensibilisation à l'égalité entre les femmes et les hommes, ainsi que de l'injonction thérapeutique lorsqu'il apparaît que l'intéressé fait un usage de stupéfiants ou fait une consommation habituelle et excessive de boissons alcooliques.
Enfin, la composition pénale doit faire l'objet d'une validation par le juge des enfants (ou par un juge

du tribunal de police pour les contraventions des quatre premières classes).

ATTENTION En droit commun, la loi du 23 mars 2019 autorise le parquet à valider lui-même la composition qu'il a proposée ; mais cela ne s'applique pas aux mineurs.
Lors de la validation, le juge des enfants peut « procéder à l'audition du mineur ou de ses représentants légaux, soit d'office, soit à leur demande », et « dans ce dernier cas, l'audition est de droit ». À ce stade, « la décision est notifiée à l'auteur des faits et à ses représentants légaux et, le cas échéant, à la victime ».

ATTENTION Conformément au droit commun, la décision de validation de la composition pénale n'est susceptible d'aucun recours.

L'exécution de la proposition acceptée et validée est confiée à un service de la PJJ ou une personne habilitée, et l'exécution doit intervenir dans un délai de six mois maximum.
Si la mesure est exécutée, l'action publique est éteinte. En revanche, l'inexécution de la mesure permet la mise en mouvement de l'action publique.

REMARQUE **L'avocat doit conseiller son client sur l'opportunité d'accepter ou non une composition pénale. Si les faits sont reconnus, la composition paraît généralement préférable au risque de poursuites pénales.**
Il reste que la composition pénale est, comme les mesures éducatives et les peines, inscrite au casier judiciaire (CJPM, art. L. 631-1).

B Instruction

1286 Le Code de la justice pénale des mineurs a profondément réformé la procédure, en généralisant le mécanisme de la césure du procès pénal en matière de délit et de contravention de 5e classe, par l'instauration de la procédure de mise à l'épreuve éducative. L'instruction n'a pas disparu (CJPM, art. L. 431-1), mais elle connaît un recul considérable. En outre, seul un juge d'instruction spécialisé peut désormais instruire. Dans ce schéma procédural, l'enquête prend une place plus grande et le contradictoire perd proportionnellement du terrain.

1 Compétence et saisine du juge d'instruction spécialisé

1287 L'instruction est :
- obligatoire en matière de crime ;
- possible en matière de délit.

Le juge d'instruction est saisi par un réquisitoire introductif du parquet, qui peut faire suite à une plainte avec constitution de partie civile.

ATTENTION Le juge d'instruction avise les parents du mineur, son tuteur, ou la personne ou le service auquel il est confié des poursuites dont le mineur fait l'objet. Cet avis est fait verbalement avec émargement au dossier ou par lettre recommandée. Il mentionne les faits reprochés au mineur et leur qualification juridique. Il précise également qu'à défaut de choix d'un défenseur par le mineur ou ses représentants légaux, le juge d'instruction fera désigner par le bâtonnier un avocat d'office.
Lors de la première comparution, lorsque le mineur ou ses représentants légaux n'ont pas fait le choix d'un avocat ni demandé qu'il en soit désigné un d'office, le juge d'instruction saisi fait désigner sur-le-champ par le bâtonnier un avocat d'office.

2 Mesures durant l'instruction

a) Mesure d'investigation

1288 L'instruction, qui se déroule dans la durée, permet d'ordonner une mesure judiciaire d'investigation éducative. L'article L. 432-1 du Code de la justice pénale des mineurs prévoit que : « Lorsqu'une information judiciaire est ouverte à l'encontre d'un mineur, le juge d'instruction ordonne une mesure judiciaire d'investigation éducative ». Il ajoute encore que : « Toutefois, cette mesure est facultative lorsqu'une copie du dossier unique de personnalité du mineur, contenant un rapport d'une mesure judiciaire d'investigation éducative de moins d'un an, est versée au dossier de l'information judiciaire ».

b) Mesure éducative judiciaire provisoire

1289 La mesure éducative judiciaire (CJPM, art. L. 122-2) est « un accompagnement individualisé du mineur construit à partir d'une évaluation de sa situation personnelle, familiale, sanitaire et sociale », qui peut également comporter un ou plusieurs des modules, interdictions ou obligations suivants :
- un module d'insertion ;

– un module de réparation ;
– un module de santé ;
– un module de placement ;
– une interdiction de paraître pour un an maximum, dans le ou les lieux dans lesquels l'infraction a été commise et qui sont désignés par la juridiction, à l'exception des lieux dans lesquels le mineur réside habituellement ;
– une interdiction d'entrer en contact avec la victime ou les coauteurs ou complices, désignés par la juridiction, pour un an maximum ;
– une interdiction d'aller et venir sur la voie publique entre 22 heures et 6 heures sans être accompagné de l'un de ses représentants légaux, pour six mois maximum ;
– l'obligation de remettre un objet détenu ou appartenant au mineur et ayant servi à la commission de l'infraction ou qui en est le produit ;
– l'obligation de suivre un stage de formation civique, d'une durée qui ne peut excéder un mois, ayant pour objet de rappeler au mineur les obligations résultant de la loi.

La mesure éducative judiciaire peut être prononcée de manière provisoire, au stade de l'instruction ou dans le cadre de la procédure de mise à l'épreuve éducative. L'article L. 432-2 du Code de la justice pénale des mineurs dispose que : « Au cours de l'information judiciaire, le juge d'instruction ou le juge des libertés et de la détention saisi en application du dernier alinéa de l'article 137-1 ou du second alinéa de l'article 137-4 du Code de procédure pénale peut ordonner une mesure éducative judiciaire provisoire à l'égard du mineur mis en examen, dans les conditions prévues par les articles L. 323-1 à L. 323-3 du présent code. Le juge d'instruction peut la modifier ou en donner mainlevée à tout moment dans les mêmes conditions. La mesure est prononcée pour une durée d'un an renouvelable ».

Sur le fond, la mesure éducative judiciaire provisoire est entendue de la même manière que la mesure éducative judiciaire définitive.

c) Mesures de sûreté

1290 L'instruction permet aussi l'application de mesures de sûreté : contrôle judiciaire, assignation à résidence avec surveillance électronique et détention provisoire. Le code a peu modifié ce dispositif, du moins dans le cadre de l'instruction. Ces mesures sont prononcées par le juge d'instruction, ou, pour la détention provisoire, par le JLD.

1291 **Contrôle judiciaire.** Dans le cadre de l'instruction, le contrôle judiciaire est applicable aux mineurs sous certaines conditions (CJPM, art. L. 331-1 et s.) :

• **Mineur entre treize et seize ans**
– en matière criminelle ;
– en matière correctionnelle : 1° si la peine d'emprisonnement encourue est supérieure ou égale à sept ans ou 2° si la peine d'emprisonnement encourue est supérieure ou égale à cinq ans et si le mineur a déjà fait l'objet d'une mesure éducative, d'une mesure judiciaire d'investigation éducative, d'une mesure de sûreté, d'une déclaration de culpabilité ou d'une peine prononcée dans le cadre d'une autre procédure et ayant donné lieu à un rapport datant de moins d'un an ; 3° ou si la peine d'emprisonnement encourue est supérieure ou égale à cinq ans pour un délit de violences volontaires, d'agression sexuelle ou un délit commis avec la circonstance aggravante de violences.

• **Mineur entre seize et dix-huit ans**
– en matière criminelle ;
– en matière correctionnelle, lorsqu'ils encourent une peine d'emprisonnement, conformément aux dispositions du premier alinéa de l'article 138 du Code de procédure pénale.

Le contrôle judiciaire est assez formaliste :
– ordonnance motivée prise, selon les cas par le juge d'instruction, le JLD, ou par la juridiction de jugement dans le cadre de la césure ;
– notification au mineur par le juge des obligations ou interdictions prononcées dans le cadre du contrôle judiciaire (indication qu'en cas de non-respect, placement en détention provisoire possible) ;
– liste des obligations ou interdictions du contrôle judiciaire (CJPM, art. L. 331-2).

> REMARQUE **Le placement en centre éducatif ou centre éducatif fermé est une modalité particulière du contrôle judiciaire (CJPM, art. L. 331-2) ; le placement est alors limité à six mois renouvelable une fois.**

1292 **Assignation à résidence avec surveillance électronique (ARSE).** C'est une mesure de contrainte à mi-chemin entre le contrôle judiciaire et la détention provisoire, qui existait dans l'ordonnance de 1945 (art. 10-3) et qui se trouve reprise par le Code de la justice pénale des mineurs (CJPM, art. L. 333-1 et L. 333-2). L'ARSE s'applique donc aux mineurs sous certaines conditions :
– mineurs âgés d'au moins seize ans ;
– encourant une peine d'emprisonnement d'au moins trois ans ;

– consentement requis du mineur à la mesure, et de ses représentants légaux lorsque la mesure a lieu à leur domicile.
S'agissant de la procédure, l'ARSE peut être prononcée dans le cadre de l'instruction par le juge d'instruction et le juge des libertés et de la détention après débat contradictoire, et après avis de la PJJ ou du SPIP si l'intéressé est devenu majeur au jour de la décision (l'ARSE peut aussi être prononcée en dehors de l'instruction, par le juge des enfants ou le tribunal pour enfants et le JLD).
L'ARSE est une sorte de détention provisoire à domicile, et la durée de cette mesure s'impute sur la durée de la peine, comme la détention provisoire.

1293 **Détention provisoire.** Dans le Code de la justice pénale des mineurs, la détention provisoire est envisagée au sein du Livre III (CJPM, art. L. 334-1 et s.) et au sein du livre IV (CJPM, art. L. 433-2 et s.). Elle s'applique aux mineurs âgés d'au moins treize ans au moment des faits, si cette mesure est indispensable et s'il est démontré, au regard des éléments précis et circonstanciés résultant de la procédure et des éléments de personnalité préalablement recueillis, qu'elle constitue l'unique moyen de parvenir à l'un des objectifs mentionnés à l'article 144 du Code de procédure pénale et que ces objectifs ne sauraient être atteints en cas de placement sous contrôle judiciaire ou en cas d'ARSE. Objectifs de l'art. 144 du Code de procédure pénale : 1° conserver les preuves et indices ; 2° empêcher les pressions sur les témoins, les victimes et leurs familles ; 3° empêcher une concertation frauduleuse entre la personne mise en examen et ses coauteurs ou complices ; 4° protéger la personne mise en examen ; 5° garantir le maintien de la personne mise en examen à la disposition de la justice ; 6° mettre fin à l'infraction ou prévenir son renouvellement ; 7° de mettre fin à un trouble exceptionnel et persistant de l'ordre public causé par l'infraction ou à l'importance du préjudice qu'elle a causé.
Plus précisément, le Code invite à distinguer en fonction de l'âge et de l'infraction concernée :

• **Mineur entre treize et seize ans**
– s'il encourt une peine criminelle ;
– lorsqu'il encourt une peine correctionnelle, s'il s'est volontairement soustrait à l'obligation de respecter les conditions d'un placement dans un centre éducatif fermé prononcée dans le cadre d'un contrôle judiciaire. La détention provisoire ne peut être ordonnée qu'en cas de violation répétée ou d'une particulière gravité de cette obligation ou si cette dernière s'accompagne de la violation d'une autre obligation du contrôle judiciaire, et lorsque le rappel ou l'aggravation de ces obligations n'est pas suffisant pour atteindre les objectifs prévus à l'article 144 du Code de procédure pénale.

• **Mineur âgé de seize à dix-huit ans**
– s'il encourt une peine criminelle ;
– s'il encourt une peine d'emprisonnement d'une durée égale ou supérieure à trois ans ;
– s'il s'est volontairement soustrait aux obligations d'un contrôle judiciaire ou d'une assignation à résidence avec surveillance électronique.
La détention provisoire ne peut être ordonnée qu'en cas de violation répétée ou d'une particulière gravité des obligations du contrôle judiciaire ou de l'assignation à résidence avec surveillance électronique et lorsque le rappel ou l'aggravation de ces obligations ne peut suffire pour atteindre les objectifs prévus à l'article 144 du Code de procédure pénale.
Durant l'instruction, c'est le JLD qui est compétent pour prononcer la détention provisoire, pour statuer sur ses prolongations ou sur les demandes de remise en liberté. Il est saisi par ordonnance motivée du juge d'instruction qui lui transmet le dossier de la procédure accompagné des réquisitions du procureur de la République. Il se prononce par ordonnance motivée susceptible d'appel (devant la chambre de l'instruction).

REMARQUE **Le recueil de renseignements socio-éducatifs est obligatoire avant toute réquisition ou décision de placement en détention provisoire ou de prolongation de la détention provisoire d'un mineur mis en examen ou convoqué devant une juridiction de jugement (CJPM, art. L. 322-5).**

La durée de la détention provisoire dépend de l'âge du mineur et de la gravité de l'infraction :

• **Mineurs de treize à seize ans**
– en matière criminelle :
- six mois, renouvelable une fois, par ordonnance motivée après débat contradictoire.
– en matière correctionnelle :
- quinze jours, renouvelable une fois, par ordonnance motivée, si le mineur encourt une peine inférieure à dix ans d'emprisonnement,
- un mois, renouvelable une fois par ordonnance motivée, si le mineur encourt une peine de dix ans d'emprisonnement.

• **Mineurs de seize à dix-huit ans**
– en matière criminelle :
- un an, ce délai pouvant être prolongé de deux fois six mois, par ordonnance motivée après débat contradictoire,

– en matière correctionnelle :
- un mois, si la peine d'emprisonnement encourue est inférieure ou égale à sept ans ; renouvelable une fois, par ordonnance motivée après débat contradictoire,
- quatre mois, si la peine d'emprisonnement encourue est supérieure à sept ans ; renouvelable deux fois par ordonnance motivée après débat contradictoire.

La détention provisoire s'effectue doit dans un quartier spécial de la maison d'arrêt, soit dans un établissement pénitentiaire pour mineurs (EPM).

ATTENTION L'avocat, qui a fait savoir son choix de se trouver aux côtés de son client mineur en détention pour un débat contradictoire relatif à la détention provisoire, doit pouvoir obtenir une copie actualisée du dossier de la procédure, ou *a minima* pouvoir consulter sur place l'entier dossier de la procédure ; si tel n'est pas le cas, il y a une atteinte aux droits de la défense, justifiant l'absence de prolongation de la détention provisoire (Cass. crim., 16 oct. 2019, n° 19-84.773).

C Fin de la procédure

1294 Le juge d'instruction prononce la clôture de l'instruction.

Il convient de veiller au respect des délais introduits par la nouvelle rédaction de l'article 175 du Code de procédure pénale (délai pour faire valoir le droit soit de formuler des observations soit de présenter des demandes et requêtes, et délai pour exercer ce droit).

Le juge d'instruction peut rendre :
– une **ordonnance de mise en accusation** devant la cour d'assises des mineurs ;
– une **ordonnance de renvoi** devant le tribunal pour enfants ;
– une **ordonnance de non-lieu** s'il estime que les faits ne peuvent recevoir aucune qualification pénale ou que les charges sont insuffisantes.

D Recours ou contestation

1295 Les mineurs peuvent exercer les voies de recours, personnellement ou par l'intermédiaire de leurs représentants légaux, dans les conditions du droit commun : appel, pourvoi, opposition.

Le mineur mis en examen peut **interjeter appel** contre :
– les ordonnances de rejet de demande de mise en liberté, de placement, maintien ou prolongation exceptionnelle en détention provisoire (y compris à la fin de l'instruction) ;
– les ordonnances de refus de demandes d'actes ;
– les ordonnances se prononçant sur la contestation d'une constitution de partie civile ;
– les ordonnances de mise en accusation devant la cour d'assises des mineurs.

Ces appels doivent être formés par déclaration au greffe du juge d'instruction, par l'appelant ou son conseil, ou par déclaration auprès du chef d'établissement pénitentiaire si l'appelant est détenu dans un délai de **dix jours** qui suivent la notification ou la signification de la décision.

L'appel est de la compétence de la chambre de l'instruction.

La personne qui a fait l'objet d'une détention provisoire au cours d'une procédure terminée à son égard par une décision de non-lieu, de relaxe ou d'acquittement **peut en demander réparation** auprès du premier président de la cour d'appel du ressort dans lequel l'instruction s'est déroulée. Ce droit doit lui être notifié en même temps que la décision de non-lieu (CPP, art. 149).

ATTENTION L'appel contre l'ordonnance de renvoi devant le tribunal pour enfants y compris le tribunal pour enfants statuant en matière criminelle ou d'une ordonnance de non-lieu n'est pas ouvert (CPP, art. 186).

CHECK-LIST • **Demander et veiller à solliciter fréquemment la copie des pièces de la procédure, y compris celles de la cote B « personnalité ».**
• **S'assurer que l'auteur de l'infraction était bien âgé de moins de dix-huit ans au moment des faits.**
• **Vérifier si le mineur a treize ans ou plus (et le cas échéant invoquer la rétroactivité de l'article L. 11-1 du Code de la justice pénale des mineurs).**
• **Vérifier le délai de prescription.**
• **En cas de retenue ou de garde à vue du mineur, s'assurer qu'il a bien été immédiatement informé de l'intégralité de ses droits et que l'OPJ en a immédiatement informé le procureur de la République ou le juge chargé de l'information.**
• **S'assurer que, dès cet avis donné, les représentants légaux du mineur ont bien été informés de cette mesure et de leur droit à solliciter l'intervention d'un avocat dès le début de la garde à vue.**
• **S'assurer que la désignation d'un avocat a pu intervenir sans délai le cas échéant, dès le début de la retenue**

ou de la garde à vue ; s'assurer pour une audition libre de la notification des informations données au visa de l'article 61-1 du Code de procédure pénale et de la mention au procès-verbal.

• S'assurer que l'heure du début de la mesure de contrainte le cas échéant a bien été fixée à l'heure à laquelle le mineur a été appréhendé.

POUR ALLER PLUS LOIN...

Fascicule JurisClasseur

• *JCl. Pénal Code*, Art. 122-8, fasc. 10-20, *Poursuite et instruction*, par M.-C. Guérin.

Fiche 55

Assister le mineur durant son jugement

Philippe BONFILS

Sommaire

I Aperçu rapide

A Caractéristiques générales

1296 Le 30 septembre 2021, le Code de la justice pénale des mineurs (CJPM) a succédé à l'ordonnance n° 45-174 du 2 février 1945. Le code a été adopté par l'ordonnance n° 2019-950 du 11 septembre 2019, prise en application de la loi d'habilitation n° 2019-222 du 23 mars 2019 et ratifiée par la loi n° 2021-218 du 26 février 2021. Son application dans le temps est régie par les règles suivantes (Ord. n° 2019-950, 11 sept. 2019, art. 10) :

- **concernant la procédure**, il faut distinguer selon que les poursuites ont été engagées ou non avant le 30 septembre 2021 : si l'action publique a été exercée avant cette date, la procédure se poursuit sous l'empire de l'ordonnance de 1945 ; si non, on applique le Code de la justice pénale des mineurs ;
- **concernant les mesures éducatives**, le texte prévoit une application immédiate, indépendamment de la date des poursuites ;
- **concernant les mesures de sûreté** (contrôle judiciaire, assignation à résidence avec surveillance électronique, détention provisoire), le texte prévoit une application immédiate *in mitius*, c'est-à-dire une application immédiate si les nouvelles mesures sont plus douces ;
- **pour le reste**, l'application dans le temps est réalisée en fonction du droit commun (C. pén., art. 112-1 et s.), en distinguant selon que la loi

nouvelle de fond est plus sévère (non-rétroactivité) ou plus douce (rétroactivité *in mitius*). La fixation de l'âge de la responsabilité pénale à treize ans (CJPM, art. L. 11-1) est incontestablement plus douce que le droit antérieur (le discernement était envisagé à l'âge de 7/8 ans), de sorte qu'elle a vocation à s'appliquer aux faits antérieurs à l'entrée en vigueur du Code de la justice pénale des mineurs.

Le Code de la justice pénale des mineurs (CJPM, art. L. 11-1) prévoit que la responsabilité pénale des mineurs dépend de leur discernement, que les mineurs de moins de treize ans sont présumés non discernants, et que ceux âgés de treize ans et plus sont présumés discernants. Concrètement, les mineurs de moins de treize ans ne seront pas pénalement responsables, à moins que la présomption ne se trouve renversée (et dans ce cas, seules des mesures éducatives seront encourues).

Les mineurs responsables pénalement relèvent des juridictions suivantes :

– **tribunal de police** : compétent pour les contraventions des quatre premières classes et statuant en audience non publique ; les mineurs n'encourent ici que la mesure éducative d'avertissement judiciaire, et, à partir de treize ans, des peines d'amende (avec diminution de peine) ;

– **juge des enfants** : il statue, seul, lors d'une audience de cabinet, le plus souvent en l'absence du parquet ; le juge des enfants peut prononcer des mesures éducatives, une dispense de peine, une relaxe, ou désormais les trois peines suivantes (et seulement celles-ci) : confiscation, stage et travail d'intérêt général ;

– **tribunal pour enfants** : c'est une formation collégiale, présidée par un juge des enfants et composée de deux assesseurs non professionnels mais sensibilisés aux questions relatives aux mineurs ; le ministère public est représenté par un parquetier généralement attaché à la délinquance des mineurs ; cette juridiction peut prononcer des mesures éducatives et/ou des peines (avec la diminution de peine, obligatoire jusqu'à seize ans, et pouvant être écartée entre seize et dix-huit ans) ; cette juridiction est compétente pour les contraventions de 5e classe et les délits ; elle est également compétence pour juger des crimes commis par les mineurs avant l'âge de seize ans (au moment des faits) ;

– **cour d'assises des mineurs** : composée du président de la cour d'assises, de deux assesseurs magistrats professionnels (qui seront pris, sauf impossibilité, parmi les juges des enfants du ressort de la cour d'appel), et des jurés populaires au nombre de six en première instance et neuf en cause d'appel ; présence d'un avocat général qui représente le ministère public ; cette juridiction est compétente pour juger des crimes commis par des mineurs âgés (au moment des faits) d'au moins seize ans.

REMARQUE **À noter que la cour criminelle départementale créée par la loi n° 2019-222 du 23 mars 2019 ne concerne pas les mineurs.**

RETOUR D'EXPÉRIENCE La cour d'assises des mineurs est composée et fonctionne de la même manière que la cour d'assises de droit commun, avec toutefois deux différences notables : les assesseurs doivent être, dans la mesure du possible, choisis parmi des juges des enfants, et les audiences se tiennent sous le régime de la publicité restreinte.

Néanmoins, sans préjudice des droits de la partie civile, dans l'hypothèse où l'un des accusés devenu majeur le jour de l'audience demande à ce que l'audience soit publique, et si aucun des co-accusés mineurs ne s'y oppose, il doit être fait droit à cette demande.

B Conditions d'utilisation

1297 La majorité pénale est fixée à dix-huit ans. Ainsi, tout mineur (au moment des faits) ayant commis une infraction comparaît devant une juridiction spécialisée (il y a quelques exceptions, comme le tribunal de police ou encore la chambre criminelle de la Cour de cassation).

Au sein même de la minorité, une distinction est à opérer selon l'âge au moment des faits :

– en dessous de treize ans : en principe, il n'y a plus de responsabilité pénale car le mineur de moins de treize ans est présumé sans discernement ; mais cette présomption peut être écartée, et le mineur encourra des mesures éducatives (pas de peine) ;

– de treize à moins de seize ans ; le mineur est en principe responsable, mais cette présomption peut être écartée, et le mineur sera alors jugé irresponsable pénalement ; les mineurs responsables encourent des mesures éducatives et des peines (la peine d'emprisonnement encourue étant nécessairement divisée par deux par rapport à celle encourue par les majeurs) ;

– plus de seize ans : sont encourues des mesures éducatives et des peines (la peine d'emprisonnement encourue étant en principe divisée par deux par rapport à celle encourue par les majeurs, mais cette diminution de peine peut être écartée).

REMARQUE Dans l'hypothèse où mineur(s) et majeur(s) sont impliqués dans une même affaire faisant l'objet d'une procédure unique, la cour d'assises des mineurs a également compétence pour juger le(s) majeur(s) co-prévenu(s) ou co-accusé(s).

C Textes

1 Textes codifiés

- CPP, art. 7 à 9, 41-1, 173-1, 490.
- CJPM, art. L. 11-1, L. 12-3, L. 12-4, L. 13-2, L. 322-3, L. 322-8, L. 411-1, L. 422-1, L. 423-1, L. 423-4, L. 512-2, L. 513-2, L. 611-2, L. 611-3, L. 611-5 et L. 611-6.
- CJPM, art. R. 11-1.
- COJ, art. L. 251-3.

2 Textes non codifiés

- L. n° 2019-222, 23 mars 2019 de programmation 2018-2022 et de réforme pour la justice.
- Ord. n° 2019-950, 11 sept. 2019 portant création de la partie législative du Code de la justice pénale des mineurs.
- L. n° 2021-218, 26 févr. 2021 de ratification de la partie législative du Code de la justice pénale des mineurs.

D Schéma procédural

1298 • Enquête : sous l'autorité du procureur de la République.
• Investigations sur la personnalité :
– recueil de renseignements socio-éducatifs (RRSE) : CJPM, art. L. 322-3 et s.
• Alternatives aux poursuites :
– possibilité réservée aux infractions de faible gravité ;
– mesures alternatives du droit commun (CJPM, art. L. 422-1 renvoyant à CPP, art. 41-1) : classement sous condition, rappel à la loi, réparation du dommage, obligation de consulter un psychologue ou un psychiatre ;
– mesures spécifiques : justifier de l'assiduité à un enseignement ou une formation professionnelle, mesure de réparation ;
– composition pénale (CJPM, art. L. 422-3 et s.).
• Instruction : réalisée par un juge d'instruction spécialisé (à noter : le juge des enfants n'a plus de fonction d'instruction) :
– phase d'instruction obligatoire en matière criminelle ;
– phase d'instruction possible (mais exceptionnelle) en matière de contravention de 5e classe et de délit.
• Jugement :
– Cour d'assises des mineurs (crimes commis par des mineurs âgés d'au moins seize ans),
– Tribunal pour enfants en matière criminelle (crimes commis par des mineurs âgés entre treize et seize ans),
– Tribunal pour enfants en matière correctionnelle et pour les contraventions de 5e classe :
- procédure de mise à l'épreuve éducative (avec deux audiences),
- procédure d'audience unique ;
– juge des enfants en matière correctionnelle et pour les contraventions de 5e classe :
- procédure de mise à l'épreuve éducative (avec deux audiences),
- procédure d'audience unique,
• Tribunal de police : contraventions des quatre premières classes ;
• Voies de recours : appel dans un délai de dix jours :
– Cour d'assises d'appel des mineurs (appel des arrêts rendus par la cour d'assises des mineurs) ;
– chambre spéciale des mineurs (appel des autres décisions rendues concernant des mineurs.

II Préparation

A Informations préalables

1299 Une attention particulière doit être apportée à la personnalité du mineur devant les juridictions pour mineurs. L'analyse du dossier par l'avocat des éléments de la personnalité du mineur est essentielle. Il est également important de s'intéresser à l'évolution du mineur depuis les faits, spécialement lorsque l'audience intervient longtemps après les faits.

Il convient également d'informer le mineur sur le déroulement de l'audience ainsi que sur les suites envisageables (décision de relaxe ou de condamnation, responsabilité civile, inscription au casier judiciaire, possibilité de recours...).

B Contrôles préalables

1300 • Vérifier l'âge du mineur au moment des faits et au moment où on le rencontre, l'identité de ses représentants, sa situation au moment des faits (placement) ; s'assurer notamment que c'est bien l'âge au moment des faits qui est pris en compte, sauf de rares exceptions (en matière de garde à vue notamment, où c'est l'âge au moment de la mesure qui importe).

• Vérifier si le discernement du mineur est contestable même si le mineur a légèrement plus de treize ans (l'article R. 11-1 donne des indications sur les éléments susceptibles d'être utilisés pour apprécier l'existence ou l'absence du discernement : déclarations du mineur et de son entourage familial et scolaire, élément de l'enquête, circonstances des faits, expertise psychiatrique ou psychologique...).

• Vérifier la régularité de la procédure et s'intéresser aux éventuelles nullités à soulever : conditions d'interpellation, la garde à vue, enregistrement audiovisuel, *etc.* (V. Fiche 54 : Assister le mineur délinquant durant l'enquête et l'instruction) ;

• S'assurer de la régularité de la saisine du tribunal (citation ou ordonnance de renvoi) car celle-ci doit être soulevée *in limine litis*.

• S'assurer du respect des délais pour agir qui sont ceux de droit commun en termes de prescription de l'action publique.

• Sur intérêts civils, vérifier que la réparation du dommage peut être garantie par une assurance et si oui mettre en cause la compagnie d'assurance.

> **ATTENTION** Dans l'hypothèse où il y a eu une instruction, outre les délais de l'article 173-1 du Code de procédure pénale, en tout état de cause, la clôture de l'instruction purge les nullités de procédure (V. Fiche 54 : Assister le mineur délinquant durant l'enquête et l'instruction).

En règle générale, les parents ou les personnes chez qui le mineur réside habituellement ont une assurance qui couvre les dommages causés par les mineurs, même en cas de faute intentionnelle. Il convient de s'en assurer, et de mettre en cause la compagnie d'assurance. C'est une obligation prévue par l'article L. 512-1-1 du Code de la justice pénale des mineurs, issu de la loi n° 2023-1059 du 20 novembre 2023.

C Pièces nécessaires

1301 Toutes les pièces susceptibles d'établir la personnalité du mineur :
- bulletins scolaires ;
- contrat d'apprentissage voire de travail si le prévenu est devenu majeur ;
- justificatifs éventuels de soins/certificats médicaux et attestations de consultation ou de suivi par un psychologue/résultats d'analyses ;
- attestations de tiers (employeur, maître de stage, enseignant, entraîneur sportif, *etc.*).

Pièces susceptibles de permettre la prise en charge des dommages-intérêts :
- contrat d'assurance ou attestation de la compagnie d'assurance (nom de la compagnie d'assurance, n° de police...).

D Coût de la procédure

1302 Lorsque l'avocat a été désigné par le bâtonnier à la demande du juge, il existe souvent des conventions entre le barreau et la juridiction, afin que l'aide juridictionnelle soit accordée « d'office ». En revanche, si l'avocat est choisi, le coût de la procédure est celui des honoraires libres de l'avocat, sauf s'il accepte d'intervenir au titre de l'aide juridictionnelle, en déposant cette fois un dossier qui devra comporter les justificatifs des revenus et charges des parents.

III Procédure

A Assistance et représentation

1303 Dès lors qu'il s'agit d'un mineur, ses représentants légaux doivent obligatoirement être convoqués ; mais si ces derniers ne se présentent pas à l'audience, cette absence ne fait pas obstacle au jugement.

L'assistance de l'avocat pour le mineur est obligatoire ; le mineur présent ne peut être jugé en l'absence de son conseil (CJPM, art. L. 12-4).

ATTENTION Si le mineur ne se présente pas à l'audience, bien que régulièrement convoqué, il peut néanmoins être jugé.
Dans cette hypothèse, son conseil a le droit de présenter des observations en défense, mais en pratique, il est conseillé de ne le faire que s'il en a reçu le mandat, sous peine d'engager sa responsabilité.

B Compétence

1304 La compétence matérielle de la juridiction est déterminée en fonction de la nature de l'infraction et de l'âge du mineur :
– contravention de la 1re à la 4e classe : tribunal de police ;
– contravention de 5e classe et délit : juge des enfants statuant en audience de cabinet ou tribunal pour enfants ;
– crime commis par un mineur de moins de seize ans : tribunal pour enfants statuant en matière criminelle ;
– crime commis par un mineur d'au moins seize ans : cour d'assises des mineurs ;
– crimes et délits commis par le mineur avant d'avoir atteint l'âge de seize ans lorsqu'ils forment, avec le crime principalement poursuivi, un ensemble connexe ou indivisible : cour d'assises des mineurs.
Au stade de l'audience de jugement, la question de la compétence est donc tranchée. Il demeure toutefois possible de soulever l'incompétence de la juridiction, qu'elle soit territoriale ou matérielle, par voie de conclusions *in limine litis*, même dans l'hypothèse d'une ordonnance de renvoi ;
– la compétence territoriale est déterminée à l'occasion de la poursuite (V. Fiche 54 : Assister le mineur délinquant durant l'enquête et l'instruction) ;
– l'âge du mineur est apprécié au moment de la commission des faits (CJPM, art. L. 13-2). L'âge est déterminé par le temps écoulé depuis la naissance, calculé d'heure à heure si nécessaire. La preuve de l'âge réel est rapportée par tout moyen, et le cas échéant, conformément à l'article 388 du Code civil, par des tests osseux, que le Conseil constitutionnel a déclaré valides (Cons. const., 21 mars 2019, n° 2018-768 QPC).
À noter que s'agissant de la garde à vue (et de l'audition libre et de la retenue), c'est l'âge au moment de la mesure qui est pris en compte (Cass. crim., 25 oct. 2000, n° 00-83.253 : *JurisData* n° 2000-007081). L'article L. 411-1 du Code de la justice pénale des mineurs l'énonce clairement, et déroge au principe de l'article L. 13-2.

ATTENTION Le Code de la justice pénale des mineurs a supprimé la compétence d'instruction du juge des enfants. La question du cumul de fonctions d'instruction et de jugement de ce magistrat ne se pose plus.
Pour les poursuites engagées avant l'entrée en vigueur du Code de la justice pénale des mineurs, le Conseil constitutionnel a interdit que le même juge instruise et préside le tribunal, même si un autre juge signait l'ordonnance de renvoi (Cons. const., 26 mars 2021, n° 2021-893 QPC).

C Audience

1 Principes

a) Publicité restreinte

1305 • Quelle que soit la juridiction, les audiences ne sont pas ouvertes au public (CJPM, art. L. 12-3).
• Seuls peuvent être présents la victime, les témoins, les proches parents, les représentants légaux, les représentants des services éducatifs.
• Le président du tribunal peut même décider que le mineur n'assiste pas à tout ou partie des débats.
• La portée de l'exigence de publicité restreinte a été affaiblie par la Cour de cassation, qui a laissé entendre qu'il s'agissait d'une règle d'ordre privé (Cass. crim., 21 janv. 2020, n° 19-86.957). La cour a jugé en effet que si l'audience devant un juge des libertés était irrégulière en raison de sa publicité, l'intéressé « ne saurait cependant s'en faire un grief dès lors que, d'une part, il était majeur au moment du débat, d'autre part, ni lui ni son avocat n'ont soulevé devant le juge des libertés et de la détention de contestation sur la publicité de l'audience ».
• Publicité restreinte, sauf hypothèse, devant la cour d'assises des mineurs, où l'un des accusés devenu majeur le jour de l'audience demande à ce que l'audience soit publique, et si aucun des co-accusés mineurs ne s'y oppose (CJPM, art. L. 513-2).

b) Connaissance approfondie de la personnalité du mineur

1306 Toute audience de jugement d'un mineur doit consacrer un temps important à l'examen de sa personnalité, notamment avec l'audition de ses représentants légaux et des représentants des services éducatifs, dès lors qu'ils auront été amenés à intervenir.

Assister le mineur durant son jugement

La nécessité de connaître la personnalité du mineur, sa situation sociale et familiale, avant toute décision, est posée comme une **obligation**.
Le dossier unique de personnalité (DUP) regroupe l'**ensemble des éléments relatifs à la personnalité du mineur recueillis au cours des enquêtes** dont il a fait l'objet, y compris dans le ressort de juridictions différentes et, le cas échéant, y compris lors de procédures d'assistance éducative (CJPM, art. L. 322-8 et s.).
Il est ouvert dès qu'une mesure d'investigation sur la personnalité est ordonnée ou si le mineur fait l'objet d'une mesure judiciaire d'investigation éducative, d'un placement sous contrôle judiciaire, d'une assignation à résidence avec surveillance électronique, ou d'un placement en détention provisoire.
Il est actualisé par les investigations menées dans la procédure pénale en cours et par les éléments de procédures postérieures (pénales comme éducatives).
Le DUP est placé sous le contrôle du procureur de la République et du juge des enfants qui connaissent habituellement de la situation de ce mineur.
Le DUP est accessible aux avocats du mineur, de ses parents, de la partie civile (dans ce cas, hors informations en lien avec une procédure d'assistance éducative), aux professionnels de la PJJ et aux magistrats saisis de la procédure.
En revanche, copie – totale ou partielle – ne peut en être délivrée qu'aux avocats, pour leur usage exclusif.

2 Déroulement de l'audience

1307 Les audiences de jugement se tiennent selon la même procédure que pour les majeurs, sous réserve des principes mentionnés *supra*.
S'il y en a une, la victime est avisée, par tout moyen, de la date de l'audience de jugement devant la juridiction saisie, afin de pouvoir se constituer partie civile selon les modalités prévues par le Code de procédure pénale.

> ATTENTION L'article L. 512-2 du Code de la justice pénale des mineurs dispose que lorsqu'un ou plusieurs mineurs sont impliqués dans la même cause qu'un ou plusieurs majeurs, l'action civile contre tous les responsables peut être portée devant le tribunal correctionnel ou devant la cour d'assises compétente à l'égard des majeurs. En ce cas, les mineurs ne comparaissent pas à l'audience, mais seulement leurs représentants légaux. À défaut de choix d'un défenseur par le mineur ou par son représentant légal, il en sera désigné un d'office. Dans ce cas, s'il n'a pas encore été statué sur la culpabilité des mineurs, le tribunal correctionnel ou la cour d'assises peut surseoir à statuer sur l'action civile.

D Décision

1 Procédure criminelle

1308 L'instruction est obligatoire. La juridiction compétente est, selon l'âge du mineur au moment des faits, le tribunal pour enfants (si le mineur avait moins de seize ans) ou la cour d'assises des mineurs (si le mineur avait seize ans ou plus).

2 Procédure en matière de contravention de 5e classe et de délit

a) Procédure de mise à l'épreuve éducative

1309 La procédure applicable aux contraventions de 5e classe et aux délits a été profondément remaniée par le Code de la justice pénale des mineurs. Le principe est la procédure de mise à l'épreuve éducative (CJPM, art. L. 423-4), caractérisée par deux audiences, respectivement sur la culpabilité et sur la sanction.
Cette procédure est applicable au juge des enfants et au tribunal pour enfants.
La première audience doit intervenir dans un délai de dix jours à trois mois à compter de la convocation ou du déferrement. Cette audience, dite d'examen de la culpabilité, a pour objet le prononcé non seulement de la culpabilité (ou de l'innocence), mais aussi de mesures éducatives judiciaires provisoires, de mesures de sûreté, et le jugement sur l'action civile si cela est possible.
La seconde audience, dite de prononcé de la sanction, intervient dans un délai de six à neuf mois après la première, et donne lieu au prononcé de mesures éducatives judiciaires, au prononcé de peines, et, le cas échéant, au jugement sur l'action civile. Entre les deux audiences, la période de mise à l'épreuve éducative permet la réalisation d'investigation sur la personnalité du mineur, ainsi que des mesures de suivi.

b) Procédure d'audience unique

1310 Le code permet de déroger à la procédure de mise à l'épreuve éducative, avec une procédure donnant lieu à une seule audience. L'audience unique peut survenir dans plusieurs situations :
– en cas de relaxe ;

– en cas de renvoi d'une juridiction d'instruction : en matière correctionnelle, l'instruction devient exceptionnelle avec le Code de la justice pénale des mineurs, mais, elle n'est pas totalement impossible (par ex. suite à une plainte avec constitution de partie civile) ; dans ce cas, une audience unique est suffisante, puisque l'information judiciaire a permis la réalisation des investigations sur la personnalité ;
– sur décision du parquet, à titre exceptionnel : lorsqu'un mineur est déféré, le procureur de la République peut, à titre exceptionnel, le poursuivre devant le tribunal pour enfants aux fins de jugement en audience unique (CJPM, art. L. 423-4, al. 3) :
• si la peine encourue est supérieure ou égale à cinq ans d'emprisonnement pour le mineur de moins de seize ans, ou si la peine encourue est supérieure ou égale à trois ans d'emprisonnement pour le mineur d'au moins seize ans,
• si le mineur a déjà fait l'objet d'une mesure éducative, d'une mesure judiciaire d'investigation éducative, d'une mesure de sûreté, d'une déclaration de culpabilité ou d'une peine prononcée dans le cadre d'une autre procédure et ayant donné lieu à un rapport datant de moins d'un an ou si le mineur est également poursuivi pour le délit prévu par le dernier alinéa de l'article 55-1 du Code de procédure pénale, à savoir le refus de se soumettre aux opérations de prélèvement pour les suspects.

> REMARQUE **La procédure d'audience unique prévue par l'article L. 423-4, alinéa 3 du Code de la justice pénale des mineurs est normalement exceptionnelle. Mais dans les faits, elle s'applique souvent aux mineurs non accompagnés, ce qui représente une part non négligeable des mineurs poursuivis.**

3 Procédure en matière de contravention des quatre premières classes

1311 En matière de contraventions des quatre premières classes, l'audience suit les règles du droit commun (CJPM, art. L. 423-1). Mais la procédure est adaptée à la minorité du prévenu (publicité restreinte par exemple).

E Fin de la procédure

1312 Sous réserve d'un recours, la fin de la procédure intervient lorsque la décision est définitive.

F Recours ou contestation

1313 **Appel :**
– tout jugement ou arrêt est susceptible d'un appel dans les dix jours de son prononcé ou sa signification ;
– l'appel est à inscrire au greffe de la juridiction ayant rendu la décision ;
– il sera examiné par la chambre spéciale des mineurs de la cour d'appel (pour les décisions du tribunal de police, du juge des enfants et du tribunal pour enfants) ou par la cour d'assises des mineurs statuant en appel (pour les décisions de cours d'assises des mineurs) ;
– dans l'hypothèse d'un jugement rendu par défaut, une option est ouverte : l'appel ou l'opposition ;

1314 Opposition :
– le délai d'opposition, est de dix jours à compter de la signification de la décision ;
– c'est la même juridiction que celle qui a statué la première fois qui se prononce ;
– l'opposition est déclarée au procureur de la République (CPP, art. 490).
Ces recours peuvent être exercés soit par le mineur directement, soit à sa demande par ses représentants légaux ou son conseil.

G Application des peines

1315 En cas de condamnation prononcée par une juridiction spécialisée pour mineurs, le juge des enfants exerce les fonctions dévolues au juge de l'application des peines par le Code pénal et le Code de procédure pénale, jusqu'à ce que la personne condamnée ait atteint l'âge de vingt et un ans (CJPM, art. L. 611-2). Mais, entre dix-huit et vingt et un ans, le juge d'application des peines peut également être compétent :
– si le juge des enfants atteint l'âge de dix-huit ans, le juge des enfants reste en principe compétent ;
– si la phase d'exécution commence après la majorité, le JAP est en principe compétent (CJPM, art. L. 611-5 et L. 611-6).
Le juge des enfants est ainsi compétent à l'égard de la quasi-totalité des mesures d'aménagements, c'est-à-dire pour les décisions relatives aux permissions de sortir, aux autorisations de sortie sous escorte, aux réductions de peines, à la semi-liberté, aux placements à l'extérieur, aux placements sous surveillance électronique, et à la libération conditionnelle pour des peines d'emprisonnement prononcées d'une durée inférieure ou égale à dix ans, et pour les peines dont la durée restant à subir est inférieure à trois ans.

Le tribunal pour enfants exerce les fonctions du tribunal d'application des peines (CJPM, art. L. 611-3). Mais il n'est quant à lui compétent que pour connaître des libérations conditionnelles ne relevant pas de la compétence du juge des enfants, c'est-à-dire pour les peines criminelles de plus de dix ans et les suspensions de peine pour raison médicale.

CHECK-LIST **• Vérifier l'âge du mineur au moment des faits.**
• Vérifier si la présomption de discernement (à partir de treize ans) peut être contestée.
• Vérifier l'identité de ses représentants et sa situation au moment des faits (placement éventuel et incidences sur la responsabilité civile...).
• S'assurer que l'on dispose de toutes les pièces nécessaires pour établir la personnalité du mineur et sa situation au moment du jugement.
• S'assurer que l'on dispose des pièces nécessaires pour mettre en cause l'assureur.
• Vérifier la régularité de la procédure (garde à vue, retenue judiciaire, audition libre...).
• S'assurer de la régularité de la saisine du tribunal (le cas échéant soulever la nullité *in limine litis*).

POUR ALLER PLUS LOIN...

Fascicules JurisClasseur

• *JCl. Pénal Code*, Art. 122-8, fasc. 10-10, *Mineur délinquant – Généralités. Responsabilité pénale du mineur*, par M.-C. Guérin.

• *JCl. Pénal Code*, Art. 122-8, fasc. 10-30, *Mineur délinquant – Juridictions de jugement spécialisées pour mineurs. – Mesures et sanctions éducatives*, par M.-C. Guérin.

• *JCl. Pénal Code*, Art. 122-8, fasc. 10-40, *Mineur délinquant. – Peines. Exécution des peines*, par M.-C. Guérin.

Synthèse JurisClasseur

• *JCl. Pénal Code*, Synthèse 40, par Ph. Bonfils.

Fiche 56

Demander un aménagement de peine

Marion WAGNER

Sommaire

A Caractéristiques générales

1316 Un aménagement de peine est accordé à une personne condamnée afin de favoriser son insertion ou sa réinsertion et éviter la récidive (CPP, art. 707. – L. n° 2014-896, 15 août 2014 : *JO* 17 août 2014) en fonction de sa situation matérielle, familiale et sociale (Cass. crim., 29 nov. 2016, n° 15-86.116 : *JurisData* n° 2016-024983. – Cass. crim., 29 nov. 2016, n° 15-83.108 : *JurisData* n° 2016-024981).

Principaux aménagements :

– **libération conditionnelle** : mise en liberté anticipée (CPP, art. 729) ;

– **détention à domicile sous surveillance électronique** (DDSE) : détention effectuée dans un lieu d'assignation pendant certaines heures avec une surveillance électronique (C. pén., art. 132-25 et 132-26) ;

– **permission de sortir** : absence sans escorte de l'établissement pénitentiaire pour un temps déterminé (CPP, art. 723-3) ;

– **semi-liberté** : sortie sans surveillance continue pendant une certaine durée (CPP, art. 723. – C. pén., art. 132-26, al. 2) ;

– **placement à l'extérieur** : autorisation de quitter l'établissement pénitentiaire pour être employé avec ou sans surveillance du personnel pénitentiaire (CPP, art. 723. – C. pén., art. 132-26, al. 4) ;

– **suspension de peine pour raisons médicales** : sortie de prison anticipée en cas de pronostic vital engagé, état de santé durablement incompatible avec la détention ou urgence (CPP, art. 720-1-1) ;

– **libération sous contrainte** : aménagement qui permet au condamné à une peine privative de liberté de courte durée de bénéficier d'une mise en liberté, sur demande ou de plein droit (CPP, art. 720. – L. n° 2021-1729, 22 déc. 2021).

Depuis le 24 mars 2020, deux situations à distinguer :

– la juridiction de jugement prononce une peine **supérieure à six mois et inférieure ou égale à un an** : l'aménagement est le principe ; le refus doit être spécialement motivé, de façon précise et circonstanciée, au regard des faits de l'espèce, de la personnalité et de la situation matérielle, familiale et sociale du condamné (Cass. crim., 11 mai 2021, n° 20-85.576 : *JurisData* n° 2021-007074. – Cass. crim., 22 févr. 2023, n° 20-86.691). La juridiction ne peut prononcer une peine d'emprisonnement sans évoquer l'éventualité de l'aménagement de cette dernière (Cass. crim., 8 nov. 2022, n° 21-86.096 : *JurisData* n° 2022-018724) ;

– la juridiction de jugement prononce une peine supérieure à un mois et **inférieure ou égale à six mois** d'emprisonnement : l'aménagement (DDSE, semi-liberté ou placement à l'extérieur) est une obligation (C. pén., art. 132-19 et 132-25. – CPP, art. 464-2).

ATTENTION Cette obligation est assortie d'une exception : l'« impossibilité résultant de la personnalité ou de la situation du condamné » (C. pén., art. 132-19. – Cass. crim., 11 mai 2021, n° 20-84.412 : *Dr. pén.* 2022, chron. 3, obs. V. Peltier). Il appartient au juge de caractériser cette impossibilité, qui ne peut résulter de la seule absence du prévenu à l'audience (Cass. crim., 11 janv. 2023, n° 21-87.303. – Cass. crim., 18 janv. 2023, n° 21-82.980), mais qui peut résulter du placement en détention provisoire (Cass. crim., 22 nov. 2023, n° 23-80.772 : *Dr. pén.* 2024, comm. 19, note V. Peltier).

Calcul des seuils d'aménagement (V. CPP, art. D. 48-1-1. – D. n° 2020-187, 3 mars 2020. – Prise en compte dans le calcul des seuils de la révocation d'un précédent sursis, Cass. crim., 11 mai 2021, nos 20-85.576 et 20-84.412).

Depuis le 22 novembre 2023, si l'aménagement de peine est prononcé en totalité, il est possible d'ordonner le placement ou le maintien en détention du condamné si la décision est assortie de l'exécution provisoire en attendant que le JAP fixe les modalités de l'aménagement de peine (C. pén., art. 132-25, al. 3. – L. n° 2023-1059, 20 nov. 2023).

Est interdit le prononcé d'une peine supérieure à un mois d'emprisonnement partiellement assortie du sursis, dont la partie ferme est inférieure ou égale à un mois (peine de trois mois d'emprisonnement dont deux mois assortis du sursis probatoire, Cass. crim., 8 nov. 2023, n° 23-81.039).

Tous peuvent être ordonnés par les **juridictions d'application des peines**.

ATTENTION Les dispositions relatives au droit de se taire devant les juridictions pénales, qui ont pour objet d'empêcher qu'une personne prévenue d'une infraction ne contribue à sa propre accusation, ne sont pas applicables devant les juridictions de l'application des peines, qui se prononcent seulement sur les modalités d'exécution d'une sanction décidée par la juridiction de jugement (Cass. crim., 14 sept. 2022, n° 21-86.796 : *JurisData* n° 2022-014599. – Cass. crim., 14 sept. 2022, n° 21-86.797. – Cass. crim., 14 sept. 2022, n° 21-86.798).

Trois des aménagements peuvent être **aussi décidés par les juridictions de jugement** (modalités fixées par le JAP) :
- DDSE (C. pén., art. 132-25) ;
- semi-liberté (C. pén., art. 132-25) ;
- placement à l'extérieur (C. pén., art. 132-25).

ATTENTION La juridiction doit se prononcer sur l'aménagement au moins dans son principe, et ne renvoyer au JAP que pour les modalités d'application de la mesure choisie (Cass. crim., 20 avr. 2017, n° 16-80.091 : *JurisData* n° 2017-007241 ; *Dr. pén.* 2017, comm. 100. – Cass. crim., 9 nov. 2022, n° 21-86.347 : *JurisData* n° 2022-018722. – Pour les juges du premier degré, V. Cass. crim., 16 nov. 2022, n° 22-80.600. – Pour les juges d'appel, V. Cass. crim., 6 avr. 2022, n° 21-83.457 : *JurisData* n° 2022-003260), sans avoir à s'expliquer sur les motifs du renvoi (Cass. crim., 14 juin 2023, n° 21-87.352 : *Dr. pén.* 2023, comm. 151, E. Bonis. – Cass. crim., 6 déc. 2023, n° 22-87.589) ; le JAP a le pouvoir de revenir sur la mesure (CPP, art. 723-2. – Cass. crim., 30 sept. 2020, n° 20-90.016, refus de transmettre une QPC) et il pourra, à compter du 30 septembre 2024, choisir non seulement une DDSE, une semi-liberté ou un placement à l'extérieur, mais encore une libération conditionnelle, une conversion, un fractionnement ou une suspension de la peine (CPP, art. 464-2, I, 2).

Condamnés pouvant bénéficier d'un aménagement :
- condamnés **incarcérés** (CPP, art. 707, III) ;
- condamnés **libres** en cas d'aménagement avant mise à exécution de la peine (Procédure simplifiée, CPP, art. 723-15 et s.).

Les aménagements sont soumis à des conditions tenant à la **durée de la peine prononcée et au stade de son exécution**.

Seule exception : la suspension de peine pour raisons médicales (aucune condition tenant à la peine).

Les aménagements sont assortis d'**obligations** que le condamné doit respecter sous peine de retrait de la mesure, ou de sanctions.

L'objectif de cette fiche est d'exposer les grandes lignes de chaque mesure, afin de savoir vers quel aménagement se tourner en fonction de la situation du condamné : stade d'exécution de la peine, projet de réinsertion, et aptitudes à respecter les conditions assorties à chaque mesure.

B Conditions juridiques d'utilisation

1 Conditions communes

1317 Si le client est condamné à un **suivi socio-judiciaire**, une expertise psychiatrique est nécessaire (CPP, art. 712-21).
Exception : pour la **libération sous contrainte**, elle n'est pas nécessaire.

ATTENTION L'article 712-21 renvoie à l'article 712-5 du Code de procédure pénale, lequel ne vise pas expressément la libération sous contrainte. La circulaire du 26 décembre 2014 le confirme : l'expertise est une faculté (Circ. n° JUSD1431153C, 26 déc. 2014).

L'expertise est réalisée par **deux experts** pour les meurtres, assassinats ou viols d'un mineur de quinze ans (CPP, art. 712-21, al. 1er).

ATTENTION En cas de refus de commencer ou de poursuivre un traitement dans le cadre d'une injonction de soins, risque de sanctions : suspension de la mesure, révocation, mandat d'arrêt ou mandat d'amener (CPP, art. 712-21).

Aucune mesure d'aménagement de peine n'est possible en **période de sûreté** (C. pén., art. 132-23, al. 1er. – Cons. const., 26 oct. 2018, n° 2018-742 QPC : *JurisData* n° 2018-019137, conformité à la Constitution. – V. *contra* CEDH, 12 févr. 2019, n° 33056/16, *Boltan c/ Turquie*, violation de l'article 3 du fait de l'imposition d'une peine de réclusion criminelle à perpétuité sans possibilité de libération conditionnelle. – Motivation de la durée de la période de sûreté, V. Cass. crim., 20 oct. 2021, n° 20-87.088, P : *JurisData* n° 2021-016562 ; *Dr. pén.* 2021, comm. 217).
Exception : la **suspension médicale de peine** (CPP, art. 720-1-1) possible durant la période de sûreté (Cass. crim., 3 mars 2021, n° 20-81.692 : *JurisData* n° 2021-002548).

ATTENTION En matière de terrorisme et si la réclusion à perpétuité est prononcée, la période de sûreté peut être « perpétuelle » : aucun aménagement pendant toute la durée de la peine (C. pén., art. 421-7. – L. n° 2016-731, 3 juin 2016). Le TAP peut la réduire, mais dans des conditions très limitées : avis d'une commission (cinq magistrats de la Cour de cassation) ; procédure de l'article 712-7 ; si le condamné a subi une incarcération d'une durée au moins égale à trente ans, et manifeste des gages sérieux de réadaptation sociale ; si la réduction de la période de sûreté n'est pas susceptible de causer un trouble grave à l'ordre public ; après avis des victimes ayant la qualité de parties civiles lors de la décision de condamnation ; et après expertise d'un collège de trois experts médicaux chargé de procéder à une évaluation de la dangerosité du condamné (CPP, art. 720-5. – L. n° 2016-731, 3 juin 2016).

Le SPIP joue un rôle essentiel : enquête avant décision, et suivi de toutes les mesures (C. pénit., art. R. 113-27 et s.).
Si le détenu portait un bracelet anti-rapprochement (CPP, art. 138-3. – C. pén., art. 132-45-1) avant son placement en détention, l'obligation est levée le temps de la détention mais doit intervenir au moment de sa cessation, même temporaire (donc pour tout aménagement impliquant une mise en liberté, CPP, art. D. 51. – Pose du dispositif, V. C. pénit., art. R. 631-1 et D. 631-2).
Depuis 2010, les juridictions doivent prendre en compte la partie civile et l'avertir de toute mesure d'aménagement (CPP, art. 712-16-1).

ATTENTION Les victimes d'infractions commises au sein du couple relevant de l'article 132-80 du Code pénal sont avisées par l'autorité judiciaire compétente de la sortie de détention, même temporaire (donc pour tout aménagement impliquant une sortie de détention) d'une personne détenue condamnée et peuvent, sur décision de l'autorité judiciaire, bénéficier d'une protection renforcée par l'octroi d'un téléphone grave danger ou le prononcé d'un bracelet anti-rapprochement (CPP, art. D. 1-11-2, créé D. n° 2021-1820, 24 déc. 2021).

2 Demander une libération conditionnelle

a) Condamnés concernés (CPP, art. 729 et 730)

1318 Peuvent en bénéficier, à condition d'y avoir consenti, les personnes condamnées :
– soit à qui **il reste trois ans ou moins** à effectuer ;
– soit qui ont effectué un **temps d'épreuve suffisant** (la moitié de la peine pour le cas général, dix-huit ans pour les condamnés non récidivistes à perpétuité, vingt-deux ans pour les condamnés récidivistes à perpétuité) ;
– soit de plus de soixante-dix ans sans condition tenant à la peine (ni temps d'épreuve, ni quantum) ;

– soit ayant autorité sur un enfant de moins de dix ans sans condition de temps d'épreuve (CPP, art. 729-3) ;
– soit, enceintes de plus de douze semaines, pour une infraction non commise sur mineur et devant exécuter une peine inférieure ou égale à quatre ans ou ayant encore à exécuter quatre ans ou moins (CPP, art. 729-3. – L. n° 2014-896, 15 août 2014) ;
– soit bénéficiant d'une suspension de peine sur le fondement de l'article 720-1-1 du Code de procédure pénale sans condition de durée de la peine exécutée (CPP, art. 729. – L. n° 2014-896, 15 août 2014).

REMARQUE **Conditions particulières pour l'examen des demandes de libération conditionnelle des condamnés pour actes de terrorisme : le TAP doit obligatoirement se prononcer après avis d'une commission pluridisciplinaire chargée de procéder à une évaluation de la dangerosité de la personne condamnée (CPP, art. 730-2-1, créé L. n° 2016-731, 3 juin 2016, art. 20) ; le passage au Centre national d'évaluation n'est pas une condition, Cass. crim., 9 mars 2022, n° 21-80.600, P : *JurisData* n° 2022-003260 ; *Dr. pén.* 2022, comm. 99.**

b) Motifs

1319 Le condamné doit invoquer des **efforts sérieux de réadaptation sociale** (CPP, art. 729) :
– soit un **motif précis** : exercice d'une activité professionnelle, d'un stage ou d'un emploi temporaire, assiduité à un enseignement ou à une formation professionnelle, participation essentielle à la vie de sa famille, nécessité de suivre un traitement médical, efforts en vue d'indemniser les victimes ;
– soit un **motif général** : son implication dans tout autre projet sérieux d'insertion ou de réinsertion.
Enjeu : convaincre le juge de sa volonté de se réadapter.

c) Juridictions compétentes

1320 Seules les juridictions d'application des peines sont compétentes :
– le juge d'application des peines (JAP) pour les condamnés à une peine inférieure ou égale à dix ans ou les condamnés en fin de peine (trois ans ou moins à purger) ;
– le tribunal de l'application des peines (TAP) pour les condamnés à une peine de plus de dix ans ou ayant un reliquat de peine supérieur à trois ans ou pour les condamnés pour actes de terrorisme, après avis d'une commission pluridisciplinaire spéciale (C. pén., art. 421-1 à 421-6. – CPP, art. 730-2-1) ;
– la chambre d'application des peines (CHAP) en appel pour tous les condamnés.

ATTENTION Les condamnés à perpétuité doivent se soumettre à une procédure d'évaluation pluridisciplinaire de leur dangerosité par le centre national d'évaluation (CPP, art. 730-2, D. 81-1, D. 81-2 et D. 527-1).

d) Exécution

1321 Le condamné libéré doit respecter les obligations prévues pendant tout le délai d'épreuve afin que sa sortie devienne définitive à l'expiration de ce délai.
Exemples d'obligations assorties à la libération : obligations des articles 132-44 et 132-45 du Code pénal ; interdiction d'entrer en relation avec la victime ; soumission aux convocations du JAP dans le cadre du suivi.
La libération peut être révoquée par le JAP en cas de non-respect des obligations ou interdictions, de nouvelle condamnation ou d'inconduite notoire.

3 Demander une DDSE

a) Condamnés concernés

1322 **Devant la juridiction de jugement** (C. pén., art. 132-25).
Sont concernés les condamnés :
– soit à une peine **inférieure ou égale à six mois** d'emprisonnement (C. pén., art. 132-25, al. 1er) ;
– soit à une peine **supérieure à six mois**, mais
• soit avec sursis partiel ou probatoire, et une partie ferme inférieure ou égale à six mois,
• soit avec une durée restant à exécuter inférieure ou égale à six mois après déduction de la période de détention provisoire (C. pén., art. 132-25, al. 1er) ;

ATTENTION Dans ces hypothèses, le condamné peut demander que la **totalité de sa peine** soit exécutée sous le régime de la DDSE (C. pén., art. 132-25, al. 1er).

– soit à une peine supérieure à six mois et inférieure ou égale à un an (C. pén., art. 132-25, al. 2).

ATTENTION En ce cas, le condamné peut demander qu'**une partie ou la totalité de sa peine** soit exécutée sous le régime de la DDSE (C. pén., art. 132-25, al. 2).

1323 **Devant la juridiction d'application des peines.** Peut obtenir une DDSE un condamné :
– **libre** ou bénéficiant déjà d'un **aménagement** de peine (semi-liberté, placement à l'extérieur) sans mandat de dépôt à effet différé (CPP, art. 464-2) :
• soit s'il a été condamné à une peine inférieure ou égale à un an,
• soit s'il est en fin de peine : durée de la détention restant à subir inférieure ou égale à 1 an (CPP, art. 723-15) ;
– **incarcéré :**
• soit s'il a été condamné à une ou plusieurs peines dont la durée totale est **inférieure ou égale à deux ans,**
• soit s'il lui reste encore **à exécuter une durée inférieure ou égale à deux ans** (CPP, art. 723-7, al. 1er).

b) Motifs : non

1324 **Aucun motif**, général ou particulier, n'est exigé (C. pén., art. 132-25 et 132-26).
Les motifs précis visés pour obtenir un PSEF (C. pén., ancien art. 132-26-1) sont abandonnés. Mais il faut **convaincre** les juges d'un projet de reclassement, justifiant de rester à domicile, et **anticiper les modalités de sortie**.

ATTENTION Depuis le 24 mars 2020, l'accord du condamné majeur n'est **pas requis** (C. pén., art. 132-25). Seule l'installation du dispositif doit être acceptée et le **refus constitue une violation de ses obligations** (mise à exécution de l'emprisonnement ou retrait de la mesure, CPP, art. 723-8 et 713-42).

c) Juridictions compétentes

1325 Peuvent décider d'une DDSE :
– soit les juridictions de jugement lorsqu'elles prononcent une courte peine ;
– soit les juridictions d'application des peines pour les condamnés à de courtes peines ou les condamnés en fin de peine.
Si la DDSE est décidée par une juridiction de jugement, le JAP garde un rôle essentiel : il fixe les modalités d'exécution du placement par une ordonnance (dans les cinq jours en cas de jugement avec exécution provisoire, quatre mois en cas de jugement sans exécution provisoire).

d) Exécution

1326 Le condamné doit respecter les conditions de la mesure : horaires d'assignation, discipline pénitentiaire, autres obligations ou interdictions (C. pén., art. 132-44, 132-45).
En cas de non-respect de ces obligations, sanctions disciplinaires (C. pénit., art. D. 424-6) ou pénales (évasion, C. pén., art. 434-27 et 434-29) ; et retrait de la mesure par le JAP avec réincarcération immédiate.

4 Demander une permission de sortir

a) Condamnés concernés

1327 Peuvent bénéficier de la mesure les personnes suivantes :
– majeurs condamnés à une peine inférieure ou égale à cinq ans ;
– majeurs condamnés à une peine supérieure à cinq ans ;
– majeurs condamnés à une peine inférieure ou égale à un an ;
– mineurs condamnés à une peine supérieure à un an et ayant exécuté 1/3 de leur peine ;
– mineurs condamnés à une peine inférieure ou égale à un an.
Certains condamnés sont exclus (sous le coup d'une assignation à résidence ; faisant l'objet d'une peine complémentaire d'interdiction du territoire ; condamnés à une peine de réclusion criminelle à perpétuité ; condamnés à une peine de cinq ans ou plus, en cours d'exécution d'une période de sûreté ; poursuivis pour une autre affaire).

b) Motifs

1328 Le condamné peut invoquer un ou plusieurs des quatre motifs suivants, selon le quantum de sa peine et son stade d'exécution :
– accomplissement d'obligations exigeant la présence du condamné (CPP, art. 723-3, al. 2, D. 145) ;
– maladie grave, décès d'un proche ou naissance de l'enfant du condamné (CPP, art. 723-3, al. 2, D. 143-5) ;
– maintien des liens familiaux (CPP, art. 723-3, al. 2, D. 143 à D. 143-3) ;
– réinsertion professionnelle ou sociale (CPP, art. 723-3, al. 2, D. 143 à D. 143-4, D. 144).

c) Autorités compétentes

1329 Peuvent autoriser une permission de sortir :
– soit le JAP compétent (CPP, art. 712-10) ;
– soit le chef d'établissement pénitentiaire, depuis le 25 mars 2019 (CPP, art. 723-3, *in fine*, L. n° 2019-222, 23 mars 2019. – CPP, art. D. 142-3-1. – D. n° 2020-91, 6 févr. 2020) :
• si le condamné est majeur,
• s'il a déjà bénéficié d'une permission accordée par le JAP en vertu de l'article 712-5,
• et si le JAP ne s'y oppose pas.

d) Exécution

1330 Le condamné doit respecter les conditions de la mesure : horaires de sortie, autres obligations ou interdictions (C. pén., art. 132-44 et 132-45).
La permission peut être assortie d'une **interdiction d'entrer en relation avec la victime ou la partie civile** et de paraître à proximité de son domicile et de son lieu de travail (CPP, art. 712-16-2, al. 1er, D. 142, pour le contexte des violences conjugales, D. n° 2020-1640, 21 déc. 2020).
En cas de non-respect de ces obligations, risque de retrait de la mesure par le JAP et réincarcération immédiate, et/ou à des sanctions pénales (évasion, C. pén., art. 434-27 et 434-29).

5 Demander une semi-liberté

a) Condamnés concernés

1331 **Devant la juridiction de jugement.** Sont concernés les condamnés :
- soit à une peine **inférieure ou égale à six mois** d'emprisonnement (C. pén., art. 132-25, al. 1er) ;
- soit à une peine **supérieure à six mois**, mais
  • soit avec sursis partiel ou probatoire, et une partie ferme inférieure ou égale à six mois,
  • soit avec une durée restant à exécuter inférieure ou égale à six mois après déduction de la période de détention provisoire (C. pén., art. 132-25, al. 1er) ;

ATTENTION Dans ces hypothèses, la **totalité de la peine** est exécutée sous le régime de la semi-liberté (C. pén., art. 132-25, al. 1er).

- soit à une peine supérieure à six mois et inférieure ou égale à un an (C. pén., art. 132-25, al. 2).

ATTENTION En ce cas, **une partie ou la totalité de la peine** est exécutée sous le régime de la semi-liberté (C. pén., art. 132-25, al. 2).

1332 **Devant la juridiction d'application des peines.** Sont concernés les condamnés :
- soit à une peine inférieure ou égale à deux ans (CPP, art. 723-1, al. 1er) ;
- soit dont le reliquat de peine est inférieur ou égal à deux ans (CPP, art. 723-1, al. 1er) ;
- soit admis au bénéfice de la libération conditionnelle, quand cette mesure est soumise à titre probatoire à une période de semi-liberté (CPP, art. 723-1, al. 2).

ATTENTION Sont **exclus** les condamnés pour un ou plusieurs **actes de terrorisme** (C. pén., art. 421-1 à 421-6. – CPP, art. 723-1, L. n° 2016-987, 21 juill. 2016).

En revanche, peuvent en bénéficier les condamnés pour des **faits liés au terrorisme** : provocation, apologie, retransmission ou consultation de données faisant l'apologie du terrorisme (C. pén., art. 421-2-5 et 421-2-5-1. – CPP, art. 723-1. – L. n° 2016-987, 21 juill. 2016).

b) Motifs : non

1333 **Aucun motif**, général ou particulier (depuis le 24 mars 2020, V. C. pén., art. 132-25 et 132-26). Mais il faut **convaincre** les juges d'un projet de reclassement, justifiant une semi-liberté, et **anticiper les modalités de sortie**.

c) Juridictions compétentes

1334 La semi-liberté peut être décidée :
- soit par la juridiction de jugement (C. pén., art. 132-25) ;
- soit par une juridiction d'application des peines :
  • JAP (CPP, art. 723-1),
  • TAP si la semi-liberté est prononcée à titre probatoire d'une libération conditionnelle (CPP, art. 730-1, al. 2),
  • CHAP en appel.

ATTENTION Si la semi-liberté est décidée par la juridiction de jugement, le rôle du JAP demeure indispensable : il en fixe les modalités (CPP, art. 723-2).

d) Exécution de la mesure

1335 **Obligations à respecter** :
- horaires de sortie ;
- horaires de retour dans l'établissement ;
- rester dans l'établissement si l'activité n'a pas lieu ;
- comportement irréprochable pendant les sorties : assiduité à son activité, suivi du traitement médical, respect des obligations disciplinaires (sous peine de réincarcération immédiate, V. C. pénit., art. D. 424-6) ;
- interdits éventuels (C. pén., art. 132-44 et 132-45) ;
- détenir un document pouvant justifier de son identité et de sa situation.

Si le condamné ne respecte pas ces obligations, il encourt des sanctions :
- retrait ou suspension de la semi-liberté par le JAP (CPP, art. 712-18) ;
- mandat d'arrêt ou d'amener (CPP, art. 712-17) ;
- sanction pénale pour évasion (C. pén., art. 434-27 et 434-29) ;
- sanctions disciplinaires (C. pénit., art. D. 424-6).

ATTENTION Le plus souvent, les sorties de la semi-liberté se font en semaine.
Mais possibilité de solliciter une permission de sortir le week-end et les jours fériés (CPP, art. D. 143-1).

Une fois la semi-liberté accordée, le condamné doit assumer tous les frais occasionnés par son activité (transports notamment).
Pour cela, il est autorisé à détenir une somme d'argent (C. pénit., art. D. 424-4). Il peut signer un contrat de travail.

6 Demander un placement à l'extérieur

1336 Souvent préféré à la semi-liberté pour les chantiers effectués sous le contrôle de l'administration (CPP, art. 723 ; C. pénit., art. D. 424-10).
Les structures de placement à l'extérieur sont soumises à une procédure d'agrément (C. pénit., art. R*. 424-15 et s.) et peuvent conclure une convention avec l'État (C. pénit., art. L. 424-4).

ATTENTION **Exclu** pour les condamnés pour un ou plusieurs **actes de terrorisme** (C. pén., art. 421-1 à 421-6. - CPP, art. 723-1, mod. L. n° 2016-987, 21 juill. 2016).
Mais possible pour les condamnés pour des **faits liés au terrorisme** : provocation, apologie, retransmission ou consultation de données faisant l'apologie du terrorisme (C. pén., art. 421-2-5 et 421-2-5-1. - CPP, art. 723-1. - L. n° 2016-987, 21 juill. 2016).

Deux types de placement, soumis à des conditions différentes (Cass. crim., 13 déc. 2017, n° 17-80.545).

a) Placement à l'extérieur sous surveillance continue du personnel pénitentiaire

1337 **Condamnés concernés :**
- soit les condamnés détenus ayant un reliquat de peine à exécuter égal ou inférieur à cinq ans et qui n'ont pas été condamnés antérieurement à une peine de plus de six mois (C. pénit., art. D. 424-11) ;
- soit les condamnés détenus qui remplissent les conditions de délai pour obtenir une libération conditionnelle ou une semi-liberté, quel que soit leur passé pénal (C. pénit., art. D. 424-11) ;
- soit les condamnés qui peuvent l'objet d'un placement à l'extérieur sans surveillance (C. pénit., art. D. 424-6. - CPP, art. D. 136).

1338 Motif précis :
- travaux à exécuter en dehors de la prison et contrôlés par l'administration pénitentiaire (CPP, art. D. 126) ;
- garanties suffisantes pour la sécurité de l'ordre public : examen de sa personnalité et de son comportement en détention (C. pénit., art. D. 424-11).

1339 Juridictions compétentes :
- soit le juge de jugement (C. pén., art. 132-25).

ATTENTION Depuis le 24 mars 2020, plus de distinction entre récidivistes et non-récidivistes, comme pour la semi-liberté et la DDSE (C. pén., art. 132-25).

Et obligation pour le juge, sauf impossibilité résultant de la personnalité ou de la situation du condamné, de choisir le régime du PE, de la SL ou de la DDSE pour les personnes condamnées à une peine **inférieure ou égale à six mois** d'emprisonnement ; ou celles condamnées à une peine **supérieure à six mois** avec sursis (partiel ou probatoire) et une partie ferme inférieure ou égale à six mois ; ou encore celles condamnées à une peine **supérieure à six mois** et ayant encore six mois ou moins à exécuter (C. pén., art. 132-25) ;
- soit le JAP (CPP, art. 712-10. - C. pénit., art. D. 424-1 et s.).

1340 **Exécution.** Respect de certaines **obligations :**
- horaires prévus dans la décision de placement : retour en détention à l'heure prévue (exceptionnellement, autorisation de dormir ailleurs par le JAP, sur proposition de l'administration pénitentiaire, V. C. pénit., art. D. 424-12) ;
- comportement irréprochable pendant les sorties (sous peine de réincarcération immédiate, V. C. pénit., art. D. 424-6. - Le personnel pénitentiaire s'en assure, V. C. pénit., art. D. 424-13).

ATTENTION **Particularité** du placement sous surveillance : le condamné n'a **pas le droit de signer un contrat de travail**. L'administration pénitentiaire reçoit la rémunération et l'inscrit à son compte nominatif.

En cas de non-respect des obligations, **sanctions** possibles :
- retrait ou suspension du placement par le JAP (CPP, art. 712-18) ;
- mandat d'arrêt ou d'amener (CPP, art. 712-17) ;
- sanction pénale pour évasion (C. pén., art. 434-27 et 434-29) ;
- sanctions disciplinaires (C. pénit., art. D. 424-6).

b) Placement à l'extérieur sans surveillance

1341 **Condamnés concernés (CPP, art. D. 136) :**
- soit ceux dont le reliquat de peine est inférieur ou égal à deux ans ;
- soit ceux étant admis au bénéfice de la libération conditionnelle, quand cette mesure est soumise à titre probatoire à placement à l'extérieur ;
- soit ceux qui sont dans les délais pour bénéficier d'une libération conditionnelle et dont le reliquat de peine est inférieur ou égal à trois ans.

1342 Motifs. Le condamné doit justifier de l'exercice d'une activité à l'extérieur :
- soit d'un travail ;
- soit du suivi d'un enseignement, d'un stage, d'un emploi temporaire en vue de son insertion sociale ou d'une formation professionnelle ;
- soit d'une prise en charge sanitaire (CPP, art. D. 136).

1343 Juridictions compétentes. Les juridictions compétentes sont :
- soit le juge de jugement (C. pén., art. 132-25) ;

ATTENTION Depuis le 24 mars 2020, plus de distinction entre récidivistes et non-récidivistes, comme pour la semi-liberté et la DDSE (V. C. pén., art. 132-25).

- soit le JAP compétent (CPP, art. 712-10. – C. pénit., art. D. 424-1 et s.).

1344 **Exécution.** Proche de la semi-liberté : pas de surveillance du personnel pénitentiaire durant la sortie.
Obligations à respecter :
- horaires prévus dans la décision : retour en détention à l'heure prévue (sauf autorisation à rester en dehors de l'établissement la nuit) ;
- comportement irréprochable pendant les sorties (sous peine de réincarcération immédiate, V. C. pénit., art. D. 424-6) ;
- obligations et interdictions imposées par le juge (C. pén., art. 131-36-2. – C. pén., art. 132-44 et 132-45. – CPP, art. D. 136).

Le condamné doit assumer tous les frais occasionnés par son activité (transports notamment). Il est autorisé à détenir une somme d'argent (C. pénit., art. D. 424-4). Il peut signer un contrat de travail : sa rémunération est versée sur un compte à l'extérieur dont le condamné est titulaire.

En cas de **non-respect de ses obligations** (y compris toute absence, quelle qu'en soit la durée), l'employeur ou le directeur de l'établissement de formation ou de soins doivent informer sans délai le représentant indiqué de l'administration pénitentiaire (CPP, art. D. 136) ; et sanctions possibles :
- retrait ou suspension du placement par le JAP (CPP, art. 712-18) ;
- mandat d'arrêt ou d'amener (CPP, art. 712-17) ;
- sanction pénale pour évasion (C. pén., art. 434-27 et 434-29) ;
- sanctions disciplinaires (C. pénit., art. D. 424-6).

7 Demander une suspension de peine pour raisons médicales

1345 **Condamnés concernés.** Aucune condition tenant à la peine.

ATTENTION Aménagement possible **même en période de sûreté** (Cass. crim., 3 mars 2021, n° 20-81.692 : *JurisData* n° 2021-002548).
Ancienne exclusion des condamnés atteints de troubles mentaux supprimée (CPP, art. 720-1-1. – L. n° 2014-896, 15 août 2014).

1346 **Motifs :**
- soit une pathologie engageant le pronostic vital ;
- soit un état de santé physique ou mentale durablement incompatible avec le maintien en détention ordinaire (CPP, art. 720-1-1).

Pour cela, fournir une expertise médicale qui constate un de ces motifs (CPP, art. 720-1-1).
Exception : l'urgence peut justifier un certificat médical établi par le médecin responsable de la structure sanitaire dans laquelle est pris en charge le détenu (CPP, art. 720-1-1, al. 2).

ATTENTION Suspension exclue en cas de risque grave de renouvellement de l'infraction (CPP, art. 720-1-1. – Cass. crim., 9 janv. 2019, n° 18-81.910).

1347 **Juridictions compétentes (CPP, art. 720-1-1).** Suspension ordonnée par :
- le JAP si le client a été condamné à une peine inférieure ou égale à dix ans ou s'il lui reste trois ans ou moins à purger ;
- le TAP, dans tous les autres cas.

1348 **Exécution.** Mise en liberté **sans limitation de durée** (CPP, art. 720-1-1).
Obligations à respecter, notamment :
- établir sa résidence ou être hospitalisé dans le lieu ou l'établissement déterminé ;
- tenir le JAP informé de son lieu de résidence ou d'hospitalisation, le prévenir de toute modification ;
- fixer sa résidence ou son lieu d'hospitalisation dans les limites territoriales déterminées ;
- ne pas sortir des limites territoriales déterminées et, le cas échéant, remettre son passeport ;

– se soumettre à toute expertise médicale ordonnée ;
– recevoir les visites du SPIP et lui communiquer les renseignements ou documents de nature à permettre le contrôle de l'exécution des obligations ;
– répondre aux convocations du JAP ou du SPIP, si son état de santé permet au condamné de se déplacer ;
– s'abstenir d'entrer en relation, de quelque manière que ce soit, avec les victimes de l'infraction pour laquelle il est condamné ;
– respecter les obligations et interdictions des articles 132-44 et 132-45 du Code pénal.

En cas de violation des obligations, sanctions possibles :
– révocation de la suspension par le JAP (CPP, art. 720-1-1) ;
– mandat d'arrêt ou d'amener (CPP, art. 712-17).

En cas d'amélioration de l'état de santé, retrait de la mesure et réincarcération (CPP, art. 720-1-1).

8 Demander une libération sous contrainte

a) Condamnés concernés

1349 Ce sont les condamnés **incarcérés** (CPP, art. 720).

ATTENTION La libération sous contrainte est de plein droit pour tous les condamnés, depuis le 1er janvier 2023, à une ou plusieurs peines privatives de liberté d'une durée totale inférieure ou égale à deux ans dont le reliquat de peine est inférieur ou égal à trois mois, sauf impossibilité matérielle résultant de l'absence d'hébergement (CPP, art. 720, II. – L. n° 2021-1729, 22 déc. 2021).

Sont **exclus** de la libération sous contrainte **classique** les condamnés :
– déjà en aménagement de peine sous écrou (surveillance électronique, semi-liberté, placement à l'extérieur), sauf placement extérieur sous surveillance du personnel pénitentiaire (CPP, art. D. 147-19) ;
– ou pour lesquels une requête en aménagement de peine est pendante devant la juridiction de l'application des peines (V. CPP, art. 720, I) ;
– ou qui ont refusé la mesure (V. CPP, art. 720, I).

Sont **exclus** de la libération sous contrainte de **plein droit** :
– les condamnés pour crime, acte de terrorisme, violences sur mineur de quinze ans ou violences au sein du couple (CPP, art. 720, III) ;
– les personnes ayant fait l'objet de sanctions disciplinaires pendant leur détention prononcées en raison de certains faits prévus par la loi (CPP, art. 720, III).

ATTENTION Les personnes non recevables à demander la libération de plein droit peuvent demander une libération sous contrainte classique (CPP, art. 720, I) : elle s'ajoute, sans l'exclure, à la libération sous contrainte aux deux tiers d'exécution de la peine (Circ. n° JUSD2231353C, 3 nov. 2022).
Mais si les conditions de la libération sous contrainte de plein droit sont remplies, elle prime sur la mesure classique (Circ. n° JUSD2231353C, 3 nov. 2022).

1350 **Consentement à la mesure : seulement pour la libération sous contrainte classique.** Le condamné doit **consentir** à la mesure classique mais pas à la libération de plein droit. À défaut, le JAP ne peut la prononcer (CPP, art. 720, I).

1351 **Durée de la peine – mesure classique :**
– peine **prononcée** d'une durée **totale inférieure ou égale à cinq ans** ;
– peine **exécutée** d'**au moins le double de la peine restant** à subir (CPP, art. 720, I), soit au moins 2/3.

1352 **Durée de la peine – mesure de plein droit :**
– peine prononcée d'une **durée totale inférieure ou égale à deux ans** (CPP, art. 720, II) ;
– reliquat de peine **inférieur ou égal à trois mois** (CPP, art. 720, II).

b) Motifs

1353 En cas de saisine du président de la CHAP, le condamné doit invoquer des **efforts de réadaptation sociale** (CPP, art. 707) : une implication dans un projet sérieux d'insertion ou de réinsertion (d'autant plus s'il espère obtenir une libération conditionnelle).

REMARQUE L'enjeu est de montrer la volonté du condamné de se réadapter. Pour cela, quelques exemples d'atouts :
– attestation garantissant une activité fournie par une association (certaines associations proposent même de courts séjours tests dans le cadre de permissions de sortir) ;
– une ou plusieurs permissions de sortir s'étant bien déroulées ;
– versement spontané aux parties civiles ou aux bénéficiaires de pensions alimentaires de sommes supérieures aux prélèvements obligatoires ;
– anticipation de la sortie : logement et moyens financiers.

Demander un aménagement de peine

Garder à l'esprit que la juridiction doit regarder vers l'avenir du condamné : elle ne peut pas refuser en se fondant sur la gravité de l'infraction (Cass. crim., 28 avr. 2011, n° 10-87.799 : *JurisData* n° 2011-007726, à propos de la libération conditionnelle). Mais la gravité des faits peut augmenter la peur du risque de récidive ou de réitération chez les juges (Cass. crim., 9 janv. 2019, n° 18-86.138).

c) Juridictions compétentes

1354 **JAP.** Il doit examiner la situation du condamné après avis de la **commission d'application des peines** pour les deux formes de mesure (CAP. – CPP, art. 720, I et II).
Depuis le 25 mars 2019, la CAP, présidée par le JAP ou le juge des enfants pour les mineurs (CPP, art. D. 49-45), est composée du procureur de la République, du chef d'établissement pénitentiaire, d'un représentant du SPIP, d'un membre du corps de commandement ou du corps d'encadrement et d'application du personnel de surveillance (CPP, art. 712-4-1 et D. 49-28. – C. pénit., art. L. 423-4).

ATTENTION La référence aux « membres de droit » a été effacée de l'article D. 49-28 (CPP, art. 712-5, al. 3, abrogé par L. n° 2019-222, 23 mars 2019), mais l'absence d'un des membres visés par l'article 712-4-1 est un argument de recours (CPP, art. D. 49-28).
Peut être appelée à siéger toute personne remplissant une mission au sein de l'établissement pénitentiaire lorsque sa connaissance des cas individuels ou des problèmes à examiner rend sa présence utile (CPP, art. D. 49-28, al. 4, par ex., médecin ou psychiatre travaillant au sein de l'établissement pénitentiaire, membre du personnel enseignant ou responsable du placement à l'extérieur).
La CAP peut se réunir par voie dématérialisée (CPP, art. D. 49-28).

Il décide de la mesure et de la forme de son exécution :
– soit une semi-liberté ;
– soit un placement à l'extérieur ;
– soit un placement sous surveillance électronique ;
– soit une libération conditionnelle (CPP, art. 720, I).
Il assure le contrôle d'exécution de la mesure en fonction des modalités prévues pour chaque type de régime, selon celui choisi.

1355 **Président de la CHAP.** Si le JAP n'examine pas la situation du condamné éligible à la libération sous contrainte classique, il est compétent pour décider de la mesure, et de son exécution (CPP, art. 720, I, al. 5).

d) Exécution

1356 Le nouveau dispositif obéit à des **règles d'octroi** qui lui sont propres, mais n'a pas un régime propre ; le condamné effectue son reliquat de peine sous le régime choisi par la juridiction d'application des peines parmi les quatre régimes existants suivants :
– semi-liberté ;
– placement à l'extérieur ;
– placement sous surveillance électronique ;
– libération conditionnelle.

ATTENTION Pour les condamnés pour un ou plusieurs **actes de terrorisme**, elle ne peut **pas** s'exécuter sous la forme **d'une semi-liberté ou d'un placement à l'extérieur** (C. pén., art. 421-1 à 421-6. – CPP, art. 723-1).
Mais ces deux aménagements sont possibles pour les condamnés pour des **faits liés au terrorisme** : provocation, apologie, retransmission ou consultation de données faisant l'apologie du terrorisme (C. pén., art. 421-2-5 et 421-2-5-1. – CPP, art. 723-1).

C Avis du professionnel

1357 Il est essentiel de démontrer au(x) juge(s) que l'aménagement permettra la réinsertion sociale du détenu et évitera une éventuelle récidive, eu égard à sa situation matérielle, sociale et familiale, avec des preuves factuelles, les juges ne se contentant pas de simples déclarations (Cass. crim., 29 nov. 2016, n°s 15-86.116 et 15-83.108 : *JurisData* n°s 2016-024983 et 2016-024981).
Plusieurs éléments à prendre en considération avant de déposer une requête en aménagement de peine : durée de la peine restant à effectuer, personnalité du détenu et attitude en détention, sa situation personnelle et familiale, son projet professionnel, l'état de récidive ou non, qui a encore un impact résiduel.
Appuyer la requête de toutes pièces justificatives : promesse d'embauche accompagnée des informations sur l'employeur (ex. : extrait K-bis), certificat médical, justificatif de domicile ou attestation d'hébergement, livret de famille, *etc.*

ATTENTION Application dans le temps de la loi n° 2019-222 du 23 mars 2019 : non applicable à des faits antérieurs s'agissant des nouveaux seuils d'aménagement, mais applicable s'agissant de la motivation (Cass. crim., 11 mai 2021, n° 20-83.507 : *Dr. pén.* 2022, chron. 3, obs. V. Peltier. - Exemple de faits antérieurs, V. Cass. crim., 23 juin 2021, n° 20-86.522. - Cass. crim., 10 nov. 2021, n° 21-81.209, D : *JurisData* n° 2021-018193 ; *Dr. pén.* 2022, comm. 21).

La **libération conditionnelle** comporte l'enjeu le plus grand : il s'agit d'une liberté anticipée. Mettre en garde le client sur l'importance d'avoir un comportement irréprochable avant de réussir le passage par ce « sas de sortie ».

Mais elle est soumise à des conditions strictes. Peut-être lui **préférer une suspension pour raisons médicales**, si le condamné a plus de soixante-dix ans, et s'il peut prouver la nécessité de suivre un traitement à l'extérieur, d'autant que cette suspension permet un octroi subséquent plus facile d'une libération conditionnelle (pas d'évaluation par le CNE, Cass. crim., 24 juin 2020, n° 20-90.009 : *JurisData* n° 2020-009300 ; *Dr. pén.* 2020, comm. 181).

Prévenir le condamné espérant une DDSE qu'il peut aussi solliciter **une semi-liberté**. Les différences reposent sur les **modalités d'exécution** des deux aménagements : la DDSE nécessite un hébergement stable, le port contraignant d'un bracelet, tandis que la semi-liberté s'opère sans surveillance continue, mais impose de retourner en établissement en dehors des heures de sortie autorisées. Il convient donc de discuter avec le client afin de savoir ce qu'il attend de la mesure : toujours lui rappeler qu'il faut **respecter toutes les conditions** de l'aménagement sollicité, afin de ne pas compromettre les chances d'obtenir une autre mesure ensuite, telle que la libération conditionnelle.

L'importance du respect des conditions de tout aménagement est encore plus vraie pour la **permission de sortir** : des permissions correctement exécutées sont souvent prises en compte par les juges pour accepter ou non d'autres mesures telles qu'une semi-liberté, une liberté conditionnelle ou un placement à l'extérieur.

REMARQUE **L'obligation de motivation de toute peine**, criminelle (V. CPP, art. 365-1. - V. Cons. const., 2 mars 2018, n° 2017-694 QPC : *JurisData* n° 2018-003023), correctionnelle (V. CPP, art. 485-1, en vigueur depuis le 24 mars 2020. - V. Cass. crim., 31 janv. 2018, n° 17-81.876 : *JurisData* n° 2018-000948. - Cass. crim., 21 mars 2018, n° 16-87.296 : *JurisData* n° 2018-004058. - Cass. crim., 17 oct. 2018, n° 17-86.910, D : *JurisData* n° 2018-018011) ou contraventionnelle (V. Cass. crim., 30 mai 2018, n° 16-85.777 : *JurisData* n° 2018-009083) implique de demander un aménagement : le **refus doit en être motivé** (Cass. crim., 18 déc. 2019, n° 19-80.739) ; et la décision d'aménagement de peine doit être **individualisée** (Cass. crim., 25 mars 2020, n° 19-83.056 : *JurisData* n° 2020-005382).

L'enjeu est d'autant plus important que la Cour de cassation est exigeante quant au **contenu** de la motivation, imposant aux juges de s'enquérir de la personnalité et la situation du prévenu (Cass. crim., 28 juin 2017, n° 16-87.469 : *JurisData* n° 2017-012974), d'autant plus si le prévenu est **présent** à l'audience (Cass. crim., 8 janv. 2020, n° 19-81.276. - Cass. crim., 1er avr. 2020, n° 18-85.954 : *JurisData* n° 2020-005006. - Cass. crim., 24 juin 2020, n° 19-85.074 : *JurisData* n° 2020-008652. - Cass. crim., 24 juin 2020, n° 19-81.724 : *JurisData* n° 2020-009048. - Cass. crim., 20 oct. 2020, n° 19-84.754, FP-P+B+I : *JurisData* n° 2020-016431 ; *Dr. pén.* 2020, comm. 219. - Cass. crim., 6 janv. 2021, n° 19-87.402, D : *JurisData* n° 2021-001274 ; *Dr. pén.* 2021, comm. 62. - Cass. crim., 24 nov. 2021, n° 21-80.968 : *JurisData* n° 2021-018966. - Cass. crim., 6 avr. 2022, n° 21-84.877 : *JurisData* n° 2022-005367) ; il appartient en outre aux juges d'ordonner des investigations complémentaires (ajournement, C. pén., art. 132-70-1. - Cass. crim., 8 sept. 2021, n° 20-84.961 : *Dr. pén.* 2022, chron. 3).

Pour un exemple de motivation suffisante d'un refus d'aménagement (peine ferme de six mois) pour des faits de violences conjugales par un condamné ayant décidé d'arrêter son suivi psychiatrique, V. Cass. crim., 8 mars 2022, n° 21-84.231 (*contra* V. Cass. crim., 21 avr. 2022, n° 21-82.790 : *JurisData* n° 2022-006511).

Attention à la sévérité possible si le client est absent : le refus d'aménager la peine est justifié en l'absence de tout justificatif par celui qui ne

comparaît pas (Cass. crim., 22 janv. 2020, n° 19-82.262).
Penser à l'argument de la proportionnalité de la mesure pour éviter la mise sous écrou, qui doit rester le dernier recours (V. Cass. crim., 10 mars 2015, n° 14-83.329 : *JurisData* n° 2015-004709. – Cass. crim., 16 févr. 2016, n° 15-82.732 : *JurisData* n° 2016-002494. – V. aussi Rapport Cotte, pour une refonte du droit des peines, 18 déc. 2015).

D Textes

1 Textes codifiés

- C. pén., art. 132-25 et 132-26 (DDSE, semi-liberté, placement à l'extérieur).
- C. pén., art. 132-44, 132-45 et 132-45-1.
- C. pénit., art. R. 113-27 à D. 113-64 (missions SPIP).
- C. pénit., art. D. 424-1 à D. 424-9 (dispositions générales DDSE, semi-liberté, placement à l'extérieur et permission de sortir).
- C. pénit. art. L. 424-4, D. 424-10 à R. 424-21 (placement à l'extérieur).
- C. pénit., art. R. 631-1, D. 631-2 (BAR).
- CPP, art. 464-2 (DDSE, semi-liberté, placement à l'extérieur).
- CPP, art. 712-4 à 712-15 (règles communes).
- CPP, art. 723 à 723-5 (placement à l'extérieur, semi-liberté, permissions de sortir).
- CPP, art. 723-7 à 723-13-1 (DDSE).
- CPP, art. 720 (libération sous contrainte).
- CPP, art. 720-1-1 (suspension pour raisons médicales).
- CPP, art. 723-15 à 723-18 (procédure simplifiée).
- CPP, art. 729 à 733 (libération conditionnelle).
- CPP, art. D. 1-11-2 et D. 51 (violences conjugales).
- CPP, art. D. 137 et D. 138 (semi-liberté).
- CPP, art. D. 142 à D. 146 (permissions de sortir).
- CPP, art. D. 147-1 à D. 147-5 (suspension pour raisons médicales).
- CPP, art. D. 147-17 à D. 147-24 (libération sous contrainte).

2 Textes non codifiés

- Circ. n° JUSD1028753C, 10 nov. 2010, relative à la présentation des dispositions de la loi pénitentiaire n° 2009-1436 du 24 novembre 2009 relatives au prononcé des peines et aux aménagements de peines.
- Circ. n° JUSD1122738C, 11 août 2011, relative à la présentation des dispositions de droit pénal et de procédure pénale de la loi n° 2011-939 du 10 août 2011 relative à la participation des citoyens au fonctionnement de la justice pénale et jugement des mineurs : *BO Justice* 31 août 2011.
- Circ. n° JUSD1222695C, 14 mai 2012, présentant les dispositions de droit pénal et de procédure pénale de la loi n° 2012-409 du 27 mars 2012 de programmation relative à l'exécution des peines : *BO Justice* 31 mai 2012.
- Circ. n° JUSD1235192C, 19 sept. 2012, politique pénale de Mme la Garde des Sceaux : *JO* 18 oct. 2012.
- Circ. n° JUSD1317006C, 28 juin 2013, relative au guide méthodologique sur le placement sous surveillance électronique : *BO Justice* 15 juill. 2013.
- Circ. n° JUSD1422849C, 26 sept. 2014, présentation des dispositions applicables le 1er octobre 2014 de la loi n° 2014-896 du 15 août 2014 relative à l'individualisation des peines et renforçant l'efficacité des sanctions pénales.
- Circ. n° JUSD1431153C, 26 déc. 2014 de présentation des dispositions de la loi n° 2014-896 du 15 août 2014, relative à l'individualisation des peines et renforçant l'efficacité des sanctions pénales applicables au 1er janvier 2015 et portant sur la libération sous contrainte, l'examen obligatoire des peines d'emprisonnement supérieures à cinq ans en vue de l'octroi d'une libération conditionnelle, la suppression de la procédure simplifiée d'aménagement de peine et de la surveillance électronique de fin de peine ainsi que sur la suppression de certains régimes spécifiques applicables aux récidivistes.
- Circ. n° JUSD1431147C, 26 déc. 2014, de présentation des dispositions du décret n° 2014-1582 du 23 décembre 2014, relatif à l'exécution des peines précisant certaines dispositions de la loi du 15 août 2014, relative à l'individualisation des peines et renforçant l'efficacité des sanctions pénales entrées en vigueur le 1er octobre 2014.
- Circ. n° JUSD1616979C, 17 juin 2016, de présentation des dispositions générales de procédure pénale immédiatement applicables de la loi n° 2016-731 du 3 juin 2016 renforçant la lutte contre le crime organisé, le terrorisme et leur financement, et améliorant l'efficacité et les garanties de la procédure pénale.
- Circ. n° JUSD1908794C, 25 mars 2019, de première présentation des dispositions de procédure pénale de la loi n° 2019-222 du 23 mars 2019 de programmation 2018-2022 et de réforme pour la justice.
- Circ. n° JUSD1915420C, 27 mai 2019, de présentation des dispositions relatives à la libération sous contrainte de la loi n° 2019-222 du 23 mars 2019 de programmation 2018-2022 et de réforme pour la justice et du décret n° 2019-508 du 24 mai 2019.
- Circ. n° JUSD2006590C, 6 mars 2020, présentation des dispositions relatives aux peines et entrant en vigueur le 24 mars 2020 de la loi n° 2019-222 du 23 mars 2019 de programmation 2018-2022 et de réforme pour la justice, et des décrets n° 2020-81, 2020-128, 2020-187 des 3 et 18 février et 3 mars 2020.

• Circ. n° JUSD2231353C, 3 nov. 2022, présentant les dispositions de la loi du 22 décembre 2021 pour la confiance dans l'institution judiciaire et du décret d'application n° 2022-1261 du 28 septembre 2022, relatives à la réforme du régime des réductions de peine, à l'élargissement du champ d'application des suivis « fin de peine » et à la création d'une libération sous contrainte de plein droit.

E Schéma procédural

1 Procédure classique

1358 • Requête écrite du condamné.
• Saisine du SPIP par la juridiction compétente.
• Enquête du SPIP.
• Enquête de la juridiction compétente.
• Expertise psychiatrique si le client a été condamné à un suivi socio-judiciaire, sauf pour la libération sous contrainte.
• Dépôt du rapport du SPIP.
• Avis du Centre national d'évaluation si le client a été condamné à perpétuité, à une peine égale ou supérieure à quinze ans pour une infraction pour laquelle le suivi socio-judiciaire est encouru ou à une peine égale ou supérieure à dix ans pour une infraction grave visée à l'article 706-53-13 ; ou avis d'une commission pluridisciplinaire de la dangerosité du client s'il a été condamné pour acte de terrorisme à une peine privative de liberté.
• Débat contradictoire (sauf accord du procureur et du condamné pour que la décision soit prise hors débat).
• Jugement.
• Notification du jugement.
• Appel suspensif du procureur de la République dans les vingt-quatre heures de la décision.
• Appel possible du condamné, du procureur ou du procureur général dans les dix jours du jugement.
• Décision d'appel susceptible de pourvoi en cassation dans les cinq jours de sa notification.

ATTENTION La date d'expédition de la LRAR de notification de l'arrêt d'appel (V. CPP, art. D. 49-44) est le point de départ du délai de cinq jours non francs (V. Cass. crim., 21 oct. 2015, n° 14-87.198 : *JurisData* n° 2015-023344).

2 Procédure simplifiée pour les condamnés à de courtes peines (CPP, art. 723-15 à 723-18)

1359 **Condamnés concernés** : condamnés libres ou bénéficiant d'un aménagement de peine (semi-liberté, placement à l'extérieur ou DDSE).

ATTENTION Pour tous les autres condamnés, procédure simplifiée d'aménagement de peine (PSAP) supprimée depuis le 1er janvier 2015 (L. n° 2014-896, 15 août 2014).
Ne pas confondre procédure simplifiée pour les condamnés libres (CPP, art. 723-15. – Cass. crim., 16 févr. 2022, n° 21-84.992, F-B : *JurisData* n° 2022-001994 ; *Dr. pén.* 2022, comm. 78) et requête classique en aménagement (CPP, art. 729) pour les condamnés détenus (Cass. crim., 16 oct. 2019, n° 18-83.619 : *JurisData* n° 2019-017942).

1360 **Déroulement de la procédure :**
– information du JAP par le procureur ;
– convocation devant le JAP compétent ;
– convocation devant le SPIP ;
– décision du JAP.

POUR ALLER PLUS LOIN...

Fascicules JurisClasseur
• *JCl. Procédure pénale*, Art. 720-1 à 720-1-1, fasc. 20, par C. Aubertin.
• *JCl. Procédure pénale*, Art. 723 à 723-2, fasc. 20, par B. Bertrand.
• *JCl. Pénal Code*, Art. 132-24 à 132-26, fasc. 20, par D. Caron.

Synthèse JurisClasseur
• *JCl. Procédure pénale*, Synthèse 110, par J.-P. Céré.

Fiche 57

Interjeter appel d'une décision du tribunal de police

Gabriel DUMENIL

Sommaire

I

Aperçu rapide

A Caractéristiques générales

1361 L'appel est une voie de recours ordinaire contre les jugements qui ont été rendus contradictoirement, et même par défaut. À la différence de l'opposition, c'est une voie de réformation qui est exercée devant une juridiction hiérarchiquement supérieure à celle qui a jugé en première instance, en application du principe général du double degré de juridiction.

Excepté quelques particularités, le législateur a calqué le régime de l'appel des jugements de police sur celui des décisions rendues par les juridictions correctionnelles.

B Conditions d'utilisation

1 En matière de jugement sur le fond

1362 Appel de la personne civilement responsable, du procureur de la République, du procureur général et de l'officier du ministère public près le tribunal de police (CPP, art. 546, al. 1er) uniquement lorsque :

– l'amende encourue est celle prévue pour les contraventions de la 5e classe (soit 1 500 €, montant pouvant être porté à 3 000 € en cas de récidive. – C. pén., art. 131-13. – Pour déterminer l'amende encourue, il y a lieu, lorsque le prévenu est poursuivi pour plusieurs contraventions, de totaliser les amendes dont il est passible, V. Cass. crim., 4 févr. 2009, n° 08-85.939 : *JurisData* n° 2009-047235) ;

– la peine prononcée pour les contraventions de la 3e à la 5e classe est supérieure au maximum des peines encourues pour les contraventions de la 2e classe (soit une peine prononcée supérieure à 150 €. – C. pén., art. 131-13) ;

– a été prononcée une peine de suspension du permis de conduire de trois ans au plus, prévue à l'article 131-16, 1° du Code pénal ;

– toute administration qui exerce, à titre principal, l'action publique en vertu d'une loi spéciale est admise à bénéficier du même droit d'appel que le ministère public ;

– le prévenu et la personne civilement responsable peuvent interjeter appel, quel que soit le montant de la peine d'amende encourue ou prononcée, des jugements qui allouent des dommages-intérêts (CPP, art. 546, al. 2) ;

– la partie civile a le droit de former appel de tout jugement de police, mais seulement quant à ses intérêts civils (CPP, art. 546, al. 3) ;

– toutes les parties peuvent interjeter appel des :

• jugements rendus à propos d'affaires poursuivies à la requête de l'administration des eaux et forêts, quelles que soient la nature et l'importance des condamnations (CPP, art. 546, al. 4),

• jugements de police portant condamnation en matière d'infraction à la législation de la sécurité sociale (CSS, art. L. 244-10).

S'agissant de l'appel incident, à raison de la généralité des termes de l'article 500 du Code de procédure pénale (auquel renvoie l'article 547), il doit être ouvert aux autres parties que celle qui a interjeté appel principal.

2 En matière de jugements distincts des jugements sur le fond (CPP, art. 549)

1363 Lorsque le jugement de police met fin à la procédure, l'appel est immédiatement recevable (CPP, art. 507, al. 1er).

Lorsque le jugement de police ne met pas fin à la procédure, l'appel interjeté à son encontre sera examiné en même temps que l'appel ultérieurement formé contre la décision sur le fond, sans que l'appelant soit tenu de déposer la requête prévue à l'article 507, alinéa 4 du Code de procédure pénale adressée au président de la chambre des appels correctionnels et tendant à faire déclarer l'appel immédiatement recevable.

Lorsque le jugement distinct du jugement sur le fond ne met pas fin à la procédure et que le jugement sur le fond que le juge prononcera plus tard n'est pas lui-même susceptible d'appel, il appartiendra au président de la chambre des appels correctionnels de déclarer cet appel immédiatement recevable, « dans l'intérêt de l'ordre public ou d'une bonne administration de la justice » (CPP, art. 508, al. 5). Il ne faudra pas oublier de déposer la requête *ad hoc* prévue à l'article 507, alinéa 4, afin de ne pas se fermer une voie de recours.

En matière de contraventions à la loi sur la presse : l'appel contre les jugements statuant sur les incidents et exceptions autres que les exceptions d'incompétence ne sera, en toute hypothèse, formé qu'après le jugement définitif et en même temps que l'appel contre celui-ci (L. 29 juill. 1881, art. 59, al. 2).

3 Dans quel délai peut-on former appel ?

1364 **Appel principal : dix jours (CPP, art. 547 et 498) :**

– délai éventuellement prorogé jusqu'au jour ouvrable suivant, dans l'hypothèse où il expire un samedi, un dimanche ou un jour férié ou chômé ;

– point de départ :

• jour du prononcé du jugement :

- lorsque celui-ci est contradictoire (prévenu présent ou représenté : CPP, art. 498, al. 1),

- si en cas de prononcé différé, le président a informé les parties présentes du jour où le jugement sera prononcé (CPP, art. 462, al. 2) ;

• à compter de la signification du jugement, quel qu'en soit le mode, dès lors que la signification est régulière (CPP, art. 498, al. 2) pour :

- des jugements déclarés contradictoires par la loi (CPP, art. 498, al. 2, 2° et art. 498, al. 2, 3°),

- des jugements rendus par défaut ou par itératif défaut (CPP, art. 499),

- lorsqu'après des débats contradictoires, le juge a omis d'indiquer aux parties la date du prononcé du délibéré (CPP, art. 498, al. 2, 1°).

En cas de jugement de condamnation, le procureur général peut également former son appel dans le délai de vingt jours à compter du jour du prononcé de la décision (CPP, art. 505).

1365 Appel incident :

– délai supplémentaire de cinq jours pour les autres parties (CPP, art. 500 et 547) ;

– une seule prorogation accordée ;

– point de départ du délai :
• à compter de l'expiration du délai de l'appel principal si le jugement contesté est contradictoire, ce qui laisse à « l'appelant incident » un délai de quinze jours depuis le prononcé du jugement,
• à partir de la date à laquelle l'appel principal a été effectivement formé si la décision attaquée est réputée contradictoire ou rendue par défaut.

ATTENTION La recevabilité de l'appel incident est subordonnée à celle de l'appel principal.

C Textes

1 Textes codifiés

• CPP, art. 410 à 417, 460, 462 à 464, 468, 485 à 486, 489 à 493, 498 à 521, 544 à 545, 546 à 549, 550 à 551 et 708.
• CSS, art. L. 244-10.
• CGI, art. 1018 A.

2 Textes non codifiés

• L. 29 juill. 1881, art. 59, al. 2.
• L. n° 91-647, 10 juill. 1991, art. 64-2.
• L. n° 2008-644, 1er juill. 2008, créant de nouveaux droits pour les victimes et améliorant l'exécution des peines.
• L. n° 2009-1436, 24 nov. 2009 pénitentiaire.
• D. n° 2011-1634, 23 nov. 2011.
• L. n° 2011-1862, 13 déc. 2011, relative à la répartition des contentieux et à l'allègement de certaines procédures juridictionnelles.

D Schéma procédural

1366 • **Appel** par déclaration au greffe ou auprès du chef de l'établissement pénitentiaire concerné, ou par signification, soit au prévenu, soit à la partie civilement responsable de la contravention.
• **Constat** adressé par le greffier sans délai au greffe de la juridiction qui a prononcé le jugement attaqué.
• **Déclaration inscrite sur le registre** *ad hoc*.
• **Saisine de la chambre des appels correctionnels**.
• **Citation** des parties à la requête du ministère public.
• **Audience**.
• **Prononcé de la décision**.
• **Opposition : dix jours** à compter de la signification de l'arrêt à personne, à domicile, à mairie ou à parquet ou à partir du moment où le prévenu en a eu connaissance.
• **Pourvoi en cassation : cinq jours** francs après celui où la décision attaquée a été prononcée.

II Préparation

A Information préalable

1367 L'appel d'une décision pénale doit toujours être envisagé avec attention dans la mesure où la cour d'appel peut aggraver la peine qui a été infligée au client prévenu si le ministère public interjette un appel incident. Du point de vue de la partie civile, les dommages-intérêts peuvent être réduits.
Le recours peut être limité à certaines dispositions du jugement (dispositions pénales notamment seulement la peine ou civiles) ou bien porter sur le tout.
L'appel a trois effets principaux :
– un **effet suspensif** :
• pendant les délais d'appel et durant l'instance d'appel, il est sursis à l'exécution du jugement, sous réserve des dispositions concernant (CPP, art. 506) :
- le versement provisoire, en tout ou en partie, des dommages-intérêts alloués en réparation de l'infraction ou l'octroi d'une provision (CPP, art. 464),
- le maintien en détention ou sous contrôle judiciaire (CPP, art. 464-1 et 471),
- les appels formés contre les jugements distincts du fond (CPP, art. 507 et 508),
- l'appel du procureur général (CPP, art. 708) ;
– un **effet dévolutif** :
• l'affaire est dévolue à la cour d'appel dans la limite fixée par l'acte d'appel et par la qualité de l'appelant :
- le procès se trouve déféré au juge d'appel avec toutes les questions de droit ou de fait qu'il comporte, à la condition que l'appel soit recevable,
- l'effet dévolutif joue aussi bien en cas d'appel principal que d'appel incident,
- la saisine de la cour ne peut excéder celle du tribunal, ce qui entraîne la prohibition de statuer sur des faits nouveaux ou des demandes nouvelles ;

- un **effet d'évocation** :
• la cour d'appel doit évoquer chaque fois que le jugement est annulé pour violation ou omission non réparée de formes prescrites par la loi à peine de nullité (CPP, art. 549).

B Contrôle préalable

1368 Puis-je former un appel ?
Suis-je toujours dans le délai d'appel lorsque mon client vient me consulter ?
Est-il opportun d'interjeter appel de la décision au regard du *quantum* de la peine ou des dommages-intérêts prononcés en première instance ?

C Pièces nécessaires

1369 Aucune pièce n'est nécessaire pour interjeter appel du jugement. Il convient simplement de connaître la date à laquelle le jugement a été rendu et les nom(s) et prénom(s) du (ou des) prévenu(s) condamné(s).

D Coût de la procédure

1370 Le coût de la procédure sera constitué par :
– les **honoraires** de l'avocat, qui sont libres, outre les frais de procédure d'appel (notamment le droit de plaidoirie qui s'élève à 13 €, CSS, art. R. 723-26-3). L'avocat de l'auteur de l'infraction ou de la victime qui remplissent les conditions pour bénéficier de l'aide juridictionnelle a droit à une rétribution à ce titre fixée par décret en Conseil d'État (L. n° 91-647, 10 juill. 1991, art. 3) ;
– **le droit fixe de procédure** : l'article 1018 A du Code général des impôts a institué, selon les modalités qu'il précise, un droit fixe de procédure dont est **redevable le condamné**, s'agissant des décisions des juridictions répressives, à l'exception de celles qui ne statuent que sur les intérêts civils. Le montant de ce droit fixe de procédure est de 169 € en cause d'appel.

III
Procédure

A Assistance et représentation

1371 L'auteur de l'infraction, comme la victime, peut se défendre seul ou se faire assister par un avocat.
La présence de l'avocat est souhaitable dans la mesure où il pourra :
– préparer utilement le dossier et l'audience en consultant le dossier pénal ;
– soulever une éventuelle irrégularité de procédure qui aura pour conséquence d'annuler la procédure ;
– collecter tous renseignements et documents pour intervenir utilement sur la mesure proposée compatible avec la personnalité de son client ;
– apporter toute contradiction nécessaire aux demandes de réparation des éventuelles victimes.
S'il n'a pas fait le choix d'un avocat avant l'audience, et s'il demande à être assisté, le président en commet un d'office (CPP, art. 417).

ATTENTION Le prévenu d'une contravention punie d'une seule peine d'amende peut se faire représenter par un avocat ou un fondé de procuration spéciale, à savoir un tiers muni d'un pouvoir établi par le prévenu d'agir pour son compte (CPP, art. 544, al. 2).
Lorsque le prévenu est atteint d'une infirmité de nature à compromettre sa défense, l'assistance d'un avocat est obligatoire (CPP, art. 417, renvoi de CPP, art. 512).

B Compétence (matérielle et/ou territoriale)

1372 L'appel est examiné par la **chambre des appels correctionnels** près la cour d'appel dans le ressort de laquelle le jugement attaqué a été rendu, mais composée par son seul président, siégeant à **juge unique** (CPP, art. 547. – Cass. crim., 17 sept. 2013, n° 12-84.835 : *JurisData* n° 2013-023924).

C Rédaction de l'acte de saisine (forme et contenu)

1373 Pour toutes les parties au procès pénal (y compris pour le procureur général) dont résulte la décision contestée, l'appel est interjeté par une **déclaration d'appel faite au greffier de la juridiction qui a rendu la décision attaquée** (CPP, art. 547, al. 4 et art. 502, al. 1er).
La loi n° 2019-222 du 23 mars 2019 a modifié les modalités de cette *déclaration* (CPP, art. 502, al. 2) :
– la déclaration indique si l'appel porte sur la décision sur l'action publique ou sur la décision sur l'action civile ou sur les deux décisions ;
– si l'appel concerne la décision sur l'action publique, la déclaration indique s'il porte sur l'ensemble de la décision ou s'il est limité aux peines prononcées, à certaines d'entre elles ou à leurs modalités d'application ;
– si la décision sur l'action publique a déclaré le prévenu coupable de plusieurs infractions, l'appel sur cette décision précise s'il concerne l'ensemble des infractions ou certaines d'entre elles ;
– si la déclaration ne comporte aucune de ces précisions, l'appel est considéré comme portant sur l'intégralité de la décision ;
– le prévenu qui a limité la portée de son appel sur l'action publique aux peines prononcées dans les conditions prévues au présent alinéa peut revenir sur cette limitation dans un délai d'un mois à compter de la déclaration d'appel ; si l'affaire est audiencée en appel avant ce délai d'un mois, il peut revenir sur cette limitation au moment de l'audience ;
– le prévenu qui n'a pas limité la portée de son appel lors de la déclaration d'appel peut toujours le faire ultérieurement, jusqu'à l'audience de jugement.
Cette déclaration doit être signée par le greffier et par l'appelant lui-même, ou par un avocat ou encore par un fondé de pouvoir spécial à condition que son pouvoir soit annexé à l'acte dressé par le greffier (CPP, art. 547, al. 4 et 502, al. 2).
Dans le cas où l'appelant est détenu pour autre cause, il devra interjeter appel par voie de déclaration effectuée auprès du chef de l'établissement pénitentiaire concerné. Ce dernier en dresse alors le constat qu'il signe et présente ensuite à la signature de l'appelant, pour en adresser sans délai l'original ou une copie au greffe de la juridiction qui a prononcé le jugement attaqué (CPP, art. 547, al. 4 et 503).
La déclaration est inscrite sur le registre *ad hoc* de la même façon qu'en matière correctionnelle.

ATTENTION Dans le cadre de la déclaration d'appel, il convient de préciser avec exactitude l'adresse du prévenu puisque c'est à cette adresse que lui sera adressée sa convocation. À défaut, est considérée comme adresse déclarée celle figurant sur le jugement rendu en premier ressort. Toute citation, notification ou signification faite à la dernière adresse connue sera réputée faite et le prévenu qui ne comparaît pas à l'audience sera jugé par arrêt contradictoire à signifier (CPP, art. 503-1).
Pour éviter toute difficulté, l'avocat peut également adresser au greffe de la cour d'appel un courrier mentionnant la date et le numéro de la déclaration d'appel afin d'informer la juridiction de son intervention dans la procédure et être avisé de la date d'audience.

D Audience (convocation, comparution, déroulement)

1 Convocation

1374 La citation a pour but d'informer les parties de la date, du lieu et de l'heure à laquelle l'affaire doit être appelée. Elle doit énoncer le fait poursuivi et le texte de loi qui le réprime (CPP, art. 551, al. 2).
La citation est délivrée à la requête du ministère public, de la partie civile, et de toute administration qui y est légalement habilitée (CPP, art. 551).
Les citations et significations sont, sauf disposition contraire des lois et règlements, effectuées par exploit d'huissier de justice (CPP, art. 550).

2 Comparution

1375 Le prévenu qui a été régulièrement cité à personne ou qui a eu connaissance de la citation régulière, doit comparaître, à moins qu'il ne fournisse une excuse reconnue valable par la juridiction devant laquelle il est appelé (CPP, art. 410, al. 1 et 544).
Lorsqu'il justifie d'une excuse reconnue valable par la juridiction (contraintes professionnelles incompressibles, état de santé, *etc.*), le prévenu qui a été régulièrement cité à personne ou qui a eu connaissance de la citation régulière peut, par lettre adressée au président de la cour, demander à être jugé en son absence en étant représenté au cours de l'audience par son avocat, par un avocat commis d'office ou par un fondé de procuration spéciale (CPP, art. 544, al. 2).
Si l'affaire est renvoyée à une audience ultérieure, le prévenu doit être cité à nouveau.

Le prévenu non comparant et non excusé est jugé par jugement contradictoire à signifier (CPP, art. 410, al. 2 et 544. – Cass. crim., 25 févr. 2014, n° 13-81.554 : *JurisData* n° 2014-002946).

Si un avocat se présente pour assurer sa défense en étant dépourvu de mandat, il doit être entendu s'il en fait la demande (CPP, art. 410, al. 3 et 544). L'avocat ou le fondé de procuration spéciale est entendu en sa plaidoirie et le prévenu est jugé contradictoirement.

Le prévenu qui n'a pas été cité à personne ou pour lequel il ne peut être établi qu'il a eu connaissance de la citation et qui ne comparaît pas est jugé par défaut.

Si un avocat ou un fondé de procuration spéciale se présente pour assurer sa défense, il doit être entendu et le jugement est alors contradictoire à signifier, sauf s'il dispose d'un mandat, auquel cas le jugement est contradictoire.

Le civilement responsable peut toujours se faire représenter par un avocat. Le jugement est contradictoire à son égard.

Si le prévenu ne peut pas comparaître devant la cour en raison de son état de santé et s'il existe des raisons graves de ne pas différer le jugement de l'affaire, la cour peut ordonner que le prévenu soit entendu à son domicile ou à la maison d'arrêt (CPP, art. 416).

3 Déroulement (CPP, art. 513 et 460)

1376 **Déroulement de l'audience :**

- la cour est composée du seul président de la chambre des appels correctionnels siégeant à juge unique (CPP, art. 547, al. 3) ;
- instruction du dossier : le prévenu est interrogé ;
- les témoins cités par le prévenu sont entendus mais le ministère public peut s'y opposer lorsqu'ils ont déjà été entendus par le tribunal ;
- la partie civile est entendue ;
- le ministère public prend des réquisitions ;
- le prévenu et éventuellement le civilement responsable présentent leur défense ;
- la partie civile et le ministère public peuvent répliquer ;
- le prévenu a la parole en dernier.

E Décision (forme, contenu, caractères, effets, suite)

1 Forme

1377 Une fois les débats terminés, après en avoir délibéré, la cour rend son arrêt.

L'arrêt doit :

- comporter des motifs et un dispositif mentionnant les infractions dont les prévenus sont déclarés coupables, ainsi que la peine, les textes de loi appliqués, et les condamnations civiles (CPP, art. 485) ;
- contenir des motifs suffisants permettant à la Cour de cassation d'exercer son contrôle et de reconnaître si la loi a été respectée dans le dispositif, les décisions ne devant pas omettre ou refuser de se prononcer sur les demandes des parties ou les réquisitions du ministère public ;
- constater la présence du ministère public à l'audience et qu'il a eu la parole pour ses réquisitions (Cass. crim., 9 mars 1965, n° 64-91.005) ;
- comporter la signature du greffier et du président au bas de la décision.

La minute de la décision (CPP, art. 486) :

- est datée et comporte le nom du magistrat qui l'a rendue (CPP, art. 486 et 547, al. 3) ;
- est signée par le magistrat qui en a régulièrement donné lecture ainsi que par le greffier qui l'a assisté.

Après avoir été signée par le président et le greffier, la minute est déposée au greffe dans les **trois jours**, au plus tard, du prononcé de la décision (CPP, art. 486). Mais, le dépôt tardif de la minute d'un jugement ne peut entraîner la nullité de celui-ci lorsque le prévenu n'en a subi aucun préjudice.

2 Contenu

1378 La chambre des appels correctionnels est saisie, par l'acte d'appel, de tout ou partie des questions de fait et de droit contenues dans le jugement de police attaqué.

Principe de l'interdiction des demandes nouvelles en appel pour la partie civile, si ce n'est pour demander une augmentation des dommages intérêts pour le préjudice souffert depuis la décision de première instance (CPP, art. 515, al. 3) : l'irrecevabilité de sa demande ne peut être soulevée d'office par le juge (Cass. crim., 26 oct. 2010, n° 09-87.437 : *JurisData* n° 2010-021959).

La cour peut (CPP, art. 515) :

- déclarer l'appel irrecevable lorsqu'il a été effectué hors délai (CPP, art. 514) ;
- déclarer l'appel infondé et confirmer le jugement attaqué (CPP, art. 515) ;
- sur l'appel du ministère public, confirmer ou infirmer le jugement attaqué (CPP, art. 515).

La cour ne peut pas sur le seul appel du prévenu, du civilement responsable, de la partie civile ou de l'assureur, aggraver le sort de l'appelant.

Elle doit répondre aux chefs péremptoires des conclusions dont elle est régulièrement saisie.

Elle doit juger l'appel dans les mêmes conditions et selon les mêmes formes que l'appel des jugements correctionnels (CPP, art. 547). Ce faisant, elle doit procéder aux requalifications nécessaires que commande l'exacte application de la loi.

EXEMPLE Saisie de la cause entière par les appels du prévenu et du ministère public, la cour d'appel doit, dans le cas où le fait reproché constitue un délit qui a été déféré à tort au juge de police, statuer au fond et prononcer des peines correctionnelles.
La cour d'appel, saisie de l'appel d'un jugement d'incompétence du tribunal de police, si elle constate que le fait poursuivi constitue un délit, prononce la peine et statue, s'il y a lieu, sur les dommages-intérêts (CPP, art. 549, al. 2).

F Recours ou contestation (parties et/ou tiers)

1 Opposition contre les arrêts rendus par défaut (CPP, art. 545, 489 et 512)

1379 Délai : **dix jours** à compter de la signification de l'arrêt à personne, à domicile, à mairie ou à parquet ou à partir du moment où le prévenu en a eu connaissance.
Ce délai est porté à **un mois**, si la personne réside hors de la France métropolitaine.
Si la signification du jugement ou de l'arrêt rendu par défaut n'a pas été faite à personne et s'il n'est pas établi que le prévenu en a eu connaissance, l'opposition de la part du prévenu reste recevable jusqu'à l'expiration des délais de prescription de la peine.
Titulaire : le prévenu, la personne civilement responsable, la partie civile.
Effet : l'opposition anéantit le jugement ou l'arrêt et le prévenu est à nouveau cité devant le tribunal de police ou la cour d'appel. Si, à nouveau, il ne comparaît ni n'est représenté (« itératif défaut »), son opposition est déclarée non avenue et le premier jugement ou l'arrêt d'appel doit être confirmé (CPP, art. 545 renvoyant à CPP, art. 494).

2 Pourvoi en cassation (CPP, art. 568)

1380 Délai : **cinq jours francs après** celui où la **décision attaquée** a été prononcée.
Le délai de pourvoi court à compter de la signification de l'arrêt, quel qu'en soit le mode :
- pour la partie qui, après débat contradictoire, n'était pas présente ou représentée à l'audience où l'arrêt a été prononcé, si elle n'avait pas été informée de la date à laquelle l'arrêt allait être prononcé ;
- pour le prévenu qui a été jugé en son absence, mais après audition d'un avocat qui s'est présenté pour assurer sa défense, sans cependant être titulaire d'un mandat de représentation signé du prévenu ;
- pour le prévenu qui n'a pas comparu, soit dans les cas prévus par l'article 410, soit dans le cas prévu par l'alinéa 5 de l'article 411 du Code de procédure pénale, lorsque son avocat n'était pas présent ;
- pour le prévenu qui a été jugé par itératif défaut.

Le délai du pourvoi contre les arrêts ou les jugements par défaut ne court, à l'égard du prévenu, que du jour où ils ne sont plus susceptibles d'opposition. À l'égard du ministère public, le délai court à compter de l'expiration du délai de **dix jours** qui suit la signification.
Titulaire : le condamné, le civilement responsable, le ministère public, la partie civile.

CHECK-LIST • S'assurer que l'appel est possible au regard des conditions de recevabilité.
• S'assurer que les délais ne sont pas dépassés.
• S'assurer de l'opportunité d'interjeter appel au regard du *quantum* de la peine ou des dommages-intérêts prononcés en première instance.

POUR ALLER PLUS LOIN...

Fascicules JurisClasseur
- *JCl. Procédure pénale*, Art. 544 à 549, fasc. commentaires, par J. Buisson.
- *JCl. Procédure pénale*, Art. 496 à 520-1, fasc. 10, par D. Guirimand, mis à jour par Ch. Guéry.
- *JCl. Procédure pénale*, Art. 496 à 520-1, fasc. 20, par D. Guirimand.
- *JCl. Procédure pénale*, Art. 496 à 520-1, fasc. 30, par D. Guirimand, mis à jour par Ch. Guéry.

Synthèse JurisClasseur
- *JCl. Procédure pénale*, Synthèse 70, par J.-H. Robert.

Fiche 58

Interjeter appel d'un jugement correctionnel

Alexia LEVEILLÉ-NIZEROLLE

Sommaire

I Aperçu rapide

A Caractéristiques générales

1381 Le jugement du tribunal correctionnel statue systématiquement sur les dispositions pénales (culpabilité au regard de l'infraction délictuelle reprochée et quantum de la peine), mais aussi sur les dispositions civiles lorsqu'une victime s'est constituée partie civile.

Les parties peuvent en interjeter appel afin de faire rejuger leur affaire par la juridiction du second degré : la cour d'appel.

L'appel présente deux caractéristiques :

– **l'appel a un effet dévolutif** : cela signifie que l'affaire est dévolue à la cour sous certaines limites :

• dans les limites posées par la déclaration d'appel (CPP, art. 509) : la loi n° 2019-222 du 23 mars 2019 a modifié l'effet dévolutif en prévoyant que la déclaration d'appel pouvait désormais préciser plus avant la portée de l'appel : l'appel peut non seulement être limité, comme avant, aux dispositions civiles ou pénales du jugement, mais il peut aussi, s'agissant des dispositions pénales, être limité à la culpabilité et à certains faits seulement, ou limité à la peine et à certaines peines seulement,

• dans les limites tenant à la qualité de l'appelant (CPP, art. 515) :

– sur appel du ministère public : la cour peut infirmer ou confirmer le jugement dans un sens favorable ou défavorable au prévenu,

– sur appel du prévenu, de la partie civile, du civilement responsable (sans appel incident du parquet) : la cour ne peut pas aggraver la peine prononcée en première instance,

– sur appel de la partie civile ou du civilement responsable : la cour ne peut recevoir des demandes nouvelles ;

– **l'appel a un effet suspensif** : cela signifie que le jugement déféré n'est pas exécutoire avant que la cour d'appel ait statué. Toutefois il existe des exceptions notamment en cas de peine d'emprisonnement ferme :

• lorsque le tribunal délivre un mandat de dépôt ou d'arrêt par décision spéciale et motivée (si le prévenu est condamné à un emprisonnement d'au moins un an sans sursis et si les éléments

de l'espèce justifient une mesure particulière de sûreté : CPP, art. 465),
• en cas de comparution immédiate, l'article 397-4 du Code de procédure pénale dispose que le tribunal a la possibilité, « quelle que soit la durée de la peine » de décerner un mandat de dépôt.

B Textes

• CPP, art. 410, 411, 497 à 509.

C Schéma procédural

1382 • Appel par déclaration au greffe.
• Délivrance de l'acte d'appel.
• Saisine de la chambre des appels correctionnels.
• Citation des parties à la requête du ministère public.
• Audience.
• Prononcé de la décision.
• Pourvoi dans les cinq jours.

II Préparation

A Contrôles préalables

1383 Avant d'interjeter appel, il convient de vérifier :
– si le délai de prescription n'est pas acquis – lorsque l'avocat est le même qu'en première instance, c'est à lui de surveiller ce délai ;
– le motif de l'appel :
• si le client est prévenu : s'il entend contester la culpabilité ou la peine et dans quelles limites/les intérêts civils,
• si le client est partie civile ;
– s'il est judicieux d'interjeter appel de la décision au regard du *quantum* de la peine ou des dommages-intérêts prononcés en première instance, eu égard notamment à la jurisprudence de la cour devant laquelle la décision va être déférée.

B Pièces nécessaires

1384 Aucune pièce n'est nécessaire pour interjeter appel du jugement.
Il suffit de connaître la date à laquelle le jugement a été rendu et les nom(s) et prénom(s) du (ou des) prévenu(s) condamné(s), et l'adresse actuelle de l'appelant.

III Procédure

A Parties habilitées à interjeter appel

1385 Selon l'article 497 du Code de procédure pénale, la faculté d'appel appartient :
– au prévenu ;
– à la personne civilement responsable quant aux intérêts civils seulement ;
– à la partie civile, quant à ses intérêts civils seulement ;
– au procureur de la République ;
– aux administrations publiques, dans les cas où celles-ci exercent l'action publique ;
– au procureur général près la cour d'appel.

La partie civile ne peut jamais interjeter appel contre les dispositions pénales du jugement.
Le droit d'interjeter appel des dispositions civiles du jugement appartient au prévenu, à la partie civile ou à la personne civilement responsable.
L'appel de l'assureur, condamné à garantir, produit effet à l'égard de l'assuré en ce qui concerne l'action civile. Il doit être notifié à l'assuré par lettre recommandée avec demande d'avis de réception adressée par l'assureur dans un délai de **trois jours**.
En cas de jugement de relaxe non suivi d'un appel du parquet, la partie civile ne perd pas son droit de faire appel, mais en l'absence de responsabilité pénale, aura intérêt à plaider sur la faute civile pour demander une indemnisation ou à user de la voie

civile. En pratique, la cour reprend néanmoins tous les éléments factuels à l'audience qui se tient, s'agissant des débats, comme une audience pénale.

B Délais impartis pour interjeter appel

1 L'appel principal et l'appel incident

a) Appel principal

1386 Le délai d'appel est de **dix jours** à compter du jugement ou de sa signification par huissier selon que le jugement est contradictoire ou contradictoire à signifier.
En cas d'appel d'une des parties pendant ce délai, les autres parties disposent d'un délai supplémentaire de **cinq jours** pour interjeter appel incident.

ATTENTION Le désistement par le prévenu ou la partie civile de son appel principal entraîne la caducité des appels incidents, excepté lorsqu'il intervient moins de deux mois avant la date de l'audience devant la cour d'appel (CPP, art. 500-1).
Le délai de cinq jours commence à courir à compter de l'appel principal.

b) Demande de mise en liberté

1387 Lorsque le tribunal statue sur une demande de **mise en liberté** conformément aux articles **148-1 et 148-2 du Code de procédure pénale** ainsi que lorsqu'il statue sur une demande de **mainlevée ou de modification de contrôle judiciaire**, l'appel doit être formé dans un délai de **vingt-quatre heures.**

c) Appel du parquet général

1388 L'article 505 du Code de procédure pénale prévoit qu'en cas de jugement de condamnation, le procureur général peut également former son appel dans le délai de **vingt jours** à compter du jour du prononcé de la décision.

REMARQUE **Il convient de rappeler que la différence de régime entre les délais d'appel des deux représentants du ministère public de l'article 505 du Code de procédure pénale qui permettait au parquet général, de faire appel initialement dans les deux mois a été dénoncée tant par la Cour européenne des droits de l'homme comme violant les dispositions de l'article 6, paragraphe 1 de la Convention EDH, afférentes au procès équitable et à l'égalité des armes, que par la Cour de cassation qui a consacré cette jurisprudence (CEDH, 3 oct. 2006, n° 63879/00, *Ben Naceur c/ France*. - CEDH, 22 mai 2008, n° 1092/04, *Gacon c/ France*. - Cass. crim., 17 sept. 2008, n° 08-80.598 : *JurisData* n° 2008-045173).**

2 Point de départ du délai

1389 Chaque partie peut interjeter appel :
- à partir du jugement contradictoire, si la partie était présente ou représentée ;
- ou à partir de la signification, dans le cas d'un jugement contradictoire à signifier ou d'un jugement d'itératif défaut. Le décompte se fait à partir du lendemain du jugement.

a) Jugement contradictoire

1390 Le jugement est **contradictoire** dans deux hypothèses :
- lorsque le prévenu est présent à l'audience au fond (si le délibéré est rendu à une audience ultérieure, et que le prévenu ne s'y présente pas, le jugement n'en reste pas moins contradictoire) ;
- lorsque le prévenu **demande à être jugé en son absence** en étant représenté au cours de l'audience par un avocat.
Si le tribunal estime nécessaire la comparution personnelle du prévenu, il peut renvoyer l'affaire à une audience ultérieure en ordonnant cette comparution.
Le procureur de la République procède alors à une nouvelle citation du prévenu.
Le prévenu qui ne répondrait pas à cette nouvelle citation peut être jugé contradictoirement si son avocat est présent et entendu.
Le tribunal peut également, le cas échéant, après avoir entendu les observations de l'avocat, renvoyer à nouveau l'affaire en faisant application des dispositions de l'article 410-1 du Code de procédure pénale.

b) Jugement contradictoire à signifier (CPP, art. 498)

1391 Le délai de **dix jours** court à compter de la signification du jugement si le prévenu, bien que régulièrement cité à personne, était absent à l'audience (signification par huissier en principe ou quel qu'en soit le mode).

Dans les cas suivants, il s'agira d'un jugement contradictoire à signifier :
- partie qui, après débat contradictoire, n'était pas présente ou représentée à l'audience où le jugement a été prononcé, mais seulement dans le cas où elle-même ou son représentant n'auraient pas été informés du jour où le jugement serait prononcé ;
- prévenu jugé en son absence, après audition d'un avocat qui s'est présenté pour assurer sa défense, sans mandat de représentation signé ;
- prévenu non comparant et non excusé mais pourtant avisé de l'audience ;
- prévenu qui a demandé à être jugé en son absence en demandant à être représenté par un avocat qui finalement n'a pas comparu (CPP, art. 411, al. 5) ;
- prévenu opposant, régulièrement mis en demeure qui ne comparaît pas.

c) Jugement d'itératif défaut susceptible d'appel

1392 Si la citation n'a pas été délivrée à la personne du prévenu, et s'il n'est pas établi qu'il a eu connaissance de la citation, la décision, au cas de non-comparution du prévenu, est rendue par défaut (sauf s'il est fait application des dispositions de l'article 411 du Code de procédure pénale lorsqu'en particulier le prévenu demande à être jugé en son absence et que le renvoi n'est pas ordonné).
L'opposition est la voie de recours ordinaire qui concerne les jugements rendus par défaut.
Si le prévenu est de nouveau absent et n'est pas représenté lorsque la juridiction qui a statué par défaut statue de nouveau, alors qu'il avait été informé de la date de l'audience, la décision rendue sera un jugement d'itératif défaut. Ce jugement lui sera signifié, l'appel étant alors la seule voie de recours possible.
Dans ce cas, le délai d'appel ne court qu'à compter de la signification du jugement, quel qu'en soit le mode (CPP, art. 499).

ATTENTION En cas d'absence injustifiée, si la peine encourue est supérieure à deux ans, le tribunal peut renvoyer l'affaire à une date ultérieure. Dans ce cas, il peut délivrer un mandat d'arrêt ou d'amener contre le prévenu pour permettre son jugement en personne.

C Déclaration d'appel

1393 La déclaration d'appel est fait au greffe de la juridiction ayant rendu la décision.
La partie peut interjeter appel elle-même ou se faire représenter par son avocat ou par un fondé de pouvoir.
En vertu de l'article 502 du Code de procédure pénale, l'acte en lui-même doit préciser :
- si l'appel porte sur les dispositions civiles ou pénales du jugement, ou les deux ;
- si l'appel porte sur les dispositions pénales : Si la partie n'était pas représentée par son avocat pour cette déclaration d'appel, elle pourra toujours en préciser les contours à l'audience ;
• s'il concerne la culpabilité ou la peine ou les deux,
• s'il concerne tous les faits visés à la prévention ou certains seulement.

CHECK-LIST • **Vérifier la nature du jugement pour apprécier le point de départ du délai de prescription (contradictoire, contradictoire à signifier, défaut).**
• **Apprécier s'il convient de faire appel des dispositions civiles et/ou pénales du jugement.**
• **Apprécier l'étendue des dispositions pénales contre lesquelles l'appel doit être interjeté.**
• **S'assurer de l'opportunité d'interjeter appel au regard du quantum de la peine ou des dommages-intérêts prononcés en première instance.**

POUR ALLER PLUS LOIN...

Fascicules JurisClasseur
• *JCl. Procédure pénale*, Art. 496 à 520-1, fasc. 10, *Cour d'appel en matière correctionnelle. – Conditions de l'appel*, par C. Guéry.
• *JCl. Procédure pénale*, Art. 496 à 520-1, fasc. 20, *Cour d'appel en matière correctionnelle. – Effets de l'appel*, par C. Guéry.

• *JCl. Procédure pénale*, Art. 496 à 520-1, fasc. 20, *Cour d'appel en matière correctionnelle. – Composition. Procédure*, par C. Guéry.

Synthèse JurisClasseur

• *JCl. Procédure pénale*, Synthèse 30, par J.-B. Thierry.

Fiches pratiques

• V. Fiche 57 : Interjeter appel d'une décision du tribunal de police.
• V. Fiche 59 : Interjeter appel d'un arrêt de cour d'assises ou de cour criminelle.

Fiche 59

Interjeter appel d'un arrêt de cour d'assises ou de cour criminelle

Gabriel DUMENIL

Sommaire

I

Aperçu rapide

A Caractéristiques générales

1394 Depuis la loi n° 2000-516 du 15 juin 2000, les décisions des cours d'assises sont susceptibles d'appel.
Cette voie de recours consiste à confier à une cour d'assises d'un département différent le soin de procéder au réexamen des décisions rendues par les cours d'assises de droit commun, les cours d'assises des mineurs (CJPM, art. L. 531-2) et les cours d'assises sans jury.

ATTENTION Créées par l'article 63 de la loi n° 2019-222 du 23 mars 2019, et généralisées à compter du 1er janvier 2023 par la loi n° 2021-1729 du 22 décembre 2021 pour la confiance dans l'institution judiciaire, les cours criminelles départementales sont désormais compétentes pour connaître des crimes passibles d'une peine de réclusion criminelle de quinze à vingt ans (CPP, art. 380-16 et s.).

Les modalités d'appel des décisions rendues par les cours criminelles sont calquées sur celles des appels contre les arrêts de cours d'assises (CPP, art. 380-21). L'appel est examiné par une cour d'assises d'appel et non par une nouvelle cour criminelle. Les développements relatifs à l'appel des arrêts de cours d'assises sont donc transposables aux appels des arrêts de cours criminelles.

L'appel a deux effets :

- un **effet suspensif** : la décision frappée d'appel ne peut être amenée à exécution (sauf exceptions) pendant les délais d'appel et l'instance d'appel (CPP, art. 380-4, al. 1 et 380-7).

Cet effet suspensif porte tant sur l'action publique que sur l'action civile ;

- un **effet dévolutif** : la cour d'assises d'appel, ne confirme, ni n'infirme, ni ne réforme la décision qui lui est déférée : elle réexamine l'affaire et statue sur l'intégralité des dispositions de l'arrêt de première instance en jugeant à nouveau les faits reprochés à l'accusé (CPP, art. 380-1), sauf dans l'hypothèse d'un appel limité à la décision sur la peine (CPP, art. 380-2-1 A).

B Conditions d'utilisation

1 Qui peut interjeter appel ?

1395 La faculté d'interjeter appel appartient (CPP, art. 380-2) :

- **à l'accusé**, que ce soit au principal ou à titre incident, de l'arrêt civil ou de l'arrêt pénal qui le condamne contradictoirement par une cour d'assises (CPP, art. 380-2) ou par une cour criminelle (CPP, art. 380-21) ;
- au **ministère public** :
  - au procureur général :
    - si la cour d'assises ou la cour criminelle qui a rendu l'arrêt attaqué est celle du département où siège la cour d'appel (CPP, art. 34),
    - s'il s'agit d'interjeter appel d'une décision d'acquittement (total ou partiel),
  - au procureur de la République : si la cour d'assises ou la cour criminelle qui a rendu l'arrêt attaqué est celle d'un autre département (CPP, art. 39, al. 2). Mais le procureur général peut également exercer cette faculté (CPP, art. 241) ;

> ATTENTION L'appel du ministère public n'est recevable que s'il porte sur l'ensemble des chefs d'accusation retenus contre l'accusé et non sur la seule décision d'acquittement (Cass. crim., 17 oct. 2012, n° 11-87.476 : *JurisData* n° 2012-023341 ; *Procédures* 2012, comm. 367).

- **au civilement responsable et à la partie civile** : uniquement sur leurs intérêts civils ;
- **à certaines administrations publiques** : uniquement dans le cadre d'un appel incident du ministère public si elles exercent l'action publique (CPP, art. 380-2, 5°).

2 Quelles sont les décisions susceptibles d'appel ?

1396 **Arrêts portant sur l'action publique :**

- arrêts de condamnation rendus contradictoirement par la cour d'assises en premier ressort (CPP, art. 380-1) : l'appel concerne la totalité de la décision rendue par la cour d'assises en premier ressort et ne peut être limité à certaines dispositions de l'arrêt (effet dévolutif de l'appel) ; arrêts prononcés par défaut (quand l'accusé est absent sans excuse valable en première instance) : seul le ministère public peut interjeter appel (CPP, art. 379-5) ;
- arrêts d'acquittement (CPP, art. 380-2) : seul le procureur général peut interjeter appel, sous peine d'irrecevabilité ;
- arrêts d'acquittement partiel (lorsque la poursuite devant la cour d'assises comporte des chefs d'accusation multiples, les réponses négatives de la cour et du jury aux questions qui leur sont posées sur un ou plusieurs d'entre eux s'analysent en un acquittement partiel de l'accusé) : seul le procureur général peut interjeter appel ;
- arrêts d'exemption de peine : seuls l'accusé et le ministère public peuvent interjeter appel ;
- les décisions rendues par les cours criminelles (CPP, art. 380-21).

> ATTENTION Arrêts portant sur l'action civile :
> - les arrêts portant sur les incidents contentieux rendus par la cour d'assises ou la cour criminelle lorsqu'elle examine l'affaire en premier ressort ne peuvent faire l'objet d'un recours à eux seuls mais, en cas de réexamen de l'affaire en appel, la partie qui, en premier ressort, a élevé l'incident, peut recommencer, la cour n'étant alors pas tenue par la décision rendue par les premiers juges (CPP, art. 316) ;
> - si l'accusé condamné par défaut est arrêté avant l'expiration du délai de prescription de sa peine, alors l'arrêt précédemment rendu par défaut est anéanti de plein droit, il est rejugé et cet arrêt contradictoire est alors susceptible d'appel. Dans un délai d'un mois, l'accusé condamné peut toutefois acquiescer à l'arrêt et renoncer, en présence de son avocat, au nouvel examen de son affaire. Les délais d'appel ou de pourvoi courent à compter de la notification au parquet ou de la signification aux parties de la constatation de cette renonciation (CPP, art. 379-4) ;

– la réforme issue de la loi n° 2019-222 du 23 mars 2019, dans le but de simplifier les procédures, permet désormais à l'accusé de limiter son appel à la peine, en acceptant le principe de sa culpabilité (CPP, art. 380-2-1 A). Dans ces conditions, son affaire sera jugée dans un délai plus rapide et seuls seront entendus les témoins et experts permettant d'éclairer la cour sur la question de la peine.

3 Dans quel délai peut-on former appel ?

1397 **Appel principal :**
– principe : dix jours à compter du prononcé de l'arrêt (CPP, art. 380-9) :
• ce n'est pas un délai franc : le jour de l'arrêt ne compte pas, et le délai expire le 10e jour à minuit,
• lorsque le délai expire un samedi, un dimanche ou un jour férié ou chômé, il est prorogé jusqu'au premier jour ouvrable suivant (CPP, art. 801) ;
– exception : dix jours à compter de la signification de l'arrêt lorsque la partie n'était pas présente ou représentée à l'audience où le jugement a été prononcé et seulement si cette partie ou son représentant n'avait pas été informé du jour où l'arrêt serait prononcé.
Appel incident : cinq jours supplémentaires (CPP, art. 380-10).

4 Quel est l'effet de l'appel sur l'exécution de l'arrêt d'assises ou de cour criminelle ?

a) Principe

1398 Pendant les délais d'appel et durant l'instance d'appel, il est sursis à l'exécution de l'arrêt sur l'action publique (CPP, art. 380-4, al. 1) et sur l'action civile (CPP, art. 380-7).
La décision frappée d'appel, ne peut donc pas être ramenée à exécution.

b) Exceptions tenant à l'action publique

1399 **La détention de l'accusé.** Pendant les délais d'appel et durant l'instance d'appel, l'arrêt de la cour d'assises ou de la cour criminelle continue de produire ses effets à l'encontre de la personne condamnée à une peine privative de liberté, jusqu'à ce que la durée de détention ait atteint celle de la peine prononcée (CPP, art. 367, al. 2 et 380-4, al. 2).
À ce stade, l'accusé a toujours la possibilité de demander sa mise en liberté (V. Fiche 47 : Demander la mise en liberté).

1400 **Peines complémentaires.** Les peines complémentaires prononcées en application des articles 131-6 à 131-11 du Code de procédure pénale peuvent avoir été déclarées exécutoires par provision (CPP, art. 367, al. 4).

c) Exception tenant à l'action civile

1401 La cour d'assises statuant en premier ressort sur les intérêts civils ou la cour criminelle peut – s'il lui a été demandé – avoir ordonné l'exécution provisoire (totale ou partiel) de sa décision (CPP, art. 380-8 et 374).
Les mesures d'instruction sont de plein droit exécutoires par provision (CPP, art. 374, al. 2).
L'exécution provisoire peut être arrêtée en cause d'appel « si elle risque d'entraîner des conséquences manifestement excessives » (CPP, art. 380-8, al. 1, V. *infra*, n° 1412, Demande de suspension de l'exécution provisoire). Il s'agit d'un recours en référé devant le premier président de la cour d'appel dans le ressort de laquelle siège la cour d'assises désignée pour connaître de l'affaire en appel.

C Textes

• CPP, art. 34, 39, al. 2, 231 à 380-22 et 698-6.

D Schéma procédural

1402 • **Appel** de l'accusé ou de la partie civile par déclaration au greffe ou auprès du chef de l'établissement pénitentiaire concerné.
• **Désignation** de la cour d'assises d'appel par le premier président de la cour d'appel ou par la chambre criminelle de la Cour de cassation.
• **Avis de la date d'audience** à l'accusé par le ministère public.
• **Présence obligatoire de l'accusé à l'audience**.
• **Réexamen de l'affaire**.
• **Prononcé de la décision motivée**.
• **Pourvoi en cassation : cinq jours francs** à compter du prononcé de l'arrêt ou, le cas échéant, de sa signification.

II Préparation

A Contrôles préalables

1 Information du client accusé

1403 Informations à donner à l'accusé :
- il est désormais possible de limiter l'appel à certains chefs de la décision ;
- la cour d'appel peut aggraver sa peine (en raison de l'effet dévolutif de l'appel) si le ministère public a également interjeté appel ;
- lorsque, par suite d'une disjonction des poursuites, d'un appel ou de toute autre cause, la cour d'assises ne se trouve saisie que du renvoi devant elle d'un ou plusieurs accusés, uniquement pour un délit connexe à un crime, elle statue sans l'assistance des jurés (CPP, art. 286-1) ;
- l'arrêt de la cour d'assises ou de la cour criminelle qui condamne à une peine privative de liberté vaut titre de détention : par exception à l'effet suspensif de l'appel, il restera en détention, sauf à demander sa mise en liberté ;
- les peines complémentaires éventuellement prononcées en application des articles 131-10 et 131-11 du Code pénal sont d'application provisoire ; des recours en référé sont néanmoins possibles contre l'exécution provisoire de ces peines complémentaires ;
- l'exécution provisoire des mesures d'instruction est de droit.

2 Information du client partie civile

1404 Informations à donner à la partie civile :
- l'appel est limité aux intérêts civils ;
- les constitutions de partie civile pour la première fois en appel sont interdites, excepté pour les fonds de garantie des actes de terrorisme et d'autres infractions ;
- les demandes nouvelles en appel sont interdites, sauf à demander une augmentation des dommages-intérêts pour le préjudice subi depuis la première décision ainsi que le remboursement de ses frais irrépétibles sur le fondement de l'article 375 du Code de procédure pénale ;
- si l'exécution provisoire a été refusée ou si elle n'a pas été demandée en première instance ou si bien que demandée, la cour d'assises de première instance ou la cour criminelle a omis de statuer, il est possible de la demander, en cas d'appel, en référé.

3 Contrôles préalables

1405 • La décision rendue en première instance est-elle juridiquement ou factuellement contestable ; le *quantum* de la peine est-il disproportionné ?
• L'accusé qui souhaite interjeter appel a-t-il été condamné par défaut ?
• Le délai pour former appel court-il toujours ?

B Pièces nécessaires

1406 **Pour interjeter appel du jugement**, aucune pièce n'est nécessaire.
Il convient simplement de connaître la date à laquelle l'arrêt a été rendu et les nom(s) et prénom(s) du (ou des) prévenu(s) condamné(s) et de prendre connaissance du contenu de la feuille de motivation dorénavant annexée à la feuille des questions et lue à l'audience par le président de la cour d'assises ou de la cour criminelle une fois la décision prononcée (CPP, art. 365-1).

C Coût de la procédure

1407 Le coût de la procédure sera constitué par :
- **les honoraires de l'avocat**, qui sont libres, outre les frais de procédure (notamment le droit de plaidoirie) ;
- **le droit fixe de procédure** : le condamné est redevable, s'agissant des décisions des juridictions répressives, à l'exception de celles qui ne statuent que sur les intérêts civils, d'un droit fixe de procédure qui est fixé à un montant de 527 € (CGI, art. 1018 A) ;

L'aide juridictionnelle est accordée sans condition de ressources à la victime d'un crime (L. n° 91-647, 10 juill. 1991, art. 9-2, 34-1 et 37). Ce n'est pas le cas pour l'auteur d'un crime.

III Procédure

A Assistance et représentation

1408 L'auteur de l'infraction doit obligatoirement être assisté d'un avocat (CPP, art. 317). S'il n'a pas fait le choix d'un avocat avant l'audience, le président en commet un d'office (CPP, art. 274). La victime, peut se défendre seule ou se faire assister par un avocat.

B Compétence (matérielle et/ou territoriale)

1 Compétence matérielle

1409 **Principe** : appel examiné par une (autre) cour d'assises.
Exceptions : lorsque l'appel concerne uniquement les dispositions civiles, il est examiné par la chambre des appels correctionnels (CPP, art. 380-5).

2 Compétence territoriale

a) Désignation de la cour d'assises d'appel compétente

1410 **Principe** : La cour d'assises d'appel est nécessairement une autre cour d'assises (CPP, art. 380-1).
En pratique, il s'agit d'une cour d'assises limitrophe, dans le même ressort de la cour d'appel.
Exceptions : la chambre criminelle peut désigner la même cour d'assises, autrement composée, pour connaître de l'appel :
– d'une décision de la cour d'assises d'un département d'outre-mer, de la Nouvelle-Calédonie, de la Polynésie française et des îles Wallis-et-Futuna ainsi que de la Cour criminelle de Mayotte et du Tribunal criminel de Saint-Pierre-et-Miquelon (CPP, art. 380-14) ;
– d'une décision d'une cour d'assises spécialement composée pour juger les crimes commis en matière militaire, de terrorisme, de trafic de stupéfiants ou contre les intérêts fondamentaux de la nation et ne comportant pas de jurés (CPP, art. 698-6).

b) Mécanisme de désignation de la cour d'assises d'appel compétente

1411 L'appel est enregistré au greffe de la cour d'assises ou de la cour criminelle qui a rendu la décision.
Après avoir recueilli les observations écrites du ministère public et des parties ou de leurs avocats, le premier président de la cour d'appel désigne la cour d'assises chargée de statuer en appel parmi les autres cours d'assises du ressort de la cour d'appel (CPP, art. 380-14, al. 1).
Toutefois, si le ministère public ou l'une des parties le demande ou si le premier président estime nécessaire la désignation d'une cour d'assises hors de ce ressort, le ministère public adresse sans délai au greffe de la chambre criminelle de la Cour de cassation, le dossier de la procédure avec ses observations éventuelles et celles des parties (CPP, art. 380-14, al. 2).
Dans le mois qui suit la réception de l'appel, la chambre criminelle, après avoir recueilli, si elles n'ont pas déjà été données, les observations écrites du ministère public et des parties ou de leurs avocats, désigne la cour d'assises chargée de statuer en appel.
• **Lorsque l'appel n'est pas recevable** :
– le premier président de la cour d'appel ou le président de la chambre criminelle de la Cour de cassation dit n'y avoir lieu à désignation d'une cour d'assises chargée de statuer en appel (CPP, art. 380-15) ;
– l'irrecevabilité de l'appel principal entraîne celle des appels incidents ;
– l'arrêt attaqué devient alors définitif.
• **Lorsque l'appel est recevable** : premier président de la cour d'appel ou le président de la chambre criminelle désigne la cour d'assises compétente pour examiner l'appel dans un délai d'**un mois** à compter de la réception du dossier par le parquet général de la Cour de cassation (CPP, art. 380-14).

3 Compétence en cas de demande de suspension de l'exécution provisoire

1412 En cas d'appel des dispositions pénales et civiles : compétence du premier président de la cour d'appel dans le ressort de laquelle siège la cour d'assises désignée comme juridiction d'appel (CPP, art. 380-8, al. 3).
En cas d'appel limité aux dispositions civiles : compétence du premier président de la cour d'appel du ressort de la cour d'assises ou de la cour criminelle qui a rendu la décision attaquée. Sa décision est alors insusceptible de recours.

C Rédaction de l'acte de saisine

1413 **Par déclaration au greffe de la cour d'assises ou de la cour criminelle** qui a rendu la décision (CPP, art. 380-12) :
– la déclaration d'appel est inscrite sur le registre public prévu à cet effet ;
– elle doit être signée par l'appelant et par le greffier. Si l'appelant ne peut signer, il en est fait mention ;
– l'appel peut être formé, au nom de l'appelant et la déclaration signée par un avocat **ou** par un fondé de pouvoir spécial (CPP, art. 380-12, al. 2) ;
– l'acte d'appel doit identifier la décision sur laquelle porte le recours : recours dirigé contre le seul arrêt pénal, contre le seul arrêt civil, ou contre les deux ;
– si le recours est formé par le ministère public, la déclaration doit en outre indiquer si l'appel est principal ou incident ;
– dans le cas d'un appel du procureur général, si le siège de la cour d'assises ou de la cour criminelle n'est pas celui de la cour d'appel, la déclaration d'appel, qu'il signe, est adressée sans délai, en original ou en copie, au greffe de la cour d'assises ou de la cour criminelle transcrite sur le registre (des appels) et annexée à l'acte dressé par le greffier (CPP, art. 380-12).
Par déclaration à l'établissement pénitentiaire (CPP, art. 380-13) : cette faculté est ouverte à toute personne détenue, accusée ou partie civile.

ATTENTION Une question prioritaire de constitutionnalité peut être formée à l'occasion d'un appel contre un arrêt de cour d'assises ou de cour criminelle : elle doit être soulevée dans un écrit accompagnant la déclaration d'appel ; un mémoire déposé ultérieurement au greffe de la cour d'assises est irrecevable (Cass. crim., 7 déc. 2011, n° 11-87.360 : *JurisData* n° 2011-028851. – Cass. crim., 9 janv. 2013, n° 12-81.626 : *JurisData* n° 2013-000047).

D Audience (convocation, comparution, déroulement)

1 Convocation

1414 Il appartient au ministère public d'aviser l'accusé de la date à laquelle celui-ci doit comparaître (CPP, art. 239).
La composition du rôle de la session d'une cour d'assises est une mesure d'administration judiciaire prise par le président de la cour d'assises.
La partie civile est quant à elle avisée par tout moyen de la date à laquelle l'affaire est appelée à l'audience (CPP, art. 380-2-1).

2 Composition de la cour d'assises d'appel

1415 Sa composition est déterminée, en appel comme en premier ressort (CPP, art. 243 à 253) :
– il n'est pas nécessaire que le président ou les assesseurs soient d'un grade supérieur à ceux qui avaient statué en premier ressort ;
– il est interdit à un magistrat qui a participé au jugement de l'accusé en premier ressort de faire partie de la cour statuant en appel.
Spécificité du jury : désignation de **neuf jurés** au lieu de six en premier ressort (CPP, art. 296).

3 Comparution

1416 **Principe : présence de l'accusé obligatoire** pour que la procédure soit contradictoire et donc exécutoire (CPP, art. 317 et s. et 379-2 à 379-7) :
– si l'état de santé met l'accusé hors d'état de comparaître : l'affaire est reportée à une autre session ;
– si l'accusé est indisposé : les débats sont suspendus pendant toute la durée de son absence ;
– si l'accusé s'évade pendant les débats, la cour peut :
• le juger par défaut,
• renvoyer l'affaire à une autre session.
Exceptions :
– **l'accusé refuse de comparaître**, le président commet alors un huissier pour établir une sommation de comparaître (CPP, art. 319) :
• si l'accusé défère à la sommation, les débats se poursuivent,
• s'il n'obtempère pas, le président peut ordonner :
- qu'il soit amené par la force,
- la poursuite des débats en son absence. Il lui sera donné lecture du procès-verbal des débats par le greffier après l'audience, et il lui sera signifié par huissier copie des réquisitions du ministère public, ainsi que des arrêts rendus par la cour, qui sont tous réputés contradictoires (CPP, art. 320) ;
– expulsion de l'accusé qui **trouble l'ordre de l'audience** (CPP, art. 321) : il lui sera donné lecture du PV des débats après l'audience par le greffier (CPP, art. 322 renvoyant à CPP, art. 320, al. 2) ;
– **retrait momentané** (audition de témoin, d'un coaccusé ou de la partie civile).

4 Déroulement (CPP, art. 232 à 380)

1417 **Principe** : identité des procédures de première instance (cour d'assises) et d'appel (CPP, art. 380-1).
Particularités :
– l'interrogatoire de l'accusé par le président de la cour d'assises (CPP, art. 272) est soumis, en appel, aux

mêmes règles qu'en première instance. Cependant, aux questions que le président de la cour d'assises d'appel doit poser à l'accusé, s'ajoute celle de savoir s'il a reçu signification de l'arrêt de désignation de la cour d'assises d'appel (CPP, art. 273) ;
- la révision de la liste du jury opérée lors de l'ouverture de la session (CPP, art. 288 à 292) impose qu'il reste **vingt-trois jurés** au lieu de vingt en première instance (CPP, art. 289-1) ;
- l'accusé ne peut récuser plus de **cinq jurés** au lieu de quatre en premier ressort et le ministère public plus de **quatre** au lieu de trois en première instance (CPP, art. 298) ;
- avant l'ouverture des débats le président de la cour d'assises, présente non seulement les faits reprochés à l'accusé et les éléments à charge et à décharge le concernant, mais lui donne en outre connaissance du sens de la décision rendue en premier ressort, de sa motivation et, le cas échéant, de la condamnation prononcée (CPP, art. 327) ;
- sur demande de la personne poursuivie, du ministère public ou de la cour elle-même, possibilité de publicité des débats devant la cour d'assises des mineurs lorsque celui-ci est devenu majeur au jour de l'ouverture des débats (CPP, art. 306) ;
- le huis clos peut également être ordonné pour le temps de l'audition d'un témoin pour sa protection (CPP, art. 306-1).

E Décision (forme, contenu, caractères, effets, suite)

1 Forme

1418 **Principe** : une fois les débats terminés, après en avoir délibéré, la cour rend son arrêt (CPP, art. 380-1).
Particularités : malgré une identité de procédure pour le reste avec la décision rendue en première instance, en appel, la majorité qualifiée exigée pour toute réponse défavorable à l'accusé ou pour l'application du maximum de la peine privative de liberté encourue est portée à **huit voix** au moins en appel au lieu de six en première instance (CPP, art. 359).

2 Contenu

1419 La cour rejuge entièrement les faits et a toute latitude pour juger, dans limite des termes de l'appel.

3 Motivation

1420 La motivation de l'arrêt (condamnation et peine) est rédigée par le président ou l'un des magistrats assesseurs et, en cas de condamnation, consiste dans l'énoncé des principaux éléments à charge, exposés au cours du délibéré, qui ont convaincu la cour d'assises, tels qu'ils résultaient des débats.
Cette motivation figure sur un document (« feuille de motivation ») annexé à la feuille des questions.

F Fin de la procédure

1421 Le **désistement de l'accusé** peut intervenir jusqu'à son interrogatoire par le président prévu par l'article 272 du Code de procédure pénale (CPP, art. 380-11) :
- ce désistement peut se faire dans les mêmes formes que la déclaration d'appel (Circ. CRIM, 11 déc. 2000) ;
- ce désistement rend caducs les appels incidents formés par le ministère public ou les autres parties ;
- il est constaté par ordonnance du président de la chambre criminelle de la Cour de cassation lorsque celle-ci est saisie en application de l'article 380-1 ou par ordonnance du président de la cour d'assises ;
- l'appel formé par le ministère public dans le délai supplémentaire de **cinq jours** qui lui est accordé par l'article 380-10 pour interjeter appel incident lorsque l'accusé a relevé appel principal, devient caduc en cas de désistement de l'accusé ;
- lorsque l'appel du ministère public a été interjeté dans le délai de **dix jours** prévu par l'article 380-9, avant l'appel de l'accusé, il s'agit, sans conteste, d'un appel principal, qui subsiste nonobstant le désistement de l'accusé ;
- il y a caducité de l'appel de l'accusé lorsqu'il est constaté, par le président de la cour d'assises, que ce dernier a pris la fuite et n'a pas pu être retrouvé avant l'ouverture de l'audience ou au cours de son déroulement.

G Recours ou contestation (parties et/ou tiers)

1422 **Délai** (CPP, art. 568) : **cinq jours** francs à compter du jour du prononcé de la décision.
Cependant, le délai de pourvoi ne court qu'à compter de la signification de l'arrêt, quel qu'en soit le mode :
- pour la partie qui, après débat contradictoire, n'était pas présente ou représentée à l'audience où l'arrêt a été prononcé, si elle n'avait pas été informée de la date à laquelle l'arrêt allait être prononcé ;
- si l'absence du condamné au cours des débats est constatée alors que les interrogatoires de l'accusé sur les faits et sur sa personnalité ont déjà

été réalisés, le procès se poursuit alors jusqu'à son terme. Si l'accusé est condamné à une peine ferme privative de liberté non couverte par la détention provisoire, la cour décerne mandat d'arrêt contre l'accusé. Les délais d'appel ou de pourvoi en cassation courent à partir de la date à laquelle l'arrêt est porté à la connaissance de l'accusé (CPP, art. 379-2) ;

Peuvent faire l'objet d'un pourvoi :

– les arrêts de condamnation : après avoir prononcé l'arrêt de condamnation, le président avertit l'accusé de la faculté qui lui est accordé de se pourvoir en cassation et l'informe du délai d'appel ou de pourvoi (CPP, art. 370) ;

– les arrêts portant sur les intérêts civils ;

– les arrêts incidents (CPP, art. 316) ;

– les arrêts d'acquittement de l'article 597 du Code de procédure pénale (si la décision a été prononcée sur la base de la non-existence d'une loi pénale qui pourtant aurait existé).

Titulaire : le condamné, le civilement responsable, le ministère public et la partie civile.

Compétence de la chambre criminelle de la Cour de cassation.

CHECK-LIST • **Prendre connaissance de la date à laquelle l'arrêt de première instance a été rendu et des nom et prénom du prévenu condamné pour identifier la décision sur laquelle porte le recours et pouvoir l'indiquer sur la déclaration d'appel.**

• **Prendre connaissance du contenu de la feuille de motivation (lue à l'audience par le président une fois que la décision a été notifiée et annexée à la feuille des questions).**

• **Faire la déclaration d'appel au greffe de la cour d'assises ou de la cour criminelle qui a rendu la décision en première instance.**

• **Réunir tous les documents pouvant permettre d'obtenir la peine la mieux adaptée à la personnalité de son client.**

POUR ALLER PLUS LOIN...

Fascicule JurisClasseur

• *JCl. Procédure pénale*, Art. 380-1 à 380-15, fasc. 20, par H. Angevin.

Synthèse JurisClasseur

• *JCl. Procédure pénale*, Synthèse 50, par J.-Y. Maréchal.

Fiche pratique

• V. Fiche 47 : Demander la mise en liberté.

Fiche 60

Procédure devant les juridictions disciplinaires en prison

Vanessa BOUSARDO

Sommaire

I Aperçu rapide

A Caractéristiques générales

1423 Soumis à un quotidien carcéral difficile, amplifié par une surpopulation toujours croissante, les détenus qu'ils soient en attente d'un jugement ou définitivement condamnés sont, par ailleurs, astreints au respect d'un certain nombre de règles visant à permettre le maintien de l'ordre et de la discipline au sein des établissements pénitentiaires. La méconnaissance de ces règles les expose à la mise en œuvre d'un régime disciplinaire, et le cas échéant, à des sanctions obéissant à une gradation proportionnée à la gravité des fautes commises prévues tant par le Code de procédure pénale que par le règlement intérieur la sanction la plus sévère demeurant le placement en cellule de discipline, plus communément appelée « mitard ».

Si l'enjeu du contentieux disciplinaire ne porte pas directement sur la durée de la privation de liberté, mais sur les restrictions susceptibles d'être apportées au régime de la détention, le prononcé de certaines sanctions disciplinaires peut néanmoins conduire le juge de l'application des peines, qui en est avisé, à décider du retrait de crédits de réduction de peine ou du retrait de mesures d'aménagement de peine, impactant, dès lors, concrètement le temps d'incarcération.

C'est ainsi qu'au fil des évolutions législatives, la procédure disciplinaire est venue reconnaître davantage de droits procéduraux aux détenus, la Cour européenne des droits de l'homme ayant été amenée à rappeler que les exigences de l'article 6 de la Convention EDH, relatif au droit reconnu à toute personne à ce « que sa cause soit entendue équitablement », trouvent à s'appliquer en matière pénitentiaire.

Sont notamment consacrés le droit pour la personne détenue d'être assistée par un avocat au cours de la procédure disciplinaire, l'accès au dossier et le droit de présenter ses observations.

Loin d'être anecdotique, le régime disciplinaire organisé sous l'autorité du chef d'établissement obéit ainsi à des règles procédurales strictes dont le respect est susceptible d'être soumis à un contrôle des juridictions administratives.

B Textes

- Conv. EDH, art. 6.
- CJA, art. L. 521-2.
- CPP, art. 727-1.
- CJPM, art. R. 124-17 à R. 124-27.
- L. n° 2021-218, 26 févr. 2021 ratifiant l'ordonnance du 11 septembre 2019 portant partie législative du Code de la justice pénale des mineurs qui est entrée en vigueur le 30 septembre 2021 et a remplacé l'ordonnance du 2 février 1945 relative à l'enfance délinquante.
- L. n° 2021-1729, 22 déc. 2021, pour la confiance dans l'institution judiciaire.
- Ord. n° 2022-478, 30 mars 2022.
- D. n° 2022-479, 30 mars 2022.
- C. pénit. [entré en vigueur le 1er mai 2022], art. L. 231-1 à L. 231-3 et R. 231-1 à R. 235-12.
- D. n° 2023-1169, 12 déc. 2023.

ATTENTION L'article 24 de la loi n° 2021-1729 du 22 décembre 2021 pour la confiance dans l'institution judiciaire a autorisé le gouvernement à rassembler les dispositions relatives au droit pénitentiaire.

L'ordonnance n° 2022-478 et le décret n° 2022-479 du 30 mars 2022 ont mis fin à « l'éparpillement » des dispositions relatives au droit pénitentiaire en rassemblant, à droit constant, les textes au sein d'un même code. Le Code pénitentiaire, publié au *Journal officiel* le 5 avril 2022, est entré en vigueur le 1er mai 2022.

II Préparation

A Informations préalables

1424 • Quels sont les faits susceptibles de constituer des fautes disciplinaires ?

• Quelles sont les mesures de sûreté susceptibles d'être prononcées à titre préventif ?

• Dans quelles conditions de telles mesures peuvent-elles être prononcées ?

• Dans quelles conditions des poursuites disciplinaires peuvent-elles être mises en œuvre ?

• Quels sont les droits de la personne détenue dans le cadre d'une procédure disciplinaire ?

• Quelles sont les sanctions disciplinaires susceptibles d'être prononcées ?

• Quelles sont les voies de recours ouvertes à l'encontre des décisions prononçant des sanctions disciplinaires ?

• Quelles sont les modalités d'exécution des sanctions disciplinaires prononcées ?

B Inventaire des solutions et éléments de décisions

1 Détermination des fautes disciplinaires

1425 Le régime disciplinaire des personnes détenues placées en détention provisoire ou exécutant une peine privative de liberté implique, au préalable, l'identification des fautes susceptibles d'être sanctionnées.

Ces fautes sont classées en fonction de leur nature et de leur gravité (C. pénit., art. L. 231-1) selon trois degrés (C. pénit., art. R. 232-2).

a) Fautes disciplinaires du premier degré

1426 Les fautes disciplinaires du premier degré – listées dans le Code pénitentiaire – sont les fautes les plus graves susceptibles d'être commises par les personnes détenues.

Constituent, notamment, de telles fautes :
– l'exercice de violences physiques à l'encontre d'un membre du personnel ou d'une personne en mission ou en visite dans l'établissement (C. pénit., art. R. 232-4, 1°), ou d'une autre personne détenue (C. pénit., art. R. 232-4, 2°) ;
– la participation à toute action collective, précédée ou accompagnée de violences envers les personnes ou de nature à compromettre la sécurité des établissements (C. pénit., art. R. 232-4, 7°) ;
– le fait de procéder, durant une activité, à des agissements de harcèlement moral ou de harcèlement sexuel (C. pénit., art. R. 232-4, 15° bis, issu, D. n° 2023-1169, 12 déc. 2023).

Il en va de même de la participation à une évasion ou à une tentative d'évasion ou de l'introduction ou de la détention, au sein de l'établissement, de produits stupéfiants ou dangereux pour la sécurité des personnes.

Ces fautes sont au nombre de 16 (C. pénit., art. R. 232-4) depuis le décret n° 2019-98 du 13 février 2019 étant venu modifier et compléter les définitions et catégories des fautes disciplinaires, *via* notamment la création de nouvelles fautes disciplinaires du premier degré, telles que :
– la rébellion (C. pénit., art. R. 232-4, 3°) ;
– la provocation et l'apologie du terrorisme (C. pénit., art. R. 232-4, 6°) ;
– l'accès à des zones interdites (C. pénit., art. R. 232-4, 14°) ;
– la captation, l'enregistrement et la diffusion de sons et d'images au sein d'un établissement pénitentiaire (C. pénit., art. R. 232-4, 15°) ;

ATTENTION Le décret n° 2019-98 du 13 février 2019 a élevé des fautes relevant jusque-là du deuxième degré au premier degré et le décret n° 2023-1169 du 12 décembre 2023, est venu le compléter.
On citera notamment :
– le fait de proférer des insultes, des menaces ou des propos outrageants à l'encontre d'un membre du personnel de l'établissement, d'une personne en mission ou en visite au sein de l'établissement pénitentiaire ou des autorités administratives ou judiciaires (C. pénit., art. R. 232-4, 12°) ;
– le fait de proférer des insultes ou des menaces à l'encontre d'une personne détenue (C. pénit., art. R. 232-4, 13°).

ATTENTION Le décret n° 2010-1634 du 23 décembre 2010 a généralisé le caractère punissable de la tentative pour toutes les fautes du premier degré.

b) Fautes disciplinaires du deuxième degré

1427 Les fautes disciplinaires du deuxième degré sont également au nombre de seize (C. pénit., art. R. 232-5).
Constituent, notamment, de telles fautes :
– le fait de proférer des menaces ou de formuler des propos outrageants dans les lettres adressées aux autorités administratives et judiciaires (C. pénit., art. R. 232-5, 5°) ;
– le fait de formuler dans les lettres adressées à des tiers des menaces, des injures ou des propos outrageants à l'encontre de toute personne ayant mission dans l'établissement ou à l'encontre des autorités administratives et judiciaires, ou de formuler dans ces lettres des menaces contre la sécurité des personnes ou de l'établissement (C. pénit., art. R. 232-5, 6°) ;
– la mise en danger de la sécurité d'autrui par une imprudence ou une négligence (C. pénit., art. R. 232-5, 3°) ;
– le refus de se soumettre à une mesure de sécurité ou de ne pas obtempérer immédiatement aux injonctions du personnel de l'établissement (C. pénit., art. R. 232-5, 1°) ;
– le fait d'imposer à la vue d'autrui des actes obscènes ou susceptibles d'offenser la pudeur (C. pénit., art. R. 232-5, 4°) ;
– le fait de provoquer un tapage de nature à troubler l'ordre de l'établissement (C. pénit., art. R. 232-5, 15°).

De même, la consommation de produits stupéfiants (C. pénit., art. R. 232-5, 12°) et l'état d'ébriété (C. pénit., art. R. 232-5, 14°) constituent des fautes disciplinaires du deuxième degré.

c) Fautes disciplinaires du troisième degré

1428 Les fautes disciplinaires du troisième degré sont au nombre de huit (C. pénit., art. R. 232-6).
Constituent, notamment, de telles fautes :
– le fait d'entraver ou de tenter d'entraver les activités de travail, de formation, culturelles, cultuelles ou de loisirs (C. pénit., art. R. 232-6, 2°) ;
– le fait de négliger de préserver ou d'entretenir la propreté de sa cellule ou des locaux communs ou de prendre soin des objets mis à disposition par l'administration (C. pénit., art. R. 232-6, 4°) ;
– le fait de communiquer irrégulièrement avec une personne détenue ou avec toute autre personne extérieure à l'établissement (C. pénit., art. R. 232-6, 3°).

ATTENTION Certains des faits précités peuvent constituer des fautes disciplinaires même lorsqu'ils sont commis à l'extérieur de l'établissement pénitentiaire.

Sont ainsi concernées les personnes écrouées faisant l'objet d'une extraction, d'un transfèrement, d'une hospitalisation ou d'une consultation médicale, qu'elles soient prises en charge par des personnels pénitentiaires ou par des personnels de police ou de gendarmerie.
Il en va de même des condamnés bénéficiant d'une permission de sortir, d'une mesure de placement à l'extérieur, de placement sous surveillance électronique ou de semi-liberté.
C'est ainsi que des faits de violences, dégradations ou menaces peuvent être retenus comme fautes disciplinaires, même lorsqu'ils sont commis à l'extérieur de l'établissement, quelle que soit la qualité de la personne visée ou du propriétaire des biens en cause (C. pénit., art. R. 232-3).

2 Instances disciplinaires

a) Chef d'établissement

1429 Seul le chef d'établissement est titulaire du pouvoir disciplinaire.
Cette compétence découle du pouvoir de police général dont il dispose au sein de l'établissement qu'il dirige afin d'y maintenir l'ordre et la sécurité.
Ses prérogatives sont multiples. En effet, il dispose de l'opportunité des poursuites, préside la commission de discipline, prononce les sanctions et peut aménager leurs modalités d'exécution.
Toutefois, pour ce faire, il peut déléguer sa signature à son adjoint, à un fonctionnaire appartenant à un corps de catégorie A ou à un membre du corps de commandement du personnel de surveillance placé sous son autorité.
Pour les décisions de confinement en cellule individuelle ordinaire, de placement en cellule disciplinaire et de suspension de l'exercice de l'activité professionnelle de la personne détenue, lorsqu'elles sont prises à titre préventif, le chef d'établissement peut en outre déléguer sa signature à un major pénitentiaire ou à un premier surveillant (C. pénit., art. R. 234-1).

b) Commission de discipline

1430 La commission de discipline est composée, outre le chef d'établissement, de 2 membres assesseurs désignés par lui (C. pénit., art. R. 234-2 à R. 234-5).
Toutefois, ladite commission doit comprendre au moins un membre extérieur à l'administration pénitentiaire (C. pénit., art. R. 234-6 et L. 231-1, 3°).
Chaque membre de la commission de discipline doit exercer ses fonctions avec intégrité, dignité et impartialité et respecter le secret des délibérations (C. pénit., art. R. 234-4).
C'est le président de la commission de discipline qui prononce les sanctions disciplinaires, les membres assesseurs n'ayant que voix consultative (C. pénit., art. R. 234-3).

ATTENTION Lorsque l'administration pénitentiaire a mis en œuvre tous les moyens à sa disposition pour s'assurer de la présence effective de l'assesseur extérieur au sein de la commission de discipline, son absence n'est pas constitutive d'un vice de procédure.
En l'espèce, un détenu était en cellule disciplinaire à titre préventif depuis deux jours. Compte tenu des délais légaux, la commission disciplinaire devait impérativement se réunir dans la journée, sans possibilité de report.
L'établissement pénitentiaire avait sollicité trois assesseurs extérieurs. Ces derniers étaient indisponibles. Aucun assesseur extérieur n'était donc en mesure de siéger à la commission de discipline.
La cour d'appel de Versailles a considéré que l'absence d'un assesseur, membre extérieur à l'administration pénitentiaire, n'était pas constitutive d'un vice de procédure (CAA Versailles, 6 juill. 2021, n° 20VE00830).

III Procédure

A Mesures de sûreté

1 Placement en cellule disciplinaire ou en confinement en cellule individuelle ordinaire

1431 À titre préventif, et en cas d'urgence soit avant même la réunion de la commission de discipline une personne détenue peut être placée en cellule disciplinaire ou en confinement en cellule individuelle ordinaire, afin d'assurer le maintien de l'ordre carcéral.
Ces mesures de sûreté ne peuvent être mises en œuvre que pour les fautes les plus graves relevant du premier et du deuxième degré, lorsqu'elles sont de nature à avoir des répercussions immédiates ou à venir sur le bon fonctionnement de l'établissement (C. pénit., art. R. 234-19).
Pour les mineurs de seize à dix-huit ans, le placement préventif en cellule disciplinaire n'est possible que pour certaines fautes, comme les violences ou la mise en danger de la sécurité d'autrui (CJPM, art. R. 124-20). Il s'agit en fait des fautes du premier degré (C. pénit., art. R. 232-4, 1° à 10°).

ATTENTION La durée du confinement en cellule individuelle ordinaire ou du placement en cellule disciplinaire, prononcés à titre préventif, est limitée au strict nécessaire et ne peut excéder deux jours ouvrables.
Le délai de computation du placement préventif commence à courir le lendemain du jour du placement en prévention. Il expire le deuxième jour suivant le placement en prévention, à 24 heures. Le délai qui expirerait un samedi, un dimanche ou un jour férié ou chômé est prorogé jusqu'au premier jour ouvrable suivant (C. pénit., art. R. 234-20).

La durée effectuée en confinement ou en cellule disciplinaire à titre préventif s'impute sur celle de la sanction à subir lorsqu'est prononcée à l'encontre de la personne détenue la sanction de confinement en cellule individuelle ordinaire ou la sanction de placement en cellule disciplinaire (C. pénit., art. R. 234-21).
La décision de placement préventif en cellule disciplinaire ou en confinement en cellule individuelle doit donner lieu à une décision écrite et motivée, laquelle devra être notifiée à la personne détenue lors de son placement.

2 Suspension de l'exercice d'une activité professionnelle

1432 Dans les mêmes conditions, peut être décidée de la suspension, à titre préventif, de l'exercice, par la personne détenue, de son activité professionnelle, lorsqu'elle commet une faute disciplinaire au cours ou à l'occasion de cette activité (C. pénit., art. R. 234-23 à R. 234-25).
La durée de la suspension du travail est limitée au temps nécessaire à la comparution éventuelle de la personne détenue devant la commission de discipline sans pouvoir toutefois excéder huit jours ouvrables.
La suspension du travail à titre préventif constituant une mesure de police, elle doit être motivée par écrit et notifiée à la personne détenue sans délai hors cas d'urgence absolue.

B Engagement des poursuites

1 Préalable à l'engagement des poursuites : l'établissement d'un compte-rendu d'incident et d'un rapport d'information

a) Compte-rendu d'incident

1433 En cas de manquement à la discipline de nature à justifier une sanction disciplinaire, un compte-rendu est établi dans les plus brefs délais par l'agent de l'administration pénitentiaire présent lors de l'incident ou informé de ce dernier (C. pénit., art. R. 234-12).
Cet agent peut relever du personnel de direction, de surveillance, d'insertion et de probation, du personnel administratif ou du personnel technique.
Ce compte-rendu n'a pas vocation à qualifier les faits, mais uniquement à faire un constat objectif de ceux-ci.
La rédaction d'un compte-rendu d'incident entraîne l'ouverture d'une enquête (C. pénit., art. R. 234-13) sauf si les faits relatés ne constituent manifestement pas une faute disciplinaire.

ATTENTION Le Conseil d'État a récemment rappelé que l'absence de mention de l'identité du rédacteur du compte-rendu d'infraction – ce qui méconnaît l'article 4 de la loi du 12 avril 2000 relative aux droits des citoyens dans leurs relations avec les administrations – n'était pas de nature à vicier la procédure disciplinaire : « Les dispositions du premier alinéa de l'article 4 de la loi du 12 avril 2000, contrairement à ce qu'a jugé la cour administrative d'appel de Bordeaux par l'arrêt attaqué, sont applicables à toutes les procédures dans le cadre desquelles un agent est chargé du traitement d'une affaire, y compris les procédures disciplinaires.
(...)
Toutefois, la méconnaissance de ces dispositions est, par elle-même, sans incidence sur la légalité de la décision prise, au terme de la procédure, par l'autorité administrative compétente » (CE, 10e et 9e ch. réunies, 1er mars 2021, n° 436013).

b) Rapport d'information ou d'enquête

1434 À réception du compte-rendu d'incident, un membre du personnel de commandement, du personnel de surveillance, un major pénitentiaire ou un premier surveillant va être chargé d'instruire les faits, en vue de clarifier les circonstances de l'espèce et d'examiner si les faits sont établis ou non.
Au cours de l'enquête, la personne détenue mise en cause est entendue, après qu'a été portée à sa connaissance la teneur du compte-rendu d'incident.
Les explications de la personne détenue sont recueillies verbalement. Elles peuvent être données par écrit si elle le souhaite.
Peuvent également être entendus l'agent rédacteur du compte-rendu d'incident ainsi que les éventuels témoins.
Un rapport est ensuite établi et adressé au chef d'établissement. Ce rapport comporte tout élément d'information utile sur les circonstances des faits reprochés à la personne détenue et sur la personnalité de celle-ci.

ATTENTION L'auteur du compte-rendu d'incident, tout comme celui du rapport d'information ne peuvent siéger en commission de discipline (C. pénit., art. R. 234-12 et R. 234-13).

ATTENTION Il convient de préciser que les récentes évolutions législatives autorisent les agents individuellement désignés et habilités de l'administration pénitentiaire à intercepter, enregistrer, transcrire ou interrompre les correspondances de personnes détenues émises par la voie des communications électroniques et autorisées en détention, à l'exception de celles avec leur avocat, et à conserver les données de connexion y afférentes.
De même, ils peuvent également accéder aux données stockées dans un équipement terminal ou un système informatique qu'utilise une personne détenue et dont l'utilisation est autorisée en détention, les enregistrer, les conserver et les transmettre (L. n° 2017-258, 28 févr. 2017, art. 35. – CPP, art. 727-1, I, 1° et 2° ; C. pénit., art. L. 223-1).
Toutefois, les personnes détenues ainsi que leurs correspondants sont informés au préalable de ces dispositions, tandis que l'autorisation est délivrée pour une durée maximale d'un an, renouvelable (CPP, art. 727-1, I, 2°, al. 2 et 3 ; C. pénit., art. L. 223-2).
En cas de découverte de tout équipement terminal, système informatique ou support de données informatiques dont la détention est illicite, les agents habilités de l'administration pénitentiaire peuvent être autorisés par le ministre de la Justice à mettre en œuvre les techniques de recueil de renseignement précités, la personne concernée en étant expressément informée (CPP, art. 727-1, II ; C. pénit., art. L. 223-2).
La décision de mise en œuvre de ces techniques peut faire l'objet d'un recours devant le juge administratif (CPP, art. 727-1, III, al. 2 ; C. pénit., art. L. 223-3).
Enfin, lorsque les données ou enregistrements obtenus servent de support à une procédure disciplinaire, le délai de conservation de ces données ou enregistrements est suspendu jusqu'à l'extinction des voies de recours (CPP, art. 727-1, III, al. 5 ; C. pénit., art. L. 223-4).

2 Décision de poursuivre

1435 L'opportunité des poursuites est appréciée par le chef d'établissement ou son délégataire, au vu des rapports et après s'être fait communiquer, le cas échéant, tout élément d'information complémentaire (C. pénit., art. R. 234-14).
Il peut classer sans suite l'enquête, si la faute disciplinaire n'apparaît pas suffisamment établie.

ATTENTION Les poursuites disciplinaires ne peuvent être exercées plus de six mois après la découverte des faits reprochés à la personne détenue.

3 Droits de la personne détenue poursuivie disciplinairement : l'information, les droits d'accès au dossier et à l'assistance d'un avocat

1436 Conformément au principe des droits de la défense, qui représente un principe général du droit administratif (CE, 5 mai 1944, *Vve Trompier-Gravier*. – CE, 26 oct. 1945, *Aramu*) ainsi qu'un principe fondamental reconnu par les lois de la République (Cons. const., 17 janv. 1989, n° 88-248 DC : *JurisData* n° 1989-300022), aucune sanction ne peut être prononcée sans que la personne concernée n'ait été mise à même de consulter le dossier la concernant et de présenter ses observations.
Cela vaut donc également en matière disciplinaire.

a) Entretien de notification des faits et des droits

1437 En cas d'engagement des poursuites disciplinaires, les faits reprochés ainsi que leur qualification juridique sont portés à la connaissance de la personne détenue lors d'un entretien mené par un agent pénitentiaire.
Le dossier de la procédure disciplinaire est mis à sa disposition.
La personne détenue est informée :
- de la date et de l'heure de sa comparution devant la commission de discipline ;
- du délai dont elle dispose pour préparer sa défense, lequel ne peut être inférieur à vingt-quatre heures ;
- de la faculté de prendre connaissance des éléments du dossier ;
- de la faculté de se faire assister par un avocat de son choix ou par un avocat désigné par le bâtonnier de l'ordre des avocats.

À l'issue de cet entretien, la personne détenue se voit remettre une convocation écrite à comparaître devant la commission de discipline.
La convocation lui rappelle les droits qui sont les siens en vertu de l'article R. 234-18 du Code pénitentiaire.
Si la personne détenue est mineure, la copie de cette convocation est adressée aux titulaires de l'autorité parentale ou à ses représentants légaux (CJPM, art. R. 124-18).

b) Assistance par un avocat et accès au dossier

1438 La personne détenue convoquée devant la commission de discipline doit être mise en mesure, de bénéficier d'un entretien avec l'avocat choisi, dans des conditions garantissant la confidentialité, au moins vingt-quatre heures avant le début de l'audience disciplinaire.
Il appartient donc à l'administration pénitentiaire d'aviser l'avocat désigné par le détenu de la date et de l'heure de l'audience disciplinaire (TA Amiens, 8 mars 2005, n° 02011003).

> **ATTENTION** Le refus de satisfaire au droit à l'assistance d'un avocat (CEDH, 9 oct. 2003, n°s 39665/98, 40086/98, *Ezeh et Connors c/ Royaume-Uni*) a conduit à un constat de violation de l'article 6 de la Convention EDH.

Si la personne détenue est mineure, elle est obligatoirement assistée par un avocat. À défaut de choix d'un avocat par elle ou par ses représentants légaux, elle est assistée par un avocat désigné par le bâtonnier (CJPM, art. R. 124-17).
La personne détenue dispose d'un délai pour préparer ses observations qui ne peut être inférieur à trois heures à partir du moment où elle est mise en mesure de consulter les éléments de la procédure, en présence de son avocat ou du mandataire agréé, si elle en fait la demande (C. pénit., art. R.313-2).

> **ATTENTION** L'autorité compétente peut décider de ne pas communiquer à la personne détenue, à son avocat ou au mandataire agréé les informations ou documents en sa possession qui contiennent des éléments pouvant porter atteinte à la sécurité des personnes ou des établissements pénitentiaires.

4 Comparution devant la commission de discipline

1439 Toute personne détenue est libre de comparaître ou pas lors de l'audience disciplinaire. Elle peut comparaître en personne et assurer seule sa défense, ou comparaître assistée par un avocat de son choix.
Dans l'hypothèse d'un refus de comparution, elle peut se faire représenter par son avocat.
Le président de la commission de discipline dirige les débats et assure la police de l'audience.
Il donne lecture des faits tels qu'ils ont été notifiés par écrit à la personne détenue et, s'il l'estime nécessaire, des conclusions du rapport rédigé par l'agent chargé d'instruire l'affaire.
Il donne ensuite la parole à la personne détenue pour que celle-ci s'explique sur les faits qui lui sont reprochés.
Si la personne détenue est mineure, un membre du service du secteur public de la protection judiciaire de la jeunesse, avisé par le chef d'établissement,

peut assister à la commission de discipline et présenter oralement ses observations sur la situation personnelle, sociale et familiale du mineur (CJPM, art. R. 124-19).
Si la personne détenue ne comprend pas la langue française, n'est pas en mesure de s'exprimer dans cette langue ou si elle est dans l'incapacité physique de communiquer, ses explications sont présentées, dans la mesure du possible, par l'intermédiaire d'un interprète désigné par le chef d'établissement (C. pénit., art. R. 234-26).
Le président peut également, s'il l'estime nécessaire, faire entendre des témoins.

C Décision de la commission de discipline

1440 Si la commission de discipline peut considérer que les faits poursuivis ne caractérisent pas une faute disciplinaire, elle dispose, dans le cas contraire, d'un panel de sanctions pouvant être prononcées.

1 Sanctions disciplinaires

1441 Les sanctions disciplinaires varient en fonction du degré de gravité des fautes commises (C. pénit., art. L. 231-1) et de l'âge de la personne détenue.

a) Sanctions à l'égard des majeurs

1442 Lorsque la personne détenue est majeure, peuvent être prononcées les sanctions disciplinaires suivantes (C. pénit., art. R. 233-1) :
1° l'avertissement ;
2° l'interdiction de recevoir des subsides de l'extérieur pendant une période maximum de deux mois ;
3° la privation pendant une période maximum de deux mois de la faculté d'effectuer en cantine tout achat autre que celui de produits d'hygiène, du nécessaire de correspondance et de tabac ;
4° la privation pendant une durée maximum d'un mois de tout appareil acheté ou loué par l'intermédiaire de l'administration ;
5° la privation d'une activité culturelle, sportive ou de loisirs pour une période maximum d'un mois ;
6° L'exécution d'un travail d'intérêt collectif de nettoyage, remise en état ou entretien des cellules ou des locaux communs ; cette sanction, dont la durée globale n'excède pas quarante heures, ne peut être prononcée qu'avec le consentement préalable de la personne détenue ;

ATTENTION Il s'agit d'une sanction disciplinaire autonome créée par l'article 7 du décret du 13 février 2019.
Il n'est désormais plus nécessaire, pour qu'une telle sanction soit prononcée, que la faute ait été en relation avec un manquement aux règles de l'hygiène.

7° le confinement en cellule individuelle ordinaire assorti, le cas échéant, de la privation de tout appareil acheté ou loué par l'intermédiaire de l'administration pendant la durée de l'exécution de la sanction ;
8° la mise en cellule disciplinaire.
D'autres sanctions disciplinaires sont également envisageables (C. pénit., art. R. 233-2) :
1° la suspension de la décision de classement dans un emploi ou une formation pour une durée maximum de huit jours ;
2° le déclassement d'un emploi ou d'une formation ;

ATTENTION Il convient de préciser que pour ces deux sanctions, il n'est pas nécessaire que la faute disciplinaire ait été commise au cours ou à l'occasion de l'activité considérée (D. n° 2019-98, 13 févr. 2019, art. 8).

3° la suppression de l'accès au parloir sans dispositif de séparation pour une période maximum de quatre mois lorsque la faute a été commise au cours ou à l'occasion d'une visite ;

ATTENTION Pour les personnes majeures, la durée du confinement en cellule ordinaire ne peut excéder vingt jours pour une faute du premier degré, quatorze jours pour une faute du deuxième degré et sept jours pour une faute du troisième degré.
Cette durée peut être portée à trente jours pour les fautes les plus graves, telles que les violences physiques (C. pénit., art. R. 235-5, 2°), la rébellion (C. pénit., art. R. 235-5, 1°), les faits d'extorsion commis avec violence (C. pénit., art. R. 235-5, 1°), et la mutinerie (C. pénit., art. R. 235-5, 1°).
Les durées relatives au placement en cellule disciplinaire sont identiques (C. pénit., art. R. 235-12).

ATTENTION Sur décision du chef d'établissement, les personnes détenues exécutant une peine privative de liberté peuvent faire l'objet d'une évaluation ou bénéficier d'un programme spécifique de prise en charge au sein d'une unité dédiée, lorsqu'il apparaît que leur

comportement porte atteinte au maintien du bon ordre de l'établissement.
La décision d'affectation au sein d'une unité dédiée peut faire l'objet d'un recours devant le juge administratif (C. pénit., art. L. 224-2).

Le Conseil constitutionnel, par une décision récente (Cons. const., 22 juin 2018, n° 2018-715 QPC : *JurisData* n° 2018-010845) a jugé inconstitutionnel le premier alinéa de l'article 40 de la loi du 24 novembre 2009 qui reconnaît aux autorités judiciaires le pouvoir de s'opposer au droit de correspondre du détenu. Selon le Conseil, ce texte ne prévoit pas, au mépris des exigences de l'article 16 de la Déclaration de 1789, une possible contestation de la part du détenu de cette décision devant une juridiction.

b) Sanctions à l'égard des mineurs

1443 Lorsque la personne détenue est mineure, peuvent être prononcées les sanctions suivantes (CJPM, art. R. 124-23) :
1° l'avertissement ;
2° la privation pendant une période maximum de quinze jours de la faculté d'effectuer en cantine tout achat autre que celui de produits d'hygiène et du nécessaire de correspondance ;
3° la privation pendant une durée maximum de quinze jours de tout appareil audiovisuel dont le mineur à l'usage personnel ;
4° une activité de réparation ;
5° la privation ou la restriction d'activités culturelles, sportives et de loisirs pour une période maximum de huit jours ;
6° le confinement en cellule individuelle ordinaire.

ATTENTION Le champ d'application du confinement en cellule ordinaire pouvant être prononcé à l'encontre d'un mineur (CJPM, art. R. 124-23) a également été élargi.
Il peut désormais être prononcé lorsque les faits commis constituent l'une des fautes prévues à l'article R. 232-4, 1° à 10° du Code pénitentiaire.

La personne détenue mineure de plus de seize ans, peut également se voir appliquer, dans certaines conditions, les sanctions suivantes :
1° la mise en cellule disciplinaire ;
2° la suspension de la décision de classement dans un emploi ou une activité de formation pour une durée maximale de trois jours lorsque la faute disciplinaire a été commise au cours ou à l'occasion du travail ou de cette activité (CJPM, art. R. 124-21 et R. 124-24).

ATTENTION À l'égard de la personne mineure de plus de seize ans, la durée du confinement en cellule ordinaire ne peut excéder sept jours pour une faute du premier degré, cinq jours pour une faute du deuxième degré et trois jours pour une faute du troisième degré.
À l'égard du mineur de seize ans, la durée du confinement est au maximum de trois jours (CJPM, art. R. 124-27).

2 Modalités d'exécution de la sanction

1444 Le président de la commission de discipline peut accorder le bénéfice du sursis pour tout ou partie de l'exécution de la sanction disciplinaire, soit lors du prononcé de celle-ci, soit au cours de son exécution (C. pénit., art. R. 234-35).
Il peut également, lors du prononcé ou au cours de l'exécution de la sanction, dispenser la personne détenue de tout ou partie de son exécution soit en raison de la bonne conduite de l'intéressée, soit à l'occasion d'une fête légale ou d'un événement national, soit pour suivre une formation ou pour passer un examen, soit pour lui permettre de suivre un traitement médical.
Il peut, en outre, suspendre ou fractionner l'exécution d'une sanction (C. pénit., art. R. 234-41).

ATTENTION Lorsque la période de suspension excède six mois, la sanction ne peut plus être ramenée à exécution (C. pénit., art. R. 234-42).

3 Notification de la décision à la personne détenue

1445 La décision de la commission de discipline est prononcée en présence de la personne détenue. Elle lui est notifiée par écrit sans délai et doit comporter, outre l'indication de ses motifs, le rappel des dispositions de l'article R. 234-43 du Code pénitentiaire, relatives à l'exercice des voies de recours (C. pénit., art. R. 234-43).

ATTENTION La sanction ne peut être mise à exécution plus de six mois après son prononcé sous réserve des règles applicables en matière de sursis et de suspension définies aux articles R. 234-35 à R. 234-42 du Code pénitentiaire (C. pénit., art. R.234-28).

4 Information des tiers

1446 Dans le délai de cinq jours à compter de la décision prononçant une sanction disciplinaire à l'encontre d'une personne majeure, le chef d'établissement transmet une copie de la décision, d'une part, au directeur interrégional des services pénitentiaires et, d'autre part, au juge de l'application des peines ou, le cas échéant, au magistrat saisi du dossier de la procédure sous le contrôle duquel la personne détenue est placée.

Il fait rapport à la commission de l'application des peines de toute sanction de cellule disciplinaire ou de confinement en cellule individuelle ordinaire, si sa durée excède sept jours (C. pénit., art. R. 234-29).

ATTENTION S'agissant des détenus mineurs, doivent également être avisés de la décision, le directeur interrégional de la protection judiciaire de la jeunesse, le juge des enfants ou, le cas échéant, le magistrat saisi du dossier de la procédure sous le contrôle duquel la personne détenue est placée, ainsi que les titulaires de l'autorité parentale ou les représentants légaux de la personne mineure (CJPM, art. R. 124-22).

5 Voies de recours de la personne détenue contre la décision de sanction

a) Recours administratif préalable obligatoire

1447 La personne détenue qui entend contester la sanction prononcée à son encontre par la commission de discipline doit obligatoirement, dans le délai de quinze jours à compter du jour de la notification de la décision, la déférer au directeur interrégional des services pénitentiaires préalablement à tout recours contentieux (C. pénit., art. R. 234-43).

Le directeur interrégional dispose d'un délai d'un mois à compter de la réception du recours pour répondre par décision motivée.

L'absence de réponse dans ce délai vaut décision de rejet (C. pénit., art. R. 234-43).

ATTENTION Il convient de noter que ce recours administratif n'est pas suspensif : la décision prononcée par la commission de discipline est donc immédiatement exécutoire.

b) Recours pour excès de pouvoir

1448 La personne détenue peut déférer au tribunal administratif de son lieu de détention, par un recours pour excès de pouvoir, la décision expresse ou implicite issue du recours administratif préalable. En effet, depuis un arrêt du 17 février 1995 (CE, ass., 17 févr. 1995, n° 97754, *Marie : JurisData* n° 1995-040791), le Conseil d'État a ouvert les voies de recours devant les juridictions administratives aux décisions disciplinaires prononcées à l'encontre des détenus, celles-ci n'étant plus considérées comme constitutives de simples mesures d'ordre intérieur insusceptible de recours devant le juge administratif.

c) Référé-suspension

1449 Le recours principal en annulation de la décision litigieuse peut être accompagné d'un référé-suspension, visant à demander la suspension de la décision prononcée par le président de la commission de discipline sans attendre la décision du directeur interrégional.

d) Référé-liberté

1450 Le référé-liberté permet d'obtenir toutes mesures nécessaires afin de sauvegarder une liberté fondamentale à laquelle l'administration aurait porté atteinte de manière grave et manifestement illégale et notamment la suspension de la décision (CJA, art. L. 521-2).

Un tel recours peut ainsi intervenir pour une personne détenue placée en quartier disciplinaire, ou en confinement (C. pénit., art. L. 231-3).

CHECK-LIST **• Les faits reprochés ainsi que leur qualification juridique ont-ils été portés à la connaissance de la personne détenue lors d'un entretien mené par un agent pénitentiaire ?**

• Le dossier de la procédure disciplinaire a-t-il été mis à la disposition de la personne détenue ?

• La personne détenue a-t-elle été informée :

– de la date et de l'heure de sa comparution devant la commission de discipline ;

– du délai dont elle dispose pour préparer sa défense ;

– de la faculté de prendre connaissance des éléments du dossier ;

– de la faculté de se faire assister par un avocat de son choix ou par un avocat désigné par le bâtonnier de l'ordre des avocats ?

• À l'issue de son entretien, la personne détenue s'est-elle vu remettre

une convocation écrite à comparaître devant la commission de discipline ?
• En présence d'une personne détenue mineure, la copie de la convocation a-t-elle également été adressée aux titulaires de l'autorité parentale ou à ses représentants légaux ?
• Ladite convocation mentionne-t-elle les droits prévus par l'article R. 57-7-16 du Code de procédure pénale ?
• Le délai de vingt-quatre heures pour préparer sa défense a-t-il été respecté ?
• L'avocat désigné par le détenu, ou le bâtonnier, a-t-il été avisé de la date et de l'heure de l'audience disciplinaire par l'administration pénitentiaire ?
• La personne détenue convoquée devant la commission de discipline a-t-elle été mise en mesure, de bénéficier d'un entretien avec son avocat, dans des conditions garantissant la confidentialité ?
• La personne détenue a-t-elle pu bénéficier d'un délai minimum de trois heures pour préparer ses observations ?
• Devant la commission de discipline, la personne détenue a-t-elle eu la parole pour s'expliquer sur les faits qui lui sont reprochés ?
• La décision prononçant une sanction disciplinaire a-t-elle été prononcée en présence de la personne détenue ?
• Cette décision lui a-t-elle été notifiée par écrit ?
• La décision contient-elle, outre l'indication de ses motifs, le rappel des dispositions de l'article R. 57-7-32, relatives à l'exercice des voies de recours ?
• Le chef d'établissement a-t-il transmis, dans un délai de cinq jours à compter de la décision prononçant une sanction disciplinaire à l'encontre d'un majeur, une copie de la décision au directeur interrégional des services pénitentiaires, au juge de l'application des peines ou, le cas échéant, au magistrat saisi du dossier de la procédure sous le contrôle duquel la personne détenue est placée ?
• S'agissant des détenus mineurs, le chef d'établissement a-t-il avisé de la décision, le directeur interrégional de la protection judiciaire de la jeunesse, le juge des enfants ou, le cas échéant, le magistrat saisi du dossier de la procédure sous le contrôle duquel la personne détenue est placée, ainsi que les titulaires de l'autorité parentale ou les représentants légaux de la personne mineure ?

POUR ALLER PLUS LOIN...

Fascicule JurisClasseur

• *JCl. Procédure pénale*, Art. 724 à 728, fasc. 30, *Détention. Régime de détention. Sécurité*, par P. Pédron.

Fiche 61

Identifier le tribunal administratif territorialement compétent

Antoine BÉAL

Sommaire

I Aperçu rapide

A Éléments clés

1451 La juridiction administrative de droit commun est composée d'une quarantaine de tribunaux administratifs. Il existe donc des règles relatives à la répartition de leur compétence territoriale et à la procédure permettant d'y remédier en cas d'erreur de saisine. La présente fiche va procéder à l'étude de ces règles.

Ce sont les dispositions de l'article R. 312-1 du Code de justice administrative qui posent la règle de base : « Lorsqu'il n'en est pas disposé autrement par les dispositions de la section 2 du présent chapitre ou par un texte spécial, le tribunal administratif territorialement compétent est celui dans le ressort duquel a légalement son siège l'autorité qui, soit en vertu de son pouvoir propre, soit par délégation, a pris la décision attaquée. Lorsque l'acte a été signé par plusieurs autorités, le tribunal administratif compétent est celui dans le ressort duquel a son siège la première des autorités dénommées dans cet acte. Sous les mêmes réserves en cas de recours préalable à celui qui a été introduit devant le tribunal administratif, la décision à retenir pour déterminer la compétence territoriale est celle qui a fait l'objet du recours administratif ou du pourvoi devant une

juridiction incompétente ». Toutefois, cet article n'est invocable que si aucune des dérogations prévues par les articles R. 312-6 à R. 312-19 du Code de justice administrative ne trouve application.
Cette compétence territoriale des tribunaux administratifs est d'ordre public.
Le tribunal pour connaître du fond est également compétent pour toute demande accessoire, incidente ou reconventionnelle ressortissant à la compétence des tribunaux administratifs ainsi que pour les exceptions relevant de la compétence d'une juridiction administrative (CJA, art. R. 312-3).
Les règles qui vont être développées sont applicables aux recours de droit commun, mais également aux recours en interprétation et en appréciation de légalité (CJA, art. R. 312-4) ainsi que ceux qui ont été introduits après un recours administratif préalable (CJA, art. R. 312-1, al. 2).
En application des dispositions de l'article R. 312-2, la compétence territoriale ne peut faire l'objet de dérogations, même par voie d'élection de domicile ou d'accords entre les parties. Toutefois, l'article R. 312-11 prévoit expressément une dérogation en matière de contrats. Pour cette exception, V. *infra*, n° 1465.
Enfin, lorsqu'il n'a pas été fait application de la procédure de renvoi prévue à l'article R. 351-3 du Code de justice administrative et que le moyen tiré de l'incompétence territoriale du tribunal administratif n'a pas été invoqué par les parties avant la clôture de l'instruction de première instance, ce moyen ne peut plus être ultérieurement soulevé par les parties ou relevé d'office par le juge d'appel ou de cassation (CJA, art. R. 312-2).

REMARQUE La question de la compétence territoriale des tribunaux administratifs est une question que doit nécessairement se poser la personne qui souhaite introduire une requête devant le juge administratif de droit commun. En effet, il existe une quarantaine de tribunaux administratifs ayant chacun un ressort territorial strictement délimité. Il convient donc de le connaître et surtout de bien comprendre les règles procédant à la répartition des compétences afin d'éviter de saisir une juridiction incompétente, ce qui a pour effet de ralentir la procédure.
La connaissance approfondie des règles posées par le livre III du Code de justice administrative est donc primordiale pour éviter de voir la requête réorientée vers le tribunal territorialement compétent.

B Textes

- CJA, art. R. 221-3, R. 312-1 à R. 312-19, R. 341-1 à R. 342-3, R. 351-1 à R. 351-9.

II Préparation

1452 Il convient d'informer le client sur les conséquences de l'engagement d'une procédure contentieuse, notamment en ce qui concerne la condamnation à d'éventuels frais de justice à rembourser à la partie adverse.
Il convient donc d'examiner avec le requérant que tous les éléments du dossier sont bien rassemblés ou vont l'être prochainement, afin de vérifier que la juridiction saisie est bien territorialement compétente et qu'il est d'accord pour engager une telle procédure.

A Informations à recueillir auprès du client

1 Informations relatives aux parties

1453 Il appartient au conseil de se renseigner sur :
- son client : lieu de résidence ;
- le défendeur potentiel :
• identité et adresse du siège de l'auteur de l'acte attaqué,
• identité et adresse du siège de l'auteur du préjudice occasionné.

2 Informations relatives au litige

a) Informations relatives à la nature du litige

1454 Le conseil doit identifier précisément la nature du litige pour lequel le client le consulte.

b) Informations particulières en fonction de la nature du litige

1455 Certains litiges nécessitent de demander au client des renseignements particuliers, à savoir en matière :
- d'utilisation du sol : localisation des immeubles en cause ;

– d'élection :
• lieu du siège de l'assemblée, corps ou organisme à la composition duquel pourvoit l'élection ou la nomination contestée,
• département où l'élection a lieu ;
– d'activité professionnelle :
• lieu de l'établissement et lieu d'exploitation dont l'activité est à l'origine du litige,
• lieu d'exercice de la profession,
• lieu du siège de l'entreprise bénéficiaire de l'acte attaqué ;
– en matière précontractuelle, contractuelle et quasi contractuelle :
• lieu d'exécution du contrat,
• le cas échéant, lieu de signature du contrat,
• existence d'une clause dérogatoire de compétence ;
– de litige d'ordre individuel en matière de fonction publique : les informations relatives au client lui-même ou, le cas échéant, à l'agent public bénéficiaire de la décision contestée :
• lieu d'affectation du fonctionnaire à la date de la décision attaquée,
• lieu de la nouvelle affectation,
• lieu de la dernière affectation,
• lieu du siège de l'auteur de la décision attaquée ;
– de pension :
• pour les agents des collectivités territoriales : le lieu du siège de la personne publique dont l'agent intéressé relevait au moment de sa mise à la retraite,
• pour les autres agents : le lieu d'assignation du paiement de la pension et lieu de résidence du demandeur lors de l'introduction de sa réclamation ;
– de mise en jeu de la responsabilité d'une personne physique ou morale :
• tribunal administratif qui est, ou aurait été, compétent pour connaître de la légalité de la décision à l'origine du dommage invoqué,
• lieu du fait générateur du dommage,
• lieu de résidence ou siège de l'auteur ou du premier des auteurs de la demande au moment de son introduction ;
– d'organisation et de fonctionnement des collectivités publiques autre que l'État : lieu du siège de la collectivité ou de l'organisme objet de la décision attaquée ;
– d'emploi des salariés en situation irrégulière : lieu de constatation de l'infraction ;
– obligation de quitter le territoire sans délais : lieu du centre de rétention où se trouve le requérant lors de l'introduction de la requête.

3 Informations relatives au contexte du litige

1456 S'agissant du contexte du litige, le conseil doit demander à son client si :
– l'impartialité du tribunal a des raisons d'être mise en cause (magistrat ou un de ses parents proches, agent de greffe) ;
– l'affaire risque d'avoir un fort impact médiatique local ;
– le présent litige peut être rattaché à une autre affaire en cours d'instruction (hypothèse de la connexité).

B Inventaire des solutions et éléments de décision

1457 La compétence territoriale des tribunaux administratifs étant d'ordre public, l'identification du tribunal territorialement compétent doit être méthodiquement effectuée selon le processus ci-dessous retracé.

III
Mise en œuvre

A Schéma procédural de la question de compétence territoriale des tribunaux administratifs

1458 • Préparation de la requête en examinant la question de la compétence territoriale du tribunal devant être saisi.
• Dépôt de la requête avant l'expiration du délai contentieux.
• Régularisation de la ou des mises en demeure envoyées par le greffe de la juridiction.
• Examen de la question de la compétence territoriale lors de l'instruction par le magistrat-rapporteur.
• Validation de la compétence territoriale du tribunal saisi.
• Ordonnance de renvoi pour cause d'incompétence territoriale :
– notification de l'ordonnance aux parties ;
– possibilité pour la juridiction attributaire (et elle seule) de la contester devant le président de la

section du contentieux du Conseil d'État dans un délai de trois mois ;
– reprise de la procédure devant la juridiction de renvoi.

B Identification de la règle applicable en matière de compétence territoriale des tribunaux administratifs

1 Litiges relevant d'une exception au principe de l'article R. 312-1 du Code de justice administrative : application de l'exception

1459 Fort des informations recueillies auprès de son client, le conseil peut identifier la nature du litige et contrôler si ce dernier relève d'une des exceptions au principe de l'article R. 312-1 du Code de justice administrative.

a) Litiges relatifs à la reconnaissance d'une qualité

1460 En application des dispositions de l'article R. 312-6 du Code de justice administrative, les litiges relatifs à la reconnaissance d'une qualité relèvent de la compétence du tribunal administratif dans le ressort duquel le bénéficiaire ou le candidat au bénéfice des dispositions invoquées, a sa résidence lors de l'introduction de la réclamation.

> REMARQUE **Cet article est applicable aux litiges relatifs aux qualités de combattant, d'évadé, de déporté, de résistant, ainsi qu'aux avantages attachés à l'une de ces qualités. Il est également applicable aux litiges relatifs aux rapatriés, aux diverses décorations ainsi qu'en matière d'emplois réservés.**

> ATTENTION Cet article ne s'applique pas aux aides accordées aux rapatriés, au contentieux des naturalisations ainsi qu'au contentieux relatif à une nomination critiquée comme intervenue en violation des droits d'un bénéficiaire de la législation sur les emplois réservés. Il ne s'applique pas non plus à un retrait ou à un refus de versement des conditions matérielles d'accueil prévues par les dispositions de l'article L. 744-1 du Code de l'entrée et du séjour des étrangers et du droit d'asile.

b) Litiges relatifs à l'utilisation du sol

1461 En application des dispositions de l'article R. 312-7 du Code de justice administrative, les litiges relatifs à l'utilisation du sol (droit de l'urbanisme, droit de l'environnement, droit de la domanialité publique, droit du remembrement) relèvent de la compétence du tribunal administratif dans le ressort duquel se trouvent les immeubles faisant l'objet du litige.

> REMARQUE **Cet article est donc applicable aux déclarations d'utilité publique, au domaine public, aux affectations d'immeubles, au remembrement, à l'urbanisme et à l'habitation, au permis de construire, d'aménager ou de démolir, au classement des monuments et des sites et, de manière générale, aux décisions concernant des immeubles ainsi qu'aux litiges en matière de réquisition portant sur un bien mobilier ou immobilier. Il s'applique également au contentieux du logement (les diverses aides au logement dont l'aide personnalisée au logement ainsi qu'au contentieux relatif au droit au logement opposable) ainsi qu'au contentieux des installations classées.**

c) Litiges relatifs aux décisions individuelles en matière de police

1462 En application des dispositions de l'article R. 312-8 du Code de justice administrative, les litiges relatifs aux décisions individuelles prises à l'encontre de personnes par les autorités administratives dans l'exercice de leurs pouvoirs de police, relèvent de la compétence du tribunal administratif du lieu de résidence des personnes faisant l'objet des décisions attaquées à la date desdites décisions.

> REMARQUE **Ces dispositions concernent d'abord le contentieux des étrangers, mais également celui du permis de conduire qui constituent à eux deux une part massive des requêtes de ces dernières années. Elles concernent également le contentieux de l'internement d'office et celui des refus d'agrément.**

> ATTENTION Les décrets n° 2015-169 du 14 février 2015 et n° 2020-1734 du 16 décembre 2020 ont

ajouté sept cas supplémentaires de dérogations à ce principe qui concernent des mesures relatives à la police de certains étrangers prises par le ministre de l'Intérieur et non plus le préfet, la plus importante étant l'expulsion.
Cet article ne s'applique pas non plus au contentieux de la fermeture des débits de boissons qui relève de l'article R. 312-10 du Code de justice administrative et des mesures prises à l'intérieur d'une prison à l'encontre des détenus qui relèvent de l'article R. 312-1 du même code.

d) Litiges relatifs aux élections

1463 En application des dispositions de l'article R. 312-9 du Code de justice administrative, les litiges relatifs aux élections relèvent de la compétence du tribunal administratif dans le ressort duquel se trouve le siège de l'assemblée, corps ou organisme à la composition duquel pourvoit l'élection ou la nomination contestée.

REMARQUE **Ces dispositions concernent à la fois les élections politiques relevant de la compétence de premier ressort des tribunaux administratifs (municipales et cantonales), mais également les élections professionnelles (CAP, CSE, CTP) ou celles relatives à des organismes de droit public.**

ATTENTION Le contentieux des opérations préliminaires aux élections parlementaires est, lorsqu'il ressortit à la juridiction administrative, de la compétence du tribunal administratif dans le ressort duquel se trouve le département où l'élection a lieu.

e) Litiges relatifs aux activités professionnelles

1464 En application des dispositions de l'article R. 312-10 du Code de justice administrative, les litiges relatifs aux législations régissant les activités professionnelles relèvent, lorsque la décision attaquée n'a pas un caractère réglementaire, de la compétence du tribunal administratif dans le ressort duquel se trouve soit l'établissement ou l'exploitation dont l'activité est à l'origine du litige, soit le lieu d'exercice de la profession.

REMARQUE **Ces dispositions concernent de manière très large le contentieux des activités économiques (professions libérales, activités agricoles, commerciales et industrielles, réglementation des prix et du travail, protection ou représentation des salariés ainsi que les sanctions administratives intervenues en application de ces législations). On peut y ajouter les contentieux des fermetures des débits de boissons et celui des autorisations de licenciement de salariés protégés ou des plans de sauvegarde de l'emploi.**

ATTENTION En cas de contestation d'une autorisation délivrée à un concurrent, le tribunal compétent ne sera pas celui dans le ressort duquel se trouve le siège de l'entreprise requérante, mais celui de l'entreprise bénéficiaire de l'acte attaqué.
Même si les mesures fiscales ont un impact sur l'activité économique, le contentieux de l'assiette et du recouvrement de l'impôt relève du champ des dispositions de l'article R. 312-1 du Code de justice administrative.

Cet article qui prévoit que si pour ces mêmes catégories de litiges, la décision contestée a un caractère réglementaire et ne s'applique que dans le ressort d'un seul tribunal administratif, ce tribunal administratif est compétent pour connaître du litige et que, par dérogation aux dispositions du premier alinéa, les recours contre les décisions prises par les autorités administratives en matière de composition et d'élection des institutions représentatives du personnel, sur le fondement des dispositions du Code du travail, sont portés devant le tribunal administratif dans le ressort duquel se situe le siège de l'entreprise.

f) Litiges en matière précontractuelle, contractuelle et quasi contractuelle

1465 En application des dispositions de l'article R. 312-11 du Code de justice administrative, les litiges relatifs au contentieux des contrats relèvent de la compétence du tribunal administratif dans le ressort duquel se trouve le lieu prévu pour l'exécution du contrat.

REMARQUE **Si son exécution s'étend au-delà du ressort d'un seul tribunal administratif ou si le lieu de cette exécution n'est pas désigné dans le contrat ou quasi-contrat, le tribunal administratif compétent est celui dans le ressort duquel l'autorité publique**

compétente pour signer le contrat ou la première des autorités publiques dénommées dans le contrat a son siège, sans que, dans ce cas, il y ait à tenir compte d'une approbation par l'autorité supérieure, si cette approbation est nécessaire.
En revanche, le contentieux devenu très restreint des actes détachables du contrat relève du champ des dispositions de l'article R. 312-1 du Code de justice administrative.
Enfin, il résulte des articles R. 312-1 et R. 312-11 du Code de justice administrative que le juge compétent pour statuer sur un référé précontractuel présenté sur le fondement de l'article L. 551-1 est le juge des référés du tribunal dans le ressort duquel le contrat doit être exécuté (CE, 26 juin 2015, n° 389599, *Min. Défense c/ Sté Olympe Service : JurisData* n° 2015-015672 ; *Lebon* T., p. 606).

Ces dispositions sont les seules auxquelles les parties peuvent légalement déroger à la double condition que l'intérêt public ne s'y oppose pas, et que les parties en aient convenu soit dans le contrat primitif, soit dans un avenant antérieur à la naissance du litige.

g) Litiges d'ordre individuel en matière de fonction publique

1466 En application des dispositions de l'article R. 312-12 du Code de justice administrative, les litiges d'ordre individuel, y compris ceux relatifs aux questions pécuniaires, intéressant les agents publics, relèvent du tribunal administratif dans le ressort duquel se trouve :
– le lieu d'affectation du fonctionnaire à la date de la décision attaquée quand il n'y a pas de changement d'affectation ;
– le lieu de la nouvelle affectation si la décision attaquée prononce une nomination ou entraîne un changement d'affectation ;
– le lieu de la dernière affectation si cette décision prononce une révocation, une admission à la retraite ou toute autre mesure entraînant une cessation d'activité, ou si elle concerne un agent sans affectation à la date où elle a été prise ;
– le siège de l'auteur de la décision attaquée si la décision a un caractère collectif ou si elle concerne des agents affectés ou des emplois situés dans le ressort de plusieurs tribunaux administratifs.

REMARQUE Ces dispositions concernent la situation individuelle, et non pas réglementaire, des fonctionnaires ou agents contractuels de l'État et des autres personnes ou collectivités publiques, ainsi que les agents de la Banque de France. Les décisions à caractère collectif concernent les tableaux d'avancement, les listes d'aptitude, les procès-verbaux de jurys d'examens ou de concours, les nominations, promotions ou mutations présentant entre elles un lien de connexité.

ATTENTION Ces dispositions de l'article R. 312-12 du Code de justice administrative l'emportent sur les autres dispositions du chapitre II du livre III du Code de justice administrative, notamment en matière contractuelle ou de plein contentieux.

Cet article ne s'applique pas aux litiges concernant un agent public indépendant de cette qualité (responsabilité extracontractuelle), à ceux relatifs aux personnes n'ayant pas encore ce statut (refus de nomination suite à un concours) ainsi qu'au contentieux des allocations temporaires qui relève de l'article suivant.

ATTENTION En cas de contestation d'une mesure prise en faveur d'un autre agent public que le requérant, ce sera le tribunal du lieu d'affectation de cet agent, et non pas celui du requérant qui sera territorialement compétent.

h) Litiges relatifs aux pensions

1467 En application des dispositions de l'article R. 312-13 du Code de justice administrative, les litiges relatifs aux pensions relèvent :
– **pour les agents des collectivités locales et de leurs établissements publics** : du tribunal administratif dans le ressort duquel est situé le siège de la personne publique dont l'agent intéressé relevait au moment de sa mise à la retraite ;
– **pour les agents de l'État et de ses établissements publics** : du tribunal dans le ressort duquel se trouve le lieu d'assignation du paiement de la pension ou, à défaut, soit qu'il n'y ait pas de lieu d'assignation, soit que la décision attaquée comporte refus de pension, la résidence du demandeur lors de l'introduction de sa réclamation.

REMARQUE Ces dispositions concernent également le contentieux des allocations temporaires d'invalidité (CE, 6 nov. 1998, n° 195674 : *JurisData* n° 1998-051222).

ATTENTION Ces dispositions ne concernent pas le refus de valorisation d'une pension dont le lieu d'assignation ne se trouve pas en France (cas des veuves algériennes d'anciens combattants). Dans ce cas, ce sont les dispositions de l'article R. 312-1 du Code de justice administrative qui sont applicables et donc, la compétence du tribunal administratif de Nantes en raison de la délocalisation du service des pensions des armées à La Baule.

Le contentieux des pensions militaires d'invalidité ne relève pas de la compétence matérielle des tribunaux administratifs, mais des tribunaux départementaux des pensions militaires d'invalidité.

i) Litiges relatifs à la mise en jeu de la responsabilité

1468 En application des dispositions de l'article R. 312-14 du Code de justice administrative, les actions en responsabilité fondées sur une cause autre que la méconnaissance d'un contrat ou d'un quasi-contrat et dirigées contre l'État, les autres personnes publiques ou les organismes privés gérant un service public relèvent par ordre décroissant :

- de la compétence du tribunal administratif qui est, ou aurait été, compétent pour connaître de la légalité de la décision à l'origine du dommage invoqué ;
- de la compétence du tribunal administratif dans le ressort duquel se trouve le lieu où s'est produit le fait générateur du dommage, lorsque le dommage invoqué est un dommage de travaux publics ou est imputable soit à un accident de la circulation, soit à un fait ou à un agissement administratif ;
- quand aucune de ces deux solutions n'est applicable, de la compétence du tribunal administratif dans le ressort duquel se trouvait, au moment de l'introduction de la demande, la résidence de l'auteur ou du premier des auteurs de cette demande, s'il est une personne physique, ou son siège, s'il est une personne morale.

ATTENTION Ces dispositions ne concernent pas la mise en jeu de la responsabilité contractuelle qui relève du champ de l'article R. 312-11 du Code de justice administrative ni celle en matière de fonction publique qui relève de l'article R. 312-12.
Les articles R. 312-14-1 et R. 312-14-2 ont prévu deux nouvelles dérogations.
Le premier est relatif aux actions engagées en application de l'article L. 1221-14 du Code de la santé publique contre le rejet par l'Office national d'indemnisation des accidents médicaux, des affections iatrogènes et des infections nosocomiales d'une demande d'indemnisation ou contre une offre d'indemnisation jugée insuffisante. Elles relèvent de la compétence du tribunal administratif dans le ressort duquel est situé le lieu de résidence du demandeur.
Le second concerne les décisions mentionnées au I de l'article 4 de la loi n° 2010-2 du 5 janvier 2010 relative à la reconnaissance et à l'indemnisation des victimes des essais nucléaires français. Le tribunal compétent est celui du lieu de résidence du demandeur au moment de l'introduction de la demande.

j) Litiges relatifs à l'organisation et au fonctionnement des collectivités publiques autre que l'État

1469 En application des dispositions de l'article R. 312-15 du Code de justice administrative, les litiges relatifs à l'organisation ou au fonctionnement de toute collectivité publique autre que l'État et de tout organisme public ou privé, notamment en matière de contrôle administratif ou de tutelle, relèvent de la compétence du tribunal administratif dans le ressort duquel a son siège la collectivité ou l'organisme objet des décisions attaquées.

ATTENTION Ces dispositions ne concernent ni la mise en jeu de la responsabilité contractuelle qui relève du champ de l'article R. 312-11 du Code de justice administrative ni le contentieux de la fonction publique qui relève de l'article R. 312-12.

k) Litiges relatifs à l'emploi de salariés étrangers en situation irrégulière

1470 En application des dispositions de l'article R. 312-16 du Code de justice administrative, les contestations relatives à l'application de la contribution spéciale instituée par les articles L. 8253-1 et L. 8253-7 du Code du travail et de la contribution forfaitaire instituée par l'article L. 626-1 du Code de l'entrée et du séjour des étrangers et du droit d'asile sont portées devant le tribunal administratif dans le ressort duquel l'infraction a été constatée.

l) Litiges relatifs aux montants notifiés en application de l'article L. 1613-5-1 du Code général des collectivités territoriales

1471 Il faut noter que le décret n° 2019-701 du 3 juillet 2019 a rétabli au sein du Code de justice administrative un nouvel article R. 312-17 relatif aux montants de la dotation globale de fonctionnement attribuée à une collectivité territoriale ou à un groupement de collectivités territoriales. Ces litiges relèvent de la compétence du tribunal administratif dans le ressort duquel la collectivité territoriale ou le groupement a son siège.

m) Litiges relatifs au rejet des demandes de visas d'entrée sur le territoire national

1472 Aux termes de l'article R. 312-18, alinéa 1er, du Code de justice administrative, les litiges relatifs au rejet des demandes de visas d'entrée sur le territoire national sont attribués au tribunal administratif de Nantes.

n) Litiges relatifs aux décisions du ministre chargé des naturalisations prises en application de l'article 45 du décret n° 93-1362 du 30 décembre 1993

1473 Aux termes de l'article R. 312-18, alinéa 2, du Code de justice administrative, les recours dirigés contre les décisions du ministre chargé des naturalisations prises en application de l'article 45 du décret n° 93-1362 du 30 décembre 1993 sont attribués au tribunal administratif de Nantes.

o) Autres cas prévus par ce chapitre

1474 En application de l'article R. 312-17, les litiges relatifs aux montants notifiés en application de l'article L. 1613-5-1 du Code général des collectivités territoriales à une collectivité territoriale ou à un groupement de collectivités territoriales relèvent de la compétence du tribunal administratif dans le ressort duquel la collectivité territoriale ou le groupement a son siège. Enfin, le décret n° 2018-928 du 29 octobre 2018 a ajouté un nouvel article R. 312-18-1 qui attribue au seul tribunal administratif de Paris les contestations mentionnées à l'article R. 131-8 du Code de l'action sociale et des familles, relatives à la détermination de l'autorité administrative compétente en matière d'admission à l'aide sociale.

p) Autres critères dérogatoires

1475 Les dispositions des articles R. 312-5 à R. 312-17 du Code de justice administrative ne sont pas les seules dispositions obligeant à déroger au principe posé par l'article R. 312-1 du même code. Il faut en effet ajouter les dispositions suivantes :

– en matière d'obligation de quitter le territoire sans délais (CJA, art. R. 776-16) ;
– en matière d'exécution de décision de justice (CJA, art. L. 911-4) ;
– l'intégralité de l'emprise de l'aérodrome de Paris-Orly relève du tribunal administratif de Melun et celui de Paris-Charles-de-Gaulle, du tribunal administratif de Montreuil (CJA, art. R. 221-3).

2 Litiges ne relevant pas d'une exception au principe de l'article R. 312-1 du Code de justice administrative : application du principe

1476 Le principe est posé par les dispositions de l'article R. 312-1 du Code de justice administrative qui prévoient qu'est compétent le tribunal dans le ressort duquel a légalement son siège l'autorité qui, soit en vertu de son pouvoir propre, soit par délégation, a pris la décision attaquée ou a signé le contrat litigieux.
Par ailleurs, la saisine d'une autorité administrative préalablement au recours contentieux n'a pas pour effet de modifier la compétence territoriale (CJA, art. R. 312-1).

ATTENTION Cet article n'est invocable que si aucune des dérogations prévues par les articles R. 312-6 à R. 312-17 du Code de justice administrative ne trouve application.

REMARQUE **Cet article est essentiellement applicable au contentieux fiscal aussi bien pour le contentieux de l'assiette (lieu d'imposition de l'impôt contesté) que pour celui du recouvrement (siège de l'auteur de la poursuite). Il est également applicable au contentieux des naturalisations, à celui devenu très restreint des actes détachables des contrats, au contentieux des usagers du service public de l'éducation nationale (bourse, mesures disciplinaires, diplômes), au contentieux des mesures de police administrative individuelle quand le requérant n'a pas de domicile en France. De manière générale, cet article est enfin applicable quand le contentieux relève d'une des dispositions dérogatoires des**

articles R. 312-6 à R. 312-19 du Code de justice administrative, mais que le critère factuel de rattachement (domicile) à un tribunal manque en fait.

Le décret n° 2010-164 du 22 février 2010 relatif aux compétences et au fonctionnement des juridictions administratives a complété les dispositions de l'article R. 312-1 du Code de justice administrative en prévoyant que, désormais, les actes dont le champ d'application dépasse un seul tribunal administratif seront attribués à celui dont relève l'autorité première dénommée dans l'acte administratif.

3 Litiges ne relevant ni du principe de l'article R. 312-1 du Code de justice administrative ni d'une exception : compétence du tribunal administratif de Paris

1477 Les dispositions de l'article R. 312-19 du Code de justice administrative attribuent au tribunal administratif de Paris les litiges qui ne relèvent de la compétence territoriale d'aucun tribunal administratif, en application des articles R. 312-1 et R. 312-6 à R. 312-18 du même code.
Dès lors que le conseil a déterminé la règle de compétence applicable, il peut identifier le tribunal qui sera géographiquement compétent.

C Identification géographique du tribunal administratif territorialement compétent

1478 Ce sont les dispositions de l'article R. 221-3 du Code de justice administrative, dans sa dernière rédaction issue du décret n° 2015-1444 du 6 novembre 2015, qui fixent le ressort territorial actuel des tribunaux administratifs comme suit :
- Amiens : Aisne, Oise, Somme ;
- Bastia : Corse-du-Sud, Haute-Corse ;
- Besançon : Doubs, Jura, Haute-Saône, Territoire de Belfort ;
- Bordeaux : Dordogne, Gironde, Lot-et-Garonne ;
- Caen : Calvados, Manche, Orne ;
- Cergy-Pontoise : Val-d'Oise Hauts-de-Seine (à compter du 1er janvier 2010) ;
- Châlons-en-Champagne : Ardennes, Aube, Marne, Haute-Marne ;
- Clermont-Ferrand : Allier, Cantal, Haute-Loire, Puy-de-Dôme ;
- Dijon : Côte D'Or, Nièvre, Saône-et-Loire, Yonne ;
- Grenoble : Drôme, Isère, Savoie, Haute-Savoie ;
- Lille : Nord-Pas-de-Calais ;
- Limoges : Corrèze, Creuse, Indre, Haute-Vienne ;
- Lyon : Ain, Ardèche, Loire, Rhône ;
- Marseille : Alpes-de-Haute-Provence, Hautes-Alpes, Bouches-du-Rhône ;
- Melun : Seine-et-Marne, Val-de-Marne ;
- Montpellier : Aude, Hérault, Pyrénées-Orientales ;
- Montreuil : Seine-Saint-Denis ;
- Nancy : Meurthe-et-Moselle, Meuse, Vosges ;
- Nantes : Loire-Atlantique, Maine-et-Loire, Mayenne, Sarthe, Vendée ;
- Nice : Alpes-Maritimes ;
- Nîmes : Gard, Lozère, Vaucluse ;
- Orléans : Cher, Eure-et-Loir, Indre-et-Loire, Loir-et-Cher, Loiret ;
- Paris : ville de Paris ;
- Pau : Gers, Landes, Pyrénées-Atlantiques, Hautes-Pyrénées ;
- Poitiers : Charente, Charente-Maritime, Deux-Sèvres, Vienne ;
- Rennes : Côtes-d'Armor, Finistère, Ille-et-Vilaine, Morbihan ;
- Rouen : Eure, Seine-Maritime ;
- Strasbourg : Moselle, Bas-Rhin, Haut-Rhin ;
- Toulon : Var ;
- Toulouse : Ariège, Aveyron, Haute-Garonne, Lot, Tarn, Tarn-et-Garonne ;
- Versailles : Essonne, Yvelines et Hauts-de-Seine jusqu'au 31 décembre 2009 ;
- Basse-Terre : Guadeloupe ;
- Cayenne : Guyane ;
- Fort-de-France : Martinique ;
- Mamoudzou : Mayotte ;
- Mata-Utu : îles Wallis et Futuna ;
- Nouméa : Nouvelle-Calédonie ;
- Papeete : Polynésie française, Clipperton ;
- Saint-Denis : Réunion, Terres australes et antarctiques françaises ;
- Saint-Barthélemy : Saint-Barthélemy ;
- Saint-Martin : Saint-Martin ;
- Saint-Pierre : Saint-Pierre-et-Miquelon ;
- Schœlcher : Martinique.

ATTENTION Le dernier alinéa de l'article R. 221-3 du Code de justice administrative prévoit que l'intégralité de l'emprise de l'aérodrome de Paris-Orly relève du tribunal administratif de Melun et celui de Paris-Charles-de-Gaulle, du tribunal administratif de Montreuil.

Le conseil peut désormais saisir le tribunal administratif qu'il aura géographiquement identifié. Toutefois, cette saisine pourra être remise en cause par le tribunal administratif saisi, ou par le conseil lui-même, ou enfin, par le défendeur notamment en cas de doute sur l'impartialité de la juridiction.

D Éventuelle remise en cause de la compétence territoriale du tribunal administratif saisi

1 Remise en cause en cas d'erreur sur la compétence du tribunal administratif saisi

1479 Il convient de consacrer un important développement relatif à la procédure de répartition des compétences prévue par le Code de justice administrative suite à la saisine d'un tribunal territorialement incompétent.

ATTENTION Même si un tribunal est territorialement incompétent, son président peut rejeter une requête entachée d'une irrecevabilité manifeste insusceptible d'être couverte en cours d'instance ou pour constater qu'il n'y a pas lieu de statuer sur tout ou partie des conclusions (CJA, art. R. 351-4).

a) Procédure de droit commun

1480 Depuis la réforme introduite par le décret n° 2002-547 du 19 avril 2002, les tribunaux administratifs sont désormais compétents pour renvoyer eux-mêmes une requête qu'ils estiment ne pas relever de leur compétence territoriale.
Les dispositions de l'article R. 351-3 du Code de justice administrative prévoient, en effet, que lorsqu'un tribunal administratif est saisi de conclusions qu'il estime relever de la compétence d'une juridiction administrative autre que le Conseil d'État, son président, ou le magistrat qu'il délègue, transmet sans délai le dossier à la juridiction qu'il estime compétente.
Ces dispositions sont donc applicables en cas d'incompétence territoriale.
Le tribunal administratif destinataire peut contester cette attribution. Toutefois, les dispositions de l'article R. 351-6 du Code de justice administrative encadrent fortement cette procédure :
– elle doit être engagée avant l'expiration d'un délai de trois mois suivant la réception de l'ordonnance de renvoi ;
– le dossier doit être transmis, non pas au tribunal expéditeur, mais au président de la section du contentieux du Conseil d'État qui retrouve sa compétence en ce domaine ;
– le président de la section du contentieux règle la question de compétence et attribue le jugement de tout ou partie de l'affaire à la juridiction qu'il déclare compétente.

ATTENTION Si le tribunal attributaire peut contester le transfert de compétence, les parties ne peuvent en aucun cas le faire.

b) Procédure dérogatoire

1481 Les dispositions de l'article R. 351-3, dernier alinéa, du Code de justice administrative prévoient toutefois le maintien de l'ancienne procédure « en cas de difficultés particulières ». Dans ce cas de figure, le président de la juridiction qui a un doute sur la juridiction compétente, a la faculté, pour éviter un renvoi non fondé, de transmettre le dossier au président de la section du contentieux du Conseil d'État. Ce sera donc à ce dernier de régler la question de compétence et d'attribuer le jugement de tout ou partie de l'affaire à la juridiction qu'il déclare compétente.
Enfin, le décret du 2 novembre 2016 a ajouté à cet article la disposition suivante : si le dossier relève d'une série au sens du 6° de l'article R. 222-1 et que le président de la section du contentieux du Conseil d'État a précédemment attribué à une juridiction un dossier d'une affaire relevant de la même série, le président de la cour administrative d'appel ou du tribunal administratif, ou le magistrat qu'il délègue, transmet le dossier à cette juridiction.

ATTENTION Cette procédure de renvoi devant le président de la section du contentieux est une compétence de la seule juridiction et non pas des parties. Elle est rarement utilisée et vise essentiellement des cas où la jurisprudence n'est pas encore fixée.

2 Remise en cause en l'absence d'erreur sur la compétence du tribunal administratif saisi

a) Procédure de délocalisation d'un dossier

1482 Ce sont encore les dispositions du décret n° 2002-547 du 19 avril 2002 qui ont mis sur place une procédure de délocalisation d'un dossier quand des considérations de bonne administration de la justice l'imposent. Dans ce cas de figure, le président de la section du contentieux du Conseil d'État, de sa propre initiative ou sur la demande d'un président de tribunal administratif, attribue, par une ordonnance motivée qui n'est pas susceptible de recours, le jugement d'une ou plusieurs affaires à la juridiction qu'il désigne (CJA, art. R. 351-8).

ATTENTION Ces dispositions permettent ainsi de déroger à la compétence territoriale d'un tribunal au profit de considérations de bonne administration de la justice pouvant être liées à l'impartialité d'un ou de plusieurs juges ou à un impact médiatique local.

En application des dispositions de l'article R. 312-5 du Code de justice administrative, le dossier est délocalisé, nonobstant la compétence territoriale de la juridiction, quand un des membres du tribunal est en cause ou s'il existe une autre raison objective de mettre en cause l'impartialité du tribunal.

REMARQUE **Cet article est applicable quand un magistrat est en cause, mais également un parent proche du magistrat (parents, conjoint, enfants, fratrie) ou un agent de greffe.**

b) Demande de suspicion légitime

1483 La demande de suspicion légitime doit être jugée par la juridiction immédiatement supérieure.

c) Règlement de connexité

1484 La connexité, qui est prévue par les dispositions du titre IV du livre III du Code de justice administrative, peut avoir des conséquences sur la compétence territoriale des tribunaux administratifs. Elle peut entraîner le regroupement de dossiers répartis entre plusieurs tribunaux au profit d'un seul. Dans le cas de connexité entre un tribunal et une juridiction supérieure (Cour ou Conseil d'État), la connexité se fait toujours au profit de cette dernière.

CHECK-LIST **• Préparation du dossier de la requête avec le client en examinant la question de la compétence territoriale du tribunal administratif devant être saisi.**
• Rassemblement des pièces indispensables (décision attaquée, pouvoir, pièces justificatives) pour en justifier.
• Nécessité d'introduire la requête auprès du tribunal administratif territorialement compétent avant l'expiration du délai de recours contentieux.

POUR ALLER PLUS LOIN...

Fascicule JurisClasseur
• *JCl. Administratif*, fasc. 1076, *Compétence des tribunaux administratifs*, par A. Béal.

Fascicule de synthèse
• *JCl. Justice administrative*, Synthèse 20, *Compétences des juridictions administratives*, par D. Truchet.

Ouvrage et code
• D. Chabanol, *La pratique du contentieux administratif*, LexisNexis, 13e éd., 2020.
• C. Huglo et C. Lepage, *Code de justice administrative*, LexisNexis, 12e éd., 2022.

Fiche 62

Contester une décision de police administrative

Antoine BÉAL

Sommaire

I
Aperçu rapide

A Caractéristiques générales

1485 Les décisions de police administrative présentent la caractéristique commune de ne pouvoir être édictées que dans le seul but de faire respecter l'ordre public. Elles ont en principe un but préventif, les décisions et activités menées à ce titre devant éviter les troubles à l'ordre public avant qu'ils ne se concrétisent. Toutefois, relèvent également de la police administrative les décisions et actes ayant pour but de mettre fin à un trouble existant, tant du moins que cette action n'est pas menée dans un but de police judiciaire (CPP, art. 14).

EXEMPLE Il est nécessaire de distinguer l'activité juridique de police des activités matérielles de police visant à maintenir l'ordre public mais ne prenant pas la forme de décisions *stricto sensu*. En effet, les activités matérielles donnent davantage lieu à des actions en responsabilité contre l'administration et, par conséquent, ne seront pas traitées dans la présente fiche.

Les décisions de police administrative sont les plus diverses puisqu'on peut opérer entre elles les distinctions suivantes, qui peuvent avoir un impact direct sur leur régime contentieux :
- distinction selon l'auteur de la décision : Premier ministre (CE, 4 juin 1975, n° 92161, *Bouvet de la Maisonneuve et Millet*), ministre, préfet, maire, président du conseil départemental ;
- distinction selon le mode d'exercice : l'acte réglementaire est fréquemment employé mais des mesures de police individuelles sont, tant sur le fondement de législations spécifiques (Code de l'urbanisme, Code de la santé publique, Code de l'entrée et du séjour des étrangers et du droit d'asile) qu'au titre de la police administrative générale (CGCT, art. L. 2131-2, 2°. - CE, 27 juill. 1990, n° 85741 : *JurisData* n° 1990-044481. - CE, 7 juill. 1997, n° 156456 : *JurisData* n° 1997-050972) ;
- distinction selon les composantes de l'ordre public que la mesure tend à protéger, qui conduit à distinguer la police administrative générale des polices administratives spéciales, qui sont exercées selon des règles et dans un but spécifiques (par ex. : lutte contre l'habitat insalubre, contrôle de la création et de l'exploitation des installations classées pour la protection de l'environnement, police du cinéma, *etc.*) ;
- distinction entre l'activité juridique de police et les activités matérielles de police visant à maintenir l'ordre public mais ne prenant pas la forme de décisions *stricto sensu* (par ex. : l'envoi de personnels de police pour barrer une rue, faire respecter une interdiction édictée par des mesures préventives, contenir une manifestation...).

B Conditions d'utilisation

1486 Les mesures de police peuvent, *a priori*, toutes en principe faire l'objet d'un recours en annulation.

Il s'agit le plus fréquemment d'un recours pour excès de pouvoir tendant à leur annulation totale ou, plus rarement, à une annulation partielle si la mesure de police est en réalité composite et comporte des dispositions qui sont divisibles les unes des autres.

Toutefois, il convient de souligner que le recours en annulation dirigé contre certaines mesures de police relève du contentieux de pleine juridiction impliquant des règles de procédure particulières, et notamment l'octroi d'un pouvoir de réformation au juge ainsi qu'un ministère d'avocat parfois obligatoire.

EXEMPLE Tel est le cas notamment en matière de police des installations classées (C. envir., art. L. 514-6. - CE, 6 juin 1975, n° 95292, *Froment*), de contentieux des immeubles insalubres (CE, 16 avr. 1975, *Boisson* : *Lebon*, p. 233. - CE, 13 mai 1966, n° 64379, *Vandaele*), de mesures de police prises sur le fondement de la loi sur l'eau (CE, 31 mars 2004, n° 250378 : *JurisData* n° 2004-066714) et plus récemment, en matière d'autorisation environnementale (C. envir., art. L. 181-17). Il en allait de même s'agissant du contentieux des arrêtés visant des immeubles menaçant ruine lorsque ceux-ci étaient transmis au tribunal administratif en application des dispositions des articles L. 511-2 et R. 511-1 du Code de la construction et de l'habitation (V., *a contrario*, CE, 27 avr. 2007, n° 274992 : *JurisData* n° 2007-071791).

Les mesures de police peuvent également donner lieu :
- à un référé-suspension (CJA, art. L. 521-1) ;
- à un référé-liberté lorsqu'il est porté atteinte à une liberté fondamentale (CJA, art. L. 521-2) ;
- à un « déféré-liberté individuelle » de la part du préfet (CJA, art. L. 554-3) ainsi qu'à des régimes spéciaux de déféré ouverts en matière d'urbanisme et d'environnement (CJA, art. L. 554-3 et L. 554-10 à L. 554-12).

Les mesures de police peuvent également donner lieu à un recours de pleine juridiction visant à engager la responsabilité de l'administration à raison, soit de son action, soit de son inaction en matière de police.

C Avis du professionnel

1487 Le pouvoir de police constitue un élément d'action sur le réel très puissant. La conception relativement large de l'ordre public retenue par le juge, ainsi que la multiplicité des textes donnant compétence à l'administration en la matière, offrent en effet un champ d'action étendu aux autorités compétentes en la matière, susceptible tout à la fois de leur permettre de contrôler nombre d'activités et de fournir des réponses à de nombreux problèmes auxquels elles sont confrontées.

Les contreparties de la puissance de cet outil sont :
- l'obligation, en principe, d'utiliser chaque pouvoir de police dans le but pour lequel il a été institué, et non pour un but incombant à un autre régime de police, voire pour un objectif autre que le maintien de l'ordre public ;
- le degré de contrôle du juge sur les mesures de police qui est, sauf rares exceptions, un contrôle « normal » de nécessité de la mesure et qui constitue l'une des seules particularités du contentieux des mesures de police administrative.

EXEMPLE **Le requérant, comme le défendeur à l'instance ouverte contre une mesure de police, devront donc en permanence conserver à l'esprit les deux questions centrales autour desquelles se focalisera vraisemblablement le débat contentieux :**
- la décision a-t-elle été adoptée pour l'un des buts en vue desquels le pouvoir de décision donné à l'autorité de police a été institué ?
- la décision est-elle nécessaire et adaptée au vu du trouble à l'ordre public invoqué ?

EXEMPLE **Sur ce dernier point, force est de constater que les requérants contestant une mesure de police, comme les administrations défenderesses attraites devant le juge administratif, argumentent souvent de manière peu convaincante sur la question de la justification ou de l'absence de justification de la mesure.**

Le juge de la mesure de police est un juge du fait autant que du droit et sera attentif à tout l'environnement de la décision, puisque celui-ci est susceptible de caractériser une erreur commise par l'administration dans l'appréciation de l'intérêt respectif de l'ordre public et des libertés auxquelles porte atteinte la décision de police, erreur qui peut se manifester par :
- une atteinte à une liberté individuelle ou un préjudice économique disproportionné par rapport aux enjeux d'ordre public, constitutif d'une atteinte à la liberté du commerce et de l'industrie créée par le refus d'autoriser une activité ou par une réglementation contraignante ;
- des menaces concrètes à la sécurité posées par l'absence de réglementation ou par une décision trop « laxiste » ;
- ou, au contraire, absence de toute menace privant la mesure de sa justification, *etc.*

D Textes

1 En matière de police administrative générale

- CGCT, art. L. 2122-24, L. 2122-27 à L. 2122-34 (attributions du maire).
- CGCT, art. L. 2212-1 à L. 2213-31 (définition des pouvoirs de police).
- CGCT, art. L. 2215-1 à L. 2215-8 (pouvoirs de police générale du préfet).
- CGCT, art. L. 2216-1 à L. 2216-3 (régime de responsabilité).

2 En matière de polices spéciales (liste non exhaustive)

Code de la construction et de l'habitation :
- CCH, art. L. 122-1 (sécurité des immeubles de grande hauteur).
- CCH, art. L. 123-3 (travaux de sécurité sur les établissements recevant du public).
- CCH, art. L. 132-1 (ravalement).
- CCH, art. L. 511-1 (police des immeubles menaçant ruine).
- CCH, art. R. 123-52 (fermeture des ERP).

Code de la santé publique :
- CSP, art. L. 1311-2 (compétence générale en matière de police sanitaire).
- CSP, art. L. 1331-1 à L. 1331-31 (salubrité, assainissement).
- CSP, art. L. 3114-1 (lutte contre les épidémies).
- CSP, art. L. 3213-2 (hospitalisation d'office).

Code de l'environnement :
- C. envir., art. L. 511-1 à L. 517-2 (installations classées pour la protection de l'environnement).
- C. envir., art. L. 541-3 (travaux d'évacuation de polluants).
- C. envir., art. L. 181-17 (autorisation environnementale)
- C. envir., art. L. 581-4 (police des affiches et enseignes).

Code du patrimoine :
- C. patr., art. L. 642-2 (régime des aires de mise en valeur de l'architecture et du patrimoine).

Code de la route :
- C. route, art. L. 411-1 à L. 417-1 (police de la circulation et du stationnement).

• C. route, art. L. 221-1 à L. 225-9 (permis de conduire).
Code rural et de la pêche maritime :
• C. rur., art. L. 161-5 (chemins ruraux).
• C. rur., art. L. 211-7 (ruches).
• C. rur., art. L. 211-11 à L. 211-28 (animaux errants et dangereux).
Code de l'urbanisme :
• C. urb., art. L. 422-1 (autorisations de construire).
• C. urb., art. L. 480-1 (interruption de travaux).
Code de la défense :
• C. défense, art. L. 2331-1 à L. 2338-3 (armes et matériels de guerre).
Code de l'entrée et du séjour des étrangers et du droit d'asile :
• CESEDA, art. L. 611-1 (refus de séjour, obligation de quitter le territoire, interdiction de retour sur le territoire).
• CESEDA, art. L. 631-1 (expulsion).

E Schéma procédural

1488 • Édiction d'une mesure de police par l'autorité compétente (ou refus explicite ou implicite d'édicter une mesure de police sur demande de l'intéressé).
• Formation éventuelle, parfois obligatoire sous forme de RAPO, d'un recours administratif, hiérarchique ou d'une demande de déféré provoqué :
– dans un délai de deux mois à compter de la notification pour les mesures individuelles ;
– dans un délai de deux mois à compter de la publication pour les autres décisions.
• Recours contentieux devant le tribunal administratif dans les deux mois suivant la notification ou la publication de la décision ou dans les deux mois suivant le rejet explicite ou implicite du recours gracieux/hiérarchique.
• Formation éventuelle d'un référé-suspension ou d'un référé-liberté en corollaire de la requête en annulation.

II Préparation

A Information du client

1489 De manière générale, on veillera :
– à indiquer à l'intéressé que la mesure de police est exécutoire – sauf cas particulier et rare où le texte prévoit que le recours est suspensif (par ex. en matière d'obligation de quitter le territoire français pour un étranger) – et qu'il doit donc, dans l'attente du jugement, prendre toute mesure impliquée par l'exécution de cette décision :
• se conformer au dispositif de la décision,
• geler les éventuelles décisions, travaux ou investissements qu'il s'apprêtait à prendre si la mesure fait obstacle à leur réalisation, *etc.* ;
– à reconstituer avec l'intéressé toute la procédure suivie à partir des pièces du dossier, ceci afin de déterminer précisément, soit ce qu'il a demandé à l'administration (autorisation ou déclaration pour telle ou telle activité qu'il souhaite exercer, souhait d'une réglementation ou d'une mesure individuelle à l'encontre d'une activité qui lui nuit...), soit la teneur précise et les motifs de la décision qui a été prise à son encontre si la mesure a été prise *proprio motu* par l'administration. Ce travail est fondamental :
• afin d'informer le client sur les droits qu'il a acquis ou conserve en dépit de la décision qu'il conteste. En effet, la relativité du principe d'indépendance des législations peut, sur ce point, induire l'intéressé en erreur (par ex., V. C. urb., art. L. 425-1 et s.),
• afin d'identifier les éventuels vices de procédure (défaut de procédure contradictoire, de consultation de telle ou telle instance) et erreurs de droit qui auraient pu être commis par l'administration, notamment en ce qui concerne les règles de compétence liées à la nature du pouvoir de police (police générale, police spéciale menée par le maire au nom de l'État, police spéciale attribuée à une autorité d'État), les règles de concours entre différents pouvoirs de police ou les erreurs de droit entachant les motifs de l'arrêté (notamment motifs tirés d'une législation indépendante, motifs étrangers au maintien de l'ordre public dont la protection est confiée à l'autorité en cause).

B Contrôles préalables

1 Délais pour agir

a) Instance au fond

1490 En principe, le délai franc de deux mois prévu à l'article R. 421-1 du Code de justice administrative s'applique aux recours contestant les mesures de police.

EXEMPLE S'agissant des conditions de naissance des décisions implicites de rejet et du point de départ ainsi que de l'opposabilité des délais courant contre elles, se reporter aux articles 18 à 25 de la loi n° 2000-321 du 12 avril 2000 (L. n° 2000-321, 12 avr. 2000, art. 18 à 25) modifiés par la loi n° 2013-1005 du 12 novembre 2013, loi désormais codifiée au Code des relations entre le public et l'administration aux articles L. 231-1 et suivants.

Étant donnée la grande variété des régimes de police administrative, il importe toutefois de prêter une grande attention aux dispositions instituant le pouvoir qui est en cause en l'espèce, lesquelles prévoient quelquefois des délais spécifiques.
Sur cette question de délais, V. *JCl. Administratif*, fasc. 1084 qui lui est intégralement consacré.
On citera, par exemple :
– le délai d'exécution prescrit par la mise en demeure de libérer les lieux pour les requêtes dirigées contre les décisions prises en application du II bis de l'article 9 de la loi n° 2000-614 du 5 juillet 2000, relative à l'accueil et à l'habitat des gens du voyage (CJA, art. R. 779-2) ;
– le délai de trente jours pour les recours contre les décisions portant refus de titre et obligation de quitter le territoire français assorti d'un délai de départ volontaire (CESEDA, art. L. 614-4) ;
– le délai de quinze jours pour les recours contre les décisions portant obligation de quitter le territoire français assorti d'un délai de départ volontaire (CESEDA, art. L. 614-5) ;
– le délai de quarante-huit heures pour les recours à l'encontre des arrêtés d'OQTF sans délais (CESEDA, art. L. 614-6) ;
– les textes sur les OQTF vont être modifiés avec l'entrée en vigueur de la loi 2024-42 du 26 janvier 2024 dite loi immigration ;
– le délai de quatre mois pour les tiers, personnes physiques ou morales, les communes intéressées ou leurs groupements contestant une autorisation d'exploitation des installations classés ou une mesure de police de l'eau, en raison des inconvénients ou des dangers que présente le fonctionnement de l'installation ou six mois après la mise en service de l'installation si celle-ci n'est pas intervenue dans un délai de six mois à compter de l'affichage ou de la publication de la décision (C. envir., art. R. 514-3-1), sauf en ce qui concerne les éoliennes (C. envir., art. L. 553-4).
Il est fréquent, en cas de délai spécial institué par les dispositions applicables au pouvoir de police en cause, que le recours administratif ou hiérarchique n'interrompe pas le délai de recours (V. pour les OQTF, CJA, art. R. 776-5).

b) Instance en référé

1491 Le référé-suspension n'est contraint par aucun délai et peut être présenté à tout moment dès lors que la décision a été contestée au fond dans le délai et n'est pas devenue définitive et continue à produire des effets.

EXEMPLE Il convient toutefois de ne pas tarder excessivement à présenter le référé-suspension car le retard injustifié mis à présenter une telle requête peut être un des éléments conduisant le juge à estimer qu'il n'y a pas urgence à suspendre la décision.

ATTENTION Les dispositions de la loi du 23 novembre 2018 dite loi ELAN ont ajouté au Code de l'urbanisme un nouvel article L. 600-3 qui assortit d'un délai le référé-suspension présenté contre une décision de non-opposition à déclaration préalable ou contre un permis de construire, d'aménager ou de démolir. En effet, il prévoit qu'un recours contre ces décisions « ne peut être assorti d'une requête en référé-suspension que jusqu'à l'expiration du délai fixé pour la cristallisation des moyens soulevés devant le juge saisi en premier ressort ».

Le référé-liberté est encore moins contraint en termes de délai, puisqu'il n'a pas à être assorti d'une requête au fond. Toutefois, les conditions posées par le texte pour que le juge fasse droit à la requête (urgence, atteinte grave et manifestement illégale à une liberté fondamentale) impliquent, pour que le requérant ait une chance d'obtenir ce qu'il demande, une extrême urgence, sans quoi il lui sera difficile d'invoquer une atteinte grave à l'une de ses libertés. En effet, le juge exige qu'il justifie de « circonstances particulières caractérisant la nécessité pour lui de bénéficier à très bref délai » de la mesure demandée (CE, 28 mars 2008, n° 314368 : *JurisData* n° 2008-073369).
Le référé-déféré spécial ouvert au préfet permet la suspension automatique pendant un mois si la requête est enregistrée sous dix jours (CJA, art. L. 554-2).

2 Autres contrôles préalables

1492 Avant d'engager le contentieux, un « balayage » de l'ensemble de la procédure précontentieuse est nécessaire afin de tirer de son déroulement tous

les éléments nécessaires à nourrir la requête afin d'assurer la réussite du contentieux :
– législation applicable et type de mesure sollicitée, obtenue ou imposée, en raison de l'impact de cette donnée sur :
• le délai de recours,
• la possibilité de suspendre ou non le délai de recours par un recours administratif,
• la nature du contentieux (recours pour excès de pouvoir ou recours de plein contentieux) et, par voie de conséquence, la nature des conclusions qui peuvent être présentées,
• le degré de contrôle du juge (en cas de contrôle dissymétrique selon que la décision est positive ou négative comme en matière de permis de construire) ;
– procédure suivie par le requérant et l'administration afin de vérifier les éventuels vices de procédure commis par l'un ou l'autre et leur potentiel impact sur le dossier ;
– présence au dossier des éléments de fait de nature à justifier ou à invalider la mesure ;
– vérifier qu'il n'existe pas une procédure de recours administratif préalable obligatoire (RAPO) ;
– vérifier les éventuelles connexions avec une procédure devant le juge afin d'en tirer des éléments et d'accomplir toute diligence utile.

EXEMPLE **S'agissant de ce dernier point, force est de constater que les mesures de police, soit parce qu'elles s'approchent parfois matériellement de sanctions, soit parce que leur méconnaissance est pénalement répréhensible (C. pén., art. R. 610-5), soit parce qu'elles ont trait à des comportements et activités susceptibles de déboucher sur des actions civiles ou pénales, peuvent fréquemment avoir des liens avec des instances ouvertes devant le juge judiciaire.**

Il convient donc toujours que le conseil du requérant garde à l'esprit les développements qui, s'opérant sur ce terrain, peuvent intéresser l'instance devant le juge administratif et, au besoin, prenne toute mesure utile (plainte pénale ou action civile contre le tiers « bénéficiant » d'une mesure de police trop favorable ou d'une abstention d'action de l'administration, ou simple « rapatriement » des données de l'instance devant le juge judiciaire, notamment lorsque la réalité des faits a fait l'objet d'une décision passée en force de chose jugée devant le juge pénal).

Avant d'engager toute procédure contentieuse, il convient d'envisager avec la personne concernée les solutions alternatives éventuelles au contentieux :
– le cas échéant, rapprochement avec l'administration afin de vérifier si une mesure convenant au client et à l'autorité de police est possible moyennant un effort des parties – tout au moins lorsque l'autorité compétente ne se situe pas en compétence liée, cas qui est somme toute assez rare. En effet :
• d'une part, bien des mesures de police peuvent être amendées afin de permettre une meilleure conciliation entre ordre public et exercice des libertés : variations du champ d'application géographique de la mesure, mode d'action sur l'activité en cause (interdiction totale, réglementation la soumettant à conditions : horaires, catégories d'usagers, *etc.*), variations du champ d'application temporel de la mesure, exceptions ou dérogations,
• d'autre part, dans le cas d'une mesure intervenue sur demande de l'intéressé et dans le cadre d'une procédure formalisée, l'autorité de police revient parfois sur son refus initial moyennant une modeste modification du projet objet de la demande. Là encore, une proposition peut parfois permettre l'obtention d'une décision favorable bien plus avantageuse qu'un long contentieux ;
– le cas échéant, lorsque la mesure est intervenue sur demande du client, dans le cadre d'une procédure formalisée au cours de laquelle celui-ci a déposé une demande (ex. : demande de titre de séjour, d'autorisation d'ouverture d'une installation classée, de permis de construire, *etc.*), il convient de s'assurer que le client a scrupuleusement suivi la procédure en cause et déposé un dossier complet ne laissant aucun doute sur le bien-fondé de sa demande. S'il s'avère que le dossier était *ab initio* incomplet ou défaillant, il est parfois préférable de déposer une nouvelle demande afin d'éviter toute mauvaise surprise au contentieux, et ainsi perdre pas mal de temps en engageant une procédure inutile.

EXEMPLE **Dans ce cas, un échange avec l'autorité compétente peut s'avérer fructueux et éviter un contentieux. Au besoin, on proposera tel ou tel engagement de la personne visée afin de rassurer l'autorité de police (travaux de nature à réduire des nuisances, modification des horaires d'une activité, *etc.*).**

EXEMPLE **Une substitution de motif peut être demandée par l'administration dans un mémoire en défense en vue de remplacer un motif illégal par un motif légal mais non retenu lors de**

la prise de décision initiale. Toutefois, cette substitution de motif est encadrée par des règles procédurales assez sévères afin de protéger le requérant (CE, 20 avr. 2005, n° 261219, *Hallal* : *JurisData* n° 2005-068345).

Une annulation pour un motif de légalité externe peut ne pas avoir l'effet escompté car dans ce cas de figure, le juge de l'injonction ne prononcera qu'une injonction de réexamen et non pas une injonction de délivrance de l'autorisation sollicitée. Ce nouvel examen peut de manière parfaitement légale déboucher sur un nouveau refus, refus pris en tirant les conséquences de l'illégalité relevée par le juge de l'excès de pouvoir. Le juge de l'injonction qui statue comme juge de plein contentieux n'enjoint en effet à l'administration de prendre la mesure demandée que si les conditions de fond en sont remplies (CE, avis, 30 nov. 1998, n° 188350 : *JurisData* n° 1998-051211). Il faut donc privilégier les moyens de légalité interne pouvant déboucher sur l'octroi de l'autorisation sollicitée.

III Procédure

A Pièces nécessaires

1493 À ce stade, si la décision d'engager un contentieux est arrêtée, il conviendra :

– de présenter à l'intéressé une analyse de la possibilité d'obtenir du juge des référés la suspension provisoire de la décision et de recueillir en conséquence tous les éléments et pièces susceptibles d'établir l'urgence à suspendre la décision, soit par :

• pièces comptables justifiant un préjudice financier,

• actes juridiques et documents prouvant la réalité de démarches ou engagements pris par le client pour l'élaboration de son projet,

• éléments statistiques révélant l'accroissement d'un phénomène justifiant la suspension du refus d'édicter une mesure de police, *etc.*,

• toutes les pièces ayant fondé la demande de l'intéressé ainsi que toutes les pièces justifiant, plus largement, du projet dans lequel cette demande s'insère et des conséquences de la décision édictée par l'administration ;

– de préparer ou d'accomplir les démarches éventuellement nécessaires pour compléter le dossier : demande de communication de pièces à l'administration (prévoir le recours à la commission d'accès aux documents administratifs en cas de difficulté), recueil de témoignages utiles, au besoin d'expertises diverses, et d'informer le client sur les éventuels contraintes, délais et coûts liés à ces actes ;

– de recommander aux parties, bien que l'exercice soit rendu difficile par le court délai qui sépare souvent la mesure de l'introduction de l'instance, de collecter et conserver toutes les preuves de nature à justifier l'existence ou l'absence de trouble ou de menace pour l'ordre public et, partant, la justification ou l'absence de justification de la mesure de police : plaintes de riverains, copies de mains courantes, pétitions, comptes-rendus d'intervention de la police, comptes-rendus de réunions, relevés acoustiques s'agissant de bruits, statistiques d'accidents de la route pour une mesure de police de la voirie, comptage du trafic de véhicules sur une voie publique, photographies ou procès-verbaux de constatation dressés par des agents de police assermentés, *etc.*

B Phase précontentieuse

1494 Comme cela a été indiqué, un recours préalable (administratif ou hiérarchique, demande de déféré provoqué au préfet) est le plus souvent possible.

– en matière de police, ce recours n'apparaît quasiment jamais obligatoire, sauf en ce qui concerne : les décisions des commissions départementales d'équipement commercial, qui doivent être déférées à la Commission nationale lorsqu'elles sont contestées par l'une des personnes visées à l'article L. 720-1 du Code de commerce (CE, 10 mars 2006, n° 278220 : *JurisData* n° 2006-069781) ;

– il faut toutefois faire état de la jurisprudence du Conseil d'État en matière de refus de permis de construire à la suite d'un avis défavorable de l'architecte des bâtiments de France (CE, avis, 30 juin 2010, n° 334747, *SARL Château d'Épinay* : *JurisData* n° 2010-010694 ; *Lebon* T., p. 1021) qui impose un tel recours devant le préfet de région et qui a fait l'objet d'une codification aux articles R. 423-68 et R. 424-14 du Code de l'urbanisme ;

– les refus de visa, qui doivent être déférés à la commission prévue par les dispositions de l'article D. 211-5 du Code de l'entrée et du séjour des étrangers et du droit d'asile.

EXEMPLE Il est toutefois des hypothèses où le recours administratif n'interrompt pas le délai de recours contentieux, notamment en matière :
– d'obligation de quitter le territoire français avec ou sans délais (CJA, art. R. 776-5) ;
– de décisions relatives aux installations, ouvrages, travaux et activités entrant dans le champ d'application de la loi sur l'eau (CE, 21 déc. 2007, n° 280195 : *JurisData* n° 2007-072855) ;
– d'installations classées pour la protection de l'environnement (CE, 19 mars 1993, n° 122012 : *JurisData* n° 1993-041277. – CE, 3 déc. 2003, n° 242115 : *JurisData* n° 2003-066179) ;
– de contestation des décisions de mise en demeure de quitter les lieux prises en application du II bis de l'article 9 de la loi n° 2000-614 du 5 juillet 2000 relative à l'accueil et à l'habitat des gens du voyage (CJA, art. R. 779-2) ;
– de refus de visa, en ce qui concerne le recours devant le ministre, dès lors qu'un recours préalable obligatoire est institué devant une commission *ad hoc* (CE, 18 juin 2003, n° 240290 : *JurisData* n° 2003-065633).
Rappelons en outre qu'en matière d'urbanisme (C. urb., art. R. 600-1), le recours gracieux n'est suspensif que s'il a été notifié à l'auteur de la décision attaquée (certificat d'urbanisme, ou décision relative à l'occupation ou l'utilisation du sol régie par le présent code) et à son bénéficiaire (CE, avis, 1er mars 1996, n° 175126 : *JurisData* n° 1996-050055).

EXEMPLE Les textes récents tendent à multiplier ce type de configuration où le recours administratif n'est pas suspensif. Aussi, de manière générale, lorsque la jurisprudence ne s'est pas prononcée sur la possibilité de conserver le délai de recours contentieux par un recours gracieux, la prudence commande de vérifier s'il existe une procédure de contestation gracieuse ou contentieuse spécifiquement organisée. En effet, une telle procédure exclut en général l'exercice du recours administratif de droit commun. Par prudence, on évitera dans pareil cas de formuler un tel recours.

C Coût de la procédure

1495 Il comprend :
– les honoraires de l'avocat qui sont libres et dont le remboursement peut être demandé (CJA, art. L. 761-1) ;
– les éventuels coûts d'établissement des pièces du dossier qui sont également remboursables (CJA, art. L. 761-1), pour peu qu'ils soient exposés pendant l'instance et non avant elle (CE, 8 oct. 1993, n° 116686 : *JurisData* n° 1993-045918) ;
– les coûts d'une éventuelle expertise – bien que le recours à une telle mesure soit très peu fréquent en matière de police administrative – qui peuvent être eux aussi mis à la charge de la partie perdante ;
– enfin, il n'existe plus de droit de timbre.

D Assistance et représentation

1496 Le recours contre une mesure de police est en principe un recours pour excès de pouvoir et est donc dispensé du ministère d'avocat (CJA, art. R. 431-2 et R. 432-2).
Il en va autrement :
– devant le Conseil d'État, dans tous les cas où la requête n'est pas un recours pour excès de pouvoir et, notamment, si la demande en annulation ou en réformation de la mesure de police relève elle-même du plein contentieux (pour les installations classées, V. CE, 6 juin 1975, n° 95292, *Froment*. – Pour la police de l'insalubrité, V. CE, 13 mai 1966, n° 64379, *Vandaele*) ;
– devant le tribunal administratif, si la requête relève du plein contentieux ou si elle superpose à la demande d'annulation des conclusions indemnitaires (CJA, art. R. 431-2), sauf si le défendeur est une collectivité territoriale ou un de ses établissements publics (CJA, art. R. 431-3).

E Compétence

1 Compétence matérielle

1497 La juridiction administrative est seule compétente pour connaître des mesures de police administrative, sous réserve :
– de certaines attributions de compétence au juge judiciaire en sa qualité de gardien des libertés individuelles : bien-fondé des mesures d'hospitalisation sous contrainte (CSP, art. L. 3211-12 et s.),

prolongation et régularité de la rétention administrative des étrangers (CESEDA, art. L. 552-1) ;
– des hypothèses traditionnelles d'attribution de la compétence du juge judiciaire, notamment :
• la voie de fait selon la nouvelle définition (T. confl., 17 juin 2013, *Bergoend c/ Sté ERDF Annecy*),
• la police du domaine privé (CE, 27 mai 1991, n° 96591 : *JurisData* n° 1991-041230).

a) Compétence du Conseil d'État en premier et dernier ressort

1498 Le Conseil d'État est compétent pour connaître directement des recours dirigés contre les mesures de police relevant des catégories suivantes (CJA, art. R. 311-1) :
– décrets et ordonnances, mais non le refus de prendre de tels actes (CE, 1er oct. 1958, *Noguès : Lebon*, p. 462) sauf s'il s'agit du refus de prendre un décret réglementaire (CE, 23 avr. 1997, *Richard*) ;
– actes réglementaires des ministres et autres autorités à compétence nationale (y compris lorsqu'ils constituent un refus d'édicter un tel acte : CE, ass., 8 juin 1973, n° 84601, *Richard : Lebon*, p. 405) et circulaires et instructions de portée générale émanant de ces autorités ;
– décisions administratives de certaines autorités à compétence nationale (CJA, art. R. 311-1, 4°) ;
– les décrets d'extradition ;
– l'éolien *offshore* (CJA, art. R. 311-1-1) ;
– décisions ministérielles prises en matière de contrôle des concentrations économiques, lesquelles constituent des mesures de police (CE, 6 oct. 2000, n° 216645 : *JurisData* n° 2000-061036).

b) Compétence des cours administratives d'appel

1499 Les cours administratives d'appel sont désormais compétentes en premier ressort dans un certain nombre de domaines concernant la police administrative notamment en matière d'audiovisuel et de cinéma (CJA, art. R. 311-2), d'aménagement commercial (CJA, art. R. 311-3), d'éolien terrestre (CJA, art. R. 311-5) et non plus *offshore*, l'article R. 311-4 ayant été abrogé et la compétence confiée au Conseil d'État (V. *supra*, n° 1498).

c) Compétence du tribunal administratif en premier ressort

1500 Dans tous les autres cas, le recours doit être porté devant le tribunal administratif territorialement compétent.

2 Compétence territoriale des tribunaux

1501 La compétence doit être déterminée selon le raisonnement suivant :
– il convient d'abord de rechercher si le tribunal compétent peut être déterminé par application des dispositions des articles R. 312-6 à R. 312-19 du Code de justice administrative, dont les plus pertinents s'agissant des mesures de police fixent les critères suivants :
• lieu de résidence des personnes faisant l'objet des décisions attaquées à la date desdites décisions s'agissant des mesures de police individuelles (CJA, art. R. 312-8),
• les litiges relatifs aux déclarations d'utilité publique, au domaine public, aux affectations d'immeubles, au remembrement, à l'urbanisme et à l'habitation, au permis de construire, d'aménager ou de démolir, au classement des monuments et des sites et, de manière générale, aux décisions concernant des immeubles, la compétence est celle du lieu de l'immeuble (CJA, art. R. 312-7),
• lorsqu'est en cause une « activité professionnelle », s'applique l'article R. 312-10 du Code de justice administrative qui fixe la compétence en fonction du siège de l'établissement ou de l'exploitation et, s'agissant des actes non réglementaires, au tribunal dans le ressort duquel s'appliquent les actes réglementaires ;
– à défaut de pouvoir se voir appliquer l'un de ces critères, la décision sera déférée au tribunal dans le ressort duquel se situe le siège de l'autorité auteur de la décision (CJA, art. R. 312-1) ou, à défaut au tribunal administratif de Paris (CJA, art. R. 312-19).
En matière de refus de visa, et à la suite de la saisine de la commission de recours contre les décisions de refus de visa d'entrée en France, c'est le tribunal administratif de Nantes qui sera compétent. Il en va de même pour les recours dirigés contre les décisions du ministre chargé des naturalisations prises en application de l'article 45 du décret n° 93-1362 du 30 décembre 1993 (CJA, art. R. 312-18).

ATTENTION Le second alinéa de l'article R. 311-8 prévoit toute une série d'exceptions au profit du tribunal administratif de Paris en matière de décisions ministérielles relatives à l'éloignement des étrangers.

Contester une décision de police administrative

F Parties

1 Qualité de partie en demande

1502 *Stricto sensu*, les parties à l'instance tendant à l'annulation d'une décision de police seront :
– le ou les requérants qui en demandent l'annulation ;
– l'administration auteur de l'acte, défenderesse ;
– dans le cas où est contestée une autorisation individuelle, le bénéficiaire de cette autorisation, qui a également qualité de défendeur (CE, 3 oct. 2008, n° 291928 : *JurisData* n° 2008-074232) par exemple en matière de permis de construire, le pétitionnaire.

Toute autre personne ne sera pas considérée comme une partie et pourra avoir, sauf configuration contentieuse particulière, la qualité d'intervenant volontaire. Il en va ainsi pour la famille d'un étranger faisant l'objet d'un refus de titre de séjour ou d'une mesure d'éloignement (CE, 12 déc. 1998, *Richou*).

Sur la notion d'intervention, V. *JCl. Justice administrative*, fasc. 65.

2 Qualité à agir du défendeur

1503 L'administration auteur de l'acte sera le défendeur naturel à l'instance, avec l'appui du bénéficiaire d'une autorisation individuelle (CE, 3 oct. 2008, n° 291928 : *JurisData* n° 2008-072232).

Pour mémoire, le requérant veillera :
– au respect des règles qui gouvernent la représentation de l'État à l'instance posées par les articles R. 431-9 et R. 431-10 du Code de justice administrative et par divers textes d'application déconcentrant la gestion de certains contentieux. Toutefois, il appartient en premier lieu à la juridiction saisie de communiquer les écritures à l'autorité compétente de l'État ;
– à ce que les personnes physiques (maire, gérant ou président de société) intervenant en défense pour le compte de personnes morales soient habilitées à le faire (cette règle ne valant pas que pour les requérants mais aussi pour le ou les défendeurs, V. CE, 11 avr. 2008, n° 299525 : *JurisData* n° 2008-073386).

Il faut prêter une attention particulière aux mesures prises par les maires car ils peuvent agir soit en qualité d'exécutif de la commune ou en qualité d'agent de l'État (par ex. pour ordonner l'interruption de travaux illégaux : C. urb., art. L. 480-2).

3 Personnes devant être mises en cause

1504 *A priori*, il n'y a lieu de mettre en cause, dans le cadre d'un recours en annulation, que l'administration défenderesse. Il faut toutefois impérativement que le juge mette en cause le bénéficiaire de l'autorisation contestée sous peine que celui-ci forme une tierce opposition (par ex. en matière de permis de construire pour le pétitionnaire).

G Rédaction de l'acte de saisine

1 Conclusions présentées

1505 Selon le cas, le client peut avoir à trancher entre plusieurs options :
– présentation ou non d'une demande en référé ;
– en cas de pluralité de décisions ou d'une décision dont le dispositif est divisible ou sur laquelle le juge exerce un pouvoir de pleine juridiction, détermination de la nature et de la portée des conclusions qui vont être présentées :
• demande d'annulation totale,
• demande d'annulation partielle,
• demande de réformation ;
– le cas échéant, présentation en parallèle d'une demande d'indemnisation du préjudice subi, à la condition d'avoir au préalable lié le contentieux.

2 Moyens présentés

a) Requête au fond

1506 Le recours contre une mesure de police peut, comme toute action contentieuse, s'appuyer sur une grande variété d'arguments.

L'attention devra toutefois se porter sur les moyens suivants, qui sont ceux le plus souvent retenus pour annuler une mesure de police :
– **incompétence de l'auteur de l'acte :** il convient de vérifier sur ce point :
• en premier lieu, quelle est l'autorité compétente en principe (maire, préfet, président du conseil départemental...). Des problèmes de « frontière » ne sont pas rares et amènent parfois à des erreurs. C'est le cas en ce qui concerne la police administrative générale (par ex., V. CGCT, art. L. 2213-1, L. 2213-23, L. 2214-4, L. 2215-1, L. 2215-3, L. 2215-6, L. 2215-7 et L. 3221-4) ou entre polices spéciales et générales,
• en second lieu, en cas de signature par délégation de cette autorité, vérifier l'existence, la régularité, la publicité et l'entrée en vigueur de la décision de délégation ;

ATTENTION Le moyen tiré de l'incompétence de l'auteur de l'acte étant un moyen d'ordre public, il peut être soulevé à n'importe quel moment de la procédure voire d'office par le juge à condition que cela ressorte des pièces du dossier.

– **le non-respect des règles de procédure** : là encore, elles peuvent être :

• de portée générale (V. L. n° 2000-321, 12 avr. 2000, art. 24, désormais codifié à l'article L. 121-1 du Code des relations entre le public et l'administration). Elles rendent une procédure contradictoire obligatoire, sauf dans le cas où il est statué sur une demande, pour toutes les décisions individuelles qui doivent être motivées en application de l'article L. 212-1 du même code,

• ou spécifiques à une matière particulière. Les moyens tirés du vice de procédure sont alors légion et il convient de se reporter aux textes régissant la mesure pour les détecter.

Attention, toutefois, car, sur le fondement de la jurisprudence *Danthony*, le juge peut écarter des vices de procédure s'ils sont dépourvus d'incidence sur le sens de la décision ou ne privent pas le destinataire d'une garantie (CE, ass., 23 déc. 2011, n° 335033, *Danthony : JurisData* n° 2011-029061) ;

– **le non-respect des règles de forme** :

• elles peuvent être générales (V. CRPA, art. L. 111-2) ou propres à une catégorie de mesures de police (pour l'obligation de motiver les mesures de police de la circulation, V. CGCT, art. L. 2213-2), d'où l'importance d'une lecture attentive du texte qui constitue la base légale de la mesure,

• l'une d'entre elles est tout particulièrement importante : il s'agit de l'obligation de motivation, qui s'impose aux mesures de police soit sur le fondement de l'article L. 212-1 du Code des relations entre le public et l'administration lorsque la décision constitue une mesure individuelle défavorable (les décisions réglementaires n'ont pas à être motivées), soit sur le fondement d'un autre texte (pour la police de la circulation, V. CGCT, art. L. 2213-2 à L. 2213-6-1).

Sur le fond, les moyens sont également très variés :

– **erreur de fait** : c'est là le moyen le plus basique, qui consiste à contester radicalement la mesure en ce qu'elle repose sur des faits qui ne sont pas établis ;

– **erreur de droit** : le requérant, moyennant une analyse de bon sens de la mesure accompagnée d'une lecture attentive du texte peut identifier une **erreur de droit**, moyen qui recouvre diverses variétés et notamment :

• méconnaissance du champ d'application de la loi par impossibilité d'appliquer le texte à la situation de fait (par ex., décision reconduisant un ressortissant français à la frontière, refus d'un permis de construire alors qu'une simple déclaration préalable était nécessaire, *etc.*),

• inexacte appréciation des critères d'application du texte (par ex., décision fondée sur des motifs tirés de législation indépendante non pertinente : refus d'un permis de construire pour non-respect de la législation sur les débits de boissons),

• erreurs de droit proches de l'incompétence ou du détournement de procédure en cas, par exemple de problèmes de frontière entre polices spéciales ou entre police générale et spéciale,

• violation de principes : le principe d'égalité devant la loi (V. CE, 8 juill. 1970, n° 77765, *Cne de l'Hermitage*. – CE, 5 janv. 2005, n° 257341 : *JurisData* n° 2005-067963) et, plus largement, les principes généraux du droit applicables à tout acte administratif tels que le principe de non-rétroactivité, ou les règles de la concurrence (CE, 22 nov. 2000, n° 223645 : *JurisData* n° 2000-061381. – CE, 15 mai 2009, n° 311082 : *JurisData* n° 2009-075430) ;

– **erreur de qualification juridique des faits** : c'est le cas, qu'il faut intellectuellement distinguer de l'erreur de fait, où il appartient au juge de vérifier la qualification portée par l'administration sur certains faits : ces faits sont-ils de nature à justifier la décision prise : un étranger peut être expulsé s'il constitue une menace grave pour l'ordre public : est-ce que la présence de M. X qui a commis tels ou tels délits constitue une « menace grave pour l'ordre public » ? Face à cette question qui impose au juge de se mettre à la place de l'administration, il a le choix entre plusieurs intensités de contrôle (minimum, restreint, normal ou de proportionnalité) ? Il faut noter que cette dernière intensité de contrôle est retenue en matière de police générale et d'atteinte excessive portée aux libertés publiques : ce moyen tiré de la disproportion de la mesure, soulevé quasi systématiquement par les requérants, est toujours l'objet d'un débat contentieux vif et d'une analyse poussée du juge ;

> EXEMPLE **En matière de police administrative générale, le contrôle de proportionnalité est évidemment la règle, mais il subsiste des îlots importants où le contrôle du juge se limite à l'erreur manifeste d'appréciation (permis de construire accordé) ou à l'erreur d'appréciation (une partie du contentieux du droit des étrangers, les refus de permis de construire).**

– **détournement de pouvoir et/ou de procédure** : il est aussi très fréquemment soulevé, mais conduit moins fréquemment à l'annulation que le précédent. Le juge exige en effet un commencement de preuve des allégations du requérant. Or la preuve de la volonté du maire d'user de ses pouvoirs de police dans un but autre que celui pour lequel il lui est octroyé n'est évidemment pas facile à rapporter. Toutefois, une fois cette preuve rapportée, ou si un faisceau d'indices amène nettement à penser que le détournement est très vraisemblable. Dans ce cas de figure, le juge ne fait montre d'aucune réticence à annuler la décision.

b) Requête en référé-suspension

1507 S'agissant de la requête en référé-suspension, il faut impérativement développer une argumentation relative aux deux conditions posées par les dispositions de l'article L. 521-1 du Code de justice administrative : une condition d'urgence et un doute sérieux quant à la légalité de la décision attaquée :

– l'urgence est caractérisée « lorsque la décision administrative contestée préjudicie de manière suffisamment grave et immédiate à un intérêt public, à la situation du requérant ou aux intérêts qu'il entend défendre ; il en va ainsi, alors même que cette décision n'aurait un objet ou des répercussions que purement financiers et que, en cas d'annulation, ses effets pourraient être effacés par une réparation pécuniaire » (CE, 19 janv. 2001, n° 228815 : *JurisData* n° 2001-061706). En ce qui concerne une mesure de police, l'urgence pourra par exemple apparaître :

• lorsque la décision produirait des effets au-delà de la date à laquelle le juge des référés statue, sans perspective de décision rapide du juge du fond, et que ces effets sont de nature à porter atteinte aux intérêts défendus par le requérant : la projection d'un film dont le visa autorisait la projection aux mineurs de plus de seize ans, contestée par une association, était programmée sur une période courant au-delà de la date prévue de la décision du juge des référés (CE, 30 oct. 2001, n° 239253 : *JurisData* n° 2001-063243),

• lorsque la décision a des incidences immédiates sur l'exécution des marchés conclus par l'entreprise objet de la mesure et sur l'activité des salariés employés sur le site (CE, 1er juill. 2009, n° 322275 : *JurisData* n° 2009-075046) ou sur l'exercice de la profession du requérant (s'agissant d'un chauffeur-livreur s'étant vu retirer son permis de conduire, V. CE, 15 mars 2002, n° 244078 : *JurisData* n° 2002-063727),

• lorsque l'exécution de la décision a des conséquences matériellement difficiles à remettre à cause,

• plus généralement, lorsque la décision a un impact matériel important sur la vie de l'intéressé, ce qui fait par exemple présumer l'urgence s'agissant du refus de renouvellement d'un titre de séjour (CE, 14 mars 2001, n° 229773 : *JurisData* n° 2001-061936).

Il faut, enfin, réserver un sort particulier à certaines décisions qui sont constitutives d'une présomption simple d'urgence. Il en allait ainsi en matière de permis de construire dès lors que les travaux ont commencé (CE, 27 juill. 2001, n° 230231, *Cne de Tulle* c/ *Cts Dufour*. – CE, 27 juill. 2001, n° 231991, *Cne de Meudon*). Il faut noter que les dispositions de la loi du 23 novembre 2018 dite « loi ELAN » ont ajouté au Code de l'urbanisme un nouvel article L. 600-3 qui prévoit que pour un référé-suspension dirigé contre une décision de non-opposition à déclaration préalable ou contre un permis de construire, d'aménager ou de démolir : « La condition d'urgence prévue à l'article L. 521-1 du Code de justice administrative est présumée satisfaite ».

Il en va de même pour une demande de suspension d'une décision de préemption d'un immeuble présenté par l'acquéreur évincé (CE, 13 nov. 2002, n° 248851, *Hourdin*) ou dans le cas d'un refus de renouvellement ou d'un retrait d'un titre de séjour (CE, sect., 14 mars 2001, n° 229773, *Min. Int.* c/ *Ameur*).

Mais cette première analyse de l'urgence (appréciation concrète) est insuffisante. Il faut la compléter par une appréciation globale (CE, 28 févr. 2001, *Préfet des Alpes-Maritimes*). Il faut en effet que l'urgence à suspendre l'emporte sur l'urgence à exécuter. Il arrive souvent par exemple en matière de retrait de permis de conduire que le requérant prouve une urgence à suspendre mais que la gravité des infractions commises entraîne une urgence à exécuter supérieure à celle de la suspension. De ce fait, le juge estimera la condition d'urgence non remplie et rejettera la requête sur ce fondement.

Il faut, ensuite, justifier d'un moyen de nature à créer un doute sérieux quant à la légalité de la décision attaquée. Pour cette condition, il suffira de reprendre les moyens déjà présentés dans la requête au fond en soutenant non pas qu'ils sont de nature à entraîner l'annulation de la décision attaquée mais simplement qu'ils sont de nature à créer un « doute sérieux » quant à sa légalité.

c) Requête en référé-liberté

1508 • S'agissant d'une requête en référé-liberté, l'intéressé devra établir non pas une simple urgence telle que nous venons de la décrire mais une « extrême urgence ». C'est la décision *Commune de Pertuis* (CE, 28 févr. 2003, n° 254411) qui en fixe le cadre. C'est-à-dire qu'il faut démontrer une situation impliquant, sous réserve que les autres conditions posées par l'article L. 521-2 soient remplies, qu'une mesure visant à sauvegarder une liberté fondamentale soit prise dans les quarante-huit heures.

• Il faut, ensuite, démontrer l'atteinte grave et manifestement illégale à une liberté fondamentale. Les mesures de police portant par nature atteinte aux libertés publiques, elles sont un domaine de prédilection de ce référé. En effet, ont par exemple été qualifiées de libertés fondamentales, pour l'application des dispositions de l'article L. 521-2 du Code de justice administrative, des libertés directement aux prises avec l'intervention de l'autorité de police : la liberté d'aller et venir (CE, 9 janv. 2001, n° 228928 : *JurisData* n° 2001-061807), le droit d'asile (CE, 12 janv. 2001, n° 229039 : *JurisData* n° 2001-061803), la liberté d'entreprendre et de mener une activité économique (CE, 25 avr. 2002, n° 245414 : *JurisData* n° 2002-064035) ou encore le droit pour les étrangers de mener une vie familiale normale (CE, 30 oct. 2001, n° 238211 : *JurisData* n° 2001-063082). La difficulté est bien davantage, pour cette procédure, de prouver la gravité de l'atteinte à la liberté en cause et son caractère grave et manifestement illégal, points sur lesquels le juge est particulièrement exigeant (CE, 9 janv. 2014, n° 374508, *Min. Int. c/ Sté Les Productions de la Plume et M'Bala M'Bala*).

3 Composition du dossier

1509 Le dossier contentieux comprendra, outre bien sûr la requête introductive d'instance :
- la ou les décisions attaquées ;
- les pièces justifiant du respect de la procédure précontentieuse par le demandeur et, le cas échéant, de son non-respect par l'administration ;
- toutes les pièces du dossier produites devant l'administration présentant une utilité pour la démonstration ;
- toute autre pièce utile à l'appui des moyens : rapports d'expertise, témoignages, statistiques, pièces comptables, données scientifiques, procès-verbaux de police, décisions juridictionnelles, *etc.*

ATTENTION Le dossier doit comporter tous ces documents en autant de copies qu'il y a de parties au litige plus une (original non compris). Toutefois, en cas de saisine *via* l'application Télérecours, cette règle n'a plus vocation à s'appliquer.

H Instruction du dossier

1510 L'absence d'excès de formalisme qui caractérise la procédure juridictionnelle administrative se retrouve ici, même si quelques règles fondamentales doivent être observées.

1 Instance au fond

1511 Le tribunal est saisi par une requête écrite qui doit être signée par la partie requérante ou son conseil et accompagnée des pièces requises.

La requête peut être déposée directement au greffe du tribunal ou adressée par courrier simple.

REMARQUE **Un courrier en recommandé avec accusé de réception est toutefois conseillé lorsque, l'expiration du délai approchant, le requérant souhaite obtenir la preuve certaine de l'enregistrement de sa requête par le tribunal dans le délai. Il peut toutefois saisir la juridiction par fax à la condition de confirmer cet envoi par un exemplaire revêtu de sa signature.**

ATTENTION L'article R. 414-1 du Code de justice administrative impose **sous peine d'irrecevabilité** à toute une série de requérants une obligation de saisine par voie électronique *via* l'application Télérecours. Cette obligation s'impose à un avocat, un avocat au Conseil d'État et à la Cour de cassation, une personne morale de droit public autre qu'une commune de moins de 3 500 habitants ou un organisme de droit privé chargé de la gestion permanente d'un service public. La même obligation est applicable aux autres mémoires du requérant.

Cette obligation concerne non seulement les requêtes mais également les mémoires et pièces produits.
Il faut noter que les parties non personnes publiques peuvent utiliser une autre application dénommée « Télérecours citoyen ». Ce sont les dispositions des décrets n° 2018-251 du 6 avril 2018 et n° 2019-82 du 7 février 2019 qui l'ont mis en place aux articles R. 414-6 et suivants et R. 611-8-6 et suivants du Code de justice administrative.

2 Instance en référé

1512 Les règles d'introduction de l'instance sont les mêmes, avec deux particularités :
- la requête en référé-suspension doit être, sous peine d'irrecevabilité, introduite par requête distincte de celle ouvrant l'instance au fond, et les pièces jointes doivent par suite comprendre une copie de la requête adressée au juge du fond (CJA, art. R. 522-2) ;
- la requête doit comporter une motivation spécifique sur l'urgence, qui doit soigneusement mettre en lumière tous les éléments de nature à établir cette urgence.

3 Délai pour statuer

1513 Les textes prévoient quelquefois un délai imparti au juge pour se prononcer à compter de sa saisine. On notera en particulier les délais suivants :

- cinq jours ou six semaines pour les OQTF sans délais (CESEDA, art. L. 614-5 et L. 614-6) ;
- trois mois pour les refus de titre avec obligation de quitter le territoire français avec délais (CESEDA, art. L. 614-4 ;
- soixante-douze heures pour les décisions de refus d'admission sur le territoire (CESEDA, art. L. 213-9) ;
- soixante-douze heures pour les mises en demeure de libérer les lieux adressées aux gens du voyage (CESEDA, art. L. 779-3) ;
- quarante-huit heures pour le référé-liberté (CJA, art. L. 521-2) ;
- dix mois sur les recours contre les permis de construire un bâtiment comportant plus de deux logements ou contre les permis d'aménager un lotissement (C. urb., art. R. 600-6) ;
- dans les meilleurs délais (quinze à vingt jours) pour le référé-suspension.

La jurisprudence relative au juge de la reconduite à la frontière et au juge du référé-liberté, qui indique que le délai imparti pour statuer n'est pas prescrit à peine de nullité peut sans doute être comprise comme s'étendant à ces autres délais, dont aucun n'est assorti de sanction claire par les textes qui les instituent (CE, 6 juill. 1990, n° 116172 : *JurisData* n° 1990-646455. – CE, 6 mars 2002, n° 240457 : *JurisData* n° 2002-063549) ;

- les textes sur les OQTF vont être modifiés avec l'entrée en vigueur de la loi 2024-42 du 26 janvier 2024 dite loi immigration.

1514 Le cas échéant – notamment lorsque se pose une question de fait délicate appelant une compétence particulière –, il pourra être recouru à un expert désigné par la juridiction, soit en cours d'instance (CJA, art. R. 621-1 et s.), soit par le biais d'une instance en référé (CJA, art. R. 532-1). Toutefois, il faut relever qu'un jugement avant dire droit relatif à une expertise est des plus rares dans notre matière mais n'est pas à exclure.

I Audience

1515 En principe, les requêtes au fond sont jugées par une formation collégiale statuant en nombre impair sauf pour les litiges entrant dans le champ d'application de l'article R. 222-13 du Code de justice administrative, ou d'une disposition *ad hoc* – par exemple, l'article R. 776-2 du Code de justice administrative pour les OQTF sans délai –, confiés à un juge unique. Il en va de même devant le juge des référés qui statue seul et sans rapporteur public.

1 Instance au fond

1516 Comme en ce qui concerne toute instance devant la juridiction administrative, la procédure est écrite et dirigée par le rapporteur, qui assure le contradictoire entre les parties.

Il n'existe aucune règle spécifique au contentieux des mesures de police.

2 Instance en référé

1517 Les règles posées par le Code de justice administrative qui, là aussi ne sont pas spécifiques à la matière des décisions de police administrative, font une place plus importante à l'oralité puisque l'instruction se poursuit jusqu'au terme de l'audience (CJA, art. L. 522-1), ce qui permet, d'abord, un échange plus approfondi, très utile s'agissant par exemple de la nécessité de la mesure. Il est, ensuite, possible de présenter des conclusions et des moyens nouveaux au moment de l'audience. Toutefois une telle présentation n'est pas conseillée car elle peut entraîner un renvoi de l'affaire.

J Décision

1 Forme de la décision

1518 La juridiction se prononce par décision (Conseil d'État) ou par jugement (tribunal administratif) ou par arrêt (cour administrative d'appel). Il n'est fait exception à cette règle que lorsque la requête peut être rejetée pour désistement, incompétence de la juridiction administrative, non-lieu ou irrecevabilité, auquel cas la décision prend la forme d'une ordonnance du président de la formation de jugement.

Lors d'une instance en référé, la juridiction statue par voie d'ordonnance.

2 Contenu de la décision

1519 La juridiction statue dans l'un des sens suivants :

- rejet de la requête, pour incompétence de la juridiction saisie, non-lieu, irrecevabilité ou par rejet de l'argumentation de fond présentée par la partie requérante ;
- annulation totale ou partielle de la décision attaquée ;

– réformation de la décision dans les cas où le contentieux de la mesure de police relève du contentieux de pleine juridiction.
Peut, le cas échéant, s'y ajouter une injonction adressée à l'administration, éventuellement sous astreinte en cas d'annulation, et si cette mesure est impliquée par l'annulation prononcée (CJA, art. L. 911-1) ou si elle entraîne uniquement un nouvel examen de la demande (CJA, art. L. 911-2).
Quant à l'instance de référé, elle peut se clore par un rejet ou une décision suspendant l'exécution de la décision (référé-suspension) ou par une décision imposant à l'administration toute mesure nécessaire à la sauvegarde de la liberté fondamentale en cause (référé-liberté).
Une injonction peut également être adressée à l'administration. Toutefois, le juge des référés ne pouvant préjudicier au principal, il ne peut que se borner à tirer les conclusions de la suspension soit en prescrivant un réexamen de la décision (CE, 1er mars 2001, n° 230794 : *JurisData* n° 2001-061831). Il peut également ordonner à l'administration de délivrer l'autorisation requise mais à la condition que cette autorisation soit temporaire jusqu'à ce que le juge de fond se prononce sur le litige (par ex. en matière de refus de titre de séjour : délivrance d'un titre de séjour provisoire).

3 Caractères et effets de la décision

1520 Le jugement qui clôt l'instance est immédiatement exécutoire, nonobstant la voie de recours qui peut être soit l'appel soit un pourvoi en cassation qui en est éventuellement formé.

ATTENTION La formation de jugement peut, dans certains cas de figure, prononcer un jugement avant dire droit et recourir à une mesure d'expertise, poser une question préjudicielle au juge judiciaire ou de l'Union européenne ou saisir le Conseil d'État d'une question de droit nouvelle ou une question prioritaire de constitutionnalité.

L'ordonnance de référé revêt en revanche toujours un caractère provisoire.

4 Suites de la décision

1521 Pour le requérant, les suites juridiques de la décision obéissent au droit commun et n'appellent pas de commentaire particulier.
Il importe en revanche à l'administration de prendre toutes les mesures impliquées par la décision si celle-ci se traduit par une remise en cause totale ou partielle de sa décision initiale : réexamen du texte réglementaire ou de la situation individuelle en cause (au besoin dans le délai dont le juge a assorti son injonction), adoption d'un texte à effet transitoire afin de sauvegarder les situations en place, démontage des signalisations installées le cas échéant, mainlevées des éventuelles mesures matérielles d'exécution, *etc.*

K Recours ou contestation

1522 Les voies de recours ouvertes aux parties répondent aux règles posées par le droit commun :
– appel dans le délai de deux mois à compter de la notification du jugement ;
– pourvoi en cassation dans le même délai.
Cette distinction est posée par l'article R. 811-1 du Code de justice administrative qui fixe les matières où la seule voie de recours est la cassation.

L Modifications de la décision

1523 Le juge des référés peut, à tout moment, en application de l'article L. 521-4 du Code de justice administrative, modifier ou mettre fin aux mesures qu'il a décidées s'il est saisi en ce sens par le défendeur ou dans certains cas par le défendeur (ajout d'une astreinte à l'injonction déjà prononcée).
Ce pouvoir est en revanche évidemment exclu s'agissant des décisions au fond sauf le cas très particulier du recours en rectification d'erreur matérielle (CJA, art. R. 741-11) ou de la tierce opposition (CJA, art. R. 832-1) ou quand elle existe de l'opposition (CJA, art. R. 831-1).

CHECK-LIST **• Déterminer l'auteur de la décision : Premier ministre, ministre, préfet, maire ou président du conseil départemental.**
• Déterminer la nature juridique de l'acte de police : acte réglementaire ou décision individuelle.
• Déterminer les composantes de l'ordre public que la mesure de police tend à protéger, ce qui conduit à distinguer la police administrative générale des polices administratives spéciales, qui sont exercées selon des règles et dans un but spécifiques.
• Si cela paraît nécessaire, former un recours administratif (dans un délai de deux mois à compter de la notification pour les mesures individuelles – dans un délai de deux mois à compter de la publication pour les autres décisions).

• Éventuellement, former un référé-liberté à l'encontre de la mesure de police.
• Former le recours contentieux en annulation de la mesure de police devant le tribunal administratif dans les deux mois suivant la notification ou la publication de la décision ou dans les deux mois suivant le rejet explicite ou implicite du recours gracieux/hiérarchique.
• Éventuellement, accompagner la requête en annulation d'un référé-suspension.

POUR ALLER PLUS LOIN...

Fascicules JurisClasseur

• *JCl. Administratif*, fasc. 126-20, *Police municipale*, par P. de Fa•.
• *JCl. Administratif*, fasc. 200, *Police administrative. – Théorie générale*, par V. Tchen.
• *JCl. Administratif*, fasc. 201, *Forces de police. – Définition et missions*, par C. Soullez.
• *JCl. Administratif*, fasc. 202, *Forces de police. – Organisation*, par C. Soullez.
• *JCl. Administratif*, fasc. 204, *Liberté d'aller et venir*, par F. Fines.
• *JCl. Administratif*, fasc. 207, *Permis de conduire*, par J. Buisson.
• *JCl. Administratif*, fasc. 209, *Police de la mer*, par M. Joyau.
• *JCl. Administratif*, fasc. 210, *Police des réunions et manifestations*, par G. Liet-Veaux.
• *JCl. Administratif*, fasc. 211, *Police des spectacles et des jeux*, par M.-C. Rouault.
• *JCl. Administratif*, fasc. 215, *Cultes*, par Y. Desmurs-Moscet et I. Rouvière-Perrier.
• *JCl. Administratif*, fasc. 233-50, *Étrangers. – Définition. – Principes. – Orientation*, par X. Vandendriessche.
• *JCl. Administratif*, fasc. 233-55, *Étrangers. – Entrée en France*, par X. Vandendriessche.
• *JCl. Administratif*, fasc. 234, *Étrangers. – Entrée et séjour*, par X. Vandendriessche.
• *JCl. Administratif*, fasc. 261-10, *Ventes et produits réglementés*, par O. Renard-Payen.
• *JCl. Administratif*, fasc. 262, *Débits de boisson*, par M. Ribière.
• *JCl. Administratif*, fasc. 263, *Débits de tabac*, par N. Chauvin.

Fascicule de synthèse

• *JCl. Administratif*, Synthèse 90, *Police*, par V. Tchen.

Fiche 63

Contester un jugement d'un tribunal administratif

Antoine BÉAL

Sommaire

I

Aperçu rapide

A Caractéristiques générales

1524 Les tribunaux administratifs sont les juges de premier ressort des juridictions de droit commun de l'ordre juridictionnel administratif. Dans ces conditions, les jugements qu'ils rendent peuvent faire l'objet d'une voie de recours. Cette voie de recours est normalement un appel. Toutefois, le Code de justice administrative (CJA) prévoit d'autres voies de recours. En effet, certains jugements peuvent faire l'objet d'une voie de recours devant le tribunal qui les a rendus (**recours en tierce opposition, recours en rectification d'erreur matérielle**), tandis que pour certaines affaires plus simples, la seule voie de recours sera un **pourvoi en cassation** devant le Conseil d'État.

L'**appel** est la voie de recours tendant à l'annulation ou à la réformation d'un jugement rendu en premier ressort. Il a donc deux fonctions : il a, d'abord, une fonction de contrôle de la régularité du jugement attaqué, fonction qui ne le différencie pas de la cassation. Il a, ensuite, une fonction d'assurer un re-jugement du litige en application du principe du double degré de juridiction. C'est cette seconde fonction qui le différencie de la cassation. Toutefois, le droit à un double degré de juridiction ne constitue pas un principe général du droit comme le droit à un recours en cassation.

ATTENTION Il faut examiner d'abord si le jugement que vous souhaitez contester doit faire l'objet d'un appel ou d'un recours en cassation puis, en cas d'appel, si celui-ci doit être formé devant le Conseil d'État ou devant la cour administrative d'appel territorialement compétente.

B Conditions d'utilisation

1 En matière d'appel

1525 Contrairement aux autres voies de recours, les dispositions du Code de justice administrative ne posent aucune condition de fond pour pouvoir faire **appel** d'un jugement rendu par un tribunal administratif. Les seules conditions posées sont relatives aux parties (CJA, art. R. 811-1), au délai (CJA, art. R. 811-2) et au ministère d'avocat (CJA, art. R. 811-7).

Tel n'est pas le cas pour la tierce opposition, le recours en rectification d'erreur matérielle et le recours en cassation.

2 En matière de tierce opposition

1526 La **tierce opposition** (CJA, art. R. 832-1) est la voie de droit ouverte aux personnes qui veulent s'opposer à une décision juridictionnelle rendue sans qu'eux-mêmes ou leurs représentants aient été mis en cause. Dans cette hypothèse, tant la voie de l'appel ou de la cassation que celle de l'opposition leur sont fermées, puisque les tiers opposants éventuels n'avaient pas été appelés à l'instance et ne peuvent dès lors être considérés comme parties ou comme défaillants. Cette voie de recours, comme l'opposition, repose sur le respect du principe du contradictoire dont le Code de justice administrative a rappelé l'importance dans son article L. 5 et dont la violation doit être corrigée par la juridiction qui ne l'a pas respecté (CJA, art. L. 5).

Les dispositions de l'article R. 832-1 du Code de justice administrative posent trois conditions cumulatives pour pouvoir former **tierce opposition** :

- le tiers opposant ne doit jamais avoir été mis en cause ;
- le tiers opposant ne doit pas avoir été représenté à l'instance ;
- le tiers opposant doit faire valoir un droit lésé.

3 En matière de recours en rectification d'erreur matérielle

1527 Le **recours en rectification d'erreur matérielle** (CJA, art. R. 741-11) est une voie de droit subsidiaire qui n'est ouverte qu'en cas d'erreur matérielle de la minute d'un jugement. Elle permet à la victime de cette erreur d'éviter d'utiliser la voie de recours plus lourde de l'appel ou le cas échéant de la cassation afin de procéder très vite à la correction de cette erreur matérielle. Il en va ainsi par exemple en cas de défaut de réponse à conclusions notamment en matière de frais irrépétibles ou d'erreur sur l'état civil du requérant.

Un tel recours peut également être introduit contre une ordonnance prise par un juge des référés (CE, 3 mai 2004, n° 258085 : *JurisData* n° 2004-066781). Cependant, il ne peut être introduit contre une décision non juridictionnelle, par exemple une ordonnance de taxation des honoraires d'un expert (CE, 4 mars 1998, n° 169942 : *JurisData* n° 1998-050038).

ATTENTION Il faut distinguer la procédure devant les tribunaux administratifs, d'une part, et la procédure devant le Conseil d'État et les cours administratives d'appel d'autre part.

Les dispositions de l'article R. 741-11 du Code de justice administrative prévoient des conditions particulières pour pouvoir introduire une demande de rectification d'erreur matérielle. Il fait état de deux conditions cumulatives :
– il faut, d'une part que le jugement soit entaché « d'une erreur ou d'une omission matérielle » ;
– il faut, d'autre part qu'elle ne soit pas « susceptible d'avoir exercé une influence sur le jugement de l'affaire ».

4 En matière de recours en cassation

1528 Le **recours en cassation** (CJA, art. R. 821-1 et s.) constitue, pour les parties régulièrement mises en cause et ayant régulièrement produit au cours de l'instance, la véritable voie de recours contre les arrêts rendus par les cours administratives d'appel. Il constitue également une voie de rétractation qui consiste à faire contrôler un jugement rendu en dernier ressort.

ATTENTION La cassation ne constitue pas une troisième voie de recours, mais constitue une voie de recours particulière. D'une part, elle obéit à des règles procédurales différentes, d'autre part, et surtout, l'office du juge de cassation est fondamentalement différent de celui du juge d'appel, tant au regard des moyens pouvant être invoqués qu'au regard de l'intensité du contrôle exercé.

Contrairement aux autres voies de recours contre les arrêts des cours, les dispositions du Code de justice administrative ne posent aucune condition de fond pour pouvoir introduire un **pourvoi en cassation.** Les seules conditions posées sont relatives au délai (CJA, art. R. 821-1) et au ministère d'avocat au Conseil d'État (CJA, art. R. 821-3).

C Avis du professionnel

1529 Il convient de bien connaître ces différentes voies de recours, car il existe parfois un choix entre ces différentes procédures (entre recours en rectification d'erreur matérielle et appel ou cassation). Enfin, il ne faut pas oublier que l'office du Conseil d'État en tant que juge de cassation diffère sur de nombreux points de l'office d'un juge d'appel, la cassation ne constituant pas une troisième voie de recours de droit commun.

D Textes

1 En matière d'appel

- CJA, art. L. 811-1.
- CJA, art. R. 811-1 à R. 811-19.

2 En matière de tierce opposition

- CJA, art. R. 832-1 à R. 832-5.

3 En matière de recours en rectification d'erreur matérielle

- CJA, art. R. 741-11.

4 En matière de recours en cassation

- CJA, art. L. 821-1 et L. 821-2.
- CJA, art. L. 822-1.
- CJA, art. R. 821-1 à R. 822-6.

E Schéma procédural

1 En matière d'appel

1530 • Notification du jugement du tribunal administratif.
• Préparation du dossier avec le client.
• Rassemblement des pièces indispensables justifiant du bien-fondé de l'appel (jugement attaqué, pièces justificatives).
• Possibilité de former dans le délai de recours une demande d'aide juridictionnelle.
• Rédaction de la requête introductive d'instance d'appel.
• Nécessité d'introduire la requête avant l'expiration du délai d'appel.
• Possibilité de ne déposer qu'une requête sommaire.
• Dépôt du mémoire ampliatif (ou renoncement à produire celui-ci) avant l'expiration du délai imparti.
• Régularisation de la ou des mises en demeure envoyées par le greffe de la juridiction d'appel.
• Instruction de l'appel.
• Convocation des parties à l'audience au cours de laquelle l'affaire sera jugée.

Contester un jugement d'un tribunal administratif

• Possibilité de connaître le sens des conclusions du rapporteur public.
• Jugement de l'appel avec le cas échéant annulation et nouveau jugement de l'affaire.
• Éventuel renvoi de l'affaire devant le tribunal administratif.

2 En matière de tierce opposition

1531 • Pour la tierce opposition, il faut distinguer selon que la décision contestée a ou non fait l'objet d'une notification, car les règles en matière de délai sont différentes. **En cas de notification de la décision contestée :**
- notification de la décision rendue par défaut ;
- préparation du dossier avec le client ;
- rassemblement des pièces indispensables justifiant de la tierce opposition (décision attaquée, pièces justificatives) ;
- possibilité de former dans le délai de recours une demande d'aide juridictionnelle ;
- rédaction de la requête introductive d'instance ;
- nécessité d'introduire la requête avant l'expiration du délai de recours contentieux ;
- possibilité de ne déposer qu'une requête sommaire ;
- dépôt du mémoire ampliatif (ou renoncement à produire celui-ci) avant l'expiration du délai imparti ;
- régularisation de la ou des mises en demeure envoyées par le greffe de la chambre ;
- instruction le cas échéant de la requête ;
- convocation des parties à l'audience au cours de laquelle l'affaire sera jugée ;
- possibilité de connaître le sens des conclusions du rapporteur public ;
- jugement de la tierce opposition et, si elle est fondée, nouveau jugement de l'affaire.

• En absence de notification de la décision :
- préparation du dossier avec le client ;
- rassemblement des pièces indispensables justifiant de la tierce opposition (décision attaquée, pièces justificatives) ;
- possibilité de former une demande d'aide juridictionnelle ;
- rédaction de la requête introductive d'instance ;
- possibilité de ne déposer qu'une requête sommaire ;
- dépôt du mémoire ampliatif (ou renoncement à produire celui-ci) avant l'expiration du délai imparti ;
- régularisation de la ou des mises en demeure envoyées par le secrétariat du contentieux ;
- instruction le cas échéant de la requête ;
- convocation des parties à l'audience au cours de laquelle l'affaire sera jugée ;
- possibilité de connaître le sens des conclusions du rapporteur public ;
- jugement de la tierce opposition et, si elle est fondée, nouveau jugement de l'affaire.

3 En matière de recours en rectification d'erreur matérielle

1532 Pour le recours en rectification d'erreur matérielle :
- notification du jugement entaché d'erreur matérielle ;
- préparation du dossier avec le client ;
- rassemblement des pièces indispensables justifiant du recours en rectification d'erreur matérielle (décision attaquée, pièces justificatives) ;
- rédaction de la demande de rectification ;
- ordonnance du président de la juridiction faisant droit ou non à la demande de rectification.

4 En matière de recours en cassation

1533 • Notification du jugement du tribunal administratif.
• Préparation du dossier avec le client.
• Rassemblement des pièces indispensables justifiant du bien-fondé du recours en cassation (arrêt attaqué, pièces justificatives).
• Possibilité de former dans le délai de recours une demande d'aide juridictionnelle.
• Rédaction de la requête introductive d'instance.
• Nécessité d'introduire la requête avant l'expiration du délai de recours contentieux.
• Possibilité de ne déposer qu'une requête sommaire.
• Dépôt du mémoire ampliatif (ou renoncement à produire celui-ci) avant l'expiration du délai imparti.
• Régularisation de la ou des mises en demeure envoyées par le secrétariat du contentieux.
• Instruction par le président de la sous-section de la recevabilité et du bien-fondé du pourvoi :
- rejet du recours par simple ordonnance ;
- admission du pourvoi ;
- attribution du dossier à un rapporteur puis à un rapporteur public en vue d'une audience collégiale publique.

• Convocation des parties à l'audience au cours de laquelle l'affaire sera jugée.
• Possibilité de connaître le sens des conclusions du rapporteur public.
• Admission ou non-admission du pourvoi.
• Instruction de l'affaire si elle est admise, soit directement soit, à la suite de la procédure juridictionnelle d'admission.
• Convocation des parties à l'audience au cours de laquelle l'affaire sera jugée.
• Possibilité de connaître le sens des conclusions du rapporteur public.
• Jugement du pourvoi avec le cas échéant cassation et nouveau jugement de l'affaire.
• Éventuellement renvoi de l'affaire devant un autre tribunal administratif.

II Préparation

A Information préalable

1534 Il convient d'informer sur les conséquences de l'engagement de telles procédures contentieuses, notamment en ce qui concerne la condamnation à d'éventuels frais de justice.

B Contrôles préalables

1 Délais pour agir

a) En matière d'appel

1535 Concernant l'**appel**, il faut distinguer le délai de droit commun et les délais dérogatoires :
– **délai de droit commun** : en application des dispositions de l'article R. 811-2 du Code de justice administrative, le délai d'appel est de deux mois. Il court contre toute partie à l'instance à compter du jour où la notification a été faite à cette partie dans les conditions prévues aux articles R. 751-3 et R. 751-4 du même code ;

ATTENTION En application des dispositions de l'article R. 751-4-1 le jugement peut également être notifié par le moyen de l'application informatique dite Télérecours.
Dans ce cas de figure, les parties sont réputées avoir reçu la notification à la date de première consultation de la décision, certifiée par l'accusé de réception délivré par l'application informatique, **ou, à défaut de consultation dans un délai de deux jours ouvrés à compter de la date de mise à disposition de la décision dans l'application**, à l'issue de ce délai. Sauf demande contraire de leur part, les parties sont alertées de la notification par un message électronique envoyé à l'adresse choisie par elles.

REMARQUE **L'article R. 811-5 du Code de justice administrative prévoit expressément que les dispositions relatives aux délais de distance sont applicables à l'appel.**

– **délais dérogatoires** : le Code de justice administrative et d'autres dispositions prévoient toute une série de délais dérogatoires au droit commun de deux mois. Citons parmi les plus importants :
- le contentieux des obligations de quitter le territoire français : un mois (CJA, art. R. 776-9),
- le contentieux électoral : un mois (C. élect., art. R. 123 pour les conseillers municipaux et R. 116 pour les conseillers généraux),
- le contentieux des référés : quinze jours pour le référé-liberté (CJA, art. L. 521-2),
- l'appel d'un jugement avant dire droit (CJA, art. R. 811-6).

b) En matière de tierce opposition

1536 Concernant la **tierce opposition**, il faut opérer une distinction entre deux catégories de tiers :
– les tiers ayant reçu notification ou signification de la décision contestée : pour eux, ce sont les dispositions de l'article R. 832-2 du Code de justice administrative qui s'appliquent. Elles prévoient que la tierce opposition doit être formée dans le délai de deux mois à compter de cette notification ou signification ;
– les tiers n'ayant jamais reçu notification : pour eux, aucun délai, aucune forclusion ne peut être opposée.

ATTENTION La simple connaissance par les tiers opposants de la décision juridictionnelle ne suffit pas à rendre tardive leur tierce opposition (CE, 8 janv. 1958, *Cts Batz de Tranquelléon : Lebon*, p. 18. – CE, 18 déc. 1987, *Masse : Lebon* T., p. 877).

c) En matière de recours en rectification d'erreur matérielle

1537 Concernant le **recours en rectification d'erreur matérielle**, le délai est d'un mois, et court à compter de la notification du jugement en cause.

ATTENTION Ce délai n'est pas un délai de saisine, mais le délai dans lequel le président doit prendre son ordonnance. Ainsi, une ordonnance par laquelle le président du tribunal administratif de Clermont-Ferrand a entendu apporter des corrections à un jugement rendu par ce tribunal après ce délai est entachée d'illégalité (CE, 28 avr. 1997, n° 150549, *Aubry et a.*).

d) En matière de recours en cassation

1538 Pour le **recours en cassation**, les dispositions de l'article R. 821-1 du Code de justice administrative prévoient un délai de deux mois à compter de la notification du jugement contesté, sauf dispositions contraires.

ATTENTION S'agissant des jugements rendus par les tribunaux administratifs, il n'y a pas de dispositions dérogatoires à ce délai de deux mois, sauf en matière de référés.

REMARQUE **Les dispositions combinées des articles R. 821-2 et R. 811-5 du Code de justice administrative prévoient la possibilité d'ajouter à ce délai de deux mois un délai de distance qui est d'un mois pour l'outre-mer et de deux mois pour l'étranger. Toutefois, ces dispositions ne sont applicables que si le jugement contesté a bien été notifié soit en outre-mer, soit à l'étranger, la simple domiciliation du requérant étant insuffisante à cet égard.**

2 Autres contrôles préalables

1539 Le conseil doit s'assurer que les autres conditions d'utilisation des recours en appel, en tierce opposition, en rectification d'erreur matérielle ou en cassation sont réunies.

C Pièces nécessaires

1540 Le requérant devra réunir les pièces suivantes :
- le jugement du tribunal administratif qu'il entend contester ;
- l'ensemble des éléments rassemblés lors de l'instance ayant donné lieu au jugement contesté.

D Coût de la procédure

1541 Les honoraires des avocats sont libres, et leur remboursement peut être demandé au titre des frais irrépétibles (CJA, art. L. 761-1).
L'aide juridictionnelle peut être demandée.
Si le requérant justifie des conditions de ressources et de sérieux des moyens posées par la loi n° 91-647 du 10 juillet 1991, il lui est possible de présenter une demande d'aide juridictionnelle en application des dispositions des articles R. 811-9 et R. 441-1 du Code de justice administrative. Cette demande devra alors être faite selon le cas de figure, soit devant le bureau d'aide juridictionnelle du tribunal judiciaire territorialement compétent, soit devant le bureau d'aide juridictionnelle du Conseil d'État qui ne pourra, le cas échéant, désigner qu'un avocat appartenant à l'ordre des avocats au Conseil d'État et à la Cour de cassation. Enfin, il n'existe plus de droit de timbre.

III Procédure

A Assistance et représentation

1 En matière d'appel

1542 Pour l'**appel**, il convient à nouveau de distinguer selon que l'appel est formé devant les cours administratives d'appel ou devant le Conseil d'État.

a) Devant les cours administratives d'appel

1543 Les dispositions de l'article R. 811-7 du Code de justice administrative, modifié par les récents décrets n° 2016-1480 du 2 novembre 2016, et n° 2017-493 du 6 avril 2017, imposent désormais le ministère d'avocat pour tout appel formé devant les cours.

Le Code de justice administrative prévoit à son article R. 811-7 que sont dispensés de ministère d'avocat :
- les demandes d'exécution d'un arrêt de la cour administrative d'appel ou d'un jugement rendu par un tribunal administratif situé dans le ressort de la cour et frappé d'appel devant celle-ci ;
- l'État, soit en demande, soit en défense, soit en intervention.

b) Devant le Conseil d'État

1544 Les dispositions de l'article R. 432-1 du Code de justice administrative imposent non seulement le ministère d'un avocat, mais surtout le ministère d'un avocat appartenant à l'ordre des avocats au Conseil d'État et à la Cour de cassation qui bénéficient en la matière d'un monopole légal. Il existe deux exceptions à ce principe : les recours formés par les ministres au nom de l'État (CJA, art. R. 432-4) et dans certains litiges : pour les recours en appréciation de légalité, en matière électorale, pour les litiges concernant la mise en œuvre des techniques de renseignement et des fichiers intéressant la sûreté de l'État relevant du chapitre III *bis* du titre VII du livre VII et pour les demandes d'exécution présentées en application du livre IX du code (CJA, art. R. 432-2, 2° à 5°).

ATTENTION Les dispositions du Code de justice administrative posent le principe selon lequel le juge d'appel peut rejeter comme irrecevable un recours présenté sans le ministère d'avocat et sans régularisation préalable, dès lors que la notification du jugement contesté en fait état (CJA, art. R. 811-7). Ce n'est en effet que si la notification du jugement ne mentionne pas cette obligation que le juge d'appel devra mettre en demeure le requérant de régulariser sa requête pour pouvoir lui opposer cette irrecevabilité.

2 En matière de tierce opposition

1545 Pour **la tierce opposition**, en application des dispositions de l'article R. 832-5 du Code de justice administrative, la tierce opposition est introduite dans les mêmes formes que la requête qui a donné lieu au jugement attaqué (CE, 2 juin 1933, *Ruez*). En particulier, le ministère d'avocat n'est obligatoire que s'il l'était dans l'instance ayant donné lieu à la décision contestée.

3 En matière de recours en rectification d'erreur matérielle

1546 Pour **le recours en rectification**, contrairement à la procédure applicable aux cours et au Conseil d'État (CJA, art. R. 833-1), le Code de justice administrative ne prévoit pas que le ministère d'avocat soit obligatoire pour présenter un tel recours, même dans le cas où la requête initiale l'était.

4 En matière de recours en cassation

1547 Pour le **recours en cassation**, le principe est l'obligation du ministère d'avocat au Conseil d'État. Les dispositions de l'article R. 821-3 du Code de justice administrative imposent non seulement le ministère d'un avocat, mais surtout le ministère d'un avocat appartenant à l'ordre des avocats au Conseil d'État et à la Cour de cassation qui disposent en la matière d'un monopole légal.

ATTENTION Les seules exceptions à l'obligation d'un avocat au Conseil d'État pour présenter un recours en cassation contre un arrêt de cour ne concernent que les recours formés par les ministres au nom de l'État (CJA, art. R. 432-4) et non pas les collectivités territoriales.

B Compétence

1548 Selon la voie de recours utilisée, le tribunal qui a rendu le jugement contesté (recours en tierce opposition, recours en rectification matérielle), la cour administrative d'appel (appel) ou le Conseil d'État (recours en cassation) seront compétents pour se prononcer sur le bien-fondé de ces quatre voies de recours.
Cependant des règles spécifiques relatives à l'appel sont à étudier.

1 Compétence matérielle

a) Répartition des compétences entre voies de recours : appel et cassation

1549 Les dispositions des articles R. 811-1 et R. 811-1-1 du Code de justice administrative fixent la répartition des compétences entre voies de recours. Elles posent, d'une part, un principe qui est celui que les jugements rendus par les tribunaux administratifs peuvent faire l'objet d'un appel. Elles prévoient, d'autre part, un certain nombre d'exceptions à ce principe où seul un pourvoi en cassation permet de contester le bien-fondé du jugement attaqué.
Les exceptions prévues par l'article R. 811-1 :
– les litiges relatifs aux prestations, allocations ou droits attribués au titre de l'aide ou de l'action sociale, du logement ou en faveur des travailleurs privés d'emploi, mentionnés à l'article R. 772-5, y compris le contentieux du droit au logement défini à l'article R. 778-1 ;
– les litiges en matière de consultation et de communication de documents administratifs ou d'archives publiques ;
– les litiges relatifs aux refus de concours de la force publique pour exécuter une décision de justice ;
– les litiges relatifs aux impôts locaux et à la contribution à l'audiovisuel public, à l'exception des litiges relatifs à la contribution économique territoriale ;
– les requêtes contestant les décisions prises en matière fiscale sur des demandes de remise gracieuse ;

– les litiges relatifs au permis de conduire ;
– les litiges en matière de pensions de retraite des agents publics ;
– sauf en matière de contrat de la commande publique sur toute action indemnitaire ne relevant pas des dispositions précédentes, lorsque le montant des indemnités demandées n'excède pas le montant déterminé par les articles R. 222-14 et R. 222-15 ;
– lorsque la juridiction en a été saisie avant le 1er janvier 2019, les litiges afférents aux actes énumérés par le 5° de l'article R. 311-2 ;
– les litiges relatifs aux visas de court séjour en France ;
– les litiges relatifs aux autorisations de voyage prévues par le règlement (UE) n° 2018/1240 du Parlement européen et du Conseil du 12 septembre 2018 ;
– lorsque la juridiction en a été saisie avant le 1er octobre 2022, les litiges mentionnés à l'article R. 811-1-2 ;
– les ordonnances prises sur le fondement du titre IV du livre V lorsque l'obligation dont se prévaut le requérant pour obtenir le bénéfice d'une provision porte sur un litige énuméré aux alinéas précédents ;
– les ordonnances prises sur le fondement du 6° de l'article R. 222-1 quel que soit l'objet du litige ;
– par dérogation aux dispositions qui précèdent, en cas de connexité avec un litige susceptible d'appel, les décisions portant sur les actions mentionnées au 8° peuvent elles-mêmes faire l'objet d'un appel. Il en va de même pour les décisions statuant sur les recours en matière de taxe foncière lorsqu'elles statuent également sur des conclusions relatives à cotisation foncière des entreprises, à la demande du même contribuable, et que les deux impositions reposent, en tout ou partie, sur la valeur des mêmes biens appréciée la même année.

Enfin, le tribunal administratif statue également en premier et dernier ressort sur les recours sur renvoi de l'autorité judiciaire et sur les saisines de l'autorité judiciaire en application de l'article 49 du Code de procédure civile.

L'article R. 811-1-1 prévoit que ne peuvent faire l'objet que d'un pourvoi en cassation les recours contre les décisions suivantes à l'exception des autorisations et actes afférents aux opérations d'urbanisme et d'aménagement des jeux Olympiques et Paralympiques de 2024 mentionnées au 5° de l'article R. 311-2 :
– les permis de construire ou de démolir un bâtiment comportant plus de deux logements, les permis d'aménager un lotissement, les décisions de non-opposition à une déclaration préalable autorisant un lotissement ou les décisions portant refus de ces autorisations ou opposition à déclaration préalable lorsque le bâtiment ou le lotissement est implanté en tout ou partie sur le territoire d'une des communes mentionnées à l'article 232 du CGI et son décret d'application ;
– les actes de création ou de modification des zones d'aménagement concerté mentionnés aux articles L. 311-1 et R. 311-3 du Code de l'urbanisme, et l'acte approuvant le programme des équipements publics mentionné à l'article R. 311-8 du même code, lorsque la zone d'aménagement concerté à laquelle ils se rapportent porte principalement sur la réalisation de logements et qu'elle est située en tout ou partie sur le territoire d'une des communes mentionnées à l'article 232 du CGI et son décret d'application.

Les décisions suivantes, afférentes à une action ou une opération d'aménagement, au sens de l'article L. 300-1 du Code de l'urbanisme, située en tout ou partie sur le territoire d'une des communes mentionnées à l'article 232 du CGI et son décret d'application, et dans le périmètre d'une opération d'intérêt national, au sens de l'article L. 102-12 du Code de l'urbanisme, ou d'une grande opération d'urbanisme, au sens de l'article L. 312-3 du même code :
– l'autorisation environnementale prévue à l'article L. 181-1 du Code de l'environnement et l'arrêté portant prescriptions complémentaires en application de l'article L. 181-14 du même code ;
– l'absence d'opposition à la déclaration d'installations, ouvrages, travaux et activités et l'arrêté portant prescriptions particulières mentionnées au II de l'article L. 214-3 du Code de l'environnement ;
– la dérogation mentionnée au 4° du I de l'article L. 411-2 du Code de l'environnement et l'arrêté portant prescriptions complémentaires en application de l'article R. 411-10-2 du même code ;
– le récépissé de déclaration ou l'enregistrement d'installations mentionnés aux articles L. 512-7 ou L. 512-8 du Code de l'environnement et les arrêtés portant prescriptions complémentaires ou spéciales mentionnées aux articles L. 512-7-5 ou L. 512-12 du même code ;
– l'autorisation de défrichement mentionnée à l'article L. 341-3 du Code forestier.

Toutefois, cette disposition ne s'applique qu'aux jugements statuant sur des recours dirigés contre les autorisations d'urbanisme mentionnées à cet article et non aux jugements statuant sur des recours formés contre des refus de délivrer ces autorisations (CE, 25 nov. 2015, n° 390370, *Cne de Montreuil : JurisData* n° 2015-026271 ; *Lebon* T., p. 924).

Il faut ajouter à ces exceptions prévues par le livre VIII du code, les litiges suivants :
– les litiges relevant des articles L. 521-1 et L. 521-3 du Code de justice administrative relatifs au référé-suspension et au référé mesures utiles ;
– les litiges relevant de l'article L. 521-2 du Code de justice administrative relatif au référé-liberté, à

la condition qu'il ait été rejeté en application de la procédure dite du tri (CJA, art. L. 522-3) ;
- les litiges relevant des articles L. 551-1 à L. 551-12 du Code de justice administrative relatifs au référé précontractuel et L. 551-13 à L. 551-23 du Code de justice administrative relatifs au référé contractuel ;
- les litiges relatifs à d'autres référés prévus par le livre V du Code de justice administrative ;
- en cas de connexité (CJA, art. R. 343-1, R. 343-2, R. 343-3 et R. 343-4).

ATTENTION Pour le calcul du montant ne dépassant pas 10 000 €, le montant est déterminé par la valeur totale des sommes demandées dans la requête introductive d'instance. Les demandes d'intérêts et celles qui sont présentées en application des dispositions de l'article L. 761-1 du Code de justice administrative sont sans effet sur la détermination de ce montant (CJA, art. R. 222-15).

b) Répartition des compétences entre juges d'appel

1550 Si la qualité de juge de droit commun de l'appel a été conférée aux cours administratives d'appel (CJA, art. L. 211-2), le Conseil d'État conserve certaines compétences dans ce domaine principalement fixées par les dispositions de l'article R. 321-1 du Code de justice administrative ainsi que pour certains référés :
- compétence d'appel du Conseil d'État en application de l'article R. 321-1 du Code de justice administrative. Cet article ne prévoit désormais qu'une seule compétence résiduelle d'appel au profit du Conseil d'État pour les appels formés contre les jugements des tribunaux administratifs sur les litiges relatifs aux élections municipales et cantonales ;
- compétence d'appel du Conseil d'État comme juge des référés. La répartition des compétences d'appel en matière de référé est des plus complexes. On se bornera à faire état des procédures les plus courantes :
• les appels formés contre une ordonnance prise en application des dispositions de l'article L. 521-2 du Code de justice administrative, à la condition que l'ordonnance ait été prise à la suite d'un audiencement de l'affaire,
• les appels formés contre une ordonnance prise en application des dispositions de l'article L. 555-1 du Code de justice administrative.

REMARQUE **Le Conseil d'État a une conception très large de la notion de « litiges relatifs aux élections municipales et cantonales ».**

REMARQUE **Si la première compétence d'appel ne pose pas beaucoup de problèmes, il en va différemment pour la seconde, car le Conseil d'État a une conception très large de la notion de « litiges relatifs aux élections municipales et cantonales ».**

ATTENTION Il ne faut pas oublier que la connexité (CJA, art. R. 343-1) entre deux affaires peut changer cette répartition des compétences au profit du Conseil d'État.

2 Compétence territoriale

1551 S'agissant d'un appel, la cour administrative d'appel territorialement compétente est celle dans le ressort de laquelle a son siège le tribunal administratif qui a rendu le jugement contesté (CJA, art. R. 322-1).

C Parties

1 En matière d'appel

1552 Concernant l'**appel**, toute partie présente dans une instance devant le tribunal administratif ou qui y a été régulièrement appelée, alors même qu'elle n'aurait produit aucune défense, peut interjeter appel contre toute décision juridictionnelle rendue dans cette instance (CJA, art. R. 811-1).

ATTENTION Devant les tribunaux administratifs comme devant les cours administratives d'appel, la voie de l'opposition est exclue au profit de l'appel. Ainsi, les parties qui n'ont pas produit, alors qu'elles ont été régulièrement mises en demeure de le faire, ne pourront pas utiliser cette voie de recours.

2 En matière de tierce opposition

1553 Pour la tierce opposition, ce sont les dispositions de l'article R. 832-1 du Code de justice administrative qui s'appliquent. Elles prévoient que : « Toute personne peut former tierce opposition à une décision juridictionnelle qui préjudicie à ses droits, dès lors que ni elle ni ceux qu'elle représente n'ont été présents ou régulièrement appelés dans l'instance ayant abouti à cette décision » Il faut toutefois noter que le Conseil d'État a récemment jugé qu'une tierce opposition

Contester un jugement d'un tribunal administratif

contre le jugement rendu par le tribunal administratif formée après qu'une partie a frappé ce jugement d'appel est irrecevable (CE, 2 juill. 2014, n° 366150).

3 En matière de recours en rectification d'erreur matérielle

a) À l'initiative du président

1554 Lorsque le président du tribunal constate que la minute d'un jugement ou d'une ordonnance est entachée d'une erreur ou d'une omission matérielle, il peut y apporter, par ordonnance rendue dans le délai d'un mois à compter de la notification aux parties de ce jugement ou de cette ordonnance, « les corrections que la raison commande ».

ATTENTION Il faut signaler que, concrètement, l'attention du président dans ce cas de figure est le plus souvent appelée par un des membres de la formation de jugement s'apercevant d'une erreur ou d'une omission matérielle une fois le jugement lu.

b) À l'initiative des parties

1555 Dans la mesure où le Code de justice administrative prévoit les conséquences d'un refus opposé au président de faire droit à une demande de rectification d'erreur matérielle signalée par une des parties au litige, il est loisible d'en tirer que celles-ci peuvent parfaitement saisir le président du tribunal d'une demande en ce sens. C'est d'ailleurs le plus souvent à l'initiative d'une partie que celui-ci est saisi sur le fondement de l'article R. 741-11 du Code de justice administrative.

ATTENTION Une personne qui n'a pas été partie à l'instance n'est pas recevable pour présenter un tel recours. Il est possible de transposer la solution jurisprudentielle (CE, 3 juin 2005, n° 276957, *Conroy : JurisData* n° 2005-068497) applicable aux cours et au Conseil d'État à la procédure applicable aux seuls tribunaux administratifs.

REMARQUE **Il existe toutefois une exception à ce principe relative au cas de l'avocat du bénéficiaire de l'aide juridictionnelle. Celui-ci peut, en son nom propre, former un recours en rectification d'erreur matérielle lorsque, dans le cadre d'une instance donnée, le juge omet de statuer sur ses conclusions tendant à obtenir, sur le fondement de l'article 37 de la loi n° 91-647 du 10 juillet 1991, le bénéfice des frais irrépétibles payés par la partie perdante plutôt que de percevoir la somme versée par l'État au titre de l'aide juridictionnelle (CE, 11 janv. 2006, n° 279878 : *JurisData* n° 2006-069541).**

4 En matière de recours en cassation

1556 Pour le **recours en cassation**, seules les parties au litige peuvent présenter un tel recours et parmi celles-ci, seules les parties ayant succombé. Un tel recours n'est pas ouvert à la partie gagnante.
Par une décision récente (CE, 17 juill. 2009, n° 288559 : *JurisData* n° 2009-005392), le Conseil d'État a jugé que peut faire l'objet d'un appel ou d'un pourvoi en cassation de la part du défendeur, nonobstant le dispositif de la décision juridictionnelle critiquée, une décision qui rejette les conclusions du demandeur comme portées devant un ordre de juridiction incompétent pour en connaître, laquelle, sans clore le litige, invite le demandeur à le poursuivre devant l'autre ordre de juridiction. Dans ce cas de figure, le défendeur est donc recevable à contester une décision juridictionnelle qui fait droit à ses conclusions de rejet de la requête.

D Rédaction de l'acte de saisine

1557 Pour **la tierce opposition** (CJA, art. R. 832-5) le recours doit être présenté dans les mêmes formes que celles dans lesquelles devait être introduite la requête initiale.
En revanche, les dispositions de l'article L. 822-1 du Code de justice administrative prévoient que le **recours en cassation** doit faire l'objet d'une procédure préalable d'admission. L'admission peut alors être refusée par décision juridictionnelle si le pourvoi est irrecevable ou n'est fondé sur aucun moyen sérieux.
Depuis le 1er janvier 2017, le décret n° 2016-1481 du 2 novembre 2016 (*JO* 4 nov. 2016) a modifié la rédaction de l'article R. 414-1 du Code de justice administrative. Il impose désormais **sous peine d'irrecevabilité** à toute une série de requérants une obligation de saisine par voie électronique. Cette obligation s'impose à un avocat, un avocat au Conseil d'État et à la Cour de cassation,

une personne morale de droit public autre qu'une commune de moins de 3 500 habitants ou un organisme de droit privé chargé de la gestion permanente d'un service public. La même obligation est applicable aux autres mémoires du requérant. Enfin, lorsqu'elle est présentée par une commune de moins de 3 500 habitants, la requête peut être adressée au moyen de cette application.

Cette obligation concerne non seulement les requêtes enregistrées à partir du 1er janvier 2017 mais également les mémoires et pièces produits à compter de cette date.

Il faut noter que les parties non personnes publiques peuvent utiliser une autre application dénommée « Télérecours citoyen ». Ce sont les dispositions des décrets n° 2018-251 du 6 avril 2018 et n° 2019-82 du 7 février 2019 qui l'ont mis en place aux articles R. 414-6 et suivants et R. 611-8-6 et suivants du Code de justice administrative.

E Instruction du dossier

1 Procédure d'admission des pourvois en cassation

1558 En application des dispositions de l'article R. 821-6 du Code de justice administrative, l'introduction du **pourvoi en cassation** suit les règles relatives à l'introduction de l'instance devant le Conseil d'État définies aux livres IV, VI et VII du même code. Toutefois, un certain nombre de dispositions dérogatoires sont applicables comme le prévoit expressément cet article.

Il faut en effet que le recours fasse l'objet d'une procédure spécifique : la procédure d'admission des pourvois.

L'admission peut alors être refusée par décision juridictionnelle si le pourvoi est irrecevable ou n'est fondé sur aucun moyen sérieux.

Lors de l'examen préalable du bien-fondé du recours par le président de la chambre chargée de l'instruire, trois solutions sont alors envisageables :

– le recours est jugé recevable et comporte un ou plusieurs moyens de cassation fondés. Il est alors aiguillé directement vers la procédure d'instruction ordinaire. Les dispositions de l'article R. 822-2 du Code de justice administrative prévoient que le requérant ou son mandataire est avisé de cette décision d'admission ;

– le président estime que le recours est irrecevable (pour défaut de ministère d'avocat ou comme entaché d'une irrecevabilité manifeste non susceptible d'être couverte en cours d'instance) ou qu'il est manifeste qu'aucun moyen sérieux n'est invoqué. Il le rejette alors par simple ordonnance prise en application de l'article R. 822-5 du Code de justice administrative ;

– le président a un doute sur la recevabilité ou le caractère fondé du pourvoi. Le recours fait l'objet d'une instruction rapide destinée à examiner son bien-fondé.

Dans ce dernier cas, le dossier est confié sans instruction préalable à un rapporteur. Puis les dispositions de l'article R. 822-2 du Code de justice administrative prévoient que le président de la chambre transmet le dossier au rapporteur public en vue de son inscription au rôle. Dans ce cas, le requérant ou son mandataire est averti du jour de la séance où la formation de jugement dans une composition collégiale se prononcera sur le bien-fondé du pourvoi.

Si le recours est admis soit directement, soit à la suite de son passage en audience publique, il fait l'objet d'une instruction contradictoire en application des règles habituelles devant la section du contentieux du Conseil d'État.

> ATTENTION Ce n'est qu'à ce stade que les autres parties sont averties de l'existence du pourvoi en cassation.

2 Convocation ou information des parties

a) Information des parties

1559 Les parties peuvent se renseigner auprès de la chambre du Conseil d'État ou de la chambre du tribunal ou de la cour à laquelle a été confiée l'instruction de leur requête.

Il est également possible de consulter l'état d'avancement de la procédure grâce à la téléprocédure et *via* le système informatique Sagace destiné aux requérants des juridictions administratives de droit commun.

> REMARQUE **Il est conseillé de donner les références de l'affaire qui sont portées sur l'accusé de réception de la requête.**

> ATTENTION Il n'est pas possible de joindre directement le rapporteur d'une affaire ni de connaître son nom avant l'audience.

> NOTA Pour ce faire, il vous suffit de contacter le greffe compétent par téléphone ou par courriel.

b) Convocation des parties

1560 **S'agissant du tribunal ou de la cour administrative d'appel**, la convocation à l'audience pour les parties hors téléprocédure se fait en application des dispositions de droit commun posées par l'article R. 711-2 du Code de justice administrative. Elles prévoient une notification faite par lettre recommandée avec demande d'avis de réception sept jours au moins avant l'audience. Toutefois, en cas d'urgence (CJA, art. R. 711-2, al. 2), ce délai peut être réduit à deux jours.
Cette convocation entraîne clôture de l'instruction trois jours francs avant la date de l'audience si aucune clôture n'a été prononcée avant cette date (CJA, art. R. 613-2).
Pour les parties visées par la procédure dite télérecours mentionnée à l'article R. 414-1, ce sont les dispositions de l'article R. 711-2-1 qui s'appliquent. Elles prévoient que les parties ou leur mandataire qui y sont inscrits peuvent être convoqués à l'audience par le moyen de cette application. Enfin, les parties qui ont accepté l'usage du téléservice mentionné à l'article R. 414-6 pour une affaire peuvent être convoquées au moyen de ce téléservice à l'audience à laquelle elle sera appelée.
S'agissant du Conseil d'État, la convocation des parties à l'audience se fait en application des dispositions prévues par l'article R. 712-1 du Code de justice administrative. Elles prévoient que quatre jours au moins avant la séance, les avocats au Conseil d'État et à la Cour de cassation sont avisés que les affaires pour lesquelles ils sont inscrits figurent au rôle.
En cas d'urgence, ce délai peut être réduit à deux jours par décision du président de la section du contentieux.
Pour les parties visées par la procédure dite télérecours mentionnée à l'article R. 414-1, ce sont les dispositions de l'article R. 712-2 qui s'appliquent. Elles prévoient que les parties ou leur mandataire qui y sont inscrits peuvent être convoqués à l'audience par le moyen de cette application. Enfin, les parties qui ont accepté l'usage du téléservice mentionné à l'article R. 414-6 pour une affaire peuvent être convoquées au moyen de ce téléservice à l'audience à laquelle elle sera appelée.
S'agissant des parties qui ne sont pas représentées par un avocat au Conseil d'État et à la Cour de cassation, elles sont « informées de l'inscription au rôle de leur affaire » (CJA, art. R. 712-1). Toutefois, l'usage est de les convoquer sept ou huit jours à l'avance par lettre recommandée avec accusé de réception.

ATTENTION Il est possible de demander un report de l'audience en cas d'impossibilité d'y assister. Toutefois, l'expérience montre qu'il est rarement accordé en raison du caractère essentiellement écrit de la procédure (CE, 18 oct. 2010, n° 326020, *Dossou*).

F Audience

1 Publicité, conclusions du rapporteur public et réponse des parties

1561 L'audience devant le Conseil d'État est publique et, en règle générale, avec le concours d'un rapporteur public auquel seuls les avocats au Conseil d'État représentant les parties peuvent répondre par de brèves observations orales (CJA, art. R. 733-1).
L'audience devant les tribunaux et les cours administratives d'appel est publique et, en règle générale, avec le concours d'un rapporteur public auquel les parties peuvent désormais répondre (CJA, art. R. 732-1).

ATTENTION S'agissant du recours en rectification matérielle, il est pris sous forme d'ordonnance sans audience publique (CJA, art. R. 741-11).

2 Formation de jugement

1562 En application des dispositions de l'article L. 3 du Code de justice administrative, la formation de jugement est collégiale, sauf si la loi en dispose autrement. Elle est le plus souvent en nombre impair.

REMARQUE **Si vous souhaitez avoir une information sur la composition de la formation de jugement, vous pouvez joindre soit la chambre du tribunal ou de la cour, soit la chambre à laquelle votre requête a été attribuée, ou consulter le site du Conseil d'État ou de la cour.**

ATTENTION S'agissant du recours en rectification matérielle, la compétence en revient au président du tribunal qui a rendu le jugement contesté et qui statue par ordonnance (CJA, art. R. 741-11).

G Décision

1 Forme de la décision

1563 Le jugement rendu par le tribunal, la décision rendue par le Conseil d'État et l'arrêt rendu par la cour doivent être motivés.

2 Contenu de la décision

a) En matière d'appel

1564 Si l'**appel** est jugé recevable et fondé, le jugement attaqué est annulé et, le cas échéant, si l'affaire est en l'état, elle sera rejugée par le juge d'appel. En cas inverse, elle sera renvoyée devant le tribunal administratif juge de première instance.

b) En matière de recours en tierce opposition

1565 Quand la **tierce opposition** est considérée comme recevable, la juridiction se livre à un nouvel examen de l'affaire en examinant les moyens exposés par l'auteur de la tierce opposition. Le juge est tenu d'examiner et de répondre auxdits moyens et ne peut se référer au fait que ces moyens auraient déjà été écartés au cours de l'instance ayant donné lieu à la décision contestée.

c) En matière de recours en rectification d'erreur matérielle

1566 Dans le cadre d'un **recours en rectification**, quand le président rectifie, le jugement est alors rectifié et l'erreur relevée corrigée par voie d'ordonnance. Quand le président n'y fait pas droit, la demande, dans le seul cas où elle émane d'une des parties, fait l'objet d'une décision de rejet qui peut être implicite en cas de silence gardé.

ATTENTION Seul le président de la juridiction en cause est compétent pour se prononcer sur une telle demande, à l'exclusion soit du président de la formation de jugement, soit de celui de la cour administrative d'appel territorialement compétente.

d) En matière de recours en cassation

1567 Enfin, si le **recours en cassation** n'est pas admis, la décision juridictionnelle de refus d'admission est notifiée au requérant ou à son mandataire (CJA, art. R. 822-3, al. 1er). Et si la formation de jugement ne refuse pas l'admission du pourvoi, il est procédé à l'instruction de l'affaire dans les conditions ordinaires (CJA, art. R. 822-3, al. 2). Et pour finir, si le recours en cassation est jugé recevable et fondé, le jugement attaqué est annulé.

3 Caractères et effets de la décision

a) En matière d'appel

1568 Si l'**appel** est jugé recevable et fondé, le juge d'appel va annuler le jugement attaqué et si l'affaire est en l'état, il va la rejuger. Si ce n'est pas le cas, il peut la renvoyer devant le tribunal qui l'a rendu.

b) En matière de recours en tierce opposition

1569 Si la **tierce opposition** est jugée recevable et fondée, la juridiction saisie d'une tierce opposition ne se prononce que sur les moyens soulevés devant elle et n'a pas à procéder à un réexamen complet de l'affaire, comme elle le fait par la voie de l'effet dévolutif quand elle est juge d'appel (CE, 3 juill. 1959, *Min. TP : Lebon*, p. 423).

c) En matière de recours en rectification d'erreur matérielle

1570 Pour le **recours en rectification**, quand le président y fait droit, le jugement est alors rectifié et l'ordonnance du président notifiée aux mêmes parties.

ATTENTION Cette ordonnance a pour effet de rouvrir le délai de recours contentieux. Il faut alors que cette correction, soit par elle-même, soit de façon indivisible avec d'autres parties du jugement ou de l'ordonnance qui en fait l'objet, ait une incidence sur la portée qui était la leur initialement (CE, 14 nov. 2005, n° 254313 : *JurisData* n° 2005-080800).

Quand le président n'y fait pas droit, la décision par laquelle il rejette la demande de rectification ne constituant pas une décision juridictionnelle, la présentation d'une telle demande ne peut prolonger le délai d'appel contre la décision dont la correction est demandée (CE, 26 juill. 1996, n° 146448 : *JurisData* n° 1996-050692).

d) En matière de pourvoi en cassation

1571 Enfin, dans le cas où il est fait droit au **pourvoi en cassation**, le Conseil d'État peut soit renvoyer l'affaire devant la même juridiction statuant, sauf impossibilité tenant à la nature de la juridiction, dans une autre formation, soit renvoyer l'affaire devant une autre juridiction de même nature, soit régler l'affaire au fond si l'intérêt d'une bonne administration de la justice le justifie (CJA, art. L. 821-2).

ATTENTION Il faut noter que le Conseil d'État décide de moins en moins de régler lui-même l'affaire et le renvoi devant la juridiction en cause est de plus en plus fréquent. Ensuite, il est tenu de renvoyer l'affaire si elle n'est pas en état d'être jugée devant lui. Enfin, l'article L. 821-1, alinéa 2, du Code de justice administrative prévoit qu'en cas de second pourvoi en cassation, le Conseil d'État doit juger lui-même l'affaire au fond.

H Fin de la procédure

1572 L'ordonnance, le jugement, la décision et l'arrêt doivent être régulièrement notifiés aux parties.

I Recours ou contestation

1 Recours ou contestation des parties

a) En matière d'appel

1573 Pour l'**appel**, il faut distinguer selon que l'appel a été formé devant le Conseil d'État ou devant une cour administrative d'appel :
– la décision rendue suite à un appel devant le Conseil d'État peut faire l'objet de la part des parties des mêmes voies de recours (recours en rectification d'erreur matérielle, recours en opposition ou recours en révision) que les autres décisions rendues par le Conseil d'État ;
– l'arrêt rendu suite à un appel devant une cour administrative d'appel peut faire l'objet d'un recours en tierce opposition, d'un recours en rectification d'erreur matérielle ou d'un recours en cassation.

b) En matière de recours en tierce opposition

1574 La décision rendue suite à un **recours en tierce opposition** peut faire l'objet de la part des parties des mêmes voies de recours que les autres arrêts rendus par un tribunal administratif, c'est-à-dire un recours en appel, un recours en rectification d'erreur matérielle ou un recours en cassation.

c) En matière de recours en rectification d'erreur matérielle

1575 Quand le président rectifie, l'ordonnance rendue suite à un **recours en rectification d'erreur matérielle** peut faire l'objet de la part des parties des mêmes voies de recours que les autres jugements rendus par un tribunal administratif, c'est-à-dire d'un recours en tierce opposition et d'un recours en appel ou en cassation. Et quand il ne fait pas droit au recours en rectification, une telle décision ne constituant pas une décision juridictionnelle, elle ne peut faire l'objet d'un appel (CE, 28 déc. 2001, n° 234291, *Coz*). La cour administrative d'appel de Versailles en a fort logiquement tiré que le refus d'user de ce pouvoir, alors même que le président du tribunal aurait cru opportun de l'exprimer par ordonnance, constitue une mesure d'administration de la justice qui n'est pas susceptible de recours devant le juge d'appel (CAA Versailles, 27 mars 2007, n° 07VE00202 : *JurisData* n° 2007-337644).

d) En matière de recours en cassation

1576 Les dispositions de l'article R. 823-2 du Code de justice administrative prévoient que la décision juridictionnelle de refus d'admission en **cassation** n'est susceptible que du recours en rectification d'erreur matérielle et du recours en révision.

ATTENTION Seule la partie qui a introduit le pourvoi peut contester la décision de non-admission. Les autres parties, et notamment le défendeur, ne peuvent contester le bien-fondé ni de la décision de refus d'admission ni de celle admettant le recours.

La décision rendue suite à un recours en cassation peut faire l'objet de la part des parties des voies de recours ouvertes devant le Conseil d'État, c'est-à-dire d'un recours en opposition, d'un recours en rectification d'erreur matérielle ou d'un recours en révision.

2 Recours ou contestation des tiers

1577 Les tiers peuvent, s'ils s'y croient fondés, former une tierce opposition contre l'arrêt ou la décision rendus suite à un **appel**.
La décision rendue suite à un **recours en cassation** peut faire l'objet de la part des tiers d'un recours en tierce opposition devant le Conseil d'État.
Rien n'interdit à un autre tiers de contester par la voie de la **tierce opposition** un jugement rendu à la suite de cette procédure.
Les tiers peuvent, s'ils s'y croient fondés, former une tierce opposition contre une telle ordonnance dans le seul cas où celle-ci fait droit à la demande de **rectification**.

CHECK-LIST **1. Appel**
- **Notification du jugement du tribunal administratif.**

• Préparation du dossier avec le client.
• Rassemblement des pièces indispensables justifiant du bien-fondé de l'appel (jugement attaqué, pièces justificatives).
• Possibilité de former dans le délai de recours une demande d'aide juridictionnelle.
• Rédaction de la requête introductive d'instance.
• Nécessité d'introduire la requête avant l'expiration du délai de recours contentieux.
• Possibilité de ne déposer qu'une requête sommaire.
• Dépôt du mémoire ampliatif (ou renoncement à produire celui-ci) avant l'expiration du délai imparti.
• Régularisation de la ou des mises en demeure envoyées par le secrétariat du contentieux.
• Possibilité de connaître le sens des conclusions du rapporteur public.

2. Tierce opposition

Pour la tierce opposition, il faut distinguer selon que la décision contestée a ou non fait l'objet d'une notification, car les règles en matière de délai sont différentes.

• En cas de notification de la décision contestée :
- notification de la décision rendue par défaut ;
- préparation du dossier avec le client ;
- rassemblement des pièces indispensables justifiant de la tierce opposition (décision attaquée, pièces justificatives) ;
- possibilité de former dans le délai de recours une demande d'aide juridictionnelle ;
- rédaction de la requête introductive d'instance ;
- nécessité d'introduire la requête avant l'expiration du délai de recours contentieux ;
- possibilité de ne déposer qu'une requête sommaire ;
- dépôt du mémoire ampliatif (ou renoncement à produire celui-ci) avant l'expiration du délai imparti ;
- régularisation de la ou des mises en demeure envoyées par le greffe de la chambre ;
- possibilité de connaître le sens des conclusions du rapporteur public.

• En absence de notification de la décision :
- préparation du dossier avec le client ;
- rassemblement des pièces indispensables justifiant de la tierce opposition (décision attaquée, pièces justificatives) ;
- possibilité de former une demande d'aide juridictionnelle ;
- rédaction de la requête introductive d'instance ;
- possibilité de ne déposer qu'une requête sommaire ;
- dépôt du mémoire ampliatif (ou renoncement à produire celui-ci) avant l'expiration du délai imparti ;
- régularisation de la ou des mises en demeure envoyées par le secrétariat du contentieux ;
- possibilité de connaître le sens des conclusions du rapporteur public.

3. Recours en rectification d'erreur matérielle

Pour le recours en rectification d'erreur matérielle :
- notification de la décision entachée d'erreur matérielle ;
- préparation du dossier avec le client ;
- rassemblement des pièces indispensables justifiant du recours en rectification d'erreur matérielle (décision attaquée, pièces justificatives) ;
- rédaction de la demande de rectification sous forme de simple lettre ;
- nécessité d'introduire la demande avant l'expiration du délai d'un mois.

4. Recours en cassation

• Notification du jugement du tribunal administratif.
• Préparation du dossier avec le client.
• Rassemblement des pièces indispensables justifiant du bien-fondé du recours en cassation (arrêt attaqué, pièces justificatives).
• Possibilité de former dans le délai de recours une demande d'aide juridictionnelle.
• Rédaction de la requête introductive d'instance.
• Nécessité d'introduire la requête avant l'expiration du délai de recours contentieux.
• Possibilité de ne déposer qu'une requête sommaire.
• Dépôt du mémoire ampliatif (ou renoncement à produire celui-ci) avant l'expiration du délai imparti.

• Régularisation de la ou des mises en demeure envoyées par le secrétariat du contentieux.

• Possibilité de connaître le sens des conclusions du rapporteur public.

POUR ALLER PLUS LOIN...

Fascicules JurisClasseur

• *JCl. Administratif*, fasc. 1104-10 et 1104-20, *Appel*, par A. Béal.

• *JCl. Administratif*, fasc. 1108, *Voies de rétractation et autres voies de recours hors appel et cassation*, par A. Béal.

• *JCl. Administratif*, fasc. 1073, *Cours administratives d'appel. Compétence*, par A. Béal.

Synthèses JurisClasseur

• *JCl. Administratif*, Synthèse 350, *Procédure*, par C. Broyelle.

• *JCl. Justice administrative*, Synthèse 60, *Voies de recours et exécution des décisions*, par A. Béal.

Ouvrage et code

• D. Chabanol, *La pratique du contentieux administratif*, LexisNexis, 13 éd., 2020.

• C. Huglo et C. Lepage, *Code de justice administrative*, LexisNexis, 12 éd., 2022.

Fiche pratique

• V. Fiche 61 : Identifier le tribunal administratif territorialement compétent.

Fiche 64

Introduire un référé-provision

Stéphane DEWAILLY

Sommaire

I Aperçu rapide

A Caractéristiques générales

1578 Le titre IV du Code de justice administrative consacré aux référés-provision ne comporte pas de dispositions législatives spécifiques.

La rédaction des articles R. 541-1, R. 541-2, R. 541-3, R. 541-4, R. 541-5 et R. 541-6 du Code de justice administrative est issue du décret n° 2000-1115 du 22 novembre 2000.

Le Conseil d'État le présente en précisant que « l'objet du référé-provision organisé par l'article R. 541-1 est de permettre le versement rapide d'une provision, assortie le cas échéant d'une garantie, dans les cas où la créance invoquée par le demandeur n'apparaît pas sérieusement contestable » (CE, 10 juill. 2002, n° 244411 : *JurisData* n° 2002-080196 ; *Lebon*, p. 271).

B Conditions d'utilisation

1579 La provision relève donc, en principe, de la compétence du juge des référés statuant seul puisqu'elle est une mesure provisoire.

Notons qu'une demande présentée devant le juge des référés peut toujours être renvoyée à l'examen d'une formation collégiale notamment lorsque la complexité ou l'importance de l'affaire le justifient (CE, 13 juill. 1956, n° 37649, *Secr. d'État Reconstruction et Log. c/ Éts Piéton-Guibout*. – CE, 5 janv. 2005, n° 272032, *Sté Weiler*).
Lorsque la demande est irrecevable, elle peut être rejetée par application des dispositions des articles R. 122-12 et R. 351-4 du code pour le Conseil d'État, et R. 222-1 et R. 351-4 pour les tribunaux administratifs et les cours administratives d'appel (CE, ord., 19 juill. 2002, n° 248742 : *JurisData* n° 2002-064344).
Le juge des référés peut rejeter une requête au motif qu'elle n'a pas été transmise par voie électronique après avoir invité à régulariser (CE, 17 nov. 2017, n° 415439). Pour rejeter cette requête, le Conseil d'État relève que l'article R. 414-1 du Code de justice administrative, qui prévoit que, lorsqu'elle est présentée par un avocat, la requête doit, à peine d'irrecevabilité, être adressée à la juridiction par voie électronique au moyen d'une application informatique dédiée accessible par le réseau internet, est applicable aux référés d'urgence. Sont seuls dispensés de cette obligation, en vertu du 2° de l'article R. 522-3 du Code de justice administrative, les mandataires non encore inscrits dans cette application. En l'espèce, l'avocat mandataire de M. A. était inscrit sur la plateforme Télérecours et a été invité, le 10 novembre 2017, à régulariser la requête d'appel en l'adressant au Conseil d'État par voie électronique au moyen de cette application. Faute d'avoir procédé à la régularisation requise avant la clôture de l'instruction, la requête de M. A., a été rejetée comme irrecevable.

1 Conditions particulières

1580 Rappelons que la règle du privilège du préalable s'applique pleinement (CE, 30 mai 1913, *Préfet Eure : Lebon*, p. 583). La personne publique n'est pas recevable à saisir le juge administratif d'une demande tendant à la condamnation d'un tiers à lui payer une somme dont elle estime qu'elle est créancière (CE, 29 juin 1992, n° 78052 : *JurisData* n° 1992-045268).
Exception faite concernant le recouvrement des créances liées à l'exécution, ou à l'inexécution d'un contrat (CE, 5 nov. 1982, n° 19413 : *JurisData* n° 1982-042018. – CE, 30 déc. 1998, n° 151108 : *JurisData* n° 1998-051518. – CE, 30 sept. 2019, n° 419381, *Sté Valéor : JurisData* n° 2019-015991).
Par conséquent, si le requérant peut recouvrer la créance par l'émission d'un titre exécutoire, il n'est pas recevable à saisir le juge du référé-provision (CAA Lyon, 22 févr. 1994, n° 93LY00351 : *JurisData* n° 1994-044782 ; *Lebon* T., p. 1112) et ne peut renoncer contractuellement ni à ce pouvoir ni à sa faculté de saisir le juge administratif (CE, 30 sept. 2019, préc.).
Recours administratif préalable obligatoire : la demande formée directement devant le juge du référé-provision doit être rejetée comme irrecevable, dès lors que les règles particulières du contentieux l'exigent, comme en matière contractuelle où l'exercice d'un recours préalable peut être exigée en cas de différend, le référé-provision ne sera recevable que si cette démarche a été engagée et a été menée à son terme (CE, 16 déc. 2009, n° 326220, *Sté d'architecture Groupe 6 : JurisData* n° 2009-016881. – CE, 10 juin 2009, n° 322242, *Sté cogénération et production Boe : JurisData* n° 2009-075609). Il faut en outre, s'agissant du décompte général d'un marché, qu'il n'ait pas acquis un caractère définitif (CAA Nancy, ord., 22 févr. 2017, n° 16NC02565).
Notons toutefois que, dans une jurisprudence récente, le Conseil d'État a estimé que le juge du référé-provision peut être le juge devant lequel le titulaire du marché porte ses réclamations dans le délai de six mois prévu par l'article 50.3 du CCAG Travaux (CE, 27 janv. 2017, n° 396404, *Sté Tahitienne de construction*). En revanche, dans cette même décision, il a estimé que le juge des référés-provision, saisi d'une demande d'expertise, n'était pas le tribunal administratif compétent pour régler le litige mentionné par l'article 50.32 du CCAG Travaux (confirmant : CE, 18 sept. 2015, n° 384523, *Sté Avena BTP*).
Le Conseil d'État a aussi jugé que le mandataire du maître d'ouvrage peut, comme le maître d'ouvrage être « solidairement » condamné au versement d'une provision : « (...) la SEMSAMAR, agissant en tant que mandataire du SIAEAG, avait accepté la société Eiffage Energie Systèmes Guadeloupe comme sous-traitant et agréé ses conditions de paiement, que l'existence de la créance que celle-ci détenait du fait de l'exécution des prestations qui lui avaient été sous-traitées n'était pas contestée et que la SEMSAMAR était chargée, en vertu de la convention de mandat de maîtrise d'ouvrage conclue avec le SIAEAG, du règlement des prestations accomplies par les entreprises intervenant sur le chantier » (CE, 18 sept. 2019, n° 425716, *SEMSAMAR : JurisData* n° 2019-015772).
Cependant, si le Conseil d'État a rappelé l'exigence d'une demande préalable adressée à l'administration sous peine d'irrecevabilité de la requête (CE, 23 sept. 2019, n° 427923, *Min. Justice Garde des Sceaux : JurisData* n° 2019-016211), il a nuancé cette exigence en indiquant que : « (...) l'intervention d'une telle décision en cours d'instance régularise la requête, sans qu'il soit nécessaire que le requérant confirme ses conclusions et alors même que l'administration aurait auparavant opposé une

fin de non-recevoir fondée sur l'absence de décision » (CE, 7 juill. 2023, n° 471401. – CE, avis, 27 mars 2019, n° 426472, *Cts R : JurisData* n° 2019-004524).

2 Conditions de fond

1581 La demande présentée doit résulter d'une **obligation non sérieusement contestable**, c'est-à-dire que :

– le requérant est le créancier ou une personne régulièrement habilitée à s'exprimer en son nom ;
– sa créance n'est pas prescrite, y compris dans l'hypothèse où elle a été invoquée irrégulièrement en première instance devant le juge des référés du tribunal administratif, dès lors que ce moyen est soulevé en appel avant que la juridiction saisie du litige au premier degré se soit prononcée sur le fond (CAA Marseille, 3 févr. 2012, n° 11MA01285, *Cne de Noves*) ;
– le défendeur à l'instance est le débiteur de ladite somme ;
– enfin, l'obligation de la dette du débiteur paraît, en l'état du dossier, évidente ou empreinte de certitude (V. pour un exemple de créances dont le caractère non contestable n'est pas établi : CE, 22 oct. 2008, n° 309956, *Cne de Plesvin-les-Grèves : JurisData* n° 2008-074358. – CE, 21 janv. 2011, n° 339647, *Sté nationale immobilière : JurisData* n° 2011-000427), même partiellement (V. pour un préjudice continu dont seule une partie de la demande de provision présente un caractère de certitude : CE, 3 déc. 2018, n° 412010, *M. B : JurisData* n° 2018-022065).

La jurisprudence admet que les dommages accidentels, causés aux tiers, imputables à l'exécution de travaux publics constituent une obligation non sérieusement contestable pour obtenir une provision, à moins pour le maître d'ouvrage ou, le cas échéant, l'architecte et l'entrepreneur chargé des travaux, d'établir avec un degré suffisant de certitude l'existence d'un cas de force majeure ou d'une faute de la victime (CE, 27 avr. 2021, n° 436820, *Eurométropole de Strasbourg et a.*).

La détermination du débiteur est d'ordre public, puisque l'on ne peut condamner une personne publique ou privée à payer une somme qu'elle ne doit pas.

Il n'y a pas d'obligation non sérieusement contestable si le débiteur désigné n'est pas justement identifié :

– parce qu'il y a confusion de personnes ou qu'existe une incertitude quant à l'identité du débiteur notamment dans le cas de successions, cessions ou transferts d'entreprise (CE, 3 déc. 2003, n° 253748 : *JurisData* n° 2003-066153) ;
– parce que le requérant désigne comme débiteur une personne qu'il considère comme responsable des désordres dont il demande l'indemnisation alors que ces désordres ont – au moins pour une part significative – une cause extérieure (CE, 2 juin 2004, n° 230729 : *JurisData* n° 2004-066946 – effondrement d'un talus imputable, au moins en partie, à des pluies torrentielles).

L'obligation peut être contestée et/ou être contestable. Le caractère contestable peut être attaché à la somme (indemnité) demandée et/ou au principe de la demande.

Il peut porter sur le principe de l'obligation, le juge est tenu d'examiner si, en l'état de l'instruction, cette obligation n'est pas effectivement sérieusement contestable. La jurisprudence estime nécessaire qu'il y ait un degré de certitude suffisant sur le principe et sur le montant de la créance. Le juge du référé-provision détermine l'existence d'une obligation en déroulant le même raisonnement que le ferait le juge du fond.

Le caractère non sérieusement contestable de l'obligation doit être établi par le requérant et peut résulter soit de ses allégations non contredites, soit des pièces figurant au dossier soumis au juge (notons que l'absence de décompte général et définitif ne fait pas obstacle à la condamnation en référé-provision, d'un constructeur dont l'obligation n'est pas contestable : CE, 2 juin 2004, n° 230729 : *JurisData* n° 2004-066946 ; de même, lors de la réception d'un ouvrage avec réserves, pour faire valoir la créance née au titre de la responsabilité décennale des constructeurs : CE, 16 janv. 2012, n° 352122, *Cne de Château d'Oléron : JurisData* n° 2012-000382).

Si un jugement ou un arrêt reconnaît qu'une partie détient une créance sur une autre, mais la renvoie devant l'autorité compétente pour qu'il soit procédé à la liquidation de cette créance, cette partie peut, sans que les dispositions de l'article L. 911-4 du Code de justice administrative (juge de l'exécution) y fassent obstacle, saisir le juge des référés, sur le fondement de l'article R. 541-1 du même code, d'une demande tendant à ce que lui soit allouée une provision au titre de la créance en cause. Celle-ci doit alors être évaluée en fonction du caractère non sérieusement contestable de l'obligation résultant du jugement ou de l'arrêt qui n'a pas reçu exécution (CE, 27 juill. 2015, n° 373057 : *JurisData* n° 2015-017911).

À cet égard, le juge peut fixer le montant de la provision en faisant « une juste appréciation », couvrant notamment un préjudice moral (CE, 5 déc. 2005, n° 275616, *Éts français du sang : JurisData* n° 2005-069366), ce qui n'enferme donc pas, contrairement à une idée reçue, son office au seul cas dans lequel un demandeur présente une facture définitive pour un préjudice matériel.

Lorsqu'une demande de référé-provision implique de trancher une question de droit soulevant une difficulté sérieuse, le juge des référés ne peut estimer que l'obligation n'est pas sérieusement contestable et accorder une provision (CE, 29 janv. 2003, n° 250345 : *JurisData* n° 2003-080308. – CE, 17 déc. 2003, n° 250494 : *JurisData* n° 2003-066152 pour le choix du taux de TVA applicable). Dès lors, il lui sera loisible de trancher une question de droit nouvelle si elle ne présente pas de difficulté (CE, 8 mars 2006, n° 273362 : à propos de la qualification de salarié de droit privé d'un directeur général d'OPHLM).

Le juge du référé-provision doit rechercher si les circonstances dans lesquelles a été commise l'irrégularité invoquée imposent d'écarter le contrat (CE, 12 janv. 2011, n° 338551 : *JurisData* n° 2011-000207 ; *AJDA* 2011, p. 71 ; *ibid.* p. 665, chron. A. Lallet et X. Domino ; *AJCT* 2011, p. 129, obs. A. Burel). Si la réponse est positive (dans cette affaire une clause de tacite reconduction) le juge n'a pas l'obligation d'analyser les circonstances dans lesquelles elle a été commise avant de rejeter la requête.

Dans cette dernière hypothèse, le juge des référés saisi n'a pas à transmettre au Conseil d'État pour avis (CJA, art. L. 113-1), une question de droit liée à l'existence de l'obligation invoquée devant lui, parce que, dans ce cas, l'existence de l'obligation est par construction contestable (CE, avis, 3 oct. 2012, n° 360480, *Sté Colas Nord Picardie*).

C Avis du professionnel

1582 Procédure utile si les démarches préalables du créancier auprès de la personne publique ont échoué.

Il convient de faire attention aux délais de prescription applicables pour réclamer.

> ATTENTION Le Conseil d'État a rappelé, dans une décision du 3 mars 2008 (CE, 3 mars 2008, n° 308275, *Min. Défense c/ Cne d'Aiguines : JurisData* n° 2008-073244) que la saisine du juge du référé-provision s'oppose au dépôt simultané d'une requête au titre du référé mesures utiles dès lors que l'article R. 541-1 du Code de justice administrative donne des pouvoirs généraux d'instruction au juge du référé-provision.

Il est nécessaire de recueillir les éléments permettant d'établir le caractère incontestable de la créance avant de demander au juge de lui accorder une provision. Le Conseil d'État rappelant que seuls les préjudices directs et certains sont indemnisables (CE, 17 déc. 2007, n° 304626, *Cne de Montreuil : JurisData* n° 2007-072882).

La rapidité de la procédure permet de recouvrer ses droits à brève échéance, sans devoir attendre l'issue d'une procédure au fond. Cela n'empêche pas la personne condamnée par le juge des référés au paiement d'une provision la faculté de saisir, dans les conditions qu'il fixe, le juge du fond d'une demande de fixation définitive du montant de sa dette (CE, 6 nov. 2020, n° 433940, *Cté agglo. Du Muretain*). Précisons qu'est irrecevable la demande tendant à l'octroi d'une provision formée devant le juge des référés, lorsque celle-ci porte sur l'obligation en litige dans l'instance ayant donné lieu au prononcé du sursis à exécution (CE, 6 nov. 2020, n°s 439598, 441324 et 441620, *Sté Corsica Ferries et a.*).

En défense, il est important de contester non seulement le bien-fondé de la demande, mais aussi de démontrer, documents à l'appui, que l'obligation est sérieusement contestable et notamment d'établir, lorsqu'il s'agit de la réparation de dommages accidentels causés à des tiers lors de l'exécution de travaux publics, « avec un degré de certitude suffisant » qu'ils résultent d'un cas de force majeure ou d'une faute de la victime (CE, 27 avr. 2021, n° 436820, *Eurométropole de Strasbourg et SMACL Assurances*).

L'argument selon lequel le défendeur détient une créance sur le requérant étant sans incidence, dès lors que le juge du référé-provision ne peut procéder à une compensation (CE, 18 juin 2014, n° 372803, *EDF : JurisData* n° 2014-013618).

Le tribunal administratif, saisi sur le fondement de l'article R. 541-4 du Code de justice administrative (CJA) d'une demande de fixation définitive du montant de sa dette par une personne condamnée par le juge des référés au paiement d'une provision, statue sur cette requête en premier et dernier ressort lorsque, eu égard à la nature de l'obligation au titre de laquelle la provision a été allouée, le litige est au nombre de ceux qui, en vertu des dispositions de l'article R. 811-1 du Code de justice administrative, relèvent de la compétence de premier et dernier ressort des tribunaux administratifs. Pour l'appréciation du seuil déterminé par les articles R. 222-14 et R. 222-15 du même code, il y a lieu de prendre en compte le montant que le bénéficiaire de la provision avait demandé dans sa requête (CE, 4 juin 2014, n° 364445, *Meunier : JurisData* n° 2014-012070).

D Textes

1 Textes codifiés

- CJA, art. R. 541-1, R. 541-2, R. 541-3, R. 541-5, R. 541-4 et R. 541-6.

2 Textes non codifiés

- D. n° 2000-1115, 22 nov. 2000.

E Schéma procédural

1583 • Inscription de la mention « référé » sur la requête ainsi que, le cas échéant, sur l'enveloppe qui la contient (CJA, art. R. 522-3).
• Satisfaction des conditions habituelles de présentation des requêtes : notamment indiquer les nom et domicile des parties et contenir l'exposé des faits et moyens, ainsi que l'énoncé des conclusions soumises au juge (CJA, art. R. 411-1).
• Le juge des référés n'est pas tenu de convoquer les parties à l'audience.
• En cas d'audience, celle-ci doit être publique.
• Ordonnance du juge des référés.
• Ouverture des délais de recours.

II Préparation du dossier

A Informations préalables

1584 Le référé-provision vise à permettre le versement rapide d'une provision, assortie le cas échéant d'une garantie, dans les cas où la créance invoquée par le demandeur n'apparaît pas sérieusement contestable (CE, 10 juill. 2002, n° 244411, *SARL Grey Diffusion : JurisData* n° 2002-080196). Il ne nécessite plus le dépôt d'une requête au fond.

B Contrôles préalables

1585 Bien vérifier que la provision sollicitée se rattache ou est susceptible de se rattacher à un litige principal n'échappant pas à la compétence de la juridiction administrative et de la juridiction administrative saisie.
La demande présentée repose sur une obligation non sérieusement contestable, c'est-à-dire que :
– le requérant est le créancier ou une personne régulièrement habilitée à s'exprimer en son nom ;
– le défendeur à l'instance est le débiteur de ladite somme ;
– enfin, l'obligation de la dette du débiteur paraît, en l'état du dossier, évidente ou empreinte de certitude ; pour regarder une obligation comme non sérieusement contestable, il appartient de s'assurer que les éléments qui sont soumis au juge sont de nature à en établir l'existence avec un degré suffisant de certitude (CE, sect., 6 déc. 2013, n° 363290, *Thévenot : JurisData* n° 2013-027910) et, le cas échéant, de présenter des garanties (V. déc.) ou des appels en garantie, lorsque le partage de responsabilité est défendu (sol. impl., CE, 16 janv. 2012, n° 352122, *Cne de Château d'Oléron : JurisData* n° 2012-000382. – CAA Paris, 10 oct. 2010, n° 99PA03847, *Sté OTH*) ;
– elle est chiffrée.
Elle a été précédée d'une demande (réclamation) préalable (apporter la copie de cette décision et la preuve de son envoi) si les règles du contentieux l'exigent (voir en matière fiscale ou en matière de marchés publics).

1 Délai pour agir

1586 **Pas de délai prescrit pour le requérant**, mais un envoi en lettre recommandée avec accusé de réception, pour valider la date d'enregistrement (sous la réserve de l'application des prescriptions légales si la réclamation n'a pas été faite dans les délais, V. L. n° 2008-561, 17 juin 2008 portant réforme de la prescription. – CAA Bordeaux, ord., 16 févr. 2017, n° 16BX02753, *Fagotto*) ou une transmission par voie électronique avec l'application Télérecours.

ATTENTION Notons que les parties ou leur mandataire sont réputés avoir reçu la communication ou la notification à la date de première consultation du document qui leur a été adressé ou à défaut de consultation, dans les deux jours ouvrés à compter de la mise à disposition du ou des document(s) dans l'application (CJA, art. R. 611-8-2).

a) Particularité en matière fiscale

1587 Une demande de provision peut être introduite, avant l'expiration du délai de six mois, imparti à l'administration par l'article R. 198-10 du Livre des procédures fiscales pour statuer sur une réclamation relative au remboursement du crédit de TVA (CE, 10 juill. 2002, n° 244411 : *JurisData* n° 2002-080196).
De même, une créance détenue sur l'État au titre d'une imposition acquittée à tort entre dans le champ de la procédure de référé-provision (CE, 21 déc. 2023, n° 488282, *MINEFE*).

b) Particularité pour le débiteur

1588 L'article R. 541-4 du Code de justice administrative prescrit que :

> « Si le créancier n'a pas introduit de demande au fond dans les conditions de droit commun, la personne condamnée au paiement d'une provision peut saisir le juge du fond d'une requête tendant à la fixation définitive du montant de sa dette, dans un délai de deux mois à partir de la notification de la décision de provision rendue en première instance ou en appel ».

Toutefois, si lorsque le juge du fond infirme partiellement ou totalement l'ordonnance accordant une provision, lorsqu'il statue sur la fixation définitive du montant de la créance, le débiteur doit nécessairement reverser tout ou partie de la somme accordée dans le cadre du référé-provision. Le Conseil d'État a cependant précisé que « (...) tel n'est pas le cas lorsque le juge du fond rejette la demande dont il est saisi pour un motif tiré de l'irrecevabilité ou de la prescription de l'action au fond. En ce cas, les sommes accordées par le juge des référés à titre de provision sont définitivement acquises » (CE, 20 juill. 2022, n° 455106, *Coll. Territ. Guyane*).

Toutefois, l'article R. 541-6 du Code de justice administrative (CJA), applicable aux demandes de sursis à exécution des décisions par lesquelles le juge des référés de première instance ou d'appel a accordé une provision, ne fait pas obstacle à ce qu'il soit demandé au Conseil d'État, sur le fondement de l'article R. 821-5 du même code, de surseoir à l'exécution de la décision par laquelle le juge d'appel, après avoir annulé la décision du premier juge accordant la provision, rejette la demande de provision et oblige ainsi le demandeur à rembourser la provision qui lui avait été versée en exécution de la première décision (CE, 11 avr. 2024, n° 490484, *Sté Entr. Construction Bâtiment*).

2 Intérêt et qualité à agir

1589 Seule justifie d'un intérêt lui donnant qualité pour agir devant le juge du référé-provision, la personne qui peut présenter la demande sur le fond ou celui qui la représente valablement (CAA Nantes, 20 déc. 1995, n° 94NT00709 : *JurisData* n° 1995-053182 ; *Lebon*, p. 562).

Il ne peut être dérogé à la condition de la qualité à agir qu'eu égard à la condition d'urgence et à la brièveté des délais pour saisir le juge (CE, 28 nov. 1980, n° 17732, *Ville de Paris : Lebon*, p. 446 pour un maire ayant saisi le juge sans autorisation préalable du conseil municipal. – CE, 18 janv. 2001 : *JurisData* n° 2001-140064 concernant le délai pour se pourvoir au nom de la commune contre une ordonnance qui ne permettait pas de saisir en temps utile le conseil municipal).

ATTENTION Par extrapolation, plusieurs cours administratives d'appel ont estimé qu'il n'y avait pas lieu de vérifier la régularité de l'habilitation du requérant (CAA Lyon, 31 déc. 1996, n° 96LY00810 : *JurisData* n° 1996-055051 ; *Lebon* T., p. 1075 pour une association. – CAA Nantes, 3 juill. 1996, n° 95NT01493 : *JurisData* n° 1996-046789 ; *Lebon* T., p. 1084 pour un syndicat), ni l'existence de cette habilitation (CAA Versailles, 30 mai 2006, n° 05VE01721 : *JurisData* n° 2006-304072 qui juge que le directeur d'une maison de retraite peut agir en justice dans le cadre d'une demande de provision sans y être habilité par le conseil d'administration).
Mais la cour administrative d'appel de Paris applique strictement les règles de représentation (CAA Paris, 1er juill. 1997, nos 97PA00068 et 97PA00069 : *JurisData* n° 1997-045817, seul le mandataire commun justifie de sa qualité pour demander une provision sur le fondement du contrat).
La demande tendant au paiement d'une somme d'argent, doit, à peine d'irrecevabilité, être présentée soit par un avocat, soit par un avocat au Conseil d'État et à la Cour de cassation, soit par un avoué en exercice dans le ressort du tribunal administratif intéressé (CJA, art. R. 431-2) sauf si la créance alléguée se rattache à un des litiges pour lesquels le ministère d'avocat n'est pas obligatoire.

C Pièces nécessaires

1590 La requête est présentée par un seul créancier ou par plusieurs conjointement, la demande doit être présentée par une requête distincte (CE, ord., 8 août 2004, n° 274877 : *JurisData* n° 2004-067801 ; *Lebon* T., p. 810).

Elle est dirigée contre le débiteur lui-même.

Elle ne peut être introduite en complément d'une demande de suspension formée sur le fondement de l'article L. 521-1 du Code de justice administrative.

Il en va de même si la demande se fonde, à titre principal, sur l'article R. 541-1 et à titre subsidiaire sur l'article L. 521-3 de ce code (CE, 15 avr. 2005, n° 267298 : *JurisData* n° 2005-068316).

NOTA En cas de présentation conjointe, chacun des créanciers devra donc rédiger sa propre requête. Le juge les joindra par la suite.

D Coût de la procédure

1591 La procédure est gratuite devant les juridictions administratives.

Honoraires libres des avocats.

III Procédure

A Assistance et représentation

1592 La demande tendant au paiement d'une somme d'argent, doit, à peine d'irrecevabilité, être présentée soit par un avocat, soit par un avocat au Conseil d'État et à la Cour de cassation, soit par un avoué en exercice dans le ressort du tribunal administratif intéressé (CJA, art. R. 431-2) sauf si la créance alléguée se rattache à un des litiges pour lesquels le ministère d'avocat n'est pas obligatoire.

EXEMPLE **Devant les tribunaux administratifs, sont concernés, notamment, les litiges individuels concernant les agents publics, les travaux publics, les pensions, l'aide sociale et les litiges dans lesquels le débiteur de l'obligation est une collectivité territoriale ou un établissement public en relevant (CJA, art. R. 431-3).**

Depuis l'intervention du décret n° 2003-543 du 24 juin 2003 relatif aux cours administratives d'appel, l'appel n'est plus dispensé du ministère d'avocat, pour ce qui est susceptible de justifier une demande de provision. Seuls les seuls litiges en matière de contraventions de grande voirie mentionnés à l'article L. 774-8 du Code de justice administrative peuvent être dispensés du ministère d'avocat.

B Matières

1593 Matière contentieuse, intervenant, en général, en amont d'un contentieux sur le fond, mais qui ne nécessite pas le dépôt par le demandeur d'un tel recours au fond pour le référé-provision.

C Compétence

1 Compétence matérielle

1594 La compétence juridictionnelle est d'ordre public et constitue une question dont l'examen est préalable à celle de toute autre. Ainsi lorsqu'il est saisi d'une requête ne relevant pas de la compétence du juge administratif de droit commun et si en outre elle est entachée d'une irrecevabilité manifeste insusceptible d'être régularisée en cours d'instance, le juge saisi rejettera la demande en se fondant sur l'article R. 351-4 du Code de justice administrative (CE, 11 janv. 2008, n° 304476, *Assoc. Les parentèles : JurisData* n° 2008-072929).

Le juge des référés ne peut avoir des compétences différentes de celles qui appartiennent au tribunal dont il est une émanation.

Le juge des référés administratifs ne peut qu'être saisi d'une demande de provision liée à un litige au fond qui relève de la compétence de la juridiction administrative (CE, ord., 6 juin 2005, n° 281137, *Mathey*). Le Conseil d'État a aussi précisé que le titulaire du marché peut obtenir du juge des référés qu'il ordonne au pouvoir adjudicateur de lui verser une indemnité et qu'il n'est pas tenu de saisir, par ailleurs, d'une demande au fond. Il a jugé que la saisine du juge des référés, sur le fondement des articles R. 541-1 et suivants du Code de justice administrative, de conclusions tendant au versement d'une provision sur le solde du marché doit être regardée comme la saisine du tribunal administratif compétent au sens de l'article 13.4.2 du CCAG applicable aux marchés de travaux (CE, 10 juin 2020, n°s 425993 et 428251, *Sté Bonaud*).

La compétence du juge des référés du Conseil d'État s'étend, en premier et dernier ressort, aux demandes tendant à l'obtention d'une provision, mais si et seulement si sa saisine est liée à un litige principal qui relève lui-même de la compétence directe du Conseil d'État (CE, ord., 20 mai 2003, n° 256744 : *JurisData* n° 2003-065343). Le Conseil d'État a précisé les cas dans lesquels le juge du référé-provision du tribunal administratif statue en premier et dernier ressort (CE, 9 déc. 2015, n° 391626, *Cne de Cannet et Compagnie Areas Dommages : JurisData* n° 2015-027549).

2 Compétence territoriale

1595 La compétence territoriale des tribunaux administratifs, d'ordre public, n'a pas été reprise dans le Code de justice administrative, dès lors, si la procédure de renvoi n'a pas été mise en œuvre par le juge saisi (CJA, art. R. 351-3. – Dans ses dispositions issues du D. n° 2002-547, 19 avr. 2002, art. 1er) et si le moyen tiré de l'incompétence territoriale du tribunal administratif n'a pas été invoqué par les parties avant la clôture de l'instruction de première instance, le moyen ne peut plus être ultérieurement soulevé par les parties ou relevé d'office par le juge d'appel ou de cassation. En revanche, lorsque le Conseil d'État est compétent en premier et dernier ressort pour connaître d'une demande indemnitaire, il est seul compétent pour connaître aussi de la demande de provision (CE, 13 févr. 2002, n° 221982 : *JurisData* n° 2002-063564).

D Parties

1596 Au moins un requérant (créancier) et un défendeur (débiteur de l'obligation à la dette).

E Rédaction de l'acte de saisine

1597 Une requête sur papier libre indiquant qu'il s'agit d'un référé-provision ou indiquant les dispositions du Code de justice administrative dont on sollicite l'application.

REMARQUE **Notons que l'exigence posée pour les référés suspension, liberté ou mesures utiles d'indiquer clairement la mention « référé X » sur la requête et l'enveloppe ou les dispositions du Code de justice administrative dont on sollicite l'application n'est pas aussi strictement exigée.**

Une requête en autant d'exemplaires que de parties augmentée de deux (CJA, art. R. 411-3).
La requête indique les nom et domicile des parties. Elle contient l'exposé des faits et moyens, ainsi que l'énoncé des conclusions soumises au juge qui ne doivent pas préjudicier au principal (CJA, art. R. 411-1).
La requête est présentée par le ministère d'un avocat (CJA, art. R. 522-5), sauf dans les matières qui en sont dispensées.
Il est nécessaire et même souhaitable de donner des renseignements précis concernant les parties, le juge appréciant l'intérêt donnant qualité pour agir du requérant, hormis le cas d'urgence, ou des délais pour agir.
La qualité pour agir n'est le plus souvent appréciée que par rapport à la qualité pour solliciter la réparation des intérêts que l'on défend, la preuve de ce que le mandataire a été autorisé à introduire la demande n'étant pas toujours exigée.
La requête, enregistrée au greffe de la juridiction, doit (CJA, art. R. 522-1) exposer :
- les faits ;
- la nature et le montant de la créance ;
- identifier le débiteur ;
- viser les pièces justificatives jointes (CJA, ancien art. R. 521-1).

La requête est notifiée aux défendeurs désignés par le requérant (CJA, art. R. 541-2) et à ceux que le juge doit éventuellement appeler d'office dans la cause (V. CSS, art. L. 376-1).
La saisine s'effectue par le dépôt et l'enregistrement de la requête devant la juridiction administrative matériellement et territorialement compétente.

F Instruction du dossier

1 Instruction contradictoire

1598 L'instruction des affaires est contradictoire (CJA, art. L. 5), mais la nécessité de s'adapter à la nature de la demande et à la nécessité d'une décision rapide justifie une procédure allégée (CE, 15 sept. 2004, n° 258117 : *JurisData* n° 2004-067331 ; *Lebon* T., p. 811).
La seule exigence est posée par l'article R. 541-2 du Code de justice administrative : la requête est immédiatement notifiée au défendeur (CE, 5 avr. 1996, n° 116594 : *JurisData* n° 1996-050455 ; *Lebon*, p. 118), ainsi qu'à toute partie ayant une créance liée avec celle du demandeur (notamment en matière de responsabilité, l'article L. 376-1 du Code de la sécurité sociale fait obligation de mettre en cause les caisses de Sécurité sociale : CE, 7 mars 2012, n° 351479, *ONIAM*).
Rappelons que depuis l'entrée en vigueur de l'application informatique « Télérecours » (CJA, art. R. 414-1 et R. 611-8-1), dès lors qu'un avocat y est inscrit, toutes les communications peuvent lui être transmises par ce moyen. Sauf dysfonctionnement avéré, il est « réputé avoir reçu communication de la mesure d'instruction dans un délai de huit jours à compter de sa mise à disposition le 8 avril 2014 dans l'application dédiée à la cour, conformément aux dispositions précitées » (CE, 6 oct. 2014, n° 380778, *Cne d'Auboue* : *JurisData* n° 2014-023243).

2 Communication des mémoires

1599 L'exigence posée en la matière est de notifier la requête « avec fixation d'un délai de réponse » (CJA, art. R. 541-2). Ce délai de réponse commence à courir à la date à laquelle la requête a été notifiée (CE, 28 juill. 1989, n° 105626 : *JurisData* n° 1989-643625 ; *Lebon*, p. 845).
Notons que la procédure est régulière si l'ordonnance est prise après la production du mémoire, même avant l'expiration du délai (CAA Bordeaux, 7 mars 1994, n° 93BX01178 : *JurisData* n° 1994-042208 ; *Lebon* T., p. 1110).
Mais si la communication de la requête n'indique pas de délai de réponse, l'ordonnance ne pourra pas

régulièrement intervenir avant que le défendeur ait produit ses observations (CE, 17 juin 1988, n° 79579, *Secr. d'Ét. auprès Premier min. chargé Jeunesse et Sports c/ Ville de Gex et a.*) ou, sans doute, fait connaître qu'il n'entendait pas en produire.

ATTENTION Le juge n'est tenu ni de communiquer le mémoire en défense ni même d'attendre la production d'un mémoire complémentaire du défendeur pour se prononcer sur la demande de provision, sauf s'il contient des éléments nouveaux pouvant influencer la solution du litige (CE, 16 nov. 2005, n° 262360 : *JurisData* n° 2005-069224 ; *Lebon*, p. 507. – CAA Paris, 7 mars 2000, n° 99PA03257, *Hôpitaux Saint-Denis*).
Il doit en revanche, sous réserve du secret, communiquer aux parties les documents qu'il reçoit, dès lors qu'ils sont susceptibles d'avoir une influence sur la solution du litige, afin de respecter le principe du contradictoire (CE, 18 juin 2014, n° 372803, *EDF* : *JurisData* n° 2014-013618).

3 Cas des moyens d'ordre public

1600 Le juge ne peut soulever d'office un moyen d'ordre public (CE, 14 juin 2006, n° 282317 : *JurisData* n° 2006-070296) que si les deux conditions suivantes sont satisfaites :
- la demande dont il est saisi est recevable (CE, 9 févr. 2012, n° 336206, *Cté agglo. Toulon Provence Méditerranée*. – CE, 25 oct. 1993, n° 121616 : *JurisData* n° 1993-048016) ;
- le moyen pertinent qui ressort des pièces du dossier est en outre opérant (CE, 19 nov. 1993, *Port autonome Marseille* : *Lebon*, p. 324).

Il peut soulever ce moyen à l'audience.

4 Pouvoirs et devoirs du juge

1601 Rappelons qu'il n'appartient pas au juge des référés de première instance ou d'appel de soumettre pour avis au Conseil d'État une question de droit que soulève l'existence de l'obligation invoquée devant lui (CE, 3 oct. 2012, n° 360840, *Sté Colas Nord Picardie*).
Rappelons que le juge, qui fait droit à la demande de référé, ne peut du fait du principe d'impartialité applicable à toutes les juridictions, siéger à l'occasion du jugement de cette affaire au fond (CAA Marseille, 9 mars 2006, n° 04MA01886, *Di Guglielmo*. – CAA Marseille, 23 mars 2006, n° 04MA02318, *Fontaine*. – CAA Paris, 6 févr. 2007, n° 04PA03147, *Sté Swisslog France*. – CAA Lyon, 16 juill. 2009, n° 07LY02508, *Sté GCC*).

G Audience

1602 Elle n'est pas obligatoire, le juge des référés-expertise n'ayant pas l'obligation de tenir une audience (CE, 21 févr. 2003, n° 230872 : *JurisData* n° 2003-065004 ; *Lebon* T., p. 909). À l'inverse, s'il tient une audience, il doit convoquer les parties par tous moyens et dans les meilleurs délais.
Le juge des référés peut se prononcer sans tenir une audience publique (CE, 21 mai 2012, n° 350490, *Cne de Longlaville* : *JurisData* n° 2012-011499), ce qui ne porte pas atteinte aux stipulations de l'article 6 § 1 de la Convention européenne de sauvegarde des droits de l'homme (CE, 20 mars 2000, n° 199013, *Dpt Hauts-de-Seine*) et sans conclusion d'un rapporteur public (CE, 21 févr. 2003, n° 230872 : *JurisData* n° 2003-065004 ; *Lebon* T., p. 909).
Si le juge entend cependant tenir une audience et provoquer un débat entre les parties, elle doit être publique (CAA Paris, 27 sept. 1994, n° 94PA00380 : *JurisData* n° 1994-052292 ; *Lebon* T., p. 1113).
Le juge des référés peut aussi décider de renvoyer l'affaire à une formation collégiale si la complexité ou l'importance de l'affaire le justifient et si la matière ne relève pas à proprement parler des dispositions de l'article R. 222-13 du Code de justice administrative. Le jugement de l'affaire ainsi renvoyée s'effectuant alors en audience publique.

H Décision

1 Contenu de la décision

1603 La décision doit respecter des règles de forme (CJA, art. R. 742-1, R. 742-2 et R. 742-3, R. 742-4, R. 742-5 et R. 742-6 auxquels renvoie l'article R. 522-11 du code) :
- mentionner le nom des parties, l'analyse des conclusions, notamment les éléments nouveaux produits avant la clôture d'instruction (CE, 23 déc. 2014, n° 385112, *Garde des Sceaux, min. Justice*), ainsi que les visas des dispositions législatives ou réglementaires dont elle fait application ;
- faire apparaître la date à laquelle elle a été signée ainsi que la qualité de son signataire ;
- être signée du seul magistrat qui l'a rendue. Mais la circonstance que l'ordonnance a été, en outre, signée par un agent du greffe est sans incidence sur sa régularité (CE, 2 avr. 2004, n° 257599 : *JurisData* n° 2004-066927) ;
- le juge des référés est tenu de faire apparaître dans sa décision tous les éléments qui l'ont conduit à accorder la mesure sollicitée ;
- dans l'hypothèse où l'évaluation du montant de la provision résultant de cette obligation est incertaine, le juge des référés n'allouera de provision, le

Introduire un référé-provision

cas échéant sous réserve d'une garantie, que pour la fraction de ce montant qui lui paraît revêtir un caractère de certitude suffisant (CE, sect., 6 déc. 2013, n° 363290, *Thévenot* ; V. aussi décisions du même jour *Simbikangwa*, n° 363295, *Marques Neves*, n° 363294 et CAA Nantes, 2 févr. 2016, n° 15NT01264, *Sté signalisation France*) ;
– un dispositif qui « ordonne ».

2 Caractères de la décision

1604 Une ordonnance respectant les termes de l'article R. 742-2 du Code de justice administrative. L'autorité de chose jugée ne s'attache pas à une ordonnance de référé ou à la décision rendue sur appel de cette ordonnance, lesdites décisions ayant un caractère provisoire et ne faisant aucun préjudice au principal (CJA, art. L. 511-1. – CE, 5 oct. 1984, n° 49164 : *JurisData* n° 1984-042031 ; *Lebon* T., p. 705).
Toutefois, le Conseil d'État a rappelé que : « Si les décisions du juge des référés n'ont pas, au principal, l'autorité de la chose jugée (...) elles sont néanmoins, conformément au principe rappelé à l'article L. 11 du code de justice administrative, exécutoires ». Il suit de là « qu'une ordonnance par laquelle le juge des référés accorde une provision constitue un titre exécutoire dont le recouvrement peut être poursuivi directement ». Alors qu'à l'inverse « un titre émis aux mêmes fins par l'ordonnateur de la collectivité n'a pas de portée juridique propre et ne peut recevoir aucune exécution en cas d'annulation de l'ordonnance du juge des référés par le juge d'appel ou le juge de cassation » (CE, 22 juill. 2020, n° 426210, *Ville de Lyon*).
Une requête en référé devant le tribunal administratif tendant à la désignation d'un expert et à l'octroi d'une indemnité provisionnelle ne peut avoir pour effet de suspendre le délai de recours contentieux contre cette décision et notamment n'a pas le caractère d'un pourvoi formé devant une juridiction incompétente (CE, 27 sept. 1989, n°s 81628 et 84130).

3 Suites de la décision

1605 La demande de provision interrompt les délais de prescription quadriennale des créances sur les personnes publiques (CAA Bordeaux, 14 nov. 1994, n° 93BX00428, *CCI Nîmes-Uzès-Le Vigan*. – CAA Paris, 14 oct. 1999, n° 96PA02045, *Cne d'Épinay-sous-Senart*).
Mais, si la provision a nécessairement un caractère provisoire (CJA, art. L. 511-1), deux cas de figure peuvent se présenter :
– un jugement intervenant sur le fond, il rend caduque l'ordonnance de provision qu'il la confirme ou l'infirme (cela même si elle est devenue définitive, car elle n'est pas passée en force de chose jugée : CE, 11 déc. 2015, n° 383625, *Cne de Colmar*) ;
– le débiteur de la provision peut demander au tribunal (CJA, art. R. 541-4) de fixer définitivement le montant de la dette du requérant après avoir vérifié que le créancier bénéficiaire de la provision n'a pas introduit une demande au fond et, le cas échéant, après avoir procédé aux mesures d'instruction nécessaires à la fixation définitive de la créance (l'homologation de l'ordonnance).

> REMARQUE **Aucune disposition ni aucun principe ne fait obstacle à ce qu'une personne à qui une provision a déjà été allouée, sur le fondement de l'article R. 541-1 du Code de justice administrative, en réparation des conséquences dommageables d'une faute de l'administration, saisisse le juge des référés d'une nouvelle demande de provision au titre du même dommage, au vu notamment d'un changement dans les éléments de droit ou de fait ou d'un nouveau document (CE, 20 déc. 2006, n° 283352, *SNC Cannes Esterel et Picolo : JurisData* n° 2006-071206).**

I Recours ou contestation

1 Recours des parties

a) En l'espèce, plusieurs possibilités s'offrent au créancier et au débiteur

1606 • Le créancier (ou celui qui se regarde comme tel) peut introduire successivement une requête en référé, une requête au fond et un appel.
• Le débiteur peut demander l'homologation de l'ordonnance ou faire appel.
Dans plusieurs cas, si le créancier estime que la somme allouée est insuffisante alors que la condamnation paraît équitable au débiteur, le tribunal administratif pourra être saisi d'une demande d'homologation de l'ordonnance dans le même temps où le juge d'appel sera saisi d'un recours tendant à son annulation ou à sa réformation.

b) Appel

1607 L'appel est porté devant la cour administrative d'appel dans le ressort de laquelle est situé le tribunal administratif qui a statué sur la demande de provision.

Il n'y a pas lieu de distinguer selon que le jugement à rendre au fond est, ou non, susceptible d'appel ou seulement d'un pourvoi en cassation (CE, 25 févr. 2004, n° 262739 : *JurisData* n° 2004-066889 ; *Lebon* T., p. 640 et 810).

Il n'est pas, en principe, statué en formation collégiale sur les appels contre les décisions rendues par le juge des référés (CE, 29 oct. 2001, n° 234134 : *JurisData* n° 2001-063336).

Seules les parties au litige devant le tribunal ont qualité pour faire appel.

L'ordonnance rendue par le président du tribunal administratif ou par son délégué est susceptible d'appel devant la cour administrative d'appel dans la quinzaine de sa notification (CJA, art. R. 541-3). Ce délai est un délai franc.

Le juge d'appel peut statuer sans irrégularité sur l'appel d'une ordonnance statuant sur une demande de provision sans avoir communiqué à la société requérante le mémoire en défense présenté devant lui dès lors qu'il ressort de l'ordonnance attaquée et des pièces du dossier que ce mémoire ne comportait pas d'élément nouveau susceptible d'exercer une influence sur sa décision (CE, 2 avr. 2004, n° 257599, *Sté SOGEA : JurisData* n° 2004-066927).

c) Particularités liées à l'appel

1608 L'intervention d'une décision ou d'un accord sur le fond peut influencer le sort de l'appel : Une transaction, régulière en la forme, et contenant une clause de renonciation à tout recours, justifie que soit prononcé le non-lieu à statuer sur l'appel de l'ordonnance du juge des référés et ce alors même que les parties à la transaction ont conjointement demandé son homologation au tribunal administratif qui n'a pas encore statué sur cette demande (CAA Paris, 24 oct. 2002, n° 00PA01048 : *JurisData* n° 2002-206445).

Possibilité, pour le juge d'appel, d'ordonner le versement d'une provision nonobstant le fait que le requérant n'a pas fait appel de l'ordonnance par laquelle le juge des référés du tribunal administratif avait rejeté une demande identique (CJA, art. R. 541-5, al. 1. – CAA Paris, 20 févr. 1992, n° 91PA00817, *Sté commerciale Import-Export : Lebon* T., p. 1215 et 1258).

La motivation de l'arrêt est exigeante, puisque le juge d'appel doit préciser quels étaient les éléments sur lesquels il se fondait pour décider que l'existence de l'obligation n'était pas sérieusement contestable ou inversement.

Enfin, le sursis à l'exécution d'une ordonnance accordant une provision, peut être prononcé si l'exécution de cette ordonnance risque d'entraîner des conséquences difficilement réparables et si les moyens énoncés à son encontre paraissent, en l'état de l'instruction, sérieux et de nature à justifier son annulation et le rejet de la demande (CJA, art. R. 541-6. – CE, 21 juin 1996, n° 171969 : *JurisData* n° 1996-050340 ; *Lebon*, p. 243).

d) Cassation

1609 L'ordonnance rendue par le président de la cour ou par le magistrat désigné par lui est susceptible de recours en cassation dans la quinzaine de sa notification (CJA, art. R. 541-5, al. 2). Dans les matières où l'appel n'est pas possible sur le fond, ce délai est porté à deux mois (CJA, art. R. 811-1).

La qualification juridique opérée par le juge des référés lorsqu'il se prononce sur le caractère non sérieusement contestable de l'obligation invoquée devant lui peut être contestée devant le juge de cassation tandis que l'évaluation du montant de la provision correspondant à cette obligation relève, en l'absence de dénaturation, de son appréciation souveraine (CE, sect., 6 déc. 2013, n° 363290, *Thévenot : JurisData* n° 2013-027910).

Ainsi, le Conseil d'État, statuant sur un pourvoi en cassation, exerce le contrôle classique : Il vérifie si la cour n'a pas entaché son arrêt d'une erreur de droit, d'une insuffisance de base légale ou d'une dénaturation des faits en arrêtant le montant de la provision et en décidant de subordonner, ou non, le versement de cette somme à la constitution d'une garantie (CE, 28 juill. 2000, n° 196323 : *JurisData* n° 2000-061122 ; *Lebon*, p. 356. – CE, 16 déc. 2005, n° 274545 : *JurisData* n° 2005-069387 sur l'étendue du contrôle).

Le Conseil d'État saisi d'un pourvoi en cassation contre une ordonnance du juge des référés accordant une provision prononcée ou confirmée par le juge d'appel peut décider qu'il sera sursis à son exécution si cette exécution risque d'entraîner des conséquences difficilement réparables et si les moyens énoncés à son encontre paraissent, en l'état de l'instruction, sérieux et de nature à justifier son annulation et le rejet de la demande (CJA, art. R. 541-6. – CE, 21 juin 1996, n° 171969 : *JurisData* n° 1996-050340 ; *Lebon*, p. 243).

L'ordonnance accordant une provision ne produisant d'effet juridique que tant que la demande au fond est pendante, elle devient caduque dès lors que le juge du fond s'est prononcé par une décision passée en force de chose jugée, rendant le pourvoi sans objet (CE, 13 nov. 1996, n° 127933 : *JurisData* n° 1996-051166 ; *Lebon* T., p. 1088).

L'intervention du juge de première instance sur le fond du litige rend également sans objet le pourvoi en cassation même si le jugement au fond est frappé d'appel ou n'est pas passé en force de chose jugée, que la provision ait ou non été accordée (CE, 4 avr. 2005, n° 267325, *Cne de Sainte-Geneviève-des-Bois : JurisData* n° 2005-068388).

2 Recours des tiers

1610 Des personnes qui n'étaient pas présentes à l'instance ayant abouti à leur condamnation et qui n'y avaient pas été régulièrement appelées sont recevables à former tierce opposition d'une ordonnance de référé-provision (CAA Lyon, 27 avr. 1990, n° 89LY01886 : *JurisData* n° 1990-041791).

J Modifications de la décision

1611 Par intervention d'un jugement sur le fond ou par la procédure d'homologation ou usage des voies de recours classique.

CHECK-LIST • Déposer la requête, éventuellement par télécopie, en indiquant la mention de référé « provision » et/ou de l'article R. 541-1 du Code de justice administrative et l'envoyer en LRAR.
• Vérifier la compétence territoriale et matérielle de la juridiction saisie.
• Démontrer l'existence et le caractère non contestable de la demande.
• Joindre à l'appui de la requête les pièces nécessaires à l'instruction de la requête.

POUR ALLER PLUS LOIN...

Fascicule JurisClasseur

• *JCl. Justice administrative*, fasc. 54.

Revue

• C. Debouy, *Pour un référé-provision administratif* : *JCP* G 1984, I, 3164.

Fiche 65

Introduire un référé-liberté

Stéphane DEWAILLY

Sommaire

I

Aperçu rapide

A Caractéristiques générales

1612 Procédure d'urgence instituée par la loi n° 2000-597 du 30 juin 2000 relative aux référés devant les juridictions administratives, entrée en vigueur le 1er janvier 2001 (CJA, art. L. 521-2).

ATTENTION Il existe un référé particulier spécifique en matière de protection des données électroniques, dont la procédure est identique à celle du référé-liberté, mais qui relève des dispositions de l'article R. 555-1 du Code de justice administrative (D. n° 2005-1309, 20 oct. 2005, art. 81).

B Conditions d'utilisation

1 Compétence

1613 Le référé ne peut être porté que devant la juridiction compétente en premier ressort, alors même qu'une instance non dépourvue de tout lien avec elle serait pendante devant une juridiction d'appel ou de cassation (CE, ord., 29 mars 2002, n° 244523 : *JurisData* n° 2002-063732 ; *Lebon*, p. 119). Le juge compétent pour examiner le référé étant celui qui sera compétent pour examiner le recours en annulation ou celui qui appréciera le recours dirigé contre un agissement de l'administration

(CE, 26 mai 2006, n° 293605, *Conroy : JurisData* n° 2006-070197).

Le Conseil d'État ayant jugé qu'il était compétent pour faire cesser une atteinte grave et manifestement illégale au droit de propriété quand bien même cette atteinte aurait le caractère d'une voie de fait (CE, ord., 23 janv. 2013, n° 365262, *Cne de Chirongui : JurisData* n° 2013-000744) il l'est encore lorsqu'il s'agit d'une décision prise par une société privée chargée d'une mission de service public (en l'espèce culturel) portant atteinte à une liberté fondamentale (CE, ord., 14 avr. 2023, n° 472611, *Assoc. Juristes pour l'enfance et a.*).

2 Condition de recevabilité du référé

1614 Il y a dispense de ministère d'avocat (CJA, art. R. 522-5).

La qualité et l'intérêt pour agir du requérant doivent être démontrés par la production de l'acte habilitant le représentant de la personne morale. Par dérogation aux règles gouvernant la capacité pour agir en justice, un référé-liberté peut être formé par un mineur lorsque celui-ci se trouve dans une situation particulière justifiant le prononcé d'une mesure de sauvegarde (cas d'un mineur étranger isolé : CE, 12 mars 2014, n° 375956 : *JurisData* n° 2014-004538).

L'intervention est admise devant le juge des référés sans que l'intervenant ne puisse en principe présenter de conclusions distinctes de celles des parties. Les dispositions du décret n° 2000-1115 du 22 novembre 2000 ne s'opposent pas à ce que le juge du référé-liberté soit directement saisi, sur le fondement de l'article L. 521-2 du Code de justice administrative et en l'absence même de tout recours en annulation, d'une demande tendant au prononcé d'une des mesures de sauvegarde que cette disposition l'habilite à prendre, sous réserve que l'ensemble des conditions qu'elle pose soient remplies, notamment celles tenant à l'existence d'une situation d'urgence particulière (CE, ord., 4 oct. 2012, n° 362948, *Pôle emploi : JurisData* n° 2012-022450. – CE, ord., 9 août 2004, n° 270860 : *JurisData* n° 2004-067300). Une mesure portant atteinte à une liberté fondamentale peut être reconnue légale si elle est proportionnée à l'urgence (à propos des mesures de réquisitions dans les raffineries : CE, ord., 27 oct. 2010, n° 343966, *Stéphane L. et a. : JurisData* n° 2010-019530).

Le juge n'a pas à inviter le requérant à régulariser sa requête.

En revanche, le juge des référés peut rejeter une requête au motif qu'elle n'a pas été transmise par voie électronique (CE, 17 nov. 2017, n° 415439), après l'avoir invité à régulariser. Pour rejeter cette requête, le Conseil d'État relève que l'article R. 414-1 du Code de justice administrative, qui prévoit que, lorsqu'elle est présentée par un avocat, la requête doit, à peine d'irrecevabilité, être adressée à la juridiction par voie électronique au moyen d'une application informatique dédiée accessible par le réseau internet, est applicable aux référés d'urgence. Sont seuls dispensés de cette obligation, en vertu du 2° de l'article R. 522-3 du Code de justice administrative, les mandataires non encore inscrits dans cette application. En l'espèce, l'avocat mandataire de M. A. était inscrit sur la plateforme Télérecours et a été invité, le 10 novembre 2017, à régulariser la requête d'appel en l'adressant au Conseil d'État par voie électronique au moyen de cette application. Faute d'avoir procédé à la régularisation requise avant la clôture de l'instruction, la requête de M. A., a été rejetée comme irrecevable.

1615 **Conditions de fond.** Démontrer :

– que la décision est de nature à porter atteinte à une liberté fondamentale (libertés de la personne, libertés économiques et sociales, libertés politiques, droit des étrangers, égalité des usagers devant le service public et continuité du service public...) et que le juge du référé est en mesure de la faire cesser ;

– que l'atteinte à la liberté fondamentale est une atteinte grave et manifestement illégale au regard de ses motifs dès lors qu'un lien direct et personnel peut être établi entre cette liberté et l'atteinte qui y est portée (CE, 9 sept. 2011, n° 352372, *Garde des Sceaux*. – CE, 28 févr. 2001, n° 229163 : *JurisData* n° 2001-061830 ; *Lebon*, p. 107. – CE, ord., 12 nov. 2001, n° 239840 : *JurisData* n° 2001-063253 ; *Lebon*, p. 551. – CE, ord., 15 mars 2002, n° 244078 : *JurisData* n° 2002-063727 ; *Lebon*, p. 105. – CE, 27 oct. 2011, n° 353508, *Min. Int. c/ Sultanyan : JurisData* n° 2011-023120) ;

– qu'il y a urgence à suspendre, c'est-à-dire qu'une mesure visant à sauvegarder une liberté fondamentale doive être prise dans les quarante-huit heures (CE, 16 juin 2003, n° 253290 : *JurisData* n° 2003-065662). Si cette urgence n'est pas imputable au requérant qui demande tardivement la suspension d'une décision (CE, ord., 26 mars 2001, n° 231736 : *JurisData* n° 2001-061946). Notons que le délai est purement indicatif.

ATTENTION Le juge se livrant à une appréciation objective et globale, il tient compte de l'intérêt général et des exigences de l'ordre public (CE, 1er mars 2024, n° 492291). Il est donc nécessaire de vérifier les limitations de portée générale introduites par la législation (CE, ord., n° 239840, 12 nov. 2001 : *JurisData* n° 2001-063253 ; *Lebon*,

p. 551). La Cour EDH a condamné la France (CEDH, 20 janv. 2011, n° 19606/08, *Payet c/ France*) pour méconnaissance des articles 3 et 13 de la Convention européenne de sauvegarde des droits de l'homme du fait que le décret n° 2000-597 du 30 juin 2000 n'ouvrait pas ce type de recours aux détenus (V. CE, 22 avr. 2010, n° 338662 : *JurisData* n° 2010-005012). Il a désormais été introduit dans le droit français par la loi n° 2009-1436 du 24 novembre 2009 (pour une illustration concernant un placement à l'isolement : CE, 20 nov. 2019, n° 435785, *M. G : JurisData* n° 2019-020728).

L'urgence n'a pas été retenue, s'agissant du gel des avoirs afin de lutter contre le terrorisme, l'administration ayant fait diligence pour permettre au requérant de « répondre aux besoins matériels intéressant sa vie personnelle et familiale et aux nécessités de la conservation de son patrimoine » (CE, 16 mai 2024, n° 492346, *Min. Int.*).

Il est à noter que le Conseil d'État insiste sur le fait que la mesure ne peut être accordée en raison d'un simple doute quant à la légalité de la mesure. Il faut que le doute soit sérieux (CE, ord., 28 oct. 2011, n° 353553, *SARL PCRL Exploitation : JurisData* n° 2011-023219).

Le juge du référé-liberté peut interpréter, à titre provisoire, des dispositions du droit communautaire dérivé (CE, 18 oct. 2006, n° 298101 : *JurisData* n° 2006-070876).

Le référé-liberté peut permettre aussi de s'opposer, sous réserve que les conditions précitées soient remplies, à l'exécution d'une décision confirmée par un arrêt devenu définitif, sans faire obstacle à l'autorité de la chose jugée. Dans cette affaire, l'acte d'expulser avait eu lieu plus de dix ans après l'arrêté d'expulsion de 1998 confirmé par le juge, sans qu'aucune difficulté particulière ne vienne justifier le délai écoulé (CE, 10 avr. 2009, n° 326863 : *JurisData* n° 2009-075295).

C Avis du professionnel

1616 Cette procédure – qui présente un caractère exceptionnel eu égard aux exigences posées – permet d'obtenir rapidement un arrêt de l'exécution d'une décision administrative, sans nécessité d'un recours préalable, dès lors que les trois conditions cumulatives décrites ci-dessus sont remplies.

Une différence majeure existe cependant puisqu'il n'est pas conditionné, contrairement au référé-suspension, par l'exigence que la décision ne soit pas entièrement exécutée lors de l'examen de la requête (CE, 30 janv. 2009, n° 324344, *Abdelkader B. : JurisData* n° 2009-074854).

Il est important d'assister à l'audience pour fournir des explications et apporter des documents et répondre aux mémoires éventuellement présentés à l'audience compte tenu du court délai d'instruction.

Ne jamais omettre de se prononcer sur la notion d'intérêt général qui pourrait être opposée par l'administration.

Possibilité de produire des éléments nouveaux devant le juge des référés dès lors que ces derniers portent sur des faits antérieurs à la décision administrative critiquée (CE, ord., 25 mars 2003, n° 255238 : *JurisData* n° 2003-065222 ; *Lebon*, p. 146).

REMARQUE Il faut vérifier si le résultat ne peut être obtenu au moyen d'un référé-suspension, dont les exigences sont moins strictes (urgence et moyen propre à créer un doute sérieux).

Afin d'augmenter ses chances d'échapper à un comportement ou à une décision illégale de l'administration, le requérant peut simultanément fonder sa demande sur les trois procédures de référé différentes : référé-liberté, référé-suspension (CJA, art. L. 521-1), référé-conservatoire (CJA, art. L. 521-3).

Le fait de présenter plusieurs de ces référés ne rend pas l'action présentée aussi sur le fondement des dispositions de l'article L. 521-2 du Code de justice administrative, irrecevable (CE, 27 mars 2001, n° 237735, *Min. Int. c/ Djalout*).

Il est possible de soulever une question prioritaire de constitutionnalité (QPC) devant le juge du référé, qui conserve cependant le pouvoir de rejeter cette requête pour défaut d'urgence. À l'inverse, il peut prendre toutes les mesures provisoires ou conservatoires nécessaires et statuer sur la nécessité du renvoi devant le Conseil d'État. Le juge des référés du Conseil d'État pouvant statuer lui-même sur la nécessité de renvoyer la QPC au Conseil constitutionnel (CE, 16 juin 2010, n° 340250 : *JurisData* n° 2010-009412).

D Textes

1 Textes codifiés

- CJA, art. L. 521-2.

2 Textes non codifiés

- L. n° 2000-597, 30 juin 2000.
- D. n° 2000-1115, 22 nov. 2000.

E Schéma procédural

1617 • Une requête mentionnant expressément les dispositions de l'article L. 521-2 du Code de justice administrative sur la première page.
• Faute pour le demandeur d'avoir précisé l'article (CJA, art. L. 521-1 ou L. 521-2) qu'il entend invoquer dans sa requête, il appartient au juge de préciser la portée de la demande au vu de tous les éléments d'appréciation dont il dispose et notamment compte tenu des règles spécifiques applicables pour chacun de ces référés (CE, réf., 10 avr. 2001, n° 232336, *Synd. nat. unifié des directeurs, des instituteurs, des professeurs des écoles de l'enseignement public Force ouvrière [SNUDI-FO] du Maine-et-Loire : JurisData* n° 2011-062122) et de rejeter comme irrecevables les conclusions d'une même requête présentant un caractère subsidiaire (CE, 9 avr. 2004, *Synd. nat. FO des personnels de préfecture : Lebon* T., p. 815).
• Des conclusions qui ne doivent pas avoir d'autre effet que de demander que le juge fasse cesser l'atteinte à une liberté fondamentale et, le cas échéant, des frais irrépétibles.
• Si la requête est jugée irrecevable ou portée devant une juridiction incompétente : rejet par ordonnance lors du « tri » (CJA, art. L. 522-3).
• La requête doit contenir l'exposé des faits et des moyens qui fondent la demande, mais encore « justifier l'urgence de l'affaire » (CJA, art. R. 522-1).
• Si la requête est jugée recevable, deux cas de figure :
– premier cas : Tenue d'une audience :
- enrôlement de l'affaire et convocation des parties par tous moyens, y compris par télécopie ou télégramme,
- audience tenue par un magistrat statuant seul, au cours de laquelle la demande de référé est en principe tranchée,
- possibilité pour le juge de solliciter des parties la production de documents et de programmer une autre audience ou de différer la clôture d'instruction,
- ordonnance notifiée par tous moyens y compris par télécopie,
- la notification fait courir le délai de recours en cassation (CE, 18 déc. 2002, n° 249887 : *JurisData* n° 2002-064840) ;
– deuxième cas : Pas d'audience :
- ordonnance, notifiée par tous moyens, rejetant la requête parce qu'une des trois conditions fait défaut.
• Il n'est pas nécessaire qu'un recours préalable obligatoire ait été introduit contre la décision, avant que ne soit introduit le référé de l'article L. 521-2 du Code de justice administrative (CE, 9 août 2004, n° 270860, *Épx Yilmaz : JurisData* n° 2004-067300 ; *Lebon* T., p. 816).

II Préparation du dossier

A Informations préalables

1618 La demande de suspension au titre du référé-liberté doit se justifier au regard de l'urgence à faire cesser une atteinte grave et manifestement illégale à une liberté fondamentale (au sens large une liberté constitutionnellement reconnue) non par des considérations générales ou floues. La jurisprudence précise qu'il faut que la demande « (...) justifie qu'il fasse usage, à très bref délai, des pouvoirs qu'il tient de ces dispositions pour les sauvegarder ; » (CE, ord., 12 janv. 2017, n° 406663, *M. Paquier*). Il a récemment jugé (à propos de la loi n° 2020-290 du 23 mars 2020 relative à l'état d'urgence sanitaire) que le juge sanctionnera la « carence des autorités » mais que : « lorsque des incertitudes subsistent quant à l'existence ou à la portée de risques pour la santé des personnes, de prendre des mesures de protection sans avoir à attendre que la réalité et la gravité de ces risques soient pleinement démontrées, l'existence de telles incertitudes fait, en principe, obstacle à ce que soit reconnue une atteinte grave et manifestement illégale à une liberté fondamentale » (CE, ord., 4 avr. 2020, n°s 439904 et 439905, *CHU de la Guadeloupe et Ministre des Solidarités : JurisData* n° 2020-004560).
Les éléments de fait relatés doivent être précis et circonstanciés et le juge doit être mis en possession de tous les éléments utiles pour asseoir sa conviction.

La notion de mesures provisoires que le juge peut prononcer est interprétée souplement par le Conseil d'État qui s'attache moins aux effets de la mesure qu'à son caractère, dès lors que la mesure ordonnée par cette décision juridictionnelle est réversible et seulement conservatoire dans l'attente d'un jugement au fond (CE, 20 mai 2009, n° 317098, *Min. Défense : JurisData* n° 2009-075471. – CE, 4 mars 2010, n° 336700, *Soignet et Balezou : JurisData* n° 2010-001626. – CE, 27 janv. 2016, n° 396220, *Ligue des droits de l'homme*, à propos de la demande de suspension de l'état d'urgence). Il semble que la décision précitée du 27 janvier 2016 relative à « l'état d'urgence » ait amené le Conseil d'État à écarter les dispositions de l'article L. 511-1, et de permettre au juge de dire que si cela est nécessaire à la sauvegarde d'une liberté fondamentale, les mesures prises peuvent revêtir un caractère « non provisoire » (CE, ord., 30 mars 2007, n° 304053, *Ville de Lyon*).

B Contrôles préalables

1619 Bien vérifier que la mesure d'urgence demandée se rattache ou est susceptible de se rattacher à un litige principal n'échappant pas manifestement à la compétence de la juridiction administrative.
La demande ne peut qu'être enregistrée devant la juridiction compétente en premier ressort, alors même qu'une instance non dépourvue de tout lien avec elle serait pendante devant une juridiction d'appel ou de cassation (CE, ord., 29 mars 2002, n° 244523 : *JurisData* n° 2002-063732 ; *Lebon*, p. 119).
Protéger une liberté constitutionnellement protégée à laquelle l'administration porterait atteinte : notamment, liberté individuelle ou personnelle ; secret des correspondances, liberté d'aller et de venir ; liberté de culte, droit à une vie familiale normale ; droits de la défense ; droit d'exercer un recours effectif (CE, 7 déc. 2023, n° 489817, *Ab. Jur.* pour laquelle « l'urgence impérieuse » pouvait justifier d'y déroger, CE, 30 juin 2009, n° 328879) ; droit à compensation des conséquences d'un handicap (CE, 16 mai 2011, n° 318501, *Beaufils*) ; droit à l'hébergement d'urgence (CE, 29 déc. 2023, n° 489206, *Min. délégué chargé de la ville et du logement*. – CE, ord., 10 févr. 2012, n° 356456, *Fofana*) ; droit à la vie (CE, sect., 16 nov. 2011, n° 353172, *Ville de Paris*) ; droit à l'instruction (CE, 18 janv. 2019, n° 426884, *M. B c/ Université Paris – Nanterre – La Défense : JurisData* n° 2019-000447) ; droit de chacun de vivre dans un environnement équilibré et respectueux de la santé (CE, 20 sept. 2022, n° 451129. – Charte de l'environnement, art. 1er). Le juge peut toutefois rejeter si la mesure, adaptée aux circonstances, permet de protéger l'ordre public dès lors que cet impératif est concilié avec une liberté fondamentale (CE, 10 févr. 2015, nos 387835 et 387836, *Assoc. De lutte pour un football populaire c/ Assoc. Magic fans 1991*).
Vérifier si l'acte est ou non susceptible de recours (le recours est irrecevable contre un acte de gouvernement : CE, 8 sept. 2005, n° 284937 : *JurisData* n° 2005-068832).
Le référé-liberté est recevable contre une décision prise par une personne privée chargée d'une mission de service public (à propos du Palais de Tokyo, CE, 14 avr. 2023, n° 472611, *Assoc. Juristes pour l'enfance et a.*).
Si l'acte ne relève pas d'un contentieux de la compétence d'une juridiction administrative spécialisée auquel cas, il existe des procédures particulières.
S'il s'agit d'une requête en intervention, il faut veiller à ne pas présenter de conclusions distinctes de celles des parties (CE, 3 janv. 2003, n° 253045 : *JurisData* n° 2003-065218).
C'est seulement si la décision principale faisant grief a fait l'objet d'une contestation au titre de la légalité, dans les délais, que la contestation des mesures d'exécution est recevable (CE, 21 nov. 2001, n° 238214, *Zhary*).
Vérifier si la matière ne relève pas d'une procédure d'urgence spécifique, à titre d'exemple, la reconduite à la frontière, puisque le recours devant le juge de la reconduite est suspensif (CE, 30 juill. 2003, n° 256600 : *JurisData* n° 2003-065665).
Vérifier que n'ont pas été présentées, dans la même requête, des conclusions relevant de l'article L. 521-2 et d'autres dispositions du Code de justice administrative applicables dans d'autres domaines du référé.

> **ATTENTION** Ce sont les dispositions de l'article L. 554-3 du Code de justice administrative qui permettent au préfet de demander la suspension des actes des collectivités territoriales qui sont de « nature à compromettre l'exercice d'une liberté publique ou individuelle ».
> Un mineur non émancipé ne dispose pas d'une telle capacité. Il doit être représenté par une personne habilitée (CE, 30 déc. 2011, n° 350458, *Boiguile*).

1 Nature de l'acte querellé – champ du référé-liberté

1620 Les déclarations d'un membre du gouvernement devant une assemblée parlementaire ne sont que des éléments d'orientation de son action et n'entrent pas dans le champ des actes pouvant faire l'objet d'un référé-liberté (CE, 12 nov. 2005, n° 286832, *Assoc. SOS Racisme – Touche pas à mon pote*).
Le juge des référés peut adresser une injonction à une autorité investie d'une fonction juridictionnelle

(CE, 17 janv. 2006, n° 289047, *SCI Le Gambetta*. – CE, 14 déc. 2004, n° 275073, *Bahloul*).
À l'inverse, l'existence d'une procédure de RAPO ne fait pas obstacle à une demande de suspension, c'est cependant à la condition que l'intéressé ait préalablement introduit le recours préalable obligatoire (CE, 9 août 2004, n° 270860, *Épx Yilmaz*).

2 Délai pour agir

1621 Le plus court possible entre la date à laquelle la décision a été notifiée et l'introduction du recours pour ne pas se voir opposer le défaut d'urgence ou la négligence par le juge.

C Pièces nécessaires

1622 Une requête sur papier libre, ou par voie électronique, si les parties sont éligibles à l'application Télérecours, indiquant clairement qu'il s'agit d'un référé et indiquant les dispositions du Code de justice administrative dont on sollicite l'application. Les requêtes doivent, à peine d'irrecevabilité, être accompagnées d'une copie (CJA, art. R. 411-3). La requête indique les nom et domicile des parties. Elle contient l'exposé des faits et moyens, ainsi que l'énoncé des conclusions soumises au juge qui ne doivent pas préjudicier au principal (CJA, art. R. 411-1).
La requête est dispensée du ministère d'un avocat (CJA, art. R. 522-5).

ATTENTION Le Conseil d'État a jugé que lorsque la personne, bien que dispensée du ministère d'avocat pour ce type de référé, a demandé et obtenu l'aide juridictionnelle, l'avocat au Conseil d'État et à la Cour de cassation choisi ou désigné à ce titre pour lui apporter son assistance devant cette juridiction doit alors être regardé comme son seul représentant et non l'avocat le représentant lors de la première instance. Une requête présentée par le premier avocat devant le Conseil d'État est manifestement irrecevable (CE, ord., 20 févr. 2023, n° 471058).

Il est nécessaire et même souhaitable de donner des renseignements précis concernant les parties, le juge appréciant l'intérêt donnant qualité pour agir du requérant :
– pour une personne physique : le nom, les prénoms, la profession, le domicile, la nationalité et le lieu de naissance ;
– pour une personne morale : la forme, la dénomination, le siège social et l'organe qui la représente légalement. Dans le cas des personnes morales il est important de fournir : extrait des statuts et de la décision de l'organe autorisant le recours du mandataire de la personne morale devant le juge. Les parties doivent joindre, à l'appui de leur requête, un inventaire détaillé des pièces jointes, accompagné de signets (CJA, art. R. 412-2) lors de leur transmission au moyen de l'application Télérecours. Le cas échéant, si cette transmission électronique, du fait des caractéristiques de ces pièces, est impossible, les pièces peuvent être transmises sur un support matériel (CJA, art. R. 414-3 et art. R. 611-8-2, 4e al.).
Notons que les parties ou leur mandataire sont réputés avoir reçu la communication ou la notification à la date de première consultation du document qui leur a été adressé ou à défaut de consultation, dans les deux jours ouvrés à compter de la mise à disposition du ou des document(s) dans l'application (CJA, art. R. 611-8-2).
Le Conseil d'État a jugé récemment qu'au cas où il y aurait un « nombre important de pièces jointes à une requête par voie électronique », il n'est pas indispensable de toutes les répertorier individuellement par un signet, à condition d'avoir établi un inventaire précis de ces pièces (CE, 14 juin 2019, n° 420861 : *JurisData* n° 2019-009981. – CE, 6 févr. 2019, n° 415582, *Sté Attractive Fragrances et Cosmetics : JurisData* n° 2019-001648).

D Coût de la procédure

1623 La procédure est gratuite devant les juridictions administratives.
Honoraires libres des avocats.

III Procédure

A Assistance et représentation

1624 Dans toutes les hypothèses, il n'est pas nécessaire d'introduire la requête par le ministère d'un avocat, sauf devant le Conseil d'État (CJA, art. R. 522-5). L'État en est cependant toujours dispensé.
– si la requête est présentée par plusieurs personnes physiques, il faut alors désigner un représentant unique. À défaut, le juge désignera le premier signataire comme représentant l'ensemble des personnes physiques ;
– si la requête est présentée par le représentant d'une personne morale, ce mandataire doit alors produire les documents l'autorisant à introduire une requête.
En tout état de cause, il ne peut y avoir obligation de recourir au ministère d'un avocat dans les contentieux énumérés à l'article R. 431-3 du Code de justice administrative :
– litiges en matière de travaux publics, de contrats relatifs au domaine public, de contravention de grande voirie ;
– litiges en matière de contributions directes, de taxes sur le chiffre d'affaires et de taxes assimilées ;
– litiges d'ordre individuel concernant les fonctionnaires ou agents de l'État et des autres personnes ou collectivités publiques ainsi que les agents ou employés de la Banque de France ;
– litiges en matière de pensions, d'aide sociale, d'aide personnalisée au logement, d'emplois réservés et d'indemnisation des rapatriés ;
– litiges dans lesquels le défendeur est une collectivité territoriale ou un établissement public en relevant ;
– demandes d'exécution d'un jugement définitif.

B Matières

1625 Matière contentieuse, intervenant en amont d'un contentieux sur le fond.

C Compétence

1 Compétence matérielle

1626 Le litige principal doit ressortir à la compétence directe du juge administratif saisi (CE, 29 oct. 2001, n° 237132, *Raust : JurisData* n° 2001-080026) : si, par exemple, le recours pour excès de pouvoir en cette matière relève de la compétence en premier ressort du Conseil d'État, il doit être aussi saisi de la demande de référé-liberté.
La procédure de cassation engagée contre un arrêt de cour administrative d'appel n'a pas, en son état, pour effet de conférer au Conseil d'État la qualité de juge du fond de la décision administrative litigieuse. Le référé n'est donc pas recevable.
La demande en référé, pouvant être présentée indépendamment d'un litige au fond, doit être déposée devant la juridiction compétente (tribunal administratif ou Conseil d'État), même si une autre instance sur le fond, avec laquelle le référé a un lien, est examinée en appel (CE, réf., 29 mars 2002, n° 244523, *Bonny : JurisData* n° 2002-063732).
Il est nécessaire que le juge se prononce sur la nature des décisions prises afin de vérifier si elles s'inscrivent dans le champ des missions de service public lorsqu'elles sont conférées par la loi à une société (CE, 4 avr. 2019, n°s 429370 et s., *Sté France Télévisions : JurisData* n° 2019-004920).

> **ATTENTION** L'article R. 522-8-1 du Code de justice administrative, déroge aux règles qui régissent les conflits de compétence au sein de la juridiction administrative, le juge des référés doit donc rejeter par ordonnance les conclusions dont il est saisi lorsqu'il entend décliner la compétence de sa juridiction et n'a pas l'obligation de transmettre au juge administratif compétent.

2 Compétence territoriale

a) Principe

1627 Le tribunal administratif dans le ressort duquel a son siège l'autorité ayant pris l'acte (CJA, art. R. 312-1, R. 312-2, R. 312-3, R. 312-4 et R. 312-5).
Les parties ne peuvent jamais déroger, même par convention, au principe de compétence.

b) Quelques exceptions

1628 Les litiges relatifs à la reconnaissance d'une qualité telle que celles de combattant, d'évadé, de déporté, de résistant ainsi qu'aux avantages attachés à l'une de ces qualités relèvent de la compétence du tribunal administratif dans le ressort duquel le bénéficiaire ou le candidat au bénéfice des dispositions invoquées a sa résidence lors de l'introduction de la réclamation. S'y ajoutent les contentieux relatifs aux décorations et aux emplois réservés.

Les litiges relatifs, de manière générale aux immeubles et à l'urbanisme sont du ressort de la juridiction où sont implantés ces immeubles.

Les décisions des autorités administratives dans l'exercice de leurs pouvoirs de police relèvent de la compétence du tribunal administratif du lieu de résidence des personnes faisant l'objet des décisions attaquées à la date desdites décisions.

Les litiges relatifs aux marchés, contrats, quasi-contrats ou concessions relèvent de la compétence du tribunal administratif dans le ressort duquel ces marchés, contrats, quasi-contrats ou concessions sont exécutés.

D Parties

1629 Au moins un requérant et un défendeur.

Il est possible de mettre en cause plusieurs personnes.

En tant que de besoin d'autres parties pourront être mises en cause ultérieurement, soit sur demande (intervention forcée), soit spontanément (intervention volontaire), mais il y a alors un risque de discussion sur la recevabilité de ces demandes en intervention. En tout état de cause, les conclusions présentées par des intervenants, si elles sont distinctes de celles des parties, sont irrecevables (CE, 3 janv. 2003, n° 253045, *Belmina et a. : JurisData* n° 2003-065218).

E Rédaction de l'acte de saisine

1630 La requête, enregistrée au greffe de la juridiction, doit (CJA, art. R. 522-1) :

- exposer, même sommairement, les motifs de l'urgence, la liberté fondamentale invoquée, le lien direct et personnel entre cette liberté et une atteinte manifestement grave et illégale portée par la décision contestée et répondre sur l'absence d'intérêt général (citer l'article L. 521-2 du Code de justice administrative et/ou indiquer que la requête est aux fins de référé-liberté) ;
- contenir les conclusions du demandeur sans préjudicier au principal (limitées à la demande de référé-liberté, d'injonction éventuelle et à une demande de frais irrépétibles) ;
- viser les pièces justificatives (CJA, art. R. 521-1).

ATTENTION Le juge n'a pas à inviter à régulariser si l'une des pièces fait défaut.

Il faut que le requérant soit dans une situation qui justifie la demande, au regard de l'office du juge du référé-liberté, de la situation du requérant et des diligences accomplies par l'administration (CE, 20 mars 2015, n° 388778 : étrangère en situation irrégulière dont les recours ont été rejetés et qui demandait au préfet de lui donner une domiciliation. – CE, 20 mars 2015, n° 388658 : *JurisData* n° 2015-009139 ; établissement recevant du public et ne s'étant pas conformé aux normes de sécurité. – CE, 16 mars 2015, n° 388630).

Envoi de la requête par lettre recommandée avec accusé de réception éventuellement précédée d'une télécopie, sauf pour les acteurs inscrits sur l'application Télérecours. L'enveloppe doit indiquer qu'il s'agit d'un référé.

Si la saisine s'effectue par télécopie, il convient de régulariser en expédiant l'original par courrier recommandé avec accusé de réception.

La requête est notifiée aux défendeurs désignés par le requérant (CJA, art. R. 522-4), sauf irrecevabilité par tous moyens compte tenu du bref délai pour statuer. Les parties peuvent défendre à l'audience et y produire des pièces. L'ensemble est communiqué à l'adversaire. À ce stade, l'affaire est considérée comme en état d'être jugée.

Lorsqu'il communique un mémoire au défendeur et décide simultanément une audience, il doit laisser s'écouler un « délai suffisant » entre les deux, sauf « situation d'urgence ». À défaut, il méconnaît le caractère contradictoire de la procédure (dans les circonstances de l'espèce, le délai a été jugé insuffisant pour une communication faite à 10 heures et une audience devant se tenir à 15 heures : CE, 22 avr. 2010, n° 338662, *Garde des Sceaux, Min. Justice : JurisData* n° 2010-005012).

Pour un exemple d'urgence : CE, 28 févr.2019, n° 426952, *M. M. : JurisData* n° 2019-003199, compétence du juge des référés du Conseil d'État, nonobstant l'existence d'un recours administratif pendant.

F Audience

1631 Les parties sont convoquées si le juge considère que la requête est recevable et qu'il y a nécessité de tenir une audience, parce que la demande serait susceptible d'être fondée (CJA, art. L. 522-3).

Il instruit l'affaire sur la base des éléments fournis par les parties.

Les parties sont convoquées par tous moyens à une audience qui se tient à brève échéance, même si le délai de quarante-huit heures n'est qu'indicatif (CJA, art. L. 511-2 et R. 522-7. – CE, 25 janv. 2019, n° 424258, *Mme C : JurisData* n° 2019-000857).
Si la complexité de l'affaire le justifie, l'audience peut être sous forme collégiale et non tenue par le seul magistrat délégué.
Une audience publique est tenue lorsqu'il est demandé au juge de prononcer les mesures visées à l'article L. 521-2, mais (CJA, art. L. 522-3) ces formalités ne sont pas exigées notamment quand il « apparaît manifeste » que la demande est « mal fondée ».
Elle clôt en principe l'instruction à son issue, sauf si le juge décide de prolonger celle-ci pour permettre la production de documents (CJA, art. R. 522-8).
Adaptation de la procédure contradictoire à la nature de la demande et à la nécessité d'une décision rapide.
Possibilité de produire des éléments nouveaux devant le juge des référés dès lors que ces derniers portent sur des faits antérieurs à la décision administrative critiquée (CE, ord., 25 mars 2003, n° 255238 : *JurisData* n° 2003-065222 ; *Lebon*, p. 146).

REMARQUE **Notons que ne porte pas atteinte au principe du contradictoire, la circonstance qu'un mémoire en défense soit parvenu au tribunal sous forme de télécopie et au début de l'audience publique à laquelle étaient représentés tant le requérant que le défendeur. En outre, dans la mesure où ce mémoire lui a été communiqué sur-le-champ, la jurisprudence n'admet pas qu'il ait pu y avoir atteinte à ce principe (CE, ord., 22 mars 2001, n° 231463 : *JurisData* n° 2001-062573).**

Le requérant peut compléter ou amender ses conclusions au cours de l'audience convoquée par le juge des référés (CE, ord., 9 août 2004, n° 270860 : *JurisData* n° 2004-067300).
En vertu des articles R. 611-7, R. 522-9 et R. 522-10 du Code de justice administrative, il appartient au juge des référés statuant en urgence, d'informer les parties, le cas échéant au cours de l'audience, de ce que l'ordonnance lui paraît susceptible d'être fondée sur un moyen relevé d'office.

G Décision

1632 **Irrecevabilité manifeste, désistement, non-lieu.** Rien ne fait obstacle à ce que des requêtes présentées devant le juge des référés soient jugées dans les formes prévues à l'article R. 222-1 du code si les conditions d'application de cet article sont remplies (CE, 30 juin 1999, n° 203135 : *JurisData* n° 1999-050699 ; *Lebon* T., p. 889, 891 et 961. – Pour un exemple de non-lieu : CE, 17 févr. 2015, n° 387804 : *JurisData* n° 2015-002999).
L'ordonnance doit viser les requêtes, le (ou les) mémoire(s) et analyser les moyens (CJA, art. R. 742-2).
Obligation de mentionner les moyens invoqués au cours de l'audience dans l'ordonnance ou le procès-verbal.
Limitée à l'examen et au jugement des conclusions des parties.

1633 **Obligations relatives à la motivation des ordonnances :**
– l'ordonnance relevant l'urgence doit indiquer les motifs retenus. Elle doit faire mention de tous les éléments ayant déterminé le juge en ce sens au regard notamment de l'argumentation opérante des parties (CE, 17 mars 2010, n° 332585, *Larkhawi : JurisData* n° 2010-002100. – CE, 5 nov. 2001, n° 234396 : *JurisData* n° 2001-063054 ; *Lebon*, p. 540). La circonstance que la condition d'urgence soit remplie au titre des dispositions de l'article L. 521-1 du Code de justice administrative ne suffit pas à faire considérer qu'elle est remplie au titre de l'article L. 521-2 (CE, 6 avr. 2007, n° 304361, *Cne de Saint-Gaudens : JurisData* n° 2007-071750). L'ordonnance, qui décide les mesures nécessaires, doit aussi indiquer *la liberté fondamentale à laquelle il serait porté atteinte, et préciser en quoi elle est grave et manifestement illégale* ;
– en revanche, le juge peut rejeter en ne motivant que *sur le motif justifiant le rejet* (le plus souvent, c'est l'urgence qui fait ainsi défaut).
Le juge des référés peut prescrire « toutes mesures nécessaires à la sauvegarde d'une liberté fondamentale », à laquelle une atteinte grave aurait été portée (CE, 4 oct. 2004, n° 264310, *Sté Mona Lisa investissements et a.* – Pour les correspondances, CE, 9 avr. 2004, n° 263759, *Vast*), dès lors que les mesures, ainsi que l'impose l'article L. 511-1 du même code, présentent un « caractère provisoire » (CE, ord., 10 avr. 2001, n° 232308 : *JurisData* n° 2001-062124), dans l'attente d'un jugement au fond (CE, 20 mai 2009, n° 317098, *Min. Défense : JurisData* n° 2009-075471. – CE, 4 mars 2010, n° 336700, *Soignet et Balezou : JurisData* n° 2010-001626), c'est-à-dire qu'elles sont réversibles (CE, 31 mai 2007, n° 298293, *Synd. CFDT interco 28 : JurisData* n° 2007-071929. – CE, 20 mai 2009, n° 317098, *Min. Défense*, préc.), sauf si les délais dans lesquels il est saisi ou lorsque la nature de l'atteinte y fait obstacle (CE, 20 mars 2007, n° 304053, *Ville de Lyon : JurisData*

n° 2007-071667). Le juge peut aussi liquider l'astreinte qu'il a prononcée (CE, 19 févr. 2009, n° 324864, *Synd. autonome fonction publique territoriale la Réunion : JurisData* n° 2009-075000). Mais s'il dispose du pouvoir d'ordonner toute mesure dans le but de faire cesser une atteinte de cette nature, commise par une personne morale de droit public ou un organisme de droit privé chargé de la gestion d'un service public, son injonction ne peut avoir d'effet rétroactif (CE, 17 avr.2019, n° 428359, *M. B : JurisData* n° 2019-006187).

Le juge peut également décider de déterminer dans une ordonnance ultérieure les mesures complémentaires qui s'imposent. Par ailleurs, les conditions d'intervention du juge du référé-liberté diffèrent selon qu'il s'agit d'assurer la sauvegarde des droits protégés par les articles 2 et 3 de la Convention EDH ou celle du droit protégé par son article 8, à l'exercice duquel des restrictions peuvent être apportées (CE, ord., 30 juill. 2015, n°s 392043 et 392044, *Section française de l'observatoire des prisons et ordre des avocats au barreau de Nîmes*).

Il peut ordonner une injonction de faire (CE, ord., 4 déc. 2002, n° 252051 : *JurisData* n° 2002-064675. – CE, 8 nov. 2001, n° 239734 : *JurisData* n° 2001-063244 ; *Lebon*, p. 545. – CE, ord., 12 nov. 2001, n° 239792 : *JurisData* n° 2001-063625), mais en aucun cas, il ne peut être demandé de prononcer une injonction à l'encontre d'une autorité investie d'une fonction juridictionnelle (CE, ord., 14 déc. 2004, n° 275073 : *JurisData* n° 2004-067881) ou de demander au juge des référés d'annuler la décision contestée (CE, 18 mars 2005, n° 278615, *Drif : JurisData* n° 2005-068259 ; *Lebon*, p. 122).

1634 **Question prioritaire de constitutionnalité.** Une question prioritaire de constitutionnalité peut être soulevée devant le juge administratif des référés statuant, en première instance ou en appel, sur le fondement de l'article L. 521-2 du Code de justice administrative.

Lorsqu'il est saisi d'une telle question, si les conditions sont réunies pour que le référé puisse prospérer, il peut prendre toutes les mesures provisoires ou conservatoires nécessaires et peut même si les conditions de transmission d'une question prioritaire de constitutionnalité au Conseil d'État sont remplies se prononcer sur un renvoi de la question au Conseil constitutionnel (CE, 16 juin 2010, n° 340250, *Mme Assetou Diakité*. – CE, 21 mars 2011, n° 347232, *Aboubakarova*).

1 Caractères de la décision

1635 Les mesures préconisées par l'ordonnance peuvent être modifiées à la lumière d'éléments nouveaux (CJA, art. L. 521-4).

Exécutoire avant même sa notification, si le juge le décide (CE, 9 avr. 2004, n° 263759 : *JurisData* n° 2004-066580 ; *Lebon*, p. 173) ; obligatoire pour la partie qui doit s'y conformer (CJA, art. R. 522-13). Mais, en tout état de cause, ces mesures sont provisoires « eu égard à l'objet et aux effets des mesures en cause, en particulier de leur caractère réversible » (CE, 31 mai 2007, n° 298293, *Synd. CFDT Interco 28*), sauf si seule une mesure ayant un caractère définitif est en mesure d'empêcher l'atteinte à une liberté fondamentale (CE, 30 mars 2007, n° 304053, *Ville de Lyon : JurisData* n° 2007-071667). Elles ne sont pas d'effet rétroactif, dès lors que le juge ne fait cesser l'atteinte que pour la période à compter de sa saisine (en ce qui concerne l'allocation pour demandeur d'asile : CE, 17 avr. 2019, n° 428359, *M. B : JurisData* n° 2019-006187).

2 Suites de la décision

1636 L'ordonnance est notifiée (CJA, art. R. 522-12) au requérant, au défendeur (le cas échéant) et copie est adressée au(x) conseil(s) des parties.

Les intervenants en requête ou en défense, dont l'intervention a été admise, reçoivent aussi notification de cette ordonnance.

Cette notification s'effectue par tous moyens.

H Recours ou contestation

1 Recours des parties

a) Dans l'hypothèse d'éléments nouveaux

1637 Selon l'article L. 521-4 du Code de justice administrative : « Saisi par toute personne intéressée, le juge des référés peut, à tout moment, au vu d'un élément nouveau, modifier les mesures qu'il avait ordonnées ou y mettre fin ». Cette possibilité ne s'inscrit pas dans les voies de recours classiques. Elle permet néanmoins à tout intéressé de saisir le juge des référés, « à tout moment » et « au vu d'un élément nouveau » (CE, 24 févr. 1982 : *JurisData* n° 1982-040471 ; *Lebon*, p. 87).

Au vu des conditions de l'article L. 521-4 du même code, le juge ne peut agir d'office puisqu'il doit être saisi par « toute personne intéressée ». Toute personne qui, bien que n'étant pas partie à l'instance initiale, peut avoir intérêt à la modification de l'ordonnance.

b) Appel

1638 C'est le Conseil d'État qui a reçu compétence d'appel à défaut des cours administratives d'appel.

L'ordonnance du juge du référé-liberté d'un tribunal administratif donnant acte d'un désistement ou constatant un non-lieu, après avoir engagé la procédure contradictoire, est susceptible d'appel devant le juge des référés du Conseil d'État (CE, 1er avr. 2019, n° 426228, *M. A : JurisData* n° 2019-004927).
L'appel doit être interjeté dans les **quinze jours** suivant la notification de l'ordonnance.
Le président de la section du contentieux du Conseil d'État, ou un conseiller d'État désigné à cet effet, statue dans les **quarante-huit heures**. Le même juge pourra, le cas échéant, exercer la possibilité de réexamen, sur le fondement de l'article L. 521-4, des mesures qu'il aura prononcées sur l'appel (CJA, art. L. 523-1, al. 2).
L'ordonnance modificative statuant sur une demande tendant, en raison de l'intervention d'un élément nouveau, à ce que le juge mette fin aux mesures précédemment ordonnées en référé-liberté est susceptible d'appel. En l'espèce, le tribunal administratif, par un jugement du 16 août 2021 avait annulé un arrêté préfectoral transférant M. A. aux autorités italiennes et enjoint à l'administration d'enregistrer sa demande d'asile et de lui délivrer une attestation de demande d'asile.
Le 24 novembre 2021, le juge du référé-liberté a été saisi en raison de l'inexécution du jugement et enjoint à l'autorité préfectorale de délivrer à cet étranger, le formulaire de demande d'asile dans un délai de quarante-huit heures. Mais, le lendemain, le juge d'appel a sursis à l'exécution du jugement du 16 août 2021. L'élément nouveau était constitué par l'intervention de l'arrêt du 25 novembre prononçant le sursis à statuer, ce qui devait conduire à ce qu'il soit mis fin à la mesure d'injonction (CE, 6 janv. 2022, n° 459750).

c) Cassation

1639 Si la requête a été rejetée par ordonnance de tri (CJA, art. L. 522-3) ou d'une ordonnance de réexamen (CJA, art. L. 521-4), celle-ci relèvera du contrôle de cassation (CJA, art. L. 523-1, al. 1er).
Le délai de **quinze jours** imparti par l'article R. 523-1 pour se pourvoir en cassation est un délai franc.

d) Autres voies de recours

1640 **L'opposition** seulement devant la cour administrative d'appel ou le Conseil d'État, de la partie qui, bien que mise en cause, n'a pas produit de défense en forme régulière (CJA, art. R. 831-1), sauf si une des autres parties ayant le même intérêt que la partie défaillante mise en cause a produit un mémoire (CE, 27 juill. 2001, n° 231889 : *JurisData* n° 2001-063039).

Le recours en interprétation formé seulement contre une ordonnance du juge des référés du Conseil d'État. Il doit émaner d'une partie à l'instance et seulement si la décision est obscure ou ambiguë (CE, 4 juill. 2001, n° 235295 : *JurisData* n° 2001-062644).

ATTENTION Les voies de l'appel, de la cassation ou de l'opposition peuvent permettre d'annuler les effets de l'ordonnance.

2 Recours des tiers

1641 La **tierce opposition** ouverte à toute personne qui n'a été ni présente, ni appelée à l'instance, à la condition que la décision préjudicie à ses droits (CJA, art. R. 832-1).

I Modifications de la décision

1642 Si l'article L. 521-4 du Code de justice administrative permet au juge des référés, saisi par toute personne intéressée, de modifier les mesures qu'il avait ordonnées ou d'y mettre fin, au vu d'un élément nouveau, ces dispositions ne sauraient être utilement invoquées lorsque le juge des référés a rejeté purement et simplement une requête aux fins de suspension d'une décision administrative dont il était saisi (CE, 8 sept. 2005, n° 284937 : *JurisData* n° 2005-068832).
L'ordonnance rendue en premier ressort, comme l'arrêt rendu en appel le sont à titre provisoire et sont dépourvus de l'autorité de chose jugée (CE, 3 oct. 1958, *Sté des autocars garonnais : Lebon*, p. 468).
Les ordonnances rendues sur le fondement de l'article L. 521-4 du Code de justice administrative, participent de la même nature que celles des ordonnances dont la modification est demandée qu'elles fassent droit ou rejettent la demande (CE, ord., 1er juin 2022, *Min. Int.*).

J Débriefing client

1643 Expliquer que si les éléments produits ne sont pas suffisants, pour justifier une mesure de sauvegarde, des éléments nouveaux peuvent justifier d'introduire une nouvelle requête devant le juge ou de faire appel.
Expliquer encore que si les moyens présentés en première instance devant le juge des référés ont été insuffisamment pertinents ou imprécis, il est encore possible de soulever des arguments sur ces moyens et des moyens d'ordre public en appel.

CHECK-LIST • Déposer la requête sans tarder, en indiquant la mention de référé-liberté et/ou de l'article L. 521-2 du Code de justice administrative ou l'envoyer en LRAR.
• Vérifier la compétence territoriale et matérielle de la juridiction saisie.
• Porter la mention de référé-liberté sur l'enveloppe.
• Joindre à l'appui de la requête : la décision attaquée, les pièces nécessaires à l'instruction de la demande.
• Préparer l'éventuelle audience par la rédaction d'un argumentaire.

POUR ALLER PLUS LOIN...

Fascicules JurisClasseur
- *JCl. Justice administrative*, fasc. 51.
- *JCl. Administratif*, fasc. 1095.

Fiche 66

Introduire un référé-expertise

Stéphane DEWAILLY

Sommaire

I Aperçu rapide

A Caractéristiques générales

1644 Les dispositions relatives à l'expertise ont été modifiées par les dispositions du décret n° 2013-730 du 13 août 2013 portant modification du Code de justice administrative publiées au *Journal officiel* du 15 août 2013. Elles ont modifié certaines dispositions du décret n° 2000-1115 du 22 novembre 2000, notamment quant aux modalités de désignation des experts et à l'établissement de tableaux.

Elles sont entrées en vigueur le 1er janvier 2014, sauf pour les articles 10 à 13 qui sont entrés en vigueur immédiatement. Ces règles sont applicables aussi en Nouvelle-Calédonie, en Polynésie française, dans les Terres australes et antarctiques françaises et à Mayotte.

Précisions : Les dispositions antérieures à celles de la loi du 30 juin 2000 et à celles du nouveau décret demeurent seules applicables aux demandes de suspension ou de sursis à exécution se rapportant à des litiges ayant fait l'objet d'une requête enregistrée au greffe d'une juridiction administrative avant la publication du présent décret (D. 13 août 2013, art. 5).

Il n'en demeure pas moins que les dispositions relatives au référé-expertise, à proprement parler, codifiées au titre III du livre V du Code de justice administrative (CJA), à l'article R. 532-1 n'ont pas été directement modifiées. Précisons que ce titre ne contient aucune disposition législative.

B Conditions d'utilisation

1645 Il s'agit d'une mesure d'instruction destinée à **procéder à des vérifications et à constater une situation.**

C Avis du professionnel

1646 Il s'agit ici de constater des désordres et d'en rechercher la cause.

La demande doit concerner un litige né et actuel ou éventuel, mais présentant un caractère certain (CE, 30 déc. 2002, n° 241793 : *JurisData* n° 2002-064741. – CE, sect., 11 févr. 2005, n° 259290 : *JurisData* n° 2005-068013) ou sur des faits non révolus dont les conséquences peuvent être constatées à la date à laquelle il est statué sur la demande (CE, 13 mars 2019, n° 418102, *M. P.* – CE, 28 sept. 2011, n° 347585, *Garde des Sceaux*).

Elle présente un intérêt dans le domaine de la responsabilité, notamment en matière hospitalière ou de dommages de travaux publics ou de désordres constatés sur des constructions. Le référé-instruction permet de gagner du temps pour le jugement ultérieur de l'affaire au fond.

Il est possible de demander une expertise mettant en cause non seulement les constructeurs d'ouvrages publics atteints de désordres, mais aussi les assureurs des parties (CAA Lyon, 26 mai 1992, n° 92LY00126 : *JurisData* n° 1992-044035. – les assureurs des constructeurs peuvent aussi demander au juge à être attraits à la procédure en cours : CE, 21 janv. 2008, n° 298868, *Cie d'assurances Areas dommages : JurisData* n° 2008-073033).

Rappelons aussi que si les mesures d'expertise ordonnées par le juge sont irrégulières, le juge peut ordonner, avant dire droit, une nouvelle expertise. Ce dernier jugement pouvant faire l'objet d'un appel, même si le juge d'appel n'est pas saisi du litige au fond (CAA Paris, 19 mars 2008, n° 07PA00524, *Éts français du sang*).

Le juge d'appel peut aussi, après évocation du litige, estimer que le rapport de l'expert constitue une des pièces du dossier sur laquelle la (ou les) parties ont pu faire valoir leurs observations écrites, le retenir à titre d'élément d'information et statuer au fond sans recourir à une autre expertise (CAA Paris, 3 avr. 2007, n°s 04PA03603 et 04PA03966, *Me Pellier, liquidateur de la société Provençale de revêtement*).

Le fait de former une requête en référé-expertise, concomitamment à une instance en référé-provision risque de démontrer le caractère contestable de la demande de provision. Il est donc recommandé, si une expertise paraît nécessaire, d'y faire procéder avant l'introduction de la demande de provision.

D Textes

- CJA, art. R. 222-5, R. 531-1, R. 532-1, R. 533-1, R. 533-3, R. 555-1, R. 621-1, R. 621-2, R. 621-3, R. 621-4, R. 621-5, R. 621-6, R. 621-7, R. 621-9, R. 621-12, R. 621-13, R. 621-14, R. 721-1, R. 761-4, R. 761-5.

E Schéma procédural

1647 • Requête indiquant que l'on sollicite une mesure d'expertise dans le cadre d'un référé et des conclusions qui ont pour effet de demander le prononcé d'une mesure d'expertise et, le cas échéant, une demande de frais irrépétibles.

• Pas de délai prescrit, mais un envoi en lettre recommandée avec accusé de réception, pour valider la date d'enregistrement, puisque seront seulement pris en compte la nature des éléments à constater et l'évolution de la situation pour accorder ou pas la mesure.

• La requête doit contenir l'exposé de la nature et du contenu de la mesure, justifier les prétentions, indiquer les faits motivant la saisine du juge et surtout son caractère utile.

II Préparation du dossier

A Informations préalables

1648 La demande peut être formée à tout moment.

Elle permet de gagner du temps et d'avoir des éléments avant de former un recours sur le fond, notamment en matière de responsabilité, pour pré-constituer des preuves sur les faits que l'on affirme. Elle interrompt en effet le délai de recours contre la décision de rejet de la demande d'indemnisation (CE, 13 mars 2009, n° 317567, *Vera : JurisData* n° 2009-075097).

ATTENTION Lorsque le maître d'ouvrage s'associe à l'entrepreneur principal pour solliciter le référé-expertise, il interrompt le délai de garantie décennale pour les désordres objets du litige (CE, 2 août 2011, n° 330982, *Région Centre : JurisData* n° 2011-015766).

ATTENTION Le paiement de la taxe de 35 € instituée par l'article 1635 bis Q du CGI a été supprimé à compter du 1er janvier 2014.

B Contrôles préalables

1649 Bien vérifier que la mesure d'urgence demandée se rattache ou est susceptible de se rattacher à un litige principal n'échappant pas manifestement à la compétence de la juridiction administrative et de la juridiction administrative saisie.
Bien vérifier aussi qu'elle est utile (CE, 23 juin 2006, n° 288813, *Douglas : JurisData* n° 2006-080968) et que :
– la mesure demandée ne relève pas du pouvoir d'instruction du juge du fond déjà saisi (CE, ord., 30 sept. 1998, n° 199166 : *Lebon* T., p. 1092) ;
– la mesure sollicitée ne porte pas sur des constatations de fait déjà opérées par le juge du fond (CE, ord., 3 janv. 2006, n° 285781, *Zuryk*) ;
– la mesure sollicitée ne peut être obtenue par le demandeur par ses propres moyens (CE, 16 juin 1989, n° 104453 : *JurisData* n° 1989-643370) ;
– la mesure réclamée n'a pas le même objet que celle prescrite par la législation (par ex. en matière d'immeubles menaçant ruine) ;
– la mesure à prescrire ne porte pas sur des éléments connus et établis (parce qu'une précédente expertise a été prononcée) ;
– la mesure ne risque pas d'avoir des conséquences pour le demandeur et est donc dépourvue d'utilité au regard des faits (par ex. l'interruption d'une prescription ; la procédure de reconnaissance de l'état de catastrophe naturelle prévue par l'article L. 125-1 du Code des assurances est en cours) ;
– la demande au fond relève manifestement de la compétence de la juridiction administrative, n'est pas irrecevable ou atteinte par une prescription (elle ne constitue pas en elle-même une recherche de responsabilité des constructeurs par le maître d'ouvrage : CE, 10 févr. 2017, n° 391722, *Sté Campenon Bernard Côte d'Azur et a. : JurisData* n° 2017-002283), ce qui contraindrait à un rejet de la demande pour défaut d'utilité (CE, 14 févr. 2017, n° 401514, *Mme Bernard : JurisData* n° 2017-002465). Toutefois, le Conseil d'État rappelle aussi que commet une erreur de droit le juge des référés qui se fonde, pour écarter les conclusions de l'entrepreneur, responsable des travaux à l'origine des désordres, et de son assureur tendant à ce que la société sous-traitante soit attraite à l'expertise, sur la circonstance que toute action en responsabilité à l'encontre du sous-traitant serait prescrite, alors qu'il lui appartenait seulement de déterminer si la mise en cause de cette société était utile à la réalisation de l'expertise sollicitée par le maître d'ouvrage, dont il avait admis que les prétentions n'étaient pas prescrites (CE, 26 juill. 2018, n° 415139, *Sté AXA France Iard et Sté Simon Bonis : JurisData* n° 2018-013212) ;
– la demande laisse manifestement (de manière suffisante) apparaître un lien de causalité entre la faute alléguée et un préjudice et permet d'évaluer ce préjudice (même décision préc. et CE, 11 févr. 2005, n° 259290, *OGEC du Sacré Cœur*), mais il n'a pas à apprécier les chances de succès de la requête (CE, 23 déc. 2016, n° 403197, *M. Amann*).

1 Délai pour agir

1650 **Pas de délai prescrit**, mais un envoi en lettre recommandée avec accusé de réception, pour valider la date d'enregistrement.
Seront seulement prises en compte la nature des éléments à constater et l'évolution de la situation pour accorder ou pas la mesure.
Mais, abandonnant sa décision *Guerrero* (CE, 27 sept. 1989), le Conseil d'État considère que la saisine du juge des référés d'une demande d'expertise médicale pour rechercher les causes de dommages imputés à un service public interrompt le délai de recours contentieux contre la décision rejetant expressément la demande d'indemnité interrompt le délai de recours contre la décision de rejet de la demande d'indemnisation (CE, 13 mars 2009, n° 317567, *Vera : JurisData* n° 2009-075097).
En revanche, la demande adressée au juge des référés d'ordonner une expertise sur le fondement de l'article R. 532-1 du Code de justice administrative n'interrompt pas le délai de recours contentieux dans lequel doivent être présentés les recours pour excès de pouvoir (CE, 28 sept. 2020, n° 425630).

ATTENTION Par un arrêt du 12 octobre 2020, la cour administrative d'appel de Bordeaux a jugé que la demande d'expertise présentée par une collectivité publique aux fins de constater des désordres imputés à des constructeurs ou d'en

Introduire un référé-expertise

rechercher les causes a pour effet d'interrompre le délai d'un an à l'expiration duquel la garantie de parfait achèvement de ces constructeurs ne peut plus être recherchée. Ce délai recommence à courir, qu'à compter de la date de l'ordonnance statuant sur la demande d'expertise (CAA Bordeaux, 12 oct. 2020, n° 18BX02136, *Région Occitanie*).
Cette appréciation a été confortée par une décision du Conseil d'État (CE, 20 nov. 2020, n° 432678, *Sté Véolia Eau : JurisData* n° 2020-019059) qui indique qu'aux termes des articles 2224, 2239, 2241 et 2242 du Code civil, la demande adressée à un juge de diligenter une expertise interrompt le délai de prescription jusqu'à l'extinction de l'instance et, lorsque le juge fait droit à cette demande, le même délai est suspendu jusqu'à la remise par l'expert de son rapport au juge pour les parties expressément associées à cette demande d'expertise ou qui ont demandé à être associées.

2 Intérêt et qualité à agir

1651 La qualité pour agir du requérant est largement admise. Il n'est pas exigé de preuve d'une autorisation préalable de l'organe délibérant pour le maire d'une commune ou le représentant d'un syndicat ou d'une association.
Une autorisation de plaider peut ainsi être sollicitée pour l'engagement d'une procédure de référé-expertise (CE, 20 oct. 2004, n° 265403, *Synd. interdépartemental pour l'assainissement de l'agglomération parisienne*).
Mais il faut cependant avoir qualité pour solliciter la réparation des préjudices subis par chacun de ses membres. Elle est exigée dans le cas d'une association (CE, 18 janv. 2001, n° 229247 : *JurisData* n° 2001-061707).

C Pièces nécessaires

1652 **Constitution du dossier.** Une requête sur papier libre, ou par voie électronique, indiquant qu'il s'agit d'un référé et indiquant les dispositions du Code de justice administrative dont on sollicite l'application. Notons que l'exigence posée pour les référés-suspension, liberté ou mesures utiles d'indiquer clairement la mention « référé X » sur la requête et l'enveloppe ou les dispositions du Code de justice administrative dont on sollicite l'application n'est pas aussi stricte.
Le juge des référés peut rejeter une requête au motif qu'elle n'a pas été transmise par voie électronique (CE, 17 nov. 2017, n° 415439). Pour rejeter cette requête, le Conseil d'État relève que l'article R. 414-1 du Code de justice administrative, qui prévoit que, lorsqu'elle est présentée par un avocat, la requête doit, à peine d'irrecevabilité, être adressée à la juridiction par voie électronique au moyen d'une application informatique dédiée accessible par le réseau internet, est applicable aux référés d'urgence. Sont seuls dispensés de cette obligation, en vertu du 2° de l'article R. 522-3 du même code, les mandataires non encore inscrits dans cette application. En l'espèce, l'avocat mandataire de M. A. était inscrit sur la plateforme Télérecours et a été invité, le 10 novembre 2017, à régulariser la requête d'appel en l'adressant au Conseil d'État par voie électronique au moyen de cette application. Faute d'avoir procédé à la régularisation requise avant la clôture de l'instruction, la requête de M. A., a été rejetée comme irrecevable.
La requête indique les nom et domicile des parties. Elle contient l'exposé des faits et moyens, ainsi que l'énoncé des conclusions soumises au juge qui ne doivent pas préjudicier au principal (CJA, art. R. 411-1).
La requête est présentée par le ministère d'un avocat (CJA, art. R. 522-5), sauf dans les matières qui en sont dispensées.
Il est nécessaire et même souhaitable de donner des renseignements précis concernant les parties, le juge appréciant l'intérêt donnant qualité pour agir du requérant. Pour une personne physique : le nom, les prénoms, la profession, le domicile, la nationalité et le lieu de naissance ; et, pour une personne morale : la forme, la dénomination, le siège social et l'organe qui la représente légalement. Mais, la qualité pour agir n'est le plus souvent appréciée que par rapport à la qualité pour solliciter la réparation des intérêts que l'on défend, la preuve de ce que le mandataire a été autorisé à introduire la demande n'étant pas exigée.

D Coût de la procédure

1653 La procédure est gratuite devant les juridictions administratives.

III Procédure

A Assistance et représentation

1654 Dans toutes les hypothèses, il n'est pas nécessaire d'introduire la requête par le ministère d'un avocat, sauf devant le Conseil d'État (CJA, art. R. 522-5), si elle se rattache à un litige pour lequel ce ministère n'est pas obligatoire (voir ci-après). L'État en est cependant toujours dispensé.

ATTENTION Si la requête est présentée par plusieurs personnes physiques, il faut alors désigner un représentant unique. À défaut, le juge désignera le premier signataire comme représentant l'ensemble des personnes physiques.
Enfin, si la requête est présentée par le représentant d'une personne morale, ce mandataire doit alors produire les documents l'autorisant à introduire une requête.

En tout état de cause, il n'y a jamais obligation de recourir au ministère d'un avocat dans les contentieux énumérés à l'article R. 431-3 du Code de justice administrative :
- litiges en matière de travaux publics, de contrats relatifs au domaine public, de contravention de grande voirie ;
- litiges en matière de contributions directes, de taxes sur le chiffre d'affaires et de taxes assimilées ;
- litiges d'ordre individuel concernant les fonctionnaires ou agents de l'État et des autres personnes ou collectivités publiques ainsi que les agents ou employés de la Banque de France ;
- litiges en matière de pensions, d'aide sociale, d'aide personnalisée au logement, d'emplois réservés et d'indemnisation des rapatriés ;
- litiges dans lesquels le défendeur est une collectivité territoriale ou un établissement public en relevant ;
- demandes d'exécution d'un jugement définitif.

B Matières

1655 Matière contentieuse, intervenant en amont d'un contentieux sur le fond.
L'expert peut toutefois concilier les parties (CJA, art. L. 621-7-2) et éviter un contentieux ultérieur, ce qui fera perdre son caractère de matière contentieuse à ce référé.

C Compétence

1 Compétence matérielle

1656 Un litige relevant du juge administratif saisi, même seulement pour partie (le litige peut relever des deux ordres de juridiction simultanément).
L'expertise ne peut porter sur des questions relatives à la qualification juridique des faits et aux conséquences juridiques à tirer des constatations de fait, qui constituent des questions de droit.

ATTENTION Elle ne peut être demandée dans le cadre d'un litige relatif à la délimitation du domaine public, du fait qu'il ne s'agit pas d'une procédure contradictoire (CAA Marseille, 30 mai 2000, *Ferraud*).
Dans tous les cas, le rejet pour incompétence des juridictions administratives n'est acquis que si elle porte sur un litige « **manifestement insusceptible** de se rattacher à un litige relevant de la compétence de la juridiction administrative » (CAA Bordeaux, 6 sept. 2007, n° 05BX02024, *M. Tourenq*. – CAA Paris, 20 août 1998, n° 97PA00846, *Assoc. ADECUR*. – CAA Paris, 30 déc. 1996, n° 96PA02390, *MAAF*. – CAA Lyon, 16 nov. 1995, n° 95LY00664, *Mme Leonetti*).
Toutefois, la lecture de la jurisprudence montre que le juge du référé-expertise peut aussi se déclarer incompétent en ne se limitant pas au « caractère manifeste » en motivant son rejet de la demande comme » ne peut être portée devant la juridiction administrative » ou parce que les actes litigieux « ne sauraient être contestés devant la juridiction administrative » (CAA Nantes, 6 févr. 2014, n° 13NT02164, *Beurrier*. – CAA Paris, 18 oct. 2013, n° 13PA02248, *Serrar*. – CAA Lyon, 13 juill. 2012, n° 12LY01416, *Naouar*. – CAA Lyon, 8 oct. 2002, n° 02LY01920, *Fricou*. – CAA Bordeaux, 24 mars 2011, n° 10BX01334, *Cne d'Avanton*).

Deux principes sont vérifiés (CE, sect., 11 févr. 2005, n° 259290 : *JurisData* n° 2005-068013) :
- que **la demande puisse se rattacher à un litige principal, actuel ou éventuel** (CE, sect., 11 févr. 2005, *Organisme de gestion du cours du Sacré Cœur : Lebon*, p. 65), **relevant lui-même de la compétence de la juridiction à laquelle il appartient** (CAA Bordeaux, 26 août 2013, n° 13BX00163,

Cts Vargas. – CAA Lyon, 10 juill. 2007, n° 06LY02110, *Sté immobilière d'économie mixte de la ville de Cours*. – T. confl., 23 oct. 2000, n° 3220, *Sté Caprano et SMABTP, cts Gendro-Exiga c/ DRIRE Lot*. – V. en sens contraire, car c'était la SAEMES qui était directement mise en cause pour l'exploitation du parking « Saint Martin-Rivoli » : CAA Paris, 17 déc. 2003, n° 99PA00170, *Baini c/ SAEMES*, ou pour une extension d'expertise afin d'évaluer les désordres sonores subis par les riverains lors de sa construction dénoncées par l'appelante : CAA Paris, 25 janv. 1994, n° 93PA00788, *SAEMES*). Précisons que lorsque, dans une instance en référé déjà engagée, il est ultérieurement demandé au juge des référés d'ordonner une mesure d'instruction qui porte à titre exclusif sur un litige dont la connaissance au fond n'appartient manifestement pas à l'ordre de juridiction auquel il appartient, la demande sera rejetée (CAA Lyon, 28 avr. 2005, n° 04LY01392, *Sté Lafarge*. – CAA Lyon, 16 juin 2005, n° 05LY00065, *Sté COMTRA*. – CAA Paris, 25 févr. 2003, n°s 00PA02170 et 00PA02171, *Sté Linopan et Sté Fortis AG*. – CAA Nancy, 20 nov. 2007, n° 07NC01278, *Sté Lafarge*) ;

– que **la mesure demandée ne soit pas superflue** (l'expertise doit, d'abord, être le seul moyen d'établir les faits en cause et les faits qu'il est demandé à l'expert d'établir présentent un intérêt pour un éventuel contentieux) et soit prescrite à l'effet de déterminer le montant d'un préjudice (CE, 16 déc. 1996, *Sté Stan : Lebon*, p. 494).

Le **juge d'appel** du référé-expertise peut se déclarer incompétent au motif que la demande « n'est pas susceptible de relever de la compétence du juge administratif », « ne peut être portée devant la juridiction administrative » ou que les actes litigieux « ne sauraient être contestés devant la juridiction administrative » (CAA Nantes, 6 févr. 2014, n° 13NT02164, *Beurrier*. – CAA Paris 18 oct. 2013, n° 13PA02248, *Serrar*. – CAA Lyon 13 juill. 2012, n° 12LY01416, *Naouar*. – CAA Lyon, 8 oct. 2002, n° 02LY01920, *Fricou*. – CAA Bordeaux 24 mars 2011, n° 10BX01334, *Cne d'Avanton*).

Précisons aussi que dans la situation où il a été fait appel de l'ordonnance de référé-expertise, et qu'une demande d'extension est déposée corrélativement devant le tribunal administratif, ce dernier ne peut statuer sur cette dernière demande qu'après que le juge d'appel se sera prononcé. La procédure d'extension est donc suspendue à la solution du litige en appel, bien que les opérations d'expertise se poursuivent (sauf suspension de l'ordonnance).

2 Compétence territoriale

1657 Le juge des référés territorialement compétent est celui du tribunal administratif territorialement compétent pour statuer sur le litige au fond.

D Parties

1658 Au moins un requérant et un défendeur. Il est possible de mettre en cause plusieurs personnes, notamment les constructeurs d'ouvrage et les assureurs des parties.

En tant que de besoin, d'autres parties pourront être mises en cause ultérieurement, soit sur demande (intervention forcée), soit spontanément (intervention volontaire), mais il y a alors un risque de discussion sur la recevabilité de ces demandes en intervention. Précisons à cet égard que le juge n'écarte comme « dépourvue d'utilité » d'une « demande d'extension à partie » que les parties dont il ressort manifestement du dossier qu'elles sont étrangères au litige (exemple une entreprise d'électricité est mise en cause alors que le litige porte sur les fondations). Il n'a pas à se prononcer sur le fond même s'il doit se prononcer sur les prescriptions (CE, 26 juill. 2018, n° 415139, *Sté Axa France iard et a.*).

En tout état de cause, le juge apprécie s'il y a lieu d'attraire ou non telle ou telle partie que ce soit lors de la requête introductive d'instance, soit dans le délai d'un mois à compter de la notification de l'ordonnance ou, à tout moment à la demande de l'expert. Notamment, il apprécie la nature d'une « intervention » de la partie qui s'estime subrogée (CAA Lyon, 21 déc. 2017, n°s 15LY02182, 15LY2194, 15LY02218, *Sté Ginger CEBTP et a.*).

Notons que si l'expert, en cours de procédure, met hors de cause une des parties au litige, cette circonstance n'a ni pour objet, ni pour effet d'entraîner l'irrecevabilité de la requête (CAA Lyon, 31 mars 2016, n° 14LY00421, *Sté Degremont France*).

À cet égard, la cour administrative d'appel de Bordeaux a jugé qu'il n'appartenait pas au juge du référé, qui prend des mesures par nature provisoires, de mettre hors de cause une partie, à ce stade du litige, c'est-à-dire avant que l'expert ait lui-même tiré les conséquences de l'expertise qu'il conduit (CAA Bordeaux, réf., 20 mai 2003, n° 03BX00351, *Centre hospitalier Henri Laborit*. – CAA Bordeaux, 5 oct. 2017, n° 17BX00344, *Cne de Villeneuve-sur-Lot*).

E Rédaction de l'acte de saisine

1659 La requête, enregistrée au greffe de la juridiction, au moyen de l'application Télérecours, pour les acteurs qui y sont éligibles (CJA, art. R. 414-1), doit (CJA, art. R. 522-1) exposer :

– les faits motivant la saisine du juge avec précision ;

– la nature et le contenu de la mesure sollicitée ;

– la nature du litige qui justifie ses prétentions (CE, 13 déc. 1995, n° 171914 : *JurisData* n° 1995-765037) ;
– et surtout démontrer son utilité (s'il est possible de faire constater les faits par un huissier de justice, la condition d'utilité ne sera pas remplie : CE, 26 juill. 1982, n° 40701 : *JurisData* n° 1982-041506 ; *Lebon*, p. 312). De plus, la requête doit viser les pièces justificatives jointes (CJA, ancien art. R. 521-1). À cet égard, les parties doivent joindre, à l'appui de leur requête, un inventaire détaillé des pièces jointes, accompagné de signets (CJA, art. R. 412-2) lors de leur transmission au moyen de l'application Télérecours. Le cas échéant, si cette transmission électronique, du fait des caractéristiques de ces pièces, est impossible, les pièces peuvent être transmises sur un support matériel (CJA, art. R. 414-3 et art. R. 611-8-2, 4e al.).

La demande de référé n'est pas soumise à la nécessité d'une décision administrative préalable, ni à la mise en œuvre préalable de recours administratifs. Par contre, la demande ne doit pas porter sur des questions de droit (CE, 16 déc. 1996, n° 164656 : *JurisData* n° 1996-051180).

Les règles de recevabilité de droit commun sont applicables (CJA, art. L. 411-1, R. 411-1 et R. 414-1) puisqu'il n'y est pas expressément dérogé par les dispositions relatives aux procédures de référé.

Seul le défaut d'utilité de la mesure est en général de nature à entraîner le rejet de la demande. À cet égard, le Conseil d'État a précisé que l'utilité doit être appréciée, d'une part, au regard des éléments dont le demandeur dispose ou peut disposer par d'autres moyens et, d'autre part, bien que ce juge ne soit pas saisi du principal, au regard de l'intérêt que la mesure présente dans la perspective, d'un litige principal, actuel ou éventuel, auquel elle est susceptible de se rattacher (CE, 27 juill. 2022, n° 459159. – V. aussi, CE, 14 févr. 2017, n° 401514). Il n'ordonne une expertise que lorsqu'il n'est pas en mesure de se prononcer au vu des pièces et éléments qu'il a recueillis (CE, 23 oct. 2013, n° 360961, *Garde des Sceaux, min. Justice*). Il peut rejeter cette demande s'il estime que la juridiction saisie au fond se prononcera sur cette utilité, au cours de l'instruction, alors que les parties ne fournissent aucun élément justifiant qu'il faille, sans attendre, ordonner une expertise (CE, ord., 27 nov. 2014, nos 385843 et 385844, *Cne de Saint-André de Boëge et Cne de Boëge*).

Enfin, la requête est notifiée aux défendeurs désignés par le requérant (CJA, art. R. 522-4), sans que le juge doive obligatoirement l'étendre à ceux qui sont déjà appelés à l'instance par une autre partie (CE, 14 mai 2003, n° 250585, *Sté Thalès Engineering et consulting : JurisData* n° 2003-065296). Notons que les parties ou leur mandataire sont réputés avoir reçu la communication ou la notification à la date de première consultation du document qui leur a été adressé ou à défaut de consultation, dans les deux jours ouvrés à compter de la mise à disposition du ou des document(s) dans l'application (CJA, art. R. 611-8-2).

ATTENTION Si le juge des référés est saisi de conclusions ne relevant pas de sa compétence, mais de la formation collégiale, il doit les renvoyer devant cette formation et non pas en prononcer le rejet (CE, 27 avr. 1998, n° 163738 : *JurisData* n° 1998-050480).
La saisine du juge des référés en cette matière interrompt le délai de recours contre, par exemple, le rejet d'une demande d'indemnisation (CE, 13 mars 2009, n° 317567, *Vera*).

F Instruction du dossier

1660 Le principe du contradictoire fait tout d'abord obstacle à ce qu'une ordonnance prescrivant une expertise soit prise avant que les personnes mises en cause aient eu communication de la requête (CAA Paris, 12 mai 2006, n° 05PA04577, *Sté Safege*).

Cependant :
– la requête doit être immédiatement notifiée au défendeur éventuel, avec fixation d'un délai de réponse (CJA, art. R. 532-2) ;
– en l'absence de cette notification, le caractère contradictoire de la procédure n'est pas respecté, alors même que le défendeur a été convoqué et entendu à une audience (CE, 24 juill. 1987, n° 75752, *SARL Matana : Lebon* T., p. 882) ;
– en l'absence de précision sur le point de départ du délai de réponse imparti au défendeur pour présenter un mémoire, ce délai court de la date de réception de la notification de la requête.

Le juge des référés doit se prononcer sur les prescriptions ou forclusions opposées en défense, avant de se prononcer sur l'utilité de la demande (CE, 19 déc. 2008, n° 314505, *Marina*).

La question de savoir si telle ou telle personne est au nombre des parties en présence desquelles doit être conduite une mesure d'expertise relève de l'appréciation souveraine des juges du fond (CE, 23 févr. 2001, n° 204806 : *JurisData* n° 2001-062354).

Le caractère contradictoire de la procédure doit être assuré tant devant le juge des référés qu'après, au cours des travaux d'expertise ou de constat.

ATTENTION La situation des défendeurs diffère selon que l'expert est appelé à effectuer une mesure de « constat » ou de « référé-instruction ». Ces derniers sont destinataires d'un simple avis

Introduire un référé-expertise

dans le cadre du « constat », sauf s'ils ont été invités par le juge des référés, avant qu'il ne statue sur la demande, à présenter leurs observations, et des personnes auxquelles l'expertise doit être étendue, qui, dans le cadre du « référé-instruction », doivent être mises en mesure de présenter leurs observations sur l'utilité de l'extension ou de la réduction demandée.

Le juge administratif qui ordonne une expertise en référé peut y appeler, sur demande de l'expert, en qualité de sachant « toute personne dont la présence est de nature à éclairer ses travaux » (CE, 26 sept. 2008, n° 312140, *Michel R. : JurisData* n° 2008-074208).

REMARQUE **Le décret du 13 août 2013, préparé par le Conseil d'État, fixe les conditions d'inscription des experts aux tableaux établis par les présidents des cours administratives d'appel et en organise la procédure. Aucune procédure d'inscription n'est encore créée pour la mise en œuvre d'un tableau des experts près le Conseil d'État visé à l'article R. 122-25-1 du Code de justice administrative.**

Le décret ne prévoit que l'inscription de personnes physiques sur ces tableaux, à l'exclusion des personnes morales (CJA, art. R. 221-11). Les demandes d'inscription doivent être adressées au plus tard le 15 septembre au président de la cour administrative d'appel territorialement compétente (CJA, art. R. 221-13) indiquant notamment les liens de l'expert avec tout organisme de droit public ou privé intéressant son domaine d'activité et d'un engagement à ne pas avoir d'activité incompatible avec l'indépendance et l'impartialité nécessaires à l'exercice des missions d'expertise (CJA, art. R. 221-13).

Le vice-président du Conseil d'État arrête une nomenclature des spécialités composant les tableaux d'experts (CJA, art. R. 221-9).

Pour être inscrit à un tableau d'experts, pour une durée de trois ans, le candidat doit remplir les conditions suivantes (CJA, art. R. 221-11) :

1 – Justifier d'une qualification et avoir exercé une activité professionnelle, pendant une durée de dix années consécutives au moins, dans le ou les domaines de compétence au titre desquels l'inscription est demandée, y compris les qualifications acquises ou les activités exercées dans un État membre de l'Union européenne autre que la France ;

2 – Ne pas avoir cessé d'exercer cette activité depuis plus de deux ans avant la date de la demande d'inscription ou de réinscription ;

3 – Ne pas avoir fait l'objet d'une condamnation pénale ou d'une sanction disciplinaire pour des faits incompatibles avec l'exercice d'une mission d'expertise ;

4 – Justifier du suivi d'une formation à l'expertise ;

5 – Avoir un établissement professionnel ou sa résidence dans le ressort de la cour administrative d'appel. Précisons que si cette dernière condition est exigée pour être inscrit sur la liste, elle n'empêche pas pour autant un tribunal, de faire appel à un expert situé en dehors du ressort de la cour administrative d'appel, lorsqu'aucun expert de la spécialité n'est disponible dans le ressort, ce dont elle n'a d'ailleurs pas à justifier.

Les demandes de réinscription obéissent aux mêmes conditions. La réinscription est d'une durée de cinq ans (CJA, art. R. 221-12).

Le tableau ainsi confectionné dans le ressort de chaque cour administrative d'appel, doit être mis à disposition du public dans les locaux des différentes cours administratives d'appel et des différents tribunaux administratifs et publié sur le site internet des juridictions administratives.

L'expert et/ou son sapiteur peuvent être récusés par une demande présentée devant la juridiction qui a ordonné l'expertise, en invoquant l'absence ou l'insuffisance d'impartialité de ce dernier. Si l'expert admet cette cause, il est remplacé. À l'inverse, le juge prend une décision après audience publique et après en avoir averti les parties (CJA, art. R. 621-6). Cette décision n'a pas à être motivée (CE, avis, 23 mars 2012, n° 355151, *Centre hospitalier d'Alès-Cévennes : JurisData* n° 2012-004964).

La procédure de référé-instruction est close après le dépôt du rapport d'expertise. Rappelons que désormais, la notification du rapport peut s'effectuer sous forme électronique (CJA, art. R. 621-9, al. 1 et 3, mod. par D. n° 2012-1437, 21 déc. 2012, le second alinéa n'étant pas applicable à cette procédure de référé).

ATTENTION Un décret du 8 novembre 2006 (n° 2006-1359) organise des modalités particulières de la procédure contradictoire d'expertise prévue afin d'obtenir un arrêté de péril non imminent (CCH, art. L. 511-2). L'article R. 511-1 du Code de la construction et de l'habitation précise les modalités de la procédure contradictoire instituée. Cette procédure a pour objectif de permettre aux propriétaires de faire valoir leurs observations et, le cas échéant, de procéder aux travaux nécessaires, après mise en demeure, dans un délai minimum d'un mois.

G Audience et séances

1 Convocation des parties

1661 Elle n'est pas obligatoire, le juge des référés-expertise n'ayant pas l'obligation de tenir une audience, sauf demande de récusation, si l'expert ne consent pas à son remplacement.
À l'inverse, s'il tient une audience - il doit nécessairement le faire lorsque l'expert refuse son remplacement avant de prendre sa décision - il doit convoquer les parties par tous moyens et dans les meilleurs délais.
Le juge des référés peut donc, en principe, se prononcer sans tenir une audience publique et sans conclusion d'un rapporteur public (CE, 19 févr. 1965, n° 65076, *Souris Pierre*). L'article R. 742-6 du Code de justice administrative disposant que les ordonnances ne sont pas prononcées en audience publique.
Le juge des référés peut aussi décider de renvoyer l'affaire à une formation collégiale si le jugement des demandes lui paraît présenter des difficultés sérieuses.

2 Séances (CJA, art. R. 621-8-1)

1662 Le juge peut toujours, au cours des opérations d'expertise, organiser des « séances » permettant de veiller au bon déroulement de l'expertise s'il constate des difficultés ou si l'expert ou une partie le saisit à cette fin. Il ne s'agit cependant que de questions formelles (délais d'exécution, refus de communication de pièces [CJA, art. R. 621-7-1], versement d'allocations provisionnelles, voire étendue de l'expertise). Notons qu'il n'a jamais l'obligation de la tenir. Il doit dresser à son issue un « relevé de conclusions » retraçant les débats et les solutions retenues qui n'a pas le caractère d'une décision, ni d'un acte juridictionnel. Il devient une pièce du dossier.

H Décision

1 Contenu de la décision

1663 Les requêtes présentées devant le juge des référés peuvent être jugées dans les formes prévues à l'article R. 222-1 du Code si les conditions d'application de cet article sont remplies (CE, 30 juin 1999, n° 203135 : *JurisData* n° 1999-050699 ; *Lebon* T., p. 889, 891 et 961).
Les règles de forme (CJA, art. R. 742-1, R. 742-2, R. 742-3, R. 742-4, R. 742-5 et R. 742-6) :
- mentionner le nom des parties, l'analyse des conclusions ainsi que les visas des dispositions législatives ou réglementaires dont elle fait application ;
- faire apparaître la date à laquelle elle a été signée ainsi que la qualité de son signataire ;
- être signée du seul magistrat qui l'a rendue. Mais la circonstance que l'ordonnance a été, en outre, signée par un agent du greffe est sans incidence sur sa régularité (CE, 2 avr. 2004, n° 257599 : *JurisData* n° 2004-066927) ;
- le juge des référés est tenu de faire apparaître dans sa décision tous les éléments qui l'ont conduit à accorder la mesure sollicitée ;
- un dispositif qui « ordonne » et peut désigner un expert ;
- le Conseil d'État permet aussi au juge de donner à l'expert une mission de conciliation des parties « si faire se peut » (CE, sect., 11 févr. 2005, n° 259290, *Organisme de gestion du cours du Sacré-Cœur : JurisData* n° 2005-068013).
La mission donnée à l'expert peut être plus large. Au-delà des simples constatations matérielles sur l'existence et la consistance des désordres, celui-ci pourra, par exemple, être invité à rechercher les origines des dommages et déterminer ceux des constructeurs qui seraient à mettre en cause. Il peut être autorisé à s'adjoindre un ou plusieurs sapiteurs sur un point particulier de l'expertise (CJA, art. R. 621-2, al. 2).

2 Caractères de la décision

1664 L'autorité de chose jugée ne s'attache pas à une ordonnance de référé ou à la décision rendue sur appel de cette ordonnance, lesdites décisions ayant un caractère provisoire et ne faisant aucun préjudice au principal (CE, 5 oct. 1984, n° 49164 : *JurisData* n° 1984-042031 ; *Lebon* T., p. 705).

ATTENTION Elle ne peut revêtir l'autorité de la chose jugée en ce qui concerne la compétence *ratione materiae* de la juridiction administrative (CE, 16 oct. 1957, n° 17223, *Sté commerciale et industrielle de la Côte d'Afrique : Lebon*, p. 531).

3 Suites de la décision

1665 L'ordonnance est notifiée (CJA, art. R. 522-12) au requérant, au défendeur (le cas échéant) et copie est adressée au(x) conseil(s) des parties par tous moyens. Elle peut être notifiée sur le siège.
Le nombre des parties peut changer en cours de procédure, soit à la demande des parties dans les deux mois qui suivent la première réunion d'expertise, soit au-delà de ce délai à la seule initiative de l'expert (CJA, art. R. 532-3). Le tribunal le saisissant généralement de « l'opportunité technique » de la demande d'extension (ou de mise hors de cause) avant de la prononcer, comme les parties sur le bien-fondé. Le juge des référés peut donc prendre plusieurs ordonnances pour une même expertise.
Il en va de même du champ de l'expertise dont le périmètre peut être étendu ou réduit, le plus souvent après les premières constatations d'expert (CJA, art. R. 532-3, préc. et R. 532-4) et pour lequel, après respect du contradictoire, il prend une nouvelle ordonnance complétant la précédente.
Les intervenants en requête ou en défense, dont l'intervention a été admise, reçoivent aussi notification de cette ordonnance.

I Recours ou contestation

1 Recours des parties

1666 Les ordonnances prises par le président du tribunal administratif ou par son délégué sont susceptibles d'appel devant la cour administrative d'appel (CJA, art. R. 533-1) dans le ressort de laquelle est situé le tribunal administratif qui a statué.
L'ordonnance rendue par le président de la cour ou par le magistrat désigné par lui est susceptible de recours en cassation dans la **quinzaine** de sa notification (CJA, art. R. 533-3). Celui qui a demandé l'expertise a intérêt à faire appel de l'ordonnance du juge des référés refusant de faire droit à une demande d'extension de l'expertise, présentée par l'expert, en application de l'article R. 532-3 du Code de justice administrative (CAA Marseille, 1er févr. 2023, n° 22MA02985).
Le Conseil d'État, statuant sur un pourvoi en cassation, exerce un contrôle classique ce qui exclut, comme l'ont rappelé les rapporteurs publics, notamment Mme Lambolez : « L'appréciation de l'utilité d'une expertise [qui] relève en principe de l'appréciation souveraine des juges du fond » (CE, 19 oct. 2012, n° 354495, *Ringeval*. – CE, 6 avr. 2001, n° 202420, *Min. Économie c/ Vannier-Moreau : JurisData* n° 2001-062598).
Le contrôle du Conseil d'État l'amène donc à vérifier si la cour n'a pas entaché son arrêt d'une erreur de droit, d'une insuffisance de base légale ou d'une dénaturation des faits.

2 Recours des tiers

1667 La **tierce opposition** ouverte à toute personne qui n'a été ni présente, ni appelée à l'instance, à la condition que la décision préjudicie à ses droits (CJA, art. R. 832-1).

J Modifications de la décision

1668 Il est toujours possible de présenter, après le rejet d'une demande, une nouvelle demande, dès lors qu'elle se fonde sur des circonstances nouvelles (CAA Nancy, 9 mai 1990, *Cts Kuntz : Rec. TA* 1990, p. 445).

CHECK-LIST
- **Déposer la requête, éventuellement par télécopie, en indiquant la mention de référé « expertise » et/ou de l'article R. 532-1 du Code de justice administrative et l'envoyer en LRAR.**
- **Vérifier la compétence territoriale et matérielle de la juridiction saisie.**
- **Joindre à l'appui de la requête : les pièces nécessaires à l'instruction de la demande.**
- **Préparer un argumentaire en vue d'une éventuelle audience.**

POUR ALLER PLUS LOIN...

Fascicule JurisClasseur
- *JCl. Justice administrative*, fasc. 53.

Revue
- J. Raymond, *Les référés-expertise : JCP* A 2005, 1262.

Fiche 67

Introduire un référé conservatoire ou référé mesures utiles

Stéphane DEWAILLY

Sommaire

I

Aperçu rapide

A Caractéristiques générales

1669 Procédure d'urgence instituée par la loi n° 55-1557 du 28 novembre 1955, modifiée notamment par la loi n° 2000-597 du 30 juin 2000 relative aux référés devant les juridictions administratives, entrée en vigueur le 1er janvier 2001.
Ce référé est l'un des moyens mis à disposition des justiciables pour obtenir communication de documents administratifs utiles à la solution d'un litige. Il complète les communications demandées par le juge, en vertu de son pouvoir de direction de l'instruction et celles sollicitées en vertu du référé-instruction, en cas d'urgence ou par la voie du référé-mesures utiles.
Il s'applique aussi dans le domaine de l'informatique et des libertés lors de demandes d'autorisation de traitements de données à caractère personnel

à des fins autres qu'historiques, statistiques ou scientifiques aussi bien en France que destinées à des États tiers (CJA, art. R. 555-2 introduit par D. n° 2007-451, 25 mars 2007).

Ce référé sert aussi pour solliciter l'expulsion d'un occupant sans titre du domaine public.

La loi n° 2015-925 du 29 juillet 2015 relative à la réforme du droit d'asile, a étendu ce type de référé dans un décret, en date du 21 septembre 2015 (D. n° 2015-1166, 21 sept. 2015) qui précise les modalités d'expulsion des lieux d'hébergement pour demandeurs d'asile (CESEDA, art. L. 744-5). Ainsi, si un demandeur ne quitte pas son lieu d'hébergement après une décision de rejet définitive une fois le délai de maintien expiré (un mois, le cas échéant renouvelé une fois), le préfet du département dans lequel se situe ce lieu mettra alors en demeure cette personne de quitter les lieux dans ces deux cas :

– l'intéressé ne dispose pas d'un titre de séjour et n'a pas sollicité d'aide au retour volontaire ou a refusé l'offre d'aide au retour volontaire qui lui a été présentée par l'Office français de l'immigration et de l'intégration (OFII) ;

– il bénéficie d'un titre de séjour en France mais a refusé une ou plusieurs offres de logement ou d'hébergement qui lui ont été faites en vue de libérer le lieu d'hébergement occupé.

Si la mise en demeure est infructueuse, le préfet pourra, après une décision de rejet définitive, saisir le président du tribunal administratif afin d'enjoindre à cet occupant de quitter les lieux.

À noter encore qu'à l'égard des demandeurs d'asile ayant un comportement violent ou qui commettent des manquements graves au règlement du lieu d'hébergement, le préfet de département peut aussi saisir le président du tribunal administratif, après mise en demeure restée infructueuse, sur signalement du gestionnaire du lieu d'hébergement ou de l'OFII.

ATTENTION Un rapport du Sénat (n° 589, 5 juin 2014) envisageait la création d'un référé communication, devant le juge administratif lorsque la question de la communicabilité du document a déjà été tranchée par la jurisprudence ou par la Commission d'accès aux documents administratifs. L'ordonnance devant être rendue sous quarante-huit heures. Le requérant devant remplir la condition d'urgence et justifier du « caractère manifestement illégal de l'atteinte portée à cette liberté par le refus de communiquer opposé par l'administration ». Il remplacerait, dans ce domaine, le référé mesures utiles, jugé peu efficace car rarement employé.

B Conditions d'utilisation

1 Compétence

1670 Référé ne pouvant être porté que devant la juridiction compétente en premier ressort (CE, ord., 20 janv. 2005, n° 276625 : *JurisData* n° 2005-067830), alors même qu'une instance non dépourvue de tout lien avec elle serait pendante devant une juridiction d'appel ou de cassation (CE, ord., 29 mars 2002, n° 244523 : *JurisData* n° 2002-063732 ; *Lebon*, p. 119).

Référé relevant de la compétence du juge administratif (CE, 6 mars 2002, n° 239041 : *JurisData* n° 2002-063551) : activité de service public ou prérogative de puissance publique.

Dans le cas d'une demande d'expulsion du domaine public, apprécier si les locaux en cause ne sont pas manifestement insusceptibles d'être qualifiés de dépendances du domaine public (CE, 22 oct. 2010, n° 335051, *Pustwo : JurisData* n° 2010-019008), dès lors qu'à défaut, le juge judiciaire est compétent sauf dans l'hypothèse où le contrat d'occupation du domaine privé peut être qualifié de contrat de droit public (CE, 10 oct. 2003, n° 250493, *Meunier : JurisData* n° 2003-066066).

Dans le cas des demandeurs d'asile, la procédure prévue par le décret du 21 septembre 2015 ne posera de difficulté que dans l'hypothèse où ils seraient hébergés transitoirement et en l'absence d'une autre solution, dans le secteur privé.

2 Condition de recevabilité du référé

1671 La qualité et l'intérêt pour agir du requérant doivent être démontrés par la production notamment de l'acte habilitant le représentant de la personne morale (CE, 30 mai 2016, n° 376187, *Office public de l'habitat [OPH] Lille Métropole Habitat : JurisData* n° 2016-010476) et de l'utilité de la mesure sollicitée.

Précisons que le représentant de l'État dans le département, chargé de la protection et de la gestion du domaine public y compris maritime, a qualité pour saisir, au nom de l'État, sur ce fondement, et demander au juge l'expulsion d'un occupant sans droit ni titre de ce domaine (CE, 5 juin 2023, n° 467295).

L'intervention est admise devant le juge des référés sans que l'intervenant ne puisse en principe présenter de conclusions distinctes de celles des parties.

La requête doit être présentée par l'intermédiaire d'un avocat sous la réserve des contentieux qui en sont dispensés (CJA, art. R. 522-5).

Une demande formée sur le fondement de l'article L. 521-3 ne peut, sous peine d'irrecevabilité, être présentée simultanément dans la même requête

avec une demande de provision (CE, 21 mai 2003, n° 249541, *SARL Pico : JurisData* n° 2003-065550).
Rappelons qu'il n'appartient pas au juge des référés de soulever d'office le moyen tiré de ce qu'une demande est irrecevable parce qu'elle ne respecte pas certaines stipulations contractuelles (CE, ord., 5 févr. 2014, n° 371121, *Sté Equalia et Polyxo : JurisData* n° 2014-002099).
Le juge des référés peut rejeter une requête au motif qu'elle n'a pas été transmise par voie électronique (CE, ord. réf., 17 nov. 2017, n° 415439). Pour rejeter cette requête, le Conseil d'État relève que l'article R. 414-1 du Code de justice administrative, qui prévoit que, lorsqu'elle est présentée par un avocat, la requête doit, à peine d'irrecevabilité, être adressée à la juridiction par voie électronique au moyen d'une application informatique dédiée accessible par le réseau internet, est applicable aux référés d'urgence. Sont seuls dispensés de cette obligation, en vertu du 2° de l'article R. 522-3 du Code de justice administrative, les mandataires non encore inscrits dans cette application. En l'espèce, l'avocat mandataire de M. A. était inscrit sur la plateforme Télérecours et a été invité, le 10 novembre 2017, à régulariser la requête d'appel en l'adressant au Conseil d'État par voie électronique au moyen de cette application. Faute d'avoir procédé à la régularisation requise avant la clôture de l'instruction, la requête de M. A., a été rejetée comme irrecevable.

3 Conditions de fond

1672 • Que l'urgence le justifie.
• Que la mesure soit utile – condition remplie dans le cadre de l'exécution d'un contrat, lorsque l'administration ne dispose pas d'un pouvoir de contrainte lui permettant d'obtenir la mesure sollicitée pour assurer la continuité du service public (CE, 1er mars 2012, n° 354628, *Sté Assistance conseil informatique professionnelle*).
• Que la mesure ne fasse obstacle à l'exécution d'aucune décision administrative (CE, 16 déc. 2008, n° 316027, *Sté Sintel Fashion*).
• Absence de contestation sérieuse (CE, 6 avr. 2001, n° 230000 : *JurisData* n° 2001-062120 ; *Lebon*, p. 180. – CE, 16 mai 2003, n° 249880 : *JurisData* n° 2003-065293 ; *Lebon*, p. 228. – Pour un exemple récent d'expulsion d'une dépendance du domaine public : CE, 5 mars 2014, n° 372422).

C Avis du professionnel

1673 Présente un intérêt surtout dans trois domaines :
– la communication de décisions administratives ou de documents administratifs (CE, 29 avr. 2002, n° 239466 : *JurisData* n° 2002-063871), avec la précision apportée par le Conseil d'État selon laquelle il faut que le litige ne soit pas « manifestement insusceptible de se rattacher à un litige relevant de la juridiction administrative » (CE, 5 juin 2015, n° 389178, *M. Sieradzki : JurisData* n° 2015-012911) ;
– l'expulsion des occupants sans titre du domaine public ou des locaux d'un service public administratif (CE, 7 mars 2012, nos 352367 et 353056, *Olivry*. – CE, 28 mai 2001, n° 230692 : *JurisData* n° 2001-062672), ce qui peut inclure le déplacement ou le démontage d'un ouvrage immobilier, mais pas sa destruction (CE, 14 avr. 2023, n° 466993, *Sté cuisine écologique et diététique caribéenne et Sté Immoroma*) ;
– le Fonds de garantie des dépôts, personne morale de droit privé chargée de la mission de service public de recouvrer les sanctions prononcées par le Conseil des marchés financiers, peut demander que le juge prenne une décision, revêtue de la formule exécutoire, ordonnant à la personne qui a fait l'objet d'une sanction pécuniaire par le Conseil des marchés financiers le versement des sommes dues (CE, ord., 10 mars 2005, n° 278035 : *JurisData* n° 2005-068226 ; *Lebon*, p. 99) ;
Cette procédure est moins utilisée dans le domaine audiovisuel, alors qu'elle peut être utile pour obtenir la communication de documents préparatoires à la prise d'une décision (CE, ord., 1er avr. 2005, n° 279177).

ATTENTION L'ouverture et la clôture de l'instance devant le juge du fond tracent les limites de l'utilisation du référé-mesures utiles. En effet, tant que l'instance est en cours, le justiciable peut le saisir d'une demande tendant à la mise en œuvre de ses pouvoirs généraux d'instruction (CE, 20 févr. 2012, n° 351134, *Valery*).
La procédure du référé conservatoire en vue de la communication de documents administratifs n'offre d'intérêt que si aucun recours contentieux n'a encore été introduit contre un document communicable, mais qu'il est envisagé de le faire (pour l'absence de nécessité de saisir la CADA parce que le juge est déjà saisi en application des dispositions de l'article L. 521-3 du Code de justice administrative : CE, 29 avr. 2002, n° 239466, *Sté Baggerbedrijf de Boer*).
Rappelons que les litiges concernant l'application, par l'administration, de la loi du 17 juillet 1978, ainsi que tous ceux relatifs à l'accès aux documents administratifs relèvent de la seule juridiction administrative (T. confl., 2 juill. 1984, *Vinçot et Leborgne c/ Caisse de MSA Finistère*).

D Textes

1 Textes codifiés

• CJA, art. L. 521-3.

2 Textes non codifiés

• L. n° 2000-597, 30 juin 2000.

E Schéma procédural

1674 • Requête **mentionnant expressément les dispositions de l'article L. 521-3** du Code de justice administrative sur la première page des conclusions qui ne doivent pas avoir d'autre effet que de demander le prononcé d'une mesure provisoire (communication d'un document administratif ou expulsion, à titre principal) et, le cas échéant, une demande d'injonction, assortie d'une astreinte et des frais irrépétibles.

• Envoi en lettre recommandée avec accusé de réception ou *via* l'application Télérecours.

• La requête ne doit pas être présentée avec d'autres conclusions que celles de l'article L. 521-3 du Code de justice administrative. Elle ne peut en particulier contenir de conclusions tendant à l'édiction de mesures générales de réglementation ou de contrôle (CE, 23 oct. 2015, n° 383938, *SELARL Docteur Dominique Debray et M. Mazer*).

• L'article R. 522-2 du Code de justice administrative rend les dispositions de l'article R. 612-1 du code – qui interdit de rejeter des conclusions entachées d'une irrecevabilité susceptible d'être couverte après l'expiration du délai de recours, sans avoir préalablement invité le requérant à les régulariser – inapplicables au contentieux de l'urgence. Il s'ensuit qu'une requête entachée d'une irrecevabilité, même régularisable, peut être immédiatement rejetée.

• La requête doit contenir l'exposé des faits et des moyens qui fondent la demande, mais encore « justifier l'**urgence** de l'affaire » (CJA, art. R. 522-1).

• Il ne doit pas exister de voie d'action parallèle, comme c'est le cas pour la procédure d'expulsion des gens du voyage qui relève de la procédure prévue par la loi n° 2000-614 du 5 juillet 2000, modifiée par la loi n° 2007-297 du 5 mars 2007, bien que cette loi n'exclue pas que le juge des référés soit saisi de conclusions aux fins d'expulsion sur le fondement de l'article L. 521-3 du Code de justice administrative (CE, 16 juill. 2020, n° 437113, *Dpt Essonne*).

> ATTENTION La procédure de saisine de la CADA ou l'engagement d'une procédure de contravention de grande voirie n'interdisent pas d'introduire un référé sur le fondement de l'article L. 521-3 du Code de justice administrative.

II Préparation du dossier

A Information du client

1675 La procédure n'a de chance d'aboutir que si aucun contentieux sur le fond n'est introduit en ce qui concerne la communication de documents administratifs.

> EXEMPLE **Dans le cas de l'expulsion d'un occupant sans titre du domaine public, sollicitée par une personne publique, l'urgence n'est en principe établie que si le maintien dans les lieux de l'intéressé entrave le fonctionnement normal du service public ou si elle est nécessaire à la protection des droits d'une personne privée.**

Précisons aussi que l'installation irrégulière d'un ouvrage (notamment mobilier) sur le domaine public, bien que portant atteinte à une liberté fondamentale (le droit de propriété) pourrait justifier, par principe, la saisine du juge du référé-liberté. Toutefois, dans une décision, le Conseil d'État a rappelé que le ralentissement du cours des travaux qui en résulte et la perspective d'une interruption du chantier après quelques semaines ne sont toutefois pas nécessairement constitutifs d'une situation d'urgence caractérisée de nature à justifier l'intervention du juge des référés dans les conditions d'urgence prévues par l'article L. 521-2 du Code de justice administrative, mais n'interdit nullement que l'État (dans le cas d'espèce) saisisse le juge du référé « mesures utiles » de cette situation afin qu'il prononce les mesures qui s'imposent (CE, 9 oct. 2015, n° 393895, *Cne de Chambourcy*).

Toutefois, pour les demandeurs d'asile déboutés, dont la demande est définitivement rejetée, la simple mise en demeure de quitter les lieux, non suivie d'effet, suffit à justifier la demande (combinaison de CESEDA, art. L. 744-5 et CJA, art. L. 521-3. – CE, 22 mars 2022, n° 450047, *Min. Int.* – CE, 30 janv. 2017, nos 394686 et 394770, *La CIMADE et a.*).

L'utilité, intimement et implicitement liée à la précédente notion, et au caractère légitime de la demande, dépend aussi de l'absence d'autre voie de droit pour obtenir satisfaction.

L'absence d'obstacle à l'exécution d'une décision administrative est un impératif, sauf si la décision attaquée :

- ne se heurte pas à une contestation sérieuse ;
- n'est pas contraire à l'ordre public ;
- ferait obstacle à l'exécution de travaux publics.

Il ne peut être demandé que des mesures qui sont purement provisoires ou conservatoires.

B Contrôles préalables

1676 Bien vérifier que la mesure d'urgence demandée se rattache ou est susceptible de se rattacher à un **litige principal n'échappant pas manifestement à la compétence de la juridiction administrative**.

Si l'acte ne relève pas d'une procédure particulière.

> EXEMPLE **Pour l'expulsion des gens du voyage, application de la procédure prévue par la loi n° 2000-614 du 5 juillet 2000 relative à l'accueil et à l'habitat des gens du voyage, dans sa rédaction résultant de la loi n° 2007-297 du 5 mars 2007.**

Vérifier que n'ont pas été présentées, **dans la même requête, des conclusions relevant d'autres dispositions du Code de justice administrative** applicables dans d'autres domaines du référé.

Il appartient au juge qui a pris une ordonnance et ordonné une injonction avec ou sans astreinte, sur le fondement de ces dispositions, d'en assurer l'exécution (CE, 24 févr. 2017, n° 401656, *M. Chantemesse : JurisData* n° 2017-002855).

1677 **Délai pour agir.** Sans particularité spécifique.

C Pièces nécessaires

1678 Une **requête sur papier libre** indiquant clairement **qu'il s'agit d'un référé** et **indiquant les dispositions du Code de justice administrative** dont on sollicite l'application.

Selon le Code de justice administrative, les requêtes doivent, à peine d'irrecevabilité, être accompagnées d'une copie. La requête indique les nom et domicile des parties. Elle contient l'exposé des faits et moyens, ainsi que l'énoncé des conclusions soumises au juge qui ne doivent pas préjudicier au principal (CJA, art. R. 411-1).

La requête peut être présentée par le ministère d'un avocat (CJA, art. R. 522-5), sauf dans les matières qui en sont dispensées. Le Conseil d'État juge que lorsque la représentation par un avocat est obligatoire, cette obligation revêt un caractère continu, et que la révocation d'un avocat par sa partie ou sa décision de mettre fin à son mandat ne met un terme à ses obligations professionnelles que lorsqu'un autre avocat s'est constitué pour le remplacer (CE, sect., 23 mars 2018, n° 406802, *Sté Patrice Parmentier automobiles : JurisData* n° 2018-004103).

Il est nécessaire et même souhaitable de donner des renseignements précis concernant les parties, le juge appréciant l'intérêt donnant qualité pour agir du requérant :

- pour une personne physique : le nom, les prénoms, la profession, le domicile, la nationalité et le lieu de naissance ;
- pour une personne morale : la forme, la dénomination, le siège social et l'organe qui la représente légalement. Dans le cas des personnes morales il est important de fournir un extrait des statuts et de la décision de l'organe autorisant le recours du mandataire de la personne morale devant le juge. Les parties doivent joindre, à l'appui de leur requête, un inventaire détaillé des pièces jointes, accompagné de signets (CJA, art. R. 412-2) lors de leur transmission au moyen de l'application Télérecours. Le cas échéant, si cette transmission électronique, du fait des caractéristiques de ces pièces, est impossible, les pièces peuvent être transmises sur un support matériel (CJA, art. R. 414-3 et art. R. 611-8-2, 4e al.).

> ATTENTION Les parties ou leur mandataire sont réputés avoir reçu la communication ou la notification à la date de première consultation du document qui leur a été adressé ou à défaut de consultation, dans les deux jours ouvrés à compter de la mise à disposition du ou des document(s) dans l'application (CJA, art. R. 611-8-2).

D Coût de la procédure

1679 La procédure est gratuite devant les juridictions administratives.

Honoraires libres de l'avocat.

III
Procédure

A Assistance et représentation

1680 Dans toutes les hypothèses, il n'est pas nécessaire d'introduire la requête par le ministère d'un avocat, sauf devant le Conseil d'État (CJA, art. R. 522-5). L'État en est cependant toujours dispensé.

ATTENTION Si la requête est présentée par plusieurs personnes physiques, il faut alors désigner un représentant unique. À défaut, le juge désignera le premier signataire comme représentant l'ensemble des personnes physiques.
Si la requête est présentée par le représentant d'une personne morale, ce mandataire doit alors produire les documents l'autorisant à introduire une requête.
En tout état de cause, il ne peut y avoir d'**obligation de recourir au ministère d'un avocat dans les contentieux énumérés à l'article R. 431-3** du Code de justice administrative :
- litiges en matière de travaux publics, de contrats relatifs au domaine public, de contravention de grande voirie ;
- litiges en matière de contributions directes, de taxes sur le chiffre d'affaires et de taxes assimilées ;
- litiges d'ordre individuel concernant les fonctionnaires ou agents de l'État et des autres personnes ou collectivités publiques ainsi que les agents ou employés de la Banque de France ;
- litiges en matière de pensions, d'aide sociale, d'aide personnalisée au logement, d'emplois réservés et d'indemnisation des rapatriés ;
- litiges dans lesquels le défendeur est une collectivité territoriale ou un établissement public en relevant ;
- demandes d'exécution d'un jugement définitif.

B Matières

1681 Matière contentieuse, intervenant en amont d'un contentieux sur le fond.

C Compétence

1 Compétence matérielle

1682 Il faut que le juge administratif soit compétent sur le litige (CE, 16 mai 2022, n° 459904, *Cne de Nîmes* [à propos des biens de retour]. – CE, 11 mai 2021, n° 447948, *Min. Int. c/ Synd. des copropriétaires du parking TIR de Saint Louis* [stationnement irrégulier de véhicules sur le domaine public routier et enlèvement – compétence du juge judiciaire]. – CE, ord., 7 nov. 2001, n° 239761 : *JurisData* n° 2001-063255 ; *Lebon* T., p. 789. – CE, 2 févr. 2004, n° 260100 : *JurisData* n° 2004-067188 ; *Lebon*, p. 15).
Il faut aussi que la mesure demandée entre dans le champ des mesures de nature provisoire ou conservatoire que le juge des référés peut prononcer (V. CE, 25 sept. 2019, n° 428508, *Comité central d'entreprise de l'agence nationale pour la formation professionnelle des adultes* : l'engagement par un établissement public de « négociations » avec son autorité de tutelle en vue de la conclusion d'un contrat d'objectifs et de performance, est de la compétence du juge administratif, mais ne relève pas des mesures conservatoires ou provisoires que le juge des référés est susceptible d'ordonner).
Le Conseil d'État a été amené à préciser les limites de l'office du juge du référé « mesures utiles » et qu'il ne peut lui être demandé d'ordonner à l'autorité compétente de prendre des mesures réglementaires, y compris d'organisation des services placés sous son autorité qui ne pourraient être ni provisoires, ni conservatoires et qui pourraient en outre se heurter à une contestation sérieuse (CE, sect., 27 mars 2015, n° 385332, *Section française de l'Observatoire international des prisons : JurisData* n° 2015-006386).
Il peut rejeter la requête, alors même qu'elle entrerait dans le champ des dispositions de l'article R. 532-1 du Code de justice administrative, s'il estime qu'« aucune circonstance particulière ne conférerait à la mesure qu'il est ainsi demandé au juge des référés d'ordonner un caractère d'utilité différent de celui de la mesure que le juge de l'excès de pouvoir [en l'espèce déjà saisi sur le fond du litige] » (CE, 27 nov. 2014, n° 385843, *Cne de Saint André de Boëge : JurisData* n° 2014-028919).
Le juge des référés du Conseil d'État est compétent en premier et dernier ressort si la mesure sollicitée se rattache à une instance soumise au Conseil d'État (CE, 20 janv. 2005, n° 276625 : *JurisData* n° 2005-067830).
Il est compétent pour exécuter une mesure d'injonction avec ou sans astreinte (CE, 24 févr. 2017,

n° 401656, *M. Chantemesse*), sauf si les mesures prises à l'occasion des conclusions aux fins d'injonction risquent de faire obstacle à l'exécution d'une décision administrative (CE, 26 oct. 2005, n° 279441, *Sté des crématoriums de France* : à propos de conclusions tendant à ce qu'il soit enjoint à l'autorité administrative de prendre un arrêté suspendant l'ouverture d'un crématorium puisque celles-ci feraient obstacle au refus d'ouverture pris par arrêté préfectoral). Ainsi le Conseil d'État précise-t-il les conditions dans lesquelles le juge des référés peut enjoindre au responsable d'un dommage de travaux publics de prendre des mesures conservatoires (CE, 28 févr.2019, n° 424005, *Sté Sodifram : JurisData* n° 2019-002911) ou de verser les sommes dues dans le cadre de sanctions pécuniaires, en l'occurrence prononcées par le Conseil des marchés financiers (CE, ord., 10 mars 2005, n° 278035, *Fonds de garantie des dépôts*).

Le Conseil d'État a précisé les pouvoirs du juge du référé mesures utiles lorsque l'administration décide de poursuivre l'exécution d'une décision alors que celle-ci est suspendue par un recours administratif ou contentieux. Il a mis fin à la retenue du RSA et a enjoint à l'administration de procéder au reversement des sommes retenues à tort (CE, 24 juill. 2019, n° 426527, *CAF de la Vienne : JurisData* n° 2019-013423).

Il l'est encore lorsque « l'administration ne peut user de moyens de contrainte à l'encontre de son cocontractant qu'en vertu d'une décision juridictionnelle » et « En cas d'urgence, (...) peut, sur le fondement des dispositions de l'article L. 521-3 du Code de justice administrative, ordonner au cocontractant, éventuellement sous astreinte, de prendre à titre provisoire **toute mesure nécessaire pour assurer la continuité du service public ou son bon fonctionnement**, à condition que cette mesure soit utile, justifiée par l'urgence, ne fasse obstacle à l'exécution d'aucune décision administrative et ne se heurte à aucune contestation sérieuse » (CE, 25 juin 2018, n° 418493 : *JurisData* n° 2018-011310. – CE, 29 mai 2019, n° 428628 : *JurisData* n° 2019-012287).

2 Compétence territoriale

1683 Le juge des référés territorialement compétent est celui du tribunal administratif compétent pour connaître du litige principal auquel se rattache la mesure provisoire sollicitée.

D Parties

1684 Au moins un requérant et un défendeur. Il est possible de mettre en cause plusieurs personnes. En tant que de besoin d'autres parties pourront être mises en cause ultérieurement, soit sur demande (intervention forcée), soit spontanément (intervention volontaire), mais il y a alors un risque de discussion sur la recevabilité de ces demandes en intervention.

La qualité à agir de la personne doit être démontrée (par le gestionnaire du domaine public : CAA Lyon, 13 juin 1989, n° 89LY01190, *Assoc. pour la défense de l'environnement et de la qualité de la vie de Golfe-Juan [ADEGV]*. – Et en sens contraire pour un concessionnaire dont la concession a expiré : CE, 8 juill. 1996, n°s 135208 et 136209, *CCI Ajaccio*). L'autorité domaniale peut saisir le juge des référés d'une demande d'expulsion d'un occupant sans droit ni titre du domaine public (CE, 5 juin 2023, n° 467295, *M. P* : à propos d'une expulsion du domaine public maritime. – CE, 21 déc. 2022, n° 464505, *Cne de Saint-Félicien* : un contrat d'occupation du domaine public vaut titre d'occupation jusqu'à sa dénonciation).

E Rédaction de l'acte de saisine

1685 La requête, **enregistrée au greffe de la juridiction**, doit (CJA, art. R. 522-1) :

– exposer, même sommairement, l'exposé des faits et moyens et justifier de l'urgence de l'affaire en citant l'article L. 521-3 du Code de justice administrative et/ou en indiquant que la requête est aux fins de référé au titre de l'une des mesures utiles décrites (CE, 29 juill. 2002, n° 243454 : *JurisData* n° 2002-064274 ; *Lebon*, p. 305) :

• elles doivent répondre à une urgence (par ex. la nécessité du bon fonctionnement et la continuité du service public),

• elles doivent être utiles,

• mais elles ne doivent pas faire obstacle à l'exécution d'une décision administrative ; le Conseil d'État a assoupli cette condition puisqu'il admet que le juge des mesures-utiles était autorisé à « suspendre la mise en œuvre d'une action décidée par l'autorité publique » ; en d'autres termes, la suspension d'une décision formelle est interdite au juge, la décision implicite, « révélée » par l'action de l'administration, est susceptible d'être tenue en échec (CE, sect., 16 nov. 2011, n° 353172, *Ville de Paris*), il n'en demeure pas moins que si le recours gracieux ou contentieux est prévu par la loi comme étant suspensif, et que l'administration ne respecte pas ce caractère suspensif en poursuivant l'exécution de sa décision, il peut prendre toute mesure pour faire cesser cette méconnaissance à compter du recours exercé (CE, 24 juill. 2019, n° 426527, *CAF de la Vienne : JurisData* n° 2019-013423),

• enfin, elles doivent présenter un caractère provisoire ou conservatoire ;

– contenir les conclusions du demandeur entrant dans le champ des « mesures utiles ». Elles peuvent contenir des demandes d'injonction et d'astreinte ;

– viser les pièces justificatives (CJA, ancien art. R. 521-1).

ATTENTION L'interdiction « de faire préjudice au principal » faite au juge a été supprimée, mais « l'absence de contestation sérieuse » est maintenue. L'appréciation de cette dernière condition (maintenue, contrairement à ce que certaines décisions pouvaient laisser croire : CE, 22 juill. 2011, n° 345040. – CE, 11 avr. 2012, n° 355356, *Sté Prathotels*).

Les dispositions de l'article R. 612-1 du Code de justice administrative sont inapplicables (CJA, art. R. 522-2). Le juge peut donc rejeter des conclusions entachées d'une irrecevabilité susceptible d'être couverte après l'expiration du délai de recours, sans avoir préalablement invité le requérant à les régulariser.

La requête est notifiée aux défendeurs désignés par le requérant (CJA, art. R. 522-4), sauf irrecevabilité par tous moyens compte tenu du bref délai pour statuer. Les parties peuvent défendre à l'audience et y produire des pièces. L'ensemble est communiqué à l'adversaire. À ce stade, l'affaire est considérée comme en état d'être jugée.

Lorsqu'il est demandé au juge d'ordonner l'expulsion de l'occupant d'un logement, le juge du référé-mesures utiles et s'il estime utile d'engager la procédure contradictoire prévue à l'article L. 522-1 du Code de justice administrative, il doit communiquer cette demande au défendeur en l'expédiant, en principe, à l'adresse du logement occupé. La procédure n'est toutefois pas entachée d'irrégularité dans le cas où la communication a été faite à une autre adresse, si le défendeur a été mis en mesure de présenter utilement ses observations (CE, 25 sept. 2020, n°s 440634 et 441647).

ATTENTION Précisons que si l'affaire est en état d'être jugée dès lors que la requête et le mémoire en défense ont été communiqués, la procédure contradictoire doit se poursuivre si le juge entend retenir des éléments produits dans un mémoire présenté ultérieurement par l'une des parties. Le juge doit, comme dans les autres contentieux, mettre la partie adverse en mesure d'en prendre connaissance et d'y répondre (CE, 27 mai 2015, n° 386195, *M. Aubert : JurisData* n° 2015-012837).

F Instruction du dossier

1 Dispense d'instruction

1686 Lorsque la demande ne présente pas un caractère d'urgence ou lorsqu'il apparaît manifeste que celle-ci ne relève pas de la compétence de la juridiction administrative, qu'elle est irrecevable ou qu'elle est mal fondée.

2 Communication de la requête

1687 Si la requête ne peut être dispensée d'instruction, elle doit évidemment être notifiée aux défendeurs (CJA, art. R. 522-4).

L'affaire est réputée en état d'être jugée dès lors qu'il a été procédé à cette communication et que les parties ont été régulièrement convoquées à une audience publique pour y présenter leurs observations (CJA, art. R. 522-7).

Le magistrat délégué ne peut évidemment statuer à une date à laquelle le délai imparti au défendeur pour présenter sa défense n'est pas expiré (CE, 7 mai 2002, n° 240529, *Sté équipement Tahiti et îles*).

3 Communication du mémoire en défense

1688 Si une procédure contradictoire a été engagée, le juge des référés peut se prononcer sans avoir à communiquer au demandeur le mémoire en défense produit par la partie adverse.

Mais si les parties ne sont pas convoquées à une audience – en principe toujours facultative – le juge des référés est tenu de procéder à cette communication lorsqu'il fonde sa décision sur des éléments contenus dans ce mémoire (CE, 8 mars 2002, n° 238678, *Région Languedoc-Roussillon*. – CE, 29 juill. 2002, n° 242293, *Domah*).

Aucun principe ni aucune disposition n'impose au juge des référés d'attendre le retour de l'accusé de réception du courrier de communication de la requête adressé pour statuer sur la demande qu'il a reçue (CE, 5 févr. 2014, n° 371121, *Stés Equalia et Polyxo : JurisData* n° 2014-002099).

Si le mémoire en défense a été communiqué au requérant avec un délai pour présenter ses observations, le juge ne peut, sans méconnaître le principe du contradictoire, statuer avant que ce délai ne soit expiré (CE, 29 déc. 2006, n° 297992 : *JurisData* n° 2006-071307. – CE, 6 mars 2006, n° 283909 : *JurisData* n° 2006-069797. – V. pour un rejet car aucune pièce n'atteste qu'un délai aurait été indiqué par oral : CE, 5 févr. 2014, n° 371121, *Stés Equalia et Polyxo*, préc.).

4 Clôture d'instruction

1689 Sous réserve de l'application de l'article R. 522-8 du Code de justice administrative, l'instruction est close à l'issue de l'audience publique. Si le juge est saisi, postérieurement à l'audience ou, s'il a différé la clôture de l'instruction, il doit prendre connaissance des pièces produites avant de rendre son ordonnance.

Si le juge peut rouvrir l'instruction et soumettre au débat contradictoire les éléments contenus dans une pièce produite, il n'est tenu de le faire que si ce document contient :

– soit l'exposé d'une circonstance de fait dont la partie qui l'invoque n'était pas en mesure de faire état avant la clôture de l'instruction et que le juge ne pourrait ignorer sans fonder sa décision sur des faits matériellement inexacts ;

– soit d'une circonstance de droit nouvelle ou que le juge devrait relever d'office (CE, 14 nov. 2003, n° 258519 : *JurisData* n° 2003-066158 ; *Lebon*, p. 913).

G Audience

1 Convocation des parties

1690 Elle n'est pas obligatoire. En principe, le juge n'a jamais obligation de tenir une audience. Il avertit les parties par tous moyens, afin de respecter le principe du contradictoire (pas d'obligation de respecter l'article R. 711-2 du Code de justice administrative).

2 Principe : une audience facultative

1691 Le juge des référés, saisi en application de l'article L. 521-3 du Code de justice administrative pour prendre en cas d'urgence toute mesure utile, peut se prononcer sans tenir d'audience publique. Le juge des référés qui statue seulement sur la liquidation d'une astreinte dont il a assorti l'injonction faite à l'une des parties, sur le fondement de l'article L. 521-3 du Code de justice administrative, par exemple, d'évacuer une dépendance du domaine public, n'est jamais tenu de tenir une audience (CE, 24 févr. 2017, n° 401656, *M. Chantemesse : JurisData* n° 2017-002855).

Il doit en revanche respecter le contradictoire. Les exigences de celui-ci sont méconnues lorsque la notification du mémoire en défense n'est pas accompagnée d'un délai pour y répondre et qu'en l'absence d'audience, le requérant n'a pas été mis en mesure d'exposer éventuellement celles-ci avant que le juge ne statue (CE, 27 mai 2015, n°s 385235 et 386045, *Cie nationale du Rhône : JurisData* n° 2015-012836. – CE, 24 févr. 2017, *M. Chantemesse*, préc.).

Il est tenu de communiquer le moyen d'ordre public soulevé d'office sur lequel il entend fonder sa décision (CE, 26 nov. 2003, n° 258113, *Conseil général Hautes-Alpes*).

3 Exception : l'audience obligatoire

1692 Le Conseil d'État a décidé que lorsqu'il statue sur une demande d'expulsion d'un occupant du domaine public (dont on peut raisonnablement penser qu'elle s'applique pour les demandeurs d'asile déboutés après une mise en demeure), il doit, eu égard au caractère quasi irréversible de la mesure qu'il peut être conduit à prendre, aux effets de celle-ci sur la situation des personnes concernées et dès lors qu'il se prononce en dernier ressort, mettre les parties à même de présenter, au cours d'une audience publique, des observations orales à l'appui de leurs observations écrites (CE, avis 24 nov. 2006, n° 291294 : *JurisData* n° 2006-071101. – CE, 1er oct. 2007, n° 299464 : *JurisData* n° 2007-072476. – Dans ces deux espèces, les parties n'ayant pas été convoquées à une audience publique, les ordonnances attaquées sont intervenues au terme d'une procédure irrégulière et sont donc annulées).

H Décision

1 Contenu de la décision

1693 **Irrecevabilité manifeste, désistement, non-lieu.** Rien ne fait obstacle à ce que des requêtes présentées devant le juge des référés soient jugées dans les formes prévues à l'article R. 222-1 du code si les conditions d'application de cet article sont remplies (CE, 30 juin 1999, n° 203135 : *JurisData* n° 1999-050699 ; *Lebon* T., p. 889, 891 et 961).

1694 **Les règles de forme (CJA, art. R. 742-1, R. 742-2 et R. 742-3. – CJA, art. R. 742-4, R. 742-5 et R. 742-6) :**

– mentionner le nom des parties, l'analyse des conclusions ainsi que les visas des dispositions législatives ou réglementaires dont elle fait application ; en revanche, aucun texte ni aucun principe n'impose de mentionner les dates de communication et de réception par les parties de cette requête dans les visas de la décision (CE, 5 févr. 2014, n° 371121, *Stés Equalia et Polyxo*) ;

– faire apparaître la date à laquelle elle a été signée ainsi que la qualité de son signataire ;

– être signée du seul magistrat qui l'a rendue. Mais la circonstance que l'ordonnance a été, en outre,

signée par un agent du greffe est sans incidence sur sa régularité (CE, 2 avr. 2004, n° 257599 : *JurisData* n° 2004-066927) ;
– le juge des référés est tenu de faire apparaître dans sa décision tous les éléments qui l'ont conduit à considérer que la mesure demandée revêtait un caractère d'urgence (CE, 10 mai 2004, n° 258935 : *JurisData* n° 2004-066839) ou pas (CE, 28 févr. 2019, n° 424005, *Sté Sodifram : JurisData* n° 2019-002911 ; *Lebon*, p. 50.) ;
– un dispositif qui « ordonne » ;
– des injonctions pouvant être assorties d'astreintes (CE, 29 juill. 2002, n° 243500, *Centre hospitalier d'Armentières*. – CE, 6 avr. 2001, n° 230000, *Min. Éduc. nat.*). À cet égard, le Conseil d'État peut ordonner au cocontractant, éventuellement sous astreinte, de prendre, à titre provisoire, toute mesure nécessaire pour assurer la continuité du service public ou son bon fonctionnement, à condition que cette mesure soit utile, justifiée par l'urgence, ne fasse obstacle à l'exécution d'aucune décision administrative et ne se heurte à aucune contestation sérieuse (CE, 5 févr. 2014, n° 371121, *Sté Equalia et Polyxo*).

1695 **Les règles de fond.** Le juge doit motiver en droit et en fait ce qui constitue l'urgence (par ex. pour une expulsion du domaine public : CE, 28 mars 2003, n° 252448, *Assoc. Maison des jeunes et de la culture de Méru*), sauf si la demande concerne la zone des cinquante pas géométriques (CE, 2 déc. 2016, n° 399849, *Sté Tamarun*) et motiver aussi le caractère sérieux d'une éventuelle contestation (par ex. pour l'incorporation au domaine public d'une parcelle sur laquelle l'occupant soutient disposer d'un bail rural verbal, procédure pendante devant le tribunal paritaire des baux ruraux : CE, 5 déc. 2016, n° 398659, *Conservatoire de l'Espace littoral et des rivages lacustres*).

2 Caractères de la décision

1696 L'autorité de la chose jugée n'est pas attachée aux décisions prises par le juge du référé administratif qui ont un caractère provisoire et qui ne s'imposent donc pas à la juridiction éventuellement saisie du litige au principal (CE, 14 nov. 1997, n° 165540 : *JurisData* n° 1997-050861 ; *Lebon*, p. 421 ; *AJDA* 1998, p. 60, concl. J. Arrighi de Casanova).

3 Suites de la décision

1697 L'ordonnance est notifiée (CJA, art. R. 522-12) au requérant (CE, 25 sept. 2020, n°s 440634 et 441647 : à l'adresse du logement occupé sans droit ni titre), au défendeur (le cas échéant) et copie est adressée au(x) conseil(s) des parties par tous moyens. Elle peut être notifiée sur le siège.
Les intervenants en requête ou en défense, dont l'intervention a été admise, reçoivent aussi notification de cette ordonnance.
Elle peut être exécutoire dès sa notification si le juge le décide. Précisons que lorsqu'il s'agit d'une expulsion du domaine public, à laquelle le juge des référés fait droit, l'injonction de libérer les lieux prend effet à compter de la notification de l'ordonnance, à la personne concernée, à l'adresse du logement occupé où à une autre adresse, si l'intéressé a été mis en mesure de présenter utilement ses observations en défense, l'astreinte court à compter de cette même date sauf si le juge diffère le point de départ de cette astreinte (CE, 27 mai 2020, n° 432977, *B*).

I Recours ou contestation

1 Recours des parties

a) Dans l'hypothèse d'éléments nouveaux

1698 Selon l'article L. 521-4 du Code de justice administrative : « Saisi par toute personne intéressée, le juge des référés peut, à tout moment, au vu d'un élément nouveau, modifier les mesures qu'il avait ordonnées ou y mettre fin ». Cette possibilité ne s'inscrit pas dans les voies de recours classiques. Elle permet néanmoins à tout intéressé de saisir le juge des référés, « à tout moment » et « au vu d'un **élément nouveau** » (CE, 10 avr. 2002, n° 241039 : *JurisData* n° 2002-063904 ; *Lebon*, p. 133).
Au vu des conditions de l'article L. 521-4, le juge ne peut agir d'office puisqu'il doit être saisi par « **toute personne intéressée** ». Toute personne qui, bien que n'étant pas partie à l'instance initiale, peut avoir intérêt à la modification de l'ordonnance.

b) Cassation

1699 Si la requête a été rejetée par **ordonnance de tri** (CJA, art. L. 522-3) ou d'une **ordonnance de réexamen** (CJA, art. L. 521-4) ou encore **sur le fond**, celle-ci relèvera du contrôle de cassation (CJA, art. L. 523-1).
Un délai de **quinze jours** imparti par l'article R. 523-1 du Code de justice administrative pour se pourvoir en cassation est un **délai franc** (CE, 28 mai 2001, n° 230692 : *JurisData* n° 2001-062672).

c) Autres voies de recours

1700 **L'opposition** seulement devant la cour administrative d'appel ou le Conseil d'État, de la partie qui, bien que mise en cause, n'a pas produit de défense en forme régulière (CJA, art. R. 831-1), sauf si une des autres parties ayant le même intérêt que la partie défaillante mise en cause a produit un mémoire (CE, 27 juill. 2001, n° 231889 : *JurisData* n° 2001-063039).

Le recours en interprétation formé seulement contre une ordonnance du juge des référés du Conseil d'État. Il doit émaner d'une partie à l'instance et seulement si la décision est obscure ou ambiguë (CE, 4 juill. 2001, n° 235295 : *JurisData* n° 2001-062644).

2 Recours des tiers

1701 La **tierce opposition** est ouverte à toute personne qui n'a été ni présente, ni appelée à l'instance, à la condition que la décision préjudicie à ses droits (CJA, art. R. 832-1).

J Modifications de la décision

1702 Si le requérant estime disposer d'éléments nouveaux, il doit utiliser la procédure prévue par l'article L. 521-4 du code (CE, 2 juin 2003, n° 253854 : *JurisData* n° 2003-065484 ; *Lebon* T., p. 925).

Ces dispositions ne sauraient être utilement invoquées lorsque le juge des référés a rejeté purement et simplement une requête sur le fondement des dispositions de l'article L. 521-3 du Code de justice administrative.

CHECK-LIST **• Déposer la requête sans tarder, éventuellement par télécopie, en indiquant la mention de référé « mesures utiles » et/ou de l'article L. 521-3 du Code de justice administrative puis en tout état de cause, l'envoyer en LRAR. Cela évitera que la requête soit traitée comme une requête sans urgence.**
• Vérifier la compétence territoriale et matérielle de la juridiction saisie.
• Porter la mention de référé « mesures utiles » sur l'enveloppe.
• Joindre à l'appui de la requête : les pièces nécessaires à l'instruction de la demande.
• Préparer un argumentaire en vue d'une éventuelle audience.

POUR ALLER PLUS LOIN...

Fascicule JurisClasseur
- *JCl. Justice administrative*, fasc. 52-10.

Fiche 68

Introduire un référé expertise médicale

Pierre DESMARAIS

et

Luc BRIAND

Sommaire

I

Aperçu rapide

A Caractéristiques générales

1703 Le juge administratif peut, dans le cadre du référé, prescrire une expertise. Deux procédures devant le juge administratif permettent d'obtenir l'octroi de mesures d'instruction, à savoir le référé-instruction et le référé-constat.

Le référé-constat (CJA, art. R. 531-1) est une procédure très simple, mais dont l'objet est très limité puisque l'expert désigné n'aura pour seule mission que de constater les faits. Cette photographie instantanée d'un litige qui permet essentiellement de préserver les preuves, est certes utile, mais apparaît largement inadaptée à l'expertise médicale. En effet, cette dernière a essentiellement pour intérêt de déterminer les dommages subis, d'en déterminer les causes et d'apprécier le montant du préjudice indemnisable.

En ce sens, le référé-instruction (autrement dit le référé-expertise) est beaucoup plus adapté à la matière médicale et peut utilement prendre place dans différents litiges : indemnisation de préjudices médicaux, mais aussi conséquences d'un accident de service ou d'un accident mettant en cause une personne publique.

Toutefois, dans certains cas, l'expertise peut se révéler inutile, notamment pour les cas où le dossier médical (dans lequel figurent déjà, par exemple pour les agents publics, les avis des médecins agréés, commissions de réforme ou comités médicaux) ou les circonstances de l'accident indiquent clairement l'origine des préjudices.

Par ailleurs, même si le référé-instruction est la première étape naturelle, le litige éventuel au principal doit être immédiatement envisagé pour justifier de l'utilité de la mesure, mais également pour déterminer le tribunal compétent.

Le référé « expertise médicale » n'est pas un référé spécial du contentieux administratif, mais s'inscrit dans le cadre du référé-instruction, référé ordinaire et traditionnel du contentieux administratif (CJA, art. R. 532-1).

Le référé-liberté permet au juge administratif d'ordonner toutes mesures nécessaires à la sauvegarde d'une liberté fondamentale à laquelle une personne morale de droit public aurait porté, dans l'exercice d'un de ses pouvoirs, une atteinte grave et manifestement illégale (CJA, art. L. 521-2). Dans la pratique, il est utilisé pour obtenir la désignation d'un expert médical afin de « valider » en amont une décision médicale susceptible de porter atteinte à la vie du patient ou à sa liberté d'aller et venir, telle qu'une décision de limitation ou d'arrêt des soins (CE, 14 févr. 2014, n°s 375081, 375090, 375091, *Lambert* : *JurisData* n° 2014-002723. – TA Lyon, 9 nov. 2016, n° 1607855 et TA Marseille, 16 nov. 2016, n° 1608830 : *AJDA* 2017, p. 301. – CE, 8 mars 2017, n° 408146), une décision de réveiller un patient dans le coma (TA Strasbourg, 7 avr. 2014, n° 1401623 : *JCP* A 2014, 2183) ou une décision de placement en hospitalisation d'office (CE, 1er avr. 2010, n° 335753 : *JurisData* n° 2010-003552).

Enfin, il est admis que le patient puisse déposer une requête au fond tendant à la condamnation de l'établissement, tout en sollicitant une expertise pour le chiffrage de son préjudice (CE, 6 janv. 1989, n° 79873, *Guerrault*). Le chiffrage doit intervenir avant la clôture de l'instruction (CAA Nantes, 5 mars 2002, n° 99NT02114, *CHU de Brest*. – CE, 30 juill. 2003, n° 244618, *APHP c/ Benoît* : *JurisData* n° 2003-065780 ; *Lebon* T., p. 899) et en tout état de cause au plus tard lorsque le tribunal invite la victime à régulariser sa demande (CE, 11 avr. 2014, n° 363845, *Ekoue*). Pour mener à bien l'instruction d'une telle requête, le magistrat rapporteur a le pouvoir d'ordonner une expertise dont il apprécie seul l'opportunité (CJA, art. R. 621-1). Dans ce sens, il s'agit d'un moyen d'instruction et d'une procédure incidente. Le juge administratif fixera la mission de(s) expert(s) dans le jugement avant dire droit ordonnant l'expertise. Il est à remarquer qu'une expertise est souvent utile dans les litiges où l'état du dossier ne permet pas d'apprécier la réalité des troubles invoqués, et ce notamment en matière médicale. Néanmoins, ces expertises sortent du thème relatif à la requête aux fins de référé « expertise médicale » et ne seront pas abordées dans la présente fiche.

B Conditions d'utilisation

1 Conditions d'utilisation du référé-instruction

1704 Le recours au juge des référés sur le fondement du référé-instruction est assez libéral puisque la requête ne nécessite ni décision administrative préalable, ni urgence (et ce à la différence du référé

« mesures utiles » de l'article L. 521-3 du Code de justice administrative), ni même un recours préalable au fond.

La seule condition à l'intervention du juge des référés est le caractère utile de la mesure d'instruction sollicitée.

Le Conseil d'État a rappelé que « l'utilité d'une mesure d'instruction ou d'expertise qu'il est demandé au juge des référés d'ordonner sur le fondement de l'article R. 532-1 du Code de justice administrative doit être appréciée, d'une part, au regard des éléments dont le demandeur dispose ou peut disposer par d'autres moyens et, d'autre part, bien que ce juge ne soit pas saisi du principal, au regard de l'intérêt que la mesure présente dans la perspective d'un litige principal, actuel ou éventuel, auquel elle est susceptible de se rattacher » (CE, 14 févr. 2017, n° 401514).

Il appartient au juge d'apprécier l'utilité de la procédure demandée par rapport aux actions contentieuses au fond engagées ou qui peuvent l'être, et donc si la mesure sollicitée peut être utile à la solution d'un éventuel litige. Ainsi, ne peuvent être ordonnées les mesures :

- qui n'apportent aucun élément nouveau (CE, 21 févr. 1958, *Synd. intercnal. pour l'alimentation en eau potable de la région de Breuillet : Lebon*, p. 120) ;
- qui présentent un caractère surabondant (CE, 10 déc. 1982, n° 38655, *Ville d'Aix-en-Provence : JurisData* n° 1982-043244) ;
- que le requérant peut établir seul (CE, 13 déc. 1995, n° 171914, *Ville d'Aulnay-sous-Bois : JurisData* n° 1995-765037) ;
- ou qui ont déjà été ordonnées par le juge judiciaire (CAA Marseille, 1er mars 2004, n° 03MA02392, *Sté Poggia Provence*).

L'utilité de la mesure demandée s'apprécie « dans la perspective d'un litige principal, actuel ou éventuel, auquel elle se rattache » (CE, 11 févr. 2005, n° 259290, *Organisme de gestion du Cours du Sacré-Cœur : JurisData* n° 2005-068013).

Lorsque la mesure d'expertise sollicitée est une nouvelle demande portant sur le même objet faisant suite à une autre expertise, il appartient au juge de rechercher l'utilité qu'il y aurait à compléter ou étendre les missions faisant l'objet de la première expertise (CAA Douai, 22 janv. 2009, n° 08DA01665, *Lansmans*). Il en va, à plus forte raison, des demandes formées dans le cadre d'actions de nature différente engagées à la suite d'un même événement. Peut ainsi présenter de l'utilité la mesure d'expertise formée dans la perspective d'une action indemnitaire de la part d'un agent victime d'un accident de service alors même qu'une autre expertise pourrait être ordonnée dans le cadre du contentieux dirigé contre la décision accordant à cet agent un congé pour invalidité temporaire (CE, 6 avr. 2022, n° 449123).

En outre, la demande en référé ne doit pas présenter de caractère frustratoire, c'est-à-dire qu'elle ne peut être ordonnée par exemple si l'action au fond susceptible d'être engagée est irrecevable (CE, 7 juin 2004, n° 252869, *Assistance publique Marseille : JurisData* n° 2004-067313).

EXEMPLE **Ont présenté un caractère d'utilité :**

– une mesure d'expertise médicale demandée aux fins d'une indemnisation complémentaire pour évaluer le préjudice corporel subi par un fonctionnaire à la suite de l'accident de service dont il a été victime (CE, 9 févr. 2004, n° 252865, *Min. Équip. c/ La Calmette : JurisData* n° 2004-066440) ;

– une mesure d'expertise médicale ayant pour objet de déterminer la date de consolidation, ce qui permettra de débattre au fond d'une éventuelle prescription, dès lors qu'il n'est pas établi que celle-ci serait acquise (CE, 20 févr. 2019, n° 420314) ;

– une mesure d'expertise sollicitée aux fins d'éclairer le juge du fond sur les origines d'une myélopathie et sur la demande d'indemnisation des préjudices subis formulée par la requérante (CAA Douai, 13 juill. 2010, n° 10DA00509, *Virgine A.*) ;

– une mesure d'expertise médicale faisant suite à l'expertise n'ayant pas été conduite de manière contradictoire avec le centre hospitalier et sans que le dossier médical de l'intéressée n'ait été transmis dans son intégralité à l'expert et à son sapiteur (CAA Marseille, 13 sept. 2018, n° 18MA02384) ;

– une mesure d'expertise médicale complémentaire portant sur la détermination des conditions dans lesquelles la patiente a été prise en charge par le centre hospitalier, alors que l'expertise initialement ordonnée ne portait que sur l'évaluation du préjudice corporel subi à la suite de l'intervention chirurgicale (CAA Marseille, 24 oct. 2018, n° 18MA04334).

À l'inverse, n'ont pas présenté de caractère d'utilité :

– la demande en référé de l'Office national d'indemnisation des accidents médicaux, des affections iatrogènes et des

Introduire un référé expertise médicale

infections nosocomiales (ONIAM) tendant à une nouvelle expertise médicale à la suite d'une première expertise réalisée à la demande de la Commission de conciliation et d'indemnisation (CCI) des Pays de Loire dans le cadre d'un règlement amiable dans lequel l'ONIAM n'était pas partie (CAA Nantes, 17 mai 2010, n° 09NT02440, *ONIAM*) ;

– la demande d'expertise présentée alors que le rapport de l'expertise prescrite par la commission régionale de conciliation et d'indemnisation des accidents médicaux comporte tous les éléments nécessaires au juge du fond éventuellement saisi pour apprécier le bien-fondé d'une demande indemnitaire (CAA Lyon, 26 juin 2018, n° 17LY01694, *HD et a.*) ;

– une demande de référé expertise médicale, du fait du caractère irrecevable de la procédure en indemnisation (CAA Nantes, 25 mars 2010, n° 08NT03504, *CHU de Brest*. – CAA Marseille, 9 avr. 2018, n° 17MA04292). Cette demande est frustratoire ;

– une demande d'expertise formulée à l'appui de prétentions qui ne relèvent manifestement pas de la compétence de la juridiction administrative, qui sont irrecevables ou qui se heurtent à la prescription (CE, 14 févr. 2017, préc.) ;

– une demande d'expertise permettant d'évaluer un préjudice, en vue d'engager la responsabilité d'une personne publique, en l'absence manifeste de lien de causalité entre le préjudice à évaluer et la faute alléguée de cette personne (CE, 14 févr. 2017, préc.) ;

– une demande d'expertise qui ne concerne pas la suspension d'un traitement ou le refus d'en entreprendre un au sens de l'article L. 1110-5-1 du Code de la santé publique mais le choix d'administrer un traitement plutôt qu'un autre, au vu du bilan qu'il appartient aux médecins d'effectuer en tenant compte, d'une part, des risques encourus et, d'autre part, du bénéfice escompté (CE, 26 juill. 2017, n° 412618) ;

– une demande d'expertise formulée par l'agent dont la situation appelle nécessairement la mise en œuvre d'une procédure faisant intervenir le comité médical départemental, la commission départementale de réforme et le médecin de prévention, ceux-ci n'ayant pas encore été consultés (CAA Nancy, 8 nov. 2017, n° 17NC02337) ;

– une demande d'expertise formulée auprès du juge des référés visant à dire si l'accident vasculaire cérébral et l'état anxio-dépressif dont le requérant est atteint sont en lien ou non avec ses conditions de travail, alors que le juge du fond, déjà saisi de la légalité de la décision de refus de reconnaissance d'imputabilité au service opposée à l'intéressé, peut ordonner une telle expertise, en cas de doute ou s'il s'estime insuffisamment informé, dans l'exercice de ses pouvoirs de direction de l'instruction (CAA Bordeaux, 22 mars 2018, n° 18BX00690).

2 Conditions d'utilisation du référé-liberté

1705 Le recours au juge des référés sur le fondement du référé-liberté se popularise en matière médicale (CE, 16 août 2002, n° 249552 : *JurisData* n° 2002-064221. – CE, 8 sept. 2005, n° 284803 : *JurisData* n° 2005-068830. – CE, 1er avr. 2010, n° 335753 : *JurisData* n° 2010-003552. – CE, 14 févr. 2014, nos 375081, 375090, 375091, *Lambert*, préc. – TA Strasbourg, 7 avr. 2014, n° 1401623, préc. – TA Lyon, 9 nov. 2016 et TA Marseille, 16 nov. 2016, préc. – CE, 8 mars 2017, n° 408146). En effet, malgré l'indépendance dont bénéficient les médecins hospitaliers dans l'exercice de leur art et l'absence de contrôle du directeur de l'hôpital (CE, 2 oct. 2009, n° 309247 : *JurisData* n° 2009-010055), le juge administratif admet qu'un établissement public de santé soit attrait en justice en lieu et place du médecin ayant commis les agissements litigieux (CE, 14 févr. 2014, nos 375081, 375090, 375091, *Lambert*, préc.).

Il reste cependant rare, puisqu'il importe de démontrer cumulativement :

– une urgence, et

– une atteinte grave et manifestement illégale à une liberté fondamentale, et

– émanant d'une personne morale de droit public ou un organisme de droit privé chargé de la gestion d'un service public, et

– commise dans l'exercice d'un de ses pouvoirs.

L'urgence doit impliquer la nécessité de prendre des mesures conservatoires dans le délai de quarante-huit heures imparti au juge des référés pour statuer (CE, 28 févr. 2003, n° 254411 : *JurisData* n° 2003-065425. – CE, 6 avr. 2007, n° 304361 : *JurisData* n° 2007-071750).

Le juge administratif vérifie l'implication d'une liberté fondamentale. Ont été considérées comme des libertés fondamentales :

– le droit de consentir à un traitement médical (CE, 16 août 2002, n° 249552, préc. – CE, 8 sept. 2005, n° 284803, préc.) ;

– le droit au respect de la vie (CE, 16 nov. 2011, n° 353172 et 353173, *Ville de Paris et Société d'Économie Mixte PariSeine : JurisData* n° 2011-025207. – TA Marseille, 16 nov. 2016, préc. – TA Cergy-Pontoise, 7 oct. 2013, n° 1307736) ;

– le droit du patient de consentir à un traitement médical (CE, 14 févr. 2014, n°s 375081, 375090, 375091, *Lambert*, préc.) ;

– le droit de ne pas subir un traitement qui serait le résultat d'une obstination déraisonnable (CE, 14 févr. 2014, n°s 375081, 375090, 375091, *Lambert*, préc. – CE, 5 janv. 2018, n° 416689 : *JurisData* n° 2018-000023. – CE, 12 avr. 2018, n° 419576 : *JurisData* n ° 2018-006699) ;

– le respect de la dignité de la personne humaine (TA Strasbourg, 7 avr. 2014, n° 1401623, préc.).

REMARQUE Si la protection de la santé publique, inscrite au Préambule de la Constitution de 1946, constitue un principe à valeur constitutionnel, elle ne constitue pas une liberté fondamentale au sens de l'article L. 521-2 du Code de justice administrative (CE, 8 sept. 2005, n° 284803, préc.).

Concernant l'illicéité, le juge administratif limite en principe son contrôle à l'erreur manifeste. Cependant, dans l'arrêt *Lambert*, le Conseil d'État a précisé que « le juge des référés [devait] exercer ses pouvoirs de manière particulière », suggérant ainsi un contrôle plein et entier de la décision médicale litigieuse dans le cas des décisions d'arrêt des soins. Dans cette hypothèse, il lui appartient ainsi de « prendre les mesures de sauvegarde nécessaires pour faire obstacle à son exécution lorsque cette décision pourrait ne pas relever des hypothèses prévues par la loi, en procédant à la conciliation des libertés fondamentales en cause, qui sont le droit au respect de la vie et le droit du patient de consentir à un traitement médical et de ne pas subir un traitement qui serait le résultat d'une obstination déraisonnable » (CE, ord. réf., 6 juill. 2022, n° 464843).

En tout état de cause, la caractérisation de l'atteinte suppose de démontrer le non-respect des conditions de fond ou de forme encadrant la prise de la décision attaquée.

L'atteinte grave et manifestement illégale doit être en rapport direct avec la liberté fondamentale en cause (CE, 12 nov. 2001, n° 239840 : *JurisData* n° 2001-063253. – CE, 27 oct. 2011, n° 353508 : *JurisData* n° 2011-023120).

EXEMPLE Dans une décision du 14 février 2014, le Conseil d'État a considéré qu'une décision d'arrêt des soins prise en application de l'article L. 1110-5 du Code de la santé publique est susceptible de constituer, le cas échéant, une atteinte grave et manifestement illégale au droit au respect de la vie, justifiant que soit ordonnée au préalable une expertise médicale (CE, 14 févr. 2014, n°s 375081, 375090 et 375091, *Lambert*, préc.). Récemment, il a par exemple estimé qu'il y avait lieu de réaliser une expertise médicale sur un patient avant d'examiner le référé-liberté formé contre une décision d'arrêt des soins, au motif tiré des divergences dans l'appréciation de l'état du patient ainsi que de l'absence d'examen d'imagerie médicale récente (CE, 10 janv. 2024, n° 490403).

Par ailleurs, dans une ordonnance du 7 avril 2014, le juge des référés du tribunal administratif de Strasbourg a considéré que la décision de pratiquer des soins d'éveil sur une personne dans le coma ne constituait pas une atteinte grave et manifestement illégale au respect de la dignité (TA Strasbourg, 7 avr. 2014, n° 1401623, préc.).

De même, n'a pas été considérée comme une atteinte manifestement incompatible avec l'article 9 de la Convention des droits de l'homme la transfusion de sang pratiquée sur un patient dont la survie était menacée (CE, 16 août 2002, n° 249552 : *JurisData* n° 2002-064221).

N'a pas non plus été considérée comme une atteinte manifestement illicite à la liberté d'aller et venir la mesure d'hospitalisation d'office sur la base d'un certificat médical n'émanant pas d'un psychiatre exerçant dans l'établissement (CE, 1er avr. 2010, n° 335753 : *JurisData* n° 2010-003552).

Trois ordonnances ont récemment illustré le contrôle des juges sur le bien-fondé du choix d'arrêter les traitements (TA Lyon, 9 nov. 2016 et TA Marseille, 16 nov. 2016, préc. – CE, 8 mars 2017, préc.).

Le juge peut prendre toutes mesures nécessaires à la sauvegarde de la liberté fondamentale en cause, et notamment ordonner une expertise (CE, 16 nov. 2011, n°s 353172 et 353173, *Ville de Paris*

Introduire un référé expertise médicale

et Sté d'Économie Mixte PariSeine, préc. – CE, 14 févr. 2014, nos 375081, 375090, 375091, *Lambert*, préc. – TA Marseille, 16 nov. 2016, préc. – CE, 8 mars 2017, préc.), suspendre à titre conservatoire l'exécution de la décision de mettre un terme aux thérapeutiques actives, enjoindre à l'équipe médicale de reprendre les soins appropriés (TA Marseille, 16 nov. 2016, préc.). Le juge ne peut toutefois pas ordonner le déplacement d'une intervention chirurgicale (CE, 27 juill. 2018, n° 422241).

C Avis du professionnel

1706 Le référé-instruction est, par essence, très facile d'accès puisque la seule condition posée par les textes est l'utilité de la mesure sollicitée. Mais si l'urgence n'est pas requise, il convient de préciser que le juge administratif, lors de l'examen de l'utilité de la mesure, prend également en considération l'utilité de cette dernière pour le règlement du litige au principal né ou à naître. De ce fait, le référé-expertise doit aussi être formé en temps utile.

Le contrôle du praticien doit donc essentiellement porter sur l'utilité de la mesure sollicitée dans la perspective d'un litige principal, actuel ou éventuel. Notamment, le référé-expertise aura une utilité certaine pour déterminer :

- les causes des dommages corporels et/ou moraux subis ;
- la responsabilité éventuelle des professionnels de santé, de la personne publique employeur... ;
- ou encore le montant des préjudices indemnisables.

Dès lors, il est recommandé d'exercer le référé-expertise avant même la demande préalable d'indemnisation, obligatoire, afin de déterminer la (les) personne(s) responsable(s) et le montant des indemnisations envisageables.

Par ailleurs, le domaine des accidents et de la responsabilité en générale, dont la responsabilité médicale, suppose l'intervention d'organismes institutionnels divers tels que :

- les personnes publiques concernées ;
- les organismes de sécurité sociale, qui doivent être appelés « en déclaration de jugement commun » à peine de nullité du jugement sur le fond (CSS, art. L. 376-1. – CE, 27 mai 2009, n° 304668 : *JurisData* n° 2009-075585) ;
- l'ONIAM, qui doit impérativement être appelé en cause lorsque les dommages allégués dépassent le seuil prévu à l'article L. 1142-1-1 du Code de la santé publique (CE, 5 févr. 2014, n° 362351 : *JurisData* n° 2014-001571) ;
- les assureurs ;
- ou encore les organismes chargés, par détermination législative, de l'indemnisation de certaines victimes.

Cette multiplication des parties et/ou intervenants constitue certainement la plus grande source de difficultés de la procédure en référé-instruction aux fins d'expertise médicale.

En effet, hors les cas où la responsabilité d'un professionnel ou d'un établissement est engagée, les accidents médicaux, les infections nosocomiales et les infections iatrogènes ainsi que les dommages résultant d'une vaccination obligatoire, relèvent de la solidarité nationale et sont indemnisés par l'ONIAM (CSP, art. L. 1142-1 et L. 1142-22). S'agissant des assureurs, ils peuvent être appelés à la cause par la victime ou l'assuré (CAA Nancy, 21 juin 2001, n° 01NC00228) ou demander au juge des référés d'être attraits à l'expertise même si les personnes qu'ils assurent sont appelées à l'expertise (CE, 21 janv. 2008, n° 298868, *Cie d'assurance Aréas dommages : JurisData* n° 2008-073033).

Enfin, on peut envisager l'introduction d'un référé-instruction par l'ONIAM, subrogé ou non dans les droits de la victime (l'hypothèse a déjà été rencontrée en matière judiciaire : Cass. 1re civ., 4 mai 2012, n° 11-12.775), ou l'établissement public de santé (hypothèse d'une demande de contre-expertise).

REMARQUE En cas d'accidents médicaux ne remplissant pas les conditions de gravité prévues à l'article L. 1142-1-1 du Code de la santé publique, il est recommandé de toujours informer et/ou de mettre en cause l'ONIAM dans le cadre d'une requête en référé aux fins d'expertise médicale, même si le juge saisi est compétent, et même d'office, pour appeler l'ONIAM dans la cause (CSP, art. L. 1142-21).

Le référé-liberté tend non pas à la réparation d'un préjudice, mais bel et bien à éviter la survenue d'un dommage présentant d'ores et déjà un caractère réel et certain. Le référé-liberté emprunte donc plus au recours pour excès de pouvoir qu'au recours de plein contentieux. Cette voie de recours est donc d'application extrêmement rare en matière médicale. Elle ne peut être envisagée que dans des circonstances exceptionnelles mettant en cause une liberté fondamentale.

D Textes

1 Code général de la fonction publique

- CGFP, art. L. 822-1 à L. 822-17 (congés maladie).

• CGFP, art. L. 822-18 à L. 822-25 (accidents du travail).
• CGFP, art. L. 824-1 et L. 824-2 (allocation temporaire d'invalidité).

2 Code de justice administrative

• CJA, art. L. 511-1 et L. 511-2 (juge des référés).
• CJA, art. L. 521-2 et L. 523-1 (référé-liberté).
• CJA, art. R. 532-1 (référé-instruction).
• CJA, art. R. 522-5, R. 522-6 et R. 523-3 (référé-liberté).
• CJA, art. R. 621-1 et R. 621-1-1 (expertise).
• CJA, art. R. 621-2 à R. 621-6-4 (nombre et désignation des experts).
• CJA, art. R. 621-7 à R. 621-8-1 (opérations d'expertise).
• CJA, art. R. 621-9 et R. 621-10 (rapport d'expertise).
• CJA, art. R. 621-11 à R. 621-14 (frais d'expertise).

3 Code pénal

• C. pén., art. 226-13 et 226-14 (secret professionnel).

4 Code de la santé publique

• CSP, art. L. 1111-7 (droit d'accès des malades à l'information).
• CSP, art. L. 1111-13 à L. 1111-22 (dossier médical partagé).
• CSP, art. L. 1142-1 à L. 1142-24 (risques sanitaires résultant du fonctionnement du système de santé).
• CSP, art. L. 1142-28 (prescription en matière de responsabilité médicale).
• CSP, art. L. 1221-14 et L. 3122-1 (indemnisation des victimes contaminées).
• CSP, art. R. 4127-46 (Code de déontologie médicale et secret médical).

E Schéma procédural

1 Schéma procédural du référé-instruction

1707 • Formation d'une demande préalable d'indemnisation auprès de l'autorité administrative concernée, afin d'obtenir une décision préalable, implicite ou expresse ; cette demande préalable est obligatoire avant tout dépôt de la requête au fond (CJA, art. R. 421-1, al. 2) ; en revanche, la décision de l'administration (expresse ou implicite) statuant sur cette demande peut intervenir après le dépôt de la requête devant le juge (CE, 27 mars 2019, n° 426472 : *JurisData* n° 2019-004524).
• Éventuel recours amiable devant la CCI compétente (V. *infra*, n° 1718).
• Formation d'une requête en référé-instruction devant le juge des référés.
• Notification de la requête au défendeur assortie d'un délai pour transmettre ses observations, en principe d'une durée de quinze jours à compter de la notification.
• Ordonnance du juge des référés désignant un expert et lui attribuant une mission, en principe sans audience publique ni conclusions du rapporteur public.
• Notification de l'ordonnance aux parties :
– formation éventuelle d'un appel à l'encontre de l'ordonnance du juge des référés dans les quinze jours de sa notification ;
– ordonnance du président de la cour administrative d'appel ou du magistrat délégué par lui ;
– notification de l'ordonnance aux parties ;
– formation éventuelle d'un recours en cassation à l'encontre de l'ordonnance statuant sur l'appel dans les quinze jours de sa notification.
• Déroulement de l'expertise.
• Dépôt du rapport d'expertise.
• Notification du rapport aux parties, invitées à présenter leurs observations dans un délai d'un mois.

2 Schéma procédural du référé-liberté

1708 • Formation d'une requête en référé-liberté devant le juge des référés.
• Convocation des parties à l'audience sans délai et par tous moyens.
• Décision du juge des référés sous quarante-huit heures, désignant le cas échéant un expert et lui attribuant une mission.
• Notification de l'ordonnance aux parties et au ministère dont relève l'administration en cause :
– formation éventuelle d'un appel devant le Conseil d'État dans les quinze jours de sa notification ;
– ordonnance du président de la section du contentieux du Conseil d'État ou d'un conseiller délégué ;
– notification de l'ordonnance aux parties sous quarante-huit heures ;
• Déroulement de l'expertise.
• Dépôt du rapport d'expertise.
• Notification du rapport aux parties, invitées à présenter leurs observations dans un délai bref.

II
Préparation

A Informations préalables

1709 En premier lieu, il convient de rappeler que les référés « expertise médicale » prennent place dans des contextes humainement difficiles pour les requérants, personnes privées, et ce *a fortiori* en cas de procédure de référé-liberté. L'existence de traumatismes médicaux, corporels ou d'une décision médicale défavorable (*etc.*) ne suppose néanmoins pas nécessairement l'existence de comportements fautifs et/ou de dommages indemnisables. L'information du client sur ce point est indispensable afin d'éviter toutes déconvenues.
Il conviendra également de mentionner :
– le délai de prescription de dix ans des actions en matière médicale (CSP, art. L. 1142-28) à compter de la consolidation du dommage ;
– ainsi que la prescription quadriennale des créances de l'État, des collectivités territoriales et des établissements publics (L. n° 68-1250, 31 déc. 1968, art. 1er).

RETOUR D'EXPÉRIENCE Dans ce contexte, il est nécessaire d'informer le client sur les risques et la durée de la procédure, ainsi que sur le caractère parfois lourd et pénible d'une expertise médicale. Suivant les cas, il est d'ailleurs conseillé de solliciter l'avis du médecin traitant du client, par l'intermédiaire de ce dernier, sur les dommages subis et leur cause avant d'engager une procédure contentieuse.

B Contrôles préalables

1 Délais pour agir en référé-instruction

1710 Le référé-expertise n'est soumis à aucune condition de délais, si ce n'est que les délais contentieux ainsi que les délais de prescription de l'action au fond ont une influence sur son utilité.
En effet, lorsque le litige au fond est irrecevable, la requête en référé est frustratoire (CE, 9 juin 2010, n° 309145, *Vintzel : JurisData* n° 2010-008875). Dès lors, il convient de vérifier les délais de recours contentieux qui peuvent être en cours, ainsi que les délais de prescription de l'action. Surtout, et ce point est particulièrement important, la demande d'expertise présentée en référé n'interrompt pas le délai dans lequel doivent être présentés les recours tendant à l'annulation pour excès de pouvoir d'une décision administrative (CE, 28 sept. 2020, n° 425630, *B.*).
En revanche, la demande de référé-expertise interrompt :
– le délai de recours contre la décision de rejet de la demande d'indemnisation (CE, 13 mars 2009, n° 317567, *Vera : JurisData* n° 2009-075097), ce délai recommençant à courir à compter de la notification du rapport de l'expert au requérant, l'administration pouvant notifier elle-même ce rapport par tout moyen donnant date certaine à sa réception (CE, 18 déc. 2009, n° 311604, *Centre hospitalier de Voiron : JurisData* n° 2009-016876) ;
– les délais de prescription (C. civ., art. 2244. – CE, avis, 22 juill. 1992, n° 136332, *Cne de Marcilly-sur-Eure : JurisData* n° 1992-043347).
Par ailleurs, le délai de prescription quadriennale des créances de l'État ne court qu'à compter de la connaissance par la victime de l'origine du dommage ou de la date à laquelle elle dispose d'indications suffisantes selon lesquelles il pourrait être imputable au fait de l'administration, et non pas à compter de la date de connaissance du dommage (CE, 21 oct. 2013, n° 348249 : *JurisData* n° 2013-023644).

2 Délais pour agir en référé-liberté

1711 Le référé-liberté n'est soumis à aucune condition de délais, mais le texte pose une condition d'urgence. Celle-ci est appréciée en fonction du délai dans lequel les mesures nécessaires à la sauvegarde de la protection de la liberté fondamentale en cause doivent être prises. L'instance doit donc être introduite très rapidement.
Par ailleurs, il convient de noter que le référé-liberté n'est pas suspensif (sauf cas particulier dans lequel la suspension à titre conservatoire d'une mesure est ordonnée par le juge des référés lui-même).

C Pièces nécessaires

1 Informations générales pour le référé-instruction

1712 Il convient d'obtenir des informations générales, mais indispensables, telles que :
– l'identité de la victime et de la personne « responsable » de l'accident ;

– le cas échéant, la demande d'indemnisation préalable et la réponse de l'administration ;
– le cas échéant, la satisfaction des conditions de gravité du préjudice prévues à l'article L. 1142-1-1 du Code de la santé publique ;
– le lieu de réalisation des dommages en cause ;
– le numéro de sécurité sociale et l'organisme de sécurité sociale de la victime ;
– la liste des remboursements et indemnisations déjà versés.

Ces données sont nécessaires à la constitution des dossiers en demande au fond comme en défense, ainsi qu'au juge. En effet, lors d'un litige comportant une demande de réparation des suites d'un accident subi par un assuré social, qu'il ait ou non le caractère d'un accident du travail, le juge a l'obligation d'effectuer les mises en cause nécessaires pour que le jugement à intervenir soit commun au tiers auteur de l'accident, à la victime et aux caisses de sécurité sociale.

L'absence de telles informations est source d'irrecevabilité de la requête, irrecevabilité régularisée d'office ou régularisable à la demande du juge.

ATTENTION L'assureur n'est pas obligatoirement mis en cause, sauf s'il est subrogé dans les droits de la victime.

2 Informations particulières pour le référé-instruction

1713 Il doit être souligné que le juge administratif des référés examine la demande d'expertise au regard de l'intérêt que la mesure présente dans la perspective, d'un litige principal, actuel ou éventuel, auquel elle est susceptible de se rattacher. Resserrant son contrôle, le Conseil d'État énonce désormais que le juge ne peut faire droit à une demande d'expertise permettant d'évaluer un préjudice, en vue d'engager la responsabilité d'une personne publique, en l'absence manifeste, en l'état de l'instruction, de fait générateur, de préjudice ou de lien de causalité entre celui-ci et le fait générateur (CE, 27 juill. 2022, n° 459159, *D.*). Afin de justifier de l'utilité ou de l'inutilité de la demande en référé-expertise, il est donc nécessaire de collecter les informations les plus précises possibles relatives à l'accident en cause et/ou au suivi médical de la victime :
– conditions de l'accident ;
– nature, durée, anormalité des dommages subis ainsi que leurs causes probables : en effet, il est indispensable de les identifier avant d'engager une procédure, même en référé-expertise, afin :
• d'une part, de mettre dans la cause les organismes compétents tels que l'ONIAM pour les maladies nosocomiales,
• et d'autre part, de cerner, au plus près, la mission d'expertise à solliciter ;
– imputabilité au service ;
– état médical global avant les préjudices subis ;
– opérations chirurgicales réalisées ;
– soins divers ;
– durées des troubles ;
– effets sur la vie de famille et professionnelle ;
– information donnée par les personnes publiques en cause ;
– refus d'indemniser fondé sur la non-responsabilité de la personne ou l'absence de lien avec le service.

S'agissant des personnes publiques défenderesses, il conviendra de démontrer l'inutilité de la mesure d'instruction, et donc la parfaite et complète information de la victime sur le préjudice subi.

Par ailleurs, il est conseillé de demander au client, personne privée, de solliciter auprès de l'établissement de santé la communication de son entier dossier médical, que l'avocat pourra utiliser avec son accord. En effet, le secret médical n'est pas opposable au malade lui-même ni à l'information d'un tiers par ce dernier (CE, 11 févr. 1972, n° 76799, *Crochette : Lebon*, p. 138). L'avocat peut demander la communication du dossier médical au nom et pour le compte de son client. Sur ce point, un mandat exprès est exigé par le Conseil d'État (CE, 26 sept. 2005, n° 270234, *Conseil national de l'Ordre des médecins : JurisData* n° 2012-034757), mais pas par la CADA (avis n° 20131480, 11 avr. 2013).

ATTENTION En cas de refus de communication du dossier médical, il est possible de saisir la Commission d'accès aux documents administratifs (CADA) de ce refus de communication d'un document administratif en application des dispositions du Code des relations entre le public et l'administration. La saisine de la CADA doit être effectuée dans un délai de deux mois à compter du refus, et constitue un recours administratif préalable obligatoire avant toute procédure contentieuse sur ce point.

3 Informations pour le référé-liberté

1714 Il convient de verser aux débats la décision médicale litigieuse ou les pièces établissant les agissements litigieux ainsi que toutes les pièces nécessaires à la démonstration :
– de l'urgence : elle doit impliquer la nécessité de prendre des mesures conservatoires dans le délai de quarante-huit heures imparti au juge des référés (CE, 28 févr. 2003, n° 254411 : *JurisData* n° 2003-065425. – CE, 6 avr. 2007, n° 304361 : *JurisData* n° 2007-071750) ;

– d'une atteinte grave et manifestement illégale à une liberté fondamentale : l'illégalité et l'atteinte doivent être en rapport direct (CE, 12 nov. 2001, n° 239840 : *JurisData* n° 2001-063253. – CE, 27 oct. 2011, n° 353508 : *JurisData* n° 2011-023120).

D Phase précontentieuse

1 Demande d'indemnisation préalable

1715 La liaison du contentieux n'est pas obligatoire au stade du référé-instruction (CJA, art. R. 532-1). Cependant, en cas de dommages causés par une personne déterminée, il peut parfois stratégiquement être intéressant de former une demande d'indemnisation préalable afin d'obtenir une décision préalable.

En effet, en matière de recours de plein contentieux, la décision préalable est obligatoire. L'article R. 421-1 du Code de justice administrative dispose ainsi que « lorsque la requête tend au paiement d'une somme d'argent, elle n'est recevable qu'après l'intervention de la décision prise par l'administration sur une demande préalablement formée devant elle ».

La demande préalable en indemnisation liant le contentieux quant à son objet, le requérant prendra soin, lors de sa demande d'indemnisation gracieuse, d'identifier et de chiffrer ses préjudices et/ou de se réserver la possibilité de les chiffrer plus précisément au vu du rapport de l'expertise qu'il demandera au juge de prescrire. Il convient donc d'identifier les différents chefs de préjudice et d'en demander la réparation dès la demande préalable, afin d'éviter de se voir opposer l'irrecevabilité de demandes nouvelles devant le juge.

NOTA Les juges ont assimilé la saisine de la CCI à une demande préalable liant le contentieux (CAA Paris, 31 déc. 2012, n° 12PA02019). Il est également à noter que l'exercice du référé-expertise interrompt le délai du recours contentieux contre la décision de refus d'indemniser de la personne en cause, à condition que le référé soit exercé dans le délai du recours contentieux contre cette décision (CE, 9 juin 2010, n° 309145, *Vintzel* : *JurisData* n° 2010-008875).

2 Règlement amiable en cas de dommage imputable à une activité de prévention, de diagnostic ou de soins

1716 Il existe une phase précontentieuse de règlement amiable pour les victimes d'un dommage imputable à une activité de prévention, de diagnostic ou de soins ou à leurs ayants droit, devant la Commission de conciliation et d'indemnisation des accidents médicaux (CCI) compétente (CSP, art. L. 1142-4 à L. 1142-8).

La saisie d'une CCI suppose nécessairement, lors de dommages présentant un caractère de gravité suffisant, la mise en œuvre d'une procédure d'expertise. En ce cas, la requête en référé-expertise ne sera pas utile ou devra justifier de l'utilité à compléter ou à étendre les missions de la première expertise.

L'opportunité d'engager une procédure de règlement amiable en cas d'accidents médicaux devra donc être envisagée avant même la requête en référé-expertise.

ATTENTION En tout état de cause, il convient que l'avocat interroge son client demandeur sur les demandes gracieuses qu'il aurait pu réaliser avant de le saisir. En effet, dans de nombreux cas, les victimes tentent de procéder à une conciliation amiable et demandent l'indemnisation de leurs préjudices auprès de l'organisme en cause. Or, de telles demandes gracieuses peuvent lier le contentieux et faire courir les délais de recours au fond. Ce risque est d'autant plus sérieux que l'article R. 421-2 du Code de justice administrative dispose désormais que « sauf disposition législative ou réglementaire contraire, dans les cas où le silence gardé par l'autorité administrative sur une demande vaut décision de rejet, l'intéressé dispose, pour former un recours, d'un délai de deux mois à compter de la date à laquelle est née une décision implicite de rejet ».

3 Recours administratif préalable devant l'ONIAM

1717 En matière de vaccination obligatoire, de contamination par le VIH, le VHB, le VHC ou le virus T-lymphotropique humain causée par une transfusion de produits sanguins ou une injection de médicaments dérivés du sang et de dommages imputables directement à une activité de prévention, de diagnostic ou de soins réalisée en application de mesures prises conformément aux articles L. 3131-1 et L. 3134-1 du Code de la santé publique, la victime peut exercer un recours administratif préalable devant l'ONIAM (CSP, art. R. 1221-69 et s. et R. 3122-1 et s.).

L'Office diligente une expertise avant de statuer sur la demande d'indemnisation amiable de la victime (CSP, art. R. 1221-71 et R. 1221-73).

En cas de saisine du juge, le greffe du tribunal administratif adresse à l'Office une copie de toute demande en justice relative à la réparation des préjudices définis à l'article L. 1221-14 du Code de la santé publique, y compris au stade du référé (CE, 5 févr. 2014, n° 362351, préc.).

4 Stratégie juridique

1718 La décision d'introduire un recours contentieux et/ou amiable, simultanément ou subséquemment, doit être soigneusement étudiée et discutée avec le client.

• **Procédures simultanées.** L'intérêt d'exercer simultanément un recours amiable et un recours contentieux doit être sérieusement étudié en amont. Dans la pratique, la double procédure devrait être réservée à des situations particulières. L'Office et le juge administratif doivent être informés des procédures parallèles afin d'éviter une double indemnisation.

• **Procédures subséquentes.** Bien que les recours amiables et contentieux ne soient pas exclusifs l'un de l'autre (CAA Versailles, 12 janv. 2006, n° 05VE01557. – CE, 6 nov. 2013, n°s 355030, 355031 et 355032 : *JurisData* n° 2013-024889), il faut noter que :

– l'ONIAM peut refuser de suivre un avis de la CCI (CE, 10 oct. 2007, n° 306590 : *JurisData* n° 2007-072505. – Cass. 2e civ., 6 mai 2110, n° 09-66.947 : *JurisData* n° 2010-005367), notamment en se fondant sur la contrariété existant entre une expertise judiciaire et l'expertise diligentée par la CCI ou en sollicitant une nouvelle expertise (Cass. 1re civ., 4 mai 2012, n° 11-12.775) ;

– le juge administratif peut contester le caractère utile de la mesure demandée en présence d'une expertise diligentée par une CCI (CAA Bordeaux, 24 févr. 2009, n° 08BX01473. – CAA Marseille, 16 avr. 2009, n° 08MA04599. – CE, 4 oct. 2010, n° 332836 : *JurisData* n° 2010-017835) : le juge du fond tranche alors le litige sur la base de l'expertise diligentée par la CCI (CAA Bordeaux, 18 juin 2013, n° 12BX00665. – CAA Bordeaux, 5 nov. 2013, n° 12BX01737. – CAA Paris, 12 nov. 2013, n° 12PA02188).

Néanmoins, il reste possible d'introduire un référé-instruction postérieurement à une expertise diligentée par la CCI (CAA Douai, 11 juill. 2013, n° 12DA01254. – CAA Nantes, 31 oct. 2013, n° 12NT03070. – CAA Marseille, 5 mai 2014, n° 11MA04429. – CAA Bordeaux, 6 mai 2014, n° 12BX02255).

• **Suspension des délais de recours.** La saisine de la CCI suspend les délais de prescription et de recours contentieux (CSP, art. L. 1142-7) « lorsque, dans les deux mois de la date à laquelle l'établissement public de santé lui a notifié une décision expresse rejetant sa demande d'indemnité, l'intéressé saisit pour la première fois la commission d'une demande de règlement amiable » (CE, avis, 17 juill. 2013, n° 368260 : *JurisData* n° 2013-015806).

Lorsque la CCI a été saisie avant que l'établissement n'ait notifié sa décision, le délai de recours court à compter de la date de notification de l'avis de la CCI à la victime (CE, avis, 17 juill. 2013, n° 368260, préc.).

La saisine de la CRCI ne suspend pas le délai de recours lorsqu'à la date de notification de la décision de l'établissement public de santé rejetant une demande d'indemnité, elle a déjà notifié un avis à l'intéressé à sa demande (CE, avis, 17 juill. 2013, n° 368260 : *JurisData* n° 2013-015806).

L'établissement de santé doit mentionner dans sa décision les voies et délais de recours et préciser si la saisine de la CCI est suspensive des délais de recours (CE, 17 sept. 2012, n° 360280 : *JurisData* n° 2012-021019).

5 Coût de la procédure

1719 La procédure devant les juridictions administratives est gratuite.

Dans la pratique, les frais préalables à l'expertise peuvent être importants. Une demande de provision pour frais de procédure peut être formulée en parallèle de la demande d'expertise, cette solution ayant déjà été admise par les juridictions judiciaires (Cass. 2e civ., 27 juin 2013, n° 12-19.286 : *JurisData* n° 2013-013190).

Cependant, les frais d'une expertise, à savoir les honoraires de l'expert et des sapiteurs désignés (CJA, art. R. 621-11) peuvent être très élevés. Le président de la juridiction peut, soit en début soit au cours des opérations d'expertise, accorder aux experts une allocation (CJA, art. R. 621-12).

Classiquement, la jurisprudence considère que cette charge doit être supportée par le demandeur, mais il est loisible au président de déterminer la partie supportant cette charge.

Le président de la juridiction fixe par ordonnance de taxation les honoraires ainsi que les frais et débours des experts désignés.

L'ordonnance de liquidation et de taxation des frais d'expertise est une décision administrative devant être notifiée avec mention obligatoire des délais et voies de recours, et est susceptible de recours (CJA, art. R. 761-5). L'ordonnance de taxation met les frais de l'expertise ainsi que les frais non compris dans les dépens à la charge de la partie perdante (CJA, art. R. 761-1).

En dehors des dépens, le coût de la procédure comprendra uniquement les honoraires de l'avocat. Ces honoraires sont libres et peuvent être en partie remboursés par la partie perdante pour l'essentiel à la partie qui verra ses prétentions acceptées (CJA, art. L. 761-1). En référé-instruction, pour déterminer la partie perdante pour l'essentiel, le juge a affirmé le lien entre l'utilité de la mesure d'instruction et le bénéfice des dispositions de l'article L. 761-1 du Code de justice administrative (CE, 7 avr. 2006, n° 249848, *Centre hospitalier régional de Nice : JurisData* n° 2006-069933).

III Procédure

A Assistance et représentation

1720 Les requêtes en référé-instruction sont dispensées du ministère d'avocat si elles se rattachent à des litiges dispensés de ce ministère (CJA, art. R. 532-1). Or, la requête en référé aux fins d'expertise médicale concerne souvent, au fond, des recours de plein contentieux en indemnisation. En ce sens, le plus souvent, le ministère d'avocat est obligatoire. Il est néanmoins possible d'exercer une requête en référé-instruction afin de contester au fond une décision administrative, et donc se rattachant à un recours pour excès de pouvoir dispensé de ministère d'avocat (CJA, art. R. 431-2 et R. 431-3). Par exemple, un référé « expertise médicale » peut être utile pour contester une suspension de permis de conduire fondée sur une question médicale (CE, 22 janv. 1975, *Mansotte : Lebon*, p. 50) sauf présence de conclusions indemnitaires.

Les représentants d'un organisme bénéficient d'un régime favorable au sens où le maire d'une commune, un syndicat ou encore une association n'ont pas besoin d'autorisation préalable pour agir en référé (CE, 28 nov. 1980, n° 17732, *Ville de Paris c/ Ets Roth : Lebon*, p. 446. – CAA Lyon, 31 déc. 1996, n° 96LY00810, *Cne de Cap-d'Ail : JurisData* n° 1996-055051).

Les requêtes en référé-liberté sont dispensées du ministère d'avocat (CJA, art. R. 522-5).

B Compétence

1 Compétence matérielle

1721 • **Référé-instruction.** La compétence matérielle du juge administratif statuant en matière de référé est limitée aux mesures qui peuvent se rattacher à un litige principal, actuel ou éventuel, relevant de la compétence du tribunal auquel il appartient (CE, 15 juill. 1957, *Ville de Royan : Lebon*, p. 499). Dès lors, le juge administratif devra se déclarer incompétent pour toute requête en référé-instruction insusceptible de relever de la compétence de la juridiction administrative lorsque par exemple, le référé n'est pas détachable d'une procédure judiciaire ou pénale (T. confl., 23 oct. 2000, n° 3220, *Sté Caprano c/ DRIRE Lot*). N'est ainsi pas compétent le juge administratif saisi d'une demande d'expertise médicale destinée à établir un lien de filiation sur le fondement de l'article 16-11 du Code civil (CE, 11 mars 2010, n° 336326, *A. Papy Matutu : JurisData* n° 2010-001625).

• **Référé-liberté.** Le juge administratif est compétent, dès lors que le litige principal auquel se rattache ou est susceptible de se rattacher la mesure d'urgence qu'il lui est demandé de prescrire, n'échappe pas manifestement à la compétence de la juridiction administrative (CE, 29 oct. 2001, n° 237132 : *JurisData* n° 2001-080026).

La requête doit être enregistrée au greffe de la juridiction compétente en premier ressort, tribunal administratif ou Conseil d'État (CE, 29 mars 2002, n° 244523 : *JurisData* n° 2002-063732).

2 Compétence territoriale

1722 Le juge des référés territorialement compétent est celui du tribunal administratif territorialement compétent pour statuer sur le litige au fond (CE, 14 févr. 1964, *SA produits chimiques Péchiney-Saint Gobain : Lebon*, p. 113).

C Parties

1723 **Référé-instruction.** Toutes les personnes, qui ne sont pas manifestement étrangères au litige susceptible d'être engagé devant le juge de l'action motivant l'expertise, peuvent être appelées à une telle mesure d'instruction ordonnée sur le fondement de l'article R. 532-1 du Code de justice administrative.

Toutefois, les parties naturelles à l'instance en référé sont les demandeurs, les organismes dont la responsabilité sera mise en cause au fond et les organismes de sécurité sociale.

En outre, le juge des référés peut également appeler, en tant que sachant, toutes personnes susceptibles de l'éclairer (CE, 26 sept. 2008, n° 312140, *Robert : JurisData* n° 2008-074208).

S'agissant des assureurs, ils peuvent être appelés à la cause par la victime ou l'assuré (CAA Nancy, 21 juin 2001, n° 01NC00228) ou demander au juge des référés à être attraits à l'expertise même si les personnes qu'ils assurent sont appelées à l'expertise (CE, 21 janv. 2008, n° 298868, *Cie d'assurance Aréas dommages : JurisData* n° 2008-073033).

Le juge administratif est tenu d'appeler à la cause, même d'office, l'ONIAM et de mettre à sa charge la provision, s'il estime que les dommages sont susceptibles de remplir la condition de gravité à laquelle l'article L. 1142-1-1 du Code de la santé publique subordonne le droit à réparation au titre de la solidarité nationale (CE, 30 mars 2011, n° 320581, préc. – CE, 5 févr. 2014, n° 362351, préc.).

REMARQUE **La détermination des parties en présence relève de l'appréciation souveraine des juges du fond. Néanmoins, le juge peut étendre l'expertise, s'il est saisi par une des parties dans un délai de deux mois à compter de la première réunion d'expertise (CJA, art. R. 532-3). L'expert peut formuler une telle demande à tout moment, de sa propre initiative, ou sur demande des parties.**

1724 **Référé-liberté.** Dans le cadre du référé-liberté, le requérant peut agir contre une décision administrative, comme dans un recours pour excès de pouvoir, ou contre l'auteur des agissements litigieux, dès lors qu'il s'agit d'une une personne morale de droit public ou un organisme de droit privé chargé de la gestion d'un service public.

D Rédaction de l'acte de saisine

1725 Le juge des référés est saisi sur simple requête en la forme ordinaire des requêtes introductives d'instance.

En matière de référés, le type de référé et l'article du Code de justice administrative correspondant doivent être mentionnés sur la requête. Elle est soumise aux règles de recevabilité de droit commun (CJA, art. R. 411-1 à R. 413-6).

La requête en référé devra :
- préciser la nature du litige au fond qui justifie les prétentions, et devra donc comporter des informations suffisantes sur les préjudices subis à peine de rejet de la demande (CE, 8 janv. 1969, *Armanet : Lebon* T., p. 920) ;
- décrire les faits avec précision, et ne pas porter sur des questions de droit ;
- indiquer la nature de la mesure sollicitée ;
- indiquer avec précision l'utilité de la mesure demandée (étant la seule condition exigible, il conviendra d'accorder une attention toute particulière à sa démonstration) ;
- déterminer le contenu de la mesure demandée, et établir la mission de l'expert sollicité. En effet, le juge déterminera la mission de l'expert dans les limites des conclusions dont il est saisi, mais qu'il pourra développer en en tirant les implications nécessaires.

Les conclusions de la requête doivent donc déterminer précisément ce qui est demandé à l'expert. Les missions assignées à l'expert sont le plus souvent :
- procéder à l'examen médical de la victime ;
- se faire communiquer tous documents et pièces qu'il estimera nécessaires à l'accomplissement de sa mission et entendre tout sachant ;
- constater et décrire les dommages/désordres ;
- procéder aux investigations nécessaires pour en déterminer l'ampleur et les causes ;
- donner des éléments pour établir l'évaluation des préjudices subis ;
- faire appel, si nécessaire, au concours d'un ou de plusieurs sapiteurs pour l'aider sur des points techniques particuliers à accomplir lors de sa mission ;
- fournir au tribunal tous éléments techniques et de fait de nature à permettre à la juridiction éventuellement saisie de déterminer les préjudices subis et les responsabilités encourues.

Dans le cadre d'un référé-liberté, le contenu de la mission est totalement casuistique.

ATTENTION Le requérant doit impérativement prendre en considération le principe rigoureux de la cristallisation du débat contentieux à l'expiration du délai de recours. Lorsque le requérant n'est pas en état de chiffrer précisément ses conclusions et doit demander une expertise, il prendra, là encore, la précaution de se réserver la possibilité de les chiffrer au vu du rapport de l'expertise qu'il demande au juge de prescrire. En tout état de cause, il convient de chiffrer la demande au moins de façon indicative (CAA Lyon, 8 juill. 2008, *Chali*). En l'absence d'une telle précaution, les nouvelles conclusions à l'issue de l'expertise risqueraient d'être déclarées irrecevables.

E Instruction du dossier

1 Instruction du référé-instruction

1726 La procédure d'instruction de la demande en référé-instruction est contradictoire, et doit donc concilier contradictoire et nécessité d'un traitement rapide de la demande.

La requête en référé est notifiée immédiatement au défendeur, et un délai de réponse est fixé (CJA, art. R. 532-2). Ce dernier commence, sauf précision expresse, à compter de la notification de la requête. Le délai, généralement assez court, est de l'ordre de quinze jours.

Le juge ne peut faire droit à la demande qu'après avoir mis les parties, y compris celles auxquelles l'expertise a été étendue, en mesure de présenter leurs observations (CJA, art. R. 532-4). Si le juge statue avant la production de ses observations et avant le délai imparti, la procédure sera irrégulière. Le juge des référés n'est pas tenu de communiquer au requérant les observations produites par les autres parties, sauf s'il entend se fonder sur un de leurs arguments (CE, 28 mai 2001, n° 230692, *Sté Codiam : JurisData* n° 2001-062672).

2 Instruction du référé-liberté

1727 L'instruction de la demande en référé-liberté, contradictoire, se fait en urgence, les parties étant convoquées à l'audience sans délai.

La requête en référé est notifiée immédiatement au défendeur, tenu de présenter ses observations sans délai.

F Audience

1728 **Référé-instruction.** Le juge des référés n'est pas obligé de convoquer les parties ni de tenir une audience publique (CE, 19 févr. 1965, *Souris : Lebon* T., p. 1017). Par principe, le juge du référé-instruction statue sans audience publique et conclusions du rapporteur public.

1729 **Référé-liberté.** Sauf à ce que la requête puisse être rejetée par voie d'ordonnance (CJA, art. L. 522-3), l'audience est en revanche impérative dans le cadre du référé-liberté (CJA, art. R. 522-6). Le rapporteur public n'intervient à l'audience qu'en cas de renvoi à la formation collégiale (CJA, art. L. 522-1).

G Décision

1730 **Référé-instruction.** Une expertise médicale est prescrite par ordonnance du juge administratif saisi. Elle comporte la désignation de l'expert ou des experts, et la définition de la mission qui lui ou leur est assignée.

1731 **Référé-liberté.** Le juge est libre d'ordonner toutes mesures nécessaires à la sauvegarde de la liberté fondamentale en cause. La décision est notifiée au ministère dont relève l'administration en cause, soit en l'occurrence le ministère chargé de la santé (CE, 28 oct. 2010, n° 343893, préc. – CE, 14 févr. 2014, n°s 375081, 375090 et 375091, *Lambert*, préc.).

1 Désignation de l'expert ou des experts

1732 Le président de la juridiction peut choisir librement l'expert désigné. Cela relève du pouvoir d'appréciation du tribunal administratif et échappe au contrôle du juge d'appel. Il peut le choisir sur la liste nationale établie par la Cour de cassation, sur la liste établie par chaque cour d'appel, mais aussi librement en dehors de ces listes. Généralement, il est désigné un seul expert, mais il peut faire appel, en motivant sa décision, au concours d'un sapiteur pour certaines questions techniques particulières.

Au regard des particularités de l'affaire, les parties peuvent proposer que l'expert désigné relève de telle spécialité. Cette demande est toutefois librement appréciée par le président de la juridiction.

Le président de la juridiction choisit l'expert, et fixe le délai de dépôt du rapport au greffe (CJA, art. R. 621-2, al. 1er).

En cas de conflits d'intérêts, les experts désignés peuvent être récusés (CJA, art. R. 621-5 et R. 621-6). Les experts désignés doivent pour chaque affaire prêter serment par écrit. En effet, en vertu d'une règle générale de procédure, il est impossible de désigner un expert qui a déjà eu à connaître de l'affaire en cause (CE, 2 févr. 1968, *Ville de Lille : Lebon*, p. 89).

Il convient également de rappeler que le juge peut étendre l'expertise, s'il est saisi par une des parties dans un délai de deux mois à compter de la première réunion d'expertise (CJA, art. R. 532-3). L'expert peut formuler une telle demande à tout moment.

Le droit commun de l'expertise s'applique à la mesure ordonnée par le juge du référé-liberté ; en particulier, il appartiendra à l'expert, selon les circonstances, d'examiner le patient, de rencontrer l'équipe médicale et le personnel soignant et de prendre connaissance de l'ensemble de son dossier médical (CE, 14 févr. 2014, n°s 375081, 375090 et 375091, *Lambert*, préc.).

2 Contenu de la mission confiée à l'expert

1733 La mission confiée par le juge des référés à l'expert est classique et suppose souvent une analyse technique de la situation ainsi qu'une détermination des causes et/ou des effets des faits en cause. Ainsi, une demande d'expertise ne présente d'utilité que si elle porte sur une « question technique sur laquelle l'intervention d'un homme de l'art serait utile » (CAA Bordeaux, 10 juill. 2018, n° 18BX01689). La mission ne peut donc porter que sur des questions de fait (CE, 11 mars 1996, n° 161112, *SCI du domaine des figuières : JurisData* n° 1996-050354). L'expert ne peut se livrer à des qualifications juridiques.

Toute mesure d'instruction complémentaire à l'expertise elle-même peut être ordonnée, telle que le recueil de témoignages par l'expert ou des vérifications administratives. Il est même désormais admis que le juge peut ordonner, même d'office, à l'expert de concilier les parties si faire se peut (CE, 11 févr. 2005, n° 259290, *Organisme de gestion du Cours du Sacré-Cœur : JurisData* n° 2005-068013). D'ailleurs, « la mission confiée à l'expert peut viser à concilier les parties » (CJA, art. R. 621-1).

En revanche, le juge ne peut ordonner une mesure qui conduirait à porter atteinte à un secret garanti par la loi, et ne peut donc pas imposer la production de documents protégés par ce type de secret. En matière médicale, le juge est donc tenu de respecter le secret médical en précisant les dispositions spécifiques encadrant la mission de l'expert.

Ainsi, le juge administratif a-t-il considéré que « le respect du secret médical s'oppose à ce qu'il [le juge administratif] en prenne [documents demandés couverts par le secret médical] directement connaissance ». « L'administration doit, dès lors, donner communication du certificat médical au requérant, selon les modalités compatibles avec les prescriptions du Code de déontologie médicale, afin de lui permettre d'en révéler lui-même le contenu au juge administratif (...) » (CE, 3 mars 1995, n° 112856, *Min. Int. c/ F.D. : JurisData* n° 1995-040785). D'ailleurs, « l'accès au dossier médical ne peut être exigé en dehors des cas prévus aux articles L. 1111-15 et L. 1111-16 [du Code de la santé publique], même avec l'accord de la personne concernée » (CSP, art. L. 1111-18).

Il est à noter que l'article R. 621-1 du Code de justice administrative dispose désormais que « l'expert peut se voir confier une mission de médiation. Il peut également prendre l'initiative, avec l'accord des parties, d'une telle médiation ». En ce cas, l'expert remettra son rapport d'expertise sans pouvoir faire état, sauf accord des parties, des constatations et déclarations ayant eu lieu durant la médiation.

3 Caractères conservatoire et provisoire des mesures prises par le juge administratif statuant en matière de référé-instruction

1734 Le juge administratif, statuant en matière de référé-instruction, ne prononce que des mesures conservatoires et provisoires. Il ne tranche aucune contestation au sens de l'article 6 de la Convention EDH (CE, 11 mars 1996, n° 161112, *SCI du domaine des figuières : JurisData* n° 1996-050354).

Mais pour ce référé, la condition traditionnelle selon laquelle le juge ne pouvait ordonner une mesure susceptible de préjudicier au principal a été abandonnée par le décret n° 88-907 du 2 septembre 1988 (abr. par D. n° 89-641, 7 sept. 1989). La jurisprudence a finalement admis la disparition de cette condition et considéré que, par principe, le juge des référés statue par des mesures qui présentent un caractère provisoire, et n'est pas saisi du principal (CE, 11 mars 1996, n° 161112, *SCI du domaine des figuières : JurisData* n° 1996-050354. – CE, 16 déc. 1996, n° 164656, *Sté Stan : JurisData* n° 1996-850568).

En matière de référé-liberté, le juge peut ordonner toutes mesures nécessaires à la sauvegarde de la liberté fondamentale en cause.

H Fin de la procédure

1 Déroulement de l'expertise

1735 Pour les opérations d'expertise, les parties doivent être averties, par le ou les experts par lettre recommandée adressée au moins quatre jours avant, des heures et jours auxquels il sera procédé à l'expertise (CJA, art. R. 621-7).

Il est important de préciser, qu'à peine d'irrégularité, une expertise doit être contradictoire. Les différentes parties au litige doivent bénéficier de réunions d'expertise communes. Les observations faites par les parties, dans le cours des opérations, sont consignées dans le rapport (CJA, art. R. 621-7, al. 2).

> **ATTENTION** En raison du secret médical, seul un médecin est habilité à assister à l'examen médical. De ce fait, il appartient aux parties qui souhaitent assister à l'examen de mandater un médecin à cette fin (CE, 5 juill. 1939, *Cne de Saint-Étienne de Lugdarès : Lebon*, p. 456).

La tenue d'entretiens séparés ainsi que de l'examen médical, lequel est prescrit dans le cadre de l'expertise et se déroule or la présence des parties, devra être suivie d'une réunion commune avec les différentes parties afin de respecter le principe du contradictoire (CE, 14 oct. 1983, *Ville de Tours : Lebon*, p. 824).

Les parties doivent remettre sans délai à l'expert tous documents qu'il estime nécessaires (CJA, art. R. 621-7-1). La carence d'une des parties sera portée à la connaissance du président de la juridiction qui pourra lui ordonner de les produire sous astreinte.

Afin de veiller au bon déroulement de l'expertise, le juge des référés a le pouvoir, au cours des opérations d'expertise, d'organiser une ou plusieurs séances. Le juge conserve donc la maîtrise de l'instruction, et sa décision de tenir ou non une « séance » est insusceptible de recours. La « séance » ne concerne que les délais d'exécution, la communication des documents, les allocations provisionnelles ou les décisions d'étendre ou de restreindre l'expertise.

2 Dépôt du rapport d'expertise

1736 Le rapport d'expertise doit être déposé au greffe en plusieurs exemplaires en nombre de copies égal à celui des parties au litige plus deux. Ce rapport est notifié aux parties qui sont invitées à fournir leurs observations dans un délai d'un mois (CJA, art. R. 621-9).

I Recours ou contestation

1 Recours ou contestation contre une ordonnance de référé-instruction

1737 Le recours en interprétation à l'encontre de l'ordonnance de référé est envisageable pour l'une des parties à l'instance si la décision en cause est obscure ou ambiguë (CE, 27 juill. 2005, n° 259864, *Ville de Metz*).

Une ordonnance de référé-expertise est susceptible d'appel devant la cour administrative d'appel dans les quinze jours de sa notification (CJA, art. R. 533-1). Il s'agit d'un délai franc.

L'appel est ouvert aux seules personnes mises en cause dans l'instance. De ce fait, une personne mise hors de cause ainsi qu'une personne seulement informée de l'ordonnance n'ont pas intérêt à faire appel.

Le juge d'appel statue lui-même en référé (CE, 24 juin 2002, n° 240271, *Dpt de Seine-Maritime : JurisData* n° 2002-064058).

Il peut immédiatement, et à titre provisoire, suspendre l'exécution de l'ordonnance contestée si celle-ci est de nature à préjudicier gravement à un intérêt public ou aux droits de l'appelant (CJA, art. R. 533-2).

Par ailleurs, l'ordonnance rendue par le président de la cour administrative d'appel ou un magistrat désigné par lui est susceptible d'un recours en cassation dans les quinze jours suivant sa notification (CJA, art. R. 533-3).

2 Recours ou contestation contre une ordonnance de référé-liberté

1738 Une ordonnance de référé-instruction est susceptible d'appel devant le Conseil d'État dans les quinze jours de sa notification (CJA, art. L. 523-1). Il s'agit d'un délai franc (CE, 23 mai 2001, n° 232498 : *JurisData* n° 2001-062325).

Des tiers peuvent intervenir à la cause en appel, sous réserve de justifier d'un intérêt de nature à les rendre recevables à intervenir (TA Cergy-Pontoise, 7 oct. 2013, n° 1307736. – CE, 14 févr. 2014, n°s 375081, 375090 et 375091, *Lambert*, préc.).

Le président de la section du contentieux du Conseil d'État ou un conseiller délégué à cet effet statue sous quarante-huit heures (CJA, art. L. 523-1). Ce délai n'est qu'indicatif.

Saisi par toute personne intéressée, il peut, à tout moment, au vu d'un élément nouveau, modifier les mesures qu'il avait ordonnées ou y mettre fin (CJA, art. L. 521-4).

CHECK-LIST **• Envisager le litige au principal (identification de la compétence juridictionnelle).**

• Vérification des conditions de recevabilité du référé.

• Formation d'une demande préalable d'indemnisation auprès de l'autorité administrative concernée, afin d'obtenir une décision préalable (implicite ou expresse).

• Éventuel recours amiable devant la CCI compétente.

• Éventuelle contestation des ordonnances rendues par le juge des référés en première instance, et le cas échéant en appel.

• Présentation de ses observations dans le délai imparti après avoir reçu notification du rapport d'expertise.

POUR ALLER PLUS LOIN...

Fascicules JurisClasseur

• *JCl. Administratif*, fasc. 1092, *Expertise et autres mesures d'instruction*, par M. Courtin, actualisé par A. Béal.

• *JCl. Administratif*, fasc. 1095, *Référé-expertise et constat*, par S. Dewailly.

• *JCl. Justice Administrative*, fasc. 50, *Référé. – Organisations, dispositions générales*, par J. Gourdou.

• *JCl. Justice Administrative*, fasc. 55, *Frais et dépens*, par S. Diémert.

• *JCl. Justice Administrative*, fasc. 59, *Référé. – Récapitulation*, par R. Vandermeeren.

• *JCl. Justice Administrative*, fasc. 63, *Instruction. – Différents moyens d'investigation*, par D. Chabanol.

Fascicule de synthèse

• *JCl. Justice administrative*, Synthèse 70, *Référés*, par Th. Tuot.

Revues

• E. Glaser, *Référé-expertise : l'expert peut se voir confier une mission de médiation : Dr. adm.* 2005, comm. 76.

• Ph. Grimaud, *L'interruption des prescriptions par la saisine du juge des référés-expertise : Dr. adm.* 2009, comm. 59.

• D. Jean-Pierre, *Comment apprécier l'utilité des mesures demandées dans le référé-instruction ? : JCP* A 2007, 2162.

• J. Raymond, *Les référés-expertise : JCP* A 2005, 1262.

Fiche pratique

• V. Fiche 66 : Introduire un référé-expertise.

Fiche 69

Contester un arrêt d'une cour administrative d'appel

Antoine BÉAL

Sommaire

I
Aperçu rapide

A Caractéristiques générales

1739 Les arrêts rendus par les cours administratives d'appel peuvent toujours faire l'objet d'un **pourvoi en cassation** en application du principe général du droit dégagé par le Conseil d'État (CE, ass., 7 févr. 1947, *d'Aillères : Lebon*, p. 50). Toutefois, le pourvoi en cassation ne constitue pas la seule voie de recours contre les arrêts rendus par les cours. Le Code de justice administrative (CJA) a ainsi prévu toute une série de voies de recours contre ces arrêts.

Normalement, ces voies de recours sont dirigées contre les arrêts rendus par les cours en leur qualité de **juge d'appel** des jugements rendus par les tribunaux administratifs. Il faut toutefois noter que plusieurs réformes récentes du Code de justice administrative ont doté les cours d'une compétence de **premier ressort**.

Ces dispositions n'ont aucun impact sur les voies de recours contre ces arrêts rendus en premier ressort qui restent la cassation et les autres voies de recours étudiées et non pas un appel devant le Conseil d'État.

L'opposition (CJA, art. R. 831-1 et s.) est la voie de recours ouverte à la partie défaillante contre les décisions rendues par défaut. Toutefois, il faut noter qu'à la suite de la réforme induite par le décret n° 2019-82 du 7 février 2019, cette voie de recours a été supprimée devant les cours administratives d'appel.

La tierce opposition (CJA, art. R. 832-1 et s.) c'est la voie de droit ouverte aux personnes qui veulent s'opposer à une décision juridictionnelle rendue par une cour administrative d'appel, sans que ces personnes, ou leurs représentants, aient été mis en cause (CJA, art. L. 5).

Le **recours en rectification d'erreur matérielle de droit commun** (CJA, art. R. 833-1 et s.) a pour objet de faire rectifier dans une décision ou ordonnance, par la juridiction qui l'a rendue, une erreur matérielle qui est susceptible d'avoir exercé une influence sur le jugement de l'affaire.

Le **recours en rectification d'erreur ou d'omission matérielle non susceptible d'avoir exercé une influence sur le jugement de l'affaire** (CJA, art. R. 741-11).

Le **recours en cassation** (CJA, art. R. 821 et s.) constitue, pour les parties régulièrement mises en cause et ayant régulièrement produit au cours de l'instance, la véritable voie de recours contre les arrêts rendus par les cours administratives d'appel. Il constitue une voie de rétractation consistant à faire contrôler un jugement rendu en dernier ressort. Il faut faire état du **recours en interprétation qui** permet aux parties de demander au juge qui l'a rendu « d'interpréter » un jugement qui comporterait une obscurité ou une ambiguïté.

B Conditions d'utilisation

1 Conditions d'utilisation du recours en tierce opposition

1740 Trois conditions cumulatives sont nécessaires (CJA, art. R. 832-1). Le tiers opposant :
- ne doit jamais avoir été mis en cause ;
- ne doit pas avoir été représenté à l'instance ;
- doit faire valoir un droit lésé.

2 Conditions d'utilisation du recours en rectification d'erreur matérielle de droit commun

1741 Trois conditions cumulatives sont posées afin de former un recours en rectification d'erreur matérielle (CJA, art. R. 833-1).

L'erreur alléguée :
- ne doit pas émaner du requérant lui-même ;
- doit être matérielle et non juridique ;
- doit être susceptible d'avoir exercé une influence sur le jugement de l'affaire.

3 Conditions d'utilisation du recours en rectification d'erreur ou d'omission matérielle non susceptible d'avoir exercé une influence sur le jugement de l'affaire

1742 Deux conditions cumulatives doivent être remplies (CJA, art. R. 741-11). Il faut :
- d'une part, que la décision soit entachée « d'une erreur ou d'une omission matérielle non susceptible d'avoir exercé une influence sur le jugement de l'affaire » ;
- d'autre part, que le président de la cour administrative d'appel puisse y « apporter (...) les corrections que la raison commande ».

4 Conditions d'utilisation du recours en cassation

1743 Le recours en cassation est ouvert de plein droit contre toutes les décisions juridictionnelles rendues par les juridictions de l'ordre juridictionnel administratif et notamment les arrêts rendus par les cours administratives d'appel (CE, ass., 7 févr. 1947, n° 79128, *d'Aillères : Lebon*, p. 50).
Contrairement aux autres voies de recours contre les arrêts des cours, les dispositions du Code de justice administrative ne posent aucune condition de fond pour pouvoir introduire un pourvoi en cassation. Les seules conditions posées sont relatives au délai (CJA, art. R. 821-1) et au ministère d'avocat au Conseil d'État (CJA, art. R. 821-3).

C Avis du professionnel

1744 Il convient de bien connaître ces différentes voies de recours, car il existe parfois un choix entre elles. Enfin, il ne faut pas oublier que l'office du Conseil d'État juge de cassation diffère sur de nombreux points de l'office d'un juge d'appel, la cassation ne constituant pas une troisième voie de recours de droit commun.
En effet, elle constitue une voie de recours particulière. D'une part, elle obéit à des règles procédurales différentes ; d'autre part, et surtout, l'office du juge de cassation est fondamentalement différent de celui du juge d'appel tant au regard des moyens pouvant être invoqués qu'à l'intensité du contrôle exercé.

D Textes

- CJA, art. R. 832-1 à R. 832-5 (tierce opposition).
- CJA, art. R. 833-1 et R. 833-2 (recours en rectification d'erreur matérielle de droit commun).
- CJA, art. R. 741-11 (recours en rectification contre une erreur ou une omission matérielle non susceptible d'avoir exercé une influence sur le jugement de l'affaire).
- CJA, art. L. 821-1, L. 821-2, L. 822-1, R. 821-1 et R. 821-2 à R. 821-6 (recours en cassation).
- CJA, art. R. 311-2, R. 311-3 et R. 311-4 (compétence de premier ressort).

E Schéma procédural

1 Schéma procédural de la tierce opposition

1745 Il faut distinguer selon que la décision contestée ait ou non fait l'objet d'une notification car les règles en matière de délai sont différentes. Il faut toutefois noter que le second cas est de très loin le plus fréquent.

a) En cas de notification de la décision contestée

1746 • Notification de la décision rendue par défaut.
• Possibilité de former dans le délai de recours une demande d'aide juridictionnelle.
• Nécessité d'introduire la requête introductive d'instance avant l'expiration du délai de recours contentieux (possibilité de ne déposer qu'une requête sommaire).
• Dépôt du mémoire ampliatif (ou renoncement à produire celui-ci) avant l'expiration du délai imparti.
• Régularisation de la ou des mises en demeure envoyées par le greffe de la chambre.
• Instruction, le cas échéant, de la requête.
• Convocation des parties à l'audience au cours de laquelle l'affaire sera jugée.
• Possibilité de connaître le sens des conclusions du rapporteur public.
• Jugement de la tierce opposition et, si elle est fondée, nouveau jugement de l'affaire.

b) En l'absence de notification de la décision

1747 • Possibilité de former une demande d'aide juridictionnelle.
• Rédaction de la requête introductive d'instance (possibilité de ne déposer qu'une requête sommaire).
• Dépôt du mémoire ampliatif (ou renoncement à produire celui-ci) avant l'expiration du délai imparti.
• Régularisation de la ou des mises en demeure envoyées par le secrétariat du contentieux.
• Instruction, le cas échéant, de la requête.
• Convocation des parties à l'audience au cours de laquelle l'affaire sera jugée.
• Possibilité de connaître le sens des conclusions du rapporteur public.
• Jugement de la tierce opposition et, si elle est fondée, nouveau jugement de l'affaire.

2 Schéma procédural du recours en rectification d'erreur matérielle de droit commun

1748 • Notification de la décision entachée d'erreur matérielle.
• Possibilité de former dans le délai de recours une demande d'aide juridictionnelle.
• Nécessité d'introduire la requête introductive d'instance avant l'expiration du délai de recours contentieux (possibilité de ne déposer qu'une requête sommaire).

• Dépôt du mémoire ampliatif (ou renoncement à produire celui-ci) avant l'expiration du délai imparti.
• Régularisation de la ou des mises en demeure envoyées par le secrétariat du contentieux.
• Instruction, le cas échéant, de la requête.
• Convocation des parties à l'audience au cours de laquelle l'affaire sera jugée.
• Possibilité de connaître le sens des conclusions du rapporteur public.
• Jugement du recours en rectification d'erreur matérielle et, s'il est fondé, nouveau jugement de l'affaire.

3 Schéma procédural du recours en rectification d'erreur ou d'omission matérielle non susceptible d'avoir exercé une influence sur le jugement de l'affaire

1749 Il faut distinguer deux procédures parallèles. **La première est à l'initiative du président de la cour administrative d'appel** (le plus souvent, l'attention du président est appelée par un des membres de la formation de jugement s'apercevant d'une erreur ou d'une omission matérielle une fois la décision lue). Dans ce cas de figure, le requérant n'étant pas en cause, il n'a aucune procédure à engager.

La seconde est à l'initiative du requérant et consiste à demander au président de rectifier une telle erreur :
– notification de la décision entachée d'erreur matérielle ;
– saisine du président de la cour administrative d'appel par lettre motivée et le plus rapidement possible ;
– ordonnance du président de la cour administrative d'appel statuant dans un **délai maximum d'un mois** à compter de la notification de la décision contestée, sous peine de dessaisissement ;
– notification de l'ordonnance du président apportant la correction demandée.

4 Schéma procédural du recours en cassation

1750 • Notification de l'arrêt de la cour administrative d'appel.
• Possibilité de former dans le délai de recours une demande d'aide juridictionnelle.
• Nécessité d'introduire la requête introductive d'instance avant l'expiration du délai de recours contentieux (possibilité de ne déposer qu'une requête sommaire).
• Dépôt du mémoire ampliatif (ou renoncement à produire celui-ci) avant l'expiration du délai imparti.
• Régularisation de la ou des mises en demeure envoyées par le secrétariat du contentieux.
• Instruction par le président de la sous-section de la recevabilité et du bien-fondé du pourvoi :
– rejet du recours par simple ordonnance ;
– ou admission du pourvoi ;
– ou attribution du dossier à un rapporteur, puis à un rapporteur public en vue d'une audience collégiale publique.
• Convocation des parties à l'audience au cours de laquelle l'affaire sera jugée.
• Possibilité de connaître le sens des conclusions du rapporteur public.
• Admission ou non-admission du pourvoi.
• Instruction de l'affaire si elle est admise, soit directement, soit à la suite de la procédure juridictionnelle d'admission.
• Convocation des parties à l'audience au cours de laquelle l'affaire sera jugée.
• Possibilité de connaître le sens des conclusions du rapporteur public.
• Jugement du pourvoi avec le cas échéant cassation et nouveau jugement de l'affaire.
• Éventuellement renvoi de l'affaire devant une autre cour administrative d'appel.

II Préparation

A Informations préalables

1751 Il convient d'informer sur les conséquences de l'engagement de telles procédures contentieuses, notamment en ce qui concerne la condamnation à d'éventuels frais de justice.

B Contrôles préalables

1752 Le délai pour agir est de deux mois à compter du jour où la décision a été notifiée et ce, pour les quatre recours (CJA, art. R. 831-2).
Il est possible d'ajouter à ce délai de deux mois un délai de distance qui est d'un mois pour l'outre-mer

et de deux mois pour l'étranger (CJA, art. R. 821-2 et R. 811-5). Toutefois, ces dispositions ne sont applicables que si l'arrêt contesté a bien été notifié soit en outre-mer, soit à l'étranger, la simple domiciliation du requérant étant insuffisante à cet égard.

1 En matière de tierce opposition

1753 Concernant la tierce opposition, il faut opérer une distinction entre deux catégories de tiers :
- les tiers ayant reçu notification ou signification de la décision contestée. Pour eux, ce sont les dispositions de l'article R. 832-2 du Code de justice administrative qui s'appliquent. Elles prévoient que la tierce opposition doit être formée dans le délai de deux mois à compter de cette notification ou signification ;
- les tiers n'ayant jamais reçu notification. Pour eux, aucun délai, aucune forclusion ne peut être opposée.

ATTENTION La simple connaissance par les tiers opposants de la décision juridictionnelle ne suffit pas à rendre tardive leur tierce opposition (CE, 8 janv. 1958, *Cts Batz de Tranquelléon : Lebon*, p. 18. - CE, 18 déc. 1987, n° 60892 : *JurisData* n° 1987-605042).

2 En matière de recours en rectification d'erreur matérielle de droit commun et de recours en cassation

1754 Il doit être introduit dans un délai de deux mois qui court du jour de la notification ou de la signification de la décision dont la rectification est demandée (CJA, art. R. 833-1).

3 En matière de recours en rectification d'erreur ou d'omission matérielle non susceptible d'avoir exercé une influence sur le jugement de l'affaire

1755 Est prévu un délai d'un mois courant à compter de la notification de la décision en cause (CJA, art. R. 741-11).

ATTENTION Ce délai n'est pas un délai de saisine, mais le délai dans lequel le président doit prendre son ordonnance. Une ordonnance, par laquelle le président du tribunal administratif de Clermont-Ferrand a entendu apporter des corrections à un jugement rendu par ce tribunal, est entachée d'illégalité dans la mesure où elle est rendue après ce délai (CE, 28 avr. 1997, n° 150549, *Aubry et a.*). Cette jurisprudence est transposable à la procédure devant les cours administratives d'appel.

C Pièces nécessaires

1 En matière de tierce opposition

1756 Les pièces nécessaires sont les suivantes :
- la décision juridictionnelle contestée ;
- les éléments de preuve relatifs au fait que le requérant ou ses représentants n'ont pas été mis en cause dans cette instance ;
- les éléments de preuve relatifs au fait que la décision rendue préjudicie à ses droits.

2 En matière de recours en rectification d'erreur matérielle de droit commun

1757 Doivent être rassemblés :
- la décision juridictionnelle contestée ;
- les éléments de preuve relatifs au fait que la décision est entachée d'une erreur matérielle susceptible d'avoir exercé une influence sur le jugement de l'affaire.

3 En matière de recours en rectification d'erreur ou d'omission matérielle non susceptible d'avoir exercé une influence sur le jugement de l'affaire

1758 Les pièces devant être réunies sont :
- la décision juridictionnelle contestée ;
- les éléments de preuve relatifs au fait que la décision est entachée d'une erreur ou d'une omission matérielle non susceptible d'avoir exercé une influence sur le jugement de l'affaire.

4 En matière de recours en cassation

1759 Doivent être réunis :
- la décision juridictionnelle contestée ;

– les éléments de preuve relatifs aux différents moyens de cassation soulevés :
• irrégularité formelle du jugement contesté,
• de la procédure suivie,
• erreur de droit des juges,
• dénaturation des pièces du dossier, *etc.*

D Coût de la procédure

1760 Les honoraires des avocats sont libres, et leur remboursement peut être demandé au titre des frais irrépétibles (CJA, art. L. 761-1).
L'aide juridictionnelle peut également être demandée. Enfin, il n'existe plus de droit de timbre.

III Procédure

A Assistance et représentation

1 Assistance et représentation en matière de recours en cassation

1761 Pour le recours en cassation, le principe est l'obligation du ministère d'avocat au Conseil d'État (CJA, art. R. 821-3).

ATTENTION Le Conseil d'État peut rejeter comme irrecevable un recours présenté sans le ministère d'avocat au Conseil d'État sans régularisation préalable, dès lors que la notification de l'arrêt contesté en fait état. Ce n'est en effet que si la notification de l'arrêt ne mentionne pas cette obligation que le Conseil d'État devra mettre en demeure le requérant de régulariser sa requête pour pouvoir lui opposer cette irrecevabilité.
La seule dérogation au ministère d'avocat au Conseil d'État (CJA, art. R. 821-3) ne concerne que les décisions rendues par les juridictions administratives spécialisées dans le contentieux des pensions, et non pas un arrêt de cour administrative d'appel statuant dans le contentieux des pensions de retraite des agents publics. Les seules exceptions à l'obligation d'un avocat au Conseil d'État pour présenter un recours en cassation contre un arrêt de cour ne concernent donc que les recours formés par les ministres au nom de l'État (CJA, art. R. 432-4), et non pas les collectivités territoriales.

2 Assistance et représentation dans d'autres recours

1762 Pour l'opposition (CJA, art. R. 831-4), la tierce opposition (CJA, art. R. 832-5) et le recours en rectification d'erreur matérielle de droit commun (CJA, art. R. 833-1), le recours doit être présenté dans les mêmes formes que celles dans lesquelles devait être introduite la requête initiale, et le ministère d'avocat n'est alors obligatoire que dans le cas où la requête initiale ne relevait d'aucun cas de dispense (CE, 9 févr. 1968, *Grandin : Lebon* T., p. 1081. – CE, 9 févr. 1973, n° 88991, *Foulon : Lebon*, p. 128).

B Compétence

1763 Selon la voie de recours utilisée, la cour qui a rendu la décision contestée (opposition, tierce opposition, recours en rectification d'erreur matérielle) ou le Conseil d'État (recours en cassation) seront compétents pour se prononcer sur le bien-fondé de ces quatre voies de recours.

C Parties

1 En matière de tierce opposition

1764 Il faut avoir été tiers, et non partie régulièrement mise en cause dans la procédure ayant abouti à la décision contestée.

2 En matière de recours en rectification d'erreur matérielle de droit commun

1765 Toute partie intéressée peut introduire ce recours. Dès lors, une personne qui n'a pas été partie à l'instance n'est pas recevable pour présenter un tel recours (CE, 3 juin 2005, n° 276957 : *JurisData* n° 2005-068497).
Il existe toutefois une exception à ce principe relative au cas de l'avocat du bénéficiaire de l'aide juridictionnelle. Celui-ci peut, en son nom propre, former un recours en rectification d'erreur matérielle lorsque, dans le cadre d'une instance donnée, le juge omet de statuer sur ses conclusions

tendant à obtenir, sur le fondement de l'article 37 de la loi n° 91-647 du 10 juillet 1991, le bénéfice des frais irrépétibles payés par la partie perdante plutôt que de percevoir la somme versée par l'État au titre de l'aide juridictionnelle (CE, 11 janv. 2006, n° 279878 : *JurisData* n° 2006-069541).

ATTENTION L'**intervenant volontaire** n'est recevable à former un recours en rectification d'erreur matérielle que dans le cas où il aurait justifié d'un intérêt lui donnant qualité pour déférer au tribunal administratif la décision attaquée, ou pour faire appel du jugement de ce tribunal rejetant la demande dirigée contre cette décision (CE, 16 mai 1980, n° 18741, *Comité de coordination professionnelle des éclusiers*).

3 En matière de recours en rectification d'erreur ou d'omission matérielle non susceptible d'avoir exercé une influence sur le jugement de l'affaire

1766 Ce sont exactement les mêmes règles qui s'appliquent à cette nouvelle voie de recours que celles retenues pour le recours en rectification d'erreur matérielle de droit commun.

4 En matière de recours en cassation

1767 Seules les parties au litige peuvent présenter un pourvoi en cassation, et parmi celles-ci, seules les parties ayant succombé.

Toutefois, par une décision récente (CE, 17 juill. 2009, n° 288559 : *JurisData* n° 2009-005392), le Conseil d'État a jugé que peut faire l'objet d'un appel ou d'un pourvoi en cassation de la part du défendeur, nonobstant le dispositif de la décision juridictionnelle critiquée, une décision qui rejette les conclusions du demandeur comme portées devant un ordre de juridiction incompétent pour en connaître, laquelle, sans clore le litige, invite le demandeur à le poursuivre devant l'autre ordre de juridiction. Dans ce cas de figure, le défendeur est donc recevable à contester une décision juridictionnelle qui fait droit à ses conclusions de rejet de la requête.

D Rédaction de l'acte de saisine

1768 Pour la tierce opposition (CJA, art. R. 832-5) et le recours en rectification d'erreur matérielle de droit commun (CJA, art. R. 833-1), le recours doit être présenté dans les mêmes formes que celles dans lesquelles devait être introduite la requête initiale.

Le recours en rectification d'erreur ou d'omission matérielle non susceptible d'avoir exercé une influence sur le jugement de l'affaire (CJA, art. R. 741-11) se traduit par une simple lettre motivée.

L'article R. 414-1 du Code de justice administrative impose désormais **sous peine d'irrecevabilité** à toute une série de requérants une obligation de saisine par voie électronique. Cette obligation s'impose à un avocat, un avocat au Conseil d'État et à la Cour de cassation, une personne morale de droit public autre qu'une commune de moins de 3 500 habitants ou un organisme de droit privé chargé de la gestion permanente d'un service public. La même obligation est applicable aux autres mémoires du requérant.

Ensuite, lorsqu'elle est présentée par une commune de moins de 3 500 habitants, la requête peut être adressée au moyen de cette application. Enfin, pour les autres requérants, il existe une autre application appelée télérecours citoyen (CJA, art. R. 414-6 et s.).

1 En matière de tierce opposition

1769 Le requérant doit prouver :
- d'une part, que ni lui ni ses représentants n'ont été mis en cause dans cette instance ;
- d'autre part, que la décision rendue préjudicie à ses droits.

2 En matière de recours en rectification d'erreur matérielle de droit commun

1770 Le requérant doit prouver que la décision est entachée d'une erreur matérielle susceptible d'avoir exercé une influence sur le jugement de l'affaire.

3 En matière de recours en rectification d'erreur ou d'omission matérielle non susceptible d'avoir exercé une influence sur le jugement de l'affaire

1771 Le requérant doit prouver que la décision est entachée d'une erreur ou omission matérielle non susceptible d'avoir exercé une influence sur le jugement de l'affaire.

4 En matière de recours en cassation

1772 Le requérant doit prouver :
- que la décision a été rendue en violation des règles de compétence ou de procédure ;
- que sa motivation soit incomplète ou insuffisamment précise eu égard aux conclusions et moyens des parties ;
- ou qu'elle soit affectée d'une contradiction de motifs ou d'une contradiction entre motifs et dispositif ;
- ou qu'en prenant la solution retenue, les juges aient commis une erreur de droit ou une erreur relative aux faits de l'espèce (erreur de fait, erreur de qualification juridique), étant rappelé le principe de l'appréciation souveraine des faits par les juges du fond.

E Instruction du dossier

1 Procédure préalable d'admission des pourvois en cassation

1773 Le recours en cassation doit faire l'objet d'une procédure préalable d'admission (CJA, art. L. 822-1). L'admission peut alors être refusée par décision juridictionnelle si le pourvoi est irrecevable ou n'est fondé sur aucun moyen sérieux.
Lors de l'examen préalable du bien-fondé du recours en cassation par le président de la chambre chargée de l'instruire, trois solutions sont alors envisageables :
- le recours est jugé recevable et comporte un ou plusieurs moyens de cassation apparemment fondés. Il est alors orienté directement vers la procédure d'instruction ordinaire. Le requérant ou son mandataire est avisé de cette décision d'admission (CJA, art. R. 822-2) ;
- le président estime que le recours est irrecevable (pour défaut de ministère d'avocat, ou comme entaché d'une irrecevabilité manifeste non susceptible d'être couverte en cours d'instance) ou qu'il est manifeste qu'aucun moyen sérieux n'est invoqué. Il le rejette alors par simple ordonnance prise en application de l'article R. 822-5 du Code de justice administrative ;
- le président a un doute sur la recevabilité ou sur le caractère fondé du pourvoi. Le recours fait l'objet d'une instruction rapide destinée à examiner son bien-fondé.

Dans cette dernière hypothèse, le dossier est confié sans instruction préalable à un rapporteur. Le président de la chambre transmet le dossier au rapporteur public en vue de son inscription au rôle (CJA, art. R. 822-2).

Dans ce cas, le requérant, ou son mandataire, est averti du jour de la séance où la formation de jugement dans une composition collégiale se prononcera sur le bien-fondé du pourvoi.
Si le recours est admis soit directement, soit à la suite de son passage en audience publique, il fait l'objet d'une instruction contradictoire en application des règles habituelles devant la section du contentieux du Conseil d'État.

ATTENTION Ce n'est qu'à ce stade que les autres parties sont averties de l'existence du pourvoi en cassation.

2 Information et convocation des parties

a) Information des parties

1774 Les parties peuvent se renseigner auprès de la chambre du Conseil d'État ou de la chambre de la cour à laquelle a été confiée l'instruction de leur requête.
Il est également possible de suivre l'avancée de la procédure par consultation électronique.

REMARQUE **Il est conseillé de donner les références de l'affaire qui sont portées sur l'accusé de réception de la requête.**

ATTENTION Il n'est pas possible de joindre directement le rapporteur d'une affaire ni de connaître son nom avant l'audience.

b) Convocation des parties

1775 Il faut distinguer selon que la cour ou le Conseil d'État sont compétents :
S'agissant de la cour administrative d'appel, la convocation à l'audience :
- se fait par lettre recommandée avec demande d'avis de réception sept jours au moins avant l'audience (CJA, art. R. 711-2). Toutefois, en cas d'urgence, ce délai peut être réduit à deux jours (CJA, art. R. 711-2, al. 2) ;
- entraîne clôture de l'instruction trois jours francs avant la date de l'audience, si aucune clôture n'a été prononcée avant cette date (CJA, art. R. 613-2).

S'agissant du Conseil d'État, quatre jours au moins avant la séance, les avocats au Conseil d'État et à la Cour de cassation sont avisés que les affaires pour lesquelles ils sont inscrits figurent au rôle (CJA, art. R. 712-1).

En cas d'urgence, ce délai peut être réduit à deux jours par décision du président de la section du contentieux.
S'agissant des parties qui ne sont pas représentées par un avocat au Conseil d'État et à la Cour de cassation, elles sont « informées de l'inscription au rôle de leur affaire » (CJA, art. R. 712-1). Toutefois, l'usage est de les convoquer sept ou huit jours à l'avance par lettre recommandée avec accusé de réception.
Enfin, l'article R. 712-2 prévoit que les parties ou leur mandataire inscrits dans l'application informatique dite « Télérecours » peuvent être avisés ou informés de l'inscription d'une affaire au rôle par le moyen de cette application et que les parties qui ont accepté l'usage du téléservice dit « Télérecours citoyen » pour une affaire peuvent être avisées ou informées au moyen de ce téléservice de son inscription au rôle.

ATTENTION Il est possible de demander un report de l'audience en cas d'impossibilité d'y assister. Toutefois, l'expérience montre qu'il est rarement accordé en raison du caractère essentiellement écrit de la procédure (CE, 18 oct. 2010, n° 326020, *Dossou*).

F Audience

1776 L'audience devant les cours administratives d'appel est publique et, en règle générale, avec le concours d'un rapporteur public auquel les parties peuvent désormais répondre (CJA, art. R. 732-1).
S'agissant du respect du principe d'impartialité, le Conseil d'État a tranché la question délicate relative à la possibilité pour le juge, ou pour la formation de jugement qui a connu de la première affaire, de juger de la **tierce opposition**. Il a en effet répondu par l'affirmative en posant qu'aucune règle générale de procédure, et notamment pas le principe d'impartialité, n'y faisait obstacle (CE, 10 déc. 2004, n° 270267 : *JurisData* n° 2004-067751).
En revanche, les exigences qui découlent du principe d'impartialité s'opposent à ce que participe au jugement d'un **recours en rectification d'erreur matérielle de droit commun** tout juge ayant pris part à la décision qui fait l'objet de ce recours (CE, 22 juin 2005, n° 261847 : *JurisData* n° 2005-068538).

G Décision

1 En matière de tierce opposition

1777 Quand la tierce opposition est considérée comme recevable, la juridiction se livre à un nouvel examen de l'affaire en examinant les moyens exposés par l'auteur de la tierce opposition. Le juge est tenu d'examiner et de répondre auxdits moyens, et ne peut se référer au fait que ces moyens auraient déjà été écartés au cours de l'instance ayant donné lieu à la décision contestée.
En cas de requête recevable et fondée, l'arrêt visé est annulé.

ATTENTION Si la tierce opposition est jugée recevable et fondée, la juridiction saisie d'une tierce opposition ne se prononce que sur les moyens soulevés devant elle, et n'a pas à procéder à un réexamen complet de l'affaire, comme elle le fait par la voie de l'effet dévolutif quand elle est juge d'appel (CE, 3 juill. 1959, *Min. TP : Lebon*, p. 423).

2 En matière de recours en rectification d'erreur matérielle de droit commun

1778 Dans le cadre d'un recours en rectification, en cas de requête recevable et fondée, l'arrêt visé est annulé.
À la suite d'un recours en rectification jugé recevable et fondé, le juge n'est pas toujours tenu de rejuger toute l'affaire au fond. Il peut ainsi :
– seulement redresser un des motifs de la décision attaquée tout en maintenant le dispositif (CE, 23 févr. 1977, n°s 03758 et 04899, *Germès : Lebon* T., p. 944) ;
– si un défaut de réponse à conclusions ou à moyens justifiant l'admission d'un recours en rectification matérielle a été retenu, le juge peut se borner à statuer sur les conclusions qui avaient été omises, et à examiner les moyens passés par prétérition, sans devoir nécessairement répondre à nouveau à l'ensemble des conclusions et moyens contenus dans la requête initiale (CE, 2 juill. 2001, n° 217632 : *JurisData* n° 2001-062826).

3 En matière de recours en rectification d'erreur ou d'omission matérielle non susceptible d'avoir exercé une influence sur le jugement de l'affaire

1779 **Si le président décide de rectifier la décision**, le jugement est rectifié et l'erreur relevée corrigée par voie d'ordonnance du président de la section du contentieux.

ATTENTION Cette ordonnance a pour effet de rouvrir le délai de recours contentieux. Il faut que cette correction, soit par elle-même, soit de façon indivisible avec d'autres parties du jugement ou de l'ordonnance qui en fait l'objet, ait une incidence sur la portée qui était la leur initialement (CE, 14 nov. 2005, n° 254313 : *JurisData* n° 2005-080800). Cette jurisprudence est parfaitement transposable au recours en rectification formé à l'encontre d'une décision rendue par une cour administrative d'appel (CJA, art. R. 741-11).

Si le président ne fait pas droit au recours en rectification, la demande, dans le seul cas où elle émane d'une des parties, fait l'objet d'une décision de rejet qui peut être implicite en cas de silence gardé.

ATTENTION La décision par laquelle le président rejette la demande de rectification ne constituant pas une décision juridictionnelle, la présentation d'une telle demande ne peut prolonger le délai d'appel contre la décision dont la correction est demandée (CE, 26 juill. 1996, n° 146448 : *JurisData* n° 1996-050692). Cette jurisprudence est parfaitement transposable au recours en rectification formé à l'encontre d'une décision rendue par une cour administrative d'appel (CJA, art. R. 741-11).

4 En matière de recours en cassation

1780 Si le recours en cassation n'est pas admis, la décision juridictionnelle de refus d'admission est notifiée au requérant ou à son mandataire (CJA, art. R. 822-3, al. 1er).
Et si la formation de jugement ne refuse pas l'admission du pourvoi, il est procédé à l'instruction de l'affaire dans les conditions ordinaires (CJA, art. R. 822-3, al. 2).
Pour finir, si le recours en cassation est jugé recevable et fondé, l'arrêt attaqué est annulé.
Dans le cas où il fait droit au pourvoi en cassation, le Conseil d'État peut :
- soit renvoyer l'affaire devant la même juridiction statuant, sauf impossibilité tenant à la nature de la juridiction, dans une autre formation ;
- soit renvoyer l'affaire devant une autre juridiction de même nature ;
- soit régler l'affaire au fond si l'intérêt d'une bonne administration de la justice le justifie (CJA, art. L. 821-2).

ATTENTION Il faut noter que le Conseil d'État décide de moins en moins de régler lui-même l'affaire et le renvoi devant la juridiction en cause est de plus en plus fréquent. Ensuite, il est tenu de renvoyer l'affaire si elle n'est pas en état d'être jugée devant lui. Enfin, l'article L. 821-1, alinéa 2 du Code de justice administrative prévoit qu'en cas de second pourvoi en cassation, le Conseil d'État doit juger lui-même l'affaire au fond.

H Recours ou contestation

1 Recours ou contestation des parties

a) En matière de tierce opposition

1781 La décision rendue à la suite d'un recours en tierce opposition peut faire l'objet de la part des parties des mêmes voies de recours que les autres arrêts rendus par une cour administrative d'appel, c'est-à-dire un recours en opposition, un recours en rectification d'erreur matérielle ou un recours en cassation.

b) En matière de recours en rectification d'erreur matérielle de droit commun

1782 L'arrêt rendu à la suite d'un recours en rectification d'erreur matérielle peut faire l'objet de la part des parties des mêmes voies de recours que les autres arrêts rendus par une cour administrative d'appel, c'est-à-dire un recours en opposition et un recours en cassation.

c) En matière de recours en rectification d'erreur ou d'omission matérielle non susceptible d'avoir exercé une influence sur le jugement de l'affaire

1783 Il faut ici encore distinguer selon que le président décide ou non de rectifier la décision.
Quand le président rectifie, l'ordonnance peut faire l'objet de la part des parties des mêmes voies de recours qu'une décision rendue par le Conseil d'État.
Quand il ne fait pas droit au recours en rectification, une telle décision ne constituant pas une décision juridictionnelle, elle ne peut faire l'objet d'un recours (CE, 28 déc. 2001, n° 234291, *Coz*).

d) En matière de recours en cassation

1784 La décision rendue à la suite d'un recours en cassation peut faire l'objet de la part des parties des voies de recours ouvertes devant le Conseil d'État. C'est-à-dire un recours en opposition, un recours en rectification d'erreur matérielle ou un recours en révision.

2 Recours ou contestation des tiers

1785 Les tiers peuvent, s'ils s'y croient fondés, former une tierce opposition contre un arrêt rendu suite à tout recours.

CHECK-LIST **1. Cas général**

- Préparation du dossier.
- Rassemblement des pièces indispensables justifiant à la fois de la recevabilité et du caractère fondé de l'opposition (décision attaquée, pièces justificatives).
- Possibilité de former dans le délai de recours une demande d'aide juridictionnelle.
- Rédaction de la requête introductive d'instance.
- Inscription au système de téléprocédure.
- Nécessité d'introduire la requête avant l'expiration du délai de recours contentieux (possibilité de ne déposer qu'une requête sommaire).
- Dépôt du mémoire ampliatif (ou renoncement à produire celui-ci) avant l'expiration du délai imparti.
- Régularisation de la ou des mises en demeure envoyées par le greffe de la chambre.
- Possibilité de connaître le sens des conclusions du rapporteur public.

2. Cas particulier de la tierce opposition en l'absence de notification de la décision

- Préparation du dossier.
- Rassemblement des pièces indispensables justifiant de la tierce opposition (décision attaquée, pièces justificatives).
- Possibilité de former une demande d'aide juridictionnelle.
- Rédaction de la requête introductive d'instance (possibilité de ne déposer qu'une requête sommaire).
- Dépôt du mémoire ampliatif (ou renoncement à produire celui-ci) avant l'expiration du délai imparti.
- Régularisation de la ou des mises en demeure envoyées par le secrétariat du contentieux.
- Possibilité de connaître le sens des conclusions du rapporteur public.

POUR ALLER PLUS LOIN...

Fascicules JurisClasseur

- *JCl. Administratif*, fasc. 1073, *Cours administratives d'appel*, par A. Béal.
- *JCl. Administratif*, fasc. 1104-10 et 1104-20, *Appel*, par A. Béal.
- *JCl. Administratif*, fasc. 1108, *Voies de rétractation et autres voies de recours hors appel et cassation*, par A. Béal.

Synthèse JurisClasseur

- *JCl. Justice administrative*, Synthèse 60, *Voies de recours et exécution des décisions*, par B. Odent.

Ouvrage et code

- D. Chabanol, *La pratique du contentieux administratif*, LexisNexis, 13e éd., 2020.
- C. Huglo et C. Lepage, *Code de justice administrative*, LexisNexis, 12e éd., 2022.

Fiche 70

Contester une décision du Conseil d'État

Antoine BÉAL

Sommaire

I

Aperçu rapide

A Caractéristiques générales

1786 Le Code de justice administrative (CJA) a prévu toute une série de voies de recours contre les décisions du Conseil d'État : **l'opposition**, **le recours en rectification d'erreur matérielle de droit commun**, **le recours en rectification d'erreur ou d'omission matérielle non susceptible d'avoir exercé une influence sur le jugement de l'affaire**, **la tierce opposition** ainsi que **le recours en révision**.

L'**opposition** (CJA, art. R. 831-1 et s.) est, concernant la présente fiche pratique, la voie de recours ouverte devant le Conseil d'État à la partie défaillante, contre les décisions qu'il a rendues par défaut. Cette voie de recours repose sur le respect du principe du contradictoire (CJA, art. L. 5) dont il importe que la violation puisse être corrigée par la juridiction qui ne l'a pas respecté.

La **tierce opposition** (CJA, art. R. 832-1 et s.) est ici la voie de droit ouverte devant le Conseil d'État aux personnes qui veulent s'opposer à une décision juridictionnelle qu'il a rendue sans qu'elles-mêmes, ou leurs représentants, aient été mis en cause (CJA, art. R. 832-1). Cette voie de recours, comme l'opposition, repose sur le respect du principe du contradictoire (CJA, art. L. 5).

Le **recours en rectification d'erreur matérielle de droit commun** (CJA, art. R. 833-1). Il a pour objet de faire rectifier une décision, par la juridiction qui l'a rendue, comportant une erreur matérielle qui est susceptible d'avoir exercé une influence sur le jugement de l'affaire.

Le **recours en rectification d'erreur ou d'omission matérielle non susceptible d'avoir exercé une influence sur le jugement de l'affaire** était une voie de recours ouverte uniquement devant les tribunaux administratifs (CJA, art. R. 741-11). Elle a été ouverte devant le Conseil d'État en 2010 (D. n° 2010-164, 22 févr. 2010, art. 30).

Le **recours en révision** (CJA, art. R. 834-1 et s.) est un recours spécifique au Conseil d'État, car il n'existe pas devant les autres juridictions administratives de droit commun. Il constitue, pour les parties régulièrement mises en cause et ayant régulièrement produit au cours de l'instance, la seule véritable voie de recours contre une décision rendue par le Conseil d'État statuant au contentieux.

Il faut enfin faire état du **recours en interprétation qui** permet aux parties de demander, au juge qui l'a rendu, « d'interpréter » un jugement qui comporterait une obscurité ou une ambiguïté.

B Conditions d'utilisation

1 Conditions d'utilisation de l'opposition

1787 Une double condition est posée pour pouvoir présenter un recours en opposition (CJA, art. R. 831-1), à savoir une condition positive ainsi qu'une condition négative :

- il faut que la partie en cause n'ait pas produit de défense en forme régulière (jugement rendu par défaut) ;
- il ne faut pas que la décision ait été rendue contradictoirement avec une partie qui a le même intérêt que la partie défaillante.

2 Conditions d'utilisation de la tierce opposition

1788 Trois conditions cumulatives sont posées afin de former tierce opposition (CJA, art. R. 832-1). Le tiers opposant :

- ne doit jamais avoir été mis en cause ;
- ne doit pas avoir été représenté à l'instance ;
- doit faire valoir un droit lésé.

3 Conditions d'utilisation du recours en rectification d'erreur matérielle de droit commun

1789 Trois conditions cumulatives sont posées afin de former un recours en rectification d'erreur matérielle (CJA, art. R. 833-1).

L'erreur alléguée :

- ne doit pas émaner du requérant lui-même ;
- doit être matérielle et non juridique ;
- doit être susceptible d'avoir exercé une influence sur le jugement de l'affaire.

4 Conditions d'utilisation du recours en rectification d'erreur ou d'omission matérielle non susceptible d'avoir exercé une influence sur le jugement de l'affaire

1790 Deux conditions cumulatives particulières sont prévues pour pouvoir introduire ce recours (CJA, art. R. 741-11). Il faut :
– d'une part, que la décision soit entachée « d'une erreur ou d'une omission matérielle non susceptible d'avoir exercé une influence sur le jugement de l'affaire » ;
– d'autre part, que le président de la section du contentieux du Conseil d'État puisse y « apporter (...) les corrections que la raison commande ».

5 Conditions d'utilisation du recours en révision

1791 Le recours en révision peut être formé dans trois hypothèses alternatives, la troisième étant, de loin, la plus utilisée (CJA, art. R. 834-1). Il faut donc :
– que la décision ait été rendue sur pièces fausses ;
– ou que la partie ait été condamnée faute d'avoir produit une pièce décisive qui était retenue par son adversaire ;
– ou que la décision soit intervenue sans qu'aient été observées les dispositions du Code de justice administrative relatives :
• à la composition de la formation de jugement,
• à la tenue des audiences,
• ainsi qu'à la forme et au prononcé de la décision.

ATTENTION Lorsqu'il a été statué sur un premier recours en révision contre une décision contradictoire, un second recours contre la même décision n'est pas recevable (CJA, art. R. 834-4).

C Avis du professionnel

1792 Eu égard à l'office du Conseil d'État, juge suprême de l'ordre juridictionnel administratif, l'utilisation de ces voies de recours demeure exceptionnelle et les chances de les voir aboutir restent assez faibles.
Un recours systématique à une, voire à plusieurs, de ces voies de recours, en particulier au recours en révision, pourrait entraîner une condamnation à une amende pour recours abusif (CJA, art. R. 741-12). Il convient donc de bien les connaître afin de pouvoir les utiliser à bon escient.

D Textes

• CJA, art. R. 831-1 à R. 831-6 (recours en opposition).
• CJA, art. R. 832-1 à R. 832-5 (tierce opposition).
• CJA, art. R. 833-1 et R. 833-2 (recours en rectification d'erreur matérielle de droit commun).
• CJA, art. R. 741-11 (recours en rectification contre une erreur ou une omission matérielle).
• CJA, art. R. 834-1 à R. 834-4 (recours en révision).

E Schéma procédural

1 Schéma procédural de l'opposition

1793 • Notification de la décision rendue par défaut.
• Possibilité de former, dans le délai de recours de **deux mois** à compter de la notification, une demande d'aide juridictionnelle.
• Nécessité d'introduire la requête introductive d'instance avant l'expiration du délai de recours contentieux (possibilité de ne déposer qu'une requête sommaire).
• Dépôt du mémoire ampliatif (ou renoncement à produire celui-ci) avant l'expiration du délai imparti.
• Régularisation de la ou des mises en demeure envoyées par le greffe de la chambre.
• Instruction du recours en opposition.
• Convocation des parties à l'audience au cours de laquelle l'affaire sera jugée.
• Possibilité de connaître le sens des conclusions du rapporteur public.
• Jugement de l'opposition.
• Si l'opposition est admise, annulation de la décision et reprise de l'instruction.
• Nouveau jugement rendu à la suite de cette nouvelle instruction.

2 Schéma procédural de la tierce opposition

1794 Pour la tierce opposition, il faut distinguer selon que la décision contestée a ou non fait l'objet d'une notification, car les règles en matière de délai sont différentes. Toutefois, il faut noter que le second cas de figure est de loin le plus fréquent.

a) En cas de notification de la décision contestée

1795 • Notification de la décision rendue par défaut.
• Possibilité de former, dans le délai de recours de **deux mois** à compter de la notification, une demande d'aide juridictionnelle.
• Nécessité d'introduire la requête introductive d'instance avant l'expiration du délai de recours

Contester une décision du Conseil d'État

contentieux (possibilité de ne déposer qu'une requête sommaire).
• Dépôt du mémoire ampliatif (ou renoncement à produire celui-ci) avant l'expiration du délai imparti.
• Régularisation de la ou des mises en demeure envoyées par le greffe de la chambre.
• Instruction, le cas échéant, de la requête.
• Convocation des parties à l'audience au cours de laquelle l'affaire sera jugée.
• Possibilité de connaître le sens des conclusions du rapporteur public.
• Jugement de la tierce opposition et, si elle est fondée, nouveau jugement de l'affaire.

b) En l'absence de notification de la décision

1796 • Possibilité de former une demande d'aide juridictionnelle.
• Rédaction de la requête introductive d'instance (possibilité de ne déposer qu'une requête sommaire).
• Dépôt du mémoire ampliatif (ou renoncement à produire celui-ci) avant l'expiration du délai imparti.
• Régularisation de la ou des mises en demeure envoyées par le secrétariat du contentieux.
• Instruction, le cas échéant, de la requête.
• Convocation des parties à l'audience au cours de laquelle l'affaire sera jugée.
• Possibilité de connaître le sens des conclusions du rapporteur public.
• Jugement de la tierce opposition et, si elle est fondée, nouveau jugement de l'affaire.

3 Schéma procédural du recours en rectification d'erreur matérielle de droit commun

1797 • Notification de la décision entachée d'erreur matérielle.
• Possibilité de former, dans le délai de recours de **deux mois** à compter de la notification, une demande d'aide juridictionnelle.
• Nécessité d'introduire la requête introductive d'instance avant l'expiration du délai de recours contentieux (possibilité de ne déposer qu'une requête sommaire).
• Dépôt du mémoire ampliatif (ou renoncement à produire celui-ci) avant l'expiration du délai imparti.
• Régularisation de la ou des mises en demeure envoyées par le secrétariat du contentieux.
• Instruction, le cas échéant, de la requête.
• Convocation des parties à l'audience au cours de laquelle l'affaire sera jugée.
• Possibilité de connaître le sens des conclusions du rapporteur public.
• Jugement du recours en rectification d'erreur matérielle et, s'il est fondé, nouveau jugement de l'affaire.

4 Schéma procédural du recours en rectification d'erreur ou d'omission matérielle non susceptible d'avoir exercé une influence sur le jugement de l'affaire

1798 Il faut distinguer deux procédures parallèles. **La première est à l'initiative du président de la section du contentieux du Conseil d'État** (le plus souvent, l'attention du président est appelée par un des membres de la formation de jugement s'apercevant d'une erreur ou d'une omission matérielle une fois la décision lue). Dans ce cas de figure, le requérant n'étant pas en cause, il n'a aucune procédure à engager.
La seconde est à l'initiative du requérant et consiste à demander au président de rectifier une telle erreur :
– notification de la décision entachée d'erreur matérielle ;
– saisine du président de la section du contentieux du Conseil d'État par lettre motivée et le plus rapidement possible ;
– ordonnance du président de la section du contentieux du Conseil d'État statuant dans un **délai maximum d'un mois** à compter de la notification de la décision contestée, sous peine de dessaisissement ;
– notification de l'ordonnance du président apportant la correction demandée.

5 Schéma procédural du recours en révision

1799 Il faut distinguer la procédure applicable selon le cas d'ouverture du recours en révision retenu.

a) Recours en révision en cas de décision rendue sur pièce fausse ou retenue par l'adversaire

1800 • Connaissance de la cause de révision invoquée qui va faire démarrer le délai de recours contentieux de **deux mois**.
• Possibilité de former dans le délai de recours une demande d'aide juridictionnelle.
• Nécessité d'introduire la requête introductive d'instance avant l'expiration du délai de recours contentieux susvisé (possibilité de ne déposer qu'une requête sommaire).
• Dépôt du mémoire ampliatif (ou renoncement à produire celui-ci) avant l'expiration du délai imparti.
• Régularisation de la ou des mises en demeure envoyées par le secrétariat du contentieux.
• Instruction du recours en révision.
• Convocation des parties à l'audience au cours de laquelle l'affaire sera jugée.

• Possibilité de connaître le sens des conclusions du rapporteur public.
• Jugement du recours en révision.
• Si le recours est admis, annulation de la décision et reprise de l'instruction.
• Nouveau jugement rendu à la suite de cette nouvelle instruction.

b) Recours en révision en cas de décision rendue en violation des dispositions du Code de justice administrative relatives à la composition de la formation de jugement, à la tenue des audiences ainsi qu'à la forme et au prononcé de la décision

1801 • Notification de la décision contestée.
• Possibilité de former, dans le délai de recours de **deux mois** à compter de la notification, une demande d'aide juridictionnelle.
• Nécessité d'introduire la requête introductive d'instance avant l'expiration du délai de recours contentieux susvisé (possibilité de ne déposer qu'une requête sommaire).
• Dépôt du mémoire ampliatif (ou renoncement à produire celui-ci) avant l'expiration du délai imparti.
• Régularisation de la ou des mises en demeure envoyées par le secrétariat du contentieux.
• Instruction du recours en révision.
• Convocation des parties à l'audience au cours de laquelle l'affaire sera jugée.
• Possibilité de connaître le sens des conclusions du rapporteur public.
• Jugement du recours en révision.
• Si le recours est admis, annulation de la décision et reprise de l'instruction.
• Nouveau jugement rendu à la suite de cette nouvelle instruction.

II Préparation

A Informations préalables

1802 Il convient d'informer sur les conséquences de l'engagement de telles procédures contentieuses, notamment en ce qui concerne la condamnation à d'éventuels frais de justice.

B Contrôles préalables

1803 Le délai pour agir est de **deux mois** à compter du jour où la décision par défaut a été notifiée et ce, pour tous les recours (CJA, art. R. 831-2) sauf pour le recours en rectification ou d'omission matérielle non susceptible d'avoir exercé une influence sur le jugement de l'affaire qui est d'un mois, délais dans lequel le président se prononce.
Peut être ajouté à ce délai de deux mois un délai de distance qui est de **un mois** pour l'outre-mer et de **deux mois** pour l'étranger (CJA, art. R. 821-2 et R. 811-5). Toutefois, cette possibilité n'est applicable que si l'arrêt contesté a bien été notifié soit en outre-mer, soit à l'étranger, la simple domiciliation du requérant étant insuffisante à cet égard.

1 En matière d'opposition

1804 Des délais de distance sont applicables aux oppositions (CJA, art. R. 811-5 et R. 831-3).

2 En matière de tierce opposition

1805 Il faut opérer une distinction entre deux catégories de tiers :
– les tiers ayant reçu notification ou signification de la décision contestée. La tierce opposition doit être formée dans le délai de deux mois à compter de cette notification ou signification (CJA, art. R. 832-2) ;
– les tiers n'ayant jamais reçu notification. Pour eux, aucun délai, aucune forclusion ne peut être opposé.

ATTENTION La simple connaissance par les tiers opposants de la décision juridictionnelle ne suffit pas à rendre tardive leur tierce opposition (CE, 8 janv. 1958, *Cts Batz de Tranquelléon : Lebon*, p. 18. – CE, 18 déc. 1987, n° 60892 : *JurisData* n° 1987-605042).

3 En matière de recours en rectification d'erreur matérielle de droit commun

1806 Un recours en rectification d'erreur matérielle doit être introduit dans un délai de deux mois qui court du jour de la notification ou de la signification de la décision dont la rectification est demandée (CJA, art. R. 833-1).

4 En matière de recours en rectification d'erreur ou d'omission matérielle non susceptible d'avoir exercé une influence sur le jugement de l'affaire

1807 Est prévu un délai d'un mois courant à compter de la notification de la décision en cause (CJA, art. R. 741-11).

ATTENTION Ce délai n'est pas un délai de saisine, mais le délai dans lequel le président doit prendre son ordonnance. Ainsi, une ordonnance, par laquelle le président du tribunal administratif de Clermont-Ferrand a entendu apporter des corrections à un jugement rendu par ce tribunal, est entachée d'illégalité dans la mesure où elle est rendue après ce délai (CE, 28 avr. 1997, n° 150549, *Aubry et a.*). Cette jurisprudence est transposable à la procédure devant le Conseil d'État.

REMARQUE **Il convient donc d'agir de la manière la plus rapide afin de laisser au président de la section du contentieux le temps de se prononcer avant que ce délai ne soit écoulé, ce qui entraîne son dessaisissement.**

5 En matière de recours en révision

1808 Il faut opérer une distinction en matière de délai selon les motifs de recours en révision invoqués :
– le délai ne court qu'à compter du jour où la partie a eu connaissance de la cause de révision qu'elle invoque, dans le cas où il est allégué :
• que la décision contestée a été rendue sur pièces fausses,
• ou que la partie a été condamnée faute d'avoir produit une pièce décisive qui était retenue par son adversaire ;
– le délai est de deux mois à compter du jour où la décision a été notifiée, dans le cas où il est allégué que la décision est intervenue sans qu'aient été observées les dispositions du Code de justice administrative relatives :
• à la composition de la formation de jugement,
• à la tenue des audiences,
• ainsi qu'à la forme et au prononcé de la décision.

III Procédure

A Pièces nécessaires

1 En matière d'opposition

1809 Doivent être réunies :
– la décision juridictionnelle contestée ;
– la preuve que cette décision a été rendue par défaut, c'est-à-dire que le requérant défendeur n'a pas présenté d'observations ;
– la preuve que la décision n'a pas été rendue contradictoirement avec une autre partie qui aurait un intérêt semblable au sien.

2 En matière de tierce opposition

1810 Les pièces nécessaires sont les suivantes :
– la décision juridictionnelle contestée ;
– les éléments de preuve relatifs au fait que le requérant ou ses représentants n'ont pas été mis en cause dans cette instance ;
– les éléments de preuve relatifs au fait que la décision rendue préjudicie à ses droits.

3 En matière de recours en rectification d'erreur matérielle de droit commun

1811 Doivent être rassemblés :
– la décision juridictionnelle contestée ;
– les éléments de preuve relatifs au fait que la décision est entachée d'une erreur matérielle susceptible d'avoir exercé une influence sur le jugement de l'affaire.

4 En matière de recours en rectification d'erreur ou d'omission matérielle non susceptible d'avoir exercé une influence sur le jugement de l'affaire

1812 Les pièces devant être réunies sont :
- la décision juridictionnelle contestée ;
- les éléments de preuve relatifs au fait que la décision est entachée d'une erreur ou d'une omission matérielle non susceptible d'avoir exercé une influence sur le jugement de l'affaire.

5 En matière de recours en révision

1813 Doivent être réunis :
- la décision juridictionnelle contestée ;
- les éléments de preuve relatifs au fait :
• que la décision a été rendue sur pièces fausses,
• ou qu'une pièce décisive était retenue par son adversaire,
• ou que n'ont pas été observées les dispositions du Code de justice administrative relatives :
- à la composition de la formation de jugement,
- à la tenue des audiences,
- ainsi qu'à la forme et au prononcé de la décision.

B Coût de la procédure

1814 Les honoraires des avocats sont libres, et leur remboursement peut être demandé au titre des frais irrépétibles (CJA, art. L. 761-1).
L'aide juridictionnelle peut également être demandée.
Enfin, il n'existe plus de droit de timbre.

C Assistance et représentation

1815 Pour l'**opposition** (CJA, art. R. 831-4), la **tierce opposition** (CJA, art. R. 832-5) et le **recours en rectification d'erreur matérielle de droit commun** (CJA, art. R. 833-1 et R. 741-11), le recours doit être présenté dans les mêmes formes que celles dans lesquelles devait être introduite la requête initiale, et le ministère d'avocat n'est alors obligatoire que dans le cas où la requête initiale ne relevait d'aucun cas de dispense (CE, 9 févr. 1968, *Grandin : Lebon* T., p. 1081. – CE, 9 févr. 1973, n° 88991, *Foulon : Lebon*, p. 128).
Pour le **recours en révision**, le ministère d'un avocat au Conseil d'État est obligatoire (CJA, art. R. 834-3).

ATTENTION Si le **recours en révision** concerne une décision suite à un pourvoi pour la présentation duquel le ministère d'un avocat au Conseil d'État n'est pas obligatoire, ce ministère d'avocat est tout de même obligatoire. Les seules exceptions à l'obligation d'un avocat pour présenter un recours en révision concernent les recours formés par les ministres au nom de l'État (CE, 12 mars 1976, *Min. Éco. et Fin. c/ Boursoulle : Lebon*, p. 156).

D Compétence

1816 Seul le Conseil d'État est compétent pour se prononcer sur les cinq voies de recours envisagées dans la présente fiche.

E Parties

1 En matière d'opposition

1817 Concernant l'opposition, le Code de justice administrative vise :
- d'abord, une partie au litige ;
- ensuite, une partie qui n'a pas produit d'observations en défense.

2 En matière de tierce opposition

1818 Pour la tierce opposition, il faut avoir été tiers et non partie régulièrement mise en cause dans la procédure ayant abouti à la décision contestée.

3 En matière de recours en rectification d'erreur matérielle de droit commun

1819 Seule une personne qui a été partie intéressée au litige peut introduire un recours en rectification d'erreur matérielle. Dès lors, une personne qui n'a pas été partie à l'instance n'est pas recevable pour présenter un tel recours (CE, 25 juill. 1986, n° 70365, *Groupement forestier Ponthieu-Gramont*). Cette jurisprudence a été confirmée en application des nouvelles dispositions issues du Code de justice administrative (CE, 3 juin 2005, n° 276957 : *JurisData* n° 2005-068497).

REMARQUE **Il existe toutefois une exception à ce principe relative au cas de l'avocat du bénéficiaire de l'aide juridictionnelle. Celui-ci peut, en son nom propre, former un recours en rectification d'erreur matérielle lorsque, dans**

le cadre d'une instance donnée, le juge omet de statuer sur ses conclusions tendant à obtenir le bénéfice des frais irrépétibles payés par la partie perdante plutôt que de percevoir la somme versée par l'État au titre de l'aide juridictionnelle (L. n° 91-647, 10 juill. 1991, art. 37. – CE, 11 janv. 2006, n° 279878 : *JurisData* n° 2006-069541).

ATTENTION L'**intervenant volontaire** n'est recevable à former un recours en rectification d'erreur matérielle que dans le cas où il aurait justifié d'un intérêt lui donnant qualité pour déférer au tribunal administratif la décision attaquée ou pour faire appel du jugement de ce tribunal rejetant la demande dirigée contre cette décision (CE, 16 mai 1980, n° 18741, *Comité coordination professionnelle éclusiers : Lebon*, p. 230). Cette règle est transposable à l'intervention volontaire devant le Conseil d'État.

4 En matière de recours en rectification d'erreur ou d'omission matérielle non susceptible d'avoir exercé une influence sur le jugement de l'affaire

1820 Ce sont exactement les mêmes règles qui s'appliquent à cette nouvelle voie de recours que celles retenues pour le recours en rectification d'erreur matérielle de droit commun.

5 En matière de recours en révision

1821 Concernant le recours en révision, seules les parties au litige peuvent présenter un tel recours, et parmi celles-ci, seules les parties ayant succombé. Le recours en révision n'est pas ouvert à la partie gagnante.

F Rédaction de l'acte de saisine

1822 Pour l'opposition (CJA, art. R. 831-4), la tierce opposition (CJA, art. R. 832-5) et le recours en rectification d'erreur matérielle de droit commun (CJA, art. R. 833-1), le recours doit être présenté dans les mêmes formes que celles dans lesquelles devait être introduite la requête initiale.

ATTENTION L'article R. 414-1 du Code de justice administrative impose désormais **sous peine d'irrecevabilité** à toute une série de requérants une obligation de saisine par voie électronique. Cette obligation s'impose à un avocat, un avocat au Conseil d'État et à la Cour de cassation, une personne morale de droit public autre qu'une commune de moins de 3 500 habitants ou un organisme de droit privé chargé de la gestion permanente d'un service public. La même obligation est applicable aux autres mémoires du requérant.

Enfin, lorsqu'elle est présentée par une commune de moins de 3 500 habitants, la requête peut être adressée au moyen de cette application.
Cette obligation concerne non seulement les requêtes enregistrées à partir du 1er janvier 2017 mais également les mémoires et pièces produits à compter de cette date.
Il faut noter que les parties non personnes publiques peuvent utiliser une autre application dénommée « Télérecours citoyen ». Ce sont les dispositions des décrets n° 2018-251 du 6 avril 2018 et n° 2019-82 du 7 février 2019 qui l'ont mis en place aux articles R. 414-6 et suivants et R. 611-8-6 et suivants du Code de justice administrative.
Le recours en rectification d'erreur ou d'omission matérielle non susceptible d'avoir exercé une influence sur le jugement de l'affaire (CJA, art. R. 741-11) se traduit par une simple lettre motivée adressée au président de la section du contentieux.

G Instruction

1 Information des parties

1823 Les parties peuvent se renseigner auprès de la chambre à laquelle a été confiée l'instruction de leur requête, en donnant les références de l'affaire qui sont portées sur l'accusé de réception de ladite requête.
Il est également possible de suivre l'avancée de la procédure par consultation électronique grâce à la téléprocédure.

ATTENTION Il n'est pas possible de joindre directement le rapporteur d'une affaire ni de connaître son nom avant l'audience.

2 Convocation des parties à l'audience

1824 Quatre jours au moins avant la séance, les avocats au Conseil d'État et à la Cour de cassation

sont avisés que les affaires pour lesquelles ils sont inscrits figurent au rôle (CJA, art. R. 712-1).
En cas d'urgence, ce délai peut être réduit à deux jours par décision du président de la section du contentieux.
S'agissant des parties qui ne sont pas représentées par un avocat au Conseil d'État et à la Cour de cassation, elles sont « informées de l'inscription au rôle de leur affaire » (CJA, art. R. 712-1). Toutefois, l'usage est de les convoquer sept ou huit jours à l'avance par lettre recommandée avec accusé de réception.

RETOUR D'EXPÉRIENCE Il est possible de demander un report de l'audience en cas d'impossibilité d'y assister. Toutefois, l'expérience montre qu'il est rarement accordé en raison du caractère essentiellement écrit de la procédure (CE, 18 oct. 2010, n° 326020, *Dossou*).

H Audience

1825 L'audience devant le Conseil d'État est publique et, en règle générale, avec le concours d'un rapporteur public auquel seuls les avocats au Conseil d'État représentant les parties peuvent répondre par de brèves observations orales (CJA, art. R. 733-1).
La formation de jugement est collégiale, sauf si la loi en dispose autrement (CJA, art. L. 3).
Elle est le plus souvent en nombre impair.

REMARQUE **Si vous souhaitez avoir une information sur la composition de la formation de jugement, vous pouvez joindre la chambre à laquelle votre requête a été attribuée ou consulter le site internet du Conseil d'État (www.conseil-etat.fr).**

S'agissant du respect du principe d'impartialité, le Conseil d'État a tranché la question délicate relative à la possibilité pour le juge, ou pour la formation de jugement qui a connu de la première affaire, de juger de la **tierce opposition**. Il a en effet répondu par l'affirmative en posant qu'aucune règle générale de procédure, et notamment pas le principe d'impartialité, n'y faisait obstacle (CE, 10 déc. 2004, n° 270267 : *JurisData* n° 2004-067751).
Par ailleurs, les exigences qui découlent du principe d'impartialité s'opposent à ce que participe au jugement d'un **recours en rectification d'erreur matérielle de droit commun** tout juge ayant pris part à la décision qui fait l'objet de ce recours (CE, 22 juin 2005, n° 261847 : *JurisData* n° 2005-068538).

I Décision

1 En matière d'opposition

1826 La décision doit se prononcer d'abord sur la recevabilité de l'opposition, puis sur son bien-fondé. Si elle est admise, elle entraîne l'annulation de la décision contestée.
Celle qui admet l'opposition remet les parties, s'il y a lieu, dans l'état dans lequel elles étaient auparavant (CJA, art. R. 831-5).
Il convient donc de reprendre la procédure là où elle a méconnu le principe du contradictoire et donc, en produisant le mémoire en défense qui n'avait pu être produit.

ATTENTION L'introduction de la demande en opposition n'a aucun caractère suspensif vis-à-vis de l'exécution de la décision contestée.

2 En matière de tierce opposition

1827 Quand la tierce opposition est considérée comme recevable, la juridiction se livre à un nouvel examen de l'affaire en examinant les moyens exposés par l'auteur de ce recours. Le juge est tenu d'examiner et de répondre auxdits moyens, et ne peut se référer au fait que ces moyens auraient déjà été écartés au cours de l'instance ayant donné lieu à la décision contestée.
En effet, si la tierce opposition est jugée recevable et fondée, la juridiction saisie ne se prononce que sur les moyens soulevés devant elle, et n'a pas à procéder à un réexamen complet de l'affaire, comme elle le fait par la voie de l'effet dévolutif quand elle est juge d'appel (CE, 3 juill. 1959, *Min. TP : Lebon*, p. 423).

3 En matière de recours en rectification d'erreur matérielle de droit commun

1828 En cas de requête recevable et fondée, la décision visée est annulée.
Il n'y a donc pas lieu de procéder à une nouvelle instruction.
Le juge va alors se prononcer à nouveau sur le litige en tirant toutes les conséquences de l'erreur matérielle qu'il vient de relever sur son précédent jugement.

ATTENTION Le juge n'est pas toujours tenu, à la suite d'un recours en rectification jugé recevable et fondé, de rejuger toute l'affaire au fond. Il peut ainsi :
– seulement redresser un des motifs de la décision attaquée tout en maintenant le dispositif (CE, 23 févr. 1977, n° 03758, *Germès : Lebon* T., p. 944) ;
– statuer à nouveau sur le pourvoi et substituer un nouveau motif à la décision de refus d'admission (CE, 22 juill. 1994, n° 155832 : *JurisData* n° 1994-048245) ;
– si un défaut de réponse à conclusions ou à moyens justifiant l'admission d'un recours en rectification matérielle a été retenu, le juge peut se borner à statuer sur les conclusions qui avaient été omises, et à examiner les moyens passés par prétérition, sans devoir nécessairement répondre à nouveau à l'ensemble des conclusions et moyens contenus dans la requête initiale (CE, 2 juill. 2001, n° 217632 : *JurisData* n° 2001-062826).

4 En matière de recours en rectification d'erreur ou d'omission matérielle non susceptible d'avoir exercé une influence sur le jugement de l'affaire

a) Rectification de la décision décidée par le président

1829 Si le président décide de rectifier la décision, le jugement est alors rectifié et l'erreur relevée corrigée par voie d'ordonnance du président de la section du contentieux.

ATTENTION Cette ordonnance a pour effet de rouvrir le délai de recours contentieux. Il faut alors que cette correction, soit par elle-même, soit de façon indivisible avec d'autres parties du jugement ou de l'ordonnance qui en fait l'objet, ait une incidence sur la portée qui était la leur initialement (CE, 14 nov. 2005, n° 254313 : *JurisData* n° 2005-080800). Cette jurisprudence est parfaitement transposable au recours en rectification formé à l'encontre d'une décision rendue par le Conseil d'État (CJA, art. R. 741-11).

b) Rectification de la décision refusée par le président

1830 Si le président ne fait pas droit au recours en rectification, la demande, dans le seul cas où elle émane d'une des parties, fait l'objet d'une décision de rejet qui peut être implicite en cas de silence gardé.

ATTENTION La décision par laquelle le président rejette la demande de rectification ne constitue pas une décision juridictionnelle, la présentation d'une telle demande ne peut prolonger le délai d'appel contre la décision dont la correction est demandée (CE, 26 juill. 1996, n° 146448 : *JurisData* n° 1996-050692). Cette jurisprudence est parfaitement transposable au recours en rectification formé à l'encontre d'une décision rendue par le Conseil d'État (CJA, art. R. 741-11).

5 En matière de recours en révision

1831 Si le recours en révision est considéré comme recevable et fondé, la décision du Conseil d'État est déclarée non avenue et le Conseil procède au réexamen complet de l'affaire (CE, 16 janv. 1931, *Lanoë : Lebon*, p. 72. – CE, 11 janv. 1935, *Cne de Drusenheim : Lebon*, p. 37).
Cela implique que le juge reprenne l'instruction de l'affaire. En effet, le juge doit dans son nouveau jugement :
– examiner la ou les pièces retenues par l'adversaire et en tirer toutes les conséquences sur la solution retenue ;
– écarter des débats une pièce fausse et en tirer les conséquences sur la solution retenue ;
– reprendre l'instruction en respectant la ou les dispositions du Code de justice administrative qui avaient été méconnues.

J Recours ou contestation

1 Recours ou contestation à l'initiative des parties

a) En matière d'opposition

1832 La décision rendue suite à un recours en opposition peut faire l'objet, de la part des parties, des mêmes voies de recours que les autres décisions rendues par le Conseil d'État, c'est-à-dire :
– des recours en rectification d'erreur matérielle ;
– d'un recours en révision.

b) En matière de tierce opposition

1833 La décision rendue suite à un recours en tierce opposition peut faire l'objet, de la part des

parties, des mêmes voies de recours que les autres décisions rendues par le Conseil d'État, c'est-à-dire :
- d'un recours en opposition ;
- des recours en rectification d'erreur matérielle ;
- d'un recours en révision.

c) En matière de recours en rectification d'erreur matérielle de droit commun

1834 L'arrêt rendu suite à un tel recours peut faire l'objet, de la part des parties, des mêmes voies de recours que les autres décisions rendues par le Conseil d'État, c'est-à-dire :
- d'un recours en opposition ;
- d'un recours en révision ;
- d'un recours en rectification d'erreur ou d'omission matérielle non susceptible d'avoir exercé une influence sur le jugement de l'affaire.

d) En matière de recours en rectification d'erreur ou d'omission matérielle non susceptible d'avoir exercé une influence sur le jugement de l'affaire

1835 Il faut ici encore distinguer selon que le président décide ou non de rectifier la décision. **Quand le président rectifie**, l'ordonnance peut faire l'objet de la part des parties des mêmes voies de recours qu'une décision rendue par le Conseil d'État. **Quand il ne fait pas droit au recours en rectification**, une telle décision ne constituant pas une décision juridictionnelle, elle ne peut faire l'objet d'un recours (CE, 28 déc. 2001, n° 234291, *Coz*).

e) En matière de recours en révision

1836 La décision rendue suite à un recours en révision peut faire l'objet, de la part des parties, des mêmes voies de recours que les autres décisions rendues par le Conseil d'État, c'est-à-dire :
- d'un recours en opposition ;
- des recours en rectification d'erreur matérielle.

2 Recours ou contestation à l'initiative des tiers

1837 Les tiers peuvent, s'ils s'y croient fondés, former une tierce opposition contre un arrêt rendu suite à tout recours.

CHECK-LIST **1. Cas général**

• Préparation du dossier avec le client.
• Rassemblement des pièces indispensables justifiant à la fois de la recevabilité et du caractère fondé de l'opposition (décision attaquée, pièces justificatives).
• Possibilité de former, dans le délai de recours de deux mois, une demande d'aide juridictionnelle.
• Rédaction de la requête introductive d'instance.
• Nécessité d'introduire la requête avant l'expiration du délai de recours contentieux (possibilité de ne déposer qu'une requête sommaire).
• Dépôt du mémoire ampliatif (ou renoncement à produire celui-ci) avant l'expiration du délai imparti.
• Régularisation de la ou des mises en demeure envoyées par le greffe de la chambre.
• Possibilité de connaître le sens des conclusions du rapporteur public.

2. Cas particulier du recours en rectification d'erreur ou d'omission matérielle non susceptible d'avoir exercé une influence sur le jugement de l'affaire

• Saisine du président de la section du contentieux du Conseil d'État :
– par lettre motivée ;
– et le plus rapidement possible.

Contester une décision du Conseil d'État

POUR ALLER PLUS LOIN...

Fascicules JurisClasseur
• *JCl. Administratif*, fasc. 1090, *Instruction. – Règles générales*, par A. Béal.
• *JCl. Administratif*, fasc. 1108, *Voies de rétractation et autres voies de recours hors appel et cassation*, par A. Béal.

Synthèse JurisClasseur
• *JCl. Justice administrative*, Synthèse 60, *Voies de recours et exécution des décisions*, par A. Béal.

Ouvrage et code
• D. Chabanol, *La pratique du contentieux administratif*, LexisNexis, 13e éd., 2020.
• C. Huglo et C. Lepage, *Code de justice administrative*, LexisNexis, 12e éd., 2022.

Fiche 71

Appréhender la procédure disciplinaire des avocats

Daniel LANDRY

Sommaire

I

Aperçu rapide

A Éléments clés

1838 Les avocats sont soumis à une déontologie exigeante, en vertu de leur serment et d'autres textes réglementant la profession. On dénombre dix-neuf principes essentiels, qui sont autant de devoirs, vertus ou qualités morales.

La méconnaissance de ces principes peut être sanctionnée disciplinairement, à la suite de la plainte d'un tiers (*a priori* ancien client), d'un confrère, collaborateur ou non, ou de constatations du bâtonnier ou du conseil de l'ordre, ou sur alerte du procureur général.

La procédure applicable à la suite de ces manquements a été plusieurs fois modifiée dont la dernière par la loi n° 2021-1729 du 22 décembre 2021 dite pour la confiance dans l'institution judiciaire et le décret n° 2022-965 du 30 juin 2022, applicable le 2 juillet 2022. Ces textes ont fait l'objet d'une circulaire du garde des Sceaux du 9 novembre 2022 (Circ. n° JUSC2231173C, 9 nov. 2022 : *BO Justice* 9 nov. 2022).

La présente fiche s'adresse tant à tous ceux devant mettre en œuvre une telle procédure, soit plaignants ou autorités de poursuite et de saisine du Conseil de discipline, ainsi qu'autorités de jugement en première instance et appel qu'aux avocats pouvant en être l'objet.

B Textes

1 Relatifs aux obligations à respecter

- L. n° 71-1130, 31 déc. 1971, art. 1er, 3 et 17, précisant la mission de contrôle du conseil de l'ordre.
- D. n° 2023-552, 30 juin 2023, art. 2 à 7 et 16.

- Le règlement intérieur national de la profession d'avocat (RIN).
- Les règlements intérieurs des barreaux.
- La réglementation des maniements de fonds.
- Éventuellement, et, à défaut d'autre règles expresses, les dispositions du Code de procédure civile (et non du Code de procédure pénale).

2 Relatifs aux poursuites et sanctions

- D. n° 91-1197, 27 nov. 1991, art. 197.

II
Préparation

1839 Elle varie selon les intervenants à l'origine de la procédure : tiers réclamant, bâtonnier ou procureur général.

III
Mise en œuvre

A Phase prédisciplinaire

1 Traitement des réclamations (D. 27 nov. 1991, art. 186-1 à 186-4)

a) Forme et contenu (art. 186-1)

1840 Toute réclamation formulée à l'encontre d'un avocat doit, au préalable, être adressée au bâtonnier.
Si elle émane d'une personne physique, elle mentionne ses nom, prénoms, profession, domicile, nationalité, date et lieu de naissance.
Si elle émane d'une personne morale, elle mentionne sa forme, sa dénomination, son siège social et l'organe qui la représente légalement.
Elle est datée et comporte les nom, prénoms et adresse de l'avocat mis en cause, et les faits à l'origine de la réclamation et est accompagnée de toute pièce utile à son examen. Elle porte la signature de son auteur et est adressée par tout moyen conférant date certaine à sa réception.

b) Instruction des réclamations (art. 186-2)

1841 Le bâtonnier accuse réception sans délai des réclamations formulées à l'encontre d'un avocat relevant de son barreau en indiquant à son auteur qu'il sera informé des suites qui lui seront données.
Lorsqu'il estime qu'une réclamation est abusive ou manifestement mal fondée, le bâtonnier en informe sans délai son auteur en lui indiquant qu'il n'entend pas y donner suite.
Lorsqu'une réclamation n'entre pas dans le champ de l'alinéa précédent, le bâtonnier en informe l'avocat mis en cause et l'invite à présenter ses observations.

> REMARQUE **La procédure doit être transparente tant à l'égard du plaignant que de l'avocat mis en cause. Par ailleurs, le bâtonnier doit être rapide dans le traitement des réclamations ; encore que ce sera à la jurisprudence de déterminer exactement le sens de l'expression « sans délai ». Par ailleurs, on voit ici le premier filtre des réclamations. Car nul doute, qu'outre celles purement dérisoires ou farfelues, certaines seront relatives, non à un manquement déontologique de l'avocat, mais à une possible mise en cause de sa responsabilité civile ou à un différend portant sur ses honoraires.**

c) Conciliation (art. 186-3)

1842 Dans un délai de trois mois à compter de la réception de la réclamation à l'encontre d'un avocat, le bâtonnier peut organiser une conciliation entre les parties lorsque la nature de la réclamation le permet, et ce « sous réserve des réclamations abusives ou manifestement mal fondées » (L. 31 déc. 1971, art. 21, II).
Le bâtonnier convoque les parties, par tout moyen, dix jours avant la date de la séance de conciliation sauf à ce que les parties aient consenti à un délai plus court.
La convocation adressée aux parties leur indique qu'elles peuvent être assistées d'un avocat.
La conciliation se déroule selon les modalités fixées par le bâtonnier, sous l'autorité de ce dernier ou d'un avocat membre ou ancien membre du conseil de l'ordre, ou d'un avocat honoraire qu'il délègue. Le délégué du bâtonnier peut être membre de la juridiction disciplinaire mais ne peut siéger dans les affaires dans lesquelles il est intervenu au stade de la conciliation.
En cas de conciliation réussie, un procès-verbal est établi. Le procès-verbal est signé par l'avocat mis en cause, l'auteur de la réclamation et le bâtonnier ou son délégué à la conciliation. Un exemplaire du procès-verbal est remis à chacun des signataires. Dans le cas contraire, le bâtonnier ou son délégué atteste l'absence de conciliation.
Les constatations et les déclarations recueillies au cours de la conciliation ayant échoué ne peuvent être ni produites ni invoquées dans la suite de la procédure ni, en tout état de cause, dans une quelconque procédure.

> REMARQUE **Le texte ne précise pas si l'avocat honoraire pour être délégué à la conciliation doit avoir été bâtonnier ou membre du conseil de l'ordre ; et ne pose aucune condition d'âge. Mais il y a tout lieu de penser que les bâtonniers ne feront ici appel qu'à des avocats honoraires ayant eu l'expérience de l'ordinal, et à l'esprit encore alerte.**

d) Information sur les suites données à la réclamation (art. 186-4)

1843 Sauf signature du procès-verbal mentionné ci-dessus, le bâtonnier informe par tout moyen l'auteur de la réclamation des suites qu'il entend donner à celle-ci. Le cas échéant, il lui fait connaître les raisons pour lesquelles il n'entend pas engager une procédure disciplinaire. Dans cette hypothèse, il précise que l'auteur de la réclamation dispose de la possibilité d'en saisir le procureur général de la cour d'appel ou de saisir directement la juridiction disciplinaire.

2 Enquête déontologique (art. 187)

1844 Le bâtonnier peut, soit de sa propre initiative, soit à la demande du procureur général, soit sur la plainte de toute personne intéressée, procéder à une enquête sur le comportement d'un avocat de son barreau. Il peut désigner à cette fin, parmi les membres ou anciens membres du conseil de l'ordre, un ou plusieurs délégués qui établissent un rapport et le transmettent au bâtonnier. Lorsqu'il décide de ne pas procéder à une enquête, il en avise sans délai et par tout moyen l'auteur de la demande ou de la plainte.
Au vu des éléments recueillis au cours de l'enquête déontologique, le bâtonnier décide s'il y a lieu d'exercer l'action disciplinaire. Il avise de sa décision sans délai et par tout moyen le procureur général et, le cas échéant, le plaignant.
Lorsque l'enquête déontologique a été demandée par le procureur général, le bâtonnier lui communique le rapport.
Le bâtonnier le plus ancien dans l'ordre du tableau, membre du conseil de l'ordre ou, à défaut, le membre du conseil de l'ordre le plus ancien dans l'ordre du tableau, met en œuvre l'enquête déontologique lorsque des informations portées à sa connaissance mettent en cause le bâtonnier en exercice.
- l'enquête déontologique a été sortie du chapitre sur la procédure disciplinaire, ce qui marque son autonomie ;
- elle peut être mise en œuvre par le bâtonnier de sa propre initiative ;
- elle n'aboutit pas nécessairement à l'ouverture d'une procédure disciplinaire ;
- et cette dernière peut être engagée sans enquête déontologique préalable ;
- enfin, le bâtonnier en exercice, s'il vient à commettre un manquement, n'est pas au-dessus de la loi commune.

B Procédure disciplinaire (proprement dite)

1 Saisine de la juridiction disciplinaire et instruction des requêtes (D. 27 nov. 1991, art. 188 à 199)

a) Forme et contenu de la requête

1845 Dans les cas prévus à l'article 183, c'est-à-dire s'il apparaît que l'avocat est susceptible d'avoir commis :
- une contravention aux lois et règlements ;

– une infraction aux règles professionnelles ;
– un manquement à la probité, à l'honneur ou à la délicatesse, même se rapportant à des faits extraprofessionnels.

La juridiction disciplinaire est saisie directement ou après enquête déontologique :
– par requête du bâtonnier du barreau dont relève l'avocat mis en cause ;
– par requête du procureur général ;
– par requête de l'auteur de la réclamation ; laquelle requête, sous peine d'irrecevabilité, contient la réclamation préalable adressée au bâtonnier.

Cette requête, accompagnée des pièces justificatives, contient, à peine de nullité, les mentions prescrites à l'article 57 du Code de procédure civile ; lequel article régit la forme de toute requête qui saisit une juridiction sans que son adversaire en ait été préalablement informé, et ce, notamment, en renvoyant à l'article 54 du même code. Cette requête datée et signée, qui porte l'indication de la juridiction saisie, soit le conseil de discipline de X. (ou pour Paris le conseil de l'ordre de cette ville statuant disciplinairement) est accompagnée des pièces justificatives.

REMARQUE **Le professionnel, familier des exigences des articles 54 et 57 du Code de procédure civile, n'aura aucune peine à rédiger une requête motivée et rédigée correctement. Par contre, ce sera moins simple pour le non professionnel, même muni d'un éventuel formulaire.**

Par ailleurs, toutes les irrégularités de forme sont sanctionnées, soit par une irrecevabilité, soit par une nullité.

b) Existence d'un (deuxième) filtre

1846 En plus du premier filtre des réclamations (art. 186-2. – V. *supra*, n° 1841) permettant au bâtonnier d'écarter les réclamations abusives ou manifestement mal fondées, il existe un second filtre, visant cette fois les requêtes, en ce que l'article 23 de la loi du 31 décembre 1971 et l'article 188-1 du décret du 27 novembre 1991 prévoient que le président de l'instance disciplinaire peut rejeter les réclamations irrecevables, manifestement infondées ou qui ne sont pas assorties des précisions permettant d'en apprécier le bien-fondé. Ce, par ordonnance de rejet, sans tenir d'audience et avant saisine du conseil de l'ordre. Dans ce cas, l'ordonnance est notifiée par tout moyen conférant date certaine à sa réception au requérant, auteur de la réclamation. Copie en est communiquée par le secrétariat de la juridiction à l'avocat poursuivi, au bâtonnier dont il relève et au procureur général.

• Les textes n'envisagent pas l'hypothèse où ce serait la requête du bâtonnier ou du procureur général qui apparaîtrait au président de la juridiction irrecevable, ou manifestement infondée ou non assortie des précisions permettant d'en apprécier le bien-fondé. Ce second filtre semble donc destiné à trier uniquement les réclamations de tiers ou ex-clients de l'avocat en cause ; ce qui laisse néanmoins intact le pouvoir d'appréciation de la juridiction de statuer sur l'éventuelle irrecevabilité et le bien-fondé de la saisine par le bâtonnier ou le procureur général.

• Il appartiendra au vu des espèces à venir à la jurisprudence de préciser ce que recouvre la notion de notification « par tout moyen conférant date certaine » ; d'autant qu'on la retrouve à tous les stades de la procédure.

• En l'état, les juridictions disciplinaires de première instance, n'ayant aucun budget propre, n'ont pas de « secrétariat » au sens procédural d'un greffe, ce rôle étant tenu par les secrétariats des ordres, notamment de celui du lieu où siège la juridiction ; ce qui risque d'être une charge non négligeable à mutualiser entre les barreaux.

c) Poursuite au-delà du filtre (art. 188-1)

1847 S'il ne rejette pas d'emblée la requête, ainsi que ci-dessus, le président de la juridiction disciplinaire saisit le conseil de l'ordre dont relève l'avocat poursuivi.

La requête et l'acte de saisine sont notifiés par le requérant à l'avocat poursuivi par tout moyen conférant date certaine à sa réception. Copies en sont adressées par le secrétariat de la juridiction au bâtonnier et au procureur général lorsqu'ils ne sont pas requérants.

REMARQUE **Bien noter que c'est au requérant, quel qu'il soit, de pratiquer cette notification. À nouveau ici le requérant, s'il s'agit d'un citoyen lambda, non assisté, aura peut-être du mal à y procéder.**

d) Recours contre une décision de rejet du président de la juridiction (art. 188-2)

1848 L'ordonnance de rejet peut être déférée à la cour d'appel. Ce recours est formé, instruit et jugé selon les règles applicables en matière contentieuse à la procédure avec représentation obligatoire. Il est formé dans le délai de quinze jours à compter du jour de la décision.

La décision de la cour d'appel est notifiée par le greffe à l'auteur de la réclamation par tout moyen conférant date certaine à sa réception. Copie de la décision est communiquée à l'avocat poursuivi et au bâtonnier dont il relève.
Dans le cas où l'ordonnance de rejet est infirmée, le greffe communique la décision à l'avocat poursuivi, et au conseil de l'ordre dont il relève aux fins de désignation d'un rapporteur. Copie de la décision est communiquée au bâtonnier et au procureur général.

e) Désignation du rapporteur (art. 188-3)

1849 Le conseil de l'ordre désigne, dans le délai d'un mois à compter de la saisine de la juridiction disciplinaire ou de la décision d'infirmation de l'ordonnance de rejet de la réclamation (art. 188-2, dernier al. ci-dessus), un de ses membres, en qualité de rapporteur, pour procéder à l'instruction de l'affaire.
À défaut de désignation d'un rapporteur par le conseil de l'ordre dans ce délai d'un mois, l'autorité qui a engagé l'action disciplinaire ou le procureur général en cas de saisine directe de la juridiction disciplinaire par l'auteur de la réclamation, saisit le premier président de la cour d'appel qui procède alors à cette désignation parmi les membres du conseil de l'ordre.
• Ainsi, en cas de retard ou mauvaise volonté du conseil de l'ordre à désigner un rapporteur pour instruire la plainte émanant d'un citoyen lambda c'est au procureur général à prendre le relais en saisissant le premier président.
• On peut se demander comment le premier président orientera son choix s'il doit désigner le rapporteur, alors que, souvent, il ne connaît guère les membres des conseils de l'ordre de son ressort.
• Se rappeler que l'avocat désigné peut se récuser, et que l'avocat poursuivi peut, le cas échéant, déposer contre lui une requête en suspicion légitime.
• La désignation du rapporteur fera courir tant le délai de son instruction que les délais de jugement en première instance.

f) Instruction par le rapporteur (art. 189, 190 et 191)

1850 Le rapporteur a pour mission de procéder à une instruction objective, impartiale et contradictoire de l'affaire. Il procède, à cette fin, à toute mesure d'instruction nécessaire.
Il peut entendre toute personne susceptible d'éclairer l'instruction. Dans le respect du contradictoire, il informe l'avocat poursuivi de l'audition éventuelle d'un tiers et l'invite à y assister.
L'avocat poursuivi peut demander à être entendu. Il peut se faire assister d'un conseil.
Il est dressé procès-verbal de toute audition. Les procès-verbaux sont signés par la personne entendue et par le rapporteur.
Toute convocation est adressée à l'avocat poursuivi par tout moyen conférant date certaine à sa réception.
Toutes les pièces constitutives du dossier disciplinaire, et notamment les rapports d'enquête et d'instruction sont cotées et paraphées. Copie en est délivrée à l'avocat poursuivi sur sa demande.
Le rapporteur transmet le rapport d'instruction au président de la juridiction, et, à Paris, au bâtonnier doyen, membre du conseil de l'ordre, et, s'il est empêché, au plus ancien bâtonnier, membre du conseil de l'ordre dans la limite de quatre mois de sa désignation. Ce délai peut, à la demande du rapporteur, être prorogé dans la limite de quatre mois par décision motivée du président de la juridiction disciplinaire ou, à Paris, du bâtonnier doyen, membre du conseil de l'ordre, et s'il est empêché, du plus ancien bâtonnier, membre du conseil de l'ordre. Cette décision est notifiée aux parties par tout moyen conférant date certaine de sa réception.
Copie en est adressée au bâtonnier et au procureur général si ce dernier a pris l'initiative de l'action disciplinaire.
La date de l'audience est fixée par le président de la juridiction disciplinaire et, à Paris par le bâtonnier doyen, membre du conseil de l'ordre, et s'il est empêché, par le plus ancien bâtonnier, membre.
– retenir le délai de quatre mois, éventuellement prolongé d'une même durée, soit au total huit mois, imparti au rapporteur pour mener son instruction à son terme ;
– veiller ainsi lors de la désignation du rapporteur à ce qu'il soit encore membre du conseil de l'ordre tout au long de sa mission ;
– constater que les nouveaux textes consacrent la nature juridictionnelle de l'instance de première instance, soit les conseils régionaux de discipline en province et à Paris le conseil de l'ordre ;
– on peut penser qu'en l'absence de véritable greffe à ce niveau c'est au rapporteur qu'il appartiendra de coter lui-même et parapher les pièces du dossier.
– en application d'un arrêt du Conseil constitutionnel du 8 décembre 2023 (Cons. const., 8 déc. 2023, n° 2023-1074 QPC), rendu à propos d'une poursuite disciplinaire contre un notaire, il sera désormais prudent, avant d'interroger l'avocat visé de lui notifier son droit au silence ; peut-être même du reste dès l'enquête disciplinaire, si dans ce cadre il est entendu. Peut-être conviendra-t-il

aussi de réitérer cette notification dans la convocation à l'audience.

g) Convocation à l'audience (art. 192)

1851 L'avocat est convoqué un mois avant l'audience par tout moyen conférant date certaine à sa réception. La convocation comporte, à peine de nullité, l'indication précise des faits reprochés ainsi que la référence aux dispositions législatives ou réglementaires précisant les obligations auxquelles il est reproché à l'avocat poursuivi d'avoir contrevenu, et, le cas échéant, une mention relative à la révocation du sursis.
La convocation rappelle à l'avocat mis en cause la faculté dont il dispose de solliciter que l'audience soit présidée par un magistrat, prévue à l'article 22-3 de la loi du 31 décembre 1971. Cette demande doit, à peine de forclusion, être formulée quinze jours au plus tard avant l'audience. Elle doit être portée sans délai à la connaissance du premier président de la cour d'appel.
L'auteur de la réclamation est informé de la date de l'audience et de la faculté dont il dispose de demander, par tout moyen, à être entendu par la juridiction disciplinaire.
La référence faite ci-dessus à l'article 22-3 de la loi susvisée dans l'alinéa 3 de l'article 192 du décret invite à citer ce nouvel article de la loi :

> « Par dérogation aux articles 22-1 et 22-2, le conseil de discipline est présidé par un magistrat du siège de la cour d'appel, en activité ou honoraire, délégué par le premier président, lorsque la poursuite disciplinaire fait suite à une réclamation présentée par un tiers ou lorsque l'avocat mis en cause en fait la demande. Le magistrat honoraire président du conseil de discipline ne peut siéger au-delà de la date de son soixante et onzième anniversaire.
> La récusation d'un membre de la juridiction peut être demandée dans les conditions prévues à l'article L. 111-6 du code de l'organisation judiciaire.
> Le membre de la juridiction disciplinaire qui suppose en sa personne une cause de récusation ou estime en sa conscience devoir s'abstenir est remplacé dans les conditions prévues à l'article L. 111-7 du même code ».

• Lorsque la poursuite disciplinaire « fait suite à une réclamation présentée par un tiers » le conseil de discipline sera donc automatiquement présidé par un magistrat. Mais, quel sens exact faut-il ici donner à la formule : « réclamation » ? S'agira-t-il d'une simple plainte ayant passé le premier filtre des réclamations confié au bâtonnier par l'article 186-2 du décret ou de la requête formelle de l'auteur de la réclamation visée à l'article 188 du même décret valant saisie de la juridiction disciplinaire ? Car, au vu d'une plainte ou simple alerte d'un tiers, le bâtonnier peut, comme par le passé, avec ou sans enquête déontologique préalable, présenter lui-même requête saisissant le conseil de discipline ; et il en est de même du parquet général. L'enjeu n'est pas mince car dans le premier cas d'une lecture au sens large du terme « réclamation », ce serait très souvent que le conseil de discipline devrait être présidé par un magistrat.
• Bien noter que l'auteur de la réclamation pourra à son gré être entendu lors de l'audience.
• Enfin, on ignore si beaucoup d'avocats poursuivis, demanderont que le conseil de discipline statuant sur leur cas en première instance soit présidé par un magistrat de la cour, en activité ou honoraire ; et ce d'autant qu'ils ne pourront guère prévoir avant quel sera le magistrat désigné par le premier président ; alors que par contre, s'ils ne font pas ce choix stratégique, ils sauront quel est le confrère qui habituellement préside ce même conseil.

2 Audience, jugement et exercice des voies de recours

a) Audience (art. 193 et 194)

1852 **Composition et *quorum* du conseil de discipline.** Le conseil de discipline, ou à Paris la formation disciplinaire du conseil de l'ordre, doit être régulièrement constitué, puis lors de chaque audience les règles de composition et de *quorum* de cette juridiction doivent être respectées, en sachant que désormais il est des cas où elle est présidée, non par son président habituel mais par un magistrat. La méconnaissance de ces règles peut entraîner la nullité de la décision (L. 31 déc. 1971, art. 22-1, 22-2 [pour Paris] et 23. – Et D. 27 nov. 1991, art. 180, 181 et 182).
Le conseil est composé de représentants des conseils de l'ordre du ressort de la cour d'appel. Aucun conseil de l'ordre ne peut désigner plus de la moitié des membres du conseil de discipline et chaque conseil de l'ordre désigne au moins un représentant.
Les désignations ont lieu chaque année avant le 1er janvier qui suit le renouvellement par tiers chaque année du conseil de l'ordre.
Concernant le *quorum*, le conseil de discipline peut siéger en formation plénière ou en formation restreinte d'au moins cinq membres statuant en nombre impair, la formation restreinte pouvant toujours, après audition du comparant, renvoyer l'affaire à la formation plénière.
L'audience se tient dans la commune où siège la cour d'appel. L'avocat poursuivi comparaît en personne. Il peut se faire assister par un avocat.

La formation restreinte ne peut renvoyer l'examen de l'affaire à la formation plénière de la juridiction disciplinaire qu'après l'audition de l'avocat qui comparaît.

> REMARQUE **Il n'est pas obligatoire de notifier à l'avocat poursuivi la composition qui siégera à l'audience, mais il peut s'en enquérir auprès du président de la juridiction, notamment quant au point de savoir si l'audience sera présidée par un magistrat (si bien entendu il ne l'a pas lui-même demandé).**

Si lors de l'audience il veut contester cette composition, il devra le faire *in limine litis* (Cass. 1re civ., 17 mars 2016, 2 arrêts, nos 15-20.325 et 15-13.966). S'agissant de la composition du conseil de discipline se rappeler quant à l'interprétation de l'article 180 du décret que la Cour de cassation (Cass. 1re civ., 10 nov. 2021, n° 20-61.1922) a jugé que pour que les tranches expressément définies à cet article puissent donner droit à un représentant supplémentaire, plus un suppléant, il suffit que le nombre des avocats disposant du droit de vote, soit avocats honoraires compris, dépasse les deux cents.
Généralement l'audience se tient dans les locaux de l'ordre du barreau de cour au palais de justice (ou cité judiciaire) ou à l'extérieur de celui-ci. Qu'en sera-t-il quand la juridiction sera présidée par un magistrat ? Exigera-t-il que l'audience se tienne dans une salle de la cour ?

1853 **Tenue de l'audience.** L'usage a toujours été que l'avocat poursuivi (sauf s'il est déjà omis ou suspendu provisoirement) se présente en robe devant ses pairs qui, eux-mêmes ont revêtu le costume professionnel. Il en est de même de son possible conseil nécessairement avocat. Le président ouvre et mène les débats comme le ferait le président d'une juridiction pénale, même s'il est acquis que ce sont les règles de la procédure civile qui suppléent à l'éventuel silence des textes.
Les débats sont publics (D. préc., art. 194). Toutefois, la juridiction disciplinaire peut décider que ceux-ci auront lieu ou se poursuivront en chambre du conseil à la demande de l'une des parties ou s'il doit résulter de leur publicité une atteinte à l'intimité de la vie privée.
Le président a la police de l'audience et y fait respecter le contradictoire. Après lecture de l'acte de saisine qui délimite strictement le périmètre de la poursuite, et dont il doit vérifier la régularité, ainsi que celle de la convocation, le président rappelle le contenu de l'instruction du rapporteur, il donne la parole au bâtonnier, au procureur général si ce dernier a pris l'initiative d'engager la procédure disciplinaire, et à l'auteur de la réclamation si celui-ci a demandé à être entendu. En fin des débats le président donne la parole au conseil de l'avocat poursuivi, si celui-ci s'est présenté assisté. Dans tous les cas l'avocat poursuivi a la parole en dernier ; ce dont il doit être fait mention dans la décision (Cass. 1re civ., 25 févr. 2010, n° 09-11.180). Puis le président déclare les débats clos et indique la date du délibéré, en veillant au délai de l'article 195 du décret du 27 novembre 1991.

- Il est généralement préférable, à tous égards que l'avocat poursuivi se présente assisté d'un confrère.
- Mais, s'il a une excuse dûment motivée et légitime s'opposant à sa comparution, par exemple s'il est malade, il a toujours été admis que, soit son conseil puisse le représenter, soit la juridiction accorde un renvoi, mais sans oublier alors de le faire par décision motivée, en ayant à l'esprit les délais et exigences de l'article 195 du décret (V. ci-dessous) ;
- La présence du bâtonnier est requise, même s'il n'a pas pris l'initiative des poursuites.
- Si la poursuite a été déclenchée par la réclamation d'un client ou autre tiers, et que celui-ci est présent, sera-t-il considéré comme « partie » au sens de l'article 194 du décret, et donc pourra-t-il demander ou au contraire s'opposer au huis clos ? Il semble que non. Car si l'auteur de la réclamation est à l'origine de la poursuite et est entendu lors des débats, son rôle ne va pas au-delà puisque par la suite il sera seulement informé du dispositif de la décision de première instance, lorsque celle-ci sera passée en force de chose jugée, sans donc pouvoir en relever appel. Par ailleurs, il est dépourvu du droit de saisine directe de la cour d'appel en cas de non-respect des délais de l'article 195 du décret du 27 novembre 1991 (*infra*).

1854 **Délais de la décision et conséquence de leur non-respect (art. 195).** Si dans les douze mois de la désignation du rapporteur par le conseil de l'ordre, la juridiction disciplinaire n'a pas statué au fond ou par décision avant dire droit, la demande est réputée rejetée et l'autorité qui a engagé l'action disciplinaire ou, en cas de saisine directe de la juridiction disciplinaire par l'auteur de la réclamation, le procureur général peut saisir la cour d'appel.
Lorsque l'affaire n'est pas en état d'être jugée ou lorsqu'elle prononce un renvoi à la demande de l'une des parties, la juridiction disciplinaire peut

décider de proroger ce délai dans la limite de huit mois. La demande de renvoi, écrite, motivée et accompagnée de tout justificatif, est adressée au président de la juridiction ou, à Paris, au bâtonnier doyen, membre du conseil de l'ordre, et s'il est empêché, au plus ancien bâtonnier membre.

Dans les cas prévus aux alinéas précédents, la cour d'appel est saisie et statue, le procureur général entendu, dans les conditions prévues à l'article 197.

• Le délai maximum pour statuer est donc de 12 + 8 = 20 mois à dater de la désignation du rapporteur ; dont on rappellera qu'il a lui-même disposé d'un délai maximum de quatre mois pour déposer son rapport, délai éventuellement prorogé de quatre mois ; ce qui réduit d'autant les délais de jugement.

– La conséquence du non-respect de ces délais est grave, puisqu'elle revient à supprimer le double degré de juridiction.

• Toute décision de renvoi ou avant dire droit doit être motivée.

• La révocation d'un sursis antérieur doit être motivée (Cons. const., 29 nov. 2019, n° 2019-815 QPC, pour le cas d'un expert-comptable, mais transposable ici).

1855 **Notification du jugement (art. 196).** Toute décision en matière disciplinaire est notifiée à l'avocat poursuivi, au procureur général et au bâtonnier dans le délai de huit jours de son prononcé par tout moyen conférant date certaine à sa réception.

L'auteur de la réclamation est informé du dispositif de la décision lorsque celle-ci est passée en force de chose jugée.

b) Voies de recours (art. 197)

1856 **Saisine de la cour d'appel.** L'avocat qui fait l'objet d'une décision en matière disciplinaire, le procureur général et le bâtonnier peuvent former un recours contre la décision. La cour d'appel est saisie et statue dans les conditions prévues à l'article 16 du décret du 27 novembre 1991, le procureur général entendu. La publicité des débats est assurée conformément aux dispositions de l'article 194.

La formation de jugement de la cour d'appel comprend trois magistrats du siège de cette cour et deux membres des conseils de l'ordre du ressort de la cour.

Les conseils de l'ordre du ressort de la cour d'appel désignent de concert, pour siéger au sein de cette formation de jugement pendant un an, au moins deux membres titulaires et deux membres suppléants parmi les membres de leurs conseils de l'ordre.

Les désignations ont lieu avant le 1er janvier qui suit le renouvellement annuel (par tiers). À Paris, les désignations ont lieu chaque année au mois de janvier.

Le directeur de greffe de la cour d'appel notifie l'appel à toutes les parties, par tout moyen conférant date certaine à sa notification, en indiquant la date à laquelle l'affaire sera appelée.

Le délai de recours incident est de quinze jours à compter de la notification du recours principal. Le procureur général assure et surveille l'exécution des peines disciplinaires.

• Si chacune des parties peut relever appel principal ou incident, l'auteur de la réclamation ne le peut, tout comme l'ordre dont dépend l'avocat poursuivi et le conseil de discipline, juridiction disciplinaire de premier degré, car ils ne sont pas partie à l'instance (Cass. 1re civ., 3 juill. 2013, n° 12-23.553. – Cass. 1re civ., 15 janv. 2015, n° 14-10.683) ; par contre le bâtonnier, même s'il n'a pas été l'autorité de poursuite peut relever appel.

• L'appel peut être limité à une partie du dispositif, mais, même en ce cas une autre partie peut relever appel sur le tout, afin que la cour ait connaissance de l'ensemble de l'affaire.

• Le texte ne dit pas comment, et à la diligence de qui, est notifié aux autres parties l'appel incident, mais on peut penser que c'est le directeur du greffe de la cour qui doit y procéder comme pour l'appel principal.

• L'appel ne peut se faire par simple déclaration orale au directeur du greffe (Cass. 1re civ., 18 févr. 2015, n° 14-50.040).

1857 **Procédure et débats.** La procédure est celle applicable en matière contentieuse sans représentation obligatoire.

Toute partie qui dépose des conclusions (et même le bâtonnier qui n'aurait pas été l'autorité de poursuite) doit les communiquer en temps utile aux autres, et non à l'instant de l'audience. Car les règles du contradictoire doivent être strictement observées. Pourtant la Cour de cassation doit régulièrement rappeler cette règle fondamentale (Cass. 1re civ., 9 déc. 2020, n° 19-21.943).

Le procureur général et le bâtonnier doivent être entendus, en plus de l'intéressé, qu'ils aient été ou non autorité de poursuite (D. n° 91-1197, 27 nov. 1991, art. 16).

L'avocat poursuivi doit avoir la parole le dernier, ne serait-ce que par respect de l'article 6, § 1 de la Convention EDH (Cass. 1re civ., 13 mars 2019, n° 18-24.468).

Tout ceci doit être acté dans l'arrêt de la cour qui doit préciser, si des conclusions ont été déposées et si chacun, notamment l'avocat poursuivi, a pu y répondre.

1858 **Étendue de la saisine de la cour d'appel.** Lorsque la cour n'est saisie que par l'appel de l'avocat poursuivi, et que ni le bâtonnier, ni le procureur général n'ont relevé appel incident, l'arrêt à venir ne doit statuer que sur les seules dispositions de la décision de première instance faisant grief à l'appelant, sans aggraver son sort (Cass. 1re civ., 16 nov. 2016, n° 15-26.725 : *JurisData* n° 2019-024018). Par ailleurs, et même en cas d'un appel général, il va de soi que la cour n'est saisie que des manquements visés à la convocation devant le conseil de discipline, laquelle doit être versée aux débats devant la cour ; étant noté que, sauf à ce que l'instruction par le rapporteur ait apporté des éléments nouveaux à charge comme à décharge, cette convocation ne devrait elle-même pas s'éloigner de la saisine originelle de la juridiction disciplinaire. À ce sujet, il semble admis que l'acte de saisine par le bâtonnier du conseil de discipline peut pallier les éventuelles insuffisances de la citation en première instance.

ATTENTION Est nul un arrêt, dont il résulte qu'a participé au délibéré un magistrat n'ayant pas assisté à l'audience (Cass. 1re civ., 22 mai 2019, n° 18-15.815).

C Pourvoi

1 Délai et recevabilité du pourvoi

1859 Le délai est de deux mois à compter de la réception de la notification de l'arrêt faite par le directeur du greffe.

Le pourvoi ne peut être dirigé contre la juridiction disciplinaire de premier degré ; laquelle n'est pas partie à la procédure ; pas plus que contre le conseil de l'ordre.

Même s'il n'a pas été à l'origine de la poursuite, le bâtonnier partage avec le procureur général et l'avocat poursuivi la faculté d'inscrire un pourvoi. Ainsi chaque partie ne peut diriger son pourvoi que contre une autre partie ou les deux autres.

2 Représentation des parties

1860 Les parties ne sont pas dispensées du recours à un avocat au Conseil d'État et à la Cour de cassation.

3 Caractère non suspensif du pourvoi et du délai pour le former

1861 Il résulte de l'article 270 du décret du 27 novembre 1991.

D Récusation d'un membre de la juridiction disciplinaire ou de la cour d'appel, et suspicion légitime

1862 Ces incidents de procédure peuvent parfois se rencontrer. Ils doivent être soulevés *in limine litis*, et en tous cas avant la clôture de débats (Cass. 1re civ., 1er nov. 2016, n° 15-26.725). Ils sont soumis aux articles 341 à 355 du Code de procédure civile pour la récusation et 356 à 363 du même code pour la suspicion légitime.

Pour l'anecdote on précisera qu'un avocat ne peut récuser ses juges sous le motif que plusieurs d'entre eux figurent sur la liste des amis du compte ouvert par le bâtonnier sur un réseau social (Cass. 2e civ., 5 janv. 2017, n° 16-12.394).

E Peines disciplinaires (D. 27 nov. 1991, art. 184)

« I. – Les peines disciplinaires sont :
1° L'avertissement ;
2° Le blâme ;
3° L'interdiction temporaire d'exercice, qui ne peut excéder trois années ;
4° La radiation du tableau des avocats, ou le retrait de l'honorariat.

II. – La juridiction disciplinaire peut, à titre de peine complémentaire ordonner la publicité du dispositif et de tout ou partie des motifs de sa décision, dans le respect de l'anonymat des tiers. La juridiction fixe les modalités de cette publicité, notamment sa durée.

III. – L'avertissement, le blâme et l'interdiction temporaire d'exercice peuvent être assorties des peines complémentaires suivantes :
1° La privation du droit de faire partie du conseil de l'ordre, du Conseil national des barreaux, des autres organismes ou conseils professionnels ainsi que des fonctions de bâtonnier pendant une durée n'excédant pas dix ans ;
2° L'interdiction temporaire, et ce quel que soit le mode d'exercice, de conclure un nouveau contrat de collaboration ou un nouveau contrat de stage avec un élève avocat, et d'encadre un nouveau collaborateur ou un nouvel élève-avocat, pour une durée maximale de trois ans, ou en cas de récidive une durée maximale de cinq ans.

IV. – L'interdiction temporaire d'exercice peut être assortie en tout ou partie du sursis pour son exécution. Le sursis ne s'étend pas aux peines complémentaires éventuelles.

Si, dans le délai de cinq ans à compter du prononcé de la peine, l'avocat a commis une infraction ou une faute ayant entraîné le prononcé d'une nouvelle peine disciplinaire, celle-ci entraîne sauf décision motivée l'exécution de la première peine sans confusion avec la seconde.

Lorsqu'une interdiction temporaire d'exercice est assortie du sursis, la peine complémentaire prévue au 2° du III prend effet immédiatement. Dans le cas contraire, elle prend effet à l'expiration de la période d'interdiction temporaire d'exercice ;

V. – La juridiction disciplinaire peut également prescrire à l'avocat poursuivi une formation complémentaire en déontologie dans le cadre de la formation continue, ne pouvant excéder vingt heures sur une période de deux ans maximum à compter du caractère définitif de la formation prononcée. Cette formation complémentaire s'ajoute à l'obligation de formation prévue à l'article 85 du présent décret.

VI. – Lorsque la juridiction disciplinaire retient l'existence d'une faute disciplinaire, elle peut ajourner le prononcé de la sanction en enjoignant à l'avocat poursuivi de cesser le comportement jugé fautif dans un délai n'excédant pas quatre mois. La notification de la décision d'ajournement vaut convocation à l'audience sur le prononcé de la peine ».

REMARQUE **Toute information sur le comportement d'un avocat, blanchi à l'issue de poursuites disciplinaires, est à proscrire par l'ordre auquel il appartient (CA Paris, 9 juin 2022, n° 21/15502).**

1863 Les nouveautés introduites à partir du 2 juillet 2022 dans l'ancien texte de l'article 184 ne pourront être jugées qu'à l'usage. Leurs menaces éviteront-elles les faits de harcèlement au travail, et plus généralement la méconnaissance de la déontologie professionnelle. Ne conviendrait-il pas de commencer par mieux enseigner celle-ci dans les écoles d'avocats, et d'être plus exigeant en la matière lors de l'examen du CAPA ?

Par ailleurs, *de lege ferenda*, il serait question de créer une procédure dite « simplifiée » pour permettre aux bâtonniers de, par une procédure proche de la CRPC, sanctionner, ou faire sanctionner, rapidement des petites entorses à la déontologie.

CHECK-LIST **• Tout dépend ici quel est le rôle tenu dans la procédure : plaignant, bâtonnier, rapporteur, procureur général, ou président et membres des juridictions de première instance et d'appel.**

• S'il s'agit de l'avocat poursuivi, il lui est recommandé de se faire assister d'un confrère expérimenté, et de ne pas se dérober tant à l'instruction qu'à l'audience.

• l'autorité de poursuite doit vérifier que les faits reprochés relèvent bien du disciplinaire.

• Celle de jugement doit veiller à l'observation stricte des règles du contradictoire.

POUR ALLER PLUS LOIN...

Fascicule JurisClasseur

• *JCl. Procédure civile*, fasc. 300-90, n°s 145 à 154, *Avocats – obligations et prérogatives.*

Synthèse JurisClasseur

• *JCl. Procédure civile*, Synthèse 30, *Avocats.*

Revue

• S. Bortoluzzi, *Une réforme de la procédure disciplinaire à parachever : JCP* G 2022, 871.

Partie 2
Des instruments communs à toutes les juridictions

Sommaire

Fiche 72

Faire appel à un avocat correspondant

Coline WARIN

Sommaire

☞ CONSEILS PRATIQUES LORSQUE VOUS FAITES APPEL À UN AVOCAT POSTULANT Il n'existe pas de liste nationale vous permettant de choisir votre avocat postulant. Vous devez par conséquent faire votre sélection grâce au bouche-à-oreille et à une recherche internet approfondie. Une fois sélectionné, contactez-le par mail afin de connaître ses honoraires, qui seront évidemment fonction du type de missions demandées (à titre d'illustration, les honoraires d'un avocat postulant pour l'enrôlement, la mise en état, le dépôt de dossier et les renvois devant le tribunal judiciaire varient en général entre 500 et 1 200 €. Ceux-ci étant libres, il reste très difficile de les estimer préalablement).

En tant que *dominus litis*, vous demeurez « maître du procès », mais il convient de définir précisément les missions de votre postulant au sein d'une convention d'honoraires que vous signez ensemble.

Votre client, quant à lui, ne signe pas de convention d'honoraires avec l'avocat postulant. Par conséquent, vous êtes personnellement tenu au paiement des factures de ce dernier. Si vous souhaitez répercuter ce paiement, en tant que frais, auprès de votre client, pensez par exemple à préciser, dans la convention d'honoraires qui vous lie, que votre honoraire forfaitaire s'entend « hors frais de toute nature ». À défaut, les frais de postulation seront inclus dans votre forfait.

Attention, vous devez vous assurer préalablement de l'accord de votre client tant sur le principe de l'intervention que sur le montant des honoraires, frais et débours du « Tiers » que vous sollicitez.

I
Aperçu rapide

A Éléments clés

1864 Lorsqu'un avocat est amené à plaider hors de son tribunal, il peut faire appel à un confrère :
– par commodité : « correspondant local » ;
– par obligation : « **postulant** » (L. n° 71-1130, 31 déc. 1971, art. 5, al. 2).
Faire appel à un confrère permettra au *dominus litis* :
– d'éviter des déplacements coûteux et inutiles ;
– d'avoir connaissance des usages du tribunal et des magistrats devant qui l'affaire est plaidée.
Le *dominus litis* exerce une **fonction d'assistance** et l'avocat correspondant une **fonction de représentation** :
– le *dominus litis* :
• reste maître du procès,
• définit la stratégie procédurale avec le client,
• rédige les écritures,
• assure l'audience de plaidoirie ;
– l'avocat correspondant :
• se constitue, signe et dépose les conclusions,
• assure les audiences de mise en état,
• transmet le dossier de plaidoirie.
Si en principe, la responsabilité civile pèse sur l'avocat correspondant qui accomplit les actes de procédure et signe les conclusions, en pratique les deux avocats peuvent voir leur **responsabilité engagée *in solidum*** à l'égard du client (Cass. 1re civ., 12 juin 1990, n° 88-15.103).

> REMARQUE **La Cour de cassation a jugé non sérieuse une QPC relative à la postulation, au motif que cette règle ne fait que limiter le choix du défenseur habilité à représenter le justiciable en justice sans lui interdire de désigner l'avocat plaidant de son choix et ne porte ainsi pas atteinte aux droits de la défense, ni au principe d'égalité (Cass. 2e civ., 12 oct. 2011, n° 11-40.064).**

B Textes

• CPC, art. 117 à 121.
• CPC, art. 752 et 760.
• CPC, art. 899 et 901.
• RIN, art. 11.8 et 17.2.
• CNB, déc. n° 2014-002, 11 oct. 2014, sur le partage d'honoraires.

II
Préparation

A Informations préalables

1865 • Vérifier si la représentation est obligatoire dans le dossier :
– dans la négative : faire appel à un avocat correspondant si nécessaire ;
– dans l'affirmative : faire appel à un postulant.
• Discuter avec le client de la nécessité/l'intérêt de prendre un postulant/correspondant local.
• Indiquer au client qu'il devra supporter des honoraires complémentaires, qui seront dus au postulant/correspondant local.

B Inventaire des solutions et éléments de décisions

1866 L'avocat peut **plaider sans limitation territoriale** et **devant toutes les juridictions** (L. n° 71-1130, 31 déc. 1971, art. 5, al. 1er). Il peut toutefois, par commodité, faire appel à un correspondant local.
Lorsque la **représentation est obligatoire**, le *dominus litis* devra **faire obligatoirement appel à un postulant**.
Tout avocat inscrit régulièrement au barreau peut être postulant (L. n° 71-1130, 31 déc. 1971, art. 5).

L'avocat peut postuler devant l'ensemble des **tribunaux judiciaires du ressort de cour d'appel dans lequel il a établi sa résidence professionnelle et devant ladite cour d'appel**.
Cette règle n'est pas valable en matière de saisie immobilière, partage, licitation, ni au titre de l'aide juridictionnelle, ni dans des instances dans lesquelles il ne serait pas maître de l'affaire chargé également d'assurer la plaidoirie (L. n° 71-1130, 31 déc. 1971, art. 5).
La postulation est obligatoire devant :
– le tribunal judiciaire, y compris en référé (CPC, art. 760) ;
– la cour d'appel ;
– la cour d'assises ;

ATTENTION Il existe des exceptions :
– devant le **tribunal judiciaire**, les parties sont dispensées du ministère d'avocat notamment :
• dans les matières relevant de la compétence du juge des contentieux de la protection,
• dans les litiges relatifs aux contestations des désignations ou élections de juges des tribunaux de commerce, des délégués consulaires, des représentants des salariés, des délégués et représentants syndicaux, et de membres du conseil d'administration ou de commission d'autorités publiques,
• lorsque la demande porte sur un montant inférieur ou égal à 10 000 € ou a pour objet une demande indéterminée ayant pour origine l'exécution d'une obligation dont le montant n'excède pas 10 000 € (CPC, art. 761),
• devant le juge de l'exécution saisi sur requête (CPC exéc., art. R. 121-23, al. 3. – Cass. 2e civ., 25 avr. 2024, avis n° 23-70.020) ;
• devant le juge de l'exécution lorsque la demande est relative à l'expulsion ou à la saisie des rémunérations (CPC exéc., art. L. 121-4),
– devant la **cour d'appel**, les parties sont dispensées du ministère d'avocat notamment :
• dans les matières relevant de la compétence du juge des contentieux de la protection,
• en matière de surendettement des particuliers,
• en matière prud'homale, où les parties peuvent se faire représenter par un défenseur syndical (C. trav., art. R. 1461-1).
La Cour de cassation a expressément indiqué que les règles de la postulation ne s'appliquent pas aux cours d'appels en matière prud'homale consécutivement à la mise en place de la procédure avec représentation obligatoire issue du décret n° 2016-660 du 20 mai 2016 (C. trav., art. R. 1461-2. – Cass., avis, 5 mai 2017, n° 17-70.005).
Par ailleurs, **l'État** est dispensé du ministère d'avocat devant le tribunal judiciaire et la cour d'appel pour effectuer sa postulation (la dispense concerne alors les deux parties, État et particuliers).

III Mise en œuvre

A Déterminer le postulant compétent en cas de représentation obligatoire

1 Cas général

1867 Vérifier si la représentation par un avocat est obligatoire selon la juridiction compétente et l'objet du litige :
– dans l'affirmative, et si le *dominus litis* n'est pas inscrit au barreau de la juridiction compétente, il doit prendre attache avec un confrère territorialement compétent pour représenter valablement son client ;

EXEMPLE **L'avocat de Lille devra prendre un postulant pour plaider une affaire devant le tribunal judiciaire de Marseille.**

– en cas de représentation non obligatoire, l'avocat peut ou non prendre un correspondant local.

EXEMPLE **L'avocat de Strasbourg peut aller plaider son dossier devant le conseil de prud'hommes de Nantes.**

2 Cas particulier : la multipostulation

1868 La multipostulation permet exceptionnellement aux avocats de certains barreaux de postuler devant d'autres tribunaux judiciaires :

Règles sur la multipostulation	Exemples
Elle regroupe les barreaux de Nanterre, Bobigny, Créteil et Paris.	L'avocat inscrit au barreau de Nanterre peut plaider aussi bien à Nanterre qu'à Paris, Créteil ou Bobigny.
Les avocats des barreaux de Paris, Bobigny, Créteil et Nanterre peuvent postuler auprès de la cour d'appel de Paris quand ils ont postulé devant l'un des tribunaux judiciaires du ressort, et auprès de la cour d'appel de Versailles quand ils ont postulé devant le tribunal judiciaire de Nanterre.	Un avocat de Paris qui a postulé dans le cadre d'une procédure à représentation obligatoire devant le tribunal judiciaire de Nanterre peut interjeter appel dans la même procédure devant la cour d'appel de Versailles (Cass. 2e civ., 28 janv. 2016, n° 14-29.185).
La multipostulation n'est pas valable en matière de saisie immobilière, partage, licitation, et au titre de l'aide juridictionnelle (L. n° 71-1130, 31 déc. 1971, art. 5. – RIBP, art. P. 33).	Si un litige de partage se déroule devant le tribunal judiciaire de Paris, l'avocat de Nanterre devra désigner un postulant du barreau de Paris.
L'avocat des tribunaux de Paris, Bobigny, Créteil, Nanterre ne peut pas exercer l'activité de postulation dans les instances dans lesquelles il n'est pas également chargé d'assurer la plaidoirie en tant que *dominus litis* (L. n° 71-1130, 31 déc. 1971, art. 5-1. – RIBP, art. P. 33, al. 8).	Un avocat de Créteil ne peut pas postuler pour un avocat de Lille devant le tribunal judiciaire de Bobigny.

3 Cas particulier : la société inter-barreaux

1869 L'association ou la société inter-barreaux peut postuler auprès de l'ensemble des tribunaux judiciaires du ressort de cour d'appel dans lequel un de ses membres est établi et devant ladite cour d'appel par le ministère d'un avocat inscrit au barreau établi près l'un de ces tribunaux (L. n° 71-1130, 31 déc. 1971, art. 8. – RIN, art. 17.2).

> **EXEMPLE Une société civile professionnelle inter-barreaux ayant son siège social en province (en l'occurrence à Lille), mais dont l'un des avocats associés est inscrit au barreau de Paris, peut régulièrement être postulante au travers d'un associé inscrit au barreau de Paris devant le tribunal judiciaire de Nanterre, en vertu du principe de la multipostulation, et plaidante au travers d'un autre associé (V. : CA Versailles, 14e ch., 14 avr. 2010, n° 29/04947).**

La structure inter-barreaux ne peut pas postuler devant un tribunal autre que celui auprès duquel est établie la résidence professionnelle de l'avocat ou celle d'un de ses membres :
– dans le cadre des procédures de saisie immobilière, de partage ou de licitation ;
– au titre de l'aide juridictionnelle ;
– dans les instances dans lesquelles il ne serait pas maître de l'affaire, chargé également d'assurer la plaidoirie.

B Rôle de l'avocat correspondant

1 Premiers contacts entre l'avocat correspondant et le *dominus litis*

1870 • Communiquer à l'avocat correspondant le nom des parties, afin qu'il vérifie qu'il n'existe pas de conflit d'intérêts.
• En demande, définir avec l'avocat correspondant s'il se charge des formalités d'introduction de l'instance.
• En défense, adresser une copie de l'assignation à l'avocat correspondant afin qu'il se constitue.

2 Échanges entre l'avocat correspondant et le *dominus litis* au cours du litige

a) Rédaction des écritures et constitution de l'avocat correspondant

1871 L'assignation devant le tribunal judiciaire – ou toute autre juridiction devant laquelle la représentation est obligatoire – auquel n'est pas rattaché le barreau de l'avocat *dominus litis*, devra contenir, à peine de **nullité** (CPC, art. 752 et 760. – CPC, art. 899 et 901 devant la cour d'appel), le **nom de l'avocat constitué**, donc du postulant.
Constitue une irrégularité de fond susceptible de nullité (CPC, art. 117) :
– le défaut de constitution ;
– la constitution d'un avocat non habilité ;
– l'absence de signature de l'avocat postulant (Cass. 2e civ., 24 févr. 2005, n° 03-11.718).

ATTENTION L'irrégularité peut être soulevée :
– en tout état de cause (CPC, art. 118) ;
– sans qu'il soit besoin de démontrer l'existence d'un grief (CPC, art. 119) ;
– d'office par le juge (CPC, art. 120).
Elle peut toutefois être régularisée avant l'expiration du délai d'appel (Cass. 2e civ., 20 mai 2010, n° 06-22.024).

La double constitution est une irrégularité de forme constitutive d'un grief en raison de la confusion en résultant, de sorte que la nullité est encourue (CA Paris, 13 oct. 2010, n° 09/24003).

ATTENTION Lorsqu'une société d'assurance est partie à un litige à raison de plusieurs contrats couvrant différentes personnes, elle peut être représentée par autant d'avocats que de personnes assurées (Cass. 2e civ., 9 mars 2023, n° 22-70.017).

Veiller au nom qui figure sur l'acte : que l'avocat postulant exerce à titre individuel ou au sein d'une association, son nom doit figurer sur l'assignation (Cass. 2e civ., 1er févr. 2006, n° 05-17.742).
Néanmoins, en cas d'exercice au sein d'une **société civile professionnelle** d'avocats, c'est la personne morale qui est l'avocat, de sorte que le nom de la SCP doit figurer sur l'assignation.

CONSEIL Toujours mentionner sur les écritures le nom de la personne morale **et** du postulant. Il est également conseillé de faire figurer sur les écritures le nom de l'avocat plaidant : le *dominus litis*.

b) Échanges entre le dominus litis et l'avocat correspondant

1872 Les tâches sont partagées entre le *dominus litis* et l'avocat correspondant.

Le *dominus litis* doit :	L'avocat correspondant doit :
– suivre le bon déroulement de la procédure de mise en état ; – rédiger les écritures ; – informer régulièrement le client de la procédure ; – communiquer les pièces et écritures à l'avocat correspondant dans les délais impartis ; – constituer le dossier de plaidoirie sur indications du correspondant et lui transmettre en temps utile ; – plaider.	– s'assurer du bon déroulement de la procédure de mise en état ; – accomplir tous les actes de procédure ; – veiller à prendre des instructions auprès du *dominus litis*, et, en cas de silence de ce dernier, prendre des instructions directement auprès du client ; – communiquer le calendrier de procédure au *dominus litis* ; – être présent lors des plaidoiries pour présenter le *dominus litis* au tribunal ; – transmettre la décision au *dominus litis* ; – informer le *dominus litis* des voies de recours et des délais.

Faire appel à un avocat correspondant

EXEMPLE En tant qu'avocat correspondant, il convient de :
- vérifier les informations fournies par le *dominus litis* (Cass. 1re civ., 16 mai 2006, n° 04-12.929) ;
- remplir son obligation d'information et de conseil (Cass. 1re civ., 1er févr. 2005, n° 03-11.956) ;
- s'adresser directement au client, lorsque le *dominus litis* se désintéresse du dossier, pour obtenir les instructions nécessaires ou à tout le moins dégager sa responsabilité (Cass. 1re civ., 20 janv. 1993, n° 90-18.504) ;
- veiller à ce que les experts soient saisis dans un délai normal (Cass. 1re civ., 28 avr. 1964 : *Bull. civ.* I, n° 217) ;
- accomplir toutes les diligences utiles pour éviter la prescription de l'action ou forclusion (CA Paris, 25 mai 1987 : *D.* 1987, IR, p. 154).

À l'inverse, le *dominus litis*, quand bien même il n'exerce qu'une activité de conseil juridique, doit vérifier que l'avocat correspondant effectue les diligences nécessaires au bon déroulement de la procédure (Cass. 1re civ., 15 janv. 2002, n° 99-21.799).
L'avocat correspondant se trouve dégagé de sa responsabilité uniquement lorsque sa mission a pris fin. Celle-ci prend traditionnellement fin à l'extinction de l'instance, ou lorsque le *dominus litis* choisit de faire appel à un autre confrère pour représenter les intérêts du client.
Ainsi, la procédure initiale d'appel met fin au mandat confié à l'avoué qui n'avait pas vocation à suivre la procédure devant la Cour de cassation, et cela, même si le renvoi est ordonné devant la même cour autrement composée que la cour initiale (CA Nîmes, 1re ch., 18 juin 2015, n° 14/02150).

C Paiement des honoraires

1 Honoraires

1873 Les honoraires peuvent être fixés librement, en accord avec le client et dans le respect des dispositions de l'article 10 de la loi n° 71-1130 du 31 décembre 1971.

CONSEIL Le *dominus litis* peut convenir avec le correspondant du montant des honoraires de ce dernier, et limiter, par écrit, son engagement au montant des sommes dues.

Les honoraires du correspondant sont dus par le client. Le *dominus litis* doit néanmoins s'assurer que le client est à jour du paiement des honoraires, car l'avocat est personnellement tenu des honoraires, frais et débours, en cas de défaillance du client, lorsqu'il confie une affaire à un avocat correspondant (RIN, art. 11.8. - Cass. 1re civ., 14 nov. 2013, n° 12-28.763).
À défaut, l'avocat s'expose à une sanction pour manquement aux principes essentiels d'honneur et de probité (CA Paris, 13 janv. 2011, n° 10/00153) et à une procédure de taxation devant le bâtonnier que l'avocat correspondant est susceptible d'engager.

2 Débours et dépens

1874 L'avocat correspondant pourra inclure le remboursement des débours (frais de voyage, papeterie, correspondance, publicité, *etc.*).
Par ailleurs, la partie défaillante sera tenue au remboursement des dépens, dont la liste est fixée par l'article 695 du Code de procédure civile (V. Fiche 90 : Comment recouvrer les dépens ?) :
- indemnités dues aux témoins ;
- honoraires des experts ;
- émoluments dus aux officiers ministériels ;
- frais de traduction ;
- *etc.*

ATTENTION Les frais d'acte de postulation et de procédure sont distincts de ceux de consultation et plaidoirie (Cass. 2e civ., 28 juin 2012, n° 11-23.624).

D Responsabilité

1 *Dominus litis*

1875 Le *dominus litis* verra sa responsabilité engagée notamment dans les cas suivants :
- négligence (Cass. 1re civ., 19 déc. 2013, n° 13-11.807) ;
- défaut d'informations suffisantes transmises à l'avocat correspondant (Cass. 1re civ., 8 juin 1994, n° 92-16.910, informations suffisantes en l'espèce).

CONSEIL Veiller à ce que l'information soit transmise au client de manière effective, notamment lorsqu'elle est adressée par le correspondant : une simple lettre adressée au client par l'avocat correspondant sans qu'il ne soit démontré que le client en ait eu connaissance ne suffit pas à exonérer la responsabilité du *dominus litis* concernant son devoir d'information (CA Paris, pôle 2, ch. 1, 14 févr. 2012, n° 10/13928).

2 Correspondant

1876 Le correspondant est dégagé de sa responsabilité uniquement à la **fin de la mission** (CA Paris, 24 janv. 2003).
Le degré de responsabilité n'est pas le même, selon que l'on est postulant ou correspondant :
- le postulant engagera sa responsabilité en tant que signataire de tous les actes de procédure ;
- la responsabilité du correspondant sera moindre (manquement à son devoir d'information notamment).

EXEMPLE • **Oubli de solliciter un pouvoir spécial du client pour déposer des conclusions de désistement sur instruction de l'avocat *dominus litis* (Cass. 1re civ., 2 févr. 1994, n° 92-12.467).**
• Manquement à l'obligation personnelle d'information et de conseil, même pour les clients assistés d'un avocat (Cass. 1re civ., 1er févr. 2005, n° 03-11.956).
S'agissant plus particulièrement du postulant :
– l'appel en garantie du *dominus litis* par le postulant est infondé, dès lors qu'il doit accomplir tous les actes de la procédure propres au succès de l'instance engagée par lui et ne pas laisser, par son inaction, périmer cette procédure (Cass. 1re civ., 20 janv. 1993, n° 90-18.504) ;
– en l'absence d'instruction du *dominus litis*, le postulant aurait dû s'adresser directement au client (CA Lyon, 1re ch., 10 juin 1999, n° 97/04390) ;
– le postulant est responsable en tant que mandataire du client et non du *dominus litis*, sans pouvoir reprocher à ce dernier de ne pas avoir corrigé l'erreur commise (CA Caen, 1re ch., sect. civ., 13 févr. 2007, n° 05/01089) ;
– en l'absence de faute permettant de mettre en jeu la responsabilité du *dominus litis* à l'égard de son client, aucune faute ne peut être davantage retenue à l'égard du postulant (CA Lyon, 1re ch., 2 juill. 2015, n° 13/10034).

CHECK-LIST **• Rechercher si la représentation d'un avocat est obligatoire.**
• Vérifier la compétence du postulant.
• Vérifier l'absence de conflit d'intérêts.
• Communiquer à l'avocat correspondant les informations nécessaires au bon déroulement de la procédure.
• Communiquer à l'avocat correspondant les pièces, conclusions et dossier de plaidoirie dans les délais.
• Vérifier que l'avocat correspondant a réalisé les diligences dans les délais.
• Transmettre les informations au client.
• S'assurer du règlement par le client des honoraires de l'avocat correspondant.

POUR ALLER PLUS LOIN...

Fascicules JurisClasseur
• *JCl. Procédure civile*, fasc. 300-60 (avocats – généralités – fonctions).
• *JCl. Procédure civile*, fasc. 300-90 (avocats – obligations et prérogatives).
Synthèses JurisClasseur
• *JCl. Procédure civile*, Synthèse 30, *Avocats*.
• *JCl. Responsabilité civile et Assurances*, Synthèse 50, *Activités juridiques*.
Fiches pratiques
• V. Fiche 4 : Saisir le tribunal judiciaire par assignation.
• V. Fiche 83 : Procédure contentieuse ordinaire avec représentation obligatoire devant la cour d'appel.

Fiche 73
Intervenir en justice

Nicolas GERBAY

Sommaire

I
Aperçu rapide

A Éléments clés

1877 L'intervention est une demande dont l'objet est de rendre un tiers, partie au procès engagé entre les parties originaires (CPC, art. 66). L'intervention, à l'instar de la demande reconventionnelle ou additionnelle, est une demande incidente (CPC, art. 63). Il en existe plusieurs formes aux modalités différentes.

1 « Vraies » interventions

1878 L'intervention volontaire est à distinguer de l'intervention forcée. L'intervention sera ensuite qualifiée en fonction des intentions de l'auteur.

• Quand l'intervention est volontaire, un tiers cherche à s'immiscer dans le lien d'instance originaire pour participer à une procédure introduite sans lui :

– si l'intervention est volontaire, elle peut être **principale**. Il s'agira alors d'élever une prétention au profit de celui qui la forme (CPC, art. 329, al. 1er). Un tiers cherche la condamnation d'une partie au procès initial en participant à une procédure qui lui était jusqu'à présent étrangère. Il profite d'un lien d'instance déjà créé pour venir s'y greffer et que soit tranchée la prétention qu'il émet à titre personnel (Cass. 2e civ., 14 janv. 2021, n° 18-22.984 : *Procédures* 2021, comm. 62, obs. Y. Strickler : pour une intervention volontaire du CNB qui demeure recevable malgré le désistement de l'une des parties),

– si l'intervention est volontaire, elle peut aussi être **accessoire**. Il s'agira alors d'appuyer les prétentions, d'apporter son soutien à l'argumentation d'une des parties contre son adversaire (CPC, art. 330, al. 1er).

• Quand l'intervention est forcée, ce sont les parties initiales qui cherchent à faire entrer un tiers à la procédure dans les liens de l'instance primitive :
- si l'intervention est forcée, elle peut l'être à finalité de condamnation. Une partie à l'instance initiale cherche à obtenir une condamnation d'un tiers extérieur jusqu'ici au procès ;
- si l'intervention est forcée, elle peut l'être à finalité de déclaration de jugement commun. Une partie à l'instance initiale cherche alors à étendre à un tiers l'autorité de chose jugée attachée au jugement qui va être prononcé, ce qui lui interdira de pouvoir recourir à une tierce opposition (Cass. 3e civ., 23 juin 1981, n° 79-17.108).

ATTENTION L'avocat doit se montrer vigilant quant à la nature de l'intervention dont il est question dans son dossier.
Si l'intervention a vocation à étendre le lien d'instance à de nouvelles personnes, l'intervention peut aussi entraîner un élargissement de la matière litigieuse.

2 « Fausses » interventions

1879 Plusieurs faux amis mettent à mal la compréhension de la notion d'intervention telle qu'elle est entendue par le Code de procédure civile. Bien souvent on évoque l'intervention d'un individu alors que procéduralement, il ne s'agit pas d'une réelle intervention.

• Cas du mineur lorsqu'il demande à être entendu dans une procédure le concernant : il n'intervient pas au procès au sens technique du terme, son audition ne lui confère pas la qualité de partie (C. civ., art. 388-1).

• Cas du ministère public intervenant en tant que partie jointe à une procédure pour faire connaître son avis sur l'application de la règle de droit.

• Cas du mandataire à la protection des majeurs, du tuteur ou du curateur même si l'on parle de son intervention. En réalité, il s'agit de questions entourant les conditions d'exercice de l'action en justice que l'on cherche souvent à régulariser (Cass. 3e civ., 5 oct. 2017, n° 16-21.499).

B Textes

- CPC, art. 66.
- CPC, art. 325 et s.
- CPC, art. 554 et s.
- CPC, art. 802.
- CPC, art. 906-2, 906-3, 910, 913-5.

II Préparation

A Informations préalables

1880 Quel que soit le type d'intervention en cause, les interventions obéissent d'abord à des conditions communes de recevabilité. Il faut en effet tirer les conséquences de la qualification opérée par le Code de procédure civile.

S'agissant d'une demande, son auteur doit classiquement respecter les conditions de recevabilité de celle-ci, il doit par conséquent avoir un intérêt à agir, voire une qualité à agir et une capacité pour la présenter valablement.

C'est au juge du fond qu'il revient d'apprécier souverainement si l'intervenant a ou non un intérêt à agir (Cass. 2e civ., 3 janv. 1979, n° 77-11.318 : *JurisData* n° 1979-000005) ou une qualité à agir (Cass. 1re civ., 27 janv. 2021, n° 19-15.921 : pour l'intervention d'un père biologique dans la procédure d'adoption de son enfant).

L'intervenant doit être un tiers à la procédure initiale. Il ne doit pas déjà être partie ou représenté au procès.

REMARQUE **Cette condition sera remplie si une même personne figure déjà dans la procédure en tant que représentant légal d'une personne morale et qu'il intervient à l'instance à titre personnel.**

B Inventaire des solutions et éléments de décisions

1881 L'intervention peut se réaliser :
- en première instance ;
- en appel.

1 Intervention en première instance

a) Intervention volontaire principale

1882 Avec l'intervention volontaire principale, il s'agit d'élever une prétention au profit de celui qui la forme.
Une personne dont les droits et obligations ne sont pas en discussion n'a pas qualité pour défendre à l'action engagée contre son débiteur de sorte que l'intervention des sociétés qui ne tendait qu'à contester une procédure d'exécution diligentée contre leur débiteur, est irrecevable (Cass. 2e civ., 27 sept. 2018, n° 17-20.134 : *Procédures* 2019, comm. 10, obs. Ch. Laporte).

ATTENTION Elle n'est recevable que si son auteur a le droit d'agir relativement à cette prétention (CPC, art. 329).

Cette intervention doit :
- émettre une prétention autonome aux demandes déjà présentées au juge ;
- présenter un lien suffisant avec les prétentions originaires.

L'intervention volontaire principale est possible tant que l'instance n'est ni éteinte ni radiée.

REMARQUE **L'intervention ne peut se greffer à la procédure initiale qui est mise en suspens. Seules les parties à l'instance radiée peuvent en réclamer le rétablissement, après accomplissement des diligences dont le défaut a été sanctionné (Cass. 2e civ., 21 juin 2007, n° 06-12.233 : *JurisData* n° 2007-039635).**

L'auteur de l'intervention volontaire devient par son initiative partie à l'instance. Il peut donc accomplir des diligences propres à interrompre, à l'égard de tous, le délai de péremption (Cass. 2e civ., 20 avr. 2017, n° 16-16.891).

b) Intervention volontaire accessoire

1883 Ce type d'intervention volontaire est beaucoup plus rare en ce qu'il ne consiste qu'à appuyer les prétentions d'une partie.

RETOUR D'EXPÉRIENCE Cette intervention est principalement le fait de certains groupements tels que des syndicats professionnels, des ordres professionnels ou des associations agréées qui participent au procès au soutien d'une partie.

La recevabilité de l'intervention volontaire accessoire est conditionnée à l'intérêt de son auteur à soutenir une partie pour la conservation de ses droits (CPC, art. 330).
C'est au juge du fond qu'il revient d'apprécier souverainement l'existence de cette condition (Cass. com., 14 oct. 2020, n° 18-15.840).

EXEMPLE **Cet intérêt a été reconnu :**
- à un syndicat professionnel dans le contentieux opposant une salariée à son employeur quant à l'interprétation d'une convention collective (Cass. soc., 23 janv. 2019, n° 17-22.769) ;
- à un syndicat dans le contentieux de la nullité d'un licenciement d'un salarié qui invoque une discrimination syndicale dès lors qu'il y a un risque d'atteinte à l'intérêt collectif de la profession (Cass. soc., 13 janv. 2021, n° 19-17.182).
- à une société eu égard à l'action de son salarié en ce qu'elle avait intérêt à voir trancher la question de l'applicabilité de l'article L. 937-7 du Code de la sécurité sociale aux contrats de prévoyance à adhésion obligatoire qu'elle avait souscrits pour en faire bénéficier son salarié (Cass. 2e civ., 16 juill. 2020, n° 18-14.351) ;
- à la Ligue nationale de rugby en soutien d'un club dès lors que le litige portait sur les effets de l'homologation des contrats à durée déterminée, délivrée par elle (Cass. soc., 21 sept. 2022, n° 21-14.171 : *JurisData* n° 2022-015157).
Par contre, le syndicat de la magistrature ne justifie pas d'un intérêt dans un litige relatif au rejet d'une mesure d'assistance éducative car elle n'est pas susceptible d'entraîner de conséquences pour l'ensemble de ses membres (Cass. 1re civ., 11 mai 2016, n° 15-18.731).
De même, une association qui n'invoque aucun intérêt autre que la défense des intérêts dont elle se prévaut ne justifie pas d'un intérêt légitime à intervenir dans une procédure en adoption plénière (Cass. 1re civ., 16 mars 2016, n° 15-10.577).

c) Intervention forcée

1884 Il s'agit pour le demandeur ou le défendeur initial d'attraire un tiers devant le juge pour le faire condamner ou en vue d'une déclaration de jugement commun (Cass. 2e civ., 24 sept. 2020, n° 19-17.009 : en matière de sécurité sociale).

Dès lors qu'un plaideur y a intérêt, un tiers peut être mis en cause afin de lui rendre le jugement commun (Cass. 2e civ., 7 juill. 2022, n° 20-16.933 : *JurisData* n° 2022-011407 ; *Procédures* 2022, comm. 221, obs. Y. Strickler).
Cet appel en garantie ne sera admis que s'il tend à la réparation d'un préjudice indemnisable (Cass. 3e civ., 23 mars 2018, n° 17-13.157).
Les conditions de mise en œuvre de ces deux types d'intervention sont similaires.

ATTENTION La présentation de la demande en intervention forcée ne doit pas être faite à la légère.

Les requérants ayant assigné en intervention forcée avant de soulever un déclinatoire de compétence ont présenté une défense au fond rendant irrecevable l'exception, malgré l'oralité des débats (Cass. 2e civ., 6 mai 1999, n° 96-22.143 : *JurisData* n° 1999-001950. – Cass. com., 16 oct. 2012, n° 11-13.658 : *JurisData* n° 2012-023274).

2 Intervention à hauteur d'appel

1885 L'intervention en cause d'appel peut s'expliquer par la conception de l'appel voie d'achèvement du litige en ce qu'un tiers non présent en première instance peut tout de même participer à la procédure devant la cour.

ATTENTION À compter du 1er septembre 2024 et ensuite du décret n° 2023-1391 du 29 décembre 2023, c'est désormais le conseiller de la mise en état dans le cadre du circuit long et le président de chambre dans le cadre du circuit à bref délai qui sont compétents pour statuer sur la recevabilité des interventions (CPC, art. 913-5, 5° et 906-3, 1°).

Peuvent intervenir en cause d'appel :
– les personnes qui n'ont pas été parties en première instance ;
– les personnes qui n'ont pas été représentées en première instance.

REMARQUE **Un mandataire qui figurait en première instance ès qualités peut être appelé en intervention en cause d'appel à titre personnel.**

ATTENTION La partie, qui de son propre fait s'est abstenue de faire appel, ne peut intervenir devant la cour en session de « rattrapage ».

L'intervention en cause d'appel suppose la démonstration d'un intérêt qui relève du pouvoir souverain des juges du fond.

EXEMPLE **Le défendeur potentiel à une action au fond envisagé après qu'une mesure d'instruction a été ordonnée sur requête est nécessairement une personne intéressée de sorte qu'elle est recevable à intervenir à titre principal en cause d'appel (Cass. 2e civ., 1er sept. 2016, n° 15-19.799 : *JCP* G 2016, 1065, obs. J. Théron).**

a) Intervention volontaire en appel

1886 L'intervention volontaire en cause d'appel n'est possible que s'il existe un lien suffisant entre l'intervention et les prétentions des parties (Cass. 3e civ., 18 févr. 2009, n° 08-10.919 : *JurisData* n° 2009-047101).
Le juge dispose en la matière d'un pouvoir souverain d'appréciation (Cass. ch. mixte, 9 nov. 2007, n° 06-19.508 : *Procédures* 2008, comm. 5, obs. R. Perrot. – Cass. 2e civ., 9 janv. 2020, n° 18-23.975).
Il appréciera le caractère suffisant du lien entre l'ensemble des demandes (Cass. 1re civ., 10 janv. 2006, n° 03-17.839 : *JurisData* n° 2006-031594).

ATTENTION Il ne s'agit pas de profiter de l'intervention en appel pour soumettre à la cour un litige nouveau : il n'est pas possible de demander des condamnations n'ayant pas subi l'épreuve du premier degré de juridiction (Cass. 2e civ., 11 juin 1975, n° 73-14.233 : *Bull. civ.* II, n° 172).
Sont irrecevables les interventions volontaires qui ont pour objet de réclamer des condamnations personnelles non soumises au premier juge (Cass. 1re civ., 11 juill. 2018, n° 17-18.177).

b) Intervention forcée en appel

1887 La demande en intervention forcée en cause d'appel n'est possible qu'à la condition restrictive d'une évolution du litige qui implique la mise en cause du tiers (CPC, art. 555).
La condition tenant à l'évolution du litige est commune à l'intervention forcée aux fins de condamnation comme en vue de la déclaration d'arrêt commun (Cass. 3e civ., 8 nov. 1977, n° 76-10.455 : *Bull. civ.* III, n° 378).

III
Mise en œuvre

A Mise en œuvre générale

1888 Les textes régissant les conditions de l'intervention figurent dans les dispositions communes applicables à toutes les juridictions du Code de procédure civile.
Rien ne s'oppose donc à ce que l'intervention soit recevable :
- devant une juridiction de droit commun ou spécialisée (Cass. 2e civ., 12 févr. 2015, n° 13-26.133) ;
- dans le cadre d'une instance en référé ;
- dans le cadre d'une procédure à jour fixe (Cass. 3e civ., 1er oct. 2020, n° 18-15.670 : sur l'absence de nécessité de solliciter au préalable une autorisation d'assigner à jour fixe) ;
- au cours d'une procédure gracieuse ou contentieuse ;
- dans le cadre d'une tierce opposition (Cass. com., 26 mai 2010, n° 09-14.241) ;
- voire d'un recours en révision (Cass. 3e civ., 10 nov. 2016, n° 14-25.318 : *JCP* G 2016, 1348, obs. F. Defferrard).

ATTENTION La demande en intervention constitue une demande incidente, elle doit donc être mise en perspective avec les prétentions initiales soumises au juge (CPC, art. 70).
Ainsi, l'intervention n'est recevable que si elle se rattache aux prétentions des parties par un lien suffisant (CPC, art. 325. – Cass. 1re civ., 10 oct. 2018, nos 17-14.401 et 16-19.430 : pour un exemple en matière de santé publique).
Cette condition relève de l'appréciation souveraine du juge du fond (Cass. ch. mixte, 9 nov. 2007, n° 06-19.508 : *JurisData* n° 2007-041360).
Dès lors que les interventions sont susceptibles de ralentir le cours de l'instance, le juge peut statuer d'abord sur le principal pour envisager seulement ensuite de statuer sur l'intervention (CPC, art. 326).

B Mise en œuvre de l'intervention en première instance

1 Mise en œuvre de l'intervention volontaire principale

1889 L'intervention peut se faire à tout moment.

REMARQUE Devant le tribunal judiciaire, les demandes en intervention volontaire peuvent être présentées après l'ordonnance de clôture (CPC, art. 802, al. 2).

Pour ce qui est de la forme requise pour l'intervention volontaire, le procès étant déjà engagé, il suffit de :
- former la demande par le biais de conclusions écrites lorsque la procédure est avec représentation obligatoire (Cass. 2e civ., 9 juill. 2009, n° 08-17.741) ;
- se présenter devant le juge pour intervenir oralement quand la procédure est sans représentation obligatoire (Cass. 3e civ., 14 janv. 2016, n° 14-18.698).
Si la demande est faite à l'encontre d'une partie défaillante, il conviendra d'intervenir dans les formes prévues pour introduire l'instance initiale devant la juridiction déjà saisie (CPC, art. 68, al. 2).
Le jugement final aura autorité de chose jugée à l'égard des parties initiales comme de l'intervenant volontaire principal qui ne pourra former un recours en tierce opposition mais qui aura la possibilité d'exercer les mêmes voies de recours que les parties aux mêmes conditions.
Il en va autrement concernant l'associé confronté à la procédure collective de sa société. Le jugement d'ouverture d'une procédure de liquidation ne peut faire l'objet d'un appel de la part d'un associé de cette société. Il importe peu qu'il soit intervenu volontairement en première instance pour contester la déclaration de cessation des paiements. Cette intervention, même principale, ne lui ouvre pas la voie de l'appel (Cass. com., 14 sept. 2022, n° 21-12.755).

2 Mise en œuvre de l'intervention volontaire accessoire

1890 Avec l'intervention volontaire accessoire, l'intervenant ne propose pas au juge un nouveau litige : sa demande est interdépendante d'avec le contentieux principal.
Le sort de l'intervention accessoire suit le sort de la demande initiale :
- si la demande initiale est frappée d'irrecevabilité, l'intervention accessoire en sera affectée ;
- si l'instance est éteinte pour désistement, acquiescement ou transaction, l'intervention

accessoire disparaîtra (Cass. 2e civ., 6 sept. 2018, n° 17-17.123).

> REMARQUE **L'intervenant accessoire :**
> **– ne peut exercer de voie de recours contre la décision finalement rendue par le juge si elle ne le satisfait pas. Seule la partie concernée initialement par le lien d'instance est en mesure de décider d'un éventuel recours (Cass. 2e civ., 21 févr. 2013, n° 11-17.623) ;**
> **– n'a pas qualité pour former un pourvoi en cassation si la partie principale ne l'a pas fait (Cass. 3e civ., 22 juin 2016, n° 14-24.793).**

3 Mise en œuvre de l'intervention forcée

1891 Le tiers mis en cause doit être appelé à la procédure en temps utile pour faire valoir sa défense (CPC, art. 331), ce même assigné en déclaration de jugement commun (Cass. 2e civ., 17 nov. 1982, n° 80-41.248 : *JurisData* n° 1982-702553).
L'exigence du contradictoire apparaît ici d'autant plus importante car dans ce cadre le tiers pourrait être condamné.
D'après l'article 332 du Code de procédure civile, le juge peut aussi inviter les parties à mettre en cause tous les intéressés dont la présence lui paraît nécessaire à la solution du litige.
Il en va par exemple ainsi en raison de l'indivisibilité d'un litige qui implique la mise en cause d'un tiers (Cass. com., 16 janv. 2019, n° 16-26.989 : *Procédures* 2019, comm. 87, obs. B. Rolland : pour la mise en cause d'un liquidateur en matière de procédure collective).

> ATTENTION Il ne s'agit généralement que d'une simple invitation et non d'une obligation même si un arrêt récent dans le contentieux spécifique d'un conflit d'affiliation suggère que le juge doit lui-même mettre en cause les caisses concernées pour satisfaire à une unité du litige lorsque les parties ne l'ont pas fait (Cass. soc., 24 sept. 2020, n° 19-17.009 : *Procédures* 2020, comm. 199, obs. A. Bugada).

En **matière gracieuse**, le juge peut ordonner la mise en cause des personnes dont les droits risquent d'être affectés par sa décision.
La mise en cause d'un tiers se fait dans les **formes** prévues pour l'introduction de l'instance devant la juridiction saisie (CPC, art. 68, al. 2) et non par le biais de simples conclusions (Cass. com., 22 mars 1994, n° 91-15.348 : *JurisData* n° 1994-000765).
La demande en intervention forcée doit exposer les prétentions et les moyens de la partie qui la forme et faire état des pièces justificatives (CPC, art. 67).
Le tiers devient partie à l'instance initiale et doit respecter le cours de la procédure enclenchée sans lui. Il doit répondre aux sollicitations du juge et respecter ses convocations.
Le jugement aura autorité de chose jugée pour le tiers comme pour les parties primitives. L'intervenant forcé disposera des mêmes voies de recours que les parties initiales.

C Mise en œuvre de l'intervention en appel

1 Mise en œuvre de l'intervention volontaire en appel

> EXEMPLE **Pour que la demande en intervention volontaire devant la cour d'appel soit recevable, elle doit procéder des demandes originaires.**
> **Ainsi, une épouse peut intervenir pour obtenir la nullité d'une vente que son mari avait déjà invoquée comme moyen de défense en première instance (Cass. 1re civ., 11 janv. 1983, n° 80-15.945 : *JurisData* n° 1983-700022).**

1892 L'intervention volontaire se matérialise par des conclusions qui doivent comporter l'ensemble des mentions exigées par les écritures d'appel (Cass. 2e civ., 17 déc. 1988, n° 96-20.411 : *JurisData* n° 1998-004824).
L'intervenant volontaire dispose, à peine d'irrecevabilité, d'un délai de trois mois pour conclure à compter de son intervention dans la procédure d'appel à circuit long et d'un délai de deux mois en circuit court (CPC, art. 910, al. 2 et 906-2, al. 4).
Une **intervention verbale** devant la cour est possible si la procédure devant elle est sans représentation obligatoire (Cass. 1re civ., 2 févr. 1994, n° 91-22.054 : *JurisData* n° 1994-000216).
Si l'intervenant se prévaut d'un droit propre qu'il est seul habilité à exercer, l'intervention volontaire n'est plus nécessairement liée au sort de l'action principale (Cass. 2e civ., 11 avr. 2013, n° 12-18.931 : *JurisData* n° 2013-006985). C'est ainsi que l'intervention volontaire de la Ville de Paris a été considérée recevable malgré l'irrecevabilité de l'appel

du procureur de la République en ce que l'intervenant se prévalait d'un droit propre issu des dispositions de la loi n° 2016-1547 du 18 novembre 2016 (Cass. 3e civ., 16 mai 2019, n° 17-24.474).
L'irrégularité affectant la demande principale n'a pas pour effet d'entraîner l'irrecevabilité de l'intervention (Cass. 2e civ., 13 juill. 2006, n° 05-16.579).
Si le débiteur mis en liquidation judiciaire est irrecevable à former appel d'un jugement concernant son patrimoine, cette fin de non-recevoir peut être régularisée par l'intervention du liquidateur dans le délai d'appel (Cass. com., 18 janv. 2023, n° 21-17.581 : *JurisData* n° 2023-000350).

2 Mise en œuvre de l'intervention forcée en appel

1893 L'intervention en cause d'appel est recevable dès lors qu'elle est motivée par une **circonstance révélée postérieurement au jugement** entrepris et modifiant les données du litige (Cass. 3e civ., 3 juin 2004, n° 03-10.114 : *JurisData* n° 2004-023921).
L'évolution du litige n'est caractérisée que par la révélation d'une circonstance de fait ou de droit, née du jugement ou postérieure à celui-ci, modifiant les données juridiques du litige (Cass. ass. plén., 11 mars 2005, n° 03-20.484 : *JurisData* n° 2005-027554. – Cass. 2e civ., 5 sept. 2019, n° 18-18.119).
• Survenance depuis la décision de première instance d'une jurisprudence nouvelle (Cass. 1re civ., 15 janv. 1985, n° 83-14.058 : *JurisData* n° 1985-000365).
• Révélation d'un élément de fait inconnu en première instance (Cass. 1re civ., 10 déc. 1991, n° 90-14.496).
• Revente du bien, objet de la contestation (Cass. 3e civ., 10 nov. 2016, n° 14-25.318).

ATTENTION Il ne s'agit en aucun cas de corriger un oubli ou une négligence (Cass. 3e civ., 11 déc. 2013, n° 12-22.735).
Si l'élément était connu avant la clôture des débats en première instance, l'intervention est exclue, faute de réelle évolution du litige (Cass. soc., 4 juill. 2018, n° 16-29.051).
Il en va de même si l'élément aurait pu ou dû être connu (Cass. 2e civ., 11 avr. 2013, n° 12-14.476 : *JurisData* n° 2013-009368).
Une mise en liquidation judiciaire, étant opposable à tous dès sa publication, ne constitue pas une évolution du litige permettant la mise en cause d'un tiers (Cass. 3e civ., 28 janv. 2009, n° 07-19.240). Cette solution rigoureuse a été étendue à l'ouverture d'une procédure collective quelle qu'elle soit.
Ainsi, l'ouverture d'une **procédure collective** à l'encontre de la société employeur ne modifie pas les données du litige et ne constitue pas une évolution de celui-ci permettant la mise en œuvre d'une intervention forcée du dirigeant à titre personnel (Cass. soc., 4 juill. 2018, n° 16-29.051 : *JCP* S 2018, 1299, obs. S. Brissy. – Cass. 2e civ., 11 févr. 2021, n° 18-16.535 : *JurisData* n° 2021-001684).
En matière de procédure collective, si l'appelant oublie de mettre en cause un mandataire, il doit inscrire un nouvel appel à son encontre qui sera joint au premier (Cass. 2e civ., 2 juill. 2020, n° 19-14.855).
La fin de non-recevoir tirée de l'absence d'évolution du litige au sens de l'article 555 du Code de procédure civile est proposée par toute partie qui y a intérêt (Cass. 3e civ., 12 févr. 1992, n° 89-70.423 : *JurisData* n° 1992-000334).

REMARQUE **Elle est d'intérêt privé ce qui exclut que le juge puisse la relever d'office (Cass. 2e civ., 5 sept. 2019, n° 18-18.784 : *Procédures* 2019, comm. 276, obs. H. Croze).**

Si la condition d'évolution du litige est remplie, l'intervention forcée en cause d'appel se matérialisera devant la cour par une assignation en justice qui indiquera au tiers que faute pour lui de constituer avocat dans un délai de quinze jours, il s'expose à ce qu'un arrêt soit rendu contre lui sur les seuls éléments fournis par son adversaire (Cass. 2e civ., 10 mai 1984, nos 82-15.548 et 18-18.784).
L'assignation doit être faite en temps utile pour que le tiers puisse faire valoir sa défense (CPC, art. 331, al. 3). Ce dernier doit pouvoir en effet invoquer des moyens propres à limiter son éventuelle garantie dont il incombe au juge du fond d'examiner le bien-fondé (Cass. 1re civ., 6 janv. 2021, n° 19-18.588).
L'intervenant forcé dispose dans la procédure d'appel avec désignation d'un CME, à peine d'irrecevabilité relevée d'office, d'un délai de trois mois pour conclure à compter de la date à laquelle la demande d'intervention lui a été notifiée (CPC, art. 910, al. 2). Il dispose d'un délai de deux mois en circuit court (CPC, art. 906-2, 4°).

CHECK-LIST **• Vérifier sa position procédurale :**
– sommes-nous demandeur ou défendeur à une intervention ?
• S'assurer du but visé par l'intervention afin de la qualifier.
• Ajuster le régime applicable à la hauteur de procédure concernée :
– en première instance ;

Intervenir en justice

– en appel : vérifier si le contentieux relève d'une procédure avec ou sans représentation obligatoire ; vérifier que la condition entendue très rigoureusement par la jurisprudence de l'« évolution du litige » qui autorise l'intervention forcée est bien remplie.

POUR ALLER PLUS LOIN…

Ouvrages

• L. Cadiet et E. Jeuland, *Droit judiciaire privé*, LexisNexis, 12e éd., 2023.

• J.-L. Gallet et E. de Leiris, *La procédure civile devant la cour d'appel*, LexisNexis, 2018.

• Ph. et N. Gerbay, *Guide du procès civil en appel*, LexisNexis, 2025/2026.

• R. Laher et Ch. Laporte, *Guide pratique de procédure civile*, LexisNexis, 2021.

Fiche 74

Mettre en œuvre une expertise judiciaire

Gwladys BEAUCHET
Actualisé par Jean-Luc FRAUDIN

Sommaire

I Aperçu rapide

A Caractéristiques générales

1894 L'expertise judiciaire est une **mesure d'instruction** ordonnée par le juge et confiée à un technicien compétent appelé expert, inscrit ou non sur une liste judiciaire.
L'expert désigné reçoit du juge une mission d'information précise, qu'il peut accepter ou refuser, et nécessitant des investigations complexes, sur des questions de fait, des informations de nature technique qui permettront d'éclairer le juge.
L'expert consigne ses constatations et ses conclusions dans un rapport d'expertise.

Cette mesure d'expertise peut être ordonnée soit avant le litige : mesure d'instruction *in futurum* (CPC, art. 145) soit pendant le litige (CPC, art. 144).
Il est à noter que l'expertise, obtenue dans le cadre d'une procédure participative de mise en état, a valeur de rapport d'expertise judiciaire (CPC, art. 1554, al. 2).

ATTENTION L'expertise doit être distinguée de la simple constatation, laquelle vise uniquement à établir l'état d'une chose, d'un lieu, en le consignant dans un écrit qui n'a valeur que d'un simple renseignement (CPC, art. 249 à 255).

L'expertise ne doit avoir qu'un **caractère subsidiaire**, elle sera ordonnée si les constatations ou consultations ne suffisent pas à éclairer le juge (CPC, art. 263).

B Conditions d'utilisation

1 Expertise *in futurum* (CPC, art. 145)

a) Existence d'un motif légitime à conserver ou établir des faits dont peut dépendre la solution d'un éventuel litige

1895 Le demandeur doit démontrer :
- un intérêt, même éventuel, légitime et personnel à l'expertise ;
- que la demande d'expertise vise à conserver ou établir la preuve de faits pertinents et utiles en vue du litige éventuel ;
- l'existence d'un lien suffisant entre le litige futur, la mesure sollicitée et les faits qui en sont à l'origine. Il doit justifier d'éléments rendant crédibles les griefs allégués (CA Versailles, 14e ch., 20 oct. 2022, n° 22/00278) et que le litige potentiel n'est pas manifestement voué à l'échec (CA Paris, pôle 1, ch. 2, 14 mars 2024, n° 23/13997 : *JurisData* n° 2024-004361) ;
- l'existence d'un litige potentiel et d'un intérêt probatoire pour l'éventuel litige au fond. Il n'appartient pas à la juridiction des référés de trancher le débat de fond sur les conditions de mise en œuvre de l'action que cette partie pourrait ultérieurement engager (Cass. 2e civ., 19 janv. 2023, n° 21-21.265 : *JurisData* n° 2023-000344). Le juge apprécie souverainement la légitimité du motif.

La demande d'expertise peut être rejetée s'il est établi :
- que le demandeur peut facilement réunir les éléments de preuve nécessaires ;
- que la demande ne repose sur aucun fait précis, objectif et vérifiable permettant de démontrer l'existence d'un litige plausible, crédible bien qu'éventuel et futur et sur lesquels pourrait influer le résultat de l'expertise à ordonner (Cass. 2e civ., 10 déc. 2020, n° 19-22.619 : *JurisData* n° 2020-020181. – Cass. com. 27 janv. 2021, n° 18-22.551 : absence d'éléments de nature à étayer des soupçons sérieux de concurrence déloyale) ;
- que la prétention, au soutien de laquelle est sollicitée la mesure d'instruction, est manifestement vouée à l'échec, par exemple en raison de la prescription de l'action envisagée (CA Grenoble, 1re civ., 5 avr. 2022, n° 21/03624 : *JurisData* n° 2022-005645. – Cass. com., 18 janv. 2023, n° 22-19.539 : *JurisData* n° 2023-000287 : action au titre d'un prétendu dol manifestement voué à l'échec) ;
- que le demandeur n'a plus ni intérêt ni qualité pour solliciter une mesure d'instruction afin d'établir avant tout procès, la preuve de faits dont pourrait dépendre la solution d'un litige ;
- qu'elle n'était pas nécessaire à l'exercice du droit à la preuve du requérant et était disproportionnée aux intérêts antinomiques en présence (Cass. 2e civ., 25 mars 2021, n° 20-14.309 : *JurisData* n° 2021-004009).

ATTENTION L'article 146 du Code de procédure civile qui interdit d'ordonner une mesure d'instruction pour suppléer la carence d'une partie dans l'administration de la preuve ne s'applique pas lorsque le juge est saisi d'une demande fondée sur l'article 145 du même code (Cass. ch. mixte, 7 mai 1982, n° 79-11.814 : *JurisData* n° 1982-700910).

b) Absence d'un procès engagé

1896 La demande d'expertise *in futurum* doit être rejetée dès lors qu'une instance au fond est engagée.

La date d'enrôlement est la date à prendre en considération pour déterminer la date à laquelle le juge du fond a été saisi.

REMARQUE **L'existence d'une instance au fond ne fait obstacle à une mesure d'instruction *in futurum* que si les demandes portent sur un même litige à la date de la requête (Cass. 2e civ., 30 sept. 2021, n° 19-26.018 : *JurisData* n° 2021-015156).**

L'article 145 du Code de procédure civile n'exige pas que la personne qui supporte la mesure soit le défendeur potentiel au futur procès (Cass. 2e civ., 27 févr. 2014, n° 13-10.013 : *JurisData* n° 2014-003329).

c) Mesure légalement admissible

1897 La mesure d'expertise sollicitée doit être légalement admissible et ne doit pas conduire l'expert à formuler des appréciations juridiques.

2 Expertise judiciaire en cours de litige (CPC, art. 144)

1898 La mesure d'expertise peut être ordonnée **en tout état de cause**, dès lors que le juge

ne dispose pas d'éléments suffisants pour statuer : de l'acte introductif d'instance jusqu'à la clôture des débats devant une juridiction du premier ou second degré.
La mesure d'expertise sollicitée sur le fondement de l'article 144 du Code de procédure civile, ne peut être ordonnée sur un fait que si la partie qui l'allègue ne dispose pas d'éléments suffisants pour le prouver et elle ne peut être ordonnée en vue de suppléer la carence de la partie dans l'administration de la preuve (CPC, art. 146. – CA Paris, pôle 6, ch. 13, 29 janv. 2021, n° 17/12192 : *JurisData* n° 2021-001881).

C Avis du professionnel

1899 L'expertise judiciaire est un outil efficace d'administration de la preuve, indispensable à la résolution des litiges complexes.
Ne pas oublier qu'il peut se révéler coûteux.
Prendre en compte le fait, qu'après la désignation d'un expert, le demandeur n'a ensuite aucune maîtrise :
– de la durée de l'expertise (qui peut parfois être excessive) ;
– du coût engendré (les provisions nécessaires sont à la charge du demandeur à l'expertise) ;
– du résultat de l'expertise (qui s'imposera à toutes les parties et servira de base à l'appréciation du juge pour la décision au fond à intervenir).
Lorsque, le demandeur en référé a également assigné au fond et que les opérations d'expertise tardent, il doit solliciter une mesure du juge du fond afin d'éviter la péremption de l'instance.

> EXEMPLE **Afin d'interrompre le délai de péremption une partie peut formuler devant le juge du fond une demande de sursis à statuer dans l'attente du rapport d'expertise (Cass. 2e civ., 18 oct. 2018, n° 17-20.544 : *JurisData* n° 2018-018453).**

D Textes

1 Textes codifiés

- CPC, art. 143 à 178-2.
- CPC, art. 232 à 248.
- CPC, art. 263 à 284-1.

2 Textes non codifiés

- L. n° 71-498, 29 juin 1971, relative aux experts judiciaires, modifiée.
- D. n° 2004-1463, 23 déc. 2004, relatif aux experts judiciaires, modifié en dernier lieu par D. 2023-1968, 16 juin 2023.

E Schéma procédural

1 Expertise *in futurum* (CPC, art. 145)

1900 • Signification de l'assignation.
• Communication des pièces au contradicteur.
• Saisine de la juridiction des référés par dépôt de la première expédition de l'assignation au greffe.
• Audience de plaidoirie : procédure orale et contradictoire, une seule audience publique devant un juge unique, président de la juridiction en cause (à l'exception du conseil de prud'hommes : la formation des référés prud'homaux est composée de deux conseillers, l'un employeur, l'autre salarié. – C. trav., art. R. 1455-1).
• Prononcé de l'ordonnance en audience publique ou mise à disposition au greffe.
• Signification de l'ordonnance.
• Appel dans les **quinze jours** de la signification de la décision.

> ATTENTION Les mesures d'instruction peuvent être ordonnées sur requête ou en référé (CPC, art. 145), ce qui laisse supposer que le demandeur a le choix entre ces deux procédures. En réalité :
> – au nom du respect du principe du contradictoire, le juge des référés, saisi par assignation et suivant une procédure contradictoire, est le juge de droit commun de l'action introduite sur le fondement de l'article 145 et le juge des requêtes, l'exception ;
> – pour que la procédure puisse être engagée sur requête (CPC, art. 57), la nature de la mesure à ordonner doit être incompatible avec la contradiction, tout en restant légitime. Ainsi l'expertise, étant une mesure contradictoire par nature, elle ne saurait être sollicitée sur requête.

2 Expertise judiciaire en cours de litige (CPC, art. 144)

1901 • Saisine du juge en vue de l'expertise (CPC, art. 143) :
– saisine d'office du juge ;
– ou demande de l'une des parties au litige : la demande incidente doit exposer les prétentions

et les moyens de la partie qui la forme et indiquer les pièces justificatives (CPC, art. 67).
• Audience sur l'incident.
• Appel possible dans le mois de la décision sur autorisation du premier président de la cour d'appel en cas de motif grave et légitime (CPC, art. 272).

RETOUR D'EXPÉRIENCE En pratique, le juge opte souvent pour la disjonction d'instance.
Il statue préalablement au fond, puis dans un jugement distinct, statue sur la nécessité d'ordonner ou non une expertise judiciaire.

II Préparation

A Informations préalables

1902 Rappeler au client que :
– l'expertise ne sera ordonnée que si les constatations ou consultations ne suffisent pas à éclairer le juge (CPC, art. 263) ;
– il sera, dans la plupart des cas, chargé de faire l'avance des frais d'expertise jusqu'à ce que le juge du fond se soit prononcé sur le sort des dépens :
• l'expertise, dans certains cas, peut se révéler longue et coûteuse,
• le juge n'est pas lié par les conclusions de l'expert (CPC, art. 246).

B Contrôles préalables

1903 Vérifier :
– si une action a d'ores et déjà été engagée au fond en vue d'identifier le fondement de sa demande d'expertise (CPC, art. 144 ou 145) ;
– si l'action au fond n'est pas vouée à l'échec pour des raisons objectives et notamment si elle n'est pas prescrite ;
– les intérêts financiers en jeu en vue d'apprécier l'utilité d'une mesure pouvant engendrer un coût important ;
– si de simples constatations ou vérifications ne suffiraient pas à établir les faits en cause.

C Pièces nécessaires

1904 Le praticien doit disposer des pièces :
– nécessaires pour justifier de sa demande d'expertise et notamment des pièces permettant d'identifier la problématique du litige au fond et la nécessité de recourir à des investigations ;
– d'état civil et toutes informations nécessaires en vue de répondre aux exigences de forme de l'assignation, prescrites par la loi à peine de nullité (CPC, art. 54, 56 et 648).

D Coût de la procédure

ATTENTION Les frais d'expertise judiciaire sont intégralement pris en charge par l'État lorsque le demandeur est bénéficiaire de l'aide juridictionnelle totale ou partielle (Cass. 2e civ., 21 mars 2013, n° 11-27.208 : *JurisData* n° 2013-004980).

1905 En dehors du cas où le demandeur est bénéficiaire de l'aide juridictionnelle, le coût de la procédure est la suivante :
– **en cas de référé-expertise** :
• coût de la signification de l'assignation par commissaire de justice variable en fonction du montant de l'obligation pécuniaire (en moyenne 70 €) ;
– **dans l'hypothèse où le juge ordonne l'expertise** :
• versement d'une consignation (dépôt d'un chèque au service de la régie) par la partie désignée par le juge, qui sera, le plus souvent, le demandeur à l'expertise, au greffe de la juridiction dans un délai fixé par le juge ordonnant la mesure,
• le montant de cette consignation est une provision sur la rémunération définitive de l'expert (CPC, art. 269),
• au cours de l'expertise, des consignations complémentaires peuvent être ordonnées par le juge, sur demande de l'expert (CPC, art. 280) ;
– **à l'issue de la procédure d'expertise**, caractérisée par le dépôt du rapport définitif, le juge fixe la rémunération de l'expert en fonction notamment :
• des diligences accomplies,
• du respect des délais impartis,
• de la qualité du travail fourni (CPC, art. 284, al. 1er).
Le juge autorise l'expert à se faire remettre les sommes consignées au greffe. Si ces sommes sont insuffisantes, le juge indique la ou les parties

qui devront verser les sommes complémentaires (CPC, art. 284, al. 2).
La décision fixant la rémunération de l'expert est susceptible de recours par tout intéressé devant le premier président de la cour d'appel dans les conditions prévues en matière de vérification et de recouvrement des dépens (CPC, art. 724).

> **REMARQUE Les polices d'assurances responsabilité civile prévoient très souvent la prise en charge (plafonnée) des frais d'expertise et d'avocat.**
> **Il est donc indispensable d'en informer le client.**

III Procédure

A Assistance et représentation

1906 Les parties peuvent comparaître en personne ou se faire représenter.
Si elles souhaitent se faire représenter, l'assistance ou la représentation par un tiers suit les règles propres à chaque juridiction.

> **EXEMPLE Le président du tribunal judiciaire de Paris a jugé que la demande de désignation d'un expert judiciaire constitue une demande indéterminée qui ne peut se rattacher à une obligation d'un montant n'excédant pas 10 000 € et qu'en conséquence, la représentation par avocat est obligatoire (TJ Paris, ord. réf., 6 févr. 2020, n° 20/50490. – V. CPC, art. 761).**

B Compétence

1 Expertise *in futurum* (CPC, art. 145)

a) Compétence territoriale

1907 **Principe.** Le juge des référés compétent est celui de la juridiction territorialement compétente au fond – il s'agit donc, en principe, du juge dans le ressort duquel est situé le domicile du défendeur – **ou** celui dans le ressort duquel les mesures d'instruction *in futurum* sollicitées, doivent, même partiellement, être exécutées (Cass. 2e civ., 2 juill. 2020, n° 19-14.849 : *JurisData* n° 2020-009410).
• Le juge des référés du lieu de situation de l'immeuble en matière immobilière (CPC, art. 44).
• Le juge du lieu de conclusion, de livraison ou d'exécution du contrat en matière contractuelle.
• Le juge du lieu du fait dommageable en matière délictuelle, *etc.* (CPC, art. 46).

1908 **Clause attributive de juridiction.** Une clause attributive de compétence territoriale est inopposable à la partie qui saisit le juge des référés (Cass. 2e civ., 22 oct. 2020, n° 19-14.849 : *JurisData* n° 2020-016747).

b) Compétence matérielle

1909 **Principe.** Le juge des référés compétent *rationae materiae* est celui de la juridiction qui serait compétente au fond pour connaître du litige.

1910 **Clause compromissoire.** L'existence d'une convention d'arbitrage ne fait pas obstacle à l'application de l'article 145 du Code de procédure civile, sauf volonté expresse des parties d'exclure tout recours au juge des référés.

> ATTENTION Incompétence du juge des référés en matière d'expertise biologique et génétique (Cass. 2e civ., 12 juin 2018, n° 17-16.793 : *JurisData* n° 2018-010171).

2 Expertise en cours de litige (CPC, art. 144)

1911 Le juge compétent territorialement et matériellement est le juge de la mise en état de la juridiction saisie du litige au fond :
– juge de la mise en état devant le tribunal judiciaire (CPC, art. 789, 5°) ;
– conseiller de la mise en état devant la cour d'appel (CPC, art. 907) ;
– juge chargé d'instruire l'affaire devant le tribunal de commerce (CPC, art. 865).

C Rédaction de l'acte de saisine

1 Expertise *in futurum* (CPC, art. 145)

a) Assignation

1912 Le juge des référés est saisi par voie d'assignation, la procédure étant une procédure contradictoire.
L'assignation :
– est délivrée pour l'audience tenue à cet effet aux jours et heures habituels des référés (CPC, art. 485, al. 1er) ;
– contient à peine de nullité les mentions prescrites pour tous les actes d'huissier de justice (CPC, art. 648) ainsi que celles prévues aux articles 54 et 56 du Code de procédure civile.
Lorsque la représentation par avocat est obligatoire (demande supérieure à 10 000 € ou demandes indéterminées ayant pour origine l'exécution d'une obligation dont le montant excède 10 000 € ainsi que les affaires pour lesquelles le tribunal judiciaire a compétence exclusive quel que soit le montant de la demande CPC, art. 761, 3°. – COJ, art. R. 211-3-26) l'assignation contient en outre à peine de nullité (CPC, art. 752) :
– la constitution de l'avocat du demandeur ;
– le délai dans lequel le défendeur est tenu de constituer avocat : dans les quinze jours de l'assignation ou jusqu'à l'audience si l'assignation lui est délivrée dans un délai inférieur ou égal à quinze jours avant la date d'audience (CPC, art. 763).
Lorsque la représentation par avocat n'est pas obligatoire (V. CPC, art. 761, 1° à 3°), l'assignation contient, à peine de nullité :
– les mentions prescrites aux articles 54 et 56 du Code de procédure civile ;
– les nom, prénoms et adresse de la personne chez qui le demandeur élit domicile en France lorsqu'il réside à l'étranger.
L'acte introductif d'instance rappelle en outre les dispositions de l'article 832 et mentionne les conditions dans lesquelles le défendeur peut se faire assister ou représenter (V. CPC, art. 762), ainsi que, s'il y a lieu, le nom du représentant du demandeur (CPC, art. 753, al. 1er et 3).
Le cas échéant, l'assignation mentionne (que la représentation soit ou non obligatoire), l'accord du demandeur pour que la procédure se déroule sans audience en application de l'article L. 212-5-1 du Code de l'organisation judiciaire (CPC, art. 752, al. 4 et 753, al. 2).
L'assignation est signifiée au défendeur par un commissaire de justice selon les formes prévues par les articles 653 à 664-1 du Code de procédure civile.

RETOUR D'EXPÉRIENCE Le demandeur devra se rapprocher du greffe de la juridiction pour obtenir une date d'audience.

Si aucun délai minimum de comparution n'est prévu entre la délivrance de l'assignation et l'audience, il convient de prévoir un **délai raisonnable** ; en effet, le juge doit s'assurer qu'un délai « suffisant » s'est écoulé entre l'assignation et l'audience pour permettre au défendeur de préparer sa défense (CPC, art. 486).

REMARQUE **Dans le cadre du référé-expertise, il est possible de faire signifier l'assignation et les pièces concomitamment.**

CONSEILS PRATIQUES POUR L'ENRÔLEMENT DE VOTRE AFFAIRE (Les pratiques se mettent progressivement en place mais diffèrent beaucoup d'un tribunal à l'autre.)
1. Préparation de l'assignation (en laissant de la place pour ajouter par la suite la date et l'heure de l'audience).
2. Prise de date :
– *Via* RPVA pour le tribunal judiciaire : cliquez sur « Mise au rôle » puis « Inscription à une audience de référé » : remplissez les informations concernant les parties (demandeur puis défendeur) sans vous ajouter en tant que représentant (vous serez automatiquement ajouté à la fin). Choisissez la nature de votre référé et enfin votre date (soyez patient le temps que les dates s'affichent). Si la prise de date n'est pas possible *via* RPVA, vous devez contacter le greffe pour obtenir votre date, par téléphone, par mail ou en vous déplaçant directement par exemple.
3. Rajoutez la date et l'heure que l'on vous aura attribuées sur votre assignation.
4. Envoi par courriel, à un commissaire de justice, l'assignation à faire délivrer au défendeur avec les pièces. Précisez dans le mail que c'est votre client qui effectuera le règlement afin de ne pas avoir à le supporter. L'adresse du défendeur déterminera le commissaire de justice compétent.
5. Le commissaire de justice vous retournera par voie postale le « second original », appelé aussi « l'expédition » avec un procès-verbal de signification et une facture.
6. Placement.

7. Concernant le « timbre BRA » qui est une cotisation des ordres d'avocats du ressort des tribunaux judiciaires d'Île-de-France due en principe par l'avocat pour les placements et les constitutions en défense, la facturation est désormais électronique et remplace les timbres papiers qui ont cessé d'être mis en vente le 2 janvier 2020. Vous n'avez plus rien à faire, vous recevrez une facture par mail. Pour les procédures en attente d'intégration dans le RPVA, aucun timbre n'est exigé pendant cette période transitoire. Pour savoir si vous avez des factures en attente, rendez-vous sur votre espace professionnel / e-timbre.

b) Saisine de la juridiction

1913 La première expédition de l'assignation est remise au greffe.
Devant le tribunal judiciaire, sous réserve que la date de l'audience soit communiquée plus de quinze jours à l'avance, la remise doit être effectuée au moins **quinze jours** avant cette date, à peine de caducité (CPC, art. 754, al. 2 et 4).
En cas d'**urgence**, les délais de comparution et de remise de l'assignation peuvent être réduits par autorisation du juge (CPC, art. 755).
La juridiction n'est valablement saisie que par la formalité du placement, à savoir la remise de la première expédition de l'assignation au greffe.

c) Conditions procédurales spécifiques à l'audience de référé-expertise

REMARQUE **Le défendeur qui a acquiescé avant l'audience à une mesure d'instruction exécutée par un technicien ou sur une mesure d'expertise, est dispensé de comparaître (CPC, art. 486-1), le juge pouvant toujours ordonner qu'il soit présent.**
La décision rendue est contradictoire.

2 Expertise en cours de litige (CPC, art. 144)

1914 Le juge est saisi, par voie de conclusions, de la demande incidente tendant à la mise en œuvre d'une expertise.
La demande incidente doit exposer les prétentions de la partie qui la forme, ses moyens et indiquer les pièces sur lesquelles elle s'appuie (CPC, art. 67). Elle doit être formée de la même manière que sont présentés les moyens de défense (CPC, art. 68).
Dans les cas où la représentation par avocat est obligatoire, les demandes incidentes seront formées par voie de conclusions, signées du représentant et notifiées suivant la forme des notifications entre avocats (CPC, art. 671) au représentant de l'adversaire (CPC, art. 766).
Dans tous ces cas, les conclusions exprimant la demande incidente devront être remises en copie au greffe (CPC, art. 767 et 906).
Dans les cas où la représentation n'est pas obligatoire, c'est-à-dire surtout devant les juridictions spécialisées, les demandes incidentes peuvent être formées verbalement à l'audience, la procédure étant orale.

D Audience

1 Expertise *in futurum* (CPC, art. 145)

1915 L'affaire est plaidée au jour et à l'heure indiquée dans l'assignation.
La procédure est orale.
Les parties sont présentes ou représentées, selon les règles applicables à la juridiction saisie.
Le juge rapporteur déclare les débats clos et prononce sa décision sur le siège ou annonce la date à laquelle sa décision sera prononcée ou mise à disposition au greffe.

RETOUR D'EXPÉRIENCE Devant le juge des référés, communément nommé « juge de l'évidence » ou « de l'urgence », les plaidoiries sont souvent très courtes.
Il peut être utile de proposer le nom d'un ou plusieurs experts (contactés préalablement afin de s'assurer de leur disponibilité), au juge des référés. Certaines juridictions le demandent expressément.

NOTA Lorsque vous êtes en défense et que vous n'êtes pas opposé à la demande d'expertise de votre adversaire, ne perdez pas de temps à rédiger des conclusions en ce sens.
Contentez-vous de rédiger un « courrier de protestations et de réserves d'usage », dit « PR », signifiant que vous ne vous opposez pas à l'expertise mais que vous ne reconnaissez pas pour autant la responsabilité de votre client.
Lors de votre plaidoirie, contentez-vous de dire « PR » ou « protestations et réserves d'usage ». Pour le reste, l'audience se déroule de la même manière qu'une audience de référé classique.

2 Expertise en cours de litige (CPC, art. 144)

1916 La demande incidente aux fins d'expertise peut être jugée en même temps que la demande initiale, sauf possibilité pour le juge d'ordonner la disjonction.
Les parties comparaissent en personne ou sont représentées suivant les règles propres à chaque juridiction.

RETOUR D'EXPÉRIENCE Le juge opte souvent pour la disjonction et convoque les parties à une audience en vue de plaider uniquement sur l'incident.

E Décision

1 Règles communes

1917 La décision qui ordonne l'expertise doit :
- exposer les circonstances qui rendent nécessaire cette mesure ;
- nommer l'expert ou les experts. Le juge doit motiver son choix, en cas de désignation d'un expert qui ne serait pas inscrit sur les listes établies par les cours d'appel ou la Cour de cassation ;
- énoncer les chefs de la mission de l'expert ;
- préciser le délai dans lequel l'expert devra donner son avis (CPC, art. 265) ;
- fixer le montant de la provision à valoir sur la rémunération de l'expert (CPC, art. 269) ;
- le cas échéant fixer une date devant le juge pour que soit précisée la mission (CPC, art. 266).

Dès le prononcé de la **décision nommant l'expert**, le greffier de la juridiction lui en notifie copie par tout moyen.
L'expert fait connaître sans délai au juge son acceptation ; il doit commencer les opérations d'expertise dès qu'il est averti que les parties ont consigné la provision mise à leur charge, ou le montant de la première échéance dont la consignation a pu être assortie, à moins que le juge ne lui enjoigne d'entreprendre immédiatement ses opérations (CPC, art. 267).
À défaut de consignation dans le délai et selon les modalités impartis, la désignation de l'expert est caduque à moins que le juge, à la demande d'une des parties se prévalant d'un motif légitime, ne décide une prorogation du délai ou un relevé de la caducité.
L'instance est poursuivie sauf à ce qu'il soit tiré toute conséquence de l'abstention ou du refus de consigner (CPC, art. 271).

2 Expertise *in futurum* (CPC, art. 145)

1918 Le juge des référés rend une ordonnance exécutoire de plein droit à titre provisoire (CPC, art. 514).
En cas de nécessité, il peut ordonner que l'exécution de l'ordonnance aura lieu au seul vu de la minute (CPC, art. 489).

3 Expertise en cours d'instance (CPC, art. 144)

1919 Par exception au principe selon lequel une décision prescrivant une mesure d'instruction peut revêtir la forme d'une simple mention au dossier ou au registre d'audience, la décision ordonnant une expertise doit prendre la forme d'une ordonnance ou d'un jugement motivé (CPC, art. 265).
Lorsque la décision ne fait pas droit à une demande d'expertise, le juge n'a pas à la motiver. Une telle décision est insusceptible de recours immédiat.
Le refus d'une mesure d'expertise ne prendra donc la forme que d'une simple mention au dossier ou au registre d'audience.
Dans les deux cas, la décision n'est pas notifiée aux parties présentes le jour où elle est rendue. Le greffe envoie une lettre simple aux parties défaillantes ou absentes (CPC, art. 152).
L'appréciation de la qualité, de la pertinence comme de l'insuffisance des conclusions d'un rapport d'expertise judiciaire relève de la cour, juge du fond, saisie de surcroît d'un appel portant sur les dispositions du jugement de première instance écartant la nullité du rapport d'expertise. En conséquence, la demande de nouvelle expertise – qui s'analyse en une contre-expertise et non comme un simple complément d'expertise – ne peut prospérer devant le conseiller de la mise en état et sera rejetée (CA Dijon, 2e ch., civ., 23 janv. 2024, n° 23/00379 : *JurisData* n° 2024-001301).

F Recours ou contestation

1 Expertise *in futurum* (CPC, art. 145)

1920 Si la décision ordonnant la mesure d'instruction a été rendue avant tout procès au fond, les voies de recours s'exercent alors dans les conditions de droit commun.
L'appel ou l'opposition doivent être formés dans les quinze jours à compter de la notification de l'ordonnance (CPC, art. 490 et 528).

EXEMPLE Lorsqu'une mesure d'instruction a été ordonnée en référé, la décision du juge chargé du contrôle qui se prononce sur une difficulté d'exécution peut faire l'objet d'un appel immédiat (Cass. 2e civ., 9 sept. 2010, n° 09-69.613 : *JurisData* n° 2010-015580).

2 Expertise en cours de litige (CPC, art. 144)

a) Recours contre une décision ordonnant une expertise

1921 La décision qui ordonne ou modifie une mesure d'instruction :

– n'est pas susceptible d'opposition ;

– ne peut être frappée d'appel ou de pourvoi en cassation indépendamment du jugement sur le fond que dans les cas spécifiés par la loi (CPC, art. 150) et sauf jugement mixte, c'est-à-dire une décision tranchant dans son dispositif une partie du principal et ordonnant, dans le même temps, une mesure d'instruction (CPC, art. 544) ;

– peut être frappée d'appel indépendamment du jugement sur le fond sur autorisation du premier président de la cour d'appel s'il est justifié d'un motif grave et légitime (CPC, art. 272).

La partie qui veut interjeter appel saisit le premier président qui statue selon la procédure accélérée au fond (CPC, art. 272, al. 2).

L'assignation doit être délivrée dans le mois de la décision.

S'il fait droit à la demande, le premier président fixe le jour où l'affaire sera examinée par la cour, laquelle est saisie et statue comme en matière de procédure à jour fixe ou comme il est dit à l'article 948 du Code de procédure civile selon le cas (CPC, art. 272, al. 3).

La sanction du défaut d'autorisation est l'irrecevabilité de l'appel ;

– si le jugement ordonnant l'expertise s'est également prononcé sur la compétence, l'appel est formé, instruit et jugé selon les modalités prévues aux articles 83 à 89 (CPC, art. 272, al. 4) ;

– s'agissant d'une décision mixte, qui tranche, dans son dispositif, une partie du principal et ordonne une mesure d'instruction (tel un jugement qui statue sur le principe de la responsabilité et ordonne une expertise), elle peut être immédiatement frappée d'appel (CPC, art. 544), dès lors que l'appel est général, alors qu'elle ne peut l'être qu'avec l'autorisation du premier président si l'appel est limité à la mesure d'expertise (Cass. 2e civ., 4 févr. 2021, n° 20-11.751) ;

– le fait que l'appel immédiat de la décision ordonnant une expertise ait été déclaré irrecevable n'empêche pas la partie de relever de nouveau appel de cette décision, en même temps que le jugement sur le fond (Cass. 2e civ., 1er févr. 2006, n° 03-15.738 : *JurisData* n° 2006-031917).

b) Recours contre une décision refusant une expertise

1922 Les décisions refusant une expertise ne peuvent en principe faire l'objet d'un recours qu'avec la décision ayant statué sur le fond.

CONSEILS PRATIQUES LORS DU DÉROULEMENT DE L'EXPERTISE L'expert désigné par le juge vous convoque directement. Vous fixez avec lui, ainsi qu'avec votre confrère, la date de la première réunion d'expertise (n'hésitez pas à le contacter si vous n'avez aucune nouvelle après quelques mois). Vous pouvez lui envoyer des pièces tout en respectant le principe du contradictoire. Lors de cette première réunion, qui se tient directement sur les lieux, l'expert recueille vos observations et prend des photographies.

Vous recevez par la suite un « premier constat objectif », puis un « pré-rapport ».

Vous devez alors faire part de vos observations à l'expert, en rédigeant un « dire d'expert », que vous adressez également aux autres parties afin de respecter le principe du contradictoire. Il s'agit d'une lettre, sans formalisme particulier, dans laquelle vous justifiez de nouveau votre position eu égard aux constatations retenues dans le constat ou le pré-rapport. Sachez que l'ensemble des dires est annexé au rapport définitif.

CHECK-LIST • Vérifier que les conditions du référé-expertise ou de l'expertise judiciaire en cours de litige sont réunies :

– existence d'un motif légitime à conserver ou établir la preuve des faits dont peut dépendre la solution d'un éventuel litige (expertise *in futurum*) ;

– absence d'un procès engagé (expertise *in futurum*) ;

– le juge ne dispose pas d'éléments suffisants pour statuer (expertise en cours de litige) ;

• Rédiger l'assignation ou les conclusions.

POUR ALLER PLUS LOIN...

Fascicules JurisClasseur

- *JCl. Procédure civile*, fasc. 700-35, *Incidents de procédure – Mesures d'instruction – Dispositions générales.*
- *JCl. Procédure civile*, fasc. 700-80, *Mesures d'instruction exécutées par un technicien.*

Ouvrage

- F. Ruellan et N. Marie, *Droit et Pratique de l'expertise judiciaire civile*, LexisNexis, 3e éd., 2022.

Fiche 75

Contester une expertise judiciaire

Gwladys BEAUCHET
Actualisé par Jean-Luc FRAUDIN

Sommaire

A Caractéristiques générales

1923 La contestation d'une expertise judiciaire peut porter sur :
- l'opportunité de l'expertise judiciaire : il s'agit alors principalement de contester le bien-fondé de la décision ordonnant l'expertise ;
- la régularité de l'expertise : il s'agit alors d'évoquer la nullité du rapport du fait du non-respect de principes substantiels ;
- le choix de l'expert : il s'agit de remettre en cause les qualités de l'expert nommé en vue de solliciter sa récusation ou son remplacement ;
- le déroulement des opérations d'expertise : toutes difficultés liées à l'exécution des opérations d'expertise peuvent donc être soumises au juge qui a ordonné l'expertise ou au juge chargé du contrôle de l'expertise.

B Conditions d'utilisation

1 Contestation du bien-fondé de la décision ordonnant l'expertise

1924 Les recours possibles contre la décision ayant ordonné l'expertise varient selon que l'expertise a été ordonnée :
- avant tout le litige (l'expertise *in futurum*, CPC, art. 145. – V. *infra*, n° 1925) ; **ou**
- au cours d'un litige pendant devant une juridiction (CPC, art. 144. – V. *infra*, n° 1926).

a) Recours contre la décision ordonnant une expertise in futurum avant tout procès (CPC, art. 145)

1925 • Recours possible lorsque l'une des conditions de l'article 145 du Code de procédure civile n'est pas remplie (absence de motif légitime, absence d'un procès engagé, mesure légalement admissible).
• Les voies de recours s'exercent alors dans les **conditions de droit commun**. L'appel ou l'opposition doivent être formés dans les quinze jours à compter de la notification de l'ordonnance (CPC, art. 490 et 528).

b) Recours contre la décision ordonnant l'expertise au cours d'une instance principale (CPC, art. 144)

1926 • En principe, **appel différé** avec le jugement au fond (CPC, art. 150).
• **Appel immédiat sur autorisation du premier président** de la cour d'appel, s'il est justifié d'un motif grave et légitime (CPC, art. 272, mod. D. n° 2019-1419, 20 déc. 2019).

2 Contestation de la régularité de l'expertise judiciaire : nullité de l'expertise judiciaire

1927 • L'expertise est entachée de vices de forme.
• Application des règles relatives à la nullité des actes de procédure. Dès lors que les droits de la défense sont atteints, la mesure d'instruction devra faire l'objet d'une annulation.

3 Contestation du choix de l'expert

1928 • L'expert judiciaire peut être récusé pour les mêmes causes que les juges (CPC, art. 234), sans que cette liste soit limitative.
• La demande de récusation doit être faite avant le début des opérations ou dès la révélation de la cause de récusation (CPC, art. 234).
• Le remplacement de l'expert peut être sollicité en cas de manquement à ses devoirs.

4 Contestation du déroulement des opérations d'expertise

1929 • L'exécution des opérations d'expertise pose des difficultés.
• Ou, les parties souhaitent demander la modification de la mission de l'expert (CPC, art. 236) ou des précisions sur l'étendue de la mission de l'expert (CPC, art. 266).

C Avis du professionnel

1930 Il est indispensable d'identifier avec précision le but recherché :
– démontrer le caractère superflu du recours à l'expertise dans le contentieux en cause (recours contre la décision ordonnant l'expertise) ;
– modifier le choix de l'expert (récusation ou remplacement de l'expert) ;
– contester le déroulement des opérations d'expertise (recours au juge chargé du contrôle de l'expertise en vue d'une régularisation de la situation) ;
– l'annulation du rapport d'expertise (exception de nullité), étant précisé que, dans cette dernière hypothèse, une nouvelle expertise pourra être ordonnée par le juge, d'office ou à la demande des parties.
L'attention du client doit donc être attirée sur l'objet et la spécificité de chaque recours.

D Textes

1 Contestation du bien-fondé de la décision ordonnant l'expertise

• CPC, art. 143 à 154.
• CPC, art. 232 à 248.
• CPC, art. 263 à 284-1.
• L. n° 71-498, 29 juin 1971, relative aux experts judiciaires, modifiée. D. n° 2004-1463, 23 déc. 2004, relatif aux experts judiciaires, modifié en dernier lieu par D. n° 2023-1968, 16 juin 2023.
• A. 20 mai 2020, relatif à la communication par voie électronique en matière civile devant les cours d'appel : *JO* 21 mai 2020, modifié par A. 25 févr. 2022.

2 Contestation de la régularité de l'expertise judiciaire : nullité de l'expertise judiciaire

• CPC, art. 143 à 178-2.
• CPC, art. 263 à 284-1.
• CPC, art. 112 à 121.
• CPC, art. 234 et 235.
• COJ, art. L. 111-6.

3 Contestation du déroulement des opérations d'expertise

• CPC, art. 155 à 174.
• CPC, art. 232 à 255.
• CPC, art. 273 à 284-1.

E Schéma procédural

1 Contestation de la décision ordonnant l'expertise judiciaire

1931 Il convient de distinguer selon le moment où l'expertise judiciaire a été sollicitée, à savoir avant tout procès (V. *infra*, n° 1932) ou au cours du litige (V. *infra*, n° 1933).

a) Recours contre la décision ordonnant une expertise in futurum avant tout procès (CPC, art. 145)

1932 • Notification de l'ordonnance de référé : selon les règles prescrites par le droit commun de la notification des jugements (CPC, art. 675 à 682). La notification revêt en principe la forme d'une signification par commissaire de justice, sauf disposition légale contraire (ex. : en matière prud'homale, la notification est effectuée au moyen d'une lettre recommandée par les soins du greffe : C. trav., art. R. 1454-26).
• Déclaration d'appel adressée au greffe de la cour dans un délai de **quinze jours** à compter de la notification de l'ordonnance. En principe, les parties doivent constituer avocat, sauf dans les cas où la représentation n'est pas obligatoire en raison de la matière du litige.
• Procédure écrite et contradictoire **en cas de représentation obligatoire** : à compter de l'avis de fixation à bref délai par le président de la chambre, l'appelant signifie la déclaration d'appel dans les **dix jours** de la réception de l'avis de fixation qui lui est adressé par le greffe à peine de caducité de la déclaration d'appel relevée d'office par le président de la chambre ou le magistrat désigné par le premier président (CPC, art. 905-1, al. 1er). Cette signification doit indiquer à peine de nullité le délai de quinze jours dans lequel l'intimé doit constituer avocat (CPC, art. 905-1, al. 2).
• Si, entre-temps, l'intimé a constitué avocat avant la signification de la déclaration d'appel, il est procédé par voie de notification à son avocat (CPC, art. 905-1, al. 1er). À peine de caducité de la déclaration d'appel, relevée d'office par ordonnance du président de la chambre saisie ou du magistrat désigné par le premier président, l'appelant dispose d'un délai d'**un mois** à compter de la réception de l'avis de fixation de l'affaire à bref délai pour remettre ses conclusions au greffe (CPC, art. 905-2, al. 1er).
Si l'intimé n'a pas constitué avocat, l'appelant doit lui signifier ses conclusions dans le mois suivant le délai de remise au greffe (V. CPC, art. 911).
L'intimé dispose, à peine d'irrecevabilité relevée d'office par ordonnance du président de la chambre saisie ou du magistrat désigné par le premier président, d'un délai d'un mois à compter de la notification des conclusions de l'appelant pour remettre ses conclusions au greffe et former, le cas échéant, appel incident ou appel provoqué (CPC, art. 905-2, al. 2).
Les conclusions sont notifiées et les pièces communiquées simultanément par l'avocat de chacune des parties à celui de l'autre partie ; en cas de pluralité de demandeurs ou de défendeurs, elles doivent l'être à tous les avocats constitués.
Copie des conclusions est remise au greffe avec la justification de leur notification.
Les pièces communiquées et déposées au soutien de conclusions irrecevables sont elles-mêmes irrecevables (CPC, art. 906, al. 3).
• Procédure orale et contradictoire en l'absence de représentation obligatoire (V. CPC, art. 931 à 949).
• Audience de plaidoiries.
• Prononcé de l'arrêt en audience publique ou mise à disposition au greffe : l'arrêt rendu sur l'appel d'une ordonnance de référé a la même portée que celle-ci. Il n'a donc pas autorité de la chose jugée au principal.
• Signification ou notification de l'arrêt.
• Pourvoi en cassation dans les **deux mois** de la signification de l'arrêt (CPC, art. 612).

b) Recours contre la décision ordonnant l'expertise au cours d'une instance principale (CPC, art. 144)

1933 **Appel immédiat de la décision ordonnant une expertise** (CPC, art. 272, mod. D. n° 2019-1419, 20 déc. 2019).
• Assignation à fin d'autorisation d'appel immédiat devant le premier président de la cour d'appel dans **le mois** de la décision (CPC, art. 272, al. 2).
• Communication des pièces au contradicteur.
• Saisine du premier président, par dépôt du second original au greffe.
Le président statue selon la procédure accélérée au fond (CPC, art. 272, al. 2).
• Audience de plaidoiries :
– procédure orale et contradictoire ;
– une seule audience publique devant un juge unique.
• Prononcé de l'ordonnance : s'il fait droit à la demande, le premier président fixe le jour où l'affaire sera examinée par la cour (CPC, art. 272, al. 3), laquelle est saisie et statue comme en matière de procédure à jour fixe ou comme il est dit à l'article 948 du Code de procédure civile.
• Régularisation de l'appel par l'appelant : la déclaration d'appel vise l'ordonnance du premier président (CPC, art. 919). Elle doit être faite dans le délai d'un mois à compter de l'ordonnance du premier président (Cass. soc., 22 juill. 1986,

n° 83-45.937 : *JurisData* n° 1986-701468). L'autorisation de faire appel à jour fixe peut également être demandée dans les huit jours de la déclaration d'appel (CPC, art. 919, al. 3).

• Dans les procédures avec représentation obligatoire : l'affaire sera examinée par la cour, laquelle est saisie et statue comme en matière de procédure à jour fixe (CPC, art. 272, al. 3) :

– l'appelant assigne la partie adverse pour le jour fixé : sont joints à l'assignation copies de la requête, de l'ordonnance du premier président, et un exemplaire de la déclaration d'appel visé par le greffier ou une copie de la déclaration d'appel dans le cas mentionné au troisième alinéa de l'article 919 (CPC, art. 920) ;

– saisine de la cour par la remise d'une copie de l'assignation au greffe avant la date fixée pour l'audience, sous peine de caducité (CPC, art. 922).

• Dans les procédures sans représentation obligatoire : l'affaire sera examinée par la cour, laquelle est saisie et statue comme visé à l'article 948 du Code de procédure civile (CPC, art. 272, al. 3) :

– la partie adverse est convoquée par acte d'huissier de justice à la diligence du requérant (CPC, art. 948).

• Tenue de l'audience : au jour fixé pour l'audience par le premier président dans son ordonnance, l'affaire est appelée par priorité. La cour s'assure qu'il s'est écoulé un temps suffisant entre la convocation et l'audience pour que la partie convoquée ait pu préparer sa défense (CPC, art. 923 et 948).

• Prononcé de l'arrêt.

• Signification ou notification de l'arrêt.

• Pourvoi dans les **deux mois** de la signification de l'arrêt (CPC, art. 612).

1934 **Appel (différé) avec le jugement au fond.** En l'absence de motif grave et légitime ou en cas de refus du premier président de la cour, le jugement avant dire droit ordonnant l'expertise pourra toujours faire l'objet d'un appel dans les conditions de droit commun (V. Fiche 80 : Interjeter appel en matière contentieuse).

2 Contestations de la régularité de l'expertise judiciaire : exception de nullité

1935 Il n'y a pas de schéma procédural à proprement parler.

Les parties à une instance au cours de laquelle une expertise judiciaire a été ordonnée ne peuvent invoquer l'inopposabilité du rapport d'expertise en raison d'irrégularités affectant le déroulement des opérations d'expertise, lesquelles sont sanctionnées selon les dispositions de l'article 175 du Code de procédure civile qui renvoient aux règles régissant les nullités des actes de procédure (Cass. ch. mixte, 28 sept. 2012, n° 11-11.384 : *JurisData* n° 2012-011930).

1936 **Nullité pour vice de forme.** Le plaideur doit soulever l'exception de nullité, avant toute autre défense, dès qu'il s'aperçoit de l'irrégularité. Toute exception de nullité présentée après une fin de non-recevoir ou une défense au fond est irrecevable. La nullité est alors couverte (CPC, art. 112. – Cass. 1re civ., 30 avr. 2014, n° 12-21.484 : *JurisData* n° 2014-008549 ; *Procédures* 2014, comm. 164, R. Perrot).

Lorsqu'une partie invoque une fin de non-recevoir tirée de la prescription de l'action et la nullité du rapport d'expertise, elle doit prendre soin de soulever en premier la nullité du rapport d'expertise et ce, à peine d'irrecevabilité (CA Nancy, 1er ch. 29 nov. 2016, nos 2614/2016, 15/02441 : *JurisData* n° 2016-025952).

Nécessité d'invoquer simultanément tous les moyens de nullité contre les actes de procédure déjà faits, et ce, à peine d'irrecevabilité des moyens qui n'auraient pas été soulevés (CPC, art. 113).

Rien n'exige que les exceptions de nullité soient présentées par des conclusions séparées, préalables à celles contenant des défenses au fond. Il est permis de présenter les exceptions de procédure dans les mêmes conclusions contenant des défenses au fond, à condition que la défense au fond apparaisse bien après lesdites exceptions.

3 Contestation du choix de l'expert

1937 • Dépôt d'une requête ou de conclusions d'incident aux fins de récusation.

• Communication aux autres parties si contestation par voie de conclusions d'incident.

• Audience de plaidoiries si le juge l'estime nécessaire.

• Prononcé de l'ordonnance ou du jugement en audience publique ou mise à disposition au greffe.

4 Contestation du déroulement des opérations d'expertise

1938 • Saisine du juge par lettre, requête ou conclusions.

• Communication aux autres parties.

• Audience de plaidoiries.

• Décision du juge saisi : mention au dossier, ordonnance ou jugement.

POUR ALLER PLUS LOIN...

Fascicules JurisClasseur

- *JCl. Procédure civile*, fasc. 700-35, *Incidents de procédure. Mesures d'instruction. Dispositions générales.*
- *JCl. Procédure civile*, fasc. 700-80, *Mesures d'instruction exécutées par un technicien.*
- *JCl. Procédure civile*, fasc. 800-5, *Récusation. Abstention.*
- *JCl. Procédures Formulaire*, V° *Expertise*, fasc. 10.
- *JCl. Procédures Formulaire*, V° *Expertise*, fasc. 15.

Ouvrage

- F. Ruellan et N. Marie, *Droit et Pratique de l'expertise judiciaire civile*, LexisNexis, 3e éd., 2022.

Fiches pratiques

- V. Fiche 74 : Mettre en œuvre une expertise judiciaire.

Fiche 76

Invoquer la péremption d'instance

Aude du PARC

Sommaire

I Aperçu rapide

A Caractéristiques générales

1939 La péremption d'instance est un **incident de procédure** qui éteint l'instance lorsque les parties n'ont pas effectué de diligences pendant plus de **deux ans**.

La péremption peut en principe être invoquée devant toutes les juridictions civiles, par la partie qui y a le plus intérêt.

La péremption d'instance concerne toutes les juridictions (première instance, cour d'appel, cour de cassation) à l'exception des juridictions pénales lorsqu'elles statuent sur intérêts civils (Cass. 2e civ., 20 mai 1992, n° 90-15.496).

Le délai de péremption peut être interrompu ou suspendu.

Lorsque la direction de la procédure échappe aux parties, la péremption ne peut être invoquée :

– lorsque le juge de la mise en état fixe la date à laquelle l'affaire doit être plaidée, les parties n'ont plus à accomplir de diligences pour faire progresser l'affaire (Cass. 2e civ., 15 mai 2014, n° 13-17.294 : *JurisData* n° 2014-009910. – Cass. 2e civ. 30 janv. 2020, n° 18-25.012) ;

– en contentieux de la sécurité sociale, l'instance est périmée lorsque les parties s'abstiennent d'accomplir, pendant le délai de deux ans les diligences qui ont été expressément mises à leur charge par la juridiction (Cass. 2e civ., 1er déc. 2022, n° 21-15.589, F-B) ;

– lorsque les diligences à accomplir incombent au greffe (Cass. 2e civ., 15 janv. 2009, n° 07-22.074 : *JurisData* n° 2009-046526) ;

– lorsque les parties n'ont plus à accomplir de diligences de nature à faire progresser l'instance, le cours de la péremption est suspendu jusqu'à ce que le retrait du rôle soit ordonné, date à partir de laquelle un nouveau délai de deux ans commence à courir (Cass. 2e civ., 15 mai 2014, n° 13-17.294 : *JurisData* n° 2014-009910) ;

– lorsqu'une ordonnance de radiation subordonnant la reprise de l'instance à la notification des conclusions à la partie a été notifiée à la partie la moins diligente, le non-accomplissement de cette formalité dans un délai de deux ans à compter de la notification de l'ordonnance de radiation est de nature à entraîner la péremption de l'instance (Cass. soc., 26 oct. 2017, n° 16-17.017, inédit).

La saisine de la juridiction, quelles qu'en soient les modalités, est considérée comme le point de départ de l'instance susceptible de péremption.

Une fois l'instance introduite, la péremption est applicable tant que dure la procédure, c'est-à-dire jusqu'au prononcé d'un jugement définitif sur le fond.

REMARQUE **Quand la péremption est acquise, les conclusions de péremption, même déposées tardivement, ne peuvent pas être écartées par le juge (Cass. 2e civ., 31 janv. 2019, n° 18-12.021).**

B Conditions d'utilisation

1940 Pour soulever la péremption, il faut qu'une instance soit introduite.

La péremption d'instance peut être soulevée dès que le délai de péremption de **deux ans** est atteint (CPC, art. 385 et 386).

Le point de départ est la date d'enrôlement de l'affaire (Cass. 2e civ., 29 févr. 1984, n° 82-12.259).

Le délai de péremption se distingue du délai de prescription en ce qu'il est un délai de procédure.

Le défendeur à la péremption bénéficie, en application de l'article 642 du Code de procédure civile, d'une prorogation du délai expirant un samedi, un dimanche ou un jour férié au premier jour ouvrable suivant (Cass. 2e civ., 1er oct. 2020, n° 19-17.797). La péremption n'est plus encourue dès lors que les parties ne sont pas ou plus maîtres de la procédure.

EXEMPLE **La déclaration de créance au passif de la procédure collective du débiteur n'est pas isolément une diligence interruptive de péremption de l'instance en cours au moment de l'ouverture de la procédure collective. Seule une reprise régulière de l'instance en cours, qui nécessite également une mise en cause des mandataires de justice, interrompt le délai biennal de péremption qui court à l'encontre du créancier (Cass. com., 11 avr. 2018, n° 16-20.149).**

Le délai de péremption n'est pas interrompu par le seul fait de la désignation du juge de la mise en état, les parties ayant la possibilité de demander la fixation de l'affaire et de conduire la procédure (Cass. 2e civ., 22 juin 2017, n° 16-19.503, inédit : *JurisData* n° 2017-012559).

À compter de la fixation de la date des débats, les parties n'ont plus à accomplir de diligences de nature à faire progresser l'instance, de sorte que le délai de péremption se trouve suspendu, bien que cette fixation fût intervenue avant la clôture (Cass., avis, 9 janv. 2017, n° 16-70.011 : *JurisData* n° 2017-000175).

En l'absence de fixation de la date des débats, la mention « à fixer », portée par le greffe dans le dossier électronique de l'affaire, atteste seulement du dépôt des écritures des parties dans les délais réglementaires et il appartient encore aux parties de prendre des initiatives pour faire avancer l'instance ou obtenir une fixation si elles veulent éviter la péremption (Cass. 2e civ., 16 déc. 2016, n° 15-27.917 : *JurisData* n° 2016-026857).

REMARQUE **Les règles de computation des délais s'appliquent dans le calcul du délai de péremption (CPC, art. 641 et 642).**

La péremption ne peut être demandée avant l'expiration des délais nécessaires à son acquisition.

ATTENTION La péremption ne peut être soulevée que dans le cadre d'une seule et même instance : il n'est pas possible d'invoquer la péremption par exemple lorsque l'instance au fond est introduite plus de deux ans après le dépôt du rapport d'une expertise ordonnée en référé.

C Avis du professionnel

1941 Vérifier le point de départ du délai de péremption. Ce délai est déterminé par la dernière diligence de l'une quelconque des parties (V. *supra*, n° 1940).

Lorsque l'acte de procédure doit être accompli sur injonction du juge, le point de départ du délai de péremption s'entend du jour où la diligence a été exécutée par la partie qui en avait la charge.

La péremption doit, à peine d'irrecevabilité, être demandée ou opposée avant tout autre moyen (CPC, art. 388. – Cass. 2e civ., 15 oct. 2015, n° 14-19.811 : *JurisData* n° 2015-022727).

De manière générale, le cours du délai de péremption de l'instance est suspendu en l'absence de possibilité pour les parties d'accomplir des diligences de nature à accélérer le déroulement de l'instance, à compter de la date de la fixation de l'affaire pour être plaidée. Lorsque l'affaire fait ultérieurement l'objet d'une radiation, un nouveau délai de deux ans commence à courir (Cass. 2e civ., 30 janv. 2020, n° 18-25.012).

À l'inverse, le délai de péremption n'est pas suspendu lorsqu'en application de l'article 905 du Code de procédure civile, l'affaire est fixée à bref délai et que dans ce cadre, les parties sont invitées à la mettre en état pour qu'elle soit jugée (Cass. 2e civ., 2 déc. 2021, n° 20-18.122).

Il appartient au juge d'apprécier souverainement l'effet interruptif de la diligence accomplie.

D Textes

- CPC, art. 50, 378, 385, 386 à 393, 446-1, 500, 544, 607, 787 à 789, 795, 861-1, 910 et 916.
- CSS, art. R. 142-10-10.
- C. civ., art. 2243.

E Schéma procédural

1942 Pas de schéma procédural à proprement parler s'agissant de la péremption d'instance. Celle-ci doit être soulevée selon les règles propres à chaque juridiction lorsque les conditions de la péremption sont remplies, c'est-à-dire que le délai de deux ans est dépassé.

> ATTENTION La péremption doit, à peine d'irrecevabilité, être demandée ou opposée avant tout autre moyen (Cass. 2e civ., 15 oct. 2015, n° 14-19.811 : *JurisData* n° 2015-022727) y compris une fin de non-recevoir et dès les premières conclusions en appel de la décision ayant rejeté la péremption (Cass. 2e civ., 10 déc. 2020, n° 18-15.383).
> Elle est de droit.
> Le juge peut relever d'office la péremption après avoir invité les parties à présenter leurs observations (CPC, art. 388).

Invoquer la péremption d'instance

II Préparation

A Information du client

1943 Informer le client :

- de la possibilité de soulever la péremption d'instance, et lui expliquer que les conséquences d'une telle péremption sont l'extinction anticipée de l'instance ;
- que la péremption n'atteint que l'instance, elle ne touche pas l'action (CPC, art. 389) ;
- que si les parties ne sont pas prescrites ou forcloses, il est tout à fait possible d'engager une nouvelle procédure (C. civ., art. 2243) ;
- que lorsque la péremption d'instance est constatée en appel, elle donne automatiquement au jugement de première instance autorité de la force jugée, contre lequel les voies de recours sont désormais fermées (CPC, art. 390) ; pourvu cependant que le jugement de première instance ait été signifié, qu'une ordonnance du conseiller de la mise en état constatant la péremption de l'instance ait été rendue, et que ladite ordonnance ait acquis l'autorité de chose jugée en l'absence de déféré formé dans le délai de quinze jours suivant son prononcé (Cass. 2e civ., 10 juin 2021, n° 19-16.222) ;
- qu'en cas de péremption, la charge des frais de l'instance pèse sur celui qui a introduit l'instance (CPC, art. 393), donc cassation de l'arrêt qui laisse à la charge de chaque partie les frais irrépétibles et les dépens qu'elle a engagés (Cass. 2e civ., 29 janv. 2015, n° 13-25.732 : *JurisData* n° 2015-001478) ;
- qu'aucune demande de dommages et intérêts ne peut être effectuée du fait de la péremption.

B Contrôles préalables

1944 Vérifier que le **délai de deux ans est bien dépassé**.

Pour cela, il faut reprendre les règles de computation du délai, d'une part, et, d'autre part, vérifier qu'il n'y a ni interruption, ni suspension du délai.

- Computation du délai : en principe, le point de départ du délai de péremption correspond à la date de la dernière diligence de l'une des parties.

> EXEMPLE **Les dernières conclusions déposées, la date de l'opposition à injonction de payer.**

Le délai court à compter de la date impartie pour la réalisation des diligences ou, à défaut de délai imparti pour les accomplir, de la notification de la décision qui les ordonne (Cass. 2e civ., 24 nov. 2016, n° 15-11.468 : *JurisData* n° 2016-025000).

• Le point de départ du délai est décalé lorsqu'il existe un texte spécial par lequel le juge prescrit des diligences aux parties. C'est à compter de cette injonction aux parties que le délai de péremption commence.

ATTENTION Dans l'hypothèse d'un renvoi après cassation, le délai de deux ans court à compter du jour du prononcé de l'arrêt s'il a été rendu contradictoirement, mais du jour de la signification au défaillant s'il a été rendu par défaut.

Vérifier qu'il n'y a **ni interruption, ni suspension du délai** de deux ans.

EXEMPLE **Une demande d'aide juridictionnelle interrompt le délai de péremption (Cass. 2e civ., 19 nov. 2009, n° 08-16.698 : *JurisData* n° 2009-050342).**
La radiation n'interrompt pas le cours du délai de péremption (Cass. 2e civ., 24 sept. 2015, n° 14-20.299 : *JurisData* n° 2015-021149 ; *Procédures* 2015, comm. 348, obs. Y. Strickler).
Le dépôt au greffe de la cour d'appel de conclusions au fond, non assorti d'une demande de rétablissement de l'affaire alors radiée, ne constitue pas une diligence de nature à interrompre le délai de péremption (Cass. 2e civ., 1er sept. 2016, n° 15-14.551 : *JurisData* n° 2016-016027).
L'interruption du délai de péremption a pour conséquence de faire démarrer un nouveau délai de péremption de deux ans, qui commence à courir à compter de la fin de l'interruption de l'instance, c'est-à-dire à compter de l'accomplissement régulier des formalités de reprise d'instance (Cass. 2e civ., 5 avr. 1993, n° 91-18.734 : *JurisData* n° 1993-000700).

ATTENTION Lorsque l'interruption du délai de péremption est la conséquence de l'interruption de l'instance (CPC, art. 392), l'interruption ne bénéficie qu'à la victime de la cause de l'interruption, y compris en cas de pluralité de parties au procès.

L'interruption du délai de péremption, en dehors de l'hypothèse de l'interruption de l'instance, existe à chaque diligence accomplie par l'une des parties. Cette diligence constitue le point de départ d'un nouveau délai de deux ans (CPC, art. 386).
La notion de diligence interruptive de la péremption est un terme extrêmement vague, qui a donné lieu à de nombreuses jurisprudences.
Les critères de la jurisprudence sont les suivants :
- la diligence doit émaner d'une partie ;
- la diligence peut prendre la forme d'une démarche processuelle (peu importe laquelle) ;
- la diligence doit faire partie de l'instance susceptible de péremption et être destinée à la continuer.

ATTENTION Les diligences effectuées par l'expert désigné n'ont pas valeur de diligences.

REMARQUE **Même un acte irrégulier constitue une diligence interruptive, si la volonté du plaideur de poursuivre l'instance est sans équivoque (Cass. 3e civ., 29 oct. 1979, n° 78-13.282 : *Bull. civ.* III, n° 191).**

• Diligences avec effet interruptif : lettre des parties adressée au juge (Cass. 2e civ., 29 janv. 2015, n° 13-21.675 : *JurisData* n° 2015-001176).
• Diligences sans effet interruptif : tout acte qui ne traduit pas une volonté de poursuivre l'instance.
Le praticien doit retenir qu'en principe, le **délai de péremption n'est pas susceptible de suspension** (CPC, art. 392, al. 2).

ATTENTION La suspension du délai de péremption est admise lorsque la suspension de l'instance n'a lieu que pour un temps et jusqu'à la survenance d'un événement déterminé (CPC, art. 392).
Il s'agit notamment de l'hypothèse du **sursis à statuer** prononcé par le juge : « La décision de sursis suspend le cours de l'instance pour le temps ou jusqu'à la survenance de l'événement qu'elle détermine » (CPC, art. 378).

Il y a suspension du délai de péremption uniquement si la suspension résulte d'une véritable décision de sursis à statuer (Cass. 2e civ., 3 sept. 2015, n° 14-11.091).
Lorsque la suspension du délai de péremption est la conséquence d'une décision de sursis à statuer jusqu'à la survenance d'un événement déterminé, un nouveau délai court à compter de la réalisation de cet événement et non pas du jour où les intéressés

en ont eu, ou auraient pu, en avoir connaissance (Cass. 2e civ., 3 sept. 2015, n° 14-11.091 : *JurisData* n° 2015-019446). Une décision informelle ou une mention au dossier n'est pas suffisante.
La désignation d'un expert peut donner lieu à un sursis à statuer (Cass. 2e civ., 1er oct. 2009, n° 08-17.478), bien que dans cette hypothèse un tel sursis ne soit pas automatique (Cass. 2e civ., 6 mars 1991, n° 89-20.550).
La **régularisation d'une convention de procédure participative aux** fins de mise en état interrompt le délai de péremption lequel ne recommence à courir qu'à compter de l'extinction de cette convention (CPC, art. 392, al. 3).
En outre, lorsque l'instance a été interrompue par la décision de convocation des parties à une audience de règlement amiable, un nouveau délai court à compter de la première audience fixée postérieurement devant le juge saisi de l'affaire (CPC, art. 392, al. 4).
En outre, lorsque l'instance a été interrompue par la décision de convocation des parties à une audience de règlement amiable, un nouveau délai court à compter de la première audience fixée postérieurement devant le juge saisi de l'affaire (CPC, art. 392, al. 4).

REMARQUE **La Cour de cassation a procédé à un revirement de jurisprudence, permettant sous certaines conditions d'échapper à la péremption (Cass. 2e civ., 7 mars 2024, n° 21-19.475, FS-B : *JurisData* n° 2024-002632. – Cass. 2e civ., 7 mars 2024, n° 21-19.761, FS-B : *JurisData* n° 2024-002634. – Cass. 2e civ., 7 mars 2024, n° 21-20.719, FS-B : *JurisData* n° 2024-002637. – Cass. 2e civ., 7 mars 2024, n° 21-23.230, FS-B : *JurisData* n° 2024-002635 ; *Procédures* 2024, comm. 110, obs. R. Laffly) :**
Une fois que les parties ont accompli toutes les charges procédurales leur incombant, la péremption ne court plus à leur encontre, sauf si le conseiller de la mise en état fixe un calendrier ou leur enjoint d'accomplir une diligence particulière.
Il reste cependant prudent, au regard de l'article 386 du Code de procédure civile, de surveiller le délai de péremption.

C Pièces nécessaires

1945 Motiver la demande de péremption d'instance et communiquer toutes les pièces nécessaires qui la justifient.

D Coût de la procédure

1946 Soulever la péremption d'instance se fait forcément dans le cadre d'une procédure déjà en cours, et le seul fait de soulever la péremption n'a aucun coût autre que les honoraires d'avocat, qui sont libres (L. n° 71-1130, 31 déc. 1971, art. 10).
Les dépens sont mis obligatoirement à la charge de la partie qui a introduit l'instance.

III Procédure

A Assistance et représentation

1947 Pas d'assistance ou de représentation spécifique à la péremption d'instance.
Les règles d'assistance et la représentation dépendent de la procédure dans le cadre de laquelle la péremption d'instance a été soulevée.

B Compétence

1948 La péremption :
- doit être soulevée devant la juridiction en charge de la procédure pour laquelle la péremption est demandée (CPC, art. 50) ;
- constitue un incident qui, affectant cette instance, ne peut être prononcé que par la juridiction devant laquelle elle se déroule (Cass. com., 8 avr. 2015, n° 14-10.172 : *JurisData* n° 2015-007523).

Dans le cadre d'une procédure écrite devant le tribunal judiciaire, la compétence pour se prononcer sur la péremption de l'instance appartient exclusivement au juge de la mise en état (CPC, art. 787 et 789).
Devant la cour d'appel, la compétence appartient exclusivement au conseiller de la mise en état (CPC, art. 910).

ATTENTION La péremption d'instance doit donc être demandée au juge de la mise en état dans l'hypothèse d'un litige devant le tribunal judiciaire avec procédure écrite, ou devant le conseiller de la mise en état dans l'hypothèse d'un litige devant la cour d'appel, à peine d'irrecevabilité.

REMARQUE **Dans l'hypothèse où la péremption survient après le dessaisissement du juge de la mise en état ou du conseiller de la mise en état, celle-ci peut être demandée au tribunal ou à la cour, sans encourir d'irrecevabilité.**

C Rédaction de l'acte de saisine

1949 La péremption d'instance est soulevée :
- par voie de conclusions en procédure écrite ;
- à l'oral en procédure orale.

D Audience

1950 Une audience de plaidoirie se tient devant le juge de la mise en état.
Les parties sont entendues spécifiquement sur la péremption.
À peine d'irrecevabilité, la péremption doit être opposée ou demandée **avant tout autre moyen**.

E Décision

1951 La juridiction :
- constate la péremption et met fin à l'instance ;
- rejette l'incident de péremption.

Le juge n'a aucun pouvoir d'appréciation : la péremption est de droit (CPC, art. 388, al. 1er).
La décision doit constater :
- que le délai de péremption de deux ans est dépassé ;
- qu'aucune diligence n'a été effectuée durant ce délai ;
- que les modalités procédurales ont bien été respectées.

F Fin de la procédure

1952 L'incident de péremption prend fin lorsque la décision sur la péremption est rendue.
Le juge a deux options :
- constater la péremption d'instance ;
- rejeter l'incident de péremption.

Si la péremption est constatée par le juge, l'instance est éteinte (CPC, art. 385, al. 1er).
Il est alors impossible d'utiliser ou de se prévaloir des actes de la procédure périmée (CPC, art. 389).

ATTENTION L'interruption de la prescription est non avenue si le demandeur laisse périmer l'instance (C. civ., art. 2243).

REMARQUE **La péremption demandée par l'une des parties éteint l'instance au profit de toutes les autres (Cass. 2e civ., 1er sept. 2016, n° 15-18.909 : *JurisData* n° 2016-016031).**

Si l'instance est éteinte, le droit d'agir du demandeur existe toujours (CPC, art. 389), à moins qu'il soit forclos ou prescrit.
La péremption constatée en appel confère au jugement la force de la chose jugée, même s'il n'a pas été notifié (CPC, art. 390).
Le jugement étant passé en force de chose jugée, celui-ci n'est plus susceptible d'aucun recours (CPC, art. 500).

G Recours ou contestation

1953 La partie qui y a intérêt pourra former appel de la décision rendue.
L'appel se fait selon les formes prescrites par la décision rendue.

EXEMPLE **S'il s'agit d'une ordonnance du juge de la mise en état, le délai d'appel est de quinze jours à compter de la signification si le juge a constaté la péremption.**

Peut être immédiatement frappé d'appel le **jugement en premier ressort** qui constate la péremption (CPC, art. 544, al. 2).
Un jugement rendu **en dernier ressort** et qui constate la péremption peut fait l'objet d'un pourvoi en cassation (CPC, art. 607).
Le jugement qui rejette la demande de constatation de péremption ne peut pas être frappé d'appel indépendamment du jugement sur le fond (CPC, art. 544).
Les **ordonnances du juge de la mise en état** ne peuvent en principe être frappées d'appel ou de pourvoi en cassation qu'avec le jugement statuant sur le fond, sauf quelques exceptions notamment

si le juge de la mise en état constate qu'il y a péremption (CPC, art. 795).

En appel, les **ordonnances du conseiller de la mise en état** sont susceptibles de **déféré** devant la cour d'appel dans les **quinze jours** de leur date si la péremption d'instance est constatée (CPC, art. 916).

La **décision de réinscription au rôle de la cour d'appel** d'une affaire radiée pour inexécution du jugement entrepris est une mesure d'administration judiciaire, comme telle insusceptible de recours, de sorte qu'aucune procédure n'est ouverte à cette occasion pour soulever la péremption de l'instance (Cass. 2e civ., 22 sept. 2016, n° 15-19.662 : *JurisData* n° 2016-018934).

CHECK-LIST **• Vérifier l'absence de diligences pour faire avancer le procès.**
• Invoquer la péremption après l'expiration du délai nécessaire à son acquisition.
• Informer le client de la possibilité d'engager une nouvelle procédure s'il n'y a pas forclusion ou prescription de l'action.

POUR ALLER PLUS LOIN...

Fascicules JurisClasseur
- *JCl. Procédure civile*, fasc. 800-35.
- *JCl. Procédures Formulaire*, V° *Péremption de l'instance civile*, fasc. 10 (commentaires).
- *JCl. Procédures Formulaire*, V° *Péremption de l'instance civile*, fasc. 15 (formules).

Ouvrage
- H. Croze et Ch. Laporte, *Guide pratique de la procédure civile*, LexisNexis, 5e éd., 2017.

Fiche 77
Invoquer la prescription

Aude du PARC

Sommaire

I
Aperçu rapide

A Caractéristiques générales

1954 En phase judiciaire, le praticien peut utilement se prévaloir de la prescription afin de faire déclarer l'adversaire irrecevable en sa demande.
La prescription extinctive :
– est un « **mode d'extinction d'un droit résultant de l'inaction de son titulaire pendant un certain laps de temps** » (C. civ., art. 2219) ;
– permet d'éteindre l'action qu'une partie avait le droit de diligenter à l'encontre d'une autre ;
– se justifie par le souci de rendre une situation juridique conforme à la situation de fait qui s'est consolidée par l'écoulement du temps.
La prescription ne doit pas être confondue avec :
– la **forclusion**, qui sanctionne le défaut d'accomplissement d'un acte de procédure dans le délai imparti ; sauf dispositions contraires, les délais de forclusion ne sont pas soumis aux règles relatives à la prescription (C. civ., art. 2220) ;
– la **péremption**, qui constitue un mode d'extinction de l'instance, indépendamment de l'action (V. Fiche 76 : Invoquer la péremption d'instance).
La prescription constitue un moyen de défense ; elle est une **fin de non-recevoir** et tend à faire déclarer l'adversaire irrecevable en sa demande, sans examen au fond (CPC, art. 122 à 126).
Elle peut être soulevée :
– dès qu'elle est acquise, à n'importe quel moment de la procédure (CPC, art. 123) ;
– devant toutes les juridictions, selon les règles propres à chaque juridiction ;
– sans grief (CPC, art. 124) ;
– en tout état de cause, même en appel (C. civ., art. 2248) ;

– une partie peut être condamnée à des dommages et intérêts si elle s'est abstenue de la soulever tôt dans un but dilatoire (CPC, art. 123).
La durée du délai de prescription est de :
– **cinq ans** par principe (C. civ., art. 2224) ;
– **deux ans**, par dérogation au droit commun, s'agissant de l'action des professionnels pour les biens ou les services qu'ils fournissent aux consommateurs (C. consom., art. L. 218-2).

> ATTENTION Que la prescription concerne l'obligation principale ou l'action en paiement, elle emporte l'extinction de l'hypothèque ou du privilège (Cass. 3e civ., 12 mai 2021, n° 19-16.514). Il s'agit d'un « mode d'extinction d'un droit » (C. civ., art. 2219).

Le délai de prescription peut être :
– interrompu (C. civ., art. 2230) ;
– suspendu (C. civ., art. 2231) ;
– sans dépasser vingt ans à compter du jour de la naissance du droit (C. civ., art. 2232).
Point de départ de la prescription : date à laquelle le titulaire du droit a connu ou aurait dû connaître les faits lui permettant d'exercer le droit ou l'action.
Le bénéficiaire de la prescription peut y renoncer si elle est acquise (C. civ., art. 2250).

B Conditions d'utilisation

1955 Vérifier que le délai de prescription est bien dépassé.

Vérifier :
– la durée du délai de prescription et s'il a commencé à courir ;
– s'il existe des causes de suspension du délai ;
– s'il existe des causes d'interruption du délai ;
– si le délai butoir de vingt ans peut être utilisé ;
– si des aménagements conventionnels ont été prévus ;
– qu'il n'y a pas eu renonciation à la prescription.
La partie qui invoque la prescription n'a pas à justifier d'un quelconque grief (CPC, art. 124).

C Avis du professionnel

1956 La question de la prescription est très intéressante à vérifier dans la mesure où elle peut permettre au praticien d'éteindre une instance, sans même entrer sur le fond du litige.

D Textes

- C. civ., art. 1792-4-1, 1792-4-, 2219 à 2254.
- C. civ., art. 2224.
- C. assur., art. L. 114-1, al. 3.
- C. consom., art. L. 218-2.
- CPC, art. 122 à 124, 1546-1.
- CPC exéc., art. L. 111-4.
- C. mut., art. L. 221-12-1.

E Schéma procédural

1957 Pas de schéma procédural à proprement parler s'agissant de la prescription extinctive.

II Préparation

A Information du client

1958 Informer son client :
– de la possibilité de soulever la prescription ;
– lui expliquer les conséquences d'une telle prescription, qui sont l'extinction de l'action de l'adversaire. Les parties ne pourront donc pas engager de nouvelle procédure ayant le même objet.
Dans le cadre d'une régularisation d'une convention de procédure participative de mise en état, s'assurer que le client soit parfaitement informé de ce que la signature d'une telle convention vaut renonciation à se prévaloir ultérieurement, en principe, de la prescription de l'action.

B Contrôles préalables

1 Vérifier que le client peut invoquer la prescription

1959 Toute personne ayant intérêt à ce que la prescription soit acquise, y compris les créanciers, peut opposer la prescription (C. civ., art. 2253).
Un demandeur en distraction de biens saisis, n'est pas recevable à invoquer le moyen tiré de la prescription de la créance cause de la saisie (Cass. 2e civ., 25 oct. 2007, n° 06-19.071 : *JurisData* n° 2007-041001).
• **Le client a-t-il renoncé à la prescription ?**
La renonciation à la prescription est expresse ou tacite, mais doit être sans équivoque (C. civ., art. 2251).

Seule une prescription acquise est susceptible de renonciation (C. civ., art. 2250).

• La signature d'une convention de procédure participative de mise en état vaut renonciation à la prescription.

• **Y a-t-il des aménagements conventionnels ?**

Les parties ont-elles fait le choix :

- d'abréger ou allonger la durée de prescription ?
- d'ajouter des causes de suspension ou d'interruption de la prescription à celles prévues par la loi ?

ATTENTION Le délai de prescription ne peut être réduit à moins d'un an, ni étendu à plus de dix ans (C. civ., art. 2254).

Ces aménagements conventionnels sont exclus :

- entre professionnels et consommateurs (C. consom., art. L. 218-2) ;
- des actions en paiement de tout ce qui est payable par années ou à des termes périodiques plus courts (ex. : actions en paiement ou en répétition des salaires, arrérages de rentes, pensions alimentaires, loyers, fermages, charges locatives, intérêts des sommes prêtées... – C. civ., art. 2254) ;
- des contrats mutualistes (C. mut., art. L. 221-12-1).

2 Vérifier que le droit objet du litige n'est pas imprescriptible

1960 Certains droits sont imprescriptibles.

- les droits de la personnalité (par ex., actions relatives au nom) ;
- les actions fondées sur le droit moral de propriété littéraire et artistique (Cass. 1re civ., 17 janv. 1995, n° 91-21.123 : *JurisData* n° 1995-000140) ;
- le droit de propriété (C. civ., art. 2227).

ATTENTION En pratique, il est fait obstacle à l'imprescriptibilité de l'action en revendication :
- en matière de meuble, par l'article 2276 du Code civil, selon lequel « la possession vaut titre » ;
- en matière d'immeuble, par la prescription acquisitive.

3 Vérifier que la prescription est acquise

a) Principe : durée de délai de prescription de cinq ans

1961 En principe, la prescription est invocable lorsqu'un délai de cinq ans (C. civ., art. 2224. – C. com., art. L. 110-4) s'est écoulé.

REMARQUE **La prescription se compte en jours et non en heures.**

Point de départ du délai de prescription : jour où le titulaire d'un droit a connu ou aurait dû connaître les faits lui permettant d'exercer l'action (C. civ., art. 2224).

• **La prescription court à compter du moment où la créance présente un caractère certain.**

• **Interprétation de l'expression « aurait dû connaître ».**

Éléments non connus du débiteur et comportement de celui-ci ; la prescription quinquennale ne court pas :

- lorsque la créance, même périodique, dépend d'éléments qui ne sont pas connus du créancier et doivent résulter de déclarations que le débiteur est tenu de faire (Cass. soc., 1er févr. 2011, n° 10-30.160 : *JurisData* n° 2011-000943. – *Contra* CA Paris, 1er févr. 2012, n° 10/06798 : *JurisData* n° 2012-036109) ;
- **nuances** ;
- **l'absence d'initiative** pour connaître les faits permettant l'action peut entraîner la prescription de celle-ci (CA Paris, 1er févr. 2012, n° 10/06798 : *JurisData* n° 2012-036109 ; en l'espèce, le fait de ne pas réclamer la communication des comptes d'exploitation empêche d'invoquer le manquement de la partie adverse pour se soustraire aux effets de la prescription).

b) Délais spéciaux

1962 • Garantie de **dommage ouvrage**, action en responsabilité du constructeur : dix ans (C. civ., art. 1792-4-1) ;

• Réparation du **dommage corporel** : dix ans à compter de la date de consolidation du dommage initial ou aggravé (C. civ., art. 2226) ; la consolidation, constituant le point de départ de la prescription de dix ans, doit être fixée à la date de rémission clinique, distincte de la date de guérison (aff. *Distilbène*, Cass. 1re civ., 23 janv. 2019, nos 18-10.662 et 18-12.040).

• **Action réelle immobilière :** trente ans à compter du jour où le titulaire d'un droit a connu ou aurait dû connaître les faits lui permettant d'exercer une action (C. civ., art. 2227).

• **Exécution des décisions judiciaires** et administratives : dix ans (CPC exéc., art. L. 111-4).

– **Droit des assurances :** en principe, toutes actions dérivant d'un contrat d'assurance sont prescrites par deux ans à compter de l'événement qui y donne naissance (C. assur., L. 114-1, al. 3).

• **Action du professionnel** pour les biens ou les services qu'il fournit aux consommateurs : deux ans (C. consom., art. L. 218-2), à compter du jour où le titulaire du droit a connu ou aurait

Invoquer la prescription

dû connaître les faits lui permettant d'exercer l'action concernée (Cass. 1re civ., 10 juill. 2014, n° 13-15.511 : *JurisData* n° 2014-016028).

• **Droit social :**

– l'action en **paiement ou en répétition du salaire** se prescrit par trois ans à compter du jour où celui qui l'exerce a connu ou aurait dû connaître les faits lui permettant de l'exercer (C. trav., art. L. 3245-1) ;

– action portant sur **l'exécution du contrat de travail** : deux ans à compter du jour où celui qui l'exerce a connu ou aurait dû connaître les faits lui permettant d'exercer son droit (C. trav., art. L. 1471-1, al. 1) ;

– action portant sur la **rupture du contrat de travail** : douze mois à compter de la notification de la rupture (C. trav., art. L. 1471, al. 2).

– l'action du salarié contre son employeur qui a omis de l'affilier à un régime de retraite complémentaire court à compter de la liquidation des droits à la retraite du salarié (Cass. soc., 3 avr. 2019, n° 17-15.568).

• **Action en responsabilité pour insuffisance d'actif** : trois ans à compter du jugement qui prononce la liquidation judiciaire, sans considération de la date de commission des fautes de gestion reprochées au dirigeant poursuivi (C. com., art. L. 651-2, al. 3).

• Demande tendant à la **reconnaissance du statut des baux commerciaux** : deux ans (C. com., art. L. 145-60), à compter de la signature du contrat (CA Paris, pôle 1, ch. 3, 24 janv. 2017, n° 16/07440 : *JurisData* n° 2017-000843) ;

• Action portant sur la **régularité de la procédure relative au plan de sauvegarde de l'emploi** (PSE) : deux ans (Cass. soc., 20 sept. 2018, n° 17-11.546, FS-P+B : *JurisData* n° 2018-015967).

4 Vérifier qu'il n'existe pas de cause de suspension de délai

1963 Le délai de prescription peut être suspendu. La suspension de la prescription en arrête temporairement le cours sans effacer le délai déjà couru (C. civ., art. 2230).

La prescription ne court pas ou est suspendue :

– à l'égard d'une créance qui dépend d'une condition, jusqu'à ce que la condition arrive (C. civ., art. 2233, 1°) ;

– à l'égard d'une action en garantie, jusqu'à ce que l'éviction ait lieu (C. civ., art. 2233, 2°) ;

– à l'égard d'une créance à terme, jusqu'à ce que ce terme soit arrivé (C. civ., art. 2233, 3°) ;

– contre celui qui est dans l'impossibilité d'agir par suite d'un empêchement résultant de la loi, de la convention ou de la force majeure (C. civ., art. 2234) ;

– par la décision des parties de recourir à la médiation ou à la conciliation, ou en l'absence d'accord écrit, à compter de la première rencontre portant sur la médiation ou la conciliation (C. civ., art. 2238, al. 1er) ;

– à compter de la signature d'une convention de procédure participative « d'accord » (C. civ., art. 2238, al. 1er) ;

– à compter de l'accord donné par l'autre partie de participer à une procédure simplifiée de recouvrement des petites créances organisée par un commissaire de justice (C. civ., art. 2238, al. 1er. – CPC exéc., art. L. 125-1).

– contre les mineurs non émancipés et les majeurs en tutelle, sauf pour les actions en paiement ou en répétition des salaires, arrérages de rente, pensions alimentaires, loyers, fermages, charges locatives, intérêts des sommes prêtées et, généralement, les actions en paiement de tout ce qui est payable par années ou à des termes périodiques plus courts (C. civ., art. 2235) ;

– entre époux, ainsi qu'entre partenaires liés par un pacte civil de solidarité (C. civ., art. 2236) ;

– contre l'héritier acceptant à concurrence de l'actif net, à l'égard des créances qu'il a contre la succession (C. civ., art. 2237) ;

– à compter du jour où, après la survenance d'un litige, les parties conviennent de recourir à la médiation ou à la conciliation ou, à défaut d'accord écrit, à compter du jour de la première réunion de médiation ou de conciliation. La prescription est également suspendue à compter de la conclusion d'une convention de procédure participative (C. civ., art. 2238) ;

– lorsque le juge fait droit à une demande de mesure d'instruction présentée avant tout procès (C. civ., art. 2239).

Les parties (sauf entre professionnels et consommateurs) peuvent conventionnellement suspendre la prescription (C. civ., art. 2254).

5 Vérifier que le délai de prescription n'a pas été interrompu

a) Causes d'interruption de la prescription

1964 • **Convention des parties**, si autres qu'entre professionnels et consommateurs (C. civ., art. 2254).

• **Reconnaissance** par le débiteur du droit de celui contre lequel il prescrivait (C. civ., art. 2240).

• **Enregistrement de la demande de tentative préalable** de conciliation dans les procédures orales (CPC, art. 820).

REMARQUE La **mesure d'instruction** demandée par une partie n'a d'effet suspensif sur la prescription que si l'expertise sollicitée tend aux mêmes fins que la demande faite au fond ; tel n'est pas le cas lorsqu'une demande d'expertise vise à situer l'origine de malfaçons et de plusieurs désordres dans un chantier alors que la procédure au fond concerne au principal la nullité du contrat (Cass. 3e civ., 17 oct. 2019, n° 18-19.611).

• Existence d'une mesure conservatoire prise en application du Code des procédures civiles d'exécution ou **acte d'exécution forcée** (C. civ., art. 2244), par exemple : saisie-attribution, commandement de payer (Cass. 2e civ., 13 mai 2015, n° 14-16.025 : *JurisData* n° 2015-011049) ; le commandement n'est interruptif que s'il est fondé sur un titre exécutoire (Cass. 3e civ., 23 mai 2013, n° 12-10.157 : *JurisData* n° 2013-010014).
• Un **acte de saisie** ne peut être interruptif de prescription que s'il a fait l'objet d'une dénonciation au débiteur (Cass. 2e civ., 21 mars 2013, n° 12-14.014, inédit).
• L'**annulation ou la caducité d'un commandement de payer** valant saisie immobilière prive rétroactivement ce commandement de l'effet interruptif de la prescription (Cass. 2e civ., 1er mars 2018, n° 16-25.746 : *JurisData* n° 2018-002708).
• Ouverture d'une procédure devant une autorité en matière de **concurrence** ou de la commission européenne (C. com., art. L. 462-7, al. 4).
• **Demande d'aide juridictionnelle :** le délai de prescription est interrompu entre le dépôt de la demande d'aide juridictionnelle au bureau d'aide et la décision statuant sur cette demande, si celle-ci a été introduite avant l'expiration dudit délai (D. n° 91-1266, 19 déc. 1991, art. 38).

ATTENTION La demande d'aide juridictionnelle formée en vue de l'exécution d'une décision de justice, lorsque la procédure d'exécution ne nécessite pas la saisine préalable d'une juridiction, n'interrompt pas le délai de prescription de la créance objet de cette demande (Cass. 2e civ., 18 févr. 2016, n° 14-25.790 : *JurisData* n° 2016-002517).

• **Demande en justice**, même en référé (C. civ., art. 2241), exemple : assignation, signification d'une ordonnance d'injonction de payer.

REMARQUE La demande en justice interrompt la prescription, même portée devant une **juridiction incompétente**, ou lorsque l'acte de saisine est annulé pour **vice de procédure** (C. civ., art. 2241. – Cass. 2e civ., 16 oct. 2014, n° 13-22.088 : *JurisData* n° 2014-024066), même lorsqu'il s'agit d'un vice de fond (en l'espèce, défaut de constitution d'un avocat inscrit au barreau du tribunal saisi : Cass. 3e civ., 11 mars 2015, n° 14-15.198 : *JurisData* n° 2015-004885).

L'effet interruptif de la demande en justice est **non avenu** si celle-ci est déclarée irrecevable (Cass. com., 26 janv. 2016, n° 14-17.952 : *JurisData* n° 2016-001098) ; ou définitivement rejetée par un moyen de fond ou une fin de non-recevoir (Cass. 2e civ., 21 mars 2019, n° 17-10.663).
La prescription est interrompue jusqu'à l'extinction de l'instance (C. civ., art. 2242).
L'interruption est non avenue si le demandeur se désiste de sa demande ou laisse périmer l'instance ou si sa demande est définitivement rejetée (C. civ., art. 2243).
La radiation d'une instance n'implique pas la perte de l'effet interruptif de prescription (Cass. 1re civ., 10 avr. 2013, n° 12-18.193 : *JurisData* n° 2013-006801).

b) Effets de l'interruption de la prescription

1965 L'interruption de la prescription résultant de l'assignation subsiste après le jugement tant que celui-ci n'est pas devenu définitif (Cass. 2e civ., 29 janv. 1992, n° 90-17.243 : *JurisData* n° 1992-000192).
L'interruption efface le délai de prescription acquis. Elle fait courir un nouveau délai de même durée que l'ancien (C. civ., art. 2231).
• **Cas de la solidarité :** l'interpellation faite à l'un des débiteurs solidaires par une demande de justice ou par un acte d'exécution forcée ou la reconnaissance par le débiteur du droit de celui contre lequel il prescrivait, interrompt le délai de prescription contre tous les autres, même contre leurs héritiers (C. civ., art. 2245, al. 1er).
• **Cas de l'héritier d'un débiteur solidaire** : l'interpellation faite à l'un des héritiers d'un débiteur solidaire ou la reconnaissance de cet héritier n'interrompt pas le délai de prescription à l'égard des autres cohéritiers, même en cas de créance hypothécaire, si l'obligation est divisible. Cette interpellation ou cette reconnaissance n'interrompt le délai de prescription, à

l'égard des autres codébiteurs, que pour la part dont cet héritier est tenu. Pour interrompre le délai de prescription pour le tout, à l'égard des autres codébiteurs, il faut l'interpellation faite à tous les héritiers du débiteur décédé ou la reconnaissance de tous ces héritiers (C. civ., art. 2245, al. 2 et 3).

• **Cas de la caution** : l'interpellation faite au débiteur principal ou sa reconnaissance interrompt le délai de prescription contre la caution (C. civ., art. 2246). L'interruption de prescription de la créance de la déclaration de créance jusqu'à la clôture de la procédure collective s'impose aussi à la caution (Cass. com., 18 janv. 2017, n° 15-10.572, inédit).

REMARQUE **En matière de saisie des rémunérations, l'effet interruptif se prolonge pendant toute la durée de la saisie des rémunérations (Cass. 2e civ., 3 déc. 2015, n° 14-27.138 : *JurisData* n° 2015-027027).**

En matière de vice rédhibitoire, une assignation en référé interrompt la prescription biennale prévue à l'article 1648 du Code civil. Le nouveau délai commence à courir à compter du prononcé de l'ordonnance désignant un expert (Cass. 3e civ., 5 janv. 2017, n° 15-12.605 : *JurisData* n° 2017-000026).

6 Vérifier que le délai butoir n'est pas acquis

1966 Le report du point de départ, la suspension ou l'interruption de la prescription ne peut avoir pour effet de porter le délai de la prescription extinctive au-delà de vingt ans à compter du jour de la naissance du droit (C. civ., art. 2232).

ATTENTION Le délai butoir n'est pas applicable aux actions :
- en réparation des dommages corporels (C. civ., art. 2226) ;
- réelles immobilières, dont la prescription est de trente ans (C. civ., art. 2227) ;
- en paiement de créances conditionnelles ou à terme (C. civ., art. 2233) ;
- en garantie d'éviction (C. civ., art. 2233) ;
- entre époux ou entre pacsés (C. civ., art. 2236) ;
- interrompues par une demande en justice (C. civ., art. 2241) ;
- interrompues par un acte d'exécution forcée (C. civ., art. 2244) ;
- relatives à l'état des personnes (C. civ., art. 2232).

De même, il ne s'applique pas à la prescription de certains titres exécutoires (CPC exéc., art. L. 111-4) :
- les décisions des juridictions de l'ordre judiciaire ou de l'ordre administratif ;
- les transactions soumises au président du tribunal judiciaire lorsqu'elles ont force exécutoire ;
- les actes et les jugements étrangers, ainsi que les sentences arbitrales déclarées exécutoires par une décision non susceptible d'un recours suspensif d'exécution ;
- les extraits de procès-verbaux de conciliation signés par le juge et les parties.

REMARQUE **Le délai butoir commence à courir à compter de la naissance du droit et non de la connaissance qu'a ou aurait dû avoir le titulaire du droit de celui-ci.**

C Pièces nécessaires

1967 Motiver la demande de prescription et communiquer toutes les pièces nécessaires qui la justifient.

D Coût de la procédure

1968 Soulever la prescription fait partie d'une procédure déjà en cours, et le seul fait de soulever la prescription n'a aucun coût autre que les honoraires d'avocat, qui sont libres.

Les dépens peuvent être mis à la charge de la partie perdante.

III Procédure

A Assistance et représentation

1969 Pas d'assistance ou de représentation spécifique à la prescription.
Les règles d'assistance et de représentation dépendent de la procédure dans le cadre de laquelle la prescription a été soulevée.

B Rédaction de l'acte de saisine

1970 La prescription est soulevée par voie de conclusions en procédure écrite et à l'oral en procédure orale.
Lorsque les parties ont décidé de recourir à une **procédure sans audience** (depuis janvier 2020) dans le cadre d'une procédure orale, et conformément à l'article L. 212-5-1 du Code de procédure civile, la prescription doit être soulevée par voie de conclusions.
Il est cependant nécessaire de respecter le principe du contradictoire.
La partie qui invoque la prescription doit communiquer ses conclusions et pièces à son contradicteur.

C Audience

1971 La prescription doit être soulevée devant la juridiction en charge de la procédure pour laquelle la prescription est demandée.
Pour les actions introduites avant le 1er janvier 2020 lors de l'audience de plaidoirie sur le fond, les parties plaideront chacune leur dossier, avec l'intégralité de leurs arguments, y compris sur la prescription.
Pour les actions introduites devant le tribunal judiciaire depuis le 1er janvier 2020 et dans le cadre d'une procédure écrite, la prescription doit être soulevée devant le juge de la mise en état lequel est compétent pour statuer sur cette fin de non-recevoir (CPC, art. 789).
La prescription étant une fin de non-recevoir, il est d'usage de la plaider avant toute défense au fond. En revanche, elle se plaide après les exceptions de procédure.

D Décision

1972 Par la décision, la juridiction soit :
- constate la prescription et met fin à l'instance et à l'action ;
- juge que l'action n'est pas prescrite et tranche sur le fond.

E Fin de la procédure

1973 Si le juge constate qu'il y a prescription, l'instance et l'action sont terminées.

F Recours ou contestation

1974 La partie qui y a intérêt pourra interjeter appel de la décision rendue (V. Fiche 80 : Interjeter appel en matière contentieuse).
L'appel se fait selon les formes prescrites par la décision rendue.

CHECK-LIST • **Quel est le délai de prescription applicable ?**
• **Vérifier que le délai n'a pas été interrompu, ni suspendu et, si oui, si le délai butoir n'est pas acquis.**
• **Communiquer ses conclusions et pièces venant à l'appui de la demande de fin de non-recevoir pour prescription.**

POUR ALLER PLUS LOIN...

Fascicules JurisClasseur
• *JCl. Procédures Formulaire*, V° *Prescription extinctive*, fasc. 10 et 15.
• *JCl. Civil Code*, Art. 2224 à 2227 (prescription extinctive – délais).

• *JCl. Civil Code*, Art. 2228 à 2232 (prescription extinctive – mode de calcul).
• *JCl. Civil Code*, Art. 2233 à 2239 (prescription extinctive – suspension).
• *JCl. Civil Code*, Art. 2240 à 2246 (prescription extinctive – interruption).

Fiche 78
Soulever l'incompétence

Aude du PARC

Sommaire

I Aperçu rapide

A Caractéristiques générales

1975 Soulever l'incompétence constitue un incident de compétence appelé exception d'incompétence.
Il s'agit d'une **exception de procédure** (CPC, art. 73 et 74).
L'incompétence :
– est soulevée (CPC, art. 74 à 76) :
• en raison de l'incompétence **matérielle ou territoriale** de la juridiction saisie,
• par :
- le défendeur,
- le tribunal, **d'office**, en cas de violation d'une règle de compétence d'attribution lorsque cette règle est d'ordre public ou lorsque le défendeur n'a pas comparu,
- les cours d'appel et la Cour de cassation ont la faculté de relever d'office leur incompétence dans certains cas,
• *in limine litis*, c'est-à-dire avant toute défense au fond ou fin de non-recevoir ;
– doit être motivée, à peine d'irrecevabilité.
La partie qui soulève l'exception d'incompétence indique la juridiction qu'elle estime compétente à peine d'irrecevabilité (CPC, art. 75).
Si la procédure est écrite, seul le **juge de la mise en état** a compétence pour statuer sur les exceptions d'incompétence (CPC, art. 789). Ses décisions ont autorité de la chose jugée (CPC, art. 794).
L'interdiction faite à la juridiction, saisie d'une exception d'incompétence au profit du juge administratif de désigner la juridiction administrative à saisir, n'est pas de nature à écarter l'obligation

faite, par l'article 75 du Code de procédure civile, à la partie qui soulève l'exception, d'indiquer dans tous les cas, sous peine d'irrecevabilité de cette exception, devant quelle juridiction administrative l'affaire doit être portée (Cass. 2e civ., 21 févr. 2019, n° 17-28.857).

EXEMPLE La Cour de cassation peut relever d'office le moyen pris de l'incompétence du juge judiciaire si la juridiction compétente est une juridiction répressive ou administrative, même si l'exception d'incompétence du juge judiciaire ne peut être soulevée pour la première fois par une partie devant la Cour de cassation. (Cass. 2e civ., 24 mai 2012, n° 11-20.097 : *JurisData* n° 2012-011148 ; *Procédures* 2012, comm. 216, obs. R. Perrot. – Cass. soc., 7 déc. 2016, n° 15-22.351 : *JurisData* n° 2016-026088, à propos du délit d'entrave relevant de la compétence de la juridiction pénale).

Devant la cour d'appel, l'incompétence ne peut être relevée d'office que si l'affaire relève de la compétence d'une juridiction répressive ou administrative ou échappe à la connaissance de la juridiction française (Cass. 2e civ., 11 févr. 2016, n° 15-13.711 : *JurisData* n° 2016-002160).

REMARQUE Le moyen tiré du défaut de pouvoir juridictionnel de la juridiction saisie constitue une fin de non-recevoir et non une exception d'incompétence (Cass. 2e civ., 8 janv. 2015, n° 13-21.044 : *JurisData* n° 2015-000015).

Deux autres exceptions peuvent conduire une juridiction à ne pas connaître d'un litige, mais qui ne sont pas à proprement parler des exceptions d'incompétence (CPC, art. 100 à 107) :
- l'exception de litispendance ;
- l'exception de connexité.

B Conditions d'utilisation

1976 **Qui peut soulever l'incompétence ?** (V. *supra*, n° 1975) :
- la partie défenderesse ;
- le juge.

Le **tiers** mis en cause ne peut pas décliner la compétence territoriale de la juridiction saisie de la demande originaire, même en invoquant une clause attributive de compétence (CPC, art. 333). Cependant, un **appelé en garantie** peut invoquer une clause compromissoire (Cass. com., 8 nov. 1982, n° 80-13.175 : *JurisData* n° 1982-702728).

1977 **À quel moment de la procédure ?**
L'exception d'incompétence doit être soulevée :
- *in limine litis* par le défendeur (CPC, art. 74), à peine d'irrecevabilité (Cass. 2e civ., 12 mai 2016, n° 14-28.086 : *JurisData* n° 2016-008988) ;
- en même temps que les autres exceptions de procédure (CPC, art. 74) ;

ATTENTION La jurisprudence a admis des exceptions notamment :
- lorsqu'en première instance un jugement réputé contradictoire a été rendu (Cass. 2e civ., 15 oct. 1980 : *Bull. civ.* II, n° 208) ;
- ou lorsque les conclusions en première instance ont été jugées irrecevables et déposées après l'ordonnance de clôture (CA Nîmes, 28 mai 2014, n° 13/02558 : *JurisData* n° 2014-016326).

L'exception d'incompétence devant être soulevée avant toute défense au fond, il est possible de soulever une exception d'incompétence au fond, après une instance en référé lors de laquelle la compétence de la juridiction des référés n'avait pas été contestée.

Même lorsque l'incompétence soulevée est d'ordre public, l'exception est irrecevable si elle n'a pas été soulevée avant toute défense au fond ou simultanément avec les autres exceptions de procédure (Cass. 1re civ., 6 sept. 2017, n° 16-19.506 : *JurisData* n° 2017-017179).

L'exception d'incompétence tirée de l'existence d'une clause compromissoire est régie par les dispositions qui gouvernent les exceptions de procédure et doit par conséquent être invoquée avant toute défense au fond (CA Reims, ch. civ., 1re sect., 8 sept. 2015, n° 15/00540 : *JurisData* n° 2015-020812).

Un défendeur qui appelle des tiers en garantie est irrecevable à soulever ultérieurement une exception d'incompétence (Cass. 2e civ., 12 avr. 2012, n° 11-14.741 : *JurisData* n° 2012-007012).

C Avis du professionnel

1978 Les règles à suivre pour soulever un incident d'incompétence sont particulièrement détaillées dans le Code de procédure civile.

Dans le cadre d'une **procédure écrite** : il convient de déposer les conclusions d'exception de procédure devant le juge de la mise en état dès le premier jeu de conclusions.

REMARQUE Dans le cadre d'une **procédure orale** : les arguments au fond peuvent avoir été développés avant l'exception d'incompétence dans les conclusions. En revanche, la plaidoirie doit nécessairement commencer par les exceptions, et notamment les exceptions d'incompétence.
Il est plus sécurisé, en procédure orale, de commencer dans ses conclusions par les exceptions de procédure, avant toute défense au fond.

D Textes

- CPC, art. 73 à 99.
- CPC, art. 789.
- CPC, art. 794 et 795.

E Schéma procédural

1979 • Dépôt de conclusions par le défendeur soulevant l'exception d'incompétence *in limine litis*.
• Plaidoirie sur l'exception d'incompétence.
• Jugement ou ordonnance du juge de la mise en état.
• Recours : appel.

ATTENTION Schéma procédural spécifique de réorientation des affaires au sein d'un même tribunal judiciaire (CPC, art. 82-1) :
– la procédure de réorientation de l'article 82-1 du Code de procédure civile **s'applique** :
• aux instances en cours au 1er janvier 2020 ; et
• pour les questions de compétence au sein d'un même tribunal judiciaire ;
– **qui peut soulever l'incompétence du juge saisi ? :**
• le juge,
• l'une des parties ;
– **à quel moment de la procédure ?**
• avant la première audience par simple mention au dossier,
• *In limine litis* ;
– **procédure :**
• incompétence soulevée d'office par le juge saisi ou par l'une des parties avant la première audience,
• règlement de l'incompétence par mention au dossier de la désignation d'un autre juge que celui initialement saisi,
• information des parties ou de leurs avocats sans délai, et par tout moyen,
• transmission de l'affaire au juge désigné,
• délai de trois mois pour le juge désigné ou les parties pour remettre en cause la désignation du juge,
• si la compétence du juge désigné est remise en cause, renvoi de l'affaire au président du tribunal judiciaire par simple mention au dossier,
• renvoi de l'affaire par le président du tribunal judiciaire au juge qu'il désigne, décision insusceptible de recours,
• si la compétence du juge désigné par le président du tribunal judiciaire est contestée, conclusions d'incident de compétence au juge désigné,
• ledit juge désigné rend une décision sur sa compétence,
• appel de la décision selon les voies de recours prévues aux articles 83 et suivants du Code de procédure civile, c'est-à-dire l'appel à jour fixe ou avec fixation prioritaire de l'affaire, le délai d'appel étant de quinze jours à compter de la notification de la décision.

II Préparation

A Informations préalables

1980 Information du client de la possibilité de soulever une exception d'incompétence, et lui expliquer le déroulement de la procédure.
Indiquer au client que l'exception décale en général le calendrier de procédure et allonge les délais dans lesquels la décision sur le fond est rendue.

B Contrôles préalables

1981 Avant de soulever une exception d'incompétence, il convient de vérifier les règles de compétence **territoriale** et **matérielle**.
Le praticien devra également vérifier qu'il peut soulever l'exception d'incompétence ; il devra la soulever :
– avant toute défense au fond ;

- simultanément avec les autres exceptions de procédure (sans hiérarchie ni subsidiaire) ;
- après avoir vérifié la juridiction compétente.

C Pièces nécessaires

1982 Le praticien devra motiver son exception d'incompétence et communiquer toutes les pièces nécessaires qui la justifient.

D Coût de la procédure

1983 Honoraires de l'avocat qui sont libres. Les dépens peuvent être mis à la charge de la partie perdante à l'incident d'incompétence.

RETOUR D'EXPÉRIENCE En général, les dépens liés à l'incident sont mis à la charge de la partie perdante sur le fond du litige.

III Procédure

A Assistance et représentation

1984 Pas d'assistance ou de représentation spécifique à l'exception d'incompétence.
Les règles d'assistance et la représentation dépendent de la procédure dans le cadre de laquelle l'exception a été soulevée.

B Compétence (matérielle et/ou territoriale)

1985 L'exception d'incompétence est examinée :
- par le juge de la mise en état dans le cadre d'une procédure au fond devant le tribunal judiciaire lorsque la procédure est écrite ; ou
- par la juridiction saisie du litige.

C Parties

1986 Seul le défendeur peut soulever l'incompétence de la juridiction saisie.
Le demandeur n'est pas recevable à contester la compétence de la juridiction qu'il a lui-même saisie (Cass. 3e civ., 29 avr. 2002, n° 00-20.973 : *JurisData* n° 2002-014265).

D Rédaction de l'acte de saisine

1987 L'exception d'incompétence est soulevée :
- par voie de conclusions en procédure écrite ;
- à l'oral en procédure orale.
En théorie, les conclusions écrites ne sont pas nécessaires dans le cadre d'une procédure orale. Il s'agit cependant de respecter le **principe du contradictoire**, et il est d'usage de déposer des conclusions y compris en procédure orale.

ATTENTION Dans ses conclusions, le demandeur doit motiver à peine d'irrecevabilité sa demande et faire connaître dans tous les cas devant quelle juridiction il demande que l'affaire soit portée (CPC, art. 75).

E Instruction du dossier

1988 Le demandeur à l'exception doit communiquer ses conclusions et pièces à son contradicteur.

F Audience

1989 Les parties sont :
- convoquées pour plaider sur l'exception d'incompétence.
- sont entendues en leurs plaidoiries à l'audience fixée par le juge ou le tribunal saisi de l'exception d'incompétence.
Il convient d'annoncer, lorsque le dossier est appelé pour être plaidé, qu'une exception d'incompétence est soulevée et qu'on est demandeur à cette exception.

REMARQUE **C'est le juge de la mise en état ou la juridiction saisie de l'affaire, et dont la compétence est contestée, qui se prononce sur l'exception d'incompétence.**
Si le défendeur ne comparaît pas, le juge peut soulever d'office son incompétence mais n'est pas tenu de désigner la juridiction compétente.

G Décision

1990 Il est d'usage qu'une décision sur l'incompétence soit rendue à bref délai : le juge de la mise en état du tribunal judiciaire rendra une ordonnance, la juridiction saisie un jugement.
Si la décision ne peut être prononcée sur-le-champ en raison notamment du calendrier de la juridiction, le prononcé en est renvoyé pour plus ample délibéré à une date que le président indique (CPC, art. 450).
La décision rendue doit être motivée.

H Fin de la procédure

1991 L'exception d'incompétence prend fin lorsque la décision sur la compétence est rendue.
Le juge qui accueille l'exception d'incompétence a deux options :
– renvoyer les parties à mieux se pourvoir lorsqu'il estime que l'affaire relève d'une juridiction répressive, administrative, arbitrale, ou étrangère. Le demandeur doit alors engager une nouvelle procédure devant la juridiction compétente ;
– désigner la juridiction compétente si elle est du même ordre (CPC, art. 81 et 82) :
• transmission du dossier à la juridiction désignée avec copie de la décision de renvoi,
• à réception, le greffe invite par tous moyens les parties à poursuivre l'instance et à constituer avocat s'il y a lieu,
• poursuite de l'instance, ou, à défaut de constitution dans le mois de l'avis par les parties, radiation d'office de l'affaire.

REMARQUE **Le juge qui se déclare incompétent au profit d'une juridiction autre que répressive, administrative, arbitrale ou étrangère, désigne la juridiction qu'il estime compétente et cette désignation s'impose aux parties et au juge de renvoi (Cass. 2e civ., 23 juin 2016, n° 15-12.113 : *JurisData* n° 2016-012224).**

La décision d'incompétence a pour effet de dessaisir le juge qui l'a rendue. Dans le cas où le demandeur se voit opposer une exception d'incompétence dont il constate qu'elle est fondée, il peut maintenir sa procédure et attendre la désignation par le juge de la juridiction qu'il estime compétente, ou alors, s'il n'a pas de risque de prescription, il peut également se désister et réassigner devant la juridiction compétente.

Le juge qui rejette l'exception d'incompétence a deux options (CPC, art. 78 et 81) :
– statuer uniquement sur la compétence, ou
– statuer également sur le fond.

REMARQUE **L'article 78 du Code de procédure civile précise que :
Le juge peut, dans un même jugement, mais par des dispositions distinctes, se déclarer compétent et statuer sur le fond du litige, après avoir, le cas échéant, mis préalablement les parties en demeure de conclure sur le fond.
Il est recommandé de conclure sur le fond en même temps que sur la compétence même si le juge qui entend rejeter une exception d'incompétence et statuer au fond dans le même jugement doit, préalablement, mettre les parties en demeure de conclure sur le fond si elles ne l'ont déjà fait (Cass. 2e civ., 4 sept. 2014, n° 12-24.530 : *JurisData* n° 2014-019829 ; *Procédures* 2014, comm. 289, H. Croze).**

I Recours ou contestation

1 Appel des décisions statuant exclusivement sur la compétence

1992 La voie d'appel est le recours de droit commun contre les décisions statuant sur la compétence.
Le jugement statuant sur la compétence sans examen au fond peut être contesté par voie d'appel (CPC, art. 83. – D. n° 2017-891, 6 mai 2017 : *JO* 10 mai 2017, texte n° 113). Dans cette hypothèse, il s'agit d'un appel à jour fixe ou avec fixation prioritaire de l'affaire.
Le délai pour former appel est de quinze jours à compter de la notification de la décision ayant statué sur la compétence.
À peine de caducité de la déclaration d'appel, l'appelant doit, dans le délai d'appel, demander autorisation au premier président d'assigner à jour fixe ou de bénéficier d'une fixation prioritaire de l'affaire.
La déclaration d'appel précise également qu'elle est dirigée contre un jugement ayant statué sur la compétence. L'appelant doit, sous peine d'irrecevabilité, motiver son recours dans la déclaration d'appel ou par conclusions séparées annexées à la déclaration.

REMARQUE **L'appel est ouvert dans un délai de quinze jours à compter de la notification du jugement ayant statué sur la compétence et ordonné une mesure d'instruction ou une mesure provisoire (CPC, art. 83 et 84).**

2 Appel des décisions statuant sur la compétence et le fond du litige

1993 L'appel est également ouvert lorsque le juge se déclare compétent et statue sur le fond du litige dans un même jugement rendu en premier ressort (CPC, art. 90).

Il s'agit d'un appel relevant des règles de droit commun d'une décision rendue sur le fond du litige. Le défaut de motivation du recours, susceptible de donner lieu à une fin de non-recevoir tirée de l'irrecevabilité de l'appel du jugement statuant sur la compétence, est régularisable, lorsque la procédure est avec représentation obligatoire par avocat, par le dépôt au greffe, avant l'expiration du délai d'appel, d'une nouvelle déclaration d'appel motivée ou de conclusions comportant la motivation du recours (Cass. 2e civ., 9 sept. 2021, n° 20-22.080).

CHECK-LIST **• Vérifier que la personne qui souhaite soulever l'exception d'incompétence en a bien le droit.**
• Soulever l'exception d'incompétence *in limine litis*, c'est-à-dire avant toute défense au fond ou fin de non-recevoir.
• Soulever simultanément avec l'exception d'incompétence les autres exceptions de procédure.
• Communiquer ses conclusions et pièces venant à l'appui de l'exception d'incompétence.
• Commencer les plaidoiries par l'exception d'incompétence, c'est-à-dire même avant que le contradicteur ait pris la parole.

POUR ALLER PLUS LOIN...

Fascicules JurisClasseur

- *JCl. Procédures Formulaire*, V° *Exceptions de procédure*, fasc. 10 et 15.
- *JCl. Procédures Formulaire*, V° *Cour d'appel*, fasc. 90 et 95 (procédure sur renvoi de cassation).

Fiche 79

Obtenir un sursis à statuer

Agathe AUMONT

Sommaire

I Aperçu rapide

A Caractéristiques générales

1994 Le sursis à statuer correspond à une décision de suspension du cours de l'instance pour un temps déterminé ou déterminable (CPC, art. 377 et 378).
Il peut être invoqué devant toutes les juridictions civiles (CPC, art. 749).
La jurisprudence soumet la demande de sursis à statuer, au régime des exceptions de procédure (Cass., avis, 29 sept. 2008, n° 08-00.007 : *Bull. civ.* avis, n° 6. – CPC, art. 73) bien qu'elle fasse partie d'un titre du Code de procédure civile consacré aux incidents d'instance.
Facultatif ou obligatoire, le sursis à statuer est tranché par la juridiction saisie de l'instance (CPC, art. 50).
La décision de sursis interrompt le délai de péremption (CPC, art. 392).

B Conditions d'utilisation

1 Conditions d'obtention du sursis à statuer

1995 Pour obtenir un sursis à statuer, il faut :
Une instance en cours : l'obtention d'un sursis à statuer suppose qu'une action ait été introduite.
Une demande de sursis à statuer : le sursis à statuer peut être demandé par toute partie, y compris le demandeur.

ATTENTION Le sursis à statuer est en principe une exception de procédure qui doit être soulevée *in limine litis* avant toute défense au fond, **sous peine d'irrecevabilité** (CPC, art. 74).

REMARQUE **Le juge dispose du pouvoir d'ordonner d'office un sursis à statuer dans l'intérêt d'une bonne administration de la justice (Cass. 2e civ., 12 avr. 2018, n° 17-16.945 : *JurisData* n° 2018-005713).**

Il doit soulever d'office le sursis à statuer en cas de question préjudicielle en interprétation ou en appréciation de validité d'un acte communautaire (TFUE, art. 267. – CJCE, 16 juin 1981 : *Rec. CJCE* 1981, p. I-1563).
Une décision de sursis à statuer : l'obtention d'un sursis doit résulter d'une décision expresse du juge.

REMARQUE **La décision de sursis à statuer doit être distinguée des mesures d'administration judiciaire, à caractère non juridictionnel, insusceptible de recours, qui sont destinées à assurer le bon fonctionnement de la juridiction (ex. : renvoi de l'affaire à une audience ultérieure : Cass. 2e civ., 16 déc. 2021, n° 19-26.243, F-B : *JurisData* n° 2021-020371. – Prononcé d'une mesure d'instruction. – Cass. 2e civ., 6 mars 1991, n° 89-20.550 : *JurisData* n° 1991-700630).**

2 Cas de sursis à statuer

1996 Le sursis à statuer pouvant être ordonné en dehors de toute prévision légale, il n'est pas possible d'évoquer tous les cas.
Deux catégories de sursis peuvent toutefois être distinguées :
– **le sursis obligatoire,** c'est-à-dire imposé par la loi : dès lors que les conditions légales du sursis à statuer sont remplies, le juge a l'obligation de l'ordonner ;
– exceptions dilatoires prévues à l'article 108 du Code de procédure civile : délai pour faire inventaire et délibérer (C. civ., art. 771 et 772), délai au bénéfice de discussion (C. civ., art. 2298) ou de division (C. civ., art. 2303) ;
– question préjudicielle (CPC, art. 49) :
• appréciation de la légalité d'un acte administratif (Cass. 1re civ., 19 juin 1985, n° 84-11.258 : *JurisData* n° 1986-000650),
• interprétation ou appréciation de validité d'un texte de droit communautaire (Cass. 2e civ., 18 déc. 2008, n° 08-11.438 : *JurisData* n° 2008-046893),
• moyen de défense relevant de la compétence exclusive d'une autre juridiction (Cass. com., 6 mai 2003, n° 01-15.268 : *JurisData* n° 2003-018918) ;
– question prioritaire de constitutionnalité sauf exceptions légales (Ord. n° 58-1067, 7 nov. 1958, art. 23-3, issu de L. org. n° 2009-1523, 10 déc. 2009) ;
– demande d'aide juridictionnelle (D. n° 2020-1717, 28 déc. 2020, art. 52, II : *JO* 29 déc.) ;
– procédure d'inscription de faux contre les actes authentiques (CPC, art. 312 et 313) ;
– appel d'un jugement statuant uniquement sur la compétence (CPC, art. 80) ;
– demande d'avis à la Cour européenne des droits de l'homme par la Cour de cassation sur le fondement de la loi n° 2018-237 du 3 avril 2018, entrée en vigueur le 1er août 2018 (Cass. ass. plén., 5 oct. 2018, n° 10-19.053 : *JurisData* n° 2018-016889) ;
– règle « le criminel tient le civil en l'état » (CPP, art. 4, al. 2) ;

ATTENTION La règle « le criminel tient le civil en l'état » ne constitue un sursis à statuer obligatoire que si l'action civile porte sur la réparation du dommage causé par une infraction (CPP, art. 4, al. 2).
Pour les autres actions civiles, le sursis est facultatif (CPP, art. 4, al. 3. – V. par ex. : Cass. soc., 14 janv. 2015, n° 13-14.046 : *JurisData* n° 2015-000285).

– **le sursis facultatif** : le juge dispose d'un pouvoir discrétionnaire sur l'opportunité de suspendre la procédure.
La décision du juge échappe au contrôle de la Cour de cassation (Cass. 1re civ., 18 mai 1976, n° 74-13.892 : *Bull. civ.* I, n° 171).
Elle n'a pas à être motivée (Cass. 1re civ., 4 oct. 1983, n° 82-13.781 : *Bull. civ.* I, n° 216).
Le sursis facultatif est d'origine légale ou prétorienne.

EXEMPLE **Sursis facultatif d'origine légale :**
– exceptions dilatoires (CPC, art. 109, al. 1er et 110) :
• délai pour appeler un garant (CPC, art. 325 à 327 et 331),
• délai induit par l'exercice d'une voie de recours extraordinaire frappant une décision invoquée par une des parties (CPC, art. 589) ;
– demande de récusation (CPC, art. 345, al. 3) ;
– demande de dessaisissement pour cause de suspicion légitime (CPC, art. 345, al. 3) ;
– demande de nullité en matière de droit des sociétés (C. civ., art. 1844-13 ; C. com., art. L. 235-4).
Sursis facultatif d'origine prétorienne :
En dehors des prévisions légales, le juge peut prononcer un sursis à statuer dans l'intérêt d'une bonne administration de la justice (risque de contrariété de décisions, incidence de la décision sur la solution du litige, *etc.*).
Dans ce même souci, le juge peut donc prononcer un sursis à statuer d'origine légale, à caractère obligatoire ou facultatif, dont les conditions légales ne sont pas remplies (Cass. com., 11 juin 1991, n° 89-15.216 : *JurisData* n° 1991-002144).

C Avis du professionnel

1997 Les articles 378 à 380-1 du Code de procédure civile instituent le régime de droit commun du sursis à statuer.
Toutefois, chaque cas de sursis à statuer est régi par des règles particulières auxquelles le praticien devra se reporter.
Généralement, le régime des exceptions de procédure s'appliquera à la demande de sursis à statuer : le praticien veillera dès lors à en respecter les règles, **sous peine d'irrecevabilité** de sa demande (V. *infra*, nos 2000 et s., Contrôles préalables).

D Textes

- CPC, art. 49.
- CPC, art. 108 à 110.
- CPC, art. 378 à 380-1.
- CPC, art. 312 et 313.
- CPP, art. 4.

E Schéma procédural

1998 Pas de schéma procédural à proprement parler s'agissant de l'obtention d'un sursis à statuer. Le sursis à statuer doit être soulevé selon les règles propres à chaque juridiction.

ATTENTION En tant qu'exception de procédure, le sursis à statuer sera soulevé *in limine litis* avant toute défense au fond et fin de non-recevoir, sous peine d'irrecevabilité (CPC, art. 74).

II Préparation

A Informations préalables

1999 Avant de demander un sursis à statuer, le praticien informera son client de :
– l'effet suspensif d'instance d'une telle demande ;
– des pouvoirs du juge pour qui le sursis à statuer peut être une obligation ou une faculté, selon le cas de sursis envisagé ;
– de l'impossibilité de faire appel de la décision du juge se bornant à rejeter le sursis à statuer indépendamment du jugement sur le fond (CPC, art. 545).
Le praticien devra également s'assurer que sa demande de sursis à statuer est recevable et bien fondée.

B Contrôles préalables

1 Recevabilité du sursis à statuer

2000 Afin de s'assurer de la recevabilité de sa demande de sursis à statuer, le praticien devra :

a) Vérifier la qualification de la demande de sursis à statuer

2001 Le sursis à statuer est en principe qualifié d'exception de procédure quelle que soit la partie qui le soulève (Cass. 2e civ., 27 sept.2012, n° 11-16.361 s'agissant de l'application de l'article 4 du Code de procédure pénale).

ATTENTION Ne relèvent pas du régime des exceptions de procédure, même soulevées par le défendeur à l'instance :
– les questions préjudicielles en interprétation ou en appréciation de validité d'un texte communautaire (Cass. 2e civ., 15 avr. 2010, n° 08-21.758 : *JurisData* n° 2010-004072) ;
– les questions prioritaires de constitutionnalité (Ord. n° 58-1067, 7 nov. 1958, art. 23-3, issu de L. org. n° 2009-1523, 10 déc. 2009).
Ces questions peuvent en effet être soulevées en tout état de cause, et même à titre subsidiaire.
Certaines juridictions ont considéré que la demande de sursis à statuer émanant du demandeur ne constituait pas un moyen de défense et ne relevait donc pas de l'application de l'article 74 du Code de procédure civile (CA Paris, ch. 19, 25 févr. 2003 : *Bull. avoués* 2003, n° 168, p. 22. – CA Paris, 4 avr. 2013, n° 10/21955. – CA Toulouse, 16 mai 2013, n° 12/01037/ – CA Paris, 15 déc. 2023, n° 23/05559).
Toutefois, d'autres juridictions remettent en cause cette analyse et jugent que la demande de sursis à statuer doit être qualifiée d'exception de procédure relevant de l'article 74 du Code de procédure civile qu'elle émane du demandeur ou du défendeur (CA Pau, 9 oct. 2019, n° 18/03439. – CA Nîmes, 20 juin 2019, n° 15/02244. – CA Paris, 9 mai 2019, n° 16/05715. – CA Toulouse, 1er févr. 2024, n° 22/01515. – CA Bordeaux, 29 mars 2024, n° 23/02695).
Il est donc conseillé au praticien de faire preuve de prudence et de respecter les dispositions de l'article 74 du Code de procédure civile afin d'éviter tout risque quant à la recevabilité de la demande de sursis à statuer.

b) Respecter le moment de la demande de sursis à statuer

2002 • En tant qu'exception de procédure, le sursis à statuer doit être soulevé simultanément aux autres exceptions de procédure (Cass. 1re civ., 14 mai 2014, n° 13-19.329 : *JurisData* n° 2014-010009), avant toute défense au fond, **sous peine d'irrecevabilité** (CPC, art. 74).

EXEMPLE **Tel est le cas :**
– des questions préjudicielles relatives à l'appréciation de la légalité d'un acte administratif (Cass. 2e civ., 1er oct. 2009, n° 08-14.135 : *JurisData* n° 2009-049671) ;
– de la règle « le criminel tient le civil en l'état » (Cass. 2e civ., 19 mars 2009, n° 05-18.484 : *JurisData* n° 2009-047699).

ATTENTION La demande de sursis à statuer doit être présentée avant la fin de non-recevoir (Cass. 2e civ., 8 juill. 2004, n° 02-19.694 : *JurisData* n° 2004-024578).
L'obligation de soulever les exceptions de procédure simultanément et *in limine litis* est applicable alors même que la règle invoquée au soutien du sursis à statuer serait d'ordre public (V. s'agissant du moyen tiré de l'incompétence des tribunaux de l'ordre judiciaire, Cass. 1re civ., 3 mai 2000, n° 98-17.032, inédit).

Exceptions :
– Procédures orales
Le sursis à statuer peut être soulevé pendant l'audience avant toute référence aux prétentions au fond, quand bien même des conclusions écrites invoquant des moyens de fond ont été déposées avant l'audience (Cass. 2e civ., 1er oct. 2009, n° 08-14.135 : *JurisData* n° 2009-049671).
– Appel
Dès lors que le sursis à statuer a été soulevé avant toute défense au fond ou fin de non-recevoir en première instance, il peut être repris et demeure recevable à tout moment en appel (Cass. 2e civ., 8 févr. 2001, n° 98-20.840 : *JurisData* n° 2001-008034).
Le sursis à statuer ne peut donc être soulevé pour la première fois en cassation (Cass. 2e civ., 14 sept. 2006, n° 05-10.086 : *JurisData* n° 2006-034992).
L'irrecevabilité est d'ordre public et doit être relevée d'office par le juge (Cass. 2e civ., 19 mars 2009, n° 05-18.484 : *JurisData* n° 2009-047699).

c) S'assurer de la compétence de la juridiction saisie

2003 En principe, la demande de sursis à statuer peut être invoquée devant toutes les juridictions civiles (CPC, art. 749) ; elle est de la compétence de la juridiction saisie de la demande principale (CPC, art. 49 et 50).
• Devant le tribunal judiciaire, le sursis à statuer soulevé par le défendeur est de la compétence exclusive du juge de la mise en état (CPC, art. 789, 1°). Elle doit donc être soulevée devant lui **à peine d'irrecevabilité devant le juge du fond**.
• La demande de sursis fondée sur la règle « le criminel tient le civil en l'état » ne peut être formée devant la juridiction des référés (Cass. 3e civ., 7 janv. 2009, n° 07-21.501 : *Procédures* 2009, comm. 76, R. Perrot).

2 Bien-fondé du sursis à statuer

2004 S'assurer que les conditions du sursis à statuer sollicité sont remplies.
Se rapporter aux règles applicables à chaque cas de sursis à statuer.
En cas de sursis obligatoire : justifier de la réunion des conditions légales du sursis à statuer ; dès lors qu'elles seront réunies, le juge aura l'obligation de l'ordonner.

> EXEMPLE **Le praticien qui invoque la règle « le criminel tient le civil en l'état », devra justifier de deux conditions (CPP, art. 4) :**
> **- une action publique en mouvement ;**
> **- une décision pénale de nature à influer sur la décision civile.**
> **L'article 4 du Code de procédure pénale n'est pas applicable à la poursuite d'une voie d'exécution (Cass. 1re civ., 28 mars 2008, n° 06-19.988 : *JurisData* n° 2008-043385).**

S'agissant de la question préjudicielle relative à l'appréciation de la légalité d'un acte administratif, justifier que cette question :
- présente un caractère sérieux (Cass. 3e civ., 26 févr. 1997, n° 94-19.939 : *JurisData* n° 1997-000764) ;
- et est nécessaire au règlement du litige (Cass. 1re civ., 19 juin 1985, n° 84-11.528 : *JurisData* n° 1985-701802).

> RETOUR D'EXPÉRIENCE Si les conditions légales ne sont pas réunies, le juge peut toutefois ordonner le sursis à statuer lorsqu'il considère opportun de le faire.

En cas de sursis facultatif : invoquer les circonstances de l'espèce justifiant le sursis sollicité ; dans ce cas, le juge disposera d'un pouvoir discrétionnaire sur l'opportunité de l'ordonner ou pas.

C Pièces nécessaires

2005 Motiver sa demande de sursis à statuer et communiquer toutes les pièces qui la justifient.

D Coût de la procédure

2006 Soulever un sursis à statuer fait partie d'une procédure déjà en cours et le seul fait de soulever un tel sursis n'a aucun coût autre que les honoraires d'avocat qui sont libres (RIN, art. 11).

III Procédure

A Assistance et représentation

2007 Pas d'assistance ou de représentation spécifique à l'obtention d'un sursis à statuer.
Ces règles dépendent de la juridiction devant laquelle le sursis à statuer est demandé.

B Compétence

2008 Juridiction devant laquelle se déroule l'instance (CPC, art. 50).

> ATTENTION Devant les tribunaux judiciaires et les cours d'appel, dans la mesure où un juge ou un conseiller de la mise en état a été désigné, le sursis à statuer est de sa compétence exclusive (Cass. com., 7 janv. 2014, n° 11-24.157 : *JurisData* n° 2014-000040).

C Réd*action de l'acte de saisine

1 Formes

2009 Le formalisme de la demande de sursis à statuer dépend de la nature, écrite ou orale, de la procédure en cours.
Il est soulevé par voie de conclusions dans les procédures écrites et à l'oral dans le cadre des procédures orales.
Le principe du contradictoire doit dans tous les cas être respecté.

2 Contenu

2010 L'acte de saisine doit contenir les moyens de la partie qui sollicite le sursis à statuer.

RETOUR D'EXPÉRIENCE Le sursis à statuer peut être présenté dans les mêmes conclusions avec une défense au fond ou une fin de non-recevoir à condition d'être soulevées *in limine litis* et non à titre subsidiaire, et **ce, à peine d'irrecevabilité** (CPC, art. 74).

D Instruction du dossier

2011 Le demandeur au sursis à statuer doit communiquer ses conclusions et pièces à son contradicteur.

E Audience

2012 La convocation, la comparution et le déroulement de l'audience se font selon les règles applicables devant la juridiction en charge de la procédure pour laquelle un sursis à statuer est demandé.

F Décision

1 Contenu de la décision

2013 La décision rendue :
- soit prononce le sursis à statuer ;
- soit le rejette.

Dans ce dernier cas, l'instance se poursuit.

2 Caractères et effets de la décision ordonnant un sursis à statuer

2014 • **Absence d'autorité de la chose jugée** (Cass. com., 3 avr. 1979, n° 77-15.797 : *Bull. civ.* IV, n° 124. – CPC, art. 379, al. 2).

ATTENTION L'ordonnance du juge ou du conseiller de la mise en état statuant sur une exception de procédure a autorité de chose jugée peu importe qu'elle ne mette pas fin à l'instance (Cass. 2e civ., 9 janv. 2020, n° 18-21.997).

• **Effets** :
- suspension de l'instance (CPC, art. 378) : les actes accomplis conservent leurs effets et le juge n'est pas dessaisi ;
- interruption du délai de péremption (CPC, art. 392).

ATTENTION Un nouveau délai de péremption court à compter de l'expiration du temps prévu ou à compter de la survenance de l'événement attendu (CPC, art. 392, al. 2) et non de sa connaissance par la partie à laquelle on oppose la péremption (Cass. 2e civ., 3 sept. 2015, n° 14-11.091 : *JurisData* n° 2015-019446).
La décision de sursis à statuer n'interrompt pas le délai de péremption lorsqu'elle est motivée par l'accomplissement de diligences que le juge met à la charge des parties (Cass. 2e civ., 15 mars 1995, n° 93-15.761 : *JurisData* n° 1995-000679).

G Fin de la procédure

2015 Sauf modification de la décision ordonnant un sursis à statuer, la suspension d'instance résultant d'un sursis à statuer prend fin lorsqu'intervient l'événement l'ayant justifié.
À l'expiration du sursis, l'instance reprend à l'initiative des parties ou du juge sauf la faculté d'ordonner s'il y a lieu un nouveau sursis (CPC, art. 379, al. 2).
La reprise de l'instance intervient de plein droit sans formalité particulière.

RETOUR D'EXPÉRIENCE La décision de sursis à statuer ne dessaisissant pas le juge n'a pas à être signifiée : la procédure reprend à l'expiration du sursis sans qu'il soit besoin de réitérer la citation primitive (Cass. 2e civ., 6 janv. 2005, n° 02-19.506 : *JurisData* n° 2005-026357).

H Recours ou contestation

2016 Deux voies de recours, l'appel ou le pourvoi en cassation selon que la décision est rendue en premier ou dernier ressort.

REMARQUE **Les autres recours sont exclus (s'agissant du recours en révision, V. par ex. : CA Grenoble, 12 déc. 1996 : *JurisData* n° 1996-055753).**

1 Appel

a) Décision rejetant la demande de sursis à statuer

2017 **Décision mixte** (rejetant la demande de sursis et statuant au fond) : appel dans les conditions de droit commun.
Décision limitée au rejet du sursis : appel immédiat irrecevable (Cass. soc., 27 févr. 1991, n° 87-43.206 : *JurisData* n° 1991-000422).

REMARQUE En statuant au fond, le juge rejette nécessairement le sursis à statuer (Cass. 2e civ., 7 mai 2015, n° 14-16.552 : *JurisData* n° 2015-010138).
L'appel immédiat d'une décision refusant d'ordonner un sursis à statuer ne peut être autorisé par le premier président de la cour d'appel (Cass. soc., 18 déc. 2001, n° 00-42.729 : *JurisData* n° 2001-012420).
Une décision se bornant à rejeter un sursis à statuer ne peut être frappée d'appel qu'avec le jugement sur le fond (CPC, art. 545).
Toutefois, l'ordonnance du juge de la mise en état qui rejette une telle demande peut faire l'objet d'un appel immédiat (Cass. 2e civ., 25 juin 2015, n° 14-18.288 : *JurisData* n° 2015-015401).

b) Décisions ordonnant un sursis à statuer

2018 • **Décision mixte** (ordonnant le sursis à statuer et tranchant une partie du principal) : appel dans les conditions de droit commun (Cass. 1re civ., 21 juill. 1987 : *Bull. civ.* I, n° 233).

ATTENTION Pour chaque partie, le principal s'entend de l'objet du litige la concernant (Cass. 2e civ., 18 déc. 2003, n° 02-12.925 : *JurisData* n° 2003-021574).
La condamnation à payer des dommages et intérêts pour procédure abusive (Cass. 2e civ., 26 oct. 2006, n° 05-14.489 : *JurisData* n° 2006-035523) ou des frais irrépétibles et des dépens (Cass. 2e civ., 16 mars 2000, n° 97-13.889 : *JurisData* n° 2000-001075) ne confère pas à la décision le caractère de décision mixte.

• **Décision limitée au sursis à statuer**
Principe : appel immédiat irrecevable.

REMARQUE L'irrecevabilité de l'appel immédiat non autorisé d'une décision se bornant à ordonner un sursis à statuer est d'ordre public et doit être relevée d'office (Cass. 3e civ., 15 janv. 1985, n° 83-16.164 : *JurisData* n° 1985-700057).
Elle est en principe générale et concerne :
– tant les cas de sursis fondés sur des motifs d'opportunité que ceux imposés par la loi (Cass. com., 2 mai 1984, n° 83-12.447 : *Bull. civ.* IV, n° 144) ;
– les ordonnances de sursis à statuer rendues en référé même en premier ressort (CA Paris, 1re ch., 23 mars 1982 : *JurisData* n° 1982-600486) ;
– les décisions du juge de l'exécution (Cass. 2e civ., 18 févr. 1999, n° 97-11.374 : *JurisData* n° 1999-000697) ;
– les ordonnances de sursis à statuer du juge de la mise en état devant le tribunal judiciaire (CPC, art. 795).

Exception : appel immédiat sur autorisation du premier président de la cour d'appel s'il est justifié d'un motif grave et légitime (CPC, art. 380, al. 1er) soumis à l'appréciation souveraine du premier président (Cass. 2e civ., 19 mars 2015, n° 14-10.113, inédit et Cass. 2e civ. 6 sept. 2018, n° 17-23.752) ou d'un excès de pouvoir (Cass. 1re civ., 28 nov. 2018, n° 17-17.536).

ATTENTION Il n'appartient pas au premier président, statuant dans le champ des dispositions de l'article 380 du Code de procédure civile sur une demande d'autorisation d'appel immédiat d'une décision de sursis à statuer, d'apprécier si les conditions du sursis à statuer étaient ou non réunies (Cass. 2e civ., 17 oct. 2019, n° 18-20.441).
Le premier président doit apprécier la recevabilité d'une demande d'autorisation d'interjeter appel d'une décision de sursis à statuer au regard de l'intérêt de la partie, qui la sollicite, à l'obtenir, et non en considération de la recevabilité de l'appel pour lequel l'autorisation est requise (Cass. 2e civ., 1er juill. 2021, n° 19-24.497, inédit).

EXEMPLE Motifs jugés graves et légitimes :
– nécessité d'une solution rapide du litige (ex. : décision préjudiciable au plaideur) ;
– inutilité d'attendre l'expiration du sursis ordonné pour trancher le litige ou absence de fondement du sursis à statuer ;
– conséquences juridiques du sursis à statuer (déni de justice, violation du secret de l'instruction, *etc.*).

• **Procédure d'autorisation** :
1) Demande d'autorisation d'appel
Elle doit être :
– effectuée par assignation en la forme des référés dans le mois de la décision (CPC, art. 380, al. 2) ;

Obtenir un sursis à statuer

REMARQUE Ce délai d'un mois ne peut commencer à courir que si la date du prononcé du jugement a été portée par le président à la connaissance des parties (Cass. 2e civ., 30 sept. 1998, n° 96-19.404 : *JurisData* n° 1998-003634). À défaut, il commence à courir le jour où l'intéressé a eu connaissance de la décision (CA Paris, 23 nov. 1990 : *Bull. avoués* 1990, n° 1016, p. 141).
Les délais de distance prévus par l'article 643 du Code de procédure civile s'appliquent au délai dans lequel doit être délivrée l'assignation devant le premier président à fin d'autorisation d'appel à l'encontre d'un jugement de sursis à statuer ; cette dernière constituant la première initiative procédurale, nécessaire à l'introduction de l'appel (Cass. 2e civ., 8 févr. 2024, n° 21-23.686 : *JurisData* n° 2024-001150).
L'autorisation du premier président doit nécessairement précéder la déclaration d'appel (Cass. 2e civ., 19 nov. 2008, n° 07-17.358 : *JurisData* n° 2008-045881).

– motivée **sous peine d'irrecevabilité** (CA Paris, ch. 18, 13 mai 2004, n° 04/30513 : *JurisData* n° 2004-241825) qui doit être relevée d'office par le juge (CPC, art. 125. – Cass. 2e civ., 6 déc. 2012, n° 11-17.166 : *JurisData* n° 2012-028409).

2) Déclaration d'appel

Elle doit être formée **dans le mois** de l'ordonnance du premier président autorisant l'appel (Cass. 2e civ., 13 févr. 2003, n° 01-02.423 : *JurisData* n° 2003-017578).

ATTENTION L'ordonnance du premier président qui autorise l'appel d'une décision de sursis à statuer est **insusceptible de pourvoi** en cassation (CPC, art. 380, al. 3).
A contrario, est recevable le pourvoi formé contre l'ordonnance du premier président n'autorisant pas l'appel d'une décision de sursis à statuer (Cass. 2e civ., 27 sept. 2018, n° 17-17.270).

3) Saisine et procédure devant la cour d'appel (CPC, art. 380, al. 3) :

– en cas de représentation obligatoire, comme en matière de procédure à jour fixe (CPC, art. 917) ;
– en l'absence de représentation obligatoire, dans les conditions prévues à l'article 948 du Code de procédure civile.

REMARQUE La cour d'appel peut évoquer les points non jugés si elle estime de bonne justice de donner à l'affaire une solution définitive (Cass. 2e civ., 12 mars 1997, n° 95-11.441 : *JurisData* n° 1997-001052. – Cass. 3e civ., 6 juin 2019, n° 18-13.665 : *JurisData* n° 2019-009821).

2 Pourvoi en cassation

2019 Pourvoi contre la décision de sursis à statuer rendue en dernier ressort pour violation de la règle de droit (CPC, art. 380-1).
La règle de droit est celle qui gouverne le sursis (Cass. 2e civ., 25 juin 2015, n° 14-18.288 : *JurisData* n° 2015-015401).

REMARQUE N'est pas recevable le pourvoi formé contre une décision de sursis à statuer prononcée dans l'exercice du pouvoir d'appréciation des juges du fond (Cass. 2e civ., 24 janv. 2018, n° 16-18.274. – Cass. 2e civ., 22 mars 2018, n° 17-13.534).
Même dans cette hypothèse, le pourvoi est ouvert si une erreur de droit a été commise (Cass. com., 23 sept. 2014, n° 12-29.404 : *JurisData* n° 2014-022090. – Cass. 2e civ., 19 févr. 2015, n° 14-11.418 : *JurisData* n° 2015-003525 : décision n'indiquant pas l'événement mettant fin au sursis).

I Modifications de la décision

2020 Le juge peut modifier la décision de sursis à statuer (CPC, art. 379, al. 2), c'est-à-dire :
– la révoquer ;
– ou en abréger le délai.

REMARQUE Une modification de la décision initiale n'est possible que si des circonstances nouvelles apparaissent (CA Paris, 11e ch. corr., sect. B, 27 févr. 1987 : *JurisData* n° 1987-022592).
La décision se prononçant sur la révocation du sursis à statuer ne peut faire l'objet d'un appel sur autorisation du premier président (Cass. 2e civ., 10 déc. 2020, n° 19-22.632 : *JurisData* n° 2020-020169).

CHECK-LIST **– Vérifier que la juridiction saisie de l'instance au principal est compétente pour ordonner le sursis à statuer sollicité.**
– Soulever le sursis à statuer *in limine litis* avant toute défense au fond et fin de non-recevoir.
– Justifier du bien-fondé du sursis à statuer sollicité au regard du texte applicable et/ou des circonstances de l'espèce.

POUR ALLER PLUS LOIN...

Fascicules JurisClasseur

- *JCl. Procédure civile*, fasc. 800-25, *Suspension d'instance.*
- *JCl. Procédure civile*, fasc. 600-40, *Exceptions dilatoires.*
- *JCl. Procédures Formulaire*, V° *Sursis à statuer*, fasc. 10.
- *JCl. Procédures Formulaire*, V° *Sursis à statuer*, fasc. 15.

Fiche 80

Interjeter appel en matière contentieuse

David-Raphaël BENITAH
Actualisé par Nicolas GERBAY

Sommaire

I Aperçu rapide

A Éléments clés

REMARQUE Cette fiche est à jour du décret n° 2023-1391 du 29 décembre 2023 et concerne donc les déclarations d'appels interjetés à compter du 1er septembre 2024.

2021 L'appel est une voie de recours ordinaire tendant à faire réformer ou annuler par la cour d'appel un jugement rendu par une juridiction du premier degré (CPC, art. 542 et 561).

L'exercice de cette voie de recours répond à un ensemble de conditions :

– l'existence d'un jugement de première instance rendu en premier ressort ;

– une constitution d'avocat si nécessaire ;

– la non-renonciation à l'exercice de cette voie de recours ;

– le respect du délai de recours.

En vertu du principe d'unicité de l'appel, la réitération d'un acte d'appel peut s'avérer aujourd'hui impossible au regard de l'article 916 du Code de procédure civile (Cass. 2e civ., 19 mai 2022, n° 21-10.422).

L'**appel-nullité** est ouvert à toute personne intéressée en présence d'une décision entachée d'un excès de pouvoir.

B Textes

- CPC, art. 542 à 570.
- CPC, art. 899 à 964-1.

II Préparation

A Informations préalables

2022 • Quelles raisons justifient de procéder à un appel ?
• Quelle est la valeur de la demande ?
• S'il existe plusieurs demandes, sont-elles fondées sur des faits différents, des mêmes faits ou des faits connexes ? Combien y a-t-il de parties ?
• S'il existe plusieurs demandes, existe-t-il un titre commun ?
• Le jugement a-t-il été notifié aux parties ?
• Quelle est la portée de son appel ?
• Est-il marié ? Quel est son régime matrimonial ?
• L'appel est-il interjeté au bénéfice d'une personne morale ? d'un mineur ? d'un majeur protégé ?
• A-t-il exécuté les condamnations prononcées par le jugement ?
• Le délai d'appel est-il expiré ?

B Inventaire des solutions et éléments de décisions

1 Existence d'une décision juridictionnelle

a) Quelles sont les décisions susceptibles de faire l'objet d'un appel ?

2023 L'appel suppose l'existence d'une décision juridictionnelle de première instance.
Vérifier ainsi que l'on est présence d'une décision qui :
– **tranche une partie du principal**, même si par ailleurs il ordonne une mesure d'instruction (CPC, art. 544, al. 1er) ;

> EXEMPLE **Ne tranche pas une partie du principal :**
> **– le jugement annulant une expertise ;**
> **– le jugement qui se borne dans son dispositif à ordonner une expertise et le versement d'une provision (Cass. ch. mixte, 25 oct. 2004, n° 03-14.219, P : *JurisData* n° 2004-025364) ;**
> **– la décision enjoignant aux parties de rencontrer un médiateur familial (CPC, art. 1071).**

– **met fin à l'instance** après avoir statué sur une exception de procédure ou une fin de non-recevoir ou tout autre incident (CPC, art. 544, al. 2).

> EXEMPLE **Par exemple les ordonnances du juge de la mise en état ne peuvent, en principe être frappées d'appel qu'avec le jugement statuant sur le fond. Une ordonnance du juge de la mise en état qui rejette une demande de récusation d'un expert ne tranche aucune partie au principal et ne met pas fin à l'instance. L'appel formé contre une telle ordonnance est en conséquence irrecevable.**

> ATTENTION Le décret n° 2024-673 du 3 juillet 2024 a modifié le régime des appels à l'encontre des ordonnances du juge de la mise en état.
> Selon le nouvel article 795 du Code de procédure civile, elles peuvent faire l'objet d'un appel immédiat quand :
> 1° elles statuent sur une exception d'incompétence, une exception de connexité, une exception de litispendance ou une exception dilatoire ;
> 2° en statuant sur une exception de nullité, une fin de non-recevoir ou un incident d'instance, elles mettent fin à l'instance ;
> 3° elles ont trait aux mesures provisoires ordonnées en matière de divorce ou de séparation de corps ;
> 4° dans le cas où le montant de la demande est supérieur au taux de compétence en dernier ressort, elles ont trait aux provisions qui peuvent être accordées au créancier au cas où l'existence de l'obligation n'est pas sérieusement contestable.

b) À partir de quel moment est-il possible de faire appel de ces décisions ?

2024 Le moment où il peut être formé appel diffère selon les situations :
– dans le cas d'un **jugement définitif**, celui-ci revêt autorité de la chose jugée (CPC, art. 480) et dessaisit ainsi le juge (CPC, art. 481). Il peut faire l'objet d'un appel immédiat ;

– en ce qui concerne les **jugements mixtes**, jugements qui tranchent dans leur dispositif une partie du principal et ordonnent une mesure d'instruction ou mesure provisoire, ils peuvent être immédiatement frappés d'appel comme les jugements qui tranchent tout le principal (CPC, art. 544, al. 1er) ;
– pour les autres jugements comme les **jugements avant dire droit**, ils ne peuvent être frappés d'appel indépendamment des jugements sur le fond que dans les cas spécifiés par la loi (CPC, art. 545). Il en résulte concrètement que le délai pour interjeter appel des premiers ne court qu'à compter du point de départ du délai pour former appel contre les seconds (Cass. com., 27 mars 2019, n° 17-26.646).

ATTENTION Pour cette dernière hypothèse, les cas spécifiés par la loi pouvant être frappés d'appel immédiat sont :
– les jugements ordonnant une expertise sous couvert d'une autorisation présidentielle (CPC, art. 272) ;
– les décisions de sursis à statuer sous couvert d'une autorisation présidentielle (CPC, art. 380) ;
– les décisions statuant sur les mesures provisoires en matière de divorce et séparation de corps (CPC, art. 1119 et 795) ;
– les ordonnances de référé (CPC, art. 490. – V. Fiche 11 : Faire appel d'une ordonnance de référé civil) ;
– les jugements concernant le serment décisoire (CPC, art. 320).

c) Décisions insusceptibles de tout recours

2025 Ne sont pas susceptibles d'appel :
– les mesures d'administration judiciaire : les jonctions ou disjonctions d'instances ; la prolongation du délibéré ; la radiation et le retrait du rôle, la réouverture des débats, *etc.* ;
– les décisions de donner-acte ou constatant un contrat judiciaire ;
– les jugements statuant à titre provisoire sur l'exercice de l'autorité parentale dans l'attente d'une mesure d'enquête sociale.

ATTENTION Est une mesure d'administration judiciaire la décision de radiation du rôle de l'affaire lorsque l'appelant ne justifie pas avoir exécuté la décision frappée d'appel.
Cette décision affecte l'exercice du droit d'appel ; de sorte qu'elle peut faire l'objet d'un recours-nullité en présence d'un excès de pouvoir du juge (Cass. 2e civ., 9 janv. 2020, n° 18-19.301, F-P+B+I : *JurisData* n° 2020-000094).

2 Détermination du taux du ressort

2026 En principe, nul appel n'est possible pour les actions dont le taux du ressort est inférieur à 5 000 € (COJ, art. R. 211-3-24).
Nécessité de déterminer la valeur du litige afin de savoir si le jugement est susceptible d'appel.
Pour cela, il suffit de prendre :
Valeur du litige = Le montant de la demande initiale – les accessoires.
Il s'agit bien du montant de la **demande** et non celui de la condamnation.
Le montant est fixé par le dernier état des conclusions, pour une procédure écrite et par le plumitif d'audience enregistrant les prétentions des parties, dans le cadre d'une procédure orale.

ATTENTION Dès lors que la procédure est orale en première instance, seules les conclusions écrites, réitérées verbalement à l'audience, saisissent le juge.
Ainsi, une demande reconventionnelle qui n'a pas été soutenue oralement ne peut être prise en compte pour le calcul du taux du ressort (Cass. 2e civ., 21 mars 2019, n° 17-27.805).
Sauf dispense de comparution (CPC, art. 446-1, al. 2), il faut se déplacer à l'audience afin que les prétentions soient prises en compte dans le calcul du taux du ressort !

Quand la **demande est déterminée** :
– quand il y a pluralité de demandes, il est nécessaire de distinguer :
• celles fondées sur des faits différents : les demandes seront prises isolément pour déterminer la valeur du litige,
• celles reposant sur les mêmes faits ou faits connexes : la valeur du litige sera ainsi égale à la valeur totale des prétentions (CPC, art. 35) ;
– quand il y a plusieurs parties à la demande, il faut mettre en évidence l'existence ou pas d'un titre commun :
• dans l'affirmative, sera retenue la valeur de la demande la plus élevée de l'une des parties (CPC, art. 36),
• sinon, elles seront prises isolément.
Quand la **demande est indéterminée** :
Lorsque la demande est par nature impossible à chiffrer, l'appel est toujours ouvert, sauf disposition contraire (CPC, art. 40).
Par exemple, la demande tendant à obtenir la résolution d'un contrat présente par nature un caractère indéterminé (Cass. com., 2 mai 2024, n° 21-19.625).
Les **accessoires**, eux, représentent :
– les frais de justice et dépens ;
– l'article 700 du Code de procédure civile ;

– les intérêts échus depuis la demande.

ATTENTION Il existe certaines exceptions quant à la prise en compte de la valeur du litige aux fins de déterminer si l'appel est possible :
– il n'y a pas de taux de ressort à prendre en compte pour les décisions du juge de l'exécution (CPC exéc., art. R. 121-19) ;
– il n'y a pas de taux du ressort en certaines matières fiscales (LPF, art. L. 199, al. 2).

3 Délais pour agir

2027 Vérifier que le délai d'appel n'est pas expiré. Ce délai est variable en fonction des situations du client.
Une demande d'aide juridictionnelle interrompra, par exemple, le délai d'appel mais en cas de caducité de la décision accordant le bénéfice de cette aide, une nouvelle demande ne peut plus interrompre une nouvelle fois le délai (Cass. soc., 12 juill. 2022, n° 21-15.091 : *JCP* S 2022, 1246, obs. S. Brissy).
Les délais de distance sont applicables à hauteur d'appel (CPC, art. 643 et 644).
Ne pas oublier que l'article 528-1 du Code de procédure civile instaure un délai butoir de deux ans pour faire appel si le jugement n'a pas été notifié et que la partie voulant faire appel a comparu devant les premiers juges.

a) Délais de droit commun

2028 **En matière contentieuse** : un mois (CPC, art. 538).
Dès lors que le délai d'appel n'est pas expiré, l'appelant peut venir corriger une erreur ou une omission de l'acte en formalisant une deuxième déclaration d'appel (Cass. 1re civ., 12 déc. 2018, n° 17-25.813).
En matière gracieuse : quinze jours (CPC, art. 538 *in fine*).
Encore faut-il que la décision ait été rendue au cours d'une instance ne mettant pas en œuvre une contestation. À défaut, l'appel ne relève plus de la matière gracieuse.

b) Délais spéciaux

2029 • **Délai de quinze jours** : sont concernées :
– les ordonnances de référé (CPC, art. 490) ;
– les décisions relatives à la délivrance ou à la production de pièces (CPC, art. 141) ;
– les décisions du juge de l'exécution (CPC exéc., art. R. 121-20) ;
– les décisions du juge rapporteur au tribunal de commerce si elles constatent l'extinction de l'instance (CPC, art. 868) ;
– les décisions du juge des enfants en matière d'assistance éducative (CPC, art. 1191) ;
– les décisions du tribunal judiciaire concernant la délégation, la déchéance ou le retrait partiel de l'autorité parentale (CPC, art. 1209) ;
– en matière de commission rogatoire en provenance d'un État étranger : la décision par laquelle le juge refuse d'exécuter une commission rogatoire, annule les actes constatant son exécution, rapporte les mesures qu'il a prises ou refuse de les rapporter, est susceptible d'appel dans un délai de quinze jours qui n'est pas augmenté en raison des distances (CPC, art. 746) ;
– l'ordonnance sur requête (CPC, art. 496, al. 2) dans l'hypothèse où il n'est pas fait droit à celle-ci ;
– les ordonnances du juge de la mise en état lorsqu'elles sont susceptibles d'appel (CPC, art. 795, al. 4) ;
– les ordonnances du conseiller de la mise en état sous certaines conditions (CPC, art. 913-8, al. 2 ; il s'agit d'un déféré devant la cour et pas à proprement d'un appel),
– les ordonnances relatives à la protection des victimes de violences au sein du couple (CPC, art. 1136-11) ;
– les décisions du juge des tutelles et les délibérations du conseil de famille (CPC, art. 1239) ;
– **en matière de divorce** :
- les décisions du juge aux affaires familiales (divorce par consentement mutuel) à l'exception des ordonnances qui prononcent le divorce (CPC, art. 1102),
- les ordonnances prévoyant les mesures provisoires (CPC, art. 1119),
- l'ordonnance qui refuse d'homologuer la convention dans le divorce sur conversion de la séparation de corps (CPC, art. 1134).

• **Délai de dix jours** :
– en matière de **« difficultés » des entreprises**, le délai est en principe de dix jours (C. com., art. R. 661-3) ;
– en matière de **mariage**, s'il y a sursis à la célébration, le président du tribunal judiciaire doit statuer dans les dix jours. La décision du président peut être déférée à la cour d'appel qui statue dans les mêmes délais (C. civ., art. 175-2).

• **Délai de huit jours** :
– le recours des avocats en matière d'élection au Conseil national des barreaux (D. n° 91-1197, 27 nov. 1991, art. 33).

• **vingt-quatre heures** :
– en matière de funérailles (CPC, art. 1061-1, al. 3). L'appel est porté devant le premier président qui doit statuer immédiatement ;

– l'ordonnance du juge des libertés et de la détention dans le contentieux relatif aux mesures d'isolement et de contention (CSP, art. R. 3211-42).

c) Point de départ du délai

2030 **Date de la notification.** Le délai ne court pas faute de notification de la décision. Si c'est la décision elle-même qui comporte une mention erronée sur la voie de recours ouverte, cette erreur peut être corrigée par une notification régulière. En l'absence de cette dernière, le délai d'appel ne court pas (Cass. 2e civ., 3 mars 2022, n° 20-17.419 : *JCP* G 2022, 315, obs. C. Tirvaudey). Lorsque la décision concerne plusieurs personnes la notification doit être faite séparément à chacune d'elles.

Peu importe que les destinataires soient débiteurs solidaires ou des époux demeurant en un même lieu (Cass. 3e civ., 31 mars 2011, n° 09-17.376 : *JurisData* n° 2011-005113).

ATTENTION • L'absence de mention ou la **mention erronée** dans l'acte de notification d'un jugement de la voie de recours ouverte, de son délai ou de ses modalités ne fait pas courir le délai de recours (Cass. 2e civ., 28 janv. 2016, n° 15-11.391 : *JurisData* n° 2016-001069. – Cass. 2e civ., 13 avr. 2023, n° 21-21.242. – Cass. 2e civ., 8 févr. 2024, n° 21-26.016), sans qu'il soit nécessaire de prouver un grief (Cass. 2e civ., 31 janv. 2002, n° 00-20.690 : *JurisData* n° 2002-013105).
• Si la notification du jugement doit avoir lieu par voie de signification et qu'elle a eu lieu par simple notification à l'initiative du greffe, **l'absence de signification régulière** entraîne la recevabilité de l'appel même hors délai (Cass. 2e civ., 3 sept. 2015, n° 14-18.287 : pour un exemple en matière de saisie immobilière).
• Si la notification de la décision a lieu par lettre recommandée, c'est la date de présentation du courrier qui fait courir le délai (Cass. 2e civ., 13 févr. 2020, n° 18-24.590 : *Procédures* 2020, comm. 58, obs. Y. Strickler).
• Si le jugement est notifié à deux reprises, la première notification régulière fait courir le délai d'appel (Cass. 2e civ., 13 janv. 2022, n° 20-12.914).
• Une notification, intervenue après une première notification irrégulière, ne peut faire courir le délai de recours si elle ne précise pas qu'elle se substitue à la première (Cass. 2e civ., 17 sept. 2020, n° 19-17.360, F-P+B+I : *JurisData* n° 2020-014424).
• La date à laquelle est effectuée la remise à parquet de la décision à notifier ne constitue pas, à l'égard du destinataire, le point de départ du délai pour interjeter appel de cette décision (Cass. 2e civ., 1er oct. 2020, n° 19-14.746, F-P+B+I : *JurisData* n° 2020-015331).

2031 **Jour du prononcé de la décision.** Le délai court à compter de cette date pour :
– les décisions du juge en matière de délivrance ou de production des pièces (CPC, art. 141) ;
– solliciter l'autorisation de faire appel d'une décision ordonnant une expertise (CPC, art. 272) ou un sursis à statuer (CPC, art. 380) ;
– les ordonnances du juge chargé d'instruire l'affaire du tribunal de commerce qui constatent l'extinction de l'instance (CPC, art. 868, al. 2) ;
– les décisions du JAF en matière de divorce par consentement mutuel à l'exception de celles qui prononcent le divorce (CPC, art. 1102, al. 2) ;
– l'ordonnance rendue en matière de conversion d'une séparation de corps en divorce (CPC, art. 1134, al. 1er) ;
– le jugement arrêtant ou rejetant le plan de cession de l'entreprise (C. com., art. R. 661-3, al. 2) ;
– le déféré d'une ordonnance du conseiller de la mise en état (CPC, art. 913-8, al. 2).

d) Calcul du délai

2032 Quand l'acte d'appel doit être accompli avant l'expiration d'un délai d'un mois, celui-ci a pour origine la date de l'acte, de l'événement, de la décision ou de la notification qui le fait courir et pour terme le jour qui porte le même quantième (Cass. 2e civ., 25 mars 2021, n° 19-20.636 : *JurisData* n° 2021-003995).

4 Droit d'agir en appel

2033 Seul celui qui a été partie en première instance a **qualité pour déclarer un appel**.

EXEMPLE Si une société est absorbée, la société « absorbante » acquiert de plein droit, à la date de l'effet de la fusion, la qualité de partie aux instances antérieurement engagées par la société absorbée (Cass. com., 21 oct. 2008, n° 07-16.749 : *JurisData* n° 2008-045484).
Le praticien doit recourir à la voie de la tierce opposition si le jugement porte préjudice à son client qui n'a été ni partie ni représenté en première instance.

ATTENTION Le ministère public a le droit d'interjeter appel lorsqu'il a été partie principale en première instance.
En revanche, lorsqu'il a figuré à l'instance comme partie jointe, il ne peut en principe exercer d'appel.

2034 **L'appelant doit justifier d'un intérêt à agir.** La nécessité de justifier d'un intérêt à agir vaut pour l'appelant principal comme pour l'appelant à titre incident (Cass. 2e civ., 4 mars 2021, n° 19-21.579).

L'existence de l'intérêt à agir s'apprécie au jour de l'appel (Cass. 2e civ., 31 janv. 2019, n° 17-28.450 : *Procédures* 2019, comm. 111, obs. H. Croze).

Le défaut d'intérêt à former appel n'affecte pas la régularité de la saisine de la cour mais est constitutif d'une fin de non-recevoir que le juge peut relever d'office (Cass. 2e civ., 6 juin 2019, n° 18-15.301).

Une partie ne peut faire appel d'un jugement qui :
- lui donne entière satisfaction sur tous les chefs de demande (Cass. 2e civ., 11 juill. 1990, n° 87-16.836) ;
- ne lui porte pas grief (Cass. 2e civ., 23 oct. 2008, n° 07-11.965 : *JurisData* n° 2008-045465).

Le **ministère public** est recevable à agir pour faire appel d'un jugement conforme à ses réquisitions, dès lors que son recours tend à l'exacte application de la loi (Cass. 1re civ., 10 mars 1998, n° 96-13.497 : *JurisData* n° 1998-001088).

2035 **L'appelant doit avoir la qualité à agir.** En principe, celui qui a été partie en première instance détient cette qualité qui ne se confond pas toujours avec l'intérêt à agir (Cass. com., 2 févr. 2016, n° 14-20.747. – Cass. 1re civ., 24 mai 2018, n° 17-18.859).

Tel est le cas du débiteur mis en liquidation judiciaire qui est irrecevable à interjeter appel d'un jugement concernant son patrimoine. Cette fin de non-recevoir est d'ordre public et doit être relevée d'office par le juge (Cass. com., 18 janv. 2023, n° 21-17.581).

2036 **L'appelant doit avoir capacité à agir :**
- lorsque l'appel est interjeté par une **personne morale**, le praticien doit contrôler si son représentant est régulièrement habilité par la loi ;
- dans le régime de communauté légale, chaque **époux** peut intenter une action relative à la communauté, il représente l'autre époux auquel la décision sera opposable (Cass. 2e civ., 21 janv. 2010, n° 08-17.707 : *JurisData* n° 2010-051174). Chaque époux peut aussi former appel du jugement ;
- le **majeur protégé** par un régime de curatelle est assisté par son curateur (C. civ., art. 468, al. 3) mais cette assistance ne s'applique pas à une mise en curatelle pendant le délibéré (Cass. 1re civ., 24 juin 2020, n° 19-11.337). La solution est identique en matière de tutelle alors que le majeur devrait être représenté (Cass. 1re civ., 23 mai 2024, n° 22-16.784). Le majeur protégé peut néanmoins agir seul dans le cadre d'actions qui sont qualifiées de purement personnelles (Cass. 1re civ., 5 juill. 2023, n° 23-10.096. – Cass. 1re civ., 31 janv. 2024, n° 22-23.242) ;
- le **mineur** doit agir par l'intermédiaire de son représentant légal. S'il a des intérêts opposés à ceux de ses représentants légaux un administrateur *ad hoc* peut être désigné pour le représenter (C. civ., art. 388-2).

Le défaut de capacité d'ester en justice constitue une irrégularité de fond affectant la validité de l'acte sans qu'il ne soit nécessaire de justifier d'un quelconque grief (Cass. 2e civ., 18 oct. 2018, n° 17-19.249. – CPC, art. 117).

2037 **Contre qui diriger l'appel ?** L'appelant ne peut mettre en cause que ceux qui ont été partie en première instance (CPC, art. 547).

À défaut, l'appelant encourt la sanction de l'irrecevabilité (Cass. 2e civ., 7 sept. 2017, n° 16-21.756 : *Procédures* 2017, comm. 257, obs. H. Croze).

Le droit d'intimer en appel ceux qui ont été parties en première instance n'emporte pas celui de présenter des demandes à l'encontre des parties contre lesquelles l'appelant n'a pas conclu devant le premier juge. L'appel serait considéré comme irrecevable (Cass. 3e civ., 24 mai 2017, nos 15-27.302 et 16-13.650).

S'il veut attraire devant la cour des personnes qui ne figuraient pas à l'instance préalable, il lui reviendra d'envisager d'utiliser la voie de l'intervention forcée (CPC, art. 555).

En cas d'**indivisibilité** à l'égard de plusieurs parties :
- l'appel formé contre l'une d'elles n'est recevable que si toutes sont appelées à l'instance. À défaut, la sanction prononcée est l'irrecevabilité (Cass. 2e civ., 17 nov. 2022, n° 20-19.782 : *JurisData* n° 2022-019063) que la juridiction doit relever d'office (Cass. 2e civ., 17 mai 2023, n° 21-14.906) ;
- l'appelant échappe à l'irrecevabilité de son appel intervenu après l'expiration du délai d'appel, s'il formalise une seconde déclaration d'appel contre une partie oubliée (Cass. 2e civ., 7 sept. 2017, n° 16-20.463. – Cass. com., 9 juill. 2019, n° 18-17.129, FS-D : *JurisData* n° 2019-012308, pour un exemple en matière de procédures collectives). L'appelant peut donc former un nouvel appel à l'encontre d'une partie omise dans son premier

acte d'appel même postérieurement à son délai pour conclure dès lors qu'il agit avant l'audience des plaidoiries (Cass. 2e civ., 23 mars 2023, n° 21-19.906).

ATTENTION Si la régularisation s'avère possible, elle ne peut l'être que par déclaration d'appel. La simple signification de la première déclaration et des conclusions effectuée par l'appelante ne peut entraîner une régularisation (Cass. 2e civ., 2 juill. 2020, n° 19-14.855).

Le dépôt d'une nouvelle déclaration d'appel visant les intimés omis ne requiert pas de solliciter une nouvelle autorisation d'assigner à jour fixe si en appel cette procédure est applicable (Cass. 2e civ., 15 avr. 2021, n° 19-21.803).
La possibilité offerte, en cas d'indivisibilité ou de solidarité, d'appeler en la cause les parties omises dans la déclaration d'appel initial n'est plus possible si cette dernière a été frappée de caducité (Cass. 2e civ., 30 sept. 2021, n° 19-24.580).

III Mise en œuvre

2038 **Forme. Communication par voie électronique.** La déclaration doit être transmise par voie électronique, au greffe de la cour, sous peine d'irrecevabilité relevée d'office (CPC, art. 930-1).
Le défaut de saisine régulière de la cour d'appel par communication électronique relève donc du régime des fins de non-recevoir (Cass. 2e civ., 1er juin 2017, n° 16-15.568).
La partie qui n'a pas pu transmettre un acte par la voie électronique à la cour d'appel pour une **cause** qui lui est **étrangère** peut :
- remettre cet acte sur **support papier** au greffe (CPC, art. 930-1, al. 2) ;
- sans attendre l'expiration du délai qui lui est, le cas échéant, accordé pour accomplir la diligence considérée (Cass. 2e civ., 6 sept. 2018, n° 16-14.056, P+B : *JurisData* n° 2018-014939).

De plus, lorsqu'un acte doit être accompli avant l'expiration d'un délai et ne peut être transmis par voie électronique le dernier jour du délai pour une cause étrangère à celui qui l'accomplit, le délai est prorogé jusqu'au premier jour ouvrable suivant (CPC, art. 748-7).
En cas d'existence d'une cause étrangère que l'appelant doit prouver (Cass. 2e civ., 6 sept. 2018, n° 16-14.056), la déclaration d'appel est remise au greffe en autant d'exemplaires qu'il y a de parties destinataires, plus deux.
La remise est constatée par la mention de sa date et le visa du greffier sur chaque exemplaire, dont l'un est immédiatement restitué (CPC, art. 930-1, al. 2).

EXEMPLE **Constituent une cause étrangère :**
- la livraison à l'avocat du matériel nécessaire et du code personnel pour l'accès au RPVA après l'expiration du délai d'appel (Cass. 2e civ., 14 mai 2014, n° 13-16.132 : *JurisData* n° 2014-010407) ;
- le dysfonctionnement de la connexion e-barreau empêchant l'envoi des conclusions par RPVA (CA Paris, pôle 4, ch. 2, 26 mars 2014, n° 14/01413 : *JurisData* n° 2014-008118) ;
- l'impossibilité technique de transmission par voie électronique, liée à la taille des fichiers transmis (Cass. 2e civ., 16 nov. 2017, n° 16-24.864 : *JCP* G 2017, 1248, obs. H. Croze. - Cass. 2e civ., 19 mai 2022, n° 21-10.423 : *Procédures* 2022, comm. 164, obs. S. Amrani-Mekki) ;
- une panne informatique de trois jours due à la défectuosité d'une *livebox* rendant impossible l'accès à internet. Peu importe que l'avocat ait pu procéder à la transmission dans un autre cabinet ou à l'ordre (Cass. 2e civ., 10 juin 2021, n° 20-10.522, F-P : *JurisData* n° 2021-009036).
Ne constituent pas une cause étrangère :
- l'impossibilité d'utiliser matériellement le RPVA en raison du déménagement du cabinet de l'avocat (CA Rennes, 2e ch., 11 déc. 2015, n° 15/06448 : *JurisData* n° 2015-027974) ;
- le défaut de raccordement, non sollicité (Cass. 2e civ., 5 janv. 2017, n° 15-28.847) ;
- les difficultés techniques liées au fonctionnement de la propre clé USB du conseil de l'appelant (CA Versailles, 12e ch., 1er avr. 2014, n° 13/09405 : *JurisData* n° 2014-008496) ;
- l'absence de restitution au demandeur, par l'huissier de justice ayant

délivré une assignation à jour fixe, de la requête afin d'être autorisé à assigner à jour fixe qui devrait être jointe à l'assignation (Cass. 2e civ., 27 sept. 2018, n° 17-20.930).

ATTENTION Le décret du 29 décembre 2023 autorise désormais sans ambiguïté le recours à une **annexe** et ce même sans empêchement technique. La Cour de cassation ajoute même que l'absence d'une formule de renvoi dans la déclaration d'appel à l'annexe utilisée n'est sanctionnée ni par la nullité de l'acte, ni par une absence d'effet dévolutif (Cass. 2e civ., 7 mars 2024, n° 22-23.522).

2039 **Mentions.** Selon le nouvel article 901 du Code de procédure civile, la déclaration d'appel contient à peine de nullité :

1° pour chacun des appelants :

a) lorsqu'il s'agit d'une personne physique, ses nom, prénoms, profession, domicile, nationalité, date et lieu de naissance,

b) lorsqu'il s'agit d'une personne morale, sa forme, sa dénomination, son siège social et l'organe qui la représente légalement ;

2° pour chacun des intimés, l'indication de ses nom, prénoms et domicile s'il s'agit d'une personne physique ou de sa dénomination et de son siège social s'il s'agit d'une personne morale ;

3° la constitution de l'avocat de l'appelant ;

4° l'indication de la cour devant laquelle l'appel est porté ;

5° l'indication de la décision attaquée ;

6° l'objet de l'appel en ce qu'il tend à l'infirmation ou à l'annulation du jugement ;

7° les chefs du dispositif du jugement expressément critiqués auxquels l'appel est, sans préjudice du premier alinéa de l'article 915-2, limité, sauf si l'appel tend à l'annulation du jugement.

Elle est datée et signée par l'avocat constitué. Elle est accompagnée d'une copie de la décision et sa remise au greffe vaut demande d'inscription au rôle.

L'irrégularité des mentions de la déclaration d'appel affecte le contenu de l'acte et relève donc du régime des nullités pour **vice de forme** alors que l'irrégularité du mode de saisine relève du régime des fins de non-recevoir (Cass. 2e civ., 17 oct. 2019, n° 18-12.574 : *Procédures* 2020, comm. 3, obs. H. Croze. – Cass. 2e civ., 14 nov. 2019, n° 18-20.303 : *Procédures* 2020, comm. 36, obs. Y. Strickler : pour l'erreur dans la désignation du représentant d'une personne morale. – Cass. 2e civ., 4 févr. 2021, n° 20-10.685 : *Procédures* 2021, comm. 91, obs. R. Laffly : pour l'erreur relative à la dénomination d'une société). La partie appelante doit désigner la personne morale que par les seules indications de sa dénomination et de son siège social (Cass. 2e civ., 21 déc. 2023, n° 21-25.603).

La mention d'un **appel général** en lieu et place de l'indication des chefs de jugement critiqués, constitue un vice de forme.

Sous l'empire du droit antérieur à la réforme de 2023, une régularisation était possible par un nouvel acte d'appel à condition qu'il soit transmis dans le délai de trois mois pour conclure (Cass. 2e civ., 19 nov. 2020, n° 19-13.642 : *Procédures* 2021, comm. 1, obs. R. Laffly). Une nouvelle déclaration d'appel était nécessaire. Un simple message électronique de l'avocat de l'appelant ne pouvait quel que soit son libellé et même adressé au greffe dans le délai imparti valoir régularisation de la déclaration initiale (Cass. 2e civ., 30 juin 2022, n° 21-12.720).

Il restera à la jurisprudence de décider si cette correction est encore possible alors que le nouvel article 915-2 offre une autre voie de correction par l'intermédiaire des conclusions.

À **défaut de mentionner expressément les chefs de jugement** critiqués, l'effet dévolutif est paralysé et la cour d'appel n'est saisie d'aucune demande et ne peut statuer au fond (Cass. 2e civ., 30 janv. 2020, n° 18-22.528 : *JCP* G 2020, 336, obs. Ph. Gerbay. – Cass. 2e civ., 29 juin 2023, n° 21-24.821. – Cass. 2e civ., 26 oct. 2023, n° 21-23.012). Saisie alors d'aucun litige, la cour d'appel ne peut même pas confirmer la décision de première instance (Cass. 2e civ., 25 mars 2021, n° 20-12.037).

Quand bien même le CME aurait rejeté préalablement une demande d'annulation de la déclaration d'appel, cette dernière est dépourvue d'effet dévolutif (Cass. 2e civ., 19 mai 2022, n° 21-10.685). Cette solution est néanmoins écartée si la **procédure est sans représentation obligatoire** devant la cour (Cass. 2e civ., 9 sept. 2021, n° 20-13.662 : *JCP* G 2021, 1050, obs. N. Fricero. – Cass. 2e civ., 30 juin 2022, n° 21-15.003). Dans ce cas, l'ensemble des chefs du jugement est déféré à l'examen de la cour d'appel et ce même si la partie est assistée ou représentée par un avocat (Cass. 2e civ., 29 sept. 2022, n° 21-23.456 : *Procédures* 2022, comm. 267, obs. R. Laffly. – Cass. 2e civ., 12 janv. 2023, n° 21-18.579). Ces jurisprudences salvatrices ont été validées par la rédaction du nouvel article 933 du Code de procédure civile.

ATTENTION La déclaration d'appel ne peut se contenter de reprendre les demandes formulées devant le premier juge car la cour d'appel n'en est alors pas saisie (Cass. 2e civ., 2 juill. 2020, n° 19-16.954, F-P+B+R+I : *JurisData* n° 2020-009390). Seule la cour et non le CME a le pouvoir de statuer sur l'absence d'effet dévolutif (Cass. 2e civ., 9 juin 2022, n° 20-20.936).

ATTENTION Le décret de 2023 a supprimé l'exception tirée de l'indivisibilité d'un litige qui emportait jusqu'à présent une dévolution générale.
Lorsque **l'appelant ne demande dans le dispositif de ses conclusions ni l'infirmation ni l'annulation du jugement**, la cour d'appel peut :
– confirmer le jugement (Cass. 2e civ., 17 sept. 2020, n° 18-23.626, P+B+I : *JurisData* n° 2020-013427. – Cass. 2e civ., 1er juill. 2021, n° 20-10.694, F-B : *JurisData* n° 2021-010512) ;
– prononcer la caducité de la déclaration d'appel d'office, ou à la demande d'une partie (Cass. 2e civ., 4 nov. 2021, nos 20-15.757, 20-15.778 et 20-15.787 : *Procédures* 2022, comm. 2, obs. R. Laffly).

REMARQUE **À défaut d'avoir expressément mentionné un chef de jugement de la décision de première instance, il peut parfois être possible de jouer sur la notion de lien de dépendance pour l'attraire néanmoins devant la cour. L'appel défère les chefs de jugement critiqués expressément et ceux qui en dépendent et la cour doit rechercher cet éventuel lien (Cass. 2e civ., 9 janv. 2022, n° 20-16.239).**
Pour la Cour de cassation, les chefs dépendants sont ceux qui sont la conséquence des chefs expressément critiqués (Cass. 2e civ., 30 juin 2022, n° 21-13.490 : *JurisData* n° 2022-010775 ; pour un exemple caractéristique).

2040 **Notification par le greffe de la cour et signification de la déclaration d'appel.** Dans le cadre de la procédure d'appel avec désignation d'un CME, c'est au greffe d'adresser à l'intimé, par lettre simple, un exemplaire de la déclaration avec indication de l'obligation de constituer avocat (CPC, art. 902).
Si la lettre de notification revient au greffe ou si l'intimé n'a pas constitué avocat dans le mois de l'envoi de la lettre, le greffier en avise l'avocat de l'appelant.
Dans ce cas, l'avocat de l'appelant doit procéder à cette signification dans le mois de l'avis adressé par le greffe (CPC, art. 902, al. 3).
C'est le récapitulatif visé à l'article 10 de l'arrêté technique du 30 mars 2011 qu'il convient de signifier et non un autre document (Cass. 2e civ., 22 oct. 2020, n° 19-21.978).
La signification de la déclaration d'appel, dans le délai requis, à laquelle ne figure pas l'annexe mentionnant les chefs de jugement critiqués est sanctionnée par la nullité et non la caducité (Cass. 2e civ., 5 déc. 2019, n° 18-17.867 : *JCP* G 2020, 123, obs. R. Laffly).
L'obligation faite à l'appelant de notifier la déclaration d'appel à l'avocat que l'intimé a constitué, dans le délai d'un mois de la réception de l'avis de fixation adressé par le greffe, n'est pas prescrite à peine de caducité (Cass. 2e civ., 14 nov. 2019, n° 18-22.167 : *Procédures* 2020, comm. 35, obs. H. Croze).
Le point de départ du délai d'un mois est la date d'émission de l'avis adressé par le greffe, non sa réception (Cass. 2e civ., 26 juin 2014, n° 13-17.574 : *JurisData* n° 2014-014415).

2041 **Caducité de la déclaration d'appel** du fait de la défaillance de l'appelant.
Cette caducité peut être :
– soulevée par la partie intéressée ;
– prononcée d'office par le conseiller de la mise en état (Cass. 2e civ., 27 juin 2013, n° 12-19.945 : *JurisData* n° 2013-013313), à condition de respecter le contradictoire et de demander leurs observations aux parties (Cass. 2e civ., 27 juin 2013, n° 12-20.529 : *JurisData* n° 2013-013192).
La caducité est un incident d'instance non assujetti, à l'application de l'article 74 du Code de procédure civile (Cass. 2e civ., 5 sept. 2019, n° 18-21.717 : *JCP* G 2019, 1216, obs. H. Herman).
Il en résulte qu'elle peut encore être proposée par un avocat qui a déjà conclu au fond du droit.
Si l'intimé soulève la caducité devant le conseiller de la mise en état qui la rejette, il n'est plus recevable à la soulever devant la cour d'appel (Cass. 2e civ., 4 sept. 2014, n° 13-22.971 : *JurisData* n° 2014-019837).
En cas d'**indivisibilité**, la caducité de la déclaration d'appel, en raison du défaut de signification dans les délais à certains intimés, concerne l'ensemble d'entre eux (Cass. 2e civ., 17 mai 2018, n° 17-16.777 : *Procédures* 2018, comm. 246, obs. H. Croze).

2042 **Dépôt et signification des conclusions** (V. Fiche 83 : Procédure contentieuse ordinaire avec représentation obligatoire devant la cour d'appel).

L'appelant doit conclure et communiquer ses pièces dans un **délai de trois mois** à compter de la déclaration d'appel (CPC, art. 908, sauf si le conseiller de la mise en état a réduit ou augmenté le délai en vertu de CPC, art. 911, al. 2).
Ce délai court à compter de la remise au greffe de la déclaration d'appel et non de l'édition du fichier reprenant les données du message de l'appelant (Cass. 2e civ., 6 déc. 2018, n° 17-27.206 : *Procédures* 2019, comm. 43, obs. H. Croze).
À défaut de conclusions la déclaration d'appel devient caduque.
En cas de **pluralité d'intimés**, la sanction de la caducité n'est prononcée qu'à l'égard de l'intimé concerné, sauf indivisibilité (CA Aix-en-Provence, 2e ch., 27 juin 2013, n° 13/08133).
Cette caducité peut être relevée d'office par ordonnance du CME (CPC, art. 908) mais la cour d'appel n'a pas l'obligation de vérifier que les conclusions ont été signifiées dans le délai à l'intimé non représenté (Cass. 3e civ., 18 janv. 2023, n° 20-19.127).

> REMARQUE **La caducité de la déclaration d'appel est encourue, si les conclusions sont notifiées à la partie adverse dans le délai, mais remises au greffe de la cour hors délai (CA Angers, 16 juill. 2013, n° 13/01064 : *JurisData* n° 2013-017695. - CPC, art. 908).**

2043 **Adversaire ayant constitué avocat** (V. Fiche 83 : Procédure contentieuse ordinaire avec représentation obligatoire devant la cour d'appel).
Dès qu'il est constitué, l'avocat de l'intimé en informe celui de l'appelant et remet une copie de son acte de constitution au greffe (CPC, art. 903).
Les conclusions doivent être notifiées aux avocats des parties dans le délai de leur remise au greffe de la cour (CPC, art. 911).

2044 **Un ou plusieurs adversaires n'ayant pas constitué avocat.** Si les parties ont constitué avocat avant l'expiration du délai de trois mois, il est procédé par voie de notification à leur avocat (CPC, art. 911).
Si un (ou plusieurs) adversaire n'a pas constitué avocat à l'issue de ce délai, les conclusions lui sont signifiées (par acte extrajudiciaire) dans le mois suivant l'expiration du délai (CPC, art. 911, al. 1er).
L'appelant dispose donc dans ce cas d'un **délai de quatre mois** (3+1) pour signifier ses conclusions à la partie défaillante (Cass. 2e civ., 27 juin 2013, n° 12-20.529 : *JurisData* n° 2013-013192).
Si dans le délai de un mois l'intimé constitue avocat avant la signification de la déclaration d'appel, il est procédé par voie de notification entre avocats (CPC, art. 902, al. 3).
Si l'appelant a remis au greffe et signifié ses conclusions à partie, il n'est pas tenu de les notifier à l'avocat de cette partie constitué postérieurement à la signification (Cass. 2e civ., 10 avr. 2014, n° 13-11.134 : *JurisData* n° 2014-007069).

2045 **Adversaire ayant recours à un défenseur syndical.** En matière prud'homale et uniquement en cette matière, devant la cour, la procédure est désormais avec représentation obligatoire soit par avocat, soit par défenseur syndical (C. trav., art. R. 1461-1 et R. 1461-2).
Le défenseur syndical n'est pas soumis aux exigences de la communication électronique, faute d'avoir accès au RPVA (CPC, art. 930-2).
Dès lors, les notifications entre avocat et défenseur syndical doivent se faire par lettre recommandée avec accusé de réception ou signification (CPC, art. 930-3).

> CHECK-LIST **• Déterminer :**
> **- s'il s'agit d'un appel en matière contentieuse ou gracieuse ; avec ou sans représentation obligatoire ;**
> **- la cour d'appel territorialement compétente (Cass. 2e civ., 5 oct. 2023, n° 21-21.007 : sur l'effet interruptif de la saisine d'une cour d'appel incompétente).**
> **• Vérifier :**
> **- le taux du ressort ;**
> **- les délais.**
> **• Faire :**
> **- la constitution d'avocat au besoin ;**
> **- la rédaction de la déclaration d'appel en prenant garde à l'exigence d'une critique ciblée de la décision de première instance (CPC, art. 901, 7°) ;**
> **- la constitution du dossier ;**
> **- la communication des actes de saisine par voie électronique (obligatoire pour la procédure avec représentation obligatoire) ;**
> **- le dépôt des conclusions dans les trois mois de la saisine, sous peine de caducité de l'appel ;**
> **- le dépôt d'un timbre fiscal de 225 € par procédure d'appel lorsque la représentation par avocat est obligatoire, sauf à bénéficier de l'aide juridictionnelle (CGI, art. 1635 bis P. - CPC, art. 963 et s.), et ce à peine d'irrecevabilité de l'appel.**

POUR ALLER PLUS LOIN...

Fascicules JurisClasseur

- *JCl. Procédure civile*, fasc. 1000-05, 1000-10, 1000-15, 1000-40.

Fiches pratiques

- V. Fiche 11 : Faire appel d'une ordonnance de référé civil.
- V. Fiche 83 : Procédure contentieuse ordinaire avec représentation obligatoire devant la cour d'appel.

Fiche 81

Appel en matière gracieuse

Audrey LAZIMI
Actualisé par Nicolas GERBAY

Sommaire

I Aperçu rapide

A Caractéristiques générales

REMARQUE **Cette fiche est à jour du décret n° 2023-1391 du 29 décembre 2023 et concerne donc les appels interjetés à compter du 1er septembre 2024.**

2046 Le juge statue en matière gracieuse lorsqu'en l'absence de litige, il est saisi d'une demande dont la loi exige, en raison de la nature de l'affaire ou de la qualité du requérant, qu'elle soit soumise à son contrôle (CPC, art. 25).

Cette **procédure est applicable** :

– aux affaires gracieuses au sens strict (comme l'adoption, le changement de régime matrimonial, *etc.*) ;

– aux demandes formées par simple requête (comme les mesures conservatoires ou la décision de refus d'homologation d'un accord amiable).

La procédure gracieuse **se distingue de la procédure contentieuse** par :

– l'absence de litige. S'il existe un contentieux latent ou si un litige survient après le prononcé de la décision, la procédure ouverte à la suite du recours deviendra contentieuse (Cass. 2e civ., 28 janv. 2016, n° 15-10.182) ;

– l'absence de contradicteur ;
– la saisine unilatérale du juge (V. Fiche 2 : Procédure gracieuse devant le tribunal judiciaire).

Si les textes imposent le plus souvent le recours à la matière gracieuse, la jurisprudence précise aussi parfois que l'appel de telle ou telle décision doit épouser la procédure gracieuse. À titre d'exemple, il en a été décidé ainsi des décisions du bâtonnier, rendues en matière de suppléance (Cass. 3e civ., 16 nov. 2017, n° 16-24.642 : *Procédures* 2018, comm. 212, obs. Y. Strickler. – Cass. 1re civ., 3 mai 2018, n° 17-16.454, P+B : *JurisData* n° 2018-007165).

Le **droit d'appel** en matière gracieuse appartient :
– à la partie requérante en cas de rejet de la demande (CPC, art. 543) ;
– aux tiers auxquels le jugement de première instance a été notifié. Seule la voie de l'appel est ouverte et non la tierce opposition (CPC, art. 583) ;
– au ministère public.

ATTENTION L'opposition du ministère public à une demande de rectification des actes de l'état civil confère à la procédure un caractère contentieux (Cass. 1re civ., 23 nov. 1976, n° 73-10.582).

L'appel est formé par une déclaration faite ou adressée par pli recommandé au secrétariat de la juridiction de première instance qui a rendu la décision par un avocat ou officier ministériel habilité (CPC, art. 950).

La nécessité de formaliser l'appel devant la juridiction dont émane la décision connaît une exception notable en matière de modes amiables de résolution des litiges. En cas de rejet de la demande d'homologation de l'accord obtenu, l'appel doit être interjeté par déclaration au greffe de la cour d'appel (CPC, art. 1566, al. 3).

Une **attention toute particulière** est requise au moment de l'introduction du recours : vérifier que la procédure n'a pas changé de nature en raison de l'apparition d'un litige. Si la procédure devient contentieuse, il conviendra de modifier la forme de l'appel.

Ont été déclarées nulles, les déclarations faites :
– au greffe de la cour ;
– sans ministère d'avocat (Cass. 2e civ., 5 janv. 1983 : *JCP* G 1983, II, 20043).

La télécopie ne répond pas aux conditions prescrites par l'article 950 du Code de procédure civile (Cass. 2e civ., 8 juin 1995 : *Bull. civ.* II, n° 180. – CA Limoges, ch. civ., 20 janv. 2014, n° 13/00134).

Sur cette déclaration d'appel, le premier juge peut modifier ou rétracter sa décision.

Dans le cas contraire, le dossier est transmis sans délai par le secrétaire de la juridiction à la cour (CPC, art. 952).

B Conditions d'utilisation

2047 L'appel en matière gracieuse est dirigé contre une décision elle-même gracieuse.

Il n'est pas applicable aux affaires dans lesquelles le juge de première instance a dû trancher une contestation (Cass. 2e civ., 30 juin 1993, n° 91-20.381 : *JurisData* n° 1993-001378 ; *Bull. civ.* II, n° 240).

Le tiers auquel une ordonnance sur requête fait grief ne dispose pas du droit d'appel. Mais il peut en référer au premier juge pour en solliciter la rétractation (CPC, art. 496).

S'il s'agit d'un jugement qui n'a pas été notifié, le tiers pourra former une tierce opposition (CPC, art. 583).

C Avis du professionnel

2048 L'appel en matière gracieuse est avant tout une voie de rétractation pouvant se transformer en voie de réformation.

Nécessité de motiver son appel (ce n'est pas une obligation mais vivement recommandé), le premier juge pouvant, sur la déclaration d'appel, modifier ou rétracter sa décision (CPC, art. 952).

En cas de refus de modifier ou de rétracter la décision, le dossier est transmis à la cour et la phase de réformation débute.

D Textes

Appel en matière gracieuse :

- CPC, art. 496.
- CPC, art. 583.
- CPC, art. 808 à 811 (procédure devant le tribunal judiciaire).
- CPC, art. 950 à 953 (procédure devant la cour d'appel).

Matières gracieuses :

- CPC, art. 1050 (annulation et rectification des actes d'état civil).
- CPC, art. 1055-6 (changement de la mention du sexe dans les actes d'état civil et le cas échéant du prénom).
- CPC, art. 1067 (déclaration d'absence).
- CPC, art. 1134 (divorce sur conversion d'une séparation de corps).
- CPC, art. 1167 (adoption).
- CPC, art. 1210-2 (nomination d'un administrateur *ad hoc*).
- CPC, art. 1287, al. 1er (habilitation en cas de refus d'un conjoint).
- CPC, art. 1289 (habilitation en cas d'empêchement d'un conjoint).

• CPC, art. 1301 (changement de régime matrimonial).
• CPC, art. 1433 (reconstitution d'actes détruits).
• CPC, art. 1437 (délivrance de copies d'actes et de registres).
• C. com., art. R. 123-141 et R. 123-48 (ordonnance du juge commis à la surveillance du registre du commerce et des sociétés).
• C. com., art. R. 611-26 et R. 611-42 (en matière de conciliation en droit des entreprises en difficulté.

E Schéma procédural

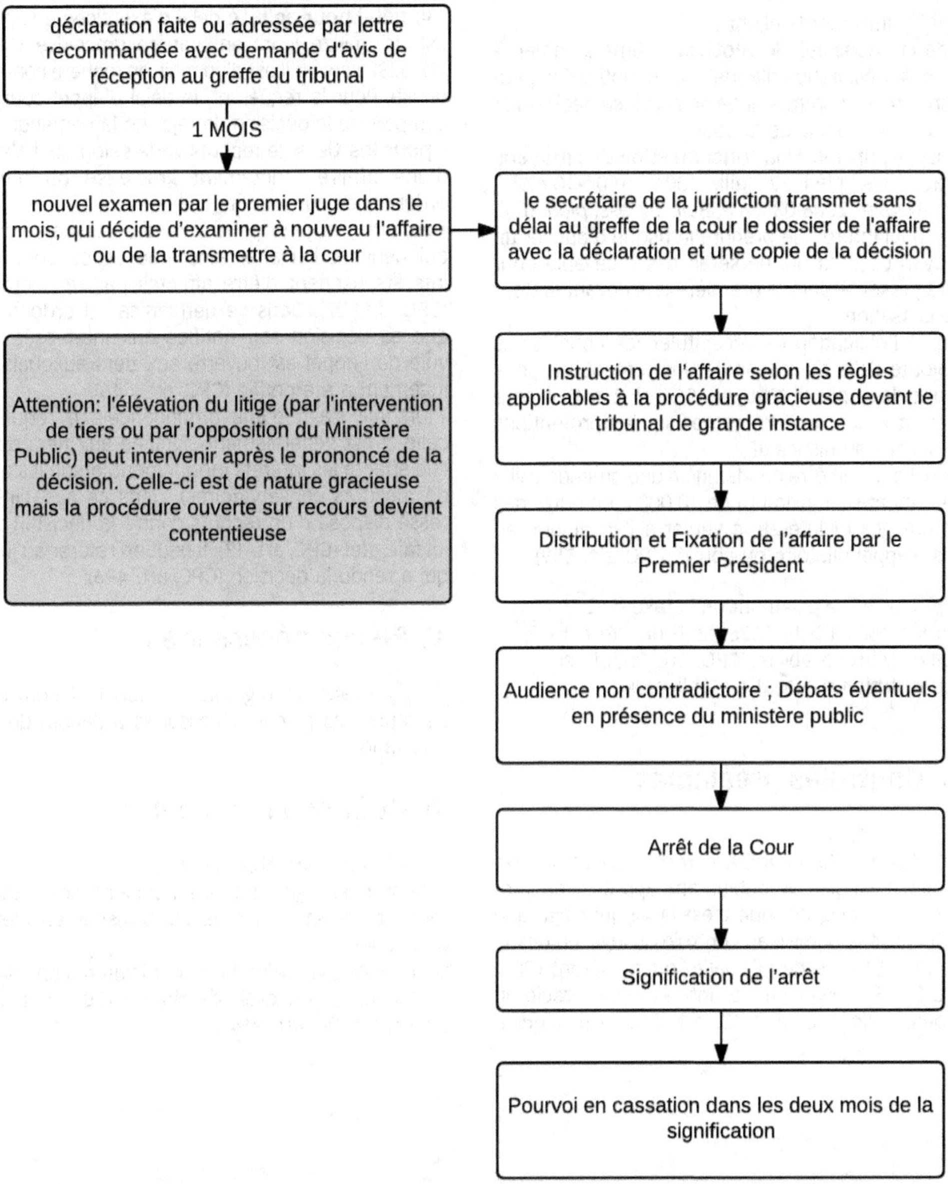

II
Préparation

A Informations préalables

2049 Informer le client :
- de la **nécessité de motiver**, même sommairement la déclaration d'appel. Cette motivation peut permettre au premier juge de revoir sa décision et d'éviter la saisine de la cour ;
- que le principe de la **concentration des moyens** (Cass. ass. plén., 7 juill. 2006, n° 04-10.672 : *JurisData* n° 2006-034519 ; *Bull. civ. ass. plén.* n° 8, p. 21) lui interdit de prendre le risque d'oublier un moyen de droit qui ne serait pas recevable pour être présenté pour la première fois devant la Cour de cassation ;
- qu'à l'obligation de récapituler les conclusions s'ajoute celle de récapituler les prétentions sous forme de dispositif (CPC, art. 954, al. 3 et 4), la cour n'étant tenue que de statuer sur les prétentions énoncées au dispositif ;
- qu'il pourrait être condamné à une amende civile d'un montant maximum de 10 000 € en outre des dommages et intérêts à verser à l'adversaire en cas d'appel dilatoire ou abusif (CPC, art. 559).

ATTENTION Le paiement de la taxe de 225 € instituée par l'article 1635 bis P du CGI est dû, à peine d'irrecevabilité (CPC, art. 963) lorsque la constitution d'avocat est obligatoire.

B Contrôles préalables

2050 Vérifier :
- **l'intérêt et la qualité à agir du client :** l'intérêt à agir n'est pas véritablement apprécié en première instance, puisque c'est la loi qui exige que l'affaire soit soumise au contrôle du juge, en raison de la nature ou de la qualité du requérant (CPC, art. 25). En revanche, cet intérêt est apprécié au moment de l'appel (CPC, art. 546). Celui qui a obtenu satisfaction en première instance est irrecevable, faute d'intérêt, à faire appel ;
- **le délai pour agir**. Le délai d'exercice de l'appel est de quinze jours en matière gracieuse (CPC, art. 538) alors qu'il est d'un mois en matière contentieuse. Pour le requérant, le délai d'appel court à compter de la décision de rejet de la demande ;
- **pour les tiers**, le recours varie selon qu'il s'agit d'une affaire strictement gracieuse ou d'une ordonnance sur requête :
• en effet, le juge peut entendre les personnes qui peuvent l'éclairer ainsi que celles dont les intérêts risquent d'être affectés par sa décision (CPC, art. 27). Dans ce dernier cas, il ordonnera que sa décision soit notifiée aux intéressés. La voie de l'appel est ouverte aux tiers auxquels le jugement a été notifié (CPC, art. 546),
• lorsqu'il s'agit d'une ordonnance sur requête, celle-ci est généralement signifiée aux tiers dont elle affecte les intérêts (notamment lorsqu'il s'agit de mesures conservatoires). Dans ce cas, l'intéressé dispose d'un recours contre la décision qui lui fait grief (CPC, art. 17). Il peut en référer au juge qui a rendu la décision (CPC, art. 496).

C Pièces nécessaires

2051 Avant de régulariser l'appel, il convient de réunir les pièces nécessaires à l'appui de sa motivation.

D Coût de la procédure

2052 Honoraire libre de l'avocat.
Si le premier juge refuse de modifier ou de rétracter sa décision, le dossier est transmis au greffe de la cour.
Dans ce cas, le greffe de la cour invitera l'appelant à s'acquitter du droit de timbre d'un montant de 225 € (CPC, art. 964-1).

III Procédure

A Assistance et représentation

2053 Les règles de représentation ne sont pas clairement indiquées par le Code de procédure civile qui se contente aujourd'hui d'indiquer que l'appel :

– est formé, par une déclaration faite ou adressée par pli recommandé au greffe de la juridiction qui a rendu la décision, par un avocat ou un officier public ou ministériel dans les cas où ce dernier y est habilité par les dispositions en vigueur (CPC, art. 950) ;

– est instruit et jugé selon les règles applicables en matière gracieuse devant le tribunal judiciaire (CPC, art. 953).

Nous sommes néanmoins d'avis que la procédure d'appel en matière gracieuse est bien avec représentation obligatoire et ce pour une raison principale tirée de la nécessité de respecter un formalisme rigoureux dans les écritures à déposer (CPC, art. 768 : applicable par renvoi de l'article 953).

La territorialité s'applique et la représentation devant la cour sera assurée par un avocat exerçant dans le ressort de la cour.

B Matières

2054 Matière par nature gracieuse.

C Compétence

2055 La cour d'appel compétente est celle du ressort dont dépend le tribunal ayant rendu la première décision.

D Parties

2056 Seule la partie requérante est présente devant la cour d'appel.

1 Appel par un tiers

2057 La voie de l'appel est ouverte aux tiers auxquels le jugement a été notifié (CPC, art. 546, al. 2). Il s'agit, en principe, des tiers dont les intérêts risquent d'être affectés par la décision (CPC, art. 679).

2 Ministère public

2058 Le ministère public doit avoir communication des affaires gracieuses (CPC, art. 809. – Applicable en appel par renvoi de : CPC, art. 953).

S'il y a des débats, le ministère public est tenu d'y assister (CPC, art. 811. – Applicable en appel par renvoi de : CPC, art. 953).

E Rédaction de l'acte de saisine

2059 L'appel contre une décision gracieuse est formé par une déclaration faite ou adressée par pli recommandé au greffe de la juridiction qui a rendu la décision.

L'appel est formé par un avocat, ou un autre officier public ou ministériel dans les cas où ce dernier y est habilité par les dispositions en vigueur (CPC, art. 950).

La déclaration d'appel doit comporter à peine de nullité lorsque le demandeur saisit la juridiction sans que son adversaire en ait été préalablement informé les mentions de l'article 57 du Code de procédure civile, ainsi que celle de l'article 54 :

– pour les personnes physiques : l'indication des nom, prénoms, profession, domicile, nationalité, date et lieu de naissance du demandeur ;

– pour les personnes morales : l'indication de leur forme, leur dénomination, leur siège social et de l'organe qui les représente légalement ;

– l'indication des nom, prénoms et domicile de la personne contre laquelle la demande est formée, ou, s'il s'agit d'une personne morale, de sa dénomination et de son siège social ;

– l'indication des pièces sur lesquelles la demande est fondée ;

– l'objet de la demande ;

– elle est datée et signée.

Le premier juge est saisi de l'appel par la déclaration faite auprès de son secrétariat.

La cour est saisie par la transmission du dossier qui est éventuellement faite par le premier juge.

F Instruction du dossier

2060 Les règles relatives à l'instruction de la demande en matière gracieuse sont celles applicables à la procédure gracieuse devant le tribunal judiciaire (CPC, art. 953).

Il faut en déduire que la communication électronique par RPVA est possible devant la cour d'appel statuant en matière gracieuse (Cass. 2e civ., 4 avr. 2024, n° 22-10.677 : *Procédures* 2024, comm. 142, obs. R. Laffly).

Le président de la chambre saisie peut désigner un conseiller rapporteur.

Le dossier est obligatoirement communiqué au ministère public (CPC, art. 809. – Applicable en appel par renvoi de : CPC, art. 953).

Un conseiller rapporteur est désigné par le président de la chambre à laquelle l'affaire est distribuée.

Il dispose, pour instruire l'affaire, des mêmes pouvoirs que la cour (CPC, art. 810).

Il peut procéder, même d'office, à toutes les investigations utiles.

Il a la faculté d'entendre sans formalités les personnes qui peuvent l'éclairer ainsi que celles dont les intérêts risquent d'être affectés par sa décision (CPC, art. 27).

G Audience

1 Conditions de tenue de l'audience

2061 Le juge peut se prononcer **sans débats** (CPC, art. 28).

Une audience n'est donc pas systématiquement tenue en matière gracieuse.

La matière gracieuse se prête peu à l'échange d'observations orales, car elle se caractérise par l'absence d'adversaire.

La juridiction n'est pas tenue de convoquer le demandeur à l'audience dès lors :

– qu'elle est saisie d'une demande motivée ;

– et qu'elle statue sur les moyens invoqués par le requérant (Cass. 2e civ., 1er déc. 1993, n° 92-12.726 : *JurisData* n° 1993-002581 ; *JCP* G 1995, II, 22399, note D. Le Ninivin).

En cas de débats, l'avocat peut être amené à plaider. Il s'agira le plus souvent :

– de simples observations orales ;

– ou de simples réponses au magistrat.

Même si les faits sont mentionnés dans la requête, il est possible de les rappeler pour mieux argumenter la plaidoirie.

Le conseiller rapporteur désigné par le président de la chambre dispose des mêmes pouvoirs que ceux du premier juge.

Ainsi, il a la faculté d'entendre des personnes afin de l'aider dans sa prise de décision ou celles dont les intérêts risquent d'être impactés par la décision de la cour.

Le magistrat ne pourra bien évidemment retenir des faits qui ne sont pas allégués sauf à solliciter auprès du requérant des explications.

2 Assistance du ministère public aux débats

2062 Le ministère public, s'il y a des débats, est tenu d'y assister (CPC, art. 811).

Son absence entraîne la cassation de la décision rendue (Cass. 2e civ., 16 juill. 1992, n° 91-12.032 : *JurisData* n° 1992-001801).

H Décision

2063 L'arrêt de la cour d'appel :

– n'est pas contradictoire ;

– se substitue au jugement ou à l'ordonnance du premier juge.

> **ATTENTION** Les faits non allégués par le requérant ne peuvent être retenus par la cour sans faire l'objet d'explications (Cass. 1re civ., 13 janv. 1993, n° 91-04.135 : *Bull. civ.* I, n° 17 ; *RTD civ.* 1993, p. 647, obs. R. Perrot).

I Fin de la procédure

2064 La procédure prend fin avec l'arrêt de la cour d'appel.

L'appelant peut se désister de l'appel (CPC, art. 401).

> **NOTA** Le désistement d'appel se fait par voie de conclusions.

J Recours ou contestation

1 Recours ou contestations des parties

2065 Les décisions d'appel, rendues en dernier ressort, peuvent faire l'objet d'un pourvoi en cassation.

L'arrêt de la cour peut également faire l'objet d'un recours en révision si les conditions en sont remplies.

2 Recours ou contestations des tiers

2066 En principe, l'arrêt de la cour peut être frappé d'une tierce opposition.

CHECK-LIST • Vérifier qu'il n'existe pas de litige.
• Motiver, même sommairement, la déclaration d'appel.
Attention :
– à l'obligation de récapituler les conclusions à laquelle s'ajoute celle de récapituler les prétentions sous forme de dispositif ;
– au principe de la concentration des moyens.

POUR ALLER PLUS LOIN...

Fascicules JurisClasseur
• *JCl. Procédure civile*, fasc. 1000-40.
• *JCl. Procédures Formulaire*, V° *Cour d'appel*, fasc. 20, 25, 70 et 75.

Fiche 82

Intervenir en cause d'appel

Philippe GERBAY
et
Nicolas GERBAY

Sommaire

I

Aperçu rapide

A Éléments clés

REMARQUE Cette fiche est à jour de la réforme de la procédure d'appel issue du décret n° 2023-1391 du 29 décembre 2023 et concerne donc les interventions à hauteur d'appel à compter du 1er septembre 2024.
À compter de cette date, c'est désormais le conseiller de la mise en état dans le cadre du circuit long et le président de chambre dans le cadre du circuit à bref délai qui sont compétents pour statuer sur la recevabilité des interventions (CPC, art. 913-5, 5° et 906-3, 1°).

2067 L'intervention est une demande dont l'objet est de rendre un tiers partie au procès engagé entre les parties originaires (CPC, art. 66).
L'intervention est une demande incidente (CPC, art. 63). Cela implique de remplir les conditions traditionnelles tenant :
– à l'intérêt à agir (Cass. com., 12 janv. 2016, n° 13-24.058 : *JurisData* n° 2016-000231 ; *JCP* G 2016, 120, obs. V. Legrand) ;
– à la qualité à agir (Cass. 2e civ., 27 sept. 2018, n° 17-20.134 : *JurisData* n° 2018-016411. – Sur l'absence de qualité à agir du père biologique en son intervention à la procédure d'adoption de son enfant, Cass. 1re civ., 27 janv. 2021, n° 19-15.921 : *JurisData* n° 2021-000807) ;
– à la capacité à agir.
Logiquement, l'intervention suppose que l'instance n'ait pas été radiée car seules les parties peuvent

réclamer le rétablissement de l'affaire à l'exclusion des intervenants (Cass. 2e civ., 21 juin 2007, n° 06-12.233, F-P+B : *JurisData* n° 2007-039635).

L'intervention peut être :

- **volontaire** dès lors que le tiers décide de lui-même d'entrer dans la procédure déjà engagée par d'autres. Dès lors que l'intervention est une véritable demande en justice, l'intervenant peut accomplir des diligences de nature à interrompre, à l'égard de tous, le délai de péremption (Cass. 2e civ., 20 avr. 2017, n° 16-16.891) ;
- **forcée** lorsqu'une partie met en cause un tiers et décide de l'attraire devant le juge (CPC, art. 66).

En cause d'appel, l'intervention peut être considérée comme une manifestation d'une volonté d'achèvement du procès.

L'intervention volontaire ne peut permettre de régulariser une **procédure viciée** par le fait que le demandeur (appelant) n'avait pas d'existence juridique. C'est le cas pour une société absorbée (Cass. 2e civ., 27 sept. 2012, n° 11-22.278 : *JurisData* n° 2012-021792).

À l'opposé, si l'opération de fusion se réalise au cours de la procédure engagée contre la société absorbée et que la société absorbante intervient à l'instance, la fin de non-recevoir tirée du défaut de droit d'agir est écartée (Cass. soc., 22 sept. 2015, n° 13-25.429, FS-P+B : *JurisData* n° 2015-021032).

De même, le débiteur, mis en liquidation judiciaire, est irrecevable à interjeter appel d'un jugement concernant son patrimoine, cette fin de non-recevoir peut être régularisée par l'intervention du liquidateur dans le délai d'appel (Cass. com., 18 janv. 2023, n° 21-17.581 : *JurisData* n° 2023-000350).

En revanche, l'intervention volontaire est recevable malgré **l'irrecevabilité de la demande principale** si l'intervenant se prévaut d'un droit propre qu'il est seul habilité à exercer (Cass. 2e civ., 11 avr. 2013, n° 12-18.931 : *Procédures* 2013, comm. 178, obs. R. Perrot. – Cass. 2e civ., 13 juill. 2006, n° 05-16.579). Ce qui n'est pas le cas de la caution voulant remettre en cause le plan de cession du débiteur principal (Cass. com., 12 janv. 2016, n° 13-24.058, FS-P+B+I : *JurisData* n° 2016-000231).

En matière de protection des **personnes vulnérables**, il est admis aussi bien pour la curatelle (Cass. 1re civ., 19 mars 2014, n° 12-28.171 : *Dr. famille* 2014, comm. 87, obs. I. Maria. – Cass. 2e civ., 8 févr. 2024, n° 21-25.957) que pour la tutelle (CA Douai, 3 juill. 2014, n° 13/00614 : *JurisData* n° 2014-017706 ; *Dr. famille* 2014, comm. 167, obs. I. Maria) que l'intervention volontaire du mandataire en cause d'appel à qui la décision de première instance n'a pas été signifiée ne couvre pas l'irrégularité de fond.

ATTENTION Une certaine prudence doit être observée.

L'intervention en cause d'appel peut être perçue comme une source de complications. C'est ainsi que des conditions propres à l'intervention en cause d'appel se manifestent parfois.

Il en va ainsi de l'intervention forcée en appel qui implique que soit démontrée une évolution du litige afin de mettre en cause le tiers (CPC, art. 555).

De même, en matière de procédure collective, il est prévu qu'aucune intervention n'est recevable dans les dix jours qui précèdent la date de l'audience (C. com., art. R. 661-6, 5°).

B Textes codifiés

- CPC, art. 63 à 70.
- CPC, art. 554 à 555.
- CPC, art. 906-2, 906-3, 910, 913-5.

II Préparation

A Informations préalables

2068 Vérifier avec le client l'existence des conditions suivantes :

- ne pas avoir été partie en première instance ;
- justifier d'un intérêt ;
- ne pas soumettre à la cour un litige nouveau.

Comprendre ce que souhaite le client pour ne pas s'égarer entre les différentes formes d'intervention qui ont des caractéristiques propres.

Si l'intervention est volontaire et accessoire, il ne s'agit que de soutenir les prétentions émises par une partie de sorte qu'il ne peut être considéré qu'il a témoigné en sa propre faveur (Cass. soc., 19 avr. 2023, n° 21-20.308 : *JurisData* n° 2023-006044).

L'intervenant n'élève pas de prétentions qui lui sont propres, il ne peut dès lors former un pourvoi en cassation, si la partie principale ne le fait pas (Cass. 3e civ., 22 juin 2016, nos 14-24.793 et 14-25.887, F-P+B : *JurisData* n° 2016-012094).
Si l'instance est éteinte en raison d'un désistement, d'un acquiescement ou d'une transaction, l'intervention accessoire deviendra caduque (Cass. 2e civ., 6 sept. 2018, n° 17-17.123 : *Procédures* 2018, comm. 325, obs. H. Croze).
Si l'intervention est volontaire et principale, il s'agit d'agir pour obtenir une satisfaction personnelle devant la cour. Dans ce cas, le désistement du demandeur initial ne remet pas en cause la procédure qui perdure pour l'intervenant qui a émis une prétention à son profit (Cass. 2e civ., 14 janv. 2021, n° 18-22.984 : *JurisData* n° 2021-000475 ; *Procédures* 2021, comm. 62, obs. Y. Strickler).
Si l'intervention est forcée, une partie déjà présente cherche à mettre en cause un tiers, soit aux fins de condamnation, soit pour lui rendre le jugement commun.

B Inventaire des solutions et éléments de décision

1 Ne pas avoir été partie en première instance

2069 Seules des personnes qui n'ont été ni parties, ni représentées en première instance peuvent intervenir en cause d'appel.
Il en va de même pour des personnes qui y ont figuré en une autre qualité (CPC, art. 554).

EXEMPLE Un mandataire qui figurait en première instance ès qualités peut être appelé en intervention en cause d'appel à titre personnel.
Une partie devant le premier juge devient un tiers si elle est attraite en une autre qualité devant la cour (Cass. com., 3 févr. 1981, n° 77-10.718 : *Bull. civ.* IV, n° 61).

Seule la voie de l'intervention est ouverte aux personnes étrangères à l'instance tant que l'affaire est pendante devant la cour d'appel. La tierce opposition, dans cette hypothèse, s'avère fermée (Cass. soc., 31 mai 1989, n° 87-43.538 : *Bull. civ.* V, n° 423).

ATTENTION La partie qui de son fait s'est abstenue de faire appel ne peut intervenir devant le juge du second degré en « session de rattrapage » dans un litige auquel elle était impliquée en première instance.
Les coïndivisaires qui ont omis d'agir en première instance ne peuvent intervenir en appel car il ne leur est pas reconnu la qualité de tiers (CA Paris, 13 sept. 1996 : *Procédures* 1997, comm. 8, obs. H. Croze).

2 Justifier d'un intérêt

2070 L'intervention en cause d'appel suppose la démonstration d'un intérêt (CPC, art. 554).
Son appréciation relève du pouvoir souverain du juge du fond (Cass. ch. mixte, 9 nov. 2007, n° 06-19.508 : *JurisData* n° 2007-041360 ; *JCP* G 2008, I, 138, n° 10, obs. S. Amrani-Mekki. – Cass. 2e civ., 9 janv. 2020, n° 18-23.975).
L'intervention forcée nécessite la démonstration d'un intérêt. Si un plaideur y a intérêt, un tiers peut être mis en cause pour lui rendre commun la décision (Cass. 2e civ., 7 juill. 2022, n° 20-16.933 : *Procédures* 2022, comm. 221, obs. Y. Strickler).
Dès lors que **l'intervention volontaire à titre principal** a pour but d'élever une prétention au profit de celui qui la forme (CPC, art. 329), la caution qui n'a pas qualité pour interjeter appel du jugement qui arrête le plan de cession du débiteur principal, n'a pas de prétention à faire valoir lors de l'arrêté du plan (Cass. com., 12 janv. 2016, n° 13-24.058 : *Procédures* 2016, comm. 103, obs. B. Rolland).
Une personne dont les droits et obligations ne sont pas en cause n'a pas qualité pour défendre à l'action engagée contre son débiteur, de sorte que l'intervention de sociétés qui ne tendait qu'à contester une procédure d'exécution contre leur débiteur, est irrecevable (Cass. 2e civ., 27 sept. 2018, n° 17-20.134 : *JurisData* n° 2018-016411 ; *Procédures* 2019, comm. 10, obs. Ch. Laporte).
Dès lors que **l'intervention volontaire à titre accessoire** a pour but d'appuyer les prétentions d'une partie, elle n'est recevable que si son auteur a intérêt, pour la préservation de ses droits, à soutenir cette partie (Cass. com., 14 oct. 2020, n° 18-15.840 : *JurisData* n° 2020-016296).

EXEMPLE A été reconnue possible l'intervention :
– d'un propriétaire d'un brevet dans une action en contrefaçon (Cass. com. 11 janv. 2000, n° 97-10.838 : *JurisData* n° 2000-000042) ;
– du « défendeur potentiel » à une action au fond après qu'une mesure d'instruction

Intervenir en cause d'appel

ait été ordonnée sur requête (Cass. 2e civ., 1er sept. 2016, n° 15-19.799, P+B+R+I : *JurisData* n° 2016-016030) ;
– d'un syndicat dans le contentieux opposant une salariée à son employeur quant à l'interprétation d'une convention collective (Cass. soc., 23 janv. 2019, n° 17-22.769) ;
– du CSE d'établissement dans le contexte de l'épidémie du Covid-19 (CA Versailles, 14e ch., 24 avr. 2020, n° 20/017993 : *Procédures* 2020, comm. 110, obs. A. Bugada) ;
– d'une société qui avait intérêt à soutenir son salarié pour la conservation de ses droits en appuyant les prétentions de ce dernier (Cass. 2e civ., 16 juill. 2020, n° 18-14.351 : *JurisData* n° 2020-010162) ;
– de la Ligue nationale de rugby dans un litige portant notamment sur les effets de l'homologation des contrats de travail à durée déterminée délivrée par elle (Cass. soc., 21 sept. 2022, n° 21-12.590 : *JurisData* n° 2022-015157).

3 Ne pas soumettre à la cour un nouveau litige

2071 Il n'est pas question de profiter de l'occasion d'une intervention en cause d'appel pour soumettre au juge un litige nouveau.

Ainsi, il n'est pas possible de demander des condamnations personnelles n'ayant pas subi l'épreuve du premier degré de juridiction (Cass. 2e civ., 11 juin 1975, n° 73-14.233 : *Bull. civ.* II, n° 172).

Sont irrecevables les interventions volontaires en cause d'appel ayant pour objet de réclamer des condamnations personnelles non soumises au premier juge (Cass. 1re civ., 11 juill. 2018, n° 17-18.177 : *JurisData* n° 2018-012390).

ATTENTION Pour que la demande soit recevable, il convient qu'elle procède directement de la demande originaire pour tendre aux mêmes fins.
Le litige n'est pas nouveau dès lors que l'intervenant soumet à la cour une demande déclarée irrecevable en première instance (Cass. 1re civ., 14 janv. 1987, n° 84-17.714).

EXEMPLE **Une épouse peut intervenir pour obtenir la nullité d'une vente que son mari avait déjà invoquée comme moyen de défense en première instance (Cass. 1re civ., 11 janv. 1983, n° 80-15.945 : *Bull. civ.* I, n° 14).**
L'intervention d'un syndicat a été reconnue dès lors qu'un salarié avait soumis aux premiers juges un manquement de son employeur aux dispositions légales relatives au temps de travail que le syndicat a vocation à défendre (Cass. soc., 7 juill. 2004, n° 02-40.955 : *JurisData* n° 2004-024598 ; *Bull. civ.* V, n° 202).
L'invocation par le salarié d'une discrimination syndicale rend la demande en intervention du syndicat recevable puisqu'il y a un risque d'atteinte à l'intérêt collectif de la profession (Cass. soc., 13 janv. 2021, n° 19-17.182).
Un comité d'entreprise ne peut intervenir dans une action tendant au respect de dispositions légales ou conventionnelles car cette action est réservée aux syndicats (Cass. soc., 14 déc. 2016, n° 15-20.812, FP-P+B : *JurisData* n° 2016-026941).

Le praticien retiendra :
– que l'intervention volontaire en cause d'appel n'est possible que s'il existe un lien suffisant entre l'intervention et les prétentions des parties (Cass. 3e civ., 18 févr. 2009, n° 08-10.919 : *JurisData* n° 2009-047101) ;
– qu'il revient à la cour d'appel d'apprécier souverainement le caractère suffisant du lien entre les demandes respectives (Cass. 1re civ., 10 janv. 2006, n° 03-17.839 : *JurisData* n° 2006-031594 ; *Bull. civ.* I, n° 6) ;
– que ne relève pas de l'article 555 du Code de procédure civile et ne nécessite pas une évolution du litige la comparution en cause d'appel du défendeur ayant fait défaut en première instance (Cass. com., 7 juin 1983 : *Bull. civ.* IV, n° 166).

III Mise en œuvre

A Intervention volontaire

2072 L'intervention volontaire se régularise par voie de conclusions, lesquelles, pour être recevables, doivent comporter l'ensemble des mentions exigées classiquement à l'endroit des écritures d'appel (Cass. 2e civ., 17 déc. 1998, n° 96-20.411 : *JurisData* n° 1998-004824).
L'intervenant volontaire, sous peine d'irrecevabilité relevée d'office, dispose :
– d'un délai de trois mois, à compter de son intervention pour remettre ses conclusions au greffe en circuit long (CPC, art. 910, al. 2) ;
– et d'un délai de deux mois en circuit court (CPC, art. 906-2, 4°).
Si la procédure devant la cour est sans représentation obligatoire, on admet la recevabilité d'une intervention formulée verbalement en raison de l'oralité des débats (Cass. 1re civ., 2 févr. 1994, n° 91-22.054 : *Bull. civ.* I, n° 49).
Il conviendra alors de comparaître à l'audience pour que le juge soit valablement saisi.
Il n'est pas nécessaire :
– de justifier d'une évolution du litige. Cette condition n'est prévue que dans le cadre de l'intervention forcée (Cass. 2e civ., 29 mars 1979, n° 77-12.062 : *Bull. civ.* II, n° 105) ;
– pour l'intervenant volontaire, dans le cadre d'une procédure à jour fixe, de solliciter au préalable une autorisation d'assigner à jour fixe (Cass. 3e civ., 1er oct. 2020, n° 18-15.670 : *JurisData* n° 2020-015343).
Le sort de l'intervention volontaire n'est pas nécessairement lié à celui de l'action principale dès lors que l'intervenant se prévaut d'un droit propre qu'il est seul habilité à exercer (Cass. 2e civ., 11 avr. 2013, n° 12-18.931 : *JurisData* n° 2013-006985 ; *Procédures* 2013, comm. 178, obs. R. Perrot).
L'irrecevabilité de l'appel formé par le procureur de la République n'a pas d'incidence sur l'intervention de la Ville de Paris dans le contentieux de la violation des règles sur le changement d'usage des locaux destinés à l'habitation (Cass. 3e civ., 16 mai 2019, n° 17-24.474).

B Intervention forcée

1 Modalité : assignation

2073 L'intervenant forcé n'est pas partie à l'instance d'appel originaire.
Il convient d'assigner le tiers en lui indiquant que faute pour lui de constituer avocat dans un délai de quinze jours, il s'expose à ce qu'un arrêt soit rendu contre lui sur les seuls éléments fournis par son adversaire (Cass. 2e civ., 10 mai 1984, n° 82-15.548 : *Bull. civ.* II, n° 82. – CPC, art. 902).
Le conseiller de la mise en état ne clôturera en principe pas le dossier dans ledit délai.
En effet, l'intervenant dispose, à peine d'irrecevabilité, d'un délai de trois mois pour conclure en circuit long (CPC, art. 910).
Dans le circuit court, l'intervenant dispose d'un délai de deux mois pour conclure (CPC, art. 906-2, 4°).
Veiller au respect du principe de la contradiction. L'assignation ne saurait être trop tardive et empêcher que le tiers puisse utilement exposer son argumentation (CPC, art. 331).
Le juge d'appel ne peut condamner une société d'assurances à garantir une partie qui l'avait appelée en intervention forcée sans rechercher si cette société avait été appelée en temps utile pour faire valoir sa défense (Cass. 2e civ., 11 juill. 1990, n° 89-12.560 : *JurisData* n° 1990-702345).

2 Condition : évolution du litige

a) Notion d'évolution du litige

2074 L'intervention forcée n'est autorisée qu'à la condition de justifier d'une évolution du litige qui implique la mise en cause du tiers (CPC, art. 555).

> **ATTENTION** La condition tenant à l'évolution du litige n'est pas seulement requise pour l'intervention forcée aux fins de condamnation, elle l'est aussi pour la mise en cause en vue de la déclaration d'arrêt commun (Cass. 3e civ., 8 nov. 1977, n° 76-10.455 : *Bull. civ.* III, n° 378).
> Il se déduit même d'un arrêt que l'intervention forcée en cause d'appel doit exceptionnellement être mise en œuvre par le juge lui-même si les parties n'en ont pas pris l'initiative dès lors qu'il s'agit de préserver l'unité du litige (Cass. soc., 24 sept. 2020, n° 19-17.009 : *JurisData* n° 2020-014630, dans le cadre spécifique d'un conflit d'affiliation).

L'évolution du litige :
– est caractérisée par la révélation d'une circonstance de fait ou de droit, née du jugement ou

Intervenir en cause d'appel

postérieure à celui-ci, modifiant les données juridiques du procès (Cass. ass. plén., 11 mars 2005, n° 03-20.484 : *JurisData* n° 2005-027554. – Cass. 3e civ., 10 nov. 2016, n° 14-25.318 : pour la revente de l'immeuble, objet de la contestation. – Cass. 2e civ., 5 sept. 2019, n° 18-18.119) ;
– peut aussi résulter du fait de révoquer l'ordonnance de clôture sans ordonner la réouverture des débats (Cass. 3e civ., 4 juill. 2012, n° 11-18.281 : *JurisData* n° 2012-016181) ;
– requiert l'existence d'un élément nouveau qui implique la mise en cause.
Il peut s'agir d'un élément de droit ou de fait dès lors qu'il est susceptible d'éclairer le litige sur un nouvel aspect. Cela peut être le cas :
– de la survenance depuis la décision de première instance d'une jurisprudence nouvelle (Cass. 1re civ., 15 janv. 1985, n° 83-14.058) ;
– de la révélation d'un élément inconnu en première instance (Cass. 1re civ., 10 déc. 1991, n° 90-14.496).

EXEMPLE **L'ouverture d'une procédure collective à l'encontre :**
– du responsable ne justifie pas l'action directe de la victime contre l'assureur de responsabilité pour la première fois en appel (Cass. 2e civ., 13 nov. 2014, n° 13-18.682, F-D : *JurisData* n° 2014-027602) ;
– de la société employeur ne modifie pas les données du litige et ne constitue pas une évolution de celui-ci permettant la mise en œuvre d'une intervention forcée du dirigeant à titre personnel (Cass. soc., 4 juill. 2018, n° 16-29.051 : *JCP* S 2018, 1299, obs. S. Brissy. – Cass. 2e civ., 11 févr. 2021, n° 18-16.535 : *JurisData* n° 2021-001684).
L'expertise réalisée en cause d'appel, qui contredit une première expertise excluant la responsabilité du sous-traitant ne peut justifier l'intervention forcée de ce dernier pour la première fois en cause d'appel (Cass. 2e civ., 23 nov. 2006, n° 06-10.942, FS-P+B : *JurisData* n° 2006-036028).

ATTENTION Il ne s'agit en aucun cas de corriger un oubli ou une négligence.
Si **l'élément est connu** de la partie avant la clôture des débats en première instance, l'intervention est exclue, faute d'évolution du litige (Cass. 1re civ., 3 mars 1976, n° 74-14.725 : *Bull. civ.* I, n° 96).
Il en va de la même manière si l'élément aurait pu ou dû être connu (Cass. 2e civ., 11 avr. 2013, n° 12-14.476 : *JurisData* n° 2013-009368).
C'est ainsi, par exemple que l'expertise réalisée en cause d'appel, qui contredit une première expertise excluant la responsabilité du sous-traitant ne peut justifier l'intervention forcée de ce dernier (Cass. 2e civ., 23 nov. 2006, n° 06-10.942, FS-P+B : *JurisData* n° 2006-036028).
De même, **l'intervention forcée exercée par le salarié** pour mettre en cause la responsabilité personnelle du dirigeant de la société employeur, étant fondée sur des circonstances connues lors de l'instance devant le conseil de prud'hommes, l'ouverture d'une procédure collective à l'encontre de la société ne constitue pas une évolution du litige susceptible de rendre recevable l'intervention en cause d'appel (Cass. soc., 4 juill. 2018, n° 16-29.051 : *JurisData* n° 2018-011770).
En **matière de procédures collectives** :
– aucune intervention n'est recevable dans les dix jours qui précèdent la date d'audience (C. com., art. R. 661-6, 5°) ;
– si l'appelant oublie de mettre en cause un mandataire, il doit en principe inscrire un nouvel appel à son encontre qui sera joint au premier (Cass. 2e civ., 2 juill. 2020, n° 19-14.855 : *JurisData* n° 2020-009391) ;
– en raison de l'indivisibilité du litige, le juge peut par application de l'article 332 du Code de procédure civile inviter à la mise en cause d'un liquidateur (Cass. com., 16 janv. 2019, n° 16-26.989 : *Procédures* 2019, comm. 87, obs. B. Rolland).

b) Sanction

2075 La fin de non-recevoir tirée de l'absence d'évolution du litige peut être proposée par toute personne qui y a intérêt (Cass. 3e civ., 12 févr. 1992, n° 89-70.423 : *JurisData* n° 1992-000334).
L'irrecevabilité est d'intérêt privé, ce qui exclut que le juge puisse la soulever d'office (Cass. 1re civ., 13 juin 1979, n° 76-11.653 : *Bull. civ.* I, n° 181. – Cass. 2e civ., 5 sept. 2019, n° 18-18.784 : *Procédures* 2019, comm. 276, obs. H. Croze).

CHECK-LIST **Garder à l'esprit la distinction entre intervention volontaire et intervention forcée qui n'obéissent pas au même régime.**

• Vérifier :
– l'avancée de la procédure pour constater si l'intervention est encore possible ;
– la présence des conditions de recevabilité tenant au fait de ne pas avoir été partie en première instance, justifier d'un intérêt et ne pas soumettre à la cour d'appel un litige nouveau.
• L'intervention forcée n'étant pas un moyen de rattrapage, il s'agira de porter toute son attention sur la nécessité de réussir à justifier d'une évolution du litige.
• L'intervenant forcé ne disposera seulement, à peine d'irrecevabilité relevée d'office, d'un délai de trois mois pour conclure à compter de la date à laquelle la demande d'intervention lui a été notifiée (CPC, art. 910, al. 2). Il apparaît à cet égard nécessaire que l'assignation rappelle l'exigence de ce délai.

POUR ALLER PLUS LOIN...

Fascicules JurisClasseur
• *JCl. Procédure civile*, fasc. 600-20.
• *JCl. Procédures Formulaire*, V° *Intervention en matière civile*, fasc. 10 et 20.
Ouvrages
• L. Cadiet et E. Jeuland, *Droit judiciaire privé*, LexisNexis, 12e éd., 2023.
• J.-L. Gallet et E. de Leiris, *La procédure civile devant la cour d'appel*, LexisNexis, 4e éd., 2018.
• Ph. Gerbay et N. Gerbay, *Guide du procès civil en appel*, LexisNexis, 2025/2026.

Fiche 83

Procédure contentieuse ordinaire avec représentation obligatoire devant la cour d'appel

Éric BONNET
Actualisé par Nicolas GERBAY

Sommaire

I

Aperçu rapide

A Caractéristiques générales

2076 L'appel est la **voie de recours ordinaire** tendant à faire réformer ou annuler par la cour d'appel un jugement rendu par une juridiction du premier degré (CPC, art. 542).

Le délai pour former appel par une voie ordinaire est d'**un mois** en matière contentieuse (CPC, art. 538).

L'appel est dévolutif : il remet la chose jugée en question devant la juridiction d'appel pour qu'il soit à nouveau statué en fait et en droit (CPC, art. 561).
L'appel est suspensif : il suspend l'effet du jugement entrepris (CPC, art. 539).
Le décret n° 2019-1333 du 11 décembre 2019 a cependant généralisé, sauf rares exceptions, l'exécution provisoire de droit des décisions de première instance.
Il en découle que le plus souvent l'effet suspensif de l'appel sera paralysé.
Depuis le décret n° 2009-1524 du 9 décembre 2009 portant réforme de la procédure d'appel, les **délais et sanctions** institués pour faciliter la mise en état sont **extrêmement rigoureux**.

B Conditions d'utilisation

2077 La procédure contentieuse d'appel « ordinaire » avec représentation obligatoire est la procédure de droit commun devant la cour d'appel (CPC, art. 899, al. 1er).
Elle s'applique à toutes les procédures sauf dispositions contraires.

ATTENTION L'appel des **décisions de conseil de prud'hommes** est instruit et jugé suivant la procédure avec représentation obligatoire, les parties étant tenues devant la juridiction de second degré de recourir à un avocat ou un défenseur syndical (C. trav., art. R. 1461-1. – V. Fiche 31 : Faire appel d'une décision prud'homale).

C Avis du professionnel

2078 L'appel étant une voie de recours ordinaire modérément coûteuse, la partie mécontente du jugement peut, pour sauvegarder ses droits, interjeter appel, par précaution, à titre conservatoire.
Deux raisons à cela :
– si le jugement est exécutoire par provision, le premier président ne peut être saisi d'une demande d'arrêt de l'exécution provisoire qu'en cas d'appel (CPC, art. 524) ;
– le délai d'appel étant assez court, il peut être prudent de former un appel conservatoire quitte à s'en désister par la suite si en définitive la poursuite de la procédure apparaît trop périlleuse.
Informer le client des possibilités procédurales offertes à l'intimé qui conduisent à agir avec prudence :
– l'intimé pourra répondre à l'appel principal par un appel incident ou provoqué par lequel il peut demander une aggravation de la condamnation de première instance ;
– le désistement doit être accepté par l'intimé dès lors qu'il a formé un appel incident ou une demande incidente (CPC, art. 401) ;
– en cas d'appel principal dilatoire ou abusif, l'appelant peut être condamné à une amende civile d'un maximum de 10 000 €, sans préjudice des dommages-intérêts qui lui seraient réclamés (CPC, art. 559), outre une condamnation au titre des frais irrépétibles (CPC, art. 700) ;

D Textes

1 Textes codifiés

- CPC, art. 542 à 570.
- CPC, art. 899 à 962.

2 Textes non codifiés

- L. n° 71-1130, 31 déc. 1971.
- L. n° 2011-94, 25 janv. 2011.
- A. 20 mai 2020 : *JO* 21 mai 2020.

E Schéma procédural

2079 • Dépôt de la déclaration d'appel au greffe de la cour d'appel par voie électronique (CPC, art. 901 et 930-1). Le dépôt vaut inscription au rôle.
• Déclaration d'appel envoyée par le greffe à l'intimé par lettre simple (CPC, art. 902).
• Constitution d'avocat par l'intimé dans le délai d'un mois à compter de l'envoi de la déclaration d'appel.
• Un avis est adressé par le greffe à l'avocat de l'appelant lorsque l'intimé n'a pas constitué avocat et/ou la déclaration d'appel a été retournée au greffe (CPC, art. 902).
• Dans le mois de l'avis du greffe, l'avocat de l'appelant signifie la déclaration d'appel à l'intimé, à peine de caducité.
• Dépôt des conclusions de l'appelant au greffe dans les trois mois de la déclaration d'appel, à peine de caducité de l'appel (CPC, art. 908).
• Notification des conclusions aux intimés défaillants (CPC, art. 911) et communication simultanée des pièces dans le mois suivant l'expiration du délai de remise des conclusions au greffe, sous peine de rejet des débats (CPC, art. 911 et 915-1).
• Dépôt des conclusions de l'intimé dans les trois mois de la signification des conclusions de l'appelant (CPC, art. 909) sous peine d'irrecevabilité relevée d'office ; communication simultanée des pièces au risque de rejet des débats.
• En cas d'appel incident, dépôt des conclusions en réplique (dans les trois mois des conclusions de l'intimé : CPC, art. 910).

• En cas d'appel provoqué, dépôt des conclusions de l'intimé (dans les trois mois de la notification des conclusions contenant appel provoqué).
• Obligation de l'intervenant forcé de conclure dans un délai de trois mois à compter de la notification des conclusions de l'intimé (CPC, art. 910, al. 2).
• Examen de l'affaire imposé au CME dans le mois de l'expiration des délais pour conclure et communiquer (CPC, art. 912, al. 1er).
• Audience de fixation (dans les quinze jours du dépôt des conclusions de l'intimé, ou des conclusions en réplique).
• Clôture.
• Dépôt du dossier à la cour (quinze jours avant les plaidoiries).
• Audience de plaidoirie.
• Arrêt.

II Préparation

A Informations préalables

2080 Informer le client sur :
- le coût et la longueur de la procédure ;
- les incertitudes de l'issue du procès ;
- les conséquences de l'éventuel effet suspensif et de l'effet dévolutif ;
- les effets d'un éventuel appel incident de l'intimé ;
- le risque de condamnation pour appel abusif.

B Contrôles préalables

2081 S'assurer du respect des délais pour conclure et communiquer (*V. supra*, n° 2079, Schéma procédural et *infra*, nos 2089 et s., Instruction du dossier) :
- dans les **trois mois** de la déclaration d'appel (CPC, art. 908) : dépôt des conclusions de l'appelant au greffe, à peine de caducité de la déclaration d'appel, relevée d'office ;
- dans les **trois mois** de la signification des conclusions de l'appelant (CPC, art. 909) : dépôt des conclusions de l'intimé ;
- en cas d'appel incident : dépôt des conclusions en réplique dans les **trois mois** des conclusions de l'intimé (CPC, art. 910) ;
- en cas d'appel provoqué : dépôt des conclusions de l'intimé dans les **trois mois** de la notification des conclusions contenant appel provoqué ;
- obligation de l'intervenant forcé de conclure dans un délai de **trois mois** à compter de la notification des conclusions de l'intimé (CPC, art. 910, al. 2) ;
- notification des conclusions aux avocats des parties dans le délai de leur remise au greffe de la cour, à peine de caducité ou d'irrecevabilité relevée d'office (CPC, art. 911) ;
- signification dans **le mois** suivant l'expiration de ce délai aux intimés défaillants, à peine de caducité ou d'irrecevabilité relevée d'office (CPC, art. 911).

ATTENTION L'avocat postulant de chaque partie doit s'acquitter d'une taxe d'un montant de 225 € pour le compte de son client (CGI, art. 1635 bis P), à peine d'irrecevabilité.
Il doit être justifié du paiement de cette taxe :
- lors de la déclaration d'appel pour l'appelant ;
- lors de la remise de l'acte de constitution pour l'intimé.
En pratique, il suffit d'annexer à l'acte les timbres mobiles ou un justificatif lorsque le droit a été acquitté par voie électronique.

C Pièces nécessaires

2082 Une nouvelle communication des pièces déjà versées aux débats de première instance devra être effectuée à l'ensemble des parties (CPC, art. 915-1).
Un bordereau récapitulatif des pièces sera annexé aux conclusions (CPC, art. 954, al. 1er).

ATTENTION Doivent être écartées des débats les pièces communiquées et déposées au soutien de conclusions irrecevables (CPC, art. 915-1, al. 3. – Cass. 2e civ., 10 janv. 2019, n° 17-14.055, F-D : *JurisData* n° 2019-000176.

Pour faciliter la lecture du dossier par le juge, il est indispensable de numéroter les pièces dans l'ordre de leur apparition au sein des conclusions. Cette présentation est d'autant plus importante que, désormais, les dossiers de plaidoirie se résument à un jeu de conclusions suivi des pièces classées dans l'ordre de leur numération au sein du bordereau de communication de pièces.

III

Procédure

A Assistance et représentation

2083 La représentation est obligatoire.
Elle est assurée soit par un avocat exerçant dans le ressort de la cour soit, en matière prud'homale, par un défenseur syndical (C. trav. art. R. 1461-1 et R. 1461-2).

ATTENTION Depuis le 1er août 2016, les avocats peuvent postuler devant l'ensemble des tribunaux judiciaires du ressort de cour d'appel dans lequel ils ont établi leur résidence professionnelle et devant ladite cour d'appel.
Par ailleurs, le régime de la multipostulation en Île-de-France a été aménagé : les avocats des barreaux de Paris, Bobigny, Créteil et Nanterre peuvent postuler auprès de la cour d'appel de Paris quand ils ont postulé devant l'un des tribunaux judiciaires du ressort, et auprès de la cour d'appel de Versailles quand ils ont postulé devant le tribunal judiciaire de Nanterre.

B Compétence

2084 Compétence territoriale de la cour d'appel située dans le ressort de la juridiction ayant rendu la décision de première instance.

C Parties

2085 Les parties au procès d'appel sont, d'une part, l'appelant et, d'autre part, la ou les partie(s) intimée(s), en distinguant, le cas échéant, entre appel principal et appel incident.

NOTA En cas d'« intervention » en cause d'appel, le tiers ne doit pas avoir été partie en première instance. En effet, il ne s'agit pas de soumettre à la cour un litige nouveau.
L'intervention volontaire est formée par voie de conclusions, ou verbalement en cas de procédure sans représentation obligatoire.
L'intervention forcée en appel, quant à elle, implique que soit démontrée une évolution du litige afin de pouvoir mettre en cause le tiers. L'intervenant forcé disposera d'un délai de trois mois pour conclure à compter de la date à laquelle la demande d'intervention lui a été notifiée.

D Rédaction de l'acte de saisine

1 Déclaration d'appel

2086 Saisine du greffe de la cour par déclaration d'appel ou par requête conjointe.
Depuis le décret n° 2023-1391 du 29 décembre 2023, la déclaration d'appel, qui peut comporter une annexe, **contient** à peine de nullité (CPC, art. 901) :
1° Pour chacun des appelants :
a) Lorsqu'il s'agit d'une personne physique, ses nom, prénoms, profession, domicile, nationalité, date et lieu de naissance,
b) Lorsqu'il s'agit d'une personne morale, sa forme, sa dénomination, son siège social et l'organe qui la représente légalement ;
2° Pour chacun des intimés, l'indication de ses nom, prénoms et domicile s'il s'agit d'une personne physique ou de sa dénomination et de son siège social s'il s'agit d'une personne morale ;
3° La constitution de l'avocat de l'appelant ;
4° L'indication de la cour devant laquelle l'appel est porté ;
5° L'indication de la décision attaquée ;
6° L'objet de l'appel en ce qu'il tend à l'infirmation ou à l'annulation du jugement ;
7° Les chefs du dispositif du jugement expressément critiqués auxquels l'appel est, sans préjudice du premier alinéa de l'article 915-2, limité, sauf si l'appel tend à l'annulation du jugement.
Elle est datée et signée par l'avocat constitué. Elle est accompagnée d'une copie de la décision et sa remise au greffe vaut demande d'inscription au rôle.

REMARQUE **L'effet dévolutif de l'appel est limité aux seuls chefs du dispositif expressément énumérés et à ceux qui en dépendent. La déclaration d'appel ne peut se contenter de reprendre les demandes formulées devant le premier juge car la cour d'appel n'en est alors pas saisie (Cass. 2e civ., 2 juill. 2020, n° 19-16.954, F-P+B+R+I : *JurisData* n° 2020-009390).**

La sanction attachée à la déclaration d'appel portant comme objet « appel total », sans viser expressément les chefs du jugement critiqués lorsque l'appel ne tend pas à l'annulation du jugement, est une nullité pour vice de forme au sens de l'article 114 du Code de procédure civile. Le prononcé de la nullité supposera donc la démonstration d'un grief qui pourrait être difficile à établir. Cette nullité peut être couverte par une nouvelle déclaration d'appel, dans le délai imparti à l'appelant pour conclure au fond conformément à l'article 910-4, alinéa 1er, du Code de procédure civile (Cass., avis, 20 déc. 2017, n° 17-70.034 : *JurisData* nos 2017-026468, 17-70.035 et 2017-026470).

> REMARQUE **Cette jurisprudence établie sous l'empire du droit antérieur à la réforme de 2023 pourrait ne pas être maintenue dès lors que le nouvel article 915-2 du code offre désormais une possibilité à l'appelant principal de compléter, retrancher ou rectifier, dans le dispositif de ses premières conclusions remises dans les délais prévus au premier alinéa de l'article 906-2 et à l'article 908, les chefs du dispositif du jugement critiqués mentionnés dans sa déclaration d'appel. La jurisprudence sera à suivre de près.**

2 Communication de la déclaration d'appel

2087 Le greffier adresse à chacun des intimés, par lettre simple, un exemplaire de la déclaration avec l'indication de l'obligation de constituer avocat.
– n cas de retour au greffe de la lettre de notification ou lorsque l'intimé n'a pas constitué avocat dans un délai d'un mois à compter de l'envoi de la lettre de notification, le greffier en avise l'avocat de l'appelant afin que celui-ci procède par voie de signification de la déclaration d'appel ;

2088 **Signification de la déclaration d'appel.** À peine de nullité, l'acte de signification indique à l'intimé que, faute pour lui de constituer avocat dans un délai de quinze jours à compter de celle-ci, il s'expose à ce qu'un arrêt soit rendu contre lui sur les seuls éléments fournis par son adversaire et que, faute de conclure dans le délai de trois mois mentionné à l'article 909, il s'expose à ce que ses écritures soient déclarées d'office irrecevables (CPC, art. 902).

E Instruction du dossier

1 Principes généraux

2089 La procédure est en principe suivie par le conseiller de la mise en état (CME) chargé de régler tous les incidents, de manière à ce que le litige puisse être évoqué par la formation collégiale purgé de tous les vices éventuels de la procédure.

2 Fixation et distribution de l'affaire

2090 Dès la remise au greffe de la déclaration d'appel, une copie est présentée au premier président en vue des formalités de fixation et de distribution.
Le premier président désigne la chambre à laquelle l'affaire va être distribuée.
Avec le décret du 29 décembre 2023, le président de chambre à laquelle l'affaire a été distribuée va décider de son orientation. Le greffe en avertira les avocats constitués. Cet avis contient une invitation à conclure une convention de procédure participative aux fins de mise en état (CPC, art. 905, al. 2).

> REMARQUE **Il s'agit de tenter de promouvoir une mise en état externalisée afin de soulager le travail des magistrats. Le dispositif n'a pour le moment rien de contraignant.**

3 Renvoi au conseiller de la mise en état (V. Fiche 84 : Mise en état devant la cour d'appel avec désignation d'un conseiller de la mise en état)

2091 Le renvoi au conseiller de la mise en état est le principe (CPC, art. 907).
Selon le nouvel article 913-5 du Code de procédure civile, le conseiller de la mise en état est, à compter de sa désignation et jusqu'à son dessaisissement, seul compétent pour :
1° Prononcer la caducité de la déclaration d'appel ;
2° Déclarer l'appel irrecevable et trancher à cette occasion toute question ayant trait à la recevabilité de l'appel. Les moyens tendant à l'irrecevabilité de l'appel doivent être invoqués simultanément à peine d'irrecevabilité de ceux qui ne l'auraient pas été ;
3° Déclarer les conclusions irrecevables en application des articles 909 et 910 ;
4° Déclarer les actes de procédure irrecevables en application de l'article 930-1 ;
5° Statuer sur les exceptions de procédure relatives à la procédure d'appel, les demandes formées en application de l'article 47, la recevabilité des interventions en appel et les incidents mettant fin à l'instance d'appel ;
6° Allouer une provision pour le procès ;

7° Accorder une provision au créancier lorsque l'existence de l'obligation n'est pas sérieusement contestable. Le conseiller de la mise en état peut subordonner l'exécution de sa décision à la constitution d'une garantie dans les conditions prévues aux articles 514-5, 517 et 518 à 522 ;
8° Ordonner toutes autres mesures provisoires, même conservatoires, à l'exception des saisies conservatoires et des hypothèques et nantissements provisoires, ainsi que modifier ou compléter, en cas de survenance d'un fait nouveau, les mesures qui auraient déjà été ordonnées ;
9° Ordonner, même d'office, toute mesure d'instruction. Le conseiller de la mise en état contrôle l'exécution des mesures d'instruction qu'il ordonne, ainsi que de celles ordonnées par la cour, sous réserve des dispositions du troisième alinéa de l'article 155. Dès l'exécution de la mesure d'instruction ordonnée, l'instance poursuit son cours à la diligence du conseiller de la mise en état ;
10° Dans les cas où l'exécution provisoire n'est pas de droit, suspendre l'exécution des jugements improprement qualifiés en dernier ressort et exercer les pouvoirs qui lui sont conférés en matière d'exécution provisoire.

ATTENTION Il devra être saisi par des conclusions qui lui sont spécialement adressées, distinctes des conclusions adressées à la cour.

4 Conclusions d'appel

a) Modalités et délais pour conclure en appel

2092 • **Conclusions de l'appelant**

Délai de principe de trois mois : À peine de caducité de la déclaration d'appel, relevée d'office, l'appelant dispose pour conclure d'un délai de trois mois à compter de la déclaration d'appel pour remettre ses conclusions au greffe (CPC, art. 908).

• **Conclusions de l'intimé**

Délai de trois mois pour déposer ses conclusions au greffe, à peine d'irrecevabilité relevée d'office de ses écritures (CPC, art. 909).

Point de départ du délai : **date de notification des conclusions de l'appelant** (CPC, art. 909).

• **Notification entre avocats et signification des conclusions**

Les conclusions sont **notifiées aux avocats** des parties dans le délai de leur remise au greffe de la cour (CPC, art. 911).

REMARQUE **Si l'intimé a constitué avocat avant la signification des conclusions de l'appelant, ce dernier doit lui notifier ses conclusions dans les délais à peine de caducité de la déclaration d'appel.**
L'obligation faite à l'appelant de notifier la déclaration d'appel à l'avocat que l'intimé a préalablement constitué, dans le délai d'un mois suivant la réception de l'avis que le greffe adresse à l'avocat de l'appelant, n'est pas prescrite à peine de caducité de cette déclaration d'appel (Cass. 2e civ., 14 nov. 2019, n° 18-22.167, F-P+B+I : *JurisData* n° 2019-020200).

L'appelant dispose de **trois mois** à compter de la déclaration d'appel, et l'intimé de **trois mois** à compter de la notification des conclusions de l'appelant, pour procéder à cette notification.

ATTENTION • L'appelant qui a remis au greffe et signifié ses conclusions à partie n'est pas tenu de les notifier à l'avocat de cette partie constitué postérieurement à la signification (Cass. 2e civ., 19 févr. 2015, n° 14-13.019, F-D : *JurisData* n° 2015-003528).
• L'adhésion d'un avocat au « réseau privé virtuel avocat » (RPVA) emporte nécessairement consentement de sa part à recevoir la notification d'actes de procédure par voie électronique (Cass., avis, 9 sept. 2013, n° 13-70.005 : *JurisData* n° 2013-019694).

S'agissant d'une **partie n'ayant pas constitué avocat**, l'appelant dispose d'un mois à compter de la date du dépôt des conclusions faites dans le délai prescrit par l'article 908 (trois mois à compter de la date à laquelle l'appel a été régularisé), soit **quatre mois** à compter de la déclaration d'appel pour signifier ses conclusions à l'intimé qui n'a pas constitué avocat (Cass. 2e civ., 4 sept. 2014, n° 13-22.586 : *JurisData* n° 2014-019831).

b) Contenu des conclusions d'appel

2093 Les conclusions d'appel doivent respecter un formalisme rigoureux (CPC, art. 954).
Les conclusions d'appel contiennent, en en-tête, les indications prévues aux deuxième à quatrième alinéas de l'article 960. Elles formulent expressément les prétentions des parties et les moyens de fait et de droit sur lesquels chacune de ces prétentions est fondée avec indication pour chaque prétention des pièces invoquées et de leur numérotation. Un bordereau récapitulatif des pièces est annexé.
Les conclusions comprennent distinctement :
– un exposé des faits et de la procédure ;
– une discussion des prétentions et des moyens ;

– et **un dispositif dans lequel l'appelant indique s'il demande l'annulation ou l'infirmation du jugement et énonce, s'il conclut à l'infirmation, les chefs du dispositif du jugement critiqués**, et dans lequel l'ensemble des parties récapitule leurs prétentions.

Si, dans la discussion, des moyens nouveaux par rapport aux précédentes conclusions sont invoqués au soutien des prétentions, ils sont présentés de manière formellement distincte.

La cour ne statue que sur les prétentions énoncées au dispositif et n'examine les moyens au soutien de ces prétentions que s'ils sont invoqués dans la discussion.

Les parties reprennent, dans leurs dernières conclusions, les prétentions et moyens précédemment présentés ou invoqués dans leurs conclusions antérieures. À défaut, elles sont réputées les avoir abandonnés et la cour ne statue que sur les dernières conclusions déposées.

La partie qui conclut à l'infirmation du jugement doit expressément énoncer les moyens qu'elle invoque sans pouvoir procéder par voie de référence à ses conclusions de première instance.

La partie qui ne conclut pas ou qui, sans énoncer de nouveaux moyens, demande la confirmation du jugement est réputée s'en approprier les motifs.

> REMARQUE **Lorsque l'appelant ne demande dans le dispositif de ses conclusions ni l'infirmation des chefs du dispositif du jugement dont il recherche l'anéantissement ni l'annulation du jugement, la cour d'appel ne peut que confirmer le jugement (Cass. 2e civ., 17 sept. 2020, n° 18-23.626, FS-P+B+I : *JurisData* n° 2020-013427. – Cass. 2e civ., 4 nov. 2021, *JurisData* n° 2021-017772).**
> **Même si le décret de réforme n'en fait pas état précisément, il est à craindre que cette sanction prétorienne soit maintenue.**

c) Modification de la dévolution dans les premières conclusions

2094 À compter du 1er septembre 2024, le nouvel article 915-2, alinéa 1er du code permet à l'appelant principal de compléter, retrancher ou rectifier dans le dispositif de ses premières conclusions les chefs du dispositif du jugement mentionnés dans sa déclaration d'appel.

d) Concentration des demandes dans les premières conclusions

2095 Présenter l'ensemble des prétentions au fond, à peine d'irrecevabilité relevée d'office, dès les premières conclusions (CPC, art. 915-2, al. 2). C'est la cour d'appel et non le conseiller de la mise en état qui est compétent pour statuer sur cette irrecevabilité. Elle n'a pas l'obligation de la relever d'office, il ne s'agit pour elle que d'une simple faculté (Cass. 2e civ., 21 déc. 2023, n° 21-25.108 : *Procédures* 2024, comm. 29, obs. S. Amrani-Mekki).

e) Absence de concentration des moyens dans les premières conclusions

2096 L'article 563 du Code de procédure civile offre la possibilité aux parties à l'instance d'appel de modifier leurs argumentations par rapport à celles présentées en première instance.

Il en va d'une volonté d'achèvement du litige au stade de la voie de recours.

Les parties peuvent, jusqu'à la clôture de l'instruction, invoquer **de nouveaux moyens** (Cass., avis, 21 janv. 2013, n° 01300005 : *Procédures* 2013, comm. 64, R. Perrot).

f) Conclusions récapitulatives

2097 Les parties doivent reprendre, dans leurs dernières écritures, les prétentions et moyens précédemment présentés ou invoqués dans leurs conclusions antérieures.

À défaut, elles sont réputées les avoir abandonnés et la cour ne statue que sur les dernières conclusions déposées (CPC, art. 954, al. 4).

> ATTENTION Toute formule de renvoi ou de référence à des écritures précédentes ne satisfait pas aux exigences de l'article 954 du Code de procédure civile et est dépourvue de portée (Cass. 2e civ., 8 janv. 2015, n° 14-12.091, F-D : *JurisData* n° 2015-000116).

g) Principe de concentration des écritures

2098 La cour statue sur les prétentions énoncées au dispositif des conclusions et uniquement dans celui-ci (CPC, art. 954, al. 3. – Cass. 3e civ., 2 juill. 2014, n° 13-13.738, FP-P+B : *JurisData* n° 2014-015039).

5 Communication des pièces

2099 Nécessité pour l'avocat de chacune des parties de notifier ses conclusions et de communiquer ses pièces simultanément à celui de l'autre partie (CPC, art. 915-1).

L'appelant n'est pas tenu de communiquer ses pièces à l'intimé qui n'a pas constitué avocat et la circonstance que des pièces produites ne figurent pas au bordereau récapitulatif n'autorise pas le juge à les écarter des débats (Cass. 2e civ., 6 juin 2019, n° 18-14.432, P+B : *JurisData* n° 2019-009579).

Les pièces ne sont pas écartées des débats, pour défaut de simultanéité, en l'absence d'atteinte au principe de la contradiction (Cass. 2e civ., 19 mars 2015, n° 14-16.238 : *JurisData* n° 2015-006188).

REMARQUE **Les pièces communiquées et déposées au soutien de conclusions irrecevables sont elles-mêmes irrecevables (CPC, art. 915-1, al. 3. - Cass. ass. plén., 5 déc. 2014, n° 13-27.501, P+B+R+I : *JurisData* n° 2014-029486).**

CONSEIL La notion de communication des pièces en « temps utile » pose question.

Le « temps utile » dépend de chaque espèce et de chaque circonstance, il est apprécié souverainement par le juge (Cass. 2e civ., 4 juin 2020, n° 19-10.671).

Par sécurité, il est préférable d'adresser par RPVA au sein d'un même envoi le bordereau de communication de pièces et les conclusions. Il faudra néanmoins **prendre garde à la matière prud'homale** quand l'adversaire est représenté par un défenseur syndical car dans ce cas, la communication électronique est impossible et il faudra respecter les modalités de l'article 930-3.

REMARQUE **Aucune disposition n'impose aux parties de limiter la taille de leurs envois à la juridiction. Il n'est pas possible de reprocher à une partie un envoi trop volumineux empêchant la communication par voie électronique. Le fait que la transmission soit bloquée demeure une cause qui lui est étrangère (Cass. 2e civ., 19 mai 2022, n° 21-10.423, F-B : *JurisData* n° 2022-007838).**

6 Calendrier de mise en état

2100 Après l'expiration des délais réglementaires pour conclure, l'affaire peut ne pas être en état d'être jugée.

Dans ce cas, la réforme de la procédure d'appel issue du décret n° 2023-1391 du 29 décembre 2023 confirme que le CME doit mettre en place un calendrier de mise en état après avoir recueilli l'avis des avocats (**et non leur accord**).

Ce calendrier est avec la réforme rigidifié en ce que les délais fixés ne peuvent être prorogés qu'en cas de cause grave et dûment justifiée (CPC, art. 912, al. 3).

Surtout, de nouvelles sanctions apparaissent :

- si les parties n'accomplissent pas les actes de procédure dans les délais fixés, le CME peut rendre une ordonnance de radiation, non susceptible de recours (CPC, art. 912, al. 3) ;
- une ordonnance de clôture partielle peut être prononcée à l'égard d'une partie défaillante (CPC, art. 914-2, al. 1er).

REMARQUE **En l'absence de calendrier fixé par le CME, les parties peuvent toujours jusqu'à la clôture de l'instruction invoquer de nouveaux moyens (Cass. 2e civ., 22 oct. 2022, n° 21-17.375).**

7 Clôture

a) Ordonnance de clôture

2101 Le CME prononce une ordonnance de clôture afin qu'il soit mis fin aux échanges et lorsque l'affaire est en état d'être jugée.

Le nouvel article 914-3 du Code de procédure civile prévoit une série d'exceptions pour l'admission d'une production postérieure.

En tout cas, les parties doivent être préalablement avisées de sa date pour qu'elle produise ses effets (Cass. 2e civ., 1er juill. 2021, n° 20-10.596. - Cass. 2e civ., 8 déc. 2022, n° 21-10.744).

Il s'agit d'une ordonnance non motivée qui ne peut être frappée d'aucun recours.

b) Recours contre les décisions du CME

2102 Le conseiller de la mise en état rend des ordonnances qui ne sont en principe, susceptibles d'aucun recours indépendamment de l'arrêt sur le fond.

Selon l'article 913-8 nouveau, elles peuvent en effet parfois être déférées par simple requête à la cour dans les quinze jours de leur date lorsqu'elles ont

pour effet de mettre fin à l'instance, lorsqu'elles constatent son extinction ou lorsqu'elles ont trait à des mesures provisoires en matière de divorce ou de séparation de corps.
Elles peuvent être déférées dans les mêmes conditions lorsqu'elles statuent sur :
1° Une exception de procédure relative à l'appel ;
2° La recevabilité de l'appel ou des interventions en appel ;
3° La recevabilité des conclusions en application des articles 909 et 910 et des actes de procédure en application de l'article 930-1 ;
4° Un incident mettant fin à l'instance d'appel ;
5° La caducité de la déclaration d'appel.

F Audience

2103 La procédure de mise en état prend fin à l'ouverture des débats.
Le dossier de chaque partie, contenant la copie des pièces visées dans les écritures, classées dans l'ordre du bordereau récapitulatif, doit être déposé à la cour au moins **quinze jours** avant la date fixée pour l'audience des plaidoiries (CPC, art. 914-5, al. 1er).

• Dépôt du dossier sans plaidoirie
À la demande des avocats, le juge peut les autoriser à ne pas plaider et ainsi s'en tenir à leurs pièces et conclusions écrites (CPC, art. 914-5, al. 2).
Cette pratique est généralement encouragée par les magistrats. Ils ne sont, en revanche, pas autorisés à solliciter eux-mêmes le dépôt du dossier sans plaider (CPC, art. 779).

• Audience des plaidoiries par le CME
Le CME peut, si les parties ne s'y opposent pas, entendre seul les plaidoiries et en rendre compte à la cour dans son délibéré (CPC, art. 914-5, al. 6).

NOTA Contrairement aux audiences tenues devant certaines juridictions du premier degré, comme par exemple devant le conseil des prud'hommes ou devant le tribunal de commerce, celles tenues devant la cour d'appel sont jugées comme étant plus solennelles, dans la mesure où vous plaidez devant des magistrats de formation.
Si vous êtes avocat de l'appelant, vous prendrez la parole en premier, et ce, peu important votre qualité de demandeur ou de défendeur.
Adressez-vous à « Madame ou Monsieur le Président, Mesdames/Messieurs les membres de la Cour » et rappelez le nom de votre client. En revanche, le conseiller de la mise en état faisant un rapport oral de l'affaire à l'audience avant les plaidoiries, vous n'avez pas besoin de reprendre les faits. Commencez simplement par rappeler l'objet du litige et vos demandes puis entrez dans vos développements. La procédure étant écrite, vous devez plaider par observations et être synthétique. N'hésitez pas à « renvoyer à vos écritures » sur certains points. Attention, vous ne pouvez pas apporter d'éléments nouveaux qui ne figureraient pas dans vos écritures ou vos pièces. La plupart des magistrats vous imposeront un délai à ne pas dépasser, d'en général dix minutes, ne soyez pas surpris.
Vous ne pouvez pas remettre de dossiers de plaidoiries à la fin de l'audience contrairement aux procédures orales. Ceux-ci doivent être déposés physiquement auprès du greffe de la chambre saisie quinze jours avant l'audience.

G Décision

2104 Arrêt rendu par la cour d'appel.

H Recours

2105 Pourvoi en cassation dans les **deux mois** suivant la signification de l'arrêt d'appel.

CHECK-LIST Vérifier :
– l'intérêt à agir de l'appelant : une partie ne peut faire appel d'un jugement qui lui donne entière satisfaction sur tous les chefs de demande ou qui ne lui porte pas grief ;
– sa qualité à agir : seul celui qui a été partie en première instance a qualité pour interjeter appel ;
– sa capacité à agir : ainsi, lorsque l'appel est interjeté par une personne morale, le praticien doit contrôler si son représentant est régulièrement habilité par la loi ou les statuts ;
– les délais pour agir ;
– les délais pour conclure et le dépôt des pièces et conclusions, simultanément ;
– si un calendrier de mise en état a été fixé par le CME eu égard aux nouvelles sanctions prévues par la réforme du 29 décembre 2023.

POUR ALLER PLUS LOIN...

Fascicules JurisClasseur

- *JCl. Procédure civile*, fasc. 1000-05, 1000-10, 1000-15, 1000-40.

Ouvrages

- J.-L. Gallet, *La procédure civile devant la cour d'appel*, LexisNexis, 4e éd., 2018.
- Ph. et N. Gerbay, *Guide du procès civil en appel 2025/2026*, LexisNexis, 2024.

Fiches pratiques

- V. Fiche 11 : Faire appel d'une ordonnance de référé civil.
- V. Fiche 31 : Faire appel d'une décision prud'homale.
- V. Fiche 80 : Interjeter appel en matière contentieuse.
- V. Fiche 81 : Appel en matière gracieuse.
- V. Fiche 82 : Intervenir en cause d'appel.
- V. Fiche 84 : Mise en état devant la cour d'appel avec désignation d'un conseiller de la mise en état.

Fiche 84

Mise en état devant la cour d'appel avec désignation d'un conseiller de la mise en état

Audrey LAZIMI
Actualisé par Nicolas GERBAY

Sommaire

I Aperçu rapide

A Éléments clés

REMARQUE Cette fiche est à jour du décret n° 2023-1391 du 29 décembre 2023 et concerne donc les procédures intentées à compter du 1er septembre 2024.

2106 Devant la cour d'appel, en matière contentieuse, lorsque la représentation est obligatoire (CPC, art. 899, al. 1er), la procédure est en principe suivie par un magistrat chargé de régler la plupart des « incidents », de manière à ce que le litige puisse être traité par la formation collégiale purgé des principaux vices éventuels de la procédure : c'est le conseiller de la mise en état (CME).
La mise en état est l'instruction préalable des affaires, avant les plaidoiries.

L'article 905 du Code de procédure civile :
– précise que le président de chambre à laquelle l'affaire a été distribuée décide de son orientation soit en fixant une date à bref délai, soit en désignant un conseiller de la mise en état ;
– indique depuis la réforme de 2023 que le greffe en avise les avocats constitués et que cet avis contient une invitation à conclure une convention de procédure participative aux fins de mise en état. Il ne s'agit que d'une invitation et **non d'une obligation** pour les avocats.
Le CME dispose globalement des mêmes prérogatives que celles détenues par le JME devant le tribunal judiciaire. Elles sont désormais précisées sans renvoi à la première instance par les **nouveaux articles 913 et suivants**.

B Avis du professionnel

2107 Le CME doit examiner l'affaire dans le mois qui suit l'expiration des délais pour conclure et communiquer les pièces (CPC, art. 912, al. 1er).
Le CME n'a à recueillir l'avis des avocats que pour l'établissement d'un calendrier s'il estime que l'affaire nécessite de nouveaux échanges (CPC, art. 912, al. 2).

ATTENTION L'intimé qui sollicite la confirmation du jugement ou dépose des conclusions de pure forme sans communiquer de nouvelles pièces, prend le risque que le CME estime que l'affaire ne nécessite plus d'échanges, clôture et fixe la date des plaidoiries.
En l'absence de calendrier de procédure fixé par le CME à l'occasion de l'examen de l'affaire auquel il procède après l'expiration des délais pour conclure et communiquer les pièces, les parties peuvent, jusqu'à la clôture de l'instruction, invoquer de nouveaux moyens et conclure à nouveau (Cass. 2e civ., 4 juin 2015, n° 14-10.548 : *JurisData* n° 2015-013020).

C Textes

- CPC, art. 901 à 916 (procédure devant la cour d'appel).
- CPC, art. 913 et s. (prérogatives du CME).
- CPC, art. 930-1 à 930-3 (remise par voie électronique et communication à un défenseur syndical).
- CPC, art. 954 (conclusions d'appel).
- CPC, art. 960 et s. (constitution d'avocat et conclusions).

II Préparation

A Informations préalables

2108 La réduction des délais oblige plus que jamais le praticien, dans le cadre de son devoir de conseil, à une analyse objective du jugement dès son prononcé pour déterminer avec son client l'opportunité et l'étendue éventuelle d'un appel.
- Recueillir tous les éléments du dossier.
- Constituer le dossier d'appel.
- Vérifier la qualification inscrite sur la décision afin de déterminer le type d'appel à exercer.
- Vérifier la date de la décision, si l'exécution provisoire est de droit ou a été ordonnée.
- Bien identifier les parties concernées par la procédure.
- Vérifier la date de la notification de la décision.
- Les parties ont-elles comparu en première instance ?
- Veiller à respecter le calendrier de procédure.
- Veiller à respecter les délais dits « couperets » imposés par les décrets de 2009, 2017 et de 2023.

Ce travail préalable vous permettra de bien instruire votre dossier et d'éviter tout incident susceptible d'être soulevé par votre contradicteur.
Si vous êtes intimé, il est également nécessaire d'effectuer le même travail ce qui vous permettra de soulever une caducité, une irrecevabilité ou solliciter une radiation faute d'exécution (CPC, art. 524) devant le CME.
Informer le client sur le coût, la durée de la procédure afin d'apprécier l'opportunité d'interjeter appel.

ATTENTION Le paiement de la taxe de 225 € (CGI, art. 1635 bis P) est dû à peine d'irrecevabilité en demande, comme en défense (CPC, art. 963) pour les procédures engagées depuis le 1er janvier 2015.

B Inventaire des solutions et éléments de décisions

2109 **Vérifier** la régularité de la déclaration d'appel. Ne pas oublier qu'en cas de déclaration d'appel :

- le greffe adresse par lettre simple un exemplaire de la déclaration à l'intimé avec l'indication de constituer avocat devant la cour ;
- en cas de retour de la lettre de notification ou lorsque l'intimé n'a pas constitué avocat dans un délai d'un mois à compter de l'envoi de la lettre de notification, le greffier en avise l'avocat de l'appelant.

À compter de l'avis adressé par le greffe, un délai d'un mois est imparti à l'appelant, pour signifier la déclaration d'appel à la partie adverse, et ce sous peine de caducité de celle-ci relevée d'office. Si entre-temps, l'intimé a constitué avocat, il sera procédé par voie de notification à avocat (CPC, art. 902).

ATTENTION Soyez vigilant dès réception de l'avis du greffe et prendre en considération la date d'émission de l'avis (Cass. 2e civ., 26 juin 2014, n° 13-17.574 : *JurisData* n° 2014-014415).
Le non-respect des prescriptions de l'article 902 entraîne la caducité de la déclaration d'appel pouvant être relevée d'office par le conseiller de la mise en état (Cass. 2e civ., 24 juin 2014, n° 13-20.868 : *JurisData* n° 2014-014433).
L'automaticité de la sanction décharge l'intimé de toute justification de grief.
Dans le cadre de la mise en état à bref délai, l'obligation faite à l'appelant de notifier la déclaration d'appel à l'avocat que l'intimé a préalablement constitué n'est pas prescrite à peine de caducité (Cass., avis, 12 juill. 2018, n° 18-70.008 : *JCP* G 2018, 889, obs. N. Gerbay ; *Procédures* 2018, comm. 281, obs. H. Croze. – Cass. 2e civ., 2 juill. 2020, n° 19-16.336).
Cette solution de bon sens a été étendue aux prescriptions de l'article 902 dans la procédure ordinaire avec désignation d'un CME (Cass. 2e civ., 14 nov. 2019, n° 18-22.167 : *Procédures* 2020, comm. 35, obs. H. Croze).

Ne pas oublier que le CME, dont les attributions ne concernent que les exceptions de procédure et les incidents relatifs à l'instance d'appel (Cass., avis, 2 avr. 2007, n° 00-70.007, P : *JurisData* n° 2007-038458 ; *Procédures* 2007, comm. 160, obs. R. Perrot).

Il a également une compétence exclusive désormais clairement délimitée au nouvel article 913-5 et notamment pour :

- prononcer la caducité de l'appel ;
- déclarer l'appel irrecevable ;
- trancher à cette occasion toute question ayant trait à la recevabilité de l'appel ;
- déclarer les conclusions irrecevables en application des articles 909 et 910 du Code de procédure civile ;
- déclarer les actes de procédure irrecevables en application de l'article 930-1 du Code de procédure civile ;
- statuer sur les exceptions de procédure, les demandes formées en application de l'article 47 et les incidents mettant fin à l'instance.

ATTENTION Le décret n° 2023-1391 du 29 décembre 2023 indique désormais clairement que le CME est compétent pour statuer sur la recevabilité des **interventions en appel** (CPC, art. 913-5, 5°).

La réforme de 2023 met fin au débat, devenu très sensible en pratique, sur la compétence du CME pour statuer sur les fins de non-recevoir.
Elle confirme les avis de la Cour de cassation (Cass., avis, 3 juin 2021, n° 21-70.006. – Cass., avis, 11 oct. 2022, n° 22-70.010).
Il en résulte que le CME n'est compétent que pour se prononcer sur les fins de non-recevoir propres à l'instance d'appel et qu'il ne l'est pas concernant la recevabilité des demandes nouvelles en appel, ni concernant le respect du principe de concentration temporelle des prétentions.

ATTENTION Postérieurement au dessaisissement du CME, l'irrecevabilité de l'appel ne peut plus être soulevée (CPC, art. 913-5, al. 1er).
L'ordonnance du CME, statuant sur la recevabilité de l'appel, a autorité de chose jugée (CPC, art. 913-6, 4°) et, si l'on entend remettre en cause sa décision, c'est la voie du déféré qui doit être choisie (CPC, art. 913-8, 2°).
L'intimé doit faire valoir simultanément l'ensemble des moyens de nature à faire juger l'appel irrecevable (CPC, art. 913-5, 2°).

Le CME, avec la réforme de 2023, est compétent de sa désignation et ce jusqu'à son dessaisissement (CPC, art. 913-5, al. 1er).

Mise en état devant la cour d'appel

III

Procédure

A Instruction du dossier par le premier président

2110 Le renvoi au CME est le principe (CPC, art. 907).
Le CME est compétent pour trancher les incidents dès qu'il est désigné.

1 Distribution de l'affaire par le premier président

2111 Dès la remise au greffe de la déclaration d'appel, une copie est présentée au premier président en vue des formalités de fixation et de distribution.
Celui-ci désigne la chambre à laquelle l'affaire va être distribuée. La décision du premier président fait l'objet d'une simple mention en marge de la copie (CPC, art. 967).
Au dossier de la cour est joint celui de la juridiction de première instance que le greffier demande dès que la cour est saisie (CPC, art. 968).

2 Désignation du conseiller de la mise en état

2112 En principe, l'affaire est instruite sous le contrôle du CME (CPC, art. 907).
L'affaire n'est pas confiée au CME mais elle est renvoyée à une audience à bref délai (CPC, art. 906) lorsque l'appel :
1° semble présenter un caractère d'urgence ou être en état d'être jugé ;
2° est relatif à une ordonnance de référé ;
3° est relatif à un jugement rendu selon la procédure accélérée au fond ;
4° est relatif à une des ordonnances du juge de la mise en état énumérées aux 1° à 4° de l'article 795 ;
5° est relatif au jugement prévu à l'article 807-2 ;
6° est relatif à une ordonnance de protection.

3 Comment conclure devant le conseiller de la mise en état ?

a) Que doit faire l'appelant ?

2113 • Dans la phase d'instruction, régie par des délais automatiques, l'appelant ne doit pas s'attendre à recevoir une quelconque injonction pour conclure dans le délai de trois mois qui lui est imparti (CPC, art. 908).
• Point de départ du délai : date de la déclaration d'appel et non date de l'édition du fichier récapitulatif reprenant les données du message de l'appelant (Cass. 2e civ., 6 déc. 2018, n° 17-27.206 : *Procédures* 2019, comm. 43, obs. H. Croze). Si la déclaration d'appel est établie sur support papier, le délai court de l'expédition de la lettre et non de sa réception par le greffe (Cass. 2e civ., 9 janv. 2020, n° 18-24.107).

ATTENTION Si l'appelant formalise une deuxième déclaration d'appel afin de faire rectifier une éventuelle erreur matérielle présente dans sa première déclaration d'appel, il doit conclure dans le délai de trois mois de sa première déclaration car elle a valablement saisi la cour d'appel et non de la seconde déclaration (Cass. 2e civ., 16 nov. 2017, n° 16-23.796 : *JurisData* n° 2017-022974).

• *Quid* de l'impact d'une **demande d'aide juridictionnelle** ?
Pour l'appelant, s'il dépose sa demande d'AJ dans le délai d'appel, il est prévu un effet interruptif du délai pour former la voie de recours.
Il n'est prévu aucun effet interruptif en cas de dépôt d'une demande d'aide après la déclaration d'appel (D. n° 2020-1717, 28 déc. 2020, art. 43).
Depuis la réforme de 2023 et le nouvel article 911, alinéa 2, le CME peut non seulement impartir à l'ensemble des parties un délai plus court que ceux mentionnés au Code de procédure civile mais il peut également allonger le délai et ce même d'office).

CONSEIL Si l'intimé est défaillant, il est impératif de déposer au préalable les écritures au greffe dans le délai de trois mois et ensuite de les signifier par voie d'huissier de justice.

b) Comment se défendre devant le conseiller de la mise en état ?

2114 Nécessité de conclure ou de former appel incident dans un délai de trois mois, à peine d'irrecevabilité relevée d'office.

Point de départ du délai de trois mois : date de la notification des conclusions de l'appelant (CPC, art. 909).
La demande d'AJ de l'intimé a un effet interruptif pour conclure et former le cas échéant un appel incident à la condition qu'il fasse sa demande dans le délai initial pour conclure de trois mois des articles 909 et 910 du Code de procédure civile (D. n° 2020-1717, 28 déc. 2020, art. 43).

ATTENTION Double obligation pour l'intimé :
- nécessité de conclure sous peine d'irrecevabilité de ses écritures ;
- à défaut de former appel incident dans les écritures dans les trois mois, l'appel incident ne sera pas recevable dans des écritures ultérieures.

Si l'appel principal est déclaré irrecevable, cela n'entraîne pas automatiquement la disparition de l'appel incident. Ce dernier demeure recevable s'il a été formé dans le délai pour agir à titre principal (Cass. 2e civ., 1er oct. 2020, n° 19-10.726 : *Procédures* 2020, comm. 217, obs. R. Laher).
Par contre, si l'appel principal est déclaré caduc, cela anéantit tout appel incident même formé précédemment (Cass. 2e civ., 13 mai 2015, n° 14-13.801 : *Procédures* 2015, comm. 214, obs. H. Croze).

CONSEIL Pour ne pas être sous la dépendance de la survie de l'appel principal, l'intimé a tout intérêt à former lui-même un appel principal plutôt que de faire un simple appel incident.

L'appel provoqué :
- doit être formé dans un délai de trois mois à compter de la notification des conclusions qui le provoquent (CPC, art. 910) ;
- ne peut être régularisé que par voie d'assignation valant conclusions dans le délai de trois mois, sous peine d'irrecevabilité (Cass. 2e civ., 6 juin 2019, n° 18-14.901).

CONSEIL Vigilance quant à la date de notification des conclusions de l'appelant.
Anticiper, conclure et notifier avant votre délai de trois mois si vous devez en parallèle assigner en appel provoqué.

L'intimé dont les conclusions d'appel incident ont été déclarées irrecevables ne peut former un appel principal (CPC, art. 916, al. 2).

c) *Que faut-il indiquer dans les conclusions ?*

2115 Faire attention au **principe de concentration temporelle des prétentions**. Ce n'est que dans le cadre de leurs premières conclusions que les parties peuvent formuler leurs prétentions. La cour d'appel ne sera pas saisie d'éventuelles autres demandes présentées dans des conclusions ultérieures. Elles seront considérées comme irrecevables.
Dans le dernier état de la jurisprudence, cette obligation ne concerne pas les fins de non-recevoir (Cass. 2e civ., 4 juill. 2024, n° 21-20.694).
Cette irrecevabilité est de la compétence de la cour et non du CME. Elle n'a qu'une faculté et non une obligation de relever d'office l'irrecevabilité (Cass. 2e civ., 21 déc. 2023, n° 21-25.108).
L'avocat doit prendre garde à cette exigence tirée du nouvel l'article 915-2 du Code de procédure civile qui prévoit lui-même quelques exceptions à ce principe :
- pour répliquer aux conclusions et pièces adverses (Cass. 1re civ., 9 juin 2022, n° 19-24.368) ;
- pour faire juger les questions nées, postérieurement aux premières conclusions, de l'intervention d'un tiers ou de la révélation d'un fait. Le principe ne concerne que la présentation de nouvelles demandes mais non celle de nouveaux moyens (Cass. 2e civ., 2 févr. 2023, n° 21-18.382 : *JurisData* n° 2023-000993).
Les **conclusions d'appel doivent par ailleurs contenir** les indications prévues à l'article 961 du Code de procédure civile et respecter les formes exigées par l'article 954 du même code. La fin de non-recevoir tirée du manquement au formalisme de l'article 961 est de la compétence de la cour et non du CME (Cass. 2e civ., 7 mars 2024, n° 22-10.337).

B Audience devant le conseiller de la mise en état

2116 Si le CME statue par ordonnance dans le cadre de ses prérogatives juridictionnelles, le greffe doit en principe convoquer les avocats à une audience.
Mais, il peut rendre immédiatement son ordonnance, à condition que les avocats soient entendus ou appelés (CPC, art. 913-7).
Pour ce qui est du prononcé d'une caducité de la déclaration d'appel ou de l'irrecevabilité des conclusions, l'article 911, alinéa 3 du Code de procédure civile oblige à la tenue d'une audience seulement si les parties la réclament (Cass. 2e civ., 26 oct. 2023, n° 21-22.315 : *JCP* G 2024, 78, obs. A. Danet).

Pour ce qui est de l'audience des débats générale avant mise en délibéré, le CME peut, si les parties ne s'y opposent pas, entendre seul les plaidoiries et en rendre compte à la cour dans son délibéré (CPC, art. 914-5, dernier al.).

C Traitement des incidents par le conseiller de la mise en état

1 Procédure de traitement des incidents

2117 Pour introduire un incident devant le CME, il faut adresser les conclusions spécialement à ce magistrat.
Veillez à ne pas inclure les conclusions dans des demandes et moyens au fond adressés à la cour d'appel (Cass. 3e civ., 7 sept. 2017, n° 16-18.331 : *JurisData* n° 2017-017201).
Penser à soulever en appel, comme en première instance, les exceptions de procédure avant les défenses au fond ou fins de non-recevoir car l'article 74 du Code de procédure civile est applicable devant le CME (Cass. 2e civ., 10 déc. 2020, n° 19-22.609).
Lorsque la décision dont appel est assortie de l'**exécution provisoire** et que l'appelant ne justifie pas avoir exécuté la décision, l'intimé peut :
– introduire un incident aux fins de radiation devant le conseiller de la mise en état (CPC, art. 524) ;
– dans le délai de trois mois de ses premières conclusions (CPC, art. 524, al. 2).
L'appelant devra prouver que l'exécution est de nature à entraîner des conséquences manifestement excessives ou qu'il est dans l'impossibilité d'exécuter la décision.
Si le CME prononce la **radiation**, l'affaire sera retirée du rôle et ne pourra être réinscrite que s'il justifie avoir exécuté.

ATTENTION La radiation n'entraîne pas la suspension du délai imparti à l'appelant pour conclure (Cass. 2e civ., 9 juin 2022, n° 19-11.671 : *JurisData* n° 2022-009337).
La radiation du rôle ne fait pas échec à la recevabilité d'un appel incident en ce que l'intimé est recevable à former appel incident, même si l'instance ouverte par son propre appel a été radiée (Cass. 2e civ., 19 nov. 2020, n° 18-21.550).
L'affaire ne sera rétablie que si l'appelant a manifesté une volonté non équivoque d'exécuter dont l'appréciation doit être faite en considération de ce qu'a décidé le premier juge dans sa décision (Cass. 2e civ., 19 nov. 2020, n° 19-25.100 : *Procédures* 2021, comm. 4, obs. Y. Strickler).

VIGILANCE La radiation du rôle n'empêche pas le délai de péremption de courir ! Néanmoins, tout acte d'exécution significative de la décision de première instance manifestant une volonté non équivoque de l'exécuter constitue une diligence interruptive du délai (Cass. 2e civ., 14 janv. 2021, n° 19-20.721 : *Procédures* 2021, comm. 60, obs. S. Amrani-Mekki).

REMARQUE **Le décret du 6 mai 2017 a modifié le régime de la radiation faute d'exécution prévue à l'article 526, devenu 524 du Code de procédure civile.**
Il en résulte notamment que la demande de radiation faite par l'intimé suspend son délai pour conclure mais la décision de radiation n'emporte pas suspension du délai de l'appelant !

2 Décisions du conseiller de la mise en état

2118 En principe les mesures prises par le CME ne sont l'objet que d'une mention au dossier dont avis est donné aux avocats (CPC, art. 913-4).
Il peut notamment procéder à une jonction ou une disjonction de l'instance à la demande des parties ou d'office (CPC, art. 913-3). Cette décision est une mesure d'administration judiciaire non susceptible de recours (CPC, art. 368) sachant que la décision de jonction, selon une jurisprudence bien établie, ne crée pas une procédure unique (Cass. 3e civ., 23 mai 2019, n° 18-10.140).
Cependant le CME statue par **ordonnance motivée** dans les cas prévus au deuxième alinéa de l'article 913-1, au troisième alinéa de l'article 913-3 et à l'article 913-5.

D Comment le conseiller de la mise en état clôture-t-il les débats ?

1 Prononcé de l'ordonnance de clôture

2119 Le prononcé de l'ordonnance de clôture se fait par ordonnance.
Le CME constate l'achèvement de l'instruction du dossier et renvoie l'affaire pour être plaidée.
L'ordonnance :
– est non motivée ;

– ne peut être frappée d'aucun recours (CPC, art. 914).
Copie de cette ordonnance est délivrée aux avocats (CPC, art. 914).
Le CME peut prononcer, d'office ou à la demande de l'une des parties, et ce à titre de sanction, la clôture anticipée de l'instruction lorsque l'une des parties n'a pas accompli les actes de procédure dans le délai imparti (CPC, art. 914-2).
Le CME peut rétracter son ordonnance de clôture partielle d'office ou à la demande de l'une des parties par voie de conclusions :
– pour permettre de répliquer à des demandes ou moyens nouveaux présentés postérieurement à la clôture partielle ;
– ou en cas de cause grave et légitime.
En prenant de nouvelles conclusions sur le fond sans s'opposer à la demande de révocation de la partie adverse, ni invoquer l'irrecevabilité de ses conclusions postérieures à l'ordonnance, l'appelant doit être réputé avoir accepté cette demande de révocation (Cass. 2e civ., 9 sept. 2021, n° 19-14.020).

2 Quel sort réserver aux conclusions ou pièces postérieures à l'ordonnance de clôture ?

2120 Pour être recevables, les conclusions doivent avoir été communiquées et déposées avant l'ordonnance de clôture (CPC, art. 914-3).
Eu égard à l'importance de cette décision, les parties doivent avoir été avisées de la date à laquelle l'ordonnance sera rendue (Cass. 2e civ., 1er juill. 2021, n° 20-10.596. – Cass. 2e civ., 8 déc. 2022, n° 21-10.744).
Le CME prononce la clôture de l'instruction par ordonnance non motivée et en principe, insusceptible de recours.
Sont recevables, après l'ordonnance de clôture :
– les demandes en intervention volontaire ;
– les conclusions relatives aux loyers, arrérages, intérêts et autres accessoires échus et aux débours faits jusqu'à l'ouverture des débats, si leur décompte ne peut faire l'objet d'aucune contestation sérieuse ;
– les demandes de révocation de l'ordonnance de clôture (Cass. 2e civ., 25 mars 2021, n° 20-10.689) ;
– les conclusions qui contestent la recevabilité des conclusions adverses de dernière heure en ce qu'elles portent atteinte au principe du contradictoire (Cass. 2e civ., 17 oct. 2013, n° 12-23.437) ;
– les conclusions tendant à la reprise de l'instance en l'état où celle-ci se trouvait au moment de son interruption (CPC, art. 802, al. 3).

E Quels recours contre les décisions du conseiller de la mise en état ?

1 Solliciter la révocation de l'ordonnance de clôture ?

2121 En cas de conclusions ou de pièces tardives, le juge peut reporter ou révoquer l'ordonnance de clôture.
Il faut donc se méfier du libellé de l'article 914-3 du Code de procédure civile qui pourrait laisser croire que la clôture de l'instruction est toujours intangible.
À titre exceptionnel, en justifiant d'une **cause grave** depuis l'ordonnance de clôture, une révocation peut être obtenue.
La « cause grave » apparaît comme le seul critère tiré de l'article 914-4 du Code de procédure civile. Cette notion n'est pas définie et le juge dispose en la matière d'un pouvoir souverain d'appréciation.

ATTENTION Les conclusions apparaissent comme une forme exclusive pour solliciter la révocation. Une demande formée par requête ou par une simple lettre n'est pas régulière (Cass. 2e civ., 1er avr. 2004, n° 02-12.996).

Lorsque le juge révoque l'ordonnance de clôture, sa décision doit intervenir avant la clôture des débats ou à défaut s'accompagner d'une réouverture de ceux-ci (Cass. 2e civ., 1er mars 2018, n° 16-27.592 : *JurisData* n° 2018-002711).
À la suite de la réouverture des débats et quand bien même elle aurait lieu pour que les parties s'expliquent sur un moyen précis, le demandeur est en droit de modifier le fondement qu'il avait invoqué initialement (Cass. 1re civ., 10 oct. 2018, n° 16-16.548).

2 *Quid* du déféré ?

a) Décisions pouvant faire l'objet d'un déféré

2122 Le CME rend des ordonnances qui sont assorties de l'exécution provisoire.
Les ordonnances du CME ne sont, en principe, susceptibles d'aucun recours indépendamment de l'arrêt sur le fond.
Mais certaines ordonnances peuvent néanmoins être déférées par simple requête à la cour lorsqu'elles (CPC, art. 913-8) :
– ont pour effet de mettre fin à l'instance ;
– constatent l'extinction de l'instance ;

Mise en état devant la cour d'appel

– ont trait à des mesures provisoires en matière de divorce ou de séparation de corps ;
– statuent sur une exception de procédure (Cass. 1re civ., 16 mai 2018, n° 16-24.306 : *Procédures* 2018, comm. 242, obs. H. Croze : pour un sursis à statuer) ou un incident mettant fin à l'instance ;
– prononcent l'irrecevabilité des conclusions ou des actes de procédure en application des articles 909, 910 et 930-1 du Code de procédure civile ;
– statuent sur la recevabilité d'une intervention ;
– statuent sur la fin de non-recevoir tirée de l'irrecevabilité de l'appel (Cass. 1re civ., 10 avr. 2013, n° 12-14.939, F-P+B+I : *JurisData* n° 2013-003722) ou la caducité de celui-ci.

Certaines ordonnances du CME ont autorité de la chose jugée au principal. Il s'agit de celles statuant sur :
1° une exception de procédure relative à la procédure d'appel ;
2° la recevabilité des interventions en appel ;
3° un incident mettant fin à l'instance d'appel ;
4° la recevabilité de l'appel ;
5° la caducité de la déclaration d'appel ;
6° l'irrecevabilité des conclusions et des actes de procédure en application des articles 909, 910, et 930-1.

Faute d'avoir formé un déféré contre ces ordonnances, la cour d'appel ne pourra alors pas remettre en cause la décision du CME (Cass. 2e civ., 17 sept. 2020, n° 19-17.673 : *Procédures* 2020, comm. 214, obs. S. Amrani-Mekki) et un pourvoi en cassation ne pourra être formé (Cass. 2e civ., 5 oct. 2023, n° 21-21.534).

ATTENTION Le déféré n'est pas une voie de recours ordinaire, il n'a donc pas d'effet suspensif (Cass. 2e civ., 14 nov. 2019, n° 18-23.631).
Le terme « statuer » utilisé à l'article 913-8 du Code de procédure civile qui ouvre la possibilité du déféré à l'encontre des décisions du CME doit être entendu dans un sens large.
Que l'ordonnance du CME considère l'appel recevable ou irrecevable, le déféré est possible (Cass. 2e civ., 3 sept. 2015, n° 13-27.060) excluant alors la possibilité d'exercer un pourvoi en cassation (Cass. 2e civ., 16 déc. 2021, n° 20-18.573).
Si, ensuite du déféré, l'appel est considéré comme recevable après que le CME l'ait jugé irrecevable, il s'ouvre un nouveau délai pour conclure (Cass. 2e civ., 14 nov. 2019, n° 18-23.631).
Que l'ordonnance statue sur une exception de procédure en mettant ou non fin à l'instance, le déféré est possible (Cass. 2e civ., 9 janv. 2020, n° 18-21.997).

CONSEIL Quand un praticien s'interroge sur la manière de contester une ordonnance du CME, son premier réflexe doit consister à se demander si cette ordonnance a ou non autorité de la chose jugée au principal : si oui, c'est à coup sûr un déféré immédiat.

b) Délai pour agir en déféré

2123 La procédure de déféré doit être introduite dans les quinze jours de la date de l'ordonnance du CME (Cass. 2e civ., 30 juin 2022, n° 21-12.865 : sur la computation du délai).
Il convient donc d'être vigilant car le délai pour valablement former un déféré court sans que la décision du CME n'ait besoin d'être notifiée.
À défaut de respecter le délai de quinze jours, le déféré sera irrecevable.

ATTENTION La requête en déféré s'inscrit dans le déroulement de la procédure d'appel déjà entamée et n'ouvre pas une instance autonome de sorte que les **délais de distance** pour les personnes domiciliées à l'étranger quand la demande est portée devant une cour d'appel qui a son siège en France métropolitaine ne s'appliquent pas (Cass. 2e civ., 11 janv. 2018, n° 16-23.992).

c) Forme du déféré

2124 La remise d'une requête en déféré ne matérialise pas l'exercice d'une véritable voie de recours, c'est un acte de la procédure d'appel (Cass. 2e civ., 25 mars 2021, n° 18-23.299).
Nécessité d'une requête remise au greffe de la chambre à laquelle l'affaire a été distribuée et ce par voie électronique ; le déféré est considéré comme un acte de procédure au sens de l'article 930-1 du Code de procédure civile qui impose le recours au RPVA (Cass. 2e civ., 1er juin 2017, n° 16-18.361. – Cass. 2e civ., 16 mai 2019, n° 18-13.796).
La requête doit contenir :
– à peine de nullité : les mentions habituellement prescrites par l'article 57 du Code de procédure civile ;
– à peine d'irrecevabilité : l'indication de la décision attaquée ainsi qu'un exposé des moyens en fait et en droit. L'erreur dans l'indication d'un numéro de rôle ne peut en lui-même entraîner l'irrecevabilité de la requête en déféré (Cass. 2e civ., 3 mars 2022, n° 20-17.868 : *Procédures* 2022, comm. 116, obs. S. Amrani-Mekki).

ATTENTION Si de nouveaux moyens peuvent être proposés à l'occasion du déféré pour contester l'ordonnance du CME, la cour ne peut connaître de prétentions ou d'incidents qui n'ont pas été soumis à ce juge (Cass. 2e civ., 4 mars 2021, n° 19-15.695. – Cass. 2e civ., 9 juin 2022, n° 21-10.724 : *JurisData* n° 2022-009195. – Cass. 2e civ., 7 mars 2024, n° 21-10.337).
Autrement dit, le déféré dispose d'un effet dévolutif limité qui s'oppose à la recevabilité de demandes nouvelles non examinées par le CME. Ce n'est que dans l'hypothèse où le CME n'aurait pas statué sur des demandes dont il a été saisi par voie de conclusions que la cour pourrait en connaître à l'occasion du déféré (Cass. 2e civ., 19 nov. 2020, n° 19-16.055).
La formation statuant après déféré voit ses attributions juridictionnelles circonscrites. Elle ne statue que dans le cadre des attributions du juge précédemment saisi et ses pouvoirs ne peuvent aller au-delà (Cass. 2e civ., 13 avr. 2023, n° 21-12.852 : *JCP* G 2023, 666, obs. N. Gerbay. – Cass. 2e civ., 17 mai 2023, n° 21-20.341 : *Procédures* 2023, comm. 204, obs. Y. Strickler. – Cass. 2e civ., 4 juill. 2024, n° 22-14.681).

CHECK-LIST • **Faire une analyse objective du jugement dès son prononcé pour déterminer avec son client l'opportunité et l'étendue éventuelle d'un appel.**
• **Au principe de la concentration des moyens.**
• **Au principe de la concentration des appels.**
• **À respecter le nouveau formalisme des écritures d'appel.**
• **À l'obligation de récapituler les conclusions.**
• **À l'obligation de récapituler les prétentions sous forme de dispositif.**
• **Veiller à communiquer simultanément les pièces (de première instance et d'appel) et les conclusions. À défaut, respecter une communication de pièces en temps utile.**
• **Penser à envisager de critiquer l'ordonnance du CME par le biais d'un déféré car à défaut, la décision ne pourra être remise en cause par la cour d'appel.**

POUR ALLER PLUS LOIN...

Fascicule JurisClasseur
• *JCl. Procédure civile*, fasc. 1000-10.
Ouvrages
• L. Cadiet et E. Jeuland, *Droit judiciaire privé*, LexisNexis, 2023.
• J.-L. Gallet et E. de Leiris, *La procédure civile devant la cour d'appel*, LexisNexis, 2018.
• Ph. et N. Gerbay, *Guide du procès civil en appel*, LexisNexis, 2025/2026.
• R. Laher et Ch. Laporte, *Guide pratique de procédure civile*, LexisNexis, 2021.
Fiches pratiques
• V. Fiche 82 : Intervenir en cause d'appel.
• V. Fiche 83 : Procédure contentieuse ordinaire avec représentation obligatoire devant la cour d'appel.

Fiche 85

S'opposer à un jugement

Agathe AUMONT

Sommaire

I Aperçu rapide

A Caractéristiques générales

2125 L'opposition vise à permettre au défendeur défaillant à l'encontre duquel une décision par défaut a été rendue de soumettre à nouveau l'affaire à la même juridiction pour qu'elle soit rejugée en sa présence.
C'est une voie de recours ordinaire (CPC, art. 527).
L'opposition s'applique, devant toutes les juridictions de l'ordre judiciaire, à toute décision rendue par défaut, sous réserve d'un texte contraire (CPC, art. 476).

ATTENTION En pratique, l'opposition demeure une voie de recours exceptionnelle compte tenu de l'étroitesse de ses conditions d'ouverture (V. *infra*, n°s 2126 et s., Conditions d'utilisation, et *infra*, n°s 2131 et s., Contrôles préalables).

L'opposition est une voie de rétractation (CPC, art. 571 et 572) : l'affaire est rejugée par la juridiction qui a rendu la décision par défaut et non par une juridiction de degré supérieur.

Elle a vocation à restaurer le débat contradictoire qui n'a pu avoir lieu dans l'instance initiale.

B Conditions d'utilisation

1 Jugements susceptibles d'opposition

2126 L'opposition n'est ouverte qu'à l'encontre des jugements rendus par défaut (CPC, art. 571). Le terme « jugement » doit être pris ici dans son sens de « décision juridictionnelle ».
Il couvre :
- les jugements de première instance ;
- les arrêts rendus par les cours d'appel ;
- les ordonnances de référés (CPC, art. 490, al. 2) ;

Que ces décisions soient définitives, provisoires, mixtes ou avant dire droit.
Tout jugement par défaut peut être frappé d'opposition, sauf texte contraire (CPC, art. 476).

ATTENTION L'opposition est exclue dans de nombreuses hypothèses : le praticien devra se reporter aux dispositions spéciales dispersées dans divers articles (V. *infra*, n°s 2131 et s., Contrôles préalables).

Un jugement est rendu par défaut si les conditions cumulatives suivantes sont remplies (CPC, art. 473, al. 1er et 474, al. 2. – Cass. 2e civ., 6 juin 2019, n° 18-16.291 : *JurisData* n° 2019-009683) :
- la décision a été rendue en dernier ressort ;
- l'un au moins des défendeurs ne comparait pas et n'a pas été cité à personne.

A contrario, la voie de l'opposition est donc fermée lorsque celle de l'appel est ouverte ou lorsque le défendeur, qui ne comparaît pas, a été personnellement touché par la citation.

2 Personnes pouvant former opposition

2127 L'opposition est une action attitrée : elle n'est ouverte qu'au défaillant (CPC, art. 571, al. 2) :
- partie à l'instance ;
- partie non comparante.

Le défaillant est nécessairement défendeur à l'instance.
L'opposition est fermée au demandeur qui n'a pas comparu sans motif légitime : dans ce cas, le jugement est en effet dit contradictoire (CPC, art. 468, al. 1er).

C Avis du professionnel

2128 Ouverte en pratique dans de rares hypothèses, l'opposition présente deux intérêts majeurs :
- un effet suspensif en ce qu'elle suspend l'exécution du jugement rendu par défaut non assorti de l'exécution provisoire.

L'effet suspensif de l'opposition se produit pendant toute la durée du délai pour agir mais également, en cas de recours, pendant toute la durée de l'instance en opposition ;

REMARQUE **Le caractère suspensif du recours n'interdit pas que des mesures conservatoires puissent être accordées ou entreprises.**

ATTENTION L'opposant qui use de l'opposition dans un but dilatoire peut se voir condamné à des dommages et intérêts pour procédure abusive sur le fondement de l'article 32-1 du Code de procédure civile.

- un effet dévolutif en ce qu'elle permet un réexamen au fond de l'affaire en restaurant le débat contradictoire qui faisait défaut.

ATTENTION Le juge peut rendre une décision plus préjudiciable à l'opposant que ne l'était la décision initiale frappée du recours.

D Textes codifiés

- CPC, art. 471 à 479.
- CPC, art. 528 à 541.
- CPC, art. 571 à 578.
- C. trav., art. R. 1463-1.

E Schéma procédural

2129 Il n'y a pas de schéma procédural à proprement parler s'agissant de l'opposition à jugement, celle-ci étant formée et instruite selon les règles propres à chaque juridiction.

II

Préparation

A Informations préalables

2130 Avant d'engager la procédure, le praticien devra répondre aux questions suivantes :
- est-il en présence d'un jugement rendu par défaut susceptible d'opposition ?
- son client a-t-il qualité, intérêt et capacité à agir ?
- est-il dans les délais pour agir ?

B Contrôles préalables

1 Existence d'un jugement rendu par défaut susceptible d'opposition

2131 **Vérifier que le jugement rendu n'est pas exclu du domaine de l'opposition.**

ATTENTION Les exclusions sont nombreuses et dispersées dans divers textes que l'on peut regrouper en deux catégories :
- jugements exclus en raison de leur origine :
• les arrêts de la Cour de cassation (CPC, art. 622),
• les ordonnances du juge de la mise en état du tribunal judiciaire et les décisions rendues par la formation de jugement en application du neuvième alinéa de l'article 789 (CPC, art. 795, al. 1er) et du conseiller de la mise en état de la cour d'appel (CPC, art. 916),
• les décisions du juge de l'expropriation en première instance (C. expr., art. R. 311-24, al. 1er),
• les sentences du tribunal arbitral (CPC, art. 1503) ;
- jugements exclus en raison de leur nature :
• les décisions qui ordonnent (ou refusent d'ordonner) ou modifient (ou refusent de modifier) une mesure d'instruction (CPC, art. 150) et celles relatives à son exécution (CPC, art. 170, al. 1er),
• les arrêts d'appel statuant sur contredit (CPC, art. 87, al. 2),
• les décisions prises par le bureau de conciliation du conseil de prud'hommes en application des articles R. 1454-12 et R. 1454-15 du Code du travail (C. trav., art. R. 1454-16, al. 2),
• les ordonnances qui accordent ou refusent l'*exequatur* d'une sentence arbitrale (CPC, art. 1499 et 1500),
• les décisions du juge des tutelles en matière d'accompagnement judiciaire (CPC, art. 1262-4, al. 2),
• les jugements et arrêts rejetant les oppositions à mariage (C. civ., art. 179, al. 2),
• les jugements en matière de vente judiciaire de fonds de commerce (C. com., art. L. 143-4, al. 4),
• les jugements statuant sur les contestations ou les demandes incidentes en matière de saisie immobilière (CPC exéc., art. R. 311-7, al. 3).

L'opposition est aussi généralement fermée dans les procédures de sauvegarde, de redressement et de liquidation judiciaires (C. com., art. L. 661-1).
L'opposition ne s'applique pas à l'arrêt rendu sur renvoi après cassation lorsque l'arrêt cassé était contradictoire (Cass. 2e civ., 19 févr. 2015, n° 13-25.728 : *JurisData* n° 2015-002944).
Aucune opposition ne peut être formée à l'encontre d'une décision non contradictoire rendue à la requête d'une des parties, au terme d'une procédure n'exigeant pas de comparution (Cass. 2e civ., 5 janv. 2017, n° 15-29.148 : *JurisData* n° 2017-000031).
L'opposition ne s'applique également pas aux jugements qui statuent sur les demandes présentées sur le fondement de l'article L. 721-4 du Code de la consommation (Cass. 2e civ., 10 janv. 2013, n° 11-26.252 : *JurisData* n° 2013-000144).

2132 **Vérifier la qualification exacte du jugement.** La qualification donnée par le juge dans sa décision est indifférente (CPC, art. 536. – Cass. com., 13 nov. 1990, n° 88-16.013 : *JurisData* n° 1990-002946) : le praticien qui entend user de l'opposition devra déterminer sa véritable nature. Il y a jugement par défaut si trois conditions suivantes sont remplies (CPC, art. 473 et 474, al. 2) :
- la décision a été rendue en dernier ressort ;

REMARQUE **Il peut s'agir d'un jugement en premier et dernier ressort ou d'un arrêt d'appel.**

Le taux du dernier ressort est fixé pour toutes les juridictions de première instance à la somme de 5 000 € (COJ, art. R. 211-3-24, R. 213-9-3 et R. 513-1 ; C. com., art. R. 721-6 ; C. rur., art. R. 491-1 ; s'agissant des

S'opposer à un jugement

dispositions transitoires : art. 40, III du D. n° 2019-912 du 30 août 2019 modifiant le Code de l'organisation judiciaire et art. 55, I du D. n° 2019-1333 réformant la procédure civile, *y compris devant* le conseil de prud'hommes (C. trav., art. D. 1462-3).

Pour savoir si un jugement est rendu en dernier ressort, il convient de déterminer la valeur du litige. La valeur du litige = montant de la demande (et non de la condamnation) – les accessoires (dépens, CPC, art. 700, intérêts échus depuis la demande).

Le montant de la demande est fixé par les dernières conclusions des parties, pour les procédures écrites et par le plumitif d'audience, pour les procédures orales.

Les règles d'évaluation diffèrent selon que la demande est déterminée ou indéterminée (CPC, art. 35).

ATTENTION La voie de l'opposition est en principe fermée, celle de l'appel étant ouverte sauf dispositions contraires (CPC, art. 40) :
- pour les demandes indéterminées ;
- pour les ordonnances du juge de l'exécution (CPC exéc., art. R. 121-19).

- l'un au moins des défendeurs n'a pas comparu ;

RETOUR D'EXPÉRIENCE Lorsque la représentation est obligatoire, il y a défaut de comparution lorsque le défendeur, appelé à comparaître, ne constitue pas avocat. Lorsque la représentation n'est pas obligatoire, le défendeur est défaillant lorsqu'il n'est pas présent à l'audience, soit en personne, soit par mandataire.

- le défendeur ou, en cas de pluralité de défendeurs, l'un au moins des défendeurs non comparants n'a pas été cité à personne ;

REMARQUE **La citation est faite à personne lorsque l'acte est remis au destinataire lui-même ou à son représentant (pour les mineurs, les majeurs protégés, *etc.*).**
Lorsque la citation est faite à personne morale, elle est faite à personne lorsque l'acte est délivré à son représentant légal, son fondé de pouvoir, ou à toute autre personne habilitée à cet effet (CPC, art. 654, al. 2).
Le jugement par défaut rendu contre une partie demeurant à l'étranger doit constater expressément les diligences faites en vue de donner connaissance de l'acte introductif d'instance au défendeur (CPC, art. 479).
Il importe peu que la partie non citée à personne ait été avisée de la date d'audience (Cass. 2e civ., 20 oct. 2011, n° 10-24.331 : *JurisData* n° 2011-022911).

2 Qualité, intérêt et capacité nécessaires pour former opposition

2133 **L'opposant doit avoir qualité à agir.** Deux conditions :
- être défaillant, c'est-à-dire défendeur, attrait dans la procédure, non comparant ;

ATTENTION L'opposition n'est pas ouverte au demandeur (CPC, art. 468, al. 1er).
L'appelant n'a pas la qualité de demandeur au sens de l'article 571 du Code civil ; son opposition est donc irrecevable (Cass. 2e civ., 6 juin 2019, n° 18-16.291, P+B+I : *JurisData* n° 2019-009683).
Le représentant du défaillant, ses ayants cause universels ou à titre universel et ses créanciers agissant de manière oblique (C. civ., art. 1341-1) peuvent également former opposition.

- ne pas avoir été cité à personne.

ATTENTION En cas de pluralité de défendeurs, tous cités pour le même objet, le défendeur défaillant qui a été cité à personne peut former opposition si l'un au moins de défendeurs n'a ni comparu, ni été cité à personne (Cass. com., 15 juin 2010, n° 09-67.057 : *JurisData* n° 2010-009523).

L'objet est identique lorsque les prétentions invoquées contre les défendeurs présentent un lien commun tel qu'une même origine (mêmes faits ou même contrat) ou un fondement juridique identique.

L'opposant doit justifier d'un intérêt à agir, c'est-à-dire d'un grief né de la décision rendue par défaut.

ATTENTION Le seul caractère de défaut du jugement ne constitue pas un grief.
Le défaillant doit avoir été condamné, même partiellement.

L'opposant doit avoir capacité à agir, conformément au droit commun.

3 Délais pour agir

a) Durée du délai d'opposition

2134 **Principe : délai d'un mois** (CPC, art. 538). **Exception : quinze jours** pour les ordonnances de référé (CPC, art. 490, al. 3).

REMARQUE **Les délais de distance (CPC, art. 643 et 644) ont vocation à s'appliquer, ce qui conduit, selon les cas, à un allongement d'un ou deux mois.**

Interruption du délai en cas de changement de capacité (CPC, art. 531) ou de décès du défendeur (CPC, art. 532).

ATTENTION La demande d'aide juridictionnelle n'interrompt pas le délai d'opposition (Cass. 2e civ., 7 juin 2018, n° 17-19.449 : *JurisData* n° 2018-009605).

b) Point de départ du délai d'opposition

2135 **Date de la notification du jugement** (CPC, art. 528).

ATTENTION Le délai d'opposition ne court pas s'il n'est pas mentionné dans l'acte de notification (Cass. com., 25 juin 1991, n° 89-18.560 : *JurisData* n° 1991-001949).

Faute de notification dans les six mois de son prononcé, le jugement est non avenu (CPC, art. 478). Or,

- seule la partie qui n'a ni comparu, ni été citée à personne peut demander à ce que soit constaté le caractère non avenu du jugement (Cass. 2e civ., 17 mai 2018, n° 17-17.409 : *JurisData* n° 2018-008205 ; *JCP* G 2018, 636, M. Guez), sans que le juge ne puisse intervenir d'office (Cass. 2e civ., 12 avr. 2018, n° 17-16.273 : *JurisData* n° 2018-006317) ;
- seul le juge de l'exécution a compétence pour constater le caractère non avenu du jugement (Cass. 2e civ., 11 oct. 1995, n° 93-14.326 : *JurisData* n° 1995-002890) ;
- l'opposition emporte renonciation à se prévaloir du caractère non avenu de la décision (Cass. 2e civ., 23 juin 2011, n° 10-20.563 : *JurisData* n° 2011-012340).

RETOUR D'EXPÉRIENCE L'opposant peut former opposition dès le prononcé du jugement sans attendre sa notification.

c) Conséquences de l'expiration du délai d'opposition

2136 **Forclusion :** l'opposition non faite dans les délais est irrecevable.

REMARQUE **Il s'agit d'une fin de non-recevoir pouvant être soulevée par l'adversaire, en tout état de cause, sans avoir à justifier d'un grief (CPC, art. 123 et 124).**

Ayant un caractère d'ordre public, elle doit être relevée d'office par le juge (CPC, art. 125).

2137 **Relevé de forclusion possible (CPC, art. 540).** Deux conditions :
- absence de faute du défendeur défaillant ;
- non-connaissance du jugement en temps utile ou impossibilité d'agir.

La demande de relevé de forclusion est faite :
- par voie d'assignation. La présence du défendeur est nécessaire : il devra s'expliquer oralement sur les pièces qu'il produit et qui justifient son recours ;
- au président de la juridiction compétente pour connaître de l'opposition comme en matière de référé ;
- dans un délai de deux mois suivant le premier acte signifié à personne, ou à défaut, suivant la première mesure d'exécution ayant pour effet de rendre indisponible, en tout ou partie, les biens du débiteur (CPC, art. 540, al. 2 et 3).

S'il est fait droit à la requête, le délai d'opposition court à compter de la date de la décision à moins que le président réduise le délai ou ordonne que la citation soit faite pour le jour qu'il fixe (CPC, art. 540, al. 5).

C Pièces nécessaires

2138 Le praticien devra motiver sa demande d'opposition (CPC, art. 574) et communiquer toutes les pièces qui la justifient, et notamment :
- le jugement rendu par défaut ;
- l'acte de notification dudit jugement s'il est intervenu.

D Coût de la procédure

2139 Le coût de la procédure d'opposition varie en fonction de la juridiction saisie et de la forme de l'acte de saisine.

Dans le cas où la représentation est obligatoire, le coût de la procédure sera également constitué par les honoraires d'avocat(s) qui sont libres, leur remboursement pouvant être demandé au titre des frais irrépétibles (CPC, art. 700).

III Procédure

A Assistance et représentation

2140 Les règles d'assistance et de représentation dépendent de la juridiction saisie de l'opposition.

B Matière

2141 Matière contentieuse.

C Compétence

2142 Juridiction qui a rendu la décision par défaut (CPC, art. 572).

D Rédaction de l'acte de saisine

1 Formes

2143 **Demande initiale.** L'opposition est faite dans les formes prévues pour la demande en justice devant la juridiction qui a rendu la décision (CPC, art. 573, al. 1er).
Le praticien se reportera aux règles de saisine applicables à chaque juridiction.

2144 **Acte du palais** pour les procédures avec représentation obligatoire (CPC, art. 573, al. 2) : l'opposition peut être formée par acte d'avocat à avocat.

ATTENTION Cette opposition, réalisée par conclusions, doit, **à peine d'irrecevabilité**, être déclarée au greffe de la juridiction dans le mois de son accomplissement (CPC, art. 575).

REMARQUE **Dans le cas où l'adversaire n'a plus de représentant, le praticien fera délivrer une assignation.**

2145 **Déclaration au greffe** de la cour d'appel qui a statué, par lettre recommandée ou simple déclaration, pour les décisions rendues dans une matière non soumise à représentation obligatoire (CPC, art. 573, al. 3).
Le seul mode de saisine de la cour d'appel d'une opposition à un arrêt, rendu par défaut, ouvrant une liquidation judiciaire, est la déclaration au greffe, de sorte que l'opposition formée par des conclusions adressées par le RPVA est irrecevable (Cass. com., 10 mars 2021, n° 19-15.497 : *JurisData* n° 2021-003259).

2 Contenu

2146 L'acte de saisine doit contenir les moyens de l'opposant (CPC, art. 574).
Le praticien doit avant tout justifier de l'ouverture et de la recevabilité de son recours.
Il n'est pas nécessaire que ce dernier aborde le fond du débat : l'indication selon laquelle son client n'a pas été régulièrement convoqué à l'audience et n'a donc pas pu comparaître est suffisante (Cass. 2e civ., 6 oct. 1993, n° 89-44.398 : *JurisData* n° 1993-001986).
Toutefois, s'il souhaite que son recours soit non seulement recevable mais également bien fondé, il devra développer ultérieurement ses moyens et prétentions.
L'opposition formée contre l'arrêt d'une cour d'appel rendu suivant une procédure avec représentation obligatoire, qui reprend l'instance ayant abouti à cet arrêt, n'introduit pas un appel, de sorte que l'article 908 du Code de procédure civile n'est pas applicable à l'opposant, lequel n'a pas la qualité d'appelant : il n'est donc pas tenu de conclure dans les trois mois de l'opposition (Cass. 2e civ., 4 juin 2020, n° 19-12.991 : *JurisData* n° 2020-008025).

E Instruction du dossier

2147 L'affaire est instruite selon les règles applicables devant la juridiction qui a rendu la décision frappée d'opposition (CPC, art. 576).

Les pouvoirs de la juridiction relèvent du droit commun.
Le juge saisi examine la régularité et le bien-fondé des prétentions des parties après avoir vérifié la recevabilité de l'opposition.
Particularités : l'instance sur opposition est la continuation de l'instance initiale.
Chaque partie conserve la qualité de demandeur ou de défendeur qui était la sienne dans l'instance initiale (CPC, art. 577).

REMARQUE **L'opposant sera considéré comme demandeur dans le cadre de l'irrecevabilité de l'opposition soulevée par le demandeur à l'instance initiale.**

Conséquences :
- le mandat *ad litem* de l'avocat qui représentait initialement le demandeur est maintenu ;
- les conclusions primitives du demandeur sont soumises au tribunal sans qu'il lui soit nécessaire de former à titre principal une demande nouvelle ;

REMARQUE **Ces conclusions doivent toutefois à nouveau être notifiées à l'opposant qui n'est pas censé en avoir eu connaissance.**

- la charge de la preuve continue de peser sur le demandeur initial ;
- la juridiction saisie de l'opposition réexamine les points jugés par défaut pour qu'il soit à nouveau statué en fait et en droit (CPC, art. 572).

Conséquences :
- le juge ne peut pas revenir sur les points non jugés par défaut : le demandeur ne peut donc pas lui demander un second examen des demandes précédemment rejetées et distinctes de celles admises.

REMARQUE **Le demandeur peut toutefois modifier ses conclusions primitives en argumentant différemment.**

Le juge se place en effet au jour de sa nouvelle décision pour trancher le litige : il doit donc tenir compte des circonstances intervenues depuis le jugement rendu par défaut ;
- toute demande d'exécution provisoire de la part du demandeur sur des points déjà jugés est irrecevable ;

REMARQUE **Le demandeur peut toutefois solliciter et obtenir l'exécution provisoire sur des demandes reconventionnelles.**

- la recevabilité des prétentions respectives du demandeur et de l'opposant s'apprécie en fonction de la demande primitive (CPC, art. 577).

Conséquences :
- le demandeur peut former des demandes additionnelles, reconventionnelles, voire nouvelles dans le cadre des exigences procédurales habituelles (CPC, art. 65, 70 et 564) ;
- l'opposant peut contester tous les chefs de demande du jugement rendu contre lui et formuler des demandes reconventionnelles (CPC, art. 63).

ATTENTION La péremption en cause d'opposition confère au jugement la force de la chose jugée même s'il n'a pas été notifié (CPC, art. 390).

F Audience

2148 La convocation, la comparution et le déroulement de l'audience se font selon les règles applicables devant la juridiction qui a rendu la décision par défaut.
Le praticien se reportera aux règles applicables à chaque juridiction.

ATTENTION En matière prud'homale, si l'opposant ne se présente pas, l'opposition est caduque et ne peut être réitérée (C. trav., art. R. 1463-1, al. 3).

G Décision

1 Contenu de la décision

2149 La décision rendue :
- soit accueille l'opposition et annule le jugement rendu en lui substituant une autre décision ;
- soit rejette l'opposition et confirme le jugement initial.

2 Caractères et effets de la décision

2150 • En cas d'admission de l'opposition :
- le jugement rendu par défaut est anéanti (CPC, art. 572, al. 2) ;
- la décision de rétractation a autorité de la chose jugée et force exécutoire ;

– les éventuels actes d'exécution sont remis en question et doivent donner lieu à restitution, le demandeur pouvant être condamné à des dommages et intérêts envers le défaillant (Cass. req., 3 févr. 1863 : *DP* 1863, 1, p. 363).

• En cas de rejet de l'opposition :

– le jugement par défaut est maintenu (CPC, art. 572, al. 2, *a contrario*) ;

– le jugement par défaut est alors exécutoire ;

ATTENTION C'est la décision de rejet d'opposition qui fonde la poursuite de l'exécution du jugement par défaut (CA Paris, 9 août 1893 : *DP* 1894, p. 301) : les mesures d'exécution qui auraient été entreprises antérieurement, en dépit de l'effet suspensif attaché à l'opposition, ne sauraient être régularisées ou validées rétroactivement (Cass. civ., 18 mars 1929 : *DH* 1929, p. 283).

– les effets (autorité de la chose jugée et force exécutoire) remontent au jour du jugement rendu par défaut (Cass. civ., 20 déc. 1922 : *DP* 1923, 1, p. 63).

REMARQUE **Le juge de l'opposition peut arrêter l'exécution provisoire qu'il a précédemment ordonnée si elle est interdite par la loi ou si elle risque d'entraîner des conséquences manifestement excessives (CPC, art. 517-1). Pour toutes les instances introduites depuis le 1er janvier 2020, l'arrêt de l'exécution provisoire ne pourra être ordonné en cas d'opposition que lorsque l'exécution risque d'entraîner des conséquences manifestement excessives (CPC, art. 517-1, al. 2).**

REMARQUE **Le praticien veillera à faire signifier les deux décisions, initiale et sur opposition, en vue d'une exécution ou de l'exercice d'une voie de recours.**

H Fin de la procédure

2151 L'instance en opposition prend fin par le jugement ou l'arrêt rendu sur opposition.

I Recours ou contestation

2152 À l'encontre du jugement rejetant l'opposition : un seul recours, le pourvoi en cassation.

À l'encontre du jugement faisant droit à l'opposition :

– appel si jugement rendu en premier ressort (la valeur du litige pouvant évoluer en fonction des demandes incidentes formées par les parties) ;

– pourvoi en cassation si jugement rendu en dernier ressort.

REMARQUE **L'opposant qui ferait à nouveau défaut devant la juridiction saisie de son opposition ne peut pas former à nouveau opposition (CPC, art. 578).**

La voie de l'opposition reste toutefois ouverte à l'encontre d'un jugement de condamnation rendu par défaut sur opposition à une ordonnance d'injonction de payer (Cass. 2e civ., 22 juin 2016, nos 15-19.585 et 15-19.759 : *JurisData* n° 2016-012745).

CHECK-LIST **• Se faire communiquer le jugement rendu par défaut et l'acte de notification dudit jugement, s'il est intervenu.**

• S'assurer que le jugement rendu par défaut est susceptible d'opposition.

• Vérifier l'intérêt à agir de son client.

• Vérifier que les délais pour agir ne sont pas expirés.

• Vérifier que la procédure ne relève pas du juge de l'exécution (jugement non notifié dans le délai de six mois de son prononcé).

• Établir l'acte de saisine en veillant à motiver l'opposition.

• Si la saisine est faite par acte du palais, déclarer l'opposition au greffe de la juridiction ayant rendu la décision dans le mois de la date à laquelle a été faite l'opposition.

POUR ALLER PLUS LOIN...

Fascicules JurisClasseur

• *JCl. Procédures Formulaire*, V° *Opposition en matière civile*, fasc. 10 et 20, C. Gentili.

• *JCl. Procédure civile*, fasc. 900-55, *Jugement par défaut et opposition*, M. Douchy-Oudot.

Revues

• R. Perrot, *Défaut de comparution : Procédures* 2014, comm. 225 ; *Renonciation à se prévaloir du défaut de notification dans les six mois : Procédures* 2011, comm. 294 ; *Acte de notification : mention de la voie de recours : Procédures* 2010, comm. 308 ; *La notion d'opposition : Procédures* 2007, comm. 276.

Fiche 86

Former une tierce opposition

Daniel LANDRY

Sommaire

I Aperçu rapide

A Caractéristiques générales

2153 La tierce opposition est une voie de recours extraordinaire.

Elle a pour but de faire rétracter ou réformer tout ou partie du dispositif d'un jugement, ou d'une sentence arbitrale, au profit d'un tiers au jugement (CPC, art. 582), qualifié de « tiers opposant » (CPC, art. 591).

La tierce opposition peut être formée à titre principal ou incident.

À titre principal, il s'agit pour le tiers, informé d'une décision qui lui fait grief et à laquelle il n'a été ni partie, ni représenté, d'engager une action devant la juridiction ayant rendu la décision, afin de remettre en cause tout ou partie du dispositif du jugement.

Sont donc irrecevables à former tierce opposition les personnes qui ont été représentées à l'instance, et qui auraient été recevables à former en temps imparti un recours ou un appel (Cass. 1re civ., 14 mai 2014, n° 12-35.035 : *JurisData* n° 2014-009873).

De même, un arbitre est irrecevable à former tierce opposition contre l'arrêt d'une cour d'appel rétractant sa sentence (Cass. 2e civ., 11 janv. 2018, n° 16-24.740 : *JurisData* n° 2018-000035).

Ce recours est ouvert à titre principal **pendant trente ans à compter du jugement**, à moins que la loi n'en dispose autrement (CPC, art. 586).
À titre incident, il s'agit pour une partie à un procès en cours, à qui on oppose un jugement auquel elle n'était ni partie ni représentée, ou alors qui s'aperçoit que, si elle y était effectivement représentée, ce fut en fraude de ses droits, ou à tout le moins que ses droits propres ont été méconnus, et qu'elle entend les faire valoir, de remettre en cause tout ou partie du dispositif du jugement.
La tierce opposition formée à titre incident peut être exercée **sans limitation de temps**.
Lorsque la tierce opposition est jugée recevable et bien fondée, elle remet en question, relativement au tiers opposant, les points jugés précédemment que ce dernier critique pour qu'il soit de nouveau statué en fait et en droit.

B Conditions d'utilisation

2154 Pour être recevable à former tierce opposition, il faut :
- y avoir un intérêt (CPC, art. 31) ;
- n'avoir été ni partie, ni représenté au jugement attaqué (CPC, art. 583), étant précisé que le défaillant est partie au jugement ;
- agir dans le délai imparti (CPC, art. 586) ;
- que la décision soit susceptible d'opposition (CPC, art. 585).

C Avis du professionnel

2155 Le praticien doit être d'autant plus vigilant que dans la pratique cette procédure est peu fréquente.
Qu'il soit en demande ou en défense, à titre principal ou incident, il est bon qu'il se remette en mémoire les arcanes de cette procédure, ne serait-ce qu'en relisant les articles 582 à 592 du Code de procédure civile.
Le praticien devra se poser diverses questions tenant tout d'abord à la recevabilité, eu égard à la nature et l'origine de la décision à attaquer, d'une part, et à la personne du tiers opposant éventuel, d'autre part.

1 Questions tenant à la nature du jugement

2156 • La décision figure-t-elle, ou non, parmi les quelques exceptions au principe selon lequel toute décision est susceptible de tierce opposition, dont même les ordonnances de référé ?
• La décision est-elle de nature contentieuse ou gracieuse ?
La précision est importante. En matière gracieuse et, sauf décision rendue en dernier ressort, la tierce opposition n'est ouverte qu'aux tiers auxquels la décision n'a pas été notifiée, puisqu'en cas contraire, la voie de l'appel leur était ouverte (CPC, art. 546).
• La tierce opposition envisagée le sera-t-elle à titre principal ou incident ?
Ici encore, la précision est importante :
- en termes de délai d'action (V. *supra*, n° 2154) ;
- en termes de compétence (V. *infra*, n°s 2164 et s.).
• Si elle est formée à titre principal, cette tierce opposition relève-t-elle ou non du régime général selon lequel elle est ouverte pendant trente ans à moins que la loi n'en dispose autrement ?
• La décision a-t-elle été rendue par une juridiction commerciale en matière de procédure collective et, de ce fait, relève-t-elle des décisions susceptibles de tierce opposition dans le bref délai de dix jours seulement à dater de sa publicité légale ou même parfois du jugement ?

2 Questions tenant à la personne du tiers opposant

2157 • Est-il bien un tiers à la décision qu'il attaque ou entend attaquer ?

ATTENTION Il peut ne pas apparaître en nom sur le jugement, tout en y ayant été représenté.

• Précisément, en ce dernier cas, ayant donc été représenté au jugement en sa qualité de créancier ou d'ayant cause d'une partie, peut-il soit exciper d'une fraude à ses droits de la part de son représentant, soit invoquer des moyens qui lui sont propres ?
• Dans tous les cas, justifie-t-il d'un intérêt légitime à agir pour remettre en cause tout ou partie du dispositif du jugement, dont il plaide qu'il lui fait grief ?

D Textes

1 Code de procédure civile

- CPC, art. 110, suspensions d'instance.
- CPC, art. 537, exclusion des recours contre les mesures d'administration judiciaire.
- CPC, art. 581, sanction des recours dilatoires et abusifs.
- CPC, art. 582 à 592, textes principaux.
- CPC, art. 1104, divorce.
- CPC, art. 1129, séparation de corps, par assimilation au divorce.
- CPC, art. 1298, séparation de biens.
- CPC, art. 1501, sentence arbitrale.

2 Code civil

• C. civ., art. 353-2, jugement d'adoption.
• C. civ., art. 1447, séparation de biens.

3 Code de commerce

• C. com., art. L. 661-2, cas de tierce opposition possible.
• C. com., art. L. 661-3, *idem*.
• C. com., art. L. 661-7, cas de tierce opposition impossible.
• C. com., art. R. 235-3, délai en cas de demande de nullité de société.
• C. com., art. R. 661-2, délai en matière de sauvegarde, de redressement et liquidation judiciaire.

E Schéma procédural

2158 Il n'y a pas de schéma procédural à proprement parler, mais il faut distinguer selon que la tierce opposition est formée à titre principal ou incident et en matière gracieuse ou contentieuse.

• En matière contentieuse :
- tierce opposition à titre principal : introduction selon les règles ordinaires des demandes introductives d'instance (assignation, requête) selon la juridiction ;
- tierce opposition à titre incident et incompétence de la juridiction saisie de l'action principale : introduction devant la juridiction compétente selon les règles ordinaires des demandes introductives d'instance (assignation, requête) selon la juridiction ;
- tierce opposition à titre incident et compétence de la juridiction saisie de l'action principale : introduite devant elle comme toutes les demandes incidentes (devant tribunal judiciaire et cour d'appel : conclusions signifiées au greffe ; dans les procédures orales, la forme est libre).

RETOUR D'EXPÉRIENCE En théorie, il est possible, dans le cadre des procédures orales de formuler lors de l'audience et à l'oral, la tierce opposition. Dans la pratique, cette formulation à l'oral est déconseillée.
On imagine mal l'intervenant en défense à un procès demander soudain à l'audience que le juge, ou son greffier, acte qu'il forme tierce opposition à un jugement produit contre lui, et qu'il convient de statuer sur cette tierce opposition. Ce, sans parler du fait que les autres parties, apprenant soudain cette demande orale, seraient pour le moins en droit d'exiger qu'elle soit formalisée et motivée par un écrit de sorte qu'elles puissent y répondre.

• En matière gracieuse :
Introduction de la tierce opposition, qu'elle ait été formée à titre principal ou incident, devant la juridiction compétente selon les règles ordinaires des demandes introductives d'instance (assignation, requête) selon la juridiction.

II Préparation

A Informations préalables

2159 Informer le client :
- des **enjeux financiers**
La tierce opposition est une voie extraordinaire de recours à utiliser avec discernement puisqu'en cas de recours jugé dilatoire et abusif, son auteur peut être condamné à une amende civile sans préjudice de dommages-intérêts qui seraient réclamés par la partie adverse à la juridiction saisie de la tierce opposition.
Dans l'hypothèse où son action échouerait, et même si elle n'est pas estimée pour autant abusive, le client s'expose à devoir supporter des frais irrépétibles et des dépens.
En tout état de cause, cette action entraînera, au moins à titre d'avances, divers frais variables selon la juridiction à saisir et le nombre d'assignations à lancer, si, cas le plus fréquent, doit être utilisé ce mode de saisine ;
- des **effets de la tierce opposition**
L'introduction de la procédure d'opposition n'aura pas d'effet suspensif automatique.
Le juge saisi de la tierce opposition a la faculté, si la demande en est présentée, de suspendre ou non l'exécution du jugement attaqué.
De son côté, le juge, a tout loisir, suivant les circonstances, de passer outre ou de surseoir ; étant noté qu'à peine d'irrecevabilité, la demande de sursis à statuer doit être soulevée avant toute défense au fond ou fin de non-recevoir.
S'il est fait droit à sa tierce opposition, la nouvelle décision ne rétractera ou ne réformera le jugement attaqué que sur les chefs qui lui étaient préjudiciables.

La décision sur tierce opposition sera susceptible des mêmes recours que les autres décisions de la juridiction dont elle émane.

B Contrôles préalables

2160 Le praticien doit contrôler qu'il satisfait aux conditions suivantes :

• La décision est susceptible d'opposition

En **matière contentieuse**, la tierce opposition est reçue contre toute décision, même arbitrale, sauf disposition contraire.

Elle vise :

– les jugements rendus par les juridictions de droit commun ;
– les jugements rendus par des juridictions d'exception ;
– les jugements rendus en premier ou en dernier ressort ;
– les jugements définitifs, provisoires ou interprétatifs ;
– les jugements qualifiés de contradictoires, de réputés contradictoires, ou de rendus par défaut ;
– les arrêts d'une cour d'appel.

En matière de procédure collective, sont susceptibles de tierce opposition (C. com., art. L. 661-2) :

– les décisions statuant sur l'ouverture des procédures de sauvegarde ou de redressement judiciaire de la part du débiteur, du créancier poursuivant et du ministère public (C. com., art. L. 661-1, I, 1°) ;
– les décisions statuant sur l'ouverture de la liquidation judiciaire de la part du débiteur, du créancier poursuivant, du comité d'entreprise ou, à défaut, des délégués du personnel et du ministère public (C. com., art. L. 661-1, I, 2°) ;
– les décisions statuant sur l'extension d'une procédure de sauvegarde, de redressement judiciaire ou de liquidation judiciaire ou sur la réunion de patrimoines de la part du débiteur soumis à la procédure, du débiteur visé par l'extension, du mandataire judiciaire ou du liquidateur, de l'administrateur et du ministère public (C. com., art. L. 661-1, I, 3°) ;
– les décisions statuant sur le prononcé de la liquidation judiciaire au cours d'une période d'observation de la part du débiteur, de l'administrateur, du mandataire judiciaire, du comité d'entreprise ou, à défaut, des délégués du personnel et du ministère public (C. com., art. L. 661-1, I, 5°) ;
– les décisions arrêtant ou modifiant le plan de sauvegarde ou de redressement ou rejetant la résolution de ce plan (C. com., art. L. 661-3).

En revanche, sont insusceptibles de tierce opposition les décisions suivantes (C. com., art. L. 661-7) :

– les jugements ou ordonnances relatifs à la nomination ou au remplacement de l'administrateur, du mandataire judiciaire, du commissaire à l'exécution du plan, du liquidateur, des contrôleurs, du ou des experts ;
– les jugements statuant sur la durée de la période d'observation, sur la poursuite ou la cessation de l'activité ;
– les jugements relatifs à la modification de la mission de l'administrateur ;
– les jugements qui arrêtent ou rejettent le plan de cession de l'entreprise ;
– les jugements modifiant le plan de cession ;
– les jugements statuant sur la résolution du plan de cession (C. com., art. L. 661-6) ;
– les décisions du bâtonnier saisi d'une contestation d'honoraires (Cass. 2e civ., 5 mars 2020, n° 18-24.480, P : *JCP* G 2020, 753, note Deharo).

> ATTENTION En **matière gracieuse**, la tierce opposition n'est ouverte qu'aux tiers auxquels la décision n'a pas été notifiée, sauf s'il s'agit d'une décision en dernier ressort.

• Le client a intérêt à former une tierce opposition

Vérifier que le demandeur a intérêt à introduire l'action, tant au sens procédural du terme (CPC, art. 31) que, plus généralement, quant à l'espérance d'un succès mise en regard des enjeux en cause.

L'appréciation de l'intérêt à agir, qui relève du pouvoir souverain d'appréciation du juge du fond, est assez souple dès lors que la décision attaquée est de nature à compromettre les intérêts du tiers opposant.

Pourront être invoqués :

– le préjudice matériel ;
– le préjudice moral, parfois même indirect, ou éventuel ;
– la perte d'une chance non totalement hypothétique.

• L'intéressé a la qualité de tiers

Vérifier que l'intéressé n'avait pas la qualité de partie au jugement, ce qui est simple.

Mais, ce qui peut l'être moins, est de déterminer si, bien qu'ayant été représenté au jugement, l'intéressé :

– a été victime d'une fraude à ses droits,
– n'a pu invoquer des moyens qui lui auraient été propres.

Car ici, pour autant, la communauté d'intérêts ne suffit pas toujours à caractériser une représentation excluant toute tierce opposition.

Cette exigence s'explique car les apparences d'une représentation ont pu être créées pour entraîner une situation dommageable au prétendu représenté.

Mais, il ne suffit pas au tiers opposant d'invoquer la fraude à ses droits, ou les moyens propres qu'il eut pu faire valoir, encore faut-il prouver cette fraude ou l'existence de ces droits propres.

Or, la fraude peut revêtir de multiples formes et n'est pas toujours aisée à démontrer tandis que, s'agissant des droits propres, il faut établir, non seulement leur réalité, mais encore leur non prise en compte lors de l'instance initiale.

EXEMPLE **Sont considérés comme représentés et donc irrecevables à former opposition :**
– les ayants cause universels ou à titre universel. A été représenté :
• dans l'instance engagée de son vivant par l'usufruitier, l'héritier, nu-propriétaire, pour les droits à lui transmis du fait du décès (Cass. 1re civ., 24 févr. 1998, n° 95-11.779 : *JurisData* n° 1998-000822),
• la société, ayant cause universel, par suite de fusions-absorptions, de la société partie principale (Cass. 2e civ., 5 mars 2009, n° 07-21.834 : *JurisData* n° 2009-047284) ;
– le tuteur pour les personnes majeures en tutelle (C. civ., art. 473) ;
– un époux commun en bien, à propos des biens communs, même si l'épouse était seule employeur du personnel de maison (CA Orléans, 1er févr. 2001, n° 00/02036 : *JurisData* n° 2001-149670) ;
– le copropriétaire d'un immeuble, représenté dans la procédure par le syndicat de copropriété, lequel a la personnalité civile et la qualité pour agir (Cass. 3e civ., 17 juill. 1985, n° 84-12.519 : *JurisData* n° 1985-001892. – Contra, Cass. 2e civ., 28 janv. 2015, n° 13-19.080 : *JurisData* n° 2015-001154) ;
– le locataire gérant d'un fonds de commerce, celui-ci étant l'ayant cause du preneur à bail, représenté par lui, en conséquence, dans la procédure relative à l'acquisition de la clause résolutoire (Cass. 3e civ., 5 avr. 1995, n° 94-10.678 : *JurisData* n° 1995-000810).
Par contre, il résulte de la cotitularité du bail de l'article 1751 du Code civil que serait recevable à former une tierce opposition contre la décision résiliant ce bail l'époux qui n'était pas partie à celle-ci (Cass. 3e civ., 23 janv. 1985 : *Bull. civ.* III, n° 16).
Le droit effectif au juge implique que la caution solidaire, qui n'a pas été partie à l'instance arbitrale, soit recevable à former tierce opposition à l'encontre de la décision arbitrale (Cass. com., 5 mai 2015, n° 14-16.644 : *JurisData* n° 2015-010282).

• Le délai d'action n'a pas expiré

En matière contentieuse :

– si la décision a été notifiée ;
• si oui, comporte-t-elle de manière très apparente le délai de deux mois dont dispose le tiers, ainsi que les modalités selon lesquelles le recours peut être exercé,
• le délai de deux mois est-il ou non expiré ?

En matière contentieuse, suite à la notification de la décision, le tiers n'est recevable à former opposition que dans les **deux mois de cette notification**, sous réserve que celle-ci indique de manière très apparente le délai dont il dispose ainsi que les modalités selon lesquelles le recours peut être exercé.

En matière gracieuse :

• la décision a-t-elle été notifiée régulièrement ?
• s'agissait-il ou non d'une décision en dernier ressort ?
• si oui, le délai de forclusion de deux mois est-il expiré ?

Il en est de même en matière gracieuse lorsqu'une décision en dernier ressort a été notifiée (CPC, art. 586).

En l'absence de notification, la tierce opposition doit être formée dans un délai de **trente ans** à compter du jugement, à moins que la loi n'en dispose autrement (CPC, art. 586, al. 1er).

À titre incident, la tierce opposition peut être formée sans limitation de temps (CPC, art. 586, al. 2).

ATTENTION Le délai pour agir est raccourci dans certains domaines :
– en matière de divorce et de séparation de biens, la tierce opposition doit être formée contre la décision d'homologation dans le délai d'un an à compter du jour où les formalités de mention en marges prescrites par les règles de l'état civil ont été accomplies (CPC, art. 1104) ;
– la tierce opposition d'un jugement prononçant la nullité d'une société doit être formée dans un délai de **six mois** à compter de la publication de la décision judiciaire au *Bulletin officiel des annonces civiles et commerciales* (*BODACC*) (C. com., art. R. 235-3) ;
– en matière de procédure collective, le délai pour former tierce opposition est de **dix jours** (C. com., art. R. 661-2).
En principe, ce délai court à compter du prononcé de la décision, toutefois :
– pour les décisions soumises aux formalités d'insertion dans un journal d'annonces légales

et au *BODACC*, le délai ne court que du jour de la publication au *BODACC* ;
- pour les décisions soumises à la formalité d'insertion dans un journal d'annonces légales, le délai ne court que du jour de la publication de l'insertion.
Enfin, au-delà de la recevabilité, le praticien doit déterminer si le tiers opposant peut espérer faire valoir **des moyens de fond**.

C Pièces nécessaires

2161 Outre les renseignements habituels pour tout procès, tels ceux de l'état civil, le praticien devra se préoccuper de collationner :
- le jugement à attaquer ;
- toutes les pièces établissant les conditions de recevabilité ;
- toutes les pièces établissant les moyens au fond.

EXEMPLE **Si le tiers opposant se prétend créancier lésé, encore faut-il qu'il établisse cette qualité de créancier par titre ou jugement.**

ATTENTION Comme pour toute procédure, le praticien devra lister ces pièces dans son acte introductif d'instance, puis les communiquer aux autres parties à l'instance sur tierce opposition.

D Coût de la procédure

2162 S'agissant de la tierce opposition à titre principal, il convient de prévoir les frais d'assignation.
Devant le tribunal de commerce, il faut provisionner les frais de greffe.
Quelle que soit la juridiction, outre les dépens, celle-ci statuera encore sur le sort des probables demandes reconventionnelles présentées au titre des frais irrépétibles de l'article 700 du Code de procédure civile.
Les honoraires d'avocat seront fixés comme en matière de droit commun, soit, sauf exception, avec la signature préalable d'une convention dans le respect des règles en la matière et sous l'éventuel contrôle du bâtonnier ou en appel du premier président.
S'il estime pouvoir en bénéficier totalement ou partiellement, le demandeur pourra, s'il s'agit bien d'une instance nouvelle, solliciter l'aide juridictionnelle, étant noté que le bénéfice de celle-ci ne le mettra pas à l'abri de toute condamnation, par exemple aux dépens, si la procédure tourne à sa confusion.

III Procédure

A Assistance et représentation

2163 Il n'y a pas de règle d'assistance et de représentation spécifique pour la tierce opposition, tout dépendant de la juridiction qui en a été saisie. Dans la pratique, cette procédure est rare, et ce sont les tribunaux judiciaires et les cours d'appel avec représentation obligatoire qui sont très majoritairement saisis.

B Compétence

1 Tierce opposition à titre principal

2164 Compétence de la juridiction dont émane le jugement attaqué.
Si elle vise une sentence arbitrale, introduction de la tierce opposition devant la juridiction qui eut été compétente à défaut d'arbitrage (CPC, art. 1501). Mais le texte précise : « sous réserve des dispositions du premier alinéa de l'article 588 » du Code de procédure civile, lequel vise le cas de la tierce opposition incidente, étudiée ci-dessous.

2 Tierce opposition formée à titre incident

2165 Compétence de la juridiction saisie de la contestation à l'origine de la découverte par le tiers de la décision contestée, sauf règle de compétence d'ordre public attribuant compétence exclusive à une autre juridiction.
Si la juridiction saisie de la contestation à l'origine de la découverte par le tiers de la décision contestée est :

– de degré supérieur à celle qui a rendu le jugement : la juridiction chargée de l'instance en cours peut connaître de l'opposition, si aucune règle de compétence d'ordre public n'y fait obstacle ;
– d'égal degré à celle qui a rendu le jugement : elle connaîtra de l'opposition, si aucune règle de compétence d'ordre public n'y fait obstacle.
Lorsque la juridiction saisie de l'action principale n'est pas compétente pour statuer sur la tierce opposition incidente, formation de la tierce opposition devant la juridiction compétente selon les règles ordinaires des demandes introductives d'instance (assignation, requête) selon la juridiction.

C Rédaction de l'acte de saisine

1 Rédaction de la tierce opposition à titre principal

2166 Formation par demande introductive d'instance selon les règles ordinaires des demandes introductives d'instance (assignation, requête) selon la juridiction.
Lorsqu'elle doit être précédée d'une tentative de conciliation, de médiation ou de procédure participative, les diligences entreprises en vue d'une résolution amiable du litige ou la justification de la dispense d'une telle tentative, l'assignation doit préciser « les diligences entreprises en vue de parvenir à une résolution amiable du litige » (CPC, art. 54) et ce, même si ici un arrangement amiable ne semble pas pouvoir mettre aisément fin au différend.
Il s'agira de la citation ou assignation.

2 Rédaction de la tierce opposition incidente

2167 Formation de la tierce opposition selon les règles ordinaires des demandes introductives d'instance, lorsque la juridiction compétence n'est pas déjà saisie.
Formation de la tierce opposition par la voie de conclusions d'incidentes, lorsque la juridiction compétence est celle d'ores et déjà saisie.

ATTENTION Lorsque la tierce opposition peut être formée par voie de conclusions, celles-ci sont tout naturellement signifiées à toutes les parties à la cause.
Mais lorsqu'il s'agit, et c'est le cas le plus fréquent, d'agir par assignation, la question se pose de savoir s'il faut ou non assigner toutes les parties, qui étaient présentes, ou dûment représentées, au jugement attaqué.
La prudence conseille d'assigner tout le monde, surtout si l'indivisibilité saute aux yeux.

Parfois, on peut hésiter si la tierce opposition ne concerne qu'une partie, aisément détachable, du dispositif, qui ne fait pas grief à telle ou telle partie, laquelle pourrait dès lors faire plaider que la rétractation, ou la réformation, sollicitée par voie de tierce opposition lui est indifférente, et que c'est donc abusivement qu'elle se retrouve entraînée dans une nouvelle procédure.
S'agissant d'une procédure peu usitée, et dont les arcanes peuvent être ignorés, la rédaction devra en être particulièrement explicite en droit comme en fait.

D Instruction du recours en tierce opposition

2168 Celle-ci sera conforme au droit commun.

E Audience

2169 Aucune spécificité n'est à signaler, sauf à noter qu'un examen en véritable collégialité serait préférable, compte tenu de la nature de voie extraordinaire de recours pouvant aboutir à la rétractation ou la réformation d'un précédent jugement.
Mais on sait que la collégialité se perd, et que lorsqu'elle est maintenue, elle n'est souvent que de pure façade, l'audience se résumant à un dépôt des dossiers, souvent à l'instigation appuyée des magistrats ; lesquels se répartissent alors ces mêmes dossiers sans délibéré collégial.

F Décision

2170 Il est ici rappelé :
– que l'introduction de la tierce opposition n'a pas d'effet suspensif en elle-même ;
– que son rejet rend la décision attaquée opposable au tiers dans tous ses effets ;
– que, si au moment où le requérant a formé cette voie de recours, le jugement était définitif à l'égard des autres parties, ou à l'égard de l'une ou l'autre d'entre elles, les modifications qui interviennent ne leur sont pas opposables ;
– que si le tribunal déclare la tierce opposition recevable et fondée, il ne peut modifier sa décision que sur les chefs de demandes admises dans le dispositif, qui étaient préjudiciables au requérant, et qu'ainsi son admission, entraînant rétractation, ou réformation, de tout ou partie du dispositif du jugement attaqué, ne porte ses effets qu'à l'égard du tiers opposant, sauf indivisibilité ; celle-ci étant caractérisée par l'impossibilité absolue d'exécuter en même temps les deux décisions, soit celle

originaire qui a été attaquée, et celle qui vient d'être rendue sur la tierce opposition ; auquel cas, seule cette dernière sera prise en compte ; la rétractation de la décision attaquée étant étendue aux parties à l'instance d'origine ;
– que la juridiction saisie ne peut se contenter de rétracter sa décision, mais doit se prononcer sur le fond.

G Recours

2171 La décision sur tierce opposition ouvre les mêmes recours que les décisions de la juridiction dont elle émane, soit selon les cas : l'appel, l'opposition, le pourvoi en cassation ou le recours en révision.

H Suspension et sursis à statuer

2172 La juridiction devant laquelle le jugement attaqué est produit (et dont on imagine qu'elle n'a pas été saisie de la tierce opposition à titre incident) peut, suivant les circonstances, passer outre ou surseoir, en attendant qu'il soit statué par la juridiction saisie sur la tierce opposition (CPC, art. 589).
L'appréciation de la juridiction est souveraine.
Le juge saisi de la tierce opposition à titre principal ou incident peut suspendre l'exécution de la décision attaquée (CPC, art. 590).
Le texte ne dit pas si cette suspension de l'exécution est ou non subordonnée aux mêmes conditions que la suspension, ou l'arrêt, de l'exécution provisoire de droit commun (CPC, art. 524).

REMARQUE L'article 524 du Code de procédure civile vise le cas d'opposition à un jugement rendu par défaut, mais pas celui d'une tierce opposition.
Pour autant, on peut penser qu'avant de suspendre l'exécution de la décision attaquée, la juridiction saisie de la tierce opposition, doit vérifier, et elle le fera souverainement, si le tiers opposant établit que l'exécution de la décision entraînerait pour lui des conséquences irréparables.
Cela dit, il faut savoir que si c'est bien le juge saisi de la tierce opposition qui doit ou non suspendre l'exécution (CPC, art. 590), des interrogations subsistent en jurisprudence sur une possible compétence concurrente de la juridiction de droit commun, soit pour l'essentiel le premier président de la cour d'appel, pour suspendre l'exécution, du moins si elle a la qualité de provisoire.

CHECK-LIST
- **Se procurer la décision attaquée.**
- **Vérifier que la décision n'a pas été notifiée au client il y a plus de deux mois.**
- **Vérifier que le client n'a été ni partie, ni représenté à ce jugement.**
- **Évaluer l'intérêt du client à former tierce opposition.**
- **Vérifier que la nature du litige ne relève pas de la compétence exclusive d'une juridiction.**
- **À défaut, et en l'absence d'instance en cours ayant révélé la décision querellée, saisir la juridiction ayant rendu ladite décision.**
- **Si la décision querellée a été produite dans une instance en cours, formuler la tierce opposition par une demande incidente.**
- **Surveiller les délais de recours à l'issue de la décision rendue sur tierce opposition.**

POUR ALLER PLUS LOIN...

Fascicules JurisClasseur
- *JCl. Procédure civile*, fasc. 1000-45, 1000-50, 1000-55.

Fiche 87

Procédure avec représentation obligatoire devant la Cour de cassation

Xavier VUITTON

Sommaire

I Aperçu rapide

A Caractéristiques générales

2173 La représentation des parties devant la Cour de cassation par un avocat au Conseil d'État et à la Cour de cassation est **obligatoire.**
Les parties au pourvoi sont tenues de constituer **avocat au Conseil d'État et à la Cour de cassation**.

B Conditions d'utilisation

2174 La procédure avec représentation obligatoire :
- est la procédure de **droit commun** devant la Cour de cassation ;
- s'applique par principe, sauf si un texte exprès prévoit la dispense d'avocat au Conseil d'État et à la Cour de cassation ;
- est contradictoire.

C Avis du professionnel

2175 • Ne pas oublier que :
– la Cour de cassation ne constituant pas un troisième degré de juridiction, il est impossible de faire réexaminer l'entier litige par la cour ;
– en cas de rejet du pourvoi, le demandeur est condamné très souvent sur le fondement de l'article 700 du Code de procédure civile et, rarement, à des dommages-intérêts.
• Toujours recourir à une **consultation préalable** et suivre l'avis de l'avocat aux conseils, eu regard de la technicité des débats en cassation et du contrôle limité exercé par la Haute juridiction.

D Textes

• COJ, art. L. 411-2 à L. 411-4.
• CPC, art. 604 à 639.
• CPC, art. 973 à 982.
• CPC, art. 1009 à 1022-2.

E Schéma procédural

2176 • Dépôt du pourvoi en cassation.
• Dépôt du mémoire en demande (« mémoire ampliatif »).
• Dépôt du mémoire en défense et, éventuellement, d'un pourvoi incident ou provoqué.
• Dépôt éventuel d'observations en défense à pourvoi incident et/ou en réplique.
• Dépôt éventuel d'observations en duplique.
• Audience.
• Arrêt.

II Préparation

A Informations préalables

2177 • Aviser le client de la **longueur de la procédure** : entre douze et dix-huit mois selon les chambres sauf :
– incident, tel que radiation du rôle ;
– urgence reconnue par le premier président.
• Avertir le client des **chances de succès** de son pourvoi, et l'encourager à ne pas s'engager dans une procédure vaine ou inutile.
• Veiller aux **mentions obligatoires** de la déclaration de pourvoi, ces mentions étant exigées à peine de nullité, ainsi qu'aux productions obligatoires.

B Contrôles préalables

2178 **Vérifier :**
– la capacité, la qualité et l'intérêt à agir du client et sa représentation ;
– que la décision attaquée est susceptible de pourvoi, ce qui suppose une décision :
• à caractère juridictionnel,
• faisant grief,
• émanant d'une juridiction de l'ordre judiciaire,
• rendue en dernier ressort et non susceptible d'une autre voie de recours,
• mettant fin à l'instance ou tranchant tout ou partie du principal ou décision statuant uniquement sur la compétence ;
– que le délai de pourvoi n'est pas passé le délai de pourvoi. Le délai de droit commun :
• est de deux mois à compter de la signification ou de la notification de la décision attaquée (CPC, art. 612), sauf texte dérogatoire,
• est prorogé :
- à raison de la distance,
- s'il tombe un jour férié,
- si une demande d'aide juridictionnelle a été formée.
Vérifier le bien-fondé apparent du pourvoi et proposer avant toute procédure :
– l'établissement d'une consultation sur les chances de succès du pourvoi envisagé sauf si :
• le demandeur a donné des instructions contraires et manifesté son intention ferme de voir le pourvoi instruit,
• si un moyen apparaît d'évidence ;
– un désistement (en cas d'avis négatif auquel se range le demandeur) :
• soit avant le dépôt du pourvoi,
• soit avant le dépôt du mémoire.

C Pièces nécessaires

2179 Le **dossier transmis** à l'avocat aux conseils doit contenir au minimum :
- la décision attaquée ;
- les éventuelles décisions avant dire droit ;
- les dernières conclusions échangées par toutes les parties devant le juge dont la décision est frappée de pourvoi ;
- la (ou les) décision(s) rendues en première instance ;
- les pièces citées par la décision attaquée et sur lesquelles elle se fonde (contrat, lettres...).

D Coût de la procédure

2180 Les avocats aux conseils sont rémunérés par des honoraires habituellement forfaitaires, et qui incluent en principe les frais.

Le coût d'une procédure dépend :
- de l'avocat aux conseils ;
- de la difficulté du dossier ;
- de son ampleur ;
- des frais de signification et éventuellement de traduction des actes.

La partie dont les ressources financières sont insuffisantes peut bénéficier de l'assistance de l'aide juridictionnelle (V. Fiche 91 : Obtenir l'aide juridictionnelle).

III Procédure

A Parties

2181 Le demandeur au pourvoi est la personne, partie devant la procédure au fond, qui prend l'initiative de déférer une décision à la censure de la Cour de cassation.

Il s'agit de la (ou des) partie(s) à l'instance au fond qui n'est (ne sont) pas à l'origine du pourvoi.

En cas d'**indivisibilité de l'objet du pourvoi**, il faut attraire au pourvoi toutes les parties concernées, puis leur signifier à toutes le mémoire ampliatif à peine de déchéance (Cass. 2e civ., 21 févr. 2019, n° 18-10.179).

L'intervention devant la Cour de cassation, relativement rare, ne peut être que volontaire et accessoire.

B Assistance et représentation

2182 Représentation **obligatoire** tout au long de la procédure en demande et en défense par un avocat au Conseil d'État et à la Cour de cassation (CPC, art. 973, al. 1).

Le défaut de constitution d'un avocat au Conseil d'État et à la Cour de cassation entraîne l'**irrecevabilité** du pourvoi ou des mémoires déposés.

NOTA Pour trouver un avocat au Conseil d'État et à la Cour de cassation, vous pouvez vous référer à la liste figurant sur le site de l'Ordre des avocats au Conseil d'État et à la Cour de cassation. Si les avocats que vous avez contactés refusent de suivre votre affaire, adressez-vous alors au président de l'Ordre pour qu'il procède à une désignation.

Vous ne serez pas totalement dessaisi de votre dossier, même si l'avocat aux conseils, que vous pouvez appeler « confrère », demeurera maître de la rédaction de ses mémoires et moyens de cassation. En effet, dans un délai de quinze jours, vous devrez lui remettre ledit dossier accompagné de vos observations éventuelles. Vous devrez également coopérer avec lui et répondre à ses sollicitations. En contrepartie, l'avocat aux conseils se devra de répondre aux vôtres, ainsi qu'à vos suggestions, et de vous recevoir pour que vous puissiez échanger sur les orientations du recours. Ce dernier vous transmettra, en outre, les principales informations relatives au déroulement de la procédure, telles que les dates d'audiences, ainsi que la copie des mémoires et des actes de procédures.

L'avocat aux conseils vous adressera, dans les dix jours de la réception de votre dossier, une estimation de ses honoraires. Attention, en ce qui vous concerne, vous ne pourrez évidemment être rémunéré que pour les prestations que vous aurez accomplies et non pour le travail fourni par votre confrère !

C Compétence

2183 Cour de cassation.

D Rédaction de l'acte de saisine

1 Forme

2184 La saisine de la Cour de cassation s'effectue par le dépôt d'une **déclaration de pourvoi** :
- au greffe de la Cour de cassation (CPC, art. 974) et en autant d'exemplaires qu'il y a de défendeurs, plus deux (CPC, art. 976) ;
- mais le pourvoi est désormais en principe déposé en ligne par l'avocat aux conseils.

2 Mentions obligatoires

2185 La déclaration de pourvoi doit contenir, à peine de nullité, les mentions suivantes (CPC, art. 975) :
- indication des nom, prénom, domicile des personnes physiques ;
- indication de leur forme, dénomination, siège social, et s'agissant des autorités administratives ou judiciaires, l'indication de leur dénomination et du lieu où elles sont établies pour les personnes morales ;
- la constitution de l'avocat au Conseil d'État et à la Cour de cassation du demandeur ;
- l'indication de la décision attaquée.

La déclaration doit être signée par l'avocat aux conseils.

3 Notification aux défendeurs

2186 Après enregistrement par le greffe et restitution à l'avocat du demandeur d'un exemplaire visé, un exemplaire de la déclaration est adressé aux défendeurs par le secrétariat-greffe par lettre simple avec indication :
- des modalités d'exercice des voies de recours ;
- d'avoir à constituer, le cas échéant, un avocat au Conseil d'État et à la Cour de cassation s'il entend défendre au pourvoi.

Si la lettre n'atteint pas le ou l'un des défendeurs, l'avocat au Conseil d'État et à la Cour de cassation du demandeur doit alors signifier la déclaration par huissier de justice.

E Instruction par la cour

2187 **Distribution du pourvoi** à l'une des chambres de la Cour de cassation selon sa spécialisation, en vertu d'une décision qui constitue une mesure d'administration judiciaire non susceptible de recours (CPC, art. 1011).

> REMARQUE **Il n'est pas possible de choisir la chambre compétente même si sa jurisprudence paraît plus favorable au demandeur : la fiche de traitement du pourvoi remplie par l'avocat aux conseils peut toutefois contribuer à l'orientation.**

Le président de la chambre :
- désigne un conseiller rapporteur parmi les conseillers ou les conseillers référendaires ;
- peut, si l'affaire le commande, fixer immédiatement la date d'audience.

1 Obligations à la charge du demandeur

2188 Dans le délai de **quatre mois** à compter du pourvoi et sauf prolongation légale (CPC, art. 1023), l'avocat aux conseils du demandeur (et non le demandeur lui-même) doit (CPC, art. 978, al. 1) :
- déposer au greffe de la Cour de cassation un mémoire ampliatif contenant les moyens de droit invoqués à l'encontre de la décision attaquée, à peine de déchéance ;
- signifier le mémoire :
  - aux avocats aux conseils constitués pour les autres parties,
  - ou au défendeur qui ne serait pas tenu de constituer avocat aux conseils (V. pour l'effet éventuel d'une demande d'aide juridictionnelle, Cass. 2e civ., 3 avr. 2014, n° 12-19.152, inédit),
  - au(x) défendeur(s) si aucun avocat n'est constitué en défense, le demandeur dispose d'un délai d'**un mois** supplémentaire pour procéder à la signification ;
- attention en cas de fusion-acquisition d'un défendeur entre le pourvoi et la signification du mémoire (Cass. soc., 23 mars 2016, n° 14-25.907, inédit) ;
- attention à l'identification du défendeur (déchéance du pourvoi encourue en cas de signification à une personne à titre personnel et non ès qualités : Cass. 3e civ., 25 oct. 2018, n° 17-22.691, inédit).

> ATTENTION Si, le défendeur constitue avocat avant la signification du mémoire, il est procédé par voie de notification à son avocat.
> Si un avocat aux conseils se constitue en défense pendant ce délai supplémentaire d'un mois :
> - si la signification à partie a déjà été faite, elle demeure valable ;
> - à défaut, le mémoire doit être signifié à avocat.

En principe, le défaut de signification dans le délai imparti entraîne la déchéance à l'égard de la seule partie omise.
En cas d'**indivisibilité**, le mémoire doit être notifié à toutes les parties à peine de déchéance à l'égard de toutes les parties.
À défaut de dépôt et de signification au défendeur dudit mémoire formulant au moins un moyen de cassation dans les délais requis, le demandeur est déchu de son pourvoi.
La déchéance peut être partielle ;

ATTENTION À peine d'irrecevabilité, le pourvoi additionnel formé en application de l'article 608 du Code de procédure civile doit être fait par la mention « pourvoi additionnel » apposée sur le mémoire ampliatif ou par un mémoire distinct comportant cette mention, remis et notifié aux autres parties dans les mêmes formes et délais (CPC, art. 608 et 978, al. 2).

– veiller particulièrement au contenu du mémoire ampliatif, qui doit contenir des moyens de cassation invoqués. À peine d'irrecevabilité soulevée d'office, un moyen ou un élément de moyen (branche) doit préciser le cas d'ouverture invoqué, la partie critiquée de la décision, ce en quoi celle-ci encourt le reproche allégué (Cass. 2e civ., 5 janv. 2017, n° 15-16.711, inédit). Chaque moyen de cassation et branche ne doit mettre en œuvre qu'un seul cas d'ouverture à cassation. Le mémoire doit donc comporter quatre parties :
• l'**exposé des faits et de la procédure**,
• **le(s) moyen(s) de cassation**, qui se décompose(nt) lui(eux)-même(s) en trois parties (CPC, art. 978) :
- l'indication du (des) chef(s) de dispositif objet(s) de la critique : un moyen ne doit être dirigé que contre un chef de dispositif et en aucun cas contre les seuls motifs, fussent-ils défavorables (autrement dit, le « d'avoir » du moyen),
- le moyen de cassation proprement dit (ou « alors que » du moyen) qui expose les critiques de droit dirigées contre le chef de dispositif et les motifs qui le soutiennent : il doit impérativement ne faire état que d'un seul cas d'ouverture à cassation ; un moyen peut cependant exposer successivement diverses critiques couramment appelés « branches » du moyen et qui peuvent mettre en œuvre chacune un cas d'ouverture différent ;
• la **discussion** : l'argumentaire développe le raisonnement juridique qui sous-tend la critique exposée de manière synthétique dans le moyen pour en démontrer le bien-fondé. L'argumentaire est étayé par la référence :
- aux textes,
- à la jurisprudence,
- à la doctrine.
Elle peut aussi comporter des développements relatifs à la portée de la décision attendue de la Cour de cassation (cassation totale ou partielle, cassation avec ou sans renvoi, application immédiate de la solution jurisprudentielle, *etc.*),
• le **dispositif** : introduit par l'expression « par ces motifs » :
- conclut, en demande, à la cassation totale ou partielle de l'arrêt (selon la portée des critiques exposés au(x) moyen(s) et les chefs de dispositif de l'arrêt visés à ce moyen),
- contient également diverses demandes accessoires, notamment le remboursement des frais irrépétibles au titre de l'article 700 du Code de procédure civile ou d'éventuelles demandes de dommages-intérêts ;

ATTENTION Pour la rédaction du mémoire ampliatif, l'avocat aux conseils est maître de son argumentation.
Il n'est en aucun cas tenu de soulever un moyen proposé, voire parfois exigé par le client ou le conseil de celui-ci (Cass. ass. plén., 14 mai 1971 : *Bull. civ. ass. plén.*, n° 1).
Lorsque l'avocat aux conseils oppose un tel refus, c'est que le moyen serait irrecevable ou infondé et affaiblirait ainsi l'ensemble de la critique et la crédibilité du pourvoi.

– veiller à ce que le mémoire ampliatif soit accompagné des **pièces dont le dépôt dans le délai du mémoire est requis** à peine d'**irrecevabilité** du pourvoi prononcée d'office (CPC, art. 979, 979-1) :
• une copie de la décision attaquée,
• une copie de la décision confirmée ou infirmée par la décision attaquée.
En cas de transmission incomplète ou entachée d'erreur matérielle de l'un des documents demandés, un avis fixant un délai pour y remédier est adressé par le conseiller rapporteur à l'avocat du demandeur dans les conditions prévues à l'article 981 du même code (CPC, art. 979, al. 2, et art. 981). S'il n'est pas satisfait à sa demande, la radiation est encourue.
Produire aussi (CPC, art. 979-1) :
– les pièces invoquées à l'appui du pourvoi, dont l'absence peut éventuellement entraîner l'irrecevabilité du moyen ;
– la copie des dernières conclusions que les parties au pourvoi ont déposées devant la juridiction dont émane la décision attaquée.

Procédure devant la Cour de cassation

2 Diligences du défendeur au pourvoi

2189 **Mémoire en défense.** Àréception de la notification de la déclaration de pourvoi ou, éventuellement du mémoire ampliatif, le défendeur peut soit :

- ignorer purement et simplement le pourvoi s'il estime ne pas être concerné, au risque qu'une décision soit rendue exclusivement au vu des écritures des autres parties ;
- demander sa mise hors de cause du pourvoi ou de certains moyens (en ce cas, il défend sur les autres) et solliciter une condamnation sur le fondement de l'article 700 du Code de procédure civile ;
- s'associer au pourvoi si les moyens soulevés peuvent avoir une conséquence favorable sur sa situation. Cette position s'accompagne le plus souvent d'un pourvoi incident ou provoqué ;
- défendre au pourvoi et former, le cas échéant, un pourvoi incident ou provoqué, voire un pourvoi éventuel ou conditionnel.

Le défendeur dispose d'un délai de **deux mois** à compter de la signification du mémoire du demandeur, prescrit à peine d'irrecevabilité prononcée d'office :

- pour déposer son mémoire et les pièces requises à son soutien (CPC, art. 982) ;
- éventuellement pour former une requête en radiation du rôle pour non-exécution des causes de l'arrêt attaqué (CPC, art. 1009-1).

Les **prorogations** de délais sont applicables au mémoire en défense :

- samedi, dimanche ou jour férié ;
- résidence outre-mer ou à l'étranger ;
- aide juridictionnelle.

Le délai est également suspendu en cas de radiation du rôle du pourvoi pour non-exécution de la décision attaquée (CPC, art. 1009-3, al. 2).

Veiller à ce que le **mémoire en défense** soit bien structuré, tant sur le plan de la forme, que sur le fond du droit :

- signer le mémoire (CPC, art. 982), mais l'envoi se fait en principe en ligne ;
- diviser son mémoire en trois parties comprenant :
  • l'exposé des faits et de la procédure,
  • la discussion qui a pour objet de réfuter le ou les moyens du demandeur par référence aux constatations de la décision attaquée, aux textes et à la jurisprudence,
  • un dispositif qui conclut au rejet du pourvoi et sollicite diverses mesures ou condamnations annexes.

Lorsqu'une **QPC** est **soulevée** à l'occasion d'un pourvoi, les autres parties au pourvoi disposent d'un délai d'**un mois** pour remettre un mémoire en réponse (CPC, art. 126-10, al. 2).

Mais le défendeur au pourvoi principal ne peut poser une question prioritaire de constitutionnalité que par un mémoire spécial déposé dans le délai de remise du mémoire en défense (Cass. com., 7 juill. 2015, n° 14-19.771 : *JurisData* n° 2015-017373).

3 Pourvoi incident ou provoqué

2190 En cas de nécessité, le défendeur peut former un **pourvoi incident ou provoqué**. Ils peuvent être simplement éventuels ou conditionnels.

Le **pourvoi incident** :

- doit, à peine d'irrecevabilité, être remis au secrétariat greffe de la Cour de cassation avant l'expiration du délai prévu pour la remise du mémoire en réponse, soit dans les **deux mois** de la signification du mémoire ampliatif (CPC, art. 1010) ;
- doit contenir les mêmes **mentions** que le pourvoi principal quant à l'identité du demandeur ;
- peut être formé :
  • soit avant et indépendamment de la défense au pourvoi principal,
  • soit dans le même acte. Ainsi, ne peut constituer un pourvoi incident, un mémoire par lequel le défenseur s'associe au pourvoi principal et s'en approprie les moyens sans énoncer qu'il constitue un pourvoi autonome et sans en adopter les formes ;
- doit être notifié dans le même délai de **deux mois** aux avocats des autres parties. Mais :
  • si, dans les matières où la représentation est obligatoire, le défendeur n'a pas constitué avocat, le mémoire doit lui être signifié au plus tard dans le mois suivant l'expiration de ce délai,
  • cependant, si, entre-temps, le défendeur constitue avocat avant la signification du mémoire, il est procédé par voie de notification à son avocat (CPC, art. 1010).

ATTENTION Le pourvoi incident peut être formé par l'intimé, tant contre le demandeur que contre les autres intimés (CPC, art. 614, qui renvoie aux articles 548 et 549 du Code de procédure civile relatifs à l'appel incident).

Par application des mêmes textes, le pourvoi incident ou provoqué peut émaner de toute personne même non expressément intimée par le pourvoi mais qui a été partie à l'instance au fond et a intérêt à voir remettre en question les chefs de la décision frappée de pourvoi principal qui lui sont défavorables.

Le **pourvoi provoqué** peut être formé dans le délai ouvert au défendeur pour établir un mémoire en réponse au pourvoi, principal ou incident, qui l'a provoqué (Cass. 2e civ., 2 juill. 2020, n° 17-12.611 : *JurisData* n° 2020-009393).

Le défendeur qui n'a pas formé de pourvoi incident ou provoqué dans ce délai n'est plus recevable à se pourvoir à titre principal (CPC, art. 621, al. 3).
L'irrecevabilité du pourvoi principal entraîne celle du pourvoi incident ou provoqué formé après l'expiration du délai du pourvoi imparti au défendeur pour agir à titre principal.
La déchéance du pourvoi principal n'entraîne celle du pourvoi incident que si celui-ci a été formé après que la déchéance n'ait été acquise.
Le pourvoi incident formé avant le désistement est recevable nonobstant celui-ci.
Le défendeur à un pourvoi incident dispose d'un délai d'**un mois** à compter de la notification pour remettre, et s'il y a lieu notifier, son mémoire en réponse (CPC, art. 1010).

4 Observations en réplique et duplique

2191 Chaque partie dépose un seul mémoire en demande et en défense.
Dans certaines circonstances assez rares, un mémoire en réplique peut s'avérer nécessaire pour que le demandeur réponde au défendeur (CPC, art. 1010, al. 3). Cette nécessité :
- se rencontre rarement à propos du débat de fond sur l'objet du litige ;
- peut cependant se présenter lorsque le défendeur soulève une irrecevabilité ou méconnaît manifestement la critique formulée en demande.

La réplique, qui peut être déposée jusqu'au dépôt du rapport, se limite alors à la stricte réfutation des allégations du défendeur.
Un mémoire en réponse s'impose cependant la plupart du temps lorsque le défendeur a formé un pourvoi incident. Il s'agit alors d'un mémoire en défense à pourvoi incident.
Si la réplique du demandeur est relativement rare, la duplique du demandeur est très exceptionnelle. Elle ne se justifierait que si, dans sa réplique, le demandeur soulevait pour la première fois une exception d'irrecevabilité de la défense ou invoquait un argument manifestement erroné ou irrecevable.

5 Fin de l'instruction et audience

a) Rapport et conclusions

2192 Après dépôt des mémoires et éventuellement après dépôt de mémoires en réplique, l'affaire fait l'objet d'un traitement différencié des dossiers, selon la nature des critiques qu'ils mettent en œuvre et l'enjeu de l'affaire.
Elle peut être orientée au sein de la chambre à laquelle elle est attribuée, vers trois circuits :
- un circuit court, permettant un jugement rapide des dossiers dont la solution s'impose ; l'affaire donne lieu à un rapport, sans qu'un avocat général ne soit en principe désigné, et est jugée en formation restreinte de trois juges ;
- un circuit approfondi, pour les affaires posant une question de droit difficile ou nouvelle, de nature à conduire à un revirement de jurisprudence, et celle ayant un impact sociétal ou juridictionnel important. Ce processus donne lieu à la désignation d'un ou de deux rapporteurs et à celle d'un avocat général, ainsi qu'à la tenue d'une séance d'instruction avant dépôt du rapport et d'une conférence après ce dépôt. Elle est traitée par la formation adaptée (chambre en formation restreinte, de section ou plénière, chambre mixte ou assemblée plénière) ;
- un circuit intermédiaire, où un seul rapporteur est désigné et où la séance d'instruction est optionnelle.

Le rapport consiste en principe uniquement en un rappel des débats et des éléments de droit que le rapporteur juge utile pour déterminer la solution du litige.
Cependant, si le rapporteur considère que l'affaire devrait faire l'objet d'un rejet non spécialement motivé (CPC, art. 1014), il s'en explique en apportant une réponse motivée aux moyens soumis à la cour.
Il est toujours possible de répondre au rapport, dans un délai d'un mois à compter de son dépôt.
Le rapporteur peut provoquer les explications des avocats aux conseils sur les points de droit qu'il estime insuffisamment développés dans les écritures mais qui doivent être compris dans les débats.

ATTENTION S'il propose à la cour de relever un moyen d'office ou d'opérer une substitution de motifs de pur droit, le rapporteur doit demander au président de chambre d'appliquer la procédure de l'article 1015 du Code de procédure civile qui impose à ce dernier d'avertir les parties et de recueillir leurs observations dans le délai qu'il fixe.
Il en va de même s'il propose une cassation sans renvoi.
La **chambre saisie** peut consulter une autre chambre sur un point de droit qui relève de la spécialité de celle-ci. Les parties sont averties et peuvent présenter des observations devant la chambre consultée (CPC, art. 1015-1).

b) Débats

2193 L'**audience des débats** est publique (CPC, art. 1016), sauf décision contraire si :
- il doit résulter de la publicité une atteinte à la vie privée ou si toutes les parties le demandent ;
- il survient des désordres de nature à troubler la sérénité de la justice.

Le conseiller rapporteur fait son rapport à l'audience (CPC, art. 1017).
Les avocats aux conseils des parties sont entendus s'ils en font la demande et les parties peuvent également l'être avec l'autorisation du président (CPC, art. 1018).

> ATTENTION La procédure devant la Cour de cassation est une procédure écrite.

Les avocats ne sont jamais tenus de plaider et n'ont pas même besoin d'être présents à l'audience. En pratique, ne sont généralement plaidées que les affaires :
- venant en chambre mixte ou en assemblée plénière ;
- pour lesquelles l'avocat estime que la question soumise à la cour appelle des explications particulières complétant l'argumentation écrite ;
- pour lesquelles la chambre sollicite quelques développements oraux sur des points qu'elle souhaite éclaircir.

Devant les formations ordinaires, la plaidoirie reste l'exception. L'intervention orale :
- doit, dans tous les cas, être brève ;
- doit être centrée sur les points de droit invoqués par les moyens ;
- ne donne pas lieu à débats.

L'audition des parties est très exceptionnelle.
La cour **statue en principe après avis du ministère public**.
Celui-ci prend la parole le dernier et il n'est pas d'usage de lui répondre.
Sont seules admises de brèves notes officieuses en délibéré.

F Délibéré

2194 Le délibéré est secret.

G Décision

2195 La Cour de cassation peut décider de (CPC, art. 620 à 627) :
- casser la décision attaquée en tout ou partie et de renvoyer l'affaire devant une juridiction de même niveau que celui de la juridiction dont la décision a été cassée ;
- casser sans renvoi, lorsque la cassation ne laisse plus rien à juger ou lorsqu'elle souhaite et est en mesure de régler le litige au fond ;
- rejeter le pourvoi, avec ou sans motivation, lorsqu'il est irrecevable ou manifestement infondé (CPC, art. 1014) et de confirmer ainsi la décision soumise à son contrôle.

L'arrêt de la Cour de cassation statue sur les dépens, l'article 700 du Code de procédure civile et prononce éventuellement une condamnation indemnitaire ou une amende (très rare).
La notification à partie de l'arrêt fait courir le délai de **deux mois** de saisine de la cour de renvoi (CPC, art. 1034) et les intérêts des sommes éventuellement à restituer. À défaut de signification, le délai de saisine de la cour est de **deux ans** à compter du prononcé de l'arrêt.
L'arrêt de :
- rejet rend définitive la décision soumise à la Cour de cassation ;
- cassation, dont la portée de la cassation est déterminée par le dispositif de l'arrêt qui la prononce, s'étend également à l'ensemble des dispositions du jugement cassé ayant un lien d'indivisibilité ou de dépendance nécessaire (CPC, art. 624) ;
- cassation entraîne automatiquement l'annulation par voie de conséquence de toute décision qui est la suite de la décision cassée (CPC, art. 625, al. 2) ;
- cassation remet le litige et les parties en l'état où elles étaient avant la décision annulée (CPC, art. 625) et la procédure terminée par la décision attaquée reprend son cours si la juridiction de renvoi est saisie ;
- cassation d'un arrêt exécuté ne peut donner lieu qu'à restitution, même lorsqu'il s'agit d'une décision de référé (Cass. 2e civ., 31 janv. 2019, n° 17-28.605 : *JurisData* n° 2019-001194).

H Fin anticipée de la procédure

2196 La procédure peut prendre fin avant le prononcé de l'arrêt et notamment par l'effet de :
- une transaction communiquée à la cour ;
- un acquiescement à la décision attaquée ;
- un désistement ;
- le décès du demandeur pour les actions non transmissibles ;
- la péremption après une décision de radiation du rôle.

I Recours ou contestations

2197 Il n'existe aucun recours au sens strict du terme contre les arrêts de la Cour de cassation dont les décisions sont irrévocables.

D'éventuelles erreurs peuvent être corrigées :
- le « rabat d'arrêt » permet à la Cour de cassation de rétracter un arrêt affecté d'une erreur de procédure imputable à la cour ou au greffe et qui a été déterminante ;
- la rectification d'erreur matérielle ;
- le recours en interprétation.

Le ministère d'avocat aux conseils est obligatoire dans les procédures avec représentation obligatoire.

Le justiciable peut saisir, éventuellement :
- la Cour **européenne des droits de l'homme** lorsqu'il estime que la Cour de cassation a méconnu une norme protégée par la Convention dont l'application avait été sollicitée durant la procédure de cassation (CEDH, 21 mars 2000, n° 34553/97 : *Procédures* 2000, comm. 186, N. Fricero) ;
  • cette saisine doit intervenir dans les **quatre mois** de l'arrêt de la Cour de cassation,
  • l'action est dirigée contre l'État français,
  • cette procédure n'a en principe pas pour effet de remettre en cause la décision rendue par la Cour de cassation, mais d'engager la responsabilité de l'État aux fins de réparation du préjudice entraîné par la violation de la convention ; il n'en va autrement en matière civile qu'en matière d'état des personnes dans les conditions des articles L. 452-1 et suivants du Code de l'organisation judiciaire en vigueur depuis le 18 mai 2017 (V. Th. Le Bars, *CEDH : instauration d'une procédure de réexamen des décisions de justice en matière civile : Dr. famille* 2017, dossier 12) ;
- les **juridictions nationales**, en cas de dysfonctionnement préjudiciable du service public de la Justice au regard des règles de droit interne.

CHECK-LIST **Après le prononcé de l'arrêt :**
- fournir au client quelques explications sur :
• le sens et la portée de la décision :
- dispositions qu'elle contient,
- obligations incombant au client en application de celle-ci,
• les suites à y donner, éventuellement ;
- conseiller au client ayant obtenu gain de cause de signifier l'arrêt afin de faire :
• exécuter les condamnations prononcées par la Cour de cassation et les obligations mises à la charge du demandeur par la décision attaquée, si elles ne l'ont pas déjà été,
• partir le cours des intérêts,
• courir le délai de saisine de la juridiction de renvoi ;
- attirer l'attention du client, en présence d'un arrêt de cassation avec renvoi, sur le délai de saisine de la juridiction de renvoi. Ce délai est de :
• deux mois à compter de la signification de l'arrêt de la Cour de cassation (CPC, art. 1034),
• deux ans après le prononcé de celui-ci à défaut de signification de l'arrêt de cassation.

POUR ALLER PLUS LOIN...

Fascicules JurisClasseur
- *JCl. Procédure civile*, fasc. 1000-95.
- *JCl. Procédures Formulaire*, V° *Cour de cassation*, fasc. 30 et 35.
- *JCl. Procédure civile*, Synthèse 250.

Ouvrages
- L. Cadiet et E. Jeuland, *Droit judiciaire privé*, LexisNexis, 10e éd., 2017.
- J.-F. Weber (dir.), *Droit et pratique de la cassation en matière civile*, LexisNexis, 3e éd., 2012.

Fiche 88

Exercer un recours en révision

Daniel LANDRY

Sommaire

I Aperçu rapide

A Caractéristiques générales

2198 Le recours en révision est une voie de recours extraordinaire tendant à faire rétracter un jugement passé en force de chose jugée pour qu'il soit à nouveau statué en fait et en droit (CPC, art. 593).

Le recours en révision ne concerne pas toutes les décisions juridictionnelles.

Il n'est pas ouvert contre les ordonnances de référé, susceptibles d'être rapportées ou modifiées en cas de circonstances nouvelles (Cass. 2e civ., 11 juill. 2013, n° 12-22.630 : *JurisData* n° 2013-014572 ; *Procédures* 2013, comm. 277, R. Perrot). Par contre, ce recours peut viser une décision arbitrale (CPC, art. 1491).

Le recours en révision n'est pas suspensif.

Il doit être exercé dans les **deux mois suivant la date de la connaissance de la cause de révision** invoquée.

L'auteur du recours doit être une personne apparaissant sur le jugement en cause, qui n'a pu faire valoir cette cause avant que la décision ne soit passée en force de chose jugée.

B Conditions d'utilisation

2199 Pour demander la révision d'un jugement, ou plus généralement d'une décision juridictionnelle, il faut y avoir été partie :

– en demande ;

– en défense ;

– ou en intervention volontaire ou provoquée.
Que ce soit :
– par représentation régulière au cours de la procédure et à l'audience ;
– ou par présentation personnelle à cette même audience.
Et apparaître en conséquence comme telle dans la décision.
Parmi ses conditions d'utilisation, certaines concernent :
– la recevabilité et le fond, dont notamment l'obligation de ne viser que l'une au moins des **quatre causes d'ouverture** énoncées à l'article 595 du Code de procédure civile, et donc rien d'autre ;
– et de démontrer que, sans faute de sa part, l'auteur du recours n'a pu faire valoir cette cause, ou ces causes, avant que la décision ne soit passée en force de chose jugée.

C Avis du professionnel

2200 Le praticien doit vérifier **cinq points** pour savoir si la décision est susceptible de recours en révision :
– la décision est-elle passée en force de chose jugée, c'est-à-dire qu'elle n'est pas, ou plus, susceptible d'un recours ordinaire ? ;
– les faits de l'espèce recouvrent-ils l'un des quatre cas d'ouverture énumérés à l'article 595 du Code de procédure civile, s'articulant autour de la notion de fraude ayant une influence déterminante sur l'opinion du juge ? ;
– l'auteur du recours n'a-t-il pu, sans faute de sa part, faire valoir la, ou les causes de révision qu'il invoque avant que la décision ne soit passée en force de chose jugée ? ;
– le délai de recours en révision est-il ou non expiré ? Ce délai de deux mois court à compter du jour où le demandeur au recours a eu connaissance de la cause de révision qu'il invoque ; l'acte interruptif du délai étant la citation et non la mise au rôle de celle-ci ;
– la décision est-elle exclue des actes de justice ne pouvant faire l'objet d'un tel recours ?
Car sont exclus :
– les mesures d'administration judiciaire ;
– les arrêts de la Cour de cassation ;
– les ordonnances de référé ;
– les ordonnances sur requête ;
– les décisions avant dire droit ;
– les décisions prescrivant des mesures provisoires ;
– les décisions allouant une provision ;
– les jugements d'expertise ;
– les jugements de divorce sur requête conjointe ;
– les décisions des organismes de sécurité sociale.

D Textes

- CPC, art. 593 à 603.

E Schéma procédural

2201 • Principe : introduction du recours par une assignation selon les règles propres à chaque juridiction ayant rendu le jugement, objet du recours.
• Exception : le recours en révision contre une ordonnance d'arbitrage doit être soumis à la cour d'appel du ressort de l'arbitrage.
• Recourir à la citation par commissaire de justice même si les règles de saisine de la juridiction permettent d'effectuer celle-ci par requête déposée au greffe (évite des discussions sur la date de l'interruption du délai d'action).
• Communication par le demandeur du recours en révision formé par citation au ministère public, à peine d'irrecevabilité (CPC, art. 600).
• Respect de la procédure propre à la juridiction saisie.

II Préparation

A Informations préalables

2202 Informer son client :
– tout d'abord, et au premier examen de l'espèce, de la possibilité ou non d'introduire un recours en révision tendant à faire rétracter un jugement, en vérifiant que :
• le client a été partie,
• le jugement lui fait grief,
• qu'il est passé en force de chose jugée ;
– que, s'il exerce le recours et qu'il y est fait droit, il sera de nouveau statué en fait et en droit ;
– que pour exercer un tel recours, il lui faudra, à peine d'irrecevabilité, appeler à l'instance en révision toutes les parties au jugement attaqué ;
– que, toujours à peine d'irrecevabilité, il devra agir, la date de la citation faisant foi, dans le **délai de deux mois** à compter du jour où il a

eu connaissance de la cause de révision qu'il invoque ; à charge pour lui d'apporter la preuve qu'il respecte ce délai ;

REMARQUE **Conseiller au client, s'il en est encore temps, de se réserver une preuve datée, ou en tout cas datable, du jour où il a eu connaissance de la cause de révision qu'il invoque, par exemple par un constat de commissaire de justice, une sommation interpellative, ou encore des attestations régulières de témoins.**

– que ce recours ne suspend pas l'exécution de la décision attaquée.

Par exception, lorsque la décision, objet du recours, est invoquée dans une autre instance, le juge saisi de celle-ci apprécie souverainement s'il doit ou non surseoir à statuer jusqu'à ce que le recours en révision ait été jugé par la juridiction compétente (CPC, art. 110 et 599) ;

– que cette action lui entraînera divers frais, variables selon la juridiction à saisir et le nombre d'assignations à lancer ; et qu'au surplus, si son recours en révision échoue, et est jugé abusif, il s'expose, outre la charge des frais irrépétibles et des dépens, à devoir supporter d'éventuels dommages-intérêts au profit des parties adverses, et même une possible, bien que rarissime, amende civile d'un maximum de 10 000 € au visa de l'article 32-1 du Code de procédure civile en cas de recours jugé abusif et dilatoire.

B Contrôles préalables

2203 Le praticien doit approfondir et compléter les diverses vérifications énumérées préalablement (V. *supra*, n° 2200).

Déterminer si le client qui entend exercer le recours, peut exciper d'une ou plusieurs des quatre causes d'ouverture du recours en révision (CPC, art. 595), soit :

– que la décision a été surprise par la fraude de la partie au profit de laquelle elle a été rendue, fraude découverte postérieurement à la décision ;

– que depuis le jugement, il a été recouvré des pièces décisives qui avaient été retenues par le fait de l'autre partie ;

– qu'il a été jugé, ce qui doit résulter de la décision, sur des pièces reconnues ou judiciairement déclarées fausses depuis le jugement ;

– qu'il a été jugé sur des attestations, témoignages ou serments judiciairement déclarés faux depuis le jugement.

Cette énumération de l'article 595 du Code de procédure civile est exhaustive, et ce sera au demandeur de faire la preuve :

– de la cause qu'il invoque ;

– et de ce qu'il était dans l'impossibilité de faire valoir celle-ci avant que la décision ait acquis force de chose jugée.

L'appréciation de ce que l'auteur du recours n'a pu faire valoir la cause qu'il invoque avant que la décision ne soit passée en force de chose jugée se fait à la date d'introduction du recours (Cass. 2e civ., 30 janv. 2014, n° 12-20.249 : *JurisData* n° 2014-001154 ; *Procédures* 2014, comm. 104, R. Perrot).

REMARQUE **Rassembler au dossier tous les éléments permettant d'établir l'usage par l'adversaire d'un faux, d'un mensonge, d'une manœuvre, d'une omission intentionnelle sur un point essentiel, et plus généralement de toute fraude ayant eu pour but et pour résultat de tromper le juge.**

Pour annuler une sentence arbitrale du fait d'une fraude, la juridiction peut se référer à des pièces issues d'une procédure pénale en cours, dont cette même juridiction estime qu'il résulte que l'un des deux arbitres a circonvenu les deux autres dans un dessein frauduleux (CA Paris, pôle 1, ch. 1, 17 févr. 2015, n° 13/13278 : *JurisData* n° 2015-002457 ; *Procédures* 2015, étude 4, L. Weiller).

ATTENTION Une intervention volontaire, ou forcée, d'un tiers peut être formée à l'occasion d'un recours en révision, ce qui peut troubler le schéma initial (Cass. 3e civ., 10 nov. 2016, n° 14-25.318 : *JurisData* n° 2016-023357 ; *JCP* G 2016, 1348, F. Defferrard).

S'il est dirigé contre un jugement produit au cours d'une autre instance entre les mêmes parties, et devant la juridiction dont émane ce jugement, le recours n'exigera pas la délivrance d'une citation, mais sera formé selon les formes prévues pour la présentation des moyens de défense (CPC, art. 598, al. 2), c'est-à-dire par conclusions.

La formulation d'un tel recours en révision n'étant pas une exception de procédure, mais une défense au fond, peut être présentée à tout moment de l'instance.

Si obligation est faite de conclure par conclusions récapitulatives (CPC, art. 768 et 954), il y a intérêt à introduire en défense cette voie extraordinaire de recours de manière bien visible et individualisée, avant les autres moyens de défense au

fond. Il convient de noter s'agissant des conclusions récapitulatives que l'article 904 du Code de procédure civile a été modifié par le décret n° 2023-1391 applicable le 1er septembre 2024.
Cette dérogation ne concerne pas le recours contre une décision arbitrale, lequel nécessite toujours une décision devant la cour d'appel.

C Pièces nécessaires

2204 Le praticien devra motiver son recours en révision et communiquer toutes les pièces qui le justifient.
Dans la mesure où ce recours est communiqué au ministère public, cette communication de pièces devra être aussi faite au parquet, en s'en prémunissant une preuve, tel qu'un récépissé signé d'un membre du parquet, ou, à tout le moins d'un fonctionnaire de ce même parquet.

D Coût de la procédure

2205 Hormis le cas très spécifique du recours introduit par conclusions (CPC, art. 598. – V. *supra*, n° 2203, Contrôles préalables), il faut prévoir les frais de citation des parties défenderesses et de la dénonciation par commissaire de justice au ministère public.
Cette instance entraînera les mêmes frais habituels que pour toute instance devant la juridiction ayant rendu la décision, objet du recours.
Devant le **tribunal de commerce**, le client devra supporter des frais de greffe, étant ici rappelé que (CPC, art. 853) les parties, sauf disposition contraire, et litige inférieur ou égal à 10 000 €, sont tenues de constituer avocat.
Quelle que soit la juridiction, outre les dépens, celle-ci statuera encore sur le sort des probables demandes principales ou reconventionnelles présentées au titre des frais irrépétibles de l'article 700 du Code de procédure civile.
Les honoraires d'avocat seront fixés comme en matière de droit commun, soit, librement, mais avec signature, sauf exceptions, d'une convention d'honoraires, sous l'éventuel contrôle du bâtonnier et en appel du premier président.
Pour évaluer ses honoraires dans le cadre de la convention d'honoraires, l'avocat, tout en demeurant raisonnable, aura intérêt à tenir compte de la spécificité et de la complication de cette procédure.
Bien entendu, s'il estime pouvoir en bénéficier totalement ou partiellement, le demandeur pourra solliciter l'aide juridictionnelle, étant noté que :
– le bénéfice de celle-ci ne le met pas à l'abri de toute condamnation, par exemple aux dépens, si la procédure tourne à sa confusion ;
– la demande d'aide juridictionnelle, présentée avant l'expiration du délai de deux mois pour exercer le recours, a un effet interruptif de ce délai (Cass. soc., 8 févr. 2005, n° 02-46.044 : *JurisData* n° 2005-026905).

III Procédure

A Assistance et représentation

2206 Il n'y a pas de règles d'assistance ou de représentation spécifiques pour le recours en révision.
Ces règles sont variables puisqu'elles dépendent de la juridiction ayant rendu la décision, objet du recours, du fait que c'est elle qui statuera sur cette voie de rétractation.
Dans la pratique, seront principalement saisis les tribunaux judiciaires et les cours d'appel, devant lesquels sera suivie la procédure adéquate avec représentation.

B Compétence (matérielle et/ou territoriale)

2207 Le recours en révision est introduit devant la juridiction ayant rendu le jugement, objet du recours.
Le recours en révision contre une ordonnance d'arbitrage doit être soumis à la cour d'appel du ressort de l'arbitrage.

C Rédaction de l'acte de saisine (forme et contenu)

2208 Le recours en révision est formé par citation (CPC, art. 598, al. 1er). Une assignation en justice est donc recommandée pour introduire un recours en révision (CA Amiens, 1re civ., 8 juill. 2021, n° 21/02797).

S'il est dirigé contre un jugement produit au cours d'une autre instance entre les mêmes parties devant la juridiction dont émane le jugement, la révision est demandée suivant les formes prévues pour la présentation des moyens de défense (CPC, art. 598, al. 2). Il s'agira ici de conclusions.

Lorsqu'elle doit être précédée d'une tentative de conciliation, de médiation ou de procédure participative, les diligences entreprises en vue d'une résolution amiable du litige ou la justification de la dispense d'une telle tentative : préciser « les diligences entreprises en vue de parvenir à une résolution amiable du litige » (CPC, art. 54) ; et ce, même si en la matière, un arrangement amiable ne semble pas pouvoir aisément apaiser le différend. Et, compte tenu de la brièveté du délai, il va de soi que le demandeur ne va pas faire d'excès de zèle à chercher, avant de citer, une éventuelle solution amiable ; et ce d'autant que la rétractation d'une décision de justice ne pourrait procéduralement intervenir par aucun des modes amiables visés à l'article 750-1 du Code de procédure civile.

Par ailleurs, le cas d'un tel recours contre un jugement produit dans une instance en cours exclut à l'évidence le moindre mode amiable.

> REMARQUE **Le praticien, s'il veut parer au dépôt par le défendeur de conclusions d'irrecevabilité pour non-respect du délai de deux mois (CPC, art. 596), a intérêt à motiver la partie de ses écritures visant à établir que son client, demandeur, n'a pas eu connaissance de la cause alléguée plus de deux mois avant la délivrance de la citation.**

D Communication au ministère public

2209 Si, et c'est le cas le plus fréquent, le recours en révision est formé par citation, le demandeur doit dénoncer celle-ci au ministère public ; ce qui est d'ordre public.

2210 **Sous quelle forme le recours doit-il être dénoncé ?** Lorsque le recours en révision est formé par citation, la communication au ministère public est faite par le demandeur auquel il incombe, à peine d'irrecevabilité de son recours, de dénoncer cette citation au ministère public (CPC, art. 600).

Recourir à la forme de l'acte de commissaire de justice, comme s'il s'agissait d'une dénonciation courante à la requête d'une des parties, s'impose donc.

> REMARQUE **L'avocat sera bien avisé de préparer lui-même avec soin l'acte à signifier, et, outre la citation, en profitera pour faire par le même acte, dénoncer et laisser copie des pièces dont il entend faire état.**
> **Pour éviter toute éventuelle discussion, il insistera auprès du commissaire de justice pour que celui-ci remette bien l'acte à un membre du parquet, soit le procureur ou l'un des substituts, et ne se contente pas de le remettre à un fonctionnaire de ce même parquet.**

Lorsque la révision est demandée par conclusions en application de l'alinéa 2 de l'article 598 du Code de procédure civile, le texte est taisant sur la forme de la communication au ministère public. Celle-ci devrait donc se faire selon le droit commun, c'est-à-dire à la diligence du juge (CPC, art. 428). Cela dit, signifier au ministère public par acte du palais de telles conclusions n'est ni interdit, ni superflu, sauf à remarquer l'éventuelle difficulté pratique de cette signification spécifique au parquet si l'on souhaite utiliser le RPVA.

Quant à l'avis à donner au parquet de la date d'audience (CPC, art. 429), il ne pose pas de problème particulier lorsque la citation dénoncée porte elle-même cette date ; ce qui est le droit commun pour les assignations devant le tribunal judiciaire (CPC, art. 751).

2211 **Comment réagir en cas de renvoi de l'affaire à une date ultérieure ?** Si un renvoi intervient, il serait prudent pour le demandeur, si le ministère public n'était pas présent à cette audience, de prévenir celui-ci de la date de renvoi, même si cela peut faire double emploi avec un avis du greffe.

E Instruction du recours en révision

2212 Le demandeur au recours en révision doit, comme en toute instance, communiquer à son ou ses contradicteurs, ainsi qu'au ministère public, les pièces qu'il entend faire valoir, et qui sont visées à ses écritures.

Exercer un recours en révision

Il serait du reste paradoxal que le plaideur, sollicitant une révision du fait qu'il a été victime d'une fraude en cours de procédure, se livre lui-même à une déloyauté procédurale ; étant noté que le recours en révision est exclu contre un jugement de révision (CPC, art. 603).

F Audience (convocation, comparution, déroulement)

2213 Celle-ci ne diffère en rien de l'audience antérieure ayant précédé la décision, objet du recours. Simplement le ministère public, à qui le recours aura été communiqué par le greffe, et qui aura été informé de la date d'audience, pourra être présent à celle-ci pour y prendre ses réquisitions. Il est ici rappelé qu'il résulte des articles 431 et 444 du Code de procédure civile :

- que le ministère public, étant en la matière, non pas une partie principale, mais une partie jointe, n'est pas tenu d'être présent à l'audience, et peut se contenter de faire connaître son avis à la juridiction en lui adressant des conclusions écrites, lesquelles doivent être mises à la disposition des parties au plus tard avant l'audience ;
- que s'il est présent à l'audience, il peut se contenter de développer oralement ses conclusions, donc non forcément écrites, et doit avoir la parole en dernier. S'il estime ne pas pouvoir prendre la parole sur-le-champ, il peut demander que son audition soit reportée à une prochaine audience.

La partie qui reçoit au dernier moment des conclusions du ministère public, doit pouvoir solliciter un renvoi pour les examiner sérieusement. Ceci dit, mais dans un autre cadre qu'un recours en révision, la Cour de cassation, à propos de l'avis du ministère public, a estimé qu'étant sans influence sur la solution du litige, il pouvait ne pas être communiqué aux parties (Cass. 2e civ., 1er sept. 2016, n° 15-14.596).

Par ailleurs, en sus des parties aux débats initiaux, peut se rencontrer un tiers intervenant conformément au droit commun, qu'il s'agisse d'une intervention volontaire ou forcée.

> **EXEMPLE** **Car l'auteur du recours peut attraire le complice de la fraude ayant vicié la première procédure.**

Rien ne s'oppose, tant devant le tribunal judiciaire que la cour d'appel, à ce que l'audience soit tenue par un magistrat unique, si aucune des parties ne s'y oppose.

Néanmoins, étant donné qu'il s'agit d'une voie de recours extraordinaire, et par ailleurs rarissime, visant à rétracter une précédente décision de la même juridiction, on imagine mal que celle-ci n'examine pas le dossier en formation collégiale.

G Décision (forme, contenu, caractères, effets, suite)

2214 À moins qu'elle n'ordonne un complément d'instruction, par exemple pour mieux cerner l'existence d'une fraude ayant vicié sa précédente décision, la juridiction prononcera :

- soit le rejet pur et simple du recours, avec toutes suites et conséquences quant au sort des dépens, et des frais irrépétibles ;
- soit le déclarera recevable et bien fondé en rétractant totalement ou partiellement sa précédente décision ; ce qui aboutira à ce qu'une nouvelle décision fasse la loi des parties.

H Recours ou contestation (parties ou tiers)

2215 Une partie n'est pas recevable à demander la révision d'un jugement rendu sur son propre recours en révision (CPC, art. 603, al. 1er).

Mais le deuxième alinéa du même article, en précisant que « le jugement qui statue sur le recours en révision ne peut être attaqué par cette voie », étend cette impossibilité à toutes les parties.

Pour autant, peut-on se demander si cette interdiction est absolue, puisque, même pour le demandeur au premier recours, une exception est prévue « pour une cause qui se serait révélée postérieurement », ce qui doit être précisément toujours le cas ?

Par contre, les autres voies de recours sont ouvertes sans restriction selon les règles du droit commun.

I Éventuel effet indirect d'un recours en révision

2216 Attention à bien cerner le cas particulier de l'article 599 du Code de procédure civile lequel vise l'hypothèse suivante : une instance est pendante.

Une partie produit en demande ou défense un jugement rendu par une autre juridiction. Celui à qui on l'oppose répond qu'il s'est pourvu, ou va se pourvoir, en révision contre ce jugement.

La juridiction saisie de la cause dans laquelle il est produit peut, selon les circonstances, et souverainement, passer outre ou surseoir à statuer jusqu'à ce que le recours en révision annoncé soit jugé.

CHECK-LIST • Vérifier que la décision, objet du recours en révision, est passée en force de chose jugée, que le client a été partie et que le jugement lui fait grief.
• S'assurer que les faits de l'espèce recouvrent un des quatre cas d'ouverture énumérés à l'article 595 du Code de procédure civile.
• Établir que l'auteur du recours n'a pu, sans faute de sa part, faire valoir la ou les causes qu'il invoque avant que la décision ne soit passée en force de chose jugée.
• Introduire le recours en révision, par citation, dans un délai de deux mois à compter du jour où le demandeur au recours a eu connaissance de la cause de révision qu'il invoque.
• Introduire le recours en révision contre la décision devant la juridiction ayant rendu le jugement objet du recours.
• Soumettre le recours en révision contre une ordonnance d'arbitrage à la cour d'appel du ressort de l'arbitrage.
• Dénoncer le recours en révision formé par citation et les pièces annexées, au ministère public.
• Appeler à l'instance en révision toutes les parties au jugement attaqué.
• Penser aux frais de commissaire de justice, et éventuellement de greffe devant le tribunal de commerce, à faire provisionner par le client.

POUR ALLER PLUS LOIN...

Fascicules JurisClasseur

• *JCl. Procédures Formulaire*, V° *Recours en révision*, fasc. 10 et 15.

Fiche 89

Calculer les dépens

Emmanuelle GAROT
Actualisé par Christian LAPORTE

Sommaire

I Aperçu rapide

A Éléments clés

2217 Le calcul des dépens ne doit pas être négligé par les praticiens.
Cette opération sert de base au recouvrement des débours exposés par le client auprès de la partie adverse qui perd son procès, laquelle est généralement condamnée aux dépens.

2218 **Première étape.** Répertorier ce qui entre dans la catégorie des dépens.
Le décompte des dépens suppose de ne prendre en considération que les frais entrant dans cette catégorie.
Les débours constituant des dépens, doivent être afférents aux instances, actes et procédures d'exécution (Cass. 3e civ., 17 mars 2004, n° 00-22.522 : *JurisData* n° 2004-022863 ; *Bull. civ.* III, n° 56). Leur liste est **limitative** (CPC, art. 695) :
1° les droits, taxes, redevances ou émoluments perçus par les greffes des juridictions ou l'administration des impôts à l'exception des droits, taxes et pénalités éventuellement dus sur les actes et titres produits à l'appui des prétentions des parties ;
2° les frais de traduction des actes lorsque celle-ci est rendue nécessaire par la loi ou par un engagement international ;
3° les indemnités des témoins ;
4° la rémunération des techniciens ;
5° les débours tarifés ;
6° les émoluments des officiers publics ou ministériels ; attention ! les procès-verbaux de constat dressés par un huissier de justice non désigné à cet effet par décision judiciaire ne sont pas

compris dans les dépens (Cass. 2e civ., 12 janv. 2017, n° 16-10.123 : *JurisData* n° 2017-000209) ;
7° la rémunération des avocats dans la mesure où elle est réglementée y compris les droits de plaidoirie ;
8° les frais occasionnés par la notification d'un acte à l'étranger ;
9° les frais d'interprétariat et de traduction rendus nécessaires par les mesures d'instruction effectuées à l'étranger à la demande des juridictions dans le cadre du règlement (UE) n° 2020/1783 du Parlement et du Conseil du 25 novembre 2020, relatif à la coopération entre les juridictions des États membres dans le domaine de l'obtention des preuves en matière civile et commerciale ;
10° les enquêtes sociales ordonnées en application des articles 1072, 1171 et 1221 du Code de procédure civile ;
11° la rémunération de la personne désignée par le juge pour entendre le mineur, en application de l'article 388-1 du Code civil ;
12° les rémunérations et frais afférents aux mesures, enquêtes et examens requis en application des dispositions de l'article 1210-8 du Code de procédure civile.

ATTENTION Par opposition, les frais irrépétibles, non compris dans les dépens et visés à l'article 700 du Code de procédure civile, comprennent essentiellement les honoraires d'avocat, les frais de déplacement, de démarches, de voyage et de séjour, les frais engagés pour obtenir certaines pièces, les honoraires versés à certains consultants techniques amiables (brevet, informatique, *etc.*) ou experts amiables, relevés hypothécaires, extraits du registre du commerce, certificats médicaux, documents de toute nature produits en justice.

2219 **Deuxième étape.** Collationner l'ensemble des actes (assignation, conclusions, jugement, *etc.*) et pièces justificatives des frais.

2220 **Troisième étape.** Procéder au calcul des débours et des droits en vue de préparer l'état de frais qui sera adressé au conseil de la partie perdante aux fins de règlement, et qui, à défaut, fera l'objet d'une procédure de taxation (V. Fiche 90 : Comment recouvrer les dépens ?).

B Textes

- CPC, art. 695.
- CPC, art. 700.
- C. com., art. L. 444-1 à L. 444-3.
- C. com., art. A. 444-187, A. 444-191 et A. 444-192.
- L. n° 2015-990, 6 août 2015, art. 51 pour la croissance, l'activité et l'égalité des chances économiques, dite « loi Macron » : *JO* 7 août 2015, p. 13537.
- D. n° 2016-230, 26 févr. 2016, relatif aux tarifs de certains professionnels du droit et au fonds interprofessionnel de l'accès au droit et à la justice.
- D. n° 2017-862, 9 mai 2017, relatif aux tarifs réglementés de postulation des avocats en matière de saisie immobilière, de partage, de licitation, et de sûretés judiciaires.
- A. 6 juill. 2017 fixant les tarifs réglementés de postulation des avocats en matière de saisie immobilière, de partage, de licitation et de sûretés judiciaires.
- A. 8 août 2019 fixant les tarifs réglementés de postulation des avocats en matière de saisie immobilière, de partage, de licitation et de sûretés judiciaires.
- A. 2 août 2021 fixant les tarifs réglementés de postulation des avocats en matière de saisie immobilière, de partage, de licitation et de sûretés judiciaires.
- A. 23 août 2023 fixant les tarifs réglementés de postulation des avocats en matière de saisie immobilière, de partage, de licitation et de sûretés judiciaires.

II Préparation

A Informations préalables

2221 Ces informations doivent être collectées dès l'ouverture du dossier, et au fur et à mesure de la ou des procédures.
Procéder dans chaque dossier à un classement méthodique permettant ensuite de faire l'inventaire des pièces nécessaires au calcul des dépens, et notamment :
– commandement préalable et nécessaire à l'instance (par ex., un commandement de payer visant la clause résolutoire) ;
– frais de publication foncière lorsque ceux-ci sont obligatoires (par ex., en matière d'action en nullité ou de réalisation de vente immobilière) ;
– assignation ;
– constitution (TJ et CA) ;
– conclusions (TJ et CA) ;
– frais d'expertise judiciaire dont il a été fait l'avance (avis et reçus de consignation) ;
– jugement ;
– signification à avocat (TJ et CA) ;
– signification à partie ;
– frais d'exécution (actes et factures d'huissiers).

B Inventaire des solutions et éléments de décisions

1 Procédure sans représentation obligatoire

2222 Le calcul des dépens est facilité lorsque l'instance se déroule devant une juridiction sans représentation obligatoire.
Il s'agit en effet seulement de recouvrer les frais :
- d'assignation ;
- de signification de jugement à partie ;
- éventuels d'exécution forcée ;
- de greffe devant le tribunal de commerce.

À ces frais, ajouter le droit de plaidoirie (actuellement de 13 € : CSS, art. R. 652-28).
Il est exigible dans le cadre de toutes les procédures devant les juridictions administratives de droit commun et les juridictions de l'ordre judiciaire.
Il n'est pas dû (CSS, art. R. 652-26) devant :
- les conseils de prud'hommes (y compris en départage) et les tribunaux judiciaires statuant en matière prud'homale ;
- les tribunaux de police statuant en matière de contraventions des quatre premières classes ;
- les juridictions statuant en matière de contentieux de la sécurité sociale ou de contentieux électoral ;
- le Conseil d'État et la Cour de cassation pour les affaires dispensées du ministère d'avocat.

Il n'est pas dû dans les procédures comportant la tenue d'une audience à bref délai dont la liste est fixée par arrêté du garde des Sceaux, lorsque l'avocat prête son concours à une personne bénéficiant de l'aide juridictionnelle totale en application de la loi n° 91-647 du 10 juillet 1991, relative à l'aide juridique.

2 Procédure avec représentation obligatoire

2223 Dans les états de frais, il fallait faire apparaître, avant leurs suppressions par la loi « Macron » du 6 août 2015, les :
- débours avancés pour le compte du client (frais d'actes d'huissiers de justice, droits de plaidoirie) ;
- droits fixes ;
- droits proportionnels ;
- émoluments.

2224 **Devant la cour d'appel.** Il n'y a plus de tarif de postulation en appel pour toutes les procédures d'appel initiées postérieurement au 1er janvier 2012. Pas de rémunération spécifique à la postulation susceptible de pouvoir être recouvrée à l'encontre de la partie condamnée aux dépens.
L'état des frais sera donc succinct comme dans le cadre des procédures sans représentation obligatoire.
Ne pas oublier, jusqu'au 31 décembre 2026, le droit affecté de 225 € (CGI, art. 1635 bis P).

2225 **Devant le tribunal judiciaire.** Il n'existe plus – sauf en matière de saisie immobilière, de partage, de licitation et de sûretés judiciaires (tarif déterminé selon les modalités prévues au titre IV bis du livre IV du Code de commerce) – de tarif de postulation depuis leur suppression par la loi « Macron » du 6 août 2015.
La postulation relève des honoraires libres : les honoraires de postulation, de consultation, d'assistance, de conseil, de rédaction d'actes juridiques sous seing privé et de plaidoirie sont fixés en accord avec le client (L. n° 71-1130, 31 déc. 1971, art. 10).
L'activité est rémunérée par des honoraires, librement fixés comme les autres prestations de l'avocat, en accord avec le client et dans le respect des dispositions de l'article 10 de la loi du 31 décembre 1971.

> **ATTENTION** La contestation du montant de l'honoraire dû au titre de la postulation relève donc désormais de la compétence du bâtonnier et non plus des articles 695 à 721 du Code de procédure civile.

3 Établir l'état des frais : le tarif réglementé en certaines matières

2226 Nouveau tarif mis en place par le **décret n° 2017-862 du 9 mai 2017** relatif aux tarifs réglementés de postulation des avocats en matière de saisie immobilière, de partage, de licitation et de sûretés judiciaires et par des **arrêtés** publiés tous les deux ans, le premier étant en date du 6 juillet 2017 et le dernier du 23 août 2023, conformément à l'article L. 444-1 du Code de commerce.
Les avocats continuent à bénéficier du tarif des notaires pour la rémunération de leurs prestations en matière de saisie immobilière, à savoir :
- outre le remboursement des frais exposés ou des débours ;
- d'émoluments, fixes ou variables, de chaque prestation que l'on trouve au tableau 6 de l'article annexe 4-7 visé à l'article R. 444-3 du Code de commerce ;
- l'article A. 444-191 du Code de commerce renvoie aux tarifs des notaires pour la perception des émoluments en cas de vente et au tarif des mandataires judiciaires pour la distribution du prix de l'immeuble.

Les émoluments de vente, dus aux avocats en cas de vente amiable sur autorisation judiciaire, de vente de gré à gré au sens de l'article L. 322-1 du Code des procédures civiles d'exécution (C. com., art. A. 444-191, V qui renvoie à l'article A. 444-91) et de vente forcée (C. com., art. A. 444-191, I qui renvoie à l'article A. 444-102, 1°), fixés jusqu'au 29 février 2024 (mod. A. 25 févr. 2022 fixant les tarifs réglementés des notaires) et applicables en matière de saisie immobilière ; la nouvelle période des tarifs est fixée du 1er mars 2024 au 28 février 2028 par l'arrêté en date du 28 février 2024 fixant l'objectif de taux de résultat moyen et les tarifs réglementés des notaires ; il n'y a pas d'incidence sur le montant des émoluments des avocats qui restent stables.

Les émoluments sont partagés entre l'avocat poursuivant, l'avocat de l'adjudicataire et, le cas échéant, l'avocat du surenchérisseur (V. C. com., art. A. 444-191, I).

L'état de frais, comprenant les frais, débours et émoluments doit être soumis par le créancier poursuivant à la taxe du juge de l'exécution lors de l'audience d'orientation (CPC exéc., art. R. 322-21, al. 2) ce qui permettra d'en obtenir le versement par l'acquéreur en cas de vente amiable autorisée par le juge (CPC exéc., art. R. 322-24, al. 2).

ATTENTION En vertu de l'article A. 444-191, V du Code de commerce, en cas de vente amiable sur autorisation judiciaire, ou de vente de gré à gré dans les conditions prévues au deuxième alinéa de l'article L. 322-1 du Code des procédures civiles d'exécution, l'avocat poursuivant perçoit l'émolument perçu par les notaires en application de l'article A. 444-91 dudit code.

En matière de distribution du prix de vente, l'article A. 444-192, alinéa 1er, précise que les actes réalisés en matière de distribution du prix (numéro 4 du tableau 6 de l'article annexe 4-7) donnent lieu à la perception de l'émolument perçu par les mandataires judiciaires en application de l'article A. 663-28 ; mais l'émolument est réduit de moitié dans la distribution amiable du prix en cas de créancier unique (C. com., art. A. 444-192, al. 2).

III Mise en œuvre

A Ne plus prendre en compte les tarifs de postulation anciens

2227 Il en est ainsi :
- pour les tribunaux judiciaires, s'agissant des procédures engagées à compter du 8 août 2015 ;
- pour la cour d'appel, s'agissant des appels interjetés à compter du 1er janvier 2012.

1 Inclure les débours dans le décompte de dépens anciens

2228 Sont comptés comme débours (D. n° 60-323, 2 avr. 1960, art. 65, qui survit temporairement pour les procédures anciennes, donc soumises à l'ancien tarif de postulation des avocats) :
- les copies ou extraits de pièces à signifier, s'il s'agit de jugements, actes de procédure, actes notariés ou sous seing privé, procès-verbaux, expéditions de toutes espèces, délivrés tant par les greffiers que par tous autres fonctionnaires ou officiers publics ;
- la copie collationnée prévue par l'article 2194 du Code civil ;
- les copies de l'extrait à dénoncer aux créanciers inscrits ;
- les frais de voyage ;
- les frais de papeterie, d'impression et de correspondance : il s'agit d'un « droit gradué » fixé forfaitairement par l'article 2 du décret n° 75-785 du 21 août 1975, en fonction du montant des émoluments :
  • total des émoluments égal ou inférieur à 6 € : 4,6 €,
  • total des émoluments compris entre 6 € et 15 € : 6,4 €,
  • total des émoluments compris entre 15 € et 29 € : 8,9 €,
  • total des émoluments supérieur à 29 € : 15 € ;
- en matière de vente judiciaire, les frais de publicité.

ATTENTION Les copies de pièces visées à l'article précédent comportent au minimum :
a) lorsqu'elles sont établies à la main : 32 lignes de 10,5 cm de longueur à la première page et 37 lignes de 15 cm de longueur aux pages suivantes ;
b) lorsqu'elles sont imprimées ou dactylographiées : 43 lignes de 10,5 cm de longueur

à la première page et 48 lignes de 15 cm de longueur aux pages suivantes.
Les copies de pièces visées à l'article 65 sont rémunérées à la page, toute page commencée étant due en entier, sur la base du « tarif général des greffiers en matière civile pour les expéditions ordinaires ».
Lorsqu'une pièce est copiée en plusieurs exemplaires, l'émolument n'est perçu intégralement que pour le premier exemplaire et les suivants, il est réduit pour chacun au quart.
Par contre, les copies de pièces incorrectes ou illisibles ne donnent droit à aucun émolument (D. n° 60-323, 2 avr. 1960, art. 66).

2 Droits et émoluments à inclure dans les décomptes de dépens anciens

2229 Outre les débours, il est alloué à l'avocat postulant :
- un droit fixe, d'une part ;
- et un droit proportionnel, d'autre part.

a) Droit fixe

2230 Ce droit, dans le cadre d'une instance contradictoire sur demande principale est de 5,49 € (D. n° 60-323, 2 avr. 1960, art. 2 et s., qui survit pour les procédures anciennes soumises à l'ancien tarif de postulation des avocats).
Le droit fixe est réduit de moitié dans les cas suivants :
- l'intérêt du litige n'excède pas 457 € ;
- la demande n'est pas contestée ;
- l'instance terminée par un jugement rendu sur requête ouvre droit à tout ou partie du droit proportionnel ;
- l'instance est relative à un accident du travail agricole, dans les cas prévus aux articles L. 751-5 et suivants du Code rural et de la pêche maritime ;
- l'instance se termine par un jugement rendu par défaut (D. n° 60-323, 2 avr. 1960, art. 15) ;
- dans toute instance, contradictoire ou par défaut, s'il y a jugement distinct sur incident ou ordonnance du juge de la mise en état (D. n° 60-323, 2 avr. 1960, art. 20) ;
- l'avocat qui appelle en garantie ou en intervention reçoit, outre les émoluments qui peuvent lui être dus au titre de la cause principale, la moitié des droits fixes, quel que soit le nombre des appelés (D. n° 60-323, 2 avr. 1960, art. 21) ;
- si une mesure d'instruction est ordonnée (D. n° 60-323, 2 avr. 1960, art. 56) ;
- en matière d'homologation d'une liquidation après partage, si la demande d'homologation n'est pas contestée ou si la liquidation ordonnée, faite et approuvée, n'est pas soumise à l'homologation.
Le droit fixe est toujours perçu en entier quel que soit le stade de la procédure quand l'affaire est terminée par désistement ou transaction avant jugement sur le fond.
Lorsque la transaction intervient avec le concours de l'avocat et après jugement sur le fond, il est alloué le droit fixe augmenté de moitié (D. n° 60-323, 2 avr. 1960, art. 22).

ATTENTION Il ne peut être perçu qu'un droit fixe dans une même cause, même si l'avocat a occupé pour plusieurs parties ayant ou non des intérêts distincts.
On doit considérer comme formant une même cause toutes les demandes, même introduites séparément, sur lesquelles, par suite d'une jonction, il a été statué par un seul et même jugement.

b) Droit proportionnel

2231 Ce droit est calculé en fonction du montant de l'intérêt du litige sur la base d'un barème fixé par l'article 4 du décret du 2 avril 1960 qui survit pour les procédures anciennes soumises à l'ancien tarif de postulation des avocats :
- 3 % de 0 € à 1 068 € ;
- 2 % de 1 068,01 € à 2 135 € ;
- 1 % de 2 135,01 € à 3 964 € ;
- 0,5 % de 3 964,01 € à 9 147 € ;
- 0,25 % au-delà de 9 147 €.
L'intérêt du litige est déterminé par le montant de la demande contenue dans les conclusions (D. n° 60-323, 2 avr. 1960, art. 5).
En cas de pluralité de demandes, le droit proportionnel se calcule sur le chef de demande le plus élevé (D. n° 60-323, 2 avr. 1960, art. 6).
Concernant une demande principale en dommages et intérêts, l'intérêt du litige est celui résultant des conclusions jusqu'à 457 €.
Au-delà de cette somme, l'intérêt du litige servant de base au calcul du droit proportionnel correspond au total des préjudices reconnus par le tribunal et servant de base au montant des condamnations.
En l'absence d'intérêt pécuniaire, l'article 13 fixe un « droit variable » correspondant à un multiple du droit fixe.
Le droit variable est, en pratique, évalué par le juge taxateur au regard de la difficulté et de l'importance de l'affaire.

B Établir un état de frais, c'est-à-dire un état des dépens récupérables sur la partie succombante

2232 Ce calcul se trouve aujourd'hui allégé en raison d'une part, de la dématérialisation de la procédure et d'autre part, de la suppression des tarifs de postulation devant le tribunal judiciaire, d'une part, et la cour d'appel, d'autre part.
Mais il est toujours préconisé d'établir un état de frais, que la procédure soit avec ou sans représentation obligatoire.

1 Exemple d'état de frais dans une ancienne procédure devant le tribunal de grande instance

2233 Affaire : ...... *(identification de l'affaire)*
...... (identification du client)
Décision :...... (références du jugement ou de l'ordonnance)
ÉTAT DES FRAIS DUS À...... (Identification de l'avocat)
(remarque : le coût d'un acte à prendre en compte se trouve en dernière page de l'acte)

	Débours	Droits	Non soumis à TVA
Assignation HT	49,56 €		
Droits fixe		5,49 €	
Droit de plaidoirie			13 €
Droit proportionnel sur 20000		124,71 €	
Notification de jugement à avocat	7,80 €		
Signification jugement à partie	44,08 €		
Totaux	101,44 €	130,20 €	
Total HT	231,64 €		
TVA (20 %)	46,32 €		
TTC	277,96 €		
Non soumis à TVA	13 €		
Total général	290,96 €		

... *(Date)*
(Signature et cachet)

2 Exemple d'état de frais dans une procédure avec ou sans représentation obligatoire (T. corr. – TJ sauf les frais de greffe)

2234 **ÉTAT DES FRAIS DUS À...... *(Identification de l'avocat)***
Affaire : ...... (identification de l'affaire)
...... (identification du client)
Décision :...... (références du jugement ou de l'ordonnance)
(remarque : le coût d'un acte à prendre en compte se trouve en dernière page de l'acte)

	Frais exposés	Non soumis à TVA
Assignation HT	49,56 €	
Frais de greffe	61,76 €	
Droit de plaidoirie		13 €
Signification jugement à partie	44,08 €	
Total HT	155,40 €	
TVA (20 %)	31,08 €	
Total TTC	186,48 €	
Non soumis à TVA		13 €
Total général des frais	199,48 €	

.... *(Date)*
(Signature et cachet)

3 Exemple d'état de frais dans une procédure devant la cour d'appel

2235 Affaire :...... *(identification de l'affaire)*
...... (identification du client)
Décision :...... (références de l'arrêt ou de l'ordonnance)
ÉTAT DES FRAIS DUS À...... (Identification de l'avocat)

	Frais exposés	Non soumis à TVA
Droit affecté (CGI, art. 1635 bis P)		225 €
Droit de plaidoirie		13 €
Notification d'arrêt à avocat	7,80 €	
Signification d'arrêt à partie	44,08 €	
Totaux	51,88 €	238 €
Total HT	51,88 €	
TVA (20 %)	10,37 €	
TTC	62,25 €	
Non soumis à TVA		238 €
Total général	300,25 €	

... *(Date)*
... (Signature et cachet)

CHECK-LIST **• Prendre connaissance de la liste limitative des dépens (CPC, art. 695).**
• Collationner les pièces justificatives.
• Procéder au calcul des dépens.
• Établir un état de frais.

Calculer les dépens

POUR ALLER PLUS LOIN...

Fascicules JurisClasseur
- *JCl. Procédure civile*, fasc. 400-85 (Dépens).
- *JCl. Procédures Formulaire*, V° *Frais et dépens en matière civile*, fasc. 10 et 15.

Fiche pratique
- V. Fiche 90 : Comment recouvrer les dépens ?

Fiche 90
Comment recouvrer les dépens ?

Emmanuelle GAROT
Actualisé par Christian LAPORTE

Sommaire

I Aperçu rapide

A Caractéristiques générales

2236 Les dépens sont les frais relatifs aux actes ou procédures judiciaires qui peuvent être répétés par la partie qui en a fait l'avance sur l'autre.
En principe, les dépens sont à la charge de la partie perdante, à moins que le juge, par décision motivée, n'en mette la totalité ou une fraction à la charge d'une autre partie. (CPC, art. 696).
Les dépens sont limitativement énumérés par l'**article 695** du Code de procédure civile (CPC, art. 695). Ce sont :
– les droits, taxes, redevances ou émoluments perçus par :
• les greffes des juridictions ou,
• l'administration des impôts (à l'exception des droits, taxes et pénalités éventuellement dus sur les actes et titres produits à l'appui des prétentions des parties) ;
– les frais de traduction des actes lorsque celle-ci est rendue nécessaire par la loi ou un engagement international ;
– les indemnités des témoins ;
– la rémunération des techniciens ;
– les débours tarifés ;
– les émoluments des officiers publics ou ministériels ;
– la rémunération des avocats dans la mesure où elle est réglementée y compris les droits de plaidoirie ;
– les frais occasionnés par la notification d'un acte à l'étranger ;

– les frais d'interprètes et de traductions rendus nécessaires par les mesures d'instruction effectuées à l'étranger à la demande des juridictions dans le cadre du règlement (UE) n° 2020/1783 du Parlement et du Conseil du 25 novembre 2020 relatif à la coopération entre les juridictions des États membres dans le domaine de l'obtention des preuves en matière civile et commerciale ;
– les enquêtes sociales ordonnées en application des articles 1072,1171 et 1221 du Code de procédure civile ;
– la rémunération de la personne désignée par le juge pour entendre le mineur, en application de l'article 388-1 du Code civil (C. civ., art. 388-1) ;
– les rémunérations et frais afférents aux mesures, enquêtes et examens requis en application des dispositions de l'article 1210-8 du Code de procédure civile (ex. : examen médical, psychiatrique ou psychologique de l'enfant) (CPC, art. 1210-8).

B Conditions d'utilisation

2237 La **procédure de recouvrement** est prévue par les articles 704 à 718 du Code de procédure civile (CPC, art. 704 à 718).
Elle comprend deux phases successives :
– vérification administrative préalable du montant des dépens par le greffier de la juridiction (CPC, art. 705) ;
– contestation, devant le juge taxateur, de la vérification faite par le greffier vérificateur puis, éventuellement, recours contre l'ordonnance de taxe du juge devant le premier président de la cour d'appel (CPC, art. 708, 714 et 715).
Les avocats ont le **droit de recouvrer directement** les dépens à condition (CPC, art. 699) :
– qu'ils en aient fait l'avance sans avoir reçu provision ;
– qu'ils soient intervenus dans les matières où leur ministère est obligatoire tant en première instance qu'en cause d'appel ;
– que la condamnation aux dépens soit assortie à leur profit du droit de recouvrer directement contre la partie condamnée.

> ATTENTION Ce droit ne peut être accordé lorsque l'instance se termine :
> – par un désistement ;
> – par un acquiescement ;
> – par une transaction intervenue par acte extrajudiciaire, sauf homologation de l'accord intervenu par le juge qui constatera l'extinction de l'instance et se prononcera sur le sort des dépens.

Le droit de recouvrer directement les dépens sur la partie condamnée est une faculté.

L'avocat a également la possibilité de recouvrer ces dépens à l'encontre de son mandant, en vertu du mandat *ad litem* qui lui a été confié (C. civ., art. 1999).
L'auxiliaire de justice peut donc se tourner indifféremment :
– vers la partie condamnée aux dépens ;
– vers son propre client, notamment si la partie condamnée aux dépens a disparu ou est notoirement insolvable.

> ATTENTION Le recouvrement des sommes avancées par l'État au titre de l'aide juridictionnelle est effectué par le comptable de la Direction générale des finances publiques au vu d'un titre de perception établi et rendu exécutoire par l'ordonnateur compétent. Le titre de perception est notifié à la personne contre qui les sommes sont à recouvrer par les comptables publics (D. n° 2020-1717, 28 déc. 2020, art. 124).

En application de l'article 2224 du Code civil, la prescription est de **cinq ans** à compter de la date à laquelle les frais sont apparus, même si l'affaire n'est pas terminée et même s'il y a eu continuation d'actes de leur ministère par les avocats.
La prescription commence à courir lorsque l'action en vérification des dépens est ouverte, notamment par application des articles 2233 et 2234 du Code civil.
Ceci implique qu'à l'égard de la partie perdante, le délai ne commence à courir qu'au moment où une décision exécutoire quant aux dépens a été rendue.

C Avis du professionnel

2238 Il est d'usage que l'avocat de la partie gagnante adresse à son confrère un état des dépens chiffrés aux fins de règlement par la partie perdante et ce, après avoir obtenu une décision de condamnation (V. Fiche 89 : Calculer les dépens).
La procédure de recouvrement ne sera mise en œuvre qu'à défaut de paiement spontané des dépens ou de contestation par la partie perdante.
Si le titre servant de fondement aux poursuites permet le recouvrement des frais de l'exécution forcée qui sont à la charge du débiteur, une partie ne peut poursuivre, par voie d'exécution forcée, le recouvrement des dépens d'instance par elle avancés qu'au vu d'un certificat de vérification ou d'une ordonnance de taxe exécutoires (Cass. 2e civ., 17 mars 2016, n° 15-10.564 : *JurisData* n° 2016-005208 ; *Procédures* 2016, comm. 153, L. Raschel).

D Textes

- CPC, art. 695, 699, 704 à 718.

E Schéma procédural

2239 • Demande de vérification des dépens : préalable obligatoire à la taxation éventuelle par le juge et au recouvrement forcé des dépens. La demande de vérification des dépens est transmise sans forme particulière avec l'état de frais et débours ainsi que les pièces justificatives au greffier de la juridiction concernée.
• Vérification du décompte produit par le greffier vérificateur.
• Remise ou envoi par simple lettre du greffier à l'avocat du certificat de vérification.
• Notification par la partie poursuivante à l'adversaire du compte vérifié par acte d'avocat à avocat ou par lettre recommandée avec demande d'avis de réception La signification par acte de commissaire de justice, lorsqu'il n'a pas été constitué avocat, est recommandée ; de même lorsque la lettre recommandée est retournée à l'expéditeur.
• Contestation éventuelle de l'adversaire dans le délai d'**un mois** à compter de la notification (CPC, art. 706).
• Passé ce délai, la contestation est irrecevable (Cass. 2e civ., 22 oct. 1980 : *JCP* G 1981, IV, p. 13), à moins que la notification soit irrégulière pour n'avoir pas reproduit l'intégralité des dispositions de l'article 706 du Code de procédure civile.
• Délivrance d'un titre exécutoire par le greffe de la juridiction ayant rendu la décision de condamnation aux dépens, par mention d'absence de contestation dans le délai imparti sur le certificat de vérification.
• Le cas échéant, en cas de contestation de l'adversaire, recours devant le président de la juridiction concernée (ou le magistrat délégué).
• Ordonnance de taxe revêtue sur minute de la formule exécutoire.
• Notification de l'ordonnance de taxe.
• Le cas échéant, recours, suspensif (CPC, art. 714, al. 3), devant le premier président de la cour d'appel dans le délai d'**un mois** à compter de la notification de l'ordonnance de taxe.

II Préparation

A Informations préalables

2240 • Solliciter auprès du client l'ensemble des pièces en sa possession relatives au règlement des frais directement exposés par lui.
• L'informer du caractère obligatoire et préalable de la procédure de vérification des dépens.

B Contrôles préalables

2241 Procéder au récolement des pièces de procédure afin d'établir l'état des frais et débours :
- frais d'huissier ;
- droits de plaidoirie ;
- frais d'expertise.

C Pièces nécessaires

2242 • Assignation ou constitution (TJ, cour d'appel).
• Conclusions (TJ, cour d'appel).
• Actes de signification.
• Reçus de frais d'expertise éventuels.
• Tous documents justificatifs des frais répétibles aux termes de l'article 695 du Code de procédure civile (factures de commissaires de justice, commandements, *etc.*) (CPC, art. 695).
• Certificat de vérification.
• Notification.

D Coût de la procédure

2243 Frais de notification et de signification éventuelle.

III

Procédure

A Assistance et représentation

2244 L'avocat de la partie créancière des dépens en première instance et en appel met en œuvre la procédure de recouvrement.

B Compétence

2245 La juridiction ayant rendu la décision est compétente pour connaître de la procédure de taxation.

C Parties

2246 Le créancier et le débiteur des dépens.

D Rédaction de l'acte de saisine

1 Saisine du greffe de la juridiction

2247 La demande de vérification du montant des dépens peut être formulée « sans forme » (ce sera généralement par écrit) auprès du greffe de la juridiction qui a connu de l'affaire (CPC, art. 704, al. 1er).
La demande est accompagnée du compte détaillé que l'avocat est tenu de remettre aux parties en vertu de la réglementation tarifaire applicable.
Ce compte mentionne les provisions reçues (CPC, art. 704, al. 2).

2 Saisine du juge taxateur en cas de contestation de la vérification

a) Forme de la contestation

2248 Celui qui entend contester la vérification peut présenter une demande d'ordonnance de taxe : par lui-même ou par l'intermédiaire de son représentant (CPC, art. 708).
La demande est faite oralement ou par écrit au secrétariat de la juridiction qui a vérifié le compte et doit être motivée et accompagnée du certificat de vérification (CPC, art. 708).

b) Délai de contestation

2249 La contestation du compte vérifié doit être faite dans le délai d'**un mois** suivant notification (CPC, art. 706, al. 1er).
Viole les dispositions de ce texte, la cour d'appel qui déboute une partie de sa contestation relative aux dépens sans constater que le compte vérifié lui avait été notifié (Cass. 2e civ., 20 avr. 2017, n° 15-29.282 : *JurisData* n° 2017-007583).

ATTENTION La date de notification par voie postale de la contestation d'un état de vérification des dépens est, à l'égard de celui qui y procède, celle de l'expédition et non celle de la réception par le greffe (Cass. 2e civ., 26 mars 2015, n° 14-50.006 : *JurisData* n° 2015-006346).

E Audience

1 Procédure de vérification devant le greffier de la juridiction

2250 Pas d'audience au stade de la vérification.
Le greffier vérificateur de la juridiction vérifie le montant des dépens après avoir, s'il y a lieu, procédé aux redressements nécessaires afin de rendre le compte conforme aux tarifs (CPC, art. 705).

2 Procédure devant le juge taxateur

2251 L'audience n'est pas obligatoire devant le juge taxateur.
Si le juge taxateur l'estime nécessaire, il peut renvoyer la demande, en l'état, à une audience du tribunal dont il fixe la date (CPC, art. 712).
Le greffier de la juridiction doit convoquer les parties au moins **quinze jours** à l'avance (CPC, art. 712).
Le président de la juridiction (ou le magistrat délégué) recueille les observations du défendeur à la contestation ou les lui demande ; il peut analyser tous documents qu'il juge utiles (CPC, art. 709).
Le principe du contradictoire impose au juge taxateur de s'assurer que les observations du défendeur à la contestation ont été portées à la connaissance du contestant (Cass. 2e civ., 22 mars 2001, n° 99-17.345 : *JurisData* n° 2001-008896 ; *Bull. civ.* II, n° 59. – Sur la nécessité d'un débat contradictoire, V. aussi : Cass. 2e civ., 10 mars 2011, n° 10-16.084 : *JurisData* n° 2011-004496).
Le juge statue tant sur la demande de taxe que sur les autres demandes afférentes au recouvrement

des dépens (CPC, art. 710) : par exemple sur une demande tendant à obtenir des délais de paiement pour le règlement des frais vérifiés (CA Paris, ord. prem. prés., 14 févr. 2000 : *Bull. avoués* 2000, n° 2, p. 65. – CA Paris, ord. prem. prés., 22 mai 2000 : *Bull. avoués* 2000, n° 1, p. 38. – *Contra* CA Paris, ord. prem. prés., 13 sept. 1999, 25 oct. 1999, 14 févr. 2000 et 17 avr. 2000 : *Bull. avoués* 2000, n° 2, p. 64).

ATTENTION Le juge taxateur est incompétent pour modifier la décision sur la charge des dépens (CA Paris, 26 mars 1990 : *D.* 1990, jurispr. p. 514, obs. J. Vasserot).
Il ne peut décharger la partie condamnée aux dépens au motif de la modestie de ses revenus ou de son impossibilité de payer les dépens vérifiés (CA Paris, ord. prem. prés., 16 sept. 2002 : *Bull. avoués* 2002, n° 3, p. 18).

F Décision

1 Certificat de vérification

a) Délivrance du certificat

2252 Le greffier vérificateur remet ou adresse par simple lettre à l'intéressé un certificat de vérification (CPC, art. 705, *in fine*).

b) Notification du certificat

2253 Le poursuivant notifie le compte vérifié à l'adversaire (CPC, art. 706, al. 1).

ATTENTION La notification emporte acceptation par son auteur du compte vérifié (CPC, art. 706, al. 1er, *in fine*).

La notification doit mentionner le délai de contestation et les modalités de son exercice et préciser qu'à défaut de contestation dans le délai indiqué, le certificat de vérification peut être rendu exécutoire (CPC, art. 706, al. 2).
En l'absence de contestation dans le délai imparti, la partie poursuivante demande au greffier vérificateur d'en faire mention sur le compte vérifié ; cette mention vaut titre exécutoire (CPC, art. 707).

ATTENTION La notification par l'avocat, partie poursuivante, du certificat de vérification des dépens constitue un acte interruptif de la prescription de son action en recouvrement des dépens (Cass. 2e civ., 5 nov. 2020, n° 19-21.308 : *JurisData* n° 2020-017739).

2 Ordonnance de taxe

a) Forme de l'ordonnance

2254 Le juge taxateur (président de la juridiction ou magistrat délégué) saisi rend une ordonnance de taxe (CPC, art. 709).
Le juge de la taxe statue sur la demande de taxe comme sur toute autre demande afférente au recouvrement des dépens (CPC, art. 710). Cette dernière faculté relève, de surcroît, de son pouvoir souverain d'appréciation (Cass. 2e civ., 14 sept. 2017, n° 16-19.458, inédit).
Le juge doit trancher le litige et fixer les rémunérations dues en mentionnant, conformément aux dispositions de l'article 711 du Code de procédure civile, les sommes déjà perçues à titre de provision et en les déduisant du montant dû aux auxiliaires de justice (Cass. 2e civ., 8 févr. 2018, n° 17-12.569, inédit).
L'ordonnance de taxe est revêtue de la formule exécutoire par le greffier (CPC, art. 713, al. 1er) et vaut titre exécutoire.

b) Notification de l'ordonnance

2255 La notification de l'ordonnance de taxe contient, à peine de nullité (CPC, art. 713, al. 2, art. 714 et 715) :
- la mention que cette ordonnance deviendra exécutoire si elle n'est pas frappée de recours dans les délais et formes prévus aux articles 714 et 715 du Code de procédure civile ;
- la teneur même des articles 714 et 715 du même code (délai de recours, exercice suspensif du recours et modalités d'exercice de celui-ci).

REMARQUE **L'omission de ces mentions n'entraîne la nullité de la notification qu'à la condition que le demandeur en nullité fasse la preuve du grief que lui a causé cette omission (CA Paris, 20 juin 1988 : *JurisData* n° 1988-024112 ; *Bull. avoués* 1988, n° 4, p. 151).**

c) Effets de la notification de l'ordonnance

2256 La notification de l'ordonnance de taxe a pour effet :
- d'interrompre la prescription de l'action en paiement des frais ;
- de faire courir les intérêts au taux légal, car ils ne peuvent courir à compter de l'arrêt de condamnation aux dépens, la créance de l'auxiliaire de justice n'étant pas encore liquidée (CA Paris, ord. prem. prés., 13 sept. 1999 : *Bull. avoués* 2000, n° 2, p. 61).

G Recours et contestations

1 Appel de l'ordonnance de taxe

a) Conditions d'appel

2257 Lorsqu'elle a été rendue par une juridiction de premier degré, l'ordonnance de taxe peut être frappée d'un recours devant le premier président de la cour d'appel (CPC, art. 714, al. 1), peu important le montant de la demande.

b) Délai d'action

2258 Le délai de recours contre l'ordonnance de taxe court, à défaut de disposition légale contraire, à compter de la notification de l'ordonnance.

ATTENTION Le délai de recours est d'un mois (CPC, art. 714, al. 2).
Il n'y a pas d'augmentation en raison des distances.

c) Forme du recours

2259 Le recours est formé par la remise ou l'envoi au greffe de la cour d'appel d'une note exposant les motifs du recours (CPC, art. 715, al. 1er. – Cass. 2e civ., 21 mai 2015, n° 14-18.767 : *JurisData* n° 2015-011813). Malgré ce dernier arrêt admettant un recours formé par lettre simple, on conseillera vivement d'utiliser la lettre recommandée avec demande d'avis de réception.
À peine d'irrecevabilité du recours, copie de cette note est simultanément envoyée à toutes les parties (et non aux avocats) au litige principal (CPC, art. 715, al. 2. – Cass. 2e civ., 8 févr. 2018, n° 16-22.998, inédit).

d) Effet de l'appel

2260 Le délai de recours et l'exercice du recours sont suspensifs d'exécution (CPC, art. 714, al. 3).
L'instauration d'un véritable débat contradictoire n'est formellement prévue qu'au stade du recours devant le premier président de la cour (CPC, art. 716, al. 2. – CA Poitiers, ord. prem. prés., 27 juin 1995 : *D.* 1996, somm. p. 357, P. Julien).
Le premier président (ou son délégué) entend contradictoirement les parties.
Les parties sont convoquées **quinze jours** au moins à l'avance par le greffier de la cour d'appel (CPC, art. 716, al. 1).
Le premier président procède ou fait procéder, s'il y a lieu, à toutes investigations utiles (CPC, art. 716, al. 3).

2 Pourvoi en cassation

2261 L'ordonnance de taxe rendue par le premier président concernant des dépens exposés en appel n'est susceptible que d'un pourvoi en cassation.
Ce pourvoi doit être formé, conformément au droit commun, par déclaration faite au greffe de la Cour de cassation et signée par un avocat au Conseil d'État et à la Cour de cassation (CPC, art. 974 et 975).
Le délai d'action est de **deux mois** à compter de la signification de la décision.

CHECK-LIST **• Solliciter auprès du client l'ensemble des pièces en sa possession relatives au règlement des frais directement exposés par lui.**
• Vérifier le délai de prescription de cinq ans, ou de deux ans pour le client de l'avocat consommateur (Cass. 2e civ., 26 mars 2015, n° 14-11.599 : *JurisData* n° 2015-006376).
• Informer le créancier du caractère obligatoire et préalable de la procédure de vérification des dépens.
• Veiller au délai de saisine du juge taxateur.
• Notifier le compte vérifié à l'adversaire.

POUR ALLER PLUS LOIN...

Fascicules JurisClasseur
• *JCl. Procédure civile*, fasc. 400-95.
• *JCl. Procédures Formulaire*, V° *Frais et dépens en matière civile*, fasc. 10 et 15.

Fiche 91

Obtenir l'aide juridictionnelle

Jacques DESBOIS

Sommaire

I Aperçu rapide

A Éléments clés

2262 L'aide juridictionnelle a pour objectif de permettre l'**accès au juge** des personnes dont les ressources sont insuffisantes pour faire face aux frais correspondants.

Elle s'inscrit dans le cadre de **l'aide juridique**, aux côtés de l'aide à l'accès au droit et de l'aide à l'intervention de l'avocat dans les procédures non juridictionnelles.

Le bénéficiaire de l'aide juridictionnelle a droit à l'assistance des auxiliaires de justice dont le concours est nécessaire, notamment d'un avocat.

L'avocat dont le client peut manifestement prétendre au bénéfice de l'aide juridictionnelle, doit l'éclairer sur ses droits à cet égard (Cass. 2e civ., 3 mars 2011, n° 09-72.968), mais n'est pas obligé d'intervenir à ce titre.

L'aide juridictionnelle peut être **totale** ou **partielle**. Une fois accordée, elle peut faire l'objet d'un **retrait** dans diverses hypothèses.

NOTA Pour pouvoir bénéficier de l'AJ, le demandeur doit respecter six conditions cumulatives :
- be pas avoir d'assurance de protection juridique prenant en charge lesdits frais ;
- ne pas faire la demande après la clôture de la procédure judiciaire ;
- ne pas intenter de procédure paraissant irrecevable ou infondée ;

- être de nationalité française, européenne, ou résider de manière habituelle en France (un court séjour étant donc exclu) ;
- justifier de revenus modestes ;
- posséder un patrimoine mobilier (épargne, voiture, bijoux, *etc.*) ou immobilier (à l'exclusion de la résidence principale et des biens immobiliers professionnels) inférieur à un certain plafond

B Textes

- L. n° 91-647, 10 juill. 1991 relative à l'aide juridique.
- D. n° 2020-1717, 28 déc. 2020.
- D. n° 2020-1535, 7 déc. 2020, fixant la liste et le ressort des bureaux d'aide juridictionnelle.

II Préparation

A Informations préalables

1 Le litige est-il éligible à l'aide juridictionnelle ?

a) Dispositions générales

2263 L'aide juridictionnelle peut être accordée devant toutes les juridictions, à tout stade de la procédure.
Elle peut aussi être sollicitée en vue de parvenir, avant introduction de l'instance, à une **transaction** (C. civ., art. 2044 à 2052), à un accord conclu dans le cadre d'une **procédure participative** (C. civ., art. 2062 à 2067. – CPC, art. 1542 à 1564-7) ou à un divorce par consentement mutuel par acte d'avocats (C. civ., art. 229-1. – L. n° 91-647, 10 juill. 1991, art. 10).

b) Condition tenant au sérieux de l'action

2264 L'action ne doit pas apparaître manifestement irrecevable, dénuée de fondement ou abusive en raison notamment du nombre des demandes, de leur caractère répétitif ou systématique (L. n° 91-647, 10 juill. 1991, art. 7).
En matière de pourvoi en cassation, l'aide est refusée si aucun moyen de cassation sérieux ne peut être relevé (L. n° 91-647, 10 juill. 1991, art. 7. – Rejet d'une QPC sur cette disposition : Cass. crim., 14 sept. 2016, n° 15-86.918).

2 Le client est-il éligible à l'aide juridictionnelle ?

a) Personnes éligibles

2265 Sont admises au bénéfice de l'aide juridictionnelle les **personnes physiques** de **nationalité française** ou ressortissantes des **États membres de l'Union européenne** (L. n° 91-647, 10 juill. 1991, art. 3).
Peuvent également y prétendre les personnes de **nationalité étrangère résidant habituellement et régulièrement en France** (D. n° 2020-1717, 28 déc. 2020, art. 2).
Enfin, peuvent y accéder, en justifiant de circonstances exceptionnelles (L. n° 91-647, 10 juill. 1991, art. 2) :
- les personnes morales à but non lucratif ;
- les syndicats de copropriétaires lorsque leur immeuble fait l'objet d'un plan de sauvegarde (CCH, art. L. 615-1) ou lorsqu'un administrateur provisoire a été désigné pour l'exercice des actions de recouvrement des créances, en demande comme en défense.

b) Condition de subsidiarité

2266 Vérifier si les frais sont pris en charge au titre d'un **contrat d'assurance de protection juridique** ou d'un autre système de protection car le droit au bénéfice de l'aide juridictionnelle est écarté dans ce cas (L. n° 91-647, 10 juill. 1991, art. 2).
Si tous les frais ne sont pas couverts, une demande est envisageable : mentionner les références du contrat d'assurance et y joindre une attestation de l'assureur précisant le montant des plafonds de garantie et de remboursement des frais (D. n° 2020-1717, 28 déc. 2020, art. 37. – A., 30 déc. 2020, art. 1er, 5°).
Si aucun frais n'est couvert par la protection juridique du client, lui transmettre le formulaire spécifique qu'il devra faire compléter par son assureur et le joindre au dossier de la demande d'aide juridictionnelle (A. n° JUST1417223A, 12 déc. 2014, fixant le modèle de l'attestation de non-prise en charge des frais de procédure délivrée par l'assureur : *JO* 14 déc. 2014, p. 21040).

c) Conditions de ressources

2267 **Règles générales.** Le demandeur doit disposer d'un **revenu fiscal de référence** inférieur à un plafond revalorisé chaque année (D. n° 2020-1717, 28 déc. 2020, art. 3).
La circulaire n° JUST20301654C du 17 janvier 2023 fixe comme suit ce plafond :
– ressources du foyer fiscal :
• 12 271 € pour l'aide juridictionnelle totale,
• 18 404 € pour l'aide partielle ;
– patrimoine mobilier et financier : 12 271 € + 2209 € par personne supplémentaire jusqu'à la troisième et 1395 € au-delà ;
– patrimoine immobilier : 36 808 € + 6625 € par personne supplémentaire jusqu'à la troisième et 4 185 € au-delà. Ne sont pas pris en compte les biens qui ne pourraient être vendus ou donnés en gage sans entraîner un trouble grave (résidence principale, biens à usage professionnel).
Si les revenus du foyer fiscal diffèrent, à la date de la demande, en raison d'un changement de situation, le montant pris en compte correspond au double de celui des revenus imposables perçus au cours des six derniers mois, après abattement de 10 % (D. n° 2020-1717, 28 déc. 2020, art. 4).
L'appréciation des ressources est individualisée lorsque :
– la procédure oppose des personnes au sein d'un même foyer fiscal ou lorsqu'il existe entre elles, eu égard à l'objet du litige, une divergence d'intérêt ;
– la procédure concerne une personne majeure ou mineure rattachée au foyer fiscal de ses parents ou de ses représentants légaux, lesquels manifestent un défaut d'intérêt à son égard.
Le montant de ressources pris en compte correspond au double des revenus imposables perçus par le demandeur au cours des six mois précédents, après abattement de 10 %. Les revenus d'un bien possédé en commun sont retenus au prorata de la part de propriété du demandeur (D. n° 2020-1717, 28 déc. 2020, art. 7).

2268 **Dispositions particulières.** À titre exceptionnel, l'aide peut être accordée aux personnes ne remplissant pas les conditions de ressources « lorsque leur situation apparaît particulièrement digne d'intérêt au regard de l'objet du litige ou des charges prévisibles du procès ».
Les conditions de ressources sont écartées au profit de victimes de différents crimes et de leurs ayants droit (L. n° 91-647, 10 juill. 1991, art. 9-2).
De même, lorsque le bénéficiaire formule une nouvelle demande :
– pour se défendre en cas de voie de recours ;
– pour les instances nées ou les pourparlers transactionnels menés au cours des procédures d'exécution effectuées avec le bénéfice de l'aide juridictionnelle ;
– en cas de procédure participative.
Et sans nouvelle demande :
– en cas de médiation ordonnée par le juge ;
– lorsqu'est soulevée une question prioritaire de constitutionnalité (D. n° 2020-1717, 28 déc. 2020, art. 10).
Enfin, ces conditions de ressources comme toutes autres conditions sont écartées et l'aide juridictionnelle totale accordée **de plein droit** :
– lorsque la demande est formulée au titre du Code des pensions militaires ;
– au profit du mineur entendu en vertu des dispositions de l'article 388-1 du Code civil (L. n° 91-647, 10 juill. 1991, art. 9-1. – D. n° 2020-1717, 28 déc. 2020, art. 11).

NOTA Lorsqu'une victime de violences intrafamiliales se rend auprès du Service d'accueil unique du justiciable (SAUJ) du tribunal judiciaire ou directement auprès du bureau de l'aide juridictionnelle (BAJ), il lui sera remis, outre le formulaire de demande d'AJ, une plaquette sur l'ordonnance de protection et des fiches explicatives, l'affiche sur le 3919, ainsi que des informations quant à la possibilité de se faire aider par le bureau d'aide aux victimes (BAV) ou une association, et la possibilité de consulter gratuitement un avocat aux permanences organisées par le barreau.

B Inventaire des solutions et éléments de décision

1 Initiative de la demande

a) Justiciable

2269 La demande est formulée par le justiciable ou son représentant légal. Elle est déposée ou adressée par l'intéressé ou par tout autre mandataire (D. n° 2020-1717, 28 déc. 2020, art. 37).
Lorsqu'elle est adressée par voie postale, sa date est celle de l'expédition de la lettre, c'est-à-dire celle qui figure sur le cachet du bureau de poste d'émission (D. n° 2020-1717, 28 déc. 2020, art. 37).
Elle peut également être déposée ou adressée auprès d'un agent de greffe d'une juridiction de l'ordre judiciaire (L. n° 91-647, 10 juill. 1991, art. 13), ou déposée par l'intéressé auprès d'un service d'accueil unique du justiciable situé dans le ressort du tribunal judiciaire dont relève le bureau d'aide juridictionnelle compétent ou dont relève son domicile (D. n° 2020-1717, 28 déc. 2020, art. 37. – COJ, art. R. 123-28).
Lorsqu'il a été choisi préalablement, l'avocat intervient fréquemment dès ce stade pour aider son client dans sa démarche et lui permettre de constituer un dossier correct.

Obtenir l'aide juridictionnelle

NOTA Désormais, la demande d'AJ peut également se faire en ligne à l'adresse suivante : « aidejuridictionnelle.justice.gouv.fr ». En effet, en vertu de l'article 38 du décret n° 2020-1717 du 28 décembre 2020, l'AJ peut être demandée au moyen d'une application informatique dédiée, appelée le « Système d'information de l'aide juridictionnelle » (SIAJ), accessible par internet au moyen du téléservice d'identification et d'authentification « FranceConnect ». Dans ce cas, la demande d'AJ est transmise automatiquement au BAJ du domicile du demandeur. En sus de la demande en ligne, le SIAJ permet également de suivre le traitement de sa demande et de communiquer avec le BAJ. En outre, grâce aux informations fournies par la Direction générale des Finances publiques et « FranceConnect », la demande est préremplie, simplifiant ainsi la démarche.

b) Avocat

2270 L'avocat commis ou désigné d'office peut saisir lui-même le bureau d'aide juridictionnelle compétent au lieu et place de la personne qu'il assiste ou qu'il a assistée (L. n° 91-647, 10 juill. 1991, art. 19. – D. n° 2020-1717, 28 déc. 2020, art. 39).
C'est lui qui remplit la demande à partir des éléments qu'il a pu obtenir sur la situation de son client. Celle-ci est déposée ou adressée au bureau établi au siège du tribunal dans le ressort duquel est fixé le domicile du demandeur.

2 Procédure d'attribution

a) Compétence du bureau d'aide juridictionnelle

2271 Un bureau d'aide juridictionnelle est institué au siège des juridictions dont la liste est fixée par décret (D. n° 2020-1525, 7 déc. 2020).
– Pour les demandes afférentes à des commissions ou désignations d'office, est compétent le bureau établi près de la juridiction dans le ressort de laquelle il a été procédé à ces commission ou désignation.
La demande formée après qu'une juridiction a été saisie est examinée par le bureau ou la section de bureau compétente dont relève cette juridiction (D. n° 2020-1717, 28 déc. 2020, art. 34).

b) Examen de la demande

2272 Le bureau peut recueillir tous renseignements utiles sur la situation financière du demandeur auprès des services de l'État, des collectivités publiques, des organismes de sécurité sociale.
Il peut faire procéder à des auditions, y compris celle du demandeur (D. n° 2020-1717, 28 déc. 2020, art. 47).
Il peut également faire injonction au demandeur de lui fournir tous renseignements et documents de nature à justifier du bien-fondé de sa demande, dans un délai d'un mois, à peine de caducité (D. n° 2020-1717, 28 déc. 2020, art. 46).

c) Décision

2273 Copie de la décision est notifiée notamment à l'intéressé, à l'avocat désigné ou à défaut au bâtonnier, à la CARPA (D. n° 2020-1717, 28 déc. 2020, art. 56).
En cas d'urgence, faire une demande d'**aide provisoire**, qui peut être prononcée :
– sur décision de la juridiction saisie ou son président en cas d'urgence ;
– lorsque la procédure met en péril les conditions essentielles de vie de l'intéressé, notamment en cas d'exécution forcée emportant saisie de biens ou expulsion (L. n° 91-647, 10 juill. 1991, art. 20) ;
– lorsque le juge aux affaires familiales délivre une ordonnance de protection au profit d'une victime de violences (C. civ., art. 515-11).
Peuvent former un **recours** contre les décisions rendues, dans le **mois** de celles-ci, selon les cas, le garde des Sceaux, le ministère public et le bâtonnier ou le président de l'Ordre des avocats au Conseil d'État et à la Cour de cassation (L. n° 91-647, 10 juill. 1991, art. 23. – D. n° 2020-1717, 28 déc. 2020, art. 69 et 70 ; délai ramené à quinze jours devant la Cour nationale du droit d'asile.
L'intéressé peut également former un recours dans les **quinze jours** de la notification, ou huit jours devant la Cour nationale du droit d'asile, par courrier déposé ou adressé par LRAR au bureau de l'aide juridictionnelle (L. n° 91-647, 10 juill. 1991, art. 23. – D. n° 2020-1717, 28 déc. 2020, art. 69 et 70).

III
Mise en œuvre

A Établir la demande

1 Quand doit-elle être présentée ?

2274 L'aide juridictionnelle peut être demandée avant ou pendant l'instance (L. n° 91-647, 10 juill. 1991, art. 18).

2 Comment doit-elle être présentée ?

a) Contenu de la demande

2275 Un formulaire CERFA n° 16146*03 est mis à la disposition des justiciables, ainsi qu'une notice explicative (CERFA n° 52347*03) à laquelle est annexée la liste des pièces à joindre (A. 5 janv. 2022).

b) Documents à joindre

2276 La demande porte mention d'une attestation sur l'honneur relative à l'exactitude des renseignements fournis, avec rappel des dispositions de l'article 441-6 du Code pénal sanctionnant les fausses déclarations et, doit être accompagnée en outre, le cas échéant, d'une attestation de non prise en charge par l'assureur de protection juridique.

c) Demande présentée par l'avocat

2277 • Lorsque la demande est formulée par l'avocat désigné d'office, les formalités sont allégées, l'avocat ne disposant fréquemment que de peu de renseignements (L. n° 91-647, 10 juill. 1991, art. 19. – D. n° 2020-1717, 28 déc. 2020, art. 39. – A. n° JUST2037180A, 30 déc. 2020 : *JO* 1er janv. 2021, art. 5).

L'avocat dépose le dossier de demande à partir d'un document spécifique (CERFA n° 15627*01), éventuellement même après l'audience.

Lorsque la personne assistée est la victime d'un crime visé par l'article 9-2 de la loi du 10 juillet 1991 ou l'un de ses ayants droit, l'avocat est dispensé de fournir ces indications et pièces. Il lui suffit de produire l'avis à victime ou l'ordonnance du juge d'instruction.

B Effets de la demande

1 Interruption du délai d'introduction de l'action ou de recours

2278 L'action ou le recours, notamment l'appel, est réputé avoir été intenté dans le délai si la demande d'aide juridictionnelle s'y rapportant est adressée au bureau d'aide juridictionnelle avant l'expiration de ce délai (D. n° 2020-1717, 28 déc. 2020, art. 43. – CA Rennes, ch. 6 A, 10 oct. 2017, n° 17/01124).

Il doit être introduit dans un nouveau délai de même durée que celui ainsi interrompu.

Le délai d'action ou de recours n'est pas interrompu lorsque, suite au rejet de sa demande d'aide juridictionnelle, le demandeur présente une nouvelle demande ayant le même objet (D. n° 2020-1717, 28 déc. 2020, art. 43, dernier al.).

2 Interruption du délai de pourvoi

2279 En matière civile, le dépôt de la demande interrompt le délai de pourvoi (D. n° 2020-1717, 28 déc. 2020, art. 44). Un nouveau délai court à compter du jour de la réception par l'intéressé de la notification de la décision ou, si elle est plus tardive, de la date à laquelle un auxiliaire de justice a été désigné (Cass. soc., 12 sept. 2018, n° 17-18.368. – Cass. 2e civ., 21 févr. 2019, n° 18-12.178).

Ce dernier délai est lui-même interrompu en cas de recours contre la décision ou de renvoi devant le bureau pour appréciation de l'existence d'un moyen sérieux de cassation.

3 Sursis à statuer

2280 En cas de demande d'aide juridictionnelle déposée en cours d'instance, la juridiction saisie est tenue de surseoir à statuer dans l'attente de la décision statuant sur cette demande, sauf irrecevabilité manifeste de l'action, insusceptible d'être couverte en cours d'instance (D. n° 2020-1717, 28 déc. 2020, art. 51. – Cass. 2e civ., 26 sept. 2019, n° 18-18.661) ; lorsqu'un requérant a formé une demande d'aide juridictionnelle avant la date de l'audience, l'obligation de surseoir à statuer s'impose (Cass. 2e civ., 27 févr. 2020, n° 18-26.810). Le juge informé du dépôt de cette demande durant son délibéré doit ordonner la réouverture des débats (Cass. 1re civ., 25 nov. 2020, n° 19-17.392).

La réouverture des débats ne peut être refusée au prétexte que cette demande serait dilatoire (Cass. 2e civ., 17 oct. 2019, n° 18-11.465).

C Effets de l'attribution

1 Possibilité pour l'avocat de refuser d'intervenir au titre de l'aide juridictionnelle

2281 Le bénéficiaire a droit à l'assistance d'un avocat et à celle de tous les officiers publics ou ministériels dont la procédure requiert le concours (L. n° 91-647, 10 juill. 1991, art. 25. – D. n° 2020-1717, 28 déc. 2020, art. 75).
Ce droit peut toutefois faire l'objet d'un abus susceptible de justifier un refus de désignation d'un avocat (Cass. 2e civ., 18 oct. 2018, n° 17-22.662 : *JCP* G 2017, 452, Ch. Blondel-Angebault).
L'avocat est choisi par le bénéficiaire, mais il peut refuser d'intervenir. S'il accepte, il remet au bénéficiaire un document écrit en attestant, et en informe le bâtonnier (D. n° 2020-1717, 28 déc. 2020, art. 75). Dans la pratique, il appose son cachet sur le dossier de demande.
En l'absence de choix ou en cas de refus de l'avocat sollicité, un avocat est désigné par le bâtonnier ou, éventuellement, s'il a reçu délégation de ce dernier, par le membre du bureau représentant les avocats, si le bureau est établi devant la juridiction compétente (L. n° 91-647, 10 juill. 1991, art. 25. – D. n° 2020-1717, 28 déc. 2020, art. 76).

ATTENTION L'avocat qui prête son concours avant l'attribution de l'aide juridictionnelle doit continuer à le faire. Il ne peut en être déchargé qu'exceptionnellement et dans les conditions fixées par le bâtonnier (L. n° 91-647, 10 juill. 1991, art. 25. – D. n° 2020-1717, 28 déc. 2020, art. 78). À défaut, il verrait sa responsabilité engagée (Cass. 2e civ., 20 oct. 2016, n° 15-24.889).

Devant la cour d'appel, l'avocat intervenu en première instance continue à assurer son concours, sauf refus de sa part ou choix contraire du bénéficiaire (L. n° 91-647, 10 juill. 1991, art. 26).
Tant qu'un avocat n'a pas été désigné, le juge doit tarder à statuer de sorte que soit effectivement assuré le respect du droit à l'assistance d'un avocat (Cass. 1re civ., 14 mars 2018, n° 17-28.133).

2 Prise en charge des frais et honoraires

2282 Les dépenses qui incomberaient au bénéficiaire s'il n'avait pas cette aide sont à la charge de l'État (L. n° 91-647, 10 juill. 1991, art. 24).
Dans le cadre de l'aide juridictionnelle totale, l'avocat ne peut exiger de son client le paiement d'honoraires en sus de la rétribution versée par l'État. Toute stipulation contraire est réputée non écrite (L. n° 91-647, 10 juill. 1991, art. 32).
En cas d'aide juridictionnelle partielle, l'avocat peut convenir avec son client d'un honoraire complémentaire laissé à sa charge (L. n° 91-647, 10 juill. 1991, art. 24).

NOTA À la fin de la procédure, l'avocat sollicitera une attestation de fin de mission (AFM) auprès du greffe et la transmettra en original au service « Accès au Droit-CARPA » avec la copie de la décision d'AJ et la copie de la décision rendue par la juridiction pour être indemnisé. En cas d'AJ totale, l'article 86 du décret n° 2020-1717 du 28 décembre 2020 prévoit que « la contribution de l'État à la rétribution des avocats qui prêtent leur concours au bénéficiaire de l'aide juridictionnelle totale (...) est déterminée par le produit de l'unité de valeur prévue par la loi de finances (UV) et des coefficients, le cas échéant majorés, fixés dans les tableaux figurant en annexe I du présent décret et du taux d'admission à l'aide juridictionnelle ». Le nombre d'unités de valeur (UV) sera indiqué sur l'attestation de fin de mission (AFM) délivrée par le greffe. Étant précisé qu'une UV correspondrait approximativement à une demi-heure de travail. La loi de finances pour 2022 a augmenté son montant, le faisant passer de 34 à 36 €. En cas d'AJ partielle, une convention d'honoraire complémentaire devra être signée entre l'avocat et son client afin de couvrir la partie non rétribuée par l'État, qui devra être retournée au service de « l'Accès au droit » dans les quinze jours de sa signature afin d'obtenir le visa du bâtonnier.

3 Durée de ces effets

2283 La décision d'admission est caduque si la juridiction n'a pas été saisie dans l'année de sa notification (D. n° 2020-1717, 28 déc. 2020, art. 59). Cette caducité n'a toutefois pas d'incidence sur l'interruption des délais résultant de l'aide juridictionnelle elle-même (Cass. 2e civ., 7 mai 2005, n° 01-17.693).

REMARQUE **Pour une procédure de divorce la décision est caduque si, dans les trente mois de sa notification, la convention n'a pas été déposée au rang des minutes d'un notaire ou si l'instance n'a pas été introduite (D. n° 2020-1717, 28 déc. 2020, art. 59).**

Le bénéfice de l'aide vaut pour la durée de l'instance en cours au moment de la demande ou introduite après son obtention, ainsi qu'en défense en cas d'exercice d'une voie de recours (L. n° 91-647, 10 juill. 1991, art. 8).
Si la juridiction saisie d'un litige pour lequel le bénéfice de l'aide a été accordé se déclare incompétente, ce bénéfice subsiste devant la nouvelle juridiction saisie, sans qu'il soit besoin d'une nouvelle admission (L. n° 91-647, 10 juill. 1991, art. 9. – Cass. crim., 4 janv. 2017, n° 16-83.528).
Elle s'applique de plein droit à toutes les mesures d'exécution, sauf suspension pendant plus d'un an pour raison autre que voie de recours ou sursis à statuer (L. n° 91-647, 10 juill. 1991, art. 11).
Elle dispense de consignation en cas de constitution de partie civile devant le juge d'instruction (CPP, art. 88. – Cass. crim., 13 sept. 2022, n° 22-80.893).

D Retrait de l'aide juridictionnelle

2284 Cinq hypothèses de retrait sont envisagées par la loi (L. n° 91-647, 10 juill. 1991, art. 50) :

1 Obtention de l'aide par la fraude

2285 Le bénéfice de l'aide est retiré lorsqu'il a été obtenu à la suite de déclarations ou au vu de pièces inexactes. Le défaut de régularisation d'une difficulté de procédure est insuffisant pour justifier cette sanction (Cass. 2e civ., 18 oct. 2018, n° 17-22.613).
Le retrait peut être demandé par tout intéressé, le ministère public, la juridiction saisie.
Il est prononcé par le bureau qui a accordé l'aide (CE, avis, 2 déc. 2015, n° 391760), après communication au bénéficiaire et à l'avocat. Le bénéficiaire dispose d'un délai d'un mois pour faire valoir ses observations (D. n° 2020-1717, 28 déc. 2020, art. 65).
La décision est rendue par le président du bureau ou par le bureau si elle concerne une procédure ou une mesure pour laquelle les auxiliaires désignés n'ont pas perçu de rétribution (L. n° 91-647, 10 juill. 1991, art. 51).

2 Survenance de ressources complémentaires

2286 En cours d'instance, la personne aidée bénéficie de ressources nouvelles telles que si elles avaient existé au jour de la demande, celle-ci n'aurait pas été accueillie.
Le retrait peut être total ou partiel.

3 Succès de l'instance procurant des ressources nouvelles

2287 Lorsque l'instance objet de l'aide, après que la décision est passée en force de chose jugée, procure au bénéficiaire des ressources telles que si elles avaient existé au jour de la demande, l'aide ne lui aurait pas été accordée, le retrait intervient en totalité ou en partie.

4 Procédure jugée abusive ou dilatoire

2288 Si la procédure engagée avec le bénéfice de l'aide est jugée abusive ou dilatoire, l'aide est retirée en totalité, par la juridiction saisie, d'office, l'intéressé ayant été appelé à s'expliquer (L. n° 91-647, 10 juill. 1991, art. 51). L'abus de droit doit être caractérisé (Cass. 2e civ., 5 sept. 2019, n° 17-28.722).

5 Train de vie hors de proportion

2289 Si les éléments du train de vie du bénéficiaire apparaissent manifestement incompatibles avec les éléments retenus pour l'appréciation de son éligibilité, le retrait peut être prononcé selon les mêmes modalités qu'en cas de fraude (L. n° 91-647, 10 juill. 1991, art. 50, 5e).

6 Conséquences du retrait

2290 Dans les trois premières et la cinquième hypothèse, l'intéressé peut former un recours contre la décision de retrait dans les **quinze jours** de sa notification (L. n° 91-647, 10 juill. 1991, art. 23. – D. n° 91-2020-1717, 28 déc. 2020, art. 69).
Dans le quatrième cas, le recours suit les règles applicables à la décision qui a jugé l'action abusive ou dilatoire et prononcé le retrait.
Le retrait rend immédiatement exigibles les droits, redevances, honoraires, émoluments, avances de toute nature dont le bénéficiaire avait été dispensé, dans les limites fixées par la décision et implique la restitution par celui-ci des sommes versées par l'État (L. n° 91-647, 10 juill. 1991, art. 52).
La contribution de l'État déjà versée à l'avocat reste acquise à celui-ci. L'avocat est en droit de réclamer des honoraires à son client, sous déduction de cette contribution.

7 Condamnation aux dépens

2291 Lorsque le bénéficiaire de l'aide est condamné aux dépens ou perd son procès, il supporte exclusivement la charge des dépens effectivement exposés par son adversaire. Le juge peut toutefois, même d'office, laisser une partie des dépens à la charge de l'État.

Si le bénéficiaire de l'aide juridictionnelle partielle, demandeur au procès, est condamné aux dépens ou perd son procès, le juge peut mettre à sa charge le remboursement d'une fraction des sommes exposées par l'État, autres que la part contributive de celui-ci au profit des avocats et des officiers publics et ministériels (L. n° 91-647, 10 juill. 1991, art. 42). Cette disposition n'est pas applicable, en matière pénale, dans diverses hypothèses (L. n° 91-647, 10 juill. 1991, art. 47).

CHECK-LIST **• Si le client bénéficie d'une assurance de protection juridique, vérifier que ce contrat couvre bien tous les frais qui seraient pris en charge par l'aide juridictionnelle.**
• Dans la négative, s'assurer que sa situation ne lui ouvre manifestement pas droit au bénéfice de l'aide juridictionnelle.
• Une fois l'aide acquise et si elle est attribuée à titre partiel, établir la convention déterminant l'honoraire complémentaire et la communiquer au bâtonnier dans les quinze jours de sa régularisation.
• Surveiller le délai de caducité de la décision.

POUR ALLER PLUS LOIN...

Fascicules JurisClasseur

• *JCl. Procédure civile*, fasc. 500-10 (aide juridique, aide juridictionnelle).

• *JCl. Procédures Formulaire*, V° *Aide juridique*, fasc. 10.

Revues

• Ch. Blondel-Angebault, *L'abus du droit à l'assistance d'un avocat par le bénéficiaire de l'aide juridictionnelle : JCP* G 2017, 452.

• Cl. Friedrich, *L'effet utile de la prorogation du délai de recours contentieux par la demande d'aide juridictionnelle : JCP* A 2018, act. 530.

• Y. Strickler, *Absence à l'audience de l'avocat désigné et effectivité de l'aide juridictionnelle : Procédures* 2017, comm. 78.

Ouvrage

• L. Bertier, *Guide de défense des victimes de violences intrafamiliales 2024/2025*, LexisNexis, oct. 2024.

Partie 3
Modèles d'actes

Sommaire

TITRE 1 : DROIT CIVIL

Chapitre 1 : Le tribunal judiciaire

Chapitre 2 : Les MARD

TITRE 2 : DROIT COMMERCIAL

TITRE 3 : DROIT SOCIAL

TITRE 4 : DROIT PÉNAL

Modèle 1

Assignation devant le tribunal judiciaire

[Référence du dossier]

[Type de la juridiction] [Ville du siège de la juridiction (majuscules)]

[Intitulé de la chambre (juridiction)]

ASSIGNATION DEVANT LE *[Juridiction (en majuscules)] [Ville du siège de la juridiction (majuscules)]*

L'an *[Date : année]* et le

À LA REQUÊTE DE

[Identification du client et sa qualité dans le dossier]

SI « L'avocat du demandeur n'est pas inscrit à un barreau français mais est établi dans un État membre de l'Union européenne et de l'Espace économique européen » ne correspond pas à votre cas.

[Représentation client. Identité de l'avocat, ou, s'il y a lieu, identité de l'avocat postulant et de l'avocat plaidant]

SI « L'avocat du demandeur n'est pas inscrit à un barreau français mais est établi dans un État membre de l'Union européenne et de l'Espace économique européen » correspond à votre cas.

Maître *[Prénom et Nom de l'Avocat établi dans un État membre de l'Union européenne ou de l'Espace économique européen]*, avocat au barreau *[Adresse complète du Cabinet de l'Avocat établi dans un État membre de l'Union européenne ou de l'Espace économique européen]*
Élisant domicile auprès de *[Représentation client. Identité de l'avocat]*

Au Cabinet duquel il est fait élection de domicile et qui se constitue sur les présentes et ses suites,

J'AI, HUISSIER DE JUSTICE SOUSSIGNÉ

DONNÉ ASSIGNATION À

[Identification des adversaires (liste)]
Où étant et parlant à
En présence de :
[Éventuel codemandeur ou codéfendeur à l'action (pour une personne physique : le nom, le prénom et l'adresse du codéfendeur, sa qualité dans le dossier, l'identité et le barreau de son avocat ; pour une personne morale : la dénomination, le siège social de la société, sa qualité dans le dossier et l'identité de son avocat et son barreau)]

D'AVOIR À COMPARAÎTRE LE

[Date de l'audience (jj/mm/aa)] à *[Heure de l'audience (ex. : 09 h 00)]* à l'audience et par-devant Messieurs les Président et juges composant le *[Type de la juridiction (en toutes lettres)] [Ville du siège de la juridiction]*, siégeant *[Adresse du siège du Tribunal]*, pour les motifs ci-après exposés.

TRÈS IMPORTANT

Dans les QUINZE JOURS de la date indiquée en tête du présent acte, sous réserve d'un allongement en raison de la distance, conformément aux articles 643 et 644 du Code de procédure civile, vous êtes ten(u|us|ue|ues) de charger un avocat ayant sa résidence professionnelle dans le ressort de la *[Cour d'appel compétente]*. Toutefois, si l'assignation vous est délivrée dans un délai inférieur ou égal à quinze jours avant la date indiquée en tête du présent acte, vous pouvez constituer avocat jusqu'à l'audience – si vous n'entendez pas bénéficier de l'aide juridictionnelle et que l'avocat choisi est l'avocat plaidant – de vous représenter devant le tribunal judiciaire *[Ville du siège de la juridiction]*.

Article 5 de la loi n° 71-1130 du 31 décembre 1971 :

> « Les avocats exercent leur ministère et peuvent plaider sans limitation territoriale devant toutes les juridictions et organismes juridictionnels ou disciplinaires, sous les réserves prévues à l'article 4.
> Ils peuvent postuler devant l'ensemble des tribunaux judiciaires du ressort de cour d'appel dans lequel ils ont établi leur résidence professionnelle et devant ladite cour d'appel.

Par dérogation au deuxième alinéa, les avocats ne peuvent postuler devant un autre tribunal que celui auprès duquel est établie leur résidence professionnelle ni dans le cadre des procédures de saisie immobilière, de partage et de licitation, ni au titre de l'aide juridictionnelle, ni dans des instances dans lesquelles ils ne seraient pas maîtres de l'affaire chargés également d'assurer la plaidoirie ».

Article 5-1 de la loi n° 71-1130 du 31 décembre 1971 :

« Par dérogation au deuxième alinéa de l'article 5, les avocats inscrits au barreau de l'un des tribunaux judiciaires de Paris, Bobigny, Créteil et Nanterre peuvent postuler auprès de chacune de ces juridictions. Ils peuvent postuler auprès de la cour d'appel de Paris quand ils ont postulé devant l'un des tribunaux judiciaires de Paris, Bobigny et Créteil, et auprès de la cour d'appel de Versailles quand ils ont postulé devant le tribunal judiciaire de Nanterre.
La dérogation prévue au dernier alinéa du même article 5 leur est applicable ».

Article 643 du Code de procédure civile :

« Lorsque la demande est portée devant une juridiction qui a son siège en France métropolitaine, les délais de comparution, d'appel, d'opposition, de tierce opposition dans l'hypothèse prévue à l'article 586 alinéa 3, de recours en révision et de pourvoi en cassation sont augmentés de :
1. Un mois pour les personnes qui demeurent en Guadeloupe, en Guyane, à la Martinique, à La Réunion, à Mayotte, à Saint-Barthélemy, à Saint-Martin, à Saint-Pierre-et-Miquelon, en Polynésie française, dans les îles Wallis-et-Futuna, en Nouvelle-Calédonie et dans les Terres australes et antarctiques françaises ;
2. Deux mois pour celles qui demeurent à l'étranger ».

Article 644 du Code de procédure civile :

« Lorsque la demande est portée devant une juridiction qui a son siège en Guadeloupe, en Guyane, à la Martinique, à La Réunion, à Mayotte, à Saint-Barthélemy, à Saint-Martin, à Saint-Pierre-et-Miquelon et dans les îles Wallis-et-Futuna, les délais de comparution, d'appel, d'opposition de tierce opposition dans l'hypothèse prévue à l'article 586 alinéa 3, et de recours en révision sont augmentés d'un mois pour les personnes qui ne demeurent pas dans la collectivité territoriale dans le ressort de laquelle la juridiction a son siège et de deux mois pour les personnes qui demeurent à l'étranger ».

Si vous ne le faites pas, vous vous exposez à ce qu'une décision soit rendue contre vous sur les seuls éléments fournis par (votre|vos|votre|vos) adversair(e|es|e|es).

Les personnes dont les ressources sont insuffisantes peuvent, si elles remplissent les conditions prévues par la loi n° 91-647 du 10 juillet 1991, bénéficier d'une aide juridictionnelle. Elles doivent, pour demander cette aide, s'adresser au bureau d'aide juridictionnelle établi au siège du Tribunal judiciaire de leur domicile et, par dérogation au deuxième alinéa de l'article 5 de la loi n° 71-1130 du 31 décembre 1971, charger un avocat ayant sa résidence professionnelle dans le ressort du tribunal judiciaire *[Ville du siège de la juridiction]*.

SI « Mentions de la désignation des immeubles exigées par la publication au fichier immobilier » correspond à votre cas.

Conformément aux dispositions de l'article 54, 4°, du Code de procédure civile, figurent ci-après les mentions de la désignation des immeubles exigées par la publication au fichier immobilier :
[Mentions de la désignation des immeubles exigées par la publication au fichier immobilier]

OBJET DE LA DEMANDE

[Exposé des faits]
[Exposé des moyens de droit]

SI « Demande d'exécution provisoire facultative » correspond à votre cas.

L'exécution provisoire est compatible avec la nature de l'affaire et elle est nécessaire au motif que *[Justification de la demande d'exécution provisoire]*.

SI « Accord du client/des parties pour que la procédure se déroule sans audience » correspond à votre cas.

[Identité du client] (est|sont|est|sont) d'accord pour que la procédure se déroule sans audience conformément aux dispositions de l'article L. 212-5-1 du Code de l'organisation judiciaire.

PAR CES MOTIFS

Il est demandé au Tribunal de :
Déclarer la demande de *[Identité du client]* recevable et bien fondée, et en conséquence :

SI « Demande de condamnation en nature » correspond à votre cas.

Condamner *[Identité de l'adversaire]* à *[Demande de condamnation (en nature)]* ;

SI « Demande de condamnation pécuniaire » correspond à votre cas.

Condamner *[Identité de l'adversaire]* à (lui|leur|lui|leur) payer la somme de *[Montant chiffré de la demande de condamnation (en principal)]* (euro|euros *[Montant chiffré de la demande de condamnation (en principal)]*) en principal, assortie des intérêts au taux légal à compter du jour de la demande ;

SI « Demande de condamnation en dommages et intérêts » correspond à votre cas.

Condamner *[Identité de l'adversaire]* à (lui|leur|lui|leur) payer la somme de *[Montant de la demande de condamnation en dommages et intérêts]* euro|euros *[Montant de la demande de condamnation en dommages et intérêts]* à titre de dommages et intérêts ;

SI « Demande d'exécution provisoire facultative » correspond à votre cas.

Dire et juger que l'exécution provisoire de la décision à intervenir est nécessaire et compatible avec la nature de l'affaire ;
Condamner *[Identité de l'adversaire]* à payer la somme de *[Montant de la demande au titre de l'article 700 CPC]* (euro|euros *[Montant de la demande au titre de l'article 700 CPC]*) en application de l'article 700 du Code de procédure civile ;
Condamner *[Identité de l'adversaire]* aux entiers dépens ;
Et dire que, conformément aux dispositions de l'article 699 du Code de procédure civile, Maître *[Nom et prénom de l'avocat traitant]* pourra recouvrer directement les frais dont il a fait l'avance sans en avoir reçu provision.

SOUS TOUTES RÉSERVES

La liste numérotée des pièces justificatives visées par (le|les|la|les) requér(ant|ants|ante|antes) figure dans le bordereau annexé aux présentes écritures.

LISTE DES PIÈCES JUSTIFICATIVES

Modèle 2

Assignation à toutes fins devant le tribunal judiciaire

[Référence du dossier]

[Type de la juridiction] [Ville du siège de la juridiction (majuscules)]

[Intitulé de la chambre (juridiction)]

ASSIGNATION DEVANT LE *[Juridiction (en majuscules)] [Ville du siège de la juridiction (majuscules)]*

L'an *[Date : année]* et le

À LA REQUÊTE DE

[Identification du client et sa qualité dans le dossier]

SI « L'avocat du demandeur n'est pas inscrit à un barreau français mais est établi dans un État membre de l'Union européenne et de l'Espace économique européen » ne correspond pas à votre cas.

[Représentation client. Identité de l'avocat, ou, s'il y a lieu, identité de l'avocat postulant et de l'avocat plaidant]

SI « L'avocat du demandeur n'est pas inscrit à un barreau français mais est établi dans un État membre de l'Union européenne et de l'Espace économique européen » correspond à votre cas.

[Prénom et Nom de l'Avocat établi dans un État membre de l'Union européenne ou de l'Espace économique européen], Avocat au Barreau de *[Adresse complète du Cabinet de l'Avocat établi dans un État membre de l'Union européenne ou de l'Espace économique européen]*
Élisant domicile auprès de *[Représentation client. Identité de l'avocat]*

J'AI, HUISSIER DE JUSTICE SOUSSIGNÉ

DONNÉ ASSIGNATION À

[Identification des adversaires (liste)]
Où étant et parlant à

D'AVOIR À COMPARAÎTRE LE

[Date de l'audience (jj/mm/aa)] à *[Heure de l'audience (ex. : 09 h 00)]*
Devant le *[Type de la juridiction (en toutes lettres)] [Ville du siège de la juridiction]*, siégeant *[Adresse de la juridiction]*

Vous trouverez ci-après l'objet du procès et les raisons pour lesquelles il vous est intenté.

TRÈS IMPORTANT

Vous êtes ten(u|us|ue|ues) :
– soit de vous présenter personnellement à cette audience, (seul|seuls|seule|seules) ou assist(é|és|ée|ées) de l'une des personnes visées à l'article 762 du Code de procédure civile, soit un avocat, votre conjoint, votre concubin, la personne avec laquelle vous avez conclu un pacte civil de solidarité, un parent ou allié en ligne directe, un parent ou allié en ligne collatérale jusqu'au troisième degré inclus), ou une personne exclusivement attachée à votre service personnel ou à votre entreprise.
L'État, les départements, les régions, les communes et les établissements publics peuvent se faire représenter ou assister par un fonctionnaire ou un agent de leur administration ;
– soit de vous y faire représenter par un avocat, ou par l'une des autres personnes ci-dessus énumérées. Cette personne, si elle n'est pas avocat, doit être munie d'un pouvoir écrit et établi spécialement pour ce procès.
Si vous ne le faites pas, vous vous exposez à ce qu'une décision soit rendue contre vous sur les seuls éléments fournis par (votre|vos|votre|vos) adversair(e|es|e|es).
Les personnes dont les ressources sont insuffisantes peuvent, si elles remplissent les conditions prévues par la loi n° 91-647 du 10 juillet 1991, bénéficier d'une aide juridictionnelle. Elles doivent, pour demander cette aide, s'adresser au bureau d'aide juridictionnelle établi au siège du Tribunal judiciaire de leur domicile et, par dérogation au deuxième alinéa de l'article 5 de la loi n° 71-1130 du 31 décembre 1971, charger un avocat ayant sa résidence professionnelle dans

le ressort du tribunal judiciaire *[Ville du siège de la juridiction]*.

Vous déclarant que, conformément aux dispositions des articles 753 et 832 du Code de procédure civile, « Sans préjudice des dispositions de l'article 68, la demande incidente tendant à l'octroi d'un délai de paiement en application de l'article 1343-5 du Code civil peut être formée par courrier remis ou adressé au greffe. Les pièces que la partie souhaite invoquer à l'appui de sa demande sont jointes à son courrier. La demande est communiquée aux autres parties, à l'audience, par le juge, sauf la faculté pour ce dernier de la leur faire notifier par le greffier, accompagnée des pièces jointes, par lettre recommandée avec demande d'avis de réception. L'auteur de cette demande incidente peut ne pas se présenter à l'audience, conformément au second alinéa de l'article 446-1. Dans ce cas, le juge ne fait droit aux demandes présentées contre cette partie que s'il les estime régulières, recevables et bien fondées ».

SI « Mentions de la désignation des immeubles exigées par la publication au fichier immobilier » correspond à votre cas.

Conformément aux dispositions de l'article 54, 4°, du Code de procédure civile, figurent ci-après les mentions de la désignation des immeubles exigées par la publication au fichier immobilier :
[Mentions de la désignation des immeubles exigées par la publication au fichier immobilier]

OBJET DE LA DEMANDE

[Exposé des faits]

SI « Demande tendant au paiement d'une somme inférieure à 5 000 euros ou actions liées à un conflit de voisinage (CPC, art. 750-1) » correspond à votre cas.
SI « Dispense de tentative de règlement amiable » ne correspond pas à votre cas.

Conformément aux dispositions de l'article 750-1 du Code de procédure civile, *[Identité du client]* (a|ont|a|ont) tenté, préalablement à la saisine du tribunal de céans, de résoudre amiablement le litige en proposant à *[Identité de l'adversaire]* *[Préciser les diligences entreprises en vue de parvenir à une résolution amiable]*.
Néanmoins cette tentative n'a pu aboutir pour les raisons suivantes : *[Préciser les raisons de l'échec de la tentative, ex. refus du défendeur, absence d'accord]*.

SI « Demande tendant au paiement d'une somme inférieure à 5 000 euros ou actions liées à un conflit de voisinage (CPC, art. 750-1) » correspond à votre cas.
SI « Dispense de tentative de règlement amiable » correspond à votre cas.

Préalablement à la saisine du tribunal de céans, aucune démarche tendant à la résolution amiable du litige n'a été entreprise car *[Préciser l'un des motifs prévus à l'article 750-1 du Code de procédure civile]*.

[Exposé des moyens de droit]

SI « Demande d'exécution provisoire facultative » correspond à votre cas.

L'exécution provisoire est compatible avec la nature de l'affaire et elle est nécessaire au motif que *[Justification de la demande d'exécution provisoire]*.

Il serait en outre inéquitable que *[Identité du client]* support(e|ent|e|ent) les frais irrépétibles non compris dans les dépens.
Il (lui|leur|lui|leur) sera alloué une indemnité de *[Montant de la demande au titre de l'article 700 CPC]* (euro|euros *[Montant de la demande au titre de l'article 700 CPC]*) en application de l'article 700 du Code de procédure civile.

SI « Accord du client/des parties pour que la procédure se déroule sans audience » correspond à votre cas.

[Identité du client] (est|sont|est|sont) d'accord pour que la procédure se déroule sans audience conformément aux dispositions de l'article L. 212-5-1 du Code de l'organisation judiciaire.

PAR CES MOTIFS

Il est demandé au Tribunal de :
Déclarer la demande de *[Identité du client]* recevable et bien fondée, et en conséquence :

SI « Demande de condamnation en nature » correspond à votre cas.

Condamner *[Identité de l'adversaire]* à *[Demande de condamnation (en nature)]* ;

SI « Demande de condamnation pécuniaire » correspond à votre cas.

Condamner *[Identité de l'adversaire]* à (lui|leur|lui|leur) payer la somme de *[Montant chiffré de la demande de condamnation (en principal)]* (euro|euros *[Montant chiffré de la demande de condamnation (en principal)]*) en principal, assortie des intérêts au taux légal à compter du jour de la demande ;

SI « Demande de condamnation en dommages et intérêts » correspond à votre cas.

Condamner *[Identité de l'adversaire]* à (lui|leur|lui|leur) payer la somme de *[Montant de la demande de condamnation en dommages et intérêts]* (euro|euros *[Montant de la demande de condamnation en dommages et intérêts]*) à titre de dommages et intérêts ;

SI « Demande d'exécution provisoire facultative » correspond à votre cas.

Dire et juger que l'exécution provisoire de la décision à intervenir est nécessaire et compatible avec la nature de l'affaire ;

Condamner *[Civilité, prénom et nom de l'adversaire]* à payer à *[Civilité, prénom et nom du client]*, la somme de *[Montant de la demande au titre de l'article 700 CPC]* (euro|euros *[Montant de la demande au titre de l'article 700 CPC]*) en application de l'article 700 du Code de procédure civile ;

Condamner *[Civilité, prénom et nom de l'adversaire]* aux entiers dépens, dont distraction au profit de Maître *[Nom et prénom de l'avocat traitant]*, avocat, en application de l'article 699 du Code de procédure civile.

SOUS TOUTES RÉSERVES

PIÈCES JOINTES :

La liste numérotée des pièces justificatives figure dans le bordereau annexé aux présentes écritures.

LISTE DES PIÈCES JUSTIFICATIVES

Modèle 3

Assignation à jour fixe devant le tribunal judiciaire

[Référence du dossier]

[Type de la juridiction] [Ville du siège de la juridiction (majuscules)]

[Intitulé de la chambre (juridiction)]

ASSIGNATION À JOUR FIXE DEVANT LE *[Juridiction (en majuscules)] [Ville du siège de la juridiction (majuscules)]*

L'an *[Date : année]* et le

À LA REQUÊTE DE

[Identification du client et sa qualité dans le dossier]

SI « L'avocat du demandeur n'est pas inscrit à un barreau français mais est établi dans un État membre de l'Union européenne et de l'Espace économique européen » ne correspond pas à votre cas.

[Représentation client. Identité de l'avocat, ou, s'il y a lieu, identité de l'avocat postulant et de l'avocat plaidant]

SI « L'avocat du demandeur n'est pas inscrit à un barreau français mais est établi dans un État membre de l'Union européenne et de l'Espace économique européen » correspond à votre cas.

[Prénom et Nom de l'Avocat établi dans un État membre de l'Union européenne ou de l'Espace économique européen], Avocat au Barreau de *[Adresse complète du Cabinet de l'Avocat établi dans un État membre de l'Union européenne ou de l'Espace économique européen]*
Élisant domicile auprès de *[Représentation client. Identité de l'avocat]*
Au Cabinet duquel il est fait élection de domicile et qui se constitue sur les présentes et ses suites,

J'AI, HUISSIER DE JUSTICE SOUSSIGNÉ

DÉNONCÉ ET LAISSÉ COPIE À

[Identification des adversaires (liste)]

Où étant et parlant à

EN PRÉSENCE DE

[Éventuel codemandeur ou codéfendeur à l'action (pour une personne physique : le nom, le prénom et l'adresse du codéfendeur, sa qualité dans le dossier, l'identité et le barreau de son avocat ; pour une personne morale : la dénomination, le siège social de la société, sa qualité dans le dossier et l'identité de son avocat et son barreau)]
D'une ordonnance du Président du *[Type de la juridiction (en toutes lettres)] [Ville du siège de la juridiction]* autorisant *[Identité du client]* à vous assigner à jour fixe devant cette même juridiction, ainsi que la requête qui a été présentée à cette fin.
ET PAR LE MÊME ACTE, LA MÊME REQUÊTE, DEMEURE ET ÉLECTION DE DOMICILE QUE CI-DESSUS,
JE DONNE ASSIGNATION AU REQUIS

D'AVOIR À COMPARAÎTRE LE

[Date de l'audience (jj/mm/aa)] à *[Heure de l'audience (ex. : 09 h 00)]* à l'audience et par-devant Messieurs les président et juges composant le *[Type de la juridiction (en toutes lettres)] [Ville du siège de la juridiction]*, siégeant *[Adresse du siège du Tribunal]*, pour les motifs ci-après exposés.

TRÈS IMPORTANT

Vous êtes ten(u|us|ue|ues) de charger, avant la date de l'audience, un avocat ayant sa résidence professionnelle dans le ressort de la *[Cour d'appel compétente]* – si vous n'entendez pas bénéficier de l'aide juridictionnelle et que l'avocat choisi est l'avocat plaidant – de vous représenter devant le tribunal judiciaire *[Ville du siège de la juridiction]*.

Article 5 de la loi n° 71-1130 du 31 décembre 1971 :

> « Les avocats exercent leur ministère et peuvent plaider sans limitation territoriale devant toutes les juridictions et organismes juridictionnels ou disciplinaires, sous les réserves prévues à l'article 4.
> Ils peuvent postuler devant l'ensemble des tribunaux judiciaires du ressort de cour d'appel dans lequel ils ont établi leur résidence professionnelle et devant ladite cour d'appel.

Par dérogation au deuxième alinéa, les avocats ne peuvent postuler devant un autre tribunal que celui auprès duquel est établie leur résidence professionnelle ni dans le cadre des procédures de saisie immobilière, de partage et de licitation, ni au titre de l'aide juridictionnelle, ni dans des instances dans lesquelles ils ne seraient pas maîtres de l'affaire chargés également d'assurer la plaidoirie ».

Article 5-1 de la loi n° 71-1130 du 31 décembre 1971 :

« Par dérogation au deuxième alinéa de l'article 5, les avocats inscrits au barreau de l'un des tribunaux judiciaires de Paris, Bobigny, Créteil et Nanterre peuvent postuler auprès de chacune de ces juridictions. Ils peuvent postuler auprès de la cour d'appel de Paris quand ils ont postulé devant l'un des tribunaux judiciaires de Paris, Bobigny et Créteil, et auprès de la cour d'appel de Versailles quand ils ont postulé devant le tribunal judiciaire de Nanterre.
La dérogation prévue au dernier alinéa du même article 5 leur est applicable ».

Si vous ne le faites pas, vous vous exposez à ce qu'un jugement soit rendu contre vous sur les seuls éléments fournis par (votre|vos|votre|vos) adversair(e|es|e|es).
Vous pouvez prendre connaissance au greffe du *[Type de la juridiction (en toutes lettres)] [Ville du siège de la juridiction]* des pièces visées dans la requête.
Il vous est fait SOMMATION de communiquer les pièces dont vous entendez faire état à l'avocat du demandeur avant la date de l'audience.
Les personnes dont les ressources sont insuffisantes peuvent, si elles remplissent les conditions prévues par la loi n° 91-647 du 10 juillet 1991, bénéficier d'une aide juridictionnelle. Elles doivent, pour demander cette aide, s'adresser au bureau d'aide juridictionnelle établi au siège du Tribunal judiciaire de leur domicile, et, par dérogation à l'alinéa 2 de l'article 5 de la loi n° 71-1130 du 31 décembre 1971, charger un avocat ayant sa résidence professionnelle dans le ressort du tribunal judiciaire *[Ville du siège de la juridiction]*.

SI « Mentions de la désignation des immeubles exigées par la publication au fichier immobilier » correspond à votre cas.

Conformément aux dispositions de l'article 54, 4°, du Code de procédure civile, figurent ci-après les mentions de la désignation des immeubles exigées par la publication au fichier immobilier :
[Mentions de la désignation des immeubles exigées par la publication au fichier immobilier]

OBJET DE LA DEMANDE

[Exposé des faits]

[Exposé des moyens de droit]

SI « Demande d'exécution provisoire facultative » correspond à votre cas.

L'exécution provisoire est compatible avec la nature de l'affaire et elle est nécessaire au motif que *[Justification de la demande d'exécution provisoire]*.

SI « Accord du client/des parties pour que la procédure se déroule sans audience » correspond à votre cas.

[Identité du client] (est|sont|est|sont) d'accord pour que la procédure se déroule sans audience conformément aux dispositions de l'article L. 212-5-1 du Code de l'organisation judiciaire.

PAR CES MOTIFS

Il est demandé au Tribunal de :
Déclarer la demande de *[Identité du client]* recevable et bien fondée, et en conséquence :

SI « Demande de condamnation en nature » correspond à votre cas.

Condamner *[Identité de l'adversaire]* à *[Demande de condamnation (en nature)]* ;

SI « Demande de condamnation pécuniaire » correspond à votre cas.

Condamner *[Identité de l'adversaire]* à (lui|leur|lui|leur) payer la somme de *[Montant chiffré de la demande de condamnation (en principal)]* (euro|euros *[Montant chiffré de la demande de condamnation (en principal)]*) en principal, assortie des intérêts au taux légal à compter du jour de la demande ;

SI « Demande de condamnation en dommages et intérêts » correspond à votre cas.

Condamner *[Identité de l'adversaire]* à (lui|leur|lui|leur) payer la somme de *[Montant de la demande de condamnation en dommages et intérêts]* (euro|euros *[Montant de la demande de condamnation en dommages et intérêts]*) à titre de dommages et intérêts ;
Condamner *[Identité de l'adversaire]* à payer la somme de *[Montant de la demande au titre de l'article 700 CPC]* (euro|euros *[Montant de la demande*

au titre de l'article 700 CPC]) en application de l'article 700 du Code de procédure civile ;
Condamner *[Identité de l'adversaire]* aux entiers dépens ;

SI « Demande d'exécution provisoire facultative » correspond à votre cas.

Dire et juger que l'exécution provisoire de la décision à intervenir est nécessaire et compatible avec la nature de l'affaire ;

Et dire que, conformément aux dispositions de l'article 699 du Code de procédure civile, Maître *[Nom et prénom de l'avocat traitant]* pourra recouvrer directement les frais dont il a fait l'avance sans en avoir reçu provision.

SOUS TOUTES RÉSERVES

La liste numérotée des pièces justificatives visées par (le|les|la|les) requér(ant|ants|ante|antes) figure dans le bordereau annexé aux présentes écritures.

LISTE DES PIÈCES JUSTIFICATIVES

Modèle 4

Requête conjointe devant le tribunal judiciaire

[Référence du dossier]

[Type de la juridiction] [Ville du siège de la juridiction (majuscules)]

[Intitulé de la chambre (juridiction)]

REQUÊTE CONJOINTE

À *[Civilité du Président et des Juges : Mesdames et/ou Messieurs]* les Président et Juges composant le *[Type de la juridiction (en toutes lettres)] [Ville du siège de la juridiction]*
[Identification du client et sa qualité dans le dossier]
[Représentation client. Identité de l'avocat, ou, s'il y a lieu, identité de l'avocat postulant et de l'avocat plaidant]
D'une part,

ET

[Identification complète de l'adversaire, ou, s'il y a lieu, identité de l'avocat postulant]
D'autre part,

SI « Mentions de la désignation des immeubles exigées par la publication au fichier immobilier » correspond à votre cas.

Conformément aux dispositions de l'article 54, 4°, du Code de procédure civile, figurent ci-après les mentions de la désignation des immeubles exigées par la publication au fichier immobilier :
[Mentions de la désignation des immeubles exigées par la publication au fichier immobilier]

ONT L'HONNEUR DE VOUS EXPOSER QUE :

[Exposé des faits]

[Rappel des faits et de la procédure antérieure]

[Exposé des moyens de droit]

En définitive, *[Identité du premier requérant (client)]* demand(e|ent|e|ent) à voir juger que *[Demande du premier requérant]*,

SI « Les parties ont le même avocat » correspond à votre cas.

alors que *[Identité du second requérant (client)]* demand(e|ent|e|ent) voir juger que *[Demande du second requérant]*.

SI « Les parties ont le même avocat » ne correspond pas à votre cas.

alors que *[Identité de l'adversaire]* demand(e|ent|e|ent) voir juger que *[Demande du second requérant]*.
Il convient dans ces conditions que le Tribunal fixe tel jour qu'il lui plaira pour l'appel de la cause.

SI « Demande d'attribuer l'affaire à un juge unique » correspond à votre cas.

Les parties exposantes demandent que l'affaire soit attribuée à un juge unique.

SI « Renonciation à demander à soumettre le différend à une formation collégiale en cas de renvoi au juge unique » correspond à votre cas.

Les parties exposantes renoncent dès à présent à demander à soumettre leur différend à une formation collégiale en cas de renvoi au juge unique.

SI « Les parties entendent lier le tribunal par les qualifications et points de droit exposés » correspond à votre cas.

Les parties exposantes entendent lier le tribunal par les qualifications et points de droit exposés ci-dessus.

SI « Amiable composition sous réserve d'appel » correspond à votre cas.

Les parties exposantes confèrent mission au tribunal de statuer comme amiable compositeur sous réserve d'appel.

SI « Amiable composition avec renonciation à l'appel » correspond à votre cas.

Les parties exposantes confèrent mission au tribunal de statuer comme amiable compositeur et elles déclarent spécialement renoncer à l'appel.

SI « Accord du client/des parties pour que la procédure se déroule sans audience » correspond à votre cas.

Les parties sont d'accord pour que la procédure se déroule sans audience conformément aux dispositions de l'article L. 212-5-1 du Code de l'organisation judiciaire.

EN CONSÉQUENCE,
Les requérants prient qu'il vous plaise, *[Civilité du Président et des Juges : Mesdames et/ou Messieurs]* les Président et Juges :
Les convoquer pour constater la recevabilité de leur requête et les entendre en leurs prétentions respectives, les points sur lesquels ils sont en désaccord ainsi que leurs moyens respectifs

Fait à *[Lieu de signature de l'acte]*,
Le *[Date de signature de l'acte]*.

SI « Les parties ont le même avocat » correspond à votre cas.

[Nom et prénom de l'avocat traitant]

SI « Les parties ont le même avocat » ne correspond pas à votre cas.

[Nom et prénom de l'avocat traitant] [Nom et prénom de l'avocat adverse]
La liste numérotée des pièces justificatives visées par les requérants figure dans le bordereau annexé aux présentes écritures.

LISTE DES PIÈCES JUSTIFICATIVES

ORDONNANCE

Nous, Président du *[Type de la juridiction (en toutes lettres)] [Ville du siège de la juridiction]*,
Vu la requête qui précède et les pièces à l'appui,
Ordonnons au greffier de convoquer les parties à l'audience du ...... à ...... heures
Fait en notre cabinet, à
Le
Le Président Le Greffier

Modèle 5

Requête gracieuse au président du tribunal judiciaire (CPC, art. 60)

[Référence du dossier]

[Type de la juridiction] [Ville du siège de la juridiction (majuscules)]

[Intitulé de la chambre (juridiction)]

REQUÊTE GRACIEUSE

À *[Qualité du Président du Tribunal : Monsieur ou Madame]* le Président du *[Type de la juridiction (en toutes lettres)] [Ville du siège de la juridiction]*

[Identification du client et sa qualité dans le dossier]

[Représentation client. Identité de l'avocat, ou, s'il y a lieu, identité de l'avocat postulant et de l'avocat plaidant]

Au Cabinet duquel il est fait élection de domicile et qui se constitue sur les présentes et ses suites,

(A|ONT|A|ONT) L'HONNEUR DE VOUS EXPOSER QUE :

[Exposé des faits]

EN CONSÉQUENCE,
(Le|Les|La|Les) requér(ant|ants|ante|antes) (prie|prient|prie|prient) qu'il vous plaise, *[Qualité du Président du Tribunal : Monsieur ou Madame]* le Président :
Vu la requête qui précède,
Vu les pièces,
Vu les articles *[Préciser le numéro du ou des articles sur lesquels la demande est fondée]*,
[Objet de la demande]

Fait à *[Lieu de signature de l'acte]*,
Le *[Date de signature de l'acte]*.
[Nom et prénom de l'avocat traitant]

La liste numérotée des pièces justificatives visées par (le|les|la|les) requér(ant|ants|ante|antes) figure dans le bordereau annexé aux présentes écritures.

LISTE DES PIÈCES JUSTIFICATIVES

ORDONNANCE

Nous, Président du *[Type de la juridiction (en toutes lettres)] [Ville du siège de la juridiction]*,
Vu la requête qui précède
Vu les pièces déposées à l'appui,
Vu les articles *[Préciser le numéro du ou des articles sur lesquels la demande est fondée]*,
Soit communiqué à *[Civilité pour le procureur de la République]* le Procureur de la République près notre tribunal pour, sur ses réquisitions, après rapport de ......, Juge au siège, que nous désignons à cet effet et débats en chambre du conseil, être par le tribunal statué sur le mérite de ladite requête dans les formes prévues par la loi.
Disons que notre greffier convoquera :
[Identification du client (liste)]
à comparaître devant le tribunal judiciaire *[Ville du siège de la juridiction]*, réuni en chambre du conseil au palais de justice de céans pour le ...... à ......, où ladite demande sera débattue.

Fait en notre cabinet, à
Le
Le Président Le Greffier

Modèle 6

Déclaration d'appel en matière contentieuse

DÉCLARATION D'APPEL

Déclaration d'appel devant la cour d'appel *[Ville du siège de la Cour d'appel (article + ville)]*,

Remise au secrétariat-greffe le

SI « Le client est assisté d'un avocat devant la Cour d'appel » ne correspond pas à votre cas.

Par *[Civilité de l'avocat traitant] [Nom et prénom de l'avocat traitant]*, avocat près la cour d'appel *[Ville du siège de la Cour d'appel (article + ville)]*.

SI « Le client est assisté d'un avocat devant la Cour d'appel » correspond à votre cas.
SI « Le cabinet est l'avocat postulant du client » ne correspond pas à votre cas.

Par *[Identité de l'avocat postulant du client]*, avocat près la cour d'appel *[Ville du siège de la Cour d'appel (article + ville)]*.

SI « Le client est assisté d'un avocat devant la Cour d'appel » correspond à votre cas.
SI « Le cabinet est l'avocat postulant du client » correspond à votre cas.

Par *[Civilité de l'avocat traitant] [Nom et prénom de l'avocat traitant]*, avocat près la cour d'appel *[Ville du siège de la Cour d'appel (article + ville)]*.
Le Greffier,
Appel d'une décision,
Rendue le *[Date de la décision de première instance]*,
Par le *[Juridiction de première instance (appel)] [Siège de la juridiction de première instance (appel)]*,
Numéro de l'affaire *[Numéro de l'affaire (RG)]*.

PAR

[Identification du client et sa qualité dans le dossier]

SI « Le client est assisté d'un avocat devant la Cour d'appel » ne correspond pas à votre cas.

Représent(é|és|ée|ées) par *[Représentation client. Identité de l'avocat]* et élisant domicile en son Cabinet,

SI « Le client est assisté d'un avocat devant la Cour d'appel » correspond à votre cas.
SI « Le cabinet est l'avocat postulant du client » ne correspond pas à votre cas.

Représent(é|és|ée|ées) par *[Identification de l'avocat postulant du client]* et élisant domicile en son Cabinet,

SI « Le client est assisté d'un avocat devant la Cour d'appel » correspond à votre cas.
SI « Le cabinet est l'avocat postulant du client » correspond à votre cas.

Représent(é|és|ée|ées) par *[Représentation client. Identité de l'avocat]* et élisant domicile en son Cabinet,
DÉCLAR(E|ENT|E|ENT), par la présente, INTERJETER APPEL de la décision désignée ci-dessus,

À L'ENCONTRE DE

[Identification des adversaires (liste)]

Devant la cour d'appel *[Ville du siège de la Cour d'appel (article + ville)]*.

SI « Appel limité à certains chefs de la décision (cas général) » correspond à votre cas.

L'appel tend à la réformation de la décision déférée en ce qu'il est limité aux chefs suivants : *[Indiquer les seuls chefs de la décision critiqués]*.

SI « Appel tendant à l'annulation du jugement » correspond à votre cas.

L'appel tendant à l'annulation de la décision de première instance, il n'y a pas lieu de préciser les chefs de la décision expressément critiqués.

SI « Appel tendant, à titre principal, l'annulation de la décision et, à titre subsidiaire, l'infirmation » correspond à votre cas.

L'appel tend, à titre principal, l'annulation de la décision de première instance et, à titre subsidiaire, à l'infirmation de cette décision en ce qu'il est limité aux chefs suivants : *[Indiquer les seuls chefs de la décision critiqués]*.

SI « Le client est assisté d'un avocat devant la Cour d'appel » correspond à votre cas.
SI « Le cabinet est l'avocat postulant du client » ne correspond pas à votre cas.

[Identité du client] ser(a|ont|a|ont) assist(é|és|ée|ées) devant la Cour par *[Représentation client. Identité de l'avocat]*.

SI « Le client est assisté d'un avocat devant la Cour d'appel » correspond à votre cas.
SI « Le cabinet est l'avocat postulant du client » correspond à votre cas.

[Identité du client] ser(a|ont|a|ont) assist(é|és|ée|ées) devant la Cour par *[Identification de l'avocat plaidant]*

Fait à *[Lieu de signature de l'acte]*,
Le *[Date de signature de l'acte]*.

SI « Le client est assisté d'un avocat devant la Cour d'appel » ne correspond pas à votre cas.

[Nom et prénom de l'avocat traitant]

SI « Le client est assisté d'un avocat devant la Cour d'appel » correspond à votre cas.
SI « Le cabinet est l'avocat postulant du client » ne correspond pas à votre cas.

[Identité de l'avocat postulant du client]

SI « Le client est assisté d'un avocat devant la Cour d'appel » correspond à votre cas.
SI « Le cabinet est l'avocat postulant du client » correspond à votre cas.

[Nom et prénom de l'avocat traitant]

PIÈCE JOINTE :

Copie du *[Type de la décision de première instance]* rendu le *[Date de la décision de première instance]*, par le *[Juridiction de première instance (appel)]* *[Siège de la juridiction de première instance (appel)]*, numéro de l'affaire *[Numéro de l'affaire (RG)]*.

SI « Annexe jointe à la déclaration d'appel » correspond à votre cas.

ANNEXE

Modèle 7

Mémoire à l'appui d'une question prioritaire de constitutionnalité devant la Cour de cassation

COUR DE CASSATION

[Référence du dossier]

V/Réf : *[Action]*

[Type de la juridiction] [Ville du siège de la juridiction (majuscules)]

[Intitulé de la chambre (juridiction)] chambre *[Intitulé de la section]*

Rôle n° *[Numéro de rôle de l'affaire]*

MÉMOIRE À L'APPUI D'UNE QUESTION PRIORITAIRE DE CONSTITUTIONNALITÉ

POUR

[Identification du client et sa qualité dans le dossier]
[Représentation client. Identité de l'avocat, ou, s'il y a lieu, identité de l'avocat postulant et de l'avocat plaidant]

CONTRE

[Identification complète de l'adversaire, ou, s'il y a lieu, identité de l'avocat postulant]

EN PRÉSENCE DE

[Éventuel codemandeur ou codéfendeur à l'action (pour une personne physique : le nom, le prénom et l'adresse du codéfendeur, sa qualité dans le dossier, l'identité et le barreau de son avocat ; pour une personne morale : la dénomination, le siège social de la société, sa qualité dans le dossier et l'identité de son avocat et son barreau)]

MOTIFS

FAITS ET PROCÉDURE

[Rappeler le contexte général de la procédure dans le cadre de laquelle la question prioritaire de constitutionnalité est soulevée]

Dans le cadre de cette procédure, *[Identité du client]* enten(d|dent|d|dent) démontrer l'inconstitutionnalité (de la/des) disposition(s) législative(s) suivantes :
[Identification précise de la ou des dispositions législatives contestées]

DISCUSSION

[Montrer que la disposition législative contestée est applicable au litige ou à la procédure, ou constitue le fondement des poursuites]

SI « La disposition législative n'a jamais été déclarée conforme à la Constitution » correspond à votre cas.

Cette disposition n'a jamais été déclarée conforme à la Constitution dans les motifs et le dispositif d'une décision du Conseil constitutionnel.

SI « La disposition législative a déjà été déclarée conforme à la Constitution » correspond à votre cas.

Le Conseil constitutionnel a statué sur cette disposition *[Référence de la ou des décisions et rappel des motifs ou dispositif concernés]*.
Cependant, les circonstances ont changé de telle sorte que la disposition porte aujourd'hui atteinte aux droits et libertés garantis par la Constitution.
[Montrer en quoi les circonstances de droit ou de fait ont changé et en quoi cela justifie que le Conseil constitutionnel examine à nouveau la question de constitutionnalité]

SI « La question de constitutionnalité est nouvelle » correspond à votre cas.

Cette question est nouvelle, ce qui justifie sa transmission au Conseil constitutionnel.

SI « La question de constitutionnalité présente un caractère sérieux » correspond à votre cas.

Cette question présente un caractère sérieux, ce qui justifie sa transmission au Conseil constitutionnel.

Conformément à l'article 23-5 de l'ordonnance n° 58-1067 du 7 novembre 1958 portant loi organique sur le Conseil constitutionnel, la Cour surseoira à statuer jusqu'à ce que le Conseil constitutionnel se soit prononcé.

DISPOSITIF

Vu notamment l'article 23-5 de l'ordonnance n° 58-1067 du 7 novembre 1958 portant loi organique sur le Conseil constitutionnel,
[Identité du client] demand(e|ent|e|ent) à la Cour de :
Saisir le Conseil constitutionnel de la (des) présente(s) question(s) prioritaire(s) de constitutionnalité ;
Ordonner le sursis à statuer jusqu'à ce que le Conseil constitutionnel se soit prononcé.

Modèle 8

Conclusions devant le juge de la mise en état

[Juridiction (en majuscules)] [Ville du siège de la juridiction (majuscules)]

[Référence du dossier]

V/Réf : *[Action]*

[Type de la juridiction] [Ville du siège de la juridiction (majuscules)]

[Intitulé de la chambre (juridiction)] chambre *[Intitulé de la section]*

Rôle n° *[Numéro de rôle de l'affaire]*

CONCLUSIONS DEVANT LE JUGE DE LA MISE EN ÉTAT

POUR

[Identification du client et sa qualité dans le dossier] [Représentation client. Identité de l'avocat, ou, s'il y a lieu, identité de l'avocat postulant et de l'avocat plaidant]

CONTRE

[Identification complète de l'adversaire, ou, s'il y a lieu, identité de l'avocat postulant]

EN PRÉSENCE DE

[Éventuel codemandeur ou codéfendeur à l'action (pour une personne physique : le nom, le prénom et l'adresse du codéfendeur, sa qualité dans le dossier, l'identité et le barreau de son avocat ; pour une personne morale : la dénomination, le siège social de la société, sa qualité dans le dossier et l'identité de son avocat et son barreau)]

MOTIFS

FAITS ET PROCÉDURE

[Rappel des faits et de la procédure antérieure]

DISCUSSION

[Exposé des moyens de droit]

Il est rappelé qu'aux termes de l'article 789 du Code de procédure civile :

> « Le juge de la mise en état est, à compter de sa désignation et jusqu'à son dessaisissement, seul compétent, à l'exclusion de toute autre formation du tribunal, pour :
> 1° Statuer sur les exceptions de procédure, les demandes formées en application de l'article 47 et les incidents mettant fin à l'instance ;
> 2° Allouer une provision pour le procès ;
> 3° Accorder une provision au créancier lorsque l'existence de l'obligation n'est pas sérieusement contestable. Le juge de la mise en état peut subordonner l'exécution de sa décision à la constitution d'une garantie dans les conditions prévues aux articles 514-5, 517 et 518 à 522 ;
> 4° Ordonner toutes autres mesures provisoires, même conservatoires, à l'exception des saisies conservatoires et des hypothèques et nantissements provisoires, ainsi que modifier ou compléter, en cas de survenance d'un fait nouveau, les mesures qui auraient déjà été ordonnées ;
> 5° Ordonner, même d'office, toute mesure d'instruction ;
> 6° Statuer sur les fins de non-recevoir.
> Par dérogation au premier alinéa, s'il estime que la complexité du moyen soulevé ou l'état d'avancement de l'instruction le justifie, le juge de la mise en état peut décider que la fin de non-recevoir sera examinée à l'issue de l'instruction par la formation de jugement appelée à statuer sur le fond.
> Dans le cas visé au précédent alinéa, la décision du juge de la mise en état, qui constitue une mesure d'administration judiciaire, est prise par mention au dossier. Avis en est donné aux avocats. Les parties sont alors tenues de reprendre la fin de non-recevoir dans les conclusions adressées à la formation de jugement ».

Dans ces conditions, il serait inéquitable que (le|les|la|les) conclu(ant|ants|ante|antes) support(e|ent|e|ent) les frais irrépétibles non compris dans les dépens. Il (lui|leur|lui|leur) sera alloué une indemnité de *[Montant de la demande au titre de l'article 700 CPC]* (euro|euros *[Montant de la demande au titre de l'article 700 CPC]*) en application de l'article 700 du Code de procédure civile.

Les pièces visées par (le|les|la|les) requér(ant|ants|ante|antes) sont énumérées dans le bordereau annexé aux présentes écritures.

DISPOSITIF

C'est pourquoi *[Identité du client (pour une personne physique : le prénom et le nom du client ;*

pour une personne morale : la forme et la dénomination de la société)] (demande|demandent|de mande|demandent) au juge de la mise en état de :
Rejetant toutes fins, moyens et conclusions contraires,
Recevoir
[Identité du client]
en (ses|leurs|ses|leurs) conclusions et, (l'y|les y|l'y|les y) déclarant bien (fondé|fondés|fondée|fondées) ;
Ordonner *[Objet de l'incident]* ;

SI « Dépens : distraction au profit de l'avocat » ne correspond pas à votre cas.

Condamner *[Identité de l'adversaire]* aux entiers dépens.

SI « Dépens : distraction au profit de l'avocat » correspond à votre cas.

Condamner *[Identité de l'adversaire]* aux entiers dépens de l'incident, dont distraction au profit de *[Identité de l'avocat traitant]*.

SOUS TOUTES RÉSERVES

BORDEREAU DES PIÈCES

Modèle 9

Assignation à toutes fins devant le juge de l'exécution (représentation obligatoire)

[Référence du dossier]

[Type de la juridiction] [Ville du siège de la juridiction (majuscules)]

[Intitulé de la chambre (juridiction)]

ASSIGNATION DEVANT LE JUGE DE L'EXÉCUTION DU *[Juridiction (en majuscules)] [Ville du siège de la juridiction (majuscules)]*

L'an *[Date : année]* et le

À LA REQUÊTE DE

[Identification du client et sa qualité dans le dossier]
[Représentation client. Identité de l'avocat, ou, s'il y a lieu, identité de l'avocat postulant et de l'avocat plaidant]
Au Cabinet duquel il est fait élection de domicile et qui se constitue sur les présentes et ses suites,

J'AI, HUISSIER DE JUSTICE SOUSSIGNÉ

DONNÉ ASSIGNATION À

[Identification des adversaires (liste)]
Où étant et parlant à

EN PRÉSENCE DE

[Éventuel codemandeur ou codéfendeur à l'action (pour une personne physique : le nom, le prénom et l'adresse du codéfendeur, sa qualité dans le dossier, l'identité et le barreau de son avocat ; pour une personne morale : la dénomination, le siège social de la société, sa qualité dans le dossier et l'identité de son avocat et son barreau)]

D'AVOIR À COMPARAÎTRE LE

[Date de l'audience (jj/mm/aa)] à *[Heure de l'audience (ex. : 09 h 00)]* heures, par ministère d'avocat, ou personnellement, à l'audience et par-devant *[Civilité du président du tribunal judiciaire]* le Président du *[Type de la juridiction (en toutes lettres)] [Ville du siège de la juridiction]*, juge de l'exécution, ou son délégataire, siégeant au Palais de justice de ladite ville *[Adresse du siège du Tribunal]*, au lieu ordinaire de ses audiences.

TRÈS IMPORTANT

Dans les QUINZE JOURS de la date indiquée en tête du présent acte, sous réserve d'un allongement en raison de la distance, conformément aux articles 643 et 644 du Code de procédure civile, vous êtes ten(u|us|ue|ues) de charger un avocat ayant sa résidence professionnelle dans le ressort de la *[Cour d'appel compétente]*. Toutefois, si l'assignation vous est délivrée dans un délai inférieur ou égal à quinze jours avant la date indiquée en tête du présent acte, vous pouvez constituer avocat jusqu'à l'audience – si vous n'entendez pas bénéficier de l'aide juridictionnelle et que l'avocat choisi est l'avocat plaidant – de vous représenter devant le tribunal judiciaire *[Ville du siège de la juridiction]*.

Article 5 de la loi n° 71-1130 du 31 décembre 1971 :

> « Les avocats exercent leur ministère et peuvent plaider sans limitation territoriale devant toutes les juridictions et organismes juridictionnels ou disciplinaires, sous les réserves prévues à l'article 4.
> Ils peuvent postuler devant l'ensemble des tribunaux judiciaires du ressort de cour d'appel dans lequel ils ont établi leur résidence professionnelle et devant ladite cour d'appel.
> Par dérogation au deuxième alinéa, les avocats ne peuvent postuler devant un autre tribunal que celui auprès duquel est établie leur résidence professionnelle ni dans le cadre des procédures de saisie immobilière, de partage et de licitation, ni au titre de l'aide juridictionnelle, ni dans des instances dans lesquelles ils ne seraient pas maîtres de l'affaire chargés également d'assurer la plaidoirie ».

Article 5-1 de la loi n° 71-1130 du 31 décembre 1971 :

« Par dérogation au deuxième alinéa de l'article 5, les avocats inscrits au barreau de l'un des tribunaux judiciaires de Paris, Bobigny, Créteil et Nanterre peuvent postuler auprès de chacune de ces juridictions. Ils peuvent postuler auprès de la cour d'appel de Paris quand ils ont postulé devant l'un des tribunaux judiciaires de Paris, Bobigny et Créteil, et auprès de la cour d'appel de Versailles quand ils ont postulé devant le tribunal judiciaire de Nanterre.

La dérogation prévue au dernier alinéa du même article 5 leur est applicable ».

Article 643 du Code de procédure civile :

« Lorsque la demande est portée devant une juridiction qui a son siège en France métropolitaine, les délais de comparution, d'appel, d'opposition, de tierce opposition dans l'hypothèse prévue à l'article 586 alinéa 3, de recours en révision et de pourvoi en cassation sont augmentés de :

1. Un mois pour les personnes qui demeurent en Guadeloupe, en Guyane, à la Martinique, à La Réunion, à Mayotte, à Saint-Barthélemy, à Saint-Martin, à Saint-Pierre-et-Miquelon, en Polynésie française, dans les îles Wallis-et-Futuna, en Nouvelle-Calédonie et dans les Terres australes et antarctiques françaises ;

2. Deux mois pour celles qui demeurent à l'étranger ».

Article 644 du Code de procédure civile :

« Lorsque la demande est portée devant une juridiction qui a son siège en Guadeloupe, en Guyane, à la Martinique, à La Réunion, à Mayotte, à Saint-Barthélemy, à Saint-Martin, à Saint-Pierre-et-Miquelon et dans les îles Wallis-et-Futuna, les délais de comparution, d'appel, d'opposition de tierce opposition dans l'hypothèse prévue à l'article 586 alinéa 3, et de recours en révision sont augmentés d'un mois pour les personnes qui ne demeurent pas dans la collectivité territoriale dans le ressort de laquelle la juridiction a son siège et de deux mois pour les personnes qui demeurent à l'étranger ».

Pour votre information et conformément à la loi, vous trouverez les dispositions des articles R. 121-8 à R. 121-10 du Code des procédures civiles d'exécution :

Article R. 121-8 : « La procédure est orale ».

Article R. 121-9 : « Le juge qui organise les échanges entre les parties comparantes peut dispenser une partie qui en fait la demande de se présenter à une audience ultérieure, conformément au second alinéa de l'article 446-1 du Code de procédure civile. Dans ce cas, la communication entre les parties est faite par lettre recommandée avec demande d'avis de réception ou par notification entre avocats et il en est justifié auprès du juge dans les délais qu'il impartit ».

Article R. 121-10 : « En cours d'instance, toute partie peut aussi exposer ses moyens par lettre adressée au juge de l'exécution, à condition de justifier que la partie adverse en a eu connaissance avant l'audience par lettre recommandée avec demande d'avis de réception.

La partie qui use de cette faculté peut ne pas se présenter à l'audience, conformément au second alinéa de l'article 446-1 du Code de procédure civile ».

Si vous ne le faites pas, vous vous exposez à ce qu'une décision soit rendue contre vous sur les seuls éléments fournis par (votre|vos|votre|vos) adversair(e|es|e|es).

Les personnes dont les ressources sont insuffisantes peuvent, si elles remplissent les conditions prévues par la loi n° 91-647 du 10 juillet 1991, bénéficier d'une aide juridictionnelle. Elles doivent, pour demander cette aide, s'adresser au bureau d'aide juridictionnelle établi au siège du Tribunal judiciaire de leur domicile et, par dérogation au deuxième alinéa de l'article 5 de la loi n° 71-1130 du 31 décembre 1971, charger un avocat ayant sa résidence professionnelle dans le ressort du tribunal judiciaire *[Ville du siège de la juridiction]*.

OBJET DE LA DEMANDE

[Exposé des faits]

[Exposé des moyens de droit]

Il serait en outre inéquitable que *[Identité du client]* support(e|ent|e|ent) les frais irrépétibles non compris dans les dépens.

Il (lui|leur|lui|leur) sera donc alloué une somme de *[Montant alloué sur la base de l'article 700 CPC]* (euro|euros *[Montant alloué sur la base de l'article 700 CPC]*) en application de l'article 700 du Code de procédure civile.

Par ailleurs, les pièces visées par *[Identité du client (pour une personne physique : le prénom et le nom du client ; pour une personne morale : la forme et la dénomination de la société)]* à l'appui de (sa|leurs|sa|leurs) demand(e|es|e|es) sont énumérées dans le bordereau annexé aux présentes écritures ;

SI « Accord du client/des parties pour que la procédure se déroule sans audience » correspond à votre cas.

[Identité du client] (est|sont|est|sont) d'accord pour que la procédure se déroule sans audience conformément aux dispositions de l'article L. 212-5-1 du Code de l'organisation judiciaire.

PAR CES MOTIFS

Déclarer la demande de *[Identité du client (pour une personne physique : le prénom et le nom du client ; pour une personne morale : la forme et la dénomination de la société)]* recevable et bien fondée, et en conséquence,

Entendre ordonner la notification, par les services du secrétariat-greffe, de la décision à intervenir, laquelle sera susceptible d'appel dans les quinze jours de cette notification ;

Condamner *[Identité de(s) adversaire(s) (pour une personne physique : le prénom et le nom de l'adversaire ; pour une personne morale : la forme et la dénomination de la société)]* à verser au requérant la somme de *[Montant alloué sur la base de l'article 700 CPC]* (euro|euros *[Montant alloué sur la base de l'article 700 CPC]*) en application de l'article 700 du Code de procédure civile ;

S'entendre enfin la partie défenderesse condamner en tous les dépens.

SOUS TOUTES RÉSERVES

La liste numérotée des pièces justificatives visées par (le|les|la|les) requér(ant|ants|ante|antes) figure dans le bordereau annexé aux présentes écritures.

LISTE DES PIÈCES JUSTIFICATIVES

Modèle 10

Requête devant le tribunal paritaire des baux ruraux

[Référence du dossier]

[Type de la juridiction] [Ville du siège de la juridiction (majuscules)]

[Intitulé de la chambre (juridiction)]

REQUÊTE

À *[Civilité du Président et des Juges : Mesdames et/ou Messieurs]* le Président et les juges composant le tribunal paritaire des baux ruraux *[Ville du siège de la juridiction]*
[Identification du client et sa qualité dans le dossier]
[Représentation client. Identité de l'avocat, ou, s'il y a lieu, identité de l'avocat postulant et de l'avocat plaidant]

À L'ENCONTRE DE

[Identification des adversaires (liste)]
Les parties ont la faculté de se faire assister ou représenter.
Toutefois, lors de la tentative préalable de conciliation, elles sont tenues de comparaître en personne, sauf à se faire représenter en cas de motif légitime.
Les personnes habilitées à assister ou représenter les parties sont :
- un avocat ;
- un huissier de justice ;
- un membre de leur famille ;
- leur concubin ou la personne avec laquelle elles ont conclu un pacte civil de solidarité ;
- un membre ou un salarié d'une organisation professionnelle agricole.

(A|ONT|A|ONT) L'HONNEUR DE VOUS EXPOSER QUE :

(Le|Les|La|Les) soussign(é|és|ée|ées), *[Identité du client]*, (a|ont|a|ont) l'honneur de saisir le tribunal paritaire des baux ruraux *[Ville du siège de la juridiction]*, conformément à l'article 885 du Code de procédure civile, d'une déclaration au greffe à l'encontre de *[Identité de l'adversaire]* aux fins de vous exposer :
Par acte du *[Rappeler l'existence du bail, son objet, sa durée et ses modalités]*.
[Exposé des faits ; indication des prétentions et arguments du client].
[Identité du client] (est|sont|est|sont) donc contrain(t|ts|te|tes) de s'adresser au Tribunal de céans en vue de *[Objet de la demande]*.

EN CONSÉQUENCE,
(Le|Les|La|Les) requér(ant|ants|ante|antes) (prie|prient|prie|prient) qu'il vous plaise, *[Civilité du Président et des Juges : Mesdames et/ou Messieurs]* les Président et Juges :
Convoquer à la prochaine audience de conciliation de ce Tribunal *[Identité de l'adversaire]* et (lui-même|eux-mêmes|elle-même|elles-mêmes) afin qu'il en soit débattu.

Fait à *[Lieu de signature de l'acte]*,
Le *[Date de signature de l'acte]*.
[Nom et prénom de l'avocat traitant]

PIÈCES JOINTES :
La liste numérotée des pièces justificatives figure dans le bordereau annexé aux présentes écritures.

LISTE DES PIÈCES JUSTIFICATIVES

Modèle 11

Requête aux fins d'indemnisation devant la Commission d'indemnisation des victimes d'infractions

[Référence du dossier]

[Type de la juridiction] [Ville du siège de la juridiction (majuscules)]

[Intitulé de la chambre (juridiction)]

REQUÊTE AUX FINS D'INDEMNISATION

À la Commission d'indemnisation des victimes d'infractions du tribunal judiciaire *[Ville du siège de la juridiction]*
[Identification du client et sa qualité dans le dossier]

SI « Le demandeur agit en son nom personnel » correspond à votre cas.

Agissant en son nom personnel,

SI « Le demandeur agit en qualité de représentant légal » correspond à votre cas.

Agissant en qualité de *[Qualité du représentant légal]* de *[Nom et prénoms de la victime]*, né(e) le *[Date de naissance de la victime]* à *[Lieu de naissance de la victime]*, de nationalité *[Nationalité de la victime]*, demeurant *[Adresse de la victime]*,

SI « Le demandeur est un parent du défunt » correspond à votre cas.

Agissant en qualité de *[Lien de parenté]* de *[Nom et prénoms de la victime]*, né(e) le *[Date de naissance de la victime]* à *[Lieu de naissance de la victime]*, de nationalité *[Nationalité de la victime]*, mort(e) le *[Date du décès de la victime]*,
[Représentation client. Identité de l'avocat, ou, s'il y a lieu, identité de l'avocat postulant et de l'avocat plaidant]

(A|ONT|A|ONT) L'HONNEUR DE VOUS EXPOSER QUE :

SI « Le demandeur agit en son nom personnel » correspond à votre cas.

[Civilité, prénom et nom du client] a été victime d'une infraction, plus précisément *[Dénomination de l'infraction (vol, stationnement interdit...)]*, commise le *[Date de l'infraction]* à *[Lieu de l'infraction]*.
En effet, *[Exposer les circonstances de l'infraction]*.
[Civilité, prénom et nom du client] a subi des dommages *[Préciser la nature du dommage : atteinte à la personne (ex. : atteintes corporelles) ou matériel (ex. : vol)]*.
Ce dommage a en outre eu pour conséquence *[Préciser les conséquences du dommage (ex. : perte de revenus, inaptitude à exercer une activité professionnelle)]*.
Par ailleurs, une plainte a été déposée *[Choisir entre « commissariat » et « gendarmerie »]* de *[Lieu du Commissariat de police ou de la Gendarmerie]*.

SI « Le demandeur agit en son nom personnel » ne correspond pas à votre cas.

[Nom et prénoms de la victime] a été victime d'une infraction, plus précisément *[Dénomination de l'infraction (vol, stationnement interdit...)]*, commise le *[Date de l'infraction]* à *[Lieu de l'infraction]*.
En effet, *[Exposer les circonstances de l'infraction]*.
[Nom et prénoms de la victime] a subi des dommages *[Préciser la nature du dommage : atteinte à la personne (ex. atteintes corporelles) ou matériel (ex. : vol)]*.
Ce dommage a en outre eu pour conséquence *[Préciser les conséquences du dommage (ex. : perte*

de revenus, inaptitude à exercer une activité professionnelle)].
Par ailleurs, une plainte a été déposée *[Choisir entre « commissariat » et « gendarmerie »]* de *[Lieu du Commissariat de police ou de la Gendarmerie].*

SI « Une décision judiciaire a été rendue » correspond à votre cas.

Une décision a été rendue dans cette affaire par *[Juridiction ayant rendu la décision] [Ville du siège de la juridiction]* en date du *[Date de la décision]* condamnant *[Identité de l'adversaire].*

SI « Des dommages-intérêts ont été accordés » correspond à votre cas.
SI « Une décision judiciaire a été rendue » correspond à votre cas.

Des dommages et intérêts ont été accordés à la victime par *[Juridiction ayant rendu la décision]* à hauteur de *[Montant de la condamnation en paiement au titre des dommages et intérêts]* euros.

SI « Une décision judiciaire a été rendue » correspond à votre cas.
SI « Des dommages-intérêts ont été accordés » ne correspond pas à votre cas.

[Juridiction ayant rendu la décision] ne lui a pas accordé dans sa décision de dommages et intérêts.

SI « L'affaire a fait l'objet d'un classement sans suite » correspond à votre cas.

L'affaire a été classée sans suite le *[Date du classement sans suite]* par le parquet du tribunal judiciaire *[Ville du siège du tribunal judiciaire].*

SI « L'affaire a fait l'objet d'une médiation ou d'une composition pénale » correspond à votre cas.

L'affaire a fait l'objet d'une *[Choisir entre « médiation pénale » et « composition pénale »]* le *[Date de la médiation pénale ou de la composition pénale]*, à la suite de laquelle des dommages et intérêts d'un montant de *[Montant de la condamnation en paiement au titre des dommages et intérêts]* euros ont été accordés à la victime.

SI « L'affaire fait l'objet d'une instruction en cours » correspond à votre cas.

L'affaire fait l'objet d'une instruction en cours au tribunal judiciaire *[Ville du siège du tribunal judiciaire].*

SI « Des dommages-intérêts ont été accordés » correspond à votre cas.
SI « Des dommages-intérêts ont été versés par l'(les) auteur(s) de l'infraction » ne correspond pas à votre cas.

(L'auteur|Les auteurs|L'auteur|Les auteurs) de l'infraction n'(a|ont|a|ont) à ce jour versé aucune partie du montant des dommages et intérêts.

SI « Des dommages-intérêts ont été versés par l'(les) auteur(s) de l'infraction » correspond à votre cas.
SI « Des dommages-intérêts ont été accordés » correspond à votre cas.

(L'auteur|Les auteurs|L'auteur|Les auteurs) de l'infraction (a|ont|a|ont) à ce jour versé une partie du montant des dommages et intérêts, à savoir *[Montant versé par l'(les) auteur(s) de l'infraction au titre des dommages-intérêts]* euros.

SI « Des dommages-intérêts ont été accordés » correspond à votre cas.
SI « Des dommages-intérêts ont été versés par les assureurs » ne correspond pas à votre cas.

La victime n'a reçu aucune indemnisation de la part des assureurs.

SI « Des dommages-intérêts ont été accordés » correspond à votre cas.
SI « Des dommages-intérêts ont été versés par les assureurs » correspond à votre cas.

La victime a reçu une indemnisation de la part des assureurs, *[Identification des assureurs et montant perçu].*

SI « La victime a subi une atteinte corporelle » correspond à votre cas.

La victime de l'infraction est affiliée à *[Identification de l'organisme de sécurité sociale]* sous le numéro de sécurité sociale suivant : *[Numéro de sécurité sociale de la victime].*

SI « La victime bénéficie d'une mutuelle » correspond à votre cas.
SI « La victime a subi une atteinte corporelle » correspond à votre cas.

La victime bénéficie par ailleurs d'une mutuelle, *[Identification de la mutuelle].*

SI « La victime a subi une atteinte corporelle » correspond à votre cas.
SI « Une prestation a été versée à la victime par l'OSS et/ou la mutuelle » ne correspond pas à votre cas.

Aucune prestation n'a été versée à la victime pour le préjudice corporel subi.

SI « Une prestation a été versée à la victime par l'OSS et/ou la mutuelle » correspond à votre cas.
SI « La victime a subi une atteinte corporelle » correspond à votre cas.

Des prestations ont été versées à la victime pour le préjudice corporel subi.

SI « La victime a subi une atteinte corporelle » correspond à votre cas.
SI « Le demandeur a perçu un capital décès » correspond à votre cas.

[Civilité, prénom et nom du client] a perçu un capital décès d'un montant *[Montant du capital décès]* euros.

SI « Demande d'indemnisation du préjudice subi » correspond à votre cas.

[Civilité, prénom et nom du client] demande en conséquence à la Commission d'indemnisation des victimes d'infractions le versement d'une indemnité d'un montant total de *[Montant total de l'indemnité demandée]* euros.

SI « Demande d'une provision » correspond à votre cas.

[Civilité, prénom et nom du client] demande en conséquence à la Commission d'indemnisation des victimes d'infractions le versement d'une provision d'un montant de *[Montant de la provision]* euros.

SI « Demande d'une expertise » correspond à votre cas.

[Civilité, prénom et nom du client] sollicite également une expertise médicale afin de déterminer le préjudice corporel.

SI « Demande de remboursement des frais non compris dans les dépens » correspond à votre cas.

Il serait en outre inéquitable que *[Identité du client]* support(e|ent|e|ent) les frais irrépétibles non compris dans les dépens.

SI « Demande de remboursement des frais non compris dans les dépens » correspond à votre cas.

Il (lui|leur|lui|leur) sera alloué une indemnité de *[Montant de la demande au titre de l'article 700 CPC]* (euro|euros *[Montant de la demande au titre de l'article 700 CPC]*) en application de l'article 700 du Code de procédure civile.

EN CONSÉQUENCE,
(Le|Les|La|Les) requéran(t|ts|te|tes) pri(e|ent|e|ent) qu'il plaise à la Commission :

SI « Demande d'indemnisation du préjudice subi » correspond à votre cas.

Verser une indemnité d'un montant total de *[Montant total de l'indemnité demandée]* euros ;

SI « Demande d'une provision » correspond à votre cas.

Verser une provision d'un montant de *[Montant de la provision]* euros ;

SI « Demande d'une expertise » correspond à votre cas.

Ordonner une expertise médicale afin de déterminer le préjudice corporel ;

SI « Demande de remboursement des frais non compris dans les dépens » correspond à votre cas.

Condamner *[Identité de l'adversaire]* à payer à *[Identité du client]* la somme de *[Montant de la demande au titre de l'article 700 CPC]* (euro|euros *[Montant de la demande au titre de l'article 700 CPC]*) par application de l'article 700 du Code de procédure civile ;

SI « Dépens à la charge du Trésor public » correspond à votre cas.

Laisser les dépens à la charge du Trésor public.

Fait à *[Lieu de signature de l'acte]*,
Le *[Date de signature de l'acte]*.
[Nom et prénom de l'avocat traitant]

La liste numérotée des pièces justificatives visées par (le|les|la|les) requér(ant|ants|ante|antes) figure dans le bordereau annexé aux présentes écritures.

LISTE DES PIÈCES JUSTIFICATIVES

Modèle 12
Accord de médiation

SI « Médiateur désigné par les parties » correspond à votre cas.

[Identification du médiateur (fiche Tiers)] constate avoir été sais(i|is|ie|ies) par *[Identification complète du demandeur]* et *[Identification complète de l'adversaire]* du différend suivant :
[Exposé du différend].

SI « Médiateur désigné par le juge » correspond à votre cas.

[Identification du médiateur (fiche Tiers)] ayant été désign(é|és|ée|ées) par décision de *[Juge auteur de la délégation]* en date du *[Date de la décision de délégation].*

[Exposer le déroulement de la médiation].
Les parties ont rapproché leurs points de vue et ont conclu l'accord de médiation suivant :
[Exposé détaillé de l'accord des parties : les engagements de chacune et, en cas d'accord partiel, le différend persistant].
Il est rappelé que, conformément à l'article 1534 du Code de procédure civile, « La demande tendant à l'homologation de l'accord issu de la médiation est présentée au juge par requête de l'ensemble des parties à la médiation ou de l'une d'entre elles, avec l'accord exprès des parties ».

Fait en *[Nombre d'exemplaires]* exemplaires.
À *[Lieu de signature de l'acte]*,
Le *[Date de signature de l'acte].*
[Prénom et nom du client] [Prénom et nom de l'adversaire]

Modèle 13

Convention de procédure participative

CONVENTION DE PROCÉDURE PARTICIPATIVE

ENTRE LES SOUSSIGNÉS :

[Identification du client et sa qualité dans le dossier]
[Représentation client. Identité de l'avocat, ou, s'il y a lieu, identité de l'avocat postulant et de l'avocat plaidant]
D'une part,

ET

[Identification complète de l'adversaire, ou, s'il y a lieu, identité de l'avocat postulant]
D'autre part,

Il a été préalablement exposé que :
[Exposé des faits]
Leur différend n'a pas donné lieu ni à la saisine d'un juge, ni à celle d'un arbitre.

Il est alors convenu ce qui suit :

Article
Objet de la convention

SI « Objet de la convention : résolution amiable du différend » correspond à votre cas.

La présente convention a pour objet la résolution amiable du différend qui oppose les parties.
Conformément aux articles 2062 du Code civil et 1544 du Code de procédure civile, les parties s'engagent, avec l'assistance de leur avocat, à rechercher conjointement et de bonne foi un accord mettant un terme à ce différend.

SI « Objet de la convention : mise en état du litige » correspond à votre cas.

La présente convention a pour objet la mise en état du litige qui oppose les parties.
Conformément aux articles 2062 et suivants du Code civil, les parties s'engagent, avec l'assistance de leur avocat, à rechercher conjointement et de bonne foi un accord mettant leur litige en état d'être jugé.

Article
Durée de la convention

SI « Objet de la convention : résolution amiable du différend » correspond à votre cas.

La procédure conventionnelle durera *[Durée de la procédure conventionnelle]* à compter de la signature de la présente convention, soit jusqu'au *[Date du terme de la procédure conventionnelle]*.
Conformément à l'article 1555 du Code de procédure civile, la procédure conventionnelle s'éteint par :
– l'arrivée du terme de la présente convention ;
– la résiliation anticipée de celle-ci ;
– la conclusion d'un accord mettant fin en totalité au différend ou au litige, ou l'établissement d'un acte constatant la persistance de tout ou partie de celui-ci, dont les modalités sont définies à l'article 8 ;
– l'inexécution par l'une des parties, de la convention.

SI « Objet de la convention : mise en état du litige » correspond à votre cas.

La procédure conventionnelle durera *[Durée de la procédure conventionnelle]* à compter de la signature de la présente convention, soit jusqu'au *[Date du terme de la procédure conventionnelle]*.
Conformément à l'article 1555 du Code de procédure civile, la procédure conventionnelle s'éteint par :
– l'arrivée du terme de la présente convention ;
– la résiliation anticipée de celle-ci ;
– la conclusion d'un accord mettant fin en totalité au différend ou au litige, ou l'établissement d'un acte constatant la persistance de tout ou partie de celui-ci, dont les modalités sont définies à l'article 8 ;
– l'inexécution par l'une des parties, de la convention ;
– la saisine du juge aux fins de statuer sur un incident, sauf si la saisine émane de l'ensemble des parties.

Article
Objet du différend
[Exposé du différend].

Article
Communication des pièces et informations
La communication des pièces et informations entre les parties se fait par l'intermédiaire des avocats qui les assistent dans la présente procédure participative.
Les pièces et informations nécessaires à la résolution du différend sont les suivantes :
[Préciser les pièces et informations nécessaires à la résolution du différend].
Leur échange s'effectuera selon les modalités suivantes :
[Préciser les modalités de leur échange].
Chaque avocat les porte à la connaissance de son client par tous moyens appropriés.
Un bordereau est établi lorsqu'une pièce est communiquée.

Article
Actes contresignés par avocats

SI « Accord des parties aux fins d'établir les actes contresignés par avocats » correspond à votre cas.

Les parties s'accordent à établir les actes contresignés par avocats suivants :

SI « Énumération des faits et des pièces qui ne l'ont pas été dans la convention » correspond à votre cas.
SI « Accord des parties aux fins d'établir les actes contresignés par avocats » correspond à votre cas.

– énumérer les faits ou les pièces qui ne l'auraient pas été dans la convention, sur l'existence, le contenu ou l'interprétation desquels les parties s'accordent ;

SI « Détermination des points de droit auxquels les parties entendent limiter le débat » correspond à votre cas.
SI « Accord des parties aux fins d'établir les actes contresignés par avocats » correspond à votre cas.

– déterminer les points de droit auxquels elles entendent limiter le débat, dès lors qu'ils portent sur des droits dont elles ont la libre disposition ;

SI « Accord des parties aux fins d'établir les actes contresignés par avocats » correspond à votre cas.

SI « Modalités de communication de leurs écritures » correspond à votre cas.

– convenir des modalités de communication de leurs écritures ;

SI « Accord des parties aux fins d'établir les actes contresignés par avocats » correspond à votre cas.
SI « Recours à un technicien » correspond à votre cas.

– recourir à un technicien selon les modalités des articles 1547 à 1554 du Code de procédure civile ;

SI « Accord des parties aux fins d'établir les actes contresignés par avocats » correspond à votre cas.
SI « Désignation d'un conciliateur de justice ou un médiateur » correspond à votre cas.

– désigner un conciliateur de justice ou un médiateur ayant pour mission de concourir à la résolution du litige ;

SI « Accord des parties aux fins d'établir les actes contresignés par avocats » correspond à votre cas.
SI « Consignation des auditions des parties » correspond à votre cas.

– consigner les auditions des parties, entendues successivement en présence de leurs conseils, comportant leur présentation du litige, leurs prétentions, les questions de leurs avocats ainsi que leurs réponses et les observations qu'elles souhaitent présenter ;

SI « Accord des parties aux fins d'établir les actes contresignés par avocats » correspond à votre cas.
SI « Consignation des déclarations de témoins » correspond à votre cas.

– consigner les déclarations de toute personne acceptant de fournir son témoignage sur les faits auxquels il a assisté ou qu'il a personnellement constatés, recueillies ensemble par les avocats, spontanément ou sur leur interrogation

Article
Recours à un technicien
Les parties peuvent recourir à un technicien, choisi d'un commun accord, et déterminent l'objet de sa mission. Il est rémunéré par les parties selon les modalités convenues entre eux.

Il appartient au technicien, avant d'accepter sa mission, de révéler toute circonstance susceptible d'affecter son indépendance. Si tel est le cas, les parties en tireront les conséquences qu'elles estiment utiles.
Le technicien accomplit sa mission avec conscience, diligence et impartialité, dans le respect du principe du contradictoire, et ne peut être révoqué que du consentement unanime des parties.
Les parties communiquent au technicien les documents nécessaires à l'accomplissement de sa mission.
Lorsque l'inertie d'une partie empêche le technicien de mener à bien sa mission, il convoque l'ensemble des parties en leur indiquant les diligences qu'il estime nécessaires. Si la partie ne défère pas à sa demande, le technicien poursuit sa mission à partir des éléments dont il dispose.
Tout tiers intéressé peut, avec l'accord des parties et du technicien, intervenir aux opérations menées par celui-ci. Le technicien l'informe qu'elles lui sont alors opposables.
Le technicien joint à son rapport, si les parties et, le cas échéant, le tiers intervenant le demandent, leurs observations ou réclamations écrites. Il fait mention dans celui-ci des suites données à ces observations ou réclamations.
À l'issue des opérations, le technicien remet un rapport écrit aux parties, et, le cas échéant, au tiers intervenant. Ce rapport peut être produit en justice.

Article
Confidentialité

SI « Confidentialité des négociations » correspond à votre cas.

Les parties s'obligent à garder confidentiel le contenu des négociations qui interviendront entre elles.

SI « Confidentialité des négociations » ne correspond pas à votre cas.

Les parties ont décidé de ne pas garder confidentiel le contenu des négociations qui interviendront entre elles.
S'agissant des pièces et informations énoncées à l'article 4, celles-ci ne sont pas confidentielles et pourront, le cas échéant, être produites en justice dans l'hypothèse où les parties ne seront parvenues à aucun accord ou seulement à un accord partiel.
Par ailleurs, les avocats restent tenus au secret professionnel et à la confidentialité des communications entre avocats.

Article
Effets de la convention
Conformément à l'article 2238 du Code civil, la prescription est suspendue à compter de la conclusion de la présente convention. Le délai de prescription recommence à courir à compter du terme de la convention, pour une durée qui ne peut être inférieure à six mois.
Tant qu'elle est en cours, la convention de procédure participative conclue avant la saisine d'un juge rend irrecevable tout recours au juge pour qu'il statue sur le litige, sauf en cas d'inexécution de la convention par l'une des parties. En cas d'urgence, la convention ne fait pas obstacle à ce que des mesures provisoires ou conservatoires soient demandées par les parties.

SI « Objet de la convention : résolution amiable du différend » correspond à votre cas.
SI « Renonciation des parties à se prévaloir des exceptions de procédure, des fins de non-recevoir et des dispositions de l'article 47 (CPC, art. 1546-1, al. 2) » correspond à votre cas.

Conformément à l'article 1546-1, alinéa 2, du Code de procédure civile, les parties renoncent expressément à se prévaloir de toute fin de non-recevoir, de toute exception de procédure et des dispositions de l'article 47, à l'exception de celles qui surviennent ou sont révélées postérieurement à la signature de la convention de procédure participative.

Article
Issue de la procédure conventionnelle
À l'issue de la procédure conventionnelle, les parties dressent par écrit soit un accord mettant fin à l'entier différend, soit un acte constatant la persistance de tout ou partie du différend. Suivant le cas, le juge sera saisi de l'affaire selon les modalités prévues aux articles 1556 et suivants du Code de procédure civile.
En cas d'accord mettant fin à l'entier différend, la demande d'homologation de cet accord est présentée au juge par requête de la partie la plus diligente ou de l'ensemble des parties.
En cas d'accord partiel, outre la demande d'homologation de celui-ci, les parties peuvent saisir le juge afin qu'il statue sur le différend résiduel soit selon les règles propres à la procédure applicable devant lui, soit par requête conjointe signée par les avocats les ayant assistées au cours de la procédure conventionnelle.
Enfin, lorsque le différend persiste en totalité, celui-ci peut être soumis au juge soit conformément aux règles régissant la procédure applicable devant lui, soit selon les modalités prévues aux articles 1560

et 1561 du Code de procédure civile, soit enfin sur requête unilatérale dont les modalités sont définies aux articles 1563 et 1564 du même code.

Article
Honoraires
Chacune des parties garde à sa charge les honoraires de son avocat.

Fait en *[Nombre d'exemplaires]* exemplaires.

À *[Lieu de signature de l'acte]*,
Le *[Date de signature de l'acte]*.
[Prénom et nom du client] [Prénom et nom de l'adversaire]

SI « Objet de la convention : résolution amiable du différend » correspond à votre cas.

[Nom et prénom de l'avocat traitant] [Nom et prénom de l'avocat adverse]

Modèle 14
Transaction en toutes matières

PROTOCOLE D'ACCORD TRANSACTIONNEL

ENTRE LES SOUSSIGNÉS :

[Identification du client et sa qualité dans le dossier]
[Représentation client. Identité de l'avocat, ou, s'il y a lieu, identité de l'avocat postulant et de l'avocat plaidant]
D'une part,

ET

[Identification complète de l'adversaire, ou, s'il y a lieu, identité de l'avocat postulant]
D'autre part,
Il a été préalablement exposé que :
[Exposé des circonstances du litige et, éventuellement, du processus de négociation amiable].

Il est alors convenu ce qui suit :

Article
Objet de la transaction
La présente transaction a pour objet de :
[Détailler l'objet de l'accord].

Article
Engagements des parties
[Détailler les engagements des parties dans le cadre de la transaction qui doivent comporter des concessions réciproques].

SI « Clause relative à l'inexécution de la transaction (C. civ., art. 2047) » correspond à votre cas.

Article
Inexécution
Conformément à l'article 2047 du Code civil, les parties conviennent que si l'une d'entre elles manque d'exécuter la présente transaction, celle-ci devra *[Exposer la peine encourue].*

Article
Désistements d'instances et d'actions
Les parties se désistent de toutes les actions en justice qu'elles pourraient exercer l'une contre l'autre à l'occasion du présent litige.
S'il y a lieu, elles se désistent également de toutes les instances ayant le même objet.

Article
Confidentialité
Les parties s'obligent à garder confidentiel le contenu de cette transaction.
La transaction ne pourra être produite en justice que par une partie et seulement dans le cadre d'un litige avec l'autre partie, relatif à son interprétation ou son exécution.

Article
Transaction – Absence d'action en justice
Il est expressément convenu entre les parties que le présent accord, sous réserve de sa parfaite exécution, constitue entre elles une transaction au sens des articles 2044 et suivants du Code civil, et fait obstacle à l'introduction ou à la poursuite entre les parties d'une action en justice ayant le même objet, conformément aux dispositions de l'article 2052 du Code civil.

Article
Frais
Chacune des parties gardera à sa charge les frais qu'elle a exposés jusqu'à l'établissement de la transaction.

SI « Clause relative à l'attribution de compétence » correspond à votre cas.

Article
Attribution de compétence
En cas de litige né du présent contrat, le tribunal *[Indiquer la juridiction compétente (ex. : Tribunal de commerce ou tribunal judiciaire)]* sera seul compétent.

Fait en *[Nombre d'exemplaires]* exemplaires.
À *[Lieu de signature de l'acte]*,
Le *[Date de signature de l'acte]*.
[Prénom et nom du client] [Prénom et nom de l'adversaire]

Modèle 15

Requête à fin d'*exequatur* d'une sentence arbitrale (tribunal judiciaire)

[Référence du dossier]

[Type de la juridiction] [Ville du siège de la juridiction (majuscules)]

[Intitulé de la chambre (juridiction)]

REQUÊTE À FIN D'EXEQUATUR

À *[Qualité du Président du Tribunal : Monsieur ou Madame]* le Président du *[Type de la juridiction (en toutes lettres)] [Ville du siège de la juridiction]*
[Identification du client et sa qualité dans le dossier]
[Représentation client. Identité de l'avocat, ou, s'il y a lieu, identité de l'avocat postulant et de l'avocat plaidant]
Au Cabinet duquel il est fait élection de domicile et qui se constitue sur les présentes et ses suites,

(A|ONT|A|ONT) L'HONNEUR DE VOUS EXPOSER QUE :

Une sentence arbitrale en date du *[Date de la sentence arbitrale]*, rendue par *[Civilité, prénom et nom du ou des arbitres]*, a statué sur les difficultés opposant *[Identité du client]* à *[Identité de l'adversaire]* conformément à la convention d'arbitrage en date du *[Date de la convention d'arbitrage]*.
[Identité du client] requier(t|ent|t|ent) l'*exequatur* de la sentence arbitrale et sollicit(e|ent|e|ent) la délivrance d'une expédition de ladite sentence, revêtue de l'*exequatur*.

EN CONSÉQUENCE,
(Le|Les|La|Les) requér(ant|ants|ante|antes) (prie|prient|prie|prient) qu'il vous plaise, *[Qualité du Président du Tribunal : Monsieur ou Madame]* le Président :
Autoriser l'apposition de la formule exécutoire.

Fait à *[Ville du cabinet]*,
Le *[Date du jour]*.
[Nom et prénom de l'avocat traitant]

La liste numérotée des pièces justificatives visées par (le|les|la|les) requér(ant|ants|ante|antes) figure dans le bordereau annexé aux présentes écritures.

LISTE DES PIÈCES JUSTIFICATIVES

ORDONNANCE

Nous, Président du *[Type de la juridiction (en toutes lettres)] [Ville du siège de la juridiction]*,
Vu la requête qui précède et les pièces à l'appui,
Vu la décision dont l'*exequatur* est demandé,
Constatons que cette sentence a été rendue suivant les formes prescrites et qu'elle ne contient pas de décision contraire à l'ordre public ;
Ordonnons qu'elle soit exécutée selon ses formes et teneur.

Fait en notre cabinet, à
Le
Le Président Le Greffier

Modèle 16

Requête en homologation d'un constat d'accord de conciliation

[Référence du dossier]

[Type de la juridiction] [Ville du siège de la juridiction (majuscules)]

[Intitulé de la chambre (juridiction)]

REQUÊTE AUX FINS D'HOMOLOGATION DU CONSTAT D'ACCORD

À *[Civilité du juge saisi]* le *[Fonction du juge]* du *[Type de la juridiction (en toutes lettres)] [Ville du siège de la juridiction]*
[Identification du client et sa qualité dans le dossier]
[Représentation client. Identité de l'avocat, ou, s'il y a lieu, identité de l'avocat postulant et de l'avocat plaidant]

(A|ONT|A|ONT) L'HONNEUR DE VOUS EXPOSER QUE :

SI « Conciliateur saisi par les parties » correspond à votre cas.

(Le|Les|La|Les) requéran(t|ts|te|tes) et *[Identification complète de l'adversaire]* ont conclu un accord le *[Date du constat d'accord]* dans le cadre de la conciliation menée par *[Identification du ou des conciliateurs (fiche Tiers)]* conciliateur de justice.

SI « Conciliateur désigné par le juge » correspond à votre cas.

(Le|Les|La|Les) requéran(t|ts|te|tes) et *[Identification complète de l'adversaire]* ont conclu un accord le *[Date du constat d'accord]* dans le cadre de la conciliation menée par *[Identification du ou des conciliateurs (fiche Tiers)]* conciliateur de justice, à qui la mission de conciliation a été déléguée par *[Juge auteur de la délégation]* en date du *[Date de la décision de délégation]*.

Aucune partie ne s'est opposée dans l'acte à ce que la force exécutoire soit conférée au constat d'accord.

(Le|Les|La|Les) requéran(t|ts|te|tes) (a|ont|a|ont) le plus grand intérêt à obtenir que la force exécutoire soit conférée à cet accord de conciliation.

SI « – Demande présentée avec l'accord exprès des autres parties » correspond à votre cas.
SI « Conciliateur saisi par les parties » correspond à votre cas.

La présente demande d'homologation est formée avec l'accord exprès des autres parties.

EN CONSÉQUENCE,
(Le|Les|La|Les) requér(ant|ants|ante|antes) (prie|prient|prie|prient) qu'il vous plaise, *[Civilité du juge saisi]* le *[Fonction du juge]* :
Conférer la force exécutoire à l'accord de conciliation conclu entre *[Identité du client]* et *[Identité de l'adversaire]* en présence de *[Identité du conciliateur (fiche Tiers)]* conciliateur de justice, le *[Date du constat d'accord]*.

Fait à *[Ville du cabinet]*,
Le *[Date du jour]*.
[Nom et prénom de l'avocat traitant]

PIÈCES JOINTES :
La liste numérotée des pièces justificatives figure dans le bordereau annexé aux présentes écritures.

LISTE DES PIÈCES JUSTIFICATIVES

ORDONNANCE

Nous, Président du *[Type de la juridiction (en toutes lettres)] [Ville du siège de la juridiction]*,

SI « Conciliateur saisi par les parties » correspond à votre cas.

Vu les articles 1541, 1566 et 1567 du Code de procédure civile,

SI « Conciliateur désigné par le juge » correspond à votre cas.

Vu l'article 131 du Code de procédure civile,

Vu la requête qui précède et les pièces,
Homologuons l'accord de conciliation conclu entre *[Identification complète du demandeur]* et *[Identification complète de l'adversaire]* le *[Date du constat d'accord]* ;
En conséquence lui donnons force exécutoire ;

Disons que la présente ordonnance sera déposée au secrétariat-greffe de ce Tribunal, et qu'il nous en sera référé en cas de difficulté.

Fait en notre cabinet, à
Le
Le Président Le Greffier

Modèle 17

Requête aux fins d'homologation du constat d'accord devant le tribunal judiciaire

[Référence du dossier]

[Type de la juridiction] [Ville du siège de la juridiction (majuscules)]

[Intitulé de la chambre (juridiction)]

REQUÊTE AUX FINS D'HOMOLOGATION DU CONSTAT D'ACCORD

À *[Qualité du Président du Tribunal : Monsieur ou Madame]* le Président du *[Type de la juridiction (en toutes lettres)] [Ville du siège de la juridiction]*

POUR

[Identification du client et sa qualité dans le dossier]
[Représentation client. Identité de l'avocat, ou, s'il y a lieu, identité de l'avocat postulant et de l'avocat plaidant]

CONTRE

[Identification complète de l'adversaire, ou, s'il y a lieu, identité de l'avocat postulant]

(A|ONT|A|ONT) L'HONNEUR DE VOUS EXPOSER QUE :

SI « Le client est le demandeur à l'instance » correspond à votre cas.

Par requête en date du *[Date de la déclaration aux fins de tentative préalable de conciliation]*, *[Identité du client]* (a|ont|a|ont) demandé au *[Type de la juridiction (en toutes lettres)]* de céans l'organisation d'une tentative préalable de conciliation.
Par ordonnance en date du *[Date de l'ordonnance]*, le juge a délégué la tentative de conciliation à un conciliateur de justice.
À la suite de cette tentative de conciliation, *[Identité du client]* et *[Identité de l'adversaire]* ont signé un constat d'accord en date du *[Date du constat d'accord]*.

SI « Le client est le demandeur à l'instance » ne correspond pas à votre cas.

Par requête en date du *[Date de la déclaration aux fins de tentative préalable de conciliation]*, *[Identité de l'adversaire]* (a|ont|a|ont) demandé au *[Type de la juridiction (en toutes lettres)]* de céans l'organisation d'une tentative préalable de conciliation.
Par ordonnance en date du *[Date de l'ordonnance]*, le juge a délégué la tentative de conciliation à un conciliateur de justice.
À la suite de cette tentative de conciliation, *[Identité du client]* et *[Identité de l'adversaire]* ont signé un constat d'accord en date du *[Date du constat d'accord]*.
Conformément aux dispositions des articles 131, alinéa 2, et 824 du Code de procédure civile, *[Identité du client]* et *[Identité de l'adversaire]* vous demandent d'homologuer ce constat d'accord.

EN CONSÉQUENCE,
(Le|Les|La|Les) requér(ant|ants|ante|antes) (prie|prient|prie|prient) qu'il vous plaise *[Civilité du juge saisi]* le Juge :
Homologuer le constat d'accord dressé par le conciliateur de justice entre *[Identité du client]* et *[Identité de l'adversaire]* le *[Date du constat d'accord]*.

Fait à *[Ville du cabinet]*,
Le *[Date du jour]*.
[Nom et prénom de l'avocat traitant]

PIÈCES JOINTES :
La liste numérotée des pièces justificatives figure dans le bordereau annexé aux présentes écritures.

LISTE DES PIÈCES JUSTIFICATIVES

ORDONNANCE

Nous, Juge du *[Type de la juridiction (en toutes lettres)]*,
Vu les articles 131 et 824 du Code de procédure civile,
Vu la requête qui précède et les pièces,
Homologuons l'accord de conciliation conclu entre *[Identification complète du client]* et *[Identification complète de l'adversaire]* le *[Date du constat d'accord]*
En conséquence nous lui donnons force exécutoire.
Disons que la présente ordonnance sera déposée au greffe de ce tribunal, et qu'il nous en sera référé en cas de difficulté.

Fait en notre cabinet, à
Le
Le Juge d'instance Le Greffier

Modèle 18

Assignation devant le tribunal de commerce (représentation obligatoire)

[Référence du dossier]

[Type de la juridiction] [Ville du siège de la juridiction (majuscules)]

[Intitulé de la chambre (juridiction)]

ASSIGNATION DEVANT LE TRIBUNAL DE COMMERCE *[Ville du siège de la juridiction (majuscules)]*

L'an *[Date : année]* et le

À LA REQUÊTE DE

[Identification du client et sa qualité dans le dossier]
[Représentation client. Identité de l'avocat, ou, s'il y a lieu, identité de l'avocat postulant et de l'avocat plaidant]
Au Cabinet duquel il est fait élection de domicile et qui se constitue sur les présentes et ses suites,

J'AI, HUISSIER DE JUSTICE SOUSSIGNÉ

DONNÉ ASSIGNATION À

[Identification des adversaires (liste)]
Où étant et parlant à

D'AVOIR À COMPARAÎTRE LE

[Date de l'audience (jj/mm/aa)] à *[Heure de l'audience (ex. : 09 h 00)]* à l'audience et par-devant Messieurs les Président et Juges composant le tribunal de commerce *[Ville du siège du Tribunal de commerce]*, siégeant *[Adresse du siège du Tribunal]*.

TRÈS IMPORTANT

Vous êtes ten(u|us|ue|ues) de charger un avocat de vous représenter devant le tribunal de commerce *[Ville du siège de la juridiction]*.
Si vous ne le faites pas, vous vous exposez à ce qu'une décision soit rendue contre vous sur les seuls éléments fournis par (votre|vos|votre|vos) adversair(e|es|e|es).
Vous rappelant que, conformément aux dispositions des articles 855 et 861-2 du Code de procédure civile, « la demande incidente tendant à l'octroi d'un délai de paiement en application de l'article 1343-5 du Code civil peut être formée par déclaration faite, remise ou adressée au greffe, où elle est enregistrée. L'auteur de cette demande doit justifier avant l'audience que l'adversaire en a eu connaissance par lettre recommandée avec demande d'avis de réception. Les pièces que la partie invoque à l'appui de sa demande de délai de paiement sont jointes à la déclaration.
L'auteur de cette demande incidente peut ne pas se présenter à l'audience, conformément au second alinéa de l'article 446-1. Dans ce cas, le juge ne fait droit aux demandes présentées contre cette partie que s'il les estime régulières, recevables et bien fondées ».
Les personnes dont les ressources sont insuffisantes peuvent, si elles remplissent les conditions prévues par la loi n° 91-647 du 10 juillet 1991, bénéficier d'une aide juridictionnelle. Elles doivent, pour demander cette aide, s'adresser au bureau d'aide juridictionnelle établi au siège du Tribunal judiciaire de leur domicile.

OBJET DE LA DEMANDE

[Identité du client (pour une personne physique : le prénom et le nom du client ; pour une personne morale : la forme et la dénomination de la société)] demand(e|ent|e|ent) au Tribunal de bien vouloir dire et juger que *[Objet de la demande]*.
[Exposé des faits]
[Exposé des moyens de droit]
Il serait en outre inéquitable que *[Identité du client]* support(e|ent|e|ent) les frais irrépétibles non compris dans les dépens.
Il (lui|leur|lui|leur) sera alloué une indemnité de *[Montant de la demande au titre de l'article 700 CPC]* (euro|euros *[Montant de la demande au titre de l'article 700 CPC]*) en application de l'article 700 du Code de procédure civile.

SI « Demande d'exécution provisoire facultative » correspond à votre cas.

L'exécution provisoire est compatible avec la nature de l'affaire et elle est nécessaire au motif que *[Justification de la demande d'exécution provisoire]*.

Les pièces justificatives visées par le requérant sont énumérées dans le bordereau annexées aux présentes écritures.

PAR CES MOTIFS

Il est demandé au Tribunal de :
Déclarer la demande de *[Identité du client]* recevable et bien fondée, et en conséquence :

SI « Demande de condamnation en nature » correspond à votre cas.

Condamner *[Identité de l'adversaire]* à *[Demande de condamnation (en nature)]* ;

SI « Demande de condamnation pécuniaire » correspond à votre cas.

Condamner *[Identité de l'adversaire]* à (lui|leur|lui|leur) payer la somme de *[Montant chiffré de la demande de condamnation (en principal)]* (euro|euros *[Montant chiffré de la demande de condamnation (en principal)]*) en principal, assortie des intérêts au taux légal à compter du jour de la demande ;

SI « Demande de condamnation en dommages et intérêts » correspond à votre cas.

Condamner *[Identité de l'adversaire]* à (lui|leur|lui|leur) payer la somme de *[Montant de la demande de condamnation en dommages et intérêts]* (euro|euros *[Montant de la demande de condamnation en dommages et intérêts]*) à titre de dommages et intérêts ;

SI « Demande d'exécution provisoire facultative » correspond à votre cas.

Dire et juger que l'exécution provisoire de la décision à intervenir est nécessaire et compatible avec la nature de l'affaire ;
Condamner *[Identité de l'adversaire]* à payer la somme de *[Montant de la demande au titre de l'article 700 CPC]* (euro|euros *[Montant de la demande au titre de l'article 700 CPC]*) en application de l'article 700 du Code de procédure civile ;
Condamner *[Identité de l'adversaire]* aux entiers dépens.

SOUS TOUTES RÉSERVES

La liste numérotée des pièces justificatives visées par (le|les|la|les) requér(ant|ants|ante|antes) figure dans le bordereau annexé aux présentes écritures.

LISTE DES PIÈCES JUSTIFICATIVES

Modèle 19

Assignation en référé devant le tribunal de commerce (représentation obligatoire)

[Référence du dossier]

[Type de la juridiction] [Ville du siège de la juridiction (majuscules)]

[Intitulé de la chambre (juridiction)]

ASSIGNATION EN RÉFÉRÉ DEVANT LE PRÉSIDENT DU TRIBUNAL DE COMMERCE *[Ville du siège de la juridiction (majuscules)]*

L'an *[Date : année]* et le

À LA REQUÊTE DE

[Identification du client et sa qualité dans le dossier]
[Représentation client. Identité de l'avocat, ou, s'il y a lieu, identité de l'avocat postulant et de l'avocat plaidant]
Au Cabinet duquel il est fait élection de domicile et qui se constitue sur les présentes et ses suites,

J'AI, HUISSIER DE JUSTICE SOUSSIGNÉ

DONNÉ ASSIGNATION À

[Identification des adversaires (liste)]
Où étant et parlant à

D'AVOIR À COMPARAÎTRE LE

[Date de l'audience] à *[Heure de l'audience de référé]*, par-devant *[Civilité du Président du Tribunal de commerce]* le Président du tribunal de commerce *[Ville du siège du Tribunal de commerce]*, tenant l'audience des référés commerciaux, siégeant *[Adresse du siège du Tribunal]*.

TRÈS IMPORTANT

Vous êtes ten(u|us|ue|ues) de charger un avocat de vous représenter devant le tribunal de commerce *[Ville du siège de la juridiction]*.
Si vous ne le faites pas, vous vous exposez à ce qu'une ordonnance soit rendue contre vous sur les seuls éléments fournis par (votre|vos|votre|vos) adversair(e|es|e|es).
Vous rappelant que, conformément aux dispositions des articles 855 et 861-2 du Code de procédure civile, « la demande incidente tendant à l'octroi d'un délai de paiement en application de l'article 1343-5 du Code civil peut être formée par déclaration faite, remise ou adressée au greffe, où elle est enregistrée. L'auteur de cette demande doit justifier avant l'audience que l'adversaire en a eu connaissance par lettre recommandée avec demande d'avis de réception. Les pièces que la partie invoque à l'appui de sa demande de délai de paiement sont jointes à la déclaration.
L'auteur de cette demande incidente peut ne pas se présenter à l'audience, conformément au second alinéa de l'article 446-1. Dans ce cas, le juge ne fait droit aux demandes présentées contre cette partie que s'il les estime régulières, recevables et bien fondées ».
Les personnes dont les ressources sont insuffisantes peuvent, si elles remplissent les conditions prévues par la loi n° 91-647 du 10 juillet 1991, bénéficier d'une aide juridictionnelle. Elles doivent, pour demander cette aide, s'adresser au bureau d'aide juridictionnelle établi au siège du Tribunal judiciaire de leur domicile.

OBJET DU RÉFÉRÉ

[Exposé des faits]
[Exposé des moyens de droit]

SI « Obligation non sérieusement contestable » ne correspond pas à votre cas.

Les circonstances justifient l'urgence.

SI « Existence d'un différend » correspond à votre cas.

Vu l'article 872 du Code de procédure civile,

Les mesures sollicitées sont justifiées par l'existence d'un différend.

SI « Absence de contestation sérieuse » correspond à votre cas.

Vu l'article 872 du Code de procédure civile,
Les mesures sollicitées ne se heurtent à aucune contestation sérieuse.

SI « Dommage imminent » correspond à votre cas.

Vu l'article 873, alinéa 1er, du Code de procédure civile,
Il y a lieu de prendre toutes les mesures de remise en état qui s'imposent pour prévenir un dommage imminent.

SI « Trouble manifestement illicite » correspond à votre cas.

Vu l'article 873, alinéa 1er, du Code de procédure civile,
Il y a lieu de prendre toutes les mesures de remise en état qui s'imposent pour faire cesser un trouble manifestement illicite.

SI « Obligation non sérieusement contestable » correspond à votre cas.

Vu l'article 873, alinéa 2, du Code de procédure civile,
L'obligation n'est pas sérieusement contestable et il y a lieu soit d'accorder une provision (au|aux|au|aux) requéran(t|ts|te|tes), soit d'ordonner l'exécution de l'obligation.
Subsidiairement et si, par extraordinaire, le président estimait qu'il n'y a pas lieu à référé,
Vu l'article 873-1 du Code de procédure civile,
Vu l'urgence,
[Identité du client] demand(e|ent|e|ent) que soit fixée une date pour qu'il soit statué au fond devant le tribunal et que l'affaire y soit renvoyée, l'ordonnance emportant saisine du tribunal.
Il serait en outre inéquitable que *[Identité du client]* support(e|ent|e|ent) les frais irrépétibles non compris dans les dépens.
Il (lui|leur|lui|leur) sera alloué une indemnité de *[Montant de la demande au titre de l'article 700 CPC]* (euro|euros *[Montant de la demande au titre de l'article 700 CPC]*) en application de l'article 700 du Code de procédure civile.

PAR CES MOTIFS

C'est pourquoi *[Identité du client]* demand(e|ent|e|ent) à *[Civilité du Président]* le Président de bien vouloir :
Déclarer la demande de *[Identité du client]* recevable et bien fondée, et en conséquence :
Se voir les parties renvoyées à se pourvoir au fond.
Mais, dès à présent,
Ordonner *[Objet de la demande de référé]* ;

SI « Demande d'exécution provisoire facultative » correspond à votre cas.

Ordonner, vu l'urgence, l'exécution provisoire de l'ordonnance sur minute et même avant enregistrement ;

Subsidiairement, renvoyer l'affaire devant le tribunal de commerce *[Ville du siège de la juridiction]* et fixer une date pour qu'il soit statué au fond ;
Condamner *[Identité de l'adversaire]* à payer la somme de *[Montant de la demande au titre de l'article 700 CPC]* (euro|euros *[Montant de la demande au titre de l'article 700 CPC]*) en application de l'article 700 du Code de procédure civile ;
Condamner *[Identité de l'adversaire]* aux entiers dépens.

SOUS TOUTES RÉSERVES

La liste numérotée des pièces justificatives visées par (le|les|la|les) requér(ant|ants|ante|antes) figure dans le bordereau annexé aux présentes écritures.

LISTE DES PIÈCES JUSTIFICATIVES

Modèle 20

Requête devant le bureau de conciliation et d'orientation du conseil de prud'hommes

[Référence du dossier]

[Type de la juridiction] [Ville du siège de la juridiction (majuscules)]

[Intitulé de la chambre (juridiction)]

REQUÊTE

À *[Civilité des conseillers]* les Conseillers du bureau de conciliation et d'orientation du conseil de prud'hommes *[Siège du Conseil de prud'hommes (article + ville)]*
[Identification du client et sa qualité dans le dossier]
[Identification de l'avocat du client]

CONTRE

[Identification des adversaires (mention de leur qualité – liste)]
Conformément à l'article L. 1453-1 A du Code du travail, les parties peuvent se défendre elles-mêmes ou se faire assister ou représenter devant le conseil de prud'hommes, outre par un avocat, par :
1° Les salariés ou les employeurs appartenant à la même branche d'activité ;
2° Les défenseurs syndicaux ;
3° Leur conjoint, leur partenaire lié par un pacte civil de solidarité ou leur concubin.
L'employeur peut également se faire assister ou représenter par un membre de l'entreprise ou de l'établissement fondé de pouvoir ou habilité à cet effet.
Le représentant, s'il n'est pas avocat, doit justifier d'un pouvoir spécial. Devant le bureau de conciliation et d'orientation, cet écrit doit l'autoriser à concilier au nom et pour le compte du mandant, et à prendre part aux mesures d'orientation.

(A|ONT|A|ONT) L'HONNEUR DE VOUS EXPOSER QUE :

[Exposé des faits]

[Objet de la demande]
[Exposé sommaire des motifs de la demande et mention des différents chefs de celle-ci]

SI « Demande d'exécution provisoire facultative » correspond à votre cas.

L'exécution provisoire est compatible avec la nature de l'affaire et elle est nécessaire au motif que *[Justification de la demande d'exécution provisoire]*.

Il (lui|leur|lui|leur) sera alloué une indemnité de *[Montant de la demande au titre de l'article 700 CPC]* (euro|euros *[Montant de la demande au titre de l'article 700 CPC]*) en application de l'article 700 du Code de procédure civile.
Il serait en outre inéquitable que *[Identité du client]* support(e|ent|e|ent) les frais irrépétibles non compris dans les dépens.

EN CONSÉQUENCE,
(Le|Les|La|Les) requér(ant|ants|ante|antes) (prie|prient|prie|prient) qu'il vous plaise, *[Civilité des conseillers]* les Conseillers :
Convoquer *[Identité de l'adversaire]* à la plus prochaine date de séance du bureau de conciliation et d'orientation, pour qu'il soit statué sur sa demande ;
[Énumération des différents chefs de demande] ;

SI « Demande d'exécution provisoire facultative » correspond à votre cas.

Dire et juger que l'exécution provisoire de la décision à intervenir est nécessaire et compatible avec la nature de l'affaire ;
Condamner *[Identité de l'adversaire]* à payer la somme de *[Montant de la demande au titre de l'article 700 CPC]* (euro|euros *[Montant de la demande au titre de l'article 700 CPC]*) en application de l'article 700 du Code de procédure civile ;

Condamner *[Identité de l'adversaire]* aux entiers dépens.

Fait à *[Lieu de signature de l'acte]*,
Le *[Date de signature de l'acte]*.
[Nom et prénom de l'avocat traitant]

La liste numérotée des pièces justificatives visées par (le|les|la|les) requér(ant|ants|ante|antes) figure dans le bordereau annexé aux présentes écritures.

LISTE DES PIÈCES JUSTIFICATIVES

Modèle 21

Assignation en référé devant le conseil de prud'hommes

[Référence du dossier]

[Type de la juridiction] [Ville du siège de la juridiction (majuscules)]

[Intitulé de la chambre (juridiction)]

ASSIGNATION DEVANT LA FORMATION DE RÉFÉRÉ DU CONSEIL DE PRUD'HOMMES *[Ville du siège de la juridiction (majuscules)]*

L'an *[Date : année]* et le

À LA REQUÊTE DE

[Identification du client et sa qualité dans le dossier]
[Représentation client. Identité de l'avocat, ou, s'il y a lieu, identité de l'avocat postulant et de l'avocat plaidant]
J'AI, HUISSIER DE JUSTICE SOUSSIGNÉ

DONNÉ ASSIGNATION À

[Identification des adversaires (liste)]
Où étant et parlant à

D'AVOIR À COMPARAÎTRE LE

Le *[Date de l'audience]* à *[Heure de l'audience de référé]*, devant la formation de référé du conseil de prud'hommes *[Siège du Conseil de prud'hommes (article + ville)]*, siégeant *[Adresse de la juridiction compétente (n° + rue)]*.

TRÈS IMPORTANT

Devant le conseil de prud'hommes, vous pouvez vous défendre vous-mêm(e|es|e|es) ou vous faire assister ou représenter dans les conditions prévues par les articles R. 1453-1 et R. 1453-2 du Code du travail, ci-après reproduits :

> Article R. 1453-1 : « Les parties se défendent elles-mêmes.
> Elles ont la faculté de se faire assister ou représenter ».
> Article R. 1453-2 : « Les personnes habilitées à assister ou à représenter les parties sont :
> 1° Les salariés ou les employeurs appartenant à la même branche d'activité ;
> 2° Les défenseurs syndicaux ;
> 3° Le conjoint, le partenaire lié par un pacte civil de solidarité ou le concubin ;
> 4° Les avocats.
> L'employeur peut également se faire assister ou représenter par un membre de l'entreprise ou de l'établissement fondé de pouvoir ou habilité à cet effet.
> Le représentant, s'il n'est pas avocat, doit justifier d'un pouvoir spécial. Devant le bureau de conciliation et d'orientation, cet écrit doit l'autoriser à concilier au nom et pour le compte du mandant, et à prendre part aux mesures d'orientation ».

Vous précisant que, faute pour vous de comparaître, vous vous exposez à ce qu'un jugement soit rendu contre vous sur les seuls éléments fournis par (votre|vos|votre|vos) adversair(e|es|e|es), conformément aux dispositions de l'article 56, 4° du Code de procédure civile.

Les personnes dont les ressources sont insuffisantes peuvent, si elles remplissent les conditions prévues par la loi n° 91-647 du 10 juillet 1991, bénéficier d'une aide juridictionnelle. Elles doivent, pour demander cette aide, s'adresser au bureau d'aide juridictionnelle établi au siège du Tribunal judiciaire de leur domicile.

OBJET DU RÉFÉRÉ

[Exposé des faits]
[Exposé des moyens de droit]
Ces demandes relèvent des pouvoirs de la formation de référé, tels que définis par les dispositions des articles R. 1455-5 à R. 1455-7 du Code du travail.
En effet, *[Justifier en fonction des éléments de fait et des mesures sollicitées la compétence de la formation de référé]*.
Il (lui|leur|lui|leur) sera alloué une indemnité de *[Montant de la demande au titre de l'article 700 CPC]* (euro|euros *[Montant de la demande au titre de l'article 700 CPC]*) en application de l'article 700 du Code de procédure civile.
Il serait en outre inéquitable que *[Identité du client]* support(e|ent|e|ent) les frais irrépétibles non compris dans les dépens.

PAR CES MOTIFS

C'est pourquoi *[Identité du client]* demand(e|ent|e|ent) au conseil de prud'hommes de :

Vu les dispositions des articles R. 1455-5 à R. 1455-7 du Code du travail,

Déclarer la demande de *[Identité du client]* recevable et bien fondée, et en conséquence :

[Énumération des différents chefs de demande] ;

Condamner *[Identité de l'adversaire]* à payer la somme de *[Montant de la demande au titre de l'article 700 CPC]* (euro|euros *[Montant de la demande au titre de l'article 700 CPC]*) en application de l'article 700 du Code de procédure civile ;

Condamner *[Identité de l'adversaire]* aux entiers dépens.

SOUS TOUTES RÉSERVES

Les pièces visées par (le|les|la|les) requér(ant|ants|ante|antes) sont énumérées dans le bordereau annexé aux présentes écritures.

LISTE DES PIÈCES JUSTIFICATIVES

Modèle 22

Citation directe devant le tribunal correctionnel

[Ville du siège de la juridiction (majuscules)]

L'an *[Date : année]* et le

À LA REQUÊTE DE

[Identification du client et sa qualité dans le dossier]
Ayant pour avocat
[Représentation client. Identité de l'avocat]
Au Cabinet duquel il est fait élection de domicile et qui se constitue sur les présentes et ses suites,

J'AI, HUISSIER DE JUSTICE SOUSSIGNÉ

DONNÉ CITATION À

[Identification des adversaires (liste)]
Où étant et parlant à
D'AVOIR À COMPARAÎTRE le *[Date de l'audience (jj/mm/aa)]* à *[Heure de l'audience (ex. : 09 h 00)]* devant le tribunal correctionnel *[Ville du siège de la juridiction (majuscules)]*, siégeant *[Adresse du siège du Tribunal]*.
En présence de Monsieur le Procureur de la République dont l'intervention est requise

TRÈS IMPORTANT

Vous êtes ten(u|us|ue|ues) de vous présenter personnellement à cette audience, seu(l|ls|le|les) ou assist(é|és|ée|ées) d'un avocat. Vous pouvez aussi vous y faire représenter par un avocat de votre choix ou, si vous en faites la demande, d'un avocat commis d'office, dont les frais seront à votre charge sauf si vous remplissez les conditions d'accès à l'aide juridictionnelle. Vous avez également la possibilité de bénéficier, le cas échéant gratuitement, de conseils juridiques dans une structure d'accès au droit.
Si vous estimez être dans l'impossibilité de vous rendre à l'audience, vous devez adresser une lettre au Président du Tribunal, pour expliquer les raisons de votre absence. Vous joindrez à votre lettre toute pièce justificative. Si, à l'audience, vos raisons sont admises par le Tribunal, une nouvelle citation vous sera adressée pour une audience ultérieure. Dans le cas contraire, l'affaire sera jugée contradictoirement malgré votre absence.
Vous devez rappeler dans toute correspondance, la date, l'heure et le lieu de l'audience à laquelle vous êtes convoqu(é|es|ée|ées).
Vous devez en outre comparaître à l'audience en possession des justificatifs de vos revenus ainsi que de vos avis d'imposition ou de non-imposition, ou les communiquer à l'avocat qui vous représentera.
Si vous ne comparaissez pas personnellement à l'audience ou si vous ne demandez pas à bénéficier des dispositions de l'article 411 du Code de procédure pénale, le droit fixe de procédure dû en application du 3° de l'article 1018 A du Code général des impôts pourra être majoré.

OBJET DE LA DEMANDE

Il est reproché à *[Identité de l'adversaire]* par *[Identité du client]* d'avoir :
[Exposé des faits]
Ces faits constituent *[Nature de l'infraction (contravention, délit, crime)]*, prévu et réprimé par *[Numéro des articles et du code réprimant l'infraction]*.
En conséquence, il est demandé au tribunal de déclarer *[Identité de l'adversaire]* responsable du préjudice subi et (le|les|la|les) condamner à verser *[Identité du client]* la somme de *[Montant de la demande de condamnation en dommages et intérêts]* (euro|euros *[Montant de la demande de condamnation en dommages et intérêts]*).

PAR CES MOTIFS

Il est demandé au Tribunal de :
Déclarer *[Identité de l'adversaire]* coupabl(e|es|e|es) des infractions suivantes :
[Dénomination de l'infraction (vol, stationnement interdit...)], infraction prévue et réprimée par *[Numéro des articles et du code réprimant l'infraction]* ;
Déclarer *[Identité de l'adversaire]* seu(l|ls|le|les) responsabl(e|es|e|es) du dommage subi par *[Identité du client]* ;
Condamner *[Identité de l'adversaire]* à payer par provision à *[Identité du client]* une somme de *[Montant de la demande de condamnation en dommages et intérêts]* (euro|euros *[Montant de*

la demande de condamnation en dommages et intérêts]) à titre de dommages et intérêts ;
Condamner *[Identité de l'adversaire]* à payer à *[Identité du client]* la somme de *[Montant des sommes allouées à la partie civile au titre de l'article 475-1 du Code de procédure pénale]* (euro|euros *[Montant des sommes allouées à la partie civile au titre de l'article 475-1 du Code de procédure pénale]*) en application de l'article 475-1 du Code de procédure pénale ;
Condamner *[Identité de l'adversaire]* aux entiers dépens.

SOUS TOUTES RÉSERVES

Copie au Ministère public.

Modèle 23

Plainte avec constitution de partie civile

[Nom du client (courrier)]
[Adresse client (courrier)]
[CP Ville client (courrier)]
À *[Ville du cabinet]*, le *[Date du jour]*
V/Réf. : *[Références du client pour le dossier]*

[Formule introduction lettre pour un client]
J'ai l'avantage de vous faire parvenir sous ce pli la plainte avec constitution de partie civile que j'ai rédigée pour vous.
Si les termes de la plainte vous conviennent, vous voudrez bien la dater, la signer et me la renvoyer, afin que je la dépose au Parquet.
Vous voudrez bien également signer la déclaration d'adresse ci-jointe.

[Formule politesse lettre pour le client du dossier]
[Signature courrier]

DÉCLARATION D'ADRESSE

(Article 89 du Code de procédure pénale)
Je soussign(é|ée *[Accord en genre pour le client]*)
[Civilité, prénom et nom du client],
n(é|ée *[Accord en genre pour le client]*) le *[Date de naissance du client]* à *[Lieu de naissance du client]*,
de nationalité *[Nationalité du client]*,
Après avoir été avis(é|ée *[Accord en genre pour le client]*)
– Que je dois déclarer une adresse qui peut être, soit la mienne, soit celle d'un tiers chargé de recevoir les actes qui me seront destinés si je produis simultanément l'accord écrit de ce dernier,
– Et que cette adresse déclarée doit être située, si l'information se déroule en métropole dans un département métropolitain, ou si l'information se déroule dans un département d'outre-mer dans ce département.
Après avoir été avis(é|ée *[Accord en genre pour le client]*) que toute notification ou signification faite à cette adresse déclarée sera réputée être faite à ma personne,

DÉCLARE L'ADRESSE SUIVANTE :

[Adresse du client]
Cette adresse est mon adresse personnelle.
Je reconnais être avis(é|ée *[Accord en genre pour le client]*) que je dois signaler au juge d'instruction du tribunal judiciaire *[Ville du siège de la juridiction]*, jusqu'à la clôture de l'information, par nouvelle déclaration auprès de ce magistrat ou par lettre recommandée avec demande d'avis de réception, tout changement de cette adresse.

Fait à *[Lieu de signature de l'acte]*,
Le *[Date de signature de l'acte]*.
[Signature]

PLAINTE AVEC CONSTITUTION DE PARTIE CIVILE

À *[Civilité pour le juge d'instruction]* le Juge d'instruction du tribunal judiciaire *[Ville du siège de la juridiction]*
[Identification du client et sa qualité dans le dossier]
Ayant pour avocat
[Représentation client. Identité de l'avocat]

(A|ONT|A|ONT) L'HONNEUR DE VOUS EXPOSER

Les faits suivants : *[Exposé des faits]*.
C'est pourquoi *[Identité du client]* port(e|ent|e|ent) plainte entre vos mains, et se constitue partie civile pour *[Dénomination de l'infraction (vol, stationnement interdit…)]*, *[Nature de l'infraction (contravention, délit, crime)]*, prévu et réprimé par *[Numéro des articles et du code réprimant l'infraction]*,

CONTRE

SI « Plainte contre personne dénommée » correspond à votre cas.

[Identification des adversaires (liste)]

« X »

SI « Demande de dispense de consignation » ne correspond pas à votre cas.

Conformément à l'article 88 du Code de procédure pénale, *[Identité du client]* vous serai(t|ent|t|ent) reconnaissan(t|ent|te|tes) de (lui|leur|lui|leur) faire savoir le montant de la somme à consigner au greffe de votre juridiction.

SI « Demande de dispense de consignation » correspond à votre cas.

Compte tenu des faibles ressources de *[Identité du client]*, il vous est demandé de bien vouloir (le|les|la|les) dispenser de la consignation prévue par l'article 88 du Code de procédure pénale.

PIÈCES JOINTES :
- Déclaration d'adresse (article 89 du Code de procédure pénale) ;
- Photocopie des trois derniers avis d'imposition.

La liste numérotée des pièces justificatives figure dans le bordereau annexé aux présentes écritures.

[Lieu de signature de l'acte], le *[Date de signature de l'acte]*

Modèle 24

Constitution de partie civile par lettre recommandée avec accusé de réception

[Nom du client (courrier)]
[Adresse client (courrier)]
[CP Ville client (courrier)]
[Civilité pour le Président du Tribunal correctionnel] le Président
Tribunal correctionnel *[Ville du siège du Tribunal correctionnel]*
[Adresse de la juridiction compétente (n° de rue et rue)]
[Adresse de la juridiction compétente (CP + ville)]
À *[Ville du cabinet]*, le *[Date du jour]*
[Référence du dossier]
V/Réf : *[Action]*
[Type de la juridiction] [Ville du siège de la juridiction (majuscules)]
[Intitulé de la chambre (juridiction)] chambre *[Intitulé de la section]*
Rôle n° *[Numéro de rôle de l'affaire]*
Lettre recommandée avec accusé de réception
Réf. : *[Référence du dossier]*
Numéro de Parquet : *[Numéro de Parquet]*

[Civilité pour le Président du Tribunal correctionnel] le Président,
Conformément aux dispositions de l'article 420-1 du Code de procédure pénale, (mon|mes|ma|mes) clien(t|ts|te|tes),
[Identification du client et sa qualité dans le dossier]
se constitu(e|ent|e|ent) partie civile par la présente lettre recommandée.

[Identité du client] demand(e|ent|e|ent) la condamnation de *[Identité complète de l'adversaire]* pour *[Dénomination de l'infraction (vol, stationnement interdit...)]*, *[Nature de l'infraction (contravention, délit, crime)]* prévu et réprimé par *[Numéro des articles et du code réprimant l'infraction]* et à (lui|leur|lui|leur) payer :

- la somme de *[Montant chiffré de la demande de condamnation (en principal)]* (euro|euros *[Montant chiffré de la demande de condamnation (en principal)]*) correspondant à *[Objet de la demande]* ;
- la somme de *[Montant des sommes allouées à la partie civile au titre de l'article 475-1 du Code de procédure pénale]* (euro|euros *[Montant des sommes allouées à la partie civile au titre de l'article 475-1 du Code de procédure pénale]*) en application de l'article 475-1 du Code de procédure pénale ;
- la somme de *[Montant de la demande de condamnation en dommages et intérêts]* (euro|euros *[Montant de la demande de condamnation en dommages et intérêts]*) à titre de dommages et intérêts.

Je vous prie d'agréer, *[Civilité pour le Président du Tribunal correctionnel]* le Président, l'expression de mes respectueuses et sincères salutations.
[Signature courrier]

PIÈCES JOINTES :
La liste numérotée des pièces justificatives figure dans le bordereau annexé aux présentes écritures.

Modèle 25

Demande de copie de pièces au juge d'instruction

[Civilité pour le juge d'instruction] le Juge d'instruction
Tribunal judiciaire *[Ville du siège de la juridiction]*
[Adresse de la juridiction compétente (n° de rue et rue)]
[Adresse de la juridiction compétente (CP+ville)]
À *[Ville du cabinet]*, le *[Date du jour]*
[Référence du dossier]
V/Réf : *[Action]*
[Type de la juridiction] [Ville du siège de la juridiction (majuscules)]
[Intitulé de la chambre (juridiction)] chambre *[Intitulé de la section]*

Rôle n° *[Numéro de rôle de l'affaire]*
Numéro d'instruction : *[Numéro d'instruction]*

[Civilité pour le juge d'instruction] le Juge d'instruction,
J'ai l'honneur de vous demander de bien vouloir me faire délivrer copie des pièces suivantes :
[Liste des pièces demandées au juge d'instruction]

Je vous prie d'agréer, *[Civilité pour le juge d'instruction]* le Juge, l'expression de mes respectueuses et sincères salutations.
[Signature courrier]

Modèle 26

Demande de mise en liberté en cas de détention provisoire (lettre recommandée)

[Civilité pour le juge d'instruction] le Juge d'instruction
Tribunal judiciaire *[Ville du siège de la juridiction]*
[Adresse de la juridiction compétente (n° de rue et rue)]
[Adresse de la juridiction compétente (CP+ville)]
À *[Ville du cabinet]*, le *[Date du jour]*
Lettre recommandée avec accusé de réception
Réf. : *[Référence du dossier]*
Numéro de Parquet : *[Numéro de Parquet]*
Numéro d'instruction : *[Numéro d'instruction]*

[Civilité pour le juge d'instruction] le Juge d'instruction,
[Identification du client] a été mi(s|s|se|ses) en examen et plac(é|és|ée|ées) en détention provisoire suivant l'ordonnance rendue le *[Date de l'ordonnance]*.
[Rappel de la procédure, des termes de la mise en examen et de l'ordonnance de placement en détention provisoire]

Au nom de m(on|es|a|es) clien(t|ts|te|tes), j'ai l'honneur de vous présenter une demande de mise en liberté.
En effet, *[Justification de la demande de mise en liberté]*.
Par conséquent, la détention provisoire ne se justifie plus au regard des dispositions de l'article 144 du Code de procédure pénale.

SI « Contrôle judiciaire » correspond à votre cas.

Néanmoins, il est possible d'envisager des mesures de contrôle judiciaire, dont les modalités seraient les suivantes : *[Modalités du contrôle judiciaire]*.

Je vous prie d'agréer, *[Civilité pour le juge d'instruction]* le Juge, l'expression de mes respectueuses et sincères salutations.
[Signature courrier]

Modèle 27

Mise en cause de l'assureur du prévenu (adversaire)

[Dénomination sociale de la compagnie d'assurance de l'adversaire (forme + nom)]
[Adresse de l'assureur ou de la compagnie d'assurance de l'adversaire]
[CP et Ville de l'assureur ou de la compagnie d'assurance de l'adversaire]
À *[Ville du cabinet]*, le *[Date du jour]*
Lettre recommandée avec accusé de réception
Réf. : *[Référence du dossier]*
V/Réf : *[Références de l'adversaire pour le dossier]*

[Civilité du directeur] le Directeur,
Je viens par la présente vous informer que je suis chargé(e) des intérêts de
[Identification du client et sa qualité dans le dossier]
Dans le cadre de l'affaire en référence dans laquelle
[Identité complète de l'adversaire] (a|ont|a|ont) été cit(é|és|ée|ées) à comparaître devant le Tribunal à l'audience du *[Date de l'audience du juge de la mise en état (jj/mm/aa)]*.
[Identité du client (pour une personne physique : le prénom et le nom du client ; pour une personne morale : la forme et la dénomination de la société)] (mon|mes|ma|mes) clien(t|ts|te|tes), (a|ont|a|ont) été victim(e|es|e|es) d'un accident survenu le *[Date de l'accident]* à *[Lieu de l'accident]* causé par *[Identité de l'adversaire]* (votre|vos|votre|vos) assur(é|és|ée|ées).
Par la présente lettre recommandée, conformément aux dispositions de l'article 388-2 du Code de procédure pénale, au nom de *[Identité du client]*, je vous appelle donc à la cause en votre qualité d'assureur de *[Identité de l'adversaire]*.
Les éléments de la cause sont les suivants :
– Nature des poursuites engagées :

SI « Nature des poursuite (C. pén., art. 222-19) » correspond à votre cas.

Blessures involontaires ayant causé une incapacité totale de travail pendant plus de trois mois, faits prévus et réprimés par l'article 222-19 du Code pénal.

SI « Nature des poursuites (C. pén., art. 222-20) » correspond à votre cas.

Blessures involontaires ayant causé une incapacité totale de travail inférieure ou égale à trois mois, faits prévus et réprimés par l'article 222-20 du Code pénal.

SI « Nature des poursuites (C. pén., art. 221-6) » correspond à votre cas.

Homicide involontaire, fait prévu et réprimé par l'article 221-6 du Code pénal.

SI « Nature des poursuites (Autre article du Code pénal) » correspond à votre cas.

[Exposé des faits], faits prévus et réprimés par les articles *[Numéro des articles et du code réprimant l'infraction]* du Code pénal.
– Partie civile : *[Identification des parties civiles]*, domicilié à *[Adresse des parties civiles]*
– Préven(u|us|ue|ues) : *[Adversaire et adresse]*

SI « Civilement responsable » correspond à votre cas.

– Civilement responsable : *[Personne civilement responsable]*
– Assureur (du prévenu|des prévenus|de la prévenue|des prévenues) : votre organisme
– N° de la police d'assurance du prévenu : *[Numéro de la police d'assurance de l'adversaire]*
– Tribunal saisi :

SI « Tribunal correctionnel » correspond à votre cas.

Tribunal correctionnel *[Ville du siège du Tribunal correctionnel]*.

SI « Tribunal correctionnel » ne correspond pas à votre cas.

Tribunal de police *[Ville du siège du Tribunal de Police]*

– Demandes formulées par *[Identité du client]* :
Voir déclarer *[Identité de l'adversaire]* coupabl(e|es|e|es) des infractions qui (lui|leur|lui|leur) sont reprochées ;
Voir déclarer (le prévenu|les prévenus|la prévenue|les prévenues) seu(l|ls|le|les) responsabl(e|es|e|es) du dommage subi par *[Identité du client]* ;
Voir condamner *[Dénomination sociale de la compagnie d'assurance de l'adversaire (forme + nom)]*, l'assureur de *[Identité de l'adversaire]* à garantir (celui-ci|ceux-ci|celle-ci|celles-ci) du montant des condamnations prononcées à (son|leur|son|leur) encontre ;

SI « Demande d'une expertise » correspond à votre cas.

Voir ordonner une expertise sur le montant du préjudice subi par *[Identité du client]* ;

SI « Demande d'une provision » correspond à votre cas.

Voir condamner solidairement *[Identité de l'adversaire]* et (son|leur|son|leur) assureur, *[Dénomination sociale de la compagnie d'assurance de l'adversaire (forme + nom)]*, au paiement d'une provision de *[Montant de la provision allouée au client]* (euro|euros *[Montant de la provision allouée au client]*) ;

SI « Demande de condamnation en dommages et intérêts » correspond à votre cas.

Voir condamner solidairement *[Identité de l'adversaire]* et (son|leur|son|leur) assureur, *[Dénomination sociale de la compagnie d'assurance de l'adversaire (forme + nom)]*, à payer à *[Identité du client]* la somme de *[Montant de la demande de condamnation en dommages et intérêts]* (euro|euros *[Montant de la demande de condamnation en dommages et intérêts]*) de dommages-intérêts et la somme de *[Montant des sommes allouées à la partie civile au titre de l'article 475-1 du Code de procédure pénale]* (euro|euros *[Montant des sommes allouées à la partie civile au titre de l'article 475-1 du Code de procédure pénale]*) en application de l'article 475-1 du Code de procédure pénale.

Veuillez agréer, *[Civilité du directeur]* le Directeur, l'expression de ma considération distinguée.
[Signature courrier]

Modèle 28

Assignation en déclaration de jugement commun de l'organisme social devant le tribunal correctionnel

[Référence du dossier]
V/Réf : *[Action]*
[Type de la juridiction] [Ville du siège de la juridiction (majuscules)]
[Intitulé de la chambre (juridiction)] chambre *[Intitulé de la section]*
Rôle n° *[Numéro de rôle de l'affaire]*

ASSIGNATION EN DÉCLARATION DE JUGEMENT COMMUN DEVANT LE TRIBUNAL CORRECTIONNEL
[Ville du siège de la juridiction (majuscules)]
L'an *[Date : année]* et le

À LA REQUÊTE DE

[Identification du client et sa qualité dans le dossier]
Immatricul(é|és|ée|ées) à *[Caisse d'assurance maladie du client]*, sous le numéro *[Numéro d'immatriculation du client à la CPAM]*,
[Représentation client. Identité de l'avocat, ou, s'il y a lieu, identité de l'avocat postulant et de l'avocat plaidant]
Au Cabinet duquel il est fait élection de domicile et qui se constitue sur les présentes et ses suites,

J'AI, HUISSIER DE JUSTICE SOUSSIGNÉ

DONNÉ ASSIGNATION À

[Caisse d'assurance maladie du client] de *[Identité du client]* ayant son siège à *[Siège de la caisse d'assurance maladie du client]* prise en la personne de son représentant légal,
Où étant et parlant à
D'AVOIR À COMPARAÎTRE le *[Date de l'audience (jj/mm/aa)]* à *[Heure de l'audience (ex. : 09 h 00)]* devant le tribunal correctionnel *[Ville du siège de la juridiction (majuscules)]*, siégeant *[Adresse du siège du Tribunal]*.

TRÈS IMPORTANT

Vous êtes ten(u|us|ue|ues) de vous présenter personnellement à cette audience, seu(l|ls|le|les) ou assist(é|és|ée|ées) d'un avocat. Vous pouvez aussi, mais dans certains cas seulement, vous y faire représenter par un avocat.
Si vous estimez être dans l'impossibilité de vous rendre à l'audience, vous devez adresser une lettre au Président du Tribunal, pour expliquer les raisons de votre absence. Vous joindrez à votre lettre toute pièce justificative. Si, à l'audience, vos raisons sont admises par le Tribunal, une nouvelle citation vous sera adressée pour une audience ultérieure. Dans le cas contraire, l'affaire sera jugée contradictoirement malgré votre absence.
Vous devez rappeler dans toute correspondance, la date, l'heure et le lieu de l'audience à laquelle vous êtes convoqu(é|es|ée|ées).

OBJET DE LA DEMANDE

[Identité du client] (a|ont|a|ont) été victim(e|es|e|es) d'un accident de circulation le *[Date de l'accident]* à *[Lieu de l'accident]* dont la responsabilité incombe à *[Identité complète de l'adversaire]*
[Identité de l'adversaire] (est|sont|est|sont) poursuiv(i|is|ie|ies) devant le tribunal correctionnel *[Ville du siège de la juridiction]* pour blessures involontaires.
[Identité du client] se constituer(a|ont|a|ont) partie civile pour réclamer les préjudices non réparés par la sécurité sociale.
La caisse d'assurance maladie a versé des prestations à *[Identité du client]* à l'occasion de cet accident.
[Identité du client] assign(e|ent|e|ent) donc la caisse d'assurance maladie en déclaration de jugement commun, afin que le jugement à intervenir

lui soit commun et opposable, conformément aux dispositions des articles L. 376-1 et L. 455-2 du Code de la sécurité sociale.

PAR CES MOTIFS

Il est demandé au Tribunal de :

Voir dire que *[Caisse d'assurance maladie du client] [Siège de la caisse d'assurance maladie du client]* sera tenue d'intervenir à l'audience correctionnelle pour laquelle la présente assignation lui est délivrée, ainsi qu'à toutes autres audiences ultérieures, en cas de renvoi de l'affaire, et qu'il lui appartiendra de déposer telles conclusions qu'elle avisera ;

Déclarer commun à cet organisme le jugement à intervenir sur la constitution de partie civile de *[Identité du client]* ;

Statuer ce qu'il appartiendra sur les dépens.

SOUS TOUTES RÉSERVES

Modèle 29

Recours en responsabilité (plein contentieux)

[Référence du dossier]

[Type de la juridiction] [Ville du siège de la juridiction (majuscules)]

[Intitulé de la chambre (juridiction)]

REQUÊTE EN RESPONSABILITÉ

À *[Civilité du Président et des Conseillers : Mesdames et/ou Messieurs]* les Président et Conseillers composant le tribunal administratif *[Ville du Tribunal administratif concerné]*
Présentée par ministère d'avocat

POUR

[Identification du client et sa qualité dans le dossier]
[Représentation client. Identité de l'avocat, ou, s'il y a lieu, identité de l'avocat postulant et de l'avocat plaidant]

SI « --- Aide juridictionnelle totale » correspond à votre cas.
SI « Aide juridictionnelle » correspond à votre cas.

Ayant obtenu le bénéfice de l'aide juridictionnelle totale par une décision du bureau d'aide juridictionnelle du tribunal judiciaire *[Ville du tribunal judiciaire du bureau d'aide juridictionnelle]* en date du *[Date de la décision du bureau d'aide juridictionnelle]*

SI « --- Aide juridictionnelle partielle » correspond à votre cas.
SI « Aide juridictionnelle » correspond à votre cas.

Ayant obtenu le bénéfice de l'aide juridictionnelle partielle par une décision du bureau d'aide juridictionnelle du tribunal judiciaire *[Ville du tribunal judiciaire du bureau d'aide juridictionnelle]* en date du *[Date de la décision du bureau d'aide juridictionnelle]*

CONTRE

[Personne publique mise en cause], ayant pour adresse *[Adresse de l'adversaire]*

FAITS ET PROCÉDURE

[Exposer les faits de façon exhaustive, objective et chronologique en indiquant le numéro des pièces]

SI « --- Aide juridictionnelle totale » correspond à votre cas.
SI « Aide juridictionnelle » correspond à votre cas.

Par une décision du bureau d'aide juridictionnelle du tribunal judiciaire *[Ville du tribunal judiciaire du bureau d'aide juridictionnelle]* en date du *[Date de la décision du bureau d'aide juridictionnelle]*, *[Identité du client]* (a|ont|a|ont) obtenu le bénéfice de l'aide juridictionnelle totale.

SI « --- Aide juridictionnelle partielle » correspond à votre cas.
SI « Aide juridictionnelle » correspond à votre cas.

Par une décision du bureau d'aide juridictionnelle du tribunal judiciaire *[Ville du tribunal judiciaire du bureau d'aide juridictionnelle]* en date du *[Date de la décision du bureau d'aide juridictionnelle]*, *[Identité du client]* (a|ont|a|ont) obtenu le bénéfice de l'aide juridictionnelle partielle.
Par la présente requête, *[Identité du client]* enten(d|dent|d|dent) ainsi que soit engagée la responsabilité de *[Personne publique mise en cause]* afin d'obtenir le versement d'une indemnité.

DISCUSSION

[Identité du client] démontrer(a|ont|a|ont) ci-après non seulement que la requête est recevable, mais également que *[Personne publique mise en cause]* devra être déclaré responsable et, par conséquent, indemniser (le requérant|les requérants|la requérante|les requérantes) pour les raisons de droit et de fait ci-après exposées.
[Identité du client] établir(a|ont|a|ont) également que *[Personne publique mise en cause]* doit être condamné(e) à (lui|leur|lui|leur) verser une indemnité au titre des frais exposés et non compris dans les dépens sur le fondement des dispositions de l'article L. 761-1 du Code de justice administrative.

SI « Ajout des clauses relatives à la recevabilité du recours » correspond à votre cas.

– Sur la recevabilité du recours

– Sur l'ouverture d'un recours en responsabilité
Le recours en responsabilité est en principe ouvert contre une décision préalable relative à la demande indemnitaire formulée par le titulaire d'une créance de responsabilité.
En l'espèce, *[Justifier l'ouverture du recours]*.
En conséquence, *[Identité du client]* (est|sont|est|sont) fond(é|és|ée|ées) à exercer un recours en responsabilité.

– Sur l'intérêt à agir
Le recours en responsabilité nécessite que le requérant justifie d'un intérêt à agir, à savoir un intérêt lésé.
En l'espèce, *[Démontrer l'intérêt à agir : direct, personnel et actuel]*.
En conséquence, *[Identité du client]* (a|ont|a|ont) un intérêt à agir.

– Sur le délai pour agir
Selon l'article R. 421-3 du Code de justice administrative, le recours en responsabilité est ouvert dans les deux mois à partir de la notification de la décision expresse de rejet.
En l'espèce, *[Démontrer le respect du délai pour agir]*.
En conséquence, *[Identité du client]* (a|ont|a|ont) agi dans le délai imparti.

– Sur la prescription de l'action en responsabilité
Selon l'article 1er de la loi n° 68-1250 du 31 décembre 1968, l'action en responsabilité se prescrit au bout d'un délai de quatre ans à compter du 1er janvier de l'année qui suit celle au cours de laquelle les droits ont été acquis.
En l'espèce, *[Démontrer le respect du délai de prescription]*.
En conséquence, l'action en responsabilité dont dispos(e|ent|e|ent) *[Identité du client]* n'est pas prescrite.

– Sur le bien-fondé du recours

SI « Le recours a pour fondement la responsabilité sans faute » ne correspond pas à votre cas.

La responsabilité de l'administration est en principe engagée par la réunion de trois conditions : un fait dommageable, un préjudice réparable et un lien de causalité direct et certain.

SI « Le recours a pour fondement la responsabilité sans faute » correspond à votre cas.

La responsabilité sans faute de l'administration est en principe engagée par la réunion de deux conditions : un préjudice réparable et un lien de causalité direct et certain.

SI « Le recours a pour fondement la responsabilité sans faute » ne correspond pas à votre cas.

– Sur le fait dommageable
[Personne publique mise en cause] a commis un fait dommageable qui doit engager sa responsabilité *[Choisir le fondement de la responsabilité : contractuelle, pour faute, sans faute]*.
En l'espèce, *[Démontrer le fait dommageable]*.
En conséquence, *[Personne publique mise en cause]* a commis un fait dommageable susceptible d'engager sa responsabilité *[Choisir le fondement de la responsabilité : contractuelle, pour faute, sans faute]*.

– Sur le préjudice réparable
[Identité du client] (a|ont|a|ont) subi un préjudice dû au fait de *[Personne publique mise en cause]*.
En l'espèce, *[Exposer les différents types de préjudices subis : physique, matériel, moral]*.
En conséquence, *[Identité du client]* demand(e|ent|e|ent) à titre d'indemnisation la somme de *[Montant alloué pour le préjudice subi]* euros, majorée des intérêts de droit à compter de la date de la première demande d'indemnisation formée le *[Date de la première demande d'indemnisation]* auprès de *[Personne publique mise en cause]* avec capitalisation des intérêts échus à compter de cette même formalité.
[Préciser pour chacun des dommages leur évaluation]

– Sur le lien de causalité

SI « Le recours a pour fondement la responsabilité sans faute » ne correspond pas à votre cas.

Pour que le préjudice puisse être réparé, il faut qu'existe un lien direct et certain avec le fait dommageable.
En l'espèce, *[Démontrer le lien de causalité devant être direct et certain]*.
En conséquence, il existe un lien direct et certain entre le fait commis par *[Personne publique mise en cause]* et le préjudice subi par *[Identité du client]*.

SI « Le recours a pour fondement la responsabilité sans faute » correspond à votre cas.

Pour que le préjudice puisse être réparé, il faut qu'existe un lien direct et certain avec l'activité de l'administration.
En l'espèce, *[Démontrer le lien de causalité devant être direct et certain]*.
En conséquence, il existe un lien direct et certain entre l'activité de *[Personne publique mise en cause]* et le préjudice subi par *[Identité du client]*.

SI « Le recours a pour fondement la responsabilité sans faute » ne correspond pas à votre cas.

– Sur l'absence d'exonération de responsabilité
[Personne publique mise en cause] ne peut se libérer de sa responsabilité que par l'existence d'une cause d'exonération.
En l'espèce, *[Démontrer l'absence d'exonération ou l'exonération partielle de responsabilité]*.
En conséquence, il n'existe aucune cause d'exonération que *[Personne publique mise en cause]* pourrait invoquer.

SI « Le recours a pour fondement la responsabilité sans faute » correspond à votre cas.

– Sur l'exonération partielle de responsabilité
[Personne publique mise en cause] ne peut se libérer de sa responsabilité que partiellement.
En l'espèce, *[Démontrer l'absence d'exonération ou l'exonération partielle de responsabilité]*.
En conséquence, *[Personne publique mise en cause]* ne peut s'exonérer que partiellement de sa responsabilité.

– Sur les frais non compris dans les dépens
Dans ces conditions, il serait manifestement inéquitable de laisser à la charge de *[Identité du client]* les frais qu'(il|ils|elle|elles) (est|sont|est|sont) amen(é|és|ée|ées) à exposer pour faire valoir (sa|leur|sa|leur) défense.
Par conséquent, *[Identité du client]* (est|sont|est|sont) fond(é|és|ée|ées) à obtenir le versement d'une indemnité de *[Montant de la demande fondée sur l'article L. 761-1 du Code de justice administrative]* euros au titre des frais exposés et non compris dans les dépens, sur le fondement des dispositions de l'article L. 761-1 du Code de justice administrative.

PAR CES MOTIFS

Et tous autres à produire, à déduire ou à suppléer, au besoin d'office, (l'exposant|les exposants|l'exposant|les exposants) (conclut|concluent|conclut|concluent) à ce qu'il plaise au tribunal administratif *[Ville du Tribunal administratif concerné]* de :
Déclarer *[Personne publique mise en cause]* responsable du préjudice subi par *[Identité du client]* ;
Condamner *[Personne publique mise en cause]* au paiement de la somme de *[Montant alloué pour le préjudice subi]*, majorée des intérêts de droit à compter de la date de la première demande d'indemnisation formée le *[Date de la première demande d'indemnisation]* auprès de *[Personne publique mise en cause]*, avec capitalisation des intérêts échus à compter de cette même formalité ;
Condamner *[Personne publique mise en cause]* aux entiers dépens, en application de l'article R. 761-1 du Code de justice administrative ;

SI « Aide juridictionnelle » correspond à votre cas.

Condamner *[Personne publique mise en cause]* à verser à *[Identité de l'avocat du client]*, en application des dispositions combinées des articles L. 761-1 du Code de justice administrative et 37 de la loi n° 91-647 du 10 juillet 1991 relative à l'aide juridique, une somme de *[Montant de la demande fondée sur l'article L. 761-1 du Code de justice administrative]* euros au titre des frais exposés et non compris dans les dépens, que le bénéficiaire aurait exposés s'il n'avait pas eu cette aide.

SI « Aide juridictionnelle » ne correspond pas à votre cas.

Condamner *[Personne publique mise en cause]* à verser (à l'exposant|aux exposants|à l'exposant|aux exposants) la somme de *[Montant de la demande fondée sur l'article L. 761-1 du Code de justice administrative]* euros, en application de l'article L. 761-1 du Code de justice administrative.
Sous réserve de tous autres éléments de droit ou de fait à produire ultérieurement par mémoire complémentaire, et sous réserve de tous autres recours.

À *[Lieu de la rédaction de l'acte]*,
Le *[Date de la rédaction de l'acte]*.
[Nom et prénom de l'avocat traitant]

La liste numérotée des pièces justificatives visées par (le|les|la|les) requér(ant|ants|ante|antes) figure dans le bordereau annexé aux présentes écritures.

LISTE DES PIÈCES JUSTIFICATIVES

Modèle 30

Recours pour excès de pouvoir devant le tribunal administratif

[Référence du dossier]

[Type de la juridiction] [Ville du siège de la juridiction (majuscules)]

[Intitulé de la chambre (juridiction)]

REQUÊTE EN EXCÈS DE POUVOIR

À *[Civilité du Président et des Conseillers : Mesdames et/ou Messieurs]* les Président et Conseillers composant le tribunal administratif *[Ville du Tribunal administratif concerné]*
Présentée par ministère d'avocat

POUR

[Identification du client et sa qualité dans le dossier]
[Représentation client. Identité de l'avocat, ou, s'il y a lieu, identité de l'avocat postulant et de l'avocat plaidant]

SI « --- Aide juridictionnelle totale » correspond à votre cas.
SI « Aide juridictionnelle » correspond à votre cas.

Ayant obtenu le bénéfice de l'aide juridictionnelle totale par une décision du bureau d'aide juridictionnelle du tribunal judiciaire *[Ville du tribunal judiciaire du bureau d'aide juridictionnelle]* en date du *[Date de la décision du bureau d'aide juridictionnelle]*

SI « --- Aide juridictionnelle partielle » correspond à votre cas.
SI « Aide juridictionnelle » correspond à votre cas.

Ayant obtenu le bénéfice de l'aide juridictionnelle partielle par une décision du bureau d'aide juridictionnelle du tribunal judiciaire *[Ville du tribunal judiciaire du bureau d'aide juridictionnelle]* en date du *[Date de la décision du bureau d'aide juridictionnelle]*

CONTRE

SI « Recours contre une décision spontanée ou rendue sur demande initiale » correspond à votre cas.

[Nature de la décision attaquée par le recours] en date du *[Date de l'acte attaqué]*, par laquelle *[Auteur de la décision attaquée]*, ayant pour adresse *[Adresse de l'adversaire]*, *[Objet de la décision attaquée]*.

SI « Recours contre une décision rendue sur recours administratif préalable obligatoire » correspond à votre cas.

[Nature de la décision attaquée par le recours] en date du *[Date de l'acte attaqué]* par laquelle *[Auteur de la décision attaquée]*, ayant pour adresse *[Adresse de l'adversaire]*, *[Objet de la décision attaquée]* et rejeté le recours administratif obligatoire *[Nature du recours administratif obligatoire ; ex. : gracieux ou hiérarchique]* formé par *[Civilité, prénom et nom du client]*

SI « Recours contre une décision spontanée ou rendue sur demande initiale et contre une décision rendue sur recours administratif facultatif » correspond à votre cas.

[Nature de la décision spontanée ou initiale contestée] en date du *[Date de la décision spontanée ou initiale contestée]* par laquelle *[Auteur de la décision attaquée]*, ayant pour adresse *[Adresse de l'adversaire]*, *[Objet de la décision attaquée]*
Ensemble *[Nature de la décision contestée rendue sur recours administratif facultatif]* en date

du *[Date de la décision rendue sur recours administratif]* par laquelle *[Auteur de la décision rendue sur recours administratif]* a rejeté le recours administratif facultatif *[Nature du recours administratif obligatoire ; ex. : gracieux ou hiérarchique]* formé par *[Civilité, prénom et nom du client]*
Par la présente, (le|les|la|les) requéran(t|ts|te|tes) défèr(e|ent|e|ent) la(les) décision(s) susvisée(s) à la censure du tribunal administratif de céans et conclu(t|ent|t|ent), compte tenu des moyens de fait et de droit ci-après exposés, à :
– ce que la(les) décision(s) susvisées soi(en)t, à titre principal, annulée(s) dans sa(leur) totalité, et à titre subsidiaire, en tant qu'elle(s) *[Préciser la partie de la décision dont l'annulation est sollicitée]* ;

SI « Demande d'injonction sans astreinte » correspond à votre cas.

– ce qu'une injonction soit prononcée à l'encontre de *[Auteur de la décision attaquée]* ;

SI « Demande d'injonction sous astreinte » correspond à votre cas.

– ce qu'une injonction assortie d'une astreinte soit prononcée à l'encontre de *[Auteur de la décision attaquée]* ;

– ce que le défendeur soit condamné au remboursement des frais non compris dans les dépens au titre de la présente instance.

FAITS ET PROCÉDURE

[Exposer les faits de façon exhaustive, objective et chronologique en indiquant le numéro des pièces]

SI « --- Aide juridictionnelle totale » correspond à votre cas.
SI « Aide juridictionnelle » correspond à votre cas.

Par une décision du bureau d'aide juridictionnelle du tribunal judiciaire *[Ville du tribunal judiciaire du bureau d'aide juridictionnelle]* en date du *[Date de la décision du bureau d'aide juridictionnelle]*, *[Identité du client]* (a|ont|a|ont) obtenu le bénéfice de l'aide juridictionnelle totale.

SI « --- Aide juridictionnelle partielle » correspond à votre cas.
SI « Aide juridictionnelle » correspond à votre cas.

Par une décision du bureau d'aide juridictionnelle du tribunal judiciaire *[Ville du tribunal judiciaire du bureau d'aide juridictionnelle]* en date du *[Date de la décision du bureau d'aide juridictionnelle]*, *[Identité du client]* (a|ont|a|ont) obtenu le bénéfice de l'aide juridictionnelle partielle.

SI « Une question prioritaire de constitutionnalité est soulevée » correspond à votre cas.

Par ailleurs, *[Identité du client]* présent(e|ent|e|ent) dans un mémoire distinct intitulé « question prioritaire de constitutionnalité » et daté du *[Date du mémoire intitulé « question prioritaire de constitutionnalité »]*, le moyen tiré de ce que les dispositions *[Préciser les dispositions objet de la question prioritaire de constitutionnalité]* portent atteinte aux droits et libertés garantis par la Constitution.

DISCUSSION

– Sur le bien-fondé du recours

SI « Un moyen de légalité externe est invoqué » correspond à votre cas.

– Sur l'illégalité externe de la décision contestée

SI « -- Moyen d'incompétence » correspond à votre cas.

– Moyen tiré de l'incompétence de l'auteur ou du signataire

SI « ---- Incompétence matérielle » correspond à votre cas.
SI « -- Moyen d'incompétence » correspond à votre cas.

La décision en date du *[Date de l'acte attaqué]* qui a *[Objet de la décision contestée]*, est entachée d'incompétence matérielle, son auteur ayant empiété sur les attributions de l'autorité compétente.

SI « ---- Incompétence territoriale : l'auteur se trouvait dans un lieu que celui où il devait siéger » correspond à votre cas.
SI « -- Moyen d'incompétence » correspond à votre cas.

La décision en date du *[Date de l'acte attaqué]* qui a *[Objet de la décision contestée]*, est entachée d'incompétence territoriale, son auteur l'ayant *[Préciser : « prise » ou « signée »]* alors qu'il se trouvait dans un lieu autre que celui où il devait siéger.

SI « ---- Incompétence territoriale : l'affaire était étrangère à la circonscription de l'auteur » correspond à votre cas.

SI « -- Moyen d'incompétence » correspond à votre cas.

La décision en date du *[Date de l'acte attaqué]* qui a *[Objet de la décision contestée]*, est entachée d'incompétence territoriale, son auteur l'ayant *[Préciser : « prise » ou « signée »]* alors que l'affaire était étrangère à sa circonscription.

SI « ---- Incompétence temporelle : l'auteur n'était pas encore compétent » correspond à votre cas.
SI « -- Moyen d'incompétence » correspond à votre cas.

La décision en date du *[Date de l'acte attaqué]* qui a *[Objet de la décision contestée]*, est entachée d'incompétence temporelle, son auteur l'ayant *[Préciser : « prise » ou « signée »]* alors qu'il n'était pas compétent.

SI « ---- Incompétence temporelle : l'auteur n'était plus compétent » correspond à votre cas.
SI « -- Moyen d'incompétence » correspond à votre cas.

La décision en date du *[Date de l'acte attaqué]* qui a *[Objet de la décision contestée]*, est entachée d'incompétence temporelle, son auteur l'ayant *[Préciser : « prise » ou « signée »]* alors qu'il n'était plus compétent.

SI « -- Moyen d'incompétence » correspond à votre cas.

En effet, *[Démontrer l'incompétence invoquée]*.
Par ailleurs, aucune des circonstances de l'espèce ne permet de justifier cette incompétence. *[Démontrer l'absence d'urgence, de circonstances exceptionnelles, de jeu de la théorie juridique de l'apparence]*.
En conséquence, il y a lieu de considérer que ladite décision a été prise par une autorité incompétente et, par suite, de prononcer son annulation de ce seul et unique chef.

SI « -- Vice de forme » correspond à votre cas.

– Sur le vice de forme entachant la décision litigieuse

SI « -- Vice de forme » correspond à votre cas.
SI « ---- Moyen tiré du défaut de signature » correspond à votre cas.

Il ressort de la décision contestée du *[Date de la décision entachée d'un vice de forme]*, ayant *[Objet de la décision entachée d'un vice de forme]*, qu'elle est dépourvue de la signature de son auteur.
En effet, *[Démontrer l'absence de la signature]*.
Par suite, ladite décision litigieuse est entachée d'un vice de forme, et doit ainsi être annulée.

SI « -- Vice de forme » correspond à votre cas.
SI « ------ Trame générale : défaut ou insuffisance de motivation » correspond à votre cas.
SI « ---- Moyen tiré de la motivation de la décision contestée » correspond à votre cas.
SI « --------- Défaut de motivation » correspond à votre cas.

[Auteur de la décision attaquée] a entaché la décision litigieuse du *[Date de la décision entachée d'un vice de forme]* d'un défaut de motivation.

SI « -- Vice de forme » correspond à votre cas.
SI « ------ Trame générale : défaut ou insuffisance de motivation » correspond à votre cas.
SI « ---- Moyen tiré de la motivation de la décision contestée » correspond à votre cas.
SI « --------- Insuffisance de motivation » correspond à votre cas.

[Auteur de la décision attaquée] a entaché la décision litigieuse du *[Date de la décision entachée d'un vice de forme]* d'une insuffisance de motivation.

SI « -- Vice de forme » correspond à votre cas.
SI « ------ Trame générale : défaut ou insuffisance de motivation » correspond à votre cas.
SI « ---- Moyen tiré de la motivation de la décision contestée » correspond à votre cas.

En effet, *[Démontrer l'existence de l'obligation de motivation]*.
Par ailleurs, aucune des circonstances de l'espèce ne justifie ce défaut de motivation. *[Démontrer l'absence de compétence liée, de circonstances exceptionnelles ou d'urgence]*.
Toutefois, *[Démontrer le défaut ou l'insuffisance de la motivation requise]*.
En conséquence, ladite décision litigieuse devra être annulée de ce chef.

SI « -- Vice de forme » correspond à votre cas.
SI « ------------- En cas de décision administrative individuelle défavorable » correspond à votre cas.

SI « ---- Moyen tiré de la motivation de la décision contestée » correspond à votre cas.
SI « --------- Méconnaissance de l'obligation de motivation » correspond à votre cas.
SI « ------ Trame spécifique : méconnaissance des dispositions du Code des relations entre le public et l'administration » correspond à votre cas.

L'article L. 211-2 du Code des relations entre le public et l'administration prévoit que :

« Les personnes physiques ou morales ont le droit d'être informées sans délai des motifs des décisions administratives individuelles défavorables qui les concernent.
À cet effet, doivent être motivées les décisions qui :
– restreignent l'exercice des libertés publiques ou, de manière générale, constituent une mesure de police ;
– infligent une sanction ;
– subordonnent l'octroi d'une autorisation à des conditions restrictives ou imposent des sujétions ;
– retirent ou abrogent une décision créatrice de droits ;
– opposent une prescription, une forclusion ou une déchéance ;
– refusent un avantage dont l'attribution constitue un droit pour les personnes qui remplissent les conditions légales pour l'obtenir ;
– refusent une autorisation, sauf lorsque la communication des motifs pourrait être de nature à porter atteinte à l'un des secrets ou intérêts protégés par les dispositions du a au f du 2° de l'article L. 311-5 ;
– rejettent un recours administratif dont la présentation est obligatoire préalablement à tout recours contentieux en application d'une disposition législative ou réglementaire ».

[Supprimer toutes les hypothèses ne correspondant pas au cas d'espèce]

SI « -- Vice de forme » correspond à votre cas.
SI « ------------- En cas de décision administrative individuelle dérogatoire » correspond à votre cas.
SI « ---- Moyen tiré de la motivation de la décision contestée » correspond à votre cas.
SI « --------- Méconnaissance de l'obligation de motivation » correspond à votre cas.
SI « ------ Trame spécifique : méconnaissance des dispositions du Code des relations entre le public et l'administration » correspond à votre cas.

L'article L. 211-3 du Code des relations entre le public et l'administration dispose « doivent (...) être motivées les décisions administratives individuelles qui dérogent aux règles générales fixées par la loi ou le règlement ».

SI « -- Vice de forme » correspond à votre cas.
SI « ---- Moyen tiré de la motivation de la décision contestée » correspond à votre cas.
SI « --------- Méconnaissance de l'obligation de motivation » correspond à votre cas.
SI « ------ Trame spécifique : méconnaissance des dispositions du Code des relations entre le public et l'administration » correspond à votre cas.

En outre, aux termes de l'article L. 211-5 du même code, « la motivation exigée (...) doit être écrite et comporter l'énoncé des considérations de droit et de fait qui constituent le fondement de la décision ».
Or, en l'espèce, la décision contestée du *[Date de la décision entachée d'un vice de forme]* constitue bien une décision administrative individuelle *[Préciser et démontrer le caractère défavorable ou dérogatoire de la décision contestée]*.
La décision litigieuse aurait dès lors dû être motivée.
Cependant, *[Démontrer la méconnaissance de l'obligation de motivation en droit et en fait]*.
Par ailleurs, aucune des circonstances de l'espèce ne justifie cette absence de motivation. *[Démontrer la méconnaissance de l'obligation de motivation en droit et en fait]*.
Ainsi, la décision contestée du *[Date de la décision entachée d'un vice de forme]*, qui méconnaît l'obligation de motivation résultant des dispositions précitées, doit être annulée.

SI « -- Vice de forme » correspond à votre cas.
SI « --------- Absence de communication des motifs de la décision implicite contestée dont la motivation est requise » correspond à votre cas.
SI « ---- Moyen tiré de la motivation de la décision contestée » correspond à votre cas.
SI « ------ Trame spécifique : méconnaissance des dispositions du Code des relations entre le public et l'administration » correspond à votre cas.

Aux termes des dispositions de l'article L. 232-4 du Code des relations entre le public et l'administration, « une décision implicite intervenue dans les cas où la décision explicite aurait dû être motivée n'est pas illégale du seul fait qu'elle n'est pas assortie de cette motivation. Toutefois, à la demande de l'intéressé, formulée dans les délais du recours contentieux, les motifs de toute décision implicite de rejet devront lui être communiqués dans le mois suivant cette demande. Dans ce cas, le délai du recours contentieux contre ladite décision est prorogé jusqu'à l'expiration de deux

mois suivant le jour où les motifs lui auront été communiqués ».
Or, la décision contestée du *[Date de la décision entachée d'un vice de forme]* devait être motivée.
En effet, *[Démontrer l'existence de l'obligation de motivation]*.

SI « -- Vice de forme » correspond à votre cas.
SI « --------- Absence de communication des motifs de la décision implicite contestée dont la motivation est requise » correspond à votre cas.
SI « ---- Moyen tiré de la motivation de la décision contestée » correspond à votre cas.
SI « ----------------- En cas de décision administrative individuelle défavorable » correspond à votre cas.
SI « ------------- En cas de décision implicite relevant des articles L. 211-2 et L. 211-3 du Code des relations entre le public et l'administration » correspond à votre cas.
SI « ------ Trame spécifique : méconnaissance des dispositions du Code des relations entre le public et l'administration » correspond à votre cas.

L'article L. 211-2 du Code des relations entre le public et l'administration prévoit que :

« Les personnes physiques ou morales ont le droit d'être informées sans délai des motifs des décisions administratives individuelles défavorables qui les concernent.

À cet effet, doivent être motivées les décisions qui :
– restreignent l'exercice des libertés publiques ou, de manière générale, constituent une mesure de police ;
– infligent une sanction ;
– subordonnent l'octroi d'une autorisation à des conditions restrictives ou imposent des sujétions ;
– retirent ou abrogent une décision créatrice de droits ;
– opposent une prescription, une forclusion ou une déchéance ;
– refusent un avantage dont l'attribution constitue un droit pour les personnes qui remplissent les conditions légales pour l'obtenir ;
– refusent une autorisation, sauf lorsque la communication des motifs pourrait être de nature à porter atteinte à l'un des secrets ou intérêts protégés par les dispositions du a au f du 2° de l'article L. 311-5 ;
– rejettent un recours administratif dont la présentation est obligatoire préalablement à tout recours contentieux en application d'une disposition législative ou réglementaire ».

[Supprimer toutes les hypothèses ne correspondant pas au cas d'espèce]

SI « -- Vice de forme » correspond à votre cas.
SI « --------- Absence de communication des motifs de la décision implicite contestée dont la motivation est requise » correspond à votre cas.
SI « ---- Moyen tiré de la motivation de la décision contestée » correspond à votre cas.
SI « ----------------- En cas de décision administrative individuelle dérogatoire » correspond à votre cas.
SI « ------------- En cas de décision implicite relevant des articles L. 211-2 et L. 211-3 du Code des relations entre le public et l'administration » correspond à votre cas.
SI « ------ Trame spécifique : méconnaissance des dispositions du Code des relations entre le public et l'administration » correspond à votre cas.

L'article L. 211-3 du Code des relations entre le public et l'administration prévoit que « doivent (...) être motivées les décisions administratives individuelles qui dérogent aux règles générales fixées par la loi ou le règlement ».

SI « -- Vice de forme » correspond à votre cas.
SI « --------- Absence de communication des motifs de la décision implicite contestée dont la motivation est requise » correspond à votre cas.
SI « ---- Moyen tiré de la motivation de la décision contestée » correspond à votre cas.
SI « ------------- En cas de décision implicite relevant des articles L. 211-2 et L. 211-3 du Code des relations entre le public et l'administration » correspond à votre cas.
SI « ------ Trame spécifique : méconnaissance des dispositions du Code des relations entre le public et l'administration » correspond à votre cas.

En outre, aux termes de l'article L. 211-5 du même code, « la motivation exigée (...) doit être écrite et comporter l'énoncé des considérations de droit et de fait qui constituent le fondement de la décision ».
Or, en l'espèce, la décision contestée du *[Date de la décision entachée d'un vice de forme]* constitue bien une décision administrative individuelle *[Préciser et démontrer le caractère défavorable ou dérogatoire de la décision contestée]*.
Par ailleurs, aucune des circonstances de l'espèce ne justifie cette absence de motivation. *[Démontrer l'absence de compétence liée, de circonstances exceptionnelles ou d'urgence]*.

SI « -- Vice de forme » correspond à votre cas.
SI « ---------- Absence de communication des motifs de la décision implicite contestée dont la motivation est requise » correspond à votre cas.
SI « ------------- En cas de décision implicite dont l'obligation de motivation relève d'un autre régime » correspond à votre cas.
SI « ---- Moyen tiré de la motivation de la décision contestée » correspond à votre cas.
SI « ------ Trame spécifique : méconnaissance des dispositions du Code des relations entre le public et l'administration » correspond à votre cas.

En effet, *[Démontrer l'existence de l'obligation de motivation]*.
Par ailleurs, aucune des circonstances de l'espèce ne justifie cette absence de motivation. *[Démontrer l'absence de compétence liée, de circonstances exceptionnelles ou d'urgence]*.
En effet, *[Démontrer le défaut ou l'insuffisance de la motivation requise]*.

SI « -- Vice de forme » correspond à votre cas.
SI « ---------- Absence de communication des motifs de la décision implicite contestée dont la motivation est requise » correspond à votre cas.
SI « ---- Moyen tiré de la motivation de la décision contestée » correspond à votre cas.
SI « ------ Trame spécifique : méconnaissance des dispositions du Code des relations entre le public et l'administration » correspond à votre cas.

Par suite, (saisi|saisis|saisie|saisies) d'une demande tendant à la communication des motifs de la décision implicite contestée du *[Date de la décision entachée d'un vice de forme]*, son auteur avait l'obligation de communiquer lesdits motifs à *[Identité du client]*.

SI « -- Vice de forme » correspond à votre cas.
SI « ---------- Absence de communication des motifs de la décision implicite contestée dont la motivation est requise » correspond à votre cas.
SI « ---- Moyen tiré de la motivation de la décision contestée » correspond à votre cas.
SI « ------ Trame spécifique : méconnaissance des dispositions du Code des relations entre le public et l'administration » correspond à votre cas.

En l'espèce, par une lettre recommandée avec avis de réception en date du *[Date de la demande de communication des motifs de la décision implicite]*, reçue le *[Date de réception de la LRAR portant demande de communication des motifs de la décision implicite]* par *[Auteur de la décision attaquée]*, soit dans le délai de recours contentieux de la décision implicite contestée du *[Date de l'acte attaqué]*, *[Identité du client]* (a|ont|a|ont) demandé à l'auteur de cette dernière de lui en adresser les motifs.
Il est constant que l'auteur de la décision contestée s'est abstenu de procéder à cette communication avant le *[Date d'expiration du délai d'un mois de communication des motifs de la décision implicite]*, date d'expiration du délai qui lui était imparti.
Par suite, la décision contestée, qui méconnaît les dispositions de l'article L. 232-4 du code précité, doit être annulée.

SI « ------ Trame générale sur le vice de procédure » correspond à votre cas.
SI « -- Vice de procédure » correspond à votre cas.

– Sur le vice de procédure entachant la décision litigieuse

SI « --------- Méconnaissance d'une formalité substantielle visant à garantir les droits ou intérêts des administrés » correspond à votre cas.
SI « ------ Trame générale sur le vice de procédure » correspond à votre cas.
SI « -- Vice de procédure » correspond à votre cas.

La décision contestée du *[Date de la décision entachée d'un vice de procédure]* a méconnu une formalité substantielle à laquelle elle était assujettie.
En effet, *[Démontrer l'existence du vice de procédure]*.
Or, c'est une formalité substantielle qui a été méconnue, dans la mesure où elle est destinée à garantir les droits ou intérêts des administrés.

SI « --------- Méconnaissance d'une formalité substantielle visant à éclairer l'Administration » correspond à votre cas.
SI « ------ Trame générale sur le vice de procédure » correspond à votre cas.
SI « -- Vice de procédure » correspond à votre cas.

La décision contestée du *[Date de la décision entachée d'un vice de procédure]* a méconnu une formalité substantielle à laquelle elle était assujettie.
En effet, *[Démontrer l'existence du vice de procédure]*.
Or, c'est une formalité substantielle qui a été méconnue, dans la mesure où elle est destinée à éclairer l'Administration.

SI « ------ Trame générale sur le vice de procédure » correspond à votre cas.
SI « -- Vice de procédure » correspond à votre cas.

Par ailleurs, aucune circonstance de l'espèce ne justifie :
– que cette formalité n'ait pas dû être respectée ;
– que le manquement à la règle procédurale a été insusceptible d'avoir une influence sur la décision prise, ou d'avoir privé (l'intéressé|les intéressés|l'intéressée|les intéressées) des garanties auxquelles (il|ils|elle|elles) avai(t|ent|t|ent) droit ;
– que le respect de la règle de procédure a été impossible ;
– que l'observation de la règle de procédure était inutile.
[Démontrer ces éléments]

SI « --------- L'autorité administrative a remplacé la formalité méconnue par une procédure différente » correspond à votre cas.
SI « ------ Trame générale sur le vice de procédure » correspond à votre cas.
SI « -- Vice de procédure » correspond à votre cas.

Enfin, cette formalité ne pouvait être remplacée par une procédure différente, dans la mesure où cette dernière n'était pas au moins équivalente.
[Démontrer que la formalité ne pouvait être remplacée par une procédure différente].

SI « ------ Trame générale sur le vice de procédure » correspond à votre cas.
SI « -- Vice de procédure » correspond à votre cas.

En conséquence, ladite décision devra être annulée pour vice de procédure.

SI « --------- Absence d'examen particulier des circonstances » correspond à votre cas.
SI « ------ Trame spécifique sur le vice de procédure » correspond à votre cas.
SI « -- Vice de procédure » correspond à votre cas.

Il ressort des pièces du dossier que l'auteur de la décision contestée du *[Date de la décision entachée d'un vice de procédure]* n'a pas examiné la situation personnelle de *[Identité du client]*.
En effet, *[Démontrer l'absence d'examen particulier des circonstances de l'espèce]*.

Ainsi, la décision contestée, prise par *[Auteur de la décision attaquée]* sans avoir examiné la situation personnelle de *[Identité du client]* doit être annulée.

SI « --------- Caducité de la procédure d'élaboration » correspond à votre cas.
SI « ------ Trame spécifique sur le vice de procédure » correspond à votre cas.
SI « ------------- La procédure entreprise constitue une formalité substantielle visant à garantir mes droits ou intérêts des administrés » correspond à votre cas.
SI « -- Vice de procédure » correspond à votre cas.

La procédure d'élaboration de la décision contestée du *[Date de la décision entachée d'un vice de procédure]* est devenue caduque avant même que ladite décision ne soit édictée.
[Présenter la procédure d'élaboration de la décision, un changement dans l'état du droit ou dans les données de fait]
Une situation nouvelle s'étant ainsi créée, la procédure suivie par l'autorité administrative est devenue caduque, et aurait dû être recommencée pour que la décision soit prise régulièrement.
Par ailleurs, la procédure entreprise constitue une formalité substantielle, dans la mesure où elle est destinée à garantir les droits ou intérêts des administrés.

SI « --------- Caducité de la procédure d'élaboration » correspond à votre cas.
SI « ------ Trame spécifique sur le vice de procédure » correspond à votre cas.
SI « ------------- La procédure entreprise constitue une formalité substantielle visant à éclairer l'Administration » correspond à votre cas.
SI « -- Vice de procédure » correspond à votre cas.

La procédure d'élaboration de la décision contestée du *[Date de la décision entachée d'un vice de procédure]* est devenue caduque avant même que ladite décision ne soit édictée.
[Présenter la procédure d'élaboration de la décision, un changement dans l'état du droit ou dans les données de fait]
Une situation nouvelle s'étant ainsi créée, la procédure suivie par l'autorité administrative est devenue caduque, et aurait dû être recommencée pour que la décision soit prise régulièrement.
Par ailleurs, la procédure entreprise constitue une formalité substantielle, dans la mesure où elle est destinée à éclairer l'Administration.

SI « --------- Caducité de la procédure d'élaboration » correspond à votre cas.
SI « ------ Trame spécifique sur le vice de procédure » correspond à votre cas.
SI « -- Vice de procédure » correspond à votre cas.

De plus, aucune circonstance de l'espèce ne justifie :
– que cette formalité n'ait pas dû être recommencée ;
– que le manquement à la règle procédurale a été insusceptible d'avoir une influence sur la décision prise, ou d'avoir privé (l'intéressé|les intéressés|l'intéressée|les intéressées) des garanties auxquelles (il|ils|elle|elles) avai(t|ent|t|ent) droit ;
– que réinitialiser la procédure a été impossible et inutile.
[Démontrer ces éléments]

SI « --------- Caducité de la procédure d'élaboration » correspond à votre cas.
SI « ------ Trame spécifique sur le vice de procédure » correspond à votre cas.
SI « ------------- L'autorité administrative a remplacé la formalité méconnue par une procédure différente » correspond à votre cas.
SI « -- Vice de procédure » correspond à votre cas.

Enfin, cette formalité ne pouvait être remplacée par une procédure différente, dans la mesure où cette dernière n'était pas au moins équivalente *[Démontrer que la formalité ne pouvait être remplacée par une procédure différente]*.

SI « --------- Caducité de la procédure d'élaboration » correspond à votre cas.
SI « ------ Trame spécifique sur le vice de procédure » correspond à votre cas.
SI « -- Vice de procédure » correspond à votre cas.

En conséquence, ladite décision est entachée d'un vice de procédure substantiel justifiant son annulation.

SI « Un moyen de légalité interne est invoqué » correspond à votre cas.

– Sur l'illégalité interne de la décision contestée

SI « -- Violation directe de la loi » correspond à votre cas.

– Sur la violation directe de la loi

SI « -- Violation directe de la loi » correspond à votre cas.

La décision litigieuse du *[Date de la décision entachée d'une violation directe de la loi]*, qui a méconnu une norme qui lui est supérieure, a directement violé le principe de légalité qui s'impose à l'Administration.
En effet, *[Démontrer la violation directe de la loi]*.
En conséquence, ladite décision devra être annulée pour violation directe de la loi.

SI « -- Erreur de droit » correspond à votre cas.

– Sur l'erreur de droit

SI « ------ La norme est inexistante » correspond à votre cas.
SI « -- Erreur de droit » correspond à votre cas.

Est entachée d'une erreur de droit, ou d'un défaut de base légale, la décision litigieuse du *[Date de la décision entachée d'une erreur de droit]* qui est fondée sur une norme inexistante.

SI « ------ La norme est inapplicable car elle a cessé de produire ses effets » correspond à votre cas.
SI « -- Erreur de droit » correspond à votre cas.

Est entachée d'une erreur de droit, ou d'un défaut de base légale, la décision litigieuse du *[Date de la décision entachée d'une erreur de droit]* qui est fondée sur une norme inapplicable, dans la mesure où cette dernière a cessé de produire ses effets.

SI « ------ La norme est inapplicable car elle ne vise pas la situation sur laquelle l'autorité administrative a statué » correspond à votre cas.
SI « -- Erreur de droit » correspond à votre cas.

Est entachée d'une erreur de droit, ou d'un défaut de base légale, la décision litigieuse du *[Date de la décision entachée d'une erreur de droit]* qui est fondée sur une norme inapplicable, dans la mesure où cette dernière ne vise pas la situation sur laquelle l'auteur de la décision contestée a statué.

SI « ------ La norme est illégale » correspond à votre cas.
SI « -- Erreur de droit » correspond à votre cas.

Est entachée d'une erreur de droit, ou d'un défaut de base légale, la décision litigieuse du *[Date de la décision entachée d'une erreur de droit]* qui est fondée sur une norme illégale.

SI « ------ La norme fait l'objet d'une interprétation inexacte » correspond à votre cas.
SI « -- Erreur de droit » correspond à votre cas.

Est entachée d'une erreur de droit la décision litigieuse du *[Date de la décision entachée d'une erreur de droit]*, qui est fondée sur une norme ayant fait l'objet d'une interprétation inexacte.

SI « -- Erreur de droit » correspond à votre cas.

En effet, *[Démontrer l'erreur de droit]*.
Par ailleurs, il apparaît que l'autorité administrative n'aurait pas pris la même décision si cette dernière n'avait été fondée que sur le ou les autres motifs de la décision contestée.
En effet, *[Démontrer l'absence de possibilité de neutraliser le motif illégal]*.
En conséquence, ladite décision devra être annulée pour erreur de droit.

SI « -- Erreur de fait » correspond à votre cas.

– Sur l'erreur de fait
La décision contestée du *[Date de la décision entachée d'une erreur de fait]* est entachée d'une erreur sur l'exactitude matérielle des faits.
En effet, *[Démontrer l'erreur de fait]*.
Par ailleurs, il apparaît que l'autorité administrative n'aurait pas pris la même décision si cette dernière n'avait été fondée que sur le ou les autres motifs de la décision contestée. En effet, *[Démontrer l'absence de possibilité de neutraliser le motif illégal]*.
Ainsi, la décision contestée, entachée d'une erreur de fait, doit être annulée.

SI « -- Erreur dans la qualification des faits » correspond à votre cas.

– Sur l'erreur dans la qualification juridique des faits

SI « ------ En cas de contrôle restreint » correspond à votre cas.
SI « -- Erreur dans la qualification des faits » correspond à votre cas.

[Auteur de la décision attaquée] (a|ont|a|ont) entaché (sa|leur|sa|leur) décision du *[Date de la décision entachée d'une erreur de qualification juridique des faits]* d'une erreur manifeste d'appréciation.

SI « ------ En cas de contrôle normal » correspond à votre cas.
SI « -- Erreur dans la qualification des faits » correspond à votre cas.

[Auteur de la décision attaquée] (a|ont|a|ont) entaché (sa|leur|sa|leur) décision du *[Date de la décision entachée d'une erreur de qualification juridique des faits]* d'une erreur d'appréciation.

SI « -- Erreur dans la qualification des faits » correspond à votre cas.
SI « ------ En cas de plein contrôle de proportionnalité » correspond à votre cas.

La décision contestée du *[Date de la décision entachée d'une erreur de qualification juridique des faits]* est disproportionnée eu égard aux faits et à l'objectif qu'elle entend poursuivre.

SI « -- Erreur dans la qualification des faits » correspond à votre cas.

En effet, *[Démontrer l'erreur dans la qualification juridique des faits]*.
Par ailleurs, il apparaît que l'autorité administrative n'aurait pas pris la même décision si cette dernière n'avait été fondée que sur le ou les autres motifs de la décision contestée. En effet, *[Démontrer l'absence de possibilité de neutraliser le motif illégal]*.

SI « ------ En cas de contrôle restreint » correspond à votre cas.
SI « -- Erreur dans la qualification des faits » correspond à votre cas.

Ainsi, *[Auteur de la décision attaquée]* ayant commis une erreur manifeste d'appréciation, la décision litigieuse doit être annulée.

SI « ------ En cas de contrôle normal » correspond à votre cas.
SI « -- Erreur dans la qualification des faits » correspond à votre cas.

Ainsi, *[Auteur de la décision attaquée]* ayant commis une erreur d'appréciation, la décision litigieuse doit être annulée.

SI « -- Erreur dans la qualification des faits » correspond à votre cas.

SI « ------ En cas de plein contrôle de proportionnalité » correspond à votre cas.

Ainsi, la décision litigieuse, qui est disproportionnée eu égard aux faits et à l'objectif qu'elle entend poursuivre, doit être annulée.

SI « ------ Détournement de pouvoir » correspond à votre cas.
SI « -- Détournement de pouvoir ou de procédure » correspond à votre cas.

– Sur le détournement de pouvoir

SI « ------ Détournement de procédure » correspond à votre cas.
SI « -- Détournement de pouvoir ou de procédure » correspond à votre cas.

– Sur le détournement de procédure

SI « ------ Détournement de pouvoir » correspond à votre cas.
SI « -- Détournement de pouvoir ou de procédure » correspond à votre cas.

En prenant la décision contestée du *[Date de la décision entachée de détournement de pouvoir ou de procédure]*, *[Auteur de la décision attaquée]* a commis un détournement de pouvoir.

SI « ------ Détournement de procédure » correspond à votre cas.
SI « -- Détournement de pouvoir ou de procédure » correspond à votre cas.

En prenant la décision contestée du *[Date de la décision entachée de détournement de pouvoir ou de procédure]*, *[Auteur de la décision attaquée]* a commis un détournement de procédure.

SI « ------ Détournement à des fins d'ordre privé » correspond à votre cas.
SI « -- Détournement de pouvoir ou de procédure » correspond à votre cas.

[Auteur de la décision attaquée] a exercé son pouvoir *[Préciser le pouvoir exercé par l'Administration]* dans un but autre que celui en vue duquel il lui a été conféré, à savoir pour des préoccupations d'ordre privé.

SI « ------ Détournement en vue d'un intérêt public étranger à celui pour lequel l'autorité administrative exerce son pouvoir » correspond à votre cas.
SI « -- Détournement de pouvoir ou de procédure » correspond à votre cas.

[Auteur de la décision attaquée] a exercé son pouvoir *[Préciser le pouvoir exercé par l'Administration]* dans un but autre que celui en vue duquel il lui a été conféré, à savoir pour un intérêt public étranger à celui pour le service duquel le pouvoir de l'autorité administrative pouvait être légalement exercé.

SI « ------ Détournement de pouvoir » correspond à votre cas.
SI « -- Détournement de pouvoir ou de procédure » correspond à votre cas.

En effet, *[Démontrer le détournement de pouvoir ou de procédure]*.
Par suite, ladite décision devra être annulée pour détournement de pouvoir.

SI « ------ Détournement de procédure » correspond à votre cas.
SI « -- Détournement de pouvoir ou de procédure » correspond à votre cas.

En effet, *[Démontrer le détournement de pouvoir ou de procédure]*.
Par suite, ladite décision du devra être annulée pour détournement de procédure.

– Sur les frais non compris dans les dépens
Dans ces conditions, il serait manifestement inéquitable de laisser à la charge de *[Identité du client]* les frais qu'(il|ils|elle|elles) (est|sont|est|sont) amen(é|és|ée|ées) à exposer pour faire valoir (sa|leur|sa|leur) défense.
Par conséquent, *[Identité du client]* (est|sont|est|sont) fond(é|és|ée|ées) à obtenir le versement d'une indemnité de *[Montant de la demande fondée sur l'article L. 761-1 du Code de justice administrative]* euros au titre des frais exposés et non compris dans les dépens, sur le fondement des dispositions de l'article L. 761-1 du Code de justice administrative.

CONCLUSIONS

PAR CES MOTIFS

Et tous autres à produire, à déduire ou à suppléer, au besoin d'office, (l'exposant|les exposants|l'exposant|les exposants) (conclut|concluent|conclut|concluent) à ce qu'il plaise au tribunal administratif *[Ville du Tribunal administratif concerné]* de :

SI « Recours contre une décision spontanée ou rendue sur demande initiale » correspond à votre cas.

– À titre principal, annuler la totalité de la décision *[Nature de la décision attaquée par le recours]* en date du *[Date de l'acte attaqué]* par laquelle *[Objet de la décision attaquée]* ;

SI « Recours contre une décision rendue sur recours administratif préalable obligatoire » correspond à votre cas.

– À titre principal, annuler la totalité de la décision *[Nature de la décision attaquée par le recours]* en date du *[Date de l'acte attaqué]* par laquelle *[Objet de la décision attaquée]* et rejeté le recours administratif obligatoire *[Nature du recours administratif obligatoire ; ex. : gracieux ou hiérarchique]* formé par *[Civilité, prénom et nom du client]* ;

SI « Recours contre une décision spontanée ou rendue sur demande initiale et contre une décision rendue sur recours administratif facultatif » correspond à votre cas.

– À titre principal, annuler la totalité de la décision *[Nature de la décision spontanée ou initiale contestée]* en date du *[Date de la décision spontanée ou initiale contestée]* par laquelle *[Objet de la décision attaquée]*,
Ensemble celle de la décision *[Nature de la décision contestée rendue sur recours administratif facultatif]* en date du *[Date de la décision rendue sur recours administratif]* par laquelle *[Auteur de la décision rendue sur recours administratif]* a rejeté le recours administratif facultatif *[Nature du recours administratif obligatoire ; ex. : gracieux ou hiérarchique]* formé par *[Identité du client]* ;

SI « Recours contre une décision spontanée ou rendue sur demande initiale » correspond à votre cas.

– À titre subsidiaire, annuler la décision *[Nature de la décision attaquée par le recours]* en date du *[Date de l'acte attaqué]* par laquelle *[Objet de la décision attaquée]*, en tant qu'elle *[Préciser la partie de la décision dont l'annulation est sollicitée]* ;

SI « Recours contre une décision rendue sur recours administratif préalable obligatoire » correspond à votre cas.

– À titre subsidiaire, annuler la totalité de la décision *[Nature de la décision attaquée par le recours]* en date du *[Date de l'acte attaqué]* par laquelle *[Objet de la décision attaquée]* et rejeté le recours administratif obligatoire *[Nature du recours administratif obligatoire ; ex. : gracieux ou hiérarchique]* formé par *[Civilité, prénom et nom du client]*, en tant qu'elle *[Préciser la partie de la décision dont l'annulation est sollicitée]* ;

SI « Recours contre une décision spontanée ou rendue sur demande initiale et contre une décision rendue sur recours administratif facultatif » correspond à votre cas.

– À titre subsidiaire, annuler la totalité de la décision *[Nature de la décision spontanée ou initiale contestée]* en date du *[Date de la décision spontanée ou initiale contestée]* par laquelle *[Objet de la décision attaquée]*, en tant qu'elle *[Préciser la partie de la décision dont l'annulation est sollicitée]*,
Ensemble celle de la décision *[Nature de la décision contestée rendue sur recours administratif facultatif]* en date du *[Date de la décision rendue sur recours administratif]* par laquelle *[Auteur de la décision rendue sur recours administratif]* a rejeté le recours administratif facultatif *[Nature du recours administratif obligatoire ; ex. : gracieux ou hiérarchique]* formé par *[Identité du client]* en tant qu'elle *[Préciser la partie de la décision rendue sur recours administratif dont l'annulation est sollicitée]* ;

SI « --- En cas d'annulation impliquant la prise d'une mesure dans un sens déterminé » correspond à votre cas.
SI « Demande d'injonction sans astreinte » correspond à votre cas.

– Enjoindre à *[Autorité visée par l'injonction]*, en application des dispositions de l'article L. 911-1 du Code de justice administrative, de *[Indiquer l'énoncé de l'injonction de l'article L. 911-1 du Code de justice administrative]* dans un délai de *[Indiquer le délai demandé pour la réalisation de l'objet de l'injonction]* ;

SI « --- En cas d'annulation impliquant la prise d'une nouvelle décision après réexamen du dossier » correspond à votre cas.
SI « Demande d'injonction sans astreinte » correspond à votre cas.

– Enjoindre à *[Autorité visée par l'injonction]*, en application des dispositions de l'article L. 911-2 du Code de justice administrative, de réexaminer le dossier de *[Identité du client]* dans un délai de *[Indiquer le délai demandé pour la réalisation de l'objet de l'injonction]* ;

SI « Demande d'injonction sous astreinte » correspond à votre cas.
SI « --- En cas d'annulation impliquant la prise d'une mesure dans un sens déterminé » correspond à votre cas.

– Enjoindre à *[Autorité visée par l'injonction]*, en application des dispositions des articles L. 911-1 et L. 911-3 du Code de justice administrative, de *[Indiquer l'énoncé de l'injonction de l'article L. 911-1 du Code de justice administrative]*, dans un délai de *[Indiquer le délai demandé pour la réalisation de l'objet de l'injonction]* et sous une astreinte d'un montant de *[Montant de l'astreinte journalière]* (euro|euros *[Montant de l'astreinte journalière]*) par jour ;

SI « Demande d'injonction sous astreinte » correspond à votre cas.
SI « --- En cas d'annulation impliquant la prise d'une nouvelle décision après réexamen du dossier » correspond à votre cas.

– Enjoindre à *[Autorité visée par l'injonction]*, en application des dispositions des articles L. 911-2 et L. 911-3 du Code de justice administrative, de réexaminer le dossier de *[Identité du client]* dans un délai de *[Indiquer le délai demandé pour la réalisation de l'objet de l'injonction]* et sous une astreinte d'un montant de *[Montant de l'astreinte journalière]* (euro|euros *[Montant de l'astreinte journalière]*) par jour ;

SI « Aide juridictionnelle » correspond à votre cas.

– Condamner *[Auteur de la décision attaquée]* à verser à *[Identité de l'avocat du client]*, en application des dispositions combinées des articles L. 761-1 du Code de justice administrative et 37 de la loi n° 91-647 du 10 juillet 1991 relative à l'aide juridique, une somme de *[Montant de la demande fondée sur l'article L. 761-1 du Code de justice administrative]* euros au titre des frais exposés et non compris dans les dépens, que le bénéficiaire aurait exposés s'il n'avait pas eu cette aide.

SI « Aide juridictionnelle » ne correspond pas à votre cas.

– Condamner *[Auteur de la décision attaquée]*, en application des dispositions de l'article L. 761-1 du Code de justice administrative, à verser à *[Identité du client]* une somme de *[Montant de la demande fondée sur l'article L. 761-1 du Code de justice administrative]* euros au titre des frais exposés et non compris dans les dépens.
Sous réserve de tous autres éléments de droit ou de fait à produire ultérieurement par mémoire complémentaire, et sous réserve de tous autres recours.

À *[Lieu de la rédaction de l'acte]*,
Le *[Date de la rédaction de l'acte]*.
[Nom et prénom de l'avocat traitant]

La liste numérotée des pièces justificatives visées par (le|les|la|les) requér(ant|ants|ante|antes) figure dans le bordereau annexé aux présentes écritures.

LISTE DES PIÈCES JUSTIFICATIVES

Modèle 31

Recours en contestation de validité d'un contrat administratif (plein contentieux)

[Référence du dossier]

[Type de la juridiction] [Ville du siège de la juridiction (majuscules)]

[Intitulé de la chambre (juridiction)]

REQUÊTE EN CONTESTATION DE VALIDITÉ

À *[Civilité du Président et des Conseillers : Mesdames et/ou Messieurs]* les Président et Conseillers composant le tribunal administratif *[Ville du Tribunal administratif concerné]*
Présentée par ministère d'avocat

POUR

[Identification du client et sa qualité dans le dossier]
[Représentation client. Identité de l'avocat, ou, s'il y a lieu, identité de l'avocat postulant et de l'avocat plaidant]

SI « --- Aide juridictionnelle totale » correspond à votre cas.
SI « Aide juridictionnelle » correspond à votre cas.

Ayant obtenu le bénéfice de l'aide juridictionnelle totale par une décision du bureau d'aide juridictionnelle du tribunal judiciaire *[Ville du tribunal judiciaire du bureau d'aide juridictionnelle]* en date du *[Date de la décision du bureau d'aide juridictionnelle]*

SI « --- Aide juridictionnelle partielle » correspond à votre cas.
SI « Aide juridictionnelle » correspond à votre cas.

Ayant obtenu le bénéfice de l'aide juridictionnelle partielle par une décision du bureau d'aide juridictionnelle du tribunal judiciaire *[Ville du tribunal judiciaire du bureau d'aide juridictionnelle]* en date du *[Date de la décision du bureau d'aide juridictionnelle]*

CONTRE

SI « Le client est partie au contrat » correspond à votre cas.

Contrat en date du *[Date du contrat administratif en cause]*, conclu avec *[Personne publique ayant conclu le contrat administratif en cause]*, par lequel *[Objet du contrat administratif]*.

SI « Le client est partie au contrat » ne correspond pas à votre cas.

Contrat en date du *[Date du contrat administratif en cause]*, conclu entre *[Personne publique ayant conclu le contrat administratif en cause]* et *[Identité du cocontractant]*, par lequel *[Objet du contrat administratif]*.

FAITS ET PROCÉDURE

[Exposer les faits de façon exhaustive, objective et chronologique en indiquant le numéro des pièces]

SI « --- Aide juridictionnelle totale » correspond à votre cas.
SI « Aide juridictionnelle » correspond à votre cas.

Par une décision du bureau d'aide juridictionnelle du tribunal judiciaire *[Ville du tribunal judiciaire du bureau d'aide juridictionnelle]* en date du *[Date de la décision du bureau d'aide juridictionnelle]*, *[Identité du client]* (a|ont|a|ont) obtenu le bénéfice de l'aide juridictionnelle totale.

SI « --- Aide juridictionnelle partielle » correspond à votre cas.

SI « Aide juridictionnelle » correspond à votre cas.

Par une décision du bureau d'aide juridictionnelle du tribunal judiciaire *[Ville du tribunal judiciaire du bureau d'aide juridictionnelle]* en date du *[Date de la décision du bureau d'aide juridictionnelle]*, *[Identité du client]* (a|ont|a|ont) obtenu le bénéfice de l'aide juridictionnelle partielle.

SI « Le client est partie au contrat » correspond à votre cas.

Par la présente requête, *[Identité du client]* (ent end|entendent|entend|entendent) ainsi faire annuler le contrat en date du *[Date du contrat administratif en cause]* conclu avec *[Personne publique ayant conclu le contrat administratif en cause]* pour les raisons de droit et de fait ci-après exposées.

SI « Le client est partie au contrat » ne correspond pas à votre cas.

Par la présente requête, *[Identité du client]* (enten d|entendent|entend|entendent) ainsi faire annuler le contrat en date du *[Date du contrat administratif en cause]* conclu entre *[Personne publique ayant conclu le contrat administratif en cause]* et *[Identité du cocontractant]* pour les raisons de droit et de fait ci-après exposées.

DISCUSSION

[Identité du client] démontrer(a|ont|a|ont) ci-après non seulement que la requête est recevable, mais également que le contrat visé n'est pas valable et qu'il devra par conséquent être *[Objet de la demande]*.

[Identité du client] établir(a|ont|a|ont) également que *[Personne publique ayant conclu le contrat administratif en cause]* doit être condamné(e) à (lui|leur|lui|leur) verser une indemnité au titre des frais non compris dans les dépens, sur le fondement des dispositions de l'article L. 761-1 du Code de justice administrative.

SI « Ajout des clauses relatives à la recevabilité du recours » correspond à votre cas.

- Sur la recevabilité du recours

- Sur l'ouverture du recours

SI « Le client est partie au contrat » correspond à votre cas.

SI « Ajout des clauses relatives à la recevabilité du recours » correspond à votre cas.

Selon la jurisprudence, le recours en contestation de validité est ouvert aux contractants lorsque le litige porte sur la formation du contrat administratif.

SI « Application de la jurisprudence *Tropic* (candidat évincé – procédure de passation engagée entre le 16 juillet 2007 et le 14 avril 2014) » correspond à votre cas.
SI « Ajout des clauses relatives à la recevabilité du recours » correspond à votre cas.
SI « Le client est partie au contrat » ne correspond pas à votre cas.

Selon la jurisprudence (CE, ass., 16 juill. 2007, n° 291545, *Sté Tropic travaux signalisation*), le recours en contestation de validité est ouvert aux candidats évincés lorsque le litige porte sur la formation du contrat administratif.

SI « Application de la jurisprudence *Tarn-et-Garonne* (tiers – contrat conclu après le 14 avril 2014) » correspond à votre cas.
SI « Ajout des clauses relatives à la recevabilité du recours » correspond à votre cas.
SI « Le client est partie au contrat » ne correspond pas à votre cas.

Selon la jurisprudence (CE, ass., 4 avr. 2014, n° 358994, *Dpt de Tarn-et-Garonne*), le recours en contestation de validité est ouvert « aux tiers à un contrat administratif susceptible d'être lésé dans ses intérêts de façon suffisamment directe et certaine par sa passation ou ses clauses ».

SI « Ajout des clauses relatives à la recevabilité du recours » correspond à votre cas.

En l'espèce, *[Justifier l'ouverture du recours]*.
En conséquence, *[Identité du client]* (est|sont|est|sont) fond(é|és|ée|ées) à exercer un recours en contestation de validité dudit contrat.

SI « Ajout des clauses relatives à la recevabilité du recours » correspond à votre cas.

- Sur le délai pour agir

SI « Le client est partie au contrat » correspond à votre cas.
SI « Ajout des clauses relatives à la recevabilité du recours » correspond à votre cas.

Selon la jurisprudence, le recours en contestation de validité est ouvert tant que le délai d'action en contestation n'est pas prescrit.

SI « Ajout des clauses relatives à la recevabilité du recours » correspond à votre cas.
SI « Le client est partie au contrat » ne correspond pas à votre cas.

Selon la jurisprudence, le recours en contestation de validité doit être formé dans un délai de deux mois à compter de l'accomplissement, par le pouvoir adjudicateur, des mesures de publicités appropriées.

SI « Ajout des clauses relatives à la recevabilité du recours » correspond à votre cas.

En l'espèce, *[Démontrer le respect du délai pour agir]*.
En conséquence, *[Identité du client]* (a|ont|a|ont) agi dans le délai imparti.

– Sur le bien-fondé du recours

SI « Le client est partie au contrat » correspond à votre cas.

Pour être valable, un contrat administratif doit être exempt de vices.
En l'espèce, le contrat conclu entre *[Personne publique ayant conclu le contrat administratif en cause]* et *[Identité du client]* est entaché d'irrégularités.

SI « Le client est partie au contrat » ne correspond pas à votre cas.

Pour être valable, un contrat administratif doit être exempt de vices.
En l'espèce, le contrat conclu entre *[Personne publique ayant conclu le contrat administratif en cause]* et *[Identité du cocontractant]* est entaché d'irrégularités.
En effet, *[Exposer les irrégularités externes – compétence, formes, procédure, consentement des parties – et/ou internes – cause, objet, non-conformité à l'ordre public]*.
En conséquence, ledit contrat n'est pas valable et doit ainsi être *[Objet de la demande]*.

– Sur les frais non compris dans les dépens
Dans ces conditions, il serait manifestement inéquitable de laisser à la charge de *[Identité du client]* les frais qu'(il|ils|elle|elles) (est|sont|est|sont) amen(é|és|ée|ées) à exposer pour faire valoir (sa|leur|sa|leur) défense.

Par conséquent, *[Identité du client]* (est|sont|est|sont) fond(é|és|ée|ées) à obtenir le versement d'une indemnité de *[Montant de la demande fondée sur l'article L. 761-1 du Code de justice administrative]* euros au titre des frais exposés et non compris dans les dépens, sur le fondement des dispositions de l'article L. 761-1 du Code de justice administrative.

PAR CES MOTIFS

Et tous autres à produire, à déduire ou à suppléer, au besoin d'office, (l'exposant|les exposants|l'exposant|les exposants) (conclut|concluent|conclut|concluent) à ce qu'il plaise au tribunal administratif *[Ville du Tribunal administratif concerné]* de :

SI « Demande d'annulation de l'acte en cause » correspond à votre cas.

Annuler *[Préciser : « totalement » ou « partiellement »]* le contrat attaqué ;

SI « Demande de résiliation du contrat en cause » correspond à votre cas.
SI « Le client est partie au contrat » ne correspond pas à votre cas.

Prononcer la résiliation du contrat attaqué ;

SI « Application de la jurisprudence *Tropic* (candidat évincé – procédure de passation engagée entre le 16 juillet 2007 et le 14 avril 2014) » correspond à votre cas.
SI « Demande de modification des clauses du contrat en cause » correspond à votre cas.
SI « Le client est partie au contrat » ne correspond pas à votre cas.

Modifier la clause relative à *[Objet de la clause]* ;

SI « Demande de régularisation du contrat en cause » correspond à votre cas.
SI « Le client est partie au contrat » ne correspond pas à votre cas.

Ordonner à *[Personne publique ayant conclu le contrat administratif en cause]* de régulariser le contrat ;

SI « Demande d'indemnisation du préjudice subi » correspond à votre cas.

Condamner *[Personne publique ayant conclu le contrat administratif en cause]* à verser à *[Identité du client]* la somme de *[Montant alloué pour le préjudice subi]* (euro|euros *[Montant alloué pour le préjudice subi]*) au titre du préjudice subi du fait de l'irrégularité du contrat ;

SI « Aide juridictionnelle » correspond à votre cas.

Condamner *[Personne publique mise en cause]* à verser à *[Identité de l'avocat du client]*, en application des dispositions combinées des articles L. 761-1 du Code de justice administrative et 37 de la loi n° 91-647 du 10 juillet 1991 relative à l'aide juridique, une somme de *[Montant de la demande fondée sur l'article L. 761-1 du Code de justice administrative]* euros au titre des frais exposés et non compris dans les dépens, que le bénéficiaire aurait exposés s'il n'avait pas eu cette aide.

SI « Aide juridictionnelle » ne correspond pas à votre cas.

Condamner *[Personne publique mise en cause]* à verser (à l'exposant|aux exposants|à l'exposant|aux exposants) la somme de *[Montant de la demande fondée sur l'article L. 761-1 du Code de justice administrative]* euros, en application de l'article L. 761-1 du Code de justice administrative.
Sous réserve de tous autres éléments de droit ou de fait à produire ultérieurement par mémoire complémentaire, et sous réserve de tous autres recours.

À *[Lieu de la rédaction de l'acte]*,
Le *[Date de la rédaction de l'acte]*.
[Nom et prénom de l'avocat traitant]

La liste numérotée des pièces justificatives visées par (le|les|la|les) requér(ant|ants|ante|antes) figure dans le bordereau annexé aux présentes écritures.

LISTE DES PIÈCES JUSTIFICATIVES

Modèle 32

Appel de jugement du tribunal administratif devant le Conseil d'État

Greffe de la section contentieux du Conseil d'État
1 place du Palais-Royal
75100 Paris cedex 01
À *[Ville du cabinet]*, le *[Date du jour]*
Réf. : *[Référence du dossier]*

[Civilité du greffier] le Greffier,
J'ai l'honneur, au nom et pour le compte de :
[Identification du client et sa qualité dans le dossier]
D'interjeter appel à l'encontre d'un jugement n° *[Numéro de la décision (jugement ou ordonnance)]*, rendu le *[Date de prononcé de la décision (jj/mm/aa)]* par le tribunal administratif *[Ville du Tribunal administratif concerné]*
Entre (mon|mes|ma|mes) (client|cliente *[Accord en genre pour le client]*) et
[Identification complète de l'adversaire, ou, s'il y a lieu, identité de l'avocat postulant]
La présente déclaration d'appel est fondée sur les motifs suivants :
[Exposé des motifs]
Vous trouverez sous ce pli une copie de la décision susvisée.
Je vous saurais gré de bien vouloir me délivrer récépissé du présent recours.

Je vous prie de croire, *[Civilité du greffier]* le Greffier, en l'expression de ma considération distinguée.
[Signature courrier]

Modèle 33

Appel motivé devant la cour administrative d'appel

Greffe de la cour d'appel *[Ville du siège de la juridiction]*
[Adresse de la juridiction compétente (n° de rue et rue)]
[Adresse de la juridiction compétente (code postal et ville)]
Réf. : *[Référence du dossier]*

[Civilité du greffier] le Greffier,
J'ai l'honneur, au nom et pour le compte de :
[Identification du client et sa qualité dans le dossier]
D'interjeter appel à l'encontre d'un jugement n° *[Numéro de la décision (jugement ou ordonnance)]*, rendu le *[Date de prononcé de la décision (jj/mm/aa)]* par le tribunal administratif *[Ville du Tribunal administratif concerné]*
Entre (mon|mes|ma|mes) (client|cliente *[Accord en genre pour le client]*) et
[Identification des adversaires (liste)]
La présente déclaration d'appel est fondée sur les motifs suivants :
[Exposé des motifs]
Vous trouverez sous ce pli une copie de la décision susvisée.
Je vous saurais gré de bien vouloir me délivrer récépissé du présent recours.

Je vous prie de croire, *[Civilité du greffier]* le Greffier, en l'expression de ma considération distinguée.
[Signature courrier]

Modèle 34

Mémoire devant la cour administrative d'appel

COUR ADMINISTRATIVE D'APPEL *[Ville du siège de la juridiction (majuscules)]*
Affaire : *[Références de l'affaire (ex. : X c/ Y)]*

MÉMOIRE

POUR

[Identification du client et sa qualité dans le dossier]
[Représentation client. Identité de l'avocat, ou, s'il y a lieu, identité de l'avocat postulant et de l'avocat plaidant]

SI « --- Aide juridictionnelle totale » correspond à votre cas.
SI « Aide juridictionnelle » correspond à votre cas.

Ayant obtenu le bénéfice de l'aide juridictionnelle totale par une décision du bureau d'aide juridictionnelle du tribunal judiciaire *[Ville du tribunal judiciaire du bureau d'aide juridictionnelle]* en date du *[Date de la décision du bureau d'aide juridictionnelle]*

SI « --- Aide juridictionnelle partielle » correspond à votre cas.
SI « Aide juridictionnelle » correspond à votre cas.

Ayant obtenu le bénéfice de l'aide juridictionnelle partielle par une décision du bureau d'aide juridictionnelle du tribunal judiciaire *[Ville du tribunal judiciaire du bureau d'aide juridictionnelle]* en date du *[Date de la décision du bureau d'aide juridictionnelle]*

CONTRE

[Identification complète de l'adversaire, ou, s'il y a lieu, identité de l'avocat postulant]

EN PRÉSENCE DE

[Éventuel codemandeur ou codéfendeur à l'action (pour une personne physique : le nom, le prénom et l'adresse du codéfendeur, sa qualité dans le dossier, l'identité et le barreau de son avocat ; pour une personne morale : la dénomination, le siège social de la société, sa qualité dans le dossier et l'identité de son avocat et son barreau)]

PLAISE À LA COUR

FAITS ET PROCÉDURE

[Exposer les faits de façon exhaustive, objective et chronologique en indiquant le numéro des pièces]
Par lettre recommandée avec accusé de réception en date du *[Date de la lettre]*, *[Identité du client]* (a|ont|a|ont) interjeté appel à l'encontre d'un jugement rendu le *[Date de prononcé de la décision (jj/mm/aa)]* par le tribunal administratif *[Ville du Tribunal administratif concerné]*, lequel a *[Exposé du contenu du jugement]*.
Ledit appel est recevable et fondé.

DISCUSSION

[Exposé des motifs].

PAR CES MOTIFS

Et sous réserve de tous autres à produire, à déduire ou à suppléer, *[Identité du client]* concl(ut|uent|ut|uent) à ce qu'il plaise à la cour administrative d'appel *[Ville du siège de la Cour d'appel (article + ville)]* de :
Infirmer entièrement le jugement rendu par le tribunal administratif *[Ville du Tribunal administratif concerné]* le *[Date de prononcé de la décision (jj/mm/aa)]*, et statuant à nouveau,
Faire entièrement droit à (sa|leur|sa|leur) requête et en conséquence :
[Objet de la demande]
Condamner *[Personne publique mise en cause]* aux entiers dépens, en application de l'article R. 761-1 du Code de justice administrative ;

SI « Aide juridictionnelle » correspond à votre cas.

Condamner *[Personne publique mise en cause]* à verser à *[Identité de l'avocat du client]*, en application des dispositions combinées des articles L. 761-1 du Code de justice administrative et 37 de la loi n° 91-647 du 10 juillet 1991 relative à l'aide juridique, une somme de *[Montant de la demande fondée sur l'article L. 761-1 du Code de justice administrative]* euros au titre des frais exposés et non compris dans les dépens, que le bénéficiaire aurait exposés s'il n'avait pas eu cette aide.

SI « Aide juridictionnelle » ne correspond pas à votre cas.

Condamner *[Personne publique mise en cause]* à verser (à l'exposant|aux exposants|à l'exposant|aux exposants) la somme de *[Montant de la demande fondée sur l'article L. 761-1 du Code de justice administrative]* euros, en application de l'article L. 761-1 du Code de justice administrative.

À *[Lieu de la rédaction de l'acte]*,
Le *[Date de la rédaction de l'acte]*.

Modèle 35

Recours pour excès de pouvoir devant le Conseil d'État

[Référence du dossier]

[Type de la juridiction] [Ville du siège de la juridiction (majuscules)]

[Intitulé de la chambre (juridiction)]

REQUÊTE EN EXCÈS DE POUVOIR

À *[Civilité du Président et des Conseillers : Mesdames et/ou Messieurs]* les Président et Conseillers composant la section du Contentieux du Conseil d'État
Présentée par ministère d'avocat

POUR

[Identification du client et sa qualité dans le dossier]
[Représentation client. Identité de l'avocat, ou, s'il y a lieu, identité de l'avocat postulant et de l'avocat plaidant]

SI « --- Aide juridictionnelle totale » correspond à votre cas.
SI « Aide juridictionnelle » correspond à votre cas.

Ayant obtenu le bénéfice de l'aide juridictionnelle totale par une décision du bureau d'aide juridictionnelle du Conseil d'État en date du *[Date de la décision du bureau d'aide juridictionnelle]*

SI « --- Aide juridictionnelle partielle » correspond à votre cas.
SI « Aide juridictionnelle » correspond à votre cas.

Ayant obtenu le bénéfice de l'aide juridictionnelle partielle par une décision du bureau d'aide juridictionnelle du Conseil d'État en date du *[Date de la décision du bureau d'aide juridictionnelle]*

CONTRE

SI « Recours contre une décision spontanée ou rendue sur demande initiale » correspond à votre cas.

[Nature de la décision attaquée par le recours] en date du *[Date de l'acte attaqué]*, par laquelle *[Auteur de la décision attaquée]*, ayant pour adresse *[Adresse de l'adversaire]*, *[Objet de la décision attaquée]*.

SI « Recours contre une décision rendue sur recours administratif préalable obligatoire » correspond à votre cas.

[Nature de la décision attaquée par le recours] en date du *[Date de l'acte attaqué]* par laquelle *[Auteur de la décision attaquée]*, ayant pour adresse *[Adresse de l'adversaire]*, *[Objet de la décision attaquée]* et rejeté le recours administratif obligatoire *[Nature du recours administratif obligatoire ; ex. : gracieux ou hiérarchique]* formé par *[Civilité, prénom et nom du client]*

SI « Recours contre une décision spontanée ou rendue sur demande initiale et contre une décision rendue sur recours administratif facultatif » correspond à votre cas.

[Nature de la décision spontanée ou initiale contestée] en date du *[Date de la décision spontanée ou initiale contestée]* par laquelle *[Auteur de la décision attaquée]*, ayant pour adresse *[Adresse de l'adversaire]*, *[Objet de la décision attaquée]*
Ensemble *[Nature de la décision contestée rendue sur recours administratif facultatif]* en date du *[Date de la décision rendue sur recours administratif]* par laquelle *[Auteur de la décision rendue sur recours administratif]* a rejeté le recours administratif facultatif *[Nature du recours administratif obligatoire ; ex. : gracieux ou hiérarchique]* formé par *[Civilité, prénom et nom du client]*
Par la présente, (le|les|la|les) requéran(t|ts|te|tes) défér(e|ent|e|ent) la(les) décision(s) susvisée(s) à la censure du Conseil d'État et conclu(t|ent|t|ent), compte tenu des moyens de fait et de droit ci-après exposés, à :
– ce que la(les) décision(s) susvisées soi(en)t, à titre principal, annulée(s) dans sa(leur) totalité, et à titre subsidiaire, en tant qu'elle(s) *[Préciser*

la partie de la décision dont l'annulation est sollicitée] ;

SI « Demande d'injonction sans astreinte » correspond à votre cas.

– ce qu'une injonction soit prononcée à l'encontre de *[Auteur de la décision attaquée]* ;

SI « Demande d'injonction sous astreinte » correspond à votre cas.

– ce qu'une injonction assortie d'une astreinte soit prononcée à l'encontre de *[Auteur de la décision attaquée]* ;
– ce que le défendeur soit condamné au remboursement des frais non compris dans les dépens au titre de la présente instance.

FAITS ET PROCÉDURE

[Exposer les faits de façon exhaustive, objective et chronologique en indiquant le numéro des pièces]

SI « --- Aide juridictionnelle totale » correspond à votre cas.
SI « Aide juridictionnelle » correspond à votre cas.

Par une décision du bureau d'aide juridictionnelle du Conseil d'État en date du *[Date de la décision du bureau d'aide juridictionnelle]*, *[Identité du client]* (a|ont|a|ont) obtenu le bénéfice de l'aide juridictionnelle totale.

SI « --- Aide juridictionnelle partielle » correspond à votre cas.
SI « Aide juridictionnelle » correspond à votre cas.

Par une décision du bureau d'aide juridictionnelle du Conseil d'État en date du *[Date de la décision du bureau d'aide juridictionnelle]*, *[Identité du client]* (a|ont|a|ont) obtenu le bénéfice de l'aide juridictionnelle partielle.

SI « Une question prioritaire de constitutionnalité est soulevée » correspond à votre cas.

Par ailleurs, *[Identité du client]* présent(e|ent|e|ent) dans un mémoire distinct intitulé « question prioritaire de constitutionnalité » et daté du *[Date du mémoire intitulé « question prioritaire de constitutionnalité »]*, le moyen tiré de ce que les dispositions *[Préciser les dispositions objet de la question prioritaire de constitutionnalité]* portent atteinte aux droits et libertés garantis par la Constitution.

DISCUSSION

– Sur le bien-fondé du recours

SI « Un moyen de légalité externe est invoqué » correspond à votre cas.

– Sur l'illégalité externe de la décision contestée

SI « -- Moyen d'incompétence » correspond à votre cas.

– Moyen tiré de l'incompétence de l'auteur ou du signataire

SI « ---- Incompétence matérielle » correspond à votre cas.
SI « -- Moyen d'incompétence » correspond à votre cas.

La décision en date du *[Date de l'acte attaqué]* qui a *[Objet de la décision contestée]*, est entachée d'incompétence matérielle, son auteur ayant empiété sur les attributions de l'autorité compétente.

SI « ---- Incompétence territoriale : l'auteur se trouvait dans un lieu que celui où il devait siéger » correspond à votre cas.
SI « -- Moyen d'incompétence » correspond à votre cas.

La décision en date du *[Date de l'acte attaqué]* qui a *[Objet de la décision contestée]*, est entachée d'incompétence territoriale, son auteur l'ayant *[Préciser : « prise » ou « signée »]* alors qu'il se trouvait dans un lieu autre que celui où il devait siéger.

SI « ---- Incompétence territoriale : l'affaire était étrangère à la circonscription de l'auteur » correspond à votre cas.
SI « -- Moyen d'incompétence » correspond à votre cas.

La décision en date du *[Date de l'acte attaqué]* qui a *[Objet de la décision contestée]*, est entachée d'incompétence territoriale, son auteur l'ayant *[Préciser : « prise » ou « signée »]* alors que l'affaire était étrangère à sa circonscription.

SI « ---- Incompétence temporelle : l'auteur n'était pas encore compétent » correspond à votre cas.
SI « -- Moyen d'incompétence » correspond à votre cas.

La décision en date du *[Date de l'acte attaqué]* qui *[Objet de la décision contestée]*, est entachée d'incompétence temporelle, son auteur l'ayant *[Préciser : « prise » ou « signée »]* alors qu'il n'était ...mpétent.

...Incompétence temporelle : l'auteur vo... compétent » correspond à votre cas. ... d'incompétence » correspond à

La décisio... a *[Objet de ...* d'incompétenc... *[Date de l'acte attaqué]* qui *[Préciser : « prise* ... *contestée]*, est entachée plus compétent. ...lle, son auteur l'ayant ...*e »]* alors qu'il n'était

SI « -- Moyen d'incomp... votre cas.
... correspond à

En effet, *[Démontrer l'incompéte...*
Par ailleurs, aucune des circonsta... pèce ne permet de justifier cette inc...*uée]*.
[Démontrer l'absence d'urgence, de circ... l'es- *exceptionnelles, de jeu de la théorie juridi...*ce. *l'apparence]*.

En conséquence, il y a lieu de considérer que ladi... décision a été prise par une autorité incompétente et, par suite, de prononcer son annulation de ce seul et unique chef.

SI « -- Vice de forme » correspond à votre cas.

– Sur le vice de forme entachant la décision litigieuse

SI « -- Vice de forme » correspond à votre cas.
SI « ---- Moyen tiré du défaut de signature » correspond à votre cas.

Il ressort de la décision contestée du *[Date de la décision entachée d'un vice de forme]*, ayant *[Objet de la décision entachée d'un vice de forme]*, qu'elle est dépourvue de la signature de son auteur.
En effet, *[Démontrer l'absence de la signature]*.
Par suite, ladite décision litigieuse est entachée d'un vice de forme, et doit ainsi être annulée.

SI « -- Vice de forme » correspond à votre cas.
SI « ------ Trame générale : défaut ou insuffisance de motivation » correspond à votre cas.
SI « ---- Moyen tiré de la motivation de la décision contestée » correspond à votre cas.
SI « --------- Défaut de motivation » correspond à votre cas.

[Auteur de la décision attaquée] a entaché la décision litigieuse du *[Date de la décision entachée d'un vice de forme]* d'un défaut de motivation.

SI « -- Vice de forme » correspond à votre cas.
SI « ------ Trame générale : défaut ou insuffisance de motivation » correspond à votre cas.
SI « ---- Moyen tiré de la motivation de la décision contestée » correspond à votre cas.
SI « --------- Insuffisance de motivation » correspond à votre cas.

[Auteur de la décision attaquée] a entaché la décision litigieuse du *[Date de la décision entachée d'un vice de forme]* d'une insuffisance de motivation.

SI « -- Vice de forme » correspond à votre cas.
SI « ------ Trame générale : défaut ou insuffisance de motivation » correspond à votre cas.
SI « ---- Moyen tiré de la motivation de la décision contestée » correspond à votre cas.

En effet, *[Démontrer l'existence de l'obligation de motivation]*.
Par ailleurs, aucune des circonstances de l'espèce ...e justifie ce défaut de motivation. *[Démontrer ...sence de compétence liée, de circonstances ...tionnelles ou d'urgence]*.
de ..., *[Démontrer le défaut ou l'insuffisance* En co...*vation requise]*.
être ann...nce, ladite décision litigieuse devra ...e ce chef.

SI « -- Vice de...
SI « -------------- ...e » correspond à votre cas.
individuelle défav... de décision administrative cas. ...le » correspond à votre
SI « ---- Moyen tiré de ...
sion contestée » corresp...otivation de la déci-
SI « --------- Méconnaissanc... votre cas.
motivation » correspond à votr... l'obligation de
SI « ------ Trame spécifique : mé...naissance des dispositions du Code des relation... entre le public et l'administration » correspond à ...votre cas.

L'article L. 211-2 du Code des relations entre le public et l'administration prévoit que :

> « Les personnes physiques ou morales ont le droit d'être informées sans délai des motifs des décisions administratives individuelles défavorables qui les concernent.
> À cet effet, doivent être motivées les décisions qui :
> – restreignent l'exercice des libertés publiques ou, de manière générale, constituent une mesure de police ;

– infligent une sanction ;
– subordonnent l'octroi d'une autorisation à des conditions restrictives ou imposent des sujétions ;
– retirent ou abrogent une décision créatrice de droits ;
– opposent une prescription, une forclusion ou une déchéance ;
– refusent un avantage dont l'attribution constitue un droit pour les personnes qui remplissent les conditions légales pour l'obtenir ;
– refusent une autorisation, sauf lorsque la communication des motifs pourrait être de nature à porter atteinte à l'un des secrets ou intérêts protégés par les dispositions du a au f du 2° de l'article L. 311-5 ;
– rejettent un recours administratif dont la présentation est obligatoire préalablement à tout recours contentieux en application d'une disposition législative ou réglementaire ».

[Supprimer toutes les hypothèses ne correspondant pas au cas d'espèce]

SI « -- Vice de forme » correspond à votre cas.
SI « ------------- En cas de décision administrative individuelle dérogatoire » correspond à votre cas.
SI « ---- Moyen tiré de la motivation de la déc sion contestée » correspond à votre cas.
SI « --------- Méconnaissance de l'obligati motivation » correspond à votre cas. ice
SI « ------ Trame spécifique : méconnaissance des dispositions du Code des relati à votre public et l'administration » corres cas.

relations entre le
L'article L. 211-3 du Code pose « doivent (...)
public et l'administration administratives indivi-
être motivées les décisi règles générales fixées
duelles qui dérogent nt ».
par la loi ou le règl

SI « -- Vice de me » correspond à votre cas.
SI « ---- Mo tiré de la motivation de la déci-
sion cont tée » correspond à votre cas.
SI « --- - Méconnaissance de l'obligation de
motivation » correspond à votre cas.
SI « ------ Trame spécifique : méconnaissance des dispositions du Code des relations entre le public et l'administration » correspond à votre cas.

En outre, aux termes de l'article L. 211-5 du même code, « la motivation exigée (...) doit être écrite et comporter l'énoncé des considérations de droit et de fait qui constituent le fondement de la décision ».
Or, en l'espèce, la décision contestée du *[Date de la décision entachée d'un vice de forme]* constitue

bien une décision administrative individ
[Préciser et démontrer le caractère défa
ou dérogatoire de la décision contestée
La décision litigieuse aurait dès lor de
motivée.
Cependant, *[Démontrer la méc* e l'es-
l'obligation de motivation en dr otivation.
Par ailleurs, aucune des cir obligation de
pèce ne justifie cette abs
[Démontrer la méconnais te de la décision
motivation en droit et qui méconnaît l'obli-
Ainsi, la décision cont ant des dispositions
entachée d'un vice de.
gation de motiva
précitées, doit ê » correspond à votre cas.

nce de communication des
SI « -- Vice sion implicite contestée dont la
SI « ---- requise » correspond à votre cas.
motifs en tiré de la motivation de la déci-
moti stée » correspond à votre cas.
SI – Trame spécifique : méconnaissance des
sitions du Code des relations entre le public
l'administration » correspond à votre cas.

Aux termes des dispositions de l'article L. 232-4 du Code des relations entre le public et l'administration, « une décision implicite intervenue dans les cas où la décision explicite aurait dû être motivée n'est pas illégale du seul fait qu'elle n'est pas assortie de cette motivation. Toutefois, à la demande de l'intéressé, formulée dans les délais du recours contentieux, les motifs de toute décision implicite de rejet devront lui être communiqués dans le mois suivant cette demande. Dans ce cas, le délai du recours contentieux contre ladite décision est prorogé jusqu'à l'expiration de deux mois suivant le jour où les motifs lui auront été communiqués ».
Or, la décision contestée du *[Date de la décision entachée d'un vice de forme]* devait être motivée.
En effet, *[Démontrer l'existence de l'obligation de motivation]*.

SI « -- Vice de forme » correspond à votre cas.
SI « ---------- Absence de communication des motifs de la décision implicite contestée dont la motivation est requise » correspond à votre cas.
SI « ---- Moyen tiré de la motivation de la décision contestée » correspond à votre cas.
SI « ------------------ En cas de décision administrative individuelle défavorable » correspond à votre cas.
SI « -------------- En cas de décision implicite relevant des articles L. 211-2 et L. 211-3 du Code

des relations entre le public et l'administration » correspond à votre cas.
SI « ------ Trame spécifique : méconnaissance des dispositions du Code des relations entre le public et l'administration » correspond à votre cas.

L'article L. 211-2 du Code des relations entre le public et l'administration prévoit que :

« Les personnes physiques ou morales ont le droit d'être informées sans délai des motifs des décisions administratives individuelles défavorables qui les concernent.
À cet effet, doivent être motivées les décisions qui :
– restreignent l'exercice des libertés publiques ou, de manière générale, constituent une mesure de police ;
– infligent une sanction ;
– subordonnent l'octroi d'une autorisation à des conditions restrictives ou imposent des sujétions ;
– retirent ou abrogent une décision créatrice de droits ;
– opposent une prescription, une forclusion ou une déchéance ;
– refusent un avantage dont l'attribution constitue un droit pour les personnes qui remplissent les conditions légales pour l'obtenir ;
– refusent une autorisation, sauf lorsque la communication des motifs pourrait être de nature à porter atteinte à l'un des secrets ou intérêts protégés par les dispositions du a au f du 2° de l'article L. 311-5 ;
– rejettent un recours administratif dont la présentation est obligatoire préalablement à tout recours contentieux en application d'une disposition législative ou réglementaire ».

[Supprimer toutes les hypothèses ne correspondant pas au cas d'espèce]

SI « -- Vice de forme » correspond à votre cas.
SI « --------- Absence de communication des motifs de la décision implicite contestée dont la motivation est requise » correspond à votre cas.
SI « ---- Moyen tiré de la motivation de la décision contestée » correspond à votre cas.
SI « ----------------- En cas de décision administrative individuelle dérogatoire » correspond à votre cas.
SI « ------------- En cas de décision implicite relevant des articles L. 211-2 et L. 211-3 du Code des relations entre le public et l'administration » correspond à votre cas.
SI « ------ Trame spécifique : méconnaissance des dispositions du Code des relations entre le public et l'administration » correspond à votre cas.

L'article L. 211-3 du Code des relations entre le public et l'administration prévoit que « doivent (...) être motivées les décisions administratives individuelles qui dérogent aux règles générales fixées par la loi ou le règlement ».

SI « -- Vice de forme » correspond à votre cas.
SI « --------- Absence de communication des motifs de la décision implicite contestée dont la motivation est requise » correspond à votre cas.
SI « ---- Moyen tiré de la motivation de la décision contestée » correspond à votre cas.
SI « ------------- En cas de décision implicite relevant des articles L. 211-2 et L. 211-3 du Code des relations entre le public et l'administration » correspond à votre cas.
SI « ------ Trame spécifique : méconnaissance des dispositions du Code des relations entre le public et l'administration » correspond à votre cas.

En outre, aux termes de l'article L. 211-5 du même code, « la motivation exigée (...) doit être écrite et comporter l'énoncé des considérations de droit et de fait qui constituent le fondement de la décision ».
Or, en l'espèce, la décision contestée du *[Date de la décision entachée d'un vice de forme]* constitue bien une décision administrative individuelle *[Préciser et démontrer le caractère défavorable ou dérogatoire de la décision contestée]*.
Par ailleurs, aucune des circonstances de l'espèce ne justifie cette absence de motivation. *[Démontrer l'absence de compétence liée, de circonstances exceptionnelles ou d'urgence]*.

SI « -- Vice de forme » correspond à votre cas.
SI « --------- Absence de communication des motifs de la décision implicite contestée dont la motivation est requise » correspond à votre cas.
SI « ------------- En cas de décision implicite dont l'obligation de motivation relève d'un autre régime » correspond à votre cas.
SI « ---- Moyen tiré de la motivation de la décision contestée » correspond à votre cas.
SI « ------ Trame spécifique : méconnaissance des dispositions du Code des relations entre le public et l'administration » correspond à votre cas.

En effet, *[Démontrer l'existence de l'obligation de motivation]*.
Par ailleurs, aucune des circonstances de l'espèce ne justifie cette absence de motivation. *[Démontrer l'absence de compétence liée, de circonstances exceptionnelles ou d'urgence]*.

En effet, *[Démontrer le défaut ou l'insuffisance de la motivation requise]*.

SI « -- Vice de forme » correspond à votre cas.
SI « --------- Absence de communication des motifs de la décision implicite contestée dont la motivation est requise » correspond à votre cas.
SI « ---- Moyen tiré de la motivation de la décision contestée » correspond à votre cas.
SI « ------ Trame spécifique : méconnaissance des dispositions du Code des relations entre le public et l'administration » correspond à votre cas.

Par suite, (saisi|saisis|saisie|saisies) d'une demande tendant à la communication des motifs de la décision implicite contestée du *[Date de la décision entachée d'un vice de forme]*, son auteur avait l'obligation de communiquer lesdits motifs à *[Identité du client]*.

SI « -- Vice de forme » correspond à votre cas.
SI « --------- Absence de communication des motifs de la décision implicite contestée dont la motivation est requise » correspond à votre cas.
SI « ---- Moyen tiré de la motivation de la décision contestée » correspond à votre cas.
SI « ------ Trame spécifique : méconnaissance des dispositions du Code des relations entre le public et l'administration » correspond à votre cas.

En l'espèce, par une lettre recommandée avec avis de réception en date du *[Date de la demande de communication des motifs de la décision implicite]*, reçue le *[Date de réception de la LRAR portant demande de communication des motifs de la décision implicite]* par *[Auteur de la décision attaquée]*, soit dans le délai de recours contentieux de la décision implicite contestée du *[Date de l'acte attaqué]*, *[Identité du client]* (a|ont|a|ont) demandé à l'auteur de cette dernière de lui en adresser les motifs.
Il est constant que l'auteur de la décision contestée s'est abstenu de procéder à cette communication avant le *[Date d'expiration du délai d'un mois de communication des motifs de la décision implicite]*, date d'expiration du délai qui lui était imparti.
Par suite, la décision contestée, qui méconnaît les dispositions de l'article L. 232-4 du code précité, doit être annulée.

SI « ------ Trame générale sur le vice de procédure » correspond à votre cas.
SI « -- Vice de procédure » correspond à votre cas.

– Sur le vice de procédure entachant la décision litigieuse

SI « --------- Méconnaissance d'une formalité substantielle visant à garantir les droits ou intérêts des administrés » correspond à votre cas.
SI « ------ Trame générale sur le vice de procédure » correspond à votre cas.
SI « -- Vice de procédure » correspond à votre cas.

La décision contestée du *[Date de la décision entachée d'un vice de procédure]* a méconnu une formalité substantielle à laquelle elle était assujettie.
En effet, *[Démontrer l'existence du vice de procédure]*.
Or, c'est une formalité substantielle qui a été méconnue, dans la mesure où elle est destinée à garantir les droits ou intérêts des administrés.

SI « --------- Méconnaissance d'une formalité substantielle visant à éclairer l'Administration » correspond à votre cas.
SI « ------ Trame générale sur le vice de procédure » correspond à votre cas.
SI « -- Vice de procédure » correspond à votre cas.

La décision contestée du *[Date de la décision entachée d'un vice de procédure]* a méconnu une formalité substantielle à laquelle elle était assujettie.
En effet, *[Démontrer l'existence du vice de procédure]*.
Or, c'est une formalité substantielle qui a été méconnue, dans la mesure où elle est destinée à éclairer l'Administration.

SI « ------ Trame générale sur le vice de procédure » correspond à votre cas.
SI « -- Vice de procédure » correspond à votre cas.

Par ailleurs, aucune circonstance de l'espèce ne justifie :
– que cette formalité n'ait pas dû être respectée ;
– que le manquement à la règle procédurale a été insusceptible d'avoir une influence sur la décision prise, ou d'avoir privé (l'intéressé|les intéressés|l'intéressée|les intéressées) des garanties auxquelles (il|ils|elle|elles) avai(t|ent|t|ent) droit ;
– que le respect de la règle de procédure a été impossible ;
– que l'observation de la règle de procédure était inutile.
[Démontrer ces éléments]

SI « --------- L'autorité administrative a remplacé la formalité méconnue par une procédure différente » correspond à votre cas.
SI « ------ Trame générale sur le vice de procédure » correspond à votre cas.
SI « -- Vice de procédure » correspond à votre cas.

Enfin, cette formalité ne pouvait être remplacée par une procédure différente, dans la mesure où cette dernière n'était pas au moins équivalente.
[Démontrer que la formalité ne pouvait être remplacée par une procédure différente].

SI « ------ Trame générale sur le vice de procédure » correspond à votre cas.
SI « -- Vice de procédure » correspond à votre cas.

En conséquence, ladite décision devra être annulée pour vice de procédure.

SI « --------- Absence d'examen particulier des circonstances » correspond à votre cas.
SI « ------ Trame spécifique sur le vice de procédure » correspond à votre cas.
SI « -- Vice de procédure » correspond à votre cas.

Il ressort des pièces du dossier que l'auteur de la décision contestée du *[Date de la décision entachée d'un vice de procédure]* n'a pas examiné la situation personnelle de *[Identité du client]*.
En effet, *[Démontrer l'absence d'examen particulier des circonstances de l'espèce]*.
Ainsi, la décision contestée, prise par *[Auteur de la décision attaquée]* sans avoir examiné la situation personnelle de *[Identité du client]* doit être annulée.

SI « --------- Caducité de la procédure d'élaboration » correspond à votre cas.
SI « ------ Trame spécifique sur le vice de procédure » correspond à votre cas.
SI « ------------- La procédure entreprise constitue une formalité substantielle visant à garantir mes droits ou intérêts des administrés » correspond à votre cas.
SI « -- Vice de procédure » correspond à votre cas.

La procédure d'élaboration de la décision contestée du *[Date de la décision entachée d'un vice de procédure]* est devenue caduque avant même que ladite décision ne soit édictée.
[Présenter la procédure d'élaboration de la décision, un changement dans l'état du droit ou dans les données de fait]
Une situation nouvelle s'étant ainsi créée, la procédure suivie par l'autorité administrative est devenue caduque, et aurait dû être recommencée pour que la décision soit prise régulièrement.
Par ailleurs, la procédure entreprise constitue une formalité substantielle, dans la mesure où elle est destinée à garantir les droits ou intérêts des administrés.

SI « --------- Caducité de la procédure d'élaboration » correspond à votre cas.
SI « ------ Trame spécifique sur le vice de procédure » correspond à votre cas.
SI « ------------- La procédure entreprise constitue une formalité substantielle visant à éclairer l'Administration » correspond à votre cas.
SI « -- Vice de procédure » correspond à votre cas.

La procédure d'élaboration de la décision contestée du *[Date de la décision entachée d'un vice de procédure]* est devenue caduque avant même que ladite décision ne soit édictée.
[Présenter la procédure d'élaboration de la décision, un changement dans l'état du droit ou dans les données de fait]
Une situation nouvelle s'étant ainsi créée, la procédure suivie par l'autorité administrative est devenue caduque, et aurait dû être recommencée pour que la décision soit prise régulièrement.
Par ailleurs, la procédure entreprise constitue une formalité substantielle, dans la mesure où elle est destinée à éclairer l'Administration.

SI « --------- Caducité de la procédure d'élaboration » correspond à votre cas.
SI « ------ Trame spécifique sur le vice de procédure » correspond à votre cas.
SI « -- Vice de procédure » correspond à votre cas.

De plus, aucune circonstance de l'espèce ne justifie :
– que cette formalité n'ait pas dû être recommencée ;
– que le manquement à la règle procédurale a été insusceptible d'avoir une influence sur la décision prise, ou d'avoir privé (l'intéressé|les intéressés|l'intéressée|les intéressées) des garanties auxquelles (il|ils|elle|elles) avai(t|ent|t|ent) droit ;
– que réinitialiser la procédure a été impossible et inutile.
[Démontrer ces éléments]

SI « -------- Caducité de la procédure d'élaboration » correspond à votre cas.
SI « ------ Trame spécifique sur le vice de procédure » correspond à votre cas.
SI « ------------ L'autorité administrative a remplacé la formalité méconnue par une procédure différente » correspond à votre cas.
SI « -- Vice de procédure » correspond à votre cas.

Enfin, cette formalité ne pouvait être remplacée par une procédure différente, dans la mesure où cette dernière n'était pas au moins équivalente *[Démontrer que la formalité ne pouvait être remplacée par une procédure différente].*

SI « -------- Caducité de la procédure d'élaboration » correspond à votre cas.
SI « ------ Trame spécifique sur le vice de procédure » correspond à votre cas.
SI « -- Vice de procédure » correspond à votre cas.

En conséquence, ladite décision est entachée d'un vice de procédure substantiel justifiant son annulation.

SI « Un moyen de légalité interne est invoqué » correspond à votre cas.

– Sur l'illégalité interne de la décision contestée

SI « -- Violation directe de la loi » correspond à votre cas.

– Sur la violation directe de la loi

SI « -- Violation directe de la loi » correspond à votre cas.

La décision litigieuse du *[Date de la décision entachée d'une violation directe de la loi]*, qui a méconnu une norme qui lui est supérieure, a directement violé le principe de légalité qui s'impose à l'Administration.
En effet, *[Démontrer la violation directe de la loi].*
En conséquence, ladite décision devra être annulée pour violation directe de la loi.

SI « -- Erreur de droit » correspond à votre cas.

– Sur l'erreur de droit

SI « ------ La norme est inexistante » correspond à votre cas.
SI « -- Erreur de droit » correspond à votre cas.

Est entachée d'une erreur de droit, ou d'un défaut de base légale, la décision litigieuse du *[Date de la décision entachée d'une erreur de droit]* qui est fondée sur une norme inexistante.

SI « ------ La norme est inapplicable car elle a cessé de produire ses effets » correspond à votre cas.
SI « -- Erreur de droit » correspond à votre cas.

Est entachée d'une erreur de droit, ou d'un défaut de base légale, la décision litigieuse du *[Date de la décision entachée d'une erreur de droit]* qui est fondée sur une norme inapplicable, dans la mesure où cette dernière a cessé de produire ses effets.

SI « ------ La norme est inapplicable car elle ne vise pas la situation sur laquelle l'autorité administrative a statué » correspond à votre cas.
SI « -- Erreur de droit » correspond à votre cas.

Est entachée d'une erreur de droit, ou d'un défaut de base légale, la décision litigieuse du *[Date de la décision entachée d'une erreur de droit]* qui est fondée sur une norme inapplicable, dans la mesure où cette dernière ne vise pas la situation sur laquelle l'auteur de la décision contestée a statué.

SI « ------ La norme est illégale » correspond à votre cas.
SI « -- Erreur de droit » correspond à votre cas.

Est entachée d'une erreur de droit, ou d'un défaut de base légale, la décision litigieuse du *[Date de la décision entachée d'une erreur de droit]* qui est fondée sur une norme illégale.

SI « ------ La norme fait l'objet d'une interprétation inexacte » correspond à votre cas.
SI « -- Erreur de droit » correspond à votre cas.

Est entachée d'une erreur de droit la décision litigieuse du *[Date de la décision entachée d'une erreur de droit]*, qui est fondée sur une norme ayant fait l'objet d'une interprétation inexacte.

SI « -- Erreur de droit » correspond à votre cas.

En effet, *[Démontrer l'erreur de droit].*
Par ailleurs, il apparaît que l'autorité administrative n'aurait pas pris la même décision si cette dernière n'avait été fondée que sur le ou les autres motifs de la décision contestée.
En effet, *[Démontrer l'absence de possibilité de neutraliser le motif illégal].*

En conséquence, ladite décision devra être annulée pour erreur de droit.

SI « -- Erreur de fait » correspond à votre cas.

- Sur l'erreur de fait

La décision contestée du *[Date de la décision entachée d'une erreur de fait]* est entachée d'une erreur sur l'exactitude matérielle des faits.
En effet, *[Démontrer l'erreur de fait]*.
Par ailleurs, il apparaît que l'autorité administrative n'aurait pas pris la même décision si cette dernière n'avait été fondée que sur le ou les autres motifs de la décision contestée. En effet, *[Démontrer l'absence de possibilité de neutraliser le motif illégal]*.
Ainsi, la décision contestée, entachée d'une erreur de fait, doit être annulée.

SI « -- Erreur dans la qualification des faits » correspond à votre cas.

- Sur l'erreur dans la qualification juridique des faits

SI « ------ En cas de contrôle restreint » correspond à votre cas.
SI « -- Erreur dans la qualification des faits » correspond à votre cas.

[Auteur de la décision attaquée] (a|ont|a|ont) entaché (sa|leur|sa|leur) décision du *[Date de la décision entachée d'une erreur de qualification juridique des faits]* d'une erreur manifeste d'appréciation.

SI « ------ En cas de contrôle normal » correspond à votre cas.
SI « -- Erreur dans la qualification des faits » correspond à votre cas.

[Auteur de la décision attaquée] (a|ont|a|ont) entaché (sa|leur|sa|leur) décision du *[Date de la décision entachée d'une erreur de qualification juridique des faits]* d'une erreur d'appréciation.

SI « -- Erreur dans la qualification des faits » correspond à votre cas.
SI « ------ En cas de plein contrôle de proportionnalité » correspond à votre cas.

La décision contestée du *[Date de la décision entachée d'une erreur de qualification juridique des faits]* est disproportionnée eu égard aux faits et à l'objectif qu'elle entend poursuivre.

SI « -- Erreur dans la qualification des faits » correspond à votre cas.

En effet, *[Démontrer l'erreur dans la qualification juridique des faits]*.
Par ailleurs, il apparaît que l'autorité administrative n'aurait pas pris la même décision si cette dernière n'avait été fondée que sur le ou les autres motifs de la décision contestée. En effet, *[Démontrer l'absence de possibilité de neutraliser le motif illégal]*.

SI « ------ En cas de contrôle restreint » correspond à votre cas.
SI « -- Erreur dans la qualification des faits » correspond à votre cas.

Ainsi, *[Auteur de la décision attaquée]* ayant commis une erreur manifeste d'appréciation, la décision litigieuse doit être annulée.

SI « ------ En cas de contrôle normal » correspond à votre cas.
SI « -- Erreur dans la qualification des faits » correspond à votre cas.

Ainsi, *[Auteur de la décision attaquée]* ayant commis une erreur d'appréciation, la décision litigieuse doit être annulée.

SI « -- Erreur dans la qualification des faits » correspond à votre cas.
SI « ------ En cas de plein contrôle de proportionnalité » correspond à votre cas.

Ainsi, la décision litigieuse, qui est disproportionnée eu égard aux faits et à l'objectif qu'elle entend poursuivre, doit être annulée.

SI « ------ Détournement de pouvoir » correspond à votre cas.
SI « -- Détournement de pouvoir ou de procédure » correspond à votre cas.

- Sur le détournement de pouvoir

SI « ------ Détournement de procédure » correspond à votre cas.
SI « -- Détournement de pouvoir ou de procédure » correspond à votre cas.

- Sur le détournement de procédure

SI « ------ Détournement de pouvoir » correspond à votre cas.
SI « -- Détournement de pouvoir ou de procédure » correspond à votre cas.

En prenant la décision contestée du *[Date de la décision entachée de détournement de pouvoir ou de procédure], [Auteur de la décision attaquée]* a commis un détournement de pouvoir.

SI « ------ Détournement de procédure » correspond à votre cas.
SI « -- Détournement de pouvoir ou de procédure » correspond à votre cas.

En prenant la décision contestée du *[Date de la décision entachée de détournement de pouvoir ou de procédure], [Auteur de la décision attaquée]* a commis un détournement de procédure.

SI « ------ Détournement à des fins d'ordre privé » correspond à votre cas.
SI « -- Détournement de pouvoir ou de procédure » correspond à votre cas.

[Auteur de la décision attaquée] a exercé son pouvoir *[Préciser le pouvoir exercé par l'Administration]* dans un but autre que celui en vue duquel il lui a été conféré, à savoir pour des préoccupations d'ordre privé.

SI « ------ Détournement en vue d'un intérêt public étranger à celui pour lequel l'autorité administrative exerce son pouvoir » correspond à votre cas.
SI « -- Détournement de pouvoir ou de procédure » correspond à votre cas.

[Auteur de la décision attaquée] a exercé son pouvoir *[Préciser le pouvoir exercé par l'Administration]* dans un but autre que celui en vue duquel il lui a été conféré, à savoir pour un intérêt public étranger à celui pour le service duquel le pouvoir de l'autorité administrative pouvait être légalement exercé.

SI « ------ Détournement de pouvoir » correspond à votre cas.
SI « -- Détournement de pouvoir ou de procédure » correspond à votre cas.

En effet, *[Démontrer le détournement de pouvoir ou de procédure]*.
Par suite, ladite décision devra être annulée pour détournement de pouvoir.

SI « ------ Détournement de procédure » correspond à votre cas.
SI « -- Détournement de pouvoir ou de procédure » correspond à votre cas.

En effet, *[Démontrer le détournement de pouvoir ou de procédure]*.
Par suite, ladite décision du devra être annulée pour détournement de procédure.

– Sur les frais non compris dans les dépens
Dans ces conditions, il serait manifestement inéquitable de laisser à la charge de *[Identité du client]* les frais qu'(il|ils|elle|elles) (est|sont|est|sont) amen(é|és|ée|ées) à exposer pour faire valoir (sa|leur|sa|leur) défense.
Par conséquent, *[Identité du client]* (est|sont|est|sont) fond(é|és|ée|ées) à obtenir le versement d'une indemnité de *[Montant de la demande fondée sur l'article L. 761-1 du Code de justice administrative]* euros au titre des frais exposés et non compris dans les dépens, sur le fondement des dispositions de l'article L. 761-1 du Code de justice administrative.

CONCLUSIONS

PAR CES MOTIFS

Et tous autres à produire, à déduire ou à suppléer, au besoin d'office, (l'exposant|les exposants|l'exposant|les exposants) (conclut |concluent|conclut|concluent) à ce qu'il plaise au Conseil d'État de :

SI « Recours contre une décision spontanée ou rendue sur demande initiale » correspond à votre cas.

– À titre principal, annuler la totalité de la décision *[Nature de la décision attaquée par le recours]* en date du *[Date de l'acte attaqué]* par laquelle *[Objet de la décision attaquée]* ;

SI « Recours contre une décision rendue sur recours administratif préalable obligatoire » correspond à votre cas.

– À titre principal, annuler la totalité de la décision *[Nature de la décision attaquée par le recours]* en date du *[Date de l'acte attaqué]* par laquelle *[Objet de la décision attaquée]* et rejeté le recours administratif obligatoire *[Nature du recours administratif obligatoire ; ex. : gracieux ou hiérarchique]* formé par *[Civilité, prénom et nom du client]* ;

SI « Recours contre une décision spontanée ou rendue sur demande initiale et contre une décision rendue sur recours administratif facultatif » correspond à votre cas.

– À titre principal, annuler la totalité de la décision *[Nature de la décision spontanée ou initiale contestée]* en date du *[Date de la décision*

spontanée ou initiale contestée] par laquelle *[Objet de la décision attaquée]*,
Ensemble celle de la décision *[Nature de la décision contestée rendue sur recours administratif facultatif]* en date du *[Date de la décision rendue sur recours administratif]* par laquelle *[Auteur de la décision rendue sur recours administratif]* a rejeté le recours administratif facultatif *[Nature du recours administratif obligatoire ; ex. : gracieux ou hiérarchique]* formé par *[Identité du client]* ;

SI « Recours contre une décision spontanée ou rendue sur demande initiale » correspond à votre cas.

– À titre subsidiaire, annuler la décision *[Nature de la décision attaquée par le recours]* en date du *[Date de l'acte attaqué]* par laquelle *[Objet de la décision attaquée]*, en tant qu'elle *[Préciser la partie de la décision dont l'annulation est sollicitée]* ;

SI « Recours contre une décision rendue sur recours administratif préalable obligatoire » correspond à votre cas.

– À titre subsidiaire, annuler la totalité de la décision *[Nature de la décision attaquée par le recours]* en date du *[Date de l'acte attaqué]* par laquelle *[Objet de la décision attaquée]* et rejeté le recours administratif obligatoire *[Nature du recours administratif obligatoire ; ex. : gracieux ou hiérarchique]* formé par *[Civilité, prénom et nom du client]*, en tant qu'elle *[Préciser la partie de la décision dont l'annulation est sollicitée]* ;

SI « Recours contre une décision spontanée ou rendue sur demande initiale et contre une décision rendue sur recours administratif facultatif » correspond à votre cas.

– À titre subsidiaire, annuler la totalité de la décision *[Nature de la décision spontanée ou initiale contestée]* en date du *[Date de la décision spontanée ou initiale contestée]* par laquelle *[Objet de la décision attaquée]*, en tant qu'elle *[Préciser la partie de la décision dont l'annulation est sollicitée]*,
Ensemble celle de la décision *[Nature de la décision contestée rendue sur recours administratif facultatif]* en date du *[Date de la décision rendue sur recours administratif]* par laquelle *[Auteur de la décision rendue sur recours administratif]* a rejeté le recours administratif facultatif *[Nature du recours administratif obligatoire ; ex. : gracieux ou hiérarchique]* formé par *[Identité du client]* en tant qu'elle *[Préciser la partie de la décision rendue sur recours administratif dont l'annulation est sollicitée]* ;

SI « --- En cas d'annulation impliquant la prise d'une mesure dans un sens déterminé » correspond à votre cas.
SI « Demande d'injonction sans astreinte » correspond à votre cas.

– Enjoindre à *[Autorité visée par l'injonction]*, en application des dispositions de l'article L. 911-1 du Code de justice administrative, de *[Indiquer l'énoncé de l'injonction de l'article L. 911-1 du Code de justice administrative]* dans un délai de *[Indiquer le délai demandé pour la réalisation de l'objet de l'injonction]* ;

SI « --- En cas d'annulation impliquant la prise d'une nouvelle décision après réexamen du dossier » correspond à votre cas.
SI « Demande d'injonction sans astreinte » correspond à votre cas.

– Enjoindre à *[Autorité visée par l'injonction]*, en application des dispositions de l'article L. 911-2 du Code de justice administrative, de réexaminer le dossier de *[Identité du client]* dans un délai de *[Indiquer le délai demandé pour la réalisation de l'objet de l'injonction]* ;

SI « Demande d'injonction sous astreinte » correspond à votre cas.
SI « --- En cas d'annulation impliquant la prise d'une mesure dans un sens déterminé » correspond à votre cas.

– Enjoindre à *[Autorité visée par l'injonction]*, en application des dispositions des articles L. 911-1 et L. 911-3 du Code de justice administrative, de *[Indiquer l'énoncé de l'injonction de l'article L. 911-1 du Code de justice administrative]*, dans un délai de *[Indiquer le délai demandé pour la réalisation de l'objet de l'injonction]* et sous une astreinte d'un montant de *[Montant de l'astreinte journalière]* (euro|euros *[Montant de l'astreinte journalière]*) par jour ;

SI « Demande d'injonction sous astreinte » correspond à votre cas.
SI « --- En cas d'annulation impliquant la prise d'une nouvelle décision après réexamen du dossier » correspond à votre cas.

– Enjoindre à *[Autorité visée par l'injonction]*, en application des dispositions des articles L. 911-2 et L. 911-3 du Code de justice administrative, de réexaminer le dossier de *[Identité du client]* dans un délai de *[Indiquer le délai demandé pour la réalisation de l'objet de l'injonction]* et sous une astreinte d'un montant de *[Montant de l'astreinte journalière]* (euro|euros *[Montant de l'astreinte journalière]*) par jour ;

SI « Aide juridictionnelle » correspond à votre cas.

– Condamner *[Auteur de la décision attaquée]* à verser à *[Identité de l'avocat du client]*, en application des dispositions combinées des articles L. 761-1 du Code de justice administrative et 37 de la loi n° 91-647 du 10 juillet 1991 relative à l'aide juridique, une somme de *[Montant de la demande fondée sur l'article L. 761-1 du Code de justice administrative]* euros au titre des frais exposés et non compris dans les dépens, que le bénéficiaire aurait exposés s'il n'avait pas eu cette aide.

SI « Aide juridictionnelle » ne correspond pas à votre cas.

– Condamner *[Auteur de la décision attaquée]*, en application des dispositions de l'article L. 761-1 du Code de justice administrative, à verser à *[Identité du client]* une somme de *[Montant de la demande fondée sur l'article L. 761-1 du Code de justice administrative]* euros au titre des frais exposés et non compris dans les dépens.
Sous réserve de tous autres éléments de droit ou de fait à produire ultérieurement par mémoire complémentaire, et sous réserve de tous autres recours.

À *[Lieu de la rédaction de l'acte]*,
Le *[Date de la rédaction de l'acte]*.
[Nom et prénom de l'avocat traitant]

La liste numérotée des pièces justificatives visées par (le|les|la|les) requér(ant|ants|ante|antes) figure dans le bordereau annexé aux présentes écritures.

LISTE DES PIÈCES JUSTIFICATIVES

Lexique

Acte administratif : acte pris par l'administration qui peut être soit un contrat administratif, soit un acte unilatéral. L'acte administratif est exécutoire (obligatoire) dès sa publication dès lors que certaines formalités ont été respectées. Tout acte administratif peut être contesté devant la juridiction administrative.

Acte de gouvernement : catégorie contentieuse désignant des actes insusceptibles de recours pour excès de pouvoir devant le juge administratif. Les actes de gouvernement concernent deux domaines principaux : les actes relatifs à la conduite des relations internationales (décision d'accorder la protection diplomatique par exemple) et les actes touchant les rapports entre les pouvoirs publics (notamment un décret soumettant un projet de loi au référendum). Cette catégorie ne cesse de se réduire car l'étendue du contrôle du juge a considérablement augmenté.

Acte détachable (théorie de l') : technique contentieuse par laquelle il est possible de dissocier un acte juridique d'un autre acte auquel il est contextuellement relié. Apparue en 1905 avec la jurisprudence *Martin*, la technique de l'acte détachable avait pour objet de distinguer la délibération autorisant le maire à conclure un contrat afin d'ouvrir le recours en excès de pouvoir au tiers dudit contrat. Aujourd'hui, le recours à cette technique de détachabilité des actes administratifs unilatéraux (AAU) en matière contractuelle a été fermé par le juge administratif depuis l'arrêt *Département du Tarn-et-Garonne*, puisque le tiers peut former un recours de pleine juridiction directement à l'encontre du contrat ou à l'encontre des actes ayant permis la conclusion du contrat.

Agent de police judiciaire : par opposition à officier de police judiciaire ; fonctionnaire secondant l'officier de police judiciaire et qui n'est pas compétent pour réaliser tous les actes nécessaires à la recherche de preuves et des auteurs des infractions, lors des enquêtes préliminaire et de flagrance.

Aide juridictionnelle : systèmes d'aides permettant aux personnes à faibles revenus d'accéder à la justice grâce à la dispense ou à l'avance de certains frais, notamment d'expertise, et à la prise en charge totale ou partielle des frais d'assistance ou de représentation (avocat, huissier de justice).

Amiable compositeur : nom donné au juge ou à l'arbitre qui, à la demande expresse des parties, tranche le litige en équité et non par application des règles de droit.

Amiable composition : procédure par laquelle le juge ou l'arbitre, à la demande expresse des parties, tranche le litige en équité et non par application des règles de droit.

Appel en déclaration de jugement commun : appel en la cause, *V. Intervention forcée*.

Appréhension sur injonction du juge : un bien meuble peut être appréhendé entre les mains de celui qui est tenu de le remettre en vertu d'un titre exécutoire. À défaut de titre exécutoire, il peut être présenté une requête à fin d'injonction d'avoir à délivrer ou restituer un bien meuble déterminé.

Arbitrage *ad hoc* : c'est un arbitrage organisé par les parties qui choisissent librement les arbitres en dehors de toute institution permanente d'arbitrage.

Arbitrage institutionnel : c'est l'arbitrage dont les parties ont confié l'organisation à une institution permanente d'arbitrage, et qui suivra le règlement d'arbitrage de cette institution.

Audition libre : audition, sans placement en garde à vue, d'une personne à l'égard de laquelle il existe des raisons plausibles de soupçonner qu'elle a commis ou tenté de commettre une infraction (CPP, art. 61-1).

Autorité de la chose décidée : notion développée par Maurice Hauriou au début du xxe siècle. Cette notion se veut le pendant de la notion d'autorité de chose jugée.

Autorité de la chose jugée : l'autorité de la chose jugée est une qualité que la loi confère à la décision de justice, et qui interdit, en dehors des voies de recours, la remise en cause de ce qui a été décidé par la juridiction. Elle rend donc irrecevable toute nouvelle demande en justice entre les mêmes parties, ayant le même objet et la même cause.

Autorité de la chose jugée en référé : l'ordonnance de référé n'a pas autorité de la chose jugée au principal (le juge n'est pas lié par celle-ci), mais elle a autorité de la chose jugée au provisoire (elle ne peut être remise en cause qu'en cas de circonstances nouvelles).

Auxiliaire de justice : professionnel prêtant son concours soit au juge soit aux parties. Exemple, les avocats, huissiers de justice, greffiers, mandataires judiciaires...

Avis de classement sans suite : décision du ministère public de ne pas déclencher l'action publique à l'encontre d'une personne, en vertu de ses pouvoirs découlant du principe d'appréciation de l'opportunité des poursuites (CPP, art. 40-1).

Avis d'intention de conclure : publicité européenne facultative qui permet au pouvoir adjudicateur de fermer la voie du recours précontractuel.

Bail à cheptel : contrat par lequel le propriétaire d'un troupeau d'animaux confie celui-ci à une personne tenue de le garder, de le soigner et de le nourrir.

Bail à complant : bail rural par lequel le preneur loue un terrain nu pour planter une vigne, le raisin et le vin produits étant partagés avec le propriétaire.

Bail à domaine congéable : bail rural par lequel le preneur bénéficie du droit d'exploiter le fonds loué et du droit de superficie sur les plantations et constructions effectuées.

Bail à ferme : bail qui a pour objet de confier au preneur l'exploitation d'un fonds rural, à charge pour lui de verser un loyer.

Bail à métayage : anciennement qualifié de bail à colonat partiaire, qui a pour objet de confier au preneur l'exploitation d'un fonds rural, à charge pour lui de partager avec le propriétaire les produits de son exploitation.

Bail emphytéotique : contrat de bail d'une durée minimale de dix-huit ans et maximale de quatre-vingt-dix-neuf ans par lequel un propriétaire met un fonds à la disposition d'un preneur qui s'engage notamment à le mettre en culture. Ce preneur, titulaire d'un droit réel, est en contrepartie tenu de verser une redevance au propriétaire.

Bulletin de procédure : le juge de la mise en état prend des mesures d'administration judiciaire. Les différentes parties de l'affaire en sont informées par des bulletins de procédure souvent envoyés par voie électronique (RPVA).

Caducité : état d'un acte juridique valablement formé mais privé d'effet du fait de la survenance d'un événement postérieur.

CARPA : Caisse autonome des règlements pécuniaires des avocats.

Citation (en justice) : acte de procédure informant une personne qu'elle doit se présenter devant une juridiction.

Citation directe : modalité de saisine directe du tribunal de police ou du tribunal correctionnel, par laquelle la victime ou le ministère public met en mouvement l'action publique afin que l'auteur d'une infraction soit jugé, sans qu'il y ait instruction.

Clause réglementaire : clause d'un contrat administratif contenant des dispositions de nature réglementaire.

Commission rogatoire : mission confiée par une autorité judiciaire, généralement un juge, à une autre autorité judiciaire, le plus souvent un officier de police judiciaire, d'exécuter à sa place un acte judiciaire.

Comparution immédiate : procédure rapide de jugement en matière correctionnelle, ayant remplacé la procédure dite de flagrant délit, par laquelle l'action publique est déclenchée par la saisine directe du tribunal correctionnel, lorsque la peine d'emprisonnement encourue est au moins égale à deux ans ou à six mois en cas de flagrant délit et que les éléments de l'espèce rendent l'affaire en état d'être jugée. Cette procédure ne s'applique pas aux mineurs, aux délits de presse et aux délits politiques.

Comparution sur reconnaissance préalable de culpabilité : procédure de traitement rapide des délits punis à titre principal d'une peine d'amende ou d'une peine d'emprisonnement d'une durée inférieure ou égale à cinq ans (L. n° 2004-204, 9 mars 2004, portant adaptation de la justice aux évolutions de la criminalité, dite « loi Perben II » ; CPP, art. 495-7 et s.). En vigueur depuis le 1er octobre 2004, le « plaider-coupable » permet au procureur de la République de proposer à la personne mise en cause une peine allégée en échange d'une reconnaissance des faits qui lui sont reprochés. La personne évite un procès si elle accepte la peine. L'accord doit être homologué par un juge en audience publique.

Composition pénale : procédure par laquelle, avant le déclenchement de l'action publique, le ministère public ou une personne habilitée propose à un majeur ou un mineur d'au moins treize ans qui reconnaît avoir commis un délit dont la peine encourue est de cinq ans maximum d'emprisonnement ou une contravention, d'exécuter une prestation ou de verser une amende de composition. L'accomplissement de ces obligations éteignant l'action publique. Cette procédure n'est pas applicable aux homicides involontaires, aux délits de presse et aux délits politiques. La composition pénale doit être validée par une ordonnance d'un juge du siège.

Concession d'aménagement : contrat par lequel l'autorité publique délègue à un aménageur privé l'étude et la réalisation d'une opération d'aménagement (par ex. de l'espace urbain).

Concession de service et/ou de travaux publics : contrat administratif par lequel une personne publique (le concédant) délègue la réalisation d'investissements importants à une entreprise privée (le concessionnaire). Le concessionnaire doit gérer le service public selon un cahier des charges et percevoir des redevances sur les usagers pour se rémunérer. La durée de la concession est longue et se trouve notamment fixée en fonction de la durée d'amortissement des immobilisations. Le concessionnaire est choisi librement par le concédant après une mise en concurrence.

Concession de travaux : *V. Concession de service et/ou de travaux publics*.

Concession domaniale : contrat administratif par lequel une personne publique accorde à une personne privée un droit privatif sur une partie du domaine public.

Conciliation : la conciliation est un mode de règlement des litiges par lequel les parties en présence s'entendent avec l'aide d'un tiers (un conciliateur) pour mettre fin à leur différend.

Conférence des présidents : réunion du président de l'Assemblée nationale ou du président du Sénat, des vice-présidents et présidents des commissions permanentes, des présidents des groupes, du président de la délégation pour l'Union européenne et du rapporteur général de la Commission des finances afin d'arrêter l'ordre du jour parlementaire. La Conférence des présidents est chargée d'aménager le temps législatif programmé à l'Assemblée nationale.

Constat d'accord : lors d'une conciliation, le conciliateur de justice peut constater par écrit le compromis même partiel trouvé entre les parties. Il dressera un *constat d'accord* qu'il déposera auprès du tribunal judiciaire. Le constat indique le litige et la solution acceptée.

Constitution de partie civile : la constitution de partie civile est l'acte par lequel la victime d'une infraction demande, à la juridiction répressive, la réparation du préjudice que celle-ci lui a causé (CPP, art. 85 et s., 418 et s.). En d'autres termes, par cette constitution, la victime exerce une action en réparation devant la juridiction répressive : cette action est l'action civile. Il existe deux façons de se constituer partie civile :
– par voie d'action : la victime prend l'initiative de la procédure pénale et déclenche en même temps l'action publique (les poursuites pénales) et l'action civile. Elle dispose pour cela de deux moyens : la plainte avec constitution de partie civile et la citation directe ;
– par voie d'intervention : la victime vient se joindre à une procédure déjà existante. À ce stade, elle déclenche uniquement son action civile. La victime peut ainsi se constituer partie civile à tout moment de l'instruction et des débats à l'audience, mais au plus tard avant les dernières réquisitions du ministère public en première instance.
La constitution de partie civile a pour conséquence de donner à la victime la qualité de partie au procès. Outre l'obtention de dommages-intérêts en réparation de son préjudice, la victime pourra accéder au dossier de l'affaire, être informée de l'avancement de l'instruction, exercer des recours contre les décisions rendues.

Contrat de domaine public : contrat administratif portant occupation du domaine public par une personne privée.

Contrat de partenariat : contrat administratif désormais dénommé « marché public global ». Il s'agit d'un contrat similaire à un marché public en ce qu'il a pour objet de confier au partenaire une mission globale de prestation de service, fournitures et travaux. En contrepartie, le partenaire est rémunéré par un prix échelonné sur toute la durée du contrat (la personne publique paie alors un loyer), ce qui est en principe interdit par le Code de la commande publique et qui explique que son recours soit dérogatoire (urgence, complexité de l'opération, avantage démontré par rapport aux autres modes contractuels que sont les marchés publics « simples » ou les délégations de service public / concessions de travaux). Ce montage n'est pertinent que sur des grands projets (comme c'est le cas au Royaume-Uni avec le *Private Finance Initiative* [PFI]). Mais la complexité, l'opacité du contrat, et la difficile prévisibilité des coûts à venir et des conjonctures financières en font un contrat assez peu utilisé et dénoncé pour sa trop grande onérosité par rapport aux contrats concurrents que sont les marchés publics et les délégations de service public.

Contravention de grande voirie : sanction d'un particulier qui porte atteinte à une dépendance du domaine public, qu'il soit naturel ou artificiel (terrestre, maritime, fluvial ou lacustre), à l'exception de la voie routière ou « petite voirie » (contravention de voirie). Cette contravention est conditionnée par l'existence d'un texte réprimant l'atteinte.

Contredit : Nom anciennement donné à la voie de recours permettant de demander la réformation d'une décision, dans laquelle le juge s'est prononcé, négativement ou positivement, sur la seule question de sa compétence.

Contribution juridique : chaque justiciable était redevable d'une somme de 35 € dès lors qu'il introduisait une instance. Cette contribution a été supprimée par un décret du 29 décembre 2013.

Contrôle de l'erreur manifeste d'appréciation : *V. Erreur manifeste d'appréciation*.

Contrôle de proportionnalité : recherche d'équilibre effectuée par le Conseil constitutionnel entre les atteintes portées aux droits et libertés fondamentales et les objectifs visés par la loi.

Contrôle judiciaire : mesure ordonnée au cours de l'instruction en raison des nécessités de la procédure ou à titre de mesure de sûreté, dont le but est d'astreindre la personne mise en examen au respect de certaines obligations, dans des conditions énumérées par la loi pénale.

Contrôle normal (par opposition à contrôle restreint) : contrôle effectué par le juge administratif qui n'est pas limité à l'erreur manifeste d'appréciation.

Contrôle restreint (par opposition à contrôle normal) : contrôle de faible intensité effectué par le juge administratif (limité à l'erreur manifeste d'appréciation).

Convention ou contrat *in-house* : notion issue de la jurisprudence communautaire. Ces contrats sont également appelés contrats de quasi-régie, ou contrats de prestations intégrées. Ce sont des contrats conclus entre deux personnes morales distinctes, mais dont l'une peut être regardée comme le prolongement administratif de l'autre. Ces contrats ne sont pas soumis aux règles fixées par le Code de la commande publique.

Créance alimentaire : somme d'argent qu'une personne dans le besoin est en droit de réclamer à certains membres de sa famille. Cette aide est limitée à ce qui est nécessaire pour assurer la subsistance de la personne.

Décision administrative : acte administratif rendu de manière unilatérale par l'administration ayant un caractère décisoire et susceptible de recours devant le juge administratif.

Décision d'avant dire droit : *V. Jugement d'avant dire droit*.

Déclaration d'appel : acte de procédure par lequel un plaideur interjette appel.

Délai franc : un délai est dit franc lorsque ni le premier jour (le *dies a quo* : jour de la notification ou de l'événement faisant courir le délai), ni le dernier jour (le *dies ad quem* : date de l'échéance) ne sont pris en compte.

Délégation de service public : procédé de gestion d'un service public consistant pour une personne publique à la confier à une autre personne publique, le plus souvent privée, pour une certaine durée et moyennant une rémunération substantiellement liée à l'exploitation du service.

Demande de mainlevée d'une saisie-revendication : acte mettant fin à une saisie conservatoire ayant permis au propriétaire d'un bien meuble corporel ou au titulaire d'un droit réel sur celui-ci d'obtenir son indisponibilité afin d'obliger le tiers qui le détient, à la restituer.

Demande reconventionnelle : demande incidente formulée par le défendeur afin d'obtenir du juge un avantage autre que le simple rejet des prétentions de son adversaire.

Dénaturation des faits : mauvaise interprétation par les juges du fond d'une clause ou d'une loi étrangère qui encourt la censure de la Cour de cassation.

Dénonciation (d'une citation au ministère public) : par opposition à plainte : lorsqu'une personne déclare une infraction dont elle n'est pas la victime.

Dépens : ensemble des frais de justice générés par les actes de procédure que le juge peut, à l'issue du procès, faire supporter en tout ou en partie, par un plaideur, en principe, le perdant.

Dépôt du contredit : *V. Contredit.*

Désistement d'action : acte par lequel une personne, avant tout procès ou en cours de procès, renonce à exercer une action en justice.

Désistement d'instance : acte par lequel une partie renonce soit à poursuivre une instance déterminée, soit à l'exercice d'une voie de recours.

Détention provisoire : incarcération d'une personne mise en examen au cours de l'instruction, considérée comme une mesure grave et qui ne peut être décidée que par un magistrat du siège, dans des conditions fixées limitativement par la loi.

Détournement de pouvoir : cas d'ouverture du recours pour excès de pouvoir : admis pour la première fois en 1864 par le Conseil d'État et reconnu avec éclat en 1875. Il est sanctionné par le juge, car un acte administratif doit obligatoirement être adopté dans l'intérêt général. Si par exemple un maire, propriétaire d'un grand café, interdit par arrêté l'ouverture des autres débits de boisson simplement pour faire de bonnes affaires, son acte est annulé pour détournement de pouvoir. Le détournement de pouvoir est difficile à prouver et le juge ne l'accepte que dans les cas les plus flagrants. La sanction est l'annulation de l'acte.

Dominus litis : locution latine désignant le « demandeur » ou le « requérant ». Celui qui est à l'origine de l'instance.

Droit de préemption : faculté d'origine légale permettant à une personne d'acquérir un bien à la place d'une autre ou de préférence avant celle-ci.

Enquête de flagrance : étape de la procédure pénale dans le cas de crimes ou de délits punis d'une peine d'emprisonnement qui viennent de se commettre ou sont en train de se commettre, menée par la police judiciaire qui dispose de pouvoirs plus étendus que lors de l'enquête préliminaire, notamment pour la conservation des indices ou les perquisitions.

Enquête préliminaire : étape de la procédure pénale ouverte d'office ou à la demande du ministère public, menée par les services de police ou de gendarmerie afin de chercher les preuves relatives à une infraction.

Entité adjudicatrice : une entité adjudicatrice est un pouvoir adjudicateur exerçant des activités d'opérateurs de réseau (production, transport ou distribution d'électricité, gaz, chaleur, eau, fourniture d'un service public dans le domaine des transports, *etc.*). Ces entités sont visées par la directive 2004/17/CE.

Erreur manifeste d'appréciation : erreur particulièrement grave et flagrante commise par l'administration dans l'exercice de son pouvoir discrétionnaire d'appréciation. Ce pouvoir n'étant pas contrôlé par le juge administratif, la création de l'erreur manifeste d'appréciation a permis au juge d'étendre son contrôle. Le contrôle de l'erreur manifeste d'appréciation demeure exceptionnel, car il ne peut exister que dans le cadre d'un contrôle restreint.

État d'endettement : qui a une dette.

Exécution provisoire : moyen de faire échec à l'effet suspensif de certaines voies de recours en permettant au bénéficiaire d'une décision de justice de la faire exécuter sans attendre mais à ses risques et périls.

Exécution sur minute : forme particulièrement rapide d'exécution permettant au bénéficiaire d'une décision d'en exiger la mise en œuvre sur présentation de la minute, c'est-à-dire de l'original de la décision, sans avoir au préalable à faire signifier une copie revêtue de la formule exécutoire.

Exécutoire sur minute : *V. Exécution sur minute.*

Expédition : copie d'un acte authentique dont la conformité à l'original est certifiée par le notaire qui conserve ce dernier.

Fin de non-recevoir : moyen de défense tendant à faire déclarer l'action irrecevable, sans examen au fond, pour défaut de droit d'agir (par ex. : défaut d'intérêt ou prescription de l'action).

Frais irrépétibles : frais de justice non compris dans les dépens dont le juge peut tenir compte lorsqu'il condamne, pour des raisons d'équité, une partie à verser à l'autre une somme forfaitaire sur le fondement de l'article 700 du Code de procédure civile.

Garanties de représentation : garanties fondées sur des documents écrits (justificatif de domicile, contrat de travail, livret de famille...) démontrant qu'une personne ne va pas se soustraire à la convocation d'une audience ultérieure et qu'il n'est pas nécessaire de l'enfermer dans cette attente.

Huissier audiencier : Nom traditionnellement donné aux huissiers de justice chargés de la police des *audiences* alors que cette fonction est désormais confiée aux commissaires de justice.

Hypothèque : droit réel accessoire conféré à un créancier sur un bien appartenant au débiteur non dépossédé afin de garantir le paiement d'une dette. Sûreté portant sur un immeuble, ponctuellement sur un meuble (par ex., navire) ; d'origine conventionnelle, légale ou judiciaire, et permettant au créancier, non satisfait à l'échéance, d'imposer la vente du bien hypothéqué et d'obtenir la mise en œuvre du droit de suite et du droit de préférence.

Hypothèque judiciaire : décision du juge autorisant le créancier à prendre une hypothèque contre son débiteur. Deux types d'hypothèques judiciaires : l'hypothèque judiciaire attachée au jugement de condamnation et l'hypothèque judiciaire conservatoire.

Insuffisance de base légale (défaut de base légale ou manque de base légal) : cas d'ouverture à cassation. Le défaut de base légale désigne une motivation insuffisante du jugement ou de l'arrêt, laquelle ne permet pas à la Cour de cassation de contrôler la bonne application de la loi.

Intérêt à agir : condition générale de recevabilité de l'action.

Interpellation : Sens 1. Demande d'information ou d'explication adressée au gouvernement par un parlementaire. Sens 2. Avertissement, rappel à l'ordre ou invitation à s'expliquer ou à s'exécuter, adressé par un agent de l'autorité publique à un individu.

Interrogatoire de première comparution : interrogatoire au cours duquel le juge d'instruction notifie à la personne soupçonnée sa mise en examen ou son placement sous le statut de témoin assisté. Il a pour objectif d'informer la personne poursuivie de sa situation et de ses droits. Il est minutieusement réglementé par l'article 116 du Code de procédure pénale.

Intervention forcée : demande en intervention formée contre un tiers et destinée à la rendre partie à l'instance afin, soit d'obtenir sa condamnation, soit de lui rendre la décision opposable.

Intervention volontaire : demande en intervention formée par un tiers au litige afin de lui permettre de devenir partie à celui-ci.

Irrecevabilité manifeste : cas d'irrecevabilité évidente qui peut être constatée par ordonnance des présidents des tribunaux et chambres administratifs.

Juge consulaire : nom donné aux juges élus des tribunaux de commerce.

Juge de l'exécution (JEX) : juge du tribunal judiciaire spécialement chargé du contentieux de l'exécution forcée et des mesures conservatoires.

Jugement d'avant dire droit : jugement par lequel le juge, sans trancher le litige au fond, prend soit une décision provisoire, soit une décision permettant de préparer la solution définitive.

Jugement itératif défaut : on parle d'itératif défaut lorsque la personne défaillante a fait une seconde opposition sur une première opposition qui a déjà été rejetée par la juridiction du premier degré.

Juridiction administrative spécialisée : juridiction ayant des compétences spéciales (par ex., le Conseil supérieur de la magistrature ; les conseils nationaux de l'Ordre des médecins et de l'Ordre des avocats).

Mainlevée : acte mettant fin à une mesure affectant un bien ou un acte.

Mandat d'arrêt : ordre donné à la force publique par le juge d'instruction ou la juridiction de jugement de rechercher et arrêter la personne mise en examen ou prévenue et de la conduire à la maison d'arrêt indiquée sur le mandat afin qu'elle y soit détenue.

MAPA : marchés à procédure adaptée.

Marché public : contrat administratif conclu entre une personne publique et une entreprise privée. L'entreprise doit fournir des biens ou des services et la personne publique doit payer le prix. Le choix du titulaire est réglementé par le Code de la commande publique qui prévoit les règles de mise en concurrence et de sélection des offres.

Matière contentieuse : il y a matière contentieuse lorsqu'il y a litige entre deux ou plusieurs personnes. La demande introductive d'instance prend en principe la forme d'une assignation (acte d'huissier de justice par lequel le demandeur convoque son adversaire devant le juge).

Matière gracieuse : dans le contentieux privé, le juge statue en matière gracieuse lorsqu'en l'absence de litige il est saisi d'une demande dont la loi exige, en raison de la nature de l'affaire ou de la qualité du requérant, qu'elle soit soumise à son contrôle (CPC, art. 25) : rectification d'état civil, demande d'adoption, changement de régime matrimonial, divorce sur requête conjointe, légitimation par autorité de justice...
La requête est le mode normal d'introduction des procédures gracieuses (CPC, art. 60). Elle est remise au secrétariat-greffe de la juridiction.
La matière gracieuse est soumise à des règles de procédures particulières : audience en chambre du conseil (c'est-à-dire hors la présence du public), présence du ministère public, possibilité pour le juge de procéder d'office à toutes les investigations utiles...

Médiation (au sens du droit processuel) : recherche d'un règlement amiable d'un différend en rapprochant les parties.

Mémoire ampliatif : observations fournies par les requérants lors d'une saisine constitutionnelle contenant les arguments d'inconstitutionnalité dirigés contre une loi votée.

Mesure conservatoire : 1. Acte par lequel un *créancier* se fait attribuer une priorité sur un *bien* appartenant à son débiteur afin de garantir pour l'avenir le paiement de sa *créance*. 2. Mesure pouvant être ordonnée en référé afin de prévenir un dommage imminent ou de faire cesser un trouble manifestement illicite (CPC, art. 894).

Mesures alternatives aux poursuites : mesures proposées préalablement à la décision de déclencher les poursuites par le procureur afin d'éviter un procès (par ex., rappel à la loi ; médiation pénale).

Mesures éducatives : mesures prononcées par le juge à l'encontre d'un mineur dans le cadre du régime spécifique de responsabilité pénale du mineur.

Minute d'un jugement ou d'une ordonnance : original de ces actes.

Mise en examen : décision du juge d'instruction concernant une personne à l'encontre de laquelle il existe des indices graves ou concordants rendant vraisemblable sa participation à la commission d'une infraction en tant qu'auteur ou complice.

Neutralisation des motifs : mécanisme procédural employé par les juges administratifs lorsqu'une décision est fondée sur plusieurs motifs dont certains sont erronés.

Non-lieu : décision mettant fin à la procédure, rendue par une juridiction d'instruction qui constate qu'il n'existe pas de charges suffisantes contre la personne mise en examen pour la renvoyer devant la juridiction de jugement.

Note en délibéré : observations écrites que les parties peuvent, en cours de délibéré, faire passer au juge afin de répondre, soit à ses demandes d'éclaircissements, soit aux conclusions du ministère public.

Notification : opération par laquelle un acte judiciaire ou extrajudiciaire est porté à la connaissance de son destinataire.

Notification par voie des huissiers audienciers : opération par laquelle la décision est portée à la connaissance des parties par huissier audiencier.

Nullité *in limine litis* : nullité prévue pour les actes de procédure qui devaient être déposés avant toute défense au fond et qui n'ont été déposés que plus tardivement.

Nullité textuelle : nullité prévue par un texte.

Officier de police judiciaire : fonctionnaire pouvant être secondé par des agents de police judiciaire qui, sous le contrôle du ministère public, est compétent pour réaliser tous les actes nécessaires afin de rechercher les preuves et les auteurs des infractions, lors des enquêtes préliminaire et de flagrance et qui peut intervenir sur commission rogatoire délivrée par le juge d'instruction.

Opposition : voie de recours ordinaire, permettant au défendeur non comparant, à l'encontre duquel a été rendu un jugement par défaut, d'en demander la rétractation.

Ordonnance de mise en accusation : ordonnance du juge d'instruction ou arrêt de la chambre de l'instruction consistant à renvoyer la personne mise en examen devant la cour d'assises ou la cour criminelle départementale afin qu'elle y soit jugée, ce qui lui confère à partir de ce moment la qualité d'accusée. Ordonnance de clôture constatant l'achèvement de la procédure d'instruction et renvoyant l'affaire devant la cour d'assises pour jugement.

Ordonnance de non-lieu : *V. Non-lieu*.

Ordonnance de renvoi devant le tribunal correctionnel : ordonnance de clôture constatant l'achèvement de la procédure d'instruction et le renvoi de l'affaire devant le tribunal correctionnel pour jugement.

Ordonnance de tri : ordonnance rendue par le président du tribunal administratif rejetant un recours sans même fixer d'audience lorsqu'il considère que la requête n'a aucune chance d'aboutir.

Partenariat public-privé : *V. Contrat de partenariat*.

Partie civile : victime d'une infraction pénale qui exerce l'action en réparation de son préjudice devant une juridiction pénale et, éventuellement, met en mouvement l'action publique.

Peine : sanction pénale attachée par un texte pénal à la définition d'une infraction et qui est la conséquence de la commission de cette infraction.

Perquisition : mesure d'investigation par laquelle un officier de police judiciaire, le procureur de la République ou le juge d'instruction pénètre dans un local (privé, public ou professionnel), afin d'y rechercher des éléments de preuve d'une infraction.

Placement de l'assignation : acte de saisine d'une juridiction, par remise au secrétariat-greffe de la juridiction de la copie de l'assignation signifiée à l'adversaire.

Placet ou réquisition d'instance : ancien terme de procédure désignant la remise au greffe de la copie de l'assignation par l'avoué du demandeur afin de saisir la juridiction.

Plainte : acte par lequel une personne qui se prétend victime d'une infraction porte celle-ci à la connaissance des services de police ou du procureur de la République.

Plainte avec constitution de partie civile : plainte, lançant tant l'action pénale que l'action civile, qui permet de saisir directement le juge d'instruction et de demander l'ouverture de l'information judiciaire.

Plan conventionnel de redressement : accord validé par la commission de surendettement qui vise à mettre en place des solutions de remboursement du débiteur surendetté envers ses créanciers.

Plan de désendettement : mesures de remboursement proposées pendant la phase amiable de la procédure par le secrétariat de la commission de surendettement.

Plumitif d'audience : ancien nom du registre d'audience, registre tenu à l'audience par le secrétaire-greffier et où il note les principaux éléments d'identification des affaires.

Postulation : Monopole territorial de représentation des parties en justice devant les tribunaux judiciaires ou les cours d'appel au bénéfice des avocats inscrits dans les barreaux locaux.

Pouvoir adjudicateur : l'État, les collectivités territoriales, les organismes de droit public et les associations formées par une ou plusieurs de ces collectivités ou un ou plusieurs de ces organismes de droit public sont des pouvoirs adjudicateurs.

Présentation volontaire des parties : mode de saisine devant le tribunal judiciaire, le tribunal de commerce, le conseil des prud'hommes.

Principe de subsidiarité : principe de répartition des compétences qui consiste, lorsqu'il existe des compétences partagées, à ne pas faire à un échelon élevé ce qui pourrait être fait efficacement à un niveau plus proche des citoyens (TFUE, art. 5 : principe de subsidiarité de l'Union européenne face aux États membres).

Procédure participative (convention de) : mode alternatif de règlement des litiges prenant la forme d'une convention par laquelle les parties à un différend n'ayant pas encore été porté devant une juridiction s'engagent à l'aide de leurs avocats à œuvrer conjointement et de bonne foi à la solution de celui-ci.

Protestations et réserves (PR) : lorsqu'on ne s'oppose pas expressément aux demandes de la partie adverse (le plus souvent en audience de référé) ou aux conclusions d'une expertise, il est d'usage de déclarer faire « toutes protestations et réserves ». Cependant ce terme n'indique pas l'abandon de ses prétentions et le renoncement à son droit d'agir.

QPC : *V. Question prioritaire de constitutionnalité*.

Qualité pour agir : condition spéciale de recevabilité de l'action qui peut, selon le type d'action exercée, soit être confondue avec l'intérêt à agir, soit en être distinguée, afin, notamment, de limiter le nombre de personnes pouvant agir.

Question prioritaire de constitutionnalité : mécanisme constitutionnel permettant à tout justiciable de solliciter l'abrogation d'une disposition législative portant atteinte aux droits et libertés garantis par la Constitution. La QPC est filtrée par les juridictions du fond puis renvoyée, après filtrage par la Cour de cassation ou le Conseil d'État, devant le Conseil constitutionnel.

Quotité saisissable : maximum légal susceptible d'être saisi sur le salaire. Son montant est révisé chaque année par décret en Conseil d'État.

RAPO (Recours administratif préalable obligatoire) : dans certains domaines limitativement énumérés (matière fiscale ; recours militaires ; élections universitaires ; ...), le législateur impose de saisir l'administration d'un recours administratif avant tout recours contentieux. Ce recours est un recours administratif préalable obligatoire (RAPO).

Rapporteur public : nouveau nom donné au commissaire du gouvernement près les juridictions administratives de droit commun depuis le décret n° 2009-14 du 7 janvier 2009. Dans les juridictions administratives, le rapporteur public a pour tâche de faire le point du droit positif applicable à l'espèce. Il rend ses conclusions en fin de procédure mais la juridiction n'est pas obligée de le suivre. Il ne dépend aucunement des ministres. Au contraire, il conclut en toute indépendance ce qui donne encore plus de rigueur à ses démonstrations. Son rôle est totalement différent du parquet près les juridictions judiciaires.

Recours administratif préalable : recours gracieux ou hiérarchique adressé à l'administration avant toute saisine du juge administratif.

Recours administratif préalable facultatif : par opposition à RAPO. Recours contre un acte administratif ne constituant pas un préalable obligatoire à la saisine du juge.

Recours de plein contentieux (ou pleine juridiction) : recours qui permet au requérant non seulement de demander l'annulation d'une décision administrative, mais aussi d'obtenir la condamnation de la personne publique au versement d'une somme d'argent. Dans ce cadre, le juge peut substituer sa propre décision à celle de l'autorité administrative. Les effets du jugement se limitent aux parties. Ce contentieux comprend le contentieux de la responsabilité, le contentieux contractuel, le contentieux électoral, le contentieux fiscal, le contentieux des édifices menaçant ruine, le contentieux des installations classées. Contrairement au recours pour excès de pouvoir, l'avocat est ici obligatoire.

Recours en annulation : recours qui a pour objet l'annulation partielle ou totale des actes administratifs jugés illégaux. Il comprend le recours pour excès de pouvoir et le déféré préfectoral.

Recours en interprétation ou en appréciation de la légalité : recours qui conduit à demander au juge administratif d'apprécier la légalité d'un acte administratif (recours en appréciation de la légalité) ou d'en clarifier le sens (recours en interprétation).

Recours en rectification d'erreur matérielle : recours qui conduit à un réexamen de l'affaire par la juridiction qui a déjà statué pour erreur matérielle (il s'agit d'une voie de rétractation).

Recours en révision :
– au sens du droit constitutionnel : procédure de suppression, adjonction, modification de dispositions constitutionnelles, réalisées par le vote d'une loi constitutionnelle (Const. 4 oct. 1958, art. 89) ;
– au sens de la procédure pénale : recours pouvant être demandé au bénéfice de toute personne reconnue coupable d'un crime ou d'un délit quand un fait ou un élément inconnu au jour du procès établit l'innocence ou fait naître un doute sur la culpabilité du condamné.

Recours en tierce opposition : voie de recours par laquelle une personne, qui n'était ni partie ni représentée dans une instance, demande la réformation ou la rétractation de la décision rendue afin qu'elle lui soit inopposable.

Recours pour excès de pouvoir : recours en annulation dirigé contre un acte administratif faisant grief. La décision appartient au juge administratif. Le recours doit être formé dans un délai de deux mois et peut comporter quatre cas d'ouverture. Depuis 1950, le Conseil d'État a institué le principe général du droit selon lequel tout acte administratif peut, même sans texte, faire l'objet d'un recours pour excès de pouvoir.

Référé : procédure contradictoire permettant, principalement en cas d'urgence ou d'absence de contestation sérieuse, d'obtenir du président de la juridiction ou de son délégué, sans examen du fond, une décision provisoire, exécutoire de plein droit.

Référé conservatoire : procédure d'urgence qui permet au juge administratif des référés d'ordonner toutes mesures utiles sans suspendre l'exécution d'une décision administrative.

Référé-instruction : appelé également référé-expertise. Ce référé permet, à la demande d'une des parties, d'obtenir une mesure d'instruction ou d'expertise plus approfondie que le simple constat de faits matériels.

Référé-liberté :
– au sens du droit administratif : procédure d'urgence permettant au juge administratif des référés de prendre toutes les mesures nécessaires pour sauvegarder une liberté fondamentale à laquelle l'administration aurait porté une atteinte grave et manifestement illégale ;
– au sens du droit pénal : procédure permettant à une personne qui vient d'être placée en détention provisoire de demander sa liberté auprès de la chambre de l'instruction, en interjetant appel contre l'ordonnance de placement en détention provisoire.

Référé mesures utiles : il permet au juge administratif d'ordonner toutes mesures utiles.

Référé précontractuel : procédure administrative contentieuse d'urgence permettant à un tiers exclu d'une procédure d'attribution d'un marché public ou d'un contrat de demander au juge du contrat de suspendre le caractère exécutoire du contrat en raison de la violation des règles de concurrence ou de transparence. L'article L. 551-1 du Code de justice administrative prévoit les modalités de cette procédure d'urgence qui ne peut plus intervenir après la conclusion du contrat.

Référé-provision : procédure permettant au juge des référés d'accorder au requérant-créancier l'ayant saisi, une somme d'argent si l'obligation en question n'est pas sérieusement contestable.

Référé-suspension : procédure d'urgence accessoire (elle est nécessairement accompagnée d'un excès de pouvoir) permettant au juge administratif des référés de suspendre une décision attaquée au principal, jusqu'à ce que le juge du fond tranche le litige au fond. La mesure est donc une mesure provisoire jusqu'à la décision au fond. Deux critères doivent être remplis : urgence et doute sérieux quant à la légalité de la décision.

Règle du privilège du préalable : prérogative de l'administration selon laquelle l'action administrative s'impose au particulier du seul fait que l'administration est présumée investie d'une mission d'intérêt général.

Relevé de forclusion : acte par lequel un juge lève l'obstacle à l'action que constitue sa forclusion en raison, par exemple, du fait que la personne était dans l'impossibilité d'agir.

Remembrement : distribution nouvelle de parcelles de terre effectuée sous l'autorité d'une commission départementale qui assure un transfert forcé de la propriété entre les propriétaires concernés.

Répétition de l'indu : action par laquelle le *solvens* qui a effectué un paiement qui n'était pas dû peut en obtenir remboursement.

Requête en intervention : la requête en intervention est la demande formée par un tiers qui vient se greffer sur un recours contentieux pendant devant la juridiction administrative.

Requête sommaire : l'acte introductif d'instance dans le contentieux administratif est une requête. La requête sommaire est déposée rapidement, souvent pour interrompre les délais, et indique qu'elle sera complétée par d'autres écritures.

Réquisitoire introductif : acte par lequel le ministère public saisit le juge d'instruction. À distinguer des réquisitoires supplétif, définitif et à l'audience.

Rétablissement personnel : procédure d'apurement du passif d'une personne physique surendettée.

SAGACE : application informatique permettant aux avocats, ou aux requérants sans avocats, de consulter en ligne une synthèse des informations relatives à leur dossier contentieux devant les juridictions administratives.

Saisie-attribution : procédure d'exécution forcée permettant l'attribution immédiate au profit du créancier d'une somme d'argent détenue par un tiers pour le compte du débiteur.

Saisie mobilière : terme générique désignant les saisies poursuivies sur un bien meuble.

Saisie-revendication : saisie conservatoire spéciale permettant au propriétaire d'un bien meuble corporel ou au titulaire d'un droit réel sur celui-ci de demander au juge de la rendre indisponible afin d'obliger le tiers qui le détient, à le restituer.

Saisie-vente : procédure de droit commun permettant de poursuivre l'exécution forcée des biens meubles corporels.

Sapiteur (ou le sachant) : technicien, dit « homme de l'art », qui intervient, sur demande d'une juridiction ou d'un expert judiciaire, pour donner son avis sur un problème technique. Ce terme s'emploie essentiellement dans le domaine du bâtiment et de la sécurité sociale.

Second original (ou duplicata) : le duplicata n'est pas une copie, mais le double identique d'un écrit. À la différence de la copie, il a valeur d'original. Le troisième exemplaire est nommé triplicata.

Sentence arbitrale : nom traditionnellement donné aux décisions des juridictions arbitrales.

Séquestre : dépôt, volontaire ou ordonné par un juge, d'un bien, objet d'un litige, entre les mains d'un tiers, chargé d'en assurer provisoirement la conservation.
Nom donné à la personne chargée d'assurer la garde des biens placés sous séquestre.

Signification : notification d'un acte de procédure, faite par un huissier de justice.

Substitution de base légale : technique de contrôle des décisions administratives consistant pour le juge administratif à éviter l'annulation de l'acte en remplaçant un fondement juridique erroné par un fondement correct.

Substitution de motif : technique de contrôle des décisions consistant pour la Cour de cassation à éviter la cassation en remplaçant un motif erroné par un motif de pur droit conduisant à la même solution.

Supplément d'information : acte d'information complémentaire demandé par une juridiction pénale lorsque les éléments de preuve lui semblent incomplets.

Surendettement : qualification juridique de l'état d'un particulier ne pouvant plus faire face, de bonne foi, au paiement de l'ensemble de ses dettes non professionnelles exigibles et à échoir.

Sûreté : protection d'origine conventionnelle, légale ou judiciaire, conférée au créancier pour garantir le paiement de sa créance et échapper au concours des autres créanciers.

Sursis à exécution : suspension de l'exécution d'une décision juridictionnelle prononcée par le juge à la demande d'une partie.

Télérecours : application qui permet de gérer la communication dématérialisée des requêtes, des mémoires et des actes de procédure entre les juridictions administratives et les parties.

Témoin assisté : statut intermédiaire entre celui de simple témoin et de mis en examen, applicable en cours d'instruction à la personne qui est nommément visée par un réquisitoire introductif, une plainte ou une mise en cause par la victime, lorsqu'elle ne remplit pas les conditions légales pour être mise en examen, mais qu'il existe des indices rendant vraisemblable sa participation à l'infraction en tant qu'auteur ou complice.

Temps d'épreuve : afin de demander une libération conditionnelle, les détenus doivent au préalable effectuer un temps d'épreuve qui varie en fonction de la situation du condamné.

Tierce opposition : *V. Recours en tierce opposition*.

Transaction : contrat par lequel les parties mettent fin à un litige ou l'évitent en se consentant des concessions réciproques.

Ultra petita (statuer) : statuer au-delà de ce qui est demandé.

Unicité de l'instance : toutes les demandes dérivant du même contrat de travail doivent faire l'objet d'une seule et même instance devant la juridiction prud'homale.

Photocomposition Nord Compo Multimédia
59650 Villeneuve-d'Ascq

Imprimé en Allemagne
CPI books GmbH, Germany
Dépôt légal : janvier 2025